"모든 것이 선교라면 아무것도 선교가 아니다"라는 말이 있다. 지난 2천 년간의 선교는 그야말로 땀과 눈물과 피로 이루어졌으며 끊임없이 이 땅에 하나님 나라를 확장해 왔다. 정말 하나님의 선교라고 고백할 수밖에 없다. 그러나 인간과 교회의 선교는 약점과 어두운 짐을 지고 있다. 지난날의 무력과 정복과 자문화 중심주의 선교가 오늘과 내일의 선교를 가로막고 있다. 선교가 진리에 따른 선교, 하나님의 선교로 변화하기 위해서 다시 성경으로 돌아가야 하는데 바로 이 책이야말로 성경 전체에 흐르는 하나님의 선교의 맥을 파헤쳐서 감동적으로 보여 주는 진정한 '성경의 선교적 기초'다. 아울러 이 책은 선교의 다양성, 윤리성, 주체와 해석학을 다룬 한국 교회 선교를 업그레이드할 중요한 책으로서 선교사, 신학생, 선교학자와 목회자와 평신도들에게 유익하며 일독을 권한다.

김영동 장신대 선교학 교수

학문적 탁월성을 지닌 복음주의 구약학자로서 이미 정평이 나 있는 크리스토퍼 라이트의 최신작 「하나님의 선교」는 오랜 동안의 복음주의 내 학문적 공백을 메워줄 뿐 아니라 진보적인 비평주의의 전유물처럼 되어 있는 '하나님의 선교'(Missio Dei) 개념을 극복해 낼 수 있는 대안적 이론을 제시하고 있다는 점에서 우리 모두에게 만족과 기쁨을 주는 저서다. 주류 교회들이 안정적인 삶을 추구하면서 기득권을 지키려다 보니 선교적 열정이 사그라진 틈을 타 한반도에 불고 있는 열광주의자들의 '유사 선교 열풍'을 넘어서서, 한국 교회가 오늘날 어떻게 선교의 사명을 감당해야 하는지를 진지하게 고민할 수 있는 탁월한 안내서다. 선교는 단순히 교회의 여러 사명 중 하나가 아니라 '교회의 본질'이며, 더 정확히 말하자면 '하나님이 하시는 모든 일이 선교'라는 점을, 선교사나 선교학자가 아니라 구약학자가 학문적 깊이와 심오한 영적 통찰력과 선교적 열정으로 담아낸 수작이기에 강력하게 추천한다.

김지찬 총신대 신대원 구약학 교수

크리스토퍼 라이트의 책은 구약 성경이 결코 이스라엘 민족만을 위한 것이 아니고, 열방을 구원하시고자 하는 하나님의 선교 계획 속에 주어졌음을 신학적으로 잘 밝힌 책이다. 그는 선교라는 주제를 짜내기 위해 성경을 무리하게 해석하지 않고 성경을 바르게 해석하면서도, 선교라는 관점에서 적극적으로 성경을 해석하였다. 하나님의 선교를 이해하고 싶은 성도, 하나님의 선교를 설교하고 가르치는 모든 분들에게 이 책을 꼭 읽도록 진심으로 추천한다.

기동연 고신대 구약학 교수

이 책의 저자는 선교의 성경적 기초를 넘어서서 성경에 나타난 하나님의 목적으로서의 선교를 말하고 있다. 성경의 일부분이 선교를 말하는 것이 아니라 하나님은 본질적으로 선교적 목적을 가진 분이다. 따라서 성경을 선교적 관점으로 볼 때만 그 핵심을 이해 할 수 있다. 그래서 저자는 선교적 성경 해석을 시도하고 있다. 성경이 선교를 지지하는 많은 본문을 포함하고 있는 것이 아니라, 성경 전체가 하나의 선교적 현상이라고 주장하는 저자를 통해서 우리는 선교의 진정한 의미를 발견할 수 있을 것이다. 구약학자로서의 학문과 선교적 경험을 겸비한 저자의 탁월한 관점이 이 책을 통해 드러나고 있다.

한철호 선교사, 선교한국 상임위원장

오랜 기간 선교는 방대한 성경 메시지의 일부분, 또는 교회가 하는 다양한 일들 중 하나로 오해되었다. 그러나 선교는 하나님의 하나님 되심에 근거하며, 성경은 '선교의 하나님'이 주신 '선교적 계시'다. 선교적 성경 신학의 결정판인 크리스토퍼 라이트의 명저가 우리말로 출간된 것은 한국 선교의 건강한 미래를 위해 너무도 다행한 일이다. 하나님의 선교에 부름받은 모든 이들의 필독서로 서슴없이 추천한다.

정민영 선교사, 국제위클리프 부대표

선교에 대한 명령은 마태복음 28:18-20, 사도행전 1:8과 같은 근거 구절에서만 찾을 수 있는가? 저명한 구약학자가 쓴 이 책은, 성경이 그리스도에 대한 증거의 책(메시아적 읽기)이자 그리스도로부터 비롯된 책(선교적 읽기)임을 지적하며, 선교적 성경 해석이 근거 구절이 아니라 성경 신학에 기초해 있음을 밝힌다. 하나님의 선교는 그리스도의 죽음과 부활을 통해 인류를 구원하는 것이었다. 그렇기에 우리도 하나님의 선교에 동참할 수밖에 없다고 저자는 역설한다. 이 책을 통해 단지 선교라는 주제에 대해서뿐 아니라, 성경 전체를 새롭게 보는 통찰력을 얻을 수 있기에 진지한 성경 독자들의 일독을 권한다.

김중안 IVF 대표

오늘 청년 그리스도인들에게 주어진 가장 커다란 도전은 하나님의 선교에 대해 새로운 열정을 품고 헌신하는 것이다. 그런데 우리의 선교의 열정은 하나님의 말씀인 성경에 뿌리를 깊이 내려야만 한다. 이 책에서 크리스토퍼 라이트는, 단순히 성경이 하나님의 선교를 말한다는 관점을 넘어서서 하나님의 선교가 성경을 탄생시켰다는 과감한 주장을 펼친다. 이 책을 통해 당신도 하나님의 선교 관점에 사로잡히기를, 성경 말씀에 더 깊이 뿌리 내리기를, 가슴으로부터 하나님의 선교 비전과 열정이 새롭게 일어나기를 바란다.

박성민 한국 CCC 대표

저자 크리스토퍼 라이트는 구약이라는 텍스트를 통해 이 세상 풍조로 비춰진 세상을 해체시키고 본래 모습, 그 정체를 폭로하는 특별한 은사가 있는 사람이다. 그의 책을 통해 나는 언제나 광야의 하나님이 최첨단 유행에 전혀 뒤지지 않은, 아니 더 정확하게는 오늘조차 초월하신 하나님임을 깨닫게 된다. 그 하나님이 풍성한 구약의 텍스트를 통해 말 걸어 오심을 느꼈을 때의 전율이란! 이제 그가 '선교'라는, 신약 이후에 어울릴 만한 주제에 구약의 생명을 불어넣고 있다. 오늘 우리가 한다고 착각하는 '선교'가 실상 '미시오 데이'이며, 당신과 나는 오후 늦게 은혜를 입은 품꾼(마 20장)에 지나지 않음을 깨닫게 될 것이다.

이윤복 죠이선교회 대표

구약 윤리와 신학 분야에서 여러 중요한 연구들로 유명한 크리스토퍼 라이트가 다시 한 번 널리 읽힐 만한 책을 썼다. 많은 성경학자들이 다양한 기독교 전통의 세세한 사항들을 계속해서 강조하는 이 때, 그리고 교회의 선교적 과업이 포스트모던 비판자들에 의해 의심을 사거나 실용주의적 전문가들에 의해 축소당하는 이 때, 라이트의 새로운 책은 성경의 통일성, 건전한 해석학과 주해의 중요성, 그리고 교회의 선교적 소명의 근본적 의미를 상기시켜 준다. 라이트는 일관되고 열정적인 논증을 통해, 교회의 선교적 명령은 단순히 마태복음 28장에 나오는 대위임령에만 의거하고 있는 것이 아니라, 창세기부터 요한계시록까지 성경 전체가 드러내는 하나님과 하나님 백성의 본질에서 나오는 것임을 보여 준다. 이 책은 신학자와 주석학자, 목사와 학생, 선교사와 일반 그리스도인들이 꼭 읽어야 하는 책이다.

에크하르트 슈나벨 트리니티 복음주의신학교 신약학 교수

이 탁월한 책은 성경학자, 목사, 선교사, 박식한 그리스도인들이 새로운 눈, 곧 하나님이 사랑하시는 세상에 대한 하나님의 선교적 의도라는 눈으로 성경을 읽도록 권면한다. 저자는 월터 카이저(Walter Kaiser), 요하네스 니센(Johannes Nissen), 아더 글래서(Arthur Glasser), 제임스 추큐마 오코에(James Chukwuma Okoye) 같은 사람들과 함께, 성경을 선교적으로 읽는 것만이 거기에 묘사된 하나님의 자기 계시를 정확하게 다루는 것임을 보여 준다. 나는 여러 과목에서 이 책을 주요 교과서로 사용할 것이다.

찰스 밴 엥겐 풀러 신학교 선교학 교수

이 놀라운 책은 내가 바라고 기대했던 모든 것 그 이상이다. 크리스토퍼 라이트는 삼십 년간 구약에 학문적으로 몰두하면서 동시에 세상에서 하나님의 선교에 헌신하는 일을 해 왔다. 이 탁월한 교사, 학자, 선교 신학자가 성경의 선교적 본질에 대해 평생 동안 심사숙고해 온 활동이 마침내 무르익어 그 열매를 맺었고, 그것을 함께 누리게 된 우리는 매우 운이 좋은 사람들이다. 이 책은 사람들이 보통 말하는 성경의 선교적 측면이라는 말의 의미에 혁명을 일으킬 것이다. 그리고 또한 성경이 철두철미하게 선교적 문서임을

보여 줌으로서, 성경 이해에 일대 혁명을 일으킬 것이다.
존 골딩게이 풀러 신학교 구약학 교수

더할 나위 없이 훌륭하게 저술된 라이트의 책은 하나님의 선교를 성경 전체를 이해하는 틀로 본다. 다시 말해 성경의 '거대 서사'를 여는 열쇠로 본다. 그것은 많은 어려운 쟁점들을 명료하게 해주며, 성경적 선교 신학에 중대한 공헌을 한다.
제랄드 앤더슨 해외사역연구센터(Overseas Ministries Study Center) 명예 책임자

크리스토퍼 라이트는 두 가지 중대한 공헌을 했다. 첫째로, 그는 성경이 처음부터 끝까지 세상에 대한 하나님의 선교와 관련된 이야기임을 보여 준다. 둘째로, 이 선교의 의미와 의의를 대체로 구약에 근거해서 말한다. 그동안 선교학 교과서는 종종 서론에 해당하는 짧은 장들에서 열방에 대한 하나님의 관심을 말하는 구약 구절을 몇 개 인용하는 것으로 그쳤으나, 이 책은 구약을 풍성히 다룬다. 노련한 선교학자이자 구약 윤리학자의 이 포괄적인 연구는 전체 성경의 메시지와 취지가 일관성을 갖고 있음을 보여 준다. 나는 이런 책을 오랫동안 기다려 왔다!
다니엘 캐롤 덴버 신학교 구약학 교수

라이트는 이 비범한 책에서 구약학 연구, 선교사로서의 경험, 선교학적 사고방식을 잘 통합시킨다. 그는 이해하기 쉬운 말로 질문들을 만들고 그 대답들을 상세히 설명하는 일을 멋지게 해낸다. 선교학은 오랫동안 단순히 성경에 나오는 선교를 가르쳐 주는 것이 아니라 선교학적 렌즈를 통해 성경을 더 깊이 보도록 지도해 줄 수 있는 사람이 필요했다. 크리스토퍼 라이트는 노련한 솜씨로 우리에게 이 지도를 제공해 준다. 이 책은 앞으로 이 분야에서 권위 있는 책이 될 것이다.
스카트 모로 휘튼 대학교 선교학 교수

시중에 나와 있는 성경과 선교를 다루고 있는 훌륭한 책들의 목록에, 크리스토퍼 라이트는 그의 최고작을 추가한다. 이 대단히 포괄적인 책은 21세기 세계 기독교 운동이 나아가야 할 길을 알려 준다. 그러면서 이 책은 성경 연구, 기독교 신학 및 선교적 관행에 스며들어 있는 수많은 가정들에 도전을 가한다. 나는 라이트의 책이 1990년대 데이비드 보쉬가 출간한 책 이후로 가장 중요한 선교 서적이 될 것이라 믿는다. 따라서 그 책과 마찬가지로, 이 책도 앞으로 계속해서 읽고 토론하고 실천해 나가야 할 것이다.
데이비드 스미스 글래스고 국제기독교대학교 교수

내용이 풍부하고 매우 인상적인 책이다. 이 책은 선교에 대한 포괄적인 성경 신학을 탁

월하게 설명하고 있다. 이 주제에 관심을 갖고 있는 모든 학도들은 이 책을 진지하게 공부해야 할 것이다.

앤드루 월즈 에딘버러 대학교 교수

이 책은 우리가 성경을 읽고 교회의 책임을 이해하려고 할 때 쓰는 렌즈의 초점을 다시 맞추고 있다. 정말 읽을 만한 책이다.

다이앤 버갠트 *The Bible Today*

라이트는 하나님이 성경을 통해 계시하시는 내용을 체계적으로 추적해 나간다. 그 결과 설득력이 있는 장엄한 하나님의 모습이 드러난다. 기독교회는 이런 큰일을 해낸 라이트에게 감사해야 한다.

조 앤 데이비슨 *Andrews University Seminary Studies*

지역 사회와 세계에 영향을 끼치기를 바라는 교회들 가운데서 '선교적' '선교학적'이라는 말이 회자되고 있다. 이처럼 선교에 대한 관심이 부흥하는 것은 정말 바람직한 현상이지만, 혼동이 일어나고 있는 것도 사실이다. 선교적이라는 말은 무슨 뜻인가? 크리스토퍼 라이트의 「하나님의 선교」는 이러한 문제들에 대한 대답과 그 이상으로 많은 것들을 제공해 준다. 이 책은 단순히 선교가 왜 중요한지, 또는 선교가 어떻게 해서 교회의 정체성의 필수적인 한 부분이 되는지 보여 주는 것이 아니라, 선교는 여러 모로 교회가 존재하는 바로 그 목적이며 교회의 정체성 가운데 가장 우선되는 것임을 보여 준다. 이 책은 성경을 창조 세계를 회복시키려는 하나님의 선교와, 그 회복의 과정에서 하나님의 백성이 담당할 역할과 사명에 대한 이야기로 본다.

다니엘 도리스 *Text, Community & Mission*

「하나님의 선교」는 이 주제와 관련하여 가장 탁월하고 상세한 책 중 하나다. 신학자들 및 신학생들은 물론이요, 구약에 나타난 선교에 대해 심층적으로 공부하기 원하는 사람들에게도 강력히 추천한다. 그뿐만 아니라, 현장 선교사들도 자신들의 선교적 임무를 충분히 정당화하기 위하여 성경을 읽고 해석하는 방법을 발견하게 될 것이다.

크리스천 더미트레스쿠 *Seminary Saturday*

라이트는 진정으로 선교라는 건물의 주춧돌을 놓았다. 앞으로 성경적 선교 신학은 그 위에 건축을 해 나가는 것이 현명할 것이다.

마이클 글로도 *Journal of the Evangelical Theological Society*

하나님의 선교

IVP(InterVarsity Press)는
캠퍼스와 세상 속의 하나님 나라 운동을 지향하는
IVF(InterVarsity Christian Fellowship)의 출판부로
생각하는 그리스도인을 위한 문서 운동을 실천합니다.

The Mission of God
Copyright ⓒ 2006 by Christopher J. H. Wright
Originally published by Inter-Varsity Press, U. K.
Translated by permission of Christopher J. H. Wright,
19 Whitfield Place, London W1T 5JX, U. K.
through the arrangement of Piquant Agency, Carlisle, U. K.
All rights reserved.

Korean Edition ⓒ 2010 by Korea InterVarsity Press
156-10 Donggyo-ro, Mapo-gu, Seoul 04031, Republic of Korea.

하나님의 선교 관점으로 성경 내러티브를 열다

하나님의 선교

크리스토퍼 라이트 | 정옥배 · 한화룡 옮김

일러두기

성경은 기본적으로 개역개정판을 이용하였고 다른 번역본이나 저자 사역의 경우 본문 옆에 표기하였다.

YHWH는 '야웨'로 음역하였고 Lord는 문맥에 따라 '여호와'와 '주'를 혼용하여 표기하였다.

차례

한국 독자들에게 17
시작하는 말 19
서론 23

1부 성경과 선교 33
  1. 선교적 해석학을 찾아서 39
  2. 선교적 해석학의 형성 57

2부 선교의 하나님 85
  3. 살아 계신 하나님은 이스라엘 안에서 자신을 알리신다 93
  4. 살아 계신 하나님은 예수 그리스도 안에서 자신을 알리신다 131
  5. 살아 계신 하나님은 우상숭배와 대결하신다 169

3부 선교의 백성 237
  6. 하나님의 선택받은 백성: 복 주기 위해 선택받음 241
  7. 하나님의 특정한 백성: 모든 사람들을 위해 선택받음 281
  8. 하나님의 구속 모델: 출애굽 335
  9. 하나님의 회복 모델: 희년 365
  10. 하나님의 선교적 언약의 범위 407
  11. 하나님의 선교적 백성의 삶 449

4부 선교의 무대 493
  12. 선교와 하나님의 세상 499
  13. 선교와 하나님의 형상 529
  14. 구약 환상에 나타난 하나님과 열방 569
  15. 신약 선교에 나타난 하나님과 열방 631

끝맺는 말 669
참고 문헌 675
찾아보기 699

세부 차례

한국 독자들에게　17
시작하는 말　19
서론　23

1부 성경과 선교

1. 선교적 해석학을 찾아서　39
"선교의 성경적 기초"를 넘어서　40
　선교에 대한 성경적 변호 | 부적절한 증거 본문 인용의 위험
다문화적 해석학의 관점들을 넘어서　45
　전 세계적 교회, 전 세계적 해석학 | 해석학적 일관성의 초점인 선교
상황 신학과 옹호적 해석을 넘어서　49
　상황과 이익 | 선교사에 대한 고정관념 타파 | 선교적 해석은 해방을 포괄한다
포스트모던 해석학을 넘어서　52
　다양성은 괜찮지만, 상대주의는 안 된다
　기독교 선교는 오랫동안 '포스트모던적' 도전을 경험해 왔다

2. 선교적 해석학의 형성　57
하나님의 선교의 산물인 성경　57
성경적 권위와 선교　61
　명령으로서의 권위 | 권위와 실재 | 권위와 예수
선교에서 성경적 직설법과 명령법　70
성경적인 신 중심적 세계관과 하나님의 선교　73
　하나님과 선교 | 인류와 선교 | 이스라엘과 선교 | 예수님과 선교 | 교회와 선교
해석학적 지도　81

2부 선교의 하나님

3. 살아 계신 하나님은 이스라엘 안에서 자신을 알리신다　93
하나님의 은혜를 체험함으로써 하나님을 아는 것　93
　출애굽 | 바벨론 포로 귀환
하나님의 심판을 받음으로써 하나님을 아는 것　115
　애굽 | 바벨론 포로가 된 이스라엘 | 심판을 받는 열방들

4. 살아 계신 하나님은 예수 그리스도 안에서 자신을 알리신다　131
예수님은 야웨와 같은 정체성을 갖고 계신다　132
　마라나타 | 퀴리오스 예수스
예수님은 야웨의 기능들을 수행하신다　137
　창조자 | 통치자 | 심판자 | 구원자
예수님은 야웨의 선교를 성취하신다　152
　하나님은 예수님을 통해 알려지기를 원하신다 | 복음은 열방에 하나님을 아는 지식을 전달한다
성경적 유일신론과 선교　157
　성경적 선교는 하나님으로 알려지기 원하시는 하나님의 뜻에 의해 이루어진다
　성경적 유일신론에는 부단한 기독론적 투쟁이 포함된다
　성경적 유일신론은 찬양을 불러일으킨다

5. 살아 계신 하나님은 우상숭배와 대결하신다　169
　신들의 역설　169
　　그 무엇인가, 아무것도 아닌가 | 창조 세계 내의 물체인 우상들과 신들
　　귀신들인 우상들과 신들 | 인간이 손으로 만든 것인 우상들과 신들 | 비판과 희망
　선교와 신들　203
　　가장 중대한 구분을 인식함 | 신들을 분별함
　　신들의 정체를 폭로함 | 전쟁은 하나님께 속한 것임을 기억함
　우상숭배와의 대결　224
　　신학적 논쟁 | 전도적 활동 | 목회적 지도 | 선지자적 경고
　결어　235

3부 선교의 백성

6. 하나님의 선택받은 백성: 복 주기 위해 선택받음　241
　바울의 복음　241
　아브라함을 생각해 보라　245
　　창세기 12:1-3, 주축이 되는 본문 | 지금까지의 이야기
　창세기 12:1-3, 면밀한 고찰　252
　　번역과 구조 | 떠남과 축복 | 바벨에 반격을 가함 | 약속의 발전 | 언약적 순종과 선교
　"가라…복이 되라"　262
　　축복은 창조적이며 관계적이다 | 축복은 선교적이며 역사적이다
　　축복은 언약적이며 윤리적이다 | 축복은 다국적이며 기독론적이다
　결어　278

7. 하나님의 특정한 백성: 모든 사람들을 위해 선택받음　281
　보편성 - 아브라함에 대한 구약의 반향　282
　　오경 | 역사서 | 시편 | 선지서
　보편성 - 아브라함에 대한 신약의 반향　308
　　공관복음과 사도행전 | 바울 | 요한계시록 | 성경 전체에 나타난 열방
　특정성 - "너와 너의 씨로 말미암아"　319
　　"너로 말미암아": 하나님의 축복의 특정한 수단 | 이스라엘의 선택의 독특성
　결어: 성경의 선택과 성경　333

8. 하나님의 구속 모델: 출애굽　335
　"주께서 구속하신 백성"　336
　하나님의 포괄적인 구속　339
　　정치적 | 경제적 | 사회적 | 영적
　하나님의 구속의 동기　343
　　하나님이 억눌린 자들을 아심 | 하나님의 언약에 대한 기억 | 하나님의 모델이 되는 구속
　출애굽과 선교　348
　　영적 해석 | 정치적 해석 | 통합적 해석

9. 하나님의 회복 모델: 희년　365
　희년의 배경　366
　　사회적 각도: 이스라엘의 친족 제도 | 경제적 각도: 이스라엘의 토지 보유 제도
　　신학적 각도: 하나님의 땅, 하나님의 백성 | 희년의 실제 규정
　희년, 윤리, 선교　373

경제적 각도: 자원에 대한 접근 | 사회적 각도: 가족의 생존 능력 | 신학적 각도: 전도 신학
희년, 미래의 희망, 예수님   378
미래를 내다봄 | 예수님을 내다봄 | 성령님을 내다봄
신약과 총체적 선교   382
총체적 선교는 성경 전체에서 유래한다 | 예수님과 초대교회는 급진적인 정치적 도전을 제시했다
십자가의 중심성   393
선교 중심의 십자가 신학 | 십자가 중심의 선교 신학
실천과 우선순위   398
수위성이냐, 궁극성이냐 | 전도와 사회 참여: 닭이 먼저냐, 달걀이 먼저냐
총체적 선교를 하려면 교회 전체가 필요하다

10. 하나님의 선교적 언약의 범위   407
노아   409
땅의 모든 생물들에 대한 하나님의 헌신 | 선교의 생태학적 차원
아브라함   411
정경적 맥락: 창세기 1-11장 | 궁극적 목표의 보편성 | 수단의 특정성
시내 산   413
하나님의 선교와 하나님의 제사장직: 출애굽기 19:4-6
하나님의 선교와 하나님의 임재: 레위기 26:11-13 | 하나님의 선교와 하나님의 예측: 신명기 27-32장
다윗   431
하나님의 목적 안에 있는 왕 | 모든 열방을 위한 왕 | 만민이 기도하는 집
위대한 다윗의 더 위대하신 아들
새 언약   439
선지자적 소망 | 그리스도 안에서 언약적인 '예' | 선교와 열방에 대한 언약의 확장
새 언약의 명령인 대위임령 | 언약의 절정으로 완수된 선교

11. 하나님의 선교적 백성의 삶   449
선교적 윤리와 선택 – 창세기 18장   450
소돔: 우리가 사는 세상의 모델 | 아브라함: 하나님의 선교의 모델
"여호와의 도": 하나님의 백성의 모델
선교적 윤리와 구속 – 출애굽기 19장   465
하나님의 구속적 주도권 | 하나님의 보편적 소유권 | 이스라엘의 정체성과 책임
선교적 윤리와 언약 – 신명기 4장   472
신명기 4:1-40 개관 | 이스라엘 사회의 가시성(신 4:6-8) | 이스라엘 예배의 배타성(신 4:9-31)
이스라엘 경험의 독특성(신 4:32-35) | 이스라엘의 순종이 지닌 선교적 책임
선교적 윤리와 교회   486
선택과 윤리 | 구속과 윤리 | 언약과 윤리

4부 선교의 무대

12. 선교와 하나님의 세상   499
땅은 하나님의 것이다   499
창조 세계의 선함 | 창조 세계의 존엄성(하지만 신성은 아니다)
온 땅은 하나님의 선교지이자 우리의 선교지다 | 창조 세계의 목표는 하나님의 영광이다
창조 세계 전체에 대한 하나님의 구속
창조 세계 돌보기와 기독교 선교   518
창조 세계를 돌보는 것은 오늘날 세계에서 긴급한 문제다
창조 세계를 돌보는 것은 하나님께 대한 사랑과 순종에서 나온다

창조 세계를 돌보는 것은 땅과 관련해서 우리의 제사장적·왕적 역할을 시행하는 것이다
창조 세계를 돌보는 것은 선교에 대한 우리의 동기를 시험한다
창조 세계를 돌보는 것은 교회에 예언자적 기회가 된다
창조 세계를 돌보는 것은 자비와 정의의 성경적 균형을 구현한다
결어 526

13. 선교와 하나님의 형상 529
하나님의 형상으로 지음받은 인간 529
하나님의 형상대로 창조됨 | 과업을 위해 창조됨 | 관계 안에서 창조됨
반역하는 인간 538
죄는 인간의 모든 차원에 영향을 끼친다 | 죄는 인간 사회와 역사에 영향을 끼친다
죄는 인간 삶의 전체 환경에 영향을 끼친다
악의 전형? HIV/에이즈와 교회의 선교 544
HIV/에이즈와 관련해서 존재하는 악의 차원들 | HIV/에이즈에 대한 선교적 반응들
전도의 궁극성과 죽음의 비궁극성
지혜와 문화 554
국제적인 가교 | 창조 윤리 | 솔직한 신앙

14. 구약 환상에 나타난 하나님과 열방 569
창조와 섭리 속의 열방 571
열방은 창조되고 구속받은 인류의 일부다 | 모든 열방은 하나님의 심판 아래 있다
어떤 나라든 하나님의 심판의 대행자가 될 수 있다 | 어떤 나라든 하나님의 긍휼을 받을 수 있다
모든 열방의 역사는 하나님의 지배 아래 있다
이스라엘 역사의 증인인 열방 586
하나님의 전능하신 구속 행위에 대한 증인들 | 이스라엘의 언약 의무에 대한 증인들
이스라엘에 대한 하나님의 심판의 증인들 | 하나님이 이스라엘을 회복하시는 것에 대한 증인들
이스라엘의 축복의 수혜자인 열방 594
시편 47편 | 시편 67편
열방은 이스라엘의 하나님을 예배할 것이다 600
시편 | 선지서
열방은 이스라엘과 같은 정체성을 갖게 될 것이다 614
하나님의 성에 등록됨 | 하나님의 구원의 복을 받음 | 하나님의 집에 받아들여짐
하나님의 이름으로 일컬어짐 | 하나님 백성에 합류함

15. 신약 선교에 나타난 하나님과 열방 631
구약의 선교 명령? 632
예수님과 전도자들 636
예수님과 이방인들 | 전도자들과 이방인들
사도행전에 기록된 초대교회 647
베드로와 빌립 | 야고보와 예루살렘 공의회 | 바울이 채택한 종의 선교
사도 바울 657
열방은 하나님이 하신 일을 본다 | 열방은 하나님이 하신 일로부터 유익을 얻는다
열방이 하나님께 예배를 드린다 | 열방이 이스라엘과 같은 정체성을 지닌다

끝맺는 말 669
참고 문헌 675
찾아보기 699

한국 독자들에게

한국 교회에 이 책을 소개하는 것은 특별한 기쁨입니다. 한국에서 강력한 선교 운동이 일어나고 있고, 한국 교회가 선교사 훈련과 지원에 많은 노력을 기울이고 있음을 잘 알기 때문입니다. 한국 교회와 신학교에서 성경 전체를 선교적 관점으로 읽는 데 이 책이 유용하게 쓰일 것이라 생각하니 큰 힘이 됩니다. 또한 많은 그리스도인 독자들이 이 책을 통해 성경에 귀 기울이고 말씀에 응답하는 삶을 사는 새로운 방법들을 발견하며 기뻐하리라는 소망도 가져봅니다.

저는 지금까지 한국인 친구들을 많이 사귀었습니다. 어떤 분들은 제가 열방기독교대학에서 가르치는 동안 함께했던 분들입니다. 그분들에게는 이 책이 매우 친숙하게 느껴질 것입니다. 이 책의 많은 부분이 제가 열방기독교대학에서 강의했던 내용에 뿌리를 내리고 있으며, 그 내용들로부터 발전된 것이기 때문입니다. 저는 이 책을 읽는 더 많은 형제자매들이 저를 '친구'로 여기게 되기를 감히 기대해 봅니다. 우리는 모두 하나님의 선교에 동참한 친구들이며, 하나님과 함께 세계 모든 나라들과 온 창조 세계를 예수 그리스도께서 이루신 복된 구속으로 끌어들이는 이 위대한 일에 함께한 동역자들이기 때문입니다.

2010년 6월
크리스토퍼 라이트

시작하는 말

"요즘은 무슨 책을 쓰고 계신가요?" 이 책을 쓰고 있던 지난 몇 년간 나는 이런 평범한 질문에 딱 부러지게 대답하기가 어려웠다. 보통은 "성경과 선교에 대한 책이요"라고 대답했지만, 성경이라는 말과 선교라는 말 중 어느 것을 앞에다 놓아야 할지 도통 확신할 수가 없었다. 나는 성경에 비추어 기독교 선교를 이해하려는 것인가, 아니면 하나님의 선교에 비추어 성경을 이해하려는 것인가? 아니면 서론에 나오는 말로 표현하자면, 이 책은 성경적 선교 신학인가, 아니면 선교적 성경 해석인가? 최종적으로는 양쪽을 다 조금씩 포함하면서, 후자를 더 강조하는 책이 되지 않을까 싶다. 기독교 선교의 성경적 기초를 확립해 주는 뛰어나고 포괄적인 연구는 이미 다른 사람들이 많이 해 놓았다. 나의 주 관심사는 하나님의 선교 및 그 선교에 대한 하나님 백성의 참여를 성경 전체의 해석 틀로 보는 성경 해석학을 개발하는 것이었다. 내 생각에 선교는 성경의 거대 서사 전체를 여는 열쇠다. 그런 점에서 이 책이 선교에 대한 성경적 성찰일 뿐 아니라, 하나의 성경 신학 작업이 되었으면 좋겠다.

성경적 선교 신학을 제시하는 책들을 보면, 일반적으로 구약 부분이 나오고 그 다음에 훨씬 많은 분량의 신약 부분이 나온다. 그러고는 각 부분에서 (특히 신약 부분에서) 성경 여러 부분들을 검토하거나, 특정 저자들, 이를테면 각 복음서 저자나 사도 바울의 선교 신학을 따로 떼어 내어 살펴보는 경향이 있다.

나는 좀 다른 접근법을 사용했다. 나는 성경의 거대 서사 전체에 흐르고 있는 몇 가지 근본적인 주제들을 밝혀 내려 했다. 그 주제들은 성경적 세계관의 기초이며, 따라서 성경 신학의 기초가 되기도 하는 기둥들로, 유일신론, 창조, 인류, 선택, 구속, 언약, 윤리, 미래에 대한 소망 등이다. 각 경우 먼저 구약의 뿌리에 충분히 주의를 기울이고 나서, 그것이 신약에서 어떻게 발전되거나 성취되거나 확장되었는지 살펴보았다. 그렇기 때문에, 대부분의 장에는 신구약 모두에 근거하고 있는 성찰들이 포함되어 있다. 때로는 신구약을 앞뒤로 왔다갔다 하기도 한다.

내가 삼십 년 이상 특별히 관심을 가지고 있는 분야는 구약이므로, 불가피하게 구약 본문과 주제들에 훨씬 더 많은 지면을 할애하고 훨씬 더 깊이 논할 수밖에 없었다. 이 책을 그냥 구약 선교 신학으로 할까 하고 생각했던 적도 있다(실제로 아직까지 그런 장르로는 별로 좋은 모델이 없다). 하지만 나는 기독교 신학자로서 글을 쓰고 있으며, 구약의 본래 모습에 귀 기울여 구약적 견지에서 해석하면서도 동시에 그리스도인으로서 해석하지 않을 수 없다. 그것은 구약의 궁극적 초점이자 성취라고 주장하신 분이신 예수 그리스도께 복종하여, 예수님을 증거하는 신약 성경에 비추어, 그리고 예수님이 자기 제자들에게 맡기신 사명과 관련하여 구약을 해석하는 것이다. 하지만 결국에 가서, 이 책에 신약보다 구약 자료가 훨씬 더 많이 나온다면, 성경에는 구약이 신약보다 훨씬 길다는 점을 주장할 수밖에 없겠다.

성경 신학을 선교학적으로 해석하려는 것이 나의 주목적이므로, 많은 지면을 할애해서 내가 참조한 모든 본문의 학문적 주해나 비판적 분석의 미묘한 차이들을 증명하는 각주를 달지는 않았다. 하지만 논증에 주축이 되는 몇 개의 핵심 본문에 대해서는 적절한 주해와 증거 자료를 제시했다. 다른 많은 경우, 주석과 학술지에서 그런 주제들을 계속 탐구하기 원하는 학자나 학생들은 어떤 자료를 참고해야 할지 어렵지 않게 알 수 있을 것이다.

저자라면 누구나 자신의 사상과 관점을 형성할 때 다른 사람들에게 많은 신세를 지게 된다. 그래서 나는 길고 짧은 기간 동안 나와 함께 이 길을 걸어온 많은 사람들에게 깊은 감사를 표한다. 다음과 같은 사람들이다.

인도 푸네(Pune)의 유니온 신학교(Union Biblical Seminary)와 영국의 열방기독교대학(All Nations Christian College)에서 이십 년간 나에게 배운 학생들. 그들은 일일이 기억하기 어려운 많은 강좌를 통해 성경과 선교를 관련시키고자 함께 노력했던 사람들이다. 그중 많은 사람들은 지금도 전 세계에 나가 선교 사역을 하면서 여러 가지 문제들을 놓고 씨름하고 있다.

코네티컷 주 뉴헤이븐에 있는 해외사역연구센터(Overseas Ministries Study Center) 책임자 조나단 봉크(Jonathan Bonk)와 그의 전임자 제랄드 앤더슨(Gerald Anderson). 그들과 탁월한 직원들 그리고 그들의 공동체는, 내가 이 책을 연구하고 쓸 수 있도록 친절을 베풀어 주었다.

존 스토트(John Stott). 그는 내가 이 책을 쓰도록 끊임없이 격려와 기도를 해주었으며, 그가 글을 쓰는 작업실인 웨일즈 서쪽 해안 훅세스의 오두막을 종종 빌려 주었다.

랭햄 파트너십 국제위원회(Langham Partnership International Council). 내가 세계 선교의 실상을 계속 접할 수 있는 일자리를 주었을 뿐 아니라, 해마다 시간을 정해 연구와 저술에 매진하도록 도와주었다.

에크하르트 슈나벨(Eckhard J. Schnabel), 다니엘 캐롤(M. Daniel Carroll R.), 딘 플레밍(Dean Flemming), 단 레이드(Dan Reid). 그들은 원고를 읽고 건설적인 논평을 많이 해주었다. 덕분에 나는 내가 말하고 싶었던 것을 더 분명하게 표현할 수 있었다. 또 색인 작업을 도와준 크리스 존스(Chris Jones)에게도 감사한다.

아내와 가족. 이전의 모든 작업 때와 마찬가지로, 이 책을 쓸 때도 나를 격려해 주고 또 인내심을 발휘해 주었다. 가족 대표로, 이스라엘이 하나님의 장자였듯 우리의 장자인 팀과 며느리 비앙카에게 이 책을 바친다. 기쁨으로 그리고 요한삼서 4절의 기도와 함께.

서론

나는 어린 시절에 본 그것을 아주 생생하게 기억하고 있다. 북 아일랜드에서 선교 수련회 때마다 벽을 둘러싸고 있던 커다란 현수막의 글 말이다. 수련회 때 나는 미전도지역선교회(The Unevangelized Fields Mission) 부스에서 아버지를 돕곤 했다. 아버지는 브라질에서 이십 년간 사역한 후 그 선교회 아일랜드 지역 담당 총무로 일하고 계셨다. "너희는 온 세상에 가서 모든 사람에게 복음을 전하라." 그 말은 선명한 고딕체로 된 다른 비슷한 명령어들과 함께 나를 흥분시켰다. 열두 살 무렵에는 모든 핵심 구절들을 인용할 수 있었다. "그러므로 너희는 가서…" "저희가 어찌 들으리요" "너희는 땅끝까지 나의 증인이 되라" "우리가 누구를 보낼꼬?…내가 여기 있나이다. 나를 보내소서." 나는 선교에 관한 구절들을 잘 알았다. 그런 성경 구절들에 대한 감동적인 설교를 들으면 마음이 뜨거워졌다.

스물한 살이 되었을 때, 나는 케임브리지 대학교에서 신학 학위를 받았다. 그런데 케임브리지 시절엔 이상하게도 그런 본문들을 접할 수가 없었다. 적어도 지금 나에게는 이상한 일이다. 당시에는 교수의 마음속에서, 혹은 나 자신의 마음속에서, 혹은 잘은 모르지만 아마 하나님의 마음속에서도 신학과 선교는 거의 연관이 되지 않는 것처럼 보였다. **신학**은 온통 하나님에 대한 문제를 다루었다. 다시 말해 신학은 하나님이 어떤 분이신지, 하나님이 무엇을 말씀하시고 행하셨는지, 그리고 대부분 죽은 사람들인 신학자들이 그 세 가지 모두에 대해 무엇을 사색했는지 하는 문제를 다루었다. 반면에 **선교**는 살아 있는 사람들인 우리에 대한 문제, 그리고 우리가 윌리엄 캐리(William Carey, 물론 그는 첫 번째 선교사였다. 아니면 그렇게 잘못 생각하고 있었든지) 때부터 해 오던 일들에 대한 문제를 다루었다.

"선교는 **우리가** 하는 일이다." 그것이 전제였다. 물론 그러한 전제를 지지하는 성경적 명령이 분명히 있다. "예수 날 보내심은 성경에 써 있네." 나는 인도에서 선교사로 신학을 가르친 시절을 포함해서 오랜 세월이 지난 후에, 잉글랜드 동남부에 있는 국제 선교 훈련 기관인 열방기독교대학에서 "선교의 성경적 기초"라는 과목을 가르치게 되었다. 그 과목의 제목 자체가 이와 같은 전제를 구체적으로 표현한다. **선교**는 명사, 정해진 실재다. 선교는 **우리가** 하는 어떤 일이며, 우리는 기본적으로 선교가 무엇인지 안다. **성경적**이라는 말은 형용사로, 우리가 이미 해야 한다고 아는 것의 정당성을 입증하기 위해 사용하는 말이다. 우리가 선교를 해야 하는 이유, 우리가 그것을 정당화하는 기초, 토대, 혹은 근거는 성경에서 찾아야 한다. 그리스도인들은 우리가 하는 모든 일에 대해 성경적 기초가 필요하다. 그렇다면 "선교에 대한 성경적 기초는 무엇인가?" 본문들을 잔뜩 끌어다 대라. 다른 누구도 생각하지 못했던 본문들을 덧붙이라. 머리를 짜내어 신학을 만들어라. 동기를 부여할 만한 열정을 약간 덧붙이라. 그러면 수업을 듣는 학생들은 진심으로 감사할 것이다. 이제 그들은 자신들이 어쨌든 이미 믿고 있었던 것을 성경적으로 훨씬 더 공고히 하게 된다. 결국 이들은 열방기독교대학 학생들이기 때문이다. 그들은 선교에 헌신했기 때문에 그 대학에 온 것이다.

이러한 가벼운 풍자는 누구를 경멸하려는 의도로 말한 건 절대 아니다. 나는 선교는 우리가 해야 하는 것이라고 추호의 의심도 없이 믿으며, 성경이 그것을 뒷받침하고 명령한다고 믿는다. 하지만 그 과목을 가르칠수록, 수업을 시작할 때 학생들에게 그 과목의 이름을 바꾸고 싶다고 말하는 경우가 많아졌다. "선교의 성경적 기초"에서 "성경의 선교적 기초"라는 이름으로 말이다. 나는 학생들이 그저 성경에 우연하게 선교 활동의 이론적 근거를 제공하는 많은 본문들이 포함되어 있다는 것뿐 아니라, **전체 성경 자체가 하나의 '선교적' 현상이라는** 것을 알기 원했다. 현재 성경을 구성하고 있는 글들은 그 자체가 하나님의 궁극적 선교의 산물이며 증거다. 성경은 하나님의 창조 세계 전체를 위해 하나님 나라에 관여하는 하나님의 백성을 통한 하나님의 선교 이야기다. 성경은 이렇게 목적을 갖고 움직이시는 하나님의 드라마다. 그 하나님은 과거, 현재, 미래, 이스라엘과 열방, '생명과 우주와 만물'을 포괄하면서, 그리고 그 선교의 중심, 초점, 절정, 완성은 예수 그리스도 안에 두고서, 우주적으로 그 목적을 이루는 선교를 하고 계신다. 선교는 성경이 말하고 있는 여러 사항 중 하나, 그중 다른 것보다 조금 더 긴급하다고 말하는 것이 아니다. 매우 남용되는 말이긴 하지만, 선교는 '전부다.'

몇 가지 정의

여기서 내가 **선교**라는 말과, 그와 관련된 **선교사/선교사적, 선교적, 선교학적**이라는 말을 어떻게 사용하려고 하는지 설명해 보겠다.

선교(mission). 앞에서 나온 내용을 보면, 내가 선교라는 말을 오로지 각종 인간적 노력들과 관련해서만 사용하는 것에 불만이 있음을 즉시 알 수 있을 것이다. 나는 절대 그리스도인이 선교에 활발하게 관여하는 것이 타당하지 않다고 말하는 것이 아니다. 하지만 이 책에서는 처음부터 끝까지 **하나님의** 선교가 신학적으로 우선된다는 것을 논하고자 한다. **근본적으로 우리의 선교는**(성경에 근거하고 성경에 의해 정당성이 입증된 것이라면) **우리가 하나님의 백성으로서, 하나님의 부르심과 명령에 따라, 하나님 자신의 역사 안에서, 하나님의 피조물의 구속을 위해, 헌신적으로 참여하는 것을 의미한다.** 선교를 어떻게 정의하겠느냐는 질문을 받을 때 나는 보통 그렇게 대답한다. 우리의 선교는 하나님의 선교로부터, 그리고 그 선교에 참여하는 것으로부터 나온다.

게다가 나는 선교를 설명하면서 그 말의 '어원'이 '보내다'라는 의미의 라틴어 동사 '미토'(mitto)라는 점만 강조하고, 선교의 일차적 의미를 보내는 것 혹은 보냄을 받는 것에서 찾는 것에 불만이다. 이 역시, 성경에서 이 주제가 중요하다는 점을 의심하기 때문에 그런 것은 아니다. 그것은 **선교**를 '보내는 것'이라는 견지에서만 규정할 경우, 성경의 가르침 중에서 하나님의 선교에 대한 이해와 우리 자신의 실천에 직간접으로 영향을 끼치는 다른 많은 측면들을 제외시킨다는 생각이 들기 때문이다.

대체로, 나는 **선교**라는 말을 보다 일반적인 의미로 사용할 것이다. 정확한 목표와 계획된 행동을 통해 성취해야 하는 장기적 목적 혹은 목표라는 것이다. 어떤 집단이나 사업에도 적용되는 그런 광범위한 사명(mission) 안에 부차적 의미의 사명, 곧 좀더 광범위한 사명을 이루기 위한 단계로 어떤 사람이나 집단에게 할당된 특정한 과업이 있을 수 있다. 최근 들어 '사명 선언'(mission statements)이 대단히 유행하고 있다. 심지어 식당들까지도 때로는 가게 앞 유리창에 그런 사명 선언문을 붙여 놓는다(그들의 삶의 목적은 상당히 명확하다고 볼 수 있다). 고객들에게 음식을 제공하는 과업을 더 광범위한 의미의 사명과 연결시키려는 노력이다. 회사, 학교, 자선 단체도 사명 선언문을 작성하는 것이 도움이 된다고 생각한다(심지어 일부 교회들도 그렇게 생각하는데 그들은 그들의 삶의 목적을 좀더 명확하게 표현해야 한다. 그 교회 교인들조차 그 목적을 잘 모르는 경우가 있으니 말이다). 사명 선언은 그들의 존재 목적과 그들이 이루고자 하는 것을 요약해 준다. 성경은 의심할 바 없이 분명한 목적을 지닌 하나님의 모습을 제시한다. 성경의 면면을 통해 역사의 길을 걸으시는 하나님은 중간에 나오는 모든 도로 표지판에 사명 선언문을 걸어 놓으신다. 이 책의 사명은 하나님의 사명과 그것에 포함되고 거기서 흘러나오는 주제들을, 하나님과 하나님의 백성, 하나님의 세상과 관련해서 탐구해 나가는 것이라고 할 수 있다.

선교사/선교사적(missionary). 이 말은 보통 명사로, 일반적으로 자신의 문화가 아닌 다른 문화에서 선교 활동을 하는 사람을 뜻한다. 그것은 **선교**라는 말 자체보다 '보냄받았다'라는 의미를 더 많이 지니고 있다. 그래서 선교사들은 보통 교회나 선교 단체에 의해, 선교 사역을 하도록 보냄받는 사람들이다. 그 말은 또한 형용사로도 쓰인다. '선교사적 명령' 혹은 '선교사적 열정을 지닌 사람' 등. 유감스럽게도, 그 말은 또한 선교사에 대한 희화화된 고정관념을 만들어 냈다. 그것은 서구 교회가 19세기와 20세기에 활발한 선교 활동을 벌인 결과 나타난 유감스러운 부작용이었다. 세상 사람들은 선교사 하면 여전히 고향을 떠나 먼 나라에 가서 '원주민' 사이에 있는 서양 백인의 이미지를 떠올린다. 더욱 유감스러운 사실은, 선교에 대해 제대로 알아야 하고, 또 현재 타문화 선교에 종사하는 사람들 다수가 서구인이 아니라 '다수 세계'(Majority World: 인류의 다수를 차지한다는 의미로 '제3세계'라는 용어의 대안으로 쓰이는 말—역주)의 성장하는 토착 교회 출신들이라는 사실을 분명히 알아야 하는 교회에서조차 여전히 그렇다는 것이다. 그 결과 '다수 세계'의 교회 및 선교 기관들과 연계망을 구축하고 협력하는 많은 서양 선교 기관들은 이러한 낡은 이미지 때문에 **선교사**라는 용어를 피하고, 대신 '선교 파트너'라는 말을 더 선호한다.

선교사라는 말이 보내는 활동 및 타문화권에서 복음을 전하는 활동, 즉 바깥세상으로 뻗어 나가는 선교의 원심적 특성과 주로 관련되어 있기 때문에, 나는 그 말을 구약과 연관해서는 쓰지 않으려 한다. 내 생각에(모두가 동의하지는 않지만), 이스라엘은 하나님으로부터 열방에 선교사를 보내라는 명령을 받지는 않았다. 그러므로 분명 나는 구약을 선교학적으로 해석하긴 하겠지만, "구약의 선교사적 메시지"[로울리(H. H. Rowley)가 1944년에 쓴 초기의 탁월한 책 제목][1]를 말하지는 않을 것이다. 성경에는 가장 광범위한 의미의 선교, 특히 하나님의 선교를 대단히 잘 이해하게 해주면서도 보냄받는 선교사에 대해서는 말하지 않는 부분이 많이 있다. 신약뿐 아니라 구약에서도 마찬가지다. 그렇기 때문에 그런 본문들과 주제들을 '선교사적'이라고 말하는 것은 부적절하다.[2] 유감스럽게도, 최근까지 선교사적이라는 말은 **선교**라는 말에서 나온 단 하나의 형용사로 사용되었다. 하지만 또 한 가지의 형용사가 이제 막 널리 사용되기 시작했다.

선교적(missional). 선교적이라는 말은 선교와 관련되거나 선교에 의해 규정되는, 혹은 선교의 특성, 속성, 혹은 역학을 가진 어떤 것을 나타내는 형용사다. 선교적이라는 말과 **선교**라는 말과의 관계는 언약적이라는 말과 **언약**, 혹은 허구적이라는 말과 **허구**의 관계와 같다. 그래서 출애굽기의 선교적 해석에 대해 말할 수 있을 것이다. 이 말은 이스라엘과 세상을 위한 하나님의 선교의 역동적 의의와 오늘날 기독교 선교와의 관련성을 탐구하는 해석을 뜻한다. 또는 이스라엘이 열방 중에서 선교적 역할을 가지고 있었다고 말할 수 있을 것이다. 그것은 그들이 열방을 축복하시려는 하나님의 궁극적 의도와 연관된 정체성과 역할을 가지고 있었음을 암시한다. 그래서 나는 이스라엘이 열방에 가라는 **선교사적** 명령을 받았다고 암시하지 않으면서도 선교적 존재 이유를 가지고 있었다고 주장할 것이다(반면, 우리는 열방 중에서 **교회**가 지닌 선교사적 역할에 대해 분명히 말할 수 있을 것이다).

선교학(missiology)과 선교학적(missiological). 선교학은 선교에 대한 학문이다. 그것은 성경적·신학적·역사적·현대적·실제적 성찰 및 연구를 포함한다. 따라서 나는 통상 그런 신학적·성찰적 측면을 의미할 때는 **선교학적**이라는 말을 사용

---

[1] H. H. Rowley, *The Missionary Message of the Old Testament* (London: Carey Press, 1944).
[2] 하지만 흥미롭게도, *missio Dei*(하나님의 선교)라는 말이 처음 사용되었을 때, 그것은 하나님의 내적 보내심(성부 하나님이 성자 하나님을 세상에 보내신 것, 그리고 성부와 성자가 성령을 보내신 것)을 말하는 것이었다. John Stott는 (무엇보다도) 바로 이런 의미에서 우리의 '선교적 하나님'에 대해 말한다. "Our God Is a Missionary God", John Stott, *The Contemporary Christian* (Downers Grove, Ill.: InterVarsity Press, 1992), pp. 321-326를 보라. 『현대를 사는 그리스도인』(IVP).

할 것이다. 앞에 나온 두 예에 대해, 출애굽기의 선교학적 해석이라고도 말할 수 있을 것이다. 하지만 이스라엘이 열방 중에서 선교학적 역할을 지니고 있었다고 말하는 것은 별로 적절하지 않을 것이다. 사실상 후자의 경우 '선교사적 역할'이라는 말도 '선교학적 역할'이라는 말도 적절하지 않기 때문에, **선교적**이라는 말을 사용하는 것이 더 좋다.

앞으로의 여정

이 시점에서 이 책의 구조에 대해 한 마디 해 보겠다. 나의 개인적 추억으로 돌아가 보자. 오랫동안 나는 "선교의 성경적 기초"에 대해 가르쳤다. 언젠가 강좌를 시작하면서 지나가는 말로 특정한 문제를 잠깐 제기했다. 성경 자체의 선교적 기초에 대한 문제였다. 이것은 부분적으로는 열방기독교대학에 감돌고 있는 신학적 문화에서 비롯되었다. 그것은 의도적으로 커리큘럼의 모든 과목을 선교학적 관점에서 접근하는 것이었다. 마침 나는 성경 교리와 성경 해석학에 대한 과목도 가르치고 있었다. 그래서 자연히 선교학적 관점이 성경이 무엇이고, 어떻게 지금과 같은 모습이 되었는지, 그리고 독자가 성경에 접근할 때 갖고 있는 해석학적 전제들과 원리들은 무엇인지 질문하게 되었다. 나는 머릿속으로 그 두 과정을 교차시키면서 그 둘 사이에서 왔다갔다 하는 경향이 있었다. 성경적 선교와 성경적 해석학은 예기치 않게, 하지만 매혹적인 방식으로 서로를 변화시켜 나갔다.

하지만 선교학적 성경 해석학을 주의 깊게 관찰할 필요성이 또 다른 각도에서 제기되었다. 다른 신학교의 동료 교수가 구체적인 도전을 했기 때문이다. 1998년에 나는 런던 성경대학(London Bible College)[지금은 런던 신학교(London School of Theology: LST)로 이름이 바뀌었다]에서 레잉 강좌(Laing Lecture)를 해 달라는 초청을 받았다. 나는 "'그러면 그들이 내가 여호와인줄 알리라': 에스겔의 사역과 메시지에 대한 선교학적 성찰"이라는 제목으로 강의를 하겠다고 말했다. 당시 나는 BST 시리즈의 「에스겔 강해」(*The Message of Ezekiel*, IVP 역간)를 쓰고 있었기 때문에, 그 강좌는 내 생각에 대해 우호적 비판을 받을 수 있는 좋은 기회였다. 그리고 바로 내가 원하는 그런 비판을 들을 수 있었다.

앤서니 빌링턴(Anthony Billington, LST의 해석학 강사)은 강좌 내용을 중심으로 인정해 주면서도 선교학을 에스겔서(혹은 다른 성경 본문들)를 해석하는 틀로 사용하는 것이 과연 타당한지에 대해 질문했다. 물론 사람들은 여러 가지 틀을 통해 본문을 해석한다. 페미니즘적 틀, 심리학적 틀, 세대주의적 틀 등이다. 이것은 본질적으로 잘못된 것은 아니다. 우리는 모두 어디에선가 출발해야 하기 때문이다. 하지만 빌링턴은 다음과 같은 것이 문제라고 말했다.

> 이러저러한 특정한 틀들은 본문의 취지를 성경적·신학적 문맥에서 **정당하게 취급하는가**, 아니면 본문을 **왜곡시키는가**? 다시 말해, 본문을 틀에 넣는 것 자체가 필연적으로 잘못이라는 것도, 심지어 그렇게 할 때 본문을 이해하는 데 도움이 되지 않는다는 것도 아니다. 사실 그렇게 해서 종종 도움을 받는다. 더 중요한 문제는 그 틀이 본문을 어떻게 **통제**하는가 하는 것과, 본문이 어떤 순간 그 틀을 비판하도록 **허용**되는가 하는 것이다.[3]

빌링턴의 대단히 적절한 도전으로 인해, 나는 선교학적 성경 해석이 실제로 무엇을 의미하는지, 그리고 그것이 본문을 정당하게 취급하는 틀인지 심각하게 왜곡시키는 틀인지에 대해 더 생각해 보게 되었다. 1부 "성경과 선교"에서는 이 문제를 다루고자 했다. 이 책에서 나의 목적은 (다른 많은 사람들처럼) 기독교 선교가 성경에 확고하게 근거하고 있음을 보여 줄 뿐만 아니라(나는 그 주제를 다룬 대부분의 책보다 선교의 구약적 뿌리에 의도적으로 더 주의를 기울였다), 또한 하나님의 선교에 대한 확고한 신학이 성경 전체를 읽는 효과적인 해석학적 틀을 제공한다는 점을 보여 주려는 것이다.

그래서 1장에서는 선교학적 해석학과 관련해 이미 연구된 바 있는 몇 단계를 살펴본다. 하지만 그것을 넘어서는 더욱 철저한 노력이 필요하다고 주장한다. 2장은 선교학적 성경 해석학에 수반된다고 생각하는 것을 대략적으로 살펴본다. 모든 해석학적 틀이 성경이라는 땅을 나타내는 지도와 같다면, 그 지도를 평가하는 유일한 시험 기준은 여행자가 즐거운 여행을 하기 위해 알고 싶어 하거나 알 필요가 있는 것을 알 수 있도록 그 지역을 얼마나 충실하게 해석했는가 하는 것이다. 이 책 나머지는 성경 전체를 하나님의 선교라는 관점에서 접근하는 지도가, 이 책의 부제가 말하는 것처럼, 성경의 웅대한 이야기를 파악할 수 있도록 도와주는지 살펴본다.

이 책의 나머지 세 부분은 구약에 나오는 이스라엘의 세계관의 세 가지 주요

---

[3] 1998년 10월 London Bible College, Laing Lecture에서 내가 한 강의에 대해 Anthony Billington이 발표한 미발간 응답문에서.

초점을 차례대로 다룬다. 그것은 또한 그리스도와 관련해서 이해할 때는 기독교적 세계관의 토대가 되기도 한다.

- 선교의 하나님(2부)
- 선교의 백성(3부)
- 선교의 무대(4부)

2부에서는 성경적 유일신론이 지닌 선교학적 함의들을 살펴본다. 이스라엘의 하나님 야웨의 정체성, 유일성, 보편성(3장), 그리고 그와 직접 관련된 것으로 신약에 나오는 예수님에 관한 주장들(4장)은 선교에 엄청난 함의들을 지니고 있다. 실로 기독교 선교는 이스라엘과 그리스도를 통해 알려지기 원하시는 오직 한 분 살아 계신 하나님에 대한 이런 성경 주장들을 빼면 사상누각이 되고 말 것이다. 하지만 성경의 유일신론은 인간이 만들어 낸 신들 및 우상들과의 충돌 속에서 살펴보지 않으면 제대로 다룰 수가 없다. 성경은 수많은 수사학과 지면을 할애해서 그러한 충돌을 다룬다. 우상숭배와의 충돌은 다소 경시되었던 성경 주제로, 5장에서 그에 대해 분석하고 약간의 선교학적 성찰을 할 것이다.

3부에서는 하나님의 선교의 일차적 대리인, 즉 하나님의 백성에 대해 고찰한다. 먼저 성경 이야기의 순서를 따라 구약 이스라엘을 살펴볼 것이다. 그들은 아브라함 안에서 선택받았고, 애굽으로부터 구속받았으며, 시내 산에서 언약 관계를 맺었고, 열방과는 윤리적으로 구별된 삶을 살도록 부름받았다. 이 위대한 연속 주제들은 각각 풍성한 선교학적 의미를 갖고 있다. 그래서 우리는 다음과 같은 것들을 차례대로 살펴볼 것이다.

- 선택과 선교(6-7장)
- 구속과 선교(8-9장)
- 언약과 선교(10장)
- 윤리와 선교(11장)

4부에서는 세계라는 더 광범위한 화폭으로 넘어간다. 그것은 세상(땅), 인류, 문화, 열방들이다. 우리는 먼저 창조의 선함이 지니는 선교학적 함의, 그리고 창조 세계를 돌보는 것과 기독교 선교의 관계를 살펴볼 것이다(12장). 인간의 존엄성(우리가 하나님의 형상으로 지음받았으므로)과 부패성(우리가 하나님의 권위에 반역하여 더러워졌으므로)이라는 역설은 선교에 심오한 함의를 지니고 있다. 우리는 13장에서 그것을 탐구하면서 복음 선교가 악의 포괄적 맹공격에 대항해 보여 주어야 하는 포괄적 반응에 대해 살펴보겠다. 구약의 지혜 전통은 성경 문헌 전체에서 가장 국제적이며, 인간 문화의 성경 신학과 선교학에 대해 성찰할 때 풍성한 자료를 제공해 준다. 성경의 세계는 하나님이 목적을 갖고 만드신 열방으로 가득한 세계다. 열방들은 하나님의 구속적 의도를 어떻게 나타내는가? 열방들에 대한 구약의 종말론적 환상은 분명 선교적 드라마 가운데 가장 흥미진진한 것 중 하나인데, 우리는 그것에 대해 14장에서 살펴볼 것이다. 그 다음에 15장에서는 바깥세상으로 뻗어 나가는 신약 선교 신학과 실천의 원심적 특성을 추적해 본다.

이 책의 내용을 도표로 표시해 보면 다음과 같다.

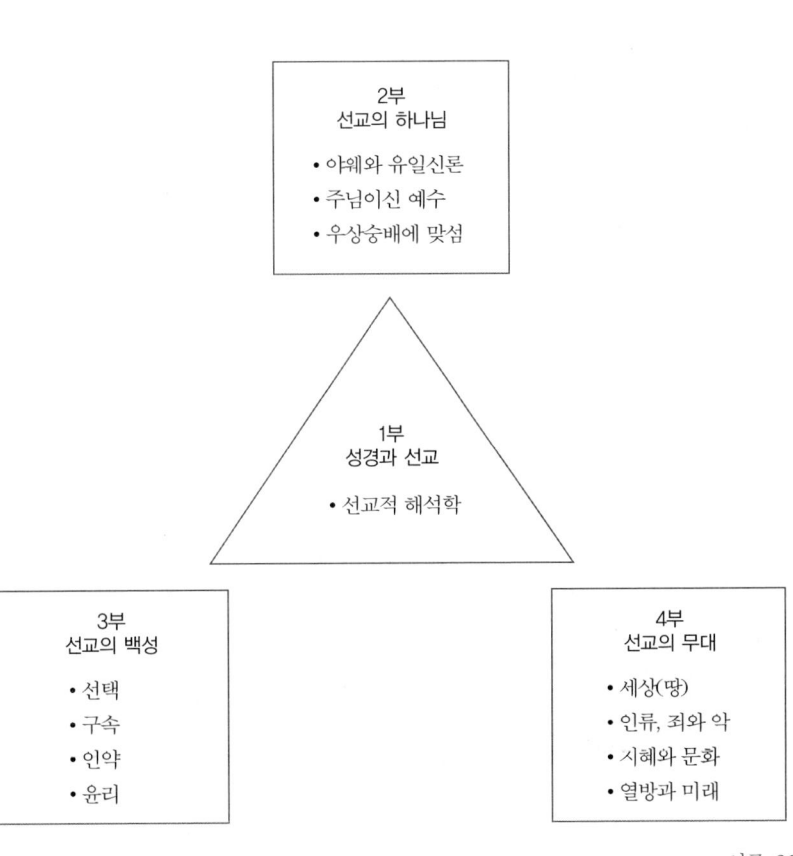

1부
성경과 선교

성경은 온통 선교에 대한 내용이라 해도 과언이 아니다. 그러므로 선교의 성경적 기초에 대해서뿐 아니라 성경의 선교적 기초를 밝히는 작업 또한 가능할 것이다. 그러나 이는 매우 담대한 주장이다. '…의 성경적 기초'라고 시작되는 문구를 뒤집어 놓을 수 있다고 생각하는 사람은 아무도 없기 때문이다. 예를 들어, 결혼에 대한 성경적 기초는 있지만, 분명 성경에 대한 결혼적 기초라는 것은 없다. 또 일에 대한 성경적 기초는 있지만, 성경이 전부 일에 대해 이야기하는 것은 아니다. 그렇다면 이러한 주장은 과장일 뿐 아니라 심지어 교만한 것이 아닌가? 성경 내용이 엄청나게 다양하며, 각각의 장르, 저자, 내용, 사상, 연도, 편집, 역사의 큰 줄기와 세세한 부분까지 탐구하기 위해 엄청난 학문적 문헌들이 쏟아져 나온 것에 비추어 볼 때, 성경이 '온통' 단 하나에 대해 이야기하고 있다는 게 말이 되는가?

그러나 나는 누가복음 24장에 기록된, 부활하신 예수님의 말씀이 나의 이러한 주장과 일치하는 것을 보면서 격려를 받는다.[1] 예수님은 먼저 엠마오 도상의 두 사람에게, 그 다음에는 나머지 제자들에게 자신이 지금의 구약, 곧 히브리 성경 전체의 초점인 메시아임을 밝히셨다(27, 44절). 그런 까닭에 우리는 성경의 기독론적 초점 혹은 중심이라는 말에는 익숙하다. 이미 그리스도인들은 성경 전체가 그리스도를 중심으로 하고 있음을 잘 알고 있다.

하지만 예수님은 자신이 구약 성경의 **메시아적** 중심이라고 말하는 것에서 한 걸음 더 나아가, 구약의 **선교적** 취지에 대해서도 말씀하신다.[2]

이에 그들의 마음을 열어 성경을 깨닫게 하시고 또 이르시되, 이같이 그리스도가 고난을 받고 제삼일에 죽은 자 가운데서 살아날 것과 또 그의 이름으로 죄사함을 받게 하

---

1) 이 본문은 1971년 Henry C. Goerner, *Thus It Is Written*(Nashville: Broadman, 1971)에서 성경적 선교 신학을 위한 출발점으로 채택되기도 했다.
2) 여기에서 **선교학적**(missiological)이라는 말보다 **선교적**(missional)이라는 말을 사용한 것은 서론에 나오는 정의에 비추어 볼 때 적절한 듯하다. 예수님은 성경에 대한 새로운 신학적 성찰을 제공하고 계실 뿐 아니라, 또한 그분의 제자들에게 선교를 위임하고 계셨으므로, 그런 성찰은 명령으로 나타나야 한다. "전파해야 하리니…" "너희는 증인이라…".

는 회개가 예루살렘에서 시작하여 모든 족속에게 전파될 것이 기록되었으니.(눅 24:45-47)

예수님이 말씀하신 문장 전체는 "기록되었으니"라는 말로 집약된다. 사실 누가는 예수님이 구약의 어떤 특정한 구절을 인용하신다고 말하고 있지는 않다. 그러나 예수님은 그의 이름으로 죄사함을 받게 하는 회개를 모든 족속에게 전파하는 선교가 '기록된' 것이라고 분명히 주장하신다. (우리가 지금 구약이라고 알고 있는) 성경은 이스라엘의 메시아의 삶과 죽음과 부활 그리고 그 사건으로 인해 생겨나는 열방에 대한 선교, 이 **둘 다에** 초점을 맞추고 있으며, 그 둘 다를 통해 완성된다고 말씀하고 계신다.[3] 누가는 이 말과 함께 예수님이 "그들의 마음을 열어 성경을 깨닫게 하시고"라고 기록한다. 달리 말하면, 그들의 해석학적 방향과 의제를 설정하고 계셨다고 말할 수 있다. 즉, 십자가에 달려 죽으시고 부활하신 예수님의 제자들이 성경을 제대로 해석하는 방법은 **메시아적으로**, 그리고 **선교적으로** 해석하는 것이다.

바울은 부활의 날 예수님이 하신 구약 해석학 강의를 직접 듣지는 못했지만, 부활하신 예수님과 만나고 예수님을 메시아와 주로 인식함으로서 자신의 성경 해석 방식이 근본적으로 바뀌었음을 분명히 알게 되었다. 그의 해석학은 이제 동일한 이중적 초점을 지니게 되었다. 그렇기에 그는 베스도 앞에서 증거하면서 "내가 오늘날까지 서서…증언하는 것은 선지자들과 모세가 반드시 되리라고 말한 것밖에 없으니 곧 그리스도가 고난을 받으실 것과 죽은 자 가운데서 먼저 다시 살아나사 **이스라엘과 이방인들에게** 빛을 전하시리라 함이니이다"(행 26:22-23, 저자 강조)라고 단언한다. 이방인에게 메시아 예수를 전하는 사도였던 바울은 평생토록 성경에 대해 이러한 이중적 이해를 지니고 있었다.

그러나 그 후 수십 세기를 내려오면서, 그리스도인들은 구약을 메시아적으로 해석하는 일은 잘했지만, 선교적으로 해석하는 일은 제대로 못했다고 (그리고 때로는 그 점에 대해 전혀 이해하지 못했다고) 말해도 무방하다. 우리는 구약을 예

---

3) 내가 여기에서 사용한 메시아라는 말은, 구약에서 전통적으로 야웨께서 이스라엘의 구속과 회복을 일으킬 인물을 묘사하는 데 사용되던, 대단히 다양한 용어들을 가리킨다. 하지만 히브리어의 '메시아'라는 용어는 구약에서 앞으로 오실 구속자를 나타내는 기능적 호칭으로 사용되지 않는다(아마도 단 9:25이 유일한 예외일 것이다).

수님에 비추어 메시아적으로 해석하거나 기독론적으로 해석한다. 즉, 구약에 나사렛 예수 안에서 성취된 메시아적 신학과 종말론 전체가 나와 있다고 본다. 물론 예수님 자신이나 처음 제자들, 그리고 복음서 저자들도 그렇게 말했다. 하지만 우리는 '성취된' 메시아적 예언이 무엇인지 죽 나열하는 것으로 그칠 뿐 그 이상으로 넘어가지 못한다. 그것은 **메시아**의 **선교적** 의미를 파악하지 못했기 때문이다.

메시아는 이스라엘의 대표자, 왕, 지도자이며 구세주로, 이스라엘의 정체성과 선교를 몸소 구현하리라고 약속된 분이었다. 이스라엘의 하나님 야웨는 기름부음 받은 자신의 대리인 메시아를 통해, 이스라엘을 위한 모든 목적을 이루실 것이다. 하지만 이스라엘의 선교는 무엇이었는가? 바로 '열방에 빛'이 되는 것, 하나님의 구속적 축복을 세상의 모든 열방에게 가져다주는 수단이 되는 것이었다. 그것은 아브라함과 맺은 언약 증서에 원래 약속된 것이었다. 이스라엘의 하나님은 또한 온 세상을 창조하신 하나님이시기 때문이다.

그렇기 때문에, 메시아를 통해 이스라엘의 하나님은 열방을 위한 자신의 모든 목적 또한 이루실 것이다. 종말에 이스라엘이 구속되고 회복되면 결국 열방이 모여들게 될 것이다. 그렇다면 예수님을 메시아로 온전히 인식한다는 것은 열방을 축복하기 위해 이스라엘에게 행하시는 하나님의 선교와 관련된 예수님의 역할도 인식해야 한다는 의미다. 따라서 구약에 대한 메시아적 해석은 선교적 해석으로 이어져야 한다. 예수님은 누가복음 24장에서 바로 이러한 연관을 말씀하신다.

성경의 기독론적 초점은 여러 가지 방식으로 나타난다. 어떤 것은 직접적으로, 또 어떤 것은 훨씬 더 간접적으로 나타난다. 성경이 '온통 그리스도에 관한 것'이라는 말은, 상상력을 동원하여 성경의 모든 구절에서 나사렛 예수를 찾아내야 한다는 의미가 아니다(그런 의미가 되어서도 안 된다). 그보다는 예수님의 인격과 사역이 성경 해석의 중심 열쇠라는 의미다. 그리스도인들은 그 열쇠를 가지고 신구약 본문들의 전반적 의미를 명확히 표현한다. 그리스도는 성경 전체를 해석하는 기반이다.

성경의 선교학적 초점도 마찬가지다. 성경이 '온통 선교에 관한 것'이라는 말은 성경 모든 구절에서 전도와 관련된 뭔가를 찾아내야 한다는 의미가 아니다. 그것은 성경 전체와 관련된 좀더 깊고 넓은 어떤 것을 말한다. 여기서 말하는 성경에 대한 선교학적 접근이란 다음과 같은 것들과 관련되어 있다.

- 성경이 존재하는 목적
- 성경이 묘사하는 하나님
- 성경이 묘사하는 백성. 성경은 우리도 그들과 같은 정체성을 갖고 그들처럼 선교하라고 권한다.
- 성경이 이 하나님과 이 백성에 대해, 그리고 온 세상과 그 미래에 대해 말하는 이야기

이것은 과거와 현재와 미래, '생명과 우주와 만물'을 총망라하는 이야기다. 성경의 거대 서사와 여기에서 말하는 성경적 선교는 대단히 밀접하게 관련되어 있다. 그렇다면 선교적 해석을 한다는 것은 이렇게 묻는 것이다. 그리스도인들이 성경 전체를 선교적 관점에서 읽는 것이 과연 가능한가? 타당한가? 유익한가? 그리고 그렇게 할 때 무슨 일이 일어나는가? 선교를 성경 전체를 이해하는 해석학적 기반으로 삼을 수 있는가?

2장에서 그러한 질문에 긍정적으로 답하는 접근법을 살펴보기 전에, 먼저 1장에서 그 문제에 대한 현대의 글을 통해 성경이 어떤 방식으로 선교와 관련되어 있는지 살펴볼 것이다. 그 방식들은 나름대로 타당하고 중대한 기여를 하지만, 내가 생각하는 포괄적이고 선교적인 성경적 해석학과는 별로 맞지 않는 듯하다. 그래서 1장에서는 선교적 해석학을 찾아 나가는 단계들이 무엇인지 살펴본다. 하지만 나는 각 단계들이 한 걸음씩 더 나아가야 한다고 믿는다.

1
선교적 해석학을 찾아서

기독교 선교의 성경적 토대를 제시하는 책들은 엄청나게 많다.[1] 하지만 그 책들의 질은 천차만별이다. 어떤 책들은 이미 회심한 사람들을 대상으로 한 소책자로, 저자와 독자들이 이미 헌신하고 있는 어떤 과업의 정당성을 입증해 준다. 어떤 책들은 비판적인 학문에는 관심이 없다. 또 어떤 책들은 어쩌면 너무 관심이 많다.[2]

---

1) 이 장의 내용은 2장과 함께 Christopher J. H. Wright, "Mission as a Matrix for Hermeneutics and Biblical Theology", *Out of Egypt: Biblical Theology and Biblical Interpretation*, ed. Craig Bartholomew et al.(Carlisle, U.K.: Paternoster; Grand Rapids: Zondervan, 2004), pp. 102-143에 처음 나왔다. 이 훌륭한 책에는 Scripture and Hermeneutics Seminar에서 발표된 것으로 이 책의 전반적인 주제와 관련되어 있는 여러 논문들이 실려 있다.
　기독교 선교에 대한 성경적 기초를 제공하는 책들에 관해서는, 단행본으로 예를 들어, Johannes Blauw, *The Missionary Nature of the Church*(New York: McGraw Hill, 1962); David Burnett, *God's Mission, Healing the Nations*, rev ed.(Carlisle, U.K.: Paternoster, 1996); Roger Hedlund, *The Misision of the Church in the World*(Grand Rapids: Baker, 1991, 「성경적 선교 신학」, 서울성경학교 출판부); Andreas J. Koestenberger and Peter T. O'Brien, *Salvation to the Ends of the Earth: A Biblical Theology of Mission*(Leister, U.K.: Apollos, 2001); Richard R. De Ridder, *Discipling the Nations*(Grand Rapids: Baker, 1975); Donald Senior and Carroll Stuhlmueller, *The Biblical Foundations for Mission*(London: SCM Press, 1983); Ken Gnanakan, *Kingdom Concerns: A Biblical Theology of Mission Today*(Bangalore: Theological Book Trust, 1989; Leicester, U.K.: Inter-Varsity Press, 1993)를 보라.
2) 물론, 성경 신학의 기초를 놓는 작업에서 비판적 학문이 차지하는 적절한 위치가 있다. 하지만 우리는 또한 그러한 토대를 넘어, 성경의 선교학적 취지를 살펴볼 필요가 있다. David J. Bosch,

더 큰 문제는 성경의 대부분을 차지하는 구약에 충분히 주의를 기울이지 않는 책이 너무 많다는 것이다. 하지만 그 책들이 하려고 하는 것은 분명하다. 교회의 선교에 적절한 성경적 명분과 권위를 발견하려는 것이다. 아마 이미 그런 선교에 종사하고 있는 사람들에게 그들이 하고 있는 일이 성경에 근거를 두고 있다고 확신시키고 격려하거나, 아직 선교에 종사하지 않고 있는 사람들에게 그들이 성경의 명령에 불순종하고 있다고 경고하여 동기를 유발하기 위해서인 것 같다.

"선교의 성경적 기초"를 넘어서

선교에 대한 성경적 변호. 그런 작업은 '선교에 대한 성경적 변호'라고 부를 수 있는 것으로, 대단히 중요하다. 교회가 2천 년간 이루어진 모든 선교 활동이 분명한 성경적 근거에 입각하지 않았다는 사실을 갑자기 깨닫게 된다면, 결국 엄청난 충격을 받게 될 것이다. 물론 이따금 그렇게 주장하는 사람들이 있었다. 실제로, 윌리엄 캐리는 선량한 그리스도인이 세계 선교를 할 필요가 없다는 신학적·성경적(그들이 생각하기에) 의견에 반대해서 "이교도들의 회심"이라는 성경적 주장을 펼쳤다. 캐리는 현대 최초로 그런 주장을 펼친 사람 중 하나였다.[3]

캐리가 탁월한 본보기를 보여 주기는 했지만, 그의 주장은 '선교의 성경적 기초'에 대한 연구가 본래부터 갖고 있는 약점을 드러낸다. 캐리의 주장 중 성경을 인용하는 부분은 단 하나의 본문에 근거하고 있었다. 마태복음 28:18-20에 나오는 소위 대위임령이다. 캐리는 그 명령이 사도 시대에만 해당되는 것이 아니라 그의 시대에도 해당되며, 그리스도의 제자들에게 주어진 그 명령은 (해외 선교 반

"Hermeneutical Principles in the Biblical Foundation for Mission", *Evangelical Review of Theology* 17 (1993): 437-451 ; Charles Van Engen, "The Relation of Bible and Mission in Mission Theology", *The Good News of the Kingdom*, ed. Charles Van Engen, Dean S. Gilliland, and Paul Pierson(Maryknoll, N.Y.: Orbis, 1993), p. 34를 보라.

3) 물론 (일반적인 신화와는 반대로) William Carey가 등장하기 오래 전부터 개신교 선교사들이 있었다. 하지만 Carey는 선교회를 설립하기 위한 성경적 논거를 최초로 분명하게 주장한 사람 중 하나였다. 그가 쓴 유명한 책 *An Enquiry into the Obligations of Christians, to Use Means for the Conversion of the Heathens*(1792)에서 마 28:18-20을 핵심 본문으로 사용한 것이다. David Bosch는 이렇게 말한다. "개신교도들은…언제나 그들이 하는 일이 성경의 가르침에 근거하고 있다는 사실에 자부심을 가졌다. 하지만 최초의 개신교 선교사들인 경건주의자들과 모라비아 교도들의 경우, 그들의 선교 활동에 대한 실제적인 성경적 근거는 거의 찾아보기 어려웠다. William Carey는 사실상 최초로 교회의 선교 명령에 대한 성경적 근거를 분명히 설명하려 한 사람 중 하나였다("Hermeneutical Principles", p. 438).

대자들이 주장한 것처럼) 한 세대로 끝난 것이 아니라고 주장했다. 우리는 어쩌면 그의 해석학적 주장에 동의하여 그가 본문을 잘 선택했다고 생각할지 모른다. 하지만 그의 성경적 주장은 매우 빈약하다. 물론 캐리가 단 하나의 본문을 사용하긴 했지만, 어쨌든 당시 상황에서 선교에 대한 성경적 주장을 펼친 것은 큰 업적이라고 그를 변호할 수도 있다. 그러나 해석이 정교한가, 정교하지 않은가 하는 차이는 있어도 많은 선교 단체들이 계속 이 단 한 본문에 근거해서 큰 선교 단체를 꾸려 나가는 관행은 지지하기가 어렵다. 변증학이라는 계란을 모두 한 개의 본문이라는 바구니에 담았다가 손잡이가 부러지면 어떻게 될 것인가?

예를 들어, 선교에 대해 말할 때 **가라**는 말을 힘주어 강조하다가, 본문에서 그 말이 명령형이 아니라 부대 상황을 나타내는 분사로, 당연한 어떤 것을 가정하는 말이라는 사실을 깨닫는다면 어떻게 될까? 예수님은 일차적으로 제자들에게 가라고 명하신 것이 아니다. 그분은 제자를 삼으라고 명하셨다. 하지만 예수님이 이제는 **모든 족속**을 제자 삼으라고 명하시므로(예수님은 지상에서 사시는 동안에는 이스라엘 내에서만 선교하라고 명하셨다), 그들은 일차적 명령인 제자를 삼으라는 명령에 순종하기 위해 일단 열방에게 가야 할 것이다.

이 본문이 그리스도의 재림 시기를 알려 주는 시간표라는 것, 즉 모든 족속을 제자 삼는 일이 끝나면 곧바로 그리스도께서 다시 오시리라는 것을 알려 준다는 일반적 가정에 의문을 제기한다면 어떻게 될까? 그리고 제자 삼는 일이 과연 완성될 수 있는 일일까?(본문이 전도하라고 하지 않고 '제자 삼으라'고 한다는 것을 유의해 보라) 대위임령은 종말을 향해 재깍거리며 가고 있는 시계가 아니라, 널리 퍼져 나가고 스스로 증식되는 과업이다.

더욱 논란의 여지가 있는 문제지만, 예수님이 마태복음 28:18-20에 헬라어로 기록된 말을 과연 실제로 말씀하셨는지(물론 아람어로) 의문을 품는 비판적 학자들의 의견을 듣는다면 어떻게 될까?[4] 그런 도전을 받았을 때 다음과 같은 몇 가지 방어 조치를 취할 수 있을 것이다.

- 회의주의자들에 맞서 마태복음 본문이 진짜 예수님이 하신 말씀이라고 변

---

4) 예를 들어 Alan Le Grys가 *Preaching to the Nations: The Origin of Mission in the Early Church* (London: SPCK, 1998)에서 한 것처럼.

호한다. 그렇게 할 만한 확고한 근거가 있다.[5]
- 이 본문이 설사 예수님의 입에서 나온 말씀을 그대로 기록한 것은 아니라도, 예수님 부활 후 선교를 하던 교회들이 예수님의 정체성과 업적이 함축하는 바를 어떻게 이해했는지 잘 표현한다고 주장한다.
- 이 본문을 뒷받침할 수 있는 더 많은 본문들을 찾아본다. 마태복음이 성경 증거의 본질적 요소를 파악하여, 그것을 예수님에게 타당하게 연결시켰다는 것을 보여 주기 위해서다. 예수님은 자신과 제자들의 선교가 철저히 성경에 근거한 것이라 보셨다고 주장한다.

마지막 선택이 가장 흔하다. 선교의 성경적 기초를 제시하는 책들은 가능하면 많은 본문을 모으는 것이 자신의 할 일이라고 생각하는 경우가 대부분이다. 선교를 하라고 명령하거나 아니면 간접적으로 후원한다고 볼 수 있는 본문들이다. 그것은 어느 정도는 중요하다. 성경을 다소 선택적으로 읽는 교회에는 그렇게 성경에 기초해서 선교를 유도하는 것이 필요하다.

평범하지만 훌륭한 많은 그리스도인들은 개인적으로 경건하기 때문에, 구원과 안전에 대해 말해 주는 성경 말씀, 괴로울 때 격려해 주는 성경 말씀, 주님을 기쁘시게 하도록 이끌어 주는 성경 말씀을 좋아한다. 그들은 세상과 열방을 위한 하나님의 보편적 목적과 관련하여 도전하는 본문들, 복음의 다문화적 본질과 교회의 선교적 본질을 대면하면 깜짝 놀란다. 하지만 그들은 그러한 놀라움을 극복하고 성경이 주는 부담에 귀를 기울여야 한다.

마찬가지로, 전통적 커리큘럼이 제시하는 시야 속에 갇혀 신학을 좁게 이해하는 신학자들과 신학생들이 많이 있다. 그런 커리큘럼을 살펴보면 어떤 형태든(성경적·역사적·신학적·실천적) 선교에 대한 것은 놀랄 만큼 빠져 있다. 성경에 기독교 선교와 관련된 놀랄 만큼 방대한 본문들과 주제들이 있다는 것을 보여 줄 수 있다면(나는 분명 그럴 수 있다고 믿는다), 선교학은 신학교에서 다시 존중될 것이다(이미 그것을 보여 주는 고무적인 징조들이 있다).

부적절한 증거 본문 인용의 위험. 하지만 한 본문이건 많은 본문이건, 모든 증거

---

5) James LaGrand, *The Earliest Christian Mission to "All Nations" in the Light of Matthew's Gospel*(Grand Rapids: Eerdmans, 1995).

본문 인용에는 여전히 위험이 수반된다. 우리는 이미 무엇을 입증할지 결정했으며(우리의 선교 활동이 성경적이라는 것), 우리가 모으는 본문들은 우리의 선입관을 확증해 줄 뿐이다. 성경은 '선교적 본문'이라는 보석을 캐내는 광산으로 바뀐다. 그 본문들은 반짝거릴지는 모르지만, 그냥 그런 보석들을 줄에 꿰어 놓고 성경 전체에 대한 선교학적 해석이라고 부를 수는 없다. 그것은 성경 전체에 나오는 선교의 적절한 토대조차 제공하지 못한다.

데이비드 보쉬(David Bosch)는 이렇게 본문을 모아 놓는 접근법에 대해 다음과 같이 말한다.

> 이 절차가 불법이라는 건 아니다. 그것도 분명 나름대로 가치가 있다. 하지만 그것은 선교 명령의 타당성을 확증하기 위해 기여한 바가 거의 없다. 이러한 타당성은 따로 분리된 본문들과 사건들이 아니라, 신구약의 중심 메시지에서 끌어내야 한다. 오늘날 교회에 중요한 것은 교회가 하고 있는 일을 따로 분리된 몇 개의 성경 본문이 말하는 것과 외견상 부합시키는 것보다, 교회와 성경 메시지의 본질 간의 관계를 규명하는 것이다.[6]

두 가지가 다 필요한데 보쉬가 그 둘을 필요 이상으로 대립하게 만들고 있는 게 아닌가 하는 느낌이 들 수도 있다. 교회가 하는 일과 성경 본문이 말하는 것은 외견상 부합되어야 한다. 그리고 선교와 관련된 본문들은 절대 따로 분리되어 있지 않다. 어떤 문제에 대해 여기저기 흩어진 본문들을 피상적으로, 그리고 해석학적인 면에서 겉으로만 그럴싸하게 섞어 놓는 증거 본문 인용이 부적절하다고 해서, 본문을 끈기 있게 연구해서 하나의 주장을 입증하려고 성실히 노력할 필요가 없다는 말은 절대 아니다. 보쉬의 인용문으로 돌아가면, '중심 메시지의 취지' 혹은 '성경 메시지의 본질'을 명확히 표현하는 것이야말로 이 책에서 씨름하고 있는 문제다. 그 취지나 본질이 '선교'라고 말할 수 있으려면, 도움이 될 만한 본문들을 몇 개 늘어놓는 것 훨씬 이상이 필요하다.

이러한 증거 본문 인용의 마지막 한계는 순환론적인 것이 아닌가 하는 의심이 든다는 점이다. 우리는 이미 선교 과업에 확고하게 헌신하고서, 신성한 역사적 유산과, 현대의 방법 및 모델들, 그리고 미래에 대한 전략과 목표를 이미 갖고 있는

---

6) Bosch, "Hermeneutical Principles", pp. 439-440.

상태에서 성경에 접근할 우려가 있다. 우리는 이 모든 것이 성경적 근거를 갖고 있다고 추정했다. 그래서 선교에 대한 성경적 토대를 찾을 때, 이미 우리 마음속으로 생각하고 있는 것을 찾을 가능성이 있다. 그것은 선교에 대한 우리의 개념을 성경적 이름표로 기분 좋게 장식하는 것이다.

선교 자체에 대한 성경적 근거를 확립하는 것은 정당하고 반드시 해야 하는 일이다. 그러나 **우리의 모든 선교 활동**이 성경적 근거를 갖고 있다고 주장하는 것은 훨씬 더 미심쩍은 일이다. 그렇게 하는 것은 불가능하며, 심지어 위험하기까지 할 수 있다. 우리는 우리의 활동들을 성경적으로 정당화하려 하기보다, 모든 선교 전략들과 계획과 작전을 성경에 근거해서 비판받고 평가받아야 한다. 마크 스핀들러(Marc Spindler)는 이 점을 잘 표현한다.

> '선교'를 현대에 실제로 이루어진 모든 선교 활동의 총합, 혹은 '선교'라는 이름으로 행해진 모든 것이라고 이해한다면, 정직한 성경학자는 그런 선교 개념은 성경에 나오지 않는다고 결론 내릴 수밖에 없다.…그렇기 때문에 모든 현대 '선교' 활동의 근거를 성경에서 찾으려는 것, 다시 말해 현대의 모든 선교 활동에 대한 성경의 전례나 문자적인 성경적 명령을 찾으려는 것은 시대착오적이고 무의미하다. 오늘날의 선교는 그보다 근본적인 것, 세상을 향한 하나님의 백성의 기본 활동[즉, 예수 그리스도를 통한 구원의 기쁜 소식을 갖고 하는 일]에서 나오는 것으로 보아야 한다.…우리가 말하는 선교의 성경적 근거가 진짜인지 아닌지는 이 중심적 사상에 현대 선교가 제대로 맞춰져 있는지에 따라 좌우된다. 역사에서 생겨난 모든 '선교' 활동들은 이런 관점에서 재평가해 보아야 한다. 다시 말하지만, 선교의 성경적 근거는 절대 실제 이루어지고 있는 선교 활동들을 정당화하려는 것이 아니라, 그 활동들을 성경에 비추어 평가하려는 것이다.[7]

하지만 그렇게 평가하려면 '근본적인 어떤 것'을 더 분명하게 이해해야 한다. 그 어떤 것이란 성경적 의미의 선교, 혹은 보다 정확하게 말하면 성경 신학의 선교학적 틀을 말한다.

---

7) Marc R. Spindler, "The Biblical Grounding and Orientation of Mission", *Missiology: An Ecumenical Introduction*, ed. A. Camps, L.A. Hoedemaker and M. R. Spindler(Grand Rapids: Eerdmans, 1995), pp. 124-125.

다문화적 해석학의 관점들을 넘어서

전 세계적 교회, 전 세계적 해석학. 서구 신학계는 서서히, 그러나 어쩔 수 없이 세계 다른 지역들을 의식하고 있다. 서구 신학계는 선교학의 영향으로 인해, 적어도 부분적으로는 수세기간의 선교적 성공을 통해 얻게 된 풍성한 신학적·해석학적 관점들에 주목하게 되었다. 선교는 전 세계 기독교의 지도를 바꾸어 놓았다. 20세기 초에는 전 세계 그리스도인의 거의 90퍼센트가 서구 혹은 북반구(즉, 주로 유럽과 북미)에 살고 있었다. 그러나 21세기 초에는 세계 그리스도인의 적어도 75퍼센트가 남반구 혹은 동방의 대륙들, 즉 남미, 아프리카, 아시아 태평양의 여러 지역에 살고 있다. 세계 기독교의 무게 중심 전체가 남쪽으로 이동했다. 그런 현상은, 완전히 적절한 표현은 아니지만, '세계화된 기독교'(Next Christendom)[8] 라고 불린다. 어떤 사람들은 '지구 남부'(Global South), 혹은 '다수 세계'와 같은 표현을 더 선호한다.

우리는 다국적 교회와 다방향 선교의 시대에 살고 있다. 그리고 그에 걸맞게 다문화적 해석학이 공존한다. 사람들은 자신의 관점에서 성경을 읽겠다고 고집할 것이다. 정확히 해석학적 혁명(종교 개혁)에 뿌리를 두고 있으며, 중세 가톨릭 학계의 지배에서 벗어나 독자적으로 성경을 해석할 권리가 있다고 주장한 사람들이 이끌고 있는 서구 개신교 신학교들이, 자신의 관점에서 성경을 읽으려는 다른 문화권 사람들의 말에 좀처럼 귀를 기울이지 않는 것은 대단한 아이러니다. 물론 상황은 개선되고 있긴 하다.[9]

해석학적 다양성은 물론 성경 자체에서도 찾아볼 수 있다. 신약은 지금의 구약 성경에 대한 해석학적 혁명을 통해 태어났다. 그리고 초대교회 안에서도 상황과 필요에 따라 같은 본문을 다양한 방식으로 다루었다. 그들은 성경이 선교의 산물

---

8) Philip Jenkins, *The Next Christendom: The Coming of Global Christianity*(Oxford: Oxford University Press, 2002). 「신의 미래」(도마의 길). 또 Christopher Wright, "Future Trends in Mission", *The Futures of Evangelicalism: Issues and Prospects*, ed. Craig Bartholomew, Robin Parry, and Andrew West(Leicester, U.K.: Inter-Varsity Press, 2003), pp. 149-163와 거기에서 인용된 참고 서적을 보라.
9) 나는 런던의 몇몇 신학 대학교의 연합 교수 모임에서, 비서구 신학이 붙잡고 씨름해야 하는 비서구 기독교 내의 주요 쟁점들에 대한 무지(순진함에서 나온 것이건 고의적인 것이건)를 볼 수 있었다. All Nations Christian College의 한 가나인 강사는 자신은 가나에서 목회를 하면서 적어도 50퍼센트의 시간을 꿈과 환상, 영적 세계 같은 문제들에 대해 신자들을 목회적으로 신학적으로 돕는 일에 사용한다고 말했다. 그러자 다른 대학의 한 영국인 강사는 나와 함께 점심을 먹는 자리에서 경멸의 태도를 숨기지 않으면서 이렇게 말했다. "우리는 이제 그런 수준은 벗어났다고 생각했는데요."

인 유대 그리스도인과 헬라 그리스도인의 정체성을 서로 다른 방식으로 다룰 것을 요구한다고 생각했다. 예를 들어 바울은 로마서 14-15장에서 이러한 차이들을 갖고 씨름한다. 그는 자신의 입장을 분명히 밝힌다(그는 자신을, 스스로를 '강한' 자라고 부르는 사람들과 신학적으로 동일화한다). 하지만 그는 성경 명령을 해석하고 적용할 때 반대 입장에 있는 사람들이 상대방을 정죄하거나 경멸하지 말고 서로를 받아들여야 한다고 주장했다. 중요한 건 그리스도와 복음의 주장들이기 때문이다.

그러므로 선교적 해석학은 적어도 이러한 인식을 포함해야 한다. 즉, 사람들이 성경 본문을 해석하는 관점과 상황은 여러 가지라는 것이다. 성경 본문과 저자의 역사적·구원사적 맥락이 본문의 의미를 파악하는 데 가장 중요하다고 주장할 때도(나는 분명히 그렇게 주장한다), 본문을 읽는 독자들의 다양한 관점은 세계 교회가 풍성한 해석을 누리게 되는 또 한 가지 매우 중요한 요소다. 어떤 문화에 속한 사람이 특정 본문을 해석하는 문화적 관점은, 다른 문화권 사람이 그 본문에서 분명하게 깨닫지 못하는 차원이나 함의를 설명하는 데 도움이 될 수 있다.[10]

제임스 브론슨(James Brownson)은 그런 다양성에 대해 심사숙고하면서, 그것이 성경적 뿌리를 갖고 있는 **긍정적인** 것으로, 전 세계에서 이루어지는 선교 활동에서 나온다고 주장한다.

내가 개발하고 있는 모델은 **선교적** 해석학이라 할 수 있다. 그것은 신약에 대한 기본적 관찰에서 나오기 때문이다. 즉, 신약을 탄생시킨 초기 기독교 운동은 명확히 **선교적** 성격을 가진 운동이었다는 것이다. 초기 기독교의 가장 명백한 현상 중 하나는 그 운동이 문화적 경계선을 넘어 새로운 곳에 뿌리를 내렸다는 것이다. 신약의 절반 이상이 사실상 이처럼 선교 활동에 참여하고 그 활동을 경축하는 사람들에 의해 기록되었다. 이처럼 초대교회가 지니고 있었던, 문화적 경계선을 넘는 경향은 성경 해석 모델을 발전시키는 풍성한 출발점이다. 그것은 특히 우리의 목적에 풍성한 영향을 미친다. 기독교와

---

10) 창세기를 차드아랍어로 번역한 서구의 번역자들에게 들은 이야기인데, 차드의 신자들은 요셉 이야기를 그들 자신의 언어로 처음 읽고는 그 이야기에서, 그리고 특별히 50장에 나오는 그 이야기의 절정에서, 요셉과 그의 형제들과의 관계 및 오랜 기간에 걸쳐 진행된 화해와 수치 제거 과정(그것은 야곱이 죽은 후까지도 끝나지 않았다)이 지닌 여러 측면을 발견했다. 그것은 그들 자신의 문화에서는 대단히 깊은 의미를 지닌 것이었다. 예를 들어, 그들은 창 50:21에 나오는 요셉의 개인적 헌신이 창 50:20에 나오는 그의 신학적 통찰만큼 큰 힘을 가지고 있다고 생각했다.

다양한 문화의 관계 문제를 가장 중대한 해석적 의제로 삼기 때문이다. 이러한 초점은 성경 해석에서 다양성 문제를 해결하려고 고심하는 사람들에게 큰 도움이 될 수 있다.…내가 주창하는 선교적 해석학은 다양한 해석이 불가피하게 존재한다는 사실에 대한 단언으로 시작된다.[11]

해석학적 일관성의 초점인 선교. 하지만 선교적 성경 해석학이 단지 전 세계 모든 다양한 피부색의 교회와 선교 현장으로부터, 모든 가능한 본문 해석 방식을 모으는 것이라는 생각은 적절하지 않다. 물론 그것은 대단히 흥미로운 일이며 우리를 부요케 하는 일이다. 다른 사람들의 눈을 통해 성경을 해석하고 연구하게 되면 도전과 흥분, 엄청난 교훈을 얻게 된다는 것이 나 자신을 포함해 타문화권에서 살거나 사역한 사람들의 공통적 증언이다. 하지만 남는 것이 다양성뿐인가? 또한 그렇다면, 우리는 어떠한 평가도 거절하는 상대주의에 굴복하는 것인가? 옳거나 그른, 혹은 심지어 더 낫거나 못한 성경 해석법을 구분하는 경계선이 있는가? 그리고 그 경계선 혹은 판단 기준은 어떻게 규정해야 하는가?

여기서 '해석의 다양성'이 해석학적 이데올로기로서의 다원주의도, 상대주의에 대한 허가장도 아니라는 점을 짚고 넘어가는 것이 중요하다. 내 생각에 성경 본문의 의미를 이해하기 위한 출발점은, 여전히 문법적·역사적 도구들을 주의깊게 적용하여 그 저자나 편집자가 말하거나 글을 쓴 맥락에서 의미한 바를 가능한 한 잘 찾아내는 것이다. 하지만 그 도구들을 사용하고 나서 그 본문들의 의미와 함축을 우리 상황에 적용하려 할 때는 문화적 다양성이 발휘된다. 하지만 그것은 방법론적이고 신학적인 한계를 갖고 있는 다양성이다.

브론슨은 **다양성**의 선교적 해석학에 대해 논의하고 나서, '**일관성**의 해석학'에 대한 주장으로 넘어간다. 해석적 입장이 다양하다는 것은 존중하고 사랑하는 태도로 서로 이야기를 주고받으며, 우리가 인간이라는 공통점을 갖고 있으며 같은

---

11) James V. Brownson, "Speaking the Truth in Love: Elements of a Missional Hermeneutic", *The Church Between Gospel and Culture*, ed. George R. Hunsberger and Craig Van Gelder(Grand Rapids: Eerdmans, 1996), pp. 232-233. 또한 *Evangelical Review of Theology* 24(2000): 207-239에 재수록된 Christopher J. H. Wright, "Christ and the Mosaic of Pluralisms: Challenges to Evangelical Missiology in the 21st Century", *Global Missiology for the 21st Century: The Iguassu Dialogue*, ed. William Taylor(Grand Rapids: Baker, 2000)를 보라. 「21세기 글로벌 선교학」(CLC).

성경 본문을 믿는다고 단언한다는 의미다. "하지만 다양성을 긍정하고 나서는, 성경이 어떻게 하나의 핵심을 제공하는지도 파악할 필요가 있다. 그 핵심은 다양성 가운데 방향을 잡아 주는 좌표다. 사랑으로 **진리를** 말한다는 것은 무슨 의미인가?"[12] 브론슨이 제시하는 대답은 성경적 복음 자체의 형태, 내용, 주장이다. 그는 신약은 다양한 형태로 복음을 제시하지만 그 안에는 타협 불가능한 핵심이 있다는 주장에 동의한다. 그리고 이것이 모든 본문 해석을 평가하는 해석학적 틀 혹은 모체를 제공해야 한다고 주장한다.

> 복음이 해석학적 기능을 갖고 있음을 이해하는 것은 성경 해석의 다양성과 일관성을 제대로 이해하는 데 결정적으로 중요하다. 해석은 언제나 각기 다른 맥락에서 나온다. 언제나 다양한 해석자들의 다양한 전통들이 있을 것이다.…하지만 이 모든 다양성 속에서, 복음은 일관성과 공통성을 제시하는 틀 역할을 한다.[13]

나는 이 말에 전심으로 동의하지만, 한 걸음 더 나아가 브론슨이 오로지 신약적 용어로만 논하고 있는 복음이 사실은 창세기에서 시작한다는 것(갈 3:8에서 바울에 따르면)을 지적하고자 한다. 따라서 나는 브론슨이 말하는 '일관성의 해석학'이 성경 전체에 적용된다는 점을 주장한다.

누가복음 24장에서 누가가 히브리 정경을 메시아적이고 선교적으로 해석한 것에도 분명 이것이 암시되어 있을 것이다. 바울과 함께 살고 일했으며, 사도행전에서 교회에서 일어난 최초의 신학적 논쟁을 기록했던 누가는, 최초로 예수의 도를 따르던 사람들조차 구약 본문을 다양하게 해석했다는 사실을 잘 알고 있었다. 하지만 예수님의 말씀은 "그들의 마음을 열어 성경을 깨닫게"(눅 24:45) 했다. 다시 말해, **예수님 자신이** 모든 제자들에게 본문에 대한 해석학적 일관성을 제공하셨다. 그것은 그리스도**께로** 이끄는 이야기(메시아적 해석)와 그리스도**로부터** 나오는 이야기(선교적 해석)에 비추어 본문을 해석하는 것이다. 그것은 성경 전체에서 모든 열방을 향한 하나님의 마음과 목적에서 나오는 이야기다. 그것은 성경 전체에 대한 선교적 해석학이다.

---

12) 같은 책, p. 239.
13) 같은 책, pp. 257-258.

상황 신학과 옹호적 해석을 넘어서

상황과 이익. 성경 본문을 상황에 따라 다양하게 해석할 때, 이해관계에 따라 성경을 읽는 일이 생긴다. 즉, 특정 집단의 사람들 가운데서 그들을 위해 또는 그들의 이익을 위해 성경을 읽는 것이다. 계몽주의 이래 서구에서는 다소 협소한 신학관, 즉 신학이 과학적이고, 객관적이고, 합리적이며, 고백적 가설이나 이데올로기적 관심사로부터 자유하다고 주장하는 신학관이 발전했다. 하지만 그에 반대해서 그런 공평한 객관성은 신화이며, 게다가 그것이 상대방을 지배하려는 주장들을 숨기고 있다는 점에서 위험한 신화라고 선포하는 신학들이 등장했다. 이 신학들은 상황이 중요하다고 주장한다. 성경을 읽고 해석할 때 독자가 누구이고, 어디에 있으며, 어떤 사람들 가운데 살고 있는가에 따라 차이가 생겨난다는 것이다. 성경은 그 메시지를 듣고 적용하는 바로 그 상황 안에서 그 상황을 위해 읽혀져야 한다.

그래서 성경과 신학에 대한 이러한 접근은 서구 학계에서 '상황 신학'이라고 불리게 되었다. 그러나 이 용어 자체가 서구의 교만한 자민족 중심주의를 드러냈다. 서구 외의 다른 곳들은 배경이 되는 상황이며, 그들은 그런 상황들을 위해 그들의 신학을 한다고 가정하기 때문이다. 서구인들은 진짜, 객관적인 것, 상황 없는 신학을 갖고 있다는 것이다. 이러한 가정은 이제 도전을 받고 있으며, 서구 역시 있는 그대로 판단을 받는다. 즉, 그들도 인간 문화의 특정한 한 상황으로, 성경을 해석하고 신학을 하는 데 있어 다른 상황보다 반드시 더 낫지도 못하지도 않다는 것이다.[14] 하지만 우연찮게 서구라는 상황에서 그리스도인이 되는 특정한 방식이 등장해 오랜 세월 동안 유지되었으며, 후에는 세상에서 우세한 지위를 차지하게 되었다. 대체로 선교 활동과 그 결과로 인해 그렇게 된 것이다. 그것은 계몽주의 모더니티라 부르는 거대한 바벨탑에서 절정에 이른 문화적 상황이다. 지금 그것은 창세기의 바벨탑이 그랬듯, 포스트모더니티의 산발적 다양성으로 분해되고 있는 중이다.

비교적 새로 등장한 이 신학들은 옹호적이라는 공통점을 갖고 있다. 즉, 그 신

---

14) 내가 이렇게 말한 것은, 어떤 때는 서구가 해석학적 주도권을 잡고 다수 세계의 성경 연구에 대해 무지했다가, 또 어떤 때는 유행에 따라 비서구 세계에서 나온 것은 무엇이든 다 지나치게 칭찬하고 기존의 문법적·역사적 해석 방법들은 왠지 본질적으로 서구적이거나, 식민주의적이거나, 제국주의적인 것이라고 거부했다가 하는 것은 별 의미가 없어 보이기 때문이다.

학들은 모든 불의의 희생자 편에 서는 것이야말로 성경적 신앙의 기초라는 확신에서 나온다. 그래서 성경을 해방론적으로 해석한다. 즉, 사람들을 억압과 착취에서 해방시키는 데 관심을 갖는다는 것이다. 20세기 서구 신학적 사고에 최초로 영향을 끼친 것은 남미의 해방 신학이었다.[15] 신학은 서재에서 연구한 후 세상에 적용하는 것이 아니다. 오히려 먼저 가난하고 억압받는 자들을 위해 그들을 대표해서 행동하고 나서, 그런 헌신과 실천에서 신학적 성찰이 나온 것이다. 이것은 일반적인 서구 신학 방식에 근본적인 패러다임의 변화를 가져왔다. 다른 예로는 인도의 불가촉천민(달리트) 신학, 한국의 민중 신학, 아프리카와 미국 흑인들의 흑인 신학 등이 있다. 여성 해방 운동 역시 방대하고 영향력 있는 해석학과 신학을 만들어 냈다. 그것은 어느 곳보다 서구에서 더 큰 영향력을 발휘했다. 본문에 대한 이 모든 접근들은 의도적으로 '이해관계가 있는' 해석학을 제시한다. 즉, 자신들이 대표하는 사람들인 가난한 자들, 버림받은 자들, 흑인들, 여성들 등의 이익을 위해 성경을 읽는다는 것이다.

선교사에 대한 고정관념 타파. 그러면 선교적 성경 해석학은 선교사들을 위한 해방 신학이 될 수 있을까? 아니면 선교학자들을 위한? 반 농담으로만 그렇게 말할 수 있을 뿐이다. 선교사들이 식민주의와 타협한 결과 생겨난 존재들이며, 서구의 교만 및 문화적 전체주의와 거의 비슷한 말이라는 생각이 널리 보급되어 있는 것을 볼 때, 선교사들**로부터의** 해방 신학을 제안하는 것이 더 자연스러울 것이다 (몇몇 급진적인 비서구 신학은 실제로 그런 주장을 펼쳤다).

하지만 세계 교회의 다국적 특성으로 인해 새로운 현상이 나타났다. 하지만 서구 대중문화와 매스컴은 물론이고, 서구 교회들 내에서도 그 현상을 아직 크게 인식하지 못하고 있다. 그것은 오늘날 세계에서 사역하는 기독교 선교사 전체 중 절반이 훨씬 넘는 숫자가 백인도 서구인도 아니라는 것이다. 현재 다수의 사람들을 온갖 타문화 선교 사역에 파송하고 있는 것은 다수 세계 교회들이다. 그래서 아프리카에서 영국인 선교사를 만날 수 있는 것처럼, 영국에서 아프리카인 선교사를 만날 수 있다. 북아프리카에서는 브라질 선교사를, 백인들이 잘 가지 않는 서아프

---

15) 나는 다른 시대에 해방론적인 특성을 지닌 신학이 없었다고 말하는 것은 아니다. 그 이전 시기에도 해방론적 방향으로 그 시대 특유의 신학적 발전이 이루어졌기 때문이다. 예를 들어, 급진적 개혁파 (Radical Reformation)의 재침례교 운동은 로마 가톨릭과 주류 개신교 교회 및 국가들로부터 받은 격심한 핍박에 대항해 투쟁하면서, 광범위한 해석학적 전략들을 개발했다.

리카 일부에서는 나이지리아 선교사를 만날 수 있다. 그리고 한국인들은 세계의 거의 모든 곳에 있다. 아직은 세계 여러 지역에 가장 많은 수의 선교사를 보내는 나라는 미국이지만, 두 번째로 많은 수의 타문화 선교사를 보내는 나라는 인도다.[16] 인도 내에는 선교사로 섬기는 서구인들보다 인도 자국민 선교사 숫자가 적어도 30배는 된다.

세계 선교의 이 새로운 현상에 대해 분명히 말할 수 있는 것은, 이 모든 기독교 선교사들이 억압적 식민 열강의 대리인이나, 정치적·경제적 제국주의를 종교적으로 치장해 주는 존재가 아니라는 것이다. 반대로, 대부분의 경우 다수 세계 교회의 기독교 선교는 힘없고 가난한 여건 가운데서, 종종 반대와 핍박을 받으면서 이루어진다. 그런 선교사들은 남미의 가난한 사람들이나 인도의 불가촉천민 같은 억압받는 계층은 아닐지 모른다(많은 인도 선교사들은 불가촉천민 출신이다). 하지만 그들은 여전히 그들을 둘러싸고 있는 억압적 고정관념과 부당한 대우에서 해방되었으면 하는 소원을 갖고 있다. 뿐만 아니라, 많은 교회 안에서 경험하는 선교의 주변화, 여전히 신학계의 견고한 진 안에서 싸우고 있는 선교학의 주변화에서도 해방되고 싶어 한다.

그렇다. 그래서 선교적 해석학은 '이해관계가 있는' 것이다. 그것은 성경을 읽고는 자신의 개인적 삶을 열방을 위한 하나님의 목적에 바친 사람들의 이익을 위한 성경적 해석학을 발전시킨다. 하지만 그런 해석을 뒷받침해 주는 것은 교회 전체가 일반적으로 그런 헌신을 해야 한다는 더 큰 확신이다. 이렇게 성경을 해석할 때, 성경을 진지하게 믿는 교회라면 성경에 계시된 하나님과 복음이 선교적이라는 사실을 깨닫지 못할 수가 없기 때문이다.

선교적 해석은 해방을 포괄한다. 하지만 선교적 해석학은 그보다 한 걸음 더 나아간다. 그것은 단지 몇몇 해방론적 신학이나 옹호 신학 혹은 '이해관계가 있는' 신학 중 하나가 되는 것으로 만족하지 않는다. 물론 그 정도만 되어도 그것이 존재할 권리, 진보해 나가면서 자신의 타당성을 변호할 권리를 가지고 있다고 볼 수 있지만 말이다.[17] 더 정확히 말하면, 내가 이 책에서 말하려는 것처럼, 성경 전체

---

16) 또한 인도 내 개신교 타문화권 선교사의 숫자가 이미 미국에서 전 세계에 보낸 선교사 총 숫자를 넘어섰다는 최근의 통계가 있다.
17) 포스트모던 학계에 존재하는 다양한 성경 본문 해석과, 그것이 서구 신학, 특히 구약학 분야의 전통적인 주도권에 미친 영향에 대한 통찰력 있는 성찰을 담은 Walter Brueggemann, *Theology of the*

를 선교적으로 해석하는 것 자체가 해방론적 해석을 포함한다. 이 다양한 신학들 가운데서 숨 쉬는 정의와 해방에 대한 열정이, 종말에 이르기까지 내내 불의와 억압과 속박에 맞서 싸우시는 하나님에 대한 성경 계시에서 온 것이 아니라면, 어디에서 왔단 말인가? 그분의 아들 예수 그리스도의 십자가와 부활에서 그런 모든 부정과 악(인간적·역사적·우주적)을 누르고 절정의 승리를 이루신 하나님에게서 온 것이 아니라면 어디에서 왔단 말인가? 다시 말해, 하나님의 선교에서 온 것이 아니라면 어디에서 왔단 말인가?

성경적으로 볼 때, 모든 참된 해방, 인간의 진정한 최고 유익에 대한 관심은 모두 하나님으로부터 나온다. 그저 **어떤** 신이 아니라 구약에서 야웨로 계시되고 나사렛 예수 안에서 성육신하신 그 하나님이다. 이처럼 성경은 인류의 해방뿐 아니라 온 피조물의 해방을 위한 **이** 하나님의 열정과 행동(선교)을 말하므로, 선교적 성경 해석학은 반드시 해방론적 차원을 지녀야 한다. 다시 한 번 선교 신학(및 그 실천)의 기초로 하나님의 선교 및 하나님의 존재와 행위 전체에 예배로 반응하는 것이 얼마나 중요한지 돌아보게 된다. 그런 관점에서 우리는 **사람들의** 대리자이기 전에 **하나님의** 대리자다.

이러한 선교의 삼위일체적 토대는 교회가 아니라 하나님이 선교의 일차적 주체이며 원천임을 분명히 해줄 것이다. 교회는 세상에서 하나님의 대리자로서, 하나님의 관심을 대변하는 일이야말로 교회의 존재 목적이다. 그렇기 때문에 교회는 찬송으로 선교를 시작해야 한다. 그렇지 않으면 모든 것이 사회 행동주의와 아무 목적 없는 프로그램들로 점차 소멸되어 버릴 것이다.[18]

포스트모던 해석학을 넘어서

다양성은 괜찮지만, 상대주의는 안 된다. 상황 신학이 등장하고 서구의 '표준적'

Old Testament: Testimony, Dispute, Advocacy(Minneapolis: Fortress Press, 1997), pp. 61-114를 보라. 「구약신학」(CLC). 내가 보기에는 선교학적 해석도 다른 것과 마찬가지로 현대 해석학에서 차지할 자리가 있다. 또 Wright, "Mosaic of Pluralist"에서 내가 언급한 논평을 보라.
18) Carl E. Braaten, "The Mission of the Gospel to the Nations", *Dialog* 30(1991): 127. 또한 선교가 삼위일체적이고 하나님 중심적인 우선순위를 갖고 있다는 것을 여전히 적절하게 상기시켜 주는 책으로 Lesslie Newbigin, *Trinitarian Doctrine for Today's Mission*(Edinburgh: Edinburgh House Press, 1963: Carlisle, U.K.: Paternoster, 1998)을 보라.

신학을 포함한 모든 신학이 사실은 상황적인 것이라는 인식이 생겨나는 것과 더불어, 포스트모더니즘이 생겨나면서 해석학에(모든 학문 분야와 마찬가지로) 엄청난 영향을 미쳤다. 현대 서구 신학계는 대체로 계몽주의 현대 세계관에 입각해 있었다. 그 세계관은 객관성을 특히 중시했으며, 모든 것을 포괄하는 단 하나의 신학적 개념을 추구했다. 자연히 지역적 상황과 역사적 상황에 너무 치우쳐 있는 신학에 찬성하지 않았다. 하지만 포스트모던 시대에 들어오면서 그러한 개념은 의도적으로 대비되어, 지역성과 다양성이 환영받고 존중받게 된다.

하지만 포스트모더니즘은 지역적인 것, 상황적인 것, 특수한 것을 찬미할 뿐 아니라, 그것이 전부라고 주장한다. 모든 것을 포괄하는 거대 서사(혹은 메타 서사)는 없다. 그것은 삶과 의미 전체를 포괄하는, 모두에게 해당되는 어떤 진리가 있다는 주장은 전부 억압적인 실력 행사라고 거부한다. 그래서 철저히 포스트모던적인 해석학은 다양한 해석과 관점은 기뻐하지만, 어떤 한 진리가 있을 가능성이나 통합적 일관성은 거부한다.[19]

다른 한편, 신약 교회 이후 2천 년간 기독교 선교는 다양한 문화적 상황 문제로 씨름해 왔다. 그러면서도 복음에는 어떤 상황에서든 사람들에게 말하고 요구하는, 모든 사람들을 위한 객관적 진리가 있다는 확신을 유지했다. 나는 한 걸음 더 나아가 구약에 나오는 이스라엘도 비슷한 문제를 갖고 씨름했다고 주장하고자 한다. 즉, 천 년 이상 이어진 이스라엘 역사에서 이스라엘은 야웨 신앙을 변화하는 문화적·종교적 상황에 관련시키는 문제로 고심했다는 것이다. 문화적 다양성은 기독교 선교에서 전혀 새로운 것이 아니다. 선교에 참여하고 선교학적으로 성찰하면서 늘상 접하게 되는 내용이다. 우리는 포스트모던의 웅덩이에서 수영을 하면서 도전을 받을 수는 있지만, 발이 닿지 않는 깊은 곳에 빠져 있다고 생각할 필요는 없다.[20]

---

19) 포스트모더니티의 도전에서 한 가지 주된 요소는 인식론 차원에서 이루어진다. 그것은 우리가 안다고 주장하는 것을 우리는 어떻게 아는가 하는 것이다. 이것은 또한 우리가 선교를 보는 방식에 중대한 영향을 끼친다. 기독교 선교는 그리스도인들이 하나님과 세상에 대해, 역사와 미래에 대해 안다고 주장하는 것에 근거하고 있기 때문이다. 선교의 이러한 인식론적 문제 중 일부를 한 심포지엄에서 다루었으며, 그 내용이 J. Andrew Kirk and Kevin J. Vanhoozer, eds., *To Stake a Claim: Mission and the Western Crisis of Knowledge*(Maryknoll, N.Y.: Orbis, 1999)에 기록되어 있다.

20) Andrew Walls는 역사 내내 기독교회가 각 문화마다 뿌리를 내리면서도, 복음의 본질적이고 타협 불가능하며 초문화적인 객관적 핵심을 보존하면서, 계속해서 점차 더 다양성을 개발해 온 것에 대해 대단히 고무적인 개관을 제공한다. Andrew F. Walls, *The Missionary Movement in Christian*

마르타 프랭크스(Martha Franks)가 흥미롭고 복잡한 글을 하나 썼는데, 그 글을 보면, 어떻게 20세기 동안 기독교 선교 신학이 처음에는 단 하나의 성경 메시지를 상당히 단호하게 제시하다가, 그 후에는 그 메시지가 역사적으로 미묘한 차이를 많이 지닌 것으로 이해했고[폰 라드(von Rad)의 신학에서처럼], 그 다음에는 성경과 선교 상황의 다양성을 인식하게 되었는지[시니어(Senior)와 슈툴뮬러(Stuhlmueller)처럼] 설명하고 있다. 그녀는 예를 들어 레슬리 뉴비긴(Lesslie Newbigin)은 선택의 특정성과 모든 열방과 문화를 위한 성경 환상의 다양성을 민감하게 조화시키고, 복음의 충만함이 쌍방적인 타문화 선교 과업을 통해 점차 더 가시적 영광을 가져오는 것으로 보았다고 말한다. 그녀는 이어서 이것을 포스트모더니즘의 관심사와 연결시키고, 기독교 선교가 포스트모더니즘 훨씬 이전부터 여러 상황들을 복음의 타당한 '본거지'로 인정했다고 주장한다.

기독교 선교는 오랫동안 '포스트모던적' 도전을 경험해 왔다. 프랭크스는 선교가 절대 단순히 어떤 객체를 한 주체에서 다른 주체에게로 이동시키는 것이 아니었다고 지적한다. 오히려 복음은 살아서 역사하는 것이다. 그것은 성경과 그리스도 사건에 역사적 뿌리를 두고 있기 때문에 핵심은 변치 않지만, 수없이 많은 방식으로 받아들여지고, 이해되고, 표현되고, 삶으로 나타났다. 수직적으로는 역사를 통해, 그리고 수평적으로는 기독교 신앙이 뿌리를 내린 모든 문화 안에서 나타난 것이다.

뉴비긴은…다원적 세계에서 선교 사역은 '쌍방적인' 것이라고 주장한다. 그리스도의 메시지를 새로운 상황에 전해 주었을 때 복음이 새롭게 이해되는 것은 예수님의 주되심이 무슨 의미인지 이해하는 데 있어 중요한 부분이다. 선교 사역에서 나온 이 통찰은 본문의 의미와 관련된 포스트모더니즘의 비슷한 주장에 공감한다. 사람들 간의 의사소통은, 심지어 책을 통한 의사소통이라 해도, 언제나 '쌍방적'이라는 것이다.…더구나 뉴비긴은 선교를 이해하면서, 기독교 선교는 포스트모던 사회보다 훨씬 전에, 언어와 개념을 한 상황에서 다른 상황으로 옮길 때 완전히 새롭게 이해된다는 사실로 인해 생겨날 수 있는 문제를 인식했다고 지적한다. 포스트모던 시대의 사람들이 부닥친 바로 그

History: Studies in the Transmission of Faith(Maryknoll, N.Y.: Orbis; Edinburgh: T&T Clark, 1996)를 보라.

문제를 수십 세기 동안 경험한 우리로서는, 포스트모더니즘의 도전에 혐오감을 갖고 응대하는 것이 아니라, 지혜롭게 반응하는 것이 적절하다. 우리는 이 문제들을 잘 안다. 우리는 뭔가 제공할 것이 있다.[21]

우리가 제공해야 하는 것은 성경에 대한 선교적 해석학이라고 나는 주장한다. 성경은 포스트모더니티가 꿈도 꾸기 전에 그런 문제를 아울렀다. 성경은 **다양성**을 기뻐하고, 다수의 인간 **문화**를 찬미한다. 성경은 전적으로 **특정한** 그리고 때로는 대단히 **지역적인** 사건을 대단히 고결한 신학적 주장들의 기초로 삼는다. 성경은 모든 것을 추상적 견지에서가 아니라 **관계적** 견지에서 본다. 그리고 성경은 대부분 **이야기**라는 매체를 통해 이러한 일을 한다.

포스트모던 정신은 성경의 이 모든 특징들(문화적·지역적·관계적·설화적)을 환영한다. 선교적 해석학과 급진적인 포스트모더니티의 차이점은 이 모든 다양성, 지역성, 특정성, 변화에도 불구하고, 성경은 실제로 **하나의** 이야기라는 주장이다. 이것이 길이다. 이것이 모든 사람을 위한 진리를 구성하는 거대 서사다. 그리고 성경에서 서술하고 있거나 예상하고 있는 **이** 이야기로부터 하나님의 역사가 나온다. 그 하나님의 선교는 창조부터 새 창조까지 명백하게 나타나 있다. 이것이 하나님의 선교의 이야기다. 그것은 보편적 주장을 가진 일관된 이야기다. 하지만 그것은 또한 특정한 문화적 다양성을 지닌 인류를 긍정하는 이야기이기도 하다. 이것은 모든 작은 이야기들에 분명한 위치를 부여하는 보편적 이야기다.[22]

---

21) Martha Franks, "Election, Pluralism, and the Missiology of Scripture in a Postmodern Age", *Missiology* 26(1998): 342.
22) Richard Bauckham은 성경이 특정한 것과 보편적인 것 사이를 끊임없이 왔다갔다 하는 것과, 그것이 선교학적 해석학에 함축하는 바를 탐구한다. 특히 그것과 포스트모더니티와의 관련성에 주의를 기울인다. Richard Bauckham, *The Bible and Mission: Christian Mission in a Postmodern World*(Carlisle, U.K.: Paternoster, 2003)를 보라. 「세계화에 맞서는 기독교적 증언」(새물결 플러스).

2
선교적 해석학의 형성

1장에서는 성경을 선교학적으로 해석하기 위한 몇 가지 시도들을 살펴보며 모두 무언가 미진하다고 주장했다. 다른 사람들의 부족함을 지적하는 사람은 어느 정도 그 문제에 대해 책임을 져야 한다. 성경 해석학의 분명한 틀로서 선교학은 아직 완전히 확립되지 않았기 때문에 약간 주저되긴 하지만, 이 장에 나오는 성찰들은 적어도 그 프로젝트의 발판이 될 수는 있을 것이다.

하나님의 선교의 산물인 성경

성경의 선교적 해석학은 성경의 존재와 함께 시작된다. 성경 본문과 우리 창조주 하나님의 자기 계시 사이에 약간의 관계(어떻게 표현되든)가 있다고 주장하는 사람들에게는 정경 전체가 하나의 선교적 현상이다. 하나님이 자신을 주시기 위해 피조물과 우리, 곧 하나님의 형상으로 창조되었지만 제멋대로이고 변덕스러운 인간을 향해 움직이신다는 사실을 증거한다는 것이다. 지금 우리가 갖고 있는 성경의 글들 자체가 하나님의 궁극적 선교의 산물이며 증거다.

> 성경의 존재 자체가 반역하는 자신의 피조물을 버리지 않고, 포기하지 않으셨으며, 타락한 피조물을 그분의 원래 의도대로 구속하고 회복시키기로 결심하셨고 지금도 결심하시는 그 하나님에 대한 틀림없는 증거다.…그런 글 모음의 존재 자체가 인간들 사이

에 나타나시는 하나님, 인간에게 자신을 드러내시는 하나님, 그들을 한 줄기 빛도 없는 어둠 속에 놓아 두지 않으실 하나님,…주도권을 쥐시고 우리와 깨어진 관계를 재확립하시는 하나님을 입증한다.[1]

게다가 이러한 본문들의 기록 과정은 종종 본질상 대단히 선교적이다. 많은 본문은 하나님의 백성이 하나님의 계시를 이해하고 살아내며 세상에서 하나님의 구속 활동을 행하는 과정에서 겪은 투쟁과 갈등과 고통에서 나온 것이다. 그 갈등은 때로는 하나님의 백성 안에서 발생하는 내적 갈등이었다. 또 때로는 주위의 다른 종교적 주장들 및 세계관들과 경합하는 외적 갈등이었다. 그래서 그런 본문들을 선교적으로 읽는다는 것은 분명 (1) 객관적인 석의를 통해 '진짜' 의미를 발견하고 나서 (2) 본문 자체에 대한 해석을 보충하기 위해 몇 가지 '선교학적 함의들'을 찾는다는 말이 아니다. 그것은 어떻게 본문이 종종 하나님의 백성이 선교적 상황에서 다루어야 하는 문제, 필요, 논쟁 혹은 위협 등으로부터 **생겨났는지** 찾아보는 것이다. 본문 자체가 선교 활동의 산물이다.

이는 신약의 경우 쉽게 논증될 수 있다.[2] 바울의 서신서들은 대부분 그가 한창 선교 활동을 할 때 기록되었다. 어떠한 신학적 근거를 갖고 이방인을 교회에 포함시킬 것인가 하는 문제로 씨름하면서, 유대인과 이방인이 그리스도 안에서 서로 용납할 필요가 있다고 단언하면서, 헬라의 다신론 세상에서 복음이 뿌리를 내릴 때 갓 생겨난 교회들을 공격했던 매우 다양한 문제들을 붙잡고 씨름하면서, 예수 그리스도의 우월성과 충분성을 분명하게 단언하고 초기 이단들과 대결하면서 기록되었다.

---

1) Charles R. Taber, "Missiology and the Bible", *Missiology* 11(1983): 232.
2) Marion Soards는 신약 연구에서 현재 쟁점이 되고 있는 네 가지 문제(1세기 유대교, 예수님의 생애, 바울 신학, 초대교회의 특성)를 개관하며, 그것들이 또한 선교 연구에 어떻게 관련되어 있는지 보여준다. 하지만 그는 본서에서 말하는 주장과 비슷한 논평으로 결론을 맺는다. "선교 연구는 성경학자들에게 우리가 연구하는(종종 힘들여, 심지어 괴로울 정도로 상세하게) 많은 글들이 선교라는 사실로 인해 생겨나게 되었다는 점을 상기시켜야 한다. 선교 연구의 핵심 문제들을 인식하고 그것들에 대해 관심을 가지면, 성경 연구를 통해 성경의 의미를 더 깊이 인식하게 해줄 초점들을 찾는 데 도움이 될 것이다." Marion L. Soards, "Key Issues in Biblical Studies and Their Bearing on Mission Studies", *Missiology* 24(1996): 107. 나는 이 말에 전적으로 동의한다. 또한 Andreas J. Koestenberger, "The Place of Mission in New Testament Theology: An Attempt to Determine the Significance of Mission Within the Scope of the New Testament's Message as a Whole", *Missiology* 27(1999)와 거기에 언급된 저작물들을 보라.

그리고 복음서는 왜 복음서라고 칭했는가? 그것이 **복음**의 의미를 설명하기 위해 기록되었기 때문이다. 그것은 나사렛 예수에 대한, 특히 그분의 죽으심과 부활에 대한 좋은 소식이다. 이러한 것들에 대한 확신은 선교를 통해 교회를 확장하는 사역에 필수적이었다. 그리고 신약의 가장 많은 분량을 쓴 누가는 두 권의 책을 쓰면서, 제자들이 받은 그리스도의 증인이 되라는 선교 명령을 첫 번째 책의 절정부와 두 번째 책의 서론부에 넣어 놓았다.

그래서 하워드 마샬(Howard Marshall)은 이것을 신약 신학의 초점으로 본다. 분명 모든 신약 문서는 구세주와 주님이신 나사렛 예수에 대한 인식을 중심으로 결합되어 있다.

> 하지만 그 문서들을 보다 구체적으로는 선교 자료로 인식하는 것이 더 도움이 된다. 주제는 말하자면 그냥 예수님 자신이나 하나님 자신이 아니라, 구세주이시며 주님이신 예수님이다. **신약 신학은 본질적으로 선교 신학이다**. 이 말은 그 문서들이 두 가지 선교의 결과로 생겨났다는 것이다. 첫째는, 예수님의 선교다. 예수님은 하나님 나라가 사람들에게 가져다주는 복을 가지고 하나님 나라를 시작하고, 또 사람들이 그 나라에 반응하도록 하기 위해 하나님이 보내신 분이다. 다음에는 예수님의 제자들의 선교다. 그들은 예수님을 주님과 구세주로 선포하고, 사람들에게 믿음을 갖고 예수님께 계속 헌신해서 그분의 교회를 성장시키는 일을 하도록 부름받은 사람들이다. 신학은 이러한 운동에서 생겨나며 형성된다. 그러고 나면 신학이 교회의 지속적 선교를 형성한다.…신약은 이처럼 선교의 이야기를 말해 주고, 선교사들이 선포한 메시지를 해설하는 것을 특히 강조한다.[3]

하지만 구약의 경우에도, 많은 본문은 이스라엘이 자신들의 역사 및 언약 관계를 통해 알았던 하나님에 비추어 주변 세상과 관계를 맺은 것을 통해 생겨났다. 사람들은 그들이 사는 세상에서 하나님이 행하셨거나, 행하시고 있거나 행하실 것이라고 믿었던 것과 관련해서 본문들을 만들어 냈다. 토라는 출애굽을 바로의 권세 및 그가 자신의 신성을 주장하면서 충성을 요구했던 것과 전면 대결을 펼쳐

---

[3] I. Howard Marshall, *New Testament Theology: Many Witnesses, One Gospel*(Downers Grove, Ill.: InterVarsity Press, 2004), pp. 34-35. 저자 강조. 『신약 성서 신학』(크리스챤다이제스트).

물리친 야웨의 행동이라고 기록한다. 그것은 메소포타미아의 다신론적 창조 신화와 극명하게 대조되는 창조 신학을 제시한다. 역사서에는 이스라엘이 가나안 문화 및 종교와 싸우는 길고도 슬픈 이야기가 나온다. 그런 투쟁은 바벨론 유수 이전의 선지서들에도 나타나 있다. 포로기와 포로기 이후의 본문들은 소수의 이스라엘 남은 자 공동체가 직면했던 과업에서 나온다. 그 과업이란 적대적이거나 관용적인 여러 제국들 속에서, 믿음의 공동체로서 정체성을 지키는 것이었다. 지혜 본문들은 주위 문화의 국제적인 지혜 전승들과 영향을 주고받는다. 하지만 유일신론으로 철저히 무장한 상태에서 그렇게 한다. 그리고 이스라엘 사람들은 예배와 예언에서 자기 하나님 야웨와 나머지 나라들 간의 관계를 때로는 부정적으로, 때로는 긍정적으로 살펴보며, 그 나라들 가운데 있는 야웨의 선택받은 제사장인 자신들의 역할의 본질이 무엇인지 살펴본다.

위 단락에서 말한 항목들은 모두 한 장씩 할애해서 다룰 만큼 비중 있는 내용이다. 그리고 그중 어떤 것은 실제로 그렇게 다룰 것이다. 여기서 주장하는 점은 매우 여러 면에서 성경 자체가 **선교적 현상**이라는 것이다. 성경의 각 본문들은 갖가지 문화적·종교적 주장들이 난무하는 세상에서 선교를 해야 하는 백성의 노력을 반영한다. 그리고 정경은 결국 (신구약 모두에서) 하나님이 그분의 백성으로 부르신 자들이 바로 이 성경 본문들을 통해 기억과 소망의 공동체, 선교와 실패와 분투의 공동체로 형성되었다는 점을 확고히 해준다. 실로 데이비드 필벡(David Filbeck)이 말했듯이, 성경은 이러한 선교적 취지로 인해 신학적 일관성을 갖게 된다. 그런 일관성에는 신구약의 관계도 포함된다.

구약과 신약을 하나로 통합해 주고 그 다양한 주제들을 하나의 주제로 조화시키는 것은 바로 이 선교적 측면이다. 현대의 신학 해석은 종종 그 측면을 매우 소홀히 한다. 유감스럽게도 많은 현대 신학자들은 신구약 간의 이러한 논리적 연결을 발견하려는 노력조차 하지 않는다.…간단히 말해, 성경 해석에서 선교라는 차원은 성경 전체에 구조를 부여한다. 그렇기 때문에 성경에 대한 모든 신학 연구는 이 구조를 유지하면서 이루어져야 한다. 신약이 보여 주는 것처럼 구약을 선교적 차원에서 해석할 때, 다른 어떤 신학적 주제보다 탁월하게 그러한 구조를 확립할 수 있다.[4]

---

4) David Filbeck, *Yes, God of the Gentiles Too: The Missionary Message of the Old Testament*(Wheaton,

간단히 말해, 선교적 해석학은 **성경 전체가 하나님의 피조물 전체를 위해 하나님의 세상에 관여하는 하나님의 백성을 통한 하나님의 선교 이야기를 제시한다**는 가정에서 나온다.[5]

성경적 권위와 선교

대위임령은 명령, 요구를 암시한다. 그것은 또 그 명령 배후에 있는 권위를 전제한다. 성경에는 이 명령 및 다른 비슷한 선교 명령들이 나온다. 그렇기 때문에 선교에 관여하는 것은 어떤 면에서는 하나님의 말씀인 성경의 권위에 순종하는 것이다. 이것은 1장에서 말한 한 가지 구분의 예를 보여 준다.

선교의 성경적 기초는 성경이 권위 있는 것이라는 전제 하에, 선교적 명령을 표현하거나 묘사하는 성경 본문들을 찾아낸다.

하지만 **성경의 선교적 해석학**은 선교와 관련해서 성경적 권위의 본질 자체를 탐구한다. 성경에 대한 선교적 접근은 우리가 말하는 성경적 권위의 의미를 분명히 표현하는 데 도움이 되는가?

명령으로서의 권위. 여기에서 성경의 권위에 대한 기독교 교리를 정식으로 충분히 다루기는 어렵다. 하지만 한 가지 측면은 이 책의 목적상 중요하다. 많은 사람들은 성경의 권위 하면 무의식 중에 군사적 개념을 떠올린다. 권위는 장교에게 명령을 내릴 권한을 준다. 명령에는 순종해야 한다. 성경은 우리의 권위다. 성경은 명령을 내리고 우리가 무엇을 하고 무엇을 하지 말아야 할지 말해 준다. 그렇다면 권위는 명령과 순종의 문제다.

선교계에서는 대위임령을 종종 이와 비슷한 군사적 비유들을 사용해서 말한다. 예를 들면 이 본문이 교회에게 행군 명령을 내린다는 것이다. 그 다음에 나오는 다른 갖가지 군사적 비유들은 말할 것도 없다. 전투, 동원, 모집, 전략, 표적, 작전, 십자군, 전선, 진, 선교 '병력'(즉, 인력) 등이다. 군사적 비유를 역동적인 연결 장치로 사용해서, 권위와 관련된 말을 쉽게 선교와 관련된 말로 바꾼다.

Ill.: Billy Graham Center, 1994), p. 10.
5) 선교 신학을 구성하면서 성경 전체를 고려해야 할 필요성을 논한 글로, 또한 Charles Van Engen, "The Relation of Bible and Mission in Mission Theology", *The Good News of the Kingdom*, ed. Charles Van Engen, Dean S. Gilliland, and Paul Pierson(Maryknoll, N.Y.: Orbis, 1993), pp. 27-36를 보라.

하지만 설사 우리가 성경의 권위를 받아들인다고 강력히 주장한다 해도, 권위를 일차적으로 군대식 명령과 연결시키는 것은 성경에 실제로 나오는 많은 자료들과 맞지 않는다. 물론 성경에는 많은 명령들이 있으며, 시편 기자들은 그런 명령이 하나님의 선하심과 은혜의 표시라고 찬양한다(예를 들어, 시 19편; 119편). 우리가 하나님으로부터 실제로 받은 명령들은 빛과 인도와 안전과 기쁨과 자유(이것들은 시편 기자들이 찬양하는 많은 유익들 중 일부다)를 주기 때문에 소중히 간직해야 한다. 하지만 성경의 대부분은 최초의 독자들이나, 우리를 포함한 미래의 독자들에게 직접 지시하는 명령이 아니다.

성경의 훨씬 더 많은 부분은 이야기, 시, 예언, 노래, 애가, 환상, 서신 등이다. 그런 형태의 말에는 어떤 권위가 잠재되어 있는가? 어떤 시나 이야기 혹은 어떤 사람이 다른 사람에게 보낸 편지가 어떻게 **내가** 하거나 하지 말아야 할 것을 **나에게** 말해 주는가? 그런 것을 말하려는 것이기는 한가? 그리고 이 책의 목적과 관련해서 더욱 중요한 것으로, 선교를 일차적으로 명령에 대한 순종으로 본다면, 성경에서 명령이 아닌 부분들은 어떻게 선교와 관련되어 있는가? 선교와 성경에서 명령이 아닌 부분들을 연결시키기가 어려운 이유는, 부분적으로는 선교를 예수님이 말씀하신 단 하나의(분명 중대한) 명령과 너무 단단히 결합해서 이해하려 들기 때문이라는 것이 내 생각이다. 우리는 권위를 오로지 **명령**이라는 견지에서만 생각하기 때문에, 명령이 아닌 본문들에서 선교적 **권위**를 인식하지 못한다.

권위와 실재. 우리는 권위라는 말을 더 폭넓게 이해해야 한다. 올리버 오도노반(Oliver O'Donovan)은 복음주의적 성경 윤리에 대한 장엄한 변론서 「부활과 도덕적 질서」(*Resurrection and Moral Order*)에서 권위는 행동에 대한 충분하고 의미 있는 근거가 되는 실재의 한 차원이라고 주장한다. 창조 질서 자체는 그 객관적 실재에 의해 하나의 권위 구조를 제공한다. 우리는 그 구조 안에서 행동할 자유를 갖는다. 행동할 수 있도록 허락을 받는다는 의미에서, 그리고 다양한 선택권들을 갖는다는 의미에서 그렇다.[6] 권위는 단지 명확한 명령들의 목록이 아니다.

---

6) Oliver O'Donovan, *Resurrection and Moral Order: An Outline for Evangelical Ethics*(Leicester, U.K.: Inter-Varsity Press, 1986). 나는 Christopher J. H. Wright, *Walking in the Ways of the Lord: The Ethical Authority of the Old Testament*(Downers Grove, Ill.: InterVarsity Press, 1995), 2장에서 역사적·문화적 상대주의의 시대에 성경의 권위와 관련해서 O'Donovan의 통찰을 더 살펴보았다. 이 주제는 Christopher J. H. Wright, *Old Testament Ethics for the People of God*(Downers Grove, Ill.:

권위에는 합법화시키는 허락이 포함된다. 권위는 권한을 준다. 그것은 경계선 안에서 행동할 자유를 부여한다. 그래서 나의 운전면허와, 영국 성공회 감독 면허는 날마다 내가 어디로 운전해야 하는지 혹은 내가 어떤 종교 예식을 집례해야 하는지 명령하는 것이 아니다. 오히려 이 면허증들은 그런 것들을 선택할 수 있도록 **나에게 권한을 주며**, 내가 가고 싶은 곳으로 운전해 가거나, 예배를 집전하거나, 설교하거나, 세례를 주는 일을 하는 자유와 권리를 준다. 그런 맥락에서 나는 **권한을 받은** 사람이다. 여전히 도로 교통법이나 교회법 배후에 있는 실재의 권위에 종속되어 있지만, 그 권위에 의해 해방된 사람이다.

그렇다면 권위는 자유의 실상, 원천과 경계를 내포한다. 그런데 오도노반이 주장하듯이, 우리 존재의 근본적 실상을 나타내는 구조인 창조 질서는 또한 권위의 구조이기도 하다. 예를 들어, 물리적인 벽돌담은 단지 그것이 실제로 존재하기 때문에 하나의 권위를 구성한다. 담의 이쪽 혹은 저쪽에서는 자유를 누린다. 하지만 고속으로 그 담을 통과하려 할 때 자유는 끝난다. 담은 갑자기 권위를 행사한다. 물리적 우주 안에 존재하는 힘인 중력은 우주의 존재 방식 안에 새겨져 있는 권위다. 우리가 중력에 협력한다면 그것은 이 땅의 표면에서 혹은 그 위에서 엄청난 행동의 자유를 누릴 권한을 준다. 하지만 중력은 또한 그 자유에 한계를 설정한다. 낭떠러지로 발을 내딛는 것은 당신 자유지만, 중력의 권위에 의해 그것은 당신이 내리는 최후의 선택이 되고 말 것이다. 현실적 결과가 따른다. 자연 법칙은 그 자연 자체가 실제로 존재하기 때문에 권위를 지닌다. 우주는 분명히 존재한다. 그리고 우리는 마치 우주가 존재하지 않는 것처럼 멋대로 행동할 수는 없다.

그런데 이러한 생각들이 성경의 권위를 이해하는 데 무슨 도움이 되는가? 성경의 권위는 실재와 접촉하게 해준다. 일차적으로는 피조물의 권위 배후에 있는 권위를 지니신 하나님 자신의 실재다. 사실상 성경은 몇 가지 연관된 실재들을 나타낸다. 각각은 나름대로 본질적이고 함축된 권위를 지니고 있다. 성경을 읽고 알게 되면 우리는 **실재와 관계를 맺게** 된다. 그것은 또한 세상에서 우리가 하는 행동의 자유에 권한을 부여하고 그 자유 주위에 경계를 설정한다. 그리고 보다 구체적으로는 이 책의 목적과 관련된 것으로, 이 실재들은 선교에서 우리가 하는 행동에

InterVarsity Press, 2004)에서 구약 윤리와 관련하여 더 자세하게 다룬다. 「현대를 위한 구약 윤리」(IVP).

권위를 부여한다. 그런 실재들은 우리의 선교를 적절하고, 타당하며, 정말 필요하고 불가피한 것으로 만든다. 우리 선교에 대한 권위는 성경에서 나온다. 성경은 우리의 선교가 어떤 실재에 근거하고 있는지 보여 주기 때문이다.

나는 세 가지 실재를 염두에 두고 있다. 그것은 구약에서 처음 나타났으며, 신약에서 확증되었다. 이 성경 본문들에서 우리는 **이 하나님**의 실재, **이 이야기**의 실재, **이 백성**의 실재를 만난다.

이 하나님의 실재. 하나님에 대해 이야기할 때, 누구에 대해 이야기하고 있는가가 점점 더 중요해지고 있다. **하나님**(God)이라는 말은 원래는 일반적으로 복수로 표기되던 **신들**(the gods)이라는 말을 앵글로색슨어에서 단음절로 표현한 것이다. 그 말은 북유럽 초기 부족들과 정착민들이 믿던 신들을 나타내는 일반적인 용어였다. 성경은 우리에게 야웨, 이스라엘의 거룩하신 자(그리고 다른 호칭들)로 알려진 하나님, 그분의 이름과 일대기가 나오는 구체적인 하나님을 소개한다. 이분은 예수님이 아바라고 부르신 하나님이다. 이분은 이스라엘 사람들이 주님으로 예배하고 그리스도인들이 성부, 성자, 성령으로 경배한 하나님이다. 이분은 일반적으로 말하는 그런 신이 절대 아니다.

성경은 자연 세계(그것은 사실상 이 하나님의 피조물이다)를 통해 이 하나님에 대해 많은 것이 드러났다고 주장하지만, 이 하나님에 대한 지식을 알려 주는 것은 근본적으로는 신구약에 나오는 성경 본문들이다. 야웨는 "거룩하신" 하나님이며 "이스라엘의 찬송"(시 22:3)이실 뿐 아니라, 이스라엘의 말과 글로 우리에게 나타나신 하나님이다.[7] 야웨는 구약 성경이 증거하는 실재다. 그러므로 그분의 권위는 성경이 전달하는 권위다. 이 성경을 통하지 않고서는 야웨의 실재에 다가갈 다른 방도가 없기 때문이다.

구약에서 이처럼 '하나님을 나타내는 것'에는 하나님의 정체성과 하나님의 성품이 둘 다 포함된다. 요는 이 본문들에 나타난 야웨 하나님이 정말로 하나님이라면, 그 실재(더 정확히 말하면 **그분의 실재**)는 광범위한 반응들을 적절하고, 타당하며, 정말 피할 수 없는 것으로 인정한다는 것이다. 여기에는 예배라는 반응뿐 아니라, 또한 이 하나님 자신의 성품과 뜻에 맞는 윤리적 삶이라는 반응, 그리고

---

7) 나는 여기에서 Dale Patrick, *The Rendering of God in the Old Testament, Overtures to Biblical Theology*(Philadelphia: Fortress Press, 1981)의 대단히 흥미로운 연구에 큰 도움을 받았다.

열방과 피조물을 위한 하나님의 목적이라는 원대한 이야기에 자신의 인생을 바치는 선교적 헌신도 포함된다. 선교는 이 성경의 하나님의 실재에서 나온다. 또는 다른 식으로 말하면, 선교는 이 하나님의 실재에 의해 정당하다고 인정받는다.

이 이야기의 실재. 구약이 하나의 이야기를 말한다는 사실은 이론의 여지가 없다. 하지만 내 말은 그보다 훨씬 큰 것을 의미한다. 구약은 구약의 이야기를 그 이야기라고, 더 정확히 말하면 궁극적으로 모든 피조물, 시간, 인간 전체를 포함시킬 최종적이고 보편적인 이야기의 일부라고 말한다. 다시 말해, 이 본문들을 읽으면서 우리는 하나의 메타 서사, 한 가지 거대 서사를 깨닫게 된다. 그리고 모든 것을 포괄하는 이 이야기에 근거한 하나의 세계관이 있다. 그것은 모든 세계관 및 메타 서사들과 마찬가지로, 사물의 존재 방식과, 그것들이 어떻게 그렇게 되었는지, 그리고 궁극적으로 무엇이 될 것인지를 설명한다.[8]

구약에 나오는 이야기는 모든 종교와 철학들이 자기 나름대로 대답하는 네 가지 근본적인 세계관 질문에 답한다.[9]

- **우리는 어디에 있는가?** (우리를 둘러싼 세상의 본질은 무엇인가?)
  대답: 우리는 이 땅에 산다. 그곳은 살아 계시고 인격적이신 한 분 하나님 야웨의 선한 창조물의 일부다.
- **우리는 누구인가?** (인간의 근본적 본질은 무엇인가?)
  대답: 우리는 이 하나님이 하나님 자신의 형상으로 만드신 인간이다. 하나님의 피조물 중 하나지만, 피조물 중 유일하게 영적·도덕적 관계와 책임을 지니고 있다.
- **무엇이 잘못되었는가?** (왜 세상은 그처럼 뒤죽박죽인가?)
  대답: 우리가 창조주 하나님께 반역하고 불순종함으로서, 지금 삶과 관계와 환경의 모든 차원에서 나타나는 혼란이 생겨났다.

---

8) 최근 성경 해석학에서 이야기의 중요성을 강조하는 것, 그것과 선교학과의 관련성, 성경 이야기를 메타 서사로 취급하는 것에 대한 변론으로는 Craig Bartholomew and Michael W. Goheen, "Story and Biblical Theology", *Out of Egypt: Biblical Theology and Biblical Interpretation*, ed. Craig Bartholomew et al.(Carlisle, U.K.: Paternoster: Grand Rapids: Zondervan, 2004), pp. 144-171를 보라.

9) 나는 여기에서 J. Richard Middleton and Brian J. Walsh, *Truth Is Stranger Than It Used to Be: Biblical Faith in a Postmodern Age*(Downers Grove, Ill.: InterVarsity Press, 1995)에 나오는 유용한 세계관 분석에 큰 도움을 받았다. (IVP 역간 예정).

• **해결책은 무엇인가?** (우리는 무엇을 할 수 있는가?)

　　대답: 우리 스스로는 아무것도 할 수 없다. 하지만 하나님이 한 백성 이스라엘을 택하시고 만드심으로 문제가 해결되기 시작했다. 그들을 통해 하나님은 결국 땅의 모든 민족에게 복을 주시고 궁극적으로는 전체 피조물을 새롭게 하실 것이다.

　　이것은 우리에게도 해당되는 매우 현실적인 이야기다. 그것은 모든 민족을 포괄하는 우주적 미래를 가리키기 때문이다. 신약은 그 이야기에 대해 놀라긴 하지만 그 이야기를 의문의 여지없이 받아들인다. 그것은 창세기에서 요한계시록까지 펼쳐지는 이야기다. 단지 훌륭한 이야기나 심지어 고전적인 서사 문학이 아니라, 근본적으로 **실재에 대한 묘사**다. 그것은 우리가 사는 우주에 대한 그리고 우리가 향해서 가는 새 창조에 대한 이야기다. 우리는 이야기로 표현된 우주 안에 산다.

　　그리고 다시 말하지만, 실재에 대한 그런 묘사는 본질적 권위를 지니고 있다. 이것이 정말로 사물의 존재 방식, 사물이 어떻게 그렇게 되었고 어디로 가고 있는지 나타내는 것이라면, 우리가 개인적으로나 공동적으로 어떻게 반응해야 할지에 대해 여러 가지를 함축하기 때문이다. 다시 한 번, 예배, 윤리, 선교가 마음에 떠오른다. 선교를 포함해서, 이러한 반응들은 이 이야기의 실재에 의해 정당성을 인정받는다.

　　이 백성의 실재. 구약 성경이 묘사하는 세 번째 실재는 이스라엘 백성의 실재다. 고대 이스라엘은 자신들의 선택, 역사, 그들의 하나님 야웨와의 관계에 대한 독특한 견해로 인해, 나머지 인류 역사에 엄청난 의미를 지니는 역사적 실재다.[10] 열방에 대한 기독교 선교는 이 백성이 부름받은 것과, 그들이 자신들과 자신들의 이야기를 보는 방식에 단단히 뿌리박고 있다. 구약에서 그 이야기에는 과거와 미래가 있었으며, 둘 다 윤리적·선교적 반응을 형성하는 데 중요하다. 이스라엘과 마찬가지로 교회 역시 기억하고 소망하는 공동체이기 때문이다.

---

10) 물론 구약 학자들 간에는 이스라엘이 가나안 땅에 등장해서 역사의 기록에 출현하게 되는 사건들을 역사적으로 재구성하는 문제를 놓고 상당한 논쟁이 있다. 하지만 우리는 여기에서 그러한 역사적 논쟁에 관심을 가질 필요가 없다. 어떠한 과정에 의해서든 이스라엘은 분명 등장했으며, 그 이후 인간 역사에 누가 뭐라고 해도 심오한 영향을 끼친 하나의 사회와 전통들 및 본문들을 만들어 냈기 때문이다.

이스라엘은 엄청나게 **자신의 과거를 경축**했다. 그것은 그들 존재의 핵심이었다. 그것은 그들 자신의 정체성과 선교뿐 아니라, 그들의 하나님 야웨의 정체성과 선교도 보여 주었기 때문이다.

> 여호와께 노래하여 그의 **이름**을 송축하며
> 그의 **구원**을 날마다 전파할지어다.
> 그의 **영광**을 백성들 가운데에
> 그의 **기이한 행적**을 만민 가운데에 선포할지어다.(시 96:2-3, 저자 강조)

야웨의 이름, 구원, 영광은 모두 "그의 기이한 행적"과 결합되어 있었다. 야웨는 자신이 하신 일을 통해 알려지셨으며, 이스라엘은 야웨의 정체성을 보존하기 위해서 그들이 이 이야기를 그들 자신이나 (구약 시대에는 아직 잘 알 수 없었던 어떤 방식으로) 열방에게 말해야 한다는 것을 알았다. 그 이야기를 말하면 이야기의 주인공인 하나님을 나타내게 되었기 때문이다. 그래서 이스라엘은 우상숭배를 방어하는 보루로(신 4:9-40), 율법에 대한 설명과 동기로(신 6:20-25), 자신들에 대한(시 105-106편; 미 6:1-8; 암 2:9-11) 혹은 야웨 자신께 대한(시 44편; 89편) 힐책으로, 위로와 소망의 닻으로 그 이야기를 말했다(렘 32:17-25). 이스라엘의 신학 전체는 이스라엘의 기억에 좌우되었으며, 이스라엘의 기억은 하나님의 백성으로서 그들의 본질이었다. 이렇게 이야기로 표현된 기억과 더불어 하나님의 백성으로서 동일한 정체성을 갖고 있는 우리 역시, 선교에 대한 권위를 부여받는다.

하지만 이스라엘이 말한 이야기는 맨 처음부터 **예상된 미래**를 갖고 있었다. 그들은 하나님의 목적 안에서 미래를 가지고 있는 백성이었다. 아브라함의 부르심에는 그의 후손을 통해 하나님이 땅의 모든 족속에게 복을 주시겠다는 약속이 포함되어 있었다. 그 비전은 이스라엘의 삶의 각 시대마다 명확하게 나타나기도 하고 모호해지기도 했다. 하지만 구약 여러 곳에서는, 하나님이 이스라엘 안에서 이스라엘을 위해 무엇을 하셨으며, 어떻게 이스라엘이 긍정적으로나 부정적으로 반응을 보였는가를 열방들이 주시하고 있었다고 말한다(신 4:5-8; 29:22-28; 겔 36:16-23). 궁극적으로, 이스라엘은 열방을 **위해** 존재했다. 물론 이 주제는 앞으로 깊이 살펴볼 것이다.

그러므로 이스라엘이 하나의 백성으로서 존재하는 것과 그들이 말하고 전달한 이야기에는 목적이 있다. 여기 한 가지 사명을 갖고 계신 하나님과 한 가지 사명을 갖고 있는 백성이 있다. 이스라엘의 사명은 열방의 빛이 되어 궁극적으로 "모든 육체가 여호와의 영광을 보도록"(사 40:5) 하는 것이었다. 그런 환상은 이스라엘 안에서도 다양한 반응들을 불러일으켰다. 이것이 신실하신 하나님이 보장하신 미래라면, 그것은 지금 이스라엘의 삶의 방식에 어떤 영향을 끼쳐야 하는가? 그 질문은 우리에게도 해당된다. 우리도 미래에 대해 동일한 비전을 갖고 있기 때문이다. 그 미래는 믿음의 눈으로 보면 하나의 현실, "바라는 것들의 실상"(히 11:1)이며, 그에 비추어 사는 사람들에게 윤리 의식을 불러일으키고, 선교를 하게 명하는 권위다.

그래서 구약 본문들을 통해 알 수 있는 이 백성의 실상을 통해 우리는 과거 이스라엘을 위해 하나님이 하신 행동에 비추어 감사할 수도 있고, 장차 인류를 위한 하나님의 목적에 비추어 의도적으로 선교에 매진할 수도 있다.

권위와 예수. 구약의 이 세 가지 특징, 곧 하나님, 이야기, 백성은 신약에서 그리스도인 신자들에게도 해당된다. 그 특징들은 모두 사실상 예수님에게 초점을 맞추고 있다. 그리스도 안에 있는 사람들에게는 그 특징들이 지닌 권위와 선교적 적절성이 유지될 뿐 아니라, 더 향상되고 변혁되기 때문이다. 이것은 참된 **성경적**(즉, 신구약을 가로지르는) 신학이 지닌 선교학적 의의를 나타낸다.

예수님 안에서 우리는 **이 하나님**을 만난다. 신약은 나사렛 예수가 야웨와 동일한 정체성과 성품을 지니고 있으며, 궁극적으로는 야웨만이 하실 수 있었던 일을 성취하신다고 확실하게 말한다(그것에 대해서는 4장에서 살펴볼 것이다).[11] 그래서 예수님을 구세주와 주님으로 아는 것은 살아 계신 하나님의 실재를 아는 것이다. 그것은 길이요 진리요 생명, 말씀, 우주의 창조자요 유지자요 상속자를 아는 것이다. 이스라엘이 야웨를 아는 것이 그랬듯, 우리가 예수님의 실재를 아는 것도 하나님의 세상에서 어떻게 살고 행동할지에 대해 알려 준다.

예수님 안에서 우리는 **이 이야기**의 절정과 마지막 결말을 확실히 안다. 이 이

---

11) 특히 N. T. Wright, *Jesus and the Victory of God*(London: SPCK, 1996, 「예수와 하나님의 승리」, 크리스챤다이제스트)와 Richard Bauckham, *God Crucified*(Carlisle, U.K.: Paternoster; Grand Rapids: Eerdmans, 1999) 그리고 이 책 4장에 나오는 나의 논의를 보라.

야기는 또 우리의 이야기다. 바울에 따르면, 우리가 그리스도 안에 있다면, 또한 아브라함 안에 있으며 약속에 따라 후사이기 때문이다. 우리의 미래는 하나님이 아브라함에게 약속하시고, 예수님이 성취하셨으며, 모든 나라와 족속과 백성과 방언에서 구속받은 인류 전체가 누리게 될 미래다(계 7:9-10). 그렇다면 우리의 삶도 하나님이 약속하신 것을 되돌아보는 감사와 하나님이 이루실 일을 내다보는 선교가 주를 이루어야 한다.[12]

예수님 안에서 우리는 **이 백성**의 일부가 되어, 그들과 같은 포괄적 정체성과 책임을 가지게 되었다. 십자가와 메시아 예수의 복음을 통해, 우리는 하나님 백성의 시민, 하나님 집의 권속, 하나님이 거하시는 곳이 되었기 때문이다(엡 2:11-3:13). 그런 정체성과 소속감을 갖게 되면 교회와 세상에서 윤리적·선교적 책임을 다해야 한다. 신약에서는 그 점에 대해 상세하게 말한다.

그렇다면 우리의 선교는 분명 성경의 권위에서 나온다. 하지만 그 권위는 단지 순종해야 할 하나의 큰 성경적 명령보다 훨씬 더 풍성하고 더 깊다. 오히려, 대위임령에 대한 우리의 순종, 그리고 심지어 대위임령 자체도 이러한 맥락 속에 있다. 대위임령은 나중에 추가된 것이나 이국적인 것이 아니다. 오히려 대위임령의 권위 자체가 다음과 같은 것에 새겨져 있다.

- 그분의 우주적 권위가 예수님께 주어진 **하나님**의 실재에
- 대위임령이 전제하고 또 상상하는 **이야기**의 실재에
- 이제 열방 가운데서 스스로 복제되는 공동체가 되어야 하는 **백성**의 실재에

이것이 우리가 예배하는 하나님이고, 이것이 우리가 포함되어 있는 이야기이며, 이것이 우리가 속한 백성이다. 그렇다면 우리는 어떻게 살아야 하는가? 우리의 선교는 무엇인가?

---

12) Philip Greenslade, *A Passion for God's Story*(Carlisle, U.K.: Paternoster, 2002)는 성경 이야기 전체가 하나님이 그분의 선교에 헌신하는 이야기라는 것과, 그것이 우리로 하여금 그 선교에 참여하도록 도전을 준다는 점에 대해 대중들이 알기 쉽게 쓴 훌륭한 책이다.

선교에서 성경적 직설법과 명령법

이 문제는 또 다른 각도에서 살펴볼 수 있다. 그것은 성경 신학에서 종종 관찰할 수 있는 사항으로, 성경의 **명령법**은 성경의 **직설법**에 근거하고 있다는 것이다. 직설법은 그냥 실재에 대한 진술이다(혹은 그런 진술이라고 주장한다). 그것은 단언, 선언, 혹은 명제다. 이것은 이렇다, 이것이 사물의 존재 양식이다 등. 성경은 명령법을 우리가 방금 살펴본 직설법의 맥락에서 말함으로써, 그 명령들이 그러한 실상들에 입각해서 권위를 지니게 한다.

이러한 역학에 대한 잘 알려진 예는 구약 율법이 이야기 속에서 나온다는 것이다. 이야기는 직설법을 표현한다. '너희 역사에서 일어난 일은 이것이다.' '그리고 야웨 너희 하나님이 하신 일은 이것이다.' 그 다음에 율법이 그에 상응하는 명령법을 표현한다. '그렇다면 이제 그런 사실들에 비추어 너희는 이렇게 행동해야 한다'는 것이다.

출애굽기 19:3-6은 이 순서를 분명히 보여 주는 하나의 본보기다.

> 내가…행하였음을 너희가 보았느니라…(직설법)
> 너희가 내 말을 잘 듣고 내 언약을 지키면, 너희는…(명령법)

마찬가지로, 십계명은 곧바로 첫 번째 계명으로 시작하는 것이 아니라, 하나님의 정체성과 이스라엘의 이야기(지금까지)에 대한 서술로 시작된다. "나는 너를 애굽 땅, 종 되었던 집에서 인도하여 낸 네 하나님 여호와니라"(출 20:2). 다시 말해, 하나님의 은혜에 대한 서술이 율법의 명령과 그에 대한 순종보다 먼저 나오며, 그 토대와 권위가 된다.

이렇게 기본적으로 은혜가 율법보다 우선된다는 것은 아들이 "이 모든 율법[의 의미]는 무엇인가요?"라고 물어볼 때 아버지가 대답해 주어야 하는 말을 보면 훨씬 더 분명하게 알 수 있다(수많은 그리스도인들은 그 후 죽 그렇게 했고, 아버지의 대답에 귀를 기울임으로서 많은 신학적 수고와 노력을 절약했다). 아버지는 그 질문에 대한 대답으로 "그냥 시키는 대로 해"라고 명령하는 것이 아니라, 하나의 이야기, 곧 출애굽 이야기를 해준다. 그것은 야웨와 그분의 사랑에 대한 아주 오래된 이야기, 즉 구속에 대한 이야기다. 율법의 의미 자체가 역사에 나타난 하나님의 구원의 은혜의 복음에 근거하고 있다(신 6:20-25).

이제 대위임령에 대해 생각해 보자. 사람들은 복음서 자체에서는 그 본문을 실제로 대위임령이라고 부른 적이 한 번도 없는 반면, 예수님은 대단히 많은 말로 **대계명**을 명확하게 승인하셨다고 말한다. 예수님은 율법에서 가장 큰 계명이 무엇이냐는 질문을 받자(그것은 당시에는 잘 알려진 토론 주제였다) 신명기 6:4-5의 장엄한 **쉐마**, 곧 마음과 뜻과 힘을 다해서 하나님을 사랑하라는 말씀을 언급하시면서, 또한 레위기 19:18에 나오는 네 이웃을 네 자신같이 사랑하라는 명령을 함께 말씀하신다. 하지만 유의할 점은 두 계명 다 하나님 야웨의 정체성, 독특성, 특이성 그리고 거룩성에 대한 직설법에 근거하고 있다는 것이다.

이스라엘은 들으라. 우리 하나님 여호와는 오직 유일한 여호와이시니.(신 6:4)
너희는 거룩하라. 이는 나 여호와 너희 하나님이 거룩함이니라.(레 19:2)

이 가장 큰 계명들의 권위는 야웨**의 실재**에서 나온다. 예수님은 나머지 율법과 선지서 전체가 그 두 계명에 달려 있다고 선언하셨다.

그렇다면 여기에 대단히 분명한 명령이 나온다. 그것은 우리 온 존재를 다해 하나님을 사랑하고, 이웃을 우리 자신처럼 사랑하라는 것이다. 이것을 '대위임령'(great commission)이라고 불러도 좋을 것이다. 그것을 정당화해 주는 본문들은 더 많다. 우리가 구체적으로 어떠한 일로 부르심을 받았건, 그것은 삶 전체를 지배하기 때문이다. 이 한 쌍의 기초적 계명은 소위 말하는 대위임령(Great Commission)보다 먼저 나오고, 그 명령의 기저에 있고, 그 명령을 지배한다. 하나님에 대한 사랑과 열방에 대한 사랑이 없다면, 열방을 제자로 만들 수가 없기 때문이다.

그러므로 대위임령 역시 동일한 표현 형식을 지니고 있다 해도 놀라울 것은 없다. 즉, 직설법이 나온 다음에 명령법이 나온다는 것이다. 예수님은 먼저 엄청난 우주적 주장을 하신다. 그것은 모세가 야웨 자신에 대해 단언한 내용을 반영하는 말로(신 4:35, 39), "하늘과 땅의 모든 권세를 내게 주셨으니"(마 28:18)라는 말이다. 이것이 그 명령 배후에 있는 실재, 명령법 배후에 있는 직설법이다. 십자가에 달려 죽으시고 부활하신 나사렛 예수의 정체성과 권위는 우주론적 직설법이다. 그것은 선교 명령에 권한을 부여하는 근거다.

하지만 예수님에 대한 그런 직설법적 주장이 암시하고 포함하는 것을 모두 다

이해하려면, 성경 전체를 다 살펴보아야 한다. 누가복음에서 예수님 자신도 "기록되었으니"(눅 24:46)라는 과감한 직설법을 통해 메시아로서 자신이 지닌 의의를 말씀하시고 교회의 선교적 미래에 대해 예상하실 때 그렇게 하셨다. 그렇다면 우리는 대위임령 같은 중요한 명령법에 헌신적으로 순종해야 할 뿐 아니라, **전체** 성경과 거기 나오는 위대한 직설법들에 대한 선교적 해석학도 알아야 한다.[13]

그렇다면 선교적 해석학은 단지 **대위임령**(Commission)에 순종하라고 요구하는 것으로 만족하지 않으며(분명 그것은 타협 불가능할 정도로 중요한 문제이기 때문에 그 해석학에 포함되겠지만), 심지어 **대계명**(Commandment)의 선교적 함의를 성찰하는 것으로 만족하지도 않는다. 그 둘의 배후에서 **대의사소통**(Communication), 곧 하나님의 정체성, 세상에서 역사하시는 하나님의 행동, 그리고 모든 피조물을 위한 하나님의 구원의 목적에 대한 계시를 발견하기 때문이다. 그리고 이 의사소통이 완전하게 이루어지려면 성경 전체의 모든 부분과 장르가 필요하다. 하나님은 바로 그것을 우리에게 주셨기 때문이다. 선교적 해석학은 성경 계시에 나오는 직설법과 명령법을 똑같이 진지하게 다루며, 각각을 상대방에 비추어 해석한다.

그처럼 직설법과 명령법을 각각 상대방에 비추어 해석한다는 것은, 한편으로는 성경적 선교학이 (성경 신학 및 조직 신학과 마찬가지로) 복잡다단하면서도 놀랄 만큼 일관된 성경적 신앙의 직설법적 주제들과 전통들을 즐겨 탐구한다는 의미다. 하지만 다른 한편, 성경적 선교학은 이 모든 직설법적 신학이 **실재**를 표현하는 것이라면, 자신들이 이러한 세계관을 갖고 있다고 주장하는 사람들에게 엄청난 선교적 명령이 따른다는 점을 인식한다. 하나님, 인간, 세상이 정말 이렇다면, 그것이 교회와 신자들의 삶에 요구하는 것은 무엇인가?

역으로, 성경 전체를 선교적으로 해석하면, 대위임령 같은 위대한 선교 명령에만 사로잡히거나, 사람들이 주장하는 이러저러한 우선순위(예를 들면, 복음 전도

---

13) Graeme Goldsworthy 역시 다소 다르긴 하지만 "명령법의 남용"을 피하고자 하는 비슷한 바람을 갖고 이 점을 강조한다. 그는 또한 구약에 선교 명령(즉, 이스라엘이 실제로 열방들에게 가야 한다는 것)이 부재한 것처럼 보이는 것은 이스라엘이 세상에서 어떤 존재가 되어야 했는가 하는 가정으로 상쇄된다고 말한다. "열방에 구원을 가져오는 하나님의 목적에서 이스라엘의 기능은 명령법적인 것이 아니라 직설법적인 것이다." Graeme L. Goldsworthy, "The Great Indicative: An Aspect of a Biblical Theology of Mission", *Reformed Theological Review* 55(1996): 7.

혹은 사회 참여, 혹은 해방 혹은 교회의 명령만 유일한 '진짜' 선교라고 보는 것)를 강요하려 들지는 않을 것이다. 그보다는 그 위대한 명령법들을 토대가 되는 직설법, 즉 성경이 하나님, 창조, 존엄과 부패의 역설 가운데 있는 인간의 삶, 모든 포괄적 영광을 지닌 구속, 그리고 하나님이 그의 백성들과 함께 거하실 새 창조 등에 대해 주장하는 모든 것과 관련해서 볼 것이다.

그렇다면 선교적 해석학은 성경의 직설법을 읽을 때 거기 암시된 명령법을 보지 않을 수 없다. 또 성경적 명령법을 성경적 직설법 전체에서 분리시킬 수도 없다. 선교적 해석학은 성경 본문을 총체적으로 해석함으로서 선교를 총체적으로 이해하고자 한다.

성경적인 신 중심적 세계관과 하나님의 선교

하지만 서론으로 돌아가, 예수님이 메시아 중심적이고 선교 지향적인 성경 해석학을 제시하신다는 점을 받아들인다 해도, 우리는 여전히 성경 전체가 '온통 선교'라는 식의 선교적 해석이 가능하다는 주장에 의문을 던질지 모른다. 이런 불편한 느낌은 선교가 근본적이고 일차적으로 **우리가** 하는 일, 곧 교회의 인간적 과업이라는 끈질기고 거의 무의식적인 패러다임에서 생겨난다. 우리가 **선교**라는 단어의 의미를 축소해서 전도와 비슷한 의미로 사용하고 있다면 특히 그렇다. 전체 성경이 전도 이야기만 하는 것은 분명 아니다. 그리고 나 역시 성경이 전도 이야기만 한다고 주장하려는 것이 아니다. 물론 복음 전도는 우리에게 맡겨진 성경적 선교의 기본이다. 그리고 분명 복음 전도는 우리가 하는 어떤 것**이며**, 명백한 성경적 명령에 의해 그 정당성이 인정**된다**. 하지만 성경 전체를 해석할 때 선교적 관점에서 접근할 수 있다는 것은 그보다 훨씬 더 의미심장한 말이다.

'성경의 선교적 기초'라는 말은 선교의 패러다임을 다음과 같이 바꿀 때에만 적절하다.

- 우리 인간의 행위로부터 하나님 자신의 궁극적 목적들로
- 우리가 하는 '선교 활동'이라는 의미의 선교로부터 하나님이 영원부터 영원까지 의도하시고 성취하고 계신 선교로
- 인간 중심적(혹은 교회 중심적) 개념으로부터 철저하게 신 중심적 세계관으로

이런 식으로 관점을 바꾸고 선교의 의미를 성경적으로 정의하려는 것은 사실상 **도대체 누구의 선교인가?** 라고 묻는 것이다. 그 대답은 새 창조에서 구속받은 사람들이 부르는 "구원하심이 보좌에 앉으신 우리 하나님과 어린양에게 있도다"(계 7:10)라는 노래를 조금 바꾸어 보면 잘 표현할 수 있다. 성경 전체는 어떻게 이 하나님, '우리 하나님'이 우주 전체(그것은 요한계시록 4-7장에 나오는 장엄한 환상에서 하나님의 보좌를 중심으로 한 동심원들로 표현된다)를 구원하셨는가 하는 이야기이므로, '선교가 우리 하나님께 있도다'라는 말도 똑같이 타당하다. **선교는 우리의 것이 아니다. 선교는 하나님의 것이다.** 분명히 하나님의 선교는 우리의 모든 선교보다 앞서며, 우리의 선교의 기원이다. 또는 누군가 멋지게 표현했듯이, 하나님은 세상에서 그분의 교회를 위해 선교를 두신 것이 아니라, 그분의 선교를 위해 교회를 두셨다. 선교가 교회를 위해 만들어진 것이 아니다. 교회가 선교, 곧 하나님의 선교를 위해 만들어졌다.[14]

그렇다면 선교적 성경 해석학은 바로 거기서, 즉 하나님의 선교와 함께 시작된다. 그리고 그러한 중심점과 출발점으로부터 인간 역사에 영향을 끼치는 선교의 다른 차원들의 흐름을 추적한다.

하나님과 선교. 미시오 데이. '하나님의 선교'라는 말은 오랜 역사를 가지고 있다.[15] 그말은 독일 선교학자 칼 하르텐슈타인(Karl Hartenstein)이 처음 사용했다. 그는 칼 바르트(Karl Barth)의 가르침을 요약하기 위해 그 말을 만들어 냈다. 칼 바르트는 "1928년에 선교에 대한 강의를 하면서 선교를 삼위일체 교리와 연결시켰다. 바르트와 하르텐슈타인은 선교가 하나님 자신의 삼위일체적 활동에 근거하고 있으며, 역사에 대한 하나님의 권능을 표현하고, 적절한 반응은 순종뿐임을 분명하게 이해시키고자 했다".[16] 그래서 그 말은 원래는 '하나님의 보내심'을 의

---

14) J. Andrew Kirk, *What Is Mission? Theological Explorations*(London: Darton, Longman&Todd; Minneapolis: Fortress Press, 1999), pp. 23-37. 2장, "하나님의 선교와 교회의 반응"을 보라. 「선교란 무엇인가?」(CLC).
15) 그 역사를 간략히 개관한 책으로, David J. Bosch, *Transforming Mission: Paradigm Shifts in Theology of Mission*(Maryknoll, N.Y.: Orbis, 1991), pp. 389-393를 보라. 「변화하고 있는 선교」(CLC).
16) L. A. Hoedemaker, "The People of God and the Ends of the Earth", *Missiology: An Ecumenical Introduction*, ed. A. Camps, L. A. Hoedemaker and M. R. Spindler(Grand Rapids: Eerdmans, 1995), p. 163. Hoedemaker는 *missio Dei*의 역사와 그것의 약점들에 대한 흥미롭고 비판적인 개관을 제시한다.

미했다. 성부가 성자를 보내시고 그분들이 성령을 보내신다는 의미다. 이런 관점에서 보면 모든 인간의 선교는 이러한 신적 보내심에 참여하는 것이며, 그것을 확장하는 것이다.

그 문구는 1952년에 열렸던 빌링겐 세계선교대회 이후 게오르그 비체돔(Georg Vicedom)의 저술을 통해 에큐메니컬 진영에서 유명해졌다.[17] 그 문구는 선교를 삼위일체 신학과 연결시키는 힘을 가진 중요한 신학적 소득이었다. 선교는 인격적 관계 속에서 하나님의 내적·역동적 움직임으로부터 나온다. 하지만 어떤 집단에서는 **미시오 데이**라는 개념이 대단히 약화되었다. 그 말이 하나님이 교회의 어떤 구체적인 일이 아니라 전체 역사적 과정에 관여하는 것을 의미한다고 생각했기 때문이었다. 선교가 하나님의 것이라는 주장은 선교가 우리의 것이 아니라는 의미가 되어 버렸다! 그렇게 왜곡된 신학은 사실상 전도를 무시해 버렸으며, 그 결과 당연히 지속적인 비판을 받게 되었다.

하지만 그 표현은 그렇게 오용되기도 하지만, 중요하고 지극히 필요한 성경 진리를 표현할 수 있다(**하나님의 선교**라는 이 책 제목이 재차 단언하는 것처럼). 성경에 계시된 하나님은 인격적이시고, 목적을 갖고 계시며, 목표 지향적이시다. 성경 제일 첫 부분에 나오는 창조 기사를 보면, 하나님은 하나의 목표를 향해 일하시며, 그 일을 하고 나서는 결과에 만족하여 흡족한 마음으로 안식을 취하신다. 그리고 창세기 12:1-3에서 하나님이 아브라함에게 하신 위대한 약속을 보면, 이 하나님은 아브라함의 백성을 통해 열방을 복 주시는 선교에 완전히, 언약적으로, 영원히 헌신하신다. 창세기 3-11장에 뒤이어 나오는 이 약속은 실로 인류를 위한 좋은 소식이다. 너무나 좋은 소식이라 바울은 이 복음을 '먼저 전한 복음'(the gospel in advance, 갈 3:8)이라고 말한다. 그때부터, 하나님의 선교는 "하나님께서 해가 거듭됨에 따라" 그리고 세대가 오고 감에 따라 "자신의 목적을 성취하시는 것"[18]이라고 요약할 수 있을 것이다.

성경은 근본적으로 하나의 이야기로 자신을 제시한다. 한 차원에서는 역사적 이야기지만 또 다른 차원에서는 하나의 거대 서사다.

---

17) Georg F. Vicedom, *The Mission of God: An Introduction to a Theology of Mission*, ed. Gilbert A. Thiele and Dennis Hilgendorf(1958; reprint, St. Louis: Concordia Press, 1965). 「하나님의 선교」(대한기독교출판사).

18) Arthur Campbell Aigner, "God Is Working His Purpose Out"(1894).

- 그것은 창조 때에 목적을 지니신 하나님과 더불어 시작된다.
- 그것은 그 목적에 인간이 반역함으로서 생겨난 갈등과 문제로 이어진다.
- 인간의 역사라는 무대에서 펼쳐지는 하나님의 구속적 목적에 이야기의 대부분을 할애한다.
- 새 창조에 대한 종말론적 소망과 함께 역사의 지평 너머에서 끝난다.

이것은 종종 네 가지 요점을 지닌 이야기로 제시된다. 바로 **창조, 타락, 구속, 미래의 소망**이다. 이 세계관 전체는 목적론적 일원론에 입각하고 있다. 즉, 우주와 인간의 역사에는 한 분 하나님이 역사하고 계시며, 이 하나님은 하나님의 말씀의 능력에 의해 하나님의 이름의 영광을 위해 궁극적으로 성취될 하나의 목표, 하나의 목적, 하나의 선교를 갖고 계시다는 것이다. 이것이 성경에 나온 하나님의 선교다.

그것은 물론 물줄기가 한 개만 있는 강처럼 단 하나로 된 이야기는 아니다. 그보다는 온갖 종류의 더 작은 이야기들이 복잡하게 섞여 있다. 많은 작은 이야기들은 어느 정도 독립적이다. 온갖 다른 자료들이 그 안에 스며들어 있는 큰 삼각주와 비슷하다. 하지만 거기에는 분명 내가 제시한 하나의 방향, 하나의 흐름이 있다. 리처드 보캄(Richard Bauckham)은 "성경이 이를테면 전통 소설처럼, 단 하나의 치밀한 줄거리만 갖고 있지 않은" 것은 중요하다고 말한다. "성경은 여기저기로 뻗어 나가는 이야기 모음집이다." 그것은 포스트모더니즘이 메타 서사에 대해 비난하듯, 다른 모든 이야기들을 억누르는 공격적이고 전체주의적인 이야기가 아니다.

성경이 이야기 형태로 되어 있다는 이 무시할 수 없는 특징들은 분명 나름의 메시지를 담고 있다. 즉, 특정한 것은 자신만의 온전함을 지니고 있으며, 따라서 선뜻 이해할 수 있는 보편적인 것을 위해 그것을 억눌러서는 안 된다는 것이다. 성경은 어떤 의미에서 그 모든 내용들을 포함하는 하나의 전반적인 이야기를 말한다. 하지만 이 이야기는 다른 모든 것을 편협하고 획일적인 것으로 축소시키는 일종의 구속복이 아니다. 그 이야기는 상당한 다양성과 긴장, 심지어 자신의 주장과 모순되는 것처럼 보이는 도전에 대해서도 호의를 보인다.[19]

그렇다면, 이렇게 하나님의 선교라는 중대한 관점에서 성경 전체를 읽는 것은 이에 비추어 성경 전체의 세세한 부분들을 읽는 것이다. 내 생각엔 이것이야말로 성경의 선교적 해석학의 핵심 전제다. 그것은 성경적 세계관을 믿는다면 살아 계신 하나님의 선교를 배경으로 하는 우주의 이야기 한가운데로 들어간다는 사실을 받아들이는 것이다.

성부와 성자와 성령께 영광이 있을지어다.
처음과 같이 지금도 그러하며 영원히
끝없이 세상은 그러하리니, 아멘.

이것은 단지 전통적 예배 의식에서 기도와 찬송가를 끝맺는 말이 아니다. 이것은 과거, 현재, 미래 역사에 대한 선교적 관점이며, 언젠가는 전체 피조물이 그 노래를 부를 것이다.

인류와 선교. 이렇게 **하나님의 선교**라는 신 중심적 출발점에서 시작해서, 성경에 나오는 선교의 다른 주요 차원들을 요약해 볼 수 있다. 그것에 대해서는 이 책 나머지 부분에서 더 깊이 다룰 것이다. 이 책 앞부분에는 **선교하는 인류**가 나온다. 그들은 그들의 등장을 학수고대하던 이 땅 위에서 사는 사람들이다. 그들의 사명은 땅에 충만하라, 땅을 정복하라, 나머지 피조물을 다스리라는 명령이다(창 1:28). 창조 질서 안에서 위임된 이 권위는 보충적 이야기에 나오는 이와 비슷한 명령, 곧 동산을 "경작하며 지키"(창 2:15)라는 명령으로 부드럽게 표현된다. 피조물을 돌보고 지키는 것은 우리 인간의 사명이다. 인류는 하나님 자신의 창조 목적에서 나오는 하나의 목적을 가지고 이 땅에 존재한다. 인류에 대한 이러한 이해에서(그것 역시 신론과 마찬가지로 목적론적이다), 생태학적 책임, 일, 생산성, 교환과 거래를 포함하는 경제 활동, 모든 문화 명령 등이 나온다. 인간이 된다는 것은 곧 하나님의 피조물 안에서 목적 있는 역할을 갖는다는 의미다. 이 주제에 대해서는 12장과 13장에서 다시 살펴보겠다.

이스라엘과 선교. 그 다음에 창세기 3-11장에 나오는 인간의 죄와 반역을 배경

---

19) Richard Bauckham, *The Bible and Mission: Christian Mission in a Postmodern World*(Carlisle, U.K.: Paternoster, 2003), pp. 92-94.

으로, 창세기 12장에 나오는 아브라함의 부르심부터 시작해서, **선교하는 이스라엘**을 만나게 된다. 이스라엘은 열방을 복 주시려는 하나님의 더 넓은 목적을 위해 하나님이 맡기신 선교를 하는 백성으로 형성되었다. 이스라엘이 선택된 것은 다른 나라들을 거부한 것이 아니라, 명백히 모든 나라들을 위한 것이었다. 하나님의 목적은 보편적이지만, 그럼에도 불구하고 하나님이 선택하신 특정한 수단에 의해 이루어진다. 이것은 계속 되풀이되는 주제이며 끊임없는 신학적 도전이다. 현대 신학자들에게 그런 것만큼 이스라엘에게도 그랬다. 물론 이스라엘에 대해 살펴보려면 성경 이야기 중 상당히 많은 부분을 탐구해야 한다. 우리는 선택, 구속, 언약, 예배, 윤리, 종말론 등의 중대한 주제들을 모두 선교학적 관점에서 조망할 필요가 있다. 이 책 3부는 그러한 주제들을 다루고 있다.

예수님과 선교. 성경에 푹 젖어 있고, 기억과 소망에 의해 유지되며, 하나님을 기다리고 있는 이 백성 가운데 **선교하는 예수님**이 나타나신다. 그분은 그냥 오신 것이 아니다. 그분은 자신이 보냄받았다는 분명한 확신을 갖고 계셨다. 예수님이 세례를 받으실 때 들린 하나님 아버지의 음성은 이사야서에 나오는 종의 정체성(사 42:1의 표현을 반영하는)과 다윗 계열의 메시아적 왕의 정체성(시 2:7의 단언을 반영하는)을 결합시킨다. 그분의 정체성과 역할은 모두 선교 의식으로 가득 차 있었다. 종의 선교는 이스라엘을 야웨께 돌아오게 하고 땅끝까지 이르는 하나님의 구원의 대행자가 되는 것이었다(사 49:6). 다윗 계열의 메시아 왕의 선교는 많은 선지서 본문에 따라 구속받은 이스라엘을 다스리고, 자신의 나라와 땅끝을 유업으로 받는 것이었다(시 2:8).

예수님의 선교 의식, 곧 그분의 기록된 말씀과 행동 배후에 있는 목표, 동기, 자기 이해는 열띤 학문적 논쟁의 주제였다. 하지만 예수님이 자기 아버지의 의제라고 인식하신 것을 근거로 자신의 의제를 정하셨다는 것은 분명하다. 예수님은 자신의 뜻이 자기 아버지의 뜻을 행하는 것이라고 말씀하셨다. 하나님의 선교는 예수님의 선교를 결정했다. 성경적 선교가 철저히 신 중심적이라는 것은 예수님 안에서 가장 명확하게 집중적으로 볼 수 있다. 예수님이 죽기까지 순종하신 것에서, 하나님의 선교는 절정에 이르렀다. 하나님은 "그리스도 안에 계시사 세상을 자기와 화목하게 하시"기 때문이다(고후 5:19).

교회와 선교. 마지막으로, 성경 이야기는 **선교하는 교회**인 우리 자신을 소개한다. 누가복음 24:45-47에서 보듯이, 예수님은 교회에게 선교를 맡기셨다. 그 선교는 십자가에 달려 죽으시고 부활하신 메시아이신 예수님 자신의 정체성과 열정과 승리에 뿌리를 두고 있다. 예수님은 그 본문 바로 다음에 "너희는 증인이라"고 말씀하신다. 이 명령은 사도행전 1:8, "너희가…내 증인이 되리라"는 말에서 반복된다. 누가는 분명 여기에서 이사야서 43:10-12에서 야웨께서 이스라엘에게 하신 동일한 말씀을 반영하고 있다.

> 나 여호와가 말하노라. 너희는 나의 증인,
> 나의 종으로 택함을 입었나니
> 이는 너희가 나를 알고 믿으며
> 내가 그인 줄 깨닫게 하려 함이라.
> 나의 전에 지음을 받은 신이 없었느니라.
> 나의 후에도 없으리라.
> 나 곧 나는 여호와라.
> 나 외에 구원자가 없느니라.
> 내가 알려 주었으며 구원하였으며 보였고
> 너희 중에 다른 신이 없었나니
> 그러므로 너희는 나의 증인이요 나는 하나님이니라.
> 여호와의 말씀이니라.

이스라엘은 참되고 살아 계신 하나님의 정체성을 알았다. 그렇기 때문에 그들은 열방들과 그 신들의 세상에서 그 사실을 증거하도록 위임받았다. 제자들은 이제 십자가에 달려 죽으시고 부활하신 예수님의 참된 정체성을 안다. 그렇기 때문에 땅끝까지 그것을 증거하도록 위임받는다.[20] 교회의 선교는 하나님과 그분의 그리스도의 정체성에서 나온다. 하나님이 누구신지 알 때, 예수님이 누구신지 알 때, 불가피하게 그것을 증거하는 선교를 하게 된다.

바울은 한 걸음 더 나아가 자신의 선교를 야웨의 종의 국제적 선교와 동일화

---

20) 아마 바로 앞뒤의 전후 문맥(눅 24장과 행 1장)에서 '증거하다'라는 말은 주로 주 예수 그리스도, 특히 그분의 부활을 직접 눈으로 목격한 사도들의 역할을 말할 것이다. 하지만 그 특정하고 유일한 사도적 증거는 모든 신자들이 그리스도의 복음을 계속 증거하는 기초가 되므로, 여기에서 그 용어가 더 광범위하고 장기적인 선교적 함축을 지니고 있다고 보는 것도 부적절한 것은 아니다.

시킨다. 그는 사도행전 13:47에서 이사야서 49:6을 인용하여 상당히 직설적으로 이렇게 단언한다.

> 주께서 이같이 **우리에게** 명하시되
> 내가 너를 이방의 빛으로 삼아
> 너로 땅끝까지 구원하게 하리라.(저자 강조)

구약에 대한 선교학적 해석이 있다면, 바로 이것이다. NIV 각주가 보여 주듯이, 바울은 '너'라는 단수형(종에게 말한)을 '우리'라는 복수형(그와 적은 무리의 교회 개척자들)에 적용하는 데 전혀 문제를 느끼지 않았다. 그래서 다시 한 번 말하지만 교회의 선교는 하나님의 선교에서, 그리고 하나님의 명령의 수행에서 나온다.

그렇다면 성경적 관점에서 볼 때, 불가피하게 우리가 계획 수립과 행동에 관여하긴 하지만, 선교는 **일차적으로** 우리의 활동이나 주도권 문제가 아니다. 인간적 노력이라는 관점에서 볼 때, 선교는 피조물 전체의 구속을 위해 하나님의 목적에 하나님의 백성이 헌신적으로 **참여**하는 것이다. 선교는 하나님의 것이다. 놀라운 사실은 하나님이 우리에게 함께 하자고 권유하신다는 것이다.

> 선교는 하나님 자신의 마음에서 나오며, 그분의 마음에서 우리의 마음으로 전달된다. 선교는 세계적인 하나님의 세계적인 백성의 세계적인 활동이다.[21]

이러한 관점을 종합하면, 선교적 해석학이란 성경 모든 부분을 다음과 같은 점에 비추어 읽는 것을 의미한다.

- 피조물 전체를 위한 하나님의 목적. 여기에는 인간의 구속과 새 하늘과 새 땅의 창조가 포함된다.
- 이 땅에서 인간의 삶 일반에 대한 하나님의 목적. 그리고 성경이 인간 문화,

---

21) John Stott, *The Contemporary Christian: An Urgent Plaea for Double Listening*(Downers Grove, Ill.: InterVarsity Press, 1992), p. 335. 「현대를 사는 그리스도인」(IVP).

관계, 윤리, 행동에 대해 가르치는 모든 것.
- 하나님이 역사적으로 이스라엘을 선택하신 것. 열방과 관련된 그들의 정체성과 역할, 그리고 하나님이 그들의 예배, 사회 윤리, 전체적인 가치 체계에 대해 하시는 요구들.
- 나사렛 예수의 중심성, 이스라엘 및 열방과 관련된 그분의 정체성과 선교, 그분의 십자가와 부활.
- 하나님이 교회, 곧 아브라함 언약의 확장된 백성인 믿는 유대인들과 이방인들의 공동체를 주 예수 그리스도의 이름으로 그분의 영광을 위해 열방에 하나님의 복을 전해 주도록 부르신 소명.

해석학적 지도

해석학 혹은 성경 신학을 위한 어떤 틀의 타당성에 대해서는 언제나 비판을 받을 준비가 되어 있어야 한다. 또한 그러한 틀을 제안하는 사람은 궁극적으로 본문이 틀을 지배하는 것이지, 틀이 본문을 지배하는 것은 아니라는 점을 겸손히 인정해야 한다. 앤서니 빌링턴은 다음과 같은 질문을 통해 바로 그러한 도전을 한다. "그 특정한 틀은 본문의 성경적·신학적 문맥 속에서 그 본문의 취지를 **바르게 나타내는가**, 아니면 그 본문을 **왜곡시키는가**?"[22] 나도 빌링턴의 관심사에 재삼 동의한다. 내가 묻고 싶은 건 이 책에서 내가 제안하는 선교적 틀이 효과적으로 학습을 도울까 하는 것뿐이다. 그 틀은 실제로 성경의 전반적 취지를 바르게 나타내는가, 설명해 주고 명확하게 하는가? 성경의 대단히 중요한 메시지가 지닌 일관성을 분명히 보여 주는가? 그에 대해서는 독자가 앞으로 나와 함께 기나긴 성경 연구를 해 나갈 때 비로소 대답할 수 있을 것이다.

하지만 어떤 의미에서는 **어떤 틀이든** 필연적으로 본문을 어느 정도 왜곡시킨다. 성경 본문을 왜곡시키지 않는 방법은 그대로 복사하는 것뿐이다. 본문을 요약하거나, 파악하기 위한 어떤 체계나 유형을 제공하거나, 그 내용을 조직하기 위해 어떤 구조를 제공하려 하면 원래의 본문 자체를 왜곡시킬 수밖에 없다.

이 점에서 성경을 읽기 위한 해석학적 틀은(성경 신학의 모든 도식과 마찬가

---

22) 1998년 10월 London Bible College, Laing Lecture에서 내가 한 강의에 대해 Anthony Billington이 발표한 미발간 응답문에서.

지로) 어느 정도 지도와 비슷하다. 지도 제작자들이 동의하듯, 기존의 모든 지도와 앞으로 만들어질 모든 지도는 실재를 어느 정도 왜곡하고 있다. 세계 지도가 가장 분명한 예다. 3차원인 지구의 실제 모습을 2차원의 평면에 전혀 왜곡하지 않고 제작할 수 있는 방법은 없다. 그래서 모든 세계 지도('투영도')는 대륙의 모양, 그 대륙들의 상대적 면적, 위도와 경도, 극지방이나 나침반 방위 측정 등을 왜곡하지 않을 수 없을 때 타협을 한다. 어떤 선택을 하는가는 그 지도가 누구를 대상으로 한 것이며 일차적으로 무엇을 보여 주려 하는 것인가에 따라 달라질 것이다.

비교적 작은 지역을 나타내는 대축적 지도(예를 들어, 시골길을 걷거나 도시에서 길을 찾기 위한 지도)의 경우에는, 모든 지도에 나타내는 상징적 묘사에 무엇을 포함시키고 무엇을 제외시킬까 하는 것이 문제가 된다. 진짜 풍경의 특징을 모두 다 지도 위에 표현할 수는 없다. 그래서 또 하나의 질문은 그 지도의 용도가 무엇인가 하는 것이다. 이 지도를 사용하는 사람이 분명하게 보아야 할 가장 중요한 특징들은 무엇인가? 그렇다면 어떤 것은 빼놓을 수 있는가? 빼놓은 것이 있다면 그것들이 지리적인 실재로 존재하지 않기 때문이 아니라, 특정한 방식으로 그 실재를 볼 때 일차적으로 중요하지 않기 때문이다. 런던의 하수도에 대한 지도는 반드시 있어야 한다. 그런 지도는 그 지역의 도시 공학자들에게는 분명 대단히 중요하다. 하지만 관광객들에게는 그런 지도가 별로 가치가 없다. 그들은 그런 것까지 알 필요가 없다. 런던 지하철 지도는 운송 시스템을 대단히 훌륭하게 나타내주며, 관광객들이 지하에 있는 동안은 매우 쓸모가 있다. 하지만 그들이 지상의 거리를 다닐 때는 별 소용이 없다. 그런 지도는 단순하고 명확하게 하기 위해 왜곡하고 생략한다. 그리고 실로 그렇게 기호화된 그림은 모든 지하철 노선의 길이 실제로 어디에서 휘어지고 굽어졌는지, 거리와 방향은 어떻게 되는지 나타내는 어떤 지도보다도, 영국의 지하철을 이해하는 훨씬 더 포괄적인 틀을 제공해 준다. 게다가 우리는 모두 지하철 지도가 그것이 설계된 목적을 위해 실재를 왜곡한다는 것을 안다. 그 목적이란 우리가 실제로 런던의 지하철을 편리하고 안전하게 타고 다닐 수 있게 하는 것이다. 그 정도 왜곡은 정당화되고 받아들여진다. 우리는 그것이 거짓이라거나 대중을 현혹시킨다고 비난하지 않는다. 이런 맥락에서 왜곡과 부정확은 절대 같은 것이 아니다. 런던 지하철 지도는 나름대로 완전히 정확한 문서다.

나는 해석학적 틀을 이렇게 지도와 비교하는 것은 일말의 가치가 있다고 생각한다. 주어진 실재는 성경 본문 전체다. 어떤 틀도 모든 세부 사항을 다 설명해 줄 수는 없다. 어떤 지도도 풍경의 모든 세세한 특징들을 나타낼 수 없는 것과 마찬가지다. 하지만 지도와 마찬가지로, 해석학적 틀은 전체 지역을 보는 방식, 그곳을 통과해 나가는 방식, 가장 중요한 것을 관찰하는 방식, 실재 자체를 만나는 방식을 제공해 준다(지도가 실제로 그 지도에 나온 지역에 갈 때 무엇을 예상할 수 있는지 말해 주는 것과 마찬가지다).

내가 개략적으로 말한 선교적 해석학은 이렇게 지도를 작성할 때 필요한 몇몇 조건을 충족시킨다. 그것은 성경이라는 광대한 지역의 모든 특징을 설명한다고 주장하지도 않고, 어떤 특정한 본문의 석의를 미리 제외시키지도 않는다. 하지만 당신이 하이킹을 하다가 지도에 표시되어 있지 않은 어떤 풍경의 특징을 만날 때, 당신은 그것이 지도에 나와 있지 않다고 해서 그 존재를 부인하지는 않는다. 또 당신은 지도에 그것을 포함시키지 않았다고 해서 그 지도를 비난하지도 않는다. 오히려 그 지도는 그 특징을 적절한 지리적 위치에서, 그리고 주변의 다른 특징들과의 관계 속에서 볼 수 있도록 당신을 도와준다.

내가 근본적으로 하나님의 선교를 지향하고 있는 선교적 성경 지도를 사용할수록 (혹은 다른 사람들이 그 지도를 사용하도록 격려할수록) 나는 풍경의 주요 특징들이 분명하게 드러날 뿐 아니라, 학자 관광객들이 잘 드나들지 않는 다른 길들 및 경치가 빼어나지 않은 여러 장소들이 사실은 주된 전경과 매우 긴밀하게 연결되어 있음을 알게 된다.

2부
선교의 하나님

하늘과 모든 하늘의 하늘과 땅과 그 위의 만물은 본래 네 하나님 여호와께 속한 것이로되.(신 10:14)

…이스라엘의 하나님 여호와여, 주는 천하 만국에 홀로 하나님이시라. 주께서 천지를 만드셨나이다.(왕하 19:15)

나는 모든 육체의 하나님이라. 내게 할 수 없는 일이 있겠느냐.(렘 32:27)

네 구속자는 이스라엘의 거룩한 이시라. 그는 온 땅의 하나님이라 일컬음을 받으실 것이라.(사 54:5)

세상을 심판하시는 이가 정의를 행하실 것이 아니니이까.(창 18:25)

하나님은 온 땅의 왕이심이라.(시 47:7)

구약 어디를 들여다보든, 이스라엘의 야웨 하나님이 온 땅의, 혹은 온 민족의, 혹은 온 인류의 유일하신 보편적 하나님이라고 단언하는 본문들을 손쉽게 찾아볼 수 있다. 야웨는 모든 것을 만드셨고, 모든 것을 소유하시고, 모든 것을 다스리신다. 위에 나온 성구들은 모두 토라, 설화체, 선지서, 시편에서 발췌한 것이다. 이처럼 야웨의 유일성과 보편성은 구약 신앙의 토대를 이루는 원리이며, 이는 또한 신약 기독교의 신앙과 예배, 선교의 토대를 이룬다. 2부에서는 세 장에 걸쳐 이와 같은 유일신론적 세계관의 몇 가지 차원을 살펴볼 텐데, 그것이 성경적 선교를 이해하는 데 중요한 역할을 하기 때문이다.

야웨만이 이스라엘에게 자신을 알리시고 또 땅끝까지 알려지기 원하시는 한 분, 참되시고 살아 계신 하나님이라면, 그 사실 자체로 선교를 해야 할 당위성은 충분하다(3장).

나사렛 예수가 야웨의 정체성과 선교를 체화하신 분, 야웨 하나님에게서 하늘과 땅의 모든 권세를 받으신 분, 모두가 그 앞에 무릎 꿇고 주님이라 고백하는 분이라면, 타협의 여지 없이 우리의 모든 선교는 그리스도 중심적 특징과 증거를 갖고 있어야 한다(4장).

한편으로는 살아 계신 하나님과 그리스도, 다른 한편으로는 다른 신과 우상의 모습을 한 모든 인간적·사탄적 노력 간의 충돌이 성경 속에서 일련의 거대한 우주적 드라마를 구성한다면, 하나님의 우주적 통치에 반하는 모든 것에 대한 궁극적 승리를 확신하면서 선교를 통해 이러한 우상숭배와의 투쟁에 참여해야 한다(5장).

하지만 이러한 작업에 착수하기에 앞서, 2부의 서론 격으로 두 가지를 더 말하고자 한다.

첫째, 이 책에서는 고대 이스라엘 유일신론의 **역사적 기원**에 대해서는 관심을 두지 않을 것이다. 이것은 이미 오랫동안 대단히 광범위하게 학문적·비판적으로 연구되어 왔으며, 그것을 깊이 있게 살펴보는 것은 이 책의 범위를 벗어나는 것이기도 하다. 물론 우리가 아는 히브리 성경, 즉 구약은 바로 이스라엘의 '공식적' 신앙을 대표하는 사람들이 정경의 전통 안에서 보존하여 전달해 준 성경이다. 하지만 이 문서만으로 당시 이스라엘 사람들이 종교적으로 어떤 상태였는지를 파악하는 것은 어렵다. 많은 혼란이 있었으리라는 것만은 분명하다. 대중 종교를 지지하는 사람들과 유일신 언약 신앙을 주창하는 사람들 사이에서 이스라엘이 겪은 오랜 갈등에 대해서는 성경도 분명히 말해 주기 때문이다. 어떤 사람들은 이 언약을 야웨만 경배하라는 요구로 믿었으며, 다른 이들은 여러 가지 이유를 들어 야웨 대신 (아니면 야웨와 함께) 다른 신들을 경배하는 것이 적절하다고 생각했다. 이와 관련해 현재까지의 고고학적 증거들은 호세아, 예레미야, 에스겔 같은 선지자들에게서 받게 되는 이러한 인상을 확증해 준다. 이스라엘 땅에서 혼란스러운 대중적 다신론 예배 의식(아세라 여신 숭배를 포함해서)이 시행되고 있었음이 밝혀졌기 때문이다.[1]

이스라엘 종교를 연구하는 역사가들은 이스라엘이 진정한 유일신론자가 되기

---

1) 이 고고학적 자료 및 그것이 이스라엘 종교와 구약 유일신론에 미친 영향에 대해 가장 최근에 개관한 것으로는 William Dever, *Did God Have a Wife? Archaeology and Folk Religion in Ancient Israel*(Grand Rapids: Eerdmans, 2005)이 있다.

까지의 일련의 과정을 재구성했는데, 그에 따르면 이스라엘은 매우 이른 시기부터 야웨만을 섬겨야 한다는 확신을 갖고 있었던 것 같다. 이런 신념은 '야웨 유일 신앙'(mono-Yahwism)이라는 말로 표현되기도 한다. 하지만 야웨에 대한 이러한 헌신이, 원래 야웨가 실존하는 **유일한** 신이라는 확신(이스라엘이 예배해야 하는 유일한 신이라는 것과는 다르다)을 포함했는지, 만일 그렇지 않다면 어떤 시대의 어떤 단계에서 그런 확신이 뿌리를 내렸는지 하는 문제는 계속 논쟁이 되고 있으며, 아직 결론에 이르지 못한 상태다.[2]

하지만 야웨의 **독특성과 보편성**에 대한 주장들이 성경의 모든 장르에 침투해 들어간 정도를 보면, 이스라엘의 신앙에는 아주 이른 시기부터 철저히 유일 신앙이 포함되어 있었음을 알 수 있다. 대중적인 종교 관행에서는 그러한 신앙이 모호해지고 절충되었다 해도 말이다.[3]

하지만 둘째로, 우리는 이런 맥락에서 **유일신론**이 의미하는 것이 무엇인지 물어야 한다. 만일 우리가 추상적인 철학 용어로 규정된 전제를 갖고 유일신론에 대해 접근하면서 이스라엘을 그러한 정의를 통해 측정한다면, 결국 우리는 이스라엘 유일신론에 대해 불가피하게 다소 축소된 관점을 갖게 될 수 밖에 없다. 사실상, 네이슨 맥도날드(Nathan MacDonald)와 리처드 보캄이 보여 주었듯이, 서구 신학계가 계몽주의를 유일신론을 규정하는 틀로 일반화시켰기 때문에 야웨에 관한 이스라엘의 핵심적 사상들에 대해 심각한 오해가 생겨났으며, 이스라엘에서 유일신론이 발전하게 된 계기에 대한 추측성 재구성이 이루어졌다. 하지만 그러

---

2) 이스라엘 종교와 구약 신학에서 유일신론 문제에 대해서는 엄청나게 많은 학문적 연구가 이루어졌다. 따라서 여기에서 그것을 다 다룰 수는 없다. 이 문제에 대한 포괄적 개관과 광범위한 참고 문헌을 제공하는 최근의 연구로는 Robert Karl Gnuse, *No Other Gods: Emergent Monotheism in Israel*, JSOT Supplement Series 241(Sheffield, U.K.: Sheffield Academic Press, 1997)이 있다. 좀더 짧지만 그 문제를 대단히 통찰력 있게 평가한 것으로는(Gnuse에 대한 비판을 포함해서), Richard Bauckham, "Biblical Theology and the Problems of Monotheism", *Out of Egypt: Biblical Theology and Biblical Interpretation*, ed. Craig Bartholomew et al.(Carlisle, U.K.: Paternoster; Grand Rapids: Zondervan, 2004), pp. 187-232가 있다.

3) Peter Machinist는 이스라엘 신앙의 독특성에 포함된 여러 요소들을 단언하는 약 433개의 본문들, 특히 이스라엘의 하나님의 유일성을 단언하는 본문들을 개관하고는, 그 본문들이 구약 문헌의 모든 장르와 모든 단계에서 발견된다는 놀라운 사실을 지적한다. "The Question of Distinctiveness in Ancient Israel", *Essential Papers on Israel and the Ancient Near East*, ed. F. E. Greenspan(New York: New York University Press, 1991), pp. 420-442. Ronald E. Clements, "Monotheism and the Canonical Process", *Theology* 87(1984): 336-344도 비슷한 점을 주장한다.

한 재구성은 본질적으로 입증이 불가능할 뿐 아니라, 성경 본문 자체에 나오는 증거와도 조화되지 않는다.[4]

그 대신 우리가 **이스라엘** 백성이 '야웨는 하나님이시고 다른 분은 없다'라고 한 말의 진정한 의미를 묻는다면, 비로소 이스라엘이 갖고 있던 역동적 신앙에 걸맞은 유일신론을 이해하게 될 것이다. 즉, 우리는 우리가 정한 범주 안에 이스라엘의 종교적·신학적 세계를 쑤셔 넣기보다는, 그것을 내부에서부터 이해하기 위해 애써야 한다.

만일 우리가 "이스라엘이 말하는 '여호와를 **아는 것**'이 무슨 의미인가?"라고 묻는다면, 마침내 성경적 유일신론이라는 풍성한 광맥을 마주하게 될 것이다. 놀랍도록 융통성 있는 용어, '야웨를 아는 것'이라는 이 말에는 몇 가지 중대한 차원이 담겨 있다. 야웨는 자신을, 알려지기 원하는 하나님으로 제시하신다. 이렇게 자신을 전달하려는 욕구는 하나님의 창조, 계시, 구원, 심판, 이 모든 것에 포함되어 있다. 그렇기에 인간은 야웨를 하나님으로 알아야 한다. 그들이 하나님을 **알 수 있으며**, 하나님은 그들이 그분을 **알기** 원하신다는 분명한 가정하에 그렇게 해야 하는 것이다. 하나님의 선택을 받아 언약 관계를 맺은 사람들은 하나님을 알 수 있으며, 그의 계명에 따라 살아야 한다. 하지만 궁극적으로는 이스라엘뿐 아니라 모든 인류가 야웨가 참된 하나님이심을 알 것이다. 따라서 하나님을 알리는 것은, 알려지기 원하시는 하나님의 선교에 참여하도록 부름받는 사람들이 하는 선교의 한 부분이다. 즉, '야웨를 아는 것'이라는 말은 우리가 말하는 유일신론을 이스라엘 식으로 표현하는 역동적인 구약 표현 가운데 하나다. 그래서 우리는 이제 그 발견의 항해를 시작하려 한다. 이스라엘은 어떻게 하나님만을 야웨로 알게 되었는가? 어떻게 그들은 다른 사람들도 하나님을 알게 될 것이라 상상했는가?

따라서 앞으로 전개될 세 개의 장에서 우리는 다음과 같은 길을 따라갈 것이다. 3장에서는 먼저 이스라엘이 어떻게 하나님의 구속적 은혜에 대한 체험을 통해, 특히 출애굽과 바벨론 포로 귀환이라는 핵심 사건을 통해 야웨의 유일성을 알게 되었는지 살펴볼 것이다. 그 후에는 반대로 어떻게 이스라엘과 다른 열방들이

---

[4] Nathan MacDonald, *Deuteronomy and the Meaning of "Monotheism"* (Tübingen: Mohr Siebeck, 2003). 또한 Nathan MacDonald, "Whose Monotheism? Which Rationality?" *The Old Testament in Its World*, ed. Robert P. Gordon and Johannes C. de Moor(Leiden: Brill, 2005), pp. 45-67를 보라. Richard Bauckham, "Biblical Theology and the Problems of Monotheism."

야웨의 심판을 통해 야웨를 알게 되었는지를 살펴볼 것이다. 그 다음 4장에서는 구약에서 더 나아가, 어떻게 신약이 주님이시요 그리스도이신 나사렛 예수 안에 나타난 하나님의 정체성을 인식함으로 하나님을 아는 지식을 채우는지를 알아볼 것이다. 그 다음에는 그 두 장을 함께 묶어 왜 성경적 유일신론이 선교적인지, 달리 말해서 어떻게 선교적 해석학이 야웨와 예수 그리스도에 대한 이 위대한 성경의 유일신론적 주장을 해석하는 일에 도움이 되는지를 물을 것이다. 하지만 유일신론과 선교에 대해 살펴볼 때 우리는 그것의 어두운 면에 주의를 기울이지 않을 수 없다. 이는 다른 신들 및 우상들과의 투쟁을 의미하기 때문이다. 그래서 5장에서는 구약이 이 현상에 대해 무엇이라 말하는지 분석하고, 그러는 가운데 그 논쟁에 대한 다소 피상적이고 온정주의적인 오해로 볼 수 있는 것을 붙잡고 씨름할 것이다. 마지막으로, 사도 바울의 선교 활동과 글에 나타나는 미묘한 전략을 사용해서, 어떻게 기독교 선교가 지금도 여전히 진행 중인 우상숭배 문제를 다루어야 할지 살펴볼 것이다.

3

살아 계신 하나님은
이스라엘 안에서 자신을 알리신다

성경에서 하나님은 그분이 행하시고 말씀하시는 것을 통해 자신을 알리신다. 그래서 하나님의 전능하신 행동에 대한 기록과, 그 행동을 예언하고, 설명하고, 경축하는 말씀은 구약 문헌의 많은 부분에서 대등한 핵심을 이룬다. 특히 구약 역사의 양끝에 기록되어 있는 두 가지 강력한 행동은 이스라엘이 그들의 하나님을 알게 된 중대한 기회였다. 그것은 바로 출애굽과 바벨론 포로 귀환 사건이다. 두 사례를 통해 우리는 이스라엘이 이 사건들과 연관시킨 핵심 진리들이 무엇이며, 그것들이 어떻게 야웨의 유일성, 보편성과 관련되어 있는지를 살펴볼 것이다. 이는 또한 하나님의 선교에 있어 '알려지기 원하시는 하나님'이라는 측면을 이해하게 해준다.

하나님의 은혜를 체험함으로써 하나님을 아는 것

출애굽. 출애굽은 히브리 성경에서 그의 백성을 위한 야웨의 능력, 사랑, 신실하심, 해방시키는 사역 등을 명확히 보여 주는 사건이다. 따라서 출애굽은 자기 계시를 위한 하나님의 중대한 행동이었으며, 이스라엘 편에서는 엄청나게 강력한 학습 경험이기도 했다. 사실 출애굽 전에, 이미 그것을 예상하면서 모세에게 주신 하나님의 예언적 말씀은 하나님의 자기 계시가 출애굽의 목적 가운데 하나임을 강조한다.

야웨께서 알려지시리라. 출애굽기 5:22-6:8은 출애굽 이야기의 중추적인 본문이다. 애굽에 도착한 모세는 바로에게 히브리 노예들의 자유를 요구했지만 상황은 갈수록 악화되었다(출 5:1-14). 억압이 심해질수록 지도자들은 모세에게 불평하였고, 다시 모세는 하나님께 불평한다. 불타는 떨기나무에서 말씀하신 구원의 약속을 지키지 않으신다고 비난한다(출 5:15-23). 그러자 하나님은 자신의 정체성을 다시 한 번 분명히 설명하시며(출 6:2-3), 간결하지만 포괄적으로 자신의 구속 의도를 제시하신다(출 6:6-8). 출애굽기 6:6-8은 이 기사 전체와 관련된 하나님의 사명 선언문이다.

하나님은 자신의 이름과 성품에 대한 보증으로("나는 여호와라"는 말은 6절 첫 부분과 8절 끝 부분에서 반복된다) 이스라엘을 위해 세 가지 일을 행하겠다고 약속하신다.

- 그들을 애굽의 멍에에서 해방시키겠다.
- 그들과 상호 언약 관계를 맺겠다.
- 그들을 그들의 조상들에게 약속한 땅으로 데리고 가겠다.

이 전체 시나리오에서 이스라엘이 해야 할 일은 이 사건들을 통해 하나님이신 야웨를 확실하게 **아는 것**뿐이다. "나는 애굽 사람의 무거운 짐 밑에서 너희를 빼낸 너희의 하나님 여호와인줄 너희가 알지라"(출 6:7). 그 후 몇 달, 몇 년간 이스라엘은 가파른 학습 곡선을 그리게 될 것이다. 하지만 그 학습이 끝날 무렵 그들의 세계관은 영원히 변화될 것이다. 그들은 애굽에서 (그리고 다른 모든 곳에서) 누가 참으로 하나님이었는지 알게 될 것이다.

따라서 출애굽을 통해 예상되는 결과는, 이스라엘이 야웨를 하나님으로 알 뿐 아니라 하나님의 성품과 능력에 대한 몇 가지 근본적 진리도 깨닫게 되리라는 것이다. 신명기에서 이스라엘은 실제로 그와 같이 그 세대의 위대한 사건들을 회고한다. 실로 그 사건들은 이스라엘의 하나님 야웨의 정체성과 유일성에 대한 전례가 없고 무엇과도 비교할 수 없는 계시였다. 그리고 그 사건들은 바로 그런 목적을 위해 미리 계획된 것이었다.

네가 있기 전, 하나님이 사람을 세상에 창조하신 날부터 지금까지 지나간 날을 상고하여 보라. 하늘 이 끝에서 저 끝까지 이런 큰 일이 있었느냐. 이런 일을 들은 적이 있었느냐. 어떤 국민이 불 가운데에서 말씀하시는 하나님의 음성을 너처럼 듣고 생존하였느냐. 어떤 신이 와서 시험과 이적과 기사와 전쟁과 강한 손과 편 팔과 크게 두려운 일로 한 민족을 다른 민족에게서 인도하여 낸 일이 있느냐. 이는 다 너희의 하나님 여호와께서 애굽에서 너희를 위하여 너희의 목전에서 행하신 일이라. 이것을 네게 나타내심은 여호와는 하나님이시요, 그 외에는 다른 신이 없음을 네게 알게 하려 하심이니라.[신 4:32-35(36-39에 반복됨), 저자 강조]

그렇다면 출애굽을 통해 이스라엘은 야웨에 대해 무엇을 알게 되었는가? 세 가지 교훈이 강조되고 있음을 알 수 있다. 그 중 두 가지는 출애굽기 15장에서 나온 것으로 (1) 야웨는 비교할 수 없는 분이시라는 것과 (2) 그분이 주권적인 분이시라는 것이며, 마지막 하나는 신명기 4장에서 나온 것으로 (3) 야웨는 유일하신 분이라는 것이다.

이 모세의 노래(출 15:1-18)는 대부분의 학자들이 구약의 가장 초기 시로 인정한다. 이 시는, 하나님이 이스라엘을 애굽에서 끌어내시고 안전하게 바다를 건너 자유롭게 하신 사건에서 끌어낸 두 가지 강력한 결론을 경축한다.

야웨는 비교할 수 없는 분이시다. 이 말은, 이 시에서도 나타나며 다른 본문들에서도 찾아볼 수 있는 "주와 같은 자가 누구니이까"라는 수사적 질문이 의미하는 바다.

여호와여, 신 중에 주와 같은 자가 누구니이까.
주와 같이 거룩함으로 영광스러우며
찬송할 만한 위엄이 있으며
기이한 일을 행하는 자가 누구니이까.(출 15:11)

야웨는 출애굽기의 처음 여덟 장에 걸쳐 당당하게 권세를 과시하시면서, 자신이 "애굽의 모든 신"(출 12:12)보다 우월하다는 것을 입증하셨다. 여기에서는 아직까지 이스라엘이 야웨만이 유일한 신이라고 생각하는 유일신론과 관련해서 야웨를 믿어 왔는지 별 관심이 없다. 중요한 것은 이스라엘의 하나님이 분명 인근에서 가장 강력한 신이라는 것뿐이다. 야웨는 능력과 의지 면에서 누구와도 비교할 수 없는 분이다. 애굽 신들이 누구건 혹은 무엇이건(해설자는 신들의 이름을 거론조차 하지 않는다. 자신이 신이라고 주장했던 바로의 이름을 거론하지 않는 것과 마찬가지다) 이스라엘의 하나님은 그들 모두와 상대가 되지 않는다.

구약 다른 곳을 보아도, 필적할 존재가 없는 신인 야웨에 대한 경이와 감탄을 표현하기 위해 비슷한 말이 사용된다. 야웨와 같은 신이 없다는 주장("그분과 같은 자 없다" 혹은 "주와 같은 자 없다")은 다음과 같은 점에서 그분이 도저히 비교할 수 없는 분이라고 단언한다.

- 약속을 지키시고 자신의 말씀을 성취하시는 것에서(삼하 7:22)
- 특히 창조에서 나타난 능력과 지혜에서(렘 10:6-7, 11-12)
- 하늘의 모임에서(시 89:6-8)
- 나라들을 다스리는 것에서(렘 49:19; 50:44)
- 죄를 사하시고 허물을 용서하시는 것에서(미 7:18)
- 그의 백성을 위한 구원의 능력에서(사 64:4)

그리고 야웨와 같은 분이 없기 때문에, 모든 민족은 궁극적으로 **그분을** 유일하게 참되신 하나님으로 예배할 것이다(시 86:8-9). 이것이 이 위대한 진리의 선교적 차원이다. 그 점에 대해서는 14장과 15장에서 자세히 다루겠다.

따라서 출애굽을 통해 이스라엘이 야웨에 대해 알게 된 중대한 진리는 그분이 다른 신들과는 비교할 수 없을 만큼 가장 위대하시다는 것이다. 이것은 최상급으로 단언되었기 때문에, 더 정확하게 말하면 유일신론에 대한 주장이나 다름없다. 야웨가 비교할 수 없는 분인 까닭은 실제로 그분과 비교할 만한 것이 아무것도 없기 때문이다. 야웨는 비길 데 없는 분이다.

야웨는 왕이시다. 이 노래의 절정은 "여호와께서 영원무궁하도록 다스리시도다"(출 15:18)라는 승리의 환호성이다. 히브리 동사는 미완료 형태로 되어 있다. 그것은 "그분은 이제 자신이 왕이라는 것을 보여 주셨다. 그분이 지금 다스리고 계시다. 그분은 영원토록 계속해서 다스리실 것이다"[1]라는 다소 유연한 의미를

---

1) John Durham은 이 구절을 "야웨는 영원히 간섭받지 않고 다스리신다"라고 번역한다. *Exodus*, Word Biblical Commentary(Waco, Tex.: Word, 1987), pp. 201-202. 「출애굽기」(솔로몬).

지니고 있다. 이것은 성경에서 최초로 하나님 나라가 언급된 중대한 경우로, 야웨가 자신의 백성을 억압하고 그분을 알기를 거부한 사람들에게 승리하셨다고 말하는 맥락에서 나온다(출 5:2). 그래서 이렇게 야웨를 왕으로 단언하는 것 자체가 대결적이고 논쟁적인 것이다. 야웨가 왕이시기 때문에, **다른** 왕들(애굽 왕이건 가나안 왕이건)은 떤다.

이 출애굽기 본문에서 야웨의 왕권은 바다를 건너 바로의 군대를 쳐부순 역사적 사건이라는 맥락 속에서 나온다. 하지만 히브리의 시적 표현들은 고대 근동, 특히 엘(El)과 바알(Baal)에 대한 가나안 서사시에서 나온 신화적 전통들을 차용한다. 예를 들면, 우가릿에서 바알은 '우리의 왕'이며 '세상의 주'라고 환호를 받았다. 그는 위대한 신 얌(Yamm: 바다)으로 대표되는 태고적 혼란을 누르고 큰 승리를 얻은 끝에 이 위치에 올랐다. 바알은 바다를 물리치고 그 위에 있는 신성한 산에서 보좌에 앉으며, 거기에서 그의 '영원한 나라'를 다스린다. 바다를 물리치는 것, 바람의 명령, 바다의 용(Rahab)을 짓밟는 것, 깊은 곳(혹은 홍수) 위에서 보좌에 앉는 것, 거룩한 산에서 다스리는 것 등의 주제는 가나안 신화에 나오는 이야기다.[2] 하지만 이러한 표현은 구약에서도(여기 출애굽기 15장에서처럼) 왕이신 야웨의 통치를 표현하고 경축하는 방편으로 사용된다. 이 같은 가나안 신화의 분명한 반영은 시편 29:10; 74:12-14; 89:9-10; 93:3-4; 104:3-9; 하박국 3:3-15; 이사야 51:9-16 등에서 볼 수 있다. 물론 이렇게 가나안의 비유적 표현들을 사용하고 있다고 해서 구약이 엘과 바알의 신화를 **받아들였다는** 말은 아니다. 이스라엘의 신앙은 이러한 신들에 대한 모든 주장을 야웨의 통치에 복종시킨다. 구약은 바알의 왕권을 나타내는 말을 차용한다. 하늘과 땅의 모든 통치를 야웨에게만 돌림으로서 그러한 주장에 반격을 가하기 위해서다.

게다가 구약은 한편으로는 그런 신화적 표현을 사용하면서도 야웨의 통치를 실제 역사와 긴밀하게 연결시켰다. 그런 비유적 표현은 인간 역사에서 일어난 사건들이 우주적이고 계시적인 의미를 지니고 있음을 단언하기 위한 것이었다. 이 역사적 사건들의 연속에서 이스라엘은 이제 그들의 하나님 야웨에 대한 진리를

---

2) 예를 들어, John Day, "Asherah" "Baal(Deity) and "Canaan, Religion of", *Anchor Bible Dictionary*, ed. David Noel Freedman(New York: Doubleday, 1992), 1:483-487, 545-549, 831-837; 그리고 N. Wyatt, *Religious Texts from Ugarit*(Sheffield, U.K.: Sheffield Academic Press, 1998)을 보라.

인식해야 한다. 그 진리는 야웨의 원수들(인간 원수건 신이라고 주장하는 존재건)이 야웨의 왕권과는 상대가 되지 못한다는 것이다. 모세는 말로 표현하지는 않았지만 분명한 암시로 "야웨가 **왕이시다. 그리고 바로나** 애굽이나 가나안의 신이라고 주장하는 어떤 존재도 **왕이 아니다**"라고 노래한다.[3]

하지만 야웨가 지닌 왕권의 본질, 즉 야웨가 실제로 왕의 역할을 수행하는 방식은 좀 뜻밖이다. 그분은 약한 자와 억눌린 자들을 위해 왕권을 행사하시기 때문이다. 이것은 이미 홍해에서 부른 모세의 노래에 암시되어 있다. 거기서 경축하고 있는 것은 다름 아닌 한 소수 인종 공동체의 해방이다. 그 공동체는 경제적 착취와 정치적 억압을 겪고 있었으며, 궁극에 가서는 국가가 후원하는 무시무시한 종족 학살을 겪은 사람들이었다. 하지만 그런 바로의 제국에 야웨의 통치가 개입했다. 그 야웨는 억압받는 자들의 부르짖음을 들으시는 하나님, 들으시고 보시고 기억하시고 관심을 두시는 하나님이다(출 2:23-25).

다시 한 번 신명기는 우리가 살펴보고 있는 사건들을 설명해 준다. 신명기 10:14-19은 역설적이게도 야웨의 우주적 **통치**를 대단히 협소한 한 지역에 국한된 야웨의 **자비심**과 나란히 말한다. 그 본문은 찬송가와 같은 구조를 갖고 있는데, 두 개의 큰 부분에 각각 세 구절씩 들어 있다. 각 부분에서 첫째 구절(14, 17절)은 **송영**이다. 둘째(15, 18절)는 대조를 이루는 **놀라움**이다. 그리고 셋째(16, 19절)는 방금 나온 주장들에 대해 이스라엘이 보여야 하는 실제적·윤리적 **반응**이다(표 3.1을 보라).

표 3.1 신명기 10:14-19

14 하늘과 모든 하늘의 하늘과 땅과 그 위의 모든 만물은 본래 네 하나님 여호와께 속한 것이로되.	찬송/송영	17 너희의 하나님 여호와는 신 가운데 신이시며 주 가운데 주시요 크고 능하시며 두려우신 하나님이시라. 사람을 외모로 보지 아니하시며 뇌물을 전혀 받지 아니하시고
15 여호와께서 오직 네 조상들을 기뻐하시고 그들을 사랑하사 그들의 후손인 너희를 만민 중에서 택하셨음이 오늘과 같으니라.	놀라움	18 고아와 과부를 위하여 정의를 행하시며 나그네를 사랑하여 그에게 떡과 옷을 주시나니.

16 그러므로 너희는 마음에 할례를 행하고 다시는 목을 곧게 하지 말라.	반응	19 너희는 나그네를 사랑하라. 전에 너희도 애굽 땅에서 나그네 되었음이니라.

각 부분 맨 앞에 나오는 두 개의 송영은 놀라운 이중적 주장을 한다. 야웨는 우주를 **소유하시는** 하나님이라는 것과(온전히 다 그분에게 속한 것이므로, 14절) 야웨는 우주를 **다스리시는** 분이라는 것이다(모든 능력과 권세들은 그분에게 종속되어 있으므로, 17절) 우주적 **소유권**에 대한 하나님의 주장이 창조의 권리에 근거하고 있듯이(예를 들어, 시 24:1-2; 89:11-12; 95:3-5), 우주적 **주권**에 대한 그분의 주장 역시 창조주로서 그분이 가진 능력에 근거하고 있다(시 33:6-11; 95:3; 사 40:21-26). 하지만 신명기 10장에 나오는 놀라운 주장은 첫째, 온 우주를 다스리시는 이 하나님이 모든 민족 중 이스라엘을 언약 상대자로 택하셨다는 것이며(15절), 둘째로, 다른 모든 형태의 인간적·우주적 능력과 권세("신들과 주들")에 대한 이 하나님의 능력이 사회에서 가장 약하고 가장 무시받는 사람들(과부, 고아, 나그네)을 위해 발휘된다는 것이다(18절). 실로 15절과 18절 간의 균형은 하나님이 **이스라엘을** 애굽에서 나그네로 지내면서 받는 고통에서 구해 주셨을 때, 광야에서 **그들을** 먹이시고 **그들을** 입히셨을 때, 하나님은 그저 그분의 성품에 걸맞게 행동하고 계셨음을 시사한다. 이스라엘을 위해서도 보통 다른 사람들을 위해 하듯이 하고 계시다는 것이다. 그것이 야웨께서 일반적으로 나그네들을 위해 하시는 일이다. 하나님은 바로 그런 분이다. 야웨는 사랑하기를 좋아하시고, 특히 궁핍한 자와 나그네들을 사랑하기를 좋아하시는 하나님이다. 이스라엘 사람들은 애굽에서 그런 궁핍한 상태에 있었으므로, 그들은 그분의 자비로운 사랑의 대상이 되었다. 이스라엘이 지금 **왕**으로 알고 있는 야웨는 자비와 정의로 다스리는 왕이다. 실로 "의와 공의가 주의 보좌의 기초라. 인자함과 진실함이 주 앞에 있나이다"(시 89:14).[4]

야웨는 유일하시다. 신명기 4:23-39에 나오는 출애굽과 시내 산 사건에 대한

---

3) 야웨가 세상의 모든 열방과 신들을 지배하신다는 개념은 14장에서 더 자세하게 살펴볼 것이다.
4) 고대 근동에 퍼져 있던 기대, 곧 신들과 왕들이 정의의 대행자가 되어야 한다는 기대에 대해서는 Moshe Weinfeld, *Social Justice in Ancient Israel and in the Ancient near East*(Minneapolis: Fortress Press, 1995)의 포괄적인 연구를 보라.

해설로 다시 돌아가 보면, 이스라엘이 구속과(출애굽, 34, 37절) 계시를 통해(시내 산, 33, 36절) 경험한 하나님의 은혜를 통해 무엇을 깨달아야 했는가? 모세의 결론은 "오직 위로 하늘에나 아래로 땅에 여호와는 하나님이시요 **다른 신이 없[다]**"(35, 39절, 저자 강조)라는 것이다.

야웨 외에는 '다른 신'이 없다는 표현은 다른 수많은 본문들에서도 찾아볼 수 있다.

여호와와 같이 거룩하신 이가 없으시니
이는 주밖에 다른 이가 없고
우리 하나님 같은 반석도 없으심이니이다.(삼상 2:2)

이에 세상 만민에게 여호와께서만 하나님이시고
그 외에는 없는 줄을 알게 하시기를 원하노라.(왕상 8:60)

그런즉 내가 이스라엘 가운데에 있어
너희 하나님 여호와가 되고
다른 이가 없는 줄을 너희가 알 것이라.(욜 2:27)

나는 여호와라. 나 외에 다른 이가 없나니
나 밖에 신이 없느니라.(사 45:5; 참고 6, 18절)

그러나 이러한 본문들이(이사야서 본문을 제외하고) 과연 완전한 유일신론적인 주장을 하고 있는 것인지에 대해 여전히 의문을 품는 학자들이 있다. 그런 구절에는 야웨 유일 신앙이 담겨 있으며, '다른 신'이 아닌 야웨만이 **이스라엘에게** 경배를 받으실 유일한 하나님이 되어야 함을 암시한다는 것이다. 즉, 다른 나라들의 다른 신들이 실제로 존재하는지 아닌지는 중요하지 않으며, 그런 본문들 역시 이를 부인하고 있지 않다고 말한다. 즉, 이 학자들에 따르면, 그런 본문들이 가정하는 것은 다른 신들이 존재**하기는** 하지만 그중 어느 누구도 이스라엘에게 예배나 충성을 주장할 권리가 없다는 것이다.

하지만 내가 보기에 이것은 대단히 선험적인 가정으로, 사실상 논박 자체가 불가능하다. 이스라엘이 야웨의 유일성에 대해 무엇을 주장하건, 이미 한쪽으로 마음을 정한 독자들은 그런 축소주의적 방식으로 본문을 이해하기 때문이다. 만일 어떤 이스라엘 사람이 정말로 야웨만이 유일한 보편적 신이라는 존재론적 주장을 하기 원한다면, 신명기 4:39보다 그 이상 무슨 말을 더 할 수 있겠는가? 물론, 신명기는 추상적으로 신에 대한 계몽주의의 범주나 정의들을 다루고 있는 것이 아니라는 네이슨 맥도날드의 말은 옳다. 하지만 신명기는 온 우주 전체를 우리 앞에 제시하고는("위로 하늘에나 아래로 땅에"), 어디를 바라보든 야웨는 하나님이시며 "다른 신이 없[다]"라고 주장한다. 그러니 더 이상 다른 어떤 곳에 신이 있을 수 있단 말인가? 따라서 이사야서 본문에 분명히 나와 있는 함축("나밖에 신이 없느니라")은 사실상 다른 본문에도 동일하게 새겨져 있다고 볼 수 있다. 많은 말로 표현하지는 않았다 해도, 쉽게 내릴 수 있는 결론이다.

하지만 이와 같이 주장하고 난 후에도, 사실 구약이 종종 다른 신들의 존재를 암시하고 있다는 것을 인정할 필요가 있다. 명확하게 독특한 실재인 '하나님' 야웨와 비교할 수는 없지만 말이다. 이러한 긴장에 대해서는 이후 5장에서 "야웨와 열방의 신들 및 우상들"에 대해 다룰 때 다시 살펴볼 것이다. 하지만 지금 여기에서는 리처드 보캄의 논증에 동의하고자 한다. 그는 '야웨의 초월적 유일성'이라는 말을 사용하며, 이를 다음과 같이 규정한다.

> 내가 말하는 유대 유일신론의 본질적 요소, 즉 그것을 유일신론으로 만드는 요소는, 그 유일성이 다른 '신들'의 존재를 부인하는 것이 아니라 야웨를 독자적인 부류에 속하는 존재로 이해한다는 것이다. 그것은 하늘에 있는 혹은 초자연적인 다른 어떤 존재들과도 완전히 다른 부류다. 설사 이 존재들이 '신'이라 불린다 해도 말이다. 나는 이것을 야웨의 초월적 유일성이라 부른다(단순한 '유일성'은 한 종류에 속한 어떤 요소를 다른 요소와 구분하는 것이 될 수 있기 때문이다. 내가 말하는 '초월적 유일성'이란 야웨를 독자적인 부류에 속하게 하는 유일성을 뜻한다). 이러한 초월적 유일성을 판별하는 데 특히 중요한 것은 야웨와 실재 전체와의 독특한 관계에 의해서 야웨를 구분하는 것이다. 즉, 야웨만이 만물의 창조주이시며, 다른 모든 것은 그분에 의해 창조되었다는 것, 또 야웨만이 만물의 주님이시며, 다른 모든 것은 그분의 우주적 주권을 섬기든가 그 주권에 종속되어 있다는 것이다.[5]

이런 식으로 야웨의 유일성을 이해하는 것은 야웨가 비교할 수 없는 분이라는 점과 통합된다. 야웨와 **같은** 다른 신이 없는 이유는 실제로 다른 신이 없기 때문이다. 그뿐이다. 야웨는 '그 하나님'(the God, *hā ʾelōhîm*)이다. 보캄이 지적하듯이, 이런 식으로 정관사를 사용하는 것은 사실상 야웨를 비길 데 없는 하나뿐인 분으로 만든다.

야웨가 행한 일들을 통해 이스라엘이 깨달을 수 있는 것, 즉 야웨를 열방의 다른 신들과 구분해 주는 것은 그분이 '그 하나님' 혹은 '신들의 신'이라는 것이다. 이는 근본적으로 그분이 우주 전체에서 필적할 자 없는 능력을 갖고 계시다는 의미다. 땅과 하늘과 하늘의 하늘이 그분에게 속해 있다(신 10:14). 이에 반해, 열방의 신들은 아무 힘이 없고 실제로 존재하지 않는다. 그들은 자기 백성들조차 보호하거나 구해 줄 수 없다(특히, 신 32:37-39을 보라).[6]

이러한 주장은, 야웨가 비교할 수 없는 분이라고 말하는 본문들이 야웨 유일 신앙(야웨가 이스라엘이 섬겨야 할 유일한 신이라는 것)보다 더 광대한 것을 포함한다는 견해를 강화해 준다. 그 본문들이, 그저 제한되거나 상대적인 야웨 유일 신앙이 아닌 그보다 더 큰 의미를 담고 있다는 사실을 알려면, 몇몇 본문이 **비교할 수 없음**(그와 **같은** 자가 없음)이라는 표현을 초월적 **유일성**(다른 어느 신도 없음)이라는 표현과 의미심장하게 결합시키는 것에 주목해야 한다. 이러한 예로 다음의 본문들을 들 수 있다.

주와 같은 이가 없고 주 외에는 신이 없음이니이다.(삼하 7:22)

신들 중에 주와 같은 자 없사오며⋯주만이 하나님이시니이다.(시 86:8, 10)

나는 하나님이라. 나 외에 다른 이가 없느니라. 나는 하나님이라. 나 같은 이가 없느니

---

5) Richard Bauckham, "Biblical Theology and the Problems of Monotheism", *Out of Egypt: Biblical Theology and Biblical Interpretation*, ed. Craig Bartholomew et al.(Carlisle, U.K.: Paternoster; Grand Rapids: Zondervan, 2004), p. 211.
6) 같은 책, p. 196.

라.(사 46:9)

> 이스라엘의 하나님 여호와여, 위로 하늘과 아래로 땅에 주와 같은 신이 없나이다.…이에 세상 만민에게 여호와께서만 하나님이시고 그 외에는 없는 줄을 알게 하시기를 원하노라.(왕상 8:23, 60)

이 마지막 본문에 대해 보캄은 이렇게 해설한다.

> [그 본문의 취지는] 단지 땅의 모든 민족에게 **이스라엘을 위한** 신은 오직 야웨뿐이라는 사실을 알리고자 함이 아니다. 야웨만이 '그 하나님'이라는 것을 선포하는 것이다. 굳이 다른 **신들**(gods)의 존재를 부인할 필요가 없다. 자연히 그들은 '**그 하나님**'이라고 부를 수 있는 유일한 분인 야웨의 유일성을 인식하게 될 것이다. 바로 이런 면에서 '그 외에는 없다.'[7]

바벨론 포로 귀환. 이스라엘이 포로로 **보냄받은** 경험을 통해 하나님에 대해 배운 교훈에 관해서는, 후에 그들이 어떻게 하나님의 심판을 받음으로서 하나님을 알게 되었는지 살펴볼 때 함께 생각해 볼 것이다. 하지만 하나님은 자비롭게도 포로 생활을 끝내실 것이며 그들을 고국으로 돌려보내 하나님과의 관계를 새롭게 **회복시키려** 하신다는 것을 선지자를 통해 알리는 과정에서, 또 한 번 폭발적 학습이 이루어져야 한다. 하나님은 각 시점마다 자신의 유일성과 보편성에 대해 뭔가 더 주장하시고 있다. 그렇다면 이 사건들도 분명 지금 우리가 다루는 주제와 관련이 있을 것이다. 하나님이 열방의 구원과 온 세상의 재창조를 이루기 원하신다면, 그런 거대한 의제를 수행하실 능력이 있어야 하기 때문이다. 이에 대해 포로 시대 대선지자들은, 하나님은 자신이 약속한 바를 실행하시는 데 조금도 부족함이 없으리라고 확신한다. 다음의 위대한 주장들은 주로 이사야서에 나오며, 예레미야 및 에스겔이 본 환상도 일부 있다.

야웨는 역사를 주관하신다. 구약학계의 오랜 생각, 즉 모든 민족 중 오직 이스라엘만이 그들이 섬기는 신인 야웨가 역사를 주관하신다는 유례없는 믿음을 가지

---

7) 같은 책, p. 195.

고 있었다는 생각은 틀린 것임이 입증되었다. 다른 민족들도 자기 신들에 대해 비슷한 주장들을 했다는 사실이 밝혀졌기 때문이다. 이스라엘이 주장하는 야웨만큼 지속적으로 강력하게 대규모로 그런 것은 아니었지만 말이다.[8] 자신이 다스리는 나라의 일에 관여하는 것, 특히 군사적 활동을 성공시키는 것이 바로 신들이 하는 일이었다. 문제는, 어느 나라가 자기 신이 역사적 사건들에 얼마만큼 개입한다고 믿었는가 하는 것이 아니다. 오히려, 어느 나라의 주장(자신의 신이 역사를 주관한다는)이 정당하고 타당한 것인가 하는 것이다.

바벨론 포로 시대에 선지서 본문들이 반복해서 주장하는 내용 중 놀라운 것은, 그 주장이 얼마나 열렬히 끈질기게 이루어졌는가 하는 것이 아니다(역사를 관장하는 야웨의 주권에 대한 이스라엘의 문헌은 현재까지 남아 있는, 당시 다른 민족의 신들에 대한 어떤 문헌보다도 훨씬 설득력이 있다). 정작 놀라운 것은 그런 주장을 했다는 것 자체다. 대제국이라면 자기 신들이 역사를 주관한다는 주장이 무척 자연스럽게 보일 것이다. 그러나 더 이상 하나의 나라라고 보기도 어려운, 패배한 작은 나라가 자신의 신에 대해 그런 주장을 한다는 것은 터무니없이 교만하게 보일 것이다. 이 사람들은 그들과 그들의 신이 역사 속에서 완전히 잊혀질 현실을 애처롭게 부인하면서, 망상 속에서 살고 있는 것이 분명하다.

하지만 선지서 본문들은 대담하게도 다른 민족들과 그들의 신들을 법정으로 불러내, 어떤 신이 역사를 주관하는지, 그리고 어떤 신이 참된 하나님이라고 주장할 수 있는지 보기 위해 큰 시합을 하자고 도전한다.

장차 당할 일을
우리에게 진술하라.
또 이전 일이 어떠한 것도 알게 하라.
우리가 마음에 두고
그 결말을 알아보리라.

---

[8] 이 주제를 다룬 고전은 여전히 Bertil Albrekson, *History and the Gods: An Essay on the Idea of Historical Events as Divine Manifestations in the Ancient near East and in Israel*(Lund: Gleerup, 1967)이다. 보다 최근에 나온 책으로는 또한 Daniel I. Block, *The Gods of the Nations: Studies in Ancient near Eastern National Theology*, 2nd. ed.(Grand Rapids: Baker; Leicester, U.K.: Apollos, 2000)를 보라.

혹 앞으로 그 일을 듣게 하며
뒤에 올 일을 알게 하라.
그리하면 너희가 신들인 줄 우리가 알리라.(사 41:22-23)

나는 하나님이라. 나 외에 다른 이가 없느니라.
나는 하나님이라. 나 같은 이가 없느니라.
내가 시초부터 종말을 알리며
아직 이루지 아니한 일을 옛적부터 보이고
이르기를 나의 뜻이 설 것이니
내가 나의 모든 기뻐하는 것을 이루리라 하였노라.(사 46:9-10)

하지만 이스라엘의 주장에서 두 번째 놀라운 특징은 야웨가 **자신의** 언약 백성에 관한 일뿐 아니라, **모든** 민족의 전체 역사를 주관하신다는 것이다. 대체로, 고대 근동의 다른 민족들은 자신들이 믿는 신이 자기 민족의 권세를 확장하거나 국가의 영토나 성을 방어한다고 주장하는 데 만족했다. 다른 고대 근동 신들이 제삼자의 역사나 정치, 운명에 관여한다고 주장하는 경우는 상당히 드물며, 실제로 그것을 언급할 때에도 보통은 자신들의 나라를 매개로 해서 언급한다. 하지만 이스라엘은 곧바로, 하나님은 그분을 경배하지 않는 열방의 운명에도 관여할 뿐 아니라, 그분 자신의 언약 백성을 직접 매개로 하지 않고서도, 즉 그들의 특정한 이익과는 별개로 그렇게 하실 수 있다고 주장한다. 포로 시대의 예언을 보면, 하나님은 이스라엘을 심판하는 도구로 바벨론을 사용하실 수 있다. 하지만 하나님은 또한 그 바벨론을 심판하는 대행자로 고레스를 사용하실 수 있다. 마찬가지로, 야웨의 주권으로 고레스가 다른 모든 나라들과 싸워 승리했다고 여길 수도 있다(사 41:2-4, 25; 44:28-45:6). 이는 실로 놀라운 주장이다.

이러한 주장은 또한 전례가 없고 비교 불가능한 것이기도 하다. 사이먼 셔윈(Simon Sherwin)은 구약의 이러한 주장이 지닌 특징을, 당시 나라들이 자신들의 신에 대해 주장한 내용과 상세히 비교 연구한 후 그것이 상당히 독특하다는 점을 발견했다. 의미심장하게도, 그는 이러한 주장이 십중팔구 이스라엘의 유일신론적 세계관과 연결되어 있다고 주장한다. 셔윈에 의하면, 고대 근동 신들의 주장은 대부분 영토를 얻거나 잃는 것과 관련되어 있다. 사실 다른 민족들이 과거에 영토를 얻도록 해준 존재가 자신들의 민족 신이라고 주장하는 경우는 상당히 흔했다. 이러한 경우, 민족 신은 오로지 자신을 경배하는 민족의 운명에만 초점을 맞추고 있었다.

하지만 야웨의 주장은 이를 능가한다. 그분은 다른 나라들의 왕을 임명할 수 있다고 주장한다. 그분은 다른 나라들을 벌주기 위해 자기 민족이 아닌 다른 민족들을 사용하실 수 있다. 그분은 심지어 당시의 초강대국들을 그분 자신의 목적을 위해 사용하시고, 그 다음에 그들을 없애 버리실 수 있다. 이스라엘과 유다의 규모와 세계 무대에서 그들이 차지하고 있던 미미한 위치, 그리고 심지어 앗수르와 바벨론 같은 초강대국들도 그런 주장까지는 하지 않았다는 사실에 비추어 볼 때 이것은 놀라운 것이다. 그것은 아마도 히브리 성경의 유일신론적 견해로 설명할 수 있을 것이다. 야웨가 유일하신 하나님, 땅 끝까지 창조하신 분, "사람의 나라를 다스리시는" "지극히 높으신 이"(단 4:17, 32)라면, 혹은 여호사밧의 말을 인용해 "주는 이방 사람들의 모든 나라를 다스린데[면]"(대하 20:6), 목적을 완수하기 위해 그분이 사용하고 싶은 사람들을 사용하시는 것은 그분에게 그렇게 어려운 일이 아니다.[9]

야웨는 그분의 말씀을 통해 주권을 행사하신다. 하나님의 말씀의 권세는 이스라엘의 신앙에서 이미 확증된 부분이었다. 창세기 1장뿐 아니라 예배에서도 이스라엘은 야웨의 말씀과 우주의 창조를 연관 짓는다.

여호와의 말씀으로 하늘이 지음이 되었으며
그 만상을 그의 입기운으로 이루었도다.…
그가 말씀하시매 이루어졌으며
명령하시매 견고히 섰도다.(시 33:6, 9)

그 시편은 또한 창조에 나타난 하나님의 말씀의 주권에서, 역사에 나타난 그 말씀의 통치로 넘어간다.

---

9) Simon Sherwin, "'I Am Against You': Yahweh's Judgment on the Nations and Its Ancient Near Eastern Context", *Tyndale Bulletin* 54(2003): 160.

여호와께서 나라들의 계획을 폐하시며
민족들의 사상을 무효하게 하시도다.
여호와의 계획은 영원히 서고
그의 생각은 대대에 이르리로다.(시 33:10-11)

하지만 이러한 내용은 바벨론 유수에서 새롭게 두드러졌다. 그런 맥락에서 하나님의 말씀이 지닌 힘은 그 백성의 무력함에 의해 더욱더 생생하게 강조된다. 야웨는 이스라엘의 군사적 승리를 통해 자신의 목적을 이루셨고, 이로써 비교할 수 없는 주권을 보이셨다는 인식이 일찍이 있었다 해도(몇몇 경우에는 그랬다. 예를 들어 삿 5장에 나오는 드보라의 노래 같은 경우다), 전쟁 포로로 잡혀와 고군분투하고 있는 상황은 분명 그런 경우라 보기 어려울 것이다. 어쨌든 이스라엘은 야웨가 패배했기 때문이 아니라 이스라엘을 심판하기 위해 바벨론을 사용하셨기 때문에 포로가 된 것이었다. 야웨의 주권은 군사적 승리에 의해 발휘되었지만, 역설적이게도 다른 나라가 아닌 자신의 백성에 대한 승리였다. 그렇다면 이제 그분은 상황을 완전히 뒤집어 다시 이스라엘이 바벨론과의 전쟁에서 이기게 하심으로 자신의 주권을 입증하실까? 전혀 아니다. 이제 야웨가 열방들과 그들의 신들보다 우월하다는 사실은 전쟁터가 아니라 법정에서, 무기가 아니라 그분의 말씀에 의해 드러날 것이다.

이쯤에서 우리는 잘못된 결론을 끌어내지 않도록 주의해야 한다. 야웨가 강제적인 힘을 사용하지 않는 것이, 다른 어떤 선택권도 없고 무능하다는 의미는 아니기 때문이다. 즉, 전쟁에서 패배한 야웨가 자신의 뜻을 강제적으로 시행하기 위해 다른 수단에 의지하려는 것이 아니었다. 따라서 베스터만(Westermann)의 해설은 위험스러울 정도로 오해의 소지가 있다. "이스라엘은 더 이상 독립적인 국가가 아니므로, 그 나라의 신은 이제 전쟁으로는 이스라엘의 적군에게 바벨론의 신들보다 자신이 우월하다는 것을 입증할 수가 없었다. 그래서 제2이사야서에서는 경기 무대가 전쟁터에서 법정으로 바뀌는 것이다."[10]

이스라엘은 출애굽 때에도 독립 국가가 아니었다. 하지만 하나님은 "그의 강한 손과 편 팔"에 의해 이루어졌다고 통상 묘사되는 승리에 의해 애굽 신들에 대

---

10) Claus Westermann, *Isaiah 40-66*, trans. D. M. H. Staker(London: SCM Press, 1969), p. 15.

한 그분의 우월성을 입증하셨다. 그분은 원하시면 인간 대행자 없이도 자신의 강제력을 발휘하실 수 있었다. 그러므로 베스터만이 그 바로 뒤에서 말한 해석은 좀 더 받아들일 만하다.

하지만 그것[전쟁터에서 법정으로 바뀐 것]이 어떤 식으로든 하나님의 행동과 역사 간의 연결이 단절되었음을 암시하지는 않는다. 그것은 지금까지 인정되었던 신성의 증거, 곧 자기 백성의 군사적 승리를 쟁취하는 권능이 다른 증거, 곧 신이 말하는 것과 행하는 것 간의 신뢰할 수 있고 끊임없는 연속성으로 대체되었음을 의미할 뿐이다.[11]

중요한 것은 하나님의 말씀이었다. 출애굽에서 하나님의 권능이 위대하게 나타났을 때도, 뒤이어 하나님의 예언적 해석적 말씀이 따랐으며, 바로 뒤이어 시내 산에서도 위대한 하나님의 계시가 나타났다. 그리고 포로로 잡혀간 사람들은 더욱 명확히 깨달았지만, 느부갓네살의 군사적 승리와 예루살렘의 파괴마저도 사전에 선지자들을 통해 말씀하신 하나님의 말씀의 진리와 능력을 나타내는 증거였다. 밀라드 린드(Millard Lind)는 이렇게 말한다.

공동체의 연속성이라는 측면에서 볼 때, 강압에 의해 통제하려는 정치는 비효과적이며, 따라서 그런 공동체의 '신'들은 실제로는 신적 존재가 아니라고 제2이사야서는 말한다. 공동체의 연속성에 유일하게 효과적인 정치는 군사력에 기초를 둔 것이 아니라, 야웨의 창조적 말씀과 행동의 연속성에 기초를 둔 것이다. **그 야웨는 그렇기 때문에 홀로 하나님이시다**.[12]

그러므로 하나님의 구속의 은혜가 극명히 나타난 출애굽과 바벨론 포로 귀환을 통해, 이스라엘은 야웨 하나님이 **자신의 말씀을 통해서도** 세상 역사의 흥망성쇠에 주권을 발휘하심으로 자신의 유일성을 나타내심을 알게 되었다. 이사야서 40-55장의 주장은 이 능력이 단지 다른 신적 존재들에 대한 그분의 우월성뿐 아니라, 사실상 그분만이 유일한 신이심을 확증한다는 것이다.

---

11) 같은 책.
12) Millar C. Lind, "Monotheism, Power and Justice: A Study in Isaiah 40-55", *Catholic Biblical Quarterly* 46(1984): 435. 저자 강조.

야웨는 자신의 이름을 위해 행동하신다. 이 부분의 요점을 설명하기 위해 먼저 두 가지 질문을 해 보도록 하자. 첫째로, 야웨는 왜 자기 백성을 포로 생활에서 돌아오게 하셨는가? 둘째로, 그 과정에서 말씀을 통해 주권적으로 역사를 주관하심으로 자신의 신성을 주장하신 것이 왜 중요한가? 두 질문에 대한 답은 바로 자기 이름에 대한 하나님의 관심 때문이라는 것이다.

첫째 질문은, 하나님이 그렇게 하신 동기가 무엇인가 하는 것이다. 야웨가 자기 백성을 그들의 포로 생활에서 구해 주시려는 이유는, 그렇지 않으면 하나님의 평판에 영구적으로 해를 끼칠 우려가 있기 때문이다. 여기에는 예로부터 내려온 원리가 작용했다. 그 원리는 금송아지 배교 때 그리고 가데스 바네아에서 반역을 저지를 때, 죄를 지은 이스라엘을 위해 모세가 하나님께 중보한 사건에서 처음으로 분명하게 표현되었다. 두 경우 모두 하나님이 이스라엘 백성을 멸하시겠다고 공언하시자, 모세는 반론을 제기하며 호소했다. 그리고 그는 그러한 호소를 하는 근거로, (다른 무엇보다도) 하나님의 평판을 생각하시라고 말했다. 하나님이 처음에는 이스라엘을 애굽에서 구해 주고 나서 다시 광야에서 멸하신다면, 열방이 (특히 그 맥락에서는 애굽이) 야웨를 어떻게 생각하겠는가?(출 32:12; 민 14:13-16; 신 9:28) 그들은 야웨를 무능하거나 심술궂다고 생각할 것이다. 그런 것이 야웨가 원하시던 평판인가? 하나님이 그분 자신의 백성에 **반하여** 행하신 일에는 열방 가운데서 야웨의 이름(평판)이 달려 있었다. 그 백성을 **위하여** 행하신 모든 일이 평판과 관련되어 있었던 것과 마찬가지다.

하지만 이 원리를 가장 극단적으로 신 중심적인 관점에서 말한 사람은 에스겔이었다. 에스겔서 36:16-38에서, 에스겔은 먼저, 바벨론 유수는 대대로 완강하게 회개하지 않고 악한 모습을 보인 민족에 대한 하나님의 처벌 행위로서, 도덕적 필연성을 가지고 있었다고 주장한다. 하지만 바벨론 유수의 결과, 야웨의 이름이 열방 가운데서 '더러워'졌다. 이것은 '야웨'라는 이름이 여러 신 중 또 하나의 패배한 신(자기 민족이 바벨론에게 정복되어 포로로 잡혀간)을 나타내는 일반적인 평범한 이름으로 여겨지고 있었다는 것이다. 야웨는 이런 상황을 영원히 참고 견딜 수 없으셨다. 에스겔의 생생한 문구로 표현하면 다음과 같다. "내 거룩한 이름을 내가 아꼈노라"[had pity for (his) holy name(KJV): '내 거룩한 이름을 내가 불쌍히 여겼다'—역주] 하나님은 이렇게 심한 치욕을 당하고 계셨다(겔 36:21). 그래서 야웨는 다시 자기 백성을 구하기 위해 행동하실 것이다. 하지만 에스겔의 타협 없는 신 중심주의에서 보자면, 일차적 동기는 (첫째로) 이스라엘을 위한 것이 아니라, 야웨 자신의 이름을 열방의 불경스런 시궁창에서 구조해 내는 것이다.

> 이스라엘 족속아, 내가 이렇게 행함은 너희를 위함이 아니요 너희가 들어간 그 여러 나라에서 더럽힌 나의 거룩한 이름을 위함이라. 여러 나라 가운데서 더럽혀진 이름 곧 너희가 그들 가운데에서 더럽힌 나의 큰 이름을 내가 거룩하게 할지라. 내가 그들의 눈앞에서 너희로 말미암아 나의 거룩함을 나타내리니 내가 여호와인 줄을 여러 나라 사람이 알리라. 주 여호와의 말씀이니라.(겔 36:22-23)

이사야 역시 야웨는 주로 자신을 위해 용서와 회복의 행동을 하시리라는 사실을 정확히 짚어 낸다(참고 사 43:25). 하지만 그는 에스겔이 관심을 갖고 있는 마지막 부분을 더욱 강조한다. 즉, 야웨가 참으로 어떤 분이신가 하는 것이 열방 가운데 알려지리라는 것이다. 이것은 다시 앞에서 말한 두 번째 질문을 생각하게 한다. 왜 하나님의 말씀을 통해 그분의 주권이 분명하게, 심지어 법정적으로 나타나는 것이 중요했는가 하는 것이다. 이사야는, 그 목적은 참되고 살아 계신 하나님의 이름이 온 세상에 알려지기 위함이라고 반복해서 선언한다. 고레스와 관련된 예언들은 이 점에서 명백하며 대단히 역설적이다. 야웨는 자신의 말씀의 권능을 입증하기 위해, 자신의 선지자를 통해 고레스를 미리 지명하시고, 그가 처음 보좌에 오르리라는 것, 그가 바벨론을 물리치리라는 것, 그리고 그가 포로들을 풀어 주고 예루살렘을 재건하는 데 도구가 되리라는 것을 예언하신다. 역설적인 것은 **고레스**가 거명되긴 했지만(사 44:28; 45:1), 그의 이름은 땅끝까지 알려지지 않으리라는 사실이다. 그렇게 알려지는 영예는 고레스가 알지도 못하는 분인 야웨에게 돌아갈 것이다.

> 나는 여호와라. 나 외에 다른 이가 없나니
> 나 밖에 신이 없느니라.
> 너[고레스]는 나를 알지 못하였을지라도
> 너는 네 띠를 동일 것이요
> 해 뜨는 곳에서든지 지는 곳에서든지
> **나** 밖에 다른 이가 없는 줄을 알게 하리라.(사 45:5-6, 저자 강조)

그래서 선지자의 관점에서 보면, 하나님의 말씀으로 인한 역사적 사건들은 야웨 하나님의 초월적 유일성을 보여 줄 것이며, 궁극적으로는 그 사실이 온 세상에서 인정받을 것이다. 그의 말은, 오늘날 고대 역사가들 외에는 주전 6세기의 고레스라는 이름을 아는 사람이 별로 많지 않은 반면, 하나님의 아들 예수 그리스도를 통해 이스라엘의 야웨 하나님을 경배하는 사람들은 수없이 많다는 사실로 입증된다.

야웨의 주권은 모든 피조물에게 미친다. 바벨론 유수 이전의 이스라엘 신앙과 예배에 빠지지 않았던 하나의 주제가 있다. 이는 바벨로 유수와 귀환 시기 전후 특히 두드러지게 나타난다. 바로 유일하신 살아 계신 하나님 야웨가 모든 창조물에 대해 주권을 갖고 계시다는 것이다. 시편 33편은 이러한 주장과 야웨가 국제 역사를 지배하시는 것을 직접 연관시킨다. 예레미야는 창조주이신 야웨의 권능과 다른 신들의 무능함 및 덧없음을 명확히 대조시킨다.

> 오직 여호와는 참 하나님이시요
> 살아 계신 하나님이시요 영원한 왕이시라.…
> 천지를 짓지 아니한 신들은 땅 위에서, 이 하늘 아래에서 망하리라.
> 여호와께서는 그의 권능으로 땅을 지으셨고(렘 10:10-12)

하지만 창조주 하나님의 이러한 주권을 가장 중시하는 것은 이사야의 예언들로, 그 예언들은 바벨론 포로들의 신앙을 새롭게 하기 위해 주어진 것이다. 포로들이 야웨의 보편성에 대한 확신을 되찾는 것이 필요했기 때문이다. 야웨는 패배하기는커녕, 또 그분 자신의 백성이나 그분 자신의 나라에 국한되기는커녕, 여전히 이전에 늘 그랬던 것만큼 전 우주의 주인이셨다.

하지만 이 진리는 두 가지로 해석할 수 있다. 먼저, 그것은 이스라엘이 현재의 처지와는 반대로, 야웨가 그들을 바벨론 포로 생활에서 귀환시키실 때 아무것도 그분을 방해할 수 없음을 믿을 수 있다는 의미였다. 모든 것이 그분의 주권적 통제 아래 있기 때문이다. 땅, 하늘, 깊은 곳, 심지어 별(그리고 그 별들이 가지고 있다고 주장하는 신성)까지도 이것은 이스라엘이 예로부터 갖고 있던 창조 신앙이었다. 그러니 그것을 상기하라. "너희가 알지 못하였느냐? 너희가 듣지 못하였느냐?"(사 40:21-26)

다음으로 그것은 이스라엘이 그들을 해방시키실 하나님의 수단(즉, 야웨를 알지도 못하는데 야웨의 '목자' 혹은 '기름부음 받은 자'라고 자극적으로 묘사되는 이교도 왕을 통해)에 대해 항변하고 싶은 마음이 든다면, 감히 자신들이 더불어 논쟁하려는 분이 누구인지 기억하는 것이 좋을 거라는 의미였다. 그분은 바로 우주의 창조주시다.

> 너희가 장래 일을 내게 물으며…
> 내가 땅을 만들고
> 그 위에 사람을 창조하였으며
> 내가 내 손으로 하늘을 펴고
> 하늘의 모든 군대에게 명령하였노라.
> 내가 공의로 그를 일으킨지라.…
> 그가 나의 성읍을 건축할 것이며
> 사로잡힌 내 백성을 놓으리라.(사 45:11-13)

이스라엘의 해방을 위해 하나님이 계획하신 행동이 깜짝 놀랄 만큼 굉장한 성공을 거둔 이유는, 창조주이신 하나님의 우주적 주권에 근거하고 있기 때문이다. 그리고 그 결과, 세상 사람들에게 야웨의 독특한 정체성과 지위를 나타내게 될 것이다. 그렇기에 이스라엘은 항변하지 않는 것이 좋을 것이다. 그들이 그 신성한 과제에서 담당할 역할이 있기 때문이다. 이스라엘의 궁극적 사명이 열방에 복이 되고 빛이 되는 것이라면, 그들은 그 목적을 시행하는 하나님께 협조할 필요가 있다. 그들이 그것을 찬성하든 안하든.

야웨는 자신의 유일성과 보편성을 증거하는 일을 자기 백성에게 맡기신다. 그렇다면 세상의 다른 사람들은 야웨에 대한 이 위대한 진리들을 어떻게 알게 될 것인가? 이 질문은 본질상 선교학적인 것으로, 이에 대한 대답은 야웨가 자기 백성의 **증거**를 통해 열방에 대한 자신의 의도를 드러내신다는 것이다. 법정의 비유로 다시 돌아가자면, 다른 나라들이 자신의 신들이 실제로 존재하며 권능을 갖고 있다고 주장하기 위해 뭐든 제시하려는 모습을 상상해야 한다. 하지만 인정할 만한 증거인지를 판단하는 기준이 있다. 바로, 신들 중 가장 군사적으로 큰 승리를 거두었다고 주장하는 신이 누구인가 하는 것이 아니라, 야웨가 자신의 선지자들을 통해 하신 것처럼 역사를 예측하고 해석할 수 있는 능력을 갖고 있는 신이 누구인가 하는 것이다. 열방은 자기 신에 대해 이런 것을 증거할 수 있는가? 이스라엘은 야웨에 관해 바로 그런 증거를 풍성하게 제시할 수 있다. 그러므로 바로 이스라엘의 증거를 통해 야웨의 계시와 구원의 권능, 그리고 궁극적으로는 유일하신 하나님이신 야웨의 정체성이 세계 역사라는 공개 무대에 널리 알려질 것이다.

> 열방은 모였으며
> 민족들이 회집하였는데
> 그들 중에 누가 이 일을 알려 주며
> 이전 일들을 우리에게 들려 주겠느냐.
> 그들이 그들의 증인을 세워서 자기들의 옳음을 나타내고
> 듣는 자들이 옳다고 말하게 하여 보라.
> 나 여호와가 말하노라. 너희는 나의 증인
> 나의 종으로 택함을 입었나니
> 이는 너희가 나를 알고 믿으며
> 내가 그인 줄 깨닫게 하려 함이라.
> 나의 전에 지음을 받은 신이 없었느니라.
> 나의 후에도 없으리라.
> 나 곧 나는 여호와라.
> 나 외에 구원자가 없느니라.
> 내가 알려 주었으며 구원하였으며 보였고
> 너희 중에 다른 신이 없었나니
> 그러므로 너희는 나의 증인이요 나는 하나님이니라.
> 여호와의 말씀이니라.(사 43:9-12)

증인의 일차적 책임은 자신들이 **아는** 것을 증거하는 것이다. 그렇다면 **하나님**을 아는 것에는 막대한 책임이 수반된다. 신명기 4:35에서 모세는 이스라엘 사람들이 야웨의 말씀과 역사에 대해 목격한 모든 것을 가리키면서, 이렇게 결론을 내린다. "이것을 **네게** 나타내심은 여호와는 하나님이시요 그 외에는 다른 신이 없음을 **네게 알게** 하려 하심이니라"(저자 강조).

"네게"라는 말은 문장에서 강조적 위치에 놓여 있다. 본문을 확대해서 풀어쓴다면, "**너** 이스라엘은 야웨가 **바로 그 하나님**[13]임을 안다. 다른 나라들은 아직 이것을 아는 특권을 누리지 못하고 있다. 그들은 너희가 출애굽과 시내 산에서의 만남을 통해 방금 한 일을 경험하지 못했기 때문이다. 그러므로 이 유일하신 하나님을 유일하게 아는 너희는 이제 유일한 청지기다"라고 할 수 있을 것이다.

그렇다면 열방 중 오직 이스라엘만이 야웨를 **아는** 백성이다. 다른 민족들은 아직 야웨를 알지 못한다. 사실 우상숭배는 일종의 무지다(사 44:18). 열방은 야웨의 율법을 알지 못하기 때문이다. 그 율법은 야웨가 오직 이스라엘에게만 주신 것이다(시 147:19-20). 그렇기에 이스라엘은, 하나님의 자기 계시와 구속의 행동을 통해 살아 계신 하나님의 참된 정체성을 아는 백성으로서 열방 가운데 그 지식을 증거해야 한다. 물론 구약 자체 내에 나오는 이러한 역할을 반드시 선교적 명령이라고 해석할 필요는 없다. 즉, 이스라엘 사람들이 육체적으로 열방 가운데 가서 이 지식을 증거하도록 보내심을 받는다는 의미로 볼 필요는 없다는 말이다. 하지만 이 지식이 열방에게 선포되어야 **한다는** 개념만은 분명히 나타난다. 해방의 복된 소식이 예루살렘에 선포되어야 하는 것과 마찬가지다. 보다 정확하게 말하면, 하나님이 예루살렘을 위해 하신 일이라는 좋은 소식이 열방에도 전해질 좋은 소식의 일부가 될 것이다. 그 때 "땅끝까지도 모두 우리 하나님의 구원을 볼" 것이다(사 52:10; 참고. 렘 31:10). **어떻게** 이 일이 일어날 것인가 하는 것은 구약에 분명히 나와 있지 않다. 하지만 그 일이 일어나리라는 **것**은 명확하다.[14] 그러한 사실은 예배와 예언을 통해 미리 경축된다.

새 노래로 여호와께 노래하라.
온 땅이여 여호와께 노래할지어다.
여호와께 노래하여 그의 이름을 송축하며

---

13) 정확한 문구는 문자적으로 "야웨, 그는 하나님이시로다"라는 것이다. 이것은 바알이 아니라 야웨께서 불로 응답하실 수 있는 하나님이시라는 것을 엘리야가 불로써 보여 준 후에, 백성들이 환호한 것과 정확하게 똑같은 표현이다(왕상 18:39).
14) '어떻게'가 언급된 단 하나 예외는 사 66:19이다. 이 성경 구절은 열방들 가운데 야웨의 영광을 선포하기 위해 선교사들을 보내는 것을 예언한다. 전체 전후 문맥은 이것이 종말론적인 예상이라는 것을 보여 준다. 구약 신학에서의 열방들에 대한 더 자세한 논의는 14장에 나온다.

그의 구원을 날마다 전파할지어다.
그의 영광을 백성들 가운데에
그의 기이한 행적을 만민 가운데에 선포할지어다.(시 96:1-3)

여호와께 감사하라. 그의 이름을 부르며
그의 행하심을 만국 중에 선포하며
그의 이름이 높다 하라.
여호와를 찬송할 것은 극히 아름다운 일을 하셨음이니
이를 온 땅에 알게 할지어다.(사 12:4-5)

결론적으로, 이스라엘은 구속과 해방을 통해 야웨의 엄청난 은혜를 역사적으로 체험함으로, 그분을 오직 한 분이신 참되고 살아 계신 하나님으로 알게 되었다고 믿었음이 분명하다. 그분의 초월적인 유일성에 비추어 볼 때, 야웨 같은 다른 신은 없었다. 게다가 그들은 이 지식에 대한 청지기 의식을 가지고 있었다. 궁극적으로 모든 나라가 야웨의 이름과 영광과 구원과 권능의 행동을 알고, 그분만을 하나님으로 예배하는 것이 하나님의 목적이었기 때문이다.

하나님의 심판을 받음으로써 하나님을 아는 것

우리는 이스라엘이 야웨를 한 분 참되시고 살아 계신 하나님(**바로 그 하나님**)으로 알게 된 것은 주로 그들이 역사적인 해방을 통해 야웨의 은혜를 체험했기 때문임을 살펴보았다. 하지만 **이스라엘**의 해방이 **억압자들**에게는 심판을 의미했다. 이 원수들 역시 하나님을 알게 될 것이다. 반항하면 반드시 벌을 내리시는 정의의 하나님을 말한다. 그리고 이스라엘이 계속 반역함으로 스스로 원수의 무리에 속하게 될 때, 그들 역시 심판하시는 정의의 하나님을 알게 될 것이다. 따라서 이번에는 다시 출애굽과 바벨론 유수 사건으로 돌아가 보겠다. 하지만 하나님의 심판의 대상이자 몇 가지 교훈의 주제인 애굽과 이스라엘이라는 관점에서 그것을 볼 것이다. 그 후 에스겔과 함께 한 걸음 더 나아가, 하나님과 하나님의 원수들이 최종적으로 심판받는 것을 살펴보고, 그럼으로써 하나님에 대해 무엇이 알려질지 요약할 것이다.

애굽. 출애굽 기사의 주요 줄거리는, 물론 이스라엘이 바로에게 억압당하다가 해방되었다는 것이다. 하지만 거기에는 중요한 부차적 줄거리가 있다. 이스라엘의 하나님 야웨와 애굽의 왕(그리고 신)인 바로(그리고 애굽의 다른 모든 신들) 사이에 벌어진 대규모 능력 대결이다. 이 부차적 줄거리가 생겨나게 된 것은 바로가 자신의 영토에서 야웨의 관할권을 인정하기를 거부했기 때문이다. 이스라엘이 그들의 하나님 야웨를 경배하도록 놓아 달라는 모세의 요청에, 바로는 이렇게 대답한다. "여호와가 누구이기에 내가 그의 목소리를 듣고 이스라엘을 보내겠느냐. 나는 여호와를 알지 못하니 이스라엘을 보내지 아니하리라"(출 5:2).[15]

이런 일이 있은 후에 애굽에 내린 재앙들에 대한 생생한 기사가 시작된다. 그 기사가 나오는 동안 우리는 출애굽기 7-14장 내내 "그리하면 너희가 알리라"는 주제가 되풀이되는 것을 본다. 이스라엘 백성을 해방시킴으로 그들에게 자신을 알리실 하나님 야웨는 동시에 바로의 억압을 심판하심으로 자신을 알리실 것이다.

그렇다면 바로는 야웨에 대해 무엇을 알게 되었는가? 출애굽기에 나오는 관련 본문들의 순서를 죽 따라가 보면, 바로 교육 커리큘럼에 대한 수많은 항목들을 발견하게 된다. 그것은 표 3.2에서 오름차순으로 정리되어 있는데, 가파른 학습 곡선을 그리다 결국에는 멸망으로 끝난다. 다행스러운 것은, 이것이 바로와 그의 군대를 향한 하나님의 최종 결론이었을지 모르지만, 애굽에 대한 최종 결론은 아니었다는 것이다. 나일 강변의 그 대제국은 이스라엘의 역사가 전개되면서 더 많은 심판의 말을 듣게 되지만,[16] 구약에서 선지자가 본 가장 놀라운 비전 중 하나인 이사야서 19:19-25은 애굽을 이스라엘과 똑같은 학습 곡선상에 둔다. 즉, 선지자는 애굽 역시 야웨를 구세주, 방어자, 치유자로 알게 될 날을 고대한다.[17]

---

15) 바로의 말에 함축된 한 가지 흥미로운 내용은 이 이야기에서는 특별히 다루고 있지 않지만 분명 신명기와 선지자들에게는 중요한 점으로, 야웨를 하나님으로 아는 것과 그분을 순종하는 것 간의 관련이다. 바로는 야웨를 알지 못한다고 주장하기 때문에 순종할 의무감을 느끼지 않는다. 역으로, 야웨를 안다는 것은 그분께 순종하기로 헌신하는 것이다(참고. 신 4:39-40). 예레미야는 요시야를 본보기로 사용해서, 사실상 하나님을 아는 것을 그런 식으로 규정한다(렘 22:16). 그리고 호세아는 이스라엘이 하나님의 수많은 계명들에 대해 불순종한 것을 이런 냉엄한 말로 요약할 수 있었다. "이 땅에는 하나님을 아는 지식도 없고…"(호 4:1).
16) 예를 들어, 사 19:1-15; 렘 46장; 겔 29-32장을 보라.
17) 이 본문과, 그처럼 극적인 말로 되어 있지는 않지만 그와 비슷한 다른 많은 본문들에 대해서는 14장에서 살펴볼 것이다.

표 3.2. 바로 교육 커리큘럼

성경	해설
애굽 사람이 나를 여호와인줄 알리라.(출 7:5, 17)	바로가 인정하기를 거부한 하나님 야웨는 참 하나님이다. 애굽 사람들은 적어도 '나를 야웨'라고 선포하는 신이 있다는 사실을 인정하지 않을 수 없을 것이다.
너희가 우리 하나님 여호와와 같은 이가 없는 줄을 알게 하리라.(출 8:10)	멸시받는 히브리 종들의 하나님인 야웨에게는 경쟁자가 없다. 그분과 같은 분은 없다. 야웨의 비교 불가성에 대해서는 이스라엘도 배워 알게 될 것이다.
이로 말미암아 이 땅에서 내가 여호와인 줄을 네가 알게 될 것이라.(출 8:22)	자신이 신이라는 바로의 주장과 상관없이 야웨는 애굽에 계시다. 그리고 애굽 신들의 지위가 어떠하든 간에, 야웨는 애굽의 비자 통제를 받거나 이스라엘 사람들이 살고 있던 영토에 국한되지 않으셨다.[a]
온 천하에 나와 같은 자가 없음을 네가 알게 하리라.(출 9:14)	야웨는 애굽에서뿐 아니라, 온 세상 전체에서 대등한 존재가 없다.[a]
내가 너를 세웠음은 나의 능력을 네게 보이고 내 이름이 온 천하에 전파되게 하려 하였음이니라.(출 9:16)	야웨는 바로의 변덕과 호의에 좌우되기는커녕, 자신의 보편적 목적, 즉 자신의 이름을 온 세상에 확장하기 위해 바로를 이용하시는 분이다.[b]
애굽의 모든 신을 내가 심판하리라. 나는 여호와라.(출 12:12)	야웨는 애굽의 신으로 추정되는 모든 존재의 심판자시다. 그들이 대제국의 권능과 영광의 신들일지라도 예외가 없다.
내가 바로와 그의 병거와 마병으로 말미암아 영광을 얻을 때에야 애굽 사람들이 나를 여호와인줄 알리라.(출 14:18; 참고 출 14:4, 25)	야웨는 그의 원수들을 무찌르심으로 자기 백성을 보호할 권능을 갖고 계시는 하나님이다. 그분은 인간 대행자 없이도 그 일을 하실 수 있다.

a. *kōl hāʾāreṣ*는 여기에서 (애굽의) '온 땅'이 아니라 '온 세상'을 의미하는 것으로 추정된다.
b. 여기에 우리가 앞에서 고레스와 관련하여 관찰한 것과 비슷한 아이러니가 있다. 하나님은 고레스를 세우시고 심지어 그의 이름까지 부르셨다(사 45:4). 그러나 그 결과 널리 알려지게 될 이름은 야웨라는 이름이 될 것이다. 출애굽 상황에서 더 아이러니컬한 것은 우리가 이 바로의 이름을 확실히 알지 못한다는 사실이다(바로는 물론 이름이 아니고 칭호다). 우리가 출애굽 당시의 바로와 관련된 역사적 연대와 신원에 대해 어떤 결론에 도달하든지 간에, 그 본문 자체는 바로의 이름을 밝히기를 단호하게 거절한다. 세상에 알려지게 될 이름은 야웨라는 이름이 될 것이다. 그 이름은 이 익명의 바로가 알기를 거절했던 하나님의 이름이다. 우리가 그 이름을 확실히 알 수 없는 바로는 우리가 그 이름을 확실히 아는 하나님—여호와, 이스라엘의 전능자—과 영원히 연결 지어질 것이다.

여기에서 너무나 분명한 것은, 이스라엘이 하나님의 은혜를 경험함으로서 배운 것에서든, 애굽이 하나님의 심판에 노출됨으로서 배운 것에서든, 동일한 **유일신론화 역학**이 분명하게 나타난다는 것이다. 행동하시는 야웨 하나님의 이 대서사시는 다른 무엇보다도 그분의 유일성과 보편성을 보여 주었으며, 그것이 원래 의도였다. 출애굽 기사의 사명 선언문은 빈번하고 명확하게 나온다. 그것은 "그러면 너희가 알리라" "너희가 알게 하기 위하여"다. 분명 하나님의 관점에서 볼 때, 그 모든 일의 동기는 종살이하던 자신의 백성을 해방시키는 것뿐 아니라, 이렇게 일을 추진하는 신적 존재가 열방에게 있는 그대로 알려지는 것이었다. 알려져야 하는 하나님의 선교가 이 기사 전체를 몰아간다.

바벨론 포로가 된 이스라엘. 바벨론 유수는 이스라엘의 마음과 그 시대 선지자들의 마음에, 하나님에 대해 커다란 질문들이 생겨나게 만들었다. 이스라엘은 패배했다. 하나님의 성은 파괴되고 하나님의 백성은 그들의 땅에서 쫓겨났다. 그렇다면 느부갓네살의 바벨론 신들이 야웨의 경쟁 상대라는 의미인가? 야웨는 패배했는가? 고대 근동의 거시 문화적 세계관은 이 땅에서 일어나는 사건들이 천상의 영역에서 일어나는 사건들을 그대로 비추는 것이라고 가정했다(이스라엘도 마찬가지로 그런 가정을 하고 있었다). 인간 군대의 운명은 신들의 우주적 전투를 반영했다. 지금까지 이스라엘은 야웨에게 대항할 경쟁자가 없다고 믿었다. 설사 다른 나라의 신들이 어떤 실체를 갖고 있다 해도(그리고 어떤 의미에서 그들은 실체를 갖고 있음이 분명하다. 민족의 문제들이 그 신들과 결합되어 있기 때문이다) 그 신들은 절대 야웨의 권능에, 그리고 이스라엘과 그들의 땅에 대한 그분의 언약적 헌신에 도전해서 성공한 적이 없다.

그렇다면, 느부갓네살의 손에 이스라엘이 완전히 패하고 예루살렘이 파괴된 것을 어떻게 해석해야 하는가? 앗수르 장군(히스기야와 이사야 시대에 산헤립이 이스라엘을 공격했을 때, 야웨가 강력한 앗수르에게 패배한 다른 약소 민족 신들과 마찬가지로 아무런 힘도 없음이 입증되리라고 떠벌리던)의 교만한 주장들을 뒤늦게 정당하다고 입증해 주어야 하는가?

히스기야가 너희를 설득하여 이르기를 여호와께서 우리를 건지시리라 하여도 히스기야에게 듣지 말라. 민족의 신들 중에 어느 한 신이 그의 땅을 앗수르 왕의 손에서 건진 자가 있느냐. 하맛과 아르밧의 신들이 어디 있으며 스발와임과 헤나와 아와의 신들이 어디 있느냐. 그들이 사마리아를 내 손에서 건졌느냐. 민족의 모든 신들 중에 누가 그의 땅을 내 손에서 건졌기에 **여호와가 예루살렘을 내 손에서 건지겠느냐** 하셨느니라.(왕하 18:32-35, 저자 강조)

앗수르 장군의 자랑에도 불구하고, 야웨는 그 자리에서 앗수르 군대를 격퇴하셨다. 하지만 1세기가 조금 지난 지금, 다시 바벨론 사람들이 예루살렘을 짓밟아 산산조각 내 버렸고, 왕을 잡아갔으며, 성전을 태워 버리고, 남은 인구를 포로로 잡아갔다. 야웨의 원수들이 마침내 승리했는가?

역설적이게도, 선지자들은 자기 백성들에게(그 사건 자체가 일어나기 전에, 그것이 일어나는 동안에, 그것이 일어난 후에) 그들이 가장 듣기 꺼리던 설명을 해 주었다. 야웨는 패배하신 것이 아니었다. 반대로, 그분은 한결같이 주관하고 계셨다. 야웨는 여전히 자기 원수들을 처리하고 계시다. 이제 문제는 야웨의 진짜 원수가 누구인가 하는 것이다. 아니면 더 예리하게 말해서, **이스라엘의 진짜 원수가 누구인가** 하는 것이다. 이스라엘은 야웨에게 끈질기게 반역함으로, 야웨를 원수로 바꿔 버렸다. "**나 곧 내가 너를 치며.**" 하나님이 많은 선지자를 통해 많은 다른 나라들에게 말씀하셨던 이 불길한 말이, 이제 언약의 백성 이스라엘에게 임한다(겔 5:8). 그래서 느부갓네살의 승리는 야웨**를 이긴** 승리가 아니라(느부갓네살은 분명 그것을 그렇게 해석했다) 야웨**의** 승리다. 느부갓네살은 단순히 하나님과 그분 자신의 백성이 언약의 충돌을 일으킬 때 하나님의 대리인이 되었을 뿐이다. 이스라엘이 야웨와 같은 편이라면, 예루살렘은 파괴될 수가 없었을 것이다. 이스라엘이 야웨와 반대편이라면, 예루살렘은 방어할 수가 없었을 것이다. 하나님이신 야웨의 역설적 주권이 시종일관 단언된다.

그래서 이스라엘은 포로로 잡혀갔으며, 자신들이 애굽 사람들이나 가나안 사람들과 마찬가지로, 심지어 앗수르인들과 마찬가지로, 하나님의 심판을 받게 된 것임을 알게 되었다. 이번 장 전체에서 우리가 살펴본 내용을 추적해 본다면, 이스라엘은 이 경험을 통해 어떻게 하나님을 더 잘 알게 되었는가? 하나님이 이스라엘을 원수로 여기심을 통해 이스라엘은 무엇을 배웠는가? 특히, 야웨 하나님의 유일성과 보편성과 관련해서 그들이 배운 것은 무엇인가? 여러 본문들을 통해 우리는 다음과 같은 사항들을 도출해 낼 수 있을 것이다.

야웨는 편애하지 않으신다. 이스라엘은 야웨가 그들과 언약을 맺었다 해서, 그분이 언제 어떤 일이 있어도 그들의 편을 들어 줄 민족 신이 아니라는 사실을 배웠다. 야웨가 모든 민족을 주관하시는 온 땅의 하나님이심을 안다는 것은, 이스라엘이 언약 상대자로 선택된 것이 편애가 아니라 엄청난 책임을 받았다는 의미였다. 실로 아모스가 바벨론 유수 한 세기 전에 지적했듯이, 하나님의 선택을 받은 유일한 백성이라 해서 어떤 식으로든 하나님의 심판을 면할 수 있기는커녕, 그 지위에 걸맞은 윤리적 삶을 살지 못했을 때 더 엄중한 벌을 받게 된다.

내가 땅의 모든 족속 가운데
너희만을 알았나니
그러므로 내가 너희 모든 죄악을
너희에게 보응하리라.(암 3:2)

아모스는 심지어 출애굽(단순히 하나님이 그들을 애굽에서 이끌어 내어 가나안 땅에 정착하도록 하신 역사적 행위로 여겨졌던)으로 인해 그들이 어떤 유일하거나 총애받는 위치를 지니게 되었다는 생각에 이의를 제기했다. 그리고 아모스는 야웨가 다른 백성들의 역사에 보편적인 주권에 발휘하신다는 것에 기초해 이의 제기를 계속한다.

이스라엘 자손들아
너희는 내게 구스 족속 같지 아니하냐.
내가 이스라엘을 애굽 땅에서
블레셋 사람을 갑돌에서
아람 사람을 기르에서 올라오게 하지 아니하였느냐.(암 9:7)[18]

이스라엘 신앙의 다른 많은 측면들과 마찬가지로, 이러한 이해는 이미 신명기에 분명히 나타나 있었다. 신명기 2:10-12, 20-23은 이스라엘이 등장하기도 전에 야웨가 주변 국가들에 미리 관여하셨음을 묘사하는 짧은 삽입구다. 그것들은 주요 기사에 부수적으로 나온 것이긴 하지만, 동일한 신학적 주장을 암시한다. 즉,

---

18) 이 핵심 본문에 대한 더 상세한 논의는 14장을 보라.

야웨는 하나님의 선택받고 구속받은 백성인 이스라엘의 하나님이기는 하지만, 이미 다른 나라들의 역사와 활동에 관여하고 계셨다는 것이다.[19] 그러므로 하나님이 특별히 이스라엘을 선택하신 것이 강조된 주요 본문에서조차, (마치 하나님이 이스라엘을 편애하는 게 아닌가 하는 모든 의심을 피하려는 듯이) 야웨의 보편성과 공정성에 대한 강력한 단언이 그런 강조와 균형을 이룬다. "너희의 하나님 여호와는 신 가운데 신이시며 주 가운데 주시요 크고 능하시며 두려우신 하나님이시라. **사람을 외모로 보지 아니하시며**"(신 10:17, 저자 강조).

하나님이 열방을 공정하게 다루신다는 것과, 이스라엘이 편애받는 지위에 있지 않았다는 상호 관련된 진리는 바벨론 유수와 가장 가까운 시기에 활동했던 선지자들이 입증한다. 예레미야는 토기장이 이미지를 통해, 하나님은 **어떤** 나라든 (이스라엘을 포함해) 그들에게 주시는 말씀에 대한 반응 여부에 따라 그분도 반응하실 것이라고 단언했다(렘 18:1-10). 에스겔은 예루살렘을 '이방인 가운데' 두었다. 하지만 예루살렘이 벌을 받은 후 그들을 이방인 앞에서 높여 주기 위해서가 아니라, 오히려 그들이 야웨를 알지 못하는 나라들보다 훨씬 더 악하게 행동했다는 끔찍한 사실을 보여 주기 위해서였다. 하나님은 이스라엘의 원수들을 반대하셨듯, 이제는 이스라엘을 반대하셨다(겔 5:5-17). 그렇다면 이 시기를 통해 하나님을 안다는 것은 그분의 보편성이 소소한 민족적 편애를 훨씬 뛰어넘는다는 것을 배운다는 의미다.

야웨는 어떤 나라든 심판의 대행자로 사용하실 수 있다. 이런 개념은 하나님의 심판의 대행자인 **이스라엘**과 관련해 전혀 새로울 것이 없었다. 가나안 정복은 아주 분명하게 그런 견지에서 묘사되었다. 야웨가 이스라엘 앞에서 열방을 쫓아내실 때, 이스라엘은 가나안 사람들의 악행을 심판하는 하나님의 대행자 역할을 했다(참고. 레 18:24-28; 20:23; 신 9:1-6). 그러니 사사기 전체가 보여 주듯이, 이스라엘의 원수들이 이스라엘을 억압하는 것을 하나님의 진노의 표시로 해석하는 것도 전혀 새로운 것은 아니었다. 하지만 선지자들은 이러한 측면을 대단히 강력하게 표현했다. 이사야는 앗수르를 야웨의 손에 있는 막대기로, 하나님이 이스라

---

19) Patrick Miller는 "God's Other Stories: On the Margins of Deuteronomic Theology", *Realia Dei*, ed. P. H. Williams and T. Hiebert(Atlanta: Scholar Press, 1999), pp. 185-194에서 이 지리적 삽입구가 지닌 신학적 의의에 대해 더 살펴본다.

엘을 응징하시는 도구로 묘사했다(사 10:5-6). 예레미야는 한 걸음 더 나아가, 예루살렘에서 열린 국제 외교 회의에 쳐들어가 이스라엘의 하나님 야웨가 그들의 모든 나라를 "내 종 느부갓네살"의 손에 넘기셨음을 알렸다. 당시 국제 정치에 대한 이러한 놀라운 해석은 똑같이 단호한 주장에 기초하고 있다. 그것은 이스라엘의 하나님 야웨가 그렇게 할 수 있는 충분한 권리와 권위를 갖고 계시다는 것이다. 그분은 온 땅과 그 거민들을 창조하신 분이며, 주관하시는 분이시기 때문이다.

> 만군의 여호와 이스라엘의 하나님께서 이와 같이 말씀하시되, 너희는 너희의 주에게 이같이 전하라. 나는 내 큰 능력과 나의 쳐든 팔로 땅과 지상에 있는 사람과 짐승들을 만들고 내가 보기에 옳은 사람에게 그것을 주었노라. 이제 내가 이 모든 땅을 내 종 바벨론의 왕 느부갓네살의 손에 주고 또 들짐승들을 그에게 주어서 섬기게 하였나니 모든 나라가 그와 그의 아들과 손자를 그 땅의 기한이 이르기까지 섬기리라. 또한 많은 나라들과 큰 왕들이 그 자신을 섬기리라.(렘 27:4-6)

그렇다면 여기에는 땅의 창조주이시며 역사의 주님으로서 야웨의 유일성과 보편성이, 어떤 나라든 자신의 목적을 성취하는 수단으로 사용하시는 그분의 주권적 자유와 결합되어 있다.[20]

야웨의 심판은 의롭고 공정하다. 일반적으로 이렇게 선언하는 것과, 충격 받고 분개한 사람들 앞에서 그런 단언을 변호하는 것은 별개의 일이다. 이스라엘이 보기에는 예루살렘의 멸망은 야웨가 무력하거나 공정치 못하다는 것을 입증할 뿐이었다. 에스겔은 바벨론 포로 사건의 상처를 생생히 갖고 있는 1세대 포로들과 마주했다. 이 사건들을 정말로 야웨가 하신 일로 봐야 한다면, "주의 길이 공평치 아니하다"(겔 18:25)라고 그들은 불평하면서 억울해했다. 하나님은 그들을 부당하게 대우하고 계셨다. 그러나 에스겔은 전도적·목회적 수사학을 동원해서, 야웨가 하신 일은 이스라엘의 반역으로 인한 것이므로 전적으로 정당하다고 주장했다. 이스라엘의 극악무도한 죄로 인해 하나님은 그들을 벌하는 것 외에 다른 어떤 도덕적 대안도 없으셨다. 야웨가 예루살렘에 대하여 하신 일이 "이유 없이 한 것이 아닌 줄"(겔 14:23)은 **이스라엘**만이 알아야 하는 것이 아니다. **열방들** 역시 그

---

20) 14장에서 이 주제에 대해서도 더 깊이 살펴볼 것이다.

것을 알아야 할 것이다. 하나님의 정의가 세상에 알려지기 위해서다(겔 38:23). 이것은 유일하신 하나님 야웨가 우주적으로 통치하신다는 주장의 필수적 측면 중 하나였기 때문이다. 즉, **정의가 야웨의 통치의 가장 핵심이며, 이것은 모든 열방에게뿐 아니라 이스라엘에게도 똑같이 적용된다는** 것이다.

하나님의 백성은 심지어 심판을 받을 때도 여전히 하나님의 선교를 위한 하나님의 백성이다. 예레미야서 29:1-14에 나오는 포로들에게 보내는 예레미야의 편지 서두에는 신선한 예언적 관점이 나타나 있다. 그 기사에서, 포로들을 "느부갓네살이 끌고 간 포로"(1절)라고 언급하는 것과, 그들을 "내[야웨]가 사로잡혀 가게 한 모든 포로"(4, 7절)라고 지칭하는 것은 중대한 대조를 이룬다. 인간 역사의 측면에서 보면 유다 포로들이 느부갓네살의 제국적 정복의 희생자라는 것은 명백한 사실이다. 하지만 하나님의 주권이라는 관점에서 보면, 그들은 여전히 하나님의 손안에 있다. 느부갓네살의 칼은 이스라엘의 하나님이 휘두르시는 것이다. 이러한 관점에서 예레미야는 포로들에게 그들이 처한 환경의 현실을 받아들이고 정착하라고 설득했다. 하나님이 그들을 바벨론에 포로로 보내셨으니 그곳을 당분간 고향으로 여기는 것이 나을 것이다(5-6절). 그들은 (거짓 선지자들이 말하고 있었던 것처럼) 2년 안에 고향으로 돌아가게 되지는 않을 것이다. 그들은 두 세대 동안 바벨론에 있을 것이다. 바벨론은 그들의 영원한 고향은 아니었지만, 그들이 현재 사는 집이었다.

하지만 이것은 절망에 빠져 체념한 채 운명을 받아들이는 것과는 거리가 멀었다. 예레미야는 이어서 이렇게 말한다. "너희가 거기에서 번성하고 줄어들지 아니하게 하라"(렘 29:6). 여기에 아브라함이 받은 언약의 흔적이 나타나는 것은 우연이 아니다. 포위 공격과 기근과 질병과 칼과 포로 생활로 많은 사람이 죽어간 이 백성이 크게 두려워한 일은 그들이 완전히 소멸해 버리지 않을까 하는 것이었다. 그렇게 되면 하나의 민족으로서 그들이 존재하는 데 가장 근본이 되는 것, 곧 하나님이 아브라함에게 그들이 모래나 별처럼 많게 되리라고 약속하신 것은 어떻게 되는 것인가?(창 15:5; 22:17) 하지만 그들은 두려워할 필요가 없다. 하나님은 그 약속을 저버리지 않으실 것이기 때문이다. 이스라엘은 소멸되지 않고 번창할 것이다. 다른 선지자들이 똑같이 단언한 것과 마찬가지다(사 44:1-5; 49:19-21; 겔 36:8-12).

하지만 이스라엘에 대한 이 권고(수적으로 증가하라는)가 분명 아브라함과 맺은 언약을 반영하는 것이라면, 바로 그 다음에 나오는 교훈 역시 그렇다. 그것은 바벨론 침략의 희생자들에게는 분명 놀랄 정도로 환영받지 못하는 말이었을 것이다. "너희는 내가 사로잡혀 가게 한 그 성읍의 평안을 구하고 그를 위하여 야웨에게 기도하라. 그 성읍의 평안 안에 너희를 위한 평안이 있을 것이기 때문이다"(렘 29:7, 저자 사역).

포로들은 적국의 성읍 한가운데 있을 때에도 하나의 과업(선교)을 갖고 있었다. 그리고 그 과업은 그 성읍이 잘되기를 구하고 야웨가 그 성읍에 복을 내리시기를 기도하는 것이었다. 그래서 그들은 아브라함에게 하신 하나님의 약속의 **수혜자**일 뿐 아니라(그들이 소멸되지 않고 증가할 것이라는 점에서), 또한 아브라함의 자손을 통해 열방이 복을 받으리라는 하나님의 약속의 **대행자**가 되어야 했다. 그 약속에는 '모든 민족'이라는 말이 명시되어 있었다. 즉, 적국들도 제외되지 않았다. 그래서 이스라엘은 바벨론에서 아브라함의 입장이 되어 보아야 한다. 그들은 이제 자신들이 바로 그 열방의 한 민족 가운데 있음을 발견한다. 그들은 자신들이 살고 있는 나라가 잘되도록 구하고 기도함으로 그 나라에 복이 되어야 했다.

여기에는 대단히 역설적인 뭔가가 있다. 이스라엘의 전체 이야기가 아브라함이 바벨론의 땅인 바벨 **밖으로** 불러냄을 받는 것으로 시작되었기 때문이다. 그러니 이제 이스라엘이 "예루살렘에서 바벨론으로"(29:1, 4) 포로로 잡혀가는 것은 역사가 거꾸로 가고 있는 것처럼 보일지 모른다. 지금까지의 이스라엘 이야기 전체와 반대 방향인 것이다. 하지만 하나님의 신비한 목적 안에서, 열방에게 복의 근원이 되기 위해 바벨론에서 불러냄을 받은 한 사람의 후손이 이제 포로로 잡혀 다시 바벨론으로 가며, 바로 거기에서 그 약속을 성취하라는 명령을 받는다. 이같이 먼저 원수를 위해 **기도함**으로서 열방에 **복**이 되라고 이스라엘에게 도전하는 것에는 전형적인 신적 아이러니가 있다. 아마 예수님은 그것을 알아차리셨을 것이다(참고 마 5:11, 44에 나오는 기도와 축복의 결합).

예레미야의 편지에 나타난 가르침으로 인해 희생자들은 이제 환상을 품은 사람들로 바뀌었다. 이스라엘은 미래에 대한 소망을 가지고 있었을 뿐 아니라(11-14절에 나오는 유명한 말에서), 또한 현재에 사명을 가지고 있었다. 심지어 바벨론에서도 그들은 기도와 **평안**의 공동체가 될 수 있었다. 에스겔이 보았듯이, 야웨는 예루살렘과 똑같이 바벨론에서도 살아 계시고 존재하고 계셨다. 심판 안에서 그분의 전 세계적 능력과 영광이 느껴질 것이지만, 또한 그분은 심판을 통해 그의 백성을 보호하고 보존하실 것이다. 하나님 자신의 이름을 위해, 그리고 열방 가운데 그분의 더 광범위한 목적들을 성취하기 위해서다.

심판을 받는 열방들. 몇몇 선지자들은 종말론적 환상에서 열방 중 일부가 궁극에는 야웨에게로 돌이켜 구원을 받고, 이스라엘의 축복에 참여하게 되며, 심지어 이스라엘에 속하고 그들과 동일화될 것이라고 분명하게 예상한다. 에스겔도 그러한 소망을 갖고 있었는지 아닌지는 말하기 어렵다. 그는 이러한 내용을 표현한 적이 없기 때문이다. 에스겔이 열방들에 대해 기록한 말에는 이사야서에 나오는 것과 같은 구속적 보편성에 비교할 만한 것이 없다.[21] 하지만 **하나님을 아는 지식**에 대한 에스겔의 열정에는 대단한 보편성이 있다. 그의 책 처음부터 끝까지 불타오르는 한 가지는 야웨가 이스라엘에 의해 **그리고** 열방에 의해 확실하게 하나님으로 알려지게 되실 것이라는 점이다. "너희는[혹은 그들은] 내가 여호와인줄 알리라"는 말은 사실상 에스겔이 서명처럼 쓰는 말이다. 그의 예언 기록에 80번 가량이나 나온다. 야웨의 초월적 유일성에 대해 앞에서 논한 것과 관련해 볼 때, 이것은 그저 열방이 우연히 여러 신 가운데 야웨라는 신이 있음을 인정하게 되리라는 의미일 리는 없다. 그것은 열방이 야웨 한 분만이 참되고 살아 계신 하나님, 유일한 정체성, 보편적 통치, 무적의 권능을 지닌 분이시라는 것을 결정적으로, 의심의 여지없이 알게 되리라는 의미다.

에스겔서 전체에는 이러한 주장의 예가 많이 나온다. 하지만 그 예들은 38-39장에 나오는, 마곡 땅의 왕인 곡의 운명에 대한 소름끼치고 음울한 묘사에서, 가장 귀에 거슬리게 표현된다. 이 묘사는 하나님의 백성의 원수들이 궁극적으로 패하리라는 것에 대해, 많은 상징적 언어와 비유적 표현을 사용해서 말한 묵시적 환상이다. 그것은 40-48장에 나오는 에스겔서 전체의 절정인 환상, 곧 하나님이 새로워지고 거룩하게 된 그분의 백성 가운데 거하신다는 환상에 필요한 서곡이다. 하나님과 그분의 백성이 확실히 함께하려면, 우선 하나님의 원수들을 처리해야 한다.[22]

---

21) 나는 Christopher J. H. Wright, *The Message of Ezekiel: A New Heart and a New Spirit*, The Bible Speaks Today(Leicester, U.K.: Inter-Varsity Press; Downers Grove, Ill.: InterVarsity Press, 2001), pp. 268-272에서 열방이 장차 하나님을 알게 되는 것과 그것이 의미하는 바에 대한 에스겔의 관점 문제를 더 상세히 논의했다. 「에스겔 강해」(IVP). 그것은 David A. Williams, "'Then They Will Know That I Am the Lord': The Missiological Significance of Ezekiel's Concern for the Nations as Evident in the Use of the Recognition Formula"(석사 논문, All Nations Christian College, 1998)에 나오는 그 문제에 대한 훌륭한 개관을 상당히 참조했다.

에스겔서 38-39장은 다양한 다른 구약 자료(홍수 및 소돔과 고모라 이야기 같은)에서 나온 충격적이고 만화 같은 비유적 묘사를 사용해서, 기본적인 이야기를 두 번 말한다. 북쪽에서 온 사나운 원수가 적군 연맹을 결성한다. 평화롭고, 아무 의심도 하지 않고, 무장도 하지 않은 이스라엘에게 엄청난 공격이 가해진다. 이 원수들은 하나님에 의해(인간 군대가 아닌 오직 그분에 의해서만) 완패를 당하고 멸망한다. 이러한 악한 원수의 패배는 그들을 매장하는 것(그 자체가 거대한 과업이다)에 의해 증명될 것이다. 그리고 그 패배는 전적이고, 절정적이며, 최종적이고, 영원할 것이다. 그래서 이 장들의 주된 요점은 하나님의 백성을 위해, 그들을 반대하고 멸망시키려 하는 모든 세력들에 대해 하나님이 궁극적으로 승리하신다는 것이다. 곡의 패배에 대한 환상은 그 자체로 역사의 과정에서 여러 번 비슷하게 성취되었으며, 신비한 인물들과 장소들을 명확하게 밝히기 위해 해석학적으로 너무 많은 노력을 기울이는 것은 무의미하다. 결국은 하나님이 이기신다고 에스겔은 말한다. 결국에 가서 하나님의 백성은 안전하게 보호받는다. 그리고 결국 하나님과 하나님의 백성의 원수들은 철저하게 그리고 확실하게 패하고 멸망할 것이다.[23]

하지만 우리가 놓치지 말아야 하는 것은(유감스럽게도, 곡이 누구인지 밝히는 일이나 종말의 시간표를 예측하는 일에 너무 몰두하는 사람들은 종종 그것을 놓치지만) 반복되는 후렴구다. "그 때에 너희가 알리라." 다시 한 번 우리는 하나님의 **권능**이 위대하게 표현된 결과, 하나님을 아는 **지식**(이스라엘에 의한, 그들의 원수들에 의한, 그리고 열방에 의한)이 크게 확장된다는 것을 알게 된다. 그 문구는 앞 장의 마지막 구절에서 전체 시나리오에 대한 서문으로 나온다(겔 37:28). 그리고 나서 그 말은 에스겔서 38:16, 23; 39:6-7, 21-23에서 이야기에 구두점을 찍어 주고, 마침내는 에스겔서 39:27-28에서 전체의 끝을 맺는다. 에스겔이 이 기괴한 환상을 통해 가장 전달하고 싶어하는 신 중심적 의미를 느끼려면, 이 구절들을 연이어 읽어 보면 좋을 것이다.

내 성소가 영원토록 그들 가운데에 있으리니, 내가 이스라엘을 거룩하게 하는 여호와

---

22) 요한계시록에서도 종말에 이루어질 사건들이 동일한 순서로 나온다. 먼저 하나님과 하나님의 백성의 원수들이 멸망을 당해야 하며, 그리고 나서야 하나님이 그분의 구속받은 백성 사이에 영원히 거하실 수 있다.
23) 겔 38-39장에 대한 필자의 해석을 더 상세히 알려면, Wright, *Message of Ezekiel*, pp. 315-326을 보라.

인 줄을 열국이 알리라.(겔 37:28)

곡아, 끝날에 내가 너를 이끌어다가 내 땅을 치게 하리니 이는 내가 너로 말미암아 이방 사람의 눈앞에서 내 거룩함을 나타내어 그들이 다 나를 알게 하려 함이라.(겔 38:16)[24]

이같이 내가 여러 나라의 눈에 내 위대함과 내 거룩함을 나타내어 나를 알게 하리니, 내가 여호와인 줄을 그들이 알리라.(겔 38:23)

내가 또 불을 마곡과 및 섬에 평안히 거주하는 자에게 내리리니 내가 여호와인 줄을 그들이 알리라. 내가 내 거룩한 이름을 내 백성 이스라엘 가운데에 알게 하여 다시는 내 거룩한 이름을 더럽히지 아니하게 하리니, 내가 여호와 곧 이스라엘의 거룩한 자인 줄을 민족들이 알리라.(겔 39:6-7)

내가 내 영광을 여러 민족 가운데에 나타내어 모든 민족이 내가 행한 심판과 내가 그 위에 나타낼 권능을 보게 하리니, 그날 이후에 이스라엘 족속은 내가 야훼 자기들의 하나님인 줄을 알겠고 여러 민족은 이스라엘 족속이 그 죄악으로 말미암아 사로잡혀 갔던 줄을 알지라. 그들이 내게 범죄하였으므로….(겔 39:21-23)

많은 민족이 보는 데에서 그들로 말미암아 나의 거룩함을 나타낼 때라. 전에는 내가 그들이 사로잡혀 여러 나라에 이르게 하였거니와 후에는 내가 그들을 모아 고국 땅으로 돌아오게 하고 그 한 사람도 이방에 남기지 아니하리니 그들이 내가 여호와 자기들의 하나님인 줄을 알리라.(겔 39:27-28)

그렇다면 곡과 열방은 궁극적으로 이렇게 하나님의 심판에 노출됨으로서 무엇을 알게 될 것인가? 세 단어가 커리큘럼을 지배한다. (1) 야훼의 거룩하심 (2) 위대하심 (3) 영광이다.

---

[24] 하나님이 바로와 고레스에게 하신 말씀에 나오는 것과 동일한 신적 아이러니를 보라. "내가 너를 이끌어다가…그들이 다 나를 알게 하려 함이라." 그 말씀을 보면, 중요한 것은 하나님이 누구신지 아는 것이다. 하지만 매우 유감스럽게도 사람들은 곡이 누구인지 알기 위해 너무 많은 노력을 기울이고 있다.

첫째, 세상은 야웨가 그저 또 하나의 평범한 신으로, 그것도 별로 중요하지 않은 신으로 이름이 모독을 받기는커녕, 완전히 별개의, 초월적으로 유일한 '이스라엘의 거룩한 자'라는 것을 알게 될 것이다. 둘째, 세상은 야웨가 제국의 군대에 의해 약탈당한 한 지역의 패배당한 하찮은 신들 중 하나이기는커녕, 비교할 수 없이 위대하신 분임을 알게 될 것이다. 그리고 셋째, 세상은 야웨의 영광을 알게 될 것이다. 즉, 그분만이 실재하시는 분, 실체와 중요성을 지닌 하나님이라는 것이다. 야웨의 거룩하심, 위대하심, 영광에 비하면, 열방의 신들과 우상숭배는 모두 성스럽지 못하고, 무기력하고, 무의미한 것으로 드러날 것이다.

이 위대한 비전과 선교와의 관련성은 그것의 명백한 목적을 이런 측면에서 생각해 볼 때 분명해진다. 구약의 이스라엘과 마찬가지로, 역사 전체에 걸쳐 하나님의 백성은 종종 주위의 우세한 문화의 신들에게 조롱과 공격을 받았다. 부자와 권세자들이라는 우상, 교만과 탐욕의 상징들이 있다. 노골적으로 자랑하는 경제 강국들이 많이 있다. 서로 경쟁하는 종교들과 이데올로기들의 위협과 대립이 있다. 때로는 사회적·육체적 핍박과 함께 집단을 몰살시키려 하는 전면 공격이 있다. 하나님의 백성이 약하고, 주변이고, 공격받기 쉽고, 무방비하고, 노출되어 있다고 느낄 때, 곡과 마곡 땅의 언어는 적절해 보인다. 하지만 바로 그러한 때에 이 환상은 살아 계신 하나님의 궁극적인 승리에 대한 확신을 가져다준다. 그때 모든 다른 신들과 권세들은 사실상 빈껍데기뿐인 가짜임이 드러날 것이다. 그렇게 되기 위해 거대한 투쟁이 있겠지만, 그런 환상은, 악한 자의 최종 심판 역시 포함하므로, 우리에게 기쁨을 가져다주지는 않는다. 바로 그 선지자는 하나님 자신이 악인의 죽음을 기뻐하지 않으신다는 것을 단호하게 상기시키기 때문이다(겔 18:32; 33:11). 하지만 그것은 현재의 모든 투쟁들을 통해, 하나님의 원수들이 궁극에 가서는 분명하게 드러나고 파괴되리라는 것과, 한 분이시며 초월적이고 유일하신 하나님이 온 천하에서 인정을 받게 되리라는 것을 드러낸다.

요약

나는 이 장에서 우리가 논의한 요소들을 종합해서 이스라엘의 신앙에서 유일신론이 의미하는 것이 무엇인지 규정하고자 했다. 그것은 이스라엘의 거룩하신 분인 야웨의 초월적 유일성과 보편성에 대한 단언이다. 다른 신들에 대해 무엇을 말할 수 있든 간에(이에 관해서는 5장에서 더 깊이 탐구할 것이다), 야웨만이 '그 하나님'이다. 야웨는 비길 데 없는 분이다. 그와 같은 분은 없다. 우주 안 어디에도 다른 누구도 없다. 표 3.3은 야웨의 계시, 구속, 심판의 행위를 통해 알게 된 야웨에 대한 지식을 요약한 것으로, 완전하지는 않지만 구약 유일신론의 전반적 개요를 잘 말해 주고 있다.

표 3.3. 구약 유일신론의 전반적 개요

오직 여호와만이	하늘과 땅과 모든 열방과 관련하여	
창조주시다.	여호와는 그들을 만드셨다.	시 33:6-9; 렘 10:10-12
주인이시다.	여호와는 그들을 소유하신다.	시 24:1; 89:11; 신 10:14
통치자시다.	여호와는 그들을 다스리신다.	시 33:10-11; 사 40:22-24
심판자시다.	여호와는 모두에게 책임을 물으신다.	시 33:13-15
계시자시다.	여호와는 진리를 말씀하신다.	시 33:4; 119:160; 사 45:19
사랑하는 분이시다.	여호와는 자신이 만드신 모든 것을 사랑하신다.	시 145:9, 13, 17
구원자시다.	여호와는 자신에게 의지하는 모든 사람을 구원하신다.	시 36:6; 사 45:22
인도자시다.	여호와는 열방을 인도하신다.	시 67:4
화해자시다.	여호와는 평강을 가져오실 것이다.	시 46:8-10

그리고 욥이 속삭였듯이, 이러한 것들은 그분의 행사의 단편일 뿐이다(욥 26:14).

4

살아 계신 하나님은
예수 그리스도 안에서 자신을 알리신다

예수님은 앞 장의 결론에 나오는 모든 주장을 믿는 백성 가운데서 태어나셨다. 예수님 자신이 이 성경을 배우고 사랑하셨으며 그 성경의 진리를 믿으며 살아가셨다. 이것은 1세기 유대인의 신 중심적·유일신론적 세계관으로, 예수님과 그분의 첫 제자들이 가정하고 있던 기초였다. 오직 한 분 살아 계신 하나님이 계시다는 것은 그들의 기본적 확신이었다. 오직 "모든 이름 위에 뛰어나신 이름"[1]으로만 알려진 이 하나님은 이제 그분의 언약 백성인 이스라엘에게 인정받으셨다. 하지만 이스라엘의 하나님은 또한 만국의 하나님, 모든 민족과 왕들과 심지어 황제들도 결국에는 그분에게 복종해야 하는 분이셨다. 그런데도 신약 곳곳에서, 그리고 예수님 자신이 이 땅에 사시던 동안(그분의 십자가 처형만 제외하고) 우리는 예수님의 이름이 '그 이름'(이스라엘의 하나님의 이름)과 나란히 나오는 것을 본다. 그리고 중요하지 않은 한두 본문이나 후대에 기록된 본문에서만 그렇게 나오는 것이 아니라, 최초의 신약 문서가 기록되기 전에도, 예수님의 제자들은 체계적이고 분명 의도적으로 그렇게 말했던 것처럼 보인다.

이따금 사람들은, 신약에는 "예수님은 하나님(God)이시다"라는 말이 별로 많

---

[1] 신적 이름인 야웨를 언제부터 성경 낭독시 더 이상 큰 소리로 발음하지 않게 되었는지는 정확히 알려진 바 없다. 그 네 글자(YHWH) 대신 발음하는 ʾadōnay(주)뿐 아니라, '그 이름'이라는 표현 역시 완곡 어법으로 사용되었다.

이 나오지 않는다고 말한다. 그러나 우리는 이에 대해 감사해야 할 것이다. 영어의 신(god)이라는 말은 헬라어의 '데오스'(theos)라는 말과 마찬가지로, 사실상 너무나 막연하고 모호해서 그런 문장에 명확하거나 구체적인 의미를 부여하기가 어렵다. 많은 고대 헬라인들이나 로마인들은, 많은 현대의 힌두인들과 마찬가지로, 그런 말을 들어도 별 거부 반응을 느끼지 않을 것이다. **신**이라는 말을 정의하지 않거나, 정관사 없이 사용하는 경우 그렇다는 말이다. 하지만 신약에서 발견되는 대단히 놀라운 사실이 있다. 그것은 이스라엘의 거룩하신 분인 야웨가 **그** 하나님이며 성경에 나온 그분의 정체성, 성품, 행동의 모든 풍성한 차원에서 초월적으로 유일하신 분이라고 믿은 사람들이, 이 야웨를 주의 깊게, 영속적으로, 모든 세세한 항목까지 나사렛 예수와 동일화시켰다는 사실이다.

그렇다면 이 장에서 우리는 먼저 예수님을 야웨, 이스라엘과 이스라엘의 성경의 하나님과 동일한 정체성을 가진 분으로 제시한 이러한 놀라운 사실을 살펴볼 것이다. 둘째로, 어떻게 야웨의 몇 가지 주요 기능들이 신약에서 예수님과 연결되어 있는지 살펴볼 것이다. 셋째로, 야웨와 예수님 간의 정체성과 기능의 이러한 결합이 선교적으로 어떤 의의를 지니고 있는지 살펴볼 것이다. 구약은 야웨를 땅끝까지 알려지기 원하시는 하나님으로 제시했다. 신약은 예수님을 그 신적 선교의 어느 부분에 집어넣고 있는가? 또는 보다 공식적으로 말해서, 온전하고, 성경적이고, 그리스도 중심적인 유일신론의 선교학적 의미는 무엇인가?

예수님은 야웨와 같은 정체성을 갖고 계신다

기도와 고백은 어떤 개인이나 공동체가 자신들의 신앙의 내용과 대상을 어떻게 이해하는가를 가장 분명하게 나타내는 두 가지 표시다. 신약은 기독교 공동체의 가장 초기 예배에 나타난 예와 바울이 서신서를 쓰기 전, 전승들이 정경 복음서에 기록되기 전의 간결한 예를 제시한다. 전자는 고대 기도인 '마라나타'(*maranatha*: "오, 주님, 오시옵소서")이다. 후자는 최초의 고백인 '퀴리오스 예수스'(*kyrios Iēsous*: "예수님은 주님이시다")라는 것이다.

마라나타. 바울은 고린도전서 끝 부분을 '마라나타'라는 아람어 표현으로 마친다. 그 말을 번역하지 않고 그냥 쓰는 것으로 보아, 그 말은 헬라어를 사용하는 그리스도인들도 잘 아는 말이었음이 분명하다. 그렇기 때문에 그 문구는 바울이 소아시아와 유럽이라는 이방 세계로 선교 여행을 가기 오래 전에, 원래 아람어를 사용하는 예수님의 제자들이 드리던 정착된 예배의 중요한 일부분이었음이 분명하다. 그렇다면 그 말은 바울과 초기 선교사들을 통해 전해져, 헬라어를 사용하는 기독교 예배에서도 통상적으로 사용되었을 것이다.

바울은 친필로 쓰면서, 그리고 자기 독자들이 그 말을 이해하고 그 말을 되풀이하기를 기대하면서, "마라나타!"라고 소리친다(고전 16:22).[2] 바울이 말한 '마르'(mar)라는 아람어는 '주'라는 의미임이 분명하다. 바로 그 다음 구절에서는 "주 예수 그리스도의 은혜"에 대해 말하기 때문이다. 그리고 초기 기독교 공동체들이 사용한 아람어 표현은 예수님을 가리키는 것이 분명하다. 하지만 아람어 마르(혹은 marah, maran)가 아람어를 사용하는 유대인들 사이에서 하나님, 즉 이스라엘의 하나님 야웨를 가리키는 용어로 사용되기도 했다. 그 말은 또한(헬라어 퀴리오스와 마찬가지로) 권위 있는 위치에 있는 사람들에 대해 사용되기도 했다(그리고 실로 지금도 정교회 전통에서는 그렇게 사용한다). 하지만 당시의 아람어 문서들을 보면 그 용어가 하나님에 대해 사용된 경우가 대단히 많이 있다.[3] 그래서 최초의 아람어권 신자들은 마르 예수님에게 호소함으로서, 합법적으로 기도의 대상이 될 수 있는 단 한 분, 주 하나님에게 기도를 드린 것이었다.

그렇기 때문에 고린도전서 16:22에 나오는 마라나타라는 기원의 말은 주 예수께 향한 옛 팔레스틴의 기도 형식을 나타낸다. 그것은 그분이 권능과 영광으로 오시라는 탄원이다. 최초의 신자들이 예수님을 그저 '마란', 곧 그들의 랍비로만 생각했다면, 그분을 기도의 대상으로 삼지는 않았을 것이다. 오히려 그것은 초기 아람어권 신자들이 이렇게 오실 분을 그들의 예배와 경배의 중심으로 여겼다는 것을 결정적으로 보여 준다. 바울은 이 아람어 문구를 취하여, 아무런 설명 없이 고린도 교회에 보내는 마무리 말에 포함시킨다.[4]

퀴리오스 예수스. 초대교회 신앙의 내용에 대한 두 번째 초기 증거는 '퀴리오스 예수스', "예수는 주님이시다"[5]라는 단순한 단언이다. 바울은 퀴리오스라는 용어

---

2) 아람어 표현은 고백적 선언("주님이 오셨다!")이나 기도("우리 주님이여, 오시옵소서!")나 둘 중 하나로 받아들여질 수 있지만, 후자일 가능성이 크다는 데 대체로 의견이 일치되고 있다. 바로 앞뒤의 전후 문맥(앞에 저주가 나오고 뒤에 인사말이 나오는)을 보아도, 기도로 보는 것이 더 어울린다. 요한계시록 22:20에서 번역된 헬라어 형태를 보면, 그것은 분명히 기도다.
3) David B. Capes, *Old Testament Yahweh Texts in Paul's Christology*(Tübingen: Mohr, 1992), pp. 43-45와 그 책에 인용된 도서 목록을 보라.
4) 같은 책, pp. 46-47.

를 예수님을 언급하는 말로 275번 사용하지만, 처음으로 그 말을 쓴 사람은 아니었다. 마라나타라는 원시적 표현의 경우와 마찬가지로, 그는 자기보다 먼저 예수님을 따르던 사람들로부터 이 칭호를 전수받았다. 아마도 그는 십자가에 죽은 나사렛 목수를 감히 (그의 생각에는 당치 않게도) 메시아와 (더군다나) 주님이라고 주장했던 사람들을 핍박하던 시절에 그 표현을 알았고 싫어했을 것이다. 바울은 다메섹 도상에서 부활하신 예수님을 만나고 나서야, 그 문구가 가증스러운 신성모독이 아니라 절대적 진리임을 알게 되었다.6) 그가 자신의 글에서 그 두 단어로 이뤄진 문구를 사용할 때, 그것은 분명 이미 하나의 기독론적 관용 표현이 되어 있었다. 그 말은 설명할 필요가 없었다. 이미 그 말은 일반적으로 그리스도인의 정체성을 규정하는 표준적 고백으로 받아들여졌다. 그 말은 로마서 10:9, 고린도전서 12:3에 이렇게 정형화된 표현으로 나오며, 빌립보서 2:11에서 (예수 그리스도에게) 약간 확장되어 나온다.

우리는 아람어 마르가 하나님에 대해 사용되었다는 증거가 분명하고 설득력 있다는 것을 살펴보았다. 더구나 퀴리오스의 경우 그런 증거는 매우 많다. 물론 이 말은 사람에 대한 경칭으로 사용될 수 있을 것이다[영어에서 '주'(lord)라는 말이 그렇듯이]. 하지만 신약 시대에 그 말이 예수님에게 적용된 것을 생각해 보면, 단연 그 말은 그리스도께서 오시기 오래 전에 히브리 성경을 헬라어로 번역한 사람들이 사용한 것임을 알 수 있다. 우리가 현재 칠십인역이라고 알고 있는 그 번역에서, 퀴리오스라는 단어는 사실상 하나님을 나타내는 네 글자 야웨(YHWH)를 번역하는 표준적이고 전문적인 용어로 사용된다. 그들은 본문에서 야웨라는 말이 나오면 히브리 어형을 그대로 음역하지 않고, 기존의 히브리 구전인 '아도나이'(*ᵃdōnay*: 주)라는 독법을 그대로 따랐다. 아도나이라는 말을 그들은 '호 퀴리오스'(*ho kyrios*), 즉 '그 주님'(the Lord)이라고 번역했다. 그것은 칠십인역에서 이스라엘의 하나님의 이름에 대한 헬라어 번역으로 1,600번 이상 사용되었다.

1세기에 헬라어를 사용하던 유대인이라면 누구든 이 용례를 대단히 잘 알고

---

5) 이 두 단어만 달랑 이런 순서로 나올 때, **예수**는 주어이고, **주님**은 술어이다.
6) 참고. Seyoon Kim, *The Origin of Paul's Gospel*(Grand Rapids: Eerdmans, 1982), pp. 104-105. 「바울복음의 기원」(엠마오). 김세윤은 다메섹 도상에서 바울이 예수님을 만난 것과, 고전 9:1-2; 고후 4:5에서 바울이 예수님을 *kyrios*로 인식한 것 간에 연관성이 있다고 본다. 분명 바울 자신의 기억에 의지해서 글을 쓴 누가 역시, 행 9:5, 17에서 이 요소를 강조한다.

있었을 것이다. 그래서 어떤 사람이 헬라어 성경을 읽으면서, 호 퀴리오스를 대할 때 '그 이름', 야웨를 생각하는 것은 대단히 자연스러운 일이었다. 그렇다면 바울의 편지 내에서(즉, 부활 후 처음 20년 이내에) 그 용어가 예수님에게 적용되는 것은 아주 놀라운 일이다. 그저 존경하는 사람에게 경의를 표하는 말로 사용되었을 뿐 아니라(물론 그렇게 사용되었을 수도 있다), 구약 성경에서 그 말이 야웨에 대해 지녔던 신학적 의미 그대로 사용된 것이기 때문이다. 이러한 사실은 빌립보서 2:6-11을 보면 알 수 있다. 많은 학자들은 그 본문이 바울 이전에 사용되던 기독교 찬송으로, 여기에서 바울은 그 구절의 전후 문맥에서 자신의 주장을 더 강화하기 위해 그것을 인용했을 것이라고 생각한다. 이 본문은 단순히 예수님의 '초(超) 승귀'[super-exaltation: 그분의 부활과 승천을 언급하는 말로, 다른 곳에서는 그분의 주되심의 증거와 긴밀하게 연결되어 있는 말(참고. 행 2:32-36; 롬 14:9)]를 경축하는 것이 아니다. 또 하나님이 단순히 예수님에게 "모든 이름 위에 뛰어난 이름"(그것은 오직 한 이름, 야웨를 의미할 수밖에 없다)을 주셨다고 말하는 것이 아니다. 한 걸음 더 나아가, 그것은 구약 중에서 가장 유일신론적인 본문 하나를 예수님에게 적용함으로서, 그 논증을 매듭짓는 것이다.

> 하늘에 있는 자들과 땅에 있는 자들과
> 땅 아래에 있는 자들로 모든 무릎을 예수의 이름에 꿇게 하시고
> 모든 입으로 예수 그리스도를 주라 시인하여
> 하나님 아버지께 영광을 돌리게 하셨느니라.(빌 2:10-11)

이것은 이사야서 45:22-23에서 원래 야웨가 자신에 대해 한 말을 일부 인용한 것이다. 그리고 원래 맥락에서 그 말의 요점은 하나님이신 야웨의 유일성과 그분의 유일무이한 구원의 능력을 강조하려는 것이었다.

> 나 외에 다른 신이 없나니
> 나는 공의를 행하며 구원을 베푸는 하나님이라.
> 나 외에 다른 이가 없느니라.
> 땅의 모든 끝이여
> 내게로 돌이켜 구원을 받으라.

나는 하나님이라. 나 외에 다른 이가 없느니라.
내가 나를 두고 맹세하기를
내 입에서 공의로운 말이 나갔은즉
돌아오지 아니하나니
내게 모든 무릎이 꿇겠고
모든 혀가 맹세하리라 하였노라.
내게 대한 어떤 자의 말에
공의[구원]와 힘은 여호와께만 있나니.(사 45:21-24)

이사야서 40-55장에 나오는 장엄한 예언들은 야웨가 모든 민족과 모든 역사에 대한 주권적 권능에서, 그리고 그분의 구원의 능력에서, 살아 계신 단 한 분 하나님으로서 전적으로 유일하신 분임을 거듭 반복해서 주장한다. 그렇기 때문에, 바울 혹은 빌립보서 2장에 나오는 초기 기독교 찬송 작가들은 의도적으로 그런 맥락에서 성경 구절 하나를 선택해 예수님에게 적용함으로써, 예수님이 야웨와 같은 정체성과 유일성을 지니고 있다고 주장했다. 이러한 동일화는 너무나 확실해서, 본문에서 야웨라는 이름이 나온 곳에 주저 없이 예수님의 이름을 집어넣을 수 있었던 것이다. 그렇게 함으로서 그들은

- 예수님에게 하나님이라는 호칭을 부여했다.
- 예수님에게 하나님에 대한 본문을 적용했다.
- 예수님이, 하나님께 드리는 예배를 받으실 것을 기대했다.[7]

예수님에 대한 이 서론적 요점이 지닌 선교적 함축은 분명하다. 성경적인 하나님의 선교가 하나님의 참된 정체성(이스라엘이 믿는 살아 계신 하나님으로서의 야웨)을 알리기 원하는 하나님의 뜻을 포함한다면, 신약은 예수님을 야웨와 동일시함으로서, 예수님을 하나님의 선교에 있어 그 자기 계시적 차원의 중심으로 본다. 하지만 여기에는 표면적인 동일함보다 훨씬 이상의 것이 있다. 이제 그것에

---

7) 이 세 가지는 John R. W. Stott가 강의한 "Jesus Is Lord: A Call to Radical Discipleship"을 여러 번 즐겁게 들은 후에 기억 속에서 끌어내어 인용한 것이다.

대해 살펴보겠다.

예수님은 야웨의 기능들을 수행하신다

바울이 빌립보서 2:10-11에서 야웨에 대한 구약 본문을 예수님에게 적용하는 것은 대단히 주목할 만하지만, 그런 예는 단지 여기에만 나오는 것이 아니다. 바울이 예수님을 언급할 때, 야웨/호 퀴리오스가 나오는 구약 본문을 인용하는 경우가 상당히 많다.[8] 또한 신약 저자 중 바울만 그런 것이 아니다. 예를 들어, 히브리서 저자는 하나님에 대한 많은 본문들을 전방위로 예수님에게 적용시키면서 그 서신서를 시작한다. 이렇게 적용된 성경에는 기능적인 것이 많다. 즉, 야웨가 행하시거나 제공하시거나 성취하시는 것들에 대해 말한다. 그렇게 성경을 인용함으로서, 그런 기능들을 예수님도 가지고 계시다고 추정하거나 아니면 예수님과 밀접하게 연관시킨다. 예수님의 정체성을 나타내는 간단한 표현이 그랬던 것처럼(마라나타, 퀴리오스 예수스) 바울이 이러한 관행의 원조는 아니다. 그렇다고 초대교회가 원조도 아니다. 그것은 바로 예수님 자신에게서 비롯된 것이다. 복음서를 보면, 예수님 자신이 여러 가지 말과 행동과 암시적 주장으로 자신을 이스라엘 하나님의 유일한 기능들과 연결시키는 경우가 많이 나오기 때문이다.

이와 관련된 자료들은 매우 많다. 그래서 야웨의 특정한 핵심 기능들(이전 장 마지막 부분에 나온 목록과 비슷한)을 중심으로 자료를 정리하고, 각 경우 서신서들과 복음서들에서 나온 예시 본문들을 찾아보겠다. 구약에서 야웨의 활동은 핵심적으로 네 가지로 표현되는데, 그것은 창조자, 통치자, 심판자, 구원자다. 각 경우에 어떻게 예수님도 그와 동일한 방식으로 묘사되는지 살펴볼 것이다.

이 장의 전반적인 목적에 비추어 주의 깊게 살펴볼 점은, 이 모든 것들이 구약의 유일신론에 대해 우리가 내린 정의에서 오직 야웨에게만 속한 독특한 기능들이라는 점이다. 이것들은 "야웨는 하나님이시며 다른 신은 없다"라는 말의 의미를 규정해 준다. 이것들은 야웨를 비길 데 없는 분으로 만드는, 그분의 초월적 유일성을 형성하는 속성, 업적, 특권들이다. 바로 이 때문에, 신약에서 예수님과 최초 제자들이 예수님을 야웨와 동일하게 여기고 또 야웨와 동일한 배타적 기능과

---

[8] 예를 들어, 롬 10:13(욜 2:32); 14:11(=사 45:23-24); 고전 1:31; 고후 10:17(=렘 9:24); 고전 2:16(=사 40:13); 딤후 2:19(=민 16:5).

권리들을 갖고 계신 것으로 봐야 한다고 주장하는 것은 대단히 놀라운 일이며, 또 그리스도인의 정체성과 선교에 있어 대단히 의미심장한 일이다.

선교학적 관점에서 볼 때, 이런 것들이 야웨가 자신의 선교를 성취할 때 시행하시는 특권과 직무라면, 그리스도 안에서의 하나님의 선교가 이러한 면에서 어떻게 시행되는지를 이해하는 것이 기독교 선교관 형성에 있어 대단히 중요한 일이 된다.

창조자. 바울은 가장 엄청난 신학적 주장들을 가장 현세적인 실제 문제들에 적용시키는 데 능숙했다. 현세적인 문제라고 해서 사소한 것들은 아니었다. 고린도에서 그리스도인들이 우상에게 제물로 바쳤던 고기를 먹을 수 있는가 없는가 하는 문제에 대해 바울은 꼬박 세 장에 걸쳐(고전 8-10장) 목회적·신학적으로 주의를 기울이기 때문이다. 여기에는 두 가지 문제가 얽혀 있다. 우상의 지위(우상이 실재인가)와 고기의 상태(그것은 우상에게 제물로 바쳐지면서 더러워졌는가)에 대한 것이다. 바울은 그의 논증 서두에서 첫째 문제에 정면으로 달려들고(고전 8:4-6), 둘째 문제는 끝 무렵에 다룬다(고전 10:25-26, 물론 고전 8:7-8에서도 그것을 언급한다). 그리고 의미심장하게도 그는 두 문제 모두에 강력한 창조 신학을 적용시킨다.

고린도전서 8:4-6에서 바울은 그 문제를 쉐마(위대한 유대교의 유일신론적 고백)를 통해 풀고자 한다. 신과 주라 불리는 이것들이 무엇이든 간에, 우리는 실제로는 단 한 분의 하나님과 단 한 분의 주님만이 계시다는 것을 안다. 하지만 바울은 그저 신명기 6:4을 구약 형태 그대로 인용하고 있기보다는, 기독교 공동체 내에서 이미 기독론적으로 확장된 형태를 인용한다. 헬라어로 보면 단 하나의 동사도 없이 스물일곱 단어가 놀랍게 열을 지어 나오는데, 문자적으로는 다음과 같이 되어 있다.

> 우리에게는 한 하나님, 곧 아버지
> 만물이 그에게서
> 우리도 그를 위하여
> 또한 한 주 예수 그리스도
> 만물이 그로 말미암아
> 우리도 그로 말미암아.(고전 8:6, 저자 사역)

부득이 몇 개의 연결 동사를 집어넣은 NIV 번역에서 분명하게 볼 수 있는 것처럼, 이것은 예수님을 쉐마의 '한 하나님, 한 주님'에 포함시킬 뿐 아니라, 또한 예수님을 하나님 아버지의 창조 사역과 연관시킨다.

우리에게는 한 하나님 곧 아버지가 계시니 만물이 그에게서 났고 우리도 그를 위하여 있고 또한 한 주 예수 그리스도께서 계시니 만물이 그로 말미암고 우리도 그로 말미암아 있느니라.(고전 8:6)

만물이 한 하나님 아버지에게서 왔다. 그리고 만물이 한 주님 예수 그리스도를 통해서 왔다. 그래서 만일 예수님이 모든 피조물의 주님이라면, 소위 다른 신과 우상들은 우주에서 실재하는 신적 존재가 아니다. 여기에서 바울이 전개하고 있는 성경적 유일신론의 기독론적 함축에 대해서는 리처드 보캄의 글이 잘 설명해 준다.

바울이 유일신론을 주장한다고 이해하려면, 그가 쉐마에서 주장하는 한 분 하나님의 독특한 정체성에 예수님을 포함시킨다고 생각하는 수밖에 없다. 여기에서 '한 주'이신 예수님에게 적용된 '주'라는 말이 쉐마 자체에서 나온 것이기 때문이다. 바울은 쉐마의 한 하나님에다가 쉐마가 언급하지 않는 '주'를 추가한 것이 아니다. 그는 예수님이 바로 쉐마가 한 분이라고 주장하는 주라고 밝히고 있는 것이다. 이같이 쉐마를 재구성할 때, 한 하나님의 독특한 정체성은 성부이신 한 하나님과, 그의 메시아이신 한 주님(그분은 암시적으로 성부 하나님의 아들로 간주된다)으로 구성된다.[9]

그렇다면 고기 문제는 어떤가? 고기는 우상숭배로 오염된 것이니 피해야 하는가? "우상은 세상에 아무것도 아니며"(고전 8:4)라는 부정적인 말과 더불어서 모

---

9) Richard Bauckham, "Biblical Theology and the Problems of Monotheism", *Out of Egypt: Biblical Theology and Biblical Interpretation*, ed. Craig Bartholomew et al.(Carlisle, U.K.: Paternoster; Grand Rapids: Zondervan, 2004), p. 224. 이 구절은 또한 N. T. Wright, "Monotheism, Christology and Ethics: 1 Corinthians 8", *The Climax of the Covenant: Christ and the Law in Pauline Theology*, ed. N. T. Wright(Edinburgh: T&T Clark, 1991), pp. 120-136에서 구약 유일신론 및 그것의 기독론적 확장과 관련하여 철저히 논의되었다.

든 피조물은 어쨌든 주께 속해 있다는 긍정적인 말이 나온다. 그래서 바울은 아무것이나 자유롭게 먹을 수 있다는 근본 원리의 근거로, 또 다른 위대한 창조 본문인 시편 24:1을 인용한다(고전 10:25-26. 물론 그 뒤에 나오는 상황적 제한을 단서로 달고 있다). "땅과 거기에 충만한 것이 다 여호와의 것이로다."

물론 히브리 본문은 야웨에 대해 이렇게 담대하게 단언한 것이다. 하지만 여기에서 바울은 그 말을 온 땅의 주님이신 예수님에게 적용한다. 우선, 그가 이미 고린도전서 8:6에서 예수님을 확장된 **쉐마**에서 하나님과 연결시켰기 때문이고, 또 앞 문맥에서 '주'라는 말은 분명 예수님이기 때문이며("주의 잔…주의 식탁", 고전 10:20-21), 또한 "영광의 왕"(7, 9, 10절)을 위해 길을 비키라는 명령이 나오는 시편 24편이 이미 메시아적 의미를 지니고 있기 때문이다. 아마 바울은 고린도전서 2:8에서 예수님을 "영광의 주"라고 지칭했을 때부터 이러한 의미를 반영하고 있을 것이다.

따라서 온 땅이 주님이신 예수님에게 속해 있다. 그런 세계관이 지닌 선교학적·윤리적·실제적 함축들은 엄청나다. 이는 3장에서 살펴본 신명기 10:14, 17의 숭고한 전망만큼이나 엄청나다. 온 세계가 예수님에게 속해 있다면, 우리가 선교하기 위해 갈 수 있는 땅의 어느 한 모퉁이도 그분께 속하지 않은 곳은 없다. 이 지구상의 어느 한 뼘도 겉으로 보기엔 어떠하든 다른 어떠한 신에게도 속하지 않는다. 온 세계가 그리스도께 속해 있다는 그리스도 중심적 신학은 선교의 신학, 실제, 궁극적 확신에 주요 토대가 된다.

바울의 창조적 기독론의 정점은 그리스도를 비할 바 없이 높이고 있는 골로새서 1:15-20에 나온다. 이 점과 관련된 구절들은 이렇게 되어 있다.

> 그는 보이지 아니하는 하나님의 형상이시요 모든 피조물보다 먼저 나신 이시니, 만물이 그에게서 창조되되 하늘과 땅에서 보이는 것들과 보이지 않는 것들과 혹은 왕권들이나 주권들이나 통치자들이나 권세들이나 만물이 다 그로 말미암고 그를 위하여 창조되었고, 또한 그가 만물보다 먼저 계시고 만물이 그 안에 함께 섰느니라.(골 1:15-17)

여기에서 반복되는 '타 판타'(*ta panta*), 곧 "만물"이라는 용어와, 또 그것이 실재의 모든 영역을 포함하는 것이라고 볼 때 분명하게 알 수 있는 것이 있다. 예수 그리스도와 피조물의 관계는 구약에서 야웨가 피조물과 맺고 있는 관계와 모든 면에서 동일하다는 것이다. 예수 그리스도는 만물의 배후에 계시며 만물보다 전에 계시다. 그분은 만물을 창조하신 행위자이며 그 존재의 수혜자다. 만물은 창조에 의해, 그리고 상속에 의해, 주인이신 그분에게 속해 있다. 그분은 존재하는 모든 것의 근원이며 그것을 유지하는 분이다.

히브리서 1:2과 요한복음 1:3은 본질적으로 같은 주장을 한다.

다른 복음서들을 보면, 자연 질서에 대한 예수님의 권능을 본 제자들은 그분의 정체성에 대해 놀라 질문하지 않을 수 없었다. 숨막힐 정도로 놀란 그들은 "그가 누구이기에 바람과 물을 명하매 순종하는가"(눅 8:25 및 병행구)라고 말했다. 그 질문에 대해서는 사실상 단 한 가지 대답밖에 할 수 없을 것이다. 그리고 시편 기자는 이미 그 대답을 해주었다(참고 시 65:7; 89:9; 93:3-4; 104:4, 6-9, 그리고 특히 놀란 제자들과 관련된 것으로는 시 107:23-32). 하지만 예수님이 창조주와 동일하신 분이라는 것은 그런 질문들에 대한 암시적 대답에만 나와 있는 것은 아니었다. "천지는 없어지겠으나 내 말은 없어지지 아니하리라"(막 13:31)라고 예수님은 친히 말씀하셨다. 그분의 말씀이 피조물 전체보다 더 높고 더 오래 지속되리라는 주장은 그 말씀을 하나님 자신의 창조적 말씀과 동일하게 여기는 것이었다. 이 말은 아마 이사야서 40장(특히 8절)에 나오는 위대한 창조적 단언들을 의도적으로 되풀이하고 있는 것이다.

그렇다면 신약은 성경에 나오는 하나님의 기본적인 활동(우주의 창조)에서 분명 예수님을 야웨와 대등하게 본다. 따라서 그것이 함축하는 바 역시 우주적이다.

유대 식으로 신적 유일성의 특징을 규정하는 가장 명료한 방식은 창조에 대해 말하는 것이었다. 유대 유일신론으로서는, 신적 존재만이 할 수 있는 만물을 창조하는 일을 하나님이 아닌 다른 존재가 돕는다는 것은 생각조차 할 수 없는 일이었다(사 44:24; 에스라4서 3:4). 하지만 바울은 쉐마에 예수님을 포함시키는 전대미문의 일을 할 뿐 아니라, 예수님을 하나님의 창조 활동에 포함시키기까지 하는 전대미문의 일을 한다. 제2성전 유대 유일신교의 틀 안에서는, 예수님을 독특한 신적 정체성에 포함시키는 것으로 그보다 더 명료한 방식은 생각할 수 없다.[10]

---

10) Bauckham, "Biblical Theology and the Problems of Monotheism", p. 224.

그렇다면 예수님은 구약 성경이 창조주 하나님에 대해 단언하는 모든 것과 연관되어 있다. 창조는 역사 속에서 행하시는 하나님의 모든 선교의 기반을 형성할 뿐 아니라, 하나님의 모든 구속적 의도를 종말에 가서 최종적으로 받는 수혜자다. 그러므로 창조 안에서 그리고 창조를 위한 하나님의 그 위대한 선교는 그리스도의 중심성에 분명하게 초점이 맞춰진다.

통치자. 우리는 구약에 나타난 야웨의 초월적 유일성에 대해 살펴보았다. 첫째로는 그분만이 존재하는 모든 것의 창조주라는 단언을 통해, 그리고 둘째로는 그분만이 일어나는 모든 일의 주권적 통치자라는 확고한 주장을 통해서다. 야웨는 모든 실재의 근원으로서 그리고 모든 역사의 주관자로서 다스리신다. 시편 33편이 표현하듯이, 야웨는 말씀으로 세상을 만드시며(6-9절), 계획대로 세상을 다스리시며(10-11절), 자신의 눈앞에서 세상에 책임을 물으신다(13-15절). 그리고 이사야서 40-55장이 선포하듯이, 이 모든 일을 하실 때 그분은 누구의 도움도 받지 않으며 아무런 경쟁자도 없다. 야웨 한 분만이 모든 것의 통치자다. 그렇다면 나사렛의 목수 예수가 그런 관점에 들어맞을 수가 있을까?

그 대답은 예수님 자신이 하셨다. 그분은 담대하게도 시편의 말씀을 자신에게 적용시키셨다. 그 말씀은 신약에서 가장 많이 인용되는 기독론적 본문이 되었다. 바로 시편 110편이다.

> 여호와께서 내 주에게 말씀하시기를
> 내가 네 원수들로
> 네 발판이 되게 하기까지
> 너는 내 오른편에 앉아 있으라 하셨도다.(시 110:1)

공관 복음서들은 모두 예수님이 이 본문을 두 번 사용하시는 것으로 기록한다. 먼저 메시아의 정체성에 대해 사람들을 짓궂게 괴롭히는 질문으로["다윗이 그리스도를 '주'라 하였은즉 어찌 그의 자손이 되겠느냐"(막 12:35-37 및 병행구)], 그리고 그분이 재판을 받으실 때 "네가 그리스도냐"라는 대제사장의 질문에 대한 대답으로(막 14:61-64 및 병행구) 사용하셨다. 후자의 경우 예수님은 성경을 이중으로 암시하심으로 대답을 더 확장시키셨다. "인자가 권능자의 우편에 앉은 것과 하늘 구름을 타고 오는 것을 너희가 보리라."

인자가 하늘 구름을 타고 온다는 말은 다니엘서 7:13-14에 나오는 다니엘의 위대한 환상을 반영하며, 그럼으로써 예수님을 옛적의 우주적 권능 및 권위와 연관시킨다. "권능자의 우편(right hand)에 앉은 것"이라는 또 다른 문구는 분명히 시편 110편을 반영하며, 똑같이 분명하게 예수님을 야훼의 통치권과 연관시킨다. '하나님 우편'이란 야훼의 행동하는 권능에 대한 이스라엘의 신앙과 경배를 나타내는 강력한 상징이었기 때문이다. 야훼는 그분의 오른손으로

- 창조의 일을 완수하셨다.(사 48:13)
- 그분의 위대한 구속의 행위에서 자기 원수들을 물리치셨다.(출 15:6, 12)
- 그분에게 피하는 자들을 구원하신다.(시 17:7; 20:7; 60:5; 118:15-16)
- 양과 염소의 비유에서처럼 최후의 심판을 시행하실 것이다.(마 25:31-46)

초대교회 그리스도인들은 예수님의 가르침에서 단서를 얻어, 시편 110:1의 비유적 묘사를 부활하시고 승천하신 예수님의 현 '위치'를 설명하는 데 사용했다. 예수님은 그저 '부재하신' 것이 아니었다. 예수님은 지금 이미 '하나님 우편에 앉으셨다.' 즉, 예수님은 이미 지금 오로지 야훼께 속한 우주를 통치하는 일에 동참하고 계시다. 이러한 숭고한 주장은 오순절 베드로의 설교에서 찾아볼 수 있다. 그때 그는 시편 110편을 예수님의 부활과 연결시키면서, 예수님의 주권에 대한 우주적 결론을 이끌어낸다(행 2:32-36).

바울은 시편 110:1의 이중적 이미지(하나님 우편, 발판 밑의 원수)에서, 부활하신 그리스도의 권위뿐 아니라 그 권위의 궁극적 원천(예수님이 야훼와 동일한 정체성을 갖고 계시며 그분의 우주적 통치에 참여하고 계신다는 사실)에 대한 가장 강력한 표현이 담겨 있음을 발견했다. 그래서 그는 이 시편의 이미지를 많이 사용한다. 예를 들면,

- 우주의 다른 어떤 권세도 우리를 하나님의 사랑에서 끊을 수 없다는 보증으로 신자들을 안심시키면서.(롬 8:34-35)
- 궁극적으로는 사망을 포함한 하나님의 모든 원수들이 그리스도의 발밑에 있는 것을 보면서.(고전 15:24-28)
- 그리스도인들에게, 부활하시고 승천하신 그리스도가 하나님 우편에 계시다

는 인식을 갖고 살라고 촉구하면서.(골 3:1)
- 그리스도의 우주적 주권을 단호하게 단언하면서.(엡 1:20-23)

물론 이 모든 단언들은 바울의 선교 신학과 실천의 기초가 된다. 그가 열방의 사도가 되라는 그리스도의 명령에 순종한 것은, 이러한 사실들이 다메섹 도상에서 만난 예수님에 대한 진리라는 확신 때문이었다.

예수님을 우주의 통치자로서 야웨와 동일시하는 것은 요한계시록에서 절정에 이른다(다른 많은 주장들이 그렇듯). 예수님이 일곱 교회에 보내신 편지들은 예수님의 우주적 권위를 상징하며, 그 권위를 진술하기도 한다. 이를 위해 그 편지들은 예수님을 묘사할 때 구약에서 하나님에 대해 사용했던 언어와 이미지를 그대로 사용한다. 특히 옛적 일에 대한 다니엘의 환상이나 야웨의 영광에 대한 에스겔의 환상을 사용한다. 하지만 라오디게아 교회에 보낸 편지는 그런 이미지 없이 그냥 직접적으로 예수님이 "하나님의 창조의 근본"(the ruler of God's creation, 계 3:14)이라고 말하면서, 그분이 "땅의 임금들의 머리"라는 요한계시록 1:5의 주장을 되풀이한다. 구약 유일신론의 측면에서 볼 때, 이러한 주장(창조의 통치자, 열방의 통치자)은 오직 야웨에 대해서만 가능하다. 하지만 여기에서 이러한 진술은 명백히 예수님에 대해 이루어진다. 이후의 환상에서는 죽임 당한 어린양이 보좌 한가운데, 그 보좌에 앉으신 분 곁에 서 계신다. 그것은 피조물 전체가 동시에 찬양할 수 있는 광대한 성가대의 연합 예배였다.

> 보좌에 앉으신 이와 어린양에게
> 찬송과 존귀와 영광과 권능을 세세토록 돌릴지어다.(계 5:13)

그때부터 어린양 예수와 보좌에 앉으신 주권자 하나님을 동일시하는 구절들이 책 전체에 폭포처럼 쏟아진다(계 7:10, 17; 11:15; 12:10; 15:3-4; 17:14; 21:1, 3, 13).

이와 같이 신약은 예수 그리스도의 주권을, 이스라엘이 믿는 살아 계신 하나님의 주권적 통치와 결합시킨다. 그리고 예수님 역시 대위임령의 전제에서 바로 그렇게 연결시키신다. "여호와는 왕이시다"라는 시편 기자의 외침은 "예수님은 주님이시다"라는 신자의 고백을 통해 되풀이되며 동일시된다.

심판자. 구약에서 야웨의 주권적 통치의 한 차원이었던, 그분의 핵심 기능 중 하나는 온 세상을 심판하신다는 것이었다. 이러한 확신은 아브라함이 말한 바 있으며(창 18:25) 설화들, 시편들, 선지서들에서 이스라엘의 신앙의 기본 자료로 반복된다. 그것은 피조물 전체가 다음과 같은 요구를 받을 정도로 몹시 기뻐할 일이다.

여호와 앞에서 즐거이 노래하리니
그가 임하시되 땅을 심판하러 임하실 것임이라.
그가 의로 세계를 심판하시며
그의 진실하심으로 백성을 심판하시리로다.(시 96:13)

예수님이 하나님 우편에서 통치에 참여하신다면, 역시 하나님의 심판에도 참여하실 것이다. 실제로 신약은 그 사실을 분명하게 단언한다. 바울은 이를 그가 말하는 '나의 복음'의 논거로 본다. 그는 '주의 날'이라는 말을 습관적으로 그리스도와 연결시키는데, 그 말은 분명 광범위한 구약 용례에서 구원뿐 아니라 심판을 포함하는 말이었다. 그것은 이제 '그리스도의 날'이라고 불릴 수 있다. 즉, "하나님이 예수 그리스도로 말미암아 사람들의 은밀한 것을 심판하시는 그 날이다"(빌 2:16; 롬 2:16; 참고. 살후 1:5-10). 구약에서 모든 열방이 그들의 궁극적 심판자인 야웨 앞에 불려 나오는 모습을 상상했던 것처럼, 바울은 "우리가 다 반드시 그리스도의 심판대 앞에 나타나게 되어"(고후 5:10)라고 말한다. 그의 그러한 표현은 의심할 바 없이 "우리가 다 하나님의 심판대 앞에 서리라"(롬 14:10)는 말과 완전히 똑같은 의미였다.

성경은 일반적으로 현재의 행동 변화를 위해 하나님의 심판을 이야기한다. 바울은 로마의 이방인 신자들과 유대인 신자들에게, 서로를 용납하라고 호소하면서 이러한 역학을 근거로 사용한다.[11] 로마서 14:9-12에서 바울은 그 두 집단에게 우리가 모두 똑같이 하나님의 심판에 직면한다는 바로 그 이유 때문에 서로를 판

---

11) 내가 보기에 그것은 로마서 14-15장에 나오는 '강한 자'와 '약한 자'라는 바울의 말을 가장 적절히 설명하는 듯하다. 바울은 여기에서 이방인 그리스도인들과 유대인 그리스도인들 각각의 상호 간 차이점들을 말하고 있다.

단하지 말라고 권면한다. 하지만 그는 이 점을 강조하면서, 야웨의 주권이 전 인류에게 받아들여지리라 기대하는 구약 본문을 부활과 결합시킨다. 그 본문은 빌립보서 2:10-11에서 인용한 본문과 같은 이사야서 45:23이다. 빌립보서 본문에서 우리는 원래 히브리어 본문에 나왔던 야웨의 이름이 기독교 찬송에서는 예수님의 이름으로 대체되었다는 점을 살펴보았다. 그러나 여기에서 바울은 '주'라는 원래 용어를 그대로 사용한다. 하지만 전후 문맥(6-8절에 '주'라는 말이 반복되는 것을 포함해서)으로 보아, 예수님이 문장의 주어이며 예배와 복종의 대상으로 여겨지고 있다는 점에는 의심의 여지가 없다.

> 이를 위하여 그리스도께서 죽었다가 다시 살아나셨으니 곧 죽은 자와 산 자의 주가 되려 하심이라. 네가 어찌하여 네 형제를 비판하느냐 어찌하여 네 형제를 업신여기느냐 우리가 다 하나님의 심판대 앞에 서리라. 기록되었으되, 주께서 이르시되 내가 살았노니 모든 무릎이 내게 꿇을 것이요 모든 혀가 하나님께 자백하리라 하였느니라. 이러므로 우리 각 사람이 자기 일을 하나님께 직고하리라.(롬 14:9-12)

지금까지 오로지 야웨의 특권이었던 심판자로서의 권위를 이렇게 예수님께 돌리는 것은 바울의 발상이 아니다. 이 역시 예수님이 먼저 그렇게 하신 것이다. 다니엘서 7장의 이미지를 나타내는 맥락에서, 예수님이 자신을 인자라고 지칭하신 데에는 분명 심판의 의미도 담겨 있었다. 이는 주권적 보좌와 연결되어 있기 때문이다. 예수님이 말씀하신 양과 염소의 비유 역시 의미심장하게도 인자가 거룩한 심판석에 앉아 있는 것으로 시작된다(마 25:32).

요한은 예수님을 묘사하면서, 궁극적 심판자로서의 권위는 예수님이 반복해서 자신을 "나는…이다"(I am)라는 신적 이름으로 부르시는 것에 근거한다고 본다. 구원 혹은 심판은 그 주장을 인정하는가 거부하는가에 달려 있다. "나는 너희가 너희 죄 가운데서 죽을 것이라고 말했다. 너희가 만일 내가 그인 줄 믿지 않으면 너희는 실제로 너희 죄 가운데 죽을 것이다"(요 8:24, 저자 사역).

그리고 물론 요한계시록은 처음부터 끝까지 그리스도를 하나님의 심판석에 높이 들리신 하나님의 어린양으로 묘사한다. 그리고 구속받은 자들의 노래는 그리스도께서 그 위치에 앉으신 것이 합당하고, 하나님이 뜻하신 것이며, 창조, 구속, 역사의 주관에서 그분의 담당하신 신적 역할에 의해 입증된 것이라고 선포했다.

신약은 구약에 나온 살아 계신 하나님이 최후의 심판을 하실 것이라고 다시 한 번 단언하지만, 이제 그 심판은 하나님이 최종적인 권위의 자리에 임명하신 분, 즉 그분의 아들 예수 그리스도 안에서 구현된다고 본다.

"그가 땅을 심판하러 임하실 것임이라"(시 96:13; 98:9)라는 시편 기자의 기쁨의 노래는 "보라, 내가 속히 오리니"(계 22:12)라는 그리스도 자신의 약속에 되풀이해서 나타난다.

구원자. 요한계시록에 나오는 구속받은 자들의 노래 중에는 이러한 위대한 단언이 나온다.

구원하심이 보좌에 앉으신
우리 하나님과
어린양에게 있도다.(계 7:10)

구원이 하나님께 속한다는 것은 구약 신앙의 핵심적인 주장이었다. 또한 구원이 이제 예수 그리스도께 속한 것으로 경축될 수 있다는 점은 이미 살펴본 바와 같다. 즉, 예수님을 이스라엘의 하나님에게 속한 위대한 기능들을 지닌 분으로 여긴다는 것이다.

구원 사역은 구약에서 나타나는 야웨의 가장 주된 활동과 특징이다. 사실 구원이 이 하나님의 정체성을 규정한다 해도 과언은 아니다. "하나님은 우리에게 구원의 하나님이시라"(시 68:20). 구원에 대한 최초의 찬양은 바다를 건넌 직후 출애굽 노래에서 나온다. "여호와는 나의 힘이요 노래시며 나의 구원이시로다"(출 15:2). 초기 히브리 시에서 야웨에 대한 가장 오래된 시적 비유는 그분을 이스라엘의 구원의 "반석"으로 묘사하는 것이다(신 32:15). 시편에서 야웨는 다른 무엇보다도 구원하시는 하나님이다. 그분은 구원하시는 분이며, 그분이 늘상 곧잘 하시는 일은 구원하는 일이기 때문이다. 시편에서는 '야샤'($yaša$)라는 어근이 136번 나오는데, 그것은 구약에 나오는 모든 용례의 40퍼센트에 해당하는 것이다. 여호와는 내 구원의 하나님(시 88:1), 나의 구원의 뿔(시 18:2), 우리 구원의 반석(시 95:1), 나의 구원과 영광(시 62:6-7), 내 구원자 내 하나님(시 42:5-6)이시다. 그리고 단지 나만의 것도, 심지어 단지 인간만의 것도 아니다. 이 하나님은 "사람과 짐승을"(시 36:6) 구하여 주시기 때문이다. 그러므로 로버트 허버드

(Robert Hubbard)의 말은 옳다. "신학적으로, 이스라엘의 예배와 교훈은 야웨의 구원과 가장 긴밀하게 연결되어 있다."[12] 그러므로 바벨론 유수로 이스라엘이 매우 낙심해 있을 때, 위대한 하나님에 대한 신앙을 회복시키려 애썼던 한 선지자가 하나님을 "나는 여호와 네 하나님이요 이스라엘의 거룩한 이요 네 구원자임이라"(사 43:3)라는 말로 이 위대한 예배의 유산을 상기시켰던 것은 놀라운 일이 아니다.

예호수아(여호수아, 예슈아, 예수)라는 이름은 "야웨는 구원이시다"라는 의미다. 나사렛 예수를 통해, 하나님은 이스라엘과 세계를 위해 약속하신 새로운 구원의 시대를 가져오셨다. 하나님은 예수님을 통해 죄를 해결하실 것이기 때문이다. 그분이 오실 것에 대비하여 세례 요한은 회개와 죄사함의 메시지를 전파했으며 (마 3:6), 또 예수님을 가리켜 "세상 죄를 지고 가는"(요 1:29) 분이라고 외쳤다. 마태는 천사가 들려준, 예수라는 이름에 담긴 의미를 기록한다. "그가 자기 백성을 그들의 죄에서 구원할 자이심이라"(마 1:21). 하지만 누가는 예수님이 이 세상에 오시는 장면을 구원의 언어로 가장 화려하게 장식한다. 누가는 누가복음의 처음 세 장에서 구원의 용어를 일곱 번 사용한다(눅 1:47, 69, 71, 77; 2:11, 30; 3:6). 자신은 '주의 그리스도'를 보기 전에는 죽지 않으리라는 것을 알았던 나이 든 시므온이, 아기 예수를 팔에 안고는(아마 부모에게 아기의 이름을 물어 보았을 것이다) 하나님께 이제 "내 눈이 주의 구원[주의 예호수아]을 본"(눅 2:30) 것을 감사했을 때, 특별한 울림을 느낄 수 있다.

완전한 성경적 의미에서 구원은 죄사함 이상의 것을 포함한다. 물론 하나님만이 우리를 구원하실 수 있는 모든 필요와 위험의 가장 깊은 뿌리가 죄이므로, 구원의 가장 깊은 핵심부에 죄사함이 있는 것은 사실이다. 하지만 복음서 기사를 보면 예수님의 정체성에 대한 질문을 가장 빨리 그리고 분명하게 제기하게 만든 것은 예수님이 죄를 사하신다는 주장이었다. 중풍병자를 고치시면서 그의 죄가 사해졌다고 선언하심으로서 예수님은 "이 사람이 어찌 이렇게 말하는가. 신성모독이로다. 오직 하나님 한 분 외에는 누가 능히 죄를 사하겠느냐"(막 2:7)라는 성난 질문에 직면하셨다. 지당한 말이다. 그렇다면 예수님에 대해 어떤 추론을 해야 하는가?

---

12) Robert L. Hubbard, *yāšaʿ*, *New International Dictionary of Old Testament Theology and Exegesis*, ed. Willem A. VanGemeren(Grand Rapids: Zondervan, 1997), 2:559.

행동은 말보다 더 설득력이 있다. 모든 선지자들 역시 예언적 표적이 되는 행동을 할 때 이러한 사실을 잘 알고 있었다. 예수님이 나귀를 타고 예루살렘으로 들어가야 한다고 생각하신 것은(마 21장), 분명 휴식이 필요하기 때문은 아니었다. 이미 그분은 갈릴리에서 거기까지 걸어오셨으니, 마지막 8백 미터도 어떻게든 걸어가실 수 있었을 것이다. 다만 알아차릴 만한 눈이 있는 자들과 성경을 아는 자들은 그러한 예수님의 행동이 스가랴서 9:9의 예언에서 나온 생생한 행동이었음을 이해했을 것이다.

> 시온의 딸아, 크게 기뻐할지어다.
> 예루살렘의 딸아, 즐거이 부를지어다.
> 보라, 네 왕이 네게 임하시나니
> 그는 공의로우시며 구원을 베푸시며
> 겸손하여서 나귀를 타시나니.

그와 동행하던 무리들은 낯익은 본문에서 표현된 구원의 언어를 알아차렸다. 그들은 "호산나" 하고 외쳤다. 그것은 "우리를 구원하소서, 지금"이라는 긴급한 부르짖음이다. 그들은 자신들이 "주의 이름으로 오시는" 분이라고 환호했던 분에게 외친 것이다. 그러자 "이는 누구냐"라고 예루살렘 거민들이 물었다. 무리들은 "갈릴리 나사렛에서 나온 선지자 예수라"(마 21:10-11)라고 곧장 답하였다. 이는 분명 맞는 말이긴 했지만 불충분한 말이었다. 나귀에 앉은 이 선지자가 행동으로 보여 주고 있는 구약 본문은, 야웨 자신이 시온으로, 그분의 성전으로 오시는 것을 의미했기 때문이다. 그리고 바로 그 다음날 성전에서 예수님은 시편 8:2의 구절을 따라 부르는 어린아이들의 찬양을 받으셨다. 하나님께 향했던 찬양이 이제 하나님의 이름으로 오신 예수님에게 향하고 있었던 것이다.

신약의 나머지 부분에서 예수님에게 적용된 구원의 언어는 이미 잘 알려진 것이다. 하지만 우리는, 참된 구원은 오직 이스라엘의 하나님에게만 있다고 보았던 구약의 심오한 핵심에 비추어 볼 때 이것이 놀라운 특성을 갖고 있다는 사실을 분명히 알아야 한다. 신약에서 **구세주**(savior)라는 말이 하나님에게 여덟 번, 예수님에게 열여섯 번 사용되며, 그 외 다른 어느 누구에게도 절대 사용되지 않았다는 것은 주목할 만하다. 그렇지만 '소테르'(*soter*, 구세주)라는 헬라어는 고대 헬라 사회에서 상당히 흔한 용어였다. 그것은 인간 왕과 군사적 정복자들에 대한 경칭으로 사용되었으며, 또한 신화에 나오는 위대한 신들과 영웅들에게도 사용되었다. 하지만 신약 기독교에서는 그렇지 않았다. "구원하심이…우리 하나님과 어린양에게 있도다"(계 7:10). 어느 누구에게도 그 말을 사용하는 것은 합당하지 않다.

독실하게 성경을 믿었던 최초의 유대인 제자들은 신들 가운데 오직 야웨만이 하나님이시며 이 땅에는 다른 어떠한 구원의 원천도 없다는 것을 알고 있었다. 그들은 성경, 특히 신명기와 이사야서가 그렇게 말했기 때문에 이러한 사실을 알았다. 하지만 이제 그들은 자신들과 동시대 인물인 나사렛 예수가 하나님 야웨의 정체성을 그대로 공유하고 있어서, 예수님에 대해 똑같이 배타적인 구원의 언어를 사용할 수 있다고 완전히 확신했다. 베드로는 구원이 이제 오로지 예수님 안에만 있으며, 하늘 아래 다른 어떤 이름에도 없다고 단언한다(행 4:12). 이것은 사도행전에 기록된 모든 설교들과 일맥상통하며(참고, 행 2:38; 5:31; 13:38), 또 첫 번째 공의회에서 확정된 결의였다. "우리는 그들[이방인들]이 우리와 동일하게 주 예수의 은혜로 구원받는 줄을 믿노라"(행 15:11). 후에 또 다른 유대인 신자는 예수님을 구원의 창시자 혹은 개척자(히 2:10), 우리의 영원한 구원의 근원(히 5:9), 그리고 그분을 힘입어 하나님께 나아가는 모든 사람을 위한 온전한 구원의 중보자(히 7:25)라고 묘사한다. 구약의 구원이 야웨를 중심으로 하고 있는 것처럼, 신약의 구원은 전적으로 그리스도를 중심으로 하고 있다.

바울은 디도서라는 작은 서신에서만도 "우리 구주 하나님" 혹은 "우리 구주 그리스도"[혹은 두 말을 함께 쓴 "우리의 크신 하나님 구주 예수 그리스도"(딛 2:13)]라는 말을 일곱 번이나 사용함으로서 그 주제를 되풀이한다. 하지만 유독 한 본문에서만큼은 야웨의 구원에 관한 구약 본문을 인용한 후 이를 의도적으로 예수님에게 적용함으로서, 자신의 성경적·신학적 토대를 매우 분명히 하고 있다.

> 네가 만일 네 입으로 예수를 주로 시인하며 또 하나님께서 그를 죽은 자 가운데서 살리신 것을 네 마음에 믿으면 구원을 받으리라.…유대인이나 헬라인이나 차별이 없음이라. 한 분이신 주께서 모든 사람의 주가 되사 그를 부르는 모든 사람에게 부요하시도다.(롬 10:9, 12-13)

여기에 나오는 구약 본문은 바로 요엘서 2:32이다. 그 구절은 큰 심판의 날이 이르기 전에 하나님에게 돌아올 이스라엘의 사람들에게 구원을 약속한다(이 구절은 행 2:21에서 베드로도 인용했다). 이에 대해 바울은 이스라엘뿐 아니라 이방인에게까지 호소하고(이 선교학적 사항에 대해서는 후에 다시 살펴보겠다) 더 나아가 그 약속이 이제 주님이신 예수님의 이름을 부르는 모든 사람에게 이루어질 수 있는 것으로 본다. '예수는 주'라는 위대한 기독론적 단언을 하고 있는 바로 앞의 문맥에 비추어 볼 때, 여기에서 바울이 '주'(야웨/퀴리오스)를 예수님을 의미하는 말로 이해한다는 것에는 의문의 여지가 없다. 그가 본능적으로 전도를 하던 순간 빌립보 간수에게 "주 예수를 믿으라. 그리하면 네가 구원을 받으리라"(행 16:31)고 촉구한 것은, 구원이라는 측면에서 예수님을 야웨와 동일시할 수 있다는 이러한 근본적 확신 때문이었다.

주의 이름을 부른다는 것 역시 깊은 구약적 뿌리를 갖고 있는 행동이며 주제다. 그것은 이스라엘 예배의 위대한 유산, 즉 야웨를 하나님으로 아는 특권 중 일부였다. 이에 반해, 다른 나라들은 "당신을 알지 못하는 민족들, 당신의 이름을 부르지 않는 나라들"(시 79:6, 저자 사역)이라 묘사할 수 있을 것이다. 그래서 다시 말하지만, 바울이 여기에서 예수님과 관련하여 그 표현을 사용하는 것은 신약의 다른 여러 곳에 나오는 용례의 한 예에 지나지 않는다는 사실은 매우 중요하다. 그 용례란 신자들이 예수님의 '이름을 부른다'는 것이다. 그럴 경우에 유대인들은 자신이 야웨의 이름을 부르는 것이라고 확신하지 못한다면 신성모독을 저지르고 있다는 생각에 두려워 떨 것이다(행 9:14, 21; 22:16; 고전 1:2; 딤후 2:22).

그렇기에 신약은 구원의 하나님 야웨에 대한 이스라엘의 거대한 신앙을 토대로 해서, 예수님의 인격과 사역이 하나님의 구원 사역의 절정이라 본다. 그리고 하나님의 선교는 구약에서 야웨의 성품과 의도를 지배하는 하나의 포괄적 개념, 곧 구원으로 요약될 수 있으므로, 예수님을 야웨와 동일시한다는 것은 그분을 그 구원 사명의 한가운데 두는 것이다.

"우리 구원의 하나님"이라는 시편 기자의 확신에 찬 신뢰는, 바울이 "우리의 크신 하나님 구주 예수 그리스도"(딛 2:13)의 나타나심을 즐겁게 고대하는 것에 동일하게 나타나 있다.[13]

---

13) 지금은 예수 그리스도의 신성에 관한 신약의 주장들의 본질과 내용을 탐구하는 탁월한 책들이 대단히 많다. 그 중 몇 개를 꼽아보면, Richard Bauckham, *God Crucified: Monotheism and*

예수님은 야웨의 선교를 성취하신다

따라서 신약 문서에 나오는 여러 요소들의 일관된 증거에 따르면, 예수님은 이스라엘의 하나님 야웨와 동일한 정체성을 갖고 계시며, 구약에서 오직 야웨만의 특권으로 나오는 기능들을 수행하신다. 여기에는 특히 창조자와 우주의 소유자, 역사의 통치자, 모든 민족의 심판자, 그분에게 의지하는 모든 사람의 구원자이신 하나님의 역할이 포함된다. 하나님의 정체성과 활동의 이 모든 차원에서 신약 신자들은 예수님의 얼굴을 보았고, 정확하게 동일한 용어로 그분을 묘사했으며, 그에 따라 그분을 경배했다.

하지만 그래서 어쨌다는 말인가?

왜 구약 이스라엘의 유일신론적 신앙이 이렇게 그리스도 중심적으로 확장되고 재규정되는 것이 중요한가? 만일 야고보가 날카롭게 지적했듯이, 유일신론 자체("네가 하나님은 한 분이신 줄을 믿느냐")가 마귀들처럼 두려워서 떠는 믿음 이상 나아가게 하지 못한다면(약 2:19), 그저 유일신론에 예수님을 더한다 해서 얼마나 더 멀리 나아갈 수 있겠는가? 신약이 단지 "예수는 하나님이시다"라고 말한다고 생각해 보라. 야고보는 그런 명제에 대해 지적인 동의만 한 것일까? "네가 하나님은 한 분이신 줄을 믿느냐. 잘하는도다. 귀신들도 믿고 떠느니라." 요는, 구약의 유일신론과 신약에서 그리스도의 신성을 단언하는 것이 그저 신앙 고백으로만 남는다면, 종교 역사가들의 흥미를 끌지는 모르지만, 야고보가 말하듯이 행위 없는 믿음처럼 죽은 것이라는 점이다.

바로 여기에서 다시 한 번 우리 연구가 선교적 취지를 갖고 있음을 강조할 필요가 있다. 나는 이 장 내내 여러 번 그것을 상기한 바 있다. 구약이 그처럼 초월적 유일성을 지닌 분이라고 단언하는 이 하나님의 선교는 무엇인가? 그리고 예수님에 대한 신약의 고백은 어떤 식으로 이스라엘의 하나님의 정체성 및 기능뿐 아

Christology in the New Testament(Carlisle, U.K.: Paternoster, 1998); Murray J. Harris, *Jesus as God: The New Testament Use of Theos in Reference to Jesus*(Grand Rapids: Baker, 1992); Larry W. Hurtado, *One God, One Lord: Early Christian Devotion and Ancient Jewish Monotheism* (Edinburgh: T&T Clark, 1998); Larry W. Hurtado, *Lord Jesus Christ: Devotion to Jesus in Earliest Christianity*(Grand Rapids: Eerdmans, 2003); Leander E. Keck, *Who Is Jesus? History in Perfect Tense*(Columbia: University of South Carolina Press, 2000); Ben Witherington III, *The Christology of Jesus*(Minneapolis: Fortress Press, 1990); N. T. Wright, *Jesus and the Victory of God*(London: SPCK, 1996)을 보라.

니라 그분의 선교와도 연결되어 있는가?

하나님은 예수님을 통해 알려지기를 원하신다. 이 질문들에 대답하기 위해 우리는 3장의 주제로 되돌아간다. 즉, 야웨는 땅끝까지 모든 민족에게 알려지기를 열렬히 원하신다는 것이다. 물론 구약 전체에 명확히 표현된 하나님의 선교는 다른 여러 가지 방식으로도 표현할 수 있으며, 이 책 나머지 부분에서 그에 대한 몇 가지 핵심적 방식을 살펴볼 것이다. 하지만 이것은 우리가 이미 분명하게 살펴본 것이다. 하나님의 구원의 은혜를 경험하는 것을 통해서든, 하나님의 의로운 심판에 노출되는 것을 통해서든, 이스라엘은 참되고 살아 계신 하나님이 누구신지 알게 되었다. 그리고 같은 방식에 의해 궁극적으로, 열방 역시 회개와 구원과 예배를 통해서든 반항하고 악을 행하여 멸망당하는 것을 통해서든 하나님이 누구신지 알게 될 것이다. "물이 바다를 덮음같이 여호와의 영광을 인정하는 것이 세상에 가득함이니라"(합 2:14). 하나님의 뜻과 목적은 그러한 것이다.

전 세계에 알려져야 하는 이러한 거룩한 뜻이 이제 신약에서는 예수님에게 초점이 맞춰진다. 하나님은 바로 예수님을 통해 열방에게 알려지실 것이다. 그리고 그들은 예수님을 앎으로서 살아 계신 하나님을 알게 될 것이다. 다시 말해, 예수님은 이스라엘 하나님의 선교를 성취하신다. 하지만 반대로 말해 보자. 이스라엘을 통해 열방에 자신을 알리는 것이 자신의 선교라고 선언하신 하나님이 이제는 메시아(몸소 이스라엘로 체화되시고 열방에 대한 이스라엘의 선교를 성취하시는 분)를 통해 열방에 알려지기를 원하신다. 그래서 신약이 예수님이 야웨와 같은 정체성과 기능을 갖고 있다고 말하는 사실은, 이제 이러한 선교적 관점에서 더욱 분명한 의의를 지니게 된다. 예수님을 창조자, 통치자, 심판자, 구원자로 아는 것에서 바로 열방이 야웨를 알게 될 것이기 때문이다. 예수님은 일반적인 사신들이 그러하듯 하나님을 아는 지식을 전달하는 단순한 대행자가 아니다. 그분 자신이 바로 전달되는 내용이시다. 예수님이 전파되는 곳에, 바로 하나님의 영광이 빛난다.

> 믿지 아니하는 자들의 마음을 혼미하게 하여 그리스도의 영광의 복음의 광채가 비치지 못하게 함이니 그리스도는 하나님의 형상이니라. 우리는 우리를 전파하는 것이 아니라 오직 그리스도 예수의 주되신 것과 또 예수를 위하여 우리가 너희의 종 된 것을 전파함이라. 어두운 데에 빛이 비치라 말씀하셨던 그 하나님께서 예수 그리스도의 얼굴에 있는 하나님의 영광을 아는 빛을 우리 마음에 비추셨느니라.(고후 4:4-6)[14]

복음은 열방에 하나님을 아는 지식을 전달한다. 바울은 자신을 열방에 파송된 하나님의 사도라고 생각했다. 살아 계신 하나님을 아는 것인 이 복음을, 하나님을 알지 못하는 열방에 전하는 임무를 맡은 사람이라는 것이다. 하지만 그는 이러한 자신의 선교가 알려지기 원하시는 하나님의 뜻이라는 선교에 전적으로 의존하고 있음을 분명하게 보았다. 바울이 이스라엘의 하나님을 위해 열방에 선교하기로 택한 것이 아니었다. 이스라엘의 하나님이 열방에 대한 선교를 위해 바울을 택하신 것이었다. 누가는 다메섹에서 바울이 사도로 위임받은 것에 대한 바울 자신의 해석을 이렇게 기록한다.

> 그[아나니아]가 또 이르되 우리 조상들의 하나님이 너를 택하여 너로 하여금 자기 뜻을 알게 하시며 그 의인을 보게 하시고 그 입에서 나오는 음성을 듣게 하셨으니 네가 그를 위하여 모든 사람 앞에서 네가 보고 들은 것에 증인이 되리라.(행 22:14-15)

> 내가 너를 구원하여 그들[이방인들]에게 보내어 그 눈을 뜨게 하여 어둠에서 빛으로, 사탄의 권세에서 하나님께로 돌아오게 하고 죄사함과 나를 믿어 거룩하게 된 무리 가운데서 기업을 얻게 하리라.(행 26:17-18)

그때부터 바울은 복음이 그 나름의 권능을 갖고 있음을 알게 되었다. 그것은 우주적인 범위와 광활한 넓이를 갖고 있었다. 하나님은 알려지기를 원하셨으며 그 어느 것도 그것을 막을 수 없었다. 바울은 그 과정의 종일 뿐이었다.

> 나는 너희에게 하나님의 말씀을 충분히 제시하기 위해 하나님이 주신 위임에 의해 종이 되었다.…하나님은 이 비밀의 영광스러운 풍성함을 열방 가운데 알리기로 하셨다. 비밀은 너희 가운데 계신 메시아, 영광의 소망이다.(골 1:25, 27, 저자 사역)[15]

---

14) 바울은 여기에서 하나님의 영광에 대한 에스겔의 위대한 환상(겔 1장)을 암시하고 있을 가능성이 대단히 많으며, 그 자신이 부활하신 그리스도와 만난 것을 그런 견지에서 해석했을 가능성이 높다. 만일 그렇다면, 그가 "그리스도의 영광"이라고 했다가 "하나님의 영광"이라고 했다가 하는 것은 훨씬 더 의미심장하다. 그가 예수님을 야웨와 동일시하는 또 하나의 예인 것이다.
15) 바울이 에베소서의 아주 유사한 부분에서 '비밀'을 간단하게 언급하는 것에서, 그 비밀이 바로 십

알려지기 원하시는 하나님의 뜻 때문에, 복음 전파는 아무도 막을 수 없는 굉장한 힘을 갖고 있었다. 그래서 바울은 그것이 전 세계에 선포되기를 기대하면서 약간의 지리적 과장법을 사용한다.

이 복음이…온 천하에서도 열매를 맺어 자라는도다.(골 1:6)

너희 들은 바…이 복음은 천하 만민에게 전파된 바요.(골 1:23)

이에 관해 보캄은 이렇게 말한다.

이 바울의 과장법은 단지 '수사학적인' 것이 아니라 전 세계적 목표를 향한 복음의 긴급한 동력과, 이 동력 안에서 자신의 개인적 소명에 대한 바울의 압도적인 느낌을 표현한다.[16]

인생 후기에 바울은 자신이 선교에 부름받은 것을 회고하면서, 이를 하나님을 알리는 제사장적 과업이라고 본다. 하나님을 아는 지식의 청지기가 되는 것은 이스라엘에서 제사장의 기능 중 하나였다(참고. 호 4:1-6; 말 2:7; 대하 15:3). 이로 유추해 볼 때, 바울은 자신의 복음 전도를 열방에 대한 제사장적 의무로 본다. 그러면서 자신이 특별히 "그리스도의 이름을 부르지 않는" 곳에서 복음을 전하는

자가 처형을 당하신 메시아이신 예수님이 이방인들과 유대인들을 한데 연합시킨 사실이 분명하게 드러난다(엡 3:2-13). 그렇기 때문에 *Christos en hymin*이라는 문구는 내가 보기에 그리스도의 내주라는 개인의 경험("너희 안에 계신 그리스도")을 말하는 것이기보다는, 그리스도께서 그 앞에 나오는 '*en tois ethnesin*', 곧 '열방 가운데'와 똑같은 의미에서 지금 '너희 가운데', 즉 너희 이방인들 가운데 계시다는 것을 말하는 듯하다.

16) Richard Bauckham, *The Bible and Mission: Christian Mission in a Postmodern World*(Carlisle, U.K.: Paternoster, 2003), p. 22. Bauckham은 이러한 지리적 과장법과 그것이 선교에 대해 종말론적 의미를 갖는 또 다른 예들을 가리킨다(롬 1:8; 살전 1:8; 고후 2:14). 다른 한편, Eckhard Schnabel은 이러한 문구들이 실제로 선교의 실상을 나타내는 것일 수도 있다고 주장한다. 바울이 골로새서를 쓰던 당시에 일반적으로 "땅끝"이라고 불리던 지역들에서 초대교회의 선교 활동들이 과감하게 이루어지고 있었다면 그렇게 말할 수도 있다는 것이다. *Early Christian Mission*, vol.1, *Jesus and the Twelve*(Downers Grove, Ill.: InterVarsity Press, 2004), pp. 436-554를 보라. 거기에서는 초기 기독교 선교가 일어났던 1세기 유대 및 헬라 로마 문화에서 사람들이 가지고 있던 지리적 인식들을 상세히 잘 설명하고 있다.

것을 자신의 사명으로 삼았다는 것을 의미심장하게 덧붙였다(롬 15:16-22. 그가 사 52:15에 나오는 종의 본문을 인용하는 것에 주목하라. 이 본문은 열방 가운데 종이 알려지는 것에 대해 말한다). 그리고 그 후에 다시 한 번 자신의 전체 사역을, 알려지기 원하시는 하나님의 뜻, 그리고 구원하기 원하시는 하나님의 열망과 연결시킨다.

> 우리 구주 하나님, 모든 사람이 구원을 받고 진리를 아는 지식에 이르기를 원하시는 분…그리고 이를 위해 나는 사신과 사도로 그리고 열방을 믿음과 진리 안에서 가르치는 자로 임명받았다.(딤전 2:3-4, 7, 저자 사역)

구원하기 원하시는 하나님의 뜻과 그것을 이행하는 바울의 역할 사이에, 바울은 쉐마를 반영하는 또 하나의 말을 집어넣는다. "하나님은 한 분이시요 또 하나님과 사람 사이에 중보자도 한 분이시니 곧 사람이신 그리스도 예수라. 그가 모든 사람을 위하여 자기를 대속물로 주셨으니"(딤전 2:5-6). 그래서 바울이 선포하는 하나님은 한 분 참되고 살아 계시며 유일하신 이스라엘의 하나님이지만, 이 하나님은 이제 메시아 예수의 유일하신 인성과 자기희생을 통해 모든 인류에게 구원자로 알려지신다.

그렇다면 여기에 나오는 것은 예수님의 인격과 사도의 선포 안에 결합되어 있는 성경적 유일신론과 선교다.

요한은 예수님의 정체성과 선교가 지닌, 전 세계적인 계시의 기능을 맨 처음부터 강조한다. 그것은 복음서 전체에서 일정한 간격으로 반복되며, 요한복음 17장에 나오는 예수님의 위대한 기도에서 절정에 이른다. 요한은 그의 서언 결론부에서 이렇게 쓴다. "어느 누구도 하나님을 본 사람이 없으나, 유일하신 하나님, 아버지 품속에 있는 분, 그분이 하나님을 알게 하셨다"(요 1:18, 저자 사역). 하나님은 성자 하나님의 성육신을 통해 스스로를 눈에 보이게 나타내신다. 그렇다면 예수님을 아는 것은 아버지를 아는 것이며(요 8:19; 10:38; 12:45; 14:6-11), 두 분을 모두 아는 것에 영생이 있다(요 17:3).[17] 하지만 육신으로 예수님을 본 사람들

---

17) 이와 같이 예수님을 아는 것과 하나님을 아는 것을 역동적으로 결합시킨 사례가 요한일서에도 등장한다(참고. 요일 2:3-6, 23; 4:13-15; 5:20-21).

만 하나님을 알게 되어서는 안 된다. 그와는 반대로, 그러한 특권은 하나님을 세상에 알릴 목적으로, "아버지께서 나를 보내신 것…을 세상으로 알게 하려"(요 17:23) 그들에게 주어졌다. 그래서 참으로 제사장적인 방식으로, 예수님은 먼저 자신의 제자들에게, 그리고 그 다음에는 그들을 통해 세상에 하나님을 아는 지식을 나누어 주신다.

> 내가 비옵는 것은 이 사람들만 위함이 아니요 또 그들의 말로 말미암아 나를 믿는 사람들도 위함이니…세상으로 아버지께서 나를 보내신 것을 믿게 하옵소서.…의로우신 아버지여 세상이 아버지를 알지 못하여도 나는 아버지를 알았사옵고 그들도 아버지께서 나를 보내신줄 알았사옵나이다. 내가 아버지의 이름을 그들에게 알게 하였고 또 알게 하리니 이는 나를 사랑하신 사랑이 그들 안에 있고 나도 그들 안에 있게 하려 함이니이다.(요 17:20-21, 25-26)

세상에 알려지기 원하시는 하나님의 선교는 성자가 성부와 기도로 교류할 때조차 그분의 생각을 지배한다. 그리고 제자들의 선교는 예수님이 십자가에 달리시기 전에 드린 기도에 암시되어 있으며(요 17:18), 부활 후에 예수님이 그들을 위임하실 때 명시된다. "아버지께서 나를 보내신 것같이 나도 너희를 보내노라"(요 20:21).

그래서 요한복음은 도마의 신앙 고백으로 절정에 이른다. "나의 주님이시요 나의 하나님이시니이다"(요 20:28). 거기서 도마는 야웨를 경배할 때만 감히 입에 올렸던 말을 예수님에게 말한다. 오직 그것에 기초해서만, 요한복음의 선교적 목적에 대한 요한의 결론적 진술이 나올 수 있다. "오직 이것을 기록함은 너희로 예수께서 하나님의 아들 그리스도이심을 믿게 하려 함이요 또 너희로 믿고 그 이름을 힘입어 생명을 얻게 하려 함이니라"(요 20:31).

그렇다면 여기에 나오는 것은 제자 도마의 입과 전도자 요한의 펜에서 나오는 성경적 유일신론과 선교다.

성경적 유일신론과 선교

3장과 4장에서 우리는 성경적 유일신론의 방대한 영역을 살펴보았다. 나는 처음에는 계몽주의적 범주에 따라 유일신론을 미리 정의하고자 하는 유혹에 넘어

가지 않으려 했다. 그렇게 되면 종교들은 그 범주에 의해 분류되고, 진화 과정이라고 여겨지는 바에 따라 추론적 재구성이 일어나게 된다. 그리고 이스라엘은 그런 과정을 거쳐 유일신론에 이르게 되었다는 결론을 얻게 된다. 그렇기 때문에 나는 이스라엘이 말하는 '야웨는 하나님이시며 다른 신은 없다'는 단언의 의미가 무엇인지를 묻는 것에서부터 시작했다. 우리는 특히 '하나님을 아는 것'이라는 역동적 경험을 탐구했다. 이스라엘은 그들의 역사적 경험에 기초해서 이와 같이 주장했으며, 다른 민족들도 결국에 가서는 그렇게 하나님을 알게 되기를 기대했다. 그 다음에 우리는 구약의 야웨 중심적 유일신론이 신약의 예수 중심적 유일신론으로 바뀌는 놀라운 전환을 살펴보았다. 그러는 과정에서 이스라엘의 신앙의 본질적 특징을 타협하지 않았을 뿐 아니라, 그 특징들을 더욱 단언하고 확대했다.

이 두 장을 요약하고 결론을 지을 때 던져야 할 질문은, 선교적 해석학의 관점이 어떤 식으로 성경적 유일신론에 대한 설명을 도와주어, 그것의 내적 역학과 궁극적 의미를 분명히 표현할 수 있게 해주는가 하는 것이다. 더 단순하게 말해, 왜 성경적 유일신론이 선교적인지 묻는 것이다. 그에 대한 답으로 세 가지를 살펴볼 수 있다. 첫째, 하나님이 하나님으로 알려지기 원하시기 때문이다. 둘째, 성경적 유일신론이 언제나 관여해 왔고 오늘날도 관여하고 있는 끊임없는 투쟁 때문이다. 그리고 셋째, 성경적 유일신론이 최고의 예배와 찬양을 불러일으키기 때문이다. 그것은 적어도 이 세상에서는 심오한 선교적 활동들이다.

성경적 선교는 하나님으로 알려지기 원하시는 하나님의 뜻에 의해 이루어진다. '하나님을 아는 것'이라는 주제가 3장과 4장을 흐르는 맥으로 의도적으로 선택된 이유는, 성경적 유일신론이 지닌 추진력을 설명하는 데 그보다 더 적절한 것이 없기 때문이다. 한 분 살아 계신 하나님은 전 창조 세계에서 알려지기 원하신다. 세상은 반드시 그 창조자를 알아야 한다. 열방은 반드시 그들의 통치자, 심판자, 구원자를 알아야 한다. 이것은 출애굽기에 나오는 출애굽 기사의 중대한 부차적 줄거리다. 하지만 후에 그 위대한 사건을 회상할 때, 성경 저자들은 그것의 가장 큰 목적이 열방 중에 야웨의 이름을 크게 내는 것이라는 점을 반복해서 강조한다(예를 들어, 수 2:10-11; 삼하 7:23; 시 106:8; 사 63:12; 렘 32:20; 단 9:15; 느 9:10). "그렇다면 출애굽은 이스라엘의 하나님으로서 하나님의 특정한 정체성과, 열방에 보편적으로 자신을 계시하시는 하나님의 목적을 모범적으로 연결한다."[18] 후에 야웨의 위대한 행위들도 동일한 의도를 갖고 기록된다. 요단을 건너는 것

(수 4:24), 다윗이 골리앗을 이기고 승리한 것(삼상 17:46), 하나님이 다윗과 언약을 맺으신 것(삼하 7:26), 하나님이 솔로몬의 성전에서 기도에 응답하신 것(왕상 8:41-43, 60), 하나님이 예루살렘을 앗수르인의 손에서 구해 주시는 것(왕하 19:19; 사 37:20), 하나님이 이스라엘을 바벨론 포로 생활에서 돌아오게 하시는 것(사 45:6; 렘 33:9; 겔 36:23) 등이다. 이스라엘의 전체 역사가 온 땅에서 하나님을 아는 지식을 보여 주는 진열장이었다고 말할 수 있을 것이다. 이것이 바로 그 이야기가 대대로 전해 내려오는 이유다.

> 땅의 모든 끝이
> 여호와를 기억하고 돌아오며
> 모든 나라의 모든 족속이
> 주의 앞에 예배하리니…
> [왜냐하면] 후손이 그를 섬길 것이요
> 대대에 주를 전할 것이며
> 와서 그의 공의를
> 태어날 백성에게 전함이여
> 주께서 이를 행하셨다 할 것이로다.(시 22:27, 30-31)

리처드 보컴은 이것을 성경 계시의 주요 선교적 궤적 중 하나라고 본다. "이 궤적은 근본적으로 하나님이 누구신지 아는 것, 야웨가 열방에 자신의 신성을 보이신 것에 대한 것이다." 보컴은 하나님에 대한 그런 견해에 대해 현대에 있을 법한 반대를 염두에 두고, 이어서 이렇게 말한다.

우리는 하나님이 스스로 명성을 바라고 그 뜻을 이루신다는 이런 말에 대해 이의를 제기할 수도 있다. 만약 사람이 그런 바람을 갖는다면 이기적 허영과 야심으로밖에 보이지 않을 것이다. 하지만 이것은 특별히 하나님에게만 해당되는 인간적 비유들 중 하나다. 하나님의 피조물인 인간이 유익을 얻으려면, 하나님이 그들에게 하나님으로 알려져야 한다. 하나님이 열방에 자신을 나타내시는 것은 허영이 아니라 오직 진리의 계시

---

18) Bauckham, *Bible and Mission*, p. 37.

일 뿐이다.[19]

이로 해서 우리는 이 주장에서 나온 세 가지 중 첫 번째 선교학적 결론에 도달한다.

피조물의 유익은 인간이 하나님을 아는 것에 달려 있다. 첫째로, 보캄의 말로 다시 돌아가 보자. "하나님의 피조물인 인간이 유익을 얻으려면, 하나님이 그들에게 하나님으로 알려져야 한다." 우리는 전체 피조물이 유익을 얻으려면, 하나님이 창조주로 알려지시고 찬양을 받으셔야 한다고 덧붙일 수 있을 것이다. 인간의 죄로 인해 피조물이 이 일차적 역할과 과업에서 실패한 것이, 전체 피조물이 인류의 구속을 열렬히 고대하는 이유 중 하나다(롬 8:19-21). 하지만 인간적 차원으로 국한시켜 보자. 하나님을 하나님으로 아는 것이 하나님의 형상으로 지음받은 인간의 최고의 유익이며 복이라는 점을 강조하는 것이 매우 중요하다. 바울은 그러한 지식을 거부하거나 억누르는 것이 모든 다른 종류의 죄의 근원이라고 로마서 1:18-32에서 주장한다. 역으로, 사랑과 순종으로 하나님을 아는 것이 인간의 모든 안녕과 유익의 원천이다(신 4:39-40). 생명 자체, 그것의 모든 충만함과 영원함은 하나님을 알고 사랑하는 것에 있다(참고. 신 30:19-20; 요 17:3). 우리는 이를 위해 창조되었으며, 그 이하의 것은 무엇이든 하나님의 영광에 미치지 못한다. 웨스트민스터 신앙고백이 매우 간결하게 성경적으로 표현했듯이, "인간의 최고 목적은 하나님을 영화롭게 하고 영원토록 그를 즐거워하는 것"이다. 이것은 하나님을 아는 것, 그리고 그로 인해 온전한 인간이 되는 것이라는 최고 과업과 그 축복을 간략하게 요약한 것이다. 따라서 선교 과업은 하나님을 알리는 일이므로, 그것은 또한 사람들에게 축복과 선을 가져다주는 일이다. "여호와는 선하시기" 때문이다. 선교는 이미 지나치게 무거운 짐을 지고 있는 인류에게 또 하나의 종교적 짐을 부과하는 것이 아니다. 그것은 "그분을 아는 것에 우리의 영생이 달려 있는"[20] 한 분 참되시고 살아 계신 하나님에 대한 지식을 나누는 것이다. 그 지식은 우리를 자유하게 한다.

피조물의 유익은 성경의 하나님을 아는 인류에게서 온다. 둘째로, 이 유익은 오로

---

19) 같은 책.
20) "The Order for Morning Prayer", *Book of Common Prayer*에 나오는 두 번째 본기도인 평화를 위한 기도에서.

지 하나님을 아는 지식에서 온다. 이 하나님은 성경적 유일신론의 살아 계시고 인격적이신 하나님이다. 성경적 선교를 하려면 필연적으로 성경적 유일신론이 있어야 한다. 이는 살아 계신 하나님의 정체성, 성품, 기능, 구원의 행동의 모든 충만하심에 대한 성경적 계시를 알리는 것을 의미한다. 즉, 전체 성경에 나오는 하나님의 전기를 다른 사람들과 나누는 것을 의미한다. 성경적 유일신론의 인격적이고 윤리적인 특성은 독특하며 명확하다. 앞에서 보았듯이, 그저 신이 한 분임을 믿는 것(추상적 유일신론)은 별로 대단한 것이 아니다. 또한 그런 믿음이, 출애굽과 시내 산 사건을 통해 이스라엘이 배워야 하는 것의 전부도 아니었다. 이 사건들의 요점은 이스라엘이 하늘의 계산법을 알게 되리라는 것이 아니라 '그 하나님'이신 분(야웨)의 정체성과 성품을 알게 되리라는 것이다(신 4:32-40). 그들은 그분을 정의, 자비, 성결, 진리, 정직, 사랑, 충실, 주권적 권능의 하나님으로 알아야 했다. 한 분 하나님의 이러한 속성들은 그들의 설화의 재료, 율법을 승인하는 기준, 모든 예배 양식의 기반, 선지자들의 부담, 지혜의 토대가 될 것이다. 또한 그분은 구약의 가장 유일신론적인 책에서, 종으로 자신을 열방에 알리겠다고 약속하신 하나님이다. 그러한 종의 정의, 자비, 해방, 계몽에 대한 헌신으로 인해 그분은 대속적 고난과 죽음에 이르게 될 것이다(사 42-53장).[21] 그리고 그것을 성취하는 과정에서 그분은 초월적 유일성으로 육신을 입으셔서, 은혜와 진리가 충만한 예수의 인성 안에서 우리 가운데 거하시는 하나님이시다. 사람들에게 '유익한' 유일신론은 이 하나님을 아는 것뿐이다. 이 때문에 하나님은 자신의 참모습대로 알려지기 원하시는 것이다.

알려지기 원하시는 하나님의 뜻은 하나님을 알리기 위한 우리 선교의 주요 동기다.
셋째로, 하나님이 알려지기를 원하신다는 이 위대한 성경적 역학은 하나님의 백성이 하나님을 알리는 선교 사역을 할 때, 그 모든 사역에 선행하며 그 사역을 뒷받침한다. 여기에서 다시 한 번 하나님의 선교가 우리의 선교의 원천으로 선행된다는 것을 알 수 있다. 구약에서 우리는 하나님 자신의 분명한 의도를 발견한다. 그것은 야웨를 살아 계신 하나님으로 아는 지식이 열방에 전해지는 것이다. 하나님은 실로 이를 간절히 기다리는 분으로 묘사된다. 신약에서 우리는 그 과정이 어

---

21) 이 점에 대해서는 특히 Millar C. Lind, "Monotheism, Power and Justice: A Study in Isaiah 40-55", *Catholic Biblical Quarterly* 46(1984): 432-446를 보라.

떻게 이루어지는지 알게 된다. 즉, 사도들이 전한 내용은 메시아 예수의 복음과, 열방을 제자 삼기 위해 예수님의 제자를 보내는 것을 포함한다. 그래서 바울은 자신을 "이방인에게 참 믿음의 선생"(딤전 2:7; 딤후 1:11, 저자 사역)이라고 묘사할 수 있었다. "신약에서 열방에 대한 선교는 또한 그들이 참되신 하나님을 인정하고 예배를 드리도록 하는 것이다(살전 1:9; 행 17:23-29; 계 14:7; 15:4). 심지어 이것을 동반하는 구원에 이르기 전에도 그러하다."[22]

그래서 하나님을 알리고자 하는 우리의 모든 선교 활동은 그보다 앞서는 틀, 곧 알려지기 원하시는 하나님의 뜻이라는 틀 안에 두어야 한다. 우리는 하나님의 목적을 이루고자 애쓰고 있다. 이것은 우리를 겸손하게 하면서, 동시에 안심시킨다. 알려지기 원하시는 하나님의 결심이 없다면 우리의 모든 노력이 헛되리라는 것을 상기시킨다는 점에서 우리를 겸손하게 한다. 우리는 하나님을 열방에 알리는 선교의 창시자도 아니며, 또한 우리가 그 과업이 어떻게 완전히 성취될지 혹은 언제 그것이 완성될지 결정할 수 있는 것도 아니다. 그러나 그것은 또한 우리를 안심시킨다. 우리는 우리의 모든 서툰 노력과 부적절한 의사소통 배후에, 살아 계신 하나님의 가장 귀한 뜻이 있다는 것을 알기 때문이다. 그 하나님은 사랑의 자기 계시로 손을 내미시며, 질그릇 같은 그분의 증인들에 의해 전달된 복음이라는 보물을 통해, 눈먼 사람들의 눈을 여시고 그분의 영광을 드러내시기를 간절히 원하시는 분이다(고후 4:1-7).

성경적 유일신론에는 부단한 기독론적 투쟁이 포함된다. 진화론이 술술 내뱉는, 인간의 종교적 발전에 대한 선험적 주장 중 하나는, 문화가 유일신론의 절정에 이르기 위해서는 오랜 시간이 걸리지만, 유일신론 자체는 너무나 자명하고 설득력이 있어서 사람들이 절대로 반대 방향으로 전환해 다신론적 종교 형태로 되돌아가지는 않으리라는 것이다. 유일신론은 생각이 있는 사람이나 문화라면 어느 누구도 내려가고 싶어 하지 않을 고원이었다. 종교적 성숙이라는 이러한 진화 과정은 이제 뒤집을 수 없는 것으로 여겨진다.

하지만 보캄의 주장처럼, 실상 성경의 정경들은 이스라엘의 종교 역사에 대해 훨씬 더 복잡한 정황을 이야기하는데 이는 성경적 유일신론은 결코 한 번 경험하면 포기할 수 없는 자명한 관점이 아니었기 때문이다. 오히려 구약에서 반복해서

---

22) Bauckham, *Bible and Mission*, p. 40.

묘사하듯이, 유일신론을 둘러싼 정황은 싸움이 끊이지 않는 전쟁터에 가까웠다.[23]

구약에서 신약으로 넘어가면서, 예수 그리스도에 대한 주장들을 중심으로 동일한 투쟁이 일어나는 것을 어김없이 볼 수 있다. 야웨 중심의 유일신론이 그랬던 것처럼, 그리스도 중심의 유일신론도 도전이나 이의를 제기할 여지 없이 자명한 것이 결코 아니었다. 이스라엘 주변 민족들에게 야웨만이 하늘과 땅의 하나님, 세상의 창조자, 모든 민족의 통치자가 아니었던 것처럼, 세상 사람들은 예수님 한 분만이 주님, 하나님, 구세주라는 것도 즉각 명백하게 깨닫지 못했다. 그럼에도 이러한 것들이 바로, 이스라엘이 증거하도록 부름받았고 기독교 선교가 세상에 선포하는 진리다.

그러므로 성경적 유일신론이 선교적인 이유 중 하나는 이것이다. 즉, 그것은 우리가 끊임없이 증거하도록 부름받는 진리라는 것이다. 그 확신 때문에 우리는 끊임없이 신구약 모두에서 살아 계신 성경의 하나님을 믿는다고 고백하는 것이 무슨 의미인지 분명히 말하고 변호하는 변증적 과업을 수행하게 된다. 신약이 기록하듯이, 기독교 신앙의 가장 초기부터 신자들은 교회 외부에서 오는 그리스도의 주되심에 대한 도전들과 싸우고, 교회 내부적으로는 그리스도의 인격 및 업적의 측면들에 관한 부인 혹은 혼동과 싸워야 했다. 오늘날도 이전 어느 때와 마찬가지로, 나사렛 예수가 유일무이하게 하나님, 주님, 구세주라고 주장하면, 즉각 모든 면에서 동일한 양상의 선교적 충돌을 겪게 된다.

하지만 예수 그리스도가 유일하신 분이라는 말의 의미는 과연 무엇인가? 그 말이 너무 부정확하고, 고의적인 오해나 왜곡을 받을 우려가 있다고 주장하는 사람들이 있다. 물론 예수님은 '유일하시다'는 데 종교적 다원주의자들은 선뜻 동의할 것이다. 모든 위대한 종교 지도자들은 유일하다. 그들은 모두 유일한 통찰과, "궁극적인 신적 실재와의 구원적 접촉"(다원주의자들의 말을 빌면)을 위한 유일한 기회들을 제공한다. 하지만 유일하다는 말을 이런 식으로 사용하면, 예수님이 유일하시다는 말은 그분이 특정한 부류('종교 지도자' 혹은 '신적 존재와의 구원적 접촉의 대행자')에 속한 유일한 예라고 말하는 것밖에 되지 않는다. 그분은 '하나님'(그 말이 무엇을 의미하든)을 발견할 수 있는 수많은 방법 중 하나의(유

---

23) 다시 한 번 말하건대, 내가 언급하는 '성경적 유일신론'이란 계몽주의에서 말하는 추상적인 이론이 아니라, 이스라엘에서 야웨의 초월적 유일성을 실제로 주장한 것을 의미한다.

일한, 즉 독특한) 방법이다. 그래서 앞에서 말했듯이, 예수님의 유일성이라는 말은 '다원주의의 트로이 목마'가 될 수 있다. 그런 식으로 유일하다는 말을 사용하게 되면, 그 문구를 상대적·다원주의적 방식으로 사용하는 사람들이 주장하는, 예상치 못하고 달갑지 않은 많은 신학적 전제들을 허용하게 될 수도 있다.

따라서 이 두 장에서 우리가 말하는 성경적 유일신론의 정확한 의미가 무엇인지 분명히 밝히는 작업을 한 것은 매우 중요하다. 그리고 우리가 말하는 야웨의 유일성의 의미를 명확히 밝혀 준 보캄에게 특히 감사한다. 구약 본문들은 분명 야웨가 '신'의 부류에 속한 수많은 존재 가운데 하나로서의 유일한 신이었음을 의미하지 않았기 때문이다. 오히려 보캄이 말하는 '초월적 유일성'에서 야웨는 '수이 게네리스'(sui generis), 그 하나님, 우주의 유일한 창조자, 열방의 통치자, 심판자, 구원자로서, 전적으로 독특한 자신만의 부류에 속한다. 그리고 신약은 나사렛 예수에 대해 정확하게 똑같은 단언들을 반복해서 한다. 예수님을 야웨와 똑같이 배타적이고 초월적인 틀 안에 두며, 그렇게 하기 위해 종종 동일한 본문들을 인용한다.

따라서 그리스도의 유일성에 대해 선교학적으로 말할 때, 우리는 예수님을 다른 위대한 종교 창시자들과 수평적으로 비교하는 것이 아니다. 그들을 일렬로 줄 세우고 비교한 끝에, 예수는 다른 모든 존재보다 더 낫다거나 '예수가 나에게 맞다'고 결론을 내리는 것이 아니다. 오히려 우리는 예수님의 정체성, 선교, 성취의 성경적 뿌리를 이스라엘의 하나님 야웨의 유일성까지 거슬러 올라가는 것이다. 그리스도 중심적인 성경적 유일신론은 대단히 선교적이다. 야웨가 위로 하늘과 아래로 땅에 하나님이시며 다른 분은 없다고, 그리고 예수님은 주님이시며 하늘 아래 우리가 구원받을 다른 어떤 이름도 주어진 적이 없다고 똑같이 힘있게 말하는 한(두 진술 다 궁극적으로는 동일한 한 주장이기 때문에) 그런 것이다.[24]

성경적 유일신론은 찬양을 불러일으킨다. 이 장을 성경적 유일신론 자체의 결론과 동일한 결론으로 끝맺어야겠다. 그것은 송영이다. 그리스도의 이름 안에서 그 이름을 통해, 이 위대한 하나님을 예배하고 찬양하는 것이다.

---

24) 나는 Christopher J. H. Wright, *The Uniqueness of Jesus*(London and Grand Rapids : Monarch, 1997)에서 예수님의 유일성이 지닌 이러한 측면들을 종교적 다원주의의 맥락에서 더 상세하게 설명한 바 있다.

히브리어로 시편의 제목은 '테힐림'(*tᵉhillîm*), 곧 찬양이다. 시편에서 가장 큰 부분을 차지하는 것이 애도의 시임에도 그렇다. 구약에서 찬양은 단순히 행복하고 감사한 것에 대한 것만이 아니라, 힘든 시기를 포함한 삶 전체에서 한 분, 살아 계신 하나님의 실재를 인정하는 것이다. 그래서 대체로 곤경에 처해 있는 시편들도 찬양을 향해 나아간다. 심지어 시편 전체를 보아도 앞부분에서는 애도와 간구가 주를 이루다가, 마지막 부분에 가서는 찬양이 거의 전체를 차지한다. 패트릭 밀러(Patrick Miller)가 애정이 담긴 교훈적인 글에서 말하듯이,

> 시편을 통독하는 것은 최종적으로 하나님을 찬양하는 데까지 점차 이끌리는 것이다.… 신학적으로 그렇다. 인간의 다른 어떤 행동에서보다 찬양에서 하나님은 모든 충만과 영광 가운데 드러나고 하나님으로 선포되기 때문이다. 종말론적으로도 그렇다. 모든 것의 결론은 피조물 전체가 하나님을 고백하고 찬양하는 것이기 때문이다.[25]

그러므로 이스라엘의 신앙의 유일신론적 동력과, 이스라엘의 예배의 영광스러운 풍성함 간에는 밀접한 연관이 있다. 이스라엘 사람들은 야웨가 '그 하나님', 즉 그런 눈부신 성품, 그런 확고한 구속적 행동, 그런 신뢰할 만한 신실함을 지닌 하나님이시라는 것을 알기 때문에, 단 하나의 올바른 반응은 찬양하는 것뿐이다. 그들은 야웨가 유일한 하나님이시라는 것을 알기 때문에 이스라엘의 예배에는 보편성이 넘실댄다. 그리고 이 보편성은 또한 모든 민족, 실로 모든 피조물이 이스라엘의 살아 계신 하나님에게 경배해야 하며, 그렇게 하도록 부름받을 수 있음을 시사한다. 열방에 사람을 보내서 선교하라는 명령은 없지만, 이것이 바로 선교적 관점이다. 밀러는 이스라엘의 예배가 어떻게 신학과 증거, 선포와 회심에 대한 기대를 한데 모으는지 보여 줌으로서 그 점을 주장한다.

> 구약에서 하나님 찬양은 언제나 하나님에 대해 말하는 헌신, 즉 신학이며, 다른 사람들을 이 하나님을 예배하는 사람들의 집단에 끌어당기려는 선포, 즉 회심을 위한 증거다.…아마 많은 구약 독자들은 하나님을 찬양하는 것이 구약 신학의 보편적이고 회심

---

[25] Patrick D. Miller Jr., "'Enthroned on the Praises of Israel': The Praise of God in Old Testament Theology", *Interpretation* 39(1985): 8.

을 이끌어내는 특성을 가장 두드러지고 광범위하게 표현한 것이라는 사실을 명확하게 이해하기 어려울 것이다. 그것이 개인들을 이스라엘 공동체에 데려오는 개종 프로그램이라고 제안하는 것은 자료를 왜곡하는 잘못을 범하는 것이지만, 하나님 찬양이 선교적 목표를 갖고 있었다고 말할 수는 있다. 하지만 모든 사람들을 예수 그리스도의 제자로 회심시키기 위한 신약 복음서의 선포에서 화려하게 꽃핀 것은 하나님의 선하심과 은혜에 대한 구약의 선포에 이미 예상되어 있다.[26]

궁극적으로, 이 선포적 찬양의 권능은 수평적으로 열방의 구석구석까지 미칠 뿐 아니라 또한 수직적으로 미래 세대에까지 미친다. 또한 선포되는 내용을 어떻게 성취할 것인가 하는 방법에 대해서는 아무런 언급이 없지만, 이스라엘 예배에 나타난 이러한 환상의 규모는 분명 선교적인 함축을 지니고 있다.

[이스라엘의 예배를 통해] 여호와는 찬양을 받으시며, 여호와에 대한 증거가 선포된다. 그 증거는 모든 인류가 와서 하나님을 찬양하며, 그래서 이스라엘의 여호와를 인정하고 경배하라고 요청하는 것이다. 여기에서 이스라엘의 찬양이 정치적·종말론적 취지를 지니고 있음을 알 수 있다. 이 하나님의 주권이 보편적 범위를 갖고 있으며, 모든 사람이 회심하여 이스라엘의 하나님을 경배해야 한다고 주장한다는 면에서 그렇다. 열방들과 백성들에게 여호와를 찬양하라는 이 부르심은 부차적이거나 예외적인 문제가 아니다. 그것은 시편에 널리 퍼져 있다. 시편을 보면 "온 땅"(33:8; 66:21; 96:1; 98:1; 100:1), "땅"(97:1), "섬"(97:1), "세상의 모든 거민들"(33:8), "모든 육체"(145:21), "백성들"(47:2; 66:8; 67:4, 5, 6; 148:11; 신 32:43)은 거듭 반복해서 여호와를 찬양하고 축복하라는 명령을 받는다. 제2이사야서에서 이 찬양의 노래들의 회심적 특성이 명백하게 나타난다(사 45:22-25). [하지만 시 22:22-31에서] 이 증거의 권능은 거기서 멈추지 않는다. 이스라엘을 넘어서 "모든 나라의 모든 족속이 주의 앞에 예배하리니"(27절). 하지만 심지어 그것조차 찬양하는 자들을 전부 다 남김없이 말한 것은 아니다. 죽은 사람들도 여호와를 찬양할 것이기 때문이다(29절). 아직 태어나지 않은 세대들도 마찬가지다(30-31절).[27]

---

26) 같은 책, p. 9.
27) 같은 책, p. 13

신약에도 예수 그리스도를 통해 모든 인류와 모든 피조물이 하나님을 찬양하는 동일한 환상이 나온다. 바울과 실라가 빌립보 감옥에서 찬송을 부르던 것을 생각할 때(행 16:25; 참고. 벧전 2:9), 유럽 교회가 찬양의 회심적 능력을 통해 태어났다고 말해도 과언은 아니다.

존 파이퍼(John Piper)는 그의 책 「열방을 향해 가라」(Let the Nations Be Glad, 좋은씨앗 역간)의 탁월한 서언에서 다음과 같이 말한다. "선교는 교회의 궁극적 목표가 아니다. 예배가 목표다. 선교는 예배가 존재하지 않기 때문에 존재한다."[28]

물론 이것은 지당하고 근본적인 말이다. 찬양은 새 창조를 지배하게 될 것이며, 자신의 피조물 전체를 구속하려는 하나님의 선교는 완성될 것이므로, 역사 내에서 이루어지는 우리의 선교는 끝날 것이다(새 창조에서 구속된 인류를 위해 하나님이 어떤 계획을 갖고 계실지 누가 알랴마는). 그렇다. 선교는 찬양이 존재하지 않기 때문에 존재한다. 선교는 아직 살아 계신 하나님을 찬양하지 않는 사람들이 찬양하게 만드는 것을 의미하기 때문이다.

하지만 똑같이 성경적인 의미에서, 찬양이 존재하기 때문에 선교가 존재한다고 말할 수 있다. 교회의 찬양은 선교의 활기를 북돋우고 선교의 특징이 되며, 또한 우리에게 대단히 필요한 것, 곧 우리의 모든 선교가 하나님이 사전에 행하신 선교에 대한 순종적 반응이며 참여에서 나온다는 것을 끊임없이 상기시킨다. 우리의 모든 찬양이 하나님이 사전에 실재하시고 행동하신 것에 대한 반응인 것과 마찬가지다. 찬양은 창조 질서가 창조주에게 취하는 적절한 일차적 자세 혹은 존재 양식이다. 그러므로 우리의 선교가 우리 하나님에 대한 피조물의 반응의 일부인 점을 고려하면, 찬양 역시 그 일차적 양식이 되어야 마땅하다.

14장에서 여러 시편이 지닌 보편성과 선교적 의의를 다시 살펴보겠지만 지금으로서는 이 장과 앞 장에 대한 연구를 하나의 관찰로 끝맺는 것으로 충분하다. 그것은 우리가 성경에서 발견하는 많은 선교 모델 가운데 (많이 남용되는 군사적 모델뿐 아니라) 열방들이 새 노래를 노래한다는 개념이 들어 있다는 것이다. 선교는 땅의 모든 사람들이 하나님의 미래의 음악을 듣고 오늘 그것을 춤추도록 초청한다는 것을 의미한다. 시편 96편이 상기시키는 것처럼,

---

[28] John Piper, *Let the Nations Be Glad! The Supremacy of God in Missions*, 2nd ed.(Grand Rapids: Baker Academic, 1993), p. 17.

- 이것은 옛 말을 상기시키는 새 노래다. 그것은 하나님이 그분의 백성을 위해 하신 옛 이야기를 축하하는 것이기 때문이다.(시 96:1-3)
- 그것은 옛 신들을 철저히 제거하는 새 노래다. 이전에 그 신들을 경배하던 자들은 이제 그들의 모든 예배를 여호와의 궁정으로 가져가야 한다.(시 96:4-9)
- 그것은 옛 세상을 고대하던 여호와의 통치의 의로 변화시키고 그것을 기뻐하는 새 노래다.(시 96:10-13)

유일신론은 선교적이다. 그것은 찬양을 생겨나게 하기 때문이며, 또한 찬양(하나님의 은혜, 그분의 심판, 그리고 특히 그분의 메시아를 통해 알려진 한 분 참되신 살아 계신 하나님에 대한 찬양)을 세계화하기 때문이다.

그렇다면 기독교 유일신론의 선교사적 본질은 고질적인 종교적 제국주의나 군사적 형태의 승리주의에서 나오는 것이 아니라(여러 시대마다 그 바이러스에 아무리 많이 오염되었다 해도), 구약 이스라엘과 유일하게 참되시고 살아 계신 하나님에 대한 그들의 믿음에 대한 우리 신앙의 뿌리에서 나온다. 그 하나님은 세상을 향한 사랑의 선교로 인해 이스라엘을 택하셨고 교회를 보내셨다. 열방을 복 주시기로 확고히 결심하셔서 아브라함을 택하신 분은 바로 이 하나님이며 다른 신은 없다. 세상을 너무나 사랑하사 자신의 독생자를 보내신 분은 오직 이 하나님이시다. 오직 이 하나님만이 그리스도 안에서 세상을 자신과 화목시키셨다. 그리고 화목의 선교와 사역을 예수님이 "땅끝까지 이르러 내 증인이 되라"고 말씀하신 사람들에게 맡기신 분은 바로 이 하나님이다. 그것이 성경적 유일신론의 **선교사적** 본질이다.

5

살아 계신 하나님은
우상숭배와 대결하신다

성경적 유일신론이 반드시 선교적일 수밖에 없다면(한 분 살아 계신 하나님은 그분의 모든 피조물을 통해 알려지고 경배받기를 원하시기 때문이다), 그리고 성경적 선교가 반드시 유일신론적일 수밖에 없다면(우리는 모든 사람들이 모든 피조물과 함께 한 분 살아 계신 하나님을 찬양하도록 이끌어야 하기 때문이다), 성경 곳곳에 나오며 오늘날에도 여전히 갖가지 형태로 존재하고 있는 다른 모든 신들을 어떻게 이해해야 하는가? 이 장에서는 사람들이 이스라엘의 하나님이 아니라, 소위 신이라는 여러 존재를 경배하는 현상을 성경이 어떻게 말하는지 살펴볼 것이다. 그것들은 정확하게 무엇인가? 그리고 6장에서는 이 현상에 대한 선교적 반응을 살펴볼 것이다. 우상 및 신들과 관련해서 우리는 무엇을 해야 하는가? 나는 사람들이 성경에서 말하는 **우상숭배**를 피상적으로 이해하고 매우 단순하게 반응할 위험이 있다고 오랫동안 생각해 왔다. 하지만 우상숭배는 분명 성경적 유일신론에 대한 성경적 선교적인 이야기의 부정적이지만 기본적인 측면이다. 그렇기 때문에 우상숭배를 더 잘 이해하는 것은 진정하고 사려 깊은 기독교 선교의 중대한 부분이다.

신들의 역설

그 무엇(something)인가, 아무것도 아닌가?(nothing) 조상(彫像)은 진짜다. 조각하거나 녹여 만든 형상은 현실 세계에서 삼차원적으로 존재한다. 하지만 신(god) 또는 신들(gods)은 무엇을 나타내려는 것인가? 그것들은 진짜인가? 존재하는가? 그것들은 그 무엇인가, 아무것도 아닌가? 이스라엘은 그들 자신의 하나님 야웨와 관련해서 신들에 대해 무엇을 믿었는가? 이 마지막 질문에 대해 구약학자들은 오랫동안 고심했다. 일반적으로 인간의 종교를 여러 범주로 나눌 때, 유일신론은 단 하나의 신만이 존재한다는 믿음이며, 따라서 어떤 다른 신의 존재도 부인하는 것이다. 그리하여 학자들은 어느 때 어떤 과정에 의해 이스라엘이 그런 의미에서 유일신론을 갖게 되었는지 계속 연구했다. 분명 이스라엘 사람들은 매우 배타적인 말로 야웨에 대한 그들의 헌신을 표현했다. 하지만 그것은 이스라엘 사람들이 숭배하면 안 되는 다른 신들이 **존재**한다는 사실 자체를 완전히 부인했다는 뜻인가?

구약학자들의 전형적인 대답은 진화론적인 또는 발전론적인 것으로, 최근 로버트 그누즈(Robert Gnuse)는 그런 견해를 요약하고 개정하여 재발간했다.[1] 한 단계에서 다음 단계로 넘어가는 정확한 연대가 언제인지에 대해서는 약간씩 의견이 다르지만, 이 견해는 이스라엘의 종교 역사가 다신론(수 24:14에서 인정하는 것처럼)에서 단일신론(henotheism: 이스라엘에게는 오로지 야웨만 예배하라고 요구하지만, 다른 민족들의 신이 존재한다는 사실은 받아들이는 것)을 거쳐, 상당히 늦은 시기에 나온 최종 결론인 참된 유일신론(monotheism: 야웨 아닌 다른 어떤 신들의 존재도 명백히 부인하는 것)으로 진행되었다고 본다.

일부 학자들은, 첫 번째 단계와 두 번째 단계가 이스라엘의 구약 역사 대부분을 차지한다고 본다. 즉, 원래 이스라엘 종교는 사실상 가나안 종교와 구분할 수가 없었다. 오랫동안 이스라엘에서는 이스라엘 민족이 야웨와 맺은 언약에 충성하고 '다른 신들을 따르지'만 않으면 그것으로 족했다. 그들이 따르고 싶은 유혹을 느낄 수 있는 다른 신들이 분명 존재하는 것으로 추정되었다. 예를 들어, 야이르 호프만(Yair Hoffman)은 심지어 신명기에서도 '엘로힘 아헤림'(ʾ*elōhîm*, ʾ*ahērîm*), 곧 '다른 신들'이라는 특유의 표현은 그 신들의 존재를 부인하기보다 그것들이 존

---

1) Robert Karl Gnuse, *No Other Gods: Emergent Monotheism in Israel*, JSOT Supplement Series 241(Sheffield, U.K.: Sheffield Academic Press, 1997). Gnuse의 연구는 물론 이스라엘 종교에서 유일신론의 기원과 역사에 대한 수많은 학적 탐구 중 하나일 뿐이다. 이 책 끝에 수록되어 있는 참고 도서 목록은 그 분야의 문헌들을 소개해 주는 유용한 길잡이다. 하지만 2부 서론에서 설명했듯이, 여기에서 그 문제를 다루는 것은 이 책의 범위를 벗어나는 것이다.

재한다고 추정하는 것으로 본다. "그 말은…다르다는 개념을 약간 반영하긴 하지만, 이 신들이 이스라엘의 하나님과 완전히 다른 실재로 간주되었음을 입증해 주지는 않는다.…그들은 **우리의** 신이 아니기에 **다른** 신들이다."[2] 마지막으로, 후기 포로기(사 40-55장에서 다루는)에 가서야 이스라엘 사람들은 야웨 아닌 다른 신은 존재조차 하지 않는다고 거듭 말했다.[3] 그 마지막 단계에 가서야 유일하고 오직 한 분이 야웨만이 신의 범주에 속한다고 생각했다.

이 견해에서 이스라엘 종교에 다른 신들이 존재했는가에 대한 대답은, 이스라엘 역사의 어떤 시점에서 그 질문을 하느냐에 따라 좌우된다. 어떤 이스라엘 사람에게 야웨뿐 아니라 다른 신들도 존재한다고 믿느냐고 물어 본다고 하자. 상당 기간 동안 이스라엘 사람들은 이구동성으로 이렇게 대답할 것이다. "물론입니다. 많은 신들이 있지요. 야웨는 그 신들 중 하나입니다. 그리고 아주 강력한 신이지요. 그래서 우리는 그분이 우리의 신이라는 것이 아주 기쁩니다." 그 다음에, 선지자들과 개혁적 신명기 당이 민족적 언약이라는 배타적 개념을 도입하고 강조했을 때, 이스라엘 사람들은 다음과 같이 대답했을 것이다. "그렇습니다. 다른 민족들에게는 그들의 신이 있지요. 하지만 **이스라엘은** 유일한 하나님 야웨만 예배해야 합니다. 그렇지 않으면 야웨의 진노를 받게 될 것입니다." 그 견해는 자유롭고 대중적인 다신론과 오랫동안 충돌했다. 하지만 마침내, 후기 포로 시대와 포로 이후 시대에 '공식적인' 야웨 당이 승리하면서, 결국은 확고하게 "아닙니다. 야웨만이 '그 하나님'이십니다. 그리고 다른 신들은 실제로 존재하지 않습니다. 소위 말하는 신들은 실제로는 별 볼일 없는 것입니다"라고 대답하게 되었을 것이다.

하지만 이스라엘의 종교가 그렇게 직선형으로 발전해 나갔다는 견해는 분명 너무 단순하다. 그 질문(혹은 그 대답)을 '다른 신들은 존재하는가, 존재하지 않는가? 그것들은 그 무엇인가, 아무것도 아닌가?'라는 단순한 이원적 형태로 말하는 것은 너무 단순하다. 문제는 좀더 복잡하며, 그런 질문들이 무엇을 내포하는가

---

2) Yair Hoffman, "The Concept of 'Other Gods' in the Deuteronomistic Literature", *Politics and Theopolitics*, ed. Henning Graf Reventlow, Yair Hoffman, and Benjamin Uffenheimer(Sheffield: JSOT Press, 1994), pp. 70-71.
3) 이스라엘의 종교를 이렇게 진화론적으로 보는 견해에 대한 일반적 비판 및 그것이 기초하고 있는 역사적 재구성에 대해서는, Richard Bauckham, "Biblical Theology and the Problems of Monotheism", *Out of Egypt: Biblical Theology and Biblical Interpretation*, ed. Craig Bartholomew et al.(Carlisle, U.K.: Paternoster; Grand Rapids: Zondervan, 2004), pp. 187-232를 보라.

에 따라 좌우된다. 덧붙여 물어 보아야 할 것은 다른 신들은 야웨와 똑같은 계급에 속하는가? 그것들은 야웨와 똑같은 '것'(똑같이 신적인 '어떤 것')인가? 아니면 야웨와 다른 존재('아무것도 아닌 것', 즉 신적 존재가 아닌 것)인가? 하는 것이다.

이스라엘의 유일신론의 본질은 근본적으로 이스라엘이 다른 신들에 대해 무엇을 부인하는가 하는 것이 아니라, 야웨에 대해 무엇을 역동적으로 단언하는가 하는 것에서 찾을 수 있다. 그럼에도 불구하고, 야웨에 대한 단언은 다른 신들에 대한 모든 주장에 피할 수 없는 결과를 가져온다. 리처드 보캄은 특히 신명기에 대해 논평하면서, 그리고 신명기가 다른 신들의 존재를 부인하지 않는다는 네이슨 맥도날드의 주장(그렇기 때문에, 맥도날드가 구약 연구에 부적절하고 해롭다고 올바르게 거부하는 계몽주의 견지에서 보면, 정식으로 유일신론은 아니라는 주장)을 논박하면서, 다음과 같이 세심한 주장을 편다.

> 이스라엘을 위한 야웨의 행동에서 이스라엘이 인식할 수 있는 것, 야웨를 열방의 신들과 구분하는 것은, 그분이 '그 하나님'(the God) 혹은 '신들 중의 신'(the god of gods)이라는 것이다. 이것은 주로 야웨가 우주 전체에 필적할 자 없는 권능을 지니고 계시다는 의미다. 땅과 하늘과 하늘의 하늘이 그분에게 속해 있다(10:14). 이에 반해, 열방의 신들은 무력한 무존재, 자신의 백성조차 보호하고 구해 낼 수 없는 존재다. 이것이 모세의 노래가 담고 있는 메시지다(특히 32:37-39을 보라). '신들' 중 최고의 존재인 야웨와, 그보다 못할 뿐 아니라 무력한 다른 존재들을 구분해야 한다. 그러기 위해 한편으로는 '하나님'과 '신들의 신'이라는 말이, 다른 한편으로는 "하나님이 아닌 것"(non god, 32:17, *lō* *ʾĕlōah*; 32:21; *lō* *ʾēl*)과 "허무한 것"(their mere puffs of air, 32:21: *habᵉlêhem*)이라는 경멸조의 말이 생겨났다. 다른 신들은 신이라 불리기는 했지만, 사실 그렇게 불릴 가치는 없다. 그것들은 세상에서 권세를 갖고 행동하는 **실제** 신들이 아니기 때문이다. 야웨만이 최고의 능력을 갖고 있는 하나님이다(32:39).…신명기가 다른 신들의 **존재**를 부인하지 않는다고 말하는 것으로는 충분치 않다. 또 한 가지 인식해야 할 것은, 일단 맥도날드가 신명기의 '신론'에 분명 담겨 있다고 인정하는 존재론적 함축에 주의를 기울이면, 예로부터 내려온 '신들'의 범주를 존재론적으로 구분하지 않을 수 없다는 것이다. 그 구분에 따르면 야웨는 단연 비길 데 없는 분이다.[4]

---

4) 같은 책, p. 196.

그래서 다시 그 질문으로 돌아가면, 신들은 그 무엇인가, 아무것도 아닌가? **야웨와 관련해서** 묻는다면, 대답은 **아무것도 아니**라는 것이다. 그 어떠한 것도 야웨와 비교할 수 있거나 야웨와 똑같은 범주에 들어갈 수 없다. 야웨는 일반적인 '신들'(the gods) 중 하나가 아니다. 야웨만이 '그 하나님'(the God), 보캄이 '초월적 유일성'[5]이라고 부르는 분이다. 앞에서 말한 아이르 호프만의 요점과 관련해서 보면, '다른 신들'이라는 말 자체는 "이 신들이 이스라엘의 하나님과는 전적으로 다른 실재로 간주된다"는 의미가 아니다. 그럼에도 불구하고 야웨에 대해 기록된 말은 **그분이 그들과는** 전적으로 다른 실재임을 대단히 분명하게 보여 준다. "야웨 그분은 하나님이다. 그분 곁에는 다른 신은 없다"(신 4:35, 저자 사역).

하지만 다른 신들을 **숭배하는 자들과 관련해서**, 곧 그 신들이 자기 민족 신이라고 주장하는 열방과 관련해서, 심지어 이스라엘이 직면했던 바 그 신들을 '따르려는' 유혹과 관련해서 그 질문을 던진다면, 분명 그것들은 **그 무엇**이라고 대답할 수 있다. 열방의 신들은 그 이름, 조상(彫像), 신화, 예배 의식들과 함께, 분명 그것을 신으로 취급하는 사람들의 삶과 문화와 역사에 실재한다. 이를테면 마르둑이 바벨론 백성들이 섬기던 신이었다는 말은 터무니없는 말이 아니다. 박식한 체하는 사람들만이, 마르둑은 진짜 신적 실체를 갖고 있지는 않았으므로 누군가 그를 섬긴다는 건 말이 안 된다고 주장할 것이다. 하지만 그 문장(그리고 인간의 종교에 대해 말하는 모든 비슷한 묘사)의 맥락에서, 다른 신들을 '그 무엇', 인간의 경험 세계 안에 존재하는 그 무엇이라고 말하는 것은 타당하다. 다시 말해, 신학적으로나 일상적인 이야기를 나눌 때나, 다른 신들은 그 무엇인가 아무것도 아닌 것인가 하는 질문에 역설적이긴 하지만 둘 다라고 대답할 수 있다. 그것들은 **야웨와 관련해서는 아무것도 아니다.** 하지만 그것들은 **그것들을 숭배하는 자들과 관련해서는 그 무엇이다.**

바울은 고린도에서 우상에게 바쳤던 고기를 먹는 문제에 대답하면서 바로 그러한 역설을 세심하게 표현한다. 바울은 유대인들의 쉐마에 기초해서 그들이 그 문제에 자유한다는 교리적 주장에 동의한다. 오직 한 분의 하나님과 주님만 계시다. 그래서 "우상은 세상에 아무것도 아니다"(고전 8:4). 하지만 그 다음 문장에서 바울은 "비록 하늘에나 땅에나 신이라 불리는 자가 있어 많은 신과 많은 주가 있으

---

5) 같은 책, p. 211.

나…"라고 말한다. **그 무엇**이 있다. 물론 어느 모로 보나 한 분 하나님이신 성부와 한 분 주님이신 예수 그리스도와는 전혀 대등한 존재가 아니지만 말이다. 바울은 (그리고 우리도) 그 무엇이라는 것이 실제로 뭔지 나중에 다시 다룰 것이다. 하지만 그의 이중적 주장은 대단히 분명하다. 신들과 우상들은 실제로 존재한다. 하지만 한 분 살아 계신 하나님만 소유하고 계시는 **신적** 실체는 갖고 있지 않다는 것이다.

1세기 유대인으로 구약 성경에 근거한 신학적 세계관을 갖고 있었던 바울이 이런 이중적 관점을 가질 수 있었다면, 그 전에 동일한 신앙을 갖고 있었던 사람들이 비슷한 역설을 마음껏 주장하지 못했을 이유가 없다. 예를 들어, 대단히 논쟁적인 이사야서 40-48장도 그런 관점을 보여 준다. 한껏 고양된 선지자의 시에 표현된 야웨의 관점에서 보면, 신들은 "아무것도 아니며" "허망"할 뿐이다(사 41:24). 하지만 위축되어 열등감에 시달리고 있는 포로들의 관점에서 보면, 바벨론의 신들은 법정으로 나오라는 소환을 받고 거기에서 무력한 존재임이 폭로될 수도 있고(사 41:21-24), 인간이 만들어 낸 것이라고 조롱받을 수도 있으며(사 44:9-20), 하늘에서 내려다보면서 구원하려 해도 하지 못하는 존재로 희화화될 수도 있다. 이제는 그들을 쓸모없는 짐으로 느끼게 된 자신의 숭배자들이 아니라, 그들 자신의 우상들조차 구원하지 못하는 하찮은 존재 취급을 받는다는 말이다(사 46:1-2). 신들을 이런 식으로 표현할 수 있는 것은 그것들이 '그 무엇'이기 때문이다. 이스라엘이 있는 그대로 보아야 하고 거기서 해방되어야 하는 그 무엇, 정체가 폭로되고 깨끗이 잊혀져야 할 그 무엇이다. 그래서 그것이 더 이상 이스라엘이 그들의 살아 계신 구속주 하나님을 예배하는 일을 방해하지 못하도록 하기 위함이다.

선지자가 그런 관점을 가질 수 있었다면, 분명 신명기같이 신학적으로 깊이 있고 예리한 통찰력을 지닌 책의 저자도 그런 관점을 가질 수 있었다. 그리고 실제로 똑같은 역설적 이중성을 발견할 수 있다. 한편으로, 다른 신들은 아무것도 아니다. 야웨가 평가 기준 혹은 비교 기준일 때 그렇다는 말이다. 필자는 다음의 주장들을 그 말 그대로 이해할 수밖에 없다. 야웨 한 분만이 초월적 하나님, 우주의 홀로 주인이시며 통치자시라는 것이다.

> 그런즉 너는 오늘 위로 하늘에나 아래로 땅에 오직 여호와는 하나님이시요 다른 신이 없는 줄을 알아 명심하고(신 4:39)

하늘과 모든 하늘의 하늘과 땅과 그 위의 만물은 본래 네 하나님 여호와께 속한 것이로되.(신 10:14)

너희의 하나님 여호와는 신 가운데 신이시며 주 가운데 주시요 크고 능하시며 두려우신 하나님이시라.(신 10:17)

이제는 나 곧 내가 그인 줄 알라.
나 외에는 신이 없도다.
나는 죽이기도 하며 살리기도 하며
상하게도 하며 낫게도 하나니
내 손에서 능히 빼앗을 자가 없도다.(신 32:39)

그런 주장들을 보면, 다른 신들이 무엇인가 하는 질문에 이렇게 답할 수 있을 것이다. 그것은 "하나님 아닌"(not God: 우리말 성경에 '하나님께 제사하지 아니하고 귀신들에게 하였으니'라는 부분은 '하나님 아닌 귀신들에게 제사하였으니'라고 번역할 수 있다—역주) 존재(신 32:17), "하나님이 아닌 것"이다(신 32:21). 한마디로 말해서 그것들은 **아무것도 아니다.** 야웨와 비교해 볼 때 그렇다는 말이다.

하지만 다른 한편, 동일한 책 신명기는 또한 이스라엘이 요단 강을 건널 때 만날 종교 문화의 매혹적이고 유혹적인 힘(신들과 우상들, 신성한 장소들, 남성적 여성적 풍요의 상징들, 이러한 신들을 섬겨서 성공한 것처럼 보이는 문명)을 깊이 생각한다. 그런 우상숭배에 대한 반복적인 경고는 대단히 현실적이고 대단히 위험스러운 그 무엇에 대한 것이다. 게다가 다른 민족들이 천체들을 경배하는 만큼, 그들의 경배 대상은 분명 실제로 존재하는 그 무엇, "해와 달과 별들, 하늘 위의 모든 천체"(신 4:19)였다. 이스라엘은 그런 것들을 숭배하지 말아야 했다. 그것들은 창조 세계의 일부이며, 따라서 야웨께서 "천하 만민을 위하여" 주신 것이기 때문이다. 사람들이 숭배하도록 주신 것이 아니라, 빛을 주는 존재로 한껏 빛을 발하도록 주신 것이었다.[6]

---

6) 신 4:19에서 하나님이 천체를 경배하도록 배정하셨다고 명백하게 말하지 않는다는 사실은 특별한 의미가 있다. 즉, 하나님은 이러한 피조물을 이스라엘을 포함한 모든 열방에게 그냥 선물로 주신 것

그렇다면 하나의 불완전한 가정, 곧 '다른 신들'이 존재하는 것처럼 말하는 사람들은 동시에 야웨 한 분만이 하나님이라고 믿을 수 없다는 가정에 근거해서, 구약 문서들을 종교적 발전에 따라 한 줄로 죽 늘어놓으려는 시도는 헛된 일이다. 그런 논증의 논리적 결론은 일단 유일신론을 확신하게 되면 다른 신들을 진짜 신적 존재로 인정하는 것처럼 보이지 않기 위해 절대 다시는 그것들에 대해 언급조차 하지 말아야 한다는 것이다. 하지만 그렇게 되면 신학적 담화가 부당하게 제한을 받을 것이다. 그러면 바울은 그가 선교 활동을 벌인 세상의 신들 및 우상들과 살아 계신 하나님 간의 관계를 논하지도 못했을 것이기 때문이다. 바울이 신들과 우상들을 비판하기 위해 그것들을 언급한다고 해서, 신들과 우상들이 그리스도 안에 계시된 이스라엘의 살아 계신 하나님에 필적하는 신적 실체를 지녔다고 바울이 믿었다는 말인가? 바울은 자신이 절대 그런 의미로 말하지 않았다고 주장한다. 그런데도 구약 학자들은 단지 이스라엘 사람들이 그들 주위에 있는 열방의 신들을 언급한다고 해서, 그들이 분명히 그 신들을 야웨와 대등한 실제 존재로 믿었다고 억지를 부린다.

현대 그리스도인들도 바울과 마찬가지다. 선교학적 담론을 펼치거나 실제로 선교 활동을 할 때, 우리는 반드시 다른 신들이 존재한다는 것(어떤 의미에서는)과 우상숭배 현상을 고려해야 한다. 그것들은 의심할 바 없이 '그 무엇'이다. 그렇지만 그렇게 말한다 해도, 오직 한 분이신 살아 계신 하나님, 충만한 삼위일체적 계시 속에서 우리에게 알려지신 하나님이 계시다는 근본적인 성경적 유일신론을 타협하는 것은 아니다. 그렇지 않다면 선교 찬송가에 나오는 다음과 같은 찬송을 부르는 것은, 암암리에 다신론의 죄를 범하는 것이다.

당신 외의 다른 신들이
제멋대로 지배하는 곳에서
당신에게 도전한 세력들이
오늘날도 여전히 당신에게 반항하는 곳에서…[7]

이었다. 따라서 다른 열방이 사실상 그것들을 경배한다고 해도, 이스라엘은 그것을 따라하지 말아야 한다.
7) Frank Houghton, "Facing a Task Unfinished", 1930년. Overseas Missionary Fellowship 판권 소유.

우리는 물론 이 노래를 부를 때, 세상에 많은 신과 많은 주들이 있으나, 실제로는 단 한 분의 주님과 하나님, 만물이 그분으로부터 나오고 그분을 위해 존재하는 그 하나님만이 계시다는 바울의 주장을 백 번 확신할 수 있다(여기에서 바울의 주장은 신명기에 근거한 것으로, 기독론적 주장을 제외하면, 신명기가 이해하고 받아들였을 만한 역설을 표현하고 있다). **우리가** 참된 유일신론에 미치지 못하는 열등한 종교적 진화 단계라는 입장을 취하지 않으면서도 그런 노래를 부를 수 있고, 그 기저를 이루고 있는 신학적 담론에 참여할 수 있다면, 고대 이스라엘 사람이 열방을 제멋대로 지배하거나 한 분 살아 계신 하나님 야웨께 반항하는 '다른 신들'을 언급하면서 노래하거나 예언하거나 법을 제정할 때, 그가 학자들이 인위적으로 만들어 놓은 그런 열등한 단계에 속해 있었다고 볼 아무런 이유가 없다.

그 신들이 하나님은 아니지만 '그 무엇'으로 존재한다면, 그것들은 무엇인가? 그들이 참된 신성의 영역(그 영역 안에 계신 분은 오로지 야웨뿐이다) 안에 존재하지 않는다면, 그들은 단 하나의 다른 존재 영역 안에 존재해야만 한다. 그것은 창조 세계라는 영역이다. 그것들이 피조물이라면, 그것들은 **물리적** 창조 세계(그것은 다시 하나님이 창조하신 자연 질서와 인간이 만든 제품으로 나누어진다) 안에 존재하든가, 아니면 역시 하나님이 창조하신 인간 외의 다른 영들이라는 **보이지 않는** 세계 안에 존재해야 한다. 성경은 우상숭배라는 '그 무엇'을 세 가지로 분류한다. 우상들과 신들은 (1) 눈에 보이는 창조 세계 내의 물체 (2) 귀신 (3) 인간이 손으로 만든 제품이 될 수 있다.

창조 세계 내의 물체인 우상들과 신들. 창조 세계 내에서, 이스라엘 일부 사람들은 천체를 신으로 여겨 숭배한 반면, 또 어떤 사람들은 땅에 있는 피조물들, 곧 사람 아닌 동물이나 다른 인간들을 숭배했다. 물론 이 모든 것들은 살아 계신 하나님이 창조하셨으므로, 그 자체가 예배의 대상이 되어서는 안 된다. 신명기 4:15-21에서는 창조 질서를 신격화하는 것에 대해 경고하는데, 흥미롭게도 (그리고 거의 분명히 의도적으로) 그 숭배의 대상들을 창세기 1장에서 창조된 순서의 정반대 순서로 열거하고 있다. 인간 남자와 여자, 육지의 짐승들, 공중의 새, 바다의 고기, 해, 달, 별 순이다. 여기에서 강력한 수사학적 효과만큼 전달하고자 하는 신학적 메시지도 강력하다. 그 메시지는 사람들이 창조주 대신 피조물을 섬길 때, 모든 것이 뒤집어진다는 것이다. 우상숭배는 모든 근본적 관계들을 무질서하게 만든다.

천체 숭배는 만연되어 있었을 뿐 아니라, 오래된 것이었다. 하지만 그것은 이스라엘이 야웨를 창조주로 믿는 것과 양립할 수 없었다. 그래서 (이스라엘 사람이라고 묘사되지는 않지만, 해설자와 야웨 자신께서 하나님을 독실하게 경배하는 자라고 칭찬하는) 욥까지도, 천체 숭배는 죄이며 신실하지 못한 행위라고 말한다.

> 만일 해가 빛남과
> 달이 밝게 뜬 것을 보고
> 내 마음이 슬며시 유혹되어
> 내 손에 입맞추었다면
> 그것도 재판에 회부될 죄악이니
> 내가 그리하였으면 위에 계신 하나님을 속이는 것이리라.(욥 31:26-28)

그럼에도 불구하고, 때로 이스라엘은 별 숭배에 푹 빠졌다. 아모스서 5:26은 주전 8세기 때 벌써 그런 일이 있었다는 증거를 제공한다.[8] 그것은 북 왕국 이스라엘이 하나님의 심판을 받아 멸망당하게 한 그 우상숭배 목록에 포함되어 있다(왕하 17:16). 유다 왕 므낫세는 통치 기간 동안 다른 모든 악을 쌓았을 뿐 아니라, 일월성신을 숭배하는 죄를 저질렀다(왕하 21:3-5). 심지어 요시야의 대대적인 숙정 개혁 뒤에도, 에스겔은 성전 환상에서 사람들이 바로 성전 안뜰에서 엉덩이를 (문자적으로) 주의 성전 쪽으로 쳐들고 동쪽 태양에게 절을 하는 모습에 진저리를 친다(겔 8:16). 별 신들은 물론 메소포타미아 문화에서 가장 강력한 신들이었다. 그래서 그런 행동은 아마 당시의 가장 강력한 원수 바벨론의 신들을 달래려는 것이었으리라. 그러나 이사야서 40:26은 별 신들에 대해 매우 다른 입장을 취한다. 선지자는 정복자들이 섬기는 이 신들의 능력처럼 보이는 것에 압도된 포로들에게, 하늘을 올려다보라고 하면서 '누가 이 모든 것을 창조하였는가?'라고 질문한다. 그 질문 자체가 그것들의 정체를 드러낸다. 별들은 열방의 운명을 주관하는 전능한 신들이 아니다. 심지어 신도 아니다. 그것들은 그저 살아 계신 하나님의 피조물, 하나님의 권위에 의해 명령과 지배를 받는 존재일 뿐이다.

인간 아닌 다른 짐승을 숭배하는 경우도 흔했다. 그리고 고대 이스라엘의 상황

---

8) 이 본문은 다소 어렵지만(NIV 각주를 보라), 별신 숭배를 언급하는 것이 분명하다.

은 특별히 애굽과 연관되어 있다. 애굽에서는 갖가지 동물들과 파충류들이 신성화되고 있었다. 짐승 숭배가 이스라엘의 예배에 깊이 영향을 끼쳤다는 증거는 별로 많지 않다. 하지만 다시 한 번 에스겔은 이스라엘의 칠십 장로[그 말 자체가 시내 산에서 그들이 야웨와 언약을 맺은 공동체 내에서 담당했던 역할을 상기시킨다(출 24:9-11)]들이 연기가 가득 찬 어두운 성전 안쪽 방에서 "각양 곤충과 가증한 짐승"을 섬기는 것을 보고 충격을 받았다(겔 8:9-12). 어떤 주석가들은 이것도 애굽이 섬기던 짐승 모양 신들에게 간구해서, 애굽 군대의 도움을 받아 바벨론에게 대항하려는 것이었다고 주장한다. 그렇다면 그것은 후기 군주정 때 성전 예배 의식이 한층 더 타락했음을 나타낼 것이다. 어떤 지도자들은 바벨론 신들에게 호소하고 있고, 또 어떤 지도자들은 몇 칸 떨어진 방에서 애굽 신들에게 의지하고 있다.

귀신들인 우상들과 신들. 비물리적 창조 세계로 다시 돌아가면, 이스라엘은 천군에 대해 잘 알고 있었다. 그들은 하나님의 최고의 통치 보좌를 둘러싼 영적 존재였다. 그 존재들은 하나님의 목적들에 기여하고 하나님의 분부대로 행하는 존재들이었다. 대개는 그랬다. 이스라엘은 그렇게 높은 무리들 중 하나님께 **이의를 제기하거나**(욥 1장에서 '사탄' 혹은 참소자가 그랬던 것처럼), 하나님의 진실하심과 자비하심에 **도전하거나**(창 3장에서 뱀―그것이 무엇을 의미하든―이 그랬던 것처럼), 하나님의 종들을 **대적하는**(슥 3:1-2에서 사탄이 포로기 이후 대제사장 여호수아에게 그렇게 하는 것처럼) 존재들도 있다는 사실을 알고 있었기 때문이다. 그런 영들이 어떤 모습을 하고 있든, 그것들은 야웨의 권위에 전적으로 종속되어 있다. 그래서 심지어 하나님은 아합에게 심판을 내리기 위해 "거짓말하는 영"을 급파하실 수도 있었다(왕상 22:19-23).

구약 본문들에서 다른 신들의 숭배를 귀신들과 연관시키는 경우는 아주 드물다. 하지만 드물다고 해서, 전혀 연관이 없다는 것은 아니다. 분명 신약에서는 그 주제를 신학적으로 확대해서 다루기 때문이다. 그래서 바울은 예를 들면 우상들과 노닥거리다가 귀신들과 교제할 수도 있다고 가정한다. 그리고 그는 그렇게 말하는 것이 성경적으로 틀린 말이 아니라고 생각한다(고전 10:18-21).

구약 자체에는 우상숭배를 이렇게 귀신 숭배로 이해하는 것에 대한 신학적 성찰이 나와 있지는 않지만, 그것은 이교도들의 '말 못하는' 신들이 실제로 초자연적 권능을 갖고 있다는 이스라엘의 인식이 자연스럽게 발전한 것이었다. 하나님은 단 한 분뿐이므로, 그런 권능은 어떤 신에게서 나온 것이라고 볼 수 없었다. 그

런 이유 때문에 우상들은 귀신의 영들을 나타낸다는 믿음이 생겨났다.[9)]

우상과 귀신은 이스라엘 역사의 초기부터 연관되었다. 다른 신들을 귀신들이라고 명확하게 말하는 최초의 본문은 신명기 32장에 나오는 모세의 노래이기 때문이다. 많은 학자들은 그것이 아주 이른 시기의 이스라엘 시편이라고 인정한다.[10)]

> 그들이 다른 신으로 그의 질투를 일으키며
> 가증한 것으로 그의 진노를 격발하였도다.
> 그들은 하나님께 제사하지 아니하고 귀신들에게 하였으니.(신 32:16-17; 참고 21절)[11)]

시편 106편의 목적은 신명기 32장과 비슷하다. 그것은 하나님이 그들에게 해 주신 모든 일과 대비되는 이스라엘의 불성실한 역사를 이야기한다. 그것은 이스라엘에게 임하였고 그들이 지금 구해 달라고 기도하는 심판의 정당성을 입증하는 방편이었다. 신명기 32장에서도 그랬듯, 일차적 초점은 우상숭배의 죄다. 첫째로, 시내 산에서 금송아지 우상을 숭배한 것이 언급된다(시 106:19-20. 이스라엘의 "영광"이신 야웨와, "풀 먹는 소의 형상"이 멋지고 신랄하게 대조된다). 둘째로, 바알브올에서 있었던 끔찍한 배교를 회상한다. 거기에서는 신들을 "죽은 자"(시 106:28, 문자적으로는 "그들은 죽은 자들/것들의 제물을 먹었다")라고 묘사

---

9) Gordon D. Fee, *The First Epistle to the Corinthians*, New International Commentary on the New Testament(Grand Rapids: Eerdmans, 1987), p. 472.
10) 레 17:7은 이스라엘 사람들이 '염소 신'(śě'îrîm)에게 짐승들을 제물로 바치는 것을 금한다. 이것은 '사티로스'(반은 사람이고 반은 짐승인 숲의 신—역주)처럼, 황량한 사막 가운데 있는 염소 모양 귀신들을 말하는 것일 수도 있다. 그것들은 신이라고 묘사되지는 않지만, 그 금지 규정은 그런 것들(그것들이 무엇이든 간에)에게 제사를 드리는 것은 오직 야웨만 경배하라는 언약과 양립할 수 없음을 보여 준다. 그것들은 여로보암의 우상숭배에 포함되었을 수도 있다(대하 11:15). 어떤 학자들은 또한 속죄일 의식 때 염소 한 마리를 끌고 갔던 불가사의한 '아사셀'(레 16:8, 10, 26)이 광야의 귀신이었을 것이라고 생각한다. 하지만 이것은 논란이 되고 있다. 그 말(오로지 이 문맥에서만 나오는)의 의미는 달리 알려진 바가 없기 때문이다. 또한, 다른 어떤 신과의 명백한 연관도 암시되어 있지 않다 (그리고 어떠한 경우든 그렇게 염소를 끌고 가는 것이 이스라엘의 가장 거룩한 날에 행해지는 의식의 일부라고 생각할 수는 없다). 참고. John E. Hartley, *Leviticus*, Word Biblical Commentary 4 (Dallas: Word, 1992), pp. 236-238, 272-273. 「레위기」(솔로몬).
11) 17절에 나오는 '귀신'은 히브리어로 *šēdîm*이다. 드물게 나오는 이 단어는 여기와 시 106:37에서만 나온다. 그것은 아카드어 sedu와 같은 어원에서 나온 것으로, 고대 메소포타미아 종교에서 죽은 자들과 관련된 보호의 영들을 언급했다. 시 106편에 언급된, 인간을 제물로 드리는 것과의 연관 역시 메소포타미아 종교에서 입증된다.

한다. 마지막으로, 가나안 땅에 들어가서 이스라엘은, 모든 가르침에도 불구하고, 가나안 사람들의 제사 의식을 따랐다(문자적으로는 '그들의 행동을 배웠다').

> 그 이방 나라들과 섞여서
> 그들의 행위를 배우며
> 그들의 우상들을 섬기므로
> 그것들이 그들에게 올무가 되었도다.
> 그들이 그들의 자녀를
> 악귀들에게 희생 제물로 바쳤도다.
> 무죄한 피,
> 곧 그들의 자녀의 피를 흘려
> 가나안의 우상들에게 제사하므로
> 그 땅이 피로 더러워졌도다.(시 106:35-38)

귀신적 우상숭배와 무죄한 피흘림 간의 밀접한 관련에 대해서는 후에 다시 살펴보겠다.

구약에서 명백히 노골적으로 신과 우상들을 귀신들과 동일시하는 본문은 이 두 본문(신 32장; 시 106편)뿐이다. 하지만 그 점을 암시하는 말은 다른 곳에도 나와 있다. 예를 들어, 시편 96:5에서는 이스라엘 아닌 백성들이 드리는 예배에 대해 말하면서, 그들의 신들을 '엘리림'($^{\jmath}el\hat{\imath}l\hat{\imath}m$)이라고 무시해 버린다. 이 경우 칠십인역은 그 용어를 '다이모니아'(*daimonia*)로 번역했다. 하지만 다른 곳을 보면, 엘리림이라는 말은 반드시 귀신들을 의미하는 것은 아니며, 하잘것없고, 약하고, 무력하고, 쓸모없고, 아무 가치가 없는 것을 의미한다(예를 들어, 사 2:8, 20; 19:1; 31:7; 합 2:18). 또한 '갓'(운수신)과 '므니'(운명신)를 위한 제사 의식에 대해 말하는 이사야 65:11은 그것들을 숭배자들이 달래거나 끈질기게 졸라야 하는 어떤 영적 세력이라고 본 것 같다. 또한 호세아가 '음란한 마음'(a spirit of prostitution)이라는 말을 사용한 것에 대해서도 깊이 생각해 볼 수 있다. 그는 단순한 인간의 심리적 장애 이상의 것을 암시하고 있었는가? 그들의 마음속에서 그들을 "미혹"하는 '루아흐'(*rûaḥ*), 곧 '영'으로 역사하는 인간보다 더 큰 어떤 존재를 말한 것인가?(호 4:12; 5:4) 마찬가지로, 스가랴는 '우상의 이름'을 통상 '더러운 귀신' 또는 부정한 귀신과 대비시킨다. 그것은 복음서에 통상적으로 나오는 '더러운 영'이라는 말을 암시하고 내다보는 말이다(슥 13:2). 이와 같은 본문들에서 우상은 귀신적 차원을 지니고 있을 수도 있다. 하지만 거듭 말하지만, 명백히 그 둘을 연관시키는 본문은 신명기 32:16-17과 시편 106:19-20뿐이다.

하지만 그 본문들은 "이방인이 제사하는 것은 귀신에게 하는 것이요"(고전 10:20)라는 바울의 단도직입적 주장의 성경적 기초가 된다. 이런 확신은 우상숭배에 대한 바울의 다른 신학적 평가와도 일맥상통한다. 아마도 가장 초기에 기록되었을 서신에서 바울은 어떻게 데살로니가인들이 "우상을 버리고 하나님께로 돌아와서 살아 계시고 참되신 하나님을 섬기는지"(살전 1:9) 회상한다. "여기서 분명하게 함축하는 것은 그들이 전에 행하던 우상숭배가 죽어 있는 거짓된 신들에 대한 숭배였다는 것이다."[12] 누가는 바울이 아그립바 앞에서 어떻게 자신이 부활하신 예수님을 만났다고 말하는지 기록한다. 바울은 이렇게 우상에서 돌아오는 것을 곧 사탄의 권세에서 놓이는 것이라고 보는 듯하다(행 26:18). 정반대로, 요한계시록은 끝까지 회개하지 않고 반역하는 사람들은 하나님의 처음 심판이 나타난 후에도 우상숭배에서 돌이키기를 거부한 사람들이라고 말한다. "이 재앙에 죽지 않고 남은 사람들은 손으로 행한 일을 회개하지 아니하고 오히려 여러 귀신과 또는 보거나 듣거나 다니거나 하지 못하는 금, 은, 동과 목석의 우상에게 절"했다(계 9:20).

또 심지어 예수님도 사탄에게 엎드려 경배하라는 시험을 받으셨을 때, 그 시험이 우상숭배적 성질을 가지고 있음을 인식하시고 신명기의 말씀으로 그 유혹에 저항하셨다. "네 하나님 여호와를 경외하며 그를 섬기며 그의 이름으로 맹세할 것이니라. 너희는 다른 신들 곧 네 사면에 있는 백성의 신들을 따르지 말라"(신 6:13-14; 마 4:10). 사탄이 어떤 천사적 기원과 영적 권능을 갖고 있든, 그는 하나님의 피조물 중 하나일 뿐이다. 그러므로 예수님이 복음서 이야기에서 이미 하나님의 아들로 판명되셨다는 점에 비추어 볼 때(마 3:17), 하나님 자신이 피조물에 불과한 자에게 절을 하라는 시험을 받으실 수 있다고 생각하는 사탄의 제안이 얼마나 터무니없고 오만무도한지 알 수 있다. 그럼에도 불구하고, 또한 마태가 예

---

12) Brian Wintle, "A Biblical Perspective on Idolatry", *The Indian Church in Context: Her Emergence, Growth and Mission*, ed. Mark T.B. Laing(Delhi: CMS/ISPCK, 2003), p. 60.

수님을 사람이며 메시아이신 분으로, 이스라엘과 같은 정체성과 지위를 갖고 계시며, 그들처럼 광야에서 시험을 받으시는 분으로 보는 것에 비추어 생각하면, 과연 그들처럼 예수님도 열방의 신들 배후에 있는 사탄을 숭배함으로, 열방의 우상숭배에 연루되실 수 있는가 하는 것은 중대한 문제였다. 그 둘은 분명 양면적 연계성을 가지고 있다. 즉, 다른 신들을 예배하는 것은 사탄적 존재인 귀신들을 예배하는 것이다. 또 사탄에게 절하는 것은 신적 존재가 아닌 그를 신적 존재로 취급하는 것이며, 살아 계신 이스라엘의 하나님에게 불충하는 것이다.

인간이 손으로 만든 것인 우상들과 신들. 구약에서 신들과 우상들을 귀신들로 묘사하는 경우는 드물지만, 요한계시록 9:20에서 그 말과 짝을 이루어 나오는 "손으로 행한 일"이라는 말은 여기저기에서 많이 나오는 전형적인 표현이다. 사실, 이것은 구약에 나오는 우상숭배에 대한 비판의 이유 중, 우상숭배가 근본적으로 살아 계신 하나님에 대한 반역이라는 사실 다음으로 중요한 이유다. 우상은 **살아 있는** 피조물도 아니고, 단지 피조물이 **만든 것**일 뿐이다. 도대체 어떻게 그것이 신적 존재라고 주장할 수 있단 말인가?

이러한 성경적 인식을 심각하게 받아들이고, 대표적 몇 개의 구약 본문에서 이러한 비난의 참뜻을 한 번 조사해 볼 필요가 있다. "사람의 손으로 행한 일"(ma'ăśēh yᵉdê-'ādām)이라는 표현은 다른 신들에 대해 깔보는 듯한 말투로 여러 번 사용된다. 예를 들어, 히스기야는 앗수르 사람들이 다른 민족들을 물리치는 동시에 그들의 신들을 파괴시킬 수 있었다는 말을 듣고도 놀라지 않는다. 앗수르 장군 랍사게는 바로 그 점을 들어 히스기야에게 그의 하찮은 신 야웨도 그런 대접을 받을 것이라고 설득하려 했다. 히스기야는 그 말에 넘어갈 정도로 어리석지는 않았다. 그래서 그는 다른 세상 사람들도 야웨를 더 잘 알 수 있도록 자기 나라를 구해 달라고 야웨께 기도했다(이것은 3장에서 살펴본 흥미로운 선교적 관점이다). 히스기야는 이렇게 기도한다.

> 여호와여, 앗수르 여러 왕이 과연 여러 민족과 그들의 땅을 황폐하게 하고 또 그들의 신들을 불에 던졌사오니 이는 **그들이 신이 아니요[혹은 하나님이 아니요]** 사람의 손으로 만든 것 곧 나무와 돌뿐이므로 멸하였나이다. 우리 하나님 여호와여, 원하건대 이제 우리를 그의 손에서 구원하옵소서. 그리하시면 천하 만국이 주 여호와가 홀로 하나님이신 줄 알리이다 하니라.(왕하 19:17-19, 저자 강조)[13]

시편 기자 역시 그러한 경멸의 태도를 보였다.

그들의 우상들은 은과 금이요
사람이 손으로 만든 것이라.
입이 있어도 말하지 못하며
눈이 있어도 보지 못하며
귀가 있어도 듣지 못하며
코가 있어도 냄새 맡지 못하며
손이 있어도 만지지 못하며
발이 있어도 걷지 못하며
목구멍이 있어도 작은 소리조차 내지 못하느니라.
우상들을 만드는 자들과
그것을 의지하는 자들이 다 그와 같으리로다.(시 115:4-8; 참고 시 135:15-18)

예상했겠지만, 선지자들도 똑같은 수사학적 논쟁을 한다.

그들이 또 그 은, 금으로
자기를 위하여 우상을 만들었나니
결국은 파괴되고 말리라.…
이것은…장인이 만든 것이라.
참 신이 아니니.(호 8:4, 6)

이제도 그들은 더욱 범죄하여 그 은으로
자기를 위하여 우상을 부어 만들되
자기의 정교함을 따라 우상을 만들었으며.(호 13:2)

새긴 우상은 그 새겨 만든 자에게 무엇이 유익하겠느냐.

---

13) 신명기 역사가는 여기에서 히스기야의 입을 빌어, 신 4:28에서 우상들에 대해 내린 평가와 똑같은 평가를 내린다.

부어 만든 우상은 거짓 스승이라.

만든 자가 이 말하지 못하는 우상을 의지하니

무엇이 유익하겠느냐.

나무에게 깨라 하며

말하지 못하는 돌에게 일어나라 하는 자에게 화 있을진저

그것이 교훈을 베풀겠느냐.

보라, 이는 금과 은으로 입힌 것인즉

그 속에는 생기가 도무지 없느니라.(합 2:18-19)

이러한 분명한 도전들보다 더 수사학적으로 설득력 있게 서술하고 있는 본문은 우상의 인간적 기원을 강조하는 위대한 선지서 본문인 예레미야서 10:3-5, 9과 이사야서 40:18-20; 44:9-20뿐이다. 이 두 본문은 여기에 다 싣기에는 너무 길지만, 이스라엘이 사람의 손으로 만든 우상숭배를 어떻게 맹비난하는지 충분히 느껴보기 위해 한번 읽어 볼 필요가 있다.

현대 학자들은 바로 이 점 때문에 고대 이스라엘이 종교적으로 무지하고 순진하다고 종종 비판한다. 그들은 이스라엘 사람들이 모든 이교도 예배를 주물 숭배에 불과한 것으로 간주했다고 주장한다. 이스라엘 사람들은 이교도 예배자들이 물질적인 우상들 자체가 생명과 능력을 가지고 있는 것으로 간주했다고 잘못 생각했다(고 그들은 말한다). 그리고 그것들은 분명 그런 생명과 능력을 가지고 있지 않았으므로, 그 모든 가식은 이스라엘 사람들에게는 우스꽝스러운 것이었다. 그들(이스라엘 사람들)은 한편으로는 우상의 형상들과, 다른 한편으로는 그것들을 숭배하는 사람들의 마음과 예배 속에서 그런 형상들이 나타내는 신들 혹은 하늘의 권세들을 잘 구분하지 못했다. 이스라엘 사람들 자신은 형상 없이 야웨를 예배했기 때문에, 주위 사람들이 형상을 만들어 놓고 드리는 예배의 미묘한 점을 이해하거나 인식하지 못했다. 그들은 어떤 영적·심리적 상태로 인해 이교도 예배에서 우상을 사용하게 되는지 제대로 파악하지 못했다. 그래서 이스라엘 사람들은 자신들이 이해하지 못한 것을 조롱할 뿐이었다.

이러한 가정에 대한 예는 존 바튼(John Barton)의 글에서 발견할 수 있다. 그는 이사야 시대로부터 다음과 같은 일이 일어났다고 주장하는데, 그 주장만 빼면 그의 글은 탁월하다. 이사야 시대부터,

'우상들'을 참된 신의 왜곡된 표현으로 보는 것이 아니라 거짓 신들의 형상으로 보고 다른 신들을 그들의 형상과 동일시하는 전통이 발전되었다. 마치 형상이 전부인 양 생각한 것이다. 이것은 어떤 의미에서는 예배 때 형상들을 사용하는 사람들에게 공정치 못하다는 점이 종종 지적되어 왔다. 우상 타파자들은 그 형상만 보며, 그것을 사용하는 예배자들이 물질적인 물체에 불과한 것 앞에서 절하고 있다고 생각한다. 하지만 이것은 예배자가 하고 있는 일에 대한 우상 타파자들의 해석이다. 그 예배자들에게 그 형상은 신적 권능의 표현이다. 형상이 그 권능을 남김없이 나타내는 것은 아니지만, 신적 권능은 그 형상 안에서 상징되거나 요약된다. 그럼에도 불구하고, 우상들에 대한 이러한 '부당한' 해석이 구약 곳곳에서 형상에 대한 주된 개념으로 자리잡았다.[14]

이런 식으로 논증이 전개된다. 그는 우리와 다른 예배 대상이나 형태를 갖고 있는 사람들을 이같이 무지하게 정죄하지 말아야 한다고 말한다. 그 말은 우상숭배에 대한 구약의 정죄를 무효화하는 것으로, 종교적 다원주의 주창자들은 그러한 논증에 특별히 매력을 느낀다.[15] 그것은 또한 우리가 구약보다 종교적으로 (그리고 도덕적으로) 우월하다는 우리 자신의 느낌을 만족시키는 수단이기도 하다. 왜냐하면 현대 인류학이 인간의 종교를 연구한 결과, 우리는 이제 이스라엘이 그처럼 조롱했던 것이 참된 영적 원동력을 지니고 있었다는 것(인류학자들은 우리에게 그렇게 믿으라고 권한다)을 이해하게 되었기 때문이다. 따라서 우리는 더 이상 구약에 나오는 이 논쟁적 본문들의 편협하고 무지한 배타주의에 얽매일 필요가 없다.

하지만 널리 주장되는 이러한 가정은 내가 보기에는 이스라엘 사람들에게 정당한 비난을 가하는 것이기보다는, 오히려 이스라엘을 가르치려 드는 교만한 태도와 이스라엘에 대한 부당한 오해에 더 가깝다. 바벨론의 신들에 대한 중대한 논증을 쓴 이사야는 물질적인 우상들 자체와 그 우상들이 나타내는 신들 간에 존재한다는 그 구별을 분명히 이해했기 때문이다. 그는 이 점에 대한 이교도 신학을

---

14) John Barton, "'The Work of Human Hands'(Ps 115:4): Idolatry in the Old Testament", *Ex Auditu* 15(1999): 67.
15) 예를 들어, W. Cantwell Smith, "Idolatry in Comparative Perspective", *The Myth of Christian Uniqueness*, ed. John Hick and Paul F. Knitter(Maryknoll, N.Y.: Orbis; London: SCM Press, 1987), pp. 53-68에 소개된 다원주의적 관점을 보라.

너무나 잘 이해했기 때문에, 풍자 형태로 그 신학을 활용해서 우상들과 신들과 예배자들을 한꺼번에 비판할 수 있었다. 그래서 이사야서 46:1-2에서 그는 하늘에 있는 위대한 바벨론 신 벨(Bel)과 느보(Nebo)에 대해 묘사한다. 하지만 그들은 몸을 구부려 땅을 내려다보고 있다. 왜 그런가? 그들의 우상들이 실려 있던 달구지에서 떨어지려고 하기 때문이다. 이사야 선지자는 바벨론식 사고에서 볼 때 그 신상들이 신들 자신은 아니라는 걸 너무나 잘 알고 있다. 신들은 눈에 보이지 않는 '저기 위' 어딘가에 있다. 그들의 신상들은 눈에 보이는 '여기 아래' 어딘가에 있다. 하지만 그가 말하려는 요점은 바벨론 세계관에서 그 신들이 어디 있다고 생각하든 또 무엇이라고 생각하든 간에, 곤경이 닥칠 때 그 신들은 자기 예배자들은 고사하고 심지어 자신들의 신상조차 구원할 수 없다는 것이다. 오히려 그 신들은 자기 예배자들에게 짐이 된다. 그 예배자들은 무슨 수를 쓰든 그들의 신상을 구해내야 한다는 부담감을 느낀다. 바벨론 하늘의 신들은 바벨론 거리에서 비틀거리는 우스꽝스럽고 위태위태한 달구지에 자기 신상들을 내맡겨야 한다.

이사야 선지자의 풍자는 순진한 무지에서 나온 것이 아니라, 예리한 통찰에서 나온 것이다. 사실상 그의 풍자의 취지는 바벨론의 형상들과 그 형상들이 나타내는 신들 간의 구분을 그가 이해하고 있음을 **전제하고 그에 좌우된다**. 그는 바벨론 사람들이 자기들이 믿는 우상의 신상들과 그 신상들이 나타내는 신들을 구별했다는 사실을 너무 잘 알고 있었다. 이사야의 요점은 자신들의 우상들조차 구원하지 못하는 소위 신들의 명백한 실패가 우스꽝스럽고 초라하다는 것이었다.

더 초기의 성경 이야기들을 살펴보면, 이스라엘 사람들이 우월감에 빠진 다원주의자들의 말처럼 우둔하지 않았다는 증거가 있다. 그들은 어떤 신상이나 제단 자체가 그것이 나타낸다는 신과 같지는 않다는 사실을 인식했다. 하지만 그렇다고 해서 신이라는 것들의 무능함을 조롱하지 않은 것은 아니었다. 기드온의 아버지 요아스는 아들이 마을에 있는 바알 제단과 아세라 기둥을 무너뜨린 후 성난 군중이 밀려들자 그들에게 대항한다. 그는 신을 모신다는 건 **그 신이 너희를** 지켜 주어야 한다는 의미인데, 도리어 사람이 신을 지켜 주어야 하다니 이게 말이 되느냐고 일갈한다. 최소한 신이라면 자신의 영역과 상징물 정도는 지킬 수 있어야 한다. "너희가 바알을 위하여 다투느냐 너희가 바알을 구원하겠느냐…바알이 과연 신일진대 그의 제단을 파괴하였은즉 그가 자신을 위해 다툴 것이니라 하니라"(삿 6:31).

엘리야는 자기 숭배자들이 가장 필요로 할 때 수수방관하는 바알의 경향에 대해 더 날카롭게 조롱한다. 아합은 바알에게 단 하나와 아세라 기둥 하나를 만들어 주었다. 이세벨에게는 바알을 섬기는 선지자 4백 명이 있었다. 하지만 바알의 영적 실체가 어디 있었든, 바알은 갈멜 산에서 미쳐 날뛰는 그의 숭배자들의 단 주위에는 없었다. 엘리야의 조롱은 결국 그는 신인즉, 여기 있지 않다면 분명 '다른 어딘가에' 있을 것이라는 그들의 추정에 대한 통렬한 공격이다. "큰 소리로 부르라"고 엘리야는 말했다. "그는 신인즉 묵상하고 있는지 혹은 그가 잠깐 나갔는지 혹은 그가 길을 행하는지 혹은 그가 잠이 들어서 깨워야 할 것인지"(왕상 18:27).

또 하나 대단히 우스꽝스러운 이야기가 있다. 이 이야기는 심지어 그 물체들이 그것이 나타내는 신과 동일하다는 생각을 의도적으로 반박하는 것이라고 볼 수 있다. 이스라엘 사람들은 언약궤를 전투에 가지고 나가면, 야웨께서 그들에게 임재하시고 그들을 지원해 주시지 않을 수 없다고 생각했다. 블레셋 사람들도 처음에는 그렇게 생각하고 두려워 떨었다. 하지만 이어서 일어난 사건들은 양측의 가정이 틀렸음을 입증해 주었다(삼상 4:1-11). 야웨는 이스라엘이 갖고 다니면서 조종하는 일에 사용하는 어떤 물체와도 동일시되어서는 안 된다. 심지어 그것이 야웨 자신이 명하시고 그분이 주신 상세한 명세서에 따라 만든 물체라 해도 그렇다. 언약궤가 어느 곳에서도 환영받지 못한 채 블레셋 도시들을 이리저리 돌아다니는 동안, 블레셋 사람들은 그 궤를 그것이 나타내는 이스라엘의 하나님과 구분하는 법을 분명하게 배운다. 그 궤는 하나의 물리적 사물이었다. 하지만 블레셋 사람들을 친 것은 이스라엘의 하나님 야웨의 손이다(삼상 5:6-12). 블레셋 사람들이 이스라엘의 하나님에 대해 이 점을 인식할 수 있었다면, 이스라엘인 해설자와 독자들은 블레셋 신 다곤과 그의 우상에 대해 그 점을 얼마나 더 잘 인식했을까? 우상이 두 번 엎드러졌다는 사실(두 번째는 머리와 손이 없어졌다)은 다곤의 신적 능력이라는 게 이스라엘의 하나님을 나타내는 상징 앞에서 자신의 형상조차 제대로 서 있게 할 수 없을 정도로 형편없는 것임을 말해 준다(삼상 5:2-4). 그런 희극적 주제와 신학적 전제들은 이사야서 46:1-2에서 바벨론의 강한 신들에 대해 사용된 주제 및 전제들과 같다.

이로 인해 다시 우리가 말한 요점으로 돌아오게 된다. 이스라엘 사람들은 **우상들**이 그 앞에 절하는 사람들에게 무엇을 의미하는지 충분히 잘 알고 있었지만, 그럼에도 불구하고 그것들을 "인간의 손으로 만든 것"이라고 혹평한다. 그렇다면 이것은 그 우상들이 나타내는 **신들**에 대해서는 무엇을 의미했는가? 기본적인 결론은 시편 기자들과 선지자들은 형상들 및 그 형상들이 나타내는 신들을 전혀 구분하지 않는다는 것이다. **이교도 예배자들의 마음속에 그런 구분이 있다는 것을 알지 못했기 때문이 아니라, 궁극적으로 실제로는 그런 구분이 별 의미가 없었기 때문이다.**

눈에 보이는 우상들은 분명히 사람들이 만든 것이었다. 그리고 신들을 숭배하는 자들이나, 그들과 함께 그 신들을 숭배하고 싶은 유혹을 느끼는 이스라엘 사람들이 어떻게 생각했든, 그 신들 역시 인간이 만든 것에 불과했다. 그 우상들이 나타내는 소위 신들은 **신적** 실체나 **신적** 권능을 전혀 갖고 있지 않았다. 그런 실체와 권능은 오직 야웨께만 속한 것이기 때문이다. 신들을 숭배하는 사람들의 신화들과 제사 의식들 속에서 그 신들은 일반적으로 사람의 눈에 보이지 않는 어떤 다른 영역에 거주하고 있다고 생각했다 해도, 인간의 상상력의 산물인 그 신들의 실제 지위는 별 다를 것이 없었다. 단지 눈에 보이지 않는다 해서 그것이 신성을 갖고 있다는 증거는 아니었다. 그래서 이스라엘 사람들이 누가 봐도 인간의 노력과 기술로 만든 우상들을 가리켜 "사람의 손으로 만든 것"이라고 선포하는 것은, 그저 뻔한 말을 하는 것이 아니었다. 결국, 이교도 예배자들도 그 점에는 동의했을 것이다! 이교도들이 생각하기에 우상의 신상들은 실제로 사람의 손으로 만든 것이었다. 모든 사람들이 그것을 알았을 뿐만 아니라, 또한 그들은 실제로 자신들의 기술과 돈으로 그 위대한 형상들을 만든 것에 대해 자랑스러워했다(우상들이 대중 종교의 중요한 부분을 차지하는 인도 같은 나라들에서는 지금도 그렇다). 이스라엘 신학자들은 한 걸음 더 나아가 우상의 형상과 함께 우상숭배자들이 그 형상이 나타낸다고 믿는 신들의 정체까지 평가를 했다. 결론은 그 신들 역시 그들의 신상들과 마찬가지로 인간이 만들어 냈다는 것이었다.

존 바튼은 이스라엘이 이사야 덕에 신들에 대해 이러한 획기적인 인식을 갖게 되었다고 본다. 그 인식이란 그 신들이 실제로는 **신적** 권능의 또 다른 원천이 아니라, 인간의 '산물'일 뿐이라는 것이다.[16]

> [이사야는] 다른 신들이 야웨와 구별되는, 신적 권능의 또 다른 원천이라는 생각에서 벗어나, 그것들을 인간이 고안해 낸 산물이라고 말한다. 호세아는 다른 민족들과 동맹을 맺는 것은 그들의 신들, 곧 이스라엘에게 금지된 위협적인 신적 권능의 또 다른 원천

---

16) Barton, "Work of Human Hands", pp. 63-72.

과 얽히는 일이기 때문에 잘못이라고 생각했으나, 이사야는 외국을 신뢰하는 것을 단순히 인간적 힘의 원천을 신뢰하는 것으로 간주한다. "애굽은 사람이요 신이 아니며 그들의 말들은 육체요 영이 아니라"(사 31:3). 다른 민족들의 신들도 마찬가지로 전혀 신이 아니라 인간이 꾸며낸 허구일 뿐이다. 그것들은 사람이 만든 것이며 "그들의 손으로 만든 것"(2:8)이라고 말할 수 있다. 외국의 신에게 의지하는 것은 또 다른 [신적인] 힘의 원천, 심지어 금지된 원천에 의지하는 것이 아니라, 인간들이 만들어 냈고 그렇기 때문에 그들보다 별로 더 강하지 않은 뭔가에 의지하는 것이다. 이처럼 이사야서에는 야웨를 버리고 실재하는 다른 신들을 섬긴다는 의미의 **배교**에 대해서는 나오지 않는다. 그보다는 예배자 자신보다 더 강하지 않은 뭔가를 신적인 힘의 원천으로 예배하는 **어리석음**에 대해 더 많이 나온다.[17]

내 생각으로는 바튼의 이 말은 절대적으로 옳다.[18] 그는 우상숭배에 대한 이스라엘의 평가에서 대단히 근본적이고 심오한 어떤 것, 그리고 광범위한 선교학적 의의를 갖고 있는 어떤 것을 인식했다. 사람들이 섬기는 신들은, 살아 계신 한 분 하나님 외에는, 창조 세계 안에 있는 그 무엇, 객관적인 신적 실체가 없는 그 무엇이다. 그것들이 창조 세계 안에 있는 물체들(해, 별, 혹은 살아 있는 생물 등과 같은)이 아니라면, 그리고 귀신들이나 모종의 영들이 아니라면, 그것들은 틀림없이 "인간의 손으로 만든 것"이다(그리고 그렇게 묘사되는 경우가 가장 흔하다). **신이라 간주되는 것들은 사실은 그것을 나타내는 우상들과 다를 바 없다. 즉, 둘 다 인간이 만든 것이다.** 그것들을 숭배할 때, 우리는 우리가 만든 어떤 것에 충성을 바치고, 권능과 권위를 부여하며, 스스로 복종하는 것이다. 결국 이사야서 44:9-20에 나오는 풍자는 영 잘못 짚은 것은 아니다. 집안에 있는 주물을 섬기는 자나, 바벨론의 위대한 신들의 정교한 신상을 섬기는 숭배자나 **원리적으로는** 다를 바 없다. 자신이 스스로 만든 나무 조각에게 마치 그것이 실제로 신인 것처럼 말하거나(사

---
17) 같은 책, p. 66.
18) 내가 호세아와 이사야의 차이를 Barton이 표현한 견지에서 보지 않는다는 것만 제외하고 말이다. 이사야와 마찬가지로, 호세아도 이스라엘과 정치적으로 얽히게 된 열방의 다른 신들이 야웨의 대안이 될 만한 객관적인 신적 실체를 가지고 있다고는 생각하지 않았다(특히 호 8:4, 6; 13:2; 14:3에서 그 역시 그것들을 인간들이 만든 것이라고 무시해 버리는 것에 비추어 볼 때 그렇다). 그래서 나는 Barton이 이사야의 의미를 올바로 이해했다고 믿지만, 그것이 그가 주장하는 것처럼 그런 '획기적 약진'이었다고는 확신할 수 없다.

44:17), 금박을 입힌 신상들이 나타낸다고 생각하는 보이지 않는 국가 신들을 부르거나(사 46:7) 그 예배자는 쓸모없는 일을 하고 있는 것이다. 전자가 개인적인 사람의 손으로 만든 작품인 만큼이나, 후자는 집단적인 인간의 상상력의 산물이다. 둘 다 구원을 주지 못한다.

신과 우상들은 인간의 손으로 만든 것이라는 말이 대부분 민족 신이나 국가 신을 특별히 염두에 두고 있는 문맥에서 나온다는 사실은 의미심장하다. 그런 문맥 속에서 신들의 권능은 가장 강한 것처럼 보이며, 그에 상응해서 이스라엘의 근본적인 주장은 가장 반문화적이고 논쟁적인 것처럼 보이기 때문이다. 분명 이러한 위대한 민족 신들은 얼핏 보면 힘있고 권능 있는 신들이다! 하지만 실제로는 그렇지 않다고 선지자들은 대답한다. 그 신들은 그것들을 만든 사람들보다 더 강하지 않다. 그리고 물론 열방의 통치자들은 그런 것들을 만들면서 자신들의 자만심과 탐욕과 공격성을 구체적으로 표현했다. 민족 신들은 인간의 교만을 궁극적으로 신격화했다. 하지만 그 신들은 그럼에도 불구하고 여전히 인간이 만든 것이다.

예를 들면 앗수르의 위대한 신들이 유다 주위의 더 작은 나라들의 더 힘없는 신들을 물리쳤다는 말은 실제로는 무슨 의미일까? 앗수르 왕과 그의 군대가 사악한 잔인함과 탐욕으로 그 나라들을 휘저었다는 의미일 뿐이다(사 10:12-14). 실제로 앗수르 왕과 그의 대변인들 자신도 그런 식으로 신과 왕을 동일화시켰다(왕하 18:33-35). 그들의 세계관에서 보면, 왕과 군대가 한 일은 신들의 영역에서 일어나고 있는 일을 반영한 것이었다. 그래서 왕이 신들을 물리쳤다고 전혀 어려움 없이 주장할 수 있었다. 왕이라는 말과 신이라는 말을 문법적으로 혹은 그 자리에서 상호 교환적으로 사용할 수 있었다. 이스라엘 선지자들은 어떤 차원에서는 이런 세계관을 받아들였으나, 다른 차원에서는 단호히 거부했다. 국제 무대는 실제로 신이 활동하는 영역이었다(이스라엘 선지자들은 그 부분에 대해서는 동의했다). 하지만 서로 충돌하는 신들로 가득 들어차 있기는커녕, 단 한 분의 신적 존재만이 그 무대 안에서 활동하고 계셨다. 바로 이스라엘의 하나님 야웨, 히스기야가 "주는 천하 만국에 홀로 하나님이시라. 주께서 천지를 만드셨나이다"(왕하 19:15)라고 말할 수 있었던 분이다. 앗수르인들이 자신들에게 승리를 주었다고 간주했던 신들은, 그들이 약탈한 나라의 신들과 마찬가지로 '신이 아닌' 혹은 '하나님이 아닌' 존재들로 '사람의 손으로 만든 것'이었다(18절). 즉, 그들은 오직 야웨께만 속한 주권적인 신적 실재와는 전혀 상관이 없었다.

하박국도 같은 주장을 한다. 그는 앗수르의 제국 확장의 교만, 폭력, 인간과 생태계의 파괴를 생생하게 자세히 묘사한 후에(합 2:3-17), 앗수르의 신들이 여호와가 그들을 멸망시키지 못하도록 지켜 줄 수 있다는 생각을 비웃는다. 이것이 다음에 나오는 구절의 전후 문맥이며, 그가 비웃는 내용의 요점이다. 그 구절 다음에는 으레 그렇듯 은과 금으로 장식되어 있지만 생명과 호흡은 없는 나무와 돌에 대한 조롱이 나온다.

새긴 우상은 그 새겨 만든 자에게 무엇이 유익하겠느냐.
부어 만든 우상은 거짓 스승이라.
만든 자가 이 말하지 못하는 우상을 의지하니
무엇이 유익하겠느냐.(합 2:18)

"만든 자가 [자기가 만든] 우상을 의지하니(문자적으로는 '물건을 만든 자 그가 그것을 의지했다')라는 단 한 줄의 말은 이스라엘의 선지자들이 적국들의 위대한 국가 신들에 대해 믿는 바를 가장 분명하게 표현한다. 우상들 안에나 배후에나 위에 신적 권능은 없다. 그것들은 신성을 나타내는 것이 아니라 인간이 만들어 낸 허구들이다. 이에 반해, 하박국은 계속해서 이렇게 말한다.

오직 여호와는 그 성전에 계시니
온 땅은 그 앞에서 잠잠할지니라.(합 2:20)

앗수르의 우상숭배자들 자신에게 이것이 사실이라면(그들의 신은 인간의 손으로 만든 것이라는 점), 동맹을 공고히 하거나 모종의 유익을 얻기 위해(혹은 적어도 처형되지 않기 위해) 앗수르의(혹은 다른 어떤 민족의) 신들을 숭배하기로 한 **이스라엘 사람들**도 똑같이 충격적인 소리를 들어야 한다. 그래서 호세아는 이스라엘을 위한 회개의 기도서(유감스럽게도 그것은 단 한 번도 사용되지 않았다)를 쓸 때, 앗수르 군대가 그들을 구원할 수 없음을 인식하라고 말한다. 그들이 그것을 의지하는 것은 **그들 자신의 손으로** 만든 신들을 의지하는 것에 불과했기 **때문이다.** 다시 말해, 이스라엘이 본 앗수르 신들의 권능은 앗수르인들의 상상력의 산물인 만큼 **이스라엘의** 상상력의 산물이기도 했다는 것이다. 그 신들을 숭배하는 것은 인간이 만들어 낸 것에 신성을 부여하는 일을 묵인하는 것이었다. 그래서 앗수르의 군사력을 의지한 것(그럼으로서 앗수르 신들을 의지한 것)에 대한 회개는 **스스로 신들을 만든** 것에 대한 회개였다. 바튼이 잘못 주장한 것처럼, 진정 신적이라고 추정된 권능의 또 다른 원천을 의지한 것에 대한 회개가 아니었다. 그것은 "앗수르" "말" "우리의 신" "우리의 손으로 만든 것" 등이 매우 유사한 동의어로 사용된다는 사실에서 분명히 알 수 있다.

> 너는 말씀을 가지고
> 여호와께로 돌아와서
> 아뢰기를
> 모든 불의를 제거하시고
> 선한 바를 받으소서.
> 우리가 수송아지를 대신하여 입술의 열매를 주께 드리리이다.
> 우리가 **앗수르**의 구원을 의지하지 아니하며
> **말**을 타지 아니하며
> 다시는 **우리의 손으로 만든 것**을 향하여
> 너희는 **우리의 신**이라 하지 아니하오리니.(호 14:2-3, 저자 강조)

호세아는 북 왕국 이스라엘에게 설교했다. 그들이 **앗수르** 신들을 좇는 것은 그들 자신이 만든 신을 의지하는 것이라는 말에는 약간의 아이러니가 있다. 북 이스라엘을 창시한 왕도 사실 같은 이유로, 즉 취약한 새로운 국가의 안전을 강화하기 위해, 야웨 자신에 대해 그렇게 했기 때문이다. "이스라엘에게 죄를 범하게 한 느밧의 아들 여로보암"(예를 들어, 왕상 15:34; 16:19)이라는 말은 북쪽 지파들을 유다로부터 떨어져 나가게 만든 사람을 나타내는 말이었다. 그의 뒤를 이은 수많은 왕들이 그를 본받아서 우상숭배의 죄를 범했다. 하지만 열왕기상 12:26-33에 원래 나오는 묘사를 보면 그의 동기와 교묘함을 볼 수 있다. 여로보암의 의도는 자기 주민들이 예루살렘에 있는 야웨의 성전에 종교적 순례 여행을 가서 다시 예루살렘에 정치적 충성을 바치지 못하게 하려는 것이었다. 그래서 그는 북 왕국 양쪽 끝에 송아지 상을 세워놓고, 북쪽 지파들로 하여금 그들을 애굽에서 인도하여 내신 하나님을 예배하게 했다. 분명 그는 야웨 외의 다른 신을 숭배하라고 제안하는 것처럼 보이고 싶지는 않았을 것이다. 정말로 본문에 암시된 것을 보면, 여로보암은 자신이 그 지파들을 솔로몬과 그 아들의 압제에서 해방시킨 모세와 같은 존재라고 주장하고 있었을 수도 있다. 그럼에도 불구하고, 그는 자기 나라의 종교 전체를 재구성해서, 야웨를 예배하는 의식을 자신이 특별히 관리했다.[19] 그래서 그 이야기는 표면상으로는 여전히 '야웨'가 전면에 나와 있지만, 내용상으로는 많은 부분을 여로보암 자신이 만들었음을 미묘하게 암시한다. 야웨가 인간의 손으로 만든 신처럼 만들어진 것이었다. 살아 계신 하나님이 국가 안전을 도모하려는 국가의 선전 활동에 동원되고 교묘하게 길들여졌다. 이러한 형태의 우상숭배는 여로보암 이후로도 지속되었다.

선지서에서 눈을 돌려, 우상의 인간적 기원에 대해 가장 분명하게 선포하는 시편인 115편을 살펴보면, 그 본문이 이스라엘과 열방 간의 논쟁을 배경으로 하고 있다는 사실을 다시 한 번 깨닫게 된다. 그 시편의 낯익은 첫 구절 역시, 지금까지 우리가 논의했던 것에 비추어 보면 더 큰 의미를 지닌다. 어떤 민족의 신이 사실상 그 민족의 교만을 나타내는 집단적 인간의 산물이라면, 어떤 신의 영광은 곧 그 민족의 영광이며, 그 민족의 영광은 곧 그 신의 영광이다. 민족의 신에게 영광을 돌린다는 것은 보통 그들의 연합 군사력을 찬양한다는 의미다. 이스라엘인 시편 기자는 이것이 이스라엘의 하나님 야웨를 찬양하는 동기가 될 수 있다는 사실을 전면 부인한다. 반대로, 그는 다음과 같은 두 가지를 강조한다.

> 여호와여, 영광을 우리에게 돌리지 마옵소서.
> 오직 주는 인자하시고 진실하시므로
> 주의 이름에만 영광을 돌리소서.(시 115:1)

즉, 야웨께 영광을 돌리는 것이 그의 **백성** 이스라엘에게 영광을 돌리는 또 다른 방법이라고 해석해서는 절대 안 된다. 반대로 야웨는 단지 백성들의 자축을 의미하는 상징이나 암호로서가 아니라, 그분 자신의 정체성과 성품 때문에 찬양을 받으셔야 한다(그런 식으로 혼동하는 잘못을 범하기가 매우 쉽다. 그 결과 '하나

---

19) 이러한 사정은 벧엘의 제사장이 아모스의 예언이 선동적이라고 화를 내면서 말하는 것에서 드러난다. "이는 왕의 성소요 나라의 궁궐임이니라"(암 7:13).

님'을 공경한다고 주장하는, 혹은 하나님께 그들을 '축복해 달라고' 요청하는 현대 국가들 가운데에도 그런 현상이 만연해 있다).

그 시편은 이렇게 색다르게 시작해서, 다른 민족들과 이스라엘 간의 상상 속 대화를 이어 나간다.

> 어찌하여 뭇 나라가
> 그들의 하나님이 이제 어디 있느냐 말하게 하리이까.
> 오직 우리 하나님은 하늘에 계셔서
> 원하시는 모든 것을 행하셨나이다.
> 그들의 우상들은 은과 금이요
> 사람이 손으로 만든 것이라.(시 115:2-4)

"**너희 하나님은 어디에 있느냐?**" 열방은 이스라엘이 눈에 보이는 야웨의 형상이 없다고 조롱하며 비웃는다.

"**우리 하나님은 하늘에 계시다. 너희 신은 어디에 있느냐?**"라고 이스라엘은 반박한다.

그리고 시편 기자는 자신의 암시적 질문, 곧 "열방의 신들이 어디에 있느냐?"는 질문에 대한 대답으로, "그 신들은 그것들을 만든 사람들과 마찬가지로 땅에 있다"고 단언한다. 야웨의 보이지 않는 이름표에는 "유일하신 하늘의 통치자"라고 기록되어 있다. 다른 신들의 너무나 뻔한 일반적 특징은 "땅에서 만든 것"이라는 것이다. 그리고 나서 그 시편의 후반부는 하늘과 땅(둘 다 야웨께서 만드셨다. 하지만 하나는 그분 자신이 거주하는 영역으로, 그리고 다른 하나는 인간이 거주하는 영역으로 다르게 만드셨다)에 대한 이러한 대조를 삶과 죽음 간의 대조와 결합시킨다. 그것이 함축하는 바는 그 시편 앞부분에서 비판한 신들과 우상들은 하늘에 있는 신이 **아닐** 뿐 아니라, 땅에 속하고 생명이 없으며 야웨와 같은 방식으로 축복을 해줄 수 없는 시시한 존재라는 것이다.

> 너희는 천지를 지으신 여호와께
> 복을 받는 자로다.
> 하늘은 여호와의 하늘이라도

땅은 사람에게 주셨도다.
죽은 자들은 여호와를 찬양하지 못하나니
적막한 데로 내려가는 자들은 아무도 찬양하지 못하리로다.
우리는 이제부터 영원까지
여호와를 송축하리로다.(시 115:15-18)[20]

야웨와 신이라 칭하는 존재들 간의 대조는, 야웨께서 사시는 더 높은 영역과 사람이 사는 낮은 쪽 영역의 대조를 통해 이처럼 강조된다. 마치 우상들은 신적 세계가 아니라 인간의 세계에 속해 있다고 시사하는 듯하다. 이사야는 이 요점을 다시 한 번 되풀이한다. 둘째로, 산 자들과 죽은 자들 간의 대조가 있다.…이 점이 여기에, 곧 야웨께서 다른 '신들'보다 우월하시다고 말하는 한 시편의 끝 부분에 나온다는 사실은 내가 보기에는 의미심장하다. 구약의 사상에서 우상들은 본질적으로 죽은 자들의 세계에 속해 있기 때문이다. 우상들은 그것들을 예배하는 자들만큼이나 생명이 없다. 반면에 야웨는 "참 하나님이시요 살아 계신 하나님이시요 영원한 왕"(렘 10:10)이다. 이처럼 이 시편은 세심하게 만들어진 하나의 통일체다. 그것은 이스라엘의 하나님과 열방의 '우상들' 간의 대조에 기초하고 있으며, 하늘과 땅, 산 자와 죽은 자의, 인간적 권능과 신적 권능 등을 의미심장하게 대조시킨다.[21]

인간의 손으로 만든 신들의 절정(혹은 최저점)은 인간이 자신을 신이라고 주장하거나 자기가 소유한 권력의 신적 근원이라고 주장하는 경우다. 구약에는 자수성가한 사람이 자신을 신격화하는 것을 비꼬는 말이 나온다. 심지어 그런 교만의 어리석음과 기만을 폭로하면서 음산한 유머를 사용하기도 한다. 이것 역시 보통 왕과 황제들이 저지르는 악이다.

에스겔은 두로 왕이 스스로 점을 치며, 그로 인해 그 왕과 그 나라가 반드시 심판을 받는다고 밝힌다.

네 마음이 교만하여

---

20) 16절은 문자적으로는 '아담의 아들들에게'라고 읽을 수 있다. 이것은 4절에서 우상들을 "사람(아담)이 손으로 만든 것"이라고 묘사하는 것과 유사하며, 그것과 연결시켜 준다.
21) Barton, "Work of Human Hands", p. 70.

말하기를 나는 신이라.
내가 하나님의 자리
곧 바다 가운데에 앉아 있다 하도다.
네 마음이 하나님의 마음 같은 체할지라도
너는 사람이요 신이 아니거늘.…
네가 너를 죽이는 자 앞에서도
내가 하나님이라고 말하겠느냐.
너를 치는 자들 앞에서
사람일 뿐이요 신이 아니라.(겔 28:2, 9)

마찬가지로, 에스겔은 애굽 왕 바로의 교만을 신랄하게 표현한다. 바로는 자신이 애굽을 풍요롭게 만드는 나일 강 자체를 창조할 신적 능력을 갖고 있다고 주장하면서, 자신의 번영의 원천은 다름 아닌 자기 자신이라고 생각한다.

애굽의 바로 왕이여 내가 너를 대적하노라.
너는 자기의 강들 가운데에 누운 큰 악어라.
스스로 이르기를 나의 이 강은 내 것이라.
내가 나를 위하여 만들었다 하는도다.(겔 29:3)

그런 터무니없는 주장은 얼마나 몰상식한 교만이요 자기기만인가! 하지만 그것은 현대의 세계 자본주의의 특징인 재물에 대한 우상숭배에 그대로 나타나 있다. 에스겔이 활동하기 오래 전, 신명기 8:17-18에서 모세는 이스라엘에게 그런 경제적 교만에 대해 경고하면서, 그들이 소유하고 있는 재물의 참된 원천이 무엇인지 기억하라고 촉구했다.

당연히, 바벨론 역시 그와 비슷한 신적 주장을 한다고 비난을 받는다. 살아 계신 하나님만이 하실 수 있는 말을 한다는 것이다.

그러므로
사치하고 평안히 지내며
마음에 이르기를

나뿐이라 나 외에 다른 이가 없도다.
나는 과부로 지내지도 아니하며
자녀를 잃어버리는 일도 모르리라 하는 자여
너는 이제 들을지어다.
한 날에 갑자기 자녀를 잃으며
과부가 되는 이 두 가지 일이 네게 임할 것이라.…
네 지혜와 네 지식이 너를 유혹하였음이라.
네 마음에 이르기를 나 뿐이라.
나 외에 다른 이가 없다 하였으므로(사 47:8-10)

느부갓네살은 자신이 그같이 신성을 지니고 있다고 자처함으로 고통을 받았던 것 같다. 하지만 그는 그런 일들이 얼마나 미친 짓인지 깨달으면서, 제정신이 돌아오는 동시에 살아 계신 하나님께 복종하게 되었다(단 4장).

이 부분에서 살펴본 자료들을 다시 검토해 보면, 신들과 우상들의 세계 전체에 엄청난 도전이 된다. 그리고 그것들은 분명 원래 그런 의도로 기록된 것이었다. 우리는 여러 다양한 역사적 시대에 기록된 광범위한 구약 문헌들 곳곳에서 이런 입장을 관찰했기 때문이다.

어떤 백성이 자신들의 신의 위대성을 주장하는 것은 별로 이상한 일이 아니다. 원리적으로나 실제적으로나 이스라엘도 이웃 나라들과 다를 바 없이 그렇게 했다.[22] 하지만 이스라엘이 야웨에 대해 그렇게 했듯이, 그 신이 다른 모든 신들을 배제하는 초월적 유일성과 보편성을 지니고 있다고 주장하는 것 그리고 야웨의 엄청나고 유례없는 '질투'를 언급하면서 그 주장을 변호하는 것은 다른 곳에서는 찾아보기 어렵다. 베르너 슈미트(Werner Schmidt)는 다원주의적 관용을 지니고 있던 대부분의 고대 근동 종교에 비해 제1계명의 독특성을 언급하면서, 이렇게 말한다.

그것의 본보기가 될 만한 것은 없다. 그것은 인근 나라 종교들에서 유래될 수가 없고,

---

22) 예를 들어, Morton Smith, "The Common Theology of the Ancient Near East", *Essential Papers on Israel and the Ancient near East*, ed. F. E. Greenspan(New York: New York University Press, 1991), pp. 49-65에 나오는 개관을 보라. 하지만 Smith는 이어서 이스라엘의 신앙에 분명히 나타난 독특성을 축소해 버린다.

그 종교들의 본질적 특성과 반대된다. 역사를 보면 모든 현상에는 유사한 예들이 있지만, 현재로서는, 제1계명과 제2계명이 다른 어떤 곳에서 차용되었다는 것을 증명하기가 불가능하다. 오직 이스라엘만이 이러한 독점적 교리를 지니고 있다.[23]

또 한 걸음 더 나아가, 열방의 신들은 그것들을 가시적으로 나타내는 우상들과 마찬가지로, "인간의 손으로 만든 것", 신적인 내용이 없는 인간의 작품에 지나지 않는다는 주장을 반복해서 선포하는 것 역시 유별난 것이요 유례가 없는 것이다. 하지만 구약에 이 주제가 광범위하게 분포되어 있는 이유는 매우 분명하다. 이스라엘은 우상숭배의 본질이나 다른 숭배자들이 자기 신들에 대해 가정하는 것들을 오해하지 **않았다**. 오히려 그들은 그러한 가정들과 주장들을 대단히 잘 이해하고, 그 주장들을 일언지하에 거절했다. 시편 96:5에 나오는 명확한 주장은 대단히 강력하다. "만국의 모든 신들은 우상들[*'ĕlîlîm*]이지만." 즉, 신들 자체가 우상들과 마찬가지로 덧없다는 것이다. 그들 역시 사람이 만든 것이기 때문이다.

인간의 손으로 신들을 만들었다는 말은 인간의 **오만**을 자극하며, 사람들의 격렬한 거부를 불러일으킨다. 바울도 에베소에서 그렇게 말했는데, 그것은 폭동을 유발시키기에 충분한 말이었다(행 19:23-41). 우리가 그처럼 높여 숭배하는 신들이 정말 우리의 놀라운 창의성의 산물이라면, 그것들을 그처럼 공격적으로 방어하는 것도 놀라운 일이 아니다. 그리고 우리는 스스로 만든 신들을 애써 보호함으로써, 유일하신 참 하나님의 특권인 참된 질투를 흉내낸다. 그 하나님은 우리가 만들지 않은 분이다. 우리는 우리 신들에게 너무 많은 것을 투자하고, 너무 많은 것을 썼으며, 우리의 정체성과 의의는 그들의 정체성과 의의와 한데 섞여 버려서, 우리는 도저히 그것들의 정체를 폭로하거나 조롱하거나 넘어뜨릴 수가 없다. 그럼에도 그것들은 살아 계신 하나님 앞에서 반드시 무너지고야 만다. 인간의 모든 노력 중, 하나님의 영광을 위한 것이 아니거나 하나님께 바쳐져서 구속되지 않는 것은 모두 그렇게 될 수밖에 없기 때문이다.

인간의 교만과 세상적 영광,

---

23) Werner H. Schmidt, *The Faith of the Old Testament*(Philadelphia: Westminster; Oxford: Blackwell, 1983), p. 70.

검과 왕관은 그의 신뢰를 배신하나니
주의하고 수고하며 그가 세운 것들
탑과 신전은 산산히 무너져 버린다.
하지만 하나님의 능력은
매시간
나의 신전과 나의 탑이다.[24]

결국 인간이 만들어 낸 신들은 그들이 하는 모든 교만한 주장 및 위장에도 불구하고, 못으로 고정해 놓지 않으면 똑바로 서 있지도 못하는 금박 조각상에 불과하다. 심지어 그렇게 못을 박아 놓아도 자세가 불안정하다. 블레셋 거인 골리앗이 다윗의 물매에 의해 쓰러진 것처럼, 블레셋 신 다곤은 살아 계신 하나님에 의해 쓰러져 버렸다. 그리고 그 교훈은 동일하다. "온 땅으로 이스라엘에 하나님이 계신 줄 알게 하겠고"(삼상 17:46).

바벨론 신인 벨과 느보 역시 초라한 모습으로 역사의 무대에서 퇴장당할 것이다(사 46:1-2). 인간과 인간이 만든 것들의 그런 모든 허세와 가식에 대해, 이사야는 다음과 같이 단언한다.

대저 만군의 여호와의 날이
모든 교만한 자와 거만한 자와
자고한 자에게 임하리니
그들이 낮아지리라.…
그 날에 자고한 자는 굴복되며
교만한 자는 낮아지고
여호와께서 홀로 높임을 받으실 것이요
우상들은 온전히 없어질 것이며.(사 2:12, 17-18)

그리고 여호와의 우주적 심판이 임할 때, 이 땅의 교만한 인간 통치자들과 그

---

24) Joachim Neander(1650-1680), "All My Hope on God Is Founded", adapted by Robert S. Bridges in 1899.

들이 하늘에 다 만들어 놓았던 신들이 다 심판을 받을 것이다.

> 그 날에 여호와께서
> 높은 데에서 높은 군대를 벌하시며
> 땅에서 땅의 왕들을 벌하시리니.(사 24:21)[25]

바울은 그런 성경적 뿌리에 근거해서, 인간의 삶과 마음에 영향력을 행사하는 권세들과 관련 이데올로기들이 피조물의 특성을 가지고 있다고 주장하면서, 그리스도의 십자가에서 이 모든 권세들에게 결정적 심판이 임했다고 단언한다.

> 누가 철학과 헛된 속임수로 너희를 사로잡을까 주의하라. 이것은 사람의 전통과 세상의 초등학문을 따름이요 그리스도를 따름이 아니니라.…통치자들과 권세들을 무력화하여 드러내어 구경거리로 삼으시고 십자가로 그들을 이기셨느니라.(골 2:8, 15)

비판과 희망. 그렇다면, 성경에 나오는 신들의 역설은 무엇인가? 이제까지 두 가지를 살펴보았다.

첫째는 그것들이 가지고 있다고 주장하는 신적 실체 면에서 그것들은 **아무것도 아니다**. 적법한 신성을 지닌 분은 단 한 분뿐이며, 그분은 성경에 계시된 여호와 하나님, 우주의 창조자이시며 통치자이신 그 하나님이시다. 그분 외에는 정당하게 신성을 주장할 수 있는 존재가 없다. 그런 의미에서, 바울이 구약 유일신론에 입각해서 단호하게 말한 것처럼, 신이나 우상은 이 세상에서 아무것도 아니다. 그렇지만 우상들은 우리가 관찰할 수 있는 세상에서 분명하게 존재하며, 그것들

---

[25] 두 번째 행은 문자적으로는 "높은 데에 있는 높은 무리들"이라는 것이다. 여기서는 이러한 천상의 군대들을 '신들'이라고 구체적으로 묘사하지는 않지만, 분명 그들은 다른 곳에서는 신이라고 불리는 권세들이다. 그들은 이사야서 다른 곳에서 그렇듯이, 인간이 꾸며낸 것, 곧 왕들의 신적 후원자라고 주장되는 존재들이거나, 실제 영적 권세들, 곧 인간 정부와 어떤 식으로든 결부되어 있는 천사들이든 둘 중 하나다. 어떤 경우든, '신들'이란 창조 질서 내에 있는 어떤 것(인간이 만든 것이건 천사적인 것이건)을 말하는 것이지, 심판을 행하시는 야웨의 유일한 신성을 공유하는 존재를 말하는 것이 아니다. Motyer는 그 표현이 "하나님의 피조물 전체를 포괄적으로 정리할 때 처리될, 범죄한 영적 세력들을 암시한다. 어디에 있는 것이든 모든 권세를 벌하리라는 이사야의 주장은 전적인 신적 주권을 조용히 가정하기 때문에 더 인상적이다"라고 주장한다. J. A. Motyer, *The Prophecy of Isaiah*(Downers Grove, Ill.: InterVarsity Press; Leicester, U.K.: Inter-Varsity Press, 1993), p. 206.

이 나타내는 신들 역시 역사 안에서 인간의 담화와 경험과 활동의 일부로 존재한다. 그것들은 **그 무엇**이다. 그것들을 섬기지 말라는 명령은 그것들의 존재를 추정한다. 하지만 내가 주장했듯이, 신들이 이런 의미에서 존재한다는 믿음은 성경적 유일신론의 기반과 양립할 수 없는 것이 아니다. 그 기반이란 여호와 우리 하나님이 위로는 하늘에 아래로는 땅에 계시는 하나님이며, 다른 신은 없다는 것이다. 신들은 존재하는 그 무엇이다. 하지만 하나님처럼 신적 정체성과 지위와 권능과 영원성을 가지고 존재하는 것은 아니다. 그 신들을 경배하는 사람들은 그것들이 하늘에 있다고 생각할지 모르지만, 실제로 그것들은 땅에 속해 있다. 그것들은 그것들을 경배하는 자들과 마찬가지로 창조 세계의 일부다.

두 번째 역설은 신들이 귀신적 질서를 전형적으로 보여 주고 나타낼 수 있다는 것이다. 구약은 이따금, 그리고 신약은 보다 분명하게, 신들과 우상들 배후에 있는 영적 세력들의 존재와 권능을 인지한다. 구약이나 신약이나 똑같이 분명하게, 살아 계신 하나님이 그 모든 권세들에 대해 주권을 갖고 계시며, 그것들이 십자가에서 그리스도에 의해 결정적으로 패배했다고 단언한다. 하지만 구약은 우상들이나 그 우상들이 나타낸다고 생각하는 신들은 인간의 손으로 만든 것이라고 훨씬 더 자주, 명백하게 말한다. 우리가 믿는 신들은 우리가 만든 것이다. 그 때문에 그 신들을 경배하는 것은 대단히 어리석다.

그래서 '다른 신들은 귀신들인가, 아니면 인간이 만들어 낸 것인가?'라고 질문한다면, 그 대답은 둘 중 하나일 수도 있고 둘 다일 수도 있다. 하지만 후자가 더 중대한 신학적 진리이며, 더 위험스러운 속임수다. 인간들은 귀신 없이도 우상숭배에 대해 스스로 배웠다. 일단 살아 계신 하나님의 권위를 거부하기로 했다면, 우리는 결국 창조 세계 내에서건, 마음속 상상으로건, 스스로 신들을 만들어 낸다. 우리는 그런 일에 전문가이며, 마귀는 우리의 전문 기술을 발전시키고 잘하도록 돕는다.

신들과 우상들을 **귀신들**과 연관시키는 본문은 상대적으로 별로 없고, 그것들을 **인간**이 만들어 낸 것으로 묘사하는 본문은 많다는 것은 분명 신학적으로 의미심장하다. 그러한 차이는 우상숭배의 죄가 참으로 누구의 책임인지 균형 잡힌 인식을 갖도록 해준다. 그 책임은 바로 우리 인간에게 있다. 마귀에게 아무 혐의가 없다는 말이 아니다. 하지만 또한 우리의 책임을 마귀에게 전가해서도 안 된다. 그런 책임 전가는 우리가 에덴 동산에서 이미 배운 또 하나의 기술이다. 신들이 주로 인간이 만든 것이라면, 그것들은 우리 책임이다. 우리는 그것들이 진 빚을 갚고, 그것들이 어질러 놓은 것을 치우며, 그것들이 저질러 놓은 결과로 고통을 겪는다. 분명 우리는 악한 자의 사탄적 침투와 영적 유혹이 어느 정도인지, 그 결과가 무엇인지 인식해야 한다. 하지만 신들과 우상들은 근본적으로 우리가 만든 것이다. 인간 종교의 엄청난 결과들에 대한 세속주의자들의 비난은 어느 정도 일리가 있다. 우리가 만든 신들은 우리 자신들만큼 파괴적이다. 왜냐하면 그것들은 우리 손으로 만든 것이며, 우리의 손은 피로 가득 차 있기 때문이다.

하지만 이러한 인식에는 또한 일말의 소망이 담겨 있다. 신들이 주로 인간이 만든 것이라면, 그것들은 파괴적일 뿐 아니라 또한 우리가 이 땅에서 만든 다른 모든 것과 마찬가지로 **파괴될 수 있다. 그 신들 역시 부패하고 소멸될 수밖에 없다.** 그 신들은 그것들을 만든 사람들이나 제국들과 마찬가지로 내구력이 없다. 역사를 살펴보면, 열방의 죽은 신들을 경멸하던 앗수르 자신도 똑같은 신세로 전락했다. 지금 앗수르, 바벨론, 바사, 헬라, 로마의 신들은 어디에 있는가? 역사는 신들의 무덤이다.

선교학적으로 볼 때, 이런 성찰들은 현재 수많은 종교들이 제기하는 긴급한 질문들과 분명 관계가 있다. 오늘날의 세상에서 열방의 신들에 대해 우리는 성경에 근거해서 어떤 대답을 해야 하는가? 최소한 우리는 지나치게 단순한 접근법을 채택해서는 안 된다. 이를테면, 타종교들은 다 귀신의 역사라든가, 아니면 순전히 문화적인 현상이라고 보는 것은 옳지 않다. 성경 자신이 '다른 신들을' 예리하게 분석한 것에 비추어 볼 때, 배타적인 두 개의 정반대 입장으로는 종교 문제를 만족스럽게 해결할 수 없다.

선교와 신들

왜 우상숭배는 선교에서 문제가 되는가? 왜 선교는 '신들에게 관여해서' 그 신들의 존재를 드러내고 그 정체를 밝혀 내야 하는가? 왜 우리는 (선지자들과 사도들이 그랬던 것처럼) 우상숭배가 살아 계신 하나님을 인정하지 않는 사람들 가운데 나타날 뿐 아니라, 또한 (그리고 더욱) 성경의 하나님을 알고 예배한다고 주장하는 사람들과 그리스도의 이름을 믿고 의지한다고 주장하는 사람들 가운데 은밀하게 퍼지는 독처럼 역사한다는 사실을 밝혀 내고 정죄해야 하는가?(우리는 선지자들이 다른 나라들의 우상숭배를 정죄한 것보다 이스라엘의 우상숭배를 훨씬 더 많이 정죄했던 것을 상기해야 한다) 어쨌든, 사람들이 그렇게 하기를 원해서 자신들의 신들을 숭배한다면 그것이 뭐가 잘못인가? 또 우리는 인간 문화에 다른 신들이 존재하는 것을 어떻게 인식해야 하는가? 그리고 그 신들의 정체를 밝혀 낸 다음에, 우리가 사역하는 다양한 사회적·문화적·전도적·목회적 상황 속에서 그것들을 어떻게 처리해야 하는가? 이 장 나머지 부분에서는 이러한 질문들에 대해 살펴보겠다.

가장 중대한 구분을 인식함. 성경의 처음 몇 구절에 모든 실재에서 가장 근본적인 구분이 제시되어 있다. 그것은 창조주 하나님과 다른 모든 것 간의 구분이다. 오직 하나님만이 창조되지 않고, 스스로 존재하시며, 우연히 생겨나지 않은 분이시다. 하나님의 존재는 하나님 자신 외의 다른 어떤 것에도 좌우되지 않는다. 이에 반해, 다른 모든 실재들은 하나님에 의해 창조되었으며, 그렇기 때문에 그것은 하나님에 의해 존재하고 유지된다. 피조물은 하나님께 종속되어 있다. 피조물은 하나님이 없으면 존재할 수 없으며 존재하지 않을 것이다. 하지만 하나님은 피조물이 없이도 존재하셨으며 존재하실 수 있다. 두 존재(창조 세계와 창조되지 않은 하나님) 간의 이러한 본질적인 존재론적 이원성은 성경적 세계관의 기초다.

이로부터, 창조 기사가 경고하는 많은 다른 구분들이 나온다. 낮과 밤 간의 구분, 이 땅의 서로 다른 환경 간의 구분, 생물의 종들 간의 구분, 하나님의 형상으로 지음받은 인간과 나머지 동물들 간의 구분, 남자와 여자 간의 구분 등이다. 하지만 의심의 여지없이, 가장 기본적이고 중대한 구분은 창조주와 피조물의 구분이다. 그렇기 때문에, 창세기 3장의 대단히 단순하면서도 심오한 이야기에서 신비한 악의 세력이 나타났을 때, 바로 그 구분이 공격을 받는다.

"너희가…하나님과 같이 되어 선악을 알" 것이라고 뱀은 약속한다. 사람들이 하나님의 경계 표시를 무시하기만 한다면 말이다(창 3:5). 하나님의 형상으로 지음받은 피조물에게 하나님과 같이 되고자 하는 것보다 더 그럴듯하고 자연스러운 것이 무엇이 있겠는가? 그 시험의 핵심은 "선악을 알" 것이라는 두 번째 문구에 있다. 나는 그 말을 "도덕적 자율성을 가질 것"이라는 의미로 받아들인다. 즉, 뱀이 제시하고 그 다음에 그 인간 부부가 불순종한 행동을 통해 주장했던 것은 단순히 선과 악의 차이를 **인식할 수 있는** 능력(그것은 분명 모든 진정한 도덕적 자유 혹은 도덕적 능력에 기초가 된다. 그리고 성경 다른 곳에서는 그런 능력을 가지라고 권한다)이 아니라, 선과 악을 **스스로 규정할 수 있는** 권리였다. 선이 무엇인지, 그렇기 때문에 악이 무엇인지 결정하고 규정하는 것은 최고의 선이신 하나님의 특권이다. 하지만 **우리** 인간들은 무엇을 선 혹은 악으로 간주할 것인지 스스로 결정함으로서 하나님의 특권을 빼앗는 반역을 감행한다. 동시에 우리는 하나님께 반역하고 불순종한 상태에서 선악의 정의를 내림으로서 극심한 도덕적 왜곡과 혼란에 빠지고 만다. 이 구절을 이렇게 해석하는 것은 하나님이 일어난 사건의 본질을 인식하시는 방법에 비추어 볼 때 타당하다. "이 사람이 선악을 아는 일에 우리 중 하나같이 되었으니"(창 3:22). 하나님은 인간들이 실제로 창조주-피조물 간의 구분을 어겼음을 인정하신다. 인간들이 이제 신들이 되었다는 것이 아니라, 그들이 **마치 신이 된 것처럼** 행동하기로 했다는 말이다. 다시 말해 무엇을 선과 악으로 간주할 것인지 스스로 규정하고 결정하게 되었다는 것이다. 모든 형태의 우상숭배의 뿌리가 바로 거기에 있다. 우리 자신의 능력을 신격화하며, 그럼으로써 우리 자신과 우리의 선택 및 그것이 함축하는 모든 것을 신으로 삼는 것이다. 그러자 하나님은 인간이 그런 타락한 상태에서 불멸하며 영생을 누릴 수도 있는 끔찍한 가능성 때문에, '생명나무'에 접근하지 못하도록 막으신다. 하나님은 인류가 구속받고 깨끗해져서 영생을 누리게 되는 더 좋은 방법을 갖고 계신다.

그렇다면 모든 우상숭배의 뿌리는 인간이 하나님의 하나님 되심과 하나님의 도덕적 권위가 최종적임을 거부한 것이다. 그 기본적인 반역의 열매는 우상숭배로 인해 하나님과 피조물 간의 구분이 흐려지고 결국 둘 다 손상시키는 결과로 다양하게 나타난다.

우상숭배는 하나님을 왕위에서 물러나게 하고, 피조물을 왕위에 오르게 한다. 우상숭배는 하나님의 권위를 거부함으로, 하나님의 행동할 수 있는 능력을 강요 혹은 조종함으로, 하나님이 우리의 관심사를 위해 일하도록 함으로, 하나님을 제한하고 축소시키고 통제하려고 한다. 동시에 역설적으로, 우상숭배는 창조 질서 내의 사물들(하늘이나 땅의 자연적 물체들이든, 창조된 영이든, 우리 자신의 손이나 상상력으로 만든 것들이든)을 높인다. 그렇게 되면 피조물은 오직 하나님만 가지고 계신 능력을 지닌 존재로 여겨진다. 그것은 신성하게 다루어지고, 경배를 받고, 거기에서 궁극적 의미가 나올 수 있는 것처럼 취급받는다. 대역전이 일어난다. 경배를 받아야 할 분이신 하나님이 이용할 수 있는 대상이 된다. 우리가 이용하고 우리에게 축복이 되어야 하는 피조물이 우리의 경배의 대상이 된다.

일단 이러한 근본적 구분이 흐려지면, 일단 이러한 역전이 일어나면, 엄청나게 파괴적인 개인적·사회적 결과들이 뒤따르게 된다. 피조물은 하나님으로부터 의미를 부여받는 존재이므로 우리에게 우리가 갈망하는 궁극적 의미를 줄 수 없다. 그래서 우상숭배는 실망으로 끝나고 만다(가장 부드럽게 말해서 그렇다는 말이다). 자아 숭배는 결국 자아도취, 허무주의, 혹은 도덕관념이라곤 전혀 없는 이기주의가 되고 만다. 자연 자체가 신적인 것으로 취급되면, 다른 모든 구분들이 사라져 버린다. 인간의 삶과 다른 모든 생명 형태 간에 아무런 차이가 없다. 선과 악 간에 아무 차이가 없다. 모든 것은 궁극적으로 하나이기 때문이다. 그래서 도덕적 분별을 위한 모든 객관적 평가 기준은 있을 수 없게 된다.

그런 혼란에 비추어 볼 때, 하나님의 선교란 궁극적으로 하나님의 피조물 전체를 원래 의도된 대로, 곧 구속받은 **인류**의 지배를 받으며, 창조주께 영광과 찬송을 돌리는 **하나님의** 피조물로 회복시키는 것이다. 우리의 선교는 그러한 하나님의 선교에 참여하여, 그것의 최종적 완성을 예상하면서 하나님과 함께 하나님과 피조물의 구분을 흐리게 하는 우상들의 정체를 폭로하기 위해 계속 일하는 것, 그리고 사람들을 그 우상들이 조장하는 파괴적 망상으로부터 해방시키는 것이다.

신들을 분별함. 많은 연구를 통해, 현대 문화를 지배한다고 할 수 있는 신들을 판별하고 분석하게 되었다. 특히 서구 사회에서 그런 연구가 이루어졌다. 어떤 연구는 성경적·사회학적 도구들을 방대하게 사용하며, 어떤 연구는 좀 덜 사용한다. 그런 분석들은 선교학과 매우 깊은 관련을 가지고 있다. 우상숭배라는 독특한 성경의 개념을 현대의 문화적 현상들에 적용해서, 그 속에서 우상숭배적인 또는 귀신적인 세력들이 역사하는 것을 인식하게 해주기 때문이다. 또 그중 일부는 특히 어떻게 이러한 문화적 우상들의 정체를 폭로하고 맞서 싸우며, 그 우상들에 사로잡힌 사람들에게 성경적인 해방의 복음 메시지를 전할 것인가 하는 선교학적 문제를 다룬다. 그런 연구들을 몇 개만 견본으로 살펴보자. 다음 연구들의 범위는 대단히 광범위하기 때문이다.

자끄 엘륄(Jacques Ellul)은 성경에서 말하는 우상숭배를 현대 서구 문화의 동향, 특히 세속주의와 최초로 연결시킨 사람 중 하나다.[26] 그는 과학 기술, 성(性), 민족 국가, 혁명, 역사와 과학의 신화 등의 신성하고 상징적인 측면들을 분석한다. J. A. 월터(Walter)는 동일한 방법론을 광범위한 사회 현상들에 적용시켰다. 그

---

26) Jacques Ellul, *The New Demons*(London: Mowbrays, 1976).

현상들 가운데 많은 것은 그 자체로는 좋은 것이지만, 쉽게 우상으로 숭배받을 만한 높은 지위를 차지할 수 있다. 이를테면, 일, 가족, 교외, 개인주의, 생태학, 인종, 매스컴 등이다.[27] 밥 하웃즈바르트(Bob Goudzwaard)는 그 분석을 이데올로기의 전 영역으로 확대한다. 특히 혁명, 국가, 물질적 번영, 안전 보장이라는 이데올로기들에 초점을 맞춘다.[28] 월터 윙크(Walter Wink)의 삼부작은 성경, 특히 신약에 나오는 '권세'에 대한 가장 해박한 연구 중 하나다. 하지만 윙크는 그 권세들이 인간의 구조에 침투하는 것의 객관적 귀신적 측면들에 대한 성경의 주장을 충분히 강조하지 않고 있다.[29] 클린턴 아놀드(Clinton Arnold)는 그 점에서 좀더 균형이 잡혀 있다.[30] 비노스 라마찬드라(Vinoth Ramachandra)는 새로운 우상숭배들이 지닌 폭력성, 과학을 우상화하는 사람들의 독단론, '합리와 불합리'에 대한 계속적인 우상숭배를 관찰하면서, 모더니티와 그 결말을 더 깊이 분석한다.[31] 피터 무어(Peter Moore)는 서구 문화의 다양한 우상숭배들을 보다 변증적인 방식으로 붙잡고 씨름한다. 뉴에이지주의, 상대주의, 자기도취주의, 쾌락주의 등을 포함한 우상들에 현혹될 만한 사람들을 대상으로 논리를 전개한다.[32] 크레이그 바르톨로뮤(Craig Bartholomew)와 톨스텐 모리츠(Thorsten Moritz)가 편집한 책에서는, 많은 성경학자들이 현대 우상숭배의 한 가지 형태인 소비주의를 검토한다.[33]

하지만 성경 자체로 다시 돌아가 보면, 여러 종류의 신들이 있음을 알게 된다.

---

27) J. A. Walter, *A Long Way from Home: A Sociological Exploration of Contemporary Idolatry*(Carlisle, U.K.: Paternoster, 1979).
28) Bob Goudzwaard, *Idols of Our Time*(Downers Grove, Ill.: InterVarsity Press, 1984). 「현대 우상 이데올로기」(IVP).
29) Walter Wink, *Naming the Powers: The Language of Power in the New Testament*(Philadelphia: Fortress Press, 1984); *Unmasking the Powers: The Invisible Forces That Determine Human Existence*(Philadelphia: Fortress Press, 1986, 「사탄의 가면을 벗겨라」, 한국기독교연구소); *Engaging the Powers: Discernment and Resistance in a World of Domination*(Minneapolis: Fortress Press, 1992, 「사탄의 체제와 예수의 비폭력」, 한국기독교연구소).
30) Clinton Arnold, *Powers of Darkness: A Thoughtful, Biblical Look at Urgent Challenge Facing the Church*(Leicester, U.K.: Inter-Varsity Press; Downers Grove, Ill.: InterVarsity Press, 1992). 「바울이 분석한 사탄과 악한 영들」(이레서원).
31) Vinoth Ramachandra, *Gods That Fail: Modern Idolatry and Christian Mission*(Carlisle, U.K.: Paternoster; Downers Grove, Ill.: InterVarsity Press, 1996).
32) Peter C. Moore, *Disarming the Secular Gods*(Downers Grove, Ill.: InterVarsity Press; Leicester, U.K.: Inter-Varsity Press, 1989).
33) Craig Bartholomew and Thorsten Moritz, ed., *Christ and Consumerism: A Critical Analysis of the Spirit of the Age*(Carlisle, U.K.: Paternoster, 2000).

즉, 사람들이 살아 계신 하나님 외에 섬기는 신들은 다양한 것들로 이루어져 있을 수 있으며, 다양한 방식으로 인간 삶을 움켜잡고 있을 수 있다는 것이다. 우리가 만든 신들에 대해 대체로 우리 인간에게 책임이 있다면, 성경이 그 과정을 어떻게 묘사하는지 살펴볼 만하다. 우리는 무엇을 가지고 우리의 신들을 만들어 내는 경향이 있는가?

우리를 유혹하는 것들. "미혹하지 말라"고 신명기 4:19은 경고한다. 하늘 위에 있는 천체를 경배하지 말라는 것이다. 그 말은 피조물 가운데 너무나 경외감을 불러일으키는 것들, 너무나 우리의 범위나 통제나 이해를 넘어서기 때문에 우리를 미혹하는 매력을 지닌 것들이 있음을 시사한다. 분명 욥은 자신이 바로 그러한 죄의 유혹을 뿌리쳤다고 주장한다.

> 만일 해가 빛남과 같이
> 달이 밝게 뜬 것을 보고
> 내 마음이 슬며시 유혹되어
> 내 손에 입맞추었다면
> 그것도 재판에 회부할 죄악이니
> 내가 그리하였으면 위에 계신 하나님을 속이는 것이리라.(욥 31:26-28)

시편 96편도 비슷한 유혹을 인정한다.

> 만국의 모든 신들은 우상들이지만
> 여호와께서는 하늘을 지으셨음이로다.
> **존귀와 위엄**이 그의 앞에 있으며
> **능력과 아름다움**이 그의 성소에 있도다.(시 96:5-6)

이 두 구절의 유사성과 두 구절 간의 사고의 흐름을 볼 때, 민족들이 경배하는 신들은 우리에게 깊은 인상을 주는 모든 것, 즉 존귀와 위엄, 능력과 아름다움 등을 의인화한 것임을 알 수 있다. 우리는 그런 장엄함과 능력을 찾으며, 그것들이 경외감과 감탄을 유발하는 곳이라면 어디서나 그것들을 경배한다. 위대한 스포츠의 승리가 이루어지는 경기장이나 대중의 사랑을 한 몸에 받고 있는 스포츠 영웅들의 삶, 집결해 있는 군부대들, 군사 장비 퍼레이드 혹은 항공 모함의 갑판, 록 음악 콘서트 무대나 인기 절정의 텔레비전 혹은 영화 스타들,[34] 회사의 위용을 자랑하는 공장 설비 탑 꼭대기, 대도시들의 탐욕 등 이 모든 것들이 다 경배의 대상이다. 이 모든 것들은 숭배하도록 미혹하는 우상들이 될 수 있다. 하지만 시편은 우리가 그런 곳에서 진정한 신을 발견하지는 못하리라고 말한다. **진정한 존귀와 위엄과 능력과 아름다움**은 살아 계신 창조주 하나님의 임재 안에서만 찾아야 한다. 어떤 주석가들은 이 네 단어를 의인화시킨다. 마치 그것들이 야웨의 보좌에 있는 큰 천사들의 무리와 같다는 것이다. 그것은 그런 장엄함을 지녔다고 주장하지만 실제로는 존재조차 하지 않는 거짓 신들과 철저히 대조된다.

> 나는 6절이 야웨의 왕권의 위대한 속성들을 의인화한 것으로 해석했다. 의인화된 그 존재들은 성전에서 야웨를 수행한다(참고. 시 85:13; 89:14). 야웨의 수행원들은 작은 신들, 그러나 실제로는 신이 아닌 그런 존재들이 아니라, 그분의 구원의 사역과 놀라운 행동 가운데 나타나는 그분 자신의 그런 '대행자'들로 이루어져 있다.[35]

우리가 두려워하는 것들. 우리는 우리가 두려워하는 것들을 달래거나 피하기 위해 그것들을 신으로 만들어 경배한다. 시편 기자는 여호와는 "모든 신들보다 경외할 것임이여"(시 96:4)라고 단언한다. 이는 야웨 아닌 다른 신들이 실제로 경외의 대상(5장에서 논의한 역설적 의미에서 '그 무엇')이 되고 있음을 시사한다. 그래서 가나안 사람들의 죽음의 신[못(Mot)]은 하나의 신이다. 또 다른 경외와 두려움의 대상인 바다의 신(Yamm)도 하나의 신이다. 그리고 다른 세계 종교들에서도 동일한 현상을 관찰할 수 있다. 악, 분노, 복수, 피에 대한 굶주림, 잔인함 등의 가장 무시무시한 측면들 일부가 신으로 숭배된다. 또 '흉안'(evil eye: 그 시선이 닿게 되면 불행이 닥친다고 함—역주)을 피하는 것, 보호용 부적을 착용하는 것, 귀신을 내쫓는 마술과 만투라(힌두교의 기도 때 외는 주문—역주) 등을 사용하는 것은 두려움이 신격화되어 힘을 발휘하고 있음을 보여 준다. 이 세상에는 미

---

34) 우상숭배라는 말은 서구 문화에서 그런 맥락에서 흔하게 그리고 기꺼이 사용된다. 대중매체가 유명 인사들에게 팝과 패션의 '우상'과 '섹스의 여신'이라는 찬사를 쏟아내는 경우를 보라.
35) Marvin E. Tate, *Psalms 51-100*, Word Biblical Commentary 20(Dallas: Word, 1990), p. 514. 「시편 중」(솔로몬).

약한 인간이 두려워해야 할 것이 대단히 많으므로, 분명 그것은 다신론적 세계관의 뿌리 중 하나를 이루게 된다.

그렇기 때문에, 여호와를 경외하는 것이 성경적 세계관에서 중심 역할을 담당하도록 하는 것이 매우 중요하다. 오직 한 분의 참된 하나님이 계시다면, 그분만이 우리의 참된 경외의 대상이 되어야 한다는 것이 철저한 유일신론의 논리다. 그렇다면 여호와를 경외하는 사람들은 다른 아무것도 두려워할 필요가 없다. 다른 두려움의 대상들은 신적 능력과 우상숭배적 지배력을 상실한다. 이것이 시편 34편 기자의 증언이다.

> 내가 여호와께 간구하매 내게 응답하시고
> 내 모든 두려움에서 나를 건지셨도다.…
> 여호와의 천사가 주를 경외하는 자를 둘러 진 치고
> 그들을 건지시는도다.
> 너희는 여호와의 선하심을 맛보아 알지어다.
> 그에게 피하는 자는 복이 있도다.
> 너희 성도들아, 여호와를 경외하라.
> 그를 경외하는 자에게는 부족함이 없도다.(시 34:4, 7-9)

또는 나훔 테이트(Nahum Tate)가 말하듯이, "너희 성도들아, 그분을 두려워하라. 그러면 너희는 두려워할 것이 아무것도 없으리로다."[36]

두려움의 우상숭배적 능력은 그 두려움의 대상의 크기와는 별 관계가 없다. 현대 서구 사회 사람들은 이전 세대보다 훨씬 더 안전하고, 건강하고, 위험이 없는 상태에서 살지만, 염려와 두려움과 노이로제에 사로잡혀 있다. 우리는 화려한 매스컴의 속임수에 현혹되어, 최신 변종 바이러스에 떨면서, 아무리 애써도 실제로는 공포를 결코 막을 수 없는 안전장치에 지나치게 많은 돈을 쓴다.

우리가 신뢰하는 것들. 앞에서 말한 것의 당연한 결과로, 우리는 두려움에서 우리를 구해 주리라 믿는 것들(혹은 사람, 혹은 제도)을 우상화하는 경향이 있다. 그런 우상숭배의 차원은 그런 것들을 궁극적으로 신뢰할 때, 그것들이 말하거나 암

---

36) Nahum Tate, "Through All the Changing Scenes of Life"(1696).

시하는 모든 약속들을 믿을 때, 그리고 그것들이 허울 좋게 제공하는 것을 위해 온갖 희생을 할 때 나타난다. 그래서 앞날에 대한 두려움으로 재정을 비축해 놓으려 애쓰거나, 군사적 안정이라는 심연으로 온 세상 나라들의 엄청난 재물을 쏟아붓거나, 개인적으로 건강을 유지시켜 주고 신체적 노화를 막아 준다고 약속하는 온갖 것들에 몰두하며, 이런 것들이 다 대단히 값비싼 희생을 요구하는 신이 되어 버린다. 그리고 우리는 그런 것들에 너무나 많은 노력을 기울이기 때문에, 우리가 기대하는 만큼 결과가 나오지 않을 때 속았다는 느낌을 갖게 된다. 어떤 나라는 전략 방위 구상 시스템에 수조 원을 쏟아부었지만, 칼을 휘두르며 비행기를 납치하는 몇 사람에 의해 심리적으로 황폐해질 수도 있다. 우리는 보건 전문가들에게 우리를 장수무병하고 영생불사할 수 있게 만들어 주지 않는다고 비난과 분노를 퍼붓는다. 궁극적으로, 우리는 궁극적 안전을 결코 보장해 줄 수 없는 것을 궁극적으로 신뢰하는 대가를 치른다. 근본적으로, 우리는 거짓 신들이 반드시 실패한다는 것을 제대로 깨닫지 못하고 있다. 거짓 신들에 대해 확실하게 기대할 수 있는 단 한 가지는 그것들이 반드시 실패한다는 것이다.

이에 반해, 시편 33편 저자는 구속과 창조와 섭리와 역사에 나타난 여호와와 그분의 말씀이 지닌 주권적 능력에 대해 놀라운 성찰을 한 후, 다른 어디에도 구원의 소망을 두지 말라고 우리에게 경고한다.

> 많은 군대로 구원 얻은 왕이 없으며
> 용사가 힘이 세어도 스스로 구원하지 못하는도다.
> 구원하는 데에 군마는 헛되며
> 군대가 많다 하여도 능히 구하지 못하는도다.(시 33:16-17)

여호와를 아는 축복을 받은 사람들은 확실하게 신뢰할 수 있는 유일한 곳은 여호와뿐이라는 것을 알며, 따라서 그분의 **한결같은** 사랑(개정개역 성경에는 '인자하심'이라고 번역되어 있음—역주)의 결과를 소망과 기쁨과 인내로 기다린다.

> 우리 영혼이 여호와를 바람이여
> 그는 우리의 도움과 방패시로다.
> 우리 마음이 그를 즐거워함이여

우리가 그의 성호를 의지하였기 때문이로다.
여호와여, 우리가 주께 바라는 대로
주의 인자하심을 우리에게 베푸소서.(시 33:20-22)

우리가 필요로 하는 것들. "그러므로 염려하여 이르기를 무엇을 먹을까 무엇을 마실까 무엇을 입을까 하지 말라. 이는 다 이방인들이 구하는 것이라. 너희 하늘 아버지께서 이 모든 것이 너희에게 있어야 할 줄을 아시느니라"(마 6:31-32).

예수님의 이 말씀은 기본적인 인간의 필요를 인식할 뿐 아니라, 그 필요를 "이방인들이 구하는" 방식도 인식하고 있다. 물론 우리는 다른 동물들과 동일한 기본적 필요를 지닌 피조물이다. 다른 포유동물들과 마찬가지로, 인간들도 음식과 공기와 물과 거처, 잠 등 생존과 복지를 위한 모든 필수품이 필요하다. 그렇기 때문에, 이런 필수품들의 원천처럼 보이는 것을 신격화하는 경향이 있다. 우리는 필요를 채워 주는 모든 것을 창조하신 오직 한 분 살아 계신 창조주께 등을 돌렸기 때문에, 그 빈 곳을 메우기 위해 대리 신들을 만들어 낸다. 그래서 한 분 창조주께서 주신 다양한 좋은 선물들을 비의 신, 태양신, 땅의 신, 성과 다산의 신, 꿈 덕분에 생기는 것으로 여긴다. 그렇게 되면 이 신들이 아낌없는 선물을 내려 주어 인간의 기본 필요를 충족시키도록, 혹은 그들이 은총을 보류하기로 한 결정을 뒤집도록 설득하기 위해 많은 종교적 노력을 기울인다. 바알의 선지자들이 바알에게 그의 신성을 보여 달라고 필사적으로 설득하다가 엘리야의 조롱을 받았던 것은 그런 긴급 상황에서 흔히 일어나는 일이었다.

호세아가 이스라엘을 고발한 내용 중 하나가 바로 이것이었다. 그들이 오직 야웨만 주실 수 있는 선물인 모든 자연 과정과 산물들을 바알과 가나안 신들을 숭배해서 생긴 것으로 여겼다는 것이다(호 2:5-8). 하지만 우상숭배의 이러한 특징에 비추어 볼 때 우리는 이스라엘의 예배에서 야웨만이 우리가 필요로 하는 모든 것의 원천이 되신다는 주장이 얼마나 중요한 것인지 알 수 있다. 우리는 다른 신에게 우리에게 필요한 것을 구하거나 필요한 것을 갖게 되었을 때 다른 신에게 감사해서는 안 된다.

땅을 돌보사 물을 대어
심히 윤택하게 하시며

하나님의 강에 물이 가득하게 하시고
이같이 땅을 예비하신 후에
그들에게 곡식을 주시나이다.(시 65:9)

그가 가축을 위한 풀과
사람을 위한 채소를 자라게 하시며
땅에서 먹을 것이 나게 하셔서
사람의 마음을 기쁘게 하는 포도주와
사람의 얼굴을 윤택하게 하는 기름과
사람의 마음을 힘있게 하는 양식을 주셨도다.(시 104:14-15)

신명기 8장은 이러한 우상숭배의 또 한 가지 미묘한 형태를 드러낸다. 살아 계신 하나님을 우리의 모든 필요의 공급자이자 번영의 원천으로 인식하지 않으면, 그런 공급과 번영이 모두 우리 자신의 힘과 노력 덕분에 이루어졌다고 교만하게 생각하게 된다. 이것 역시 한 가지 형태의 우상숭배다. 즉, 자신을 자신의 필요를 채우는 모든 것의 원천으로 숭배하는 것이다. "내 능력과 내 손의 힘으로 내가 이 재물을 얻었다"(신 8:17)고 자랑하는 이스라엘인 농부(또는 현대의 자본주의자)든, 아니면 "나의 이 강은 내 것이라. 내가 나를 위하여 만들었다"(겔 29:3)라고 자랑하는 애굽의 바로 왕(또는 현대의 경제적 초강대국)이든, 그런 주장들이 지닌 우상숭배적 본질(그리고 어리석은 교만함)을 인식하고 그들이 누리는 복의 참된 원천이 누구인지 알아야 한다.

그렇다면 우상숭배에 대한 선교학적 관점에는 우리가 스스로 만드는 신들의 뿌리가 무엇인지에 대한 분석이 반드시 포함되어야 한다. 우리는 앞에서 성경 자체가 우리가 우상화하는 것들 배후에 무엇이 놓여 있다고 말하는지 살펴보았다. 우리는 살아 계신 창조주 하나님과 소원하게 되었기 때문에, 우리를 둘러싸고 있는 엄청난 것들에 비해 우리가 얼마나 미미하고 하찮은 존재인지 느끼므로, 우리를 경외감에 떨게 만드는 것은 무엇이든 숭배하는 경향이 있다. 우리는 우리를 취약하고 두렵게 만드는 것은 무엇이든 달래거나 피하려고 시도한다. 그리고는 우리가 갈망하는 궁극적 안정을 주리라고 생각하는 것은 무엇이든 지나치게 맹신함으로 두려움을 물리치려고 한다. 그리고 우리의 모든 기본 필요를 채워 주고 이 땅에서 우리가 풍요롭게 살 수 있도록 해주리라 믿는 것은 무엇이든 그것을 조종하고 설득하려 고 몸부림친다. 분명 각 지방에서 펼쳐지는 인간들의 우상숭배는 여러 가지 다양한 근원과 동기를 갖고 있다. 하지만 이제까지 살펴본 것들이 우상숭배의 몇 가지 주된 근원과 동기들이다. 그것들은 성경에서도 찾아볼 수 있으며, 현대 인간 문화(종교적 문화건 세속적 문화건)를 관찰하는 사람이면 누구나 분명하게 알 수 있는 것들이다. 그리고 그 모든 것들은 살아 계신 창조주 하나님을 기본적으로 거부한 것에서 생겨난 것이다. 그 하나님 앞에서 그런 생각들은 모두 자취를 감추어 버리거나 할 말을 잃고 만다.

그런 우상숭배들에 대한 유일한 해결책, 따라서 성경적인 선교의 과업은 사람들이 다시 이러한 모든 영역에서 유일하게 참되고 살아 계신 하나님을 인정하도록 이끄는 것이다. 이에 반해, 앞에서 언급한 우상숭배의 원천 목록을 다시 한 번 살펴볼 때, 우리는 하늘 위에서 영광을 받으실 하나님만 경외하고 경배하며 떨어야 한다. 주권적 창조주시며 은혜로운 구속주이신 여호와 언약을 맺고 그분을 경외하는 가운데 살면, 물질적인 것이건 영적인 것이건 창조 세계 내에 있는 어떤 것에 대한 두려움에서 해방된다. 하나님은 반석처럼, 삶과 죽음의 모든 상황 속에서, 현재나 미래나 우리가 전적으로 신뢰할 수 있는 완전히 안전한 장소다. 그리고 이 땅에서 살아가는 데 필요한 모든 것의 공급자시며, 노아와 언약을 맺으시고 우리의 하늘 아버지가 되시는 하나님 외에는, 우리의 필요를 위해 다른 어느 누구에게도 의지하거나 간청하거나 회유하거나 설득할 필요가 없다. 하나님은 우리의 필요를 이미 다 아시기 때문이다.

신들의 정체를 폭로함. 우리는 앞에서 인간이 만든 신들의 무력함에 대해 여러 번 살펴보았다. 거짓 신들은 실패한다. 그것이 그들의 유일한 진리다. 선교 과업에는 거짓 신들의 정체를 폭로하는 것도 포함되므로, 이 실패가 어떤 것인지 상세히 살펴보는 것도 가치가 있다. 거짓 신들은 반드시 실패하지만, 인간들은 그 엄연한 사실을 어김없이 잊어버리기 때문이다. 성경이 우상숭배를 비난하는 이유는 다음과 같다.

우상들은 하나님의 정당한 영광을 가로챈다. 인간들이 한 분 살아 계신 하나님께 속한 재능, 권능, 혹은 기능들을 다른 신들의 것으로 돌릴 때, 하나님은 그분의 이름에만 합당한 영예를 빼앗기신다. 피조물 전체는 창조주의 영광을 위해 존재하며, 하나님 한 분께만 찬양을 돌림으로서 자신의 참된 복과 유익을 경험한다. 이것이 구약에 나오는 야웨의 질투가 의미하는 바다. 그것은 하나님이 자신의 정체성과 초월적 유일성을 적절히 보호하시는 것이다.

> 나는 여호와이니 이는 내 이름이라.
> 나는 내 영광을 다른 자에게
> 내 찬송을 우상에게 주지 아니하리라.(사 42:8)

그런 이유로 시편 기자는, 민족들의 모든 신들을 "아무것도 아니라"(5절)고 비판하고 나서, 다음과 같이 보편적인 명령을 발표한다.

> 만국의 족속들아
> 영광과 권능을 여호와께 돌릴지어다. 여호와께 돌릴지어다.
> **여호와**의 이름에 합당한 영광을 **그에게** 돌릴지어다.
> 예물을 들고 **그의** 궁정에 들어갈지어다.
> 아름답고 거룩한 것으로 **여호와**께 예배할지어다.
> 온 땅이여 그 앞에서 떨지어다.(시 96:7-9, 저자 강조)

이것은 열방에게 그들의 신전 안에 야웨를 위한 자리를 만들고, 야웨도 좀 존경하라고 권유하는 것이 아니다. 시편 기자는 열방에게 그들의 신들을 선반에서 약간 옮겨 야웨가 들어가실 자리를 만들라고 권하고 있지 않다. 그것은 야웨의 유일하고 독특하고 초월적인 하나님 되심 앞에서 다른 모든 신들을 철저히 추방하라는 명령이다. 모든 영예와 영광과 예배와 찬송이 마땅히 야웨께 돌아가게 하라는 것이다. 다른 신들이 경배를 받는 만큼, 살아 계신 하나님은 마땅히 받으셔야 할 전체 피조물의 경배를 받지 못하신다. 바로 그 때문에 우상숭배와의 싸움은 하나님의 선교에서 중대한 차원이다. 하나님은 그 싸움에 우리가 협조할 것을 명하신다.

우상들은 우리 안에 있는 하나님의 형상을 왜곡시킨다. 우상숭배는 하나님의 영광을 축소시키므로, 그리고 인간들은 하나님의 형상으로 지음받았으므로, 또한 우리 인간성의 가장 본질적인 부분에 해를 끼친다. 웨스트민스터 신앙 고백이 상기시키는 것처럼, "인간의 최고 목적은 하나님을 영화롭게 하고 영원토록 그를 즐거워하는 것이다." 하나님을 영화롭게 하기를 거부하는 것, 더구나 "썩어지지 아니하는 하나님의 영광을 썩어질 사람과 새와 짐승과 기어다니는 동물 모양의 우상으로 바꾸는"(롬 1:23) 것은 우리 자신의 존재 목적을 좌절시킨다. 우상숭배는 철저한 자기혐오다.

그것은 또한 철저히, 지독하게 역설적이다. 우리는 (최초의 시험과 반역에서) 하나님과 같이 되려고 하다가, 결국 인간 이하의 존재가 되고 말았다. '너는 네가 숭배하는 대상과 같이 될 것이다'라는 원리는 성경 여러 곳에서 매우 명백하게 나온다(예를 들어, 시 115:8; 사 41:24; 44:9). 당신이 하나님 아닌 것을 경배하면, 당신은 당신 자신 안에 있는 하나님의 형상을 축소시킨다. 심지어 **인간**도 아닌 것을 경배하면, 당신의 인간성은 더욱 축소된다.

그래서 이사야서 44장은 살아 계신 하나님의 형상으로 지음받은 피조물이 자신을 나타내는 생명 없는 형상에 불과한 것을 경배하는 역설(혹은 풍자)을 대단히 냉혹하게 보여 준다.

> 철공은 철로 연장을 만들고
> 숯불로 일하며
> 망치를 가지고 그것을 만들며
> 그의 힘센 팔로 그 일을 하나
> 배가 고프면 기운이 없고
> 물을 마시지 아니하면 피로하니라.
> 목공은 줄을 늘여 재고
> 붓으로 긋고
> 대패로 밀고
> 곡선자로 그어
> 사람의 아름다움을 따라
> **사람의 모양을** 만들어
> 집에 두게 하며.(사 44:12-13, 저자 강조)

강조체로 되어 있는 말은 이사야 선지자의 풍자의 초점이다. "사람의 아름다움을 따라"라는 것은 하나님의 형상으로 만들어진 인간의 특권을 말한다. 하지만 이 사람은 자신의 형상에 불과한 것, 인간의 기술과 노력의 산물인 것을 신으로 섬긴다. 살아 있는 사람을 표현한 생명 없는 형상은 작은 오두막 안에 머물러 있는 반면, 살아 계신 하나님의 살아 있는 형상인 인간은 자신의 행동이 어떤 아이러니를 지니고 있는지 의식하지 못한 채 바깥으로 돌아다닌다.

바울이 아덴에서 헬라인들과 벌인 논쟁에도, 더 공손하긴 하지만 이에 비견할 만한 아이러니가 있다. 인간의 영, 인간의 예술, 문학, 철학, 그리고 심지어 인간의 육체적 형태를 고대 헬라처럼 높이는 문화는 별로 없었다. 하지만 그러는 중에 그들은 인간에게 이 모든 멋진 것들을 주신 하나님 자신을 잃어버렸다. "이 모든 인간의 영광의 **기원**인 하나님이 정해진 거처에 머물러 있어야 하고 인간의 부양을 받는다는 생각은 얼마나 어리석은가"라고 바울은 그들에게 도전한다.

> 우주와 그 가운데 있는 만물을 지으신 하나님께서는 천지의 주재시니 손으로 지은 전에 계시지 아니하시고 또 무엇이 부족한 것처럼 사람의 손으로 섬김을 받으시는 것이 아니니 이는 만민에게 생명과 호흡과 만물을 친히 주시는 이심이라.…이와 같이 하나님의 소생이 되었은즉 하나님을 금이나 은이나 돌에다 사람의 기술과 고안으로 새긴 것들과 같이 여길 것이 아니니라.(행 17:24-25, 29)

시편 역시 하나님의 손으로 만든 것과 인간의 손으로 만든 것을 이와 비슷하게 대조시킨다. 다른 모든 피조물들과 마찬가지로, 인간은 하나님의 손으로 지음 받았다(시 138:8; 139:13-15). 하지만 하나님의 피조물 가운데 독특한 존재인 우리는 "[하나님의] 손으로 만드신 것을 다스리게"(시 8:6-8) 된 존재다. 그리고 우리 역시 "[하나님의] 손가락으로 만드신"(시 8:3) 하늘의 광대함을 묵상하면서 우리 인간의 존재에 대해 생각해 볼 때, 그것이 매우 놀라운 말임을 알 수 있다. 하나님의 손으로 지음받았으며, 하나님의 손으로 만드신 다른 것들을 다스리도록 지음받은 인간이, 그렇게 하는 대신 **자신의** 손으로 만든 것(시 115:4)을 경배하다니 이 얼마나 졸렬한 모방인가. 의심할 바 없이 우상숭배는 우리의 인간성을 왜곡시키고, 품위를 떨어뜨리고, 쇠약하게 만든다.

우상들은 몹시 실망스럽다. 다신론적 세계에서 우리는 모든 신이 모든 사람을 모든 때에 기쁘게 하리라고 기대할 수 없다. 그래서 신들에 대한 실망은 인생이라는 도박판에서 흔히 벌어지는 일과도 같다. 그렇다면 여러 신들에게 골고루 돈을 걸어라. 당신은 때로는 이기고, 때로는 지기 때문이다. 그런 세계관은 어떤 신들은 때때로 당신을 실망시킬 것이라는 가정 위에 세워져 있다. 그리고 국가들의 충돌이 신들의 충돌을 그대로 반영하는 것이라고 본다면 그런 가정을 할 수밖에 없다. 패배한 국가들에는 패배한 신들이 있다. 적의 위협을 받고 있는 국가들은 그들이 섬기는 신들 역시 그들을 저버릴 수 있다는 사실에 직면해야 한다. 따라서 그 신들을 너무 오래 신뢰하지 않는 것이 좋다. 실망하지 않도록 이기는 편의 신들로 바꿔라.

포위 공격을 당하고 있는 예루살렘 성벽 밑에서 거들먹거리던 앗수르 장군에게 회심의 미소를 짓게 한 것이 바로 이런 가정이었다.

> 히스기야가 너희를 설득하여 이르기를 여호와께서 우리를 건지시리라 하여도 히스기야에게 듣지 말라. 민족의 신들 중에 어느 한 신이 그의 땅을 앗수르 왕의 손에서 건진 자가 있느냐. 하맛과 아르밧의 신들이 어디 있으며 스발와임과 헤나와 아와의 신들이 어디 있느냐. 그들이 사마리아를 내 손에서 건졌느냐. 민족의 모든 신들 중에 누가 그의 땅을 내 손에서 건졌기에 여호와가 예루살렘을 내 손에서 건지겠느냐 하셨느니라.(왕하 18:32-35)

다시 말해, 그 앗수르 사람의 추론에 의하면, 다른 민족 신들이 그 민족들에게 그랬던 것처럼, 야웨는 유다 백성에게 큰 실망을 안겨 줄 것이다. 그의 입장에서 보면, 그것은 확실하고 예측 가능한 내기처럼 보였다. 봐, 이 하찮은 신들은 절대 믿을 수 없어.

하지만 히스기야와 이사야는 일어난 사건들에 대해 다른 관점을 갖고 있었다. 한편으로, 히스기야는 다른 신들이 그들을 신뢰했던 나라들을 실망시킨 이유는 "이는 그들이 신이 아니요[혹은 하나님이 아니요] 사람의 손으로 만든 것 곧 나무와 돌"(왕하 19:18)일 뿐이기 때문이라는 것을 알았다. 그리고 다른 한편으로, 이사야는 앗수르의 승리가 앗수르 신들의 우월성을 입증하는 것이기는커녕, 사실상 처음부터 내내 야웨께서 계획하시고 주관하신 것이었으며, 그분의 심판의 불 속에서 곧 역전되리라는 것을 알았다(왕하 19:25-28).

그렇다면 선지자 이사야가 유다가 그들을 실망시키지 **않을** 유일한 보호의 원천인 하나님을 배신하고 애굽의 군대와 말들과 신들을 의지한 것을 조롱한 것은 당연하다. 그 애굽 신들은 전혀 믿을 만한 존재가 아니었으며, 분명 유다 백성을 실망**시킬** 것이다.

> 패역한 자식들은 화 있을진저…
> 그들이 바로의 세력 안에서 스스로 강하려 하며
> 애굽의 그늘에 피하려 하여
> 애굽으로 내려갔으되
> 나의 입에 묻지 아니하였도다.
> 그러므로 바로의 세력이 너희의 수치가 되며
> 애굽의 그늘에 피함이 너희의 수욕이 될 것이라.(사 30:1-3)

> 애굽은 사람이요 신이 아니며
> 그들의 말들은 육체요 영이 아니라.(사 31:3; 참고. 렘 2:36-37)

그렇다면 열방의 신들은 그들을 섬기는 열방에게마저 실망스러운 실패자였으며, 또 야웨 한 분만이 확실히 신뢰할 수 있었던 살아 계신 하나님이라는 사실에 비추어 볼 때, 이스라엘이 야웨를 열방의 신들과 바꿀 생각을 했다는 것 자체는 비극 중의 비극이었다. 그것은 뭔가 엄청나게 부자연스러운 일이었다. 예레미야는 그것에 대해 도저히 믿을 수 없다는 듯이 이렇게 말했다.

> 어느 나라가 그들의 신들을
> 신 아닌 것과 바꾼 일이 있느냐.
> 그러나 나의 백성은 그의 영광을
> 무익한 것과 바꾸었도다.
> 너 하늘아, 이 일로 말미암아 놀랄지어다.
> 심히 떨지어다. 두려워할지어다.(렘 2:11-12)

어떻게 보장된 실망의 원천을 위해 보장된 생명의 원천을 버릴 수가 있단 말인가? 하지만 그것이 바로 이스라엘이 한 일이었다. 터진 웅덩이를 위해 생수의 근원을 버린 것이었다. "그 물을 가두지 못할 터진 웅덩이들"(렘 2:13)은 실망과 무익함, 헛된 노력을 나타내는 강력한 이미지다.

그 다음에 여호와 자신이 이스라엘의 배은망덕하고 어리석은 행동을 꾸짖으신다. 예레미야는 신명기 32:37-38의 옛 전승에 의지하여 이스라엘의 비뚤어진 모습을 묘사한다. 그들은 비열한 신들을 섬기기 위해 야웨를 배신하지만, 그 다음에는 그들 자신이 만든 수많은 신들이 그들을 전혀 구해 주지 못할 때 뻔뻔스럽게도 야웨께서 그들을 구원해 주시리라고 기대한다.

> 그들이 나무를 향하여 너는 나의 아버지라 하며
> 돌을 향하여 너는 나를 낳았다 하고
> 그들의 등을 내게로 돌리고
> 그들의 얼굴은 내게로 향하지 아니하다가
> 그들이 환난을 당할 때에는 이르기를
> 일어나 우리를 구원하소서 하리라.
> 너를 위하여 네가 만든 네 신들이 어디 있느냐.
> 그들이 네가 환난을 당할 때에
> 구원할 수 있으면 일어날 것이니라.
> 유다여 너의 신들이
> 너의 성읍 수와 같도다.(렘 2:27-28)[37]

왕, 군대, 말, 조약, 재물, 자연 자원들. 이 모든 것들은 실은 신이 **아니며**, 우리가 도저히 신뢰할 수 없는 것들이다. 하지만 그것들이 신이 되는 이유는 우리가 그것들이 하는(혹은 우리가 암암리에 그것들에 부여하는) 그럴듯한 약속들을 믿겠다고 고집을 부리기 때문이다. 우리는 그것들이 요구하는 엄청난 제물들을 계속 바치고 있다. 그리고 그것들이 우리를 실망시키지 않기를 계속 기대한다. 하지만 물론 그것들은 언제나 우리를 실망시키고 만다. 우상숭배는 헛된 노력과 좌절된 소망들이다. 거짓 신들을 숭배하는 것은 무익한 행동, 거대한 망상이다. 그것의 운명은 실망뿐이다.

그래서 영국의 한 신문 사설이 간신히 걸음마를 뗀 아기를 두 아이가 무정하

---

[37] 27절에서 예레미야는 여기에 나오는 우상의 '성별'을 경멸조로 뒤집어 버린다. 나무 기둥은 모성의 상징이었으며, 선돌은 남근의 상징이었다.

게 살해한 사회를 분석하면서, "우리의 모든 신은 실패했다"는 말로 끝을 맺었을 때, 그 말은 분명 비유적 표현으로 사용된 것이다.[38] 유감스럽게도, 그러한 절망스러운 비유적 외침은 또한 영적 진리를 정확하게 포착한다. 우리를 악에서 구해 줄 수 있으리라 생각했고, 악에서 구해 주기를 바라면서 우리가 엄청난 양의 지적·재정적·감정적 자본을 투자했던 것들이, 오히려 엄청나게 우리를 실망시켰다. 우리는 도대체 언제 정신을 차릴 것인가?

전쟁은 하나님께 속한 것임을 기억함. 요하네스 베르카일(Johannes Verkuyl)은 이렇게 쓴다.

> 구약 전체는 (그리고 또한 신약도) 어떻게 야웨 아도나이, 곧 이스라엘의 언약의 하나님이 피조물에 대한 자신의 계획을 좌절시키고 파괴하려는 세력에 대항해 싸우고 계시는가 하는 묘사로 가득 차 있다. 하나님은 인간들이 창조 세계로부터 만들어 내어 우상으로 삼아, 자신들의 목적을 위해 이용한 거짓 신들과 싸우신다. 예를 들어, 바알과 아스다롯을 생각해 보라. 그 신들을 숭배하는 자들은 자연, 부족, 국가, 민족 등을 신적 지위로 격상시켰다. 하나님은 신명기에 따르면 하나님과 그분의 피조물 간의 경계선을 왜곡시키는 마술 및 점성술과 싸우신다. 하나님은 모든 형태의 사회 불의와 싸우시며, 그것이 은폐하려 하는 모든 것을 끄집어내신다.[39]

성경은 우상숭배와의 싸움을 살아 계신 하나님이신 야웨와 그분을 반대하는 모든 세력들 간의 전투라고 분명하게 묘사한다. 페어까일은 가나안 신들을 숭배하는 종교들을 언급한다. 하지만 우리는 가나안 시절 이전의, 출애굽 기사에 나오는 애굽의 이름 없는 신들과의 대전투(참고 출 12:12)나, 이사야서에 나오는 포로 시대에 벌어진 바벨론 신에 대한 수사학적 논쟁들도 똑같은 각도에서 생각할 수 있다.[40]

---

38) "It Must Be Someone's Fault—It Might Be Our Own", *The Independent*, 1993년 2월 28일자 사설에서. 두 살짜리 아이 James Bulger가 두 명의 열 살짜리 아이들에게 살해당한 후.
39) Johannes Verkuyl, *Contemporary Missiology*(Grand Rapids: Eerdmans, 1978, 「현대선교신학 개론」, CLC), p. 95. 또한 성경의 가르침에 비추어 볼 때 선교의 필수적 요소가 되는 충돌을 중대하게 다룬 책으로는 Marc R. Spindler, *La Mission: Combat Pour Le Salut Du Monde*(Neuchatel, Switzerland: Delachaux & Niestle, 1967)를 보라.

우상숭배가 인간의 삶을 비참할 정도로 황폐화시킨다는 점에 대해 살펴본 이제 우리는 하나님과 신들 간의 이 충돌을 새로운 각도에서 이해할 수 있다. 선교와 관련해서 세 가지를 말할 수 있다.

하나님의 선교적 사랑은 우상숭배를 배격한다. 한편으로, 우상숭배가 원래 하나님 자신께 속한 영광을 축소시키기 때문에 하나님이 우상숭배와 싸우시는 것은 사실이다. 하나님 자신을 위한 하나님의 질투는 성경 전체에 나타나는 강력한 원동력이다. 하지만 다른 한편으로, 인간의 손으로 만든 신들 및 그것들이 나타내는 모든 것에 대한 하나님의 전투는 **우리를 향한 인자하신 자비**의 한 기능으로 볼 수 있다. 그리고 그것은 실로 모든 피조물을 향한 것이기도 하다. 신적 질투는 사실상 신적 사랑의 본질적 기능이다. 하나님께서 우리의 우상숭배가 자초하는 피해를 싫어하시는 이유는 바로 우리의 유익을 원하시기 때문이다. 하나님과 신들 간의 싸움은 궁극적으로는 하나님의 영광을 위한 것일 뿐 아니라, 또한 우리 자신의 유익을 위한 것이기도 하다. 이것은 왜 우상숭배가 성경에서 그같이 중대한 죄가 되는지 잘 말해 준다(십계명의 처음 두 계명은 바로 유일신론과 우상숭배에 대해 말하고 있다). 그것은 단지 우상숭배가 하나님의 영광을 빼앗아 가기 때문만이 아니라, 또한 모든 피조물에게 최고의 유익을 추구하시는 하나님의 사랑을 방해하기 때문이다. 그렇기 때문에 우상숭배는 하나님의 본질, 하나님의 하나님 되심과 모순된다. "하나님은 사랑"이시기 때문이다.

다시 한 번, 우리가 이제까지 논의해 온 선교적인 해석학이 여기에서 작용하고 있음을 주목하는 것이 중요하다. 우리는 하나님의 종교가 어떻게 진화되어 왔는지 재구성하려고 이 문제에 접근하는 것이 아니며, 또한 단순히 다른 신들을 숭배하는 사람들의 종교 심리학을 알려고 이 문제에 접근하는 것도 아니다. 우리는 성경의 거대 서사를 끌고 나가는 주요한 추진력은 무엇보다도 하나님 자신의 선교라는 점을 끊임없이 상기한다. 이스라엘 대중들은 유일신론을 잘 믿을 때도 있었지만 그렇지 못할 때도 있었다. 그리고 대개는 주위의 다신론에 굴복했던 것 같

---

40) Robert B. Chisholm 역시 야웨와 신들 간의 충돌에서 중요한 이 세 시대를 살펴보고 나서, 뒤의 두 시대에 집중한다. "To Whom Shall You Compare Me?' Yahweh's Polemic Against Baal and the Babylonian Idol-Gods in Prophetic Literature", *Christianity and the Religions: A Biblical Theology of World Religions*, ed. E. Rommen and H. A. Netland(Pasadena, Calif.: William Carey Library, 1995), pp. 56-71를 보라. 「기독교와 타종교」(서로사랑).

다. 하지만 성경 전체는 유일하시고 전능하신 살아 계신 하나님의 끊임없는 결심을 증거한다. 그것은 인간을 유혹해서 그들이 하나님으로부터 받는 사랑과 그들이 하나님께 드려야 하는 사랑에서 멀어지게 만드는 모든 것을 물리치고 파괴하시려는 결심이다.

하나님이 신들과 싸우시는 것은 하나님의 선교의 필수적 부분이다. 하나님의 선교는 열방을 축복하는 것이다. 그리고 열방을 축복하는 것은, 궁극적으로 그들의 보호자와 구원자인 척하지만 실제로는 그들을 집어삼키고 파멸시키고 실망시키는 가짜 신들을 제거하는 것을 포함한다. 그렇게 하는 전투는 신적 사랑의 전투다.

전투와 승리는 하나님의 소관이다. 둘째로, 다시 한 번 인간의 선교가 아닌 하나님의 선교를 강조함으로서 이 문제에 대한 올바른 성경적 관점을 유지할 수 있다. 우리는 성경에서 **신들과의 싸움은 우리가 하나님을 위해 싸우는 것이 아니라, 하나님이 우리를 위해 싸우는 것**임을 분명히 할 필요가 있기 때문이다. 분명 하나님의 백성은 영적 전투에 관여한다. 신구약의 수많은 본문들이 그것을 입증한다. 하지만 하나님께서 우리가 마침내 그분을 위해 싸우는 전투에서 이기고 하늘이 우리가 거둔 큰 승리에 박수갈채를 보낼 그날을 간절히 기다리고 계시는 것은 분명 **아니다**. 하지만 영적 원수들의 정체를 밝혀내고 그 원수들을 물리칠 온갖 전투 방법 및 기술들을 강조하는 최근 선교 운동들을 보면 그런 식으로 터무니 없이 하나님을 생각하는 경향이 있다. 그렇다. 성경에서 엄청나게 강조하는 사실은 하나님께서 하나님과 그분의 백성의 모든 원수들을 물리치실 날을 소망 가운데 기다리는 사람들은 바로 **우리**라는 것이다. 그 다음에 우리가 천사들, 천사장들, 그리고 하늘의 모든 무리들과 함께 **하나님의** 승리를 경축한다. 실로, 하늘의 무리들과 함께 우리는 이미 그리스도의 십자가와 부활의 승리, 하나님의 모든 원수가 최종적으로 파멸될 것을 예상하는 부활절 승리를 경축한다.

하나님이 우리를 위해 싸우시는 것이지, 우리가 하나님을 위해 싸우는 것이 아니다. 우리는 증거하고 싸우고 저항하고 고난을 받기 위해 부름받는다. 하지만 최종 승리가 주님의 것인 것처럼, 전투도 주님의 것이다.

우리의 전투는 승리주의가 아니라 사랑으로 싸우는 것이다. 셋째로, 우리의 선교가 영적 전투인 것을 분명히 해야 하지만, 주목적은 '이기는' 것이 아니라 섬기는 것임을 인식할 필요가 있다. 즉, 우리가 그리스도와 그분의 십자가의 복음의 이름으로 전쟁을 선포하는 우상, 신, 귀신, 영적 권세는 인간 생활을 억누르고 황폐하게 하는 것들이다. 거짓 신들은 삶과 건강과 자원들을 파괴하고 삼켜 버린다. 그것들은 우리의 인간성을 왜곡하고 축소시킨다. 그것들은 불의, 탐욕, 왜곡, 학대, 욕정, 폭력 등을 주관한다. 이 모든 것들에도 불구하고, 거짓 신들이 여전히 자신들을 숭배하는 자들의 정체성과 존엄성과 번성을 친절하게 보호해 주며, 그렇기 때문에 무슨 수를 쓰든 거짓 신들을 옹호해야 한다고 사람들을 교묘하게 설득시킨다는 사실은 그것들 이면에서 사탄이 역사하고 있다는 증거다. 따라서 복음만이 이러한 주장들의 정체를 폭로할 수 있다. 복음만이 우상숭배라는 암을 드러낼 수 있다. 복음만이 사람들에게 유익하다.

그렇기 때문에 우리는 선교의 동기를 신중하게 검토해 보아야 한다. 영적 전투는 만면에 우월감의 미소를 띠고 '승리를 쟁취하는' 일에 혈안이 된 그런 고약한 종류의 승리주의가 아니다. 그보다 영적 전투는 악과 우상숭배의 세력에 억눌린 사람들을 매우 불쌍히 여기는 것이다. 그리고 그로 말미암아 생긴 모든 사회적·경제적·정치적·영적·개인적 결과들을 안타깝게 여기는 것이다. 우리가 우상숭배와 싸우는 이유는 우리가 동참하고 있는 하나님의 선교와 마찬가지로, 그렇게 함으로써 우리가 그분의 이름으로 섬기도록 부름받은 사람들의 최선을 추구하게 된다는 것을 알기 때문이다. 우리는 하나님을 영화롭게 하기 위해서뿐만 아니라 또한 사람들을 축복하기 위해서 우상숭배와 싸운다. 영적 전투는 모든 형태의 성경적 선교와 마찬가지로, 심오한 사랑, 겸손, 동정에 의해 생겨나고 그러한 것들과 함께 시행된다. 예수님 자신이 이에 대한 훌륭한 본을 보이셨다.

우상숭배와의 대결

우상숭배와의 대결은 여러 형태로 나타날 수 있다. 성경 자체가 상황에 따라 서로 다른 접근법이 필요함을 인정하고 있다. 선교에서 얻은 지혜에 의하면, 어떤 한 상황에서는 적절한 것이 다른 상황에서는 별 도움이 되지 않을 수도 있음을 알아야 한다. 예를 들어, 사도 바울은 (1) 어떤 서신에서 치밀한 신학적 논쟁을 벌이면서 우상숭배를 다룰 때, (2) 다른 신들을 숭배하는 사람들을 만나 전도하면서 우상숭배와 대결할 때, (3) 교회 안에서 주위의 우상숭배에 대해 제기된 질문들에 대해 목회적으로 씨름할 때 서로 다른 접근법들을 취했다. 그리고 여기에다가 선지자들이 우상숭배와 싸운 것을 덧붙일 수 있다. 선지자들의 싸움으로 인해 우상숭배의 무익함이 만천하에 드러난다. 하지만 선지자들은 주로 하나님의 백성을 대상으로 사역을 한다.

신학적 논쟁. 그리스도인들에게 글을 쓰면서, 그리고 하나의 현상으로서 객관적으로 우상숭배에 대해 언급하면서, 바울은 사정을 두지 않는다. 그는 로마서 1:18-32에서 하나님에 대한 사람의 반역을 날카롭게 분석하면서, 우상숭배가 하나님의 진노를 불러일으킨다고 분명히 말한다. 그것은 모든 인간에게 알려져 있고 모든 사람이 입수할 수 있는 하나님에 대한 진리를 의도적으로 억누른 결과다. 거기에는 창조 질서를 뒤집는 것이 포함된다. 살아 계신 하나님에 대한 경배를 피조물의 형상에 대한 경배로 바꾸는 것이다. 그것은 지혜롭다고 주장하지만 어리석다는 평가를 받는다. 그것은 성적·사회적·가족적·개인적 측면 등 인간 삶의 모든 측면을 오염시키는 온갖 악을 쏟아낸다. 우상숭배는 소외시키고 불행하게 만들고 타락시키고 분열을 초래하고 생명을 앗아간다. 우리는 이 분석의 어떤 부분도 전체와 분리시키지 말아야 한다. 우상숭배에 대한 바울의 공격은 신학적이고 지적이고 영적이고 윤리적이고 사회적이다. 그것은 강력한 신학적 논쟁으로, 복음의 충만함에 대한 바울의 해설을 준비하는 역할을 한다.

우리는 선교를 하면서 때로는 그런 담화에 참여해야 한다. 우리는 바울이 여기에서 폭로한 우상숭배의 끔찍한 특색을 마음대로 희석시킬 수 없기 때문이다. 이것은 우상숭배의 본질을 파헤친 진리요, 그 주제에 대해 다른 많은 성경 본문들이 말하는 바를 증류한 것이다. 복음의 좋은 소식은 우상숭배에 대한 인간의 탐닉이 실제로 무엇인지 알려 주는 대단히 불쾌한 나쁜 소식과 대비해서 제시되어야 한다(조금 있다가 로마서에서 바로 그렇게 하고 있다). 하지만 다시 한 번 말하건대, 여기에서 로마서 1:18-32은 빈틈없는 신학적 논쟁으로, 바울이 "모든 믿는 자에게 구원을 주시는 하나님의 능력이 되는"(롬 1:16) 복음을 본격적으로 해설하기에 앞서 등장하는 서론이다. 이 말들은 바울이 **그리스도인들에게** 가르침과 경고의 말로 쓴 것이다.

전도적 활동. 사도행전은 바울이 헬라 문화의 신들을 숭배하는 이교도들과 접촉한 사건을 세 번에 걸쳐 얼핏 보여 준다.

- 루스드라(행 14:8-20)
- 아덴(행 17:16-34)
- 에베소(행 19:23-41)

매 장소마다 처한 상황들은 매우 달랐다. 하지만 몇 가지 흥미로운 공통적 특징들이 있다.

루스드라에서, 앉은뱅이를 고친 일로 해서 바나바와 바울은 인간의 몸을 입고 온 헬라의 신 제우스와 헤르메스라고 환호를 받았으며, 사람들은 그들에게 경의를 표하기 위해 제사를 준비하고 있었다. 하지만 바울은 자신들도 똑같은 사람일 뿐이라고 강력하게 단언하면서, 그 사람들에게 "이런 헛된 일"(15절)을 버리고 삶의 모든 좋은 것들을 주신 하늘과 땅의 창조자, 한 분 살아 계신 하나님께로 돌아오라고 호소했다.

아덴에서, 바울은 예수님과 부활에 대해 몇몇 철학자들과 토론을 벌인 것 때문에 아레오바고 시 당국 앞에 불려가서 그의 가르침에 대한 검열을 받게 되었다. 이 청문회는 그저 호기심으로 인해 예의바르게 물어보려 한 것이 아니라, 공개 조사였을 것이다. 아덴에 새로운 신들을 소개하는 것(시 당국은 바울이 그런 일을 하고 있다고 생각했다)은 종교적으로 별 문제가 되지는 않았다. 하지만 그것은 시 당국의 통제를 받아야 했다. (1) 신이라고 여겨지는 것들이 실제로 그 이름에 걸맞은 어떤 업적을 지니고 있는지 (2) 그 후원자가 신전을 세우고, 제사를 드리고, 제사장에게 급료를 지불할 수 있는 능력이 있는지 확인하기 위해서였다.[41] 바울의 연설은 이러한 시의 전례를 혼란에 빠뜨렸다. 바울이 대변하는 하나님은 아덴 당국에 의해 인간적인 인정을 받아야 하는 존재가 아니라, 오히려 그들 위에서 그들을 심판하는 그런 존재였다. 인간 수행원에게 거처와 먹을 것을 공급받기는커녕, 이 하나님은 오히려 온 인류 전체에게 거처와 먹을 것뿐 아니라 훨씬 더 많은 것들을 공급해 주셨다.

에베소에서, 2년간 체계적으로 공개 강좌를 하고(행 19:9-10) 그와 함께 놀라운 치유의 기적들을 행하자(행 19:11-12), 참으로 회심한 신자들의 수가 늘어나게 되었다(행 19:17-20). 대단히 많은 사람들이 그리스도를 믿고 살아 계신 하나님께 돌아오고 있었기 때문에, 에베소의 우상 산업 시장이 와해되기 시작했다(행 19:23-27). 바울의 가르침에 대한 직접적 기록은 나오지 않는다. 하지만 누가는 데메드리오의 입을 빌려 그 가르침을 이렇게 요약한다. "[바울이] 사람의 손으로

---

41) 사도행전 17장에 나오는 상황에 대한 이러한 해석에 대해서는 Bruce Winter, "On Introducing Gods to Athens: An Alternative Reading of Acts 17:18-20", *Tyndale Bulletin* 47(1996): 71-90를 보라.

만든 것들은 신이 아니라 하니"(행 19:26).

이처럼 유일신론적인 복음 메시지는 루스드라의 대중적 미신, 아덴의 지적 교만과 자부심, 에베소의 경제적 이익에 도전했다. 이렇게 기존 신자들을 신학적으로 가르치는 것과는 달리 우상을 숭배하는 이교도들을 직접 상대할 때, 바울의 전도 전략은 솔직하고 단호하지만, 로마서 1장에 나오는 말보다는 더 부드럽고 정중하다.

기록된 두 번의 연설(루스드라에서 행한 것과 아덴에서 행한 것)에서, 바울은 천지를 만드신 한 분 살아 계신 창조주 하나님을 강조한다(행 14:15; 17:24). 두 연설에서 다 바울은 인간에게 살아가는 데 필요한 모든 것, 심지어 생명과 호흡 자체를 주시는 하나님의 섭리를 강조한다(행 14:17; 17:25). 루스드라에서는 그것을 하나님의 인자하심의 증거로 제시한다. 심지어 하나님은 이교도들에게까지 기쁨을 제공해 주신다는 것이다. 아덴에서는 그것을 하나님께서 사람들이 그분을 찾기를 간절히 바라고 계시다는 증거로 제시한다. 하나님은 우리 중 어느 누구에게서도 멀리 떨어져 계시지 않지만 말이다[바울은 이교도의 시를 인용해서 자신의 주장을 뒷받침한다(행 17:27-28)]. 두 연설에서 다 바울은 하나님이 과거에는 이교도의 무지에 대해 오래 참으시고 관용하셨음을 인정한다(행 14:16; 17:30). 하지만 두 연설에서 다 바울은 이제 "이런 헛된 일"(행 14:15)로부터 단호하게 돌아서라고 명한다. 그런 일은 신적 존재에게는 너무나 부적당하다(행 17:29). 이것은 데살로니가에서 바울이 설교한 내용과 일치한다. 바울은 거기에 있는 이교도들이 어떻게 "우상을 버리고 하나님께로 돌아와서 살아 계시고 참되신 하나님을 섬기는지"(살전 1:9) 기억해 낸다. 아덴에서 바울은 계속해서 심판에 대해 말하면서 그것을 그리스도의 부활과 연결시킨다(행 17:31).

에베소의 이교도들 자신이 말한 바에 따르면, 바울은 "사람의 손으로 만든" 것들은 결코 신이 아니라고 주장했다(행 19:26, 이것은 철저하게 구약적인 관점이다). 하지만 또 한 가지 매우 흥미로운 사실은 바울이 에베소를 후원하는 여신들인 아데미(*Artemis*)/디아나(*Diana*)를 구체적으로 비방하지 **않았다**는 것이다. 심지어 바울 자신은 그런 주장을 한 적도 없는데, 시의 서기장이 바울과 그의 친구들을 반대하는 폭동을 진정시키기 위해 바울을 변호하면서 이렇게 말한다. "신전의 물건을 도둑질하지도 아니하였고 우리 여신을 비방하지도 아니한 이 사람들"(행 19:37). 분명 바울은 단호하고 효과적인 전도 방법을 사용했지만, 타산적이고 모욕적인 태도로 복음을 전하지는 않았다.

바울이 로마서 1장에서 그리스도인들을 대상으로 전개한 **신학적** 주장을 사도행전에서 이교도들을 대상으로 전달한 **전도** 설교와 비교해 보면, 분명 근본적 확신은 같으나 어조는 현저하게 차이가 난다.

그리스도인들을 대상으로 기록된 로마서는 하나님의 진노를 강조한다. 그리고 이교도들을 대상으로 전달한 연설들을 수록한 사도행전은 하나님의 인자하심, 섭리와 오래 참으심을 강조한다. 하지만 둘 다 하나님의 심판을 역설한다.

- 로마서는 우상숭배를 근본적으로 반역이며, 진리를 억압하는 것이라고 묘사한다. 사도행전은 그것을 무지라고 묘사한다.
- 로마서는 우상숭배가 어떤 악을 야기하는지 묘사한다. 사도행전은 우상숭배를 '헛된 일'이라고 말한다.
- 바울은 그리스도인 독자들 앞에서는 우상숭배를 '거짓말'이라고 통렬히 비난했다. 하지만 여신 아데미를 숭배하는 이교도들 앞에서는 그 신을 모독하지 않았다.

그래서 바울이 우상숭배와 맞설 때 어떤 상황에서 논쟁이 이루어지는가에 따라 어조와 전략에 차이가 난다. 하지만 두 경우 모두, 바울이 매우 견고한 성경적 토대에 입각해서 모든 주장을 하고 있음을 분명히 알아야 한다. 앞에서 말한 모든 요점 하나하나는 강조점이 서로 다르고 균형이 잡혀 있지만, 우상숭배에 반대하는 구약의 수사법과 관련지을 수 있다. 바울은 이방인들을 대상으로 전도 설교를 할 때, 어느 곳에서도 구약 본문을 인용하지 않는다(반면에 바울은 회당에서 유대인들을 대상으로 말할 때는 구약을 대단히 많이 인용한다). 그러나 바울의 메시지의 내용은 이스라엘의 유일신론적 창조 신앙에 철저히 기초하고 있으며 또 그 신앙을 명백하게 선포한다.

목회적 지도. 헬라-로마의 다신론에 빠져 있다가 그리스도를 믿게 된 사람들은 성경의 유일신론적 세계관을 받아들였다. 하지만 그들이 지금 그리스도인으로서 정체성을 지키며 살아가야 하는 세상 문화는 우상을 숭배하는 요소로 가득 차 있었다. 이로 인해 그들은 날마다 진퇴양난에 처했다. 바울은 빈틈없이 선교 활동을 했기 때문에, 전도하고 교회를 세우는 것으로 만족하지 않고, 종교적 문화

속에서 직면하는 윤리적 문제들을 성경적으로 사고할 수 있는 성숙한 신자들의 공동체를 세우는 데 관심을 가졌다. 그래서 자신이 세운 교회들을 목회적·윤리적으로 지도하는 일은 열심히 전도하는 일과 마찬가지로 바울의 선교 과업의 일부였으며, 신학적으로도 확고한 근거를 갖고 있었다.

고린도전서 8-10장은 이 문제에 관해 가장 중요한 본문이다. 그리스도인들은 우상에게 제물로 바친 고기 문제를 두고 어떻게 행동해야 했는가? 고린도인들에게 문제의 핵심은 주로 **신학적인** 관점을 명료하게 정리하는 것이 아니었다. 고린도인들은 자신들의 신학을 제대로 알았던 것 같다. 바울이 고린도전서 8:4-6에서 그 신학을 상기시키고 있기 때문이다. 또 문제의 핵심은 주로 **전도에 관한** 것도 아니었다. 고린도인들은 이미 예수 그리스도를 믿고 있었다(고전 1:1-9). 문제의 핵심은 분명 **목회적이고 윤리적인** 것이었다. 교회 내에서 그 문제와 관련해 분열이 있었으며, 어떤 교인들은 상처 받고 기분이 상한 반면, 또 어떤 교인들은 교만하고 무모하게 굴고 있었기 때문이다.

우리는 '신들과 우상들은 그 무엇인가, 아무것도 아닌가?'라는 문제와 관련하여 이미 앞에서 고린도전서 8-10장에 대해 어느 정도 깊이 논했으므로, 다시 그것을 반복할 필요는 없다. 하지만 그 문제에 두 가지 측면이 있었다는 것은 상기할 가치가 있다. 그리고 바울은 그 두 측면 각각에 대해 명확한 대답을 해준다. 둘 다 그리스도인들이 주위의 우상숭배로 인해 생기는 실제적인 문제들을 어떻게 다룰 것인가 하는 것과 관계가 있다.

한편으로, **일상적인 고기 시장**이 있었다. 여러 신들에게 제사를 드릴 때 짐승들을 도살해서 바친 뒤, 그 고기를 시장의 푸줏간에 내다 팔았다. 그리스도인들은 우상숭배에 찬성하지 않으면서도 시장에서 그런 고기를 사서 먹을 수 있는가? 바울은 일반적으로, "그렇다. 그렇게 할 수 있다. 신들과 우상들은 실제 존재하지 않는다. 고기는 창조주 하나님의 좋은 선물이며, 하나님께 감사하면서 먹을 수 있다"라고 대답했다. 마음대로 먹을 수 없는 유일한 예외는 식탁에 앉은 다른 누군가가 그로 인해 마음이 상하는 경우다. 그런 경우 상대방의 더 연약한 양심을 존중하여 고기를 먹지 말아야 한다. 사랑의 규칙이 사람이 정당하게 누리고 있는 자유보다 우선한다. 그런 제한 외에는, "무릇 시장에서 파는 것은 양심을 위하여 묻지 말고 먹으라"는 것이 바울의 실제적인 조언이다(고전 10:25).

하지만 다른 한편으로, 종종 시가 주최하는 행사나 부유한 시민들이 주관하는 사교 행사의 일환으로 실제로 **신전** 안에서 식사를 대접하는 경우가 있었다. 이런 행사는 후원을 확보하고, 유리한 거래를 체결하며, 고린도 엘리트들에게 걸맞은 사교 활동을 할 수 있는 좋은 기회였다. 거기에 가면 신들에게 드리는 제사에 실제로 참여해야 했으므로(그냥 푸줏간에 가서 제사를 마치고 나온 고기를 사는 것과는 달리), 바울은 그리스도인들이 그런 행사들에 참여하는 것을 찬성하지 않았다.

바울은 그리스도인들이 신전에서 열리는 모임에 빠지면 사회적으로 손해를 본다는 것을 대단히 잘 알고 있었다. 그 도시의 신들에게 소홀하거나 무례한 것으로 보일 뿐만이 아니라, 또한 사회적 인맥을 넓힐 수 있는 기회를 놓치고, 후원자들 및 고용주들과의 관계가 위태로워질 가능성이 매우 많았다. 하지만 바울은 완강하다. 참여하지 말라. 첫째로, 신전에서 벌어지는 그런 연회들에 참여하면, 설사 그것의 '공허함'을 신학적으로 충분히 알고 참여한다 해도, 그것을 보는 더 연약한 형제의 양심에 훨씬 더 큰 위협이 되며, 따라서 그를 위해 죽으신 그리스도께 죄를 짓는 것이다(고전 8:10-13). 하지만 둘째로, 설사 우상들과 제사가 신적 의미에서 '아무것도 아니라고' 해도, 분명 귀신적인 것으로 이르는 길이 될 수 있다. 그리스도인들은 그리스도의 몸과 피에 참여하는 것과 귀신들의 연회에 참여하는 것을 함께 할 수 없다(고전 10:14-22). 그런 이유로 해서, **이** 문제에 대한 바울의 조언은 간단하다. "우상숭배하는 일을 피하라." 즉, 설사 내적으로 부끄럽지 않은 신학적 소신을 갖고 있다 해도, 거기에 참여하고 있지 않은가 하는 의혹을 추호도 받지 말라. 멀리 떨어져 있으라.

바울이 자신의 신학을 목회적·윤리적으로 적용하면서(즉, 강력한 문화적 다신론이라는 상황에서 철저한 유일신론이 지닌 선교학적 함축을 밝혀 내면서) 보여 주는 섬세함과 민감함은 우리에게 큰 도움이 된다. 그것은 분명 다양한 종교적·문화적 상황 속에 살면서, 신학적 확신과 사회적 관습 사이에 끼어 스트레스를 받는 그리스도인들에게 많은 것을 가르쳐 준다.

명백히 다른 신들을 숭배하는 상황에서, 그리스도인들은 이 신들과 관련된 의식의 부산물들과 그 신들을 숭배하는 일에 실제로 참여하는 것을 구분해야 한다. 예를 들어, 인도의 어떤 그리스도인들은 **프라사담**(생일이나 다른 행사를 경축하기 위해 먼저 신들에게 일부를 바치고 나머지를 집이나 일터에서 나누어 주는 사탕이나 과일)을 거리낌없이 받는다. 하지만 그들은 실제 의식들에 합류하거나 다신론 숭배, 혹은 다른 신들의 실재를 명백히 단언하는 어떠한 것에도 참여하지 않는다. 또 어떤 인도 그리스도인들은 '더 연약한 형제'에게 오해를 불러일으킬까 봐 둘 다 거부하기도 한다.

서구에서는 신과 우상이 좀더 교묘한 형태를 취한다. 하지만 비슷한 문제들이 생길 수 있다. 예를 들어, 도박은 대부분의 우상숭배들이 부추기는 중독성을 지니고 있기 때문에, 재물의 신을 섬기는 일종의 우상숭배로 볼 수 있다. 그런 이유로 대부분의 그리스도인들은 도박을 하려고 하지 않는다. 또 그들은 이익을 볼 의도를 품고 로또 복권을 사거나 그런 복권을 만든 기관들에 후원을 요청하지 않는다. 반면에, 어떤 사람이 복권에 당첨된 후 자발적으로 당첨금의 일부를 교회나 기독교 자선 단체에 바친다면, 양심의 문제를 제기하지 않고 그 돈을 받을 수 있다고 주장할 수도 있다. 모든 재물은 애초부터 주님께 속해 있기 때문이다. 그 돈이 도박으로 벌어들인 것이긴 하지만, 그런 헌금을 받는다고 도박이라는 악에 참여하는 것은 아니다. 마치 고린도인들이 푸줏간에서 고기를 산다고 해서, 설사 그 고기가 우상을 숭배하는 의식에서 나온 것이라 해도, 우상숭배에 참여하는 것은 아니었던 것과 마찬가지다. 인도 그리스도인들이 **프라사담**을 놓고 의견이 분분한 것처럼, 서구 그리스도인들도 이 문제를 놓고 의견이 분분하다.

바울의 목회적·윤리적 지침들이 실제로 적용되는 수많은 사례들을 찾아볼 수 있다. 내 주장은 바울이 새로 그리스도인이 된 사람들을 대상으로 목회하면서 그 문제를 다룰 때, 불신자들에게 전도 활동을 하거나 성숙한 그리스도인들을 가르치면서 신학적 독설을 퍼붓는 것과는 다른 태도로 접근한다는 것이다. 우리는 다양한 상황 속에서 우상숭배와 직면하는 방식에 대해 바울에게서 많은 것을 배울 수 있다.

선지자적 경고. 방금 살펴본 목회적 접근은 하나님의 백성이 고질적인 우상숭배에 빠져 있는 문화 속에서 살아가는 딜레마를 해결해 나가도록 도와준다. 하지만 선지자적 접근은 우상숭배 자체를 밝혀 내고 드러내고 비난한다. 그러나 놀랍게도 성경에서 선지자적 접근은 보통 하나님의 백성을 대상으로 하고 있다. 신약을 보면 전도를 할 때 다신론적 세계관을 명백하게 거부한다. 하지만 특정한 신들을 공개적으로 비난하거나 그 신들을 숭배하는 자들을 조롱하는 말은 찾아볼 수 없다. 그리고 구약에서 이스라엘 사람이 이방 민족들에게 말하는 많지 않은 경우를 보면, 일반적으로 그들이 잘못된 신을 숭배해서 정죄를 받는 것이 아니라 도덕적·사회적 악으로 인해 정죄를 받는다(물론 그 둘은 서로 연결되어 있다). 이에 대한 예로는 아모스가 이스라엘 주위 나라들의 죄들을 열거하는 것(암 1:1-2:3,

주목할 만하게도, 아모스는 아모스서 2:4에서 유다에게 말할 때만 거짓 신 숭배를 구체적으로 언급한다)과 요나가 니느웨를 정죄하는 것을 들 수 있다. 니느웨에 대한 정죄는 분명히 그들의 신이 아니라 그들의 '악독'과 '강포'를 향한 것이었다(욘 1:2; 3:8). 엘리야가 바알 선지자들을 조롱한 것은 무지한 이교도들을 조롱한 것으로 보아서는 안 된다. 그중 많은 사람들은 실제로 유일하신 야웨 하나님을 믿다가 변절한 사람들이었기 때문이다. 그들의 범죄는 주로 우상을 숭배하도록 사람들을 오도한 죄였다.

하지만 선지자들이 **하나님의 백성들에게** 그들이 저지른 우상숭배에 대해 고발할 때는 온갖 수사학적 장치가 다 동원된다. 이사야서 40-48장에 나오는 통찰력 있는 논쟁, 예레미야 10장에 나오는 비슷한 논의들, 또는 신명기 4장에 나오는 경고들 등 몇 가지만 살펴보면 금방 알 수 있다. 이 같은 심한 불균형의 이유는 무엇인가? 물론 살아 계신 하나님의 질투에서 비롯된 진노를 불러일으키지 않을까 하는 두려움 때문에 우상숭배를 피해야 하는 것은 사실이다[바울도 그 논거를 모르는 바 아니었다(고전 10:22)]. 하지만 선지자들은 또한 얼핏 더 강력하게 보였던 **열방의 신들에 대한 부당한 두려움으로부터 하나님의 백성들을 해방시켜 주기 위해** 우상숭배의 헛됨을 폭로했다. 이것은 이사야서 40-48장에서 명백하게 나타난다. 그것은 또한 예레미야가 다음과 같이 말한 동기이기도 하다.

> 여러 나라의 길을 배우지 말라.
> 이방 사람들은 하늘의 징조를 두려워하거니와
> 너희는 그것을 두려워하지 말라.…
> 그것이 둥근 기둥 같아서
> 말도 못하며
> 걸어 다니지도 못하므로
> 사람이 메어야 하느니라.
> 그것이 그들에게 화를 주거나
> 복을 주지 못하나니
> 너희는 두려워하지 말라.(렘 10:2, 5)

선지자들이 열방의 신들을 비난하는 이유는 또한 이스라엘이 그 신들을 따른다면 궁극적으로 실망하고 수치를 당할 것을 알기 때문이다. 하나님의 백성에게 우상을 숭배하지 말라고 경고하는 것은 그들 자신을 보호하기 위함이다. 우상숭배의 대가는 너무 크다. 바벨론에서 포로 생활을 하던 이스라엘은 에스겔의 회상적 설명을 통해 그것을 알게 되었다.

로마서 1:18-32을 여기에 포함시켜도 괜찮을 것이다. 바울이 우상숭배의 사악한 뿌리와 쓴 열매를 혹독하게 폭로한 것도 선지자적 전통과 일맥상통하기 때문이다. 옛 선지자들과 마찬가지로, 바울은 구속받은 자들에게 우상숭배를 하나님의 관점에서 보고, 그들이 무엇으로부터 구속받았는지 절대로 잊지 말라고 부탁한다.

에베소는 또 하나의 흥미로운 사례 연구를 제공한다. 사도행전을 보면 바울은 에베소에서 복음을 전파했다. 그리고 거기에 있는 많은 사람들이 우상숭배와 마술을 버리고 살아 계신 하나님에게로 돌아왔다. 에베소 교회를 설립하는 동안, 바울은 아데미를 공개적으로 마구 비방하지 않았다(에베소 시 당국자가 그 점을 인정했다). 하지만 후에 아데미를 섬기다가 돌이켜 그리스도를 믿기로 한 에베소의 새 신자들에게 글을 쓸 때는, 그들이 그리스도를 믿기 **전에** 처해 있던 위험한 영적 상태에 대해 거침없이 말했다. 그들은 이스라엘로부터, 이스라엘의 메시아로부터, 이스라엘의 언약의 소망으로부터, 그리고 이스라엘의 하나님으로부터 멀리 떨어져 있었다. 바울은 이 에베소인들이 많은 신들을 섬기고 있긴 했지만 실제로는 '아테오이'(*atheoi*), 곧 "하나님이 없는" 상태였다고 반어적으로 말한다. 참되고 살아 계신 하나님에 대한 지식도 없고 그분과 관계도 없었기 때문이다(엡 2:12). 후에 바울은 다시 한 번 이전에 에베소인들이 어떠한 삶에서 구출되었는지 상기시킨다. 그것은 바울이 로마서 1장에서 우상숭배와 매우 밀접한 관련이 있다고 말한 것들[무익함, 어두움, 마음의 굳어짐, 감각적 방탕 등(엡 4:17-19)]로 얼룩진 삶이다. 바울이 이렇게 글을 쓰는 목적 중 일부는 신자들에게 우상숭배의 도덕적·영적 어두움을 상기시키고, 다시는 우상을 숭배하지 않도록 경고하며, 구속받은 사람답게 거룩한 삶을 살도록 격려하려는 것이다. 바울은 아직도 우상을 숭배하고 있는 사람들에게 공개적으로 전도 사역을 할 때보다, 그 우상에서 해방된 사람들을 훈련시킬 때 훨씬 더 격렬하게 우상숭배에 대해 경고했다.

신구약 모두에서 우상숭배에 대해 하나님의 백성에게 이렇게 선지자적으로 경고하는 것은 선교학적으로 어떤 의미가 있는가? 다시 한 번 하나님의 백성들 안에서 그 백성들을 통해 이루어지는 하나님의 선교를 인식할 때 그 대답을 찾을 수 있다. 열방을 축복하시려는 하나님의 목표는 열방이 결국 그들의 신들을 버리고 살아 계신 하나님만 예배할 것을 요구한다(예를 들어, 시 96편과 다른 많은 선지자의 환상들이 그런 날을 상상하고 있다). 하지만 그것이 전부가 아니다. 하나님의 선교는 또한 하나님 자신의 백성이 살아 계신 하나님을 섬기며 이 세상을 살아갈 때 순결함과 순수성을 유지하고, 그들을 오염시키는 혼합주의에 저항할 것을 요구한다. 그렇게 하면 열방은 순종하며 언약에 충성을 다하는 이스라엘을 보게 될 것이며, 그 결과 살아 계신 하나님이신 야웨께 찬송과 영광을 돌리게 될 것이다(신 4:6-8; 28:9-10). 그러나 불순종하고 우상을 숭배하는 이스라엘은 야웨께 수치를 가져올 것이며, 열방 가운데서 그분의 이름이 더럽혀지게 할 것이다(신 29:24-28; 겔 36:16-21). 다시 말해, 하나님의 백성으로 하여금 우상을 멀리하게 하는 이유는 그들 자신의 영적 건강을 위한 것만이 아니다. 그것은 또한 열방을 위한 하나님 자신의 선교를 위한 것이기도 하다.

생생한 비유적 표현을 자주 사용하는 예레미야는 상징적 행동으로 나타낸 한 예언에서 이스라엘의 선교에 대한 이러한 인식의 양면을 다 포착했다(렘 13:1-11). 아름다운 옷이 그것을 입은 사람에게 영광과 찬송을 가져다주는 것처럼, 하나님은 이스라엘을 "내 백성이 되게 하며 내 이름과 명예와 영광이 되게 하려 하였다."[42] 이 세 단어는 하나님께서 이스라엘이 열방 가운데서 누리게 되리라고 약속하셨던 것과 똑같다(신 26:19). 하나님의 백성이 하나님께 충성하고 순종함으로서 얻게 되는 명성은 궁극적으로 하나님 자신의 명예와 영광을 위한 것이다. 이것이 선교학적 동력이다. 하지만 이스라엘이 (렘 13:10에 명시되어 있는) 우상숭배를 한 결과 그들은 오랫동안 젖은 땅에 묻혀 있었던 아름다운 옷과 같이 된다. "띠가 썩어서 쓸 수 없게 되었더라"(7, 10절). 하나님은 우상숭배라는 썩어 가는 누더기로 인해 흠뻑 젖고 더러워진 백성을 '입을' 수가 없으시다. 하나님이 열방에게 복이 되도록 선택하신 백성들 자신이 그런 신들로 가득 차 있다면, 어떻게 열방을 거짓 신 숭배에서 끌어낼 수 있단 말인가? 그렇다면 우상숭배에 대해 그처럼 신랄하고 엄중하게 경고하는 것은 단지 하나님 자신의 백성의 유익을 위한

---

42) 이것은 언약 관계에 대한 색다르지만 풍성한 의미를 지닌 비유다. 그것은 친밀함과 상호 관계라는 면에서, 어떤 사람이 그의 몸에 정말 어울리는 옷을 즐겨 입는 것과도 같다. 언약은 하나님이 그분의 백성을 입으시는 것이다.

것만이 아니고, 궁극적으로는 그들을 통해 열방의 유익을 위한 것이다. 그것이 이스라엘의 선교적 중요성이다.

결어

이 장에서 우리는 우상숭배에 반대하는 성경의 논쟁이 지닌 선교학적 차원에 관해 무엇을 알게 되었는가?

비록 신들과 우상들은 세상에서는 **그 무엇**이지만, 살아 계신 하나님에 비하면 **아무것도 아니라**는 역설을 알게 되었다.

신들과 우상들은 귀신적인 세계의 도구 혹은 그 세계로 들어가는 입구가 될 수도 있긴 하지만, 성경은 그것들이 사람의 손으로 만든 것, 우리 자신의 타락하고 반역적인 상상력의 산물이라는 점을 대단히 강조하고 있음을 알게 되었다.

또한 우상숭배의 가장 큰 문제는 그것이 창조주 하나님과 피조물 간의 구분을 흐리게 하는 것임을 알게 되었다. 우상숭배는 피조물(우리 자신을 포함해서)을 손상시키며 동시에 창조주의 영광을 축소시킨다.

하나님의 선교는 피조물을 원래대로, 곧 하나님 자신께 모든 영광을 돌리고 그럼으로써 모든 피조물이 하나님께서 바라시는 복을 충만히 누릴 수 있는 상태로 회복시키는 것이므로, 하나님은 모든 형태의 우상숭배와 싸우시며, 그 싸움에 합류하도록 우리를 부르신다.

하지만 우상숭배에 대해 성경의 가르침에 근거한 선교적 접근은 인간들이 스스로 신을 만드는 매우 다양한 방법들, 그 신들이 취하는 다양한 형태들, 그리고 우리 인간이 그 신들을 섬기는 다양한 동기들이 무엇인지 이해하려고 노력한다.

그 다음에 우상숭배의 심각함과 성경이 왜 그렇게 우상숭배에 대해 격렬한 표현을 사용하는지 인식하기 위해서, 성경이 우상숭배의 악영향을 얼마나 폭넓게 폭로하는지 이해할 필요가 있다.

마지막으로, 우상숭배와 대결하면서, 다양한 상황마다 어떤 반응들이 적절한지 분별하는 것이 필요하다. 그리고 그렇게 분별 작업을 하면서 사도들과 선지자들에게서 교훈을 얻어야 한다.

이 모든 일들은 이 장과 앞 장에서 다루었던 것과 같은 광범위한 성경 본문들에 비추어서 수행되어야 할 뿐 아니라, 또한 특정한 문화적·종교적 상황 및 그 상황들이 우상숭배에 대한 인간의 탐닉을 특정하게 표현하는 것과 관련해서 수행되어야 한다. 선지자들과 사도들은 야웨와 그리스도의 보편성과 초월성을 주장하는 동시에, 그들이 파송된 특정한 지역적 상황에 예리한 통찰을 갖고 관여하는 분명한 본보기를 제시한다. 우리의 선교 역시 그래야 한다.

3부
선교의 백성

서론에 나왔던 '하나님의 선교'라는 제목의 삼각형 도표 꼭대기에 있는 주제들과 성경적 유일신론 및 성경적 선교의 역동적 상호 침투에 대한 연구를 마쳤으니, 이제 삼각형의 다음 모퉁이인 '선교의 백성'을 살펴볼 차례다.

일반적으로 기독교 선교를 이해할 때, 그 기원을 기독교회의 기원과 거의 같은 것으로 보는 경향이 있다. 예수님은 제자들에게 땅끝까지 회개와 죄사함을 전하기 전에 성령의 권능이 임하기를 기다리라고 하지 않으셨던가? 그리고 성령의 강림으로 오순절 때 교회가 시작되지 않았던가? 그 두 가지는 누가가 그의 복음서를 끝내고 사도행전을 시작하는 것과 뗄 수 없이 연결되어 있다.

물론, 교회학과 선교학을 이렇게 본능적으로 결합시키는 것은 타당하다. 하지만 지금까지 이 책을 읽어 온 독자라면, 그 연결이 오순절보다 훨씬 더 이전까지 거슬러 올라가 구약까지 이어져야 한다는 말을 들어도 놀라지 않을 것이다. 신약 교회는 그날 탄생했을지 모르지만, 역사상의 하나님 백성은 아브라함에게까지 거슬러 올라간다. 그리고 바울이 모든 사람에게 지적하고 싶어 하듯이, 어떤 나라의 어느 누구든 그리스도 안에 있는 사람은 또한 아브라함 안에 있다.

따라서 하나님이 부르셨고, 그분의 선교 대행자로 창조하신 백성에 대해 생각할 때는 아브라함에서부터 시작해야 한다. 아마 틀림없이 하나님이 아브라함과 맺은 언약은 성경적 선교 신학 안에서, 그리고 성경의 선교적 해석학 안에서 가장 중요한 성경 전통일 것이다. 우리는 이러한 전통이 창세기 12장부터 요한계시록 22장까지 광대한 활 모양의 궤적을 그리며 이어지는 것을 보게 될 것이다. 따라서 그것은 여기에서 두 장을 할애해 다룰 만하다. 먼저, 6장에서는 하나님이 아브라함과 그의 후손들을 열방을 축복하는 매개체로 선택하신 의도와, 그 최초의 대위임령이 무엇을 의미하는지를 탐구한다. 그리고 7장에서는 언약의 보편성(모든 열방을 축복하기 위한 것)과 독특성(한 민족에 의한 것)이라는 역설적 이중성을 추적해 본다. 이 역설의 두 기둥은 중요한 선교적 함축을 지니고 있다.

성경의 거대 서사라는 길을 따라가다 보면 출애굽에 이르게 된다. 신학적으로는, 선택에서 구속까지의 이동이다. 선교학적으로 우리는 열방을 위한 사람(아브라함)에게서 열방 가운데서 하나님의 제사장이 되기 위해 구속받은 백성(이스라엘)에게로 이동한다. 출애굽은 역사 내에 나타난 하나님의 구속의 일차적 모델이다. 8장은 출애굽이 다양한 차원에서 얼마나 적절한 것이었는가를 탐구한다. 구속받은 사람들이라 해도 여전히 이 땅에서 살아가야 하기 때문에 타락으로 인한 사회적·경제적 결과에 영향을 받기 쉽다. 따라서 하나님의 율법은 이러한 부분까지 고려한다. 바로 희년은 회복 장치를 통해 인간 복지에 대해 관심을 기울이시는 하나님을 보여 주는 예다. 9장은 희년의 근본 이유와 선교학적 함축을 탐구하며, 이를 총체적 선교에 대한 성찰의 한 사례 연구로 본다.

하나님의 백성은 하나님과의 언약 관계를 통해 구성된다. 이 역시 성경의 거대 서사의 골격을 이루는 중요한 성경적 주제다. 10장은 노아에서부터 그리스도까지 이르는 거대한 언약의 연결 마디를 살펴보면서, 이것이 하나님의 선교를 이해하는 데 어떤 영향을 미치는지 묻는다.

선택되고, 구속받고, 언약 관계로 부르심을 받은 하나님의 백성이 살아야 하는 삶이 있다. 하나님 앞에서 그리고 열방이 보기에 하나님의 백성은 독특하고, 거룩하고, 윤리적인 삶을 살아야 한다. 이 역시 선교와 중요한 관련이 있다. 11장에서 보게 되겠지만, 성경적 윤리 없는 성경적 선교는 없기 때문이다.

따라서 2부에 나오는 이 여섯 개의 장을 하나로 통합하는 주제는, 하나님의 백성은 하나님의 선교를 위해 창조되고 위임받았다는 것이다.

6

하나님의 선택받은 백성
복 주기 위해 선택받음

기독교 역사상의 모든 신학적 논쟁들이 성공적인 선교와 급속한 교회 성장으로 인한 것이라면 얼마나 좋을까. 물론 첫 번째 논쟁은 그랬다. 첫 번째 교회 공의회(행 15장)는 타문화 교회 개척의 성공으로 생겨난 문제들을 해결하기 위해 소집된 것이었다. 이러한 활동은 안디옥 교회에서 시작되어, 우리가 지금 터키라고 부르는 로마 지방에 사는, 주로 이방인이며 인종적으로 다양한 사람들 가운데서 이루어졌다. 이 활동을 주도적으로 이끌었던 바울과 바나바는 예수 그리스도의 복음을 가지고 이방인에게로 건너간 최초의 사람들이 아니었다. 이미 빌립(행 8장)과 베드로(행 10장)가 그 일을 했었다. 하지만 바나바와 바울은 처음으로 유대인적 배경과 이방인적 배경이 섞여 있는 신자들의 공동체를 설립했다. 즉, 다인종 교회를 개척한 것이다. 게다가 그들은 이 새 신자들에게 그들이 지금, 이스라엘로 알려졌던 하나님의 백성 무리에 온전히 속해 있다는 것(유대인 개종자가 되는 과정을 거치지 않고서)을 분명하게 가르치고 있었다.

바울은 정확히 무엇을 가르치고 있었는가? 그리고 왜 그로 인해 어떤 사람들은 그처럼 깜짝 놀라고, 또 어떤 사람들은 격렬히 반대하기까지 했는가?

바울의 복음

바울의 설교는 본질적으로 우리가 2부에서 탐구했던 메시지였다. 사도행전에서 누가가 기록한 바울의 전도 설교로 보아, 그리고 그가 쓴 편지들에서 자신이 설립한 교회에 전달한 메시지를 언급한 것으로 보아, 바울은 다음과 같은 사실들을 가르쳤음이 분명하다.

- 오직 한 분이신 최고의 하나님이 계시는데, 그분은 창조와 이스라엘의 이야기를 통해 자신을 알리셨다.
- 다른 모든 신들은 인간의 필요를 채워 주지 못하고 인간의 구원을 이룰 수 없는, 거짓된 인간의 고안물이다.
- 한 분 살아 계신 하나님은 이스라엘과의 약속을 성취하기 위해 자신의 아들 나사렛 예수를 보내셨다.
- 예수님의 죽음과 부활을 통해, 하나님은 열방의 백성들이 구원과 죄사함과 영생을 찾을 수 있는 길을 열어 주셨다.
- 구세주이며 왕이신 예수님을 믿음으로, 어떤 민족이든 이제 구속받은 하나님의 백성 안에 속할 수 있고, 하나님이 다가올 심판의 날에 예수님을 통해 다시 한 번 개입하실 때 의인 중에 있게 될 수 있다.
- 회개하고 예수님을 믿음으로 회심하기만 하면 하나님의 언약 백성에 속할 수 있다.

다양한 이방인 공동체들에 소망과 기쁨을 가져다준 이 강력한 메시지는 바울의 몇몇 동료 유대인들에게는 충격과 분노를 가져다주었다. 성경을 보면 한 분 살아 계신 하나님이 구원을 위해 이스라엘을 선택하신 것이 분명했기 때문이다. 따라서 선택받은 이스라엘 언약 백성에 속한 사람들만이 의인의 무리에 들 수 있으며, 하나님의 진노의 날에 안전할 것이었다. 이렇게 이스라엘에 속한다는 것은 필연적으로 할례를 받고, 모세의 율법, 특히 유대인과 다른 민족들과의 차이를 가장 눈에 띄게 보여 주는 율법들[삶의 정결한 영역과 부정한 영역(특히 음식), 안식일 준수를 통제하는 율법들]을 준수하는 것을 포함했다. 이 이방인들이 의인의 진영에 속하고 구원을 확신하기 원한다면, 그들은 할례를 받고 모세 율법을 철저하게 지킴으로서 사실상 유대인이 되어야 한다. 그들이 언약의 유익을 원한다면, 언약 백성에 합류하고 언약의 규칙들에 순종해야 한다. 그들은 유대인 개종자가 되는 기존 방식을 따라야 한다.

이런 식으로 바울을 반대한 사람 모두가, 메시아이신 예수님을 **거부하고**(바울이 다메섹 도상의 체험 이전에 그렇게 했듯이) 기독교적인 모든 것에 격렬한 적대감을 불태우던(역시 바울이 그렇게 했듯이) 유대인들은 아니었다. 그 중에는 이방인들의 회심에 대해 같은 의문을 갖고 있던 철두철미한 유대인 배경의 기독교 신자들(그 중 일부는 바울처럼 바리새인이었다)도 있었다. 그들의 주장에 따르면, 이방인이 예수님을 믿는 건 아무 문제없다. 하지만 그렇다고 해서 언약의 일원이 되는 것에 대한 성경적 기준이 사라진 것은 아니다.

그래서 누가는 이방인 선교의 성공으로 인해 초대교회에서 발생한 충돌을 기록한다. 안디옥 교회는 바울과 바나바가 첫 번째 선교 여행에서 돌아와 "하나님이 함께 행하신 모든 일과 이방인들에게 믿음의 문을 여신 것을 보고"(행 14:27) 했을 때 기뻐했다. 하지만 한편에서는 다른 반응도 있었다. "어떤 사람들이 유대로부터 내려와서 형제들을 가르치되 너희가 모세의 법대로 할례를 받지 아니하면 능히 구원을 받지 못하리라 하니."[1] 바로 그러한 논쟁을 해결하기 위해 예루살렘에서 공의회가 열렸을 때 "바리새파 중에 어떤 믿는 사람들이 일어나 말하되 이방인에게 할례를 행하고 모세의 율법을 지키라 명하는 것이 마땅하다 하니라"라는 대목이 나온다(행 15:1, 5).

누가는 사도행전에서 베드로와 바울과 바나바가 그 공의회에 참여했으며, 야고보가 단호하게 성경에 기초해서 판결을 내리는 장면을 기록한다. 그 문제에 대한 바울의 신학적 대답은 갈라디아 교회에 보낸 그의 서신에 더 다채롭게 표현되어 있다. 갈라디아 교회 역시 모세의 율법을 설득력 있게 강요하는 사람들에게 시달리고 있었다.[2] 그 사람들은 메시아 예수를 믿기만 하면 구원을 받고 그대로 하나님의 백성이 될 수 있다는 바울의 확신에 이의를 제기했다.

"하지만 모세는 어떻게 된 거요?" 그들은 외쳤다.

"모세는 신경 쓰지 마세요. 아브라함을 생각해 보세요." 바울은 대답했다.

그들은 자신들의 주장이 확고한 성경적 기반 위에 있다고 생각했다. 바울은 그들을 모세 이전으로 데리고 가서, 하나님이 아브라함에게 하신 약속이 우선한다

---

1) 아마도 이 사람들은 선의를 가진 그리스도인 '형제들'이었을 것이다. 하지만 바울은 그들 중 일부 사람들에 대해서는 부정적인 견해를 가지고 있었다(갈 2:4).
2) 행 15장에 나오는 예루살렘 공의회와 바울이 쓴 갈라디아서 간의 역사적 관계는 학문적으로 계속 논쟁이 되고 있다. 그 논쟁에 대해서는 주요 신약 개론서들과 주석들에서 살펴볼 수 있다.

는 것을 보여 줌으로서 그들의 항의를 물리친다. 바울에게나 이의를 제기하는 사람들에게나 문제는 성경적 권위였다. 둘 다 교회가 어떤 선교 전략을 채택하든, 성경(그들에게는 우리가 구약이라고 부르는 것)과 모순이 없어야 한다는 데 동의했다.[3] 따라서 바울은 본문에서 아브라함의 우선권(연대적으로 그리고 신학적으로)을 주시하는 새로운 해석학을 제시했다.

그래서 바울은 하나의 모범적인 본문에서 네 가지 요소를 결합시킨다. 그 네 가지는 다음과 같다.

- 하나님의 약속
- 아브라함의 믿음
- 아브라함의 후손을 통해 열방을 축복하시려는 하나님의 전 세계적 선교
- 아브라함처럼 믿음을 가지고 있는 모든 사람이 구원받을 것이라는 암시

그리고 바울은, 하나님이 아브라함을 통해 모든 열방을 구원하시려는 목적에 관한 이 이야기가 성경이 전하는 **복음**의 핵심이라고 말한다.

아브라함이 하나님을 믿으매 그것을 그에게 의로 정하셨다 함과 같으니라. 그런즉 믿음으로 말미암은 자들은 아브라함의 자손인 줄 알지어다. 또 하나님이 이방을 믿음으로 말미암아 의로 정하실 것을 성경이 미리 알고 먼저 아브라함에게 복음을 전하되 모든 이방인이 너로 말미암아 복을 받으리라 하였느니라. 그러므로 믿음으로 말미암은 자는 믿음이 있는 아브라함과 함께 복을 받느니라.(갈 3:6-9)

이러한 바울의 주장에 따르면, 이방인 선교는 성경을 저버리는 것이 아니라 오히려 성취하는 것이다. 열방을 모아들이는 것은 이스라엘의 존재 이유였다. 그것은 아브라함에게 하신 하나님의 약속을 성취하는 것이었다. 예수님은 이스라엘의 메시아이므로 그리고 메시아는 이스라엘의 정체성과 선교를 구현했으므로,

---

[3] 우리가 이러한 초기의 문제에서 얼마나 멀리 벗어나 있는지 생각해 보면 참 아이러니컬하다. 현대의 많은 그리스도인에게 문제는 구약에 있다. 하지만 이 초기 그리스도인들에게 구약은 정해진 하나님의 말씀이었다. 그들에게 문제는 교회에 있었다. 우리의 질문은 종종 구약은 정말로 기독교적인가 하는 것이다. 하지만 그들의 질문은 교회는 성경적인가(즉, 구약과 일관되는가) 하는 것이었다.

믿음으로 메시아에게 속하는 것은 곧 이스라엘에게 속하는 것이었다. 그리고 이스라엘에게 속하는 것은 아브라함의 참 자손이 되는 것이었다. 그 사람의 인종이 무엇이든 상관없다. "너희가 그리스도의 것이면 곧 아브라함의 자손이요 약속대로 유업을 이을 자"(갈 3:29)이기 때문이다.

복음에 대한 바울의 이해가 지니고 있는 더 넓은 선교적 의미에 대해서는 나중에 다시 다루겠다. 하지만 지금은 "아브라함을 생각해 보라"는 바울의 초청을 좀더 충분하게 살펴볼 것이다.

아브라함을 생각해 보라

창세기 12:1-3. 주축이 되는 본문. 바울이 "먼저 전한 복음"("열방이 너를 통해 복을 받을 것이다")이라고 말하는 것은 창세기 12:3에 처음 나온다. 그것은 하나님이 아브라함에게 하신 약속의 절정이다. 그것은 또한 창세기뿐 아니라, 전체 성경에서 주축이 되는 본문이다. 그것은 창세기에서 너무나 중요하기 때문에, 표현은 조금씩 다르지만 전부 합해서 다섯 번 나온다(창 12:3; 18:18; 22:18; 26:4-5; 28:14).[4] 그렇기 때문에 분명 그것은 하나님이 아브라함에게 하신 약속의 끝부분에 뒤늦게 덧붙이신 것이 아니라, 그 약속의 핵심 요소다. **열방을 위한 축복은 본문상으로나 신학적으로나 하나님이 아브라함에게 하신 약속의 핵심이다.**

창세기 12:1-3은 창세기에서 주축이 되는 본문이다. 이 본문은 이스라엘이 독특한 민족으로 등장하는 대목으로, 앞에 나오는 열한 장[하나님이 열방을 어떻게 다루셨는지 기록하는(때로는 '원시 역사'라고 불리는)]과 이 사건을 이어 준다. 이 본문이 전체 성경에서 주축이 되는 까닭은, 바울의 주장을 그대로 담고 있기 때문이다. 이 본문은 "먼저 복음을 전한다." 즉, 그것은 우리가 창세기 1-11장에서 읽은 모든 것에도 불구하고, 하나님의 궁극적인 목적은 인류를 축복하는 것이라고 선포하는 것이다(창 11장을 읽을 때쯤 되면 그 말이 대단히 복된 소식임을 알 수 있다). 그리고 모든 열방을 위해 그 축복이 어떻게 일어나는가 하는 것이 성경의 나머지 부분을 모두 차지한다. 그리고 그 나머지 부분에서는 그리스도가 중심 초점이다. 실로 정경의 마지막 환상, 각 나라와 족속과 백성과 방언의 사람들이

---

4) 창 35:11도 이와 비슷하다. 하지만 거기에서는 모든 열방이 축복을 받을 것이라는 바로 그 말을 사용하지 않는다. 그 본문에서는 "백성들의 총회"가 야곱에게서 나올 것이라고 약속한다.

살아 계신 하나님을 예배하는 환상(계 7:9-10)은 분명 창세기 12:3의 약속을 상기시키면서, 성경에 나온 이야기 전체를 하나로 묶어 주는 역할을 한다.

성경 전체는 대단히 간단한 질문에 대한 대단히 긴 대답이라고 말할 수 있다. 질문은 인류의 죄와 반역에 대해 하나님은 어떤 일을 하실 수 있는가 하는 것이다. 그리고 창세기 12장부터 요한계시록 22장까지는 창세기 3-11장의 황폐한 이야기를 통해 제기된 질문에 대한 하나님의 대답이다. 또는 이 책의 전반적 논지에서 본다면, 창세기 3-11장은 하나님의 선교가 창세기 12장부터 요한계시록 22장까지 다루는 그 문제를 제기한다고 할 수 있다.

지금까지의 이야기. 창세기 1-11장 다음에는 창세기 12장이 나온다. 너무나 당연한 이 말은 방금 말한 창세기 12장 처음 몇 구절이 지닌 중추적 특성과 관련되어 있을 뿐 아니라, 또한 모든 본문의 전후 문맥에 주의를 기울이는 것이 얼마나 중요한지 상기시켜 준다.

원시 역사는 먼저 우리에게 하나님의 우주 창조라는 위대한 역사를 소개해 준다. 그 다음에 하나님의 형상으로 지음받은 남자와 여자를 묘사한다. 그들은 땅을 돌보는 과업을 위임받고 하나님의 축복을 누리는 존재들이다. 하지만 하나님이 만드신 인간이 창조주의 자비심을 불신하고, 그분의 권위에 불순종하며, 그분이 그들의 자유를 위해 정해 놓은 경계선을 무시하고, 창조주에게 반역을 시도하면서 뭔가 잘못되어 간다. 이같이 인간이 도덕적 자율성을 주장한 결과, 창조 안에 확립된 모든 관계들이 철저히 분열된다. 인간들은 죄책감에 사로잡혀 두려운 나머지 하나님을 피해 숨어 버린다. 남자들과 여자들은 더 이상 수치와 비난 없이는 서로 마주할 수 없다. 땅은 하나님의 저주 아래 놓이며, 땅은 더 이상 인간의 손길에 제대로 반응하지 않는다.

이 초기 이야기들을 계속 살펴보면 인간의 죄가 점차 커지는 반면 그에 상응하여 하나님의 은혜의 표시가 거듭해서 나타난다. 뱀의 머리는 상하게 될 것이다. 아담과 하와에게는 옷이 입혀진다. 가인은 보호를 받는다. 노아와 그의 가족은 구원을 받는다. 삶은 계속된다. 그리고 피조물은 언약 아래서 보존된다. 모든 것이 대단히 큰 결함을 지니고 있지만 전체 계획은 여전히 진전되고 있다.

[창세기 1-11장의] 이야기 끝에서, 하나님의 세계는 창조 목적이 성취되리라는 것을 보장하는 상태로 존재한다. 하나님은 날과 계절이 규칙적으로 반복되게 하신다. 땅을 채

우는 과정은 진행 중이다. 결혼의 구조, 부모 자식 간의 관계, 대가족이라는 더 광범위한 연계망들이 확고하게 자리를 잡는다. 농경 생활, 목양, 예술과 기술들이 정착한다. 나라들이 생겨나기 시작한다.[5]

홍수 직후에 하나님은 피조물에게 하신 약속을 새롭게 하시며, 인간들은 다시 하나님의 축복 아래 번성하여 땅에 충만하도록 보냄받는다(창 9:1). 그 다음 두 장(10-11장)은 그 후에 일어난 일을 말하는 보충의 글로 보아야 한다. 한편으로, 10장은 노아의 자손들로부터 이어져 내려온 열방들이 당시의 세계 전역에 자연스럽게 퍼지는 것을 묘사한다. 세 번에 걸쳐 이것은 '퍼짐' 혹은 '흩어짐'이라고 묘사되는데(창 9:19; 10:18, 32), 그러한 묘사는 열방이 그렇게 흩어지는 것이 자연스럽고, 아무 문제도 없으며, 실로 창세기 9:1에서 주어진 약속과 명령의 예정된 결과라는 점을 시사한다. 그들이 땅 이곳저곳에 흩어지지 않는다면 어떻게 땅을 채울 수 있단 말인가?

다른 한편, 11장은 문제를 대단히 다른 각도에서 본다.[6] 사람들이 (메소포타미아에 있는) 시날 평지에 정착할 때 흩어짐은 멈춘다. 그들이 거기 정착하여 탑이 있는 도시를 건설하기로 결정한 이유는 교만(그들 자신을 위해 이름을 내기 원한 점에서)과 불안함(하나님이 의도하신 대로 온 땅에 흩어지기를 원치 않은 점에서) 때문인 듯하다. 내가 '듯하다'라고 말하는 것은 정확히 왜 성과 탑을 건설한 자들 때문에 하나님이 그처럼 놀라시고 그러한 반응을 보이셨는지에 대해 성경이 분명하게 말하고 있지 않기 때문이다. 주석가들은 그 건축자들이 자신들의 건축 계획에 부여하는 두 가지 이유를 다르게 평가한다. 칼뱅은 '이름을 내기' 원하는 것에서 "바로 하나님에 대한 인간의 교만과 경멸"을 본다. "성채를 세우는 것 자체는 그렇게 중대한 범죄가 아니다. 하지만 오래도록 남을 영원한 기념비를 그들 자신을 위해 세우는 것은 하나님께 대한 경멸일 뿐 아니라 완고한 교만이다."[7]

---

5) John Goldingay, *Old Testament Theology*, vol.1, *Israel's Gospel*(Downers Grove, Ill.: InterVarsity Press, 2003), p. 190.
6) 창 11:1을 보면 그 사건은 연대적으로 연속되는 것이 아니라, 신학적으로 보완되는 것으로 읽을 필요가 있다는 점을 분명히 알 수 있다. 그 이야기들을 연속적으로 읽을 경우, 창 11장을 시작하는 단어들이("온 땅의 언어가 하나요") 창 10:31의 언급("그 족속과 언어와 지방과 나라")과 비교해 이상하다는 점은 우리만큼 저자도 분명히 알 수 있었을 것이다.

게르하르트 폰 라드(Gerhard von Rad)는 좀더 신중하게 이렇게 주석한다. "그 성은 용감한 자신감의 표시로, 탑은 명성에 대한 그들의 의지의 표시로 건설된다."[8] 하지만 유대인 주석가들은 둘째 문구("흩어짐을 면하자")에 초점을 맞춘다. "건축자들은 사람들을 중심이 되는 한 장소에 모여들게 해서, 그들이 번성하고 땅을 채우고 땅을 정복해야 한다는 하나님의 목적에 저항하려고 했다."[9]

어떤 뉘앙스로 말한 것이든, 독자는 아담과 하와가 교만하게 자신의 운명에 대한 통제권을 장악하려 했던 것의 흔적과, 최초로 성을 건설한 사람인 가인이 하나님의 임재를 떠나 제대로 쉬지 못하고 유랑할 때 느낀 불안감의 흔적을 본다.[10] 심지어, 반대로 하늘과 땅의 경계선을 어기고 하늘에서 내려와 하나님의 진노를 불러일으킨 천사적 존재의 이야기(창 6:1-4)를 반영하고 있을 수도 있다. "하나님은 제한선을 지켜야 함을 강조하신다. 땅과 하늘 간에 결코 이동이 있어서는 안 된다는 게 아니라, 그런 이동은 하나님의 소관이라는 것이다.…하나님은 침범을 당하지 않으실 것이다."[11] 바벨 이야기는 땅에서 하나님의 뜻을 거부하면서 하늘에 이르려 하는 듯한 사람들을 보여 준다.

하나님이 강제로 흩으시기 전에도, 그들의 노력이 애처로울 정도로 헛되다는 것은 이미 생생한 조롱조의 필치로 묘사되어 있다. 그들이 짓는 성은 인간의 기준으로 볼 때조차 조악했으며(견고한 돌 대신 구운 벽돌, 시멘트 대신 역청), 그들은 자신들이 쌓는 탑이 하늘까지 이른다고 주장하지만, 하늘 자체나 거기 사시는 하나님의 관점에서 볼 때 그 탑은 너무나 하잘것없어서, 하나님이 그것을 보려면 내려오셔야 한다.

하나님의 신중한 반응은 예방책이자(그들이 바라는 대로 중심이 되는 장소를 만들어 뭉쳐 살지 못하게 막으신다) 또한 강제적이다(원래 의도대로 그들을 땅

---

7) John Calvin, *Genesis*, Crossway Classic Commentaries, ed. Alister McGrath and J.I. Packer(Wheaton, Ill.: Crossway Books, 2001), p. 103.
8) Gerald von Rad, *Genesis*, 2nd ed.(London: SCM Press, 1963), p. 148.
9) Bernard W. Anderson, "Unity and Diversity in God's Creation: A Study of the Babel Story", *Currents in Theology and Mission* 5(1978): 74. Anderson은 이 글에서 여러 유대인 학자들을 인용하고 있다.
10) Claus Westermann은 창 3:5에 나오는 유사한 이야기에 대해, 그리고 사 14:13-14에서 바벨론 왕의 탐욕스러운 교만을 정죄하는 것에서 그것이 또다시 반복되어 나타난 것에 대해 말한다. 그의 *Genesis 12-36*, trans. John J. Scullion(Minneapolis: Augsburg: London: SPCK, 1985), p. 554를 보라.
11) Goldingay, *Old Testament Theology*, 1:190.

전역에 흩으신다. 더구나 이제는 분열과 혼란의 상태로 흩어지게 된다). 본문에서는 하나님의 행동이 명백한 징벌이라고 말하진 않지만, 그들이 흩어지는 것을 피하려다 이전보다 더 나쁜 조건으로 흩어지게 되었다는 점에서 역설적인 것만은 분명하다.

사람들은 이미 사방팔방으로 흩어진 상태였으며[10장], 이는 하나님의 은혜로운 목적으로 인한 것이기 때문에[9장] 징벌로 생각해서는 안 된다. 하지만 야웨는 전에 명예스럽게 여러 곳에 퍼져 나가게 해주셨던 사람들을, 이제는 굴욕적으로 흩으신다. 그렇기 때문에 이러한 흩어짐은 이전처럼 단지 땅을 가득 채우기 위해 분산되는 것이 아니었다. 그들은 하나님과의 주된 유대가 끊어져 버렸기 때문에 격렬히 패주한 것이었다.[12]

다른 측면에서 보면, 그것은 그들이 스스로 이름을 내기 원했고 결국 그 이름을 얻었지만, 의도와는 달리 명예롭지 못한 이름이었기 때문에 또한 역설적이었다. 그들은 실제로 영원히 기억될 것이다. 하지만 수다스러운 혼란이라는 뜻인 바벨로 기억될 것이다.

우리는 이제, 창세기 10장과 11장이 어떻게 대단히 많은 인간들이 다양하게 살아가는 현실에 대해 서로 다른 관점에서 바라봄으로서 서로를 보완해 주는지 알 수 있다.

이 두 이야기를 두 폭짜리 그림으로 본다면, 한쪽 편인 창세기 10장은 세상의 단일성을 강조한다. 이는, 창세기 9:1의 신적 명령이 성취됨에 따라 긍정적인 인상을 준다. 그러나 다른 한 폭의 그림인 창세기 11장은 부정적인 인상을 준다. 사람들 간의 의사소통이 불가능하게 되어 인류의 단일성이 산산이 깨어졌기 때문이다. 안전과 연합과 기술의 숙달을 이루려는 노력은 혼란과 분산과 하나님의 반대로 결국 틀어져 버린다. 인류는 '맙불'(*mabbul*, 홍수, 10:32)에서 '바벨'에 이르기까지 실수하고 비틀거렸다. 바벨론 사람들이 생각했던 것처럼 바벨론이 신들의 문이기는커녕, 이 사건은 허튼 지껄임과 무의미한 소리와 알아듣기 어려운 재잘거림과 혼란으로 끝나고 만다![13]

---

12) Calvin, *Genesis*, p. 106.

창세기 3-11장에 나오는 이야기에는 하나님의 은혜의 요소가 어느 정도 있었다. 하지만 바벨 성과 탑에 대한 이 마지막 이야기에는 그런 은혜의 말이 전혀 나오지 않는다. 이제 인류의 슬픈 이야기는 혼란스러운 분열이라는 헤어날 수 없는 상황으로 치닫는 듯하다. 그러나 하나님의 위대한 창조 사업의 모든 기본적 기반 시설은 여전히 거기에 있다. 하늘과 땅은 순환과 계절을 따른다. 낮과 밤, 바다와 마른 땅, 땅과 깊은 곳, 인간의 영역과 신의 영역을 구분하는 중대한 경계선은 보존되고 있다. 식물과 동물들은 본연의 의도대로 번성하고 있다. 인간들은 가정과 국가 안에서 번성해 가고 있으며, 땅을 채우고 있다.

하지만 또 다른 차원에서 보면, 모든 것은 하나님의 목적이 지닌 원래의 선을 떠나 비극적으로 표류하고 있다. 땅은 인간의 죄 때문에 저주를 받는다. 인간들은 세대가 더해감에 따라 악의 목록을 더하고 있다(질투, 분노, 살인, 복수, 폭력, 부패, 만취, 성적 문란, 교만). 사람들은 짐승을 죽여 음식으로 먹고 있다. 하나님이 허락하긴 하셨지만 이것이 창조주에게 기쁨을 주는 것은 절대 아니다. 여자들은 출산의 선물과 함께 고난 및 고통도 함께 받는다. 남자들은 땅을 정복하는 일에서 성취감을 발견하지만, 땀과 좌절 역시 따른다. 남자와 여자는 성적으로 보완되고 친밀함을 누린다. 하지만 거기에는 육욕 및 지배도 따른다. 인간 마음의 모든 성향들은 변함없이 악하다. 과학 기술과 문화는 진보하고 있지만, 악기와 농사 도구를 만들 수 있는 기술은 또한 폭력적인 죽음을 낳는 무기를 만들어 낸다. 나라들은 풍성한 인종적·언어적·지리적 다양성을 경험하지만 혼란, 흩어짐, 분쟁 등도 함께 경험한다.

그렇기 때문에 원시 역사는 날카로운 불협화음 속에서 중지되는 듯하다. 그리고 우리는 이제 더욱 긴급하게 질문하게 된다. 열방과 하나님의 관계는 결국 깨어졌는가? 은혜로 오래 참으시던 하나님은 이제 지칠 대로 지치셨는가? 하나님은 진노하심으로 영원토록 열방을 거부하시는가? 고심하며 11장을 읽은 사람이라면 누구도 피해갈 수 없는 무거운 질문이다. 사실상 창세기의 저자는 원시 역사 전체를 통해서 바로 이러한 질문을 엄격하게 제기한 것이었다. 그럴 때에만 독자는 탑을 건설하는 삭막한 이야기 뒤에 나오는, 이상하리만큼 새로운 것을 이해할 준비가 되기 때문이다. 그 새로운 것이란 바

---

13) Howard Peskett and Vinoth Ramachandra, *The Message of Mission*, The Bible Speaks Today (Downers Grove, Ill.: InterVarsity Press; Leicester, U.K.: Inter-Varsity Press, 2003), pp. 95-96. 「선교」(IVP).

로 아브라함의 선택과 축복이다. 그러므로 우리는 여기서 원시 역사와 신성한 역사가 긴밀히 들어맞는 시점, 그래서 구약 전체에서 가장 중요한 지점 중 하나에 서 있다.[14]

우리는 또한 **지금 우리가 성경을 선교학적으로 해석할 때 가장 중요한 지점 중 하나에 서 있다는** 것도 덧붙여야 한다. 지금까지 나는 선교에 대한 성경의 주된 개념은 하나님의 선교라는 점을 강조해 왔다. 하지만 창세기 1-11장에서 우리는 하나님의 위대한 창조적 선교가 인간의 복지뿐 아니라 온 우주에까지 타격을 줄 정도로 끊임없이 방해받고 망쳐지는 것을 본다. 하나님의 선교는 여기에서 어디로 갈 수 있는가? 하나님은 이제 무엇을 하실 수 있는가?

그것이 무엇이든, 우리는 광대한 구속적 의제를 붙잡고 씨름해야 할 것이다. 창세기 1-11장은 우주적 질문을 제기한다. 하나님은 그 질문에 대해 우주적 대답을 해주셔야 한다. 창세기 1-11장에서 생생하게 전개된 문제들은 사람들이 죽을 때 하늘나라에 가는 길을 발견하는 것만으로는 해결되지 않을 것이다. 그 저주가 제거되고 생명나무로 이르는 길이 열리려면, 죽음 자체가 멸망해야 한다. 하나님의 사랑과 능력은 개인들의 죄뿐 아니라, 국가들의 분쟁과 갈등들도 다루어야 한다. 또한 인간들의 필요뿐 아니라, 동물들이 당하는 고통 및 땅에 내린 저주도 다루어야 한다. 노아의 아버지 라멕이 열망했던 대로, 하나님의 위로가 땅에서 그 저주를 제거하는 것은(창 5:29) 아직 성취되지 않았다.

하나님은 이제 무엇을 하실 수 있는가? 하나님의 다음 계획은 오직 하나님만이 생각하실 수 있는 엄청난 일이다. 하나님은 바벨 땅의 한 나이 많고 자식 없는 부부를 보시고, 그들을 우주적 구속이라는 그분의 선교 전체의 원천, 발사대로 삼기로 하신다. 그 엄청난 계획이 드러났을 때, 하늘의 천군천사들조차 헉, 하고 숨을 들이쉬며 놀랐을 것이다. 창세기 1-11장을 읽은 사람들이라면 모두 아는 바와 같이, 뱀의 악함과 인간의 반항으로 말미암아 하나님의 창조는 몹시 황폐해지고 말았다. 아브람과 사래를 통해 도대체 어떻게 이런 엄청난 결과에 대한 대답을 주실 수 있을까? 하지만 하나님의 방법은 그 결과만큼이나 광범위한 것이다. 아브람을 부르신 것은 인간의 악함, 나라간의 분쟁, 그분의 전체 피조물이 망가져 신음하는 것에 대한 하나님의 대답의 시작이다.

---

14) Von Rad, Genesis, p. 152.

창세기 12:1-3. 면밀한 고찰

새로운 세상, 궁극적으로 새 창조가 창세기 12장 첫 세 절에서 시작된다. 바로 창세기 1-11장에 묘사된 옛 세상의 자궁에서 나온 새 세상이다. 옛 세상의 자궁은 아이를 낳지 못하는 자궁이다. 이야기는 버림받은 바벨의 사막으로 치달았을 뿐만이 아니다. 심지어 그 안에 미래를 위한 소망이 있었던 듯한 셈의 혈통조차, 사라의 불임과 데라가 하란에서 죽은 것으로 인해 거의 막다른 곳으로 치닫는다(창 11:30, 32). 12장의 말씀 이전에 창조 세계가 그랬듯, 역사는 무익함에 침묵하고 어둠 속에 숨어 있는 것 같다(창 1:2). 하지만 창세기 1:3에서 "하나님이 이르시되"라는 말이 나오듯이, 이 12장에서도 "여호와께서 이르시되"라는 말이 나온다. 어둠을 향해 말씀하셨던 하나님의 말씀이, 이제는 불임을 향해 놀라운 역전의 소식을 들려주신다. 우리의 상상력으로는 도저히 믿을 수 없는 미래의 전망을 제시하면서, 세계를 구속하시는 하나님의 선교가 시작된다.

번역과 구조

> 그리고 여호와께서 아브람에게 말씀하셨다.
> 일어나 가라.[15]
> > 너의 고향으로부터, 너의 친족들로부터, 너의 아버지의 집으로부터
> > 내가 너에게 보여줄 땅으로
> > > 그리고 내가 너를 큰 민족으로 만들겠다.
> > > 그리고 내가 네게 복을 주겠다.
> > > 그리고 내가 너의 이름을 크게 하겠다.
> 그리고 복이 되라.
> > 그리고 나는 너를 축복하는 자를 축복하겠다.
> > 반면 너를 얕잡아보는 사람을, 내가 저주하겠다.[16]

---

15) 첫 부분에 나오는 명령형 동사 다음에는 재귀 대명사가 따라 나온다. 그것은 이것이 단호한 행동임을 시사한다. *lek-leka*.
16) 이 절의 구문은 약속들의 목록의 일부이기보다는, 하나의 예외를 다루고 있다는 느낌을 준다. 이 절은 단수('너를 얕잡아 보거나, 멸시하거나, 비방하는 사람')인 반면, 그 앞줄은 복수로 되어 있다. 그리고 목적어와 동사의 순서가 도치된 것은 그 동사가 하나님이 자신의 신적 목적을 진술하시는 연속적인 불완료 동사 목록을 따르지 않는다는 것을 의미한다. "저주에 대한 말은 분명 여기에서

> 그리고 너의 안에서 땅의 모든 친족 집단[17]이 복을 받을 것이다.
>
> 그리고 아브람은 여호와께서 그에게 말씀하신 대로 갔다.(창 12:1-4, 저자 사역)

이런 형태로 본문을 배열하면 그 구조를 분석하는 가장 좋은 방법이 분명하게 나타난다. 야웨가 아브람에게 말씀하셨다는 기록과 아브람의 순종 사이에 나오는 하나님이 실제로 말씀하신 내용은 둘로 나누어진다. 각 부분은 명령형으로 시작된다("가라" "복이 되라"). 각 명령 다음에는 명령들을 이행하는 것이 어떤 의미를 갖는지 명료하게 설명하는 세 개의 종속절이 나온다.

후반부는 "복이 되라"는 말로 시작된다. 맛소라 본문을 보면 분명히 그 동사는 명령법으로 되어 있다. 하지만 일부 학자들은 이 구절을 또 다른 미완료 시제로 수정한다["너는 복이 될 것이다"(참고 NIV)]. 하지만 히브리어의 특징은 (실제로 영어에서 그렇듯이) 두 개의 명령법이 함께 나올 때는 둘째 명령법은 첫째 명령법의 성취로 인해 예상된 결과 혹은 그것이 의도하는 목적을 표현하는 경우가 있다는 것이다.[18] 그래서 이 본문에 나타난 사고의 흐름은 "아브라함아, 너는 가라.…그러면 내가 나머지를 해줄 것이다.…그리고 **그런 식으로** 너는 (그 결과로) 복이 될 것이다"[19]라는 것이거나, 아니면, "아브라함아, 너는 가라.…그러면 내가

신적 의도의 일부로 나오는 것이 아니다.…하나님은 아브라함이 복을 받고 복의 흐름을 세상에 일으키기 위해 나가라고 명하신다. 하지만 야웨는 아브라함이 세상에 저주를 일으키기 위해 나가라고 명하지 않으신다. 비록 도중에 저주를 받는 사람들이 생겨나긴 하겠지만…하나님의 저주는 신적 명령의 목적이 아니다. 그것은 보호를 약속한다는 점에서 아브라함의 복의 일부다." [Patrick D. Miller Jr., "Syntax and Theology in Genesis Xii 3a", *Vetus Testamentum* 34(1984): 474]. Miller는 따라서 3절을 이렇게 번역한다. "그리고 나는 너를 축복하는 자들을 축복할 것이다. 그리고 너를 경멸하는 자가 있으면 내가 그를 저주할 것이다. 그렇게 되면 땅의 모든 족속들이 네 안에서 복을 얻을 수 있을 것이다."

17) 그 단어는 *mišpāḥâ*다. 그것은 때로는 '가족들'(family)이라고 번역된다. 하지만 현대에 그 말이 나타내는 의미로 볼 때, 그것은 너무 협소한 번역이다. *mišpāḥâ*는 더 광범위한 친족 집단이다. 이스라엘의 지파 구조에서 그것은 지파(tribe) 안의 하위 집단인 친족(clan)이다. 그것은 때로 족속(people) 전체를 다 의미할 수도 있다. 그들이 모두 친족 관계(kinship)로 관련되어 있다고 간주하기 때문이다(암 3:1-2에서처럼).

18) 예를 들어, "나가서 바람 좀 쐬라"든가 "우리 집에 가서 하룻밤 묵어 가세요" 같은 이중 명령에서 두 번째 명령법은 첫 번째 명령을 수행하는 경우에만 실현될 수 있다. 두 번째 명령은 첫 번째 명령의 목적 혹은 결과다. 첫 번째 명령은 두 번째 명령을 즐기는 조건이다. 이것이 하나님이 아브라함에게 하신 말씀에 나오는 두 명령 간의 관계다.

19) 여기에서는 편의상 창 17:5에 나오는 바뀐 이름(아브라함)으로 돌아간다. 그는 아브라함이라는 이름으로 더 알려져 있기 때문이다.

나머지를 해줄 것이다. 네가 복이 되도록 **하기 위해서다**(그것이 내 의도다)"라는 것이다. 어떻게 보든 간에, 본문의 두 반쪽을 결합할 때 그것이 주는 메시지는 분명하다. 아브라함이 지시받은 일을 한다면, 그리고 하나님이 자신이 하시겠다고 말씀하시는 것을 하신다면, 결과는 전반적인 축복이 되리라는 것이다. 바울이 말했듯이, 실로 복된 소식이다.

4절은 **아브라함이** 사실상 야웨께서 명하신 바로 그 일을 착수하면서, 앞 절들과 같이 긍정적으로 시작된다. 그래서 우리는 어떻게 하나님이 그분의 말씀을 지키실 것인지 그리고 (비록 오랫동안 계속 읽어야 하지만) 온 세상을 축복하는 마지막 말이 어떻게 성취될 것인지 알아보기 위해 기대하는 마음으로 계속 읽어 나간다. 선교는 시작된다. 아브라함은 하나님의 명령에 순종한다. 그로 인해 하나님의 약속은 열방의 역사에 퍼져 나간다.

떠남과 축복. 창세기 12:1-3의 또 한 가지 흥미로운 특징은 아브라함의 떠남(첫 번째 명령)의 세 가지 차원이 점점 좁혀지는 것과, 그가 어떻게, 누구를 위해 복이 되어야 하는지(두 번째 명령)에 대한 표현이 점점 방대해지는 것이 균형을 이룬다는 점이다. 한편으로, 아브라함은 자신의 고향(그의 정체성의 가장 광범위한 영역), 그의 더 광범위한 친족, 그리고 그 다음에는 그의 직계 대가족을 떠나야 한다. 다른 한편, 아브라함은 복이 되어야 한다. 이 복의 대상이 누구인지 처음에는 분명하게 드러나지 않는다. 단지 아브라함 자신이 개인적으로 축복을 받을 것이라는 사실만 나온다. 그러다가 그 복은 그를 축복하는 사람들에게로 확장되며, 마지막으로 땅의 모든 친족 집단에게 복이 주어진다.

하나님이 아브라함에게 주신 처음 행과 마지막 행들을 나란히 놓고 읽어 보면, 마찬가지로 다음과 같은 것을 발견하게 된다(NIV 참조).

너의 나라, **너의** 백성, **너의** 아버지 집을 떠나라.…
그러면 **땅의 모든 족속**이 너로 말미암아 복을 얻을 것이다.(창 12:1, 3)

아브라함이 떠나야만 열방에 복이 임하게 된다. 우리가 원시 역사에서 목격한 모든 타락에도 불구하고, 여전히 그 세상은 복을 받을 수 있다. 하지만 그 복은 그가 속한 세상 자체 안에서 오지는 않을 것이다. 아브라함이 온 세상에 축복의 매체가 되려면 먼저 그는 바벨론 땅을 떠나야 한다. 창세기 1-11장에 나오는 문제의 절정인 바벨은 해결책이 될 수 없다. 심지어 위대한 메소포타미아 제국들조차 상대적으로 취급되고 또 무시당하고 만다. 가장 위대한 인간의 업적이라 해도 가장 깊은 인간의 문제들을 해결할 수 없다. 열방을 축복하려는 하나님의 선교는 철저하게 새로운 시작이다. 그저 기존 이야기에서 점진적으로 발전하는 것이 아니라, 지금까지의 이야기에서 철저히 떠날 것을 요구한다.

12장에서 아브라함은, 11장의 바벨탑 이야기를 배경으로 하는 바로 그 땅에서 처음 등장한다. 아브라함은 바벨에서 부르심을 받았다. 이야기를 보면 알 수 있듯, 그 땅의 문화는 엄청난 자기 확신과 교만의 문화였다. 그러나 하나님의 요구대로 아브라함이 그곳을 떠남으로서 바벨은 더 이상 절대적인 장소가 될 수 없었다. 인간의 구원은 국가 그 자체 내에서 찾아서는 안 된다. 하나님의 궁극적인 구속의 목적은 다른 곳에 있었다. 그것이 바로 불임 아내를 둔 나이 든 남편이라는 미약한 사람에게 맡겨진 일이다. 아브라함을 그의 나라와 그의 백성 가운데서 부르신 것은(창 12:1) "첫 번째 출애굽을 통해, 근동의 제국 문명은 별로 의미가 없는 환경이라고 낙인을 찍기 위한 것"[20]이었다.

바벨에 반격을 가함. 바벨과의 비교 및 대조에 대한 내용은 본문에 나온 다른 두 암시에서 찾아볼 수 있다. 첫째, 성과 탑을 건축한 사람들은 스스로 "이름을 내고" 싶어 했다. 즉, 자신들의 명성을 날리고, 자신들의 영리함을 나타내는 영원한 기념물 혹은 그들의 권세를 나타내는 성채를 설립하기 원했다. 그러나 하나님은 그 야망을 좌절시키셨다. 하지만 아브라함에게 하나님은 "내가 네 이름을 창대하게 하리니"(2절)라고 말씀하신다. 그렇게 바벨 사람들의 말을 그대로 따라 하신 것은 분명 의도적이다. 인간들이 한 곳에 모여서 교만하게 성취하려고 애쓰는 것은 결국에 가서는 좌절과 실패의 운명을 맞이하게 된다.

사람의 교만과 세상의 영광
검과 왕관은 그의 신뢰를 배신한다.
보살핌과 수고로 그가 세우는

---

20) Christopher J. H. Wright, *Old Testament Ethics for the People of God*(Leicester, U.K.: Inter-Varsity Press; Downers Grove, Ill.: InterVarsity Press, 2004), p. 222. 끝 부분에 나오는 문장은 E. Voegelin, *Israel and Revelation*(Baton Rouge: Louisiana State University, 1956), p. 140에서 인용한 것이다.

탑과 신전은 무너져 가루가 되어 버린다.[21]

참된 명성은 하나님의 선물로부터만, 그리고 아브라함처럼 하나님을 신뢰하고 순종하는 사람들에게 주어지는 하나님의 은총을 통해서만 온다.

둘째로, 바벨 이야기에는 다섯 번에 걸쳐 "온 땅"[창 11:1, 4, 8, 9(두 번)]이라는 표현이 사용된다. 그것은 참으로 세계적인 관점을 가진 이야기다. 또한 그것은 세계적인 혼란과 흩어짐으로 끝난다. 이에 반해 아브라함에게 하신 하나님의 말씀은 땅의 모든 족속을 위한 세계적인 축복의 약속으로 끝난다.[22] 하나님의 선교는 "저 멀리 저주가 발견되는 곳까지 하나님의 축복이 흘러가게 하는 것"[23]이다.

그렇다면 분명 우리는 이 새로운 주도권을 앞 장들에서 묘사된 세상에 대한 하나님의 반응으로 보아야 한다. 특히 창세기 10장에 나오는 민족들의 목록과 창세기 11장에 나오는 바벨탑 이야기에 나타난 열방들의 세계를 향한 이중적 관점에 입각해서 보아야 한다. 하나님의 선교는 바벨이 나타내는 인간의 죄와 교만의 어두운 그림자를 제거하면서, 열방의 수가 늘어나고 각처로 퍼져나가는 원래의 축복을 그대로 보전하고 극대화해 나갈 것이다. 그리고 아브라함은 그 과정을 일으키는 출발이 될 것이다. 이를 통해 궁극적으로 모든 열방이 복을 받을 것이다.

창세기 3-11장의 다른 이야기들은 신적 구원의 은혜라는 요소들을 가지고 있는 반면, 바벨 이야기에는 그런 요소들이 아무것도 없다. 하지만 사실상 창세기 12장에서 갑자기 나타나는 이 새로운 것은 바로 그 신적 구원의 은혜라는 요소다. 의미심장하게도 그것은 바벨 이야기 **안에서는** 나오지 않는다. 왜냐하면 그 은혜는 외부에서부터 오는 것이기 때문이다.

야웨의 자비로운 은혜(마지막 바벨 이야기를 빼고 모든 이야기에 지속적으로 나오는)

---

21) Joachim Neander(1650-1680), "All My Hope on God Is Founded", Robert S. Bridges가 1899에 개작함.
22) 보편적인 언급은 분명히 나타나지만, 문구는 약간 다르다. 창세기 11장에서는 *kōl ha' āreṣ*다. 창세기 12:3에서는 *kōl mišpᵉḥōt ha' ᵃdāmâ*다. 하지만 *'ereṣ*와 *'ᵃdāmâ*는 종종 호환적으로 사용된다. 그리고 *'ᵃdāmâ*는 특별히 지구 표면(땅), 곧 인간이 거주하는 장소를 말하는 경우가 더 많다. 아브라함에게 주어진 약속 중 뒤에 나오는 것들 역시 *'ereṣ*를 사용한다. 예를 들어, 창세기 18:18은 *kōl gōyê ha' āreṣ*(온 땅의 만민들)에 대해 말한다.
23) Isaac Watts, "Joy to the World"(1719).

가 이제 하나님 없이 문명을 건설하려 애쓰는 열방의 마지막 반역, 명성과 권세에 대한 그들의 만족할 줄 모르는 욕구, 그리고 최종적으로 심판을 받아 온 땅에 흩어지게 된 상태를 압도해 버린다. 아브람은 신적 은혜의 구현이 되며, 그것은 원시 역사에 나오는 은혜의 행동과는 질적으로 다른 은혜다. 바벨탑과 열방의 흩어짐에서, 미래로 가는 문은 영원히 닫힌 것처럼 보였다. 하지만 이제 야웨는 그 문을 다시 독특한 방식으로 여신다. 아브람과 이스라엘 백성을 선택하시는 것을 통해 그들[열방들]을 소환함으로서 그 문을 여시는 것이다.[24]

약속의 발전. 창세기 12:1-3은 하나님이 아브라함에게 약속하시고, 후에 이삭과 야곱에게 그들의 아버지가 각각 죽은 후 재단언하시는 약속의 진술 시리즈 중 첫 번째다. 우리는 아브라함이 받은 언약의 취지를 충분히 느끼기 위해, 다음의 추가 본문들을 살펴볼 필요가 있다.

창세기 15장[언약이라는 말이 처음 사용된 곳(18절)]의 초점은 아브라함의 후손에게 땅을 선물로 주신 것이다[그것은 아브라함이 그 땅에 도착했을 때 처음 약속된 것이었다(창 12:7)]. 하지만 그 전에 후사에 대한 약속이 갱신된다. 그는 아브라함이 제시한 대로 입양한 후사가 아니라(창 15:2-3), 아브라함 자신의 아들이 될 것이다. 이 아들과 그 후사로부터 별처럼 많은 자손들, "큰 민족"(12:2)이 나올 것이다. 실로 야웨가 의로 여기시는 것은 아브라함이 바로 이 약속에 절대적 믿음으로 응답한 것이다(창 15:6).

창세기 17장의 초점은 할례에 대한 요구다. 이후에 할례에 포함되는 것이라 여겨지는 도덕적 헌신까지 예상하면서, 그 장은 하나님이 아브라함에게 "내 얼굴 앞에서 행하고 온전하라"(창 17:1, 저자 사역)고 말씀하시는 것으로 시작된다. 그 다음에는 하나님이 이전에 하신 약속들이 요약 반복되어 나온다. "내가 내 언약을 나와 너 사이에 두어 너를 크게 번성하게 하리라"(창 17:2). 구문의 구조는 창세기 12:1-3과 똑같다. 이중적 명령 다음에 하나님의 의도가 나오는 것이다. 처음에 나오는 동사는 똑같이 '할락'[*hālak*, 가다('행하다'라고도 번역되어 있다—역주)]이라는 말이다. 하지만 창세기 12:1에는 그 말이 한 장소에서 다른 장소로 여

---

24) James Muilenburg, "Abraham and the Nations: Blessing and World History", *Interpretation* 19(1965): 393.

행을 시작하라는 명령의 형태로 되어 있는 반면, 창세기 17:1에는 '행하다'라는 보다 일반적인 형태로 되어 있다. 너의 일상생활을 살라는 것이다. 내적 논리 역시 비슷하다. 즉, 뒤에 나오는 명령은 앞에 나오는 명령의 목적 혹은 결과다. 아브라함이 완전함과 온전함의 특징을 지니게 되는 것은 그가 하나님 앞에서 공개적으로 투명하게 삶을 살 때다. 첫째 명령에 순종하면 둘째 명령을 성취할 수 있게 된다. 한편, 두 명령을 둘러싸고 있는 것은 언약에 대한 단언 및 하나님의 의도다.[25]

창세기 17장의 언약은 '영원한 언약'이라고 불린다. 그리고 하나님이 아브라함의 후손의 하나님이 되리라고 약속하실 때, 시내 산 언약에서 나왔던 친숙한 말이 여기에도 나온다(창 17:7-8). 하지만 다른 민족들을 위한 축복이라는 보편적 관점은 사라지지 않는다. 오히려 그것은 아브람의 이름을 아브라함으로 바꾸는 것과, 그가 "여러 민족의 아버지"가 될 것이라는 설명이 반복됨으로서 더 확대된다(창 17:4-5). 사라로 이름이 바뀐 사례도 마찬가지로 "여러 민족의 어머니"가 될 것이고, 그들 둘 다에게서 왕들이 나올 것이다(창 17:6, 16). 그것은 그 약속이 아브라함과 사라의 자녀를 통해 성취될 것임을 분명히 보여 준다. 아브라함과 하갈의 자녀인 이스마엘 역시 아브라함 자신과 같은 조건으로 축복을 받을 것이다. 모든 열방에게 축복의 통로가 될 영원한 언약은 이삭(약속된, 하지만 아직 태어나지 않은)을 통해 이루어지리라는 사실만 제외하고 말이다.

"아브라함의 이야기 전체의 심미적이고 신학적인 절정"[26]인 창세기 22장은, 아브라함이 하나님의 명령에 따라 약속의 자녀를 하나님에게 기꺼이 바치면서 신뢰와 순종에 대한 궁극적 시험을 통과하는 장면을 묘사한다. 11장에서 '윤리와 선교'를 살펴볼 때, 창세기 22장에 대해 다시 한 번 좀더 깊이 살펴보겠다. 여기에서 중요한 것은 그 이야기가 하나님이 아브라함과 그의 후손들과 맺은 언약, 아브라함의 순종으로 특별히 확인된 언약을 점차 더 강렬하게 확증하는 것으로 끝난다는 것이다.

---

25) 윤리적 초점은 18장에서 훨씬 더 분명해진다. 창 18:19에서 하나님은 아브라함을 선택하신 그분의 전체 의도가 "그가 의와 정의를 행함으로서 자기 가족이 자신의 뒤를 따라 야웨의 도를 지키도록 하기 위함"(저자 사역)이었다는 점을 의미심장하고 계획적인 독백 속에서 단언하신다. 11장 "하나님의 선교적 백성의 삶"에서 아브라함을 통한 하나님의 선교적 의제가 지닌 윤리적 차원들에 대해 더 상세히 살펴보겠다.

26) Gordon J. Wenham, *Genesis 16-50*, Word Biblical Commentary 2(Dallas: Word, 1994), p. 99. 「창세기 하」(솔로몬).

이르시되 여호와께서 이르시기를

내가 나를 가리켜 맹세하노니

네가 **이같이 행하였기 때문에**

그리고 네 아들 네 독자도 아끼지 아니하였기 때문에

내가 네게 큰 복을 주고

네 후손[씨]이 크게 번성하여

하늘의 별과 같고 바닷가의 모래와 같게 하리니

네 후손이 그 대적의 성문을 차지하리라.

또 네 후손 안에서 천하 만민이 복을 받을 것이다.

네가 나의 말을 준행한 것 때문이다.

(창 22:16-18, 저자 사역, 강조 추가)

언약적 순종과 선교. 창세기 22:16-18은 비단 하나님이 아브라함에게 하신 약속에 대한 모든 기사 가운데 최고의 맹세 형태(하나님이 스스로를 가리켜 맹세하심)로 확증된 것일 뿐만 아니라, 하나님의 약속된 의도와 아브라함의 믿음 및 순종 간의 관계를 상당히 명확하게 보여 준다. 이 관계는 창세기 12:1에서 최초의 명령이 내려지는 순간부터 조용히 암시되어 왔으나, 창세기 17장에서 하나님 앞에서 행하여 흠이 없게 하라는 명령과 창세기 18장에서 의와 정의를 요구하는 것을 통해 점차 더 분명해졌다.

이 본문들의 미묘하지만 분명한 신학에 비추어 볼 때, 아브라함과 맺은 언약이 조건적인 것이었는지 아니면 무조건적인 것이었는지 양자택일을 주장하는 것은 너무나 단순한 태도다. 실제 상황에서는 두 차원이 혼합되어 있다.

먼저, 하나님이 아브라함을 최초로 선택하시고, 말씀하시고, 명령하시고, 약속하신 것은 모두 **무조건적인** 것이었다. 아브라함이 성취한 어떠한 **사전** 조건에도 좌우되지 않았다는 의미에서 그렇다. 그것들은 예상치 못한 그리고 아무 공로 없이 얻은 하나님의 은혜에서, 그리고 지금까지 하나님의 선한 뜻을 훼방해 온 모든 것에도 불구하고 여러 나라로 분열된 인류를 복 주고자 하시는 하나님의 불굴의 결심에서 나온다.

그렇지만 다른 한편, 창세기 12:1-3에 나오는 말에 **암시된 조건**이 있다. 모든 것은 "너는 일어나 [여기로부터] 내게 네게 보여 줄 땅으로 가라"는 처음의 명령에 달려 있다. 그 이후에 나오는 말들, 곧 하나님이 아브라함의 이름을 크게 하고 그의 자손이 많아지게 하심으로 그를 축복하시리라는 진술들은 모두 아브라함이 실제로 일어나 떠나가는 것에 기초하고 있다. 마찬가지로, "복이 되라"는 둘째 약속은, 보편적인 범위에서 그런 일이 일어나리라는 예상과 함께, 하나님이 자신의 말씀을 지키시는 것과 더불어, 아브라함이 첫째 명령에 순종하는 것에 달려 있다. 그 말은 약속들이 수반되는 이중의 명령 형태로 되어 있지만, 거기 암시된 취지는 "**만일** 네가 간다면(내가 명령한 대로), **그러면** 내가 이 일들을 하겠다(내가 약속한 대로)....그리고 모든 열방이 복을 받을 것이다"라는 것이다. 떠나지 않으면 축복도 없다. 단도직입적으로 말해서, 아브라함이 일어나 가나안을 향해 떠나지 않았다면, 이야기는 바로 거기에서 끝났을 것이다. 아니면 바벨의 운명이 끝없이 되풀이되었을 것이다. 성경은 실로 대단히 얇은 책이 되었을 것이다.

그럼에도 불구하고, 창세기 12:1-3에서 하나님이 아브라함에게 첫 번째로 하신 말씀은 하나님의 은혜로운 주도권과 놀라운 자발적인 약속들을 분명히 강조하고 있다. 그러나 창세기 22장에 이르자, 그간에 발전되어 왔던(차질이 없었던 것은 아니지만) 아브라함의 믿음과 순종이 언약에 충분히 통합되어서, 심지어 그 믿음과 순종이 언약의 정당성을 입증해 주는 이유로 인용될 정도가 되었다. 창세기 22:16-18에 나오는 하나님 말씀의 첫 부분과 끝 부분은, 아브라함의 믿음이 하나님이 이제 자신이 약속하신 것을 하시겠다고 굳게 맹세하시는 이유라고 명확하게 밝힌다.

이 말이 어떤 식으로든 아브라함이 하나님의 언약 약속들을 **공로로 얻었음을** 의미하지 않는다는 것은 두말할 필요가 없다. 성경 본문 자체에 대해 이렇게 말하는 것은 행위 의를 묘사하려는 것이 아니다. 하나님은 아브라함에게 불시에, 그리고 아브라함이 어떤 행동도 취하기 전에 말씀하셨다. 하지만 아브라함이 보인 믿음과 순종의 반응은 하나님을 감동시켜 그를 의롭게 여기시도록 할 뿐 아니라, 하나님의 약속이 보편적으로 퍼져 나가도록 한다.

아브라함은 순종으로 복의 수령자 자격을 갖춘 것이 아니다. 축복의 약속은 이미 그에게 주어졌기 때문이다. 그보다는, 기존의 약속이 재단언되면서 그 권한이 변경되었다고 볼 수 있다. 즉, 전에는 오로지 야웨의 뜻과 목적에만 근거하고 있었던 약속이 이제 야웨의 뜻**과** 아브라함의 순종 **둘 다에** 근거하도록 변화되었다. 아브라함의 순종을 조건으로 신적 약속이 이루어진 것이 아니라, 아브라함의 순종이 신적 약속에 통합되었다는 말이다. 이제부터 이스라엘은 단지 야웨뿐 아니라 아브라함 덕에 존재한다. 신학적으로 이것은 인간의 순종이 지닌 가치에 대한 심오한 이해를 보여 준다. 순종은 인류를 축복하시려는 하나님의 목적에 동기를 부여하는 요소가 될 수 있다.[27]

바울과 야고보는 서로 힘을 모아 하나님에 대한 아브라함의 반응의 양쪽 기둥을 붙잡는다. 바울은 불가능해 보이는 **하나님의 약속을 신뢰하게 만든** 아브라함의 믿음에 초점을 맞춘다. 그 믿음으로 해서 그는 의로 여기심을 받았다. 바울은 그 메시지에서 의는 이야기 뒷부분에 나오는 할례 같은 율법 행위를 통해서가 아니라, 하나님의 은혜로운 약속을 믿음으로서 온다는 교훈을 끌어낼 수 있다(롬 4장; 갈 3:6-29). 야고보는 **하나님의 명령에 순종하게 만든** 아브라함의 믿음에 초점을 맞추며, 그래서 실제로 그의 믿음의 진정함을 보여 준다(약 2:20-24).[28] 히브리서는 아브라함의 믿음에 주목하면서, 그가 처음에 고향을 떠난 것에서부터 창세기 22장에 나오는 그의 최고의 순종에 이르기까지 순종한 것을 통해 그 믿음을 입증함으로서, 바울과 야고보의 요점을 둘 다 포착한다(히 11:8-19).

우리는 이 본문들을 선교학적으로 해석하는 데 관심이 있으므로, 중요한 점은 열방을 축복하시려는 하나님의 의도가 인간의 순종(우리가 그 축복의 대행자가 될 수 있도록 해주는)과 어떻게 결합되어 있는가 하는 점이다. 아브라함의 언약이 말해 주는 영광스러운 복음은 하나님의 선교가 궁극적으로는 모든 민족을 축복하기 위함이라는 것이다. 지속적인 도전은 하나님이 "너와 너의 자손을 통해" 그 일을 하도록 계획하셨다는 것이다. 그렇기 때문에 아브라함의 믿음과 순종은 단순히 개인적 경건과 윤리의 본보기일 뿐만 아니라, "복이 되라"고 번역된 두 히

---

27) R. W. L. Moberly, "Christ as the Key to Scripture: Genesis 22 Reconsidered", *He Swore an Oath: Biblical Themes from Genesis 12-50*, ed. R.S. Hess et al.(Carlisle, U.K.: Paternoster; Grand Rapids: Baker, 1994), p. 161.
28) John Goldingay는 히브리 본문은 하나님이 아브라함에게 하신 말씀을 기록할 때 '약속'과 '명령'을 특별히 구분하지 않는다는 점을 지적한다. 종종 "하나님이 말씀하셨다"라고 나올 뿐이다. 그래서 믿음과 순종은 실제로는 하나님의 말씀에 대한 상호보완적 반응이다. 둘 중 어느 것도 다른 하나 없이는 참으로 존재할 수 없다. 하나님의 말씀을 믿지 않는다면 그 말씀에 순종할 수 없다. 하지만 하나님의 말씀에 순종하지 않는다면 그 말씀을 믿는다고 참으로 주장할 수 없다. Goldingay, *Old Testament Theology*, 1:198.

브리 단어에 요약되어 있는 광대한 선교에 효과적으로 참여하기 위해 꼭 갖추어야 하는 자격 증명서다. 믿음과 순종이 없이는 우리 자신이나 다른 사람들을 위한 축복은 없다. 하나님이 열방을 위한 그분의 구속적 선교에 참여하도록 부르시는 사람들은, 아브라함처럼 구원하는 믿음을 발휘하면서 **또한** 아브라함처럼 희생적인 순종을 보여 주는 사람들이다. 그래서 **하나님이 아브라함에게 말씀하신 것들은** 하나님 자신의 선교를 위한 궁극적 의제(열방을 축복하는 것)가 되며, **아브라함이 그에 대한 반응으로 한 것들은** 우리의 선교를 위한 가장 훌륭한 본보기(믿음과 순종)가 된다.

"가라…복이 되라"

창세기 12:1-3의 중심 주제가 무엇인지에 대해서는 오해가 있을 수 없다. **복을 주다**는 말과 **복**이라는 말은 장식용 잔에 박힌 보석처럼 반짝이며 빛난다. 히브리어 어원인 *brk*는 동사 형태로건 명사 형태로건 이 세 구절에서 다섯 번 나온다. 하나님은 자신이 아브라함을 **복 주시겠다**고, 아브라함이 **복**이 되어야 한다고, 하나님이 아브라함을 **축복하는** 사람을 **축복하시겠다**고, 땅의 모든 족속이 그로 말미암아 **복**을 받을 것이라고 선포하신다.[29] 창세기의 바로 앞부분에 나오는 아홉 장(3-11장) 동안 독자를 낙담했던 이야기들에 뒤이어 나오는 이 말은 가장 놀랍고 상쾌한 후렴구다. 처음에 축복으로 피조물을 흠뻑 적셨던 하나님이, 몹시 강렬하고 놀라울 정도로 다시 한 번 축복하시기 위해 움직이고 계신다. 하지만 우리가 묻지 않을 수 없는 것은 그 말이 정확히 무슨 의미인가 하는 것이다. 성경을 주의 깊게 읽는 독자들은 여기에서 **축복**이라는 말을 어떻게 이해해야 할까?

그 질문에 대답하기 위해서는 당연히 우리가 살펴보는 본문과 가장 가까운 부분인 창세기에서 시작해야 한다. 하지만 이스라엘의 신앙과 문헌을 보면 그 말은 분명 풍성하고 다양한 의미를 지니고 있다. 그래서 선교학적 해석학을 위해, 이 축복의 목록을 간략하게나마 훑어볼 필요가 있다. 게다가 우리는 "땅의 모든 족속이 너로 말미암아 복을 얻을 것이라"는 본문의 마지막 말이 정경 전체를 아우르는 기대감을 표현한다는 점을 살펴보았다. 그 기대는 신약에 나오는 바울의 선교 신학과 종말론에서 최종적으로 구체화된다.

---

29) pp. 217-219에서 논란이 되고 있는 마지막 동사의 의미에 대해 살펴 볼 것이다.

축복은 창조적이고 관계적이다. 하나님이 최초로 축복한 피조물은 물고기와 새였다. 창세기 1장에 나오는 장엄한 창조 기사에서, 하나님의 축복은 세 번 선포된다. 다섯째 날에, 하나님은 바다와 공중의 피조물들을 축복하셨다. 여섯째 날에는 인간을 축복하셨다. 그리고 일곱째 날에는 안식일을 축복하셨다. 처음 두 축복 바로 다음에는 번성하여 바다와 땅에 충만하라는 명령이 나온다. 세 번째 축복 다음에는 안식일을 규정하는 성화와 안식의 말이 나온다. 그렇다면, 축복은 그 토대가 되는 창조 기사에서 한편으로는 생육함, 풍부함, 충만함을 누리는 것이고, 다른 한편으로는 창조주와의 거룩하고 조화로운 관계를 바탕으로 피조물 안에서 안식을 누리는 것이다. 축복의 첫 시작은 좋다.

그 다음에 나오는 하나님의 축복은 홍수 이후 새 세계를 시작하는 것이다. 거기 나오는 말은 첫 번째 창조 기사에 나오는 말과 거의 똑같다(창 9장). 하나님은 노아와 그의 가족을 축복하시고, 그들에게 생육하고 번성하여 땅에 충만하라고 명하신다. 동시에 하나님은 그들과 더불어 관계를 맺으신다. 거기에는 생명을 존중하고(짐승의 피건 인간의 피건) 생명을 보존하는 것이 포함된다. 그러고 나서 그 축복과 명령은 열방들이 전 세계로 퍼져 나가는 것(창 10장)을 통해 성취된다.

따라서 창세기 12:1-3에서 언급하는 축복의 말에는 적어도 번성, 퍼져 나감, 채움, 풍성함이라는 개념이 반드시 포함되어야 한다. 하지만 아브라함의 아내는 불임이며, 그들 부부는 둘 다 늙었다. 그러므로 그런 맥락에서 축복이라는 말이 나온다는 것은 정말 놀라운 일이다. 지금까지 창세기를 읽은 독자라면 누구나 축복이 무엇을 의미해야 하는지 분명하게 안다. 하지만 이 나이 든 부부가 누릴 수 있는 축복은 분명하지가 않다. 피조물의 생육함은 분명 지나가 버렸다. 사라의 불임으로 인해 한 번도 열린 적이 없었던 축복의 창문은 이제 그녀가 나이 들어가면서 마침내 닫힌다.

창세기 이야기를 계속 읽노라면 창조와 관련된 축복의 내용이 눈에 띈다. 사실상 brk라는 어근은 동사 혹은 명사의 형태로 창세기에 여든여덟 번 나오는데, 그것은 구약 전체에 나오는 총 횟수의 5분의 1이 넘는 것이다. 하나님이 어떤 사람을 축복하실 때, 거기에는 통상 가족, 가축 떼, 재산 혹은 이 세 가지 모든 것이 늘어나는 것이 포함된다. 하나님의 축복은 하나님의 창조가 주는 좋은 선물을 풍성히 누리는 것을 의미한다.

하나님의 축복은 인간의 번성과 안녕에서 가장 분명하게 나타난다. 장수, 부,

평강, 풍작, 자녀 등은 창세기 24:35-36; 레위기 26:4-13; 신명기 28:3-15 같은 축복 목록에서 가장 자주 등장하는 항목이다. 현대의 세상 사람들이 '행운' 혹은 '성공'이라 부르는 것을 구약은 '축복'이라고 부른다. 오직 하나님만이 모든 행운의 원천이라고 주장하기 때문이다. 실로 하나님의 백성 가운데 행하시는 하나님의 임재는 최고의 축복이다(레 26:11-12). 물질적 축복은 하나님의 자비가 유형적으로 표현된 것이다. 축복은 족장 이야기들을 서로 연결해 줄 뿐 아니라(참고. 창 24:1; 26:3; 35:9; 39:5), 또한 그 이야기들을 원시 역사와 연결해 준다(창 1:28; 5:2; 9:1). 족장들에게 하시는 축복의 약속은 이처럼 인간들에 대한 하나님의 원래의 의도를 재단언하는 것이다.[30]

하지만 이것은 전혀 기계적이지 않고 매우 관계적이다. 이러한 **관계적** 요소는 수직적이고 수평적으로 볼 수 있다.

수직적으로, 축복을 받은 사람들은 그들을 축복하고 있는 분이 누구인지 알며, 그들의 하나님과 더불어 신실한 관계 안에서 살고자 한다. 우리는 이스라엘 선조들의 개인적인 종교적 신앙과 실천에 대해 충분히 알지 못한다(그리고 우리가 알고 있는 것 중 일부는 우리를 당혹케 한다). 하지만 거기에는 진지한 예배, 단을 쌓는 것, 기도, 신뢰 그리고(적어도 아브라함의 경우) 하나님과의 깊은 개인적 친밀함 등이 분명히 포함된다.

이스라엘 백성인 아닌 아비멜렉 왕조차, 그 '이상한 이웃들'을 축복하는 분이 야웨라는 것을 알았다(창 26:29). 실로 족장들은 보통 그들을 축복하신 하나님에 관해 주저 없이 증거한다.

그들의 믿음은 벙어리 믿음이 아니다. 족장들은 다른 사람들에게 그들이 생활 속에서 경험한 야웨의 실상을 말로 표현한다. 족장들은 야웨께서 재물을 공급하시는 것(30:30; 31:5-13; 33:10-11; 참고. 24:35), 그분의 보호와 인도(31:42; 50:20; 참고. 24:40-49, 56), 그분이 자녀를 주신 것(33:5)…그리고 그들이 그분의 도덕적 기준에 헌신하는 것(39:9)을 말한다.[31]

---

30) Gordon J. Wenham, *Genesis 1-15*, Word Biblical Commentary 1(Dallas: Word, 1987), p. 275. 「창세기 상」(솔로몬).
31) M. Daniel Carroll R., "Blessing the Nations: Toward a Biblical Theology of Mission from Genesis", Bulletin for Biblical Research 10(2000): 29.

하나님과 그런 관계를 맺는 것은 결코 쉽지 않다. 아브라함은 상상할 수 있는 가장 모진 시험을 받고 난 이후에야 최종적인 축복을 공공연하게 확증받는다(창 22장). 그리고 야곱이 하나님과 씨름하는 불가사의한 이야기는 그가 죽을힘을 다해 상대방을 붙잡고 한판 승부를 겨루어서 축복을 이끌어 내는 것으로 끝난다(창 32:26-29). 눈 멀고 나이 든 야곱이 요셉의 두 아들을 축복할 때, 그는 지금 자신이 전해 주는 축복이 마치 목자가 헤매는 연약한 양을 보호하듯 자기 평생에 수반되었던 축복이며, 자기 아버지와 할아버지가 하나님 앞에 행할 때 그들의 삶의 특징이 되었던 그 축복이라고 인정한다.

> 내 조부 아브라함과 아버지 이삭이
> 섬기던 하나님
> 나의 출생으로부터 지금까지
> 나를 기르신 하나님
> 나를 모든 환난에서 건지신 여호와의 사자께서
> 이 아이들에게 복을 주시오며.(창 48:15-16)

수평적으로. 축복의 관계적 요소들은 주위 사람들에게도 뻗어 나간다. 창세기에는 하나님이 축복하신 사람들과의 접촉을 통해 복을 받는 사람들의 경우가 서너 번 나온다. 보통 자기도 모르게(야곱은 아마 예외일 것이다), 아브라함 가족의 축복을 이어받는 사람들은 그 가족들이 다른 사람들에게 복이 되어야 한다는 하나님의 의도를 성취한다. 라반은 야곱에게 내린 하나님의 축복으로 풍성해진다(창 30:27-30). 보디발은 요셉으로 인해 복을 받는다(창 39:5). 바로는 야곱으로 인해 복을 받는다(창 47:7, 10). 이것이 뒤바뀐 놀라운 한 경우는(히브리서는 이에 대해 상당한 신학적 의미를 부여한다) 아브라함이 멜기세덱에게 복을 받는 순간이다(창 14:18-20; 참고. 히 7장).

축복의 창조적 차원과 관계적 차원이 가장 아름답게 결합된 예는 야곱이 요셉에게 베푼 축복이다. 그것은 세 가지 차원을 결합한다. 첫째로, 모든 축복의 근원이신 하나님, 둘째로, 그 축복을 누리는 배경이 되는 인격적·소유적 관계(그분은 '네 아버지의 하나님' '이스라엘의 반석' 등이다), 그리고 셋째로, 그 축복이 상상하는 창조적 풍성함이다.

이는 야곱의 전능자
이스라엘의 반석인 목자의 손을 힘입음이라.
네 아버지의 하나님께로 말미암나니 그가 너를 도우실 것이요
전능자로 말미암나니 그가 네게 복을 주실 것이라.
위로 하늘의 복과
아래로 깊은 샘의 복과
젖먹이는 복과 태의 복이로다.
네 아버지의 축복이
내 선조의 축복보다 나아서
영원한 산이 한없음같이
이 축복이 요셉의 머리로 돌아오며.(창 49:24-26)

축복은 선교적이며 역사적이다. "가라.…복이 되라." 하나님이 아브라함에게 하시는 말씀의 전반부와 후반부는 둘 다 명령어로 시작된다. 그렇기 때문에 둘 다 아브라함에게 주어진 지시 혹은 사명의 성격을 지니고 있다. 첫 번째 사명은 지리적이고 제한적인 것이다. 그는 고향을 떠나 하나님이 그에게 보여 주실 땅으로 가야 했다. 그 사명은 그 다음 세 구절에서 비교적 짧은 시간 안에 완수되었다. 물론 창세기 12:7에서 약속된 대로 땅을 소유하는 사명이 이뤄지려면 더 많은 세대가 걸리겠지만 말이다. 하지만 "복이 되라"는 두 번째 사명은 무한하다. 그리고 그 범위는 시간적·지리적으로 제한이 없다. 아브라함은 모든 땅의 사람들에게 복이 임하도록 하기 위해 자신의 땅을 떠나야 한다. 여기에서 하나의 명령, 과업, 역할로서의 **복**은 우리가 지금까지 창세기에서 살펴본 창조적 풍성함이라는 의미를 넘어선다. 따라서 "복이 되라"는 말은 미래에까지 펼쳐져야 하는 목적과 목표를 담고 있다. 간단히 말해, 그것은 선교적이다.

그러므로 사실상 이것은 하나님의 선교를 시작하는 명령이다. 그 선교는 파멸로 빠져들어 가는 것처럼 보이는 인류를 회복하고, 그들의 사악하고 어리석은 행동으로 인한 결과에서 인류를 구하기 위한 것이다. 그것은 하나님이 인간들에게 주신 세 번째 큰 선교적 명령이다. 처음 두 가지는 **창조에 관한** 것이며 사실상 동일하다. 창세기 1-2장에서 하나님은 인간들에게 땅을 보존하고 돌보는 것을 통해 나머지 피조물을 다스리는 큰 과업을 맡기신다(창 1:28; 2:15). 그리고 창세기 9장

에서, 홍수 후에, 하나님은 노아와 그의 아들들에게 원래의 창조 명령을 새롭게 하셨다. 그들은 하나님의 복을 받고, 하나님이 이 땅에 있는 모든 생명들과 맺은 언약에 의해 보장된 안정된 환경에서 살면서, 앞으로 나아가고 번성하고 땅에 충만해야 했다.

하지만 여기 창세기 12:2에서, 우리는 하나님의 **구속적** 선교가 시작되는 것을 본다. **축복**이라는 말은 앞에 나오는 창조 기사와 연결된다. 구속적·회복적 축복의 역사는 창조 질서 너머의 어떤 다른 하늘의 영역이나 신화적 영역, 혹은 우리가 도망갈 수 있는 어떤 영역이 아니라, 창조 질서 안에서 또 그 질서를 위해 일어날 것이다. 인간의 죄에 의해 망가진 것은 창조다. 그러므로 하나님이 고치고자 하시는 것은 창조와 인간 모두다. "선교는 인간의 실패와 교만에 의해 손상된 부분에 하나님의 축복이 임하게 하는 것이다."[32]

그리고 죄와 악은 인간의 손에 의해 이 땅의 삶에 침입해 들어왔으므로, 하나님은 인간적 수단에 의해 그것을 바로잡으실 것이다. 아브라함에게 **복**을 선포하시고 아브라함을 축복하시면서 모든 족속과 나라를 **포함**시키시는 것은, 창세기 3장에 나오는 **저주**와 **배제**의 말과 대응되는 것이다. "선교는 인간의 상실에 대해 하나님이 말씀하시는 것이다."[33] 하나님은 뱀의 머리를 밟으심으로써 뱀이 저지른 해악을 멸할 존재는 하와의 씨(즉, 어떤 인간)가 되리라고 약속하셨다(창 3:15). 주의 깊은 독자들은 뱀을 상하게 할 이 존재가 누구일지 궁금할 것이다. 창세기 12:1-3 이후부터, 우리는 그것이 아브라함의 씨 중 하나가 되리라는 것을 안다. 아브라함의 아들은 아담의 아들들에게 복이 될 것이다. "한 사람이 순종하지 아니함으로 많은 사람이 죄인 된 것같이, 한 사람이 순종하심으로 많은 사람이 의인이 되리라"(롬 5:19).

바울은 물론 이 진술이 나오는 논증 전체에서 그리스도를 생각하고 있었다. 하지만 아브라함에 대해 그렇게 말해도 신학적으로 비교적 타당할 것이다. 우리는 하나님이 모든 민족을 축복하기 위해 아브라함과 맺은 언약을 확증하는 데 아브라함의 순종이 핵심 역할을 하는 것을 보았기 때문이다(창 22:16-18). 그리고 실

---

32) Christopher Seitz, "Election and Blessing: Mission and the Old Testament", 2000년 10월 케임브리지 대학교 신학 대학에서 한 강의.
33) 같은 책.

제로 바울보다 훨씬 이전에 유대인 전승에서는 아브라함에 대해 그렇게 **말했다**. 그렇게 전해지는 말에 따르면, 아브라함은 '둘째 아담'이었다. 하나님이 그를 통해 이스라엘이 새로운 구속된 인류의 핵심으로 보일 수 있도록, 새로운 인류의 시작으로 만드신 사람이라는 것이다.[34] 바울은 아브라함과 아담 간의 이러한 이해에 기초해서, 아브라함의 씨인 **예수님**이 그 약속을 성취하신 분이라고 단언한다.

마태는 "먼저 아브라함에게 알려진 복음" 이야기에서 예수님의 위치를 똑같이 역동적으로 이해하면서, 메시아 예수가 아브라함의 아들이라는 말로 그의 복음서를 시작하고, 모든 열방을 포함할 선교 위임령으로 그의 복음서를 끝낸다. 마태는 이처럼 교회 역시 아브라함의 선교의 권위 아래 있는 것으로 본다. 마태복음 28:18-20에서 예수님이 제자들에게 하신 말씀인 소위 대위임령은 원래 아브라함의 위임령이었던 것을 기독론적으로 바꾼 것이라고 볼 수 있다. "가라.…복이 되라.…땅의 모든 족속이 너로 말미암아 복을 얻을 것이라."

그리고 '복이 되라'는 선교 사명은 한 인간과 그의 씨에게 주어지므로, 필연적으로 **역사적** 차원을 지닌다. 사실 축복은 그 자체가 역사일 필요는 없다. 지금까지 창세기에서 그것은 단순히 창조 질서의 상대적으로 정적이고 그 안에 새겨진 특징, 곧 생육함과 풍성함을 누리는 것이었다. 하지만 우리가 살펴보는 본문은 축복을 미래를 위한 **약속**으로 만듦으로서('내가 너를 축복하리라'), 그리고 축복을 미래에 이어져야 하는 **명령** 안에 포함시킴으로서('복이 되라') 그것을 역사적 동력으로 바꾼다.[35] 창세기 12:1-3은 축복을 역사에 주입한다. 그리고 그 축복은 마침내 미래의 소망을 지닌 선교를 시작한다.

---

34) 언약적 소명을 지닌 이스라엘은 자신을 창조주의 참된 인류라고 생각했다. 아브라함과 그의 가족을 아담의 죄를 다루는, 따라서 세상의 악을 다루는 창조주의 수단으로 이해한다면, 이스라엘 자신은 참된 아담적 인류가 된다. N. T. Wright, *The New Testament and the People of God*(London: SPCK, 1992), p. 262. 「신약 성서와 하나님의 백성」(크리스챤다이제스트). Wright는 랍비 자료들 및 구약 본문들로부터 이것을 광범위하게 입증한다.

35) 이 점은 Claus Westermann이 강조한다. "축복은 본질상 역사적인 것이다. 그것은 창세기 27장에서처럼, 누구에게든지 주어질 수 있다. 하지만 원래 이해되었던 것처럼, 그것은 시간적으로 미래의 어떤 지점을 염두에 두고 있을 필요는 없다. 즉, 그것은 약속일 필요는 없다. 12:1-3에서 J는 축복과 역사를 연결시키며, 그럼으로서 족장들의 이야기를 백성의 역사와 연결시킨다.…축복의 결과는 아브라함이 위대한 백성이 된다는 것이다. 이 문장은 J가 아브라함, 이삭, 야곱이라는 족장들의 이야기를 넘어 미래를 바라보고 있다는 사실을 가능한 한 가장 분명한 방식으로 표현한다." Westermann, *Genesis 12-36*, p. 149.

이후 성경 이야기가 계속 전개되는 동안, 분명 **인간 타락**의 증거는 훨씬 더 많이 나타날 것이다. 원시 역사의 원형적 이야기가 지닌 모든 특징들은 거듭 재연될 것이다. 아담과 하와의 불순종, 가인의 질투와 폭력, 라멕의 복수, 노아 세대의 부패와 폭력, 혹은 바벨의 교만한 불안감은 아직 끝나지 않았다. 하지만 우리는 또한 역사의 도상에 나타나는 **신적 축복**의 발자취를 기대해야 함을 안다. 그것은 바로 하나님으로부터 받은 축복, 그리고 다른 사람들에게 전달된 축복이다. 우리는 하나님이 약속하시는 '큰 민족'을 기대할 것이다. 우리는 하나님이 이 축복받은 사람들을 통해 하실 일에 대한 사람들의 반응이 둘로 나누어진다는 것을 깨닫게 될 것이다. 그리고 아브라함의 백성을 통해 하나님의 축복이 결국은 온 땅에 퍼져 나가리라는 증거가 점차 더 커질 것을 기대할 것이다. **간단히 말해 우리는 인간 역사 한가운데서 하나님의 선교를 지켜볼 것이다. 그것은 성경의 거대 서사를 여는 열쇠이며, 그 모든 이야기는 여기에서 시작된다.**

그러므로 창세기 12:1-3은 더 광범위한 인간 역사의 연속선상에서 구속사를 시작한다. 또한 모든 역사는 하나님의 주권적 계획 아래 있다. 역사는 선교 역사로서 시작된다. 그것은 하나님이 아브라함과 그의 후손들에게 절대적으로 헌신하심으로써 스스로 하시는 선교, 그리고 하나님이 그 결과 아브라함에게 부과하시는 선교, 곧 '복이 되라'는 것이다. 따라서 우리가 이 본문을 '대위임령'으로 받아들이는 것은 전적으로 적절하며, 나쁜 일이 아니다. 창세기 본문은 우리가 보통 대위임령으로 받아들이는 마태복음 본문이 근거하고 있는 성경적 토대임이 분명하다. 물론 우리가 '하나님의 모든 뜻' 곧 오랫동안 감춰져 있었지만 이제 복음을 통해 메시아 예수 안에서 계시된 비밀에 대해 아브라함보다 훨씬 더 많이 알 수도 있다. 하지만 그렇게 더 많은 지식과 더 온전한 계시가 있다 해도, 창세기 본문은 선교에 대한 교회의 모든 개념과 실천을 아름답게 꾸며 줄 수 있는 훌륭한 표어다. "가라.…그리고 복이 되라"는 것보다 선교의 모든 것을 더 잘 요약해 주는 표현도 별로 없다.

축복은 언약적이며 윤리적이다. 창조의 축복들은 계속되며 모든 사람들에게 주어진다. 창세기는 아브라함과 그의 후손 외에 많은 다른 사람들을 축복하시는 하나님을 보여 준다. 열방이 커지고 다양해진 것은 홍수 이후 하나님의 목적으로 인한 결과다. 하나님의 축복은 언약의 영역이나 구속사에 국한되지 않는다. 언약은 하나님의 축복을 포함한다. 하지만 하나님의 축복은 언약에 국한되지 않는다. 언약의 특정한 영역에 속하지 않을 사람들일지라도 모든 열방들과 함께 수적 성장의 축복을 누릴 수 있다. 그렇기 때문에 '어떻게 에서가 야곱에게 속아 자기 아버지의 축복을 빼앗기고 말았는가' 하는 이야기에 많은 지면이 할애되었지만(창 27장), 그럼에도 불구하고 그는 다수 민족인 에돔 족속의 조상이 되었고, 이스라엘의 후손 중에 왕이 나오기 전에 그의 후손 중에서 왕들이 생겨났다(창 36장; 참고 31절). 분명 그가 잃어버리고 야곱이 획득한 축복에는 단지 민족을 이루는 것 이상의 것이 포함되어 있었다.

하나님의 일반적 축복과, 약속의 혈통을 통해 아브라함과 사라의 자손이 누리던 특별한 언약적 축복 간의 구분은 이스마엘의 경우에 가장 분명하게 볼 수 있다. 하나님과 아브라함 둘 다 이스마엘에 대해 다정하게 말한 것은 주목할 만하다 [사라만 이스마엘이 자신의 아들 이삭에게 위협을 가한 것을 감지하고 부정적 반응을 보였다(창 21:8-10)]. "이스마엘이나 하나님 앞에 살기를 원하나이다"라는 아브라함의 탄원에 대한 대답으로, 하나님은 실제로 그렇게 하시겠다고 응답하신다. "내가 그에게 복을 주어 그를 매우 크게 생육하고 번성하게 할지라.…내가 그를 큰 나라가 되게 하려니와"(창 17:18-20). 이것은 틀림없이 아브라함 자신에게 하신 약속을 되풀이하는 말이다. 후에 이스마엘에 대한 이 약속은 반복되며, 심지어 그가 아브라함의 집에서 쫓겨난 후에도, "하나님이 그 아이와 함께 계시매 그가 장성하여"(창 21:13, 20)라고 기록되어 있다. 그럼에도 불구하고, 하나님이 그분의 **언약**을 맺고자 하시는 대상은 **이삭**(17장에서 이름은 나오지만 아직 태어나지 않은)이다. 이것은 언약 관계 안에 존재할 축복의 성질에 대해 뭔가 독특한 것을 나타낸다. 그것은 하나님이 아브라함의 언약 밖에 있는 다른 사람들을 다양한 방식으로 축복하실 수 있다거나 또는 축복하시리라는 것을 부인하지 않는다. 하지만 그것은 창조적 풍성함과 자연적 비옥함을 넘어서는 형태의 축복을 가리킨다.[36]

---

36) 그렇기 때문에, 이 점에서 나는 John Goldingay와 의견이 다르다. Goldingay는 이 본문으로부터 이스마엘이 그에게 약속된 축복을 통해 그리고 할례(창 17장에서 언약의 표시)를 받는 것을 통해, 아브라함의 모든 자손들과 함께 아브라함의 언약 안에 포함된다는 결론을 끌어낸다(Goldingay, *Old Testament Theology*, 1:201, 203). 하지만 내가 보기에는 본문은 언약 약속을 명백하게 유업으로 받는 이삭과, 할례를 받고 축복을 받기는 했지만 그 약속을 유업으로 받지는 못한 이스마엘을 구분하고 있다. 그럼에도 불구하고, Goldingay가 잘 보여 주는 것처럼(pp. 224-231), 이 이야기들에는 언약 축복의 영역 안에 속한 사람을 '누구로 볼 것인가' 하는 문제와 관련해서 모호한 부분이 있다.

구약 이야기가 전개됨에 따라, 이스라엘이 언약 내에서 누리는 축복의 본질은 점차 더 구체화된다. 그것은 아브라함으로 인해 하나님의 신실하심을 경험하는 것과 하나님이 그들을 애굽의 종살이에서 구해 주시는 것을 포함한다. 그것은 이어서 광야에서 하나님이 그들을 보호하시고 돌보시는 것, 곧 그들에게 필요한 것을 제공하시고 그들의 죄를 용서하시는 것을 포함한다. 하나님의 이름을 계시하는 것, 시내 산에서 율법을 주시고 성막과 제사 제도를 통해 계속적인 교제의 수단을 제공하시는 것은 모두 하나님의 언약적 축복의 표시다. 땅을 선물로 주시는 것은 아브라함에게 주신 약속을 직접 성취하시는 것이며, 그 약속에서 나오는 모든 축복 중 가장 구체적인 것이다.

이 모든 것들에서 이스라엘은 아브라함이 보인 모범과 똑같은 방식으로 반응하도록 부름받는다. 즉, 믿음과 순종으로 반응하라는 것이다. 언약 내의 축복은 이처럼 유일하게 참되신 살아 계신 하나님이 누구이신가에 대한 지식(그분의 이름인 야웨를 계시하는 것을 통해)과 그 축복을 계속 누릴 수 있게끔 사랑과 순종으로 그분에게 헌신하는 것을 포함한다(신 4:32-40). 신명기 전체는 이스라엘에게 주신 바 "생명을 택하라"는 강력한 명령에서 절정에 이른다. 즉, 하나님과 더불어 사랑하고 신뢰하고 순종하는 관계 안에서 살면서 하나님의 언약 약속을 통해 그들이 받는 축복을 유지하라는 것이다(신 30장).

언약 관계 내에서 축복이 지닌 이러한 윤리적 차원은 창조적 요소를 모종의 '번영 복음'으로 전락시키지 않도록 보호해 준다. 물론 물질적 풍요함은 하나님이 축복하셨다는 유형적 표시가 될 수 있다. 하지만 하나님이 축복해 주신다고 해서 자동적으로 다 부자가 되는 것이 아니며, 또 반대로 가난해졌다고 해서 하나님이 축복을 거두어 가신 것도 아니다. 하나님은 우리가 좋을 때나 나쁠 때나 믿음, 순종, 언약의 요구들에 윤리적으로 충성할 것을 요구하신다. 모든 물질적 손해나 육체적 고난이 불순종의 결과는 아니다(욥기와 예레미야서가 보여 주듯이). 그리고

모압과 암몬, 롯의 후손들, 혹은 에돔, 에서의 후손들은 어떻게 된 것인가? 구약 후반부 역시 그들의 지위와 관련해서 비슷한 모호성을 보인다. 어쨌든, 설사 언약 축복이 오직 아브라함으로부터 이삭으로, 야곱으로, 그리고 이스라엘 백성으로만 이어져 내려온다 할지라도, 우리는 처음부터 그 이야기의 전체 요점은 다른 사람들이 아브라함을 통해 복을 받으리라는, 혹은 스스로 축복하리라는 것이라는 점을 지적할 수 있다. 그래서 이스마엘은 언약의 가계에 속하지 못할지는 모르지만, 그의 후손들은 분명 아브라함을 통해 복을 받을 "만민"에 속할 것이다.

모든 재물이 하나님의 축복으로 인해 얻어지는 것도 아니다(아모스와 다른 선지자들이 분명하게 보여 주었듯이). 또 불의와 억압으로 인해 어떤 사람들은 빈곤하게 되고 다른 사람들은 대단히 부유하게 되기도 한다. 따라서 재물(혹은 재물이 없는 것)과 하나님의 축복(혹은 그 축복이 없는 것) 간의 상관관계는 그렇게 간단하지 않다. 우리는 11장에서 언약의 윤리적 차원과 선교와의 관계를 좀더 살펴볼 것이다.

축복은 다국적이며 기독론적이다. 창세기 12:1-3에서 하나님이 아브라함에게 주신 말씀의 결론은 보편적이다. 하나님이 아브라함에게 주신 축복과 아브라함 자신에게 복이 되라고 하신 명령의 결과는 "땅의 모든 족속"이 축복을 받는 것이다. 아브라함이 받은 약속의 이러한 보편적 범위는 이 본문이 선교학적으로 중심적인 위치를 차지한다는 점을 인식하는 데 결정적인 논거가 된다. 그것은 "복이 되라"라는 명령에서 어쨌든 이미 상당히 명백하게 나타나 있다. 이제 마지막 문구를 보다 자세히 살펴볼 차례다. 그것이 보편적 범위를 가지고 있다는 것은 분명하지만, 그것이 지닌 의미에 대한 정확한 주석은 다소 모호하기 때문이다.

다음 다섯 본문에는 그 문구의 변형들이 나온다.[37]

1. "땅의 모든 족속이(*mišpᵉḥōt hāʾădāmâ*) 너로 말미암아 복을 얻을 것이라" (창 12:3). 이것이 아브라함에 주신 최초의 약속이다.
2. "천하 만민은(*gôyê hāʾāreṣ*) 그로 말미암아 복을 받게 될 것이라"(창 18:18). 하나님은 미래에 아브라함이 갖는 중요성을 상기시키신다.
3. "네 씨로 말미암아 천하 만민(*gôyê hāʾāreṣ*)이 복을 받으리니"(창 22:18). 아브라함이 하나님에게 순종하여 이삭을 제물로 바친 사건의 결과, 그 약속을 다시 한 번 강력하게 말씀하신다.
4. "네 자손으로 말미암아 천하 만민이(*gôyê hāʾāreṣ*) 복을 받으리라"(창 26:4). 여기에서 그 약속이 똑같은 말로 이삭에게 재차 확언된다. 하지만 다시 아브라함이 도덕적으로 순종한 사실이 덧붙여 강조된다.
5. "땅의 모든 족속이(*mišpᵉḥōt hāʾădāmâ*) 너와 네 자손으로 말미암아 복을 받으리라"(창 28:14). 이번에 하나님은 벧엘에서 야곱에게 하신 약속을 재

---

37) 모두 내가 번역한 것이다.

차 확언하신다.

핵심 동사는 물론 '바라크'(*bārak*), 곧 '축복하다'라는 말이다. 그 말은 이 구절들에서 두 개의 동사 형태로 나온다. 그리고 번역의 정확한 뉘앙스에 대해서는 많은 논란이 있었다. 첫째, 둘째, 다섯째 본문에서 그것은 니팔(niphal) 형태이고, 셋째와 넷째에서 그것은 히트파엘(hithpael) 형태로 되어 있다. 히브리 동사의 니팔 형태는 수동태, 재귀형, 혹은 중간태일 수 있다. 하지만 히트파엘은 재귀형으로 보는 것이 더 자연스럽다. 그렇다면 이 말을 해석할 수 있는 세 가지 방식은 수동태, 재귀형, 혹은 중간태로 보는 것이다. 그것에 대해 설명해 보도록 하겠다.

수동태적 해석은 그냥 '복을 받을 것이다'이며 이는 '하나님에게' 혹은 '나에게'라는 말을 가정한다. 대부분의 고대 번역본들은 그 말을 이런 식으로 번역한다. 신약도 마찬가지다(예를 들어, 갈 3:8에서 바울이 그렇게 한다). 하지만 히브리어에는 수동태를 표현하는 더 간단한 형태의 동사가 있었다[푸알(pual)]. 그리고 니팔은 단지 수동적 의미를 넘어서는 특색을 지니고 있다.

재귀형 해석은 '스스로를 축복할 것이다'라는 것으로, 사람들이 서로를 축복할 때 아브라함의 이름을 사용하리라는 의미다. 즉, 자신들이 아브라함처럼 축복을 받도록 기도하든가, 다른 사람들을 위해 축복의 기도를 할 때 아브라함의 이름에 호소해서 기도한다는 것이었다("하나님이 당신을 아브라함처럼 축복하시기를"). 이것은 당시에 알려져 있던 풍습, 곧 자신이나 다른 사람들을 위해 기도할 때 특별히 축복받은 개인들의 이름을 걸고 기도하는 풍습에 잘 들어맞는다(예를 들어, 창 48:20; 룻 4:11-12). 그것은 또한 시편 72:17에 나오는 의미에 더 잘 들어맞는다.

고든 웬함(Gordon Wenham)은 (적어도 세 개의 니팔 본문들에 대해서는) **중간태**로 해석하는 것이 적절하다고 주장한다. 그는 그 본문을 "그들이 축복을 발견할 것이다"라고 번역한다. 이 의미를 표현하는 또 다른 방식은 "그들이 자신을 축복받았다고 여길 것이다"[38]라는 것이다.

다섯 본문에 나오는 변형들은 매우 사소한 것이어서 주동사는 모두 똑같이 취급해야 한다고 추정하는 것이 자연스럽다.[39] 따라서 우리는 앞에서 동사를 모두

---

38) Wenham, *Genesis 1-15*, pp. 277-278.

수동태(**축복을 받다**, 자연스러운 니팔에 더 가깝다)[40]로 볼 것인지 아니면 재귀형(**스스로를 축복하다**, 자연스러운 히트파엘에 더 가깝다)으로 볼 것인지 논의를 했다.[41]

하지만 결국에는 재귀적 의미도 어쨌든 수동태적 추론을 지니고 있다고 봐야 한다. 이것은 하나님이 약속하시는 나머지 것들 때문에 그렇다. 어떤 사람이 아브라함의 이름을 축복의 말로 사용한다면, 즉 아브라함이 복을 받았던 것처럼 복을 받기를 기도한다면 그들이 아브라함을 축복하셨던 하나님에 대해 대단히 많이 알아서, 아브라함이 하나님의 축복의 능력을 보여 주는 진열장이 되었음을 전제한다. 하지만 하나님은 방금 '아브라함을 축복하는' 사람들, 즉 아브라함을 이런 식으로 복 있다고 간주하는 사람들을 축복하시겠다고 말씀하셨다. 그래서 아브라함에 의해 자신들을 축복하는 사람들은(히트파엘에 충분한 의미를 부여한다면) 결국 하나님에게 축복을 받을 것이다. 하나님이 그렇게 하겠다고 약속하시기 때문이다. 재귀형은 결과적으로 수동태를 의미한다. 따라서 클라우스 베스터만(Claus Westermann)은 이러한 결론에 도달한다.

> 사실상 재귀형 번역은 수동태나 다름없다.… '땅의 모든 족속이' '아브라함 안에서' 자신을 축복할 때, 즉 그의 이름을 빌어 자신들에게 축복을 요청할 때…명백한 전제는 그들이 축복을 받는다는 것이다. 어떤 사람이 아브라함의 이름으로 스스로를 축복할 때, 축복은 실제로 주어지고 받게 된다. 축복을 위한 기도에서 아브라함의 이름을 언급할 때, 아브라함의 축복이 흘러나온다. 그것은 한계를 모르며 땅의 모든 족속에게 이른다. 그렇다면 수동태적 번역과 재귀형 번역 간에 내용상 상반되는 것은 없다.…[3절] 복을 받는다는 구체적인 사실을 포함한다.…아브라함에게 하신 약속에서 선포된 하나님의 행동은 아브라함과 그의 후손에게만 국한되는 것이 아니라, 땅의 모든 족속을 포함

---

39) 하지만 Carroll R.은 히트파엘이 나오는 두 경우 그것이 사용된 특정한 이유들이 있을 것이라고 주장한다. Carroll R., "Blessing the Nations", pp. 23-24.
40) 히브리 성경의 초기 번역본들과 NIV가 수동태로 본다. 참고 O. T. Allis, "The Blessing of Abraham", *Princeton Theological Review* 25(1927): 263-298.
41) 많은 비판적 학자들이 재귀형으로 본다. 그리고 RSV와 NEB를 참고하라. 하지만 최근에 수동태 해석을 옹호하는 사람이 있다. Keith N. Grueneberg, *Abraham, Blessing and the Nation: A Philological and Exegetical Study of Genesis 12:3 in Its Narrative Context*, Beihfte zur Zeitschrift fur die alttestamentlical Wissenchaft(New York: Walter de Gruyter, 2003).

할 때만 그 목표에 도달하는 것이다.[42]

또 다른 선교학적 고찰을 통해 이 점을 좀더 확실히 알 수 있다. 앞에서 말했듯이, 단순 수동태의 의미로 쓰인 것이라면 히브리어에는 그런 형태가 있다[삼하 7:29과 시 112:2에 나온 것과 같은 푸알, 혹은 사 19:24에 나온 것과 같은 칼(qal) 수동태 분사]. 하지만 니팔과 히트파엘 형태는 의도적으로 사용되었으며, 그것은 실제로 수동적 의미를 포함하긴 하지만, 재귀적이고 자신을 포함하는 뉘앙스 역시 지니고 있다. 왜 이것이 중요한가? 나는 다음과 같은 이유 때문에 그것이 중요하다고 생각한다. 아브라함(의 이름)에 의해 자신을 축복하는 행위, 혹은 자신이 복을 받았다고 여기는 행위는 그 축복의 근원을 안다는 것을 나타낸다. 아브라함을 축복의 모델로 알고 그가 복을 받았던 것처럼 복을 받고자 하는 것에는 분명 아브라함의 하나님을 알고 다른 신이 아닌 그 하나님으로부터 복을 구하는 것이 포함되어야 한다.

그런데 실제로, 어떤 사람은 반드시 축복의 근원을 알거나 인정하지 않고서도 '복을 받을'(수동적 의미에서) 수 있을 것이다. 매우 유감스럽게도, 많은 사람들(구약 이스라엘 사람들을 포함해서)은 살아 계신 창조주 하나님에게서 받은 축복들을 다른 신들에게서 받은 것이라고 생각한다. 단순히 하나님의 복된 창조 세계 안에서 살아감으로서 그런 일반적 축복을 경험하는 것(종종 '일반 은총'이라 불리는 것과 함께) 자체는 구속적인 것은 아니다. 그것은 '하나님을 아는 것'을 포함하지 않기 때문이다.[43] 하지만 사람은 아브라함의 축복의 원천, 즉 아브라함의 하나님을 인정하지 않고서는 의도적으로 그리고 구체적으로 **아브라함의 이름으로 복을** 빌 수 없다. 그래서 열방의 예견된 축복에는 고백적 차원이라고 할 수 있는 것이 있다. 그들은 아브라함의 하나님을 인정하고 아브라함 안에서 그를 통해 '스스로를 축복할' 때 복을 받을 것이다.

7장에서 우리는 **너로 말미암아**라는 수식어의 지극히 중요한 점을 더 살펴볼 것

---

42) Westermann, *Genesis 12-36*, p. 152.
43) 바울은 루스드라 시민들에게 그들이 날마다 누리는 복의 참된 원천을 지적해 주면서 그 점에 관해 그들의 잘못된 견해를 바로잡아 준다(행 14:15-18). 바울의 말은 긴급 상황에서 나온 발언이며 이내 갑자기 끝나 버리지만, 시간이 더 있고 덜 불안한 상황이었다면 그는 창조 이야기로부터 시작해서 예수님의 부활에서 절정에 이른 성경 이야기 나머지 부분으로 넘어갔을 것이다.

이다. 하지만 이 시점에서는 단지 하나님이 아브라함에게 하신 이 약속의 절정에서, 하나님의 의도는 단지 모든 족속이 아브라함과의 관계와 상관없이 어떤 독자적인 방식으로 축복을 받는(순전히 수동적인) 것이 아니라는 사실만 말하겠다. 다른 식으로 말하자면 그들이 하나님이 방금 아브라함을 위해 그리고 그를 통해 하시겠다고 선포하신 것과 관계없이 어떤 독자적인 방식으로 축복을 받는 것이 아니라는 것이다. 그렇다. '너로 말미암아'라는 이 중대한 말은 **자신을 포함시키는** 동사 형태와 함께, 열방이 아브라함의 복을 의도적으로 스스로 자신의 것으로 만듦으로서, 의식적으로 그 복에 참여하는 것이 하나님의 의도임을 보여 준다. 이것은 그저 아무렇게나 여기저기 뿌려진 축복이 아니다. 그것은 그들을 위한 하나님의 축복의 약속을 활성화하기 위한 의도적 행동이다. 열방은 실로 아브라함이 복을 받았던 것처럼 복을 받을 것이다. 하지만 그들이 복을 받는 것은, 축복의 유일한 원천인 아브라함의 하나님에게 의지하고 스스로 아브라함의 백성의 이야기와 동화될 것이기 때문이다. 그들은 아브라함의 하나님을 알게 될 것이다.

나는 이것을 하나의 선교학적 관점으로서 언급했다. 그것은 분명 우리가 4장에서 탐구한 주요 강조점, 즉 자신이 누구신지를 알리기 원하시는 성경의 하나님의 뜻과 연관되어 있기 때문이다. 피조물은 자신의 창조주를 알아야 한다. 열방은 그들의 심판자이며 구세주이신 분을 알아야 한다. 그리고 이분은 히브리서에서 말하듯이 "그들의 하나님[아브라함, 이삭, 야곱의 하나님]이라 일컬음 받으심을 부끄러워하지 아니하시는"(히 11:16) 하나님이시다. 그리고 아브라함의 이야기는 뒤로는 창조의 위대한 이야기를 되돌아보고, 또한 앞으로는 구속의 훨씬 더 위대한 이야기를 내다본다. 그리고 복이라는 단어는 그 두 전통을 연결하는 탯줄이다. 창조와 구속을 연결하는 것은 하나님의 축복이다. 구속은 피조물이 고유하게 가지고 있는 원래의 축복을 회복하는 것이기 때문이다.

그래서 아브라함에게 주시는 하나님의 축복은 그저 열방이 일반적 의미에서 복을 받을 때 성취되는 것이 아니라, 그들이 명확하게 성경 전체의 거대 서사를 알게 될 때 성취된다. 그 이야기에서 아브라함은 핵심 인물이다. 이것은 선교에 심오한 중요성을 지닌다. 세계 전역에서 소위 교회 성장이라고 하는 많은 것이 지독하게 피상적이고 취약한 이유 중 하나는 사람들이 그들이 능력이 있다고 생각하는 하나님에 대해 모종의 도구적 신앙을 갖고 있기 때문이다. 그들은 그 하나님이 예수님과 약간의 연관이 있다고 생각하지만, 그 예수님은 자신의 성경적 뿌리와는 분리된 예수님이다. 그들은 **아브라함에 의해 시작된 이야기 안에서 그리고 그 이야기로 인해** 하나님을 알게 됨으로서 이루어지는 더 깊은 세계관 차원에서의 변화를 경험하지 못했다. 하지만 바울은 그의 회심자들이 이 세계관 차원에서 취약한 상태로 있도록 내버려두지 않았다. 그는 **그리스도**에 대한 그들의 신앙이 **아브라함**의 신앙과 혈통 안에서 그들에게 전수되었다고 분명하게 가르쳤으며, 갈라디아서에서 그 점을 상기시킨다. 죽은 우상들을 버리고 믿게 된 살아 계신 하나님은 실로 아브라함을 통해 먼저 복음을 전하셨다. 따라서 갈라디아 교회 신자들은 자신들이 아브라함 안에서, 그의 씨 메시아 예수를 통해 복을 받았다고 여길 수 있었다.

그리고 물론 바울을 뒤이어, 그리스도인 신자로서 이 본문을 읽는 우리는 그것이 동일한 예수님 안에서 온전히 성취된다는 것을 안다. 그것이 다국적으로 이루어지는 것은 오직 그리스도를 통해서만 가능하다. 그래서 바울은 매우 다양한 열방의 대표인 지중해 주변 교회의 이방인 신자들에게 다음과 같이 말할 수 있었다. "너희가 다 믿음으로 말미암아 그리스도 예수 안에서 하나님의 아들이 되었으니…너희가 그리스도의 것이면 곧 아브라함의 자손이요 약속대로 유업을 이을 자니라"(갈 3:26, 29).

칼뱅은 이 기독론적 해석을 사용해서, 창세기 12:3에 나오는 주동사의 정확한 번역에 대한 해석학적 문제를 흥미로운 방식으로 해결했다. 그는 분명히 문법적으로 다양한 해석들에 대해 잘 알고 있었다. 결국 그는, 열방이 실제로 복을 받는 것은 그리스도 안에서 그리스도를 통해 이루어지므로, 그리고 그리스도는 아브라함의 '허리에' 있었으므로, 아브라함에게 주신 하나님의 약속을 '축복을 받다'라는 수동태로 볼 때 더 온전하게 이해할 수 있다고 주장한다. 칼뱅은 창세기 12:3의 마지막 문구에 대해 주석하면서 이렇게 쓴다.

> 어떤 사람이 이 본문을 제한된 의미로, 속담 투의 말로(자녀나 친구들을 축복할 사람들은 아브람의 이름을 따서 이름을 지을 것이다) 이해하기로 한다면 그렇게 하도록 놓아두라. 그 히브리어 문구는 아브람이 행복의 귀중한 본보기로 불릴 것이라고 해석할 수 있기 때문이다.
>
> 하지만 나는 그 의미를 더 확대할 것이다. 나는 하나님이 후에 이 부분에서 약속된 것과 똑같은 것을 더 분명하게 되풀이하신다고 생각하기 때문이다(창세기 22:18을 보

라). 그리고 바울 역시 내가 이렇게 생각할 수 있도록 지원해 준다[갈 3:17].…우리는 그 축복이 그리스도 안에서 아브람에게 약속된 것이라고 이해해야 한다. 그렇기 때문에 하나님은 (내 판단으로는) 그리스도가 아브람의 몸 속에 포함되어 있었기 때문에, 모든 민족이 그의 종 아브람 안에서 복을 받을 것이라고 선포하신다. 이렇게 해서, 하나님은 아브람이 복의 **본보기**가 될 뿐 아니라 복의 **원인**이 되리라는 것을 넌지시 알려 주신다.…[바울은] 하나님이 아브람과 맺으신 구원의 언약이 그리스도 안에 있지 않다면 안정되지도 확고하지도 않다고 결론을 내린다. 그렇기 때문에 나는 이 부분을 하나님이 그의 종 아브라함에게 후에 모든 사람에게 흘러넘칠 그 복을 약속하신다는 말로 해석한다.[44]

결어

그렇다면 우리는 이 부분을 시작할 때 제기했던 질문에 어떻게 대답해야 하는가? 그 질문은 '복'의 의미는 무엇인가 하는 것이었다. 창세기 12:1-3(실로 창세기 자체가 그렇듯이)이 복에 대한 관심으로 가득 차 있는 것은 분명하다. 하지만 풍성하고 깊은 울림이 있는 그 문구들은 무엇을 의미하며, 우리를 어디로 인도하는가?

우리는 축복이 처음에는 창조 세계 및 모든 좋은 선물들(풍성함, 번영, 비옥함, 장수, 평강, 안식)과 강력하게 연결되어 있음을 보았다. 그것들은 하나님이 세상에서 사람들이 누리기를 간절히 바라시는 것들이다. 하지만 동시에, 이러한 것들은 하나님 및 다른 사람들과의 건강한 관계 속에서 누려야 한다. 그러나 창세기 3-11장에 나오는 사건들 때문에 그런 관계들은 철저히 망가지고 말았다. 그렇다면 하나님의 구속적 간섭 없이 어떻게 그런 복을 누릴 수 있단 말인가?

이제까지 우리는 본문에 나오는 명령과 약속의 결합이 강력하게 선교적인 동력을 부여한다는 점을 살펴보았다. 또 미래를 향한 그것의 방향은 역사에 계획성을 부여한다는 점도 살펴보았다. 죄와 저주로 망가진 창조 세계에서 역사는 하나님이 아브라함에게 약속하신 것을 이루실 것에 대한 소망 가득한 이야기가 될 것이다(창 18:18). 하지만 이러한 약속이 하나님의 선교라면, 우리는 곧이어 그것이 또한 아브라함의 믿음과 순종을 요구한다는 것, 그리고 그 후 그의 백성들 역시

---

44) Calvin, *Genesis*, pp. 112-113.

이러한 언약의 윤리적 요구에 헌신해야 함을 살펴보았다. 그래서 아브라함의 언약은 하나님의 사명 선언일 뿐 아니라 또한 하나님 백성의 도덕적 의제다.

마지막으로, 우리는 아브라함의 약속이 전 세계적 의미(다섯 번 반복되는)를 가지고 있다는 것에 놀란다. 즉, 궁극적으로 모든 족속이 아브라함을 통해 복을 발견하리라는 것이다. 그리고 바울처럼 우리도, 하나님이 아브라함의 씨인 메시아, 곧 나사렛 예수를 통해 모든 백성이 그런 복을 받도록 만드셨다는 것이 바로 먼저 아브라함에게 전해진 성경적 복음의 핵심이라고 고백한다. 오직 그리스도 안에만, 그분의 죽음과 부활의 복음을 통해서만 모든 열방을 위한 축복의 소망이 있다.

7

하나님의 특정한 백성

모든 사람들을 위해 선택받음

6장에서 우리가 처음 아브라함을 선택하신 것에 대해 살펴본 내용은 주로 축복에 초점이 맞춰져 있다. 즉, 아브라함이 복을 받기 위해 그리고 복이 되기 위해 선택받았다는 것이다. 그렇다면 이제 아브라함 언약의 저 유명한 최종 결론에 암시된 의미를 보다 충분히 분석해 보도록 하겠다. 그것은 바울이 '먼저 전한 복음'이라고 하면서 영원성을 부여한 것으로 "땅의 모든 족속이 너로 말미암아 복을 얻을 것이라"는 것이다.

목표의 보편성(**모든 족속**)과 수단의 특정성(**너로 말미암아**) 간의 긴장은 구약 이스라엘 역사의 제일 첫 순간부터 나온다. 그것은 성경적 선교 신학에 기초가 되는 긴장이다. 그래서 우리는 이제 이러한 두 축을 더 탐구할 필요가 있다. 하지만 그동안은 어느 한 쪽만을 강조함으로서 만족스러운 결과를 얻지 못했다. 즉, 거기서 이스라엘과 그리스도를 통한 하나님의 구속적 사역의 특정성과 단절된 일종의 보편주의를 끌어내거나, 아니면 이스라엘이 다른 나라들에 대한 하나님의 더 광범위한 관심을 간과하는 맹목적인 배타주의를 나타낸다고 비난함으로서 그 긴장을 해결하려 시도한 것이다. 우리는 그런 왜곡을 바로잡기 위해 성경 본문을 넓고 깊게 살펴보아야 한다. 이 장에서 우리가 구약 전체를 훑어보는 이유가 바로 거기에 있다. 그 작업을 하면서, 우리는 처음부터 끝까지 하나님의 선교가 성경 전체를 얼마나 촘촘하게 누비고 있는지 밝혀 내고자 한다. 하나님의 선교는 논의의 여지없이 보편적인 범위와 특정한 역사적 방법을 모두 갖고 있다. 이 양 측면은 모두 성경의 거대 서사를 여는 데 대단히 중대하다.

보편성—아브라함에 대한 구약의 반향

일단 창세기에 나오는 이스라엘 조상들의 이야기를 지나, 출애굽기 이후로부터 나오는 그들 민족의 역사 이야기로 넘어가면, 해설자는 하나님이 이스라엘 민족 자체를 특별하게 다루시는 것에 독자의 주의를 집중시킨다. 특히 구약 이스라엘 역사에서 가장 중요했던 아브라함 약속의 요소들이 강조된다. 그것은 위협과 반대에도 불구하고 '큰 나라'로 성장하는 것, 야웨와 이스라엘 간의 축복의 언약 관계의 확립, 약속의 땅을 획득하는 것 등이다. 이 모든 것들(번영, 언약, 땅)을 통해 이스라엘의 신앙(특히 신명기에 표현된)은 아브라함을 되돌아보며, 그들의 조상들에게 하신 약속을 신실하게 지키신 하나님을 찬양했다.

하지만 '땅의 모든 족속'은 어떻게 된 것인가? 창세기에 아브라함과 그의 씨를 통해 모든 민족을 축복하시는 하나님의 선교에 대해 다섯 번이나 언급된 것을 제외하면, 약속의 이 마지막 조항에 대한 언급은 훨씬 덜 나온다. 그럼에도 불구하고, 그것은 완전히 다 잊혀진 것은 아니다. 그리고 이제 우리는 구약 나머지 부분에서, 이스라엘의 경계를 넘어 세계를 향한 하나님의 의도의 이러한 보편적 측면을 직간접적으로 언급하는 부분들을 개관해 볼 필요가 있다. 우리는 '모든 족속' 혹은 '온 땅' 등과 같은 문구들이 하나님의 구원의 목적과 연관해서 사용된 본문, 혹은 축복이라는 주제가 이스라엘보다 더 넓은 관점에서 나오는 곳을 찾아볼 것이다. 후에 14장에서는 구약에 나오는 '열방'이라는 주제를 더 넓고 훨씬 더 깊게 살펴볼 것이다. 여기에서 우리는 어떤 식으로든 야웨와 열방들을 언급하는 모든 본문들이 아니라, 직접적으로나 암시적으로나 아브라함의 약속을 반영하면서 보편성의 요소들을 분명히 말하는 본문들을 주목할 것이다. 구약을 통해 아브라함의 보편성이라는 궤적을 따라가 본 후, 그것이 예수 그리스도를 그것의 마지막 성취로 본 신약 사람들에게 어떤 영향을 미쳤는지 살펴볼 것이다.

오경. 출애굽기 9:13-16. "히브리 사람의 하나님 여호와의 말씀에, 내 백성을 보내라. 그들이 나를 섬길 것이니라. 내가 이번에는 모든 재앙을 너와 네 신하와 네 백성에게 내려 온 천하에 나와 같은 자가 없음을 네가 알게 하리라. 내가 손을 펴서 돌림병으로 너와 네 백성을 쳤더라면 네가 세상에서 끊어졌을 것이나, 내가 너를 세웠음은 나의 능력을 네게 보이고 내 이름이 온 천하에 전파되게 하려 하였음이니라."

바로에게 한 이 말은 재앙 이야기 안에서 나온다. 3장에서 보았듯이, 그 이야기의 주된 줄거리는 하나님이 어떤 분이신지를 바로가 알게 된다는 것이다. 그는 결국에 가서 온 땅 어디서나 마찬가지로 애굽에서도 야웨(그가 인정하기를 거부한)가 하나님이시라는 것을 알게 될 것이다. 하지만 여기에서는 바로 개인보다 훨씬 더 많은 사람들이 하나님을 알게 될 것이라고 상상하고 있다. 바로가 '온 천하에' 야웨와 같은 하나님이 없다는 것을 깨달아야 할 뿐 아니라, 또한 온 천하가 야웨의 능력과 이름에 대해 들어야 한다. 그들이 야웨의 축복을 경험함으로서 그 이름을 들을 것인지 심판을 경험함으로서 들을 것인지는, 그들이 바로의 예를 따를 것인지 아니면 그것으로부터 교훈을 얻어서 더 나은 길을 선택할 것인지에 따라 좌우될 것이다. 바로는 이처럼 아브라함 언약이 말하는 보호의 경계에 대한 전형적인 실례다. "너를 조롱하는 자를 내가 저주하리라"(창 12:3, 저자 사역).

이 본문의 선교학적 의의는 테렌스 프레다임(Terence Fretheim)이 통찰력 있게 설명했다.

> 여기에 하나님의 궁극적인 창조 목적이 나타난다. '아는 것'에 대한 이 세 개의 본문(8:22; 9:14, 30)에서는 하나님과 이 세상의 관계가 강조된다. 야웨는 다른 지방 신을 앞지르려 애쓰는 지방 신이 아니다. 하나님에게 중요한 문제는 **최종적으로** 온 천하에 하나님의 이름이 선포되는 것(sapar)이다. 이 동사는 다른 곳에서 하나님의 복된 소식을 선포한다는 의미로 사용된다(예를 들어, 시 78:3-4; 사 43:21). 이것은 이방인들과 야웨의 관계를 형식적 겉치레로 이해하는 것이 아니다. 하나님이 온 천하의 하나님이라고 말하는 것은 그 모든 백성들이 하나님의 백성이라는 것이며, 따라서 그들이 이 하나님의 이름을 알아야 한다는 것이다. 그래서 이 사건들에서 하나님의 목적은 이스라엘의 구속에만 초점을 맞추고 있지 않았다. **하나님의 목적은 온 세상을 아우른다.** 하나님은 하나님의 복된 소식이 모든 사람에게 선포되도록 공개적인 방식으로 행동하고 계신다(로마서 9:17을 보라).[1]

---

1) Terence E Fretheim, *Exodus*, Interpretation(Louisville: John Knox Press, 19991), p. 125. 「출애굽기」 (한국장로교출판사).

출애굽기 19:5-6. "세계가 다 내게 속하였나니 너희가 내 말을 잘 듣고 내 언약을 지키면 너희는 모든 민족 중에서 내 소유가 되겠고 너희가 내게 대하여 제사장 나라가 되며 거룩한 백성이 되리라."[2]

이 구절은 이 책을 읽어 나가면서 여러 번 다시 살펴보게 될 핵심적인 선교학적 본문이다. 창세기 12:1-3이 창세기의 주축이듯이, 이 본문은 출애굽기의 주축이 된다. 그것은 하나님의 은혜로운 구속(출애굽)의 주도권을 묘사하는 1-18장과, 언약 수립, 율법 수여, 성막 건축 등을 묘사하는 20-40장 사이의 연결점이다. 창세기 12:1-3처럼 그것은 또한 명령(이스라엘이 어떻게 행동해야 하는가)과 약속(이스라엘이 나머지 열방 가운데서 무엇이 될 것인가)을 포함한다.

우리가 이 본문에서 살펴보고자 하는 바는 '모든 민족'과 '세계가 다'라는 두 문구에 명백하게 나와 있다. 그 행동은 시내 산에서 야웨와 이스라엘만의 관계에서 일어나고 있지만, 하나님은 자신이 구속하신 이 특정한 민족을 통해 땅의 나머지 민족들을 축복하시는 더 큰 사명을 잊지 않으셨다. 게다가 출애굽 자체가 명백히 하나님이 아브라함에게 주신 약속을 신실하게 지키신 결과이므로(출 2:24; 6:6-8), 창세기에 나온 이 위대한 주제가 여기에 강력하게 반영되어 있다고 봐야 한다. 온 천하를 위한 하나님의 궁극적 목적의 보편성은 결코 잊혀지지 않는다. 실로 이 구절은 모세오경 나머지 부분을 제대로 보게 해준다. 창세기 12:1-3이 창세기 나머지 부분을 제대로 보게 해준 것과 마찬가지다.

이 본문은 시내 산 경험 전체(율법 수여, 언약 수립, 성막 건축을 포함해서, 그리고 심지어 신명기에서 모압 들판에서 다음 세대와 언약을 갱신한 것까지 포함해서)의 서론이 된다.

출애굽기 19:3-6에는 야웨의 서론적 말씀과 함께 이 위대한 언약 사건이 이스라엘의 미래에 대해 갖는 의의와 특권, 의무들이 담겨 있다. 한마디로, 우리는 야웨가 친히 말씀하신, 언약의 목적에 대한 요약을 보게 된다. 이것이 이스라엘의

---

2) 나는 NIV 본문 두 번째 문장 시작 부분을 약간 바꾸었다. 이것이 여기에 나오는 히브리어 접속사 *kî*에 대한 훨씬 더 자연스러운 번역이다(NIV에서 두 번째 문장인 '세계가 다 내게 속하였나니'에 해당되는 부분은 Although the whole earth is mine으로 번역되어 있지만, 이 책의 저자는 For (or indeed) the whole earth is mine으로 번역한다—역주). 요점은 세계가 다 하나님께 속했다는 사실 '에도 불구하고'가 아니라 그 사실 '때문에' 이스라엘은 제사장적이고 거룩한 기능을 수행할 것이며, 하나님을 열방에게 전달하는 적극적인 역할을 시행하도록 부름받는다는 것이다.

미래의 정해진 목적이다.[3]

그리고 그 '정해진 목적'은 명백히 보편적인 전망을 갖고 있다. 다시 한 번 프레다임은 그 선교학적 의의를 주목한다. "그 문구는 전 세계에 대한 하나님의 목적들을 포괄하는 선교와 관련되어 있다. **이스라엘은 하나님의 것인 세계를 위해 하나님의 백성이 되도록 위임받는다**."[4]

민수기 23:8-10

하나님이 저주하지 않으신 자를
내가 어찌 저주하며
여호와께서 꾸짖지 않으신 자를
내가 어찌 꾸짖으랴.
내가 바위 위에서 그들을 보며
작은 산에서 그들을 바라보니
이 백성은 홀로 살 것이라.
그를 여러 민족 중의 하나로 여기지 않으리로다.
야곱의 티끌을 누가 능히 세며
이스라엘 사분의 일을 누가 능히 셀꼬.
나는 의인의 죽음을 죽기 원하며
나의 종말이 그와 같기를 바라노라.

발람이 전한 이 신탁의 말은 아브라함 언약의 보편성을 확실히 표현하지는 않지만, 분명 그 본문을 반영한다. 발람이 이스라엘을 저주하기를 거부한 것은 하나님이 막으신 것이었을 수도 있다. 하지만 거기에는 자기 보호의 요소도 있었다.

---

3) Jo Bailey Wells, *God's Holy People: A Theme in Biblical Theology*, JSOT Supplement Series 305(Sheffield, U.K.: Sheffield Academic Press, 2000), p. 35.
4) Fretheim, *Exodus*, p. 212. 마찬가지로, John Durham은 여기에서 이스라엘에게 주어진 역할이 지닌 전 세계적 함축들을 인식한다. "'제사장 나라'로서 이스라엘은 여호와의 임재의 사역을 전 세계에 확장시키는 일을 위임받는다." John I. Durham, *Exodus*, Word Biblical Commentary 3(Waco, Tex.: Word, 1987), p. 263.

열방 중에서 이스라엘이 담당히는 독특한 역할 역시 언급된다. 그들이 '티끌'처럼 수적으로 성장하리라는 기대 역시 언급된다. 이것은 하나님이 아브라함에게 주신 약속의 일부를 분명히 반영하는 것이다(창 13:16). 그리고 마지막으로, 발람은 이스라엘처럼 되고자 함으로서 아마도 창세기 12:3의 마지막 줄을 반영하고 있을 것이다. "이러한 바람에서 그는 창세기 12:3에 나오는 축복, 즉 아브라함과 그의 자손을 통해 땅의 모든 족속이 스스로 축복하기를 간구하고 있을 것이다."[5]

야웨는 아브라함의 가족이 땅의 모래알처럼 많을 것이라고 약속하셨다(창 13:16; 28:14). 그리고 발람은 이 일이 이루어졌음을 증명한다(민 23:10). 야웨는 사람들이 아브라함의 복과 같은 복을 달라고 기도할 것이라고 약속하셨다(창 12:3). 그리고 발람은 그렇게 한다(민 23:10).[6]

발람의 그 다음 신탁은 이스라엘에 주신 하나님의 축복, 어떤 인간 마술사도 뒤집을 수 없는 축복을 훨씬 더 단호하게 주장한다(민 23:18-24). 그리고 그의 세 번째 신탁은 사실상 원래 하나님이 아브라함에게 하신 말을 인용한다(민 24:9).

발락은 세 장에 걸쳐(민 22-24장) 발람을 고용해서 하나님이 이스라엘을 저주하도록 시도했으나 실패했다. 하지만 비극적이게도 한 장 사이에(민 25장) 이스라엘은 스스로 자제하지 못하고 음행과 우상숭배의 유혹에 굴복함으로서 그런 저주를 초래하고 만다. 민수기 31:16은 발람이 성령의 영감을 받은 신탁을 했음에도 불구하고, 이 일에 관여했음을 시사한다. 그래서 자신이 이스라엘처럼 의롭고 복된 자들 가운데 죽기를 바라던 발람의 소망은 그의 행동으로 인해 파멸되고 말았다(민 31:8).

신명기 28:9-10. "여호와께서 네게 맹세하신 대로 너를 세워 자기의 성민이 되게 하시리니 이는 네가 네 하나님 여호와의 명령을 지켜 그 길로 행할 것임이니

---

5) Timothy Ashley, *The Book of Numbers*, New International Commentary on the Old Testament(Grand Rapids: Eerdmans, 1993), p. 472. 그리고 대부분의 주석가들도 비슷하게 말한다.
6) John Goldingay, *Old Testament Theology*, vol.1, *Israel's Gospel*(Downers Grove, Ill.: InterVarsity Press, 2003), p. 471. Goldingay는 바로 앞에 나오는 구속 이야기 후에, 축복이라는 창조적 주제로 돌아가는 방식에서 그 이야기의 보편적 차원을 더 가리킨다. "그 주제가 다시 나타나는 것은 또한 그 이야기가 해방에 대한 이야기에서 축복에 대한 이야기로 다시 전환될 필요가 있다는 점을 부각시킨다. 이스라엘의 역사(세계의 역사)는 궁극적으로 해방에 대한 것이 아니라 축복에 대한 것이다"(같은 책).

라. 땅의 모든 백성이 여호와의 이름이 너를 위하여 불리는 것을 보고 너를 두려워하리라."

신명기에는 나머지 나라들은 많이 나오지 않는다. 그러나 실제로 나올 때는 선교학적으로 상당히 흥미롭다. 예를 들어, 초기에 율법을 순종해야 하는 동기 중 하나는 그렇게 하면 이스라엘이, 하나님이 그들과 가까이 하시며 지혜롭고 공의로운 사회 구조를 갖고 있다는 점에서 열방에 명백한 본보기가 되리라는 것이다(신 4:6-8). 이 본문은 언약을 인가하면서 축복과 저주에 대해 말하는 위대한 장 안에 나온다. 신명기 28:1-14에 열거된 축복은 신명기 다른 곳과 마찬가지로, 창세기에서 이미 분명하게 나온 축복 유형을 따른다. 하지만 본문은 축복에 대한 그러한 일반적 표시들과 함께, 더 광범위한 결과를 가리킨다. 이스라엘에게 임한 야웨의 축복이 보편적으로 인식될 것이며, 그럼으로써 야웨 자신의 이름이 보편적으로 인식되리라는 것이다. 이러한 일은 이스라엘이 하나님의 '거룩한 백성'으로 살아감으로서 언약에 순종한다는 가정 아래에서만 일어날 수 있다(이것은 출 19:5-6을 반영한다). "그러한 생각은 야웨의 축복과 하나님의 명령을 지키는 것 때문에 이스라엘이 열방에 증인이 된다는 신명기 주제와 일맥상통한다"(참고 4:6-8; 26:19).[7]

역사서. 신명기의 역사는 신명기의 일반적인 정서를 따라, 주로 이스라엘 자체의 이야기 및 하나님이 언약의 약속과 위협이라는 측면에서 이스라엘을 다루시는 것에 관심을 가진다. 하지만 하나님의 목적 안에서 이스라엘이 세상을 위해 지닌 더 광범위한 의미 역시 이따금 빛난다. 그것은 종종 편집자의 설명이나 이야기의 중대한 순간에 핵심 인물이 하는 말을 통해 드러난다.[8] 대부분의 관련 본문은 온 세계가 **복을 받았다고** 명백하게 언급하기보다는 그들이 **야웨를 알게 되었다고** 말한다. 그것은 이스라엘 자신이 행동하시는 야웨에 대해 위대한 역사적 경험들을 하게 된 방식과 유사하다. "여호와는 하나님이시요, 그 외에는 다른 신이 없음

---

7) J. G. McConville, *Deuteronomy*, Apollos Old Testament Commentary(Leicester, U.K.: Apollos; Downers Grove, Ill.: InterVarsity Press, 2002), pp. 404-405.
8) Jonathan Rowe는 신명기 역사에 나타난 보편성이라는 말과 그것이 우상숭배에 대한 정죄와 흔히 연관되는 것에 대해 매우 흥미로운 연구를 했으며, 관련 자료들에 대한 선교학적 관점을 제시한다. Jonathan Rowe, "Holy to the Lord: Universality in the Deuteronomic History and Its Relationship to the Authors' Theology of History"(석사 논문, All Nations Christian College, 1997).

을 네게 알게 하려 하심이니라"(신 4:35). 지상의 모든 나라들이 결국에는 이스라엘이 아는 것을 알게 될 것이다. 하지만 아브라함을 통해 복을 받는다는 혹은 스스로를 축복한다는 아브라함의 약속은 아브라함의 하나님을 아는 것을 전제로 하므로, 그리고 야웨를 하나님으로 아는 것은 의심할 바 없이 이스라엘이 누리는 가장 큰 축복 중 하나이므로, 이 '아는 것'에 대한 본문들과 아브라함의 '축복' 약속 간에는 신학적 관련성이 있다. 다른 곳에서처럼 그렇게 명백하지는 않아도 말이다.

여호수아 4:23-24. "너희의 하나님 여호와께서 요단 물을 너희 앞에서 마르게 하사 너희를 건너게 하신 것이 너희의 하나님 여호와께서 우리 앞에 홍해를 말리시고 우리를 건너게 하심과 같았으니 이는 땅의 모든 백성에게 여호와의 손이 강하신 것을 알게 하며 너희가 너희의 하나님 여호와를 항상 경외하게 하려 하심이라."

여호수아는 여기에서 요단 강을 건너는 것을 출애굽 때 홍해를 건너는 것과 똑같은 본보기로 삼는다. 그것은 이스라엘의 구원사가 성큼 한 걸음 더 나아가는 업적을 이루는 것이었을 뿐 아니라, 또한 바로 그런 이유로 해서 열방들 역시 야웨의 권능에 대해 알게 될 교육 자료가 될 것이었다.

사무엘상 17:46. "오늘 여호와께서 너를 내 손에 넘기시리니…온 땅으로 이스라엘에 하나님이 계신 줄 알게 하겠고"

이 본문에서 다윗은 자신이 골리앗을 급박하게 물리친 것 역시 같은 맥락에서 이해할 수 있다고 본다. 젊은이 특유의 과장법인가? 어쩌면 그럴 수도 있다. 하지만 해설자는 분명 그것을 과장되지 않은 있는 그대로의 신학적 진술로 말하고 있다.

> 다윗이 승리하고자 한 것은 단지 이스라엘을 구원하거나 블레셋을 물리치기 위한 것이 아니었다. 그 목적은 세상 사람들의 눈앞에서 야웨에게 영광을 돌리는 것이다.…이것은 세련되고 명백한 신학적 내용을 지닌, 다윗의 비범한 연설이다. 다윗은 야웨의 통치를 증거하는 사람이다. 그렇게 하면서 그는 이스라엘이 열방을 모방하는 것에서 떠나도록, 그리고 열방들이 어리석게 야웨에게 반항하는 것에서 떠나도록 명한다. 상당히 일반적인 의미에서 이것은 이스라엘과 열방들이 야웨를 새롭게 믿도록 권하는 '선교적 연설' 이다.[9]

후대의 한 선지자가 종말론적 환상에서 골리앗의 백성인 블레셋 사람들 가운데 '남은 자'가 하나님의 미래의 백성에게 완전히 흡수되어, 심지어 다윗이 설립한 성과 국가의 지도자가 될 것이라고 상상하는 것은 주목할 만하다(슥 9:7).

사무엘하 7:25-26, 29. "여호와 하나님이여, 이제 주의 종과 종의 집에 대하여 말씀하신 것을 영원히 세우셨사오며 말씀하신 대로 행하사 사람이 영원히 주의 이름을 크게 높여 이르기를 만군의 여호와는 이스라엘의 하나님이라 하게 하옵시며…이제 청하건대 종의 집에 복을 주사 주 앞에 영원히 있게 하옵소서. 주 여호와께서 말씀하셨사오니 주의 종의 집이 영원히 복을 받게 하옵소서 하니라."

다윗의 '집'을 세우는 것에 관해 하나님이 다윗에게 약속하신 것에 대해, 다윗은 아브라함의 말에 의지하여 반응하는 듯하다. 성경 이야기에서 다윗과 아브라함 간에는 다른 유사점들이 있다[예를 들어, 아브라함에게 약속한 땅을 확실히 소유하는 것, 큰 이름에 대한 약속(삼하 7:9), 아들에 대한 약속]. 여기에서 다윗은 하나님의 이름이 널리 공경을 받으시라고 기도하면서, 큰 이름을 주리라는 하나님의 약속을 다시 하나님에게 돌려 드리며, 복이라는 말을 이중으로 사용한다.

열왕기상 8:41-43, 60-61. "또 주의 백성 이스라엘에 속하지 아니한 자 곧 주의 이름을 위하여 먼 지방에서 온 이방인이라도 그들이 주의 크신 이름과 주의 능한 손과 주의 펴신 팔의 소문을 듣고 와서 이 성전을 향하여 기도하거든 주는 계신 곳 하늘에서 들으시고 이방인이 주께 부르짖는 대로 이루사 땅의 만민이 주의 이름을 알고 주의 백성 이스라엘처럼 경외하게 하시오며…이에 세상 만민에게 여호와께서만 하나님이시고 그 외에는 없는 줄을 알게 하시기를 원하노라. 그런즉 너희의 마음을 우리 하나님 여호와께 온전히 바쳐 완전하게 하여 오늘과 같이 그의 법도를 행하여 그의 계명을 지킬지어다."

이것은 역사서에서 전 인류에 대한 환상이 나오는 모든 본문 중 가장 놀라운 것이다. "어쩌면 구약에서 가장 놀라운 보편적 본문일 것이다."[10] 게다가 그것이 이스라엘의 신앙의 가장 특별한 초점으로 간주할 수 있는 성전에서 일어난 일이기 때문에 더욱 주목할 만하다. 여기에서, 성전을 봉헌하며 드리는 솔로몬의 기도

---

9) Walter Brueggemann, *First and Second Samuel*, Interpretation(Louisville : John Knox Press, 1990), p. 132. 「사무엘상·하」(한국장로교출판사).
10) Simon J. DeVries, *1 Kings*, Word Biblical Commentary 12(Waco, Tex. : Word, 1985), p. 126. 「열왕기상」(솔로몬).

는 외국인들의 축복과 야웨의 명성이 퍼져 나가는 모습을 상상하고 있다.

솔로몬이 간절히 기도하면서 하고 있는 **가정**은 매우 뜻 깊다. 그는 사람들이 야웨의 평판을 들을 것이라고 **가정한다**. 멀리서 사람들이 이끌려 와서 스스로 이스라엘의 하나님을 예배할 것이라고 **가정한다**. 이스라엘의 하나님이 외국인들의 기도를 들으실 수 있고 들으실 것이라고 **가정한다**. 이 모든 가정들은 구약 이스라엘의 신앙과 역사가 지닌 선교학적 의의를 요약할 때 중요한 신학적 토대를 이룬다. 그리고 이처럼 본문을 선교학적으로 읽을 때 그 가정의 신학적 의의가 강조된다.

그가 요청한 **내용**도 가정한 것 못지않게 놀랍다. 이스라엘 예배자들은 그들의 하나님이 놀라운 방식으로 그들의 기도를 응답하시는 것에 기뻐했고(혹은 하나님이 그렇게 하지 않으시는 것처럼 보일 때 격렬히 항의했고), 심지어 그것을 열방 중에서 자신들만이 독특하다는 표시로 인식하기까지 했지만(신 4:7), 하나님은 **그들이 무엇을 구하는 기도를 하든** 이스라엘을 위해 응답하시겠다고 약속하신 적은 결코 없었다(그래서 예수님이 이런 취지로 제자들에게 약속하셨을 때 그 말씀이 새롭게 들린 것이다). 하지만 여기에서 솔로몬은 바로 "주의 백성 이스라엘에 속하지 아니한 이방인"을 위해 그렇게 하시도록 구한다. 그리고 솔로몬이 하나님으로 하여금 그렇게 하시도록 설득하기 위해 제시하는 이유 역시 인상적이다. 야웨를 알고 경외하는 것이 **세상 만민에게** 퍼져 나가도록 하기 위해서라는 것이다. 아브라함이 언급되지는 않았지만, 우리는 그가 고개를 끄덕이며 동의하는 모습을 상상해 볼 수 있다.

두 번째 본문(왕상 8:60-61)에서 솔로몬은 하나님이 아니라 백성들에게 말하고 있다. 그러나 그의 관심사는 같다. 하지만 이번에 우리는 선교와 윤리 간의 강력한 연관성을 주목하게 된다. 그것은 모든 사람들에게 알려지기 원하시는 하나님의 선교와, 아브라함이 했던 것처럼 이스라엘 역시 하나님께 순종하면서 살아야 하는 윤리적 조건 간의 연관성이다. 여기에 나오는 역동적 연관성은 창세기 18:18-19; 22:16-18; 26:4-5에 나온 것과 같다.

열왕기하 19:19. "우리 하나님 여호와여 원하건대 이제 우리를 그의 손에서 구원하옵소서. 그리하시면 천하 만국이 주 여호와가 홀로 하나님이신 줄 알리이다 하니라."

이것은 히스기야의 기도로, 하나님에게 이스라엘을 앗수르인들의 손에서 구해 주시면 온 세상이 야웨만이 홀로 하나님이심을 알게 되리라는 것을 상기시킴으로서, 이스라엘을 구해 달라고 간청하는 것이다. 그것은 골리앗과 마주한 젊은 다윗이 가졌던 확신과 기본적으로 똑같은 것으로, 오직 규모가 더 클 뿐이다.

시편. 이스라엘의 예배에서 우리는 그들의 신앙과 신학, 그들의 소망, 두려움, 미래에 대한 비전 등이 대단히 풍성하게 표현된 것을 보게 된다. 이러저러한 방식으로 열방들을 언급하는 시편들이 많이 있는데, 우리는 그 중 몇 편을 14장에서 좀더 체계적으로 살펴볼 것이다. 여기에서는 이스라엘의 보편적 기대를 표현하는 문구들, 의도적으로건 무의식적으로건 하나님이 아브라함에게 하신 말을 반영하는 문구를 포함하는 시편들만 살펴보겠다.

시편 22:27-28

> 땅의 모든 끝이
> 여호와를 기억하고 돌아오며
> 모든 나라의 모든 족속이
> 주의 앞에 예배하리니
> 나라는 여호와의 것이요
> 여호와는 모든 나라의 주재이심이로다.

이러한 보편적 단언은 전반부가 예배자의 매우 극심한 고난을 표현하고 있는 한 시편에서 두드러지게 나타난다. 하지만 그런 고난 가운데서 그는 기대하던 해방을 얻은 것으로 인해 하나님에게 감사하게 된다(22-24절). 그 다음에, 시편에서 종종 그렇듯 예배자의 개인적 관심사가 갑자기 훨씬 더 넓은 범위로 확대된다. 그는 깊은 개인적 고난으로부터, 양극단[가난한 자(26절)와 부유한 자(29절), 이미 죽은 사람들(29절)과 아직 태어나지 않은 사람들]을 포함하는 폭넓은 신앙으로 이동한다(30-31절). 하나님의 구원 사역은 이처럼 사회의 모든 계층과 역사의 모든 세대를 아우를 것이다. 이 한가운데인 27절에서 아브라함의 보편성을 반영하는 말이 나온다. 거기에는 창세기 본문에 나오는 두 용어가 모두 사용된다. 그것은 "모든 나라($gôyim$)의 모든 족속($mišp^eḥōt$)"이라는 말이다.

예수님이 이 시편의 첫 줄과 마지막 줄을 말씀하시면서 돌아가셨다는 것을 기억할 때("내 하나님이여, 내 하나님이여, 어찌 나를 버리셨나이까"로부터 "다 이루었다" = "주께서 이를 행하셨다"까지) 우리는 시편 전반부와 후반부의 기독론적 연관을 볼 수 있다. 그렇게 연관시키지 않으면 그 두 부분은 귀에 거슬릴 정도로 어조가 다르다. 그래서 많은 주석가들은 그 시편이 통일성을 지니고 있음을 믿지 못하고 비평적 수술을 감행했다. 하지만 예수님은 시편 전반부에서 자신의 실제 고통을 너무나 생생하게 묘사하는 말과 비유를 발견하셨으며, 후반부에서는 자신의 죽음이 헛되지 않으리라는 확신을 발견하셨다. 신약 나머지에서 분명하게 밝히는 것처럼, 바로 예수님의 죽음과 부활을 통해 하나님은 모든 민족이 보편적으로 예배드릴 수 있는 길을 여실 것이기 때문이다. 이러한 이유로 해서, 그 시편을 기독론적으로 해석하는 것은 뒤로는 그것이 구현하는 아브라함의 약속에, 그리고 앞으로는 그것이 내다보는 선교적 보편성에 그 시편을 연결시키는 것이다.

시편 47:9

뭇 나라의 고관들이 모임이여
아브라함의 하나님의 백성이 되도다.
세상의 모든 방패는 하나님의 것임이여
그는 높임을 받으시리로다.

이 시편은 "만민들"(*kōl hā' ammîm*)에게 손바닥을 치며 야웨를 찬양하라고 권하면서, 보편적인 어조로 시작한다(시 47:2). 이 시편은 원래 군사적 승리를 거둔 후 경축하는 행사 때 낭독되었을 것이다. 그때 정복당한 나라의 대표들은 승리의 하나님이신 야웨를 함께 예배하라는 요구를 받는다. 따라서 9절을 역사적으로 실제 일어난 일로 볼 수도 있다. 즉, 언제인지는 모르지만, 정복당한 나라의 지도자들이 승리를 거둔 이스라엘 사람들과 함께 이스라엘의 하나님에게 충성을 바치기 위해 모였다는 것이다.[11] 하지만 이러한 내용이 시편에 포함되었다는 것은 제한된 가설 이상의 의미가 있음을 나타내며, 그것에 종말론적 관점을 부여한다고 봐야 한다.

---

11) 이 점은 Peter C. Craigie, *Psalms 1-50*, Word Biblical Commentary 19(Waco, Tex.: Word, 1983), pp. 348-350에서 제안된 견해다. 「시편 상」(솔로몬).

맛소라 본문을 있는 그대로 받아들일 수 있다면, 9절의 둘째 줄은 놀랍다. 그것은 단순히 "열방의 지도자들이 모임이여, 아브라함의 하나님의 백성"이라고 되어 있다. 이는 열방의 지도자들을 이스라엘과 동일시함을 암시한다. 야웨는 온 땅의 왕이시기 때문에, 그래서 땅의 모든 왕들은 궁극적으로 야웨께 속해 있으므로, 시편 기자는 크게 비약해서 열방들이 실제로 하나님의 백성과 하나가 되는 것을 상상할 수 있다. 그래서 그들은 그 하나님을 예배하기 위한 그 백성으로서 함께 모인다. 본문을 비판적으로 수정한 사본은 '백성'이라는 말 앞에 '함께'라는 말을 집어넣는다.[12] 그럼으로써 그 효과를 약간 약화시키고 구분을 유지하는 것이다. "열방의 지도자들이 아브라함의 하나님의 백성과 **함께** 모임이여." 하지만 그것이 올바른 해석이라 해도, 여전히 그것은 궁극적으로 온 땅에 미치는 하나님의 통치가 만민들이 환호하는 찬양의 원인이 될 것이라는 이스라엘의 신앙을 기술하는 주목할 만한 말이다. "이스라엘은 자신의 독특한 지위를 기뻐하는 것이 아니라, 오히려 자신의 하나님이 온 땅의 왕이 되셨으며 열방의 대표가 이스라엘의 하나님의 백성으로서 함께 모인다는 것을 기뻐한다. 세상은 이스라엘의 하나님의 하나 됨 안에서 하나가 된다."[13]

시편 67:1-2

하나님은 우리에게 은혜를 베푸사 복을 주시고
그의 얼굴 빛을 우리에게 비추사
(셀라)
주의 도를 땅 위에
주의 구원을 모든 나라에게 알리소서.

어떤 이스라엘 예배자는 분명 제사장들이 말하는 아론의 축복을 여러 번 듣고 (민 6:22-27) 그것을 기도로 바꾸었다. 처음 두 줄은 명백히 민수기 6:25을 상기

---

12) 즉 'am 앞에 'im을 집어넣고, 그것이 비슷한 글자를 빠뜨리고 쓴 것이라고 추정한다. 칠십인역은 그 문구를 "아브라함의 하나님과 함께"라고 번역함으로써, 어쨌든 'im이 있는 것처럼 해석한다.
13) James Muilenburg, "Abraham and the Nations: Blessing and World History", *Interpretation* 19(1965): 393.

시킨다. 하지만 그는 그것을 자신과 이스라엘을 위한 기도로만 삼지 않았다. 그는 그 축복의 방향을 바꿔, 그것이 열방을 향하게 한다. 지금까지 이스라엘만이 누렸던 하나님을 아는 지식과 하나님의 구원이라는 축복이 '모든 나라'와 '모든 족속'에게 부어져서, 그들 역시 기쁨으로 하나님을 찬양하게 해 달라고 기도하는 것이다. 이 시편에는 몇 가지 핵심적인 것들이 결합되어 있다.

- 다른 사람들이 복을 받도록 복을 경험함
- 하나님의 정의로운 통치와, 열방이 하나님의 인도에 즉시 순종함
- 영적 축복과 땅의 물질적 수확
- 특정한 것(하나님이 우리를 축복하실 것이다)과 보편적인 것(땅의 모든 끝이 하나님을 경외할 것이다)

이 모든 사항들은 시편 기자의 신학이 강력하게 아브라함적인 함축을 지니고 있음을 가리킨다.[14]

시편 72:17

그의 이름이 영구함이여
그의 이름이 해와 같이 장구하리로다.
사람들이 그로 말미암아 복을 받으리니
모든 민족이 다 그를 복되다 하리로다.

여기에는 아브라함의 언약이 명백히 암시되어 있다. 나는 사무엘하 7장과 관련해서, 아브라함과 다윗이 주제 상 연관이 있다는 것을 언급했다. 여기에서 그 연관들은 이 기도의 대상인 다윗 계열의 왕에게까지 확대된다. 그 기도는 풍성함과 비옥함이라는 **창조적** 축복을 정의와 의라는 **언약적** 축복과 결합시킨다(우리는

---

14) "이 시편은 두 가지 주요 주제를 포함하고 있는 듯하다. 그것은 온 땅의 백성들에게 축복과 야웨를 아는 지식을 전파하는 것이다." Marvin E. Tate, *Psalms 51-100*, Word Biblical Commentary 20(Dallas: Word, 1990), p. 158. 하지만 Tate는 이 아름다운 가락의 듀엣에서 아브라함적 베이스 멜로디를 관찰하지 못한다.

아브라함의 전통 안에 그 두 가지가 다 포함됨을 살펴보았다). 그 결과 그 왕은 전 세계 사람들의 복종의 대상일 뿐 아니라 ["모든 왕이 그의 앞에 부복하며 모든 민족이 다 그를 섬기리로다"(시 72:11)] 또한 축복 기도의 대상이기도 하다["사람들이 그를 위하여 항상 기도하고 종일 찬송하리로다"(시 72:15)]. "그의 이름이 영구함이여"라는 기도는 아브라함의 이름에 관한 하나님의 약속을 반영한다. 그리고 17절에 나오는 보편적이고 상호적인 축복에 대한 단언("복을 받으리니"와 "그를 복되다 하리로다")은 똑같이 분명하게 아브라함적이다. 이 시편의 마지막 구절은 "온 땅에 그의 영광이 충만할지어다"(시 72:19)라는, 창조 세계 내에서 하나님의 선교가 지닌 궁극적 보편성을 경축한다.

이 시편을 사무엘하 7장과 나란히 놓으면, 다윗 및 그의 집과 맺으신 하나님의 언약의 목적이, 보다 광범위한 틀인 아브라함과 맺으신 하나님의 언약의 목적에 잘 들어맞는다는 것을 알 수 있다. 하나님의 선교는 땅의 모든 민족이 아브라함과 그의 씨 이스라엘을 통해 자신을 복되다고 여기는 것이다. 역사적 차원에서, 이스라엘 내의 군주제는 이스라엘의 더 광범위한 선교 자체 안에 들어맞아야 한다. 모세 율법이 그랬던 것과 마찬가지다(그것에 대해서는 11장에서 살펴볼 것이다). 하지만 보다 종말론적인 의미에서, 하나님이 창조 안에서 인류에게 의도하시는 모든 것을 완전히 회복시키는 것은 하나님 자신의 통치가 될 것이다. 그리고 그 통치에 대해, 시온에 있는 다윗 계열의 왕은 모범이자 메시아적 원형이 된다. 민족들이 보편적으로 축복을 받는 것(아브라함에게 약속된 대로)은 하나님과 그분의 기름부음을 받은 자의 보편적 통치를 통해 이루어질 것이다[다윗에게 약속된 대로(시 2편)]. 신약에서는 그 기름부음을 받은 분을 나사렛 예수라고 말한다.

그렇다면, 신약 첫머리에서 "아브라함의 자손, 다윗의 자손, 메시아 예수의 계보"(마 1:1, 저자 사역)에 대한 이야기를 시작하면서 언급하는 말은 훨씬 더 풍성한 의미를 지닌다. 여기에서 가능한 모든 방식으로, **보편적** 의미를 지닌 한 사람과 한 이야기, 아브라함의 약속과 다윗의 약속을 모두 물려받고 구현하는 분의 이야기를 소개하고 있다. 또한 그분은 마태복음 끝에 가서 선교 과업을 아브라함의 영적 후사, 곧 메시아의 제자들에게 위임하는 분이시다.

시편 86:9

주여, 주께서 지으신 모든 민족이
와서 주의 앞에 경배하며
주의 이름에 영광을 돌리리이다.

여기에서 말하고 있는 요점은 앞에서 말한 요점들과 비슷하지만, 그것이 나오는 문맥은 앞의 본문과는 상당히 대조된다. 시편 72편은 다윗의 군주 정치를 중심으로 한 의도적이고 광대한 갈채를 신학화한 것이고, 시편 86편은 (시 22편과 같이) 반대와 위험에 처해 개인적으로 고군분투하는 가운데 나오는 부르짖음이다. 시편 기자는 하나님이 그의 기도를 듣고 응답하시도록 하기 위해, 자신이 출애굽 전승에서 알고 있는 하나님에게 호소하며(6절과 15절은 출 34:6을 암시하며, 반면 8절은 출 15:11을 반영한다) 또한 '모든 민족'이라는 창세기 전승에 호소한다. 꼭 집어 축복이라는 말이 사용되지는 않지만, 이스라엘에서는 예배가 하나님의 축복에 대한 **반응**(자신을 위해 그 축복을 조종하는 수단이 아니라)이라고 분명하게 이해했다. 그래서 이 본문에서 가정하는 것은 **민족들이 이미 야웨의 구원의 축복을 경험했을 것이기 때문에** 와서 야웨에게 경배하고 영광을 돌리리라는 것이다.

그렇다면 시편 기자의 호소에 암시된 논리가 지닌 언외의 의미는, 모든 민족이 하나님을 찬양할 이유를 가지게 된다면, 하나님이 시편 기자의 개인적 문제들을 해결하고 그에게 보다 직접적인 찬양의 이유를 주시는 것도 그리 어렵지 않으리라는 것이다(시 86:12). 시편 기자들은 종말론이 약간 실현되는 것에 대해 반대하지 않았다. 그들이 하나님에게 감히 요구하는 것은 "이것이 당신께서 궁극적으로 온 세상을 위해 의도하시는 것이라면, 이 특정한 위기와 관련하여 미리 그것을 주시는 것도 그리 부적절한 일은 아닐 것입니다. 지금이 좋을 것입니다"라는 것이었다.

아브라함에게 주어진 약속은 이처럼 하나님의 궁극적 선교에 대한 장엄한 전망일 뿐만 아니라, 하나님이 즉각적으로 구원의 능력을 보이시리라는 개인적 소망을 주는 대단히 강력한 엔진이 된다. 출애굽기에 호소하는 것(뒤를 돌아보는 것)과 아브라함에 대한 약속에 호소하는 것(앞을 내다보는 것)을 합하면, 현재에도 역시 도와달라고 강력하게 호소할 수 있게 된다. "하나님, 과거에 그 일을 하셨다면 그리고 미래에 그렇게 하실 것이라면, 현재 지금 여기에서 과거를 반복하고 미래를 앞당기면 어떻겠습니까?"

시편 145:8-12

여호와는 은혜로우시며 긍휼이 많으시며
노하기를 더디 하시며 인자하심이 크시도다.
여호와께서는 모든 것을 선대하시며
그 지으신 모든 것에 긍휼을 베푸시는도다.

여호와여 주께서 지으신 모든 것들이 주께 감사하며
주의 성도들이 주를 송축하리이다.
그들이 주의 나라의 영광을 말하며
주의 업적을 일러서
주의 업적과 주의 나라의 위엄 있는 영광을
인생들에게 알게 하리이다.

이 멋진 시편 전체에는 보편성이 살아 숨쉰다. 히브리어로 **전부**(all) 혹은 **모든**(every)이라는 말(kol)은 2절의 "날마다"(every day)로부터 21절의 "모든 육체"(every creature)에 이르기까지, 차임벨처럼 열일곱 번 나온다. 이 시편을 읽으면서 그 말이 나올 때마다 세어 보고 그 모든 단언들이 얼마나 엄청난 범위를 지니고 있는지 살펴보면 놀랄 것이다.

다시 한 번 우리는 이스라엘 시편 기자가 이스라엘의 신앙에 대해 내려오는 위대한 말을 전 세계로 확장시키는 것을 보게 된다.[15] 이것은 8절에서 9절로 넘어가는 부분에서 가장 분명하게 나온다. 8절은 사실상 시내 산에서 야웨께서 자신을 묘사하시는 내용을 인용한다(출 34:6). 그 상황에서 그 말의 진리를 바로 경험

---

15) 시 33편에서도 전 세계로 확장시키는 똑같은 동력이 나타난다. 4-5절 전반절과 5절 하반절, 그리고 12절과 13-14절 간의 변화를 눈여겨보라.

한(그리고 그것을 가장 필요로 한) 것은 이스라엘이었으며, 그 말은 이스라엘에게 (모세를 통해) 주어진 것이었다. 하지만 9절은 곧바로 그것을 전 세계에 해당하는 것으로 적용시킨다. "여호와께서는 **모든 것을** 선대하시며 그 지으신 **모든 것에** 긍휼을 베푸시는도다." 이런 표현들은 이후 13절과 17절에서 약간 변형되어 반복된다. 그러면서 주변 구절들에서 그 위대한 단언의 많은 다른 측면들을 궁핍한 인간과 굶주린 동물들에게 적용한다.

출애굽기의 드라마(구원하시고, 신실하시고, 관대하시고, 공급하시는 하나님의 사랑)는 창세기의 원형 경기장에서 상연되고 있다(모든 인간으로부터 '모든 생물'에 이르기까지 창조 질서의 전 범위). 하나님의 사랑의 보편성에 대한 이 긴 이야기에서 유일한 예외는 자신들의 악함 때문에 그 사랑을 거부하기로 결정하는 악인들이다. 그들의 운명은 멸망이다(시 145:20 하). 이 슬픈 진리를 후반부에서 인정하는 것은, 아브라함의 약속에서 하나님이 다섯 번이나 반복해서 축복하시고자 하는 마음을 나타내셨음에도 불구하고, 하나님의 저주를 받을 "너를 저주하는 자"(창 12:3)가 여전히 있으리라는 인식과 조화를 이룬다. 하나님의 백성의 원수들, 하나님의 사랑이 엄청나게 쏟아부어짐에도 불구하고 여전히 악에서 돌이키지 않는 사람들이 저주를 받고 결국에는 멸망하는 것은, 모든 사람들에게 축복을 가져다주기를 간절히 원하시는 사랑을 보호하기 위한, 슬프지만 필요한 차원이다. 그것은 아브라함의 언약의 한 부분이 암시하는 것이다.

선지서. 이사야 19:24-25. "그날에 이스라엘이 애굽 및 앗수르와 더불어 셋이 세계 중에 복이 되리니 이는 만군의 여호와께서 복 주시며 이르시되 내 백성 애굽이여, 내 손으로 지은 앗수르여, 나의 기업 이스라엘이여, 복이 있을지어다 하실 것임이라."

개인적으로 나는 이것이 모든 선지자의 가장 깜짝 놀랄 만한 발언 중 하나이며, 분명 구약에서 선교학적으로 가장 의미심장한 본문 중 하나라고 생각한다. 이사야서 19장에 대한 상세한 해석은 14장에 가서야 다루게 될 것이다. 하지만 이 장의 목적을 위해, 여기에서는 아브라함에 대한 암시를 주목할 것이다. 이스라엘의 정체성은 애굽과 앗수르의 정체성과 합병될 것이다. 아브라함의 약속이 그들 **안에서**뿐 아니라 그들을 **통해** 성취될 정도로 철저히 합병되는 것이다.

창세기 12:1-3 본문에 대한 두 군데의 동사적 언급은 (1) 25절에서 '바라크'(*brk*)의 피엘 형태를 사용한 것("만군의 여호와께서 복 주시며." 이것은 창세기

12:2 후반에 나오는 "너는 복이 될지라"와 같은 형태를 이룬다)과 (2) "복이 되리니"[하야(*hyh*) 동사 *beraka*가 쓰임, 24절]라는 문구다. 창세기 12:2 하반절에서 이 결합은 의도를 지닌 명령형 형태로 나온다("복이 되라" 혹은 "네가 복이 되도록"). 이사야서 19:24에서 그것은 이스라엘, 애굽, 앗수르 세 나라 모두에 대한 예언자적 확언으로 사용된다(그들은 함께 "세계 중에 복이 될" 것이다).

그래서 이 외국인들은 단지 축복을 **경험하기** 위해서 올 뿐 아니라, "세계 중에 복이 **되기**" 위해 온다. 다시 말해, 하나님이 아브라함에게 하신 말씀에 나오는 역동적 움직임이 둘 다 여기에서 작용한다. 아브라함의 복을 받는 사람들은 그 복의 대행자가 된다. 복을 받는 사람들이 다른 사람들을 축복하는 도구가 되는 원리는 이스라엘에게만 국한된 것이 아니다. 마치 오로지 이스라엘만 영원토록 복의 전달자가 되고, 나머지 사람들은 이스라엘에게서 수동적으로 그 복을 받을 수밖에 없는 것은 아니라는 말이다. 그렇다. 아브라함의 약속은 자기 복제 유전자다. 그것을 받는 사람들은 즉시 그것을 다른 사람들에게 전달하는 특권과 사명을 지닌 사람들로 변한다.

이스라엘의 정체성은 신약의 그리스도 안에서 최고로 명확하게 드러날 방향으로 이미 재정의되고 확대되고 있다. 모든 민족을 축복하기 위한 통로가 될 공동체가 다국적 성격을 지니고 있다는 것은 이미 여기에 예시되어 있다. 가서 "내가 너희에게 분부한 모든 것을 가르쳐" 열방 중에 제자들을 재생산하라는 그리스도의 명령도 이와 비슷하게 자기 복제적 성격을 지니고 있다. 혹은 "여호와께서 너희를 축복하신 것처럼 그들을 축복하라"고 덧붙일 수도 있다. 하지만 또한, 아브라함의 약속은 '먼저 전한 복음'일 뿐 아니라, 더욱 적합한 말로 '먼저 전한 대위임령'이라고 주장할 수도 있다.

이와 같은 본문을 선교학적으로 읽으면, 뒤로는 아브라함의 약속 및 그것이 이스라엘의 유전자 안에 새겨 놓은 고유의 보편성을 가리키고, 앞으로는 예수 그리스도 안에서 메시아적으로 성취되는 것을, 그리고 더 앞으로는 모든 민족에서 제자가 된 사람들이 모든 나라에 축복의 대행자가 되고, '세계 중에 복'이 되는 선교적 암시를 가리킨다는 것을 다시 한 번 발견하게 된다.

이사야 25:6-8

만군의 여호와께서 이 산에서
만민을 위하여 기름진 것과
오래 저장하였던 포도주로 연회를 베푸시리니
곧 골수가 가득한 기름진 것과 오래 저장하였던
맑은 포도주로 하실 것이며
또 이 산에서
모든 민족의 얼굴을 가린 가리개와
열방 위에 덮인 덮개를 제하시며
사망을 영원히 멸하실 것이라.
주 여호와께서 모든 얼굴에서
눈물을 씻기시며
자기 백성의 수치를
온 천하에서 제하시리라.

여기에서는 아브라함의 약속과의 관련성이 앞에서 살펴본 본문보다 훨씬 더 약하게 나타난다. '모든 민족'과 '온 천하'라는 보편화시키는 문구만 나오기 때문이다. 하지만 그것은 창세기 전승(사망 자체가 최종적으로 멸망되리라는 약속)과 연결되는 또 다른 차원을 가지고 있다. 창세기 3-11장은 분명 죽음을 죄의 첫째 결과로 묘사한다. 그렇게 되리라는 하나님의 경고와, 실제로 그것이 인간의 경험에 들어온 방식이 정확히 어떻게 연관되었는지는 좀 불가사의하지만 말이다. '저주와 사망' 그리고 '복과 생명'이라는 한 쌍의 표현은 낯이 익다(예를 들어, 신 11장과 30장에서 그것을 강하게 사용하는 것을 보라). 저주를 제거하시려는 하나님의 열망은 인간의 삶이 저주받은 땅에서 땀 흘리고 수고하다가 최종적으로 사망으로 끝나는 것에서 해방되도록 하려는 열망이다. 그런 삶의 모습은 창세기 5장에서 라멕이 긴 죽음의 행렬 후 자기 아들을 노아라고 이름 지으면서 보여 준(슬프게도 헛된) 소망에서 볼 수 있다. 그래서 창세기 12:1-3을 읽는 독자는, 하나님의 축복이 궁극적으로 하나님의 저주를 제거하는 것이라면 반드시 죽음의 문제를 다루어야만 한다는 것을 분명히 알 것이다. 그렇다면 이사야서의 이 말은 궁극적으로 그렇게 되리라는 것을 확신시켜 준다. 그리고 마지막 줄은 그것을 '자기 백성'에 대한 약속(온 천하에서 그들의 수치를 그치게 하심)으로 바꾸지만, 7절에서 '모든 민족'과 '열방'이라는 말을 이중적으로 사용함으로, 그 환상의 주요부는 인류 전체에 적용된다.

이 본문을 염두에 두지는 않았을지 모르지만, 바울은 분명 하나님이 아브라함을 통해 하신 약속을, 부활의 생명이 이 세상에서 사망이 통치하던 것을 이기고 승리한 것과 연결시킨다. 그것은 (바울의 복음이 대단히 단호하게 주장한 것처럼) 모든 민족의 사람들에게 적용할 수 있는 승리다(롬 4:16-17; 5:12-21).

이사야 45:22-23

땅의 모든 끝이여
내게로 돌이켜 구원을 받으라.
나는 하나님이라. 다른 이가 없느니라.
내가 나를 두고 맹세하기를
내 입에서 공의로운 말이 나갔은즉
돌아오지 아니하나니
내게 모든 무릎이 꿇겠고
모든 혀가 맹세하리라 하였노라.
내게 대한 어떤 자의 말에
공의와 힘은 여호와께만 있나니.

열방들에 대한 하나님의 호소를 표현하는 이 전형적인 본문은 이사야서의 활기 있는 장들, 즉 동일한 열방들과 그들의 신들이 '법정에서' 그리고 역사의 지배와 해석이라는 무대에서 철저하게 패배하는 장들(사 40-48장) 가운데 나온다. 하지만 하나님의 궁극적인 목적은 열방들의 멸망이 아니라 그들의 구원이다. 하지만 그들은 하나님에게 의지할 때만 구원을 받을 수 있다. 유일하신 하나님 야웨만이 그들을 구원하실 수 있는 유일한 분이시기 때문이다.

여기에 나오는 권유는 열방들이 복을 받으리라는 위대한 아브라함적 예상과 궤를 같이 한다. 하지만 그 둘은 단순히 궤를 같이 하는 것 이상으로 연결되어 있다. "내가 나를 두고 맹세하기를"(23절)이라는 말은 창세기 22:16에서 하나님이 아브라함과 맺은 언약의 서언을 정확하게 그대로 반복하는 말이다. 하지만 여기에서 하나님 자신을 걸고 하신 그 위대한 맹세가 새롭게 언급된다. 그 맹세와 함께 어떻게 "천하만민이 복을 받을" 수 있게 되는지 추가로 설명을 하고 있기 때문이다. 즉, 민족들이 야웨를 유일한 신으로, 그리고 공의(아마도 여기에서 구원에 해당하는)와 힘의 독점적 원천으로 인정하고 그분에게 복종하여 의지할 때에만 그들은 복을 얻을 것이다. 바울은 빌립보서 2:10-11에서 바로 이 보편성과 유일성을 예수님의 속성이라고 주저하지 않고 말한다(4장을 보라).

이사야 48:18-19

네가 나의 명령에 주의하였더라면
네 평강이 강과 같았겠고
네 공의가 바다 물결 같았을 것이며
네 자손이 모래 같았겠고
네 몸의 소생이 모래알 같아서
그의 이름이 내 앞에서 끊어지지 아니하였겠고
없어지지 아니하였으리라 하셨느니라.

여기에서 수많은 모래와 약속된 자손의 범위에 대한 언급에서 아브라함의 흔적을 분명히 볼 수 있다. 또한 이 무렵 이스라엘이 누릴 수 있었을 축복은 단순히 수적인 성장만이 아니라, 평강과 의라는 질적이고 관계적인 것이었다는 것 역시 주목할 만하다. 바로 앞뒤 문맥을 보면 그 열망은 아마도 이스라엘 민족의 성장을 말할 것이다. 자신들이 감소되어 사라져 버릴지 모른다는 포로들의 두려움은 근거가 없는 것이었다. 하지만 더 넓은 맥락에서 하나님이 이스라엘을 멸망하지 않게 하시고, 오히려 소생시키시고 다시 풍성하게 하시는 이유는(참고 사 44:1-5) 바로 하나님이 그들을 더 광범위하게 증식시키는 수단으로 삼으셨다는 데 있다. 다시 말해 하나님은 그들이 모든 민족 가운데서 하나님의 백성을 다국적으로 성장시키는 수단이 되도록 하셨다. 그 기저에 있는 것은 '큰 민족'과 '모든 족속'에 대해 아브라함에게 주어진 약속이다.

이 본문은 신적 동경의 어조를 지니고 있다. 하나님은 "…하였더라면…어떻게 될지 상상해 보라"는 대단히 인간적인 감정에 빠지신다. 현실은 슬프게도 꿈을 저버린다. 아니면 그보다는 꿈은 아직 현실이 되지 않았다. 이스라엘이 계속 반역하고 불순종하기 때문이다. 이 장은 그렇게 시작된다(48:1-4). 이것은 아브라함 언약의 도덕적 차원을 다시 강조한다. 하나님의 약속이 그 자체 안에 아브라함의 믿음과 순종을 포함하게 된 것과 마찬가지로, 이스라엘도 그것을 성취하려면 똑같은 언약적 반응을 나타내야 했다. 하지만 그런 반응을 찾아볼 수가 없었다.

그래서 윤리와 선교의 연결은 여기에서 색다른 어조로 나타난다. 바로 "…하였더라면"이라는 하나님의 말씀이다. 그것은 하나님이 마음속으로 윤리와 선교를 얼마나 밀접하게 연결시키고 계시는지 보여 준다. 하나님은 아브라함에게 셀 수 없이 많은 후손들이 생겨나기를 열망하신다(선교적 성장). 하지만 하나님은 또한 기존의 아브라함의 후손들이 아브라함이 본을 보인 그 길을 따라 윤리적으로 걸어가기를 열망하신다(선교적 순종). 우리는 때로 둘 다 결여된 교회, 혹은 숫자 면에서는 아브라함적 성장을 이루려는 선교적 열심이 있지만, 의와 정의에 대한 윤리적 헌신에서는 아브라함적 성장에 대한 하나님의 요구를 무시하는 교회에 대해 하나님이 얼마나 실망하실지 생각해 봐야 한다.

이사야 60:12. "너를 섬기지 아니하는 백성과 나라는 파멸하리니 그 백성들은 반드시 진멸되리라."

이 구절은 이사야서 60-62장에 언급되는 시온에 대한 하나님의 약속이라는 더 큰 맥락에서 나온다. 이사야 선지자는 세계의 민족들이 이스라엘(시온으로 의인화된)로 나아오는 것과, 그들의 부를 공물로 가져오는 것을 상상한다. 동시에 이스라엘은 열방을 위한 제사장으로, 말하자면 야웨를 대신해서 그들의 선물을 받고, 답례로 하나님의 축복을 나누어 주는 것으로 묘사된다. 이것은 출애굽기 19:5-6이 열방 중에서 이스라엘이 담당할 역할에 대해 처음으로 설명했던 바로 그 역할이다.

하지만 여기 이사야서 60장에 나오는 동심원적 시 한가운데 나타난 아브라함 언약의 한 요소가 충격을 줄 수 있다. 하나님은 아브라함과 그의 씨를 축복하는 사람들을 축복하실 것이지만, 아브라함을 멸시하는 자들을 저주하시겠다고 선포하셨다. 그렇기 때문에, 시온과 시온의 하나님을 축복하는 사람들은 그분에게 축복을 받게 될 것이다. 반면, 그렇게 하기를 거부하는 사람들은 하나님의 저주를 받아 멸망할 것이다. 이사야 선지자는 시온 자체를 아브라함의 위치에 놓는 듯하다. 물론 시온은 예루살렘이라는 물리적 도시 이상의 것이 되었다. 심지어 이 본문들에서도 그렇다. 시온은 더 광범위한 하나님의 백성을 나타내는 말, 실로 하나님 자신의 임재와 구원 자체를 나타내는 말이 되었다. 그래서 다시 한 번 우리는 아브라함의 차별 원리가 효력을 발휘하는 것을 발견한다. 하나님이 시온에서 시온을 위해 하신 모든 것에 기꺼이 굴복하는 사람들은 축복을 받을 것이다. 하지만 저항하고 거부하는 사람들은 축복의 영역에서 스스로 배제되며, 멸망받는 것 외에 다른 도리가 없을 것이다. 그렇다면 12절은,

> 시온을 섬기지 않는 민족은 멸망할 것이라는 중요한 진술이다.…그래서 그 시는 아브라함을 축복하는 사람들은 복을 얻을 것이고 그를 저주하는 사람들은 저주를 받을 것이라는 아브라함적 주제를 중심으로 하고 있다(창 12:3; 27:29). 영광스러운 시온이 오는 것은 하나님의 세계적 목적들이 성취되는 것이다.…이 구절은 시 전체의 어두운 요점이다. 시온은 실로 국제적 운명의 핵심, 아브라함 체제의 최종 형태다.[16]

예레미야 4:1-2

여호와께서 이르시되 이스라엘아
네가 돌아오려거든 내게로 돌아오라.
네가 만일 나의 목전에서 가증한 것을 버리고
네가 흔들리지 아니하며
진실과 정의와 공의로
여호와의 삶을 두고 맹세하면
나라들이 나로 말미암아 스스로 복을 빌며

---

16) J. A. Motyer, *The Prophecy of Isaiah*(Leister, U.K.: Inter-Varsity Press; Downers Grove, Ill.: InterVarsity Press, 1993), pp. 493, 496. Eliya Mohol은 사 56-66장 전체에서 시온이라는 주제의 아브라함적 특성을 연구했다. 그리고 그 역시 열방의 가능한 운명들이 이 본문에 묘사된 방식에서, 이 구절이 중심되는 특성을 지니고 있다고 단언한다. Eliya Mohol, *The Covenantal Rationale for Membership in the Zion Community Envisaged in Isaiah 56-66*(박사 논문, All Nations Christian College, 1998).

나로 말미암아 자랑하리라.

예레미야는 "여러 나라의 선지자"(렘 1:5)로 임명받았으며, 그들에 관해 많은 것을 말했다. 거기에는 하나님이 그들을 심판하실 때건 그들에게 긍휼을 베푸실 때건 철저히 공정하다는 것도 포함된다(렘 12:14-17; 18:7-10). 이에 관해서는 14장에서 살펴볼 것이다. 하지만 이 본문에서 예레미야는 **나라들**의 운명을 하나님께 대한 **이스라엘**의 반응과 직접 연결시킨다. 이스라엘에게 진심으로 회개하라는 호소는 예레미야의 초기 사역을 둘러싼 장들에 자주 나온다. 그 때 그는 이스라엘을 설득하여 회개하게 만들 수 있다고 진심으로 믿었던 듯하다. 그런 회개의 참으로 영적이고 윤리적인 성질 역시 자주 강조된다. 거기에는 반드시 다른 모든 신들과 우상들을 철저히 거부하는 것이 포함되어야 하며, 야웨에 대한 진정한 예배와 사회적 정직성 및 정의를 결합시켜야 한다. 여기까지는 전에 모든 율법과 선지자들에게서 들은 말이라고 할 수 있다.

하지만 이전이라면 우리는 1-2절 전반의 조건부 진술 뒤에 하나님이 이스라엘을 심판하시리라는 위협의 말을 철회하실 것이라는 확신이 나오리라고 기대했을 것이다. **이스라엘이** 참으로 회개한다면, 하나님은 **그들을** 벌하지 않으실 것이다. 하지만 예레미야는 실제로 그런 식으로 말하지 않는다. 그는 성급하게 그것을 자명한 것이라고 제쳐 놓고("그렇다. 물론이다. **이스라엘**이 회개하면, **이스라엘**은 복을 받을 것이다") 대단히 더 광범위한 관점으로 비약한다. 이스라엘이 언약에 대한 충성과 순종이라는 본연의 위치로 돌아온다면 하나님은 **나라들**을 축복하시는 일을 진척시키실 수 있다. 이스라엘은 애초에 바로 그 일을 위해 생겨난 것이었다. "이스라엘의 회개가 이스라엘뿐 아니라 전체 인류에게 광범위한 결과를 가져오리라는 점이 분명해진다."[17]

마지막 두 줄에는 아브라함을 반영하는 말이 매우 분명하게 나온다. 하지만 전체 문장의 논리는 놀랍다.[18] 이스라엘이 계속해서 영적·윤리적으로 실패하기 때문

---

17) J. A. Thompson, *The Book of Jeremiah*, New International Commentary on the Old Testament (Grand Rapids: Eerdmans, 1980), p. 213. 「예레미야(상)」(크리스챤서적).
18) "회개 및 삶의 방향 전환의 결과는 아브라함에게 하신 하나님의 약속의 성취다.…그래서 언약의 회복은 유다뿐 아니라 그 언약으로부터 새로운 삶을 살게 되는 다른 열방들에게도 유익을 줄 것이다." Walter Brueggemann, *To Pluck up, to Tear Down: A Commentary on the Book of Jeremiah 1-*

에 열방들에 대한 하나님의 선교가 방해를 받고 있다. 이스라엘이 **그들의** 사명(오직 야웨만 섬기고 야웨의 도덕적 요구를 따라 살면서 야웨의 백성이 되는 것)을 행하기만 하면, 하나님은 다시 **그분의** 사명인 열방을 축복하시는 일을 하실 수 있다.

이 흥미로운 관점은 하나님이 이스라엘에 대해 갖고 있는 문제의 전체적 규모와 깊이를 새롭게 이해하도록 해준다. 반역적인 이스라엘은 그저 하나님에게 무례한 것만이 아니었다. 그들은 또한 열방에게 방해가 되었다. 에스겔은 포로 생활 중에 있는 이스라엘에게 똑같은 점을 훨씬 더 날카롭게 말할 것이다. 그렇다면 (두 선지자 모두에게 있어) 당연히 이스라엘이 다시 언약에 순종하고, 그럼으로써 언약이 주는 축복(평강, 번성, 풍부)을 다시 누리게 되면, 열방도 그에 상응하는 영향을 받게 될 것이다(참고, 렘 33:6-9; 겔 36:16-36).

이스라엘이 돌아오는 것은 전체 예배 의식의 지배적 주제로, 야웨 안에서 나라들이 스스로 복을 받을 것이라는(히트파엘) 의미가 될 것이다. 그것이 이스라엘 사람들이 누리는 최고의 보상이 될 것이다. 그들은 더 이상의 것을 구하지 않을 것이다. 이스라엘이 그들의 참된 자아를 회복하는 것은 열방의 고백 및 찬양과 뗄 수 없이 결합되어 있다.[19]

스가랴 8:13. "유다 족속아, 이스라엘 족속아, 너희가 이방인 가운데에서 저주가 되었었으나 이제는 내가 너희를 구원하여 너희가 복이 되게 하리니."

NIV는 여기에서 "너희가 이방인 가운데서 저주가 되었었던 것처럼…이제…너희가 복이 되리니"라는 문구가 문자적으로 균형을 이루는 것으로 해석한다. 이스라엘은 포로로 잡혀감으로서 결과적으로 그들의 하나님에게 저주받은 것으로 간주되었다(그리고 실로 그들의 선지자들은 그렇게 말했다). 그래서 그들은 열방들의 저주의 주체(객체라기보다는)가 되었다. 즉, 다른 누군가에게 저주를 선포하기 위해 비교하는 대상이 되었다("네가 이스라엘처럼 저주를 받기를"). 이를 뒤바꾸어 말하면 하나님이 그들을 구원하시고 회복하셔서 그리고 그들을 너무나 풍성하게 축복하셔서(슥 8:12) 이제 그들이 축복의 주체가 되리라는 것이다("네

25, International Theological Commentary(Grand Rapids: Eerdmans: Edinburgh: Handsel, 1988), pp. 46-47.
19) Muilenburg, "Abraham and the Nations", p. 396.

가 이스라엘처럼 축복을 받기를").[20]

이 말에는 축복과 저주에 대한 아브라함의 이중성이 작용하고 있을 개연성이 매우 높다. 이 말은 열방들과 그들의 운명을 향하고 있기 때문이다. 앞뒤 문맥을 보면 스가랴는 궁극에 가서 열방들이 모여들고 구원받을 것에 대해 매우 희망적인 몇 마디 말을 하기 때문이다(예를 들어, 슥 2:10-11; 8:20-22; 14:9, 16).

그렇다면 이렇게 구약 본문들을 개관하면서 발견하게 되는 것은, 보편성이라는 취지가 우리가 생각했던 것보다 더 이스라엘의 신앙, 예배, 기대들에 두드러지게 나타나고 있다는 점이다. 아브라함 자신은 다른 주요 구약 본문들에 두드러지게 등장하지 않을지 모르지만, 아벨처럼 "그가 죽었으나 지금도 말하느니라"(히 11:4). 아브라함에게 주신 하나님 말씀의 유산은 계속 남아 있다. 즉, 이스라엘의 세계관의 주요 확신들(그들 자신이 선택받음, 땅을 선물로 받음, 그들과 야웨 간의 언약적 유대)뿐만 아니라, 또한 "모든 족속이 너로 말미암아 복을 얻을 것이라"는 잊지 못할 최종 결과 속에 남아 있는 것이다. 어떻게든 언젠가는 바로 이러한 특정한 실상들로부터 보편적인 결과들이 나올 것이다. 이스라엘의 하나님 야웨는 또한 모든 피조물의 하나님이기도 하기 때문이다. 온 땅과 모든 나라들은 그분에게 속해 있다. 다른 그 어떤 주장도 하나님의 축복의 선교의 범위를 제대로 규정하지 못할 것이다. 또한 그보다 더 작은 어떤 틀도 성경적 선교 신학을 제대로 포괄하지 못할 것이다.

14장에서 다시 열방이라는 주제에 대해 훨씬 더 자세히 살펴볼 것이다. 하지만 지금은 아브라함과 그의 씨를 통한 하나님의 구원 목적의 보편성이라는 이 주제를 신약이 구체적으로 어떻게 다루는지 살펴보아야 한다. 신약이 유대인과 이방인에 대해 말하는 것을 전체적으로 다 살펴보려는 것은 아니다. 이에 대해서는

---

20) Gordon Wenham은 창 12:2의 "복이 되라"는 표현이 이스라엘이 그런 복의 주체가 되어야 한다는 의미라고 주장하면서, 이 본문을 증거로 사용한다. 복(blessing)이라는 말은 '식사 전에 기도(blessing)를 하다'와 같은 표현에서 볼 수 있는 것처럼, 단순히 단어의 한 형태일 뿐이다. 이것은 그 문구가 '네 안에서 열방이 스스로를 축복할 것이다'라는 재귀적 이해와 동일하다는 의미다. 즉, "복이 되라"는 말은 '네가 이스라엘과 같이 되기를'이라는 의미다. 하지만 내가 보기에는 이러한 해석은 불필요하게 창세기 본문에 나오는 명령법의 의도를 약화시키는 것 같다. 슥 8:13에 나오는 "너희가 복이 되게 하리니"라는 말은 이런 의미일 가능성이 가장 높다는 데 동의한다. 하지만 그 같은 재귀적 이해는 이스라엘, 애굽, 앗수르가 "세계 중에 복이 되리"라고 나오는 사 19:24과는 잘 맞지 않는 것 같다. *Genesis 1-15*, Word Biblical Commentary 1(Waco, Tex.: Word, 1987), p. 276를 보라.

15장에서 다룰 것이다. 여기에서는 하나님의 선교의 보편성이라는 면에서 아브라함 전승을 직접적이거나 간접적으로 사용하는 본문들에만 초점을 맞추도록 하겠다.

보편성—아브라함에 대한 신약의 반향

공관복음과 사도행전. 마태복음. 우리는 앞에서 마태가 예수님을 "아브라함과 다윗의 자손"이라고 소개한 것을 살펴보았다(마 1:1).[21] 마태는 아브라함의 언약과 다윗의 언약을 상기시키는 말을 이렇게 결합시킴으로, 아브라함의 자손으로서 아브라함의 씨에게 약속된 바(모든 민족을 위한 축복)를 성취하시고 다윗의 자손으로서 온 땅에 예언된 메시아적 통치를 시행하실 분인 예수님이 모든 사람을 위한 보편적 의의를 지니고 있음을 강조한다. 역사적 순서를 뒤집어 "마태복음 1:1은 예수님으로부터 아브라함에게로, 그리고 1:2-16은 아브라함으로부터 예수님에게로 이동한다. 그 결과 동일한 아브라함이 나란히 나온다(1-2절, 영어 성경에는 '아브라함'이라는 말이 1절 끝 부분과 2절 첫 부분에 연이어 나오지만, 우리말 성경에는 그런 식으로 나타나지 않는다—역주). 이렇게 문학적으로 아브라함을 중심축으로 삼음으로서, 그에게 이목이 집중된다."[22] 그러고 나서 17절은 더욱 명확한 주장을 하기 위해 족보를 요약한다. 예수님은 아브라함과 다윗으로부터 나오고 그 두 사람에 대한 하나님의 약속을 포함하는 그 이야기의 목표다.

마태복음 8:11은 마태복음에서 예수님의 사역이 열방에 지니는 광범위한 의의를 보여 주는 몇 군데 본문 중 가장 주요한 구절이다. 이스라엘에서 찾아보기 힘든 믿음(참고. 막 6:6에 나오는 동일한 언어)을 나타낸 이방인 로마 백부장의

---

21) 나는 이 개관에 요한복음을 포함시키지 않았다. 하나님의 사랑의 대상으로서, 그리스도의 구속적 행동의 범위로서, 하나님이 그리스도를 보내시고 그리스도께서 그분의 제자들을 보내시는 목적지로서 '세상'이라는 말이 두드러지게 사용된 것에서 그 복음서의 보편성이 자명하게 드러나지만, 그것은 아브라함의 약속과 명백하게 연관된 것 같지는 않다(물론 아브라함의 약속은 당시 모든 유대인들에게 그랬던 것과 마찬가지로, 네 번째 복음서 저자의 신학에 근본을 이루고 있다). 그리고 아브라함이 나오는 한 장(요 8장)은 예수님의 대적들의 태도 및 행동과 대조되는 존재로서 그리고 예수님의 신적 주장들을 긍정하는 수단으로서 아브라함에게 초점을 맞춘다. 그래서 그 장의 선교학적 의의는 하나님이 아브라함에게 하신 약속의 보편성에 대한 언급에서보다는, 거기 나오는 기독론에서 찾을 수 있다.

22) Robert L. Brawley, "Reverberations of Abrahamic Covenant Traditions in the Ethics of Matthew", *Realia Dei*, ed. Prescott H. Williams and Theodore Hiebert(Atlanta: Scholars Press, 1999), p. 32.

헌신에 놀라신 예수님은 "동서로부터 많은 사람이 이르러 아브라함과 이삭과 야곱과 함께 천국에 앉으려니와"라고 선언하신다. 예수님은 여기에서 몇 가지 매우 중요한 활동을 하신다.

첫째, 예수님은 후에 바울이 그렇게 하듯이, **인종**(아브라함의 육체적 후손)보다 **믿음**(그것은 이 이야기에서 분명 예수님에 대한 믿음을 의미한다)을 하나님 나라의 회원이 되는 판단 기준으로 보신다.

둘째, 예수님은 메시아의 큰 연회라는 주제를 다시 전 세계적인 범위로 회복시키신다. 종말론적 연회라는 개념은 이사야서 25:6로 거슬러 올라가는데, 그것은 하나님이 "만민을 위하여" 준비하고 계신 것이다. 하지만 예수님 시절 유대 묵시 전승들은 손님의 범위를 이스라엘 사람들로 좁히며, 족장들을 연회 개최자로 정했다. 그러나 예수님은 족장들이 연회를 연다는 것은 인정하시지만, 아브라함과 이삭과 야곱이 연회 개최자라면, 하나님이 원래 그들에게 주신 약속만큼 광범위하게, 즉 모든 민족들이 초청될 것이라고 말씀하신다.

셋째, 예수님은 놀랍게도 원래 하나님이 이스라엘을 포로 생활에서 모으시는 것에 대해 말하는 본문에 나오는 "동서로부터"라는 말(시 107:3; 사 43:5-6; 49:12)을 사용해, 이 백부장 같은 이방인들이 그 연회에 도착할 때 그 말이 성취될 것이며, 반면 원래 손님 명부에 있던 사람 중 일부는 예수님께 믿음으로 반응하지 않았기 때문에 배제될 것임을 암시하신다.

넷째, 예수님은 이스라엘과 열방 간의 구분을 상징했던 음식 율법을 은연중에 폐하신다. 그 율법에 따르면 유대인들은 이방인들과 함께 식탁에 앉을 수 없었다. 하지만 예수님은 여기에서 이방인들이 족장들과 함께 앉아 있으며, 아무도 그것에 대해 눈살을 찌푸리지 않는 모습을 묘사하신다. 또한 예수님은 믿음에 기초한 하나님 나라 복음은 전 인류에게 전파되고 장벽을 허물어뜨리게 될 것이라고 넌지시 예상하신다. 베드로는 고넬료와의 만남을 통해 그것을 깨달았으며, 바울은 일평생 그것을 설명하고 변호했다.

마지막으로, 마태는 복음서 첫머리에서 암시했던 것을 상당히 명백하게 밝히면서 복음서를 마무리한다. 즉, 예수 그리스도의 보편성 및 제자도에 대한 요구의 범위가 세계적이라는 점을 역설한다. 대위임령의 언어는 창세기보다는 신명기에서 더 많이 끌어낸 것이지만, 원래 아브라함에게 주어진 위임령인 "가라.…복이 될지라.…땅의 모든 족속이 너로 말미암아 복을 얻을 것이라"(창 12:1-3)는 명령이 성취될 수 있는 수단은 바로 부활하신 예수님의 이 말씀 안에서 우리에게 주어졌다.

누가복음-사도행전. 누가는 이방인인 자신이 개인적으로 그리스도를 통한 아브라함의 축복의 수령자임을 알았기 때문에, 아브라함에 대해 특별한 애착을 갖고 있었던 것 같다.

누가는 구약에 대한 암시로 가득한 일련의 노래들로 그의 복음서를 시작한다. 마리아의 노래와 사가랴의 노래는 모두 하나님이 자신의 백성 이스라엘에 대한 자비를 갱신하신 것에 감사하면서, 하나님이 아브라함에게 하신 약속에 충실하신 것으로 본다(눅 1:55, 73). 그 노래들은 **이스라엘**의 구원과 회복에 초점을 두고 있다. 하지만 그에 반해 누가는 재빨리 예수님의 탄생에서 일어나고 있는 일이 **열방들**에게 어떤 구원의 의의를 지니고 있는지에 대한 보편적 이해로 넘어간다. 시므온은 아기 예수를 그의 팔에 안고, 그 이름이 의미하는 바를 목도한다. 즉, "주는 구원이시라"는 것이다. 하지만 그는 이것이 '만민'을 위해 준비된 구원임을 인식한다. 그리고 시므온은 누가복음 마지막에서 부활하신 예수님이 똑같은 일을 하실 것을 예상하면서(눅 24:46-47) 그리스도가 이스라엘과 이방을 위해 갖는 이중의 의의를 아름답게 요약한다(눅 2:29-32). 그리고 나서 누가는 이사야서 40:3-5의 잘 알려진 말을 인용하여 주님의 오심을 준비하는 세례 요한의 사명에 대한 자신의 신학적 해석을 제시한다. 그 말은 보편적 예상으로 끝난다. "모든 육체가 하나님의 구원하심을 보리라"(눅 3:4-6).

그 다음에, 누가는 사탄이 예수님의 보편적 사명을 자신의 영역으로 끌어당기는 기만 술책을 부려서 그 사명을 뒤집어엎고자 하는 모습을 묘사한다. 예수님은 사탄을 예배하는 대가로 "천하만국"과 "모든 권위와 그 영광"을 주겠다는 제의를 받는다(눅 4:5-7). "예수님에게 세상의 모든 나라를 주겠다는 마귀의 시험은 아브라함과 그의 후손에게 온 세상을 주겠다는 하나님의 약속의 성취로 제시된다."[23] 하지만 우리가 알듯 이 보편적 통치는 이미 메시아이신 성자에게 약속된 것이며(예를 들어, 시 2:8-9), 또 다른 의미에서 어쨌든 이미 그분에게 속한 것이다. 사탄은 여기에서 예수님에게 **자신을 위해** 그 모든 만국의 권세, 재물, 영광을 마음

---

23) Robert L. Brawley, "For Blessing All Families of the Earth: Covenant Traditions in Luke-Acts", *Currents in Theology and Mission* 22(1995): 21.

껏 누리라고 유혹하고 있는 것 같다. 물론 그것들은 모두 예수님의 것이긴 하다. 하지만 아브라함의 약속의 요점은 **다른 사람들의** 축복을 위해 그것들이 존재한다는 것이었다. 이처럼 누가는 예수님이 그 시험에 단호하게 그리고 오직 하나님에게만 충성을 바치라는 신명기의 정신으로 저항하시는 것을 보여 줄 뿐 아니라, 또한 사도행전 3:25-26에서 아브라함적 보편성의 참된 의미가 무엇인지 제시한다.

누가복음에 나오는 마귀의 시험은 모두 하나님이 예수님을 그분 자신을 위해 축복하실 것인가 아닌가를 시험하는 수단으로 제시된다. 즉, 마귀의 기독론에는…하나님이 예수님의 특정한 이익을 위해 행동하실 것이라는 기대가 담겨 있다. 하지만 아브라함에게 주신 하나님의 약속은 땅의 모든 족속들을 축복하시겠다는 것이다. 그렇다. 심지어 사랑하는 아들이라 할지라도 예수님 자신만을 위하는 것이 아니라 땅의 모든 족속을 축복하시겠다는 것이다.[24]

누가는 네 가지 이야기에서 아브라함과의 명백한 연관성을 보여 준다. 그 이야기들은 모두 하나님의 치유하시거나, 변화시키거나, 회복시키시는 능력을 예시한다. 그리고 이 모든 것들은 아브라함의 축복을 받는 것의 일부임을 단언하기 위한 것 같다. 그것들은 모두 어떤 의미에서 마귀에 속박되는 것, 가난, 사회적 경멸, 질병 등에 의해 이스라엘 공동체 내의 정상적인 삶에서 배제된 인물들과 관련되어 있다. 그 이야기들은 다음과 같다.

- 누가복음 13:10-16. 안식일에 불구인 여인을 고친 것. 예수님은 그녀가 사탄에게 속박되어 있다고 평가하시지만, 그럼에도 불구하고 "아브라함의 딸"이라고 부르시며, 안식일에 치유를 받을 만한 적임자라고 말씀하신다.
- 누가복음 16:19-31. 죽자마자 아브라함 곁으로 가게 되면서 고통이 끝난 가난한 거지 나사로 이야기. 이 이야기에서 예수님은 정의와 자비에 대해 가르치는 율법과 선지자들이 얼마나 중요한지 아브라함을 통해 말씀하신다. 아브라함은 여기에서 자신이(창세기에 따르면) 하나님에게 순종하며 행한 것을 증거한다. 이 이야기의 아이러니는 당시 사람들은 부자가 분명히 아브라

---

24) 같은 책, p. 22.

함의 복을 누리고 있다고 생각했을 수 있다는 것이다. 하지만 그렇지 않다. 그는 아브라함이 행한 것처럼 행하지 않으며, "여호와의 도를 지켜 의와 공도를"(창 18:19) 행하지도 않는다. 그래서 그는 아브라함을 보기는 하지만, 건너갈 수 없는 깊은 간격 너머 멀리에서만 보는 신세가 되고 만다.

- 누가복음 19:1-10. 삭개오 이야기. 그는 세리라는 직업(그리고 그가 그 직업을 이용해 터무니없이 많은 돈을 사람들에게서 거두어들인 것) 때문에, 예수님을 따르는 모든 무리들에게 환영받지 못했을 것이다. 하지만 그는 예수님과 만남으로, 개인적으로 회개하게 되고, 율법의 기준들을 충실하게 따를 뿐 아니라, 더욱 관대한 행위를 보였다. 그에 대한 응답으로 예수님은 그가 "아브라함의 자손"(9절)이라고 선언하신다. 비유에 나오는 부자와는 달리, 이 실제 인물은 이제 의로 돌아서며, 그래서 아브라함의 축복을 받는 자리로 돌아선다.

- 사도행전 3:1-25. 성전에 있던 절름발이가 베드로와 요한을 통해 예수님의 이름으로 고침받음. 베드로는 그를 고쳐 준 후 전한 메시지에서, 사람들이 방금 목격한 것을 예수님의 이야기와 연결시킬 뿐 아니라, 아브라함과도 연결시킨다. 그는 첫머리에서 그렇게 하며["아브라함과 이삭과 야곱의 하나님 곧 우리 조상의 하나님이 그의 종 예수를 영화롭게 하셨느니라"(13절)], 또 한 끝 부분에서 다시 한 번 그렇게 한다["너희는 선지자들의 자손이요 또 하나님이 너희 조상과 더불어 세우신 언약의 자손이라. 아브라함에게 이르시기를 땅 위의 모든 족속이 너의 씨로 말미암아 복을 받으리라 하셨으니 하나님이 그 종을 세워 복 주시려고 너희에게 먼저 보내사 너희로 하여금 돌이켜 각각 그 악함을 버리게 하셨느니라"(행 3:25-26)].

"그 절름발이가 고침을 받은 것은 땅의 모든 족속에게 임하는 하나님의 축복을 보여 주는 구체적 사례다.…[그것은] 베드로의 청중들도 받을 수 있는 축복이다."[25] 그렇다. 이 이스라엘인 구경꾼들은 민족적으로 아브라함의 자녀이며 후사였다. 하지만 그들이 아브라함의 축복에 들어갈 수 있는 유일한 길은 이방인들을 포함한 모든 사람과 똑같이, 회개하고 예수님의 이름을 믿는 것이다. 그래서 베드

---

25) 같은 책, pp. 25-26.

로는 그 다음날 훨씬 더 긴 변호를 하면서, 그것이 타협할 수 없는 것일 뿐 아니라 보편적인 것이라는 결론을 내린다. "다른 이로써는 구원을 받을 수 없나니 천하 사람 중에 구원을 받을 만한 다른 이름을 우리에게 주신 일이 없음이라 하였더라"(행 4:12).

마지막으로, 누가는 마태가 그의 복음서를 끝낸 것과 똑같은 보편적 차원의 어조로 그의 복음서를 끝낸다. 하지만 구약 성경을 훨씬 더 명백하게 언급한다.

> 이에 그들의 마음을 열어 성경을 깨닫게 하시고 또 이르시되 이같이 그리스도가 고난을 받고 제삼일에 죽은 자 가운데서 살아날 것과 또 그의 이름으로 죄사함을 받게 하는 회개가 예루살렘에서 시작하여 모든 족속에게 전파될 것이 기록되었으니.(눅 24:45-47)

이 본문은 예수님의 제자들이 구약 성경을 어떻게 읽어야 하는지에 대해 해석학적 나침반을 제공한다. 즉, 메시아적으로 그리고 선교학적으로 읽어야 한다는 것이다. 하지만 우리가 아브라함의 전승에서 끌어낸 보편성이라는 위대한 주제에 대해 살펴본 모든 것에 비추어 보면, 그리고 아브라함에 대한 누가 자신의 명백한 관심에 비추어 보면, 우리는 이 위대한 문구들 가운데서 그 약속이 고동치는 것을 분명히 느낄 수 있다. 십자가에 달려 죽으셨다가 다시 살아나신 그리스도 예수의 이름으로 회개하고 죄사함을 받으라는 메시지에 의해서 아브라함의 축복이 임하지 않는다면 어떻게 그 축복이 모든 민족에게 임한단 말인가?

바울. 우리는 6장을 시작하면서 모든 민족이 복음을 접할 수 있다고 본 바울의 이해가 동료 유대인들에게 어떤 의문을 제기했는지 살펴보았다. 그리고 이 장에서는 분명 바울 자신이 선교 신학을 수립하고 그것을 실천해 나갈 때 깊이 묵상했던 성경 중 일부를 살펴보았다. 이제 바울이 하나님의 선교의 보편성을 아브라함을 상기시키는 말로 분명히 표현한 부분 몇 군데를 살펴보자. 그것은 바울의 "이야기에 나타난 사상" 중 일부로, "구약에 나오는 하나님과 이스라엘 이야기에 전적으로 기반을 두고 있었던"[26] 것이다.

---

26) "이야기에 나타난 사상"이라는 문구는 Ben Witherington의 탁월한 책 제목에서 빌어온 것이다. 그 책은 내가 이 책에서 전개하고자 하는 신구약의 내러티브 선교학을 전폭적으로 지지해 준다. *Paul's Narrative Thought World: The Tapestry of Tragedy and Triumph*(Louisvile: Westminster/John Knox, 1994).

로마서 1:5. "그[우리 주 예수 그리스도]로 말미암아 우리가 은혜와 사도의 직분을 받아 그의 이름을 위하여 모든 이방인 중에서 믿어 순종하게 하나니."

이것은 로마서 끝부분에서 다시 반복되는 말로(롬 16:26), 바울이 그의 사도적 선교를 규정하는 말 가운데 하나다. 바울은 이미 그의 복음이 성경을 통해 약속되었다고 주장했기 때문에(그는 16장에서도 그렇게 한다), 여기에 아브라함의 흔적이 강력하게 반영되어 있는 것은 놀라운 일이 아니다. 첫째, "모든 이방인"이라는 말은 바울이 갈라디아서 3:8에서 창세기 12:3을 인용할 때 사용하는 것과 같은 문구다(문자적으로는 '모든 민족', *panta ta ethnē*). 둘째, '믿음의 순종'은 아브라함이 하나님의 명령과 약속에 대한 반응으로 보여 준 바로 그것이다. 믿음과 순종은 아브라함이 하나님과 동행한 것을 가장 잘 알려 주는 두 단어다.

그래서 바울은 (모든 유대인들이 그랬듯이) 아브라함을 하나님에 대한 **이스라엘**의 언약적 반응의 본보기로 볼 뿐 아니라, 또한 그를 통해 복을 받을 **모든 민족들**을 위한 본보기로 본다. 우리는 이 이중적 메시지를 이렇게 요약할 수 있다. 즉, 예수님의 복된 소식은 열방이 바울의 선교적 사도직을 통해 복을 받도록 만들어 줄 수단이다. 그리고 열방의 믿음과 순종은 그들이 그 축복에 들어가는, 혹은 실로 아브라함의 언어로 하면 '스스로를 축복하는' 수단이 될 것이다.

로마서 3:29-4:25. 아브라함은 이 부분의 논증에 나오는 주인공이다. 바울의 요점은 유대인들과 이방인들이 하나님의 구원의 의에 접근할 때 하나님 앞에서 대등한 입장이라는 것을 보여 주는 것이다(그들이 1-2장에서 죄인으로서 대등한 입장인 것과 마찬가지다). 이 본문에서 보편성의 차원은 오직 한 분의 하나님만이 계시다는 사실, 그렇기 때문에 그 하나님은 유대인들뿐만 아니라 이방인들의 하나님이 되어야 한다는 사실과(롬 3:29-30), 또한 아브라함을 "여러 민족의 아버지"라고 지칭하는 것에서 생겨난다. 그래서 아브라함은 그가 할례를 받기 전에 그랬던 것처럼 "믿는 모든 자의 조상"이 되며(롬 4:11), 또한 "우리 모든 사람의 조상"(롬 4:16)이 된다.

로마서 10:12-13. "유대인이나 헬라인이나 차별이 없음이라. 한 분이신 주께서 모든 사람의 주가 되사 그를 부르는 모든 사람에게 부요하시도다. 누구든지 주의 이름을 부르는 자는 구원을 받으리라."[27]

---

27) 신약에 나타난 열방을 다루는 15장에서 롬 9-11장에 대해 자세하게 살펴보겠다.

바울이 유대인의 유일신론적 확신을 갖고 단언했던 것처럼, 하나님이 오직 한 분이시라면, 또한 주님도 오직 한 분이시다. 여기에서 **주**라는 말은 물론 이중적 역할을 한다. 한편으로 그 말은 분명히 주(LORD), 즉 구약 이스라엘의 언약의 야웨를 반영하기 때문이다. 그리고 요엘서에서 인용한 그 본문(욜 2:32)은 분명 야웨를 의미했다. 하지만 몇 구절 앞에서 바울은 "네가 만일 네 입으로 예수를 주로 시인하며"(롬 10:9)라고 말했었다. 그렇다면 바울은 여기에서 야웨가 갖고 계셨던 것과 똑같은 보편적 주권을 예수님도 갖고 계신다고 보고 있는 것이다. 그리고 그 주권에 의해 예수님은 하나님이 아브라함에게 약속하신 것(모든 사람에게 풍성한 축복)을 나누어 주시며, 그분의 이름을 부르는 모든 사람들을 구원하신다. 지금 아브라함의 약속이 적용되는 '모든'과 '누구든지'라는 말은 그리스도의 보편적인 주권이 있기 때문에 타당하다.

갈라디아서 3:26-29. "너희가 다 믿음으로 말미암아 그리스도 예수 안에서 하나님의 아들이 되었으니, 누구든지 그리스도와 합하기 위하여 세례를 받은 자는 그리스도로 옷 입었느니라. 너희는 유대인이나 헬라인이나 종이나 자유인이나 남자나 여자나 다 그리스도 예수 안에서 하나이니라. 너희가 그리스도의 것이면 곧 아브라함의 자손이요 약속대로 유업을 이을 자니라."

바울이 쓴 글 전체를 살펴보면, 그가 보편적 주장이 담긴 메시지를 전파하고 가르쳤다는 점을 분명히 알 수 있다. 즉, 전체 피조물에게 한 분 보편적인 하나님, 한 분 보편적인 구세주, 하나의 보편적인 역사의 절정이 있다는 것이다. 하지만 이것은 결코 추상적이거나 철학적인 보편성으로 퇴색되어 버리지 않았다. 그것은 언제나 이스라엘의 이야기에, 그리고 특히 아브라함에게 주신 약속에 뿌리를 내리고 있었다. 그래서 갈라디아서에서 바울이 자신이 전파했던 보편적 복음에 대한 오해를 바로잡는 것을 보는 것은 흥미롭다.

바울은 그들에게 예수 그리스도를 믿는 믿음만이 한 분 살아 계신 하나님의 백성으로 받아들여지는 보편적 판단 기준이라고 말했다. 그의 대적들은 갈라디아인들을 현혹시켜 믿음만으로 충분하지 않다고 생각하도록 만들었다. 그들은 또한 아브라함의 언약 백성에 속할 필요가 있었다. 그리고 그렇게 하는 유일한 길은 할례를 받고 모세 율법을 준수하는 것이었다. 이에 대한 바울의 대답은 분명 그들이 아브라함에게 속할 필요가 있음을 **부인하는 것이 아니라**, 그들이 이미 거기 속해 있다고 **확신시키는** 것이다! 그들이 그리스도 안에 있다면, 아브라함 언약의 보편성은 이미 그들의 것이다. 그리고 그런 이유로 해서 인종, 사회적 지위, 성별 등의 옛 장애물들과 사람들을 구별하는 표시들은 더 이상 타당하거나 적절하지 않다. 이것은 참으로 성경적인 보편성이다. 즉, 그것은 성경이 아브라함으로부터 그리스도에 이르기까지 말하는 그 위대한 이야기에 근거하고 있다.[28]

[바울의] 복음은 보편적인 용어로[모든 사람을 위해 죽으셨다가 다시 살아나신 보편적 구세주이신 그리스도] 표현될 수 있었던 반면, 이 보편적 메시지는 명백히 이스라엘 중심의 틀 안에서 선포되고 받아들여졌다는 분명한 증거가 있다. 그 증거는 바울이 그의 회심자들로 하여금 이 메시지를 받아들임으로서 성경이 말하고 있는 공동체, 즉 '이스라엘'에 통합되고 있다고 믿게 했음을 시사한다.[29]

요한계시록. 앞에서 언급한 성경 개관을 끝내는 유일한 길은 성경의 마지막 책 자체 안에 있다. 요한계시록 4-7장은 포괄적인 하나의 환상(목을 쭉 늘이고 경탄하게 만드는 환상)으로, 거기서 요한은 우주 전체를 그 가운데 계신 하나님의 보좌의 위치에서 '본다.' 세계 역사의 의미는 하나님의 오른손에 있는 두루마리로 상징되며, 그 두루마리는 죽임당한 어린양으로 묘사되는 그리스도를 제외하고는 열 수 있는 자가 없다. 다시 말해 그리스도의 십자가는 역사의 목적이 전개되는데, 또는 우리가 여기서 펼치고 있는 논증으로 말하자면 하나님의 선교가 전개되는 데 필요한 열쇠다. 왜 그리스도는 역사를 지배하기에 합당하신가? 그분이 죽임을 당하셨기 때문이다. 그리고 그것은 어떤 차이를 만들었는가? 생물들과 이십사 장로들의 노래가 요한에게 그리고 우리에게 그것을 설명해 준다.

두루마리를 가지시고
그 인봉을 떼기에 합당하시도다.
일찍이 죽임을 당하사

---

28) 참고. N. T. Wright, "Gospel and Theology in Galatians", *Gospel in Paul*, ed. L. Ann Jervis and Peter Richardson(Sheffield, U.K.: Sheffield Academic Press, 1994).
29) Terence L. Donaldson, "'The Gospel That I Proclaim Among the Gentiles'(Gal. 2:2): Universalist or Israel-Centred?" *Gospel in Paul*, ed. L. Ann Jervis and Peter Richardson(Sheffield, U.K.: Sheffield Academic Press, 1994), p. 190.

각 족속과 방언과 백성과 나라 가운데에서
사람들을 피로 사서 하나님께 드리시고
그들로 우리 하나님 앞에서 나라와 제사장들을 삼으셨으니
그들이 땅에서 왕노릇 하리로다.(계 5:9-10)

이 노래는 왜 **십자가가 역사의 열쇠인지**에 대해 세 가지 이유를 제시한다.

- 첫째로, 그것은 **구속적**이다. 잃어버려졌거나, 패배했거나, 죄의 노예가 되었던 사람들이 하나님을 위해 '사신 바' 되었다. 인류는 역사의 배수관을 지나 심연으로 내려가지 않을 것이다.
- 둘째로, 그것은 **보편적**이다. 그렇게 구속된 사람들은 "각 족속과 방언과 백성과 나라 가운데에서" 올 것이다.
- 셋째로, 그것은 **승리한** 것이다. 어린양이 이기신다! 그분과 그분의 구속받은 백성들이 땅에서 왕 노릇 할 것이다.

여기에는 구약 성경이 분명하게 반영되어 있다. 아브라함의 약속의 보편성은 족속, 방언, 백성, 나라 목록 모두에서 포착할 수 있다. 그리고 출애굽기 19:5-6에 나오는 이스라엘의 특정한 부르심, 즉 온 땅의 모든 열방 가운데서 하나님의 제사장 나라가 되라는 부르심은 이제 그 자체가 국제화되었으며, 하나님을 섬기고(제사장으로서) 땅에서 다스리는(왕으로서) 영원한 미래에 투영되어 있다. 구속받은 인류는 이제 그들이 창조 내에서 원래 지니고 있던 지위와 역할을 되찾았다. 즉, 하나님 아래와 피조물 위에서 섬기고 다스리는 것이다. 이것은 구속받은 인류가 구속받은 피조물 안에서 발휘하게 될 제사장직과 왕직의 멋진 결합이다.

여섯째 인과 함께 나오는 이 환상의 절정은 이스라엘의 역사적인 열두 지파의 대표인 14만 4천의 무리를 한데 모으며, 곧이어 구속받은 헤아릴 수 없이 많은 다국적 무리의 파노라마가 나온다. 그것은 하나님이 아브라함에게 약속하신 것의 최종 성취다.

이 일 후에 내가 보니 각 나라와 족속과 백성과 방언에서 아무도 능히 셀 수 없는 큰 무리가 나와 흰 옷을 입고 손에 종려 가지를 들고 보좌 앞과 어린양 앞에 서서 큰 소리로

외쳐 이르되

구원하심이
보좌에 앉으신 우리 하나님과
어린 양에게 있도다.(계 7:9-10)

하나님이 처음에 아브라함을 부르사 노년에 이른 그와 그의 불임 아내를 창세기 3-11장의 재앙으로부터 피조물과 인간을 구해 내는 하나님의 선교 전체의 근원으로 지명하셨을 때, 우리는 놀란 천군천사들이 헉, 하고 숨을 들이쉬는 모습을 상상한 바 있다. 하지만 이번에 요한의 환상은 우리가 마음대로 상상하도록 그냥 놓아 두지 않는다. 요한이 이어서 이렇게 말하기 때문이다.

모든 천사가 보좌와 장로들과 네 생물의 주위에 서 있다가 보좌 앞에 엎드려 얼굴을 대고 하나님께 경배하여 이르되

아멘 찬송과 영광과
지혜와 감사와 존귀와
권능과 힘이
우리 하나님께 세세토록 있을지어다.
아멘 하더라.(계 7:11-12)

그리고 하나님은 울려 퍼지는 찬송들 속에서 아브라함을 돌아보시며 이렇게 말씀하실 것이다. "너 거기 있었구나. 난 내 약속을 지켰다. 선교는 성취되었다."

성경 전체에 나타난 열방. 그렇다면 틀림없이 하나님이 아브라함을 선택하신 것에는 보편적인 목적이 있었으며, 그렇기 때문에 또한 이스라엘의 존재 자체에도 보편적인 차원이 있었다. 하나의 백성으로서 이스라엘은 열방을 축복하시고 그분의 피조물을 회복하시려는 하나님의 선교로 인해 존재하게 되었다.

그래서 구약 본문들이 증거하는 선택의 의미는 인간적인 모든 것을 포괄할 수 있는 보편주의와 결합되어 있다. 이스라엘을 역사적으로 선택하신 하나님은 또한 우주를 축복하

시는 하나님이시다. 자신들이 하나님의 선민임을 아는 이스라엘 백성은 또한 자신들이 동일한 하나님의 통치에 복종하는 민족들과 세계 한가운데 있다고 본다.…선택은 이스라엘을 열방들로부터 끊어 놓지 않는다. 그것은 그 백성이 그들과 관계를 맺도록 한다.[30]

우리가 살펴본 본문들의 폭만 보아도 이것이 단순히 뒤늦게 생겨난 생각이나, 또는 단지 진화하는 역사의식이 아니었음을 보여 준다. 구약에 나오는 보편적 차원을 수세기 동안 이어져 내려온 편협한 민족주의 가운데서 후대에 생겨난 의식이라고 말하는 것은 잘못이다.[31] 반대로, 그것은 여러 다른 역사적 시대에 기록된 다양한 정경 장르에서 발견된다.

이 보편적 관점은 혁신적인 초대교회 선교 활동을 **사후에** 정당화하기 위해 신약이 구약에 부과한 것이 아니다. 오히려 그와 정반대다. 예수님의 최초의 제자들(그리고 그 이후의 세대들)은 메시아 예수에 비추어 그리고 그분 자신의 가르침의 영향으로 자신들의 성경이 강력한 보편적 추진력을 지니고 있음을 깨달았다. 선교에 대한 신약의 개념과 실천을 형성한 것은 바로 구약의 보편성이었다.

성경 전체는 보편적 선교를 하시는 보편적 하나님을 제시한다. 그 보편적 선교는

- 아브라함에게 선포되었다.
- 그리스도에 의해 미리 성취되었다.
- 새 창조에서 완성될 것이다.

하나님이 우리를 어떠한 선교로 부르시든, 그 선교는 이러한 내용을 포함하는 것이 되어야 한다.

특정성 – "너와 너의 씨로 말미암아"

우리는 이제 하나님이 선포하신 축복의 또 다른 측면으로 시야를 돌려야 한다.

---

30) Lucien Legrand, *Unity and Plurality: Mission in the Bible*(Maryknoll, N.Y.: Orbis, 1990), p. 14.
31) 그런 진화론적 견해는 비판적 학자들 사이에 흔하지만, 이따금 다른 곳에서 다른 가정 아래 나타나기도 한다. 예를 들면, David Filbeck, *Yes, God of the Gentiles Too: The Missionary Message of the Old Testament*(Wheaton, Ill.: Billy Graham Center, 1994), p. 75를 보라.

우리는 이제까지 그 축복이 지닌 보편적 암시를 살펴보았으며, 성경 나머지 부분에서 그것의 궤적을 추적해 보았다. 하지만 하나님은 아브라함과 그의 후손들을 축복하시겠다고 약속하신 후에 아브라함에게 "아, 그런데 그냥 격려차 하는 말인데, 나는 다른 모든 민족들도 축복하겠다"라고 말씀하지 않으셨다. 그렇다. 본문은 열방들에 대한 하나님의 계획을 상당히 신중하고 정확하게 표현한다. 그것은 하나님이 아브라함 자신에게 "내가 너를 축복하리라"고 말씀하신 것과 완전히 똑같은 의미로, "내가 [열방을] 축복하리라"는 긍정적 동사를 독립적으로 반복하는 형태로 표현하지 않는다. 또한 그것은 "열방 [역시] 축복을 받을 것이다"라고 단순히 독립적인 수동형 동사를 사용하지도 않는다. 오히려 그것은 보다 미묘하고 스스로를 포함하는 동사 형태(니팔, 히트파엘)를 중대한 인칭 대명사인 "너로 말미암아"(běkā)을 나란히 사용한다. 그리고 일부 본문에서는 "그리고 너의 씨로 말미암아"라는 말이 덧붙여 있다. 열방은 그 과정에 어떤 형태로든 스스로 참여하지 않고는 축복을 받지 못할 것이다(동사의 형태들). 그리고 그들은 하나님이 지금 아브라함에게 약속하시고 그를 위해 계획하시는 것과 관련 없이는 축복을 받지 못할 것이다(수반되는 대명사).

그래서 하나님이 **보편적으로** 열방을 위해 무엇을 하기로 계획하셨든, 그것은 어떻게든 아브라함 및 그의 후손들과 관련되어 있다. 그리고 하나님이 **특별히** 아브라함을 위해 무엇을 하기로 계획하셨든, 그것은 모든 열방을 위한 하나님의 궁극적 목표와 결합되어 있다. 이것이 아브라함에게 주신 하나님의 말씀의 '핵심'이 지닌 보편성과 특정성 간의 흥미로운 균형과 긴장이다.

"너로 말미암아": 하나님의 축복의 특정한 수단. '너로 말미암아'라는 말에서 히브리어 전치사 '베'(bĕ)의 의미는 무엇인가? 통상적 용법에서 그 말은 가장 흔하게는 '안에'(in) 혹은 '통해'(through)라고 번역된다. 그것은 여기에서 아브라함과 관련해서 무엇을 의미하는가?

그것은 아브라함이 축복의 **행위자**(즉, 축복을 하는 사람)가 되리라는 의미일 수는 없다. 그 행위자는 오직 모든 축복의 근원이신 하나님뿐이기 때문이다. 물론 어떤 사람이 다른 사람을 축복할 수는 있다(그들에게 **하나님의** 축복을 기원함으로서). 그리고 그런 의미에서 다른 사람들이 '그에 의해 축복을 받을' 수는 있다(예를 들어, 바로는 야곱에 의해, 혹은 아브라함은 멜기세덱에 의해 축복을 받았다). 하지만 이 본문에서 아브라함이 그런 이차적 의미로 땅의 모든 족속들을 축복했다고 볼 수는 없다. 그래서 "땅의 모든 족속이 너에 **의해**(by you) 복을 얻을 것이라"는 번역은 여기에서 정확한 번역이 아니다.

또한 그것은 '아브라함처럼'이라는 **비교급**도 아니다. 즉, 하나님은 다른 사람들이 아브라함과 마찬가지로 복을 받지만, 그 복이 반드시 아브라함과 관련된 것은 아니라고 약속하신 적이 없다. 그것은 또한 '아브라함과 함께'라는 단순히 **연합적인** 것도 아니다. 물론 이 말이 원 뜻에는 더 가깝다. 하지만 그것이 그 단어가 확실히 암시하는 바는 아니다. 히브리어에는 '처럼'(kᵉ)과 '함께'(ʻim)를 의미하는 전치사가 있지만, 여기에서는 둘 중 어느 것도 사용되지 않는다.

가장 정확한 의미는 그것이 **도구적**['너로 말미암아'(through)]이라는 것이다. 하나님이 땅의 모든 족속을 축복하시는 것은 아브라함과 그의 후손으로 **말미암아** 일어날 것이다. 아브라함과 그의 후손은 **그들에 의해** 축복이 이루어지는 **행위자도**, **그들로부터** 축복이 오는 **원천**도 아니고, 하나님(참된 행위자이며 원천이 되시는 분)이 약속하신 대로 전 세계에 **그들을 통해** 그분의 축복을 확장하는 **수단**이 될 것이다.

그 전치사는 또한 '네 안에서'라는 의미를 지닐 수도 있다. 이 경우, 그 약속은 모든 족속이 궁극적으로 아브라함 및 그의 씨에 **통합**되는 것을 통해 복을 경험하게 되리라는, 보다 비유적인 의미를 지닐 것이다. 이것은 분명 후에 기록된 몇몇 본문들이 미래를 내다보고 열방들이 궁극적으로 하나님의 복된 백성으로서 이스라엘 안에 포함되는 것으로 여긴 것과 조화를 이룬다. 그것은 신구약 모두에서 중요한 신학적·종말론적 진리다. 하지만, 적어도 창세기에 나온 그 본문에 대한 최초의 해석에서는, 그것을 대체로 도구적인 의미로 보는 것이 타당하다. 하나님은 하나님의 축복의 **대상**으로 삼기 위해서뿐만 아니라, 또한 세상에 그분의 축복을 전달하는 **도구**로 삼기 위해서 아브라함과 그의 후손을 선택하신다. 하나님의 축복을 받게 될 이 특정한 사람, 가족, 민족은 다른 사람들로 하여금 동일한 복을 받게 해주는 수단이 될 것이다.

이 해석에 대한 또 한 가지 단서는 아브라함과 그의 후손에게 어떻게 반응하는가 하는 것과 관련해서 그들을 차별적으로 대우하시겠다고 선포하신 하나님의 말씀에서 찾아볼 수 있다(창 12:3). 사람들(복수)은 아브라함을 축복하기로 할 때 복을 받을 것이다. 즉, 아브라함의 하나님을 인정하고, 하나님이 아브라함과 그의 후손들(물론 바울이 개인적으로 아브라함의 바로 그 씨로 보는 분인 예수 그리스도를 포함해서)을 통해 하신 일을 감사하게 생각하는 사람들에게는 긍정적 소망이 있을 것이다. 역으로, 어떤 사람(단수)이 하나님의 축복의 영역 밖에, 그리고 하나님이 이 세상과 그 거민들에게 이미 선언하신 저주의 영역 안에 남아 있으려면, 하나님이 아브라함에서부터 그리스도에 이르는 이야기에서 하신 일 전체를 부인하고 경멸하면 된다. 어느 쪽이든 아브라함(그리고 구원에 대한 전체 성경 이야기에서 그가 대표하는 모든 사람)은 축복 혹은 저주의 판단 기준이 된다. 그에 따라 개인들과 족속들의 운명이 달라지는 축이 되는 것이다.

창세기 12:3 상반절에 나오는 이 이중적 절은 끝에 나오는 "모든 족속"(3절 하)이라는 말이 **모든 개개인들이** 궁극적으로 아브라함을 통해 복을 받을 것이라는 의미는 아니라는 점을 분명히 밝힌다. 이 본문이 표현하는 것은 보편주의가 아니다. 오히려 그것은 하나님의 구원의 선교가 그분의 온 세상에, 모든 백성들에게, 모든 인종 집단들에게 확장되리라는 분명한 소망을 갖게 해준다. 요한계시록 7:9에서 상상하는 것처럼, 하나님의 축복은 전 세계에 걸쳐 온갖 종류와 환경에 속한 백성들에게 임할 것이다.

그래서 우리는 창세기 12:3 하반절에 나오는 이 여섯 개의 의미심장한 단어들에서 **특정한 역사적 수단**('너로 말미암아' 그리고 후에는 '너의 씨로' 말미암아)을 통해 이루어질 **보편적인 궁극적 목표**(온 땅의 모든 백성들이 복을 누리게 될 것이다)를 발견한다. 이 두 기둥은 서로 분리할 수 없으며, 둘 다 성경적 선교 신학에 전적으로 필수적인 것으로서 결합되어 있어야 한다.

이스라엘의 선택의 독특성. 우리는 앞에서 하나님이 아브라함에게 하신 약속에 의해 시작되었고, 마침내 요한계시록에 나오는 구속받은 피조물에게까지 이른 커다란 포물선에서 성경을 뚫고 솟아오른 **보편성의 궤적**을 살펴보았다. 같은 발사대에서 출발했으나 그보다는 덜 두드러지는 **특정성의 궤적** 역시 찾아볼 수 있다. 아브라함의 백성 이스라엘은 하나님이 아브라함을 선택하시고 부르신 후, 그의 후손들에게 열방들 가운데 담당할 독특한 역할과 지위를 주셨다는 것을 알고 있었다. 다른 백성들에게 해당되지 않는 특정한 것들이 그들에게는 해당되었다. 하나님은 다른 백성들에게 행하지 않으신 특정한 일들을 그들에게는 행하셨다. 다른 백성들에게 요구되지 않았던 많은 것들이 그들에게는 요구되었다. 그들은 큰 특권을 가지고 있었다. 그리고 그들은 훨씬 더 큰 책임을 가지고 있었다.

이 궤적을 따라 모을 수 있는 본문들의 수는 보편성의 궤적에 따른 수보다는 적다. 이것은 자신들이 독특하게 선택받은 존재라는 이스라엘의 인식이 열방들에 대한 하나님의 궁극적 목적에 대한 인식보다 적었기 때문에 그렇게 된 것은 아니다. 사실은 정반대였다. 이스라엘은 다른 민족들과 마찬가지로, 다른 사람들에 대해 생각하기보다 자신들에 대해 더 많이 생각했다. 심지어 하나님의 목적에 대해 생각할 때에도 그랬다. 야웨 하나님 자신을 위해 야웨 하나님에게 독특하게 선택받은 백성이라는 이스라엘의 자기 이해는 이스라엘의 세계관과 민족적 정체성의 핵심이었다. 그러한 확신을 표현하는 본문들만 모아 보아도 실로 대단히 많을 것이다. 신명기 같은 책들은 책 전체가 다 그에 해당된다.[32]

하지만 여기에서 나는 단순히 이스라엘의 독특한 선민 의식만을 다루고 있는 본문들에는 관심이 없다. 나는 특별히 **이러한 독특한 개념이 어떤 식으로든(직접적으로 혹은 전후 문맥 안에서 암시적으로) 열방에 대한 하나님의 보편적 목적 혹은 피조물에 대한 하나님의 보편적 주권과 관련되어 있는 본문들**에 주목하고자 한다. 즉, 나는 독특하게 선택받은 이스라엘이 지닌 선교적 차원이 무엇인지 밝히는 데 관심이 있다. 그것은 하나님이 아브라함에게 주신 세계적인 약속이 지닌 선교적 차원과 일치하는 것이다.

출애굽기 19:5-6

그렇다면 너희가 정말로 내 말을 잘 듣고 내 언약을 지키면
　너희는 내 개인의 특별한 소유가 될 것이다.
　　모든 민족 중에서
　　실로 온 세상이 내게 속하였지만,
　너희는 내게 대하여 제사장 나라가 되며 거룩한 백성이 되리라.(저자 사역)[33]

---

32) Peter Machinist는 "히브리 성경에서 433개의 독특한 본문들" 목록을 만들고 나서, 그것들을 다양한 주제에 따라 분류한다. 그는 이스라엘의 자기 정체성의 이 측면을 이러한 믿음들이 지닌 신학적 의의와 연결시키기보다는, '최근에' 국제무대에 등장한 주변적 존재로서 그들의 역사적 기원으로 인한 사회학적 필요와 더 연결시킨다. 그 자료에 대해 두 가지 관점을 다 가질 수 있다. Peter Machinist, "The Question of Distinctiveness in Ancient Israel", *Essential Papers on Israel and the Ancient Near East*, ed. F. E. Greenspan(New York: New York University Press, 1991), pp. 420-442.
33) 저자 사역. 참고. Wells, *God's Holy People*, p. 44.

우리는 이미 이번 장을 시작하며 보편성에 대한 부분에서 이 본문을 살펴보았다. 이 본문의 배경이 되는 장면은 "모든 민족"과 "온 세상"에 대한 야웨의 보편적 통치다. 하지만 맨 앞에 나오는 행동은 분명 이스라엘을 위한 야웨의 특정한 의도들이다. 여기에서 우리가 주의를 집중하는 것은 후자다(그리고 11장에서 성경적 선교의 윤리적 차원에 대해 살펴볼 때 그 본문을 다시 살펴볼 것이다). "출애굽기 19:3-6은 모세 오경의 중심 장들을 소개하기 위한 중대한 말씀이다. 그것은 모세 오경 나머지 부분을 새로운 관점, 즉 **하나님의 백성의 독특한 정체성**이라는 관점에서 본다."[34]

나의 본문 배열은 바로 내가 이 장에서 분명히 설명하려 애쓰고 있는 보편성과 특정성 간의 균형을 보여 준다. 처음의 조건 절(첫째 줄)이 나온 후, 교차 배열 구조를 한 네 구절이 나온다. 그 구조를 살펴보면 안쪽에 있는 두 줄은 세계와 그 나라들에 대한 하나님의 보편적 소유권을 묘사하는 반면, 바깥쪽에 있는 두 줄은 이스라엘을 위한 하나님의 특정한 역할을 표현한다. 이 구조는 또한 "제사장 나라와 거룩한 백성"이라는 이중의 구절이 "개인의 소유"와 동격 관계에 있음을 분명하게 설명한다. 다시 말해, 마지막 줄은 단 하나의 비유적 단어 '세굴라' (sᵉgullâ)가 무엇을 의미하는지 보다 명확히 밝혀 준다.

세굴라는 NIV에서 '보배로운 소유'(treasured possession)라고 번역된 것으로, 왕과 관련해서 나오는 단어다. 그 말은 (히브리어와 아카디아어에서) 군주와 그의 가족이 지닌 개인 재산을 말한다(참고. 대상 29:3; 전 2:8). 온 나라와 백성은 넓은 의미에서 왕의 소유로 간주될 수 있었다. 하지만 왕은 또한 개인 재산을 가지고 있었으며, 그것을 기뻐했다. 이것이 하나님이 이스라엘의 정체성을 묘사하기 위해 사용하는 비유다. 야웨는 온 세상과 모든 민족을 소유하고 계시며 통치하시는 하나님이다(그 자체가 놀라운 단언이다). 하지만 야웨는 이스라엘이 세계를 다스리시는 하나님과 특별히 개인적인 관계를 맺도록 하셨다. 그러고 나서 6절에서 그 특별한 지위가 무엇을 포함하는지 설명한다. 그들은 그들의 지위에 걸맞은 역할을 가지고 있다. 그 **지위**는 특별한 보배로운 소유가 되는 것이다. 그 **역할**은 열방 가운데서 제사장적이고 거룩한 공동체가 되는 것이다.

왕은 자신의 개인적 소유를 스스로 선택하므로, 이 본문은 이스라엘이 전 세계

---

34) Wells, *God's Holy People*, pp. 33-34. 저자 강조.

열방 내에서 야웨와 특별한 관계를 맺도록 야웨에게 독특하게 선택받았다는 개념을 분명히 표현한다. 여기에 '선택'이라는 어휘가 나오지 않아도 그렇다는 것이다.

선택을 나타내는 특정한 히브리 용어 '바하르'(*bāḥar*)가 이 본문에 나오지는 않지만(신명기 이전에는 어디에서도 이 단어가 하나님이 자신의 백성을 선택하신 것에 대해 사용된 일이 없다), 나중에 시내 산 사건을 언급하는 본문들에는 이 용어가 포함되어 있다(예를 들어, 신 7:6; 14:2). 분명 여기 출애굽기에서 그 용어는 나오지 않지만 그 개념은 나와 있다. '하나님 자신의' 것으로서 이스라엘이 보편적 관점에서 논의되며, 언약이라는 개념이 명시된다(출 19:5). 이처럼 이 본문들에는 선택이라는 개념이 전제되어 있다.[35]

하지만 이러한 하나님의 선택은 그것이 협소하거나 배타적인 결과를 가져오지 않도록 막아 주는 강력한 틀 안에서 전제되어 있다. 아브라함의 부르심이 명백히 모든 민족의 유익을 위한 것이었듯이, 이스라엘이 하나님과 특별한 관계를 맺도록 선택된 것 역시 나머지 세상을 분명하게 염두에 두고 있는 것이다.

사실상 세굴라라는 단어는 소유라는 개념 자체보다 관계의 소중하고 인격적인 특성을 강조한다. **이스라엘**만 하나님에게 속해 있고, 다른 민족들은 **속해 있지 않은** 것이 아니다. 또는 이스라엘이 다른 민족들보다 하나님께 더 '소유된' 것은 아니다. 본문은 하나님이 세상을(그리고 함축적으로는 세상의 나라들을)[36] 소유하고 계시는 것을 하나님이 앞으로 이스라엘을 소유하시리라는 것과 정확히 똑같은 말로 표현하기 때문이다.[37] 모든 나라들이 하나님에게 속해 있다. 하지만 이스라엘은 독특한 방식으로 하나님에게 속할 것이다. 이스라엘은 한편으로 언약에 순종해야 할 의무가 있고, 다른 한편으로 세상에서 제사장적이고 거룩한 사명과 역할을 감당해야 할 책임이 있다. 후자가 무엇을 의미하게 될 것인지 여기에는 더 이상 나오지 않는다. 하지만 이 책 뒤에 나오는 몇몇 본문을 보면 그 개념들이 확대된다. 지금 주목해야 할 중요한 점은 **이스라엘**에게 주어진 고귀한 칭호들과,

---

35) 같은 책, p. 27.
36) 참고. 시 24:1에서는 대단히 유사한 문법적 구조 안에서 비슷한 주장을 한다. 온 땅이 다 여호와께 속했다면, 그 안에 사는 모든 것(즉, 모든 열방)도 마찬가지다.
37) 문자적으로는 "내게[*lî*] 너는 모든 민족들 중에 *sᵉgullâ*가 될 것이다. 내게[*lî*] 온 세상이 있기 때문이다."

온 세상에 대한 하나님의 주장의 실체 간의 균형이다. "독자에게 주어진 것은 혼자 떨어져 있는 이스라엘에 대한 묘사가 아니라, 하나님의 세상 전체와 관련된 묘사다."[38] 또는 다른 말로 하면, **여기에서 이스라엘의 독특성은 세상에 대한 하나님의 관심의 보편성에 기여하기 위함이다. 이스라엘의 선택은 하나님의 선교에 기여한다.** 이것은 우리가 파악해야 할 대단히 중대한 요점이다.

성경 내에서 이 본문(출 19:3-6)의 궤적을 살펴보면 흥미롭다. 신명기 안에는 그 본문을 매우 분명하게 반영하는 서너 개의 본문이 있다. 또한 예레미야서에도 그로 인해 생겨난 또 다른 본문들이 있다.

신명기 7:6. "너는 여호와 네 하나님의 성민이라. 네 하나님 여호와께서 지상 만민 중에서 너를 자기 기업의 백성으로 택하셨나니."

신명기 7장 전체는 이스라엘과 가나안 사람들의 구별에 관한 것이다. 그들이 가나안의 우상숭배와 부패한 종교적·사회적 관행을 따라가지 않도록 막기 위해서다.[39] 이스라엘의 분리의 요점은 **인종적 배타성**이 아니라(이방인들은 갖가지 방법으로 이스라엘의 예배 공동체에 참여할 수 있었다), **종교적 보호**다. 출애굽기 19장 본문을 끌어다 사용하고 있는 신명기 14:2(이스라엘의 정결한 음식과 부정한 음식 규정을 다루는 장의 첫머리) 역시 같은 근본 원리를 따르고 있다. 그렇게 음식을 구분하는 것은 이스라엘이 다른 열방들과 구별됨을 상징하려는 것이었다. 야웨가 열방 중에서 구별된 한 민족(야웨 자신의 목적을 위해, 그분 자신에게 거룩한)을 선택하신 것처럼, 이스라엘은 모든 동물들을 근본적으로 구분해야 하며, 또 일상생활에서 그것을 끊임없이 생각나게 해야 한다.

하지만 또 다른 두 가지 언급으로 해서, 출애굽기 19장에 나오는 (암시적인) 선택 용어는(특히 세굴라와 '거룩한 백성') 열방 가운데서 행하시는 하나님의 장기적인 선교와 더 의미있게 연결된다.

---

38) Wells, *God's Holy People*, p. 49.
39) 신 7장에 나오는 가나안 사람들과 그들의 예배 장소를 파괴하는 문제, 그리고 그것이 어떻게 열방에 복이 되라는 이스라엘의 부르심에 대한 선교학적 이해와 조화를 이룰 수 있는가 하는 문제에 대해서는 Christopher J. H. Wright, *Deuteronomy*, New International Biblical Commentary (Peabody, Mass.: Hendrikson; Carlisle, U.K.: Paternoster, 1996), pp. 108-120를 보라.

신명기 26:18-19; 28:9-10

여호와께서도 네게 말씀하신 대로 오늘 너를 그의 보배로운 백성(treasures possession)이 되게 하시고 그의 모든 명령을 지키라 확언하셨느니라. 그런즉 여호와께서 너를 그 지으신 모든 민족 위에 뛰어나게 하사 찬송과 명예와 영광을 삼으시고 그가 말씀하신 대로 너를 네 하나님 여호와의 성민이 되게 하시리라.(신 26:18-19)

여호와께서 네게 맹세하신대로 너를 세워 자기의 성민이 되게 하시리니 이는 네가 네 하나님 여호와의 명령을 지켜 그 길로 행할 것임이니라. 땅의 모든 백성이 여호와의 이름이 너를 위하여 불리는 것을 보고 너를 두려워하리라.(신 28:9-10)

신명기 26장 마지막 부분은 구약에서 야웨와 이스라엘 간의 언약 관계에 대한 가장 간결하고 균형 잡힌 진술 중 하나다. 그것은 서로 균형을 이루는 두 가지 주장을 기록하고 있다. 한편으로 이스라엘이 한 주장이고(그들의 하나님이 누구시며, 그들의 뜻이 무엇인지 선포하면서), 다른 한편으로는 야웨께서 하신 주장이다(이스라엘이 독특하게 보배로운 방식으로 그분에게 속해 있다고 선포하면서. 이것은 분명 출 19:6을 반영한다).

그러고는 하나님은 이스라엘을 선택하신 목적을 나머지 열방과 관련하여 선포하신다. 그것은 **"찬송과 명예와 영광"**이 있어야 한다는 것이다. 이러한 것들은 누구에게 속한 것인가? 신명기 26:19 본문을 표면적으로 보면 그것은 이스라엘에게 속한 것이다. 하지만 긴밀하게 연결된 신명기 28:9-10은 열방들이 이스라엘을 존중하는 것을 보여 줄 뿐 아니라, 그들이 이스라엘이 속한 하나님을 인정하기 때문에 그렇게 하리라는 것을 보여 준다. "땅의 모든 백성이 여호와의 이름이 너를 위하여 불리는 것을 보고" 그래서 이스라엘의 명성과 야웨의 명성은 서로 결합되어 있다. 그런 것이 언약의 무시할 수 없는 본질이다. 야웨의 명성은 이스라엘의 언약적 순종 여부에 달려 있다.

그것은 또한 선택이 필연적으로 함축하는 점이다. 야웨께서 이스라엘을 자신에게 속하도록 결정하신다면, 그분은 결과적으로 자신을 이스라엘에게 속하도록 결정하시는 것이다. 열방들이 이스라엘에 대해 어떻게 생각하는가 하는 것은 그들이 야웨에 대해 어떻게 생각하는가 하는 것으로 바뀔 것이다. 이는 매우 위험한 선교 전략이다. 소위 '특정성의 수치'(scandal of particularity)는 그것이 우리에게 문제가 되기 전에 벌써 전능하신 하나님에게 수치스러운 것이었다. 하지만 하나님은 전체 인류를 향한 자신의 궁극적 선교를 위해서, 모험과 수치와 엄청난 당혹스러움을 견딜 각오가 되어 있으셨다. 그런 광대한 목적을 염두에 두고, "하나님이 그들의 하나님(즉, 족장들의 하나님 그리고 함축적으로 그들의 후손들의 하나님)이라 일컬음 받으심을 부끄러워하지 아니하[신]"(히 11:16) 것이다.

예레미야는 하나님이 그런 백성을 그분 자신과 동일화하기로 선택하신 하나님의 이상적인 목적을 강조하기 위해, 그리고 또한 이스라엘이 당시 그들의 이상에 따라 살지 못했음을 지적하기 위해, 신명기에 나온 선택과 연관된 언어를 이용한다.

예레미야 13:11; 33:8-9

띠가 사람의 허리에 속함같이 내가 이스라엘 온 집과 유다 온 집으로 내게 속하게 하여 그들로 내 백성이 되게 하며 내 이름과 명예와 영광이 되게 하려 하였으나 그들이 듣지 아니하였느니라.(렘 13:11)

내가 그들을 내게 범한 그 모든 죄악에서 정하게 하며 그들이 내게 범하며 행한 모든 죄악을 사할 것이라. 이 성읍이 세계 열방 앞에서 나의 기쁜 이름이 될 것이며 찬송과 영광이 될 것이요, 그들은 내가 이 백성에게 베푼 모든 복을 들을 것이요, 내가 이 성읍에 베푼 모든 복과 모든 평안으로 말미암아 두려워하며 떨리라.(렘 33:8-9)

이 두 구절은 모두 신명기 26:19에서처럼 **명성**(혹은 명예, 히브리어로 šēm: 이름)과 **찬송**(13장의 구절에서는 '명예'로 번역됨—역주)과 **영광**이라는 똑같은 세 개의 단어를 사용한다(렘 33:9은 그 목록에 **기쁨**이라는 말을 더한다). 하지만 두 경우 모두 그것을 받으시는 분은 하나님 자신임이 분명하다. 이스라엘이 열방 중에서 어느 정도의 명성과 찬송과 영광을 받게 되든지 간에, 그것은 실제로는 야웨, 곧 그들을 그분의 언약 백성으로 선택하신 하나님에게 돌아가는 것이다. 13장에서 예레미야의 행동으로 표현된 비유의 이미지는 이 점을 잘 보여 준다. 아름답고 멋진 새 옷(아마 허리띠가 아니라 장식으로 몸에 두르는 띠일 것이다)을 고르고 사서 자랑스럽게 걸친다. 하지만 중요한 것은 그 옷을 입는 사람에게 기쁨과 찬송을 가져다주어야 한다는 점이었다. 하나님은 이스라엘을 바로 그렇게 여기셨다. 하나님은 '그들을 입기' 원하셨다. 여기에서 선택은, 입을 옷 한 점을 고르는 인물로 표현된다. 실로 다른 것들 대신 선택된 띠로서는 '영광'일 것이다. 그러나 그것이 옷을 골라 입는 행위가 지닌 요점은 아니다. 그 의도는 옷 입는 자를 높이는 것이다. 마찬가지로, 이스라엘로서는 야웨의 언약 상대자로 선택된 것이 엄청난 특권이며 영광이었다. 하지만 그 자체가 야웨께서 그들을 선택하신 이유는 아니었다. 하나님은 더 큰 의제를 갖고 계셨다. 즉, 자신이 '이스라엘을 입고' 궁극적으로 이루실 것을 통해, 열방 가운데서 그분 자신의 이름을 높이는 것이었다.

그리고 하나님의 백성 이스라엘은 불순종에 의해 바로 그러한 하나님의 더 광범위한 목적을 좌절시키고 있었다. 예레미야의 생생한 행동 비유로 말하자면, 그들은 여러 달 동안 젖은 흙에 놓여 있었던 새 띠처럼 썩어 버렸다. 하나님은 그것을 더 이상 쓸 수가 없었다. 그들은 하나님에게 찬송과 영광을 가져오기는커녕, 수치와 모욕을 가져다주었다.[40] 그런 이유로 해서, 열방에 대한 하나님의 목적이 계속 성취되려면, 하나님은 먼저 이스라엘을 상대하셔야 할 것이다. 그래서 예레미야 33장과 그 전후 문맥에 나오는 약속들이 생겨난 것이다. 선택받은 자들을 회복시키는 것은 그들만의 유익을 위한 것이 아니라, 하나님의 선교가 열방들 가운데 이루어질 수 있도록 하기 위함이다. 그들은 애초에 하나님의 선교를 위해 선택받았다. 이 때문에, 보다 광범위한 정경의 용어로 말하자면, 열방을 모아들이는 일 이전에 이스라엘의 회복이 일어나야 했다. 바울은 자신의 선교 신학에서 이 순서를 깊이 이해하고 있었다.

그렇다면 출애굽기 19:4-6이 이스라엘의 역할과 책임들에 대한 차후의 사고에 강력한 영향을 끼쳤다는 것을 알 수 있다. 이스라엘의 선택의 특정성에 대한 마지막 몇몇 본문들로 넘어가기 전에, 이 사실의 선교적 의의에 대해 하나 더 살펴보도록 하자. 출애굽기 19:4-6과의 이런 연관을 관찰하다보면, 이스라엘이 열방 중에서 하나님의 '제사장'이었다는 추가 문구를 생각하지 않을 수 없다. 그 말은 대표적이고, 중재적인 역할을 암시한다. 이스라엘은 열방에게 야웨를 아는 지

---

40) 이것이 겔 36장에 나오는 "이스라엘이 여러 나라 가운데서 [야웨의 거룩한 이름을] 더럽혔다"는 말의 의미다. 즉, 그들은 야웨의 평판을 떨어뜨렸다는 것이다.

식을 가르쳐 줄 것이며(제사장들이 그의 백성들에게 야웨의 율법을 가르쳐 준 것과 마찬가지로), 열방들이 궁극적으로 야웨와 언약 교제를 맺도록 도와줄 것이다(제사장들이 죄인들로 하여금 제사를 통해 속죄를 하고 교제를 회복할 수 있도록 도와준 것과 마찬가지로). 세상에 이스라엘이 존재하는 것 자체가 열방들을 위한 것이었으며, 하나님이 아브라함에게 약속한 이래로 그러했다. 이제 그 주제를 살펴볼 차례다.

신명기 4:32-35; 10:14-15

네가 있기 전 하나님이 사람을 세상에 창조하신 날부터 지금까지 지나간 날을 상고하여 보라. 하늘 이 끝에서 저 끝까지 이런 큰 일이 있었느냐. 이런 일을 들은 적이 있었느냐. 어떤 국민이 불 가운데에서 말씀하시는 하나님의 음성을 너처럼 듣고 생존하였느냐. 어떤 신이 와서 시험과 이적과 기사와 전쟁과 강한 손과 편 팔과 크게 두려운 일로 한 민족을 다른 민족에게서 인도하여 낸 일이 있느냐. 이는 다 너희의 하나님 여호와께서 애굽에서 너희를 위하여 너희의 목전에서 행하신 일이라. 이것을 네게 나타내심은 여호와는 하나님이시요 그 외에는 다른 신이 없음을 네게 알게 하려 하심이니라.(신 4:32-35)

하늘과 모든 하늘의 하늘과 땅과 그 위의 만물은 본래 네 하나님 여호와께 속한 것이로되 여호와께서 오직 네 조상들을 기뻐하시고 그들을 사랑하사 그들의 후손인 너희를 만민 중에서 택하셨음이 오늘과 같으니라.(신 10:14-15)

이 두 본문은 이스라엘을 창조와 역사 통치 안에 나타난 야웨의 보편적 능력 안에 둠으로시, 이스라엘의 독특성을 대단히 분명한 용어로 표현한다. 처음 본문(신 4장)에서, 모세는 이스라엘에게 모든 인간 역사와 모든 지리적 장소를 다 찾아보라고 도전한다. 물론 그 수사적 질문은 '아니다'라는 대답을 기대한다. 그것들은 사실상 하나님에 대한 이스라엘의 경험이 독특한 것이었다는 명확한 단언이다. 그것은 전례가 없었고(하나님은 이전에 그와 같은 일을 하신 적이 전혀 없었다) 유례가 없었다는(하나님은 다른 어느 곳에서도 그런 일을 하시지 않았다) 이중적 의미에서 독특했다. 이 본문은 이어서 이스라엘의 최근 역사에서 일어난

두 가지 사건을 명기한다. 하나님의 계시가 주어진 시내 산 경험과, 하나님의 구속이 일어난 출애굽 사건이다. 모세는 둘 다 이스라엘에게 독특한 것이라고 말한다.

두 번째 본문(신 10장)은 이스라엘의 독특성에 대한 더 이전의 토대를 말한다. 그것은 족장들을 선택하신 것이다. 그리고 그것은 그 사건을 하나님의 우주적 소유권과 피조물 전체에 대한 통치라는 훨씬 더 광범위한 무대 안에서 살펴본다. 출애굽기 19:5-6이 이스라엘이 독특한 개인적 소유로서 야웨에게 속했다고 말하고, 동시에 **세계가 다** 하나님에게 속했다고 말하는 것처럼, 여기에서 신명기는 하나님이 족장들을 선택하신 것을 말하고 동시에 **하늘과 땅의 모든 우주가** 하나님에게 속하였다고 말한다. 이스라엘이 선택받은 것에 대해 그 밖의 다른 무엇을 말하든, 그것이 더 넓은 세계에 주의를 기울이지 않는 협소하고 배타적인 편애라고 해석할 수는 없다. 이러한 본문들을 고려하여, 이스라엘의 선택은 그런 더 큰 맥락에서 살펴봐야 한다.

그래서 이스라엘 선택의 특정성은 과거를 되돌아보면서, 보편적인 틀 안에 자리잡고 있다. 하지만 앞을 내다볼 때, 그것이 열방을 축복하시는 하나님의 선교와 관련된 더 넓은 목적에 기여한다는 암시가 조금이라도 있는가? 그런 연관은 신명기 4장에 나와 있다. 이스라엘이 선택받은 결과, 그들에게 부과된 윤리적 의제와 요구를 통해 연결되어 있는 것이다. 그리고 같은 윤리적 도전이 신명기 10장에 강력하게 나와 있으므로, 우리는 거기에 더 광범위한 연관 또한 암시되어 있다고 생각할 수 있다. 신명기 4:32-34에 나오는 그들을 위한 야웨**의 행동에 대한 이스라엘의 경험의 독특성**에 대한 수사학적 질문들은, 그 장 앞부분에 나오는 야웨**의 율법에 대한 이스라엘의 소유의 독특성**에 대한 짧은 몇 가지 수사학적 질문들과 균형을 이룬다. 하지만 의미심장하게도, 이것은 이스라엘이 어떻게 하나님의 율법에 반응하는가를 관찰하는 열방을 충분히 고려하고 있다.

> 너희는 지켜 행하라. 이것이 여러 민족 앞에서 너희의 지혜요 너희의 지식이라. 그들이 이 모든 규례를 듣고 이르기를 이 큰 나라 사람은 과연 지혜와 지식이 있는 백성이로다 하리라. 우리 하나님 여호와께서 우리가 그에게 기도할 때마다 우리에게 가까이 하심과 같이 그 신이 가까이 함을 얻은 큰 나라가 어디 있느냐. 오늘 내가 너희에게 선포하는 이 율법과 같이 그 규례와 법도가 공의로운 큰 나라가 어디 있느냐(신 4:6-8).

신명기의 가장 독특한 특징 중 하나는 동기를 유발하는 수사학이다. 그것은 이스라엘이 하나님의 율법에 순종하고, 그분의 기준에 따라 그들의 공동체를 건설해야 하는 여러 가지 이유들을 제시한다. 여기 신명기의 첫머리라는 눈에 띄는 위치에, 이스라엘의 순종에 대한 일차적 동기가 나온다. 즉, 그들을 지켜보는 열방들 때문에 순종해야 한다는 것이다. 이스라엘은 모든 민족 가운데서 하나님의 특별한 소유로 부르심을 받았다. 그 부르심에는 윤리적 요구가 포함된다. 이스라엘은 그 요구를 성취함으로, 열방에 일종의 본보기가 된다. 또는 이사야의 말을 빌면 "만민의 빛"(사 51:4)이 된다. 이처럼, 신명기 10:12-19의 수사학에 똑같은 강력한 윤리적 언어가 도도히 흐르고 있다면, 그 바로 밑에는 이스라엘의 순종이 지닌 더 광범위한 의의가 흐르고 있다.[41]

이스라엘 선택의 특정성에서 나온, 이스라엘의 독특한 하나님 경험의 보다 광범위한 선교적 의의를 나타내는 또 하나의 단서는 신명기 4:35에 나온다. "이것을 네게 나타내심은 여호와는 하나님이시요, 그 외에는 다른 신이 없음을 알게 하려 하심이니라"(신 4:35).

이스라엘 역사에서 하나님의 위대한 행동들은 단지 우주적인 극장일 뿐만이 아니라 교육의 재료였다. 그들이 경험한 것 때문에, 이스라엘은 이제 살아 계신 하나님이 누구신지를 **알았다**. 아직 야웨를 하나님으로 알지 못하는 민족들로 가득한 세상에서, 이스라엘은 이제 그 하나님을 아는 민족이라는 특권을 누리게 되었다. 하지만 그러한 특권과 함께 엄청난 책임이 찾아왔다. 이스라엘은 하나님을 아는 지식의 청지기가 되었다. 하지만 모든 사람들에게 알려지기 원하시는 하나님의 뜻은 성경적 선교가 지닌 추진력 중 하나다. 하나님은 계시와 구속에서 이스라엘에게 하신 일을 통해, 이 땅에 그분을 아는 엄청난 특권을 누린 한 민족을 창조하심으로, 그 선교를 시작하셨다. 이것이 바로 시편 기자들이 감사하면서 놀랄 수 있었던 어떤 것이었디(시 33:12; 147:19-20). 하지만 하나님은 그것을 이스라엘로 제한시키려고 하시지 않았다. **이스라엘이 하나님을 안 것은 그들을 통해 모든 민족들이 하나님을 알게 되도록 하기 위함이었다**. 그러므로 다시 한 번, 우리는 이스라엘의 선택과 독특성을 단언하는 본문들에서 강력한 선교적 맥박이 고동치는 것을 발견한다.

---

41) 11장에서 구약 윤리의 선교학적 의의에 대해 더 자세하게 설명하겠다.

결어: 성경적 선택과 선교

이스라엘의 독특한 특정성, 특히 그들이 야웨에게 선택받은 것을 말하는 핵심 본문들에 대한 성경적 궤적을 추적했으니, 이제 그 실들을 한데 모아 보자. 신적 선택이라는 개념은 물론 언제나 모든 성경 교리 중 가장 논란이 많은 것 가운데 하나였다. 우리는 교회 내에서 아우구스티누스적 칼뱅주의와 알미니안주의 주창자들 간에 일어난, 길고 때로는 격렬한 논쟁의 역사에 대해 지겹도록 들었다. 또 하나님이 유대인들만 편애하여 선택하심으로서, 왠지 그분의 구원 계획을 망쳐 놓았다는 비난이 설득력 있다는 생각이 들기도 한다. 전자에 대해서는 선택, 예정, 영벌 및 관련 개념들의 의미에 대한 많은 논쟁들이 조직적 추상화와 이원적 논리의 차원에서 이루어져 왔다는 점을 말해야 한다. 그런 논쟁들은 구약이 하나님께서 이스라엘을 선택하신 것에 대해 어떻게 말하고 있는지 잊어버린 듯하다. 예수님의 히브리 성경에 나오는 선택과, 공식화된 신학 체계들 안에 나오는 선택 간에는 때로 큰 간격이 있는 것처럼 보인다. 이쪽에서 저쪽으로 건너가는 다리는 너무 좁다.

후자에 대해서는, 즉 이스라엘을 선택한 것이 본질적으로 부분적이고, 부당하며, 온 세상에 대한 하나님의 사랑과 양립될 수 없다는 비난에 대해서는 몇 가지 사항들을 상기해 보아야 한다. 우리가 지금까지 살펴본 본문들로부터, 구약의 선택에 대해 다음과 같은 단언들을 할 수 있다.

이스라엘의 선택은 하나님의 보편성이라는 맥락 안에서 이루어졌다. 그것은 편협한 민족적 배타주의이기는커녕, 그 반대라고 주장한다. 이스라엘을 선택하신 하나님 야웨는 온 우주를 소유하시고 다스리시는 하나님이다. 그리고 하나님이 이스라엘에 대해 어떤 목적을 가지고 있건, 그것은 그 우주적 주권 및 섭리와 뗄 수 없이 연결되어 있다.

이스라엘의 선택은 다른 민족들을 거부하는 것을 의미하지 않는다. 반대로, 아주 처음부터 그것은 다른 민족들의 유익을 위한 것이라고 묘사된다. 하나님이 아브라함을 열방 가운데서 부르신 것은 그들을 거부하기 위해서가 아니라 그들을 구속하는 과정을 시작하기 위해서다.

이스라엘의 선택은 이스라엘 자신의 어떤 특별한 특징으로 인한 것이 아니다. 이스라엘 백성이 다른 민족들보다 수적으로 혹은 도덕적으로 우월하다는 것 때문에 하나님에게 선택받았다고 생각하고 싶은 마음이 들 때, 신명기는 그런 교만한 환상들을 재빨리 제거해 준다.

이스라엘의 선택은 오직 하나님의 불가해한 사랑에만 근거하고 있다. 하나님 자신의 사랑, 그리고 하나님이 이스라엘의 선조들에게 하신 약속들(물론 거기에는 열방들과 관련해서 하신 약속이 포함되어 있다) 외에는 다른 어떤 동기도 없다. 우리는 요한복음 3:16을 "하나님이 **세상을** 이처럼 사랑하사 아브라함을 선택하시고 이스라엘을 부르셨으니"라고 풀어쓸 수도 있다. 요한은 분명 그것을 받아들일 것이다.

이스라엘의 선택은 그 자체가 목적이 아니라 도구적인 것이다. 하나님은 이스라엘만 구원하시기 위해 이스라엘을 선택하신 것이 아니었다. 선택의 목적은 이스라엘로 끝나는 것이 아니다. 그렇다. 이스라엘은 온 땅에 사는 다른 사람들에게 구원이 퍼져 나가는 수단으로 선택되었다.[42]

이스라엘의 선택은 역사에 대한 하나님의 헌신의 일부다. 성경이 말하는 구원은 역사라는 직물에 짜여 있다. 하나님은 이 땅 위에서, 국가들과 문화 안에서 살아가는 인간 삶의 실상을 다루신다. 하나님께서 역사 안의 한 나라를 역사 안에 존재하는 모든 민족들에게 복을 가져다줄 수단으로 선택하신 것은 편애도 아니고 불공평한 것도 아니다.

이스라엘의 선택은 단순히 구원론적인 것이 아니라 근본적으로 선교적인 것이다. 선택 교리를 단순히 누가 구원을 받고 누가 구원을 못 받는지 결정하는 비밀한 계산법이라고 본다면, 원래의 성경적 의도를 제대로 깨닫지 못하는 것이다. 하나님이 아브라함을 부르시고 선택하신 것은 단순히 그가 구원받고 마침내 새 창조에서 구속받은 자들(다른 의미에서 선택받은 사람들)이 될 사람들의 영적 조상으로 삼기 위한 것만이 아니었다. 그보다, 그리고 더 분명하게, 그것은 아브라함과 그의 백성을 어떤 사람도 셀 수 없는 다국적 무리를 모으시는 하나님의 도구로 삼기 위한 것이었다. 성경 전체에 비추어 볼 때, 선택은 구원으로의 선택이지만 우선 무엇보다도 선교로의 선택이다.

---

42) Craig C. Broyles는 시 67편과 관련해서 이렇게 주장한다. "시편 67편은 선택이, 하나님께서 총애하는 사람들이 있다는 의미가 아니고 단지 하나님이 모든 사람을 위한 선택된 축복의 통로를 갖고 계시다는 의미라는 점을 우리에게 보여 준다. 선택은 인류를 위한 하나님의 목표, 즉 제한된 일부 사람들만 그분의 복을 받고 다른 사람들은 그 복을 받지 못한다는 것과 관계가 없다. 선택은 그 복을 모든 사람들에게 확장하는 하나님의 수단과 관계가 있다." Craig C. Broyles, *Psalms*, New International Biblical Commentary(Peabody, Mass.: Hendrikson; Carlisle, U.K.: Paternoster, 1999), p. 280.

8

하나님의 구속 모델

출애굽

우리의 복음은 얼마나 큰가? 우리 복음이 구속에 대한 좋은 소식이라면, 곧이어 질문해야 할 것은 구속에 대한 우리의 이해가 얼마나 큰가 하는 것이다. 선교는 하나님의 구속 사역과 우리가 그 사역을 알리고 사람들이 그것을 경험하게 하는 것과 분명히 관련이 있다. 내가 이 책 전체에서 주장한 것처럼, 선교가 우리의 것이기 이전에 근본적으로 하나님의 것이라면, 하나님의 구속관은 무엇인가? 우리의 선교의 범위는 하나님의 선교의 범위를 반영해야만 한다. 그것은 또한 하나님의 구속 사역의 규모와 일치해야 한다. 구속에 대해 이해하기 위해 우리는 성경 어디를 먼저 찾아봐야 하는가? 나는 신약이 아니라는 점을 앞에서 분명히 밝힌 바 있다. 구약 시대의 경건한 이스라엘 사람에게 "당신은 구속받았습니까?"라고 묻는다면, 틀림없이 "물론이죠!"라고 대답할 것이다. 그리고 "어떻게 압니까?"라고 묻는다면, 그 사람은 당신을 앉혀 놓고 길고 흥미진진한 이야기를 해줄 것이다. 그 이야기는 출애굽 이야기다.

하나님의 구속관을 나타내는 일차적인 모델이 출애굽이기 때문이다. 구약에서만 그런 것이 아니라 신약에서도 그렇다. 신약에서 출애굽은 그리스도의 십자가의 의미를 이해하는 열쇠의 하나로 사용된다.

"주께서 구속하신 백성"

주의 인자하심으로 주께서
구속하신 백성을 인도하시되
주의 힘으로 그들을
주의 거룩한 처소에 들어가게 하시나이다.(출 15:13)

모세와 이스라엘 사람들은 홍해를 건널 때 바로의 군대로부터 구출받은 사건을 축하하고 있다. 이 사건과 그것의 역사적·우주적 의미를 묘사하기 위해 사용된 풍부한 시적 이미지 가운데 이 **구속**이라는 비유적 표현이 나온다. 야웨는 이스라엘을 애굽에서 이끌어 내어 그들을 구속하셨다. 같은 노래 조금 뒷부분을 보면 똑같은 사상이 다른 말로 표현되어 있다. 그것은 "주께서 사신 백성"(출 15:16)이라는 표현이다. 이처럼 이스라엘 백성은 이 노래에서 그들이 아직 애굽에 머물러 있을 때 하나님이 그들을 위해 하기로 약속하신 것이 성취되었음을 축하한다(그들은 처음에는 매우 회의적이었다). 모세에게 격려가 필요할 때 그에게 주신 하나님의 위대한 목적 선언 역시 똑같은 주제, 즉 구속에 대해 말하고 있다.

그러므로 이스라엘 자손에게 말하기를 나는 여호와라. 내가 애굽 사람의 무거운 짐 밑에서 너희를 빼내며 그들의 노역에서 너희를 건지며 편 팔과 여러 큰 심판들로써 너희를 속량하여.(출 6:6)

창세기 48:16에 기록된 야곱의 축복에 구속이라는 말이 한 번 나오긴 하지만 그것을 빼고는,[1] 이 두 언급(출 6:6; 15:13)은 성경이 최초로 구속이라는 말을 사용하는 경우다. 두 경우 다 히브리어 동사는 '가알'(gaʾal)이다. 인격적 존재가 이 동사의 주어가 될 때는(하나님이든 사람이든), 그는 '고엘'(goʾel), 즉 구속자로 묘사된다. 이처럼 이스라엘 사람들이 애굽에서 나오게 된 출애굽이라는 역사적 사건은 이스라엘의 사회적·경제적 생활에서 나온 비유를 사용해서 해석되고 있다.

---

1) 야곱은 "천사, 나를 모든 환난에서 구속해 주시는 분"(저자 사역)에 대해 말한다. 즉, 나의 편이 되어 주고 모든 원수들과 어려운 환경에서 나를 지켜 주신 분이라는 것이다.

따라서 우리는 이스라엘의 사회적·경제적 생활에 대해 이해할 필요가 있다. 구속하다(redeem)라는 영어 단어는 라틴어에서 유래된 말로, 어떤 사람이 전에 상실한 것을 '되사는' 재정적 거래를 말한다. 또는 제삼자를 자유롭게 해주기 위해 어떤 사람이 다른 사람에게 값을 치루는 재정적 거래를 말한다. 이스라엘에서 고엘은 분명 때때로 그가 공들이는 대상을 위해 재정적인 지출을 해야 했다. 그리고 실제로 출애굽기 15:16의 동사(qānâ)는 돈을 주고 사서 취득하는 것을 포함할 수 있다. 그러나 고대 이스라엘에서 고엘이 맡은 역할에는 훨씬 더 넓은 사회적 측면이 있었다. 그것은 특히 친척의 요구와 관련되어 있었다.

고엘은 확대 가족에 속한 구성원으로, 가족의 이익을 보호하거나 특별한 필요를 갖고 있는 가족 구성원을 보호할 의무가 있는 사람이었다. 그 말은 '친척 보호자' 또는 '가족 옹호자'라는 말로 번역될 수 있다. 다음에 나오는 세 가지 상황은 고엘의 역할이 어떠한 것인지 잘 보여 준다.

- **흘린 피에 대한 복수.** 어떤 사람이 살해당하면 피해자 가족 중의 한 사람이 가해자를 찾아서 그를 처벌할 책임이 있었다. 민수기 35:12에서는 이 유사관리적 역할을 **고엘**이라고 불렀다(NIV 성경은 민 35:19에서 '보복하는 자' 또는 '피를 보복하는 자'라고 번역했다).
- **땅 또는 노예를 구속함.** 친족이 빚을 지고 경제적으로 파산하지 않기 위해 땅을 팔아야 한다면, 부유한 친족은 그 땅을 확대 가족 내에 보존하기 위해 그 땅을 남보다 먼저 사 주거나 구속할 책임이 있다. 친족이 경제적으로 가난해져서 빚을 갚기 위해 자신이나 가족이 노예가 될 처지라면, 고엘이 되어 그들을 종살이에서 구출하는 것이 부유한 친족의 의무였다. (이런 규정들은 레 25장에 자세히 나와 있다.)
- **상속자를 제공함.** 어떤 사람이 그의 이름과 재산을 이어받을 아들이 없이 죽는다면, 친족은 죽은 사람의 과부를 아내로 맞이해서 죽은 자를 대신할 상속자를 키울 도덕적(법적 책임까지는 아니더라도) 책임이 있다. 신명기 25:5-10에 기록된 이 관례에 대한 율법은 가알이라는 어근을 사용하지 않는다. 그러나 룻과 보아스의 이야기에 나타난 이 관례는 반복해서 그 단어를 사용한다(룻 4장).

그렇다면 고엘은 다른 가족 구성원을 위해, 특히 위협, 상실, 가난 또는 불의의 상황에 처해 있는 자들을 위해, 보호자, 옹호자, 복수자 또는 구출자로 행동하는 가까운 친족이었다. 그런 행동은 항상 노력을 수반했다. 종종 비용을 지출해야 했으며, 때때로 자기희생을 요구하기도 했다. 신명기 25:7-10은 어떤 사람들은 공적으로 수치를 당하는 한이 있더라도 죽은 친족의 아내를 돕는 의무를 수행하기를 꺼릴 수도 있음을 인정한다. 하지만 룻기 4장은 보아스가 그런 의무를 성실하게 수행한 것에 대해 강력하게 칭찬한다.

그래서 이스라엘은 하나님을 그분의 백성을 '가알'하기로 약속하신 분으로 묘사하면서(출 6장), 그리고 그렇게 하신 것에 대해 찬양을 받으실 수 있는 분으로 묘사하면서(출 15장) 풍성하고 강력한 비유를 사용한다. 세 가지가 그 문제의 핵심을 이룬다.

- 가족 관계
- 강력한 개입
- 효과적인 회복

야웨는 이스라엘의 고엘로서, 그분 자신과 이스라엘의 유대를 인간 친족의 어떤 유대만큼이나 친밀하고 헌신적인 것으로 확언하신다. 그리고 그 유대와 함께 야웨는 이스라엘을 그분 자신의 가족으로 받아들이는 데 따르는 의무를 받아들이신다. 그러므로 고엘로서 야웨는 이스라엘을 보호하거나 구출하기 위해 필요한 것은 무엇이나 행사하실 것이다. 하나님의 '편 팔'이라는 말은 행동하는 고엘의 모습을 생생하게 묘사하고 있다. 또 고엘로서 하나님은 이스라엘을 올바르고 적절한 상황으로 회복시키실 것이다. 이스라엘을 노예와 억압의 속박에서 벗어나 자유하게 만드실 것이다.

우리는 여기에서 출애굽을 구속 행위로 표현하는 데 가장 널리 사용된 동사인 가알이라는 한 단어를 집중적으로 살펴보았다. 그러나 그것은 출애굽과 관련하여 이스라엘이 사용한 풍부한 어휘에서 유일한 동사는 아니다. 월터 브루그만(Walter Brueggemann)은 출애굽을 축하하는 이야기와 시에 자주 나타나는 여섯 개의 역동적인 동사를 열거한다.[2)]

하나님의 포괄적인 구속

그렇다면 여기에서 우리는 성경의 하나님이 구속자로 소개되는 기본적 설명을 최초로 접하게 된다. 그것은 무엇이라고 말하는가? 하나님은 행동하는 고엘이라고 묘사될 수 있는 방식으로 세상과 인류 역사 가운데 행동하기로 하셨을 때, 무엇을 행하셨는가? 구속의 의미를 성경적으로 이해하려면(이는 선교의 의미를 성경적으로 이해하는 데 필수적이다) 여기서부터 시작해서 이런 이야기들이 하나님이 이스라엘을 구속하신 상황에 대해, 그분이 그렇게 하신 이유에 대해, 그리고 이스라엘이 구속받고 나서 변화된 현실에 대해 말하는 모든 것들을 탐구해야 한다.

정치적. 애굽에 있는 이스라엘 사람들은 이민자요 소수 인종이었다. 그들은 본래 기아 난민으로 애굽에 와서 환대를 받고 그들이 찾던 피난처를 얻었다.[3] 하지만 왕조가 바뀌면서 그들에 대한 정책도 변화되었다. 그리고 출애굽기 1:8-10은 그들이 얼마나 취약한 상태에 있었는지 묘사하고 있다. 그들은 비이성적인 공포감, 정치적 음모, 부당한 차별의 표적이 되었다. 그들은 수적으로는 늘어났지만, 애굽에서 정치적 자유가 없었으며 정치적 목소리도 낼 수 없었다. 오히려 그들은 수가 늘어나면서 애굽인들의 적대감을 사고 말았다. 이 같은 일은 현대 세계에서도 일어나는 일이다.

출애굽과 그것의 장기적 결과에 대한 이야기에서, 하나님은 이스라엘 사람들을 정치적으로 부당한 대우를 받는 처지에서 해방시킨 후 마침내 독립 국가를 세우기 위하여 행동하셨다. 애굽인들의 환대를 받아 일시적으로 살 수 있게 된 것과, 애굽인들의 억압 가운데서 영원토록 종살이를 하게 된 것은 전혀 별개의 일이었다. 전자는 아브라함의 씨를 위한 하나님의 목적에 공헌했다. 그러나 일시적으로만 그랬다. 후자는 하나님의 그 목적을 좌절시켰으며 따라서 참을 수 없는 일이었다.

---

2) 그것들은 *yāṣā*(히필, '끌어내다'), *nāṣal*('구해 주다' 혹은 '구조하다'), *gā'al*('구속하다'), *yāšā*('구원하다'), *pādâ*('구속하다, 사다'), *ʿālâ*(히필, '올라가다, 꺼내다')이다. "중요한 것은…야웨가 이 모든 동사들의 주어라는 것이다. 이스라엘은 야웨에 대해 증거할 때 이러한 동사들을 사용해서 그분을 신랄하고 근본적인 방식으로 묘사하곤 했다.…이처럼 출애굽기의 문법은 이스라엘의 상상력에 흠뻑 스며들어 있다." Walter Brueggemann, *Theology of the Old Testament: Testimony, Dispute, Advocacy*(Minneapolis: Fortress Press, 1997), pp. 174-178.

3) 이는 잊혀지지 않은 사실이었다. 구약에서 애굽에 대한 기억은 억압이 주를 이루지만, 적어도 한 율법은 그것을 뛰어넘어 애굽이 궁핍한 외국인들이었던 야곱의 가족을 구조해 주었다는 사실을 상기시킨다(신 23:7-8).

경제적. 이스라엘 사람들은 강제 노동으로 착취를 당했다(출 1:11-14). 그들은 자신들이 사는 땅을 소유하지 못했다(묘하게도, 앞서 요셉 세대의 행동 때문에 애굽인들도 땅을 소유하지 못했다. 그러나 그것은 다른 이야기다). 게다가 그 땅을 자신들의 유익을 위해 사용하기는커녕(본래 그 땅은 그러한 목적을 위해 주어진 것이었다), 애굽의 경제적 이익을 위해 노동을 착취당했다. 애굽 사람들은 이스라엘 사람들을 이용해 농사를 짓고 건설 공사를 했다. 소수 인종이 애굽 왕을 위하여 더럽고 힘든 일을 한 것이다. 현대 사회에서도 그런 일이 많이 일어나고 있다.

출애굽에 앞서 하나님이 명백하게 말씀하신 약속들 가운데 하나는 하나님이 이스라엘 사람들에게 땅을 주시겠다는 것이다(출 6:8). 이런 식으로 이스라엘의 해방의 경제적 측면이 역사적으로 드러나며, 또 그것을 묘사하기 위해 고엘 제도가 은유적으로 사용된다. 우리가 앞에서 살펴본 것처럼, 고엘이 가난한 자들에게 경제적 활기를 회복시키기 위하여 행동할 때는, 특히 경제적으로 위협을 받고 상실을 당할 위험에 처했을 때이기 때문이다. 이스라엘을 노예 노동으로부터 구출하는 것은 출애굽 구속의 핵심이었다.

사회적. 출애굽기 1장 나머지 부분은 야만적이고 어리석은 애굽 정부가 이스라엘 사람들을 향해 국가 폭력을 행사하는 장면을 묘사한다. 산파들이 생명을 존중하고 기지를 발휘하고 용기 있게 불순종하면서, 내부로부터 이스라엘을 무너뜨리려는 계획에 실패한 바로는 국가가 후원하는 학살을 시도한다. 그는 '그의 모든 백성'을 선동해서 이스라엘 남자 아이들을 죽이도록 한다. 그리하여 이스라엘 사람들은 기본적인 인권을 크게 침해당하고 또 가정 생활에 말할 수 없는 간섭을 당한다. 이스라엘 가정은 계속 두려움 가운데 살 수밖에 없었다. 임신한 여자들은 9개월 동안 두려움 가운데 살면서, 보통은 커다란 기쁨을 가져와야 하지만("아들이에요!") 지금은 공포와 슬픔을 가져오게 된 소식을 기다려야 했다(출 2:1-2).

계속 이어지는 이야기에서, 부패하고 몰락하는 정권에 재앙이 닥친다. 그 재앙의 절정에서 애굽의 장자들이 죽는 것은 애굽 사람들이 이스라엘 사람들의 아이들을 죽이려고 한 사실을 기억나게 한다. 유월절은 이스라엘에게 하나님의 구속의 사회적·가정적 본질과, 그런 광적인 악 가운데서 구출받은 사실을 영원히 상기시킨다. 그리고 이스라엘이 하나님과 언약 관계를 맺고 새로운 사회를 건설할 때, 인간 생명의 신성함과 사회 정의의 보존이 그들의 사회적 법적 구조에서 핵심 요소를 차지한다.

영적. 해설자는 출애굽기 1-2장에서 이스라엘이 처한 궁지의 정치적·경제적·사회적 측면에 초점을 맞추고 있지만, 하나님이 이 드라마에 등장하면서 우리는 또 한 측면을 인식하게 된다. 바로의 노예 신세인 이스라엘 사람들은 살아 계신 하나님을 예배하고 섬기는 데 엄청난 방해를 받는다.

출애굽 이야기는 이 점을 강조하기 위한 한 가지 방법으로 히브리 동사와 명사 하나를 이용한다. '아바드'(*ᶜabad*)는 '섬기다'라는 뜻을 갖고 있다. 그것은 다른 사람을 위해 일하는 것이다. '아보다'(*ᶜbōdâ*)는 '섬김' 또는 '노예 상태'를 의미한다. 그러므로 이스라엘 사람들은 "고된 노동으로 말미암아" 하나님께 부르짖었다(출 2:23). 그러나 동일한 단어가 예배, 즉 하나님을 섬기는 데 사용될 수 있다. 그리고 물론 이스라엘의 운명은 하나님을 섬기고 예배하는 것이었다. 하지만 그들이 바로의 노예로 붙잡혀 있는데 어떻게 그런 일을 할 수 있겠는가? 이 점은 출애굽기 4:22에 아주 예리하게 지적되어 있다. 거기에서 모세는 하나님을 대신하여 바로에게 말하라는 명령을 받는다. "이스라엘은 내 아들 내 장자라.…내 아들을 보내 주어 나를 섬기게(아바드) 하라." 영어 성경은 "나를 예배하게 하라"와 "나를 섬기게 하라" 등 다양하게 번역하고 있다. 사실 하나님은 두 가지를 다 요구하고 계셨다. 그리고 바로는 두 가지를 다 방해하고 있었다.

갈등의 영적 본질은 다른 두 가지 방식으로 나타난다. 하나는 모세가 바로에게 이스라엘이 광야로 나가서 하나님을 예배하고 제사를 드릴 수 있게 해달라고 거듭 요청하는 것이다. 바로는 그 요청을 계속 거절하다가, 나중에는 마지못해 조건부로 허락을 하고, 다시 거절했다가, 다시 허락을 하고, 그랬다가 후회를 하고, 결국에 가서는 군대를 보내 추격하다가 수장되고 만다. 모세와 아론의 요청과 약속의 진실성에 대해 우리가 어떻게 생각하든지 간에(대량 학살자에게 진실할 의무가 있는가?), 긴장감이 고조되면서 이야기가 강조하고자 하는 점은 야웨는 노예를 해방시키는 데 목적이 있는 것이 아니라 예배자들을 만드는 데 목적이 있다는 것이다. 즉, 정치사적 문제뿐 아니라 영적 영역도 중요한 핵심이다.

이스라엘의 속박과 그들의 구속의 영적 본질을 나타내는 두 번째 표시는, 그 갈등을 야웨의 신적 능력과, 신 행세를 하는 바로 및 "애굽의 모든 신"(출 12:12) 간의 능력 대결로 소개하고 있는 것이다. 일련의 재앙은 단순한 자연 현상들이 아니었다. 물론 자연 질서에 대재앙이 임한 것은 사실이지만 말이다. 그 모든 재앙들이 애굽인들이 신의 능력이라고 생각했던 것들을 향하고 있었다. 특히 처음 재앙(나일 강을 공격한 것)과 아홉 번째 재앙(해가 보이지 않고 흑암이 임한 것)이 그렇다. 나일 강과 해는 애굽의 모든 신들 가운데 가장 높은 신들이었다. 야웨는 그 둘에 대해 주권을 가지고 계심을 증명하셨다.[4]

출애굽은 하나님이 참으로 어떤 분이신지 보여 준다. 야웨는 홀로 존재하시며 다른 누구와도 비교할 수 없는 분이시다. 그리고 하나님이 그분을 반대하고 그분의 뜻을 거역했던 모든 세력에 대해 결정적인 승리를 이루신 결과, 이스라엘은 야웨는 하나님이시며 다른 신은 없다는 사실을 알고(신 4:35, 39), "여호와께서 영원무궁하도록 다스리시도다"(출 15:18)라고 외치며 축하한다. 출애굽을 영원히 기념하는 것은 시내 모래에 가라앉을 기념비가 아니다. 그것은 억압과 불의의 인간 및 신적 세력에 대한 하나님의 승리를 축하하며 영원무궁히 통치하시는 하나님의 주권을 선포하는 모세의 노래다. 하나님은 돌기둥 위가 아니라 이스라엘 찬양 위에 좌정하신다(시 22:3).

그러므로 출애굽의 영적 측면은, 하나님이 출애굽 전 과정의 목적은 살아 계신 하나님을 **알고 섬기고 예배**하도록 이끄는 것이라는 점을 분명히 하신다는 것이다. 그것이 함축하는 바는 이스라엘이 바로의 속박에 매여 있는 한 이 세 가지 일을 한다는 것은 불가능하지는 않다 해도 어렵다는 것이다.

그러므로 구속자로 행동하시는 하나님에 대한 성경의 첫 번째 설명은 광범위하고 깊고 역동적이다. 실제로 하나님이 그렇게 되리라고 말씀하신 대로 된 것이다. 출애굽 사건에 앞서 하나님이 모세에게 하신 말씀은 구속을 포괄적으로 다루고 있다. 출애굽기 6:6-8의 문구들이 어떻게 이스라엘을 정치적·경제적 노예 상태(여기에는 사회적 학대와 불의가 포함되어 있다)에서 구출하고, 그들에게 살 수 있는 그들 자신의 땅을 주고, 그들로 하여금 야웨 하나님과 언약 관계를 맺도록 하시려는 하나님의 의도를 잘 드러내고 있는지 유의하라. 그리고 이런 말들은 출애굽기 3:7-10에 기록된 바 하나님이 시내 산에서 모세에게 처음으로 말씀하신 것을 재확인하는 것일 뿐이다.

---

[4] 참고. M. Louise Holert, "Extrinsic Evil Powers in the Old Testament"(석사 논문, Fuller Theological Seminary, 1985), pp. 55-72.

나는 여호와라. 내가 애굽 사람의 무거운 짐 밑에서 너희를 빼내며 그들의 노역에서 너희를 건지며 편 팔과 여러 큰 심판들로써 너희를 속량하여 너희를 내 백성으로 삼고 나는 너희의 하나님이 되리니, 나는 애굽 사람의 무거운 짐 밑에서 너희를 빼낸 너희의 하나님 여호와인줄 너희가 알지라. 내가 아브라함과 이삭과 야곱에게 주기로 맹세한 땅으로 너희를 인도하고 그 땅을 너희에게 주어 기업을 삼게 하리라. 나는 여호와라.(출 6:6-8)[5]

출애굽 사건에서 하나님은 이스라엘의 필요의 **모든** 측면에 반응하셨다. 하나님의 기념비적 구속 행위는 그저 이스라엘을 정치적·경제적·사회적 억압으로부터 구출해 놓고는, 그들 마음대로 예배하게 내버려두지 않으셨다. 또한 하나님은 그들이 처한 역사적 조건은 변화시키지 않은 채, 그들에게 하늘 위 본향의 밝은 미래를 약속하며 영적인 위로만 제공하지 않으셨다. 그렇다. 출애굽은 사람들이 실제로 처한 역사적 상황을 실제로 변화시키고, 동시에 그들을 살아 계신 하나님과의 정말 새로운 관계로 불러냈다. 이것이 이스라엘의 총체적 필요에 대한 하나님의 총체적 반응이었다. 출애굽 이야기 전체는 이 일이 **하나님이** 하신 일임을 거듭해서 상기시킨다. 물론 모세와 아론이 도구로서 역할을 하고 있지만, 사람들은 뒤로 물러나 하나님이 하시는 일을 지켜보라는 명령을 받는다. 그러므로 여기에서 우리는 역사 가운데 행동하시는 구속자 하나님에 대한 최고이자, 결정적인 첫 사례 연구를 하게 된다. 그 하나님은 스스로 동기를 부여하시고, 포괄적인 목표를 달성하시고, 야웨라는 그분의 이름이 지닌 의미를 영원히 규정하는 그 이야기에서 자신의 정체성과 성품을 확실히 보여 주신다.

하나님의 구속의 동기

하나님이 그와 같이 행동하시도록 동기를 부여한 것은 무엇이었는가? 출애굽 이야기는 하나님이 구속 활동을 하시게 만든, 두 가지 주요한 이유를 분명히 밝힌

---

5) Elmer Martens는 이 본문에서 네 가지 핵심적 약속들을 밝혀 내며, 그것들이 마치 구약 신학(그리고 사실상 성경 신학)이라는 전체 케이블에서 서로 뒤얽혀 있는 중심 전선들과도 같다고 주장한다. 그것은 구속, 언약, 하나님을 아는 지식, 땅이다. 그는 이 네 가지 주제를 이스라엘의 신앙을 설명하기 위한 틀로 사용한다. Elmer A. Martens, *God's Design: A Focus on the Old Testament Theology*, 2nd ed.(Grand Rapids: Baker; Leicester, U.K.: Apollos, 1994). 「새로운 구약 신학 하나님의 계획」(아가페).

다. 하나는 하나님이 이스라엘이 겪는 고통에 대해 관심을 가지신 것이고, 또 다른 하나는 하나님이 이스라엘의 조상과 맺은 언약을 기억하신 것이다.

하나님이 억눌린 자들을 아심. 출애굽기 1장은 "요셉을 알지 못하는" 바로 밑에서 이스라엘이 억압당하고 있는 장면을 묘사하고 있다. 즉, 바로는 요셉의 가정과 그의 후손들에게 어떤 의무가 있다고 생각하지 않았다. 그 결과 이스라엘 사람들은 엄청난 고통을 겪게 된다. 출애굽기 2장에서 우리는 그 애굽 왕이 죽은 사실을 알게 된다. 하지만 정권이 변했다고 해서 국가의 학살 정책이 변화된 것은 아니었다. 그리고 처음으로 우리는 "이스라엘 자손은 고된 노동으로 말미암아 탄식하며 부르짖었다"는 이야기를 읽는다(출 2:23).[6] 그들이 실제로 누구에게 부르짖었는지는 나와 있지 않다. 그들은 새로운 왕에게 구해 달라고 부르짖었을지도 모른다. 그러나 그들이 그랬다면, 분명 아무런 소용이 없었다. 그러나 그들이 누구에게 부르짖고 있다고 생각했든지 간에 상관없이(누군가에게 부르짖었다면), 우리는 누가 그들의 부르짖음을 **들었는지** 안다. 바로, 창세기 18:20-21에서 소돔과 고모라의 부르짖음을 들으셨던 바로 그 하나님이다(여기에서도 소돔과 고모라 사람들이 특별히 야웨에게 부르짖었는지는 나와 있지 않다. 단지 그 부르짖음을 들으신 분이 야웨였다고 나올 뿐이다).[7]

하나님은 **들으실** 뿐 아니라 또한 **보신다**. 듣고 보시는 가운데 하나님은 이스라엘 백성들의 고통을 **아신다**. 이 세 단어는 반복해서 나온다. 처음에는 해설자가 출애굽기 2:24-25에서 그 단어를 사용한다. 그러고 나서 하나님이 출애굽기 3:7에서 스스로 그것을 확언하신다. "내가 애굽에 있는 내 백성의 고통을 분명히 보고 그들이 그들의 감독자로 말미암아 부르짖음을 듣고 그 근심을 알고." NIV는 **알고**라는 말을 '관심을 갖고'(concerned about)라고 번역한다. 이것은 아마 그 의미를 강화하려고 한 번역이겠지만, 실제로는 그 의미를 약화시킨다. 하나님을 움직이는 것은 감정적인 **관심**(concern)이 아니라, 이스라엘 사람들이 겪고 있는 참을 수

---

6) 솔로몬이 죽은 후 나라가 분열되는 이야기에는 이 이야기가 강하게 반영되어 있다. 새로운 왕은 억압의 굴레에서 벗어날 기회가 왔음을 의미했다. 그리고 백성들은 그렇게 해 달라고 부르짖었다. 하지만 르호보암의 가혹한 대답으로 인해 나라는 갈라지게 되었다. 왕상 13장에 이 본문이 반영되어 있는 것을 보면, 르호보암이 바로의 역할을 하고, 여로보암이 모세의 역할을 하고 있는 것으로 묘사하는 것 같다(하지만 유감스럽게도 그러한 비교는 금세 사라진다).
7) 같은 단어가 두 본문 모두에서 사용된다. ṣeʿaqâ라는 단어다. 그것은 불의, 학대 혹은 폭력의 상황에서 터져 나오는 항의나 고통의 부르짖음을 말하는 전문 용어다.

없는 상황에 대한 깊은 지식, 혹은 더 나은 표현으로는 인식이다.

본다는 것은 하나님이 지금 지식의 짐을 지고 있다는 것을 의미한다. 그것은 단순히 인지적으로 아는 것 그 이상이다. 지식, 인지 또는 인식은 이스라엘 구출 이야기의 핵심 주제다. 이 이야기의 핵심은 이스라엘과 애굽이 야웨를 인식하게 되는 것이기 때문이다. 그러나 그 배경에는 두 가지의 다른 인식 행위가 있다. 첫째는 왕이 요셉을 인식하지 못한 것이다(출 1:8). 둘째는 야웨가 이스라엘과 그 상황, 특히 이스라엘이 당하고 있는 고통을 인식하는 것이다. 하나님은 사람들의 일에 관여할 수 없을 정도로 너무 높으신 초월적 존재가 아니시다.…하나님은 그들의 고통에 개입하신다. 아는 것이 지적 문제 그 이상인 한, 그것은 감정의 문제라기보다는 의지의 문제에 더 가깝다. 이스라엘이 고초를 겪고 있는 현실을 인식하는 것이 상황을 변화시키기 위해 행동을 취하는 시발점이다.[8]

하나님의 언약에 대한 기억. 하나님이 언약을 기억하셨다는 사실은 두 번 언급된다. 해설자가 한 번, 그리고 아브라함과 이삭과 야곱의 하나님이라고 신분을 밝히시는 하나님의 입을 통해 다시 한 번. "하나님이 그의 언약을 기억하사(*zākar*)." '자카르'라는 단어는 일정 기간 잊고 있다가 갑자기 생각해 냈다는 의미가 아니다. 그것은 행동을 취하기로 의도적으로 마음에 두고 있었던 것을 사려 깊게 고려하는 것을 의미한다. 그러므로 여기에서 출애굽기는 창세기와 연결된다. 하나님이 부르짖음을 들으시고 고통을 보시고 노예 상태를 아시면서 이스라엘 백성들의 조상과 맺은 관계를 기억하시기 때문이다.

후에 나오는 이야기에서 모세는 범죄한 이스라엘을 위해 중보하면서 의도적으로 야웨의 기억을 불러일으키고 동일한 언약에 호소한다(출 32-34장). 여기에서 우리는 이스라엘이 그들의 조상과 맺은 하나님의 언약에 호소했는지 정확히 알 수는 없다. 그러나 하나님은 무언의 호소의 힘을 느끼신다. 하나님은 이스라엘의 조상 앞에서 "스스로 맹세하셨다." 창세기 15장에서 의식적으로 재현되고 창세기 22장 끝 무렵에서 매우 강하게 확증된 그 맹세는 신적인 자기충동을 불러일

---

8) John Goldingay, *Old Testament Theology*, vol.1, *Israel's Gospel*(Downers Grove, Ill.: InterVarsity Press, 2003), p. 302.

으킨다. 하나님은 그분 자신에게 복종하시며 그분 자신의 정체성과 신실성에 걸맞게 행동하신다.

그리고 독자들은 새로운 역할(구속자 고엘로서)을 맡으신 하나님을 묘사할 이 새로운 이야기가 사실상 창세기에서 전개된 이야기의 다음 단계라는 점을 끊임없이 인식하게 된다. 그 이야기는 하나님이 아브라함에게 주신 '대위임령'과 그에 따른 약속의 말씀에 의해 시작된 이야기다. 위대한 아브라함 전통이 선교적으로 암시하고 있는 바가 있다면, 이것 역시 선교적으로 암시하는 바가 있을 것이라고 확신한다.

왜냐하면 하나님은 같은 하나님이시고, 그분은 여전히 동일한 선교를 수행하고 계시기 때문이다.

하나님의 모델이 되는 구속. 그러므로 출애굽 이야기는 두 가지 요인이 결합해서 하나님으로 하여금 구속 활동을 하게 하셨다는 점을 분명히 한다. 억압을 당하면서 인간이 겪는 참상에 대한 광경 및 소리, 그리고 하나님 자신의 약속과 목적에 대한 생각이다. 여기에는 하나님의 행동을 불러일으키는 일종의 밀고 당기기 효과가 있다. 한편으로 하나님은 인간의 부르짖음에 이끌려서 세상에서 일어나는 불의를 조사하고 교정하신다. 다른 한편으로 하나님은 열방을 축복하시고 아브라함과 맺은 언약을 완수하겠노라고 선언하신 목적을 따라 목적하는 바를 밀고 나아가신다. 이 두 가지는 구약이 출애굽 이야기를 하나님의 성품과 행동을 이해하는 모델로 사용할 때 두드러지게 나타나는 주제다.[9]

물론 훗날 이스라엘의 역사에서, 하나님이 심판하시는 불의는 외부의 적에게 당하는 억압보다는 이스라엘 **내에서** 일어나는 불의가 더 많았다. 그러므로 출애굽은 이스라엘이 자기 국경 안에서 동족에게 행해지는 불의를 묵인하는 것을 비판하기 위한 비교 장치로 종종 부정적으로 사용된다. 하나님이 이스라엘을 위하여 행동하신 모범에도 불구하고, 이스라엘이 매년 유월절에 축하했던 구속적 권능에도 불구하고, 이스라엘은 애굽인들이 저지른 것과 똑같은 착취, 억압, 노예제,

---

9) 출애굽은 구약의 다른 부분에 여러 수준으로 스며들어 있다. Richard Patterson과 Michael Travers는 이 주제에 대한 연구에서, 출애굽에 대한 많은 언급들을 그 용도에 따라 분류한다. 즉, 이스라엘에 대한 역사적 증거로서, 교훈과 경고와 훈계의 자료로서, 찬양과 기도의 증언으로서, 그리고 소망의 원천으로서 볼 수 있다는 것이다. "Contours of the Exodus Motif in Jesus' Earthly Ministry", *Westminster Theological Journal* 66(2004): 25-47를 보라.

폭력을 이스라엘의 가난한 사람들에게 저질렀다. 선지자들은 그 같은 추문을 고발했다(예를 들어, 렘 2:6; 7:22-26; 호 11:1; 12:9; 암 2:10; 3:1; 미 6:4).

하지만 이스라엘이 다시 외부의 적들에게 억압당할 때, 또는 이스라엘 사람들 개인이 박해, 부당한 고발 또는 생명을 위협하는 폭력의 고통을 겪을 때, 그들은 출애굽의 하나님에게 그분이 전에 하신 일을 다시 해 달라고, 즉 고엘로 행동해 달라고 호소했다. 예배를 드리면서 시편 기자는 새로 개인이나 국가를 구해 달라는 근거로, 출애굽에서 구해 주신 것에 호소했다(예를 들어 시 44, 77, 80편). 선지자들은 하나님이 미래에 그분의 백성을 구출하실 것을 말할 때 출애굽을 본보기로 사용했다. 원래의 본문과 마찬가지로 포괄적인 견지에서 말한 것이다. 즉, 그것은 억압이 없는 정의의 통치, 착취가 없는 경제적 풍요의 축복, 폭력과 공포가 없는 자유, 총체적 용서에 근거하여 하나님께 완전히 순종하는 것을 포괄하는 구출이 될 것이다. 실로, 약속된 새 출애굽이 놀라운 회상의 근거로서 옛 것을 대체할 것이다(예를 들어 사 40; 43:14-21; 렘 23:7-8).

출애굽 전통과 어휘를 이같이 광범위하게 사용하는 것은 하나님(이스라엘이 그분의 계시된 이름인 야웨를 통해 아는 그 하나님)이 출애굽을 일으키신 것과 똑같은 충동에 의해 동기가 부여되는 특징을 지니고 계시다는 확신에 근거한 것이다. 실제로 본문에 의하면, 하나님 자신이 자신은 이런 식으로 알려져야 한다고 주장하신다. 하나님이 이스라엘을 억압에서 구속하시면서 행하시는 것은 그분의 개인적·신적 이름인 야웨를 계시하는 것과 영원히 연결될 것이며, 그 이름이 지닌 특색을 영원히 규정지을 것이다. 야웨는 출애굽의 하나님이다. 야웨는 억압당하는 자들의 고통을 보시고, 들으시고, 아시는 하나님이다. 야웨는 그가 보는 것을 미워하시고, 억압자를 무너뜨리고 억눌린 자들을 해방시키기 위해 단호히 행동하시는 하나님이다. 하나님의 따끔한 심판을 받는 것에서든 하나님을 기쁜 마음으로 섬기고 예배하는 것에서든 둘 다 하나님을 **알도록** 하기 위해서다. 야웨는 신실하신 하나님으로, 그분이 약속하신 것들, 그분이 선언하신 목적, 그분이 헌신하신 선교를 기억하신다. 야웨는 마음이 완악한 폭군의 대학살에 의해 이러한 위대한 목표들이 좌초되어 갈 때, 그냥 지켜만 보시는 하나님이 아니시다.

출애굽 때에 이루어진, 하나님에 대한 이 같은 모든 확언들은 다른 곳에서도 일반적인 상황들에서 반복된다. 그러므로 출애굽은 구약 이스라엘의 역사에서 반복될 수 없는 독특한 사건이지만, 그것은 또한 하나님이 세상에서 행동하기 원하시는, 그리고 궁극적으로는 전 창조 세계를 위해 행동하실 방식을 모범적으로 보여 주는 모델이 된다. 출애굽은 우리가 성경적인 하나님의 선교를 들여다보는 가장 중요한 렌즈다.

출애굽과 선교

우리는 출애굽 이야기와 성경 다른 곳에서 그 이야기를 사용하는 방식을 통해, 우리의 선교 신학과 실천에 참조할 만한 무엇을 얻을 수 있는가? 이미 우리는, 출애굽은 모든 측면을 다 고려해서 전체적으로 보아야 한다는 점을 살펴본 바 있다. 성경 이야기를 통해 우리에게 전달된 것처럼, 이 위대한 사건에서 하나님은 이스라엘을 구속하셨다. 성경이 우리에게 그렇게 말씀한다. 우리는 전체에서 일부를 떼어 내서 구속을 더 협소하게 또는 심지어 오로지 그런 견지에서만 배타적으로 규정할 자유가 없다. 출애굽기 15:13은 야웨는 구속자라는 비유 아래 **전체** 사건을 축하한다.

물론 출애굽은 하나님의 **유일한** 구속 행위가 아니었다. 또 성경 전체를 고려해 볼 때 하나님의 가장 위대한 구속 행위도 아니었다. 그러나 그것은 성경에 묘사되고 있는 **최초의** 구속 행위이며, 성경 나머지 부분에서는 분명히 그것을 모범적인 사례로 여기고 있다. 즉, 출애굽은 우리에게 하나님 자신의 구속이 의미하는 것의 윤곽을 보여 주는 모델이다. 물론 그것은 하나님이 인류와 창조 세계를 향한 그분의 구속적 목적 안에서 하려고 계획하신 전부는 아직 아니었다.

구속이 우선 첫째로 출애굽에 의해 성경적으로 규정된다면, 그리고 하나님의 구속 목적이 하나님의 선교의 핵심이라면, 이것은 우리가 참여하도록 부름받은 선교에 대해 무엇을 말해 주는가? 그 필연적인 결과는 분명 **출애굽 형태의 구속은 출애굽 형태의 선교를 요구한다**는 사실이다. 그리고 그것은 우리의 선교적 헌신은 하나님이 이스라엘을 위해 하신 일에 나타난 것처럼 인간의 필요에 대해 광범위하고 총체적인 관심을 나타내야 한다는 것을 의미한다. 또 그것은 우리가 선교를 하는 전체적인 동기와 목표가 출애굽 이야기에서 선언된 하나님의 동기 및 목적과 일치해야 한다는 것을 의미한다. 나는 이 책 처음부터 **우리의** 선교는 **하나님의** 선교에서 유래해야 한다는 점을 주장해 왔다. 그리고 하나님의 선교는 출애굽 이야기 전체에 걸쳐 매우 명료하게 표현되어 있다. 출애굽 이야기는 하나님의 의제에 의해 형성되고 움직인다.

출애굽에 대한 총체적인 선교적 해석에 미치지 못하는 두 가지 해석 방법이 있다. 하나는 그것의 영적 의미에 집중하고 그 이야기의 정치적·경제적·사회적 측면을 소홀히 여기는 것이다. 다른 하나는 그것의 정치적·경제적·사회적 측면에 너무 집중하고 영적 측면을 무시하는 것이다. 다음에 나오는 나의 비판은 하나는 옳고 다른 하나는 틀렸다고 어느 한 쪽의 편을 드는 것이 아니다. 둘 다 그들이 주장하는 긍정적인 측면에 대해서는 성경적으로 강한 지지를 받기 때문이다. 나의 요점은 어느 한 쪽을 너무 과도하게 지향하면, 균형을 잃어버린 성경적으로 온전하지 못한 선교학적 입장이 된다는 것이다. 두 접근법은 하나님이 결합시켜 놓은 것을 떼어 놓는 잘못을 범하고 있다. 우리에게 필요한 것은 출애굽 이야기가 담고 있는 모든 것을 결합시키는 것이다.

영적 해석. 영적 접근은 신약이 그리스도께서 신자를 위해 죽으신 의미를 설명하는 한 가지 모델로 출애굽을 사용하는 방법에 집중한다. 이 접근법을 취하는 이들은 정말 옳고 정당하다. 이것은 분명히 신약에서 십자가를 설명하는 여러 가지 모델의 일부이기 때문이다. 실제로 십자가 사건이 일어나기 훨씬 전에, 모든 복음서 저자들은 출애굽을 사용해서 예수님의 삶, 가르침, 사역을 묘사한다.[10]

문제는 대중적인 출애굽 설교가 신약에서 출애굽을 이같이 영적이고 그리스도 중심적으로 해석한다고 제대로 단언하고 나서는, 원래의 출애굽 사건이 이스라엘에게 의미했던 역사적 현실, 즉 불의, 억압, 폭력 가운데서 실제로 구출된 사실을 간과하거나 무시하는 경향이 있다는 것이다.

그런 사고 과정은 다음과 같은 식으로 진행된다(나는 어린 시절 주일학교에서 배웠기 때문에 이것을 잘 기억하고 있다. 성경적 기초와 관계에 대해 이처럼 자세히 배운 것에 대해 감사한다).

---

10) 신약에서 출애굽(및 새 출애굽)이라는 주제를 사용했다는 것은 많은 학자들이 잘 증명해 준다. 예를 들어, F. F. Bruce, *This Is That: The New Testament Development of Some Old Testament Themes* (Exeter, U.K.: Paternoster; Grand Rapids: Eerdmans, 1968), 「구약의 신약적 성취」(생명의 말씀사); Rikki Watts, *Isaiah's New Exodus in Mark*(Grand Rapids: Baker, 1997); David Pao, *Acts and the Isaianic New Exodus*(Grand Rapids: Baker, 2000); Richard Patterson and Michael Travers, "Contours of the Exodus Motif in Jesus' Earthly Ministry", *Westminster Theological Journal* 66 (2004): 25-47를 보라. 이 마지막 글은 관련된 모든 성경 자료를 탁월하게 요약해 놓은 것으로, 그 주제에 대한 학문적 연구를 살펴보는 데 유익한 개관이다.

- 출애굽을 통하여 하나님은 이스라엘을 애굽의 노예 상태에서 해방시키셨다.
- 그리고 그리스도의 십자가를 통하여 하나님은 우리를 죄의 노예 상태에서 해방시키셨다.

따라서 두 번째 행의 놀라운 영적 진리가 본래 구약 이야기의 '실제 의미'로 받아들여진다. 출애굽은 온통 해방에 대한 이야기였다. 그러나 우리는 '실제' 해방이 의미하는 바를 안다. 그것은 영적인 것이다. 우리는 우리가 정말로 무엇으로부터 해방되어야 하는지 안다. 그것은 죄의 종에서 해방되는 것이다. 우리는 또 진짜 영적 해방이 일어날 수 있는 유일한 장소를 안다. 그것은 십자가다. 그렇다면 **이것**(십자가)이 **그것**(출애굽)이다. 예표론적 해석의 틀에서 볼 때, 출애굽은 십자가의 모형이다. 출애굽은 하나님의 더 위대한 구속 사역을 미리 희미하게 보여 주는 것이다.

그것이 선교에 대해 암시하는 바는 다음과 같다. 출애굽 이야기가 선교에 기여하는 것이 있다면, 그것은 전도하라는 명령이다. 오직 전도를 통해서만 우리는 죄의 노예 상태에 빠져 있는 사람들을 해방시킬 수 있다. 죄는 인간의 가장 심오한 문제이며, 기본적으로 영적인 것이다. 이것은 모세의 선교사적 소명에 대한 놀라운 이야기와 연결될 수 있다. 하나님이 모세를 보내어 이스라엘을 바로의 노예에서 구출하실 것이라는 복음을 전하게 하신 것처럼, 하나님은 우리를 보내서 사람들이 어떻게 죄에서 구원받을 수 있는지 전하게 하신다.

나는 한순간도 이런 식의 해석에 담겨 있는 놀라운 진리를 부인하지 않는다. 나는 출애굽과 같은 구약의 주요한 사건들과 그것이 신약에서 그리스도 안에서 성취된 것 사이에 예표론적 관계가 있음을 기쁜 마음으로 주장한다. 신약이 십자가를 출애굽과 그에 앞서 일어난 사건들(특히 유월절)과 연관시키는 것은 분명한 사실이다. 나는 또 인간의 가장 깊은 필요는 내면에 있는 죄이며, 따라서 근본적인 필요를 결정적으로 다루지 않으면 모든 다른 형태의 구출은 결국 소용이 없다고 단언한다. 나는 나중에 구약도 그 점을 지적하고 있음을 설명할 것이다. 또 나는 그리스도의 십자가가 죄의 문제에 대한 하나님의 유일하고 최종적인 해결책이라는 점을 마음을 다해 동의한다. 그리고 사람들에게 그 복음을 말하는 것이 우리의 전도 책임이라는 점도 동의한다. 나는 이런 모든 것들에 대해 기쁜 마음으로 동의한다.

그러나 이러한 입장과 그것의 선교학적 결과에서 내가 받아들이기 어려운 점은 그것이 **단언하는** 것이 아니라(나는 그것이 성경적으로 타당한 근거를 갖고 있음을 인정한다) 그것이 동시에 **빠뜨리고 있는** 것이다. 나는 그것이 성경적이 **아니라**고 주장하는 것이 아니라, 그것이 **충분히** 성경적이지는 않다고 주장하는 것이다. 몇 가지 이유가 있다.

누구의 죄인가? 첫째, 출애굽과 십자가를 나란히 놓고 비교하는 것은, 적어도 일반적으로 널리 표현되고 있는 형태에서는 서로 전혀 들어맞지 않는다. 우리 자신이 지은 죄의 노예 상태에서 구출받는 것은 이스라엘이 경험한 구출과는 전혀 다르다. 출애굽은 **그들 자신의 죄에서** 구출받은 것이 결코 아니기 때문이다. 구약은 죄에 대한 하나님의 진노의 결과에서 구출받는다는 것이 무엇을 의미하는지 안다. 바벨론 유수에서의 귀환이 바로 그것을 보여 준다. 이스라엘이 여러 세대 동안 악행을 일삼은 대가로 하나님의 진노를 사서 바벨론에 포로로 잡혀 갔다는 것보다 더 분명한 사실은 없다. 그리고 마찬가지로, 선지자들은 바벨론 유수에서 돌아온 것을 단순히 바벨론에서 구출받은 것으로 해석하지 않고, 그들을 거기 가도록 만들었던 죄를 없애는 것으로 해석한다. 그러나 **애굽**에서 이스라엘이 고통을 당한 것이 그들이 저지른 죄에 대한 하나님의 심판이었다는 암시는 전혀 없다. 출애굽은 정말로 죄에 대한 노예 상태로부터의 구출이었다. 그러나 이스라엘 자신의 죄가 아니라 **그들을 억압한 자들의 죄**였다.

출애굽은 불의, 폭력, 죽음의 **외부적** 권세에 대한 하나님의 가장 중요한 승리였다. 출애굽에서 하나님은 이스라엘을 속박하여 노예로 삼고 있는 권세로부터 이스라엘을 구출하셨다.

이것은 이스라엘이 죄인이 아니라는 말이 전혀 아니다. 이스라엘 사람들도 나머지 인류처럼 하나님의 자비와 은혜가 필요하다. 광야에서 이스라엘이 보여 준 행위는 의심할 여지가 없이 그 점을 증명해 주었다. 그것은 또한 죄짓고 반역하는 자들을 향한 하나님의 무한한 인내와 용서하시는 은혜를 보여 주었다. 제사 제도는 실제로 하나님의 백성의 죄의 문제를 해결하고 속죄 수단을 제공하기 위해 고안된 것이었다. 여기에서 말하고자 하는 점은 자신의 죄에 대한 속죄와 용서는 출애굽 구속이 의미하는 바가 아니었다는 것이다. 그보다는 그것은 악한 권세를 격파하고 그것이 이스라엘을 붙잡고 있는 족쇄를 결정적으로 깨부숨으로써, 외부적 악과 그것이 야기하는 고통과 불의로부터

8. 하나님의 구속 모델 351

구출하는 것을 의미한다. 그것은 정치적·경제적·사회적·영적 등 모든 차원에서의 구출을 의미한다.[11]

우리가 이 점을 완전히 이해할 때, 우리 자신의 죄의 노예 상태에서 해방된다는 점보다는(물론 그런 면이 있는 것이 분명 사실이긴 하다), 인간 생활과 복지를 억누르고 하나님을 대적하는 모든 것의 노예 상태에서 해방된다는 점에서 출애굽과 십자가를 연결시키는 것이 더 적절해 보인다. 출애굽처럼, 십자가는 대적들에 대한 하나님의 승리였다. 그리고 십자가를 통하여 하나님은 우리를 노예 상태에서 구출하셨다. 십자가를 우주적 승리로, 그리고 우리의 구원을 속박에서 구출해 주는 것으로 보는 해석을 지지해 주는 증거가 신약에 많다. 바울은 하나님 아버지께 감사하면서 간접적으로 출애굽을 언급한다. "그가 우리를 흑암의 권세에서 건져내사 그의 사랑의 아들의 나라로 옮기셨으니 그 아들 안에서 우리가 속량 곧 죄사함을 얻었도다"(골 1:13-14). 조금 뒤에 가서 바울은 그리스도가 십자가에서 모든 통치자들과 권세들을 물리치고 승리한 사실에 대해 언급한다(골 2:15). 히브리서 저자는 그리스도의 죽음으로 말미암아 "죽기를 무서워하므로 한평생 매여 종노릇 하는 모든 자들을 놓아 줄"(히 2:15) 수 있게 되었다고 기뻐하며 말한다.

어떤 현실인가? 둘째, 본래 역사적 사건이 지니고 있는 사회적·경제적·정치적 측면을 무시하고 출애굽을 영적으로만 적용하려고 하는 자들은 구약을 신약과 연관시키는 예표론적 방법을 오용하는 것이다. 그들은 구약을 단지 신약을 '예시하는' 것으로 취급한다. 그 결과 구약 이야기는 자체적으로 지니고 있는 고유한 의미를 다 잃어버리고 만다. 히브리서에 나타난 '그림자' 비유를(히 8:5) 오용하는 이런 식의 접근법으로 인해 성경의 진리는 플라톤 식 이원론으로 왜곡되고 만다. 그래서 물질적이고 역사적인 영역은 열등하고 일시적인 것으로 간주되고, 영적이고 초시간적인 영역만이 '정말로 진짜인' 것으로 간주된다. 그렇게 해서 출애굽 이야기의 역사적 요소들이 성경 본문 안에서 매우 두드러지게 나타나는데도 불구하고, 일단 영적인 핵심을 빼낸 후 나머지는 물질적인 껍데기로 간주해 폐기해 버린다. 이제 우리는 그 이야기가 '정말로' 의미하는 바가 무엇인지 알기 때

---

11) Christopher J. H. Wright, *Knowing Jesus Through the Old Testament*(London: Marshall Pickering; Downers Grove, Ill.: InterVarsity Press, 1992), p. 32. 「구약의 빛 아래서 그리스도를 아는 지식」(성서유니온선교회).

문에(당신은 그리스도에 의해 죄의 노예에서 해방될 수 있다), 나머지 내용은 없어도 상관없는 부차적 요소로 치부해 버린다.

그러나 성경은 구약과 신약의 유기적 연속성을 이런 식으로 다루고 있지 않다. 물론 구약의 **종교적 관례**에는 그리스도 안에서 성취되었기 때문에 더 이상 필요 없게 된 것들이 있기는 하다. 그러나 구약에 나타난 **하나님의 행동에 대한 모든 이야기**를 이런 식으로 다루어서는 안 된다. 그것은 그리스도에 의해 폐기되거나 대체될 수 없다. 그보다 그것은 그리스도 안에 흡수되거나 완성된다. 신약에서 우리는 하나님이 구속에서 이루신 모든 것이 완성되는 것을 본다.

그러므로 "이전에 하나님의 구속은 정치적 해방과 사회 정의를 포함했다. 그러나 이제 그것은 영적 용서를 의미한다"라는 식의 투박한 대조법으로 접근해서는 안 된다. 그보다 우리는 하나님이 행하신 모든 것(출애굽에서부터 십자가까지)을 **포함하는** 방식으로 하나님의 구속 전체를 본다. 그것은 신약이 사회적 메시지를 영적 메시지로 **바꾼다는** 것이 아니라, 구약의 가르침을 우리 인간이 처한 영적 측면에 대한 가장 깊은 이해와 가장 급진적이고 최종적인 대답으로 **확대한다는** 것이다. 그 대답은 출애굽 이야기 안에 초기 상태로 이미 거기에 나타나 있었다.

다른 비유를 들어 말하자면, 구약에 나타난 하나님의 구속의 가장 역사적인 설명은 우주 캡슐을 발사한 다음에 떨어져서 잊혀지고 마는 발사용 로켓과 같지 않다. 바울 자신의 비유를 들어 말하자면, 성경 이야기는 한 그루의 나무와 같다. 우리는 이제 신약의 성취 안에서 뻗어가는 가지와 풍성한 열매를 맛본다. 그러나 구약은 나무줄기의 안쪽 나이테와 같다. 거기에 오랜 과거 역사의 증거가 있다. 하지만 그것을 바탕으로 가지와 열매들이 자라가고 있다. 이처럼 구약과 신약의 관계는 단절된 불연속성과 포기의 관계가 아니라 유기적 연속성의 관계다.

어떤 하나님이신가? 셋째, 출애굽을 단순화해서 영적으로 해석하는 것은 하나님의 성품과 관심사의 대단한 변화를 전제하는 듯하다. 물론 선지자들은 하나님에 대한 이스라엘의(또는 어떤 나라의) 반응에 따라 하나님이 그분의 계획을 변화시킨다고 말한다. 성경의 거대 서사에도 진보와 발전은 있다. 그러나 이것은 그런 예보다 훨씬 더 과격하다.

이처럼 성경을 영적으로 해석하는 방법과 그 해석의 결과 따라오는 선교학적 암시는, 성경의 하나님은 세대를 넘고 세기를 넘어서 사회 문제(정치적 오만과 학대, 경제적 착취, 사법적 부패, 가난한 자들과 억압당하는 자들의 고통, 야만적 행위와 유혈 사태)에 많은 관심을 가지고 계셨다는 사실을 알게 해준다. 하나님이 주신 율법과 그분이 보내신 선지자들은 우상숭배를 제외하면 어떤 다른 문제보다 사회 문제들에 너무나 많은 관심을 갖고 있다. 또 시편 기자들은 그런 일들에 깊은 관심을 갖는 하나님에게 부르짖는다.

하지만 말라기에서 마태복음으로 가는 사이에 그 모든 것이 변화되고 말았다. 그런 문제들은 더 이상 하나님의 관심을 끌거나 그분의 분노를 촉발하지 않는다. 또는 그렇다 하더라도, 그것은 우리의 관심사가 아니다. 그런 모든 일들의 근원은 영적인 죄다. 하나님의 관심은 그것뿐이다. 그리고 십자가에서 해결한 것은 그것뿐이다. 교묘한 형태의 마르시온주의가 이 접근의 근저에 자리하고 있다. 신약에서 추정하는 하나님은 더 이상 야웨 하나님, 이스라엘의 거룩한 자가 아니시다. 이같이 추정된 하나님은 모세 율법에 큰 우선순위를 두셨으며, 선지자들에게 엄청난 희생을 치르게 하면서 부과하셨던 정의에 대한 모든 부담을 떨쳐 버리셨다. 이것이 선교에 갖는 의미 역시 마찬가지로 극적이다. 인간 사회의 긴급한 문제들이 더 이상 하나님의 관심을 끌지 못한다면, 그것들은 기독교 선교에서도 차지할 자리가 없는 셈이기 때문이다. 또는 기껏해야 분명 두 번째 자리밖에 차지할 수 없기 때문이다. 하나님의 선교는 이 땅의 사회 문제들을 다루는 것이 아니라 영혼을 천국으로 데려가는 것이다. 우리의 선교도 하나님이 하시는 대로 해야 한다. 내가 이 견해를 묘사한 방식은 약간 희화화한 면이 있을지 모르지만, 그것은 많은 그리스도인들이 갖고 있는 선교관을 대표하는 것이다.

나는 **성경 전체**를 살아 계신 하나님의 정체성, 성품, 선교에 대해 신뢰할 수 있는 계시로 받아들일 때, 그런 신관과 선교관이 비성경적이고 솔직히 말해서 믿을 수 없는 것이라고 생각한다. 그러나 거듭 말하거니와, 나는 신약이 노출시키는 죄와 악의 매우 심각한 영적 실제나, 나사렛 예수의 십자가와 부활 안에서 이루어진 하나님의 구속적 성취의 영적 측면의 영광을 거부하거나 축소시키지 **않는다**. 단지 신약의 이러한 진리들이 구약에 나타난 인간 삶의 모든 측면에 대한 하나님의 포괄적인 헌신에 대해, 인간의 복지를 억누르고 더럽히고 감소시키는 모든 것들을 하나님이 부단히 반대하시는 것에 대해, 열방을 축복하고 온 창조 세계를 구속하시는 하나님의 궁극적 선교에 대해 이미 계시한 것을 모두 **무효화한다**는 생각을 부인하는 것뿐이다. 이처럼 깊은 근원에서 우리 자신의 선교적 명령을 끌어내면, 이스라엘 사람들이 억압 가운데서 부르짖던 소리만큼이나 중요한 메시지를 간과해 버리는 영적 환원주의의 위험에 빠지지 않게 된다.

정치적 해석. 이와 정반대되는 해석을 주장하는 사람들이 있다. 정의에 큰 관심을 가지시고, 약자들을 착취하다가 살인 만행을 저지르는 불량 국가에 그 정의를 시행하시는 야웨를 확언하고 있다는 이유 **때문에** 출애굽 이야기에 끌리는 자들이 있다. 그들은 이것을 출애굽 이야기의 가장 중요한 의미로 본다. 즉, 야웨는 억압을 미워하시고 그것에 반대하여 단호하게 행동하시는 하나님이라는 것이다. 그리하여 이스라엘이 처한 궁지의 정치적·경제적·사회적 측면과 그에 상응하여 이루어지는 하나님의 구출에 대해 본격적으로 연구가 이루어지고, 세상의 약하고 소외된 자들을 옹호하는 신학, 윤리, 선교학이 만들어진다.

물론 현대에 그런 해석학을 지지하는 가장 유명한 신학은 라틴 아메리카에서 등장해서 세계의 다른 부분으로 퍼져 나간 여러 분파의 해방 신학들이다.[12] 이 가운데 어떤 해방 신학들은(결코 전부는 아니다) 불의와 억압에 대항해 투쟁하는 곳마다 하나님은 구속적으로 일하신다고 주장하는 입장을 취한다. 성경적 하나님은 출애굽 이야기를 통하여 자신이 억압당하는 모든 자들의 편이심을 선언하신다. 따라서 억압을 타도하고 자유와 정의를 가져오는 행동은 무엇이나 본질상 구속적이고 구원적이다. 어떤 사람이 예수 그리스도를 주와 구세주로 믿든지 믿지 않든지, 교회가 세워지든지 세워지지 않든지 간에 상관이 없다. 따라서 이 해석은 신약에서 출애굽의 영적 해석을 강조하고 사회적 측면을 무시하는 첫 번째 오류에 대한 반대 입장이라고 볼 수 있다. 이 입장은 출애굽의 사회 정의적 측면을 강조하고, 그 사건 안에 담겨 있는 영적 목적과 신약에서 그것을 분명히 그리스도의 구원 사역과 연결시키고 있는 점을 간과한다. 하지만 출애굽을 정치적으로만 해석하는 것은 영적으로만 해석하는 것만큼 성경적으로 볼 때 불충분하다. 앞서 말한 것처럼, 나는 그런 해석이 주장하는 주요한 주장(성경의 하나님은 사회 정의에 관심을 가지시며 따라서 우리도 그래야 한다는 것)을 반대하는 것이 아

---

12) 내가 "현대에"라고 말하는 것은, 여러 세기에 걸쳐 유대인들이나 그리스도인들이 출애굽 이야기에서 압제 세력들에 대한 정치적·사회적·경제적 투쟁을 지지하는 강력한 원동력을 발견해 왔음을 인정하기 때문이다. 예를 들어, Michael Walzer, *Exodus and Revolution*(New York: Basic Books, 1985)을 보라. 이 책은 보통 해방론적 입장에서 출애굽기를 읽는 것보다 더 체제를 전복시키는 관점에서 출애굽기를 읽는다. 또 J. David Pleins, *The Social Visions of the Hebrew Bible: A Theological Introduction*(Louisville: Westminster John Knox, 2001), 4장을 보라.

니다. 내가 반대하는 것은 출애굽 전통을 정치적 측면으로만 국한시키거나 아니면 영적·전도적 암시를 잘라내 버리는 것이다. 역시 몇 가지 사항을 살펴보아야 한다.

부당한 반대. 해방 신학이 출애굽을 사용하는 것에 대한 한 가지 주요한 반대 입장은 이것이다. 즉, 출애굽에서 하나님이 분명 이스라엘을 정치적·경제적 억압으로부터 구출했다는 사실로부터, 하나님은 비슷한 환경 가운데 있는 모든 다른 사람들을 위해 그렇게 하기 원하신다거나 그렇게 하려 하신다는 가정으로 부당하게 비약한다는 것이다. 그런 비약은 하나님의 계획 가운데 이스라엘이 차지하는 독특성과, 출애굽은 아브라함에 대한 하나님의 신실성으로 인해 일어났다는 사실을 간과한다는 것이 반대의 이유다. 우리는 하나님과 언약 관계를 맺은 이스라엘과 그렇지 않은 열방이 하나님 앞에서 동등한 자격을 갖고 있다고 말할 수 없다. 또 우리는 하나님이 아브라함에게 하신 약속에 입각하여 이스라엘이 아닌 어떤 다른 국가들을 다루신다고 말할 수 없다. 따라서 우리는 하나님이 아브라함에 대한 신실하심 가운데 이스라엘을 위해 행하셨던 것으로부터 하나님이 세계 도처에 있는 억눌린 자들을 위해 하기 원하시는 것 또는 우리가 행해야만 하는 것을 마음대로 추출해 낼 수는 없다.

이것은 일부 해방 신학자들이 심각한 혼란으로 간주될 정도로 구원이라는 개념을 정치화한 데 반대하면서 존 스토트가 제시한 논증이었다. 스토트는 출애굽을 "하나님이 모든 억압받은 자들을 위해 의도하신 해방의 유형"으로 바꾸어 놓기를 원했던 세계교회협의회(WCC)에 반대하는 글을 쓰면서, "하나님은 모든 유형의 억압을 싫어하신다"는 사실을 부인하지 않는다. 하지만 그는 다음과 같이 지적한다.

> 하나님은 그분 자신과 그분의 백성 이스라엘 사이에 특별한 관계를 맺고 있다[예를 들어, 암 3:2].…출애굽 이면에 놓여 있는 것은 바로 이 특별한 관계였다. 하나님은 아브라함, 이삭, 야곱과 맺은 언약을 따라, 그리고 시내 산에서 갱신할 언약을 내다보면서, 그분의 백성을 애굽에서 구출하셨다(출 2:24; 19:4-6). 하나님은 수리아 사람들이나 블레셋 사람들과는 언약을 맺지 않으셨다. 또 하나님이 그들의 국가 생활에 섭리적 차원에서 개입하셨다고 해서 그들이 언약 백성이 되는 것은 아니었다.[13]

이런 식의 반대는 매우 설득력이 있다. 또 이스라엘의 독특성을 지적하고 하나님이 아브라함에게 하신 약속을 강조한 것은 물론 옳다. 나 역시 동일한 점들을 반복하여 강조한 바 있다. 하지만 그것이 진리의 전부는 아니다. 나는 존 스토트의 요점에 동의하지만, 그가 이스라엘이 나머지 인류를 위한 모범으로서의 의미를 갖고 있다는 점에 근거해서 출애굽이 지니고 있는 모범적 본질을 충분히 고려했다고 생각하지는 않는다. 두 가지 점을 더 고려해 보자.

한편으로 우리는 하나님이 아브라함에게 하신 약속은 이스라엘만의 유익을 위해 이루어진 것이 결코 아니었다는 점을 기억해야만 한다. 그것은 언제나 최종적으로는 보편적 의미를 지니고 있다. 따라서 하나님이 이스라엘을 통해서 그리고 이스라엘을 위해서 하시는 일에는 모범을 보이는 것이 항상 있다. 분명히 이스라엘의 구속사에는 독특성과 특수성이 있다. 그러나 그것은 **하나님의 성품을 규정짓고 나타내는** 독특성과 특수성이었다. 그리고 그 하나님은 이스라엘만의 하나님이 아니고 **모든 땅과 모든 나라들의** 하나님이시다.

그러므로 우리는 하나님이 고대 근동의 모든 제국에 있는 억눌린 자들을 구출하지 않으셨다는 역사적 사실을 받아들이긴 하지만, 그렇다고 해서 하나님이 억눌린 자들에 대해 무지하거나 무관심하셨다고, 또는 도처에서 불의를 행하는 범죄자들에 대해 화를 내지 않으셨다고 추론할 수는 없다. 오히려 우리는 성경 이야기의 이 부분에 대한 선교학적 관점의 중요성을 다시 인식한다.

이스라엘은 아브라함의 약속의 수혜자가 된 덕에, 야웨가 세상 전체에서, 구출에서, 의무에서, 축복에서, 위험에서 일하는 방법을 보여 주는 모델 역할을 한다. 야웨가 이스라엘에 관여하시는 것에는 독특한 점이 있지만 이 독특성은 이스라엘만이 하나님이 관여하시는 유일한 백성이라는 사실에 있는 것이 아니다. 야웨는 궁극적으로 다른 사람들보다 이스라엘의 자유와 축복에 더 많은 관심을 가지시는 것은 아니다.…야웨가 이스라엘에 독특하게 관여하시는 것은 야웨가 이 백성을 통해 성취하시고자 하는 것에 있다. 하나님은 바로 이 백성을 통해 세상을 축복하기 원하셨다.[14]

---

13) John R. W. Stott, *Christian Mission in the Modern World*(London: Falcon, 1975), p. 96. 「현대 기독교 선교」(성광문화사).

또 다른 한편으로, 구약 자체는 실제로 출애굽을 근거로 해서 하나님의 성품에 대해, 그리고 억압을 당하면서 부르짖는 모든 사람들에 대한 하나님의 반응에 대해 보편적인 결론을 내린다. 예를 들어, 시편 33편은 '출애굽'에 나타난 하나님의 성품[정직하시고 진실하시고, 공의와 정의를 사랑하시는 하나님(시 33:4-5상)]을 축하하면서 "세상에는 여호와의 인자하심이 충만하도다"(5절 하)와 하나님은 세상에 있는 모든 인간 생명을 굽어 살피신다(시 33:13-15)는 보편적인 주장을 한다. 마찬가지로 시편 145편은 이스라엘의 역사에 나타난 하나님의 전능하신 행위를 축하하면서 하나님이 "그 지으신 모든 것에 긍휼을 베푸시는 분"이라고, 특히 하나님은 그에게 부르짖는 모든 자의 부르짖음을 들으시는 분이라고 확언한다. 그것은 출애굽의 이미지를 확대한 것이다. 그리고 그중 가장 인상적인 것은 이사야서 19장에 묘사된 대로 애굽이 재앙을 당해 여호와 하나님께 부르짖을 때 애굽조차도 구속적 축복을 받게 되어 있다는 것이다.

그러므로 나는 이스라엘 예배자들이 내린 것과 똑같은 결론을 내리는 것이 적합하다고 생각한다. 그것은 하나님이 이스라엘 역사의 사회적 영역에서 나타내셨던 애정 어린 관심과 구속적 활동은, 하나님과 이스라엘의 언약 관계의 틀 안에서 독특한 것이긴 했지만, 예외적이거나 배타적인 것은 아니었다는 것이다. 그것들은 **전형적**(typical)인 것이었다. 그것은 정말로 야웨 하나님이 어떠하신 분인가를 보여 준다. 그와 같은 관심과 행동은 하나님의 성품의 특징이다.

너희의 하나님 여호와는 신 가운데 신이시며 주 가운데 주시요 크고 능하시며 두려우신 하나님이시라. 사람을 외모로 보지 아니하시며 뇌물을 받지 아니하시고 고아와 과부를 위하여 정의를 행하시며 나그네를 사랑하여 그에게 떡과 옷을 주시나니 너희는 나그네를 사랑하라. 전에 너희도 애굽 땅에서 나그네 되었음이라.(신 10:17-19)

이 핵심 본문은 유일하신 하나님 야웨의 독점적인 주권과, 그분의 포괄적인 도덕적 정직성, 정의, 동정을 함께 묶는다. 그리고 나서 바로 이 하나님의 출애굽 사랑을 경험한 자들에게 윤리적·선교적 의무를 부과한다. 그들은 가서 이와 같이 행해야 한다.

---

14) Goldingay, *Old Testament Theology*, 1:294-295.

충분하지 못함. 내가 출애굽의 정치적 해석을 반대하는 것은 출애굽을 하나님이 광범위한 사회와 국제적 영역에서 정의와 인권과 인간 존엄성에 대해 깊은 관심을 갖고 있으시다는 증거로 사용하는 것이 해석학적으로 틀렸기 때문이 아니다(영적 해석이 출애굽을 십자가의 승리를 묘사하는 그림으로 사용하는 것이 틀리지 않은 것과 마찬가지다). 문제는 그것이 무엇을 말하는가 하는 것이 아니라 그것이 어디에서 멈추는가 하는 것이다. 출애굽의 적절성을 정치적·사회적·경제적 영역에 제한하거나, 사람들이 살아 계신 한 분 하나님을 알게 되고 언약적 헌신과 순종 가운데 그분을 예배하고 섬기는 영적 문제를 소홀히 하거나 배제하면서 사회적·정치적 문제들을 우선시하는 해석은 본문을 온전히 다루는 것이 아니며, 따라서 본문을 심각하게 왜곡하는 것이다.

성경적 이야기에서 출애굽의 목표는 분명히 정치적 해방에 국한되지 **않았다**. 진실로, '해방'(자유나 독립을 이룬다는 현대적 의미에서)은 이야기 전체를 묘사하기에 가장 좋은 단어가 아니다. 출애굽기 여러 본문에서, 하나님이나 모세는 이스라엘을 애굽인들에게서 '빼내고' '구조하고' '구속하고' '구원하는' 야웨의 의도에 대해 말한다(예를 들어, 출 6:6; 14:13, 30). 그 본문들은 단순히 독립이나 자결이라는 현대적 의미에서 자유를 되찾는 것에 대해 이야기하지 않는다. 그보다 출애굽의 목적은 이스라엘을 바로의 노예 상태($^{c}ab\bar{o}d\hat{a}$)에서 벗어나게 해서 자유롭게 야웨를 섬기고 예배드릴($^{c}ab\bar{o}d\hat{a}$) 수 있게 만드는 것이었다. 이스라엘의 문제는 단지 그들이 노예이며 따라서 자유롭게 되어야 한다는 것이 아니었다. 그것은 그들이 **잘못된 주인에게 사로잡힌 노예들이며 따라서 올바른 주 하나님께 돌아와서 그분을 섬길 필요가 있었다**는 것이다.

> 출애굽은 이스라엘을 노예 상태에서 벗어나 독립의 자유를 누리게 하는 것이 아니라, 한 주인을 섬기는 것에서 다른 주인을 섬기는 것으로 바꾸는 것이다.…성경에서 자유는 야웨를 섬기는 자유다. 이런 변화는 우리가 해방 신학의 강조점을 재구성할 때 나아가야 할 방향을 제시해 준다.[15]

따라서 정치를 개혁하고, 독재를 민주적 자유로 대체하기 위해 일하는 것, 경

---

15) 같은 책, p. 323.

제 향상과 지역 사회 개발 프로그램을 고안하는 것, 자원의 재분배 및 사회 정의를 도모하고, 국가가 후원하는 폭력 또는 대학살을 억제하기 위한 운동을 하는 것 등은 그 자체로 모두 긍정적인 것들이며, 그런 일들에 관여하고 있는 그리스도인들은 성경 전체에 걸쳐 두드러지게 계시된 하나님의 성품과 뜻을 참조해서 더욱 열심히 활동할 수 있다. 그러나 사람들로 하여금 회개와 그리스도에 대한 믿음을 통해 하나님을 알고, 언약적 사랑, 신실성과 순종 안에서 하나님을 예배하고 섬기도록 만드는 일에 힘쓰지 않으면서(다시 말해 효과적인 전도와 제자 훈련 없이) 사회정치적 문제에만 관심을 **국한시키는** 것은 출애굽 형의 구속을 적절하게 표현하는 것으로 볼 수 없으며, 또 분명히 총체적인 출애굽 형 선교도 아니다.

죄와 바벨론 유수. 게다가, 사회정치적 참여의 신학과 선교를 위한 성경적 근거로 출애굽에만 초점을 맞추는 것은 이스라엘의 나머지 성경 역사를 무시하는 것이다. 야웨의 구속적 개입으로 인해 정치적 차별, 경제적 착취, 사회적 폭력에서 구출받은 이스라엘 사람들은 그 다음 수세기 동안 바로 그들의 사회가 그러한 것들로 인해 망쳐지도록 내버려두었다. 그리고 하나님의 심판의 진노는 애굽인들에게 임했던 것만큼 반역을 일삼는 이스라엘에게도 엄하게 임했다. 어떤 점에서 더 심하게 임했다고 할 수 있다. 그러므로 출애굽으로 시작한 이야기는 바벨론 유수로 끝났다. 그리고 선지자들과 시편 기자가 인식한 바대로, 이 이야기는 이스라엘의 가장 심각한 문제는 나머지 인류 모두를 괴롭히고 있는 문제와 똑같음을 증명해 주었다. 즉, 인간의 죄악에 가득 찬 반역, 마음의 완악함, 하나님의 행위를 못 알아봄, 하나님의 말씀을 듣지 않음, 하나님이 요구하시는 것[하나님을 경외하여 그의 모든 도를 행하고 그를 사랑하여 섬기고 순종하는 것(신 10:12)]을 하려는 마음이 전혀 없는 것이 문제다.

그리고 바벨론 유수의 죽음과 절망으로부터, 이스라엘에게 말하는 소리가 들려온다. 그것은 하나님은 또 다른 출애굽(이번에는 바벨론에서)으로 이스라엘의 국가 역사에 다시 한 번 개입하실 것이지만, 그들의 진짜 필요는 **예루살렘으로의 회복이 아니라 하나님으로의 회복**이라는 소리다. 이스라엘에게 필요했던 것은 포로 생활이 끝나는 것이 아니라, 그들이 지은 죄를 용서받는 것이었다. 선지자들이 구원에 대해 말할 때 쓰는 어휘에는 두 가지가 다 포함되어 있었다(예를 들어, 사 43:25; 렘 31:34; 겔 36:24-32). 하나님의 대행자인 고레스는 첫 번째 것을 해결할 수 있었지만, 두 번째 것은 하나님의 고난받는 종을 통해서만 해결될 수 있었다.¹⁶⁾ 그러므로 이스라엘의(또 인류의) 필요의 영적 측면은, 그리고 하나님의 궁극적인 구속적 목표의 영적 측면은 구약에서 둘 다 인식되고 있다. 신약은 물질적으로 구속을 이해하고 있는 구약에 영적 측면을 **더하지** 않았다. 그것은 하나님이 어떻게 그리스도의 절정에 이른 사역 안에서 그 가장 깊은 측면을 완성하였는가 하는 이야기를 말한다. 그것은 구약을 신약으로 **대체**한 것도 아니다. 그것은 하나님의 구속 목적이 충만하게 실현되려면, 구약의 통찰이 궁극적으로 어디로 이끌어가야 하는지 인정한 것이다.¹⁷⁾

통합적 해석. 그러므로 나는 신구약 성경이 취급하는 것처럼 우리가 출애굽을 하나님의 구속의 원형으로 간주한다면, 그 메시지와 의미를 전부 다 우리의 선교 활동에 구체적으로 적용해야 한다고 호소하고 싶다. 우리의 선교 명령을 전체 모델의 어느 한 쪽에 국한시키면, 해석학적으로 왜곡될 뿐만 아니라 선교 활동에도 실제적인 문제가 발생한다. 월터 브루그만은 우리에게 어떤 방향으로든 환원주의에 빠지지 말라고 경고한다.

> 구약의 증거가 실제 사회적·경제적·정치적 상황에 관심을 갖고 있다는 것은 분명하다. 구약에서는 하나님이 이스라엘을 그런 상황에서 구출하신다고 나온다. 또한 신약이 출애굽 언어를 '영적으로 해석'하는 것도 사실이다. 그래서 복음의 해방은 구체적인 사회적·경제적·정치적 속박과 대비해서, 죄로부터의 해방으로 더 쉽게 이해된다. 여기에서 신약에서 제시된 구출의 구체적 형태가 정말 무엇인지에 대하여 논쟁을 반복할 필요는 없다. 하지만 구약에서 이미 야웨의 의도를 적극적으로 반대하는 '죽음의 세력'이 사람들을 실제적이고, 구체적이고, 유형적으로 속박하는 활동을 벌이고 있다고 말하고 있음을 인정해야 한다. 따라서 우리는 구출이 [**구약에서**] 영적이라기보다는 물질적이라고

---

16) 물질적인 것과 영적인 것 간의 잘못된 구분을 하고 싶지는 않다. 하지만 어떤 의미에서 전쟁의 사람은 물질적인 종류의 회복을 가져올 수 있지만, 오직 고난받는 종만이 영적인 회복을 가져올 수 있다. 군사적 승리자는 유대인들을 다시 예루살렘으로 돌려보낼 수 있다. 하지만 그들의 역사는 그들의 죄 문제가 얼마나 심각한 것인지 드러냈다. 따라서 그들을 다시 하나님께로 돌려보내기 위해서는 고난받는 종이 필요할 것이다. John Goldingay, "The Man of War and the Suffering Servant: The Old Testament and the Theology of Liberation", Tyndale Bulletin 27(1976): 104.
17) "신약의 동향은 출애굽기에 암시되어 있으며, 사 40-55장에서 발전된다. 특히, 출애굽, 구속, 해방이라는 주제들은 현저히 영적인 것이 된다. 즉, 죄로부터의 구속은 중심적인 개념이 된다. 인간의 연약함과 강퍅함은 그의 가장 심각한 문제이기 때문이다. 죄로부터의 구속이 없다면, 인간의 정치적·사회적·경제적 문제들은 해결될 수 없다." 같은 책, p. 105.

주장하거나, 또는 구원은 [**신약에서**] 물질적이라기보다는 영적이라고 주장하지 않아야 한다. 그 같은 이원론은 참된 인간의 속박을 왜곡하며 성경 본문을 잘못 읽게 만든다.… 성경의 문제는 이것이냐 저것이냐 양자택일의 문제가 아니라 둘 다의 문제다. 그것은 물질주의적 방향으로 환원되지 않아야 할 것이다. 반대로 안전하게 영적으로 해석하는 신학에서 노예와 자유의 물질적 측면을 부정하는 것도 잘못이다. 많은 기독교 해석이 그런 유혹을 받고 있다.[18]

전도 없는 사회 활동. 사회 활동이 선교의 전부라고 생각하고 사람들을 그리스도 안에서 하나님을 아는 지식과 예배와 봉사로 이끌지 못하는 것은, 우리가 이러저러한 식으로 '노예 상태에서 벗어나게' 할 수 있는 사람들에게 이스라엘의 역사를 반복하는 잘못을 범하도록 하는 것이다. 이스라엘 사람들은 하나님의 구속의 정치적·사회적·경제적 영향을 경험했지만, 그중 많은 사람들이 그들을 구속하셨던 하나님의 영적 필요조건을 갖추지 못했기 때문이다. 그들은 하나님을 유일하신 하나님으로 인정하지 않으려 했다. 그들은 거듭해서 다른 신들을 섬기는 잘못을 범했다. 그들은 다른 나라들과 동맹을 맺고 섬기다가 결국 영적으로 정치적으로 재난을 초래했다. 그들은 구속자 하나님을 경험했다. 구약은 그 점을 일관되게 확언한다. 그러나 그들은 왕이신 하나님께 순종하지 않았으며, 그분의 뜻을 따라 살지 않았다. 그리하여 그들은 여러 가지 의미로 멸망하고 말았다.

하나님의 구속 사역의 사회적·정치적·경제적 측면은 실제적이고 매우 중요했다. 그리고 그것들은 모든 선지자들이 증명한 것처럼 여전히 하나님이 많은 관심을 가지시는 문제다. 그러나 그것들은 하나님이 이스라엘 백성과 언약 관계를 맺으며 의도하셨던 것의 전부가 아니었다. 언약 신앙, 언약 예배, 언약 순종을 갖추지 못했기 때문에, 이스라엘은 다른 나라들과 마찬가지로 하나님의 엄중한 진노를 받아야 했다.

바울과 히브리서 저자들은 애굽의 노예에서 구출받는 하나님의 놀라운 기적을 체험한 세대가 불순종과 불신 때문에 하나님의 충만한 구원에 들어가지 못했다고 지적하면서, 이 가공할 위험에 대해 숙고한다(고전 10:1-5; 히 3:16-19).

정치적·경제적·지리적 상황의 변화, 정부의 변화, 사회적 지위의 변화는 모두

---

18) Brueggemann, *Theology of the Old Testament*, p. 180.

그 자체로 유익할 것이다. 하지만 출애굽의 영적 목표들 역시 충족되지 않는다면 그것들은 영원한 유익을 가져오지 못할 것이다. 따라서 사람들을 그리스도 안에서 하나님을 믿고 구원받는 신앙과 순종하는 삶으로 인도하지 않으면서 사람들의 사회적·경제적 지위를 변화시키는 것은 광야나 유랑 생활로 이끌고 만다. 그곳은 둘 다 죽음의 장소다.

사회 활동 없는 전도. 그러나 다른 한편으로 영적 전도가 선교의 전부라고 생각하는 것은 다른 식으로 사람들에게 상처를 입히는 것이다. 그 점 역시 이스라엘에게서 찾아볼 수 있다. '영적 전도'는 복음을 죄사함의 수단으로 그리고 미래에 천국에 들어가는 수단으로만 소개하는 것을 의미한다. 그것은 우리 주위에 있는 사회적·경제적·정치적 사회에서 개인적으로 정직하게 살라는 도덕적 도전이나, 다른 사람들을 위한 정의와 동정의 문제에 대해 적극적으로 관심을 가지라는 선교적 도전에 대해서는 무심하다. 그 결과 일종의 개인화된 경건주의, 또는 같은 마음을 가진 신자들과는 잘 어울리나 넓은 사회와 관련하여 선지자적 안목이 없는 신앙인이 된다. 그러므로 천국에 가는 데는 관심이 있지만, 사방에서 일어나는 육체적·물질적·가정적·사회적·국제적 필요와 위기에 대해서는 전혀 관심을 기울이지 않는 그리스도인이 될 수 있다. 이러한 사회적 문제들은 너무나 쉽게 아무런 관심도 받지 못하고 선교 레이더망에 잡히지 않는 하찮은 것들이 되고 만다.

이스라엘 역시 이 유혹에 넘어갔다. 선지자들은 사람들이 열심히 예배를 드리지만 매일의 삶에서 그들이 예배하는 하나님의 도덕적 기준을 부인하는 것을 목도했다. 많은 카리스마적 열정(암 5:21-24), 수많은 제물의 피에 나타난 많은 속죄 신학(사 1:10-12), 성전을 향해 주장된 많은 구원의 확신(렘 7:4-11), 대축제와 연회에서 준행된 많은 종교 규정이 있었다(사 1:13-15). 그러나 그들의 코와 발 아래서는 가난한 자들이 무시를 당하고 짓밟히고 있었다. 영적 종교가 사회적 부패 가운데 번성하고 있었다. 그리고 하나님은 그것을 미워하셨다. 하나님은 누군가가 나타나 모든 허구를 중단시키기를 바라셨다(말 1:10). 그리고 마침내 하나님은 그것을 다 없애 버리셨다.

하나님의 정의와 긍휼에 대한 성경의 가르침을 실천하라는 철저한 도전 없이, 정의에 대한 갈망과 목마름 없이, 개인적 용서와 구원의 복음만을 설교하는 영적 입장을 주장하는 선교는, 그 부분적인 진리에 반응하는 자들을 동일한 위험에 빠트릴 수 있다. 야고보서는 그 당시 믿음과 행위, 영적인 것과 물질적인 것 사이를 비성경적으로 갈라 놓으려는 사람들에 대하여 말하는 것 같다. 행위 없는 믿음이 죽은 것이라면, 사회적 동정과 정의가 없는 선교는 성경적으로 결함이 있는 것이다.

9

하나님의 회복 모델

희년

구속과 선교를 다룬 8장에서는 출애굽에 대해 집중적으로 살펴보았다. 이렇게 출애굽에 집중한 이유는, 이 사건이 성경 나머지 부분에서 기본이 되는 이야기로 큰 영향력을 가지기 때문이다. 출애굽은 성경이 의미하는 구속의 최초 형태와 내용을 가늠할 수 있게 해준다. 따라서 우리는 출애굽을 통해 어떻게 선교를 해야 하는지 알 수 있다. 출애굽은 역사상 일회적인 사건이었지만, 하나님은 출애굽이 지닌 핵심적 원리가 이스라엘의 삶 가운데 구현되기를 원하셨다. 이스라엘은 경제적·사회적 정의, 억압으로부터의 자유, 그리고 언약에 대한 충성과 예배를 통해 하나님을 인정하는 일에 계속 헌신해야 했다. 바로 이 목적을 위해 하나님은 이스라엘에 구조, 제도와 법률이 담긴 율법을 주셨다.

하나님은 현실주의자시다. 사람들을 착취에서 구출하시고 땅을 주시는 것과, 그들이 서로 착취하지 못하게 하는 것은 별개의 일이었다. 하나님의 율법에 순종하면 가난한 자들이 하나도 없을 것이라는 이상을 제시하는 것만으로는 충분하지 않다. 실제로는 그들이 온전하게 순종하지 않은 결과, 그들 가운데 가난한 자들이 있을 수도 있기 때문이다(신 15:4, 11). 그럴 경우, 가난이 영구히 계속되는 것을 막기 위해 무슨 일을 할 수 있는가? 불행, 채무, 속박이 계속 일어나는 악순환의 고리를 어떻게 끊을 수 있는가? 바로 이런 것들이 이스라엘 경제법이 해결하고자 하는 문제들이었다.

이스라엘 율법에는, 실제로 사람들을 가난하게 만드는 요인들을 구조적으로 해결하는 항목들이 많이 있다. 그 율법에는 가난한 자들에게 돈을 빌려 주어야 할 의무도 포함되어 있다. 그러나 그런 의무와 더불어, 빌려 주는 자들의 권력에 여러 가지 주요한 법적 제약이 가해졌다. 예를 들면, 가난한 자들을 착취하는 이자 금지, 터무니없거나 생명을 위협하는 담보 요구 금지, 부채를 탕감하고 노예를 풀어 주는 안식년, 저당 잡힌 땅과 빚을 갚기 위해 노예가 된 가족을 구속하는 규정 등이다.[1]

그러나 그 가운데 유독 우리의 주의를 끄는 한 가지 제도가 있다. 그 제도가 이러한 관심사 중 많은 것을 구현하고 있기 때문이다. 또 그것은 내가 이 책에서 설명하고자 하는 선교 신학과 매우 유사한 신학적 근거 위에 서 있다. 그 제도의 이름은 바로 '희년'으로, 레위기 25장에 설명되어 있다. 출애굽이 **구속**에 대한 하나님의 사상이었다면, 희년은 **회복**에 대한 하나님의 사상이었다. 둘 다 똑같이 총체적이다. 다시 말해, 희년 역시 인간의 사회적·경제적 필요 전반에 대해 관심을 갖는다. 하지만, 희년 고유의 신학적·영적 원리들에 주목하지 않으면 희년을 제대로 이해하거나 실천할 수 없다. 따라서 우리는 이 고대 이스라엘 제도를 선교적으로 읽어야 한다. 이제 그 제도의 경제적 세부 사항에서부터, 그것이 지니고 있는 윤리적·전도적·종말론적 의미에 대해 살펴보도록 하자.

희년의 배경

희년(*yôbel*)은 일곱 번째 안식년 다음 해이다. 레위기 25:8-10은 그 해를 50년째 해라고 명기한다. 어떤 학자들은 희년이 실제로는 49년째 해, 즉 일곱 번째 안식년이라고 생각한다. 또 어떤 사람들은 그것은 온전한 일 년이 아니고, 50년째 해 안에 혹은 49년 이후의 윤달 안에 단 하루를 잡아 행사를 벌이는 것이었다고 주장한다. 그렇게 되면 달력상으로 우리의 윤달 제도와 같은 결과가 되는 것이다. 이 해에는 빚 때문에 노예가 된 이스라엘 사람들에게 자유를 선포해야 했고, 지난 50년 중 어느 기간에 경제적 필요 때문에 땅을 팔아야 했던 가족들에게 땅을 되

---

1) 나는 *Old Testament Ethics for the People of God*(Leicester, U.K.: Inter-Varsity Press; Downers Grove, Ill.: InterVarsity Press, 2004)의 3장과 5장에서 이스라엘의 경제 제도를 상당히 깊이 있게 탐구한 바 있다.

돌려 주어야 했다. 희년 및 땅과 노예를 구속하는 절차에 대한 지침들은 레위기 25장에서만 찾아볼 수 있다. 레위기 26-27장에서도 희년이 잠시 언급되고는 있다. 이 희년은 고대와 현대에 많은 호기심을 불러일으킨 제도다. 최근에 희년은 급진적인 기독교 사회 윤리에 관심 있는 이들의 저술에 자주 등장하고 있다. 나는 이 글에서 희년이 성경적으로 총체적 선교를 이해하는 데 기여하는 바가 무엇인지 살펴보고자 한다.

희년은 본래 경제적 제도였다. 희년의 주된 관심사는 두 가지였다. 하나는 가족이고, 또 다른 하나는 땅이었다. 그러므로 희년은 이스라엘 친족이라는 **사회적** 구조와, 그 구조에 근거하고 있는 토지 보유라는 **경제적** 제도에 뿌리를 두고 있었다. 하지만 이 둘은 또한 이스라엘 신앙에 있어 **신학적** 차원을 갖고 있었다. 따라서 우리는 이 세 가지 각도에서 희년을 간단히 살펴보아야 한다.

사회적 각도: 이스라엘의 친족 제도. 이스라엘은 세 가지 종류의 친족으로 구성되어 있었다. 바로 지파(tribe), 친족(clan), 집(household)이다. 천사가 나타났을 때 기드온이 보인 반응에 이 세 가지가 다 나온다. "보소서, 나의 집(clan)은 므낫세(tribe) 중에 극히 약하고 나는 내 아버지 집(house)에서 가장 작은 자니이다" (삿 6:15, 우리말 성경에는 이 세 가지가 명확하게 구분되어 있지 않다―역주). 뒤에 나오는 두 개의 더 작은 단위(친족과 집)는 이스라엘 사람 개개인과 관련된 혜택과 책임이라는 면에서 볼 때, 사회적·경제적으로 지파보다 더 중요했다. 아버지의 집은 삼사 대가 종들 및 고용인들과 함께 사는 확대 가족이었다. 이곳은 권위가 지배하는 장소였다. 기드온같이 결혼한 어른에게도 마찬가지였다(삿 6:27; 8:20). 그곳은 또한 안전과 보호의 장소였다(삿 6:30-35). 아버지의 집은 재판에서도 중요한 역할을 했으며, 심지어는 군사적인 기능까지도 갖고 있었다. 또 그곳은 이스라엘 사람들이 정체성을 발견하고 교육과 종교적인 양육을 받는 장소였다.[2] **희년은 일차적으로 아버지의 집 또는 확대 가족을 경제적으로 보호하기 위해 고안된 제도였다.**

경제적 각도: 이스라엘의 토지 보유 제도. 이스라엘의 토지 보유 제도는 이 같은

---

2) 이스라엘의 친족 제도에 대해 더 알기 원하는 사람은 Christopher J. H. Wright, *God's People in God's Land: Family, Land and Property in the Old Testament*(Grand Rapids: Eerdmans, 1990), 2장과 Christopher J. H. Wright, "Family", *Anchor Bible Dictionary*, ed. David Noel Freedman(New York: Doubleday, 1992), 2:761-769를 참조하라.

친족 단위에 근거했다. 여호수아서 15-22장이 분명하게 설명하고 있는 것처럼, 땅은 지파별로, 그 다음에 '친족에 따라' 분배되었으며, 그러고 나서 친족 내에서 각 집이 그 몫을 '유산'으로 받았다. 이 제도는 앞에서 언급한 가나안의 경제 구조와 완전히 대조되는 두 가지 특징을 갖고 있었다.

평등 분배. 이스라엘이 들어오기 전 가나안에서는 왕과 귀족들이 땅을 차지하고 있었다. 그리고 대부분의 사람들은 세금을 내는 소작농이었다. 그러나 이스라엘은 처음부터 규모와 필요에 따라 땅을 분배한다는 일반 규정에 입각해, 지파에 속한 친족과 집에 땅을 분배하였다. 민수기 26장에 나오는 지파 목록(특히 52-56절을 주목하라)과 여호수아서 13-21장에 기록된 상세한 토지 분배 내역은 이스라엘의 토지 제도의 본래 의도가 **가능한 한 넓게 친족 전체에 걸쳐 땅이 분배되도록** 하는 것임을 보여 주는 증거다.

양도 불가. 이러한 친족 분배 제도를 보호하기 위해 가문의 땅은 양도할 수 없도록 했다. 즉, 땅은 상품처럼 사거나 팔 수 없었으며 가능한 한 확대 가족 안에, 또는 적어도 그 친족에 속한 가족 안에 남아 있어야 했다. 나봇이 아합에게 자기 재산을 팔지 않은 배경이 바로 이것이다(왕상 21장). 또 이 원리는 레위기 25장에 기록된 경제 규정에 매우 명백하게 드러나 있다.

신학적 각도: 하나님의 땅, 하나님의 백성. "토지를 영구히 팔지 말 것은 토지는 다 내 것임이니라. 너희는 거류민이요 동거하는 자로서 나와 함께 있느니라"(레 25:23). 희년을 설명하는 장의 중간에 위치한 이 말씀은 앞부분에서 언급한 사회적·경제적 제도와 그 신학적 근거 사이를 이어 주는 경첩 역할을 한다. 여기에는 이스라엘이 살고 있는 땅과 이스라엘 사람들에 대해 두 가지 근본적인 진술이 담겨 있는데, 이것들은 희년을 이해하는 데 중요한 근거가 된다.

하나님의 땅. 이스라엘 신앙의 중심 기둥 가운데 하나는, 그들이 거주하는 땅은 야웨의 땅이라는 것이있다. 그 땅은 이스라엘이 그곳에 들어오기 전부터 야웨의 땅이었다(출 15:13, 17). 땅이 하나님의 소유라는 이 주제는 선지서와 시편에도 자주 등장한다. 땅은 '이스라엘의 땅'이라고 불리는 것보다 훨씬 더 자주 '야웨의 땅'이라고 불린다. 그와 동시에, 땅은 야웨께 속하지만, 구속 과정에서 이스라엘에게 약속되고 주어졌다. 신명기가 반복해서 설명하는 것처럼, 땅은 이스라엘의 소유이자 기업이었다.

이처럼 땅은 이스라엘이 소유하면서도 여전히 하나님이 소유권을 갖고 계셨다. 땅에 대한 이 이중 전통(**하나님의 소유이면서 하나님의 선물**)은 이스라엘 신학의 모든 주요 주제들과 어떤 식으로든 연결되었다. 땅에 대한 약속은 족장들의 **선택** 전통의 핵심적인 부분이었다. 땅은 출애굽 **구속** 전통의 목표였다. **언약** 관계를 유지하는 것과 땅에서의 안전한 삶은 결합되어 있었다. 하나님의 **심판**은 종국적으로 땅에서 추방되는 것을 의미했고, **회복된 관계**는 땅에 돌아오는 것으로 상징되었다. 이처럼 땅은 하나님과 이스라엘의 관계를 나타내는 지렛대와 같았다(예를 들어, 레위기 26:40-45에서 땅이 중심축 역할을 하는 것을 주목하라). 땅은 야웨를 섬기며 사는 이스라엘의 역사를 야웨께서 통제하고 계시다는 것과, 또 그 관계에 입각해서 이스라엘이 이행해야 할 도덕적 요구가 무엇인지 보여 주는 대단한 가시적 증거였다.

자신에게 할당된 야웨의 땅에서 가족과 함께 살아가는 이스라엘 사람에게, 땅은 하나님의 백성임을 나타내는 증표이자 하나님의 은혜에 대한 실제적 반응의 초점이었다. 땅과 연관된 모든 것 중에서 신학적·윤리적 차원과 무관한 것은 아무것도 없었다. 모든 추수가 하나님을 상기시켰듯이 말이다(신 26장).

하나님의 백성. 이스라엘은 거류민이요 동거하는 자로서 하나님과 함께 있었다(레 25:23). 구약 성경에서 보통 이런 단어들(*gērim wᵉtôšābîm*)은, 이스라엘 사람들 가운데 거하지만 인종적으로 이스라엘 사람이 아닌 사람을 묘사하는 경우에 쓰인다. 아마도 그들은 땅을 빼앗긴 가나안인들의 후손이거나 이주자들이었을 것이다. 그들은 땅을 소유하지 못했기 때문에, 땅을 소유하고 있는 이스라엘 집에 들어가 일을 해주면서 살았다(노동자, 장인 등). 이스라엘 집이 경제적으로 잘 유지되기만 하면, 거류민들도 보호를 받으며 안전하게 살 수 있었다. 그러나 그렇지 못하면 그들의 지위도 위험에 처했다. 그렇기 때문에 취약한 이 거류민들은 이스라엘 법에서 특별한 보호 대상으로 자주 언급된다.

레위기 25:23의 요점은, 하나님 앞에서 이스라엘 사람들의 지위는 그들에게 의존해 사는 거류민들의 지위와 비슷하다는 것이다. 이스라엘 사람들에게 자신들의 땅에서 함께 사는 거류민들이 있었던 것처럼, 이스라엘 사람들은 사실은 야웨가 소유하시는 땅 위에 사는 거류민들이었다. 이처럼 이스라엘 사람들은 땅에 대한 궁극적 소유권을 갖지 못했다. 땅은 하나님의 소유였다. 야웨가 최고의 지주셨다. 이스라엘은 모두 소작인이었다. 그럼에도 불구하고, 이스라엘 사람들은 야웨의 보호 아래 그리고 야웨에게 의존해서 땅이 주는 혜택을 마음껏 누릴 수 있었다. 따라서 이 단어들은 **권리**를 부인하는 것이 아니라, 오히려 보호받는 의존 **관계**를 긍정하는 것이다.

이스라엘과 하나님과의 관계를 나타내는 이 모델의 실제적 결과는 레위기 25:35, 40, 53에 기록되어 있다. 모든 이스라엘이 하나님 앞에 이러한 지위를 누린다면, 가난해지거나 빚을 지게 된 형제를 대할 때, 하나님이 모든 이스라엘을 대하는 것과 똑같은 방식으로 대해야 한다. 즉, 동정과 정의와 관대함으로 대해야 한다. 이처럼 이스라엘의 땅의 신학과 하나님 앞에 이스라엘의 지위에 대한 신학은 사회 경제라는 매우 실제적인 영역에 영향을 끼친다.

희년의 실제 규정. 레위기 25장에서 희년 규정은 땅에 대한 규정과 노예의 구속을 위한 규정과 얽혀 있다. 구속의 경제적 메커니즘은 출애굽이라는 하나님의 구속의 의미를 온전히 이해하는 데 중요한 배경이 된다. 따라서 희년이 이스라엘의 제도에서 구속과 더불어 어떻게 기능하도록 되어 있었는지 살펴보는 것은 이중으로 흥미로운 일이다. 레위기 25장은 복잡한 장이어서 여기에서 그 장을 남김없이 다 주해할 수는 없다.[3] 우선, 레위기 25장은 땅에 대한 안식년 법으로 시작한다(1-7절). 이것은 출애굽기 23:10-11에 나오는 휴경법을 확대한 것이다. 후에 안식년 법은 신명기 15:1-2에서 빚(또는 빚 대신 맡긴 담보일 가능성이 더 많다)을 탕감해 주는 해로 더 발전되었다.

그리고 나서 희년은 레위기 25:8-12에서 일곱 번째 안식년 다음 해인 50번째 해로 소개된다. 10절은 희년 제도 전체에 근본적인 이중 개념, 즉 **자유**와 **복귀**를 소개한다. 빚과 그로 인해 생긴 속박으로부터의 자유, 그리고 채권자에게 저당 잡힌 조상의 재산과 빚으로 인해 종살이를 하게 되면서 헤어진 가족에게로 돌아가는 것이다. 예언서와 훗날 신약 사상에서 희년이 비유적 종말론적으로 사용되게 된 것은 희년의 이러한 두 가지 요소(자유와 회복, 해방과 복귀) 때문이었다.

구속과 희년의 실제적인 세부 사항들은 레위기 25:25부터 25장 끝까지 나와 있다. 이 부분에서 세 단계의 가난이 소개되는데, 각각은 그에 따른 반응을 요구하고 있다. 각 단계마다 맨 앞에 "만일 네 형제가 가난하게 되어"(레 25:25, 35,

---

[3] 상세한 주해를 알기 원하는 사람은 Christopher J.H. Wright, "Jubilee, Year Of", *Anchor Bible Dictionary*, ed. David Noel Freedman(New York: Doubleday, 1992), 3:1025-1030과 Wright, *Old Testament Ethics*, 6장을 참조하라.

39, 47)라는 문구가 나온다. 그 대목 가운데 성 안의 가옥(레 25:29-34)과 비이스라엘인들(레 25:44-46)을 다루는 부분이 중간에 나오는데, 그것에 대해서는 여기서 고려할 필요가 없다. 그러나 전반적인 법적 틀은 분명하다.

1단계(레 25:25-28). 먼저, (특별히 명기되어 있는 이유는 없지만, 어떤 이유로든) 힘겨운 시기를 만난 이스라엘 토지 소유자가 자기 땅의 일부를 팔거나 팔겠다고 내놓는다. 양도 불가의 원칙에 따라, 그 땅을 가족 범위 안에 유지하기 위해 (그 땅이 아직 팔려고 나와 있을 경우에는) 남보다 먼저 그 땅을 사거나, (그 땅이 이미 팔렸을 경우에는) 그 땅을 되사는 것(속량)이 가장 가까운 친족(고엘)의 무엇보다도 중요한 의무였다. 둘째로, 그 땅을 판 당사자는 나중에 그것을 다시 살 수 있는 재력을 회복할 경우 스스로 되살 수 있는 권리를 보유한다. **셋째로, 어떠한 경우에든 친족에게 팔렸거나 속량된 재산은 희년이 되면 원래 가족에게로 반환된다.**

2단계(레 25:35-38). 그 가난한 형제가 형편이 더 나빠져, 아마도 그런 식으로 여러 차례 땅을 판 이후에도 여전히 지불 능력이 없다면, 그런 경우에는 이자 없이 대부를 해주고 그 가난한 형제를 자기 집에 딸린 일꾼으로 두는 것이 그 친족의 의무가 된다.

3단계 전반부(레 25:39-43). 경제적으로 완전히 파산해서, 가난한 그 친족이 더 이상 팔 땅도, 대부를 받기 위해 내놓을 담보물도 전혀 없을 정도가 되었을 때, 그와 그의 온 가족은 자신들을 더 부유한 친족에게 팔아 종으로 섬기게 된다. 그러나 더 부유한 친족은 빚진 그 이스라엘 자손을 종처럼 취급하지 말고 동거하는 고용인으로 다루라는 강력한 명령을 거듭 받는다. **이 바람직하지 않은 상태는 단지 다음 희년 때까지만 유지될 것이다. 다시 말해서 그것은 한 세대 이상 지속되지 않는다.** 그런 다음에 그 빚진 자와 그의 자녀들은[혹 원래 빚진 자가 죽었다 할지라도, 그 다음 세대는 희년의 혜택을 입을 수 있었다(41, 54절)] 자신들의 원래 유산인 땅을 회복하여 새롭게 시작할 수 있었다.

3단계 후반부(레 25:47-55). 만일 어떤 사람이 친족 범위를 **벗어나** 이 빚의 굴레 속으로 들어가게 되었다면, 전체 친족은 그 사람을 속량할 의무를 행사함으로써, 전체 가족의 손실을 막아야 할 의무를 지게 된다. 전체 친족은 그 친족을 구성하고 있는 가족들과 그들이 물려받은 땅을 보전할 의무를 가지고 있었다. 또한 전체 친족은 비이스라엘인 채권자가 이스라엘인 채무자를 향해서 이스라엘 자손처럼 처신하는지, 그리고 **마침내 그 희년 규정을 지키는지** 지켜볼 의무가 있었다.

이런 분석을 통해 속량 조항과 희년 조항 사이에 두 가지 커다란 차이점이 있음을 볼 수 있다. 첫째로, **시기**다. (땅 혹은 사람들의) 속량은 어느 때든지 지역별로 상황이 요구하는 대로 할 수 있는 의무였지만, 희년은 백 년에 두 차례 있는 민족적 행사였다. 둘째로, **목적**이다. 속량의 주목적은 **친족**의 땅과 사람을 보전하는 것이었지만, 희년의 주요 수혜자는 더 적은 **집** 혹은 '아버지의 집'이었다. 그러므로 희년은 속량 관행에 대한 필수적 제어 장치 역할을 했다. 일정 기간 동안 정규적으로 속량을 하다 보면, 극소수의 부자 가족 손에 한 친족의 땅 전체가 넘어가고, 그 친족의 나머지 가족들은 빚에 예속된 일종의 종으로서 그 부자에게 의존하여 소작농으로 살아가는 결과가 생겨날 수 있었다. 즉, 이스라엘이 뒤집어엎어 버렸던 바로 그 토지 보유 체제가 살아나는 것이다. 이처럼 희년은 이런 일을 방지하는 메커니즘이었다. **희년의 일차적인 목적은, 가족과 토지가 묶인 가장 작은 단위들이 비교적 평등하고 독립적으로 생존할 수 있는 다가구 토지 보유 사회 경제 구조를 보전하는 것이었다. 다시 말해, 희년은 이스라엘 가족의 생존과 복지를 위해 고안된 것이었다.**

물론 피할 수 없는 질문이 제기된다. 과연 희년은 역사적으로 일어났던 적이 있던가? 사실 희년이 일어났다고 기록하고 있는 역사 서술은 전혀 존재하지 않는다. 그러나 그렇다고 한다면, 사실은 대속죄일에 대한 역사적 기록도 전혀 존재하지 않는다. 이야기 속의 침묵이 입증해 주는 것은 거의 없다. 희년이 사용되지 않고 폐기된 초기의 법이었는지, 아니면 포로기에 생겨난 후기 유토피아적 이상주의의 산물이었는지 하는 질문에 대해서는 더욱 의견이 갈린다. 많은 비평학자들은 후자를 주장한다. 그러나 다른 학자들, 특히 고대 근동에 대해 깊은 지식을 갖고 있는 학자들은 그와 같은 주기적인 빚 탕감과 토지 회복은 이스라엘이 세워지기 수백 년 전에 이미 메소포타미아 지방에 알려져 있던 것이라는 점을 지적한다. 50년 주기에 대해선 전혀 알려진 바가 없지만 말이다.[4]

---

4) 이전에 나온 책들에 대한 목록을 알기 원하는 사람은 Wright, *God's People in God's Land*, pp. 119-127와 Wright, "Jubilee, Year Of"를 보라. 더 최근에 나온 책들로는 Jeffrey A Fager, *Land Tenure and the Biblical Jubilee*, JSOT Supplements 155(Sheffield, U.K.: JSOT Press, 1993); Hans Ucko, ed., *The Jubilee Challenge: Utopia or Possibility: Jewish and Christian Insights*(Geneva: WCC Publications, 1977); Moshe Weinfeld, *Social Justice in Ancient Israel and in the Ancient Near*

내가 선호하는 견해는, 희년이 매우 오래된 옛 법이었는데 이스라엘이 그 땅에서 보낸 역사 중에 무시되었다는 것이다. 그렇게 무시된 이유는 희년이 경제적으로 불가능한 일이었기 때문이 아니라, 사회가 너무 심하게 붕괴되어서 그 법이 무색해졌기 때문이었을 것이다. 희년은 어떤 사람이 아무리 중대한 빚을 졌다 할지라도, 원칙적으로 여전히 그 가족의 땅에 대한 소유권을 소유하고 있으며, 따라서 그 땅에 대한 온전한 소유권을 회복할 수 있는 상황을 전제로 하고 있다. 그러나 솔로몬 시대 이래, 빚지는 일과 종으로 팔리는 일과 왕권의 침범과 압수, 완전 몰수의 희생자로 전락하는 가정들의 수가 늘어나면서, 희년이 무의미하게 되었다. 많은 가족이 뿌리가 뽑혀서 조상들에게 물려받은 토지에 아예 발을 붙이지 못하게 되었다. 몇 세대 만에 그들은 어떤 실질적 의미에서도 다시 회복시킬 수 있는 것을 전혀 갖지 못하게 되었다(참고 사 5:8; 미 2:2, 9). 이러한 사실은 어째서 어떤 선지자도 경제적 제안으로서 희년을 주장한 적이 없는지 그 이유를 설명해 준다(하지만 희년의 이상은 은유적으로는 반영되어 있었다).

희년, 윤리, 선교

다른 곳에서 나는 그리스도인들이 현대 세계에서 구약 율법이 갖는 윤리적 의미를 식별해 내기 위해 구약 율법을 모범으로 삼는 접근법에 대해 설명한 바 있다.[5] 이러한 접근법은 구약 율법이나 제도가 근거하고, 또 그것이 구현하는 일관된 원리들을 규명해 내는 것을 의미한다. 이를 위해서는 다시 한 번 세 각도를 중심으로 이스라엘의 모범, 특히 희년 제도가 기독교 윤리와 선교에 대해 무엇을 말하는지 살펴보는 것이 유익하다.

경제적 각도: 자원에 대한 접근. 희년은 평등한 토지 분배에 근거한 토지 보유 형태를 보호하기 위해, 그리고 소수의 부자들의 손에 소유가 집중되는 것을 예방하기 위해 존재했다. 이것은 하나님이 인류에게 온 세상의 땅을 주셨으며, 인간은 그 자원의 보호자라는 광범위한 창조 원리를 나타낸다. 한편으로 **이스라엘**과 관

East(Minneapolis: Fortress Press, 1995) 등이 있다. 최근에 이러한 모든 문제들을 균형 있게 다룬 좋은 글로 P.A. Barker, "Sabbath, Sabbatical Year, Jubilee", *Dictionary of the Old Testament: Pentateuch*, ed. David W. Baker and Desmond T. Alexander(Downers Grove, Ill.: InterVarsity Press; Leicester, U.K.: Inter-Varsity Press, 2003), pp. 695-706를 참조하라.

5) Wright, *Old Testament Ethics*, 9장.

련하여 "토지는 내 것임이니라"라는 레위기 25:23의 말씀과, 다른 한편으로 **모든 인류**와 관련하여 "땅과 거기에 충만한 것과 세계와 그 가운데에 사는 자들은 다 여호와의 것이로다"라는 시편 24:1의 말씀은 아주 유사하다. 그러므로 희년의 도덕 원리는 하나님의 도덕적 일관성에 근거하여 보편적으로 적용된다. 하나님이 하나님의 땅에서 이스라엘에게 요구하신 것은, 원칙적으로 하나님이 하나님의 세상에서 인류에게 원하시는 것을 반영한다. 즉, 하나님은 세상 자원, 특히 토지를 평등하게 분배하고, 억압과 소외를 야기하면서 부를 축적하는 경향을 억제하기 원하신다.

이처럼 희년은 개인적으로 토지와 그와 관련된 부를 많이 소유하는 것을 비판할 뿐 아니라, 의미 있는 개인적·가정적 소유를 파괴하는 대규모 집단주의나 국가주의 역시 비판하는 역할을 한다. 희년은 경제에 대한 현대 기독교 접근법에 기여할 만한 점을 갖고 있다. 물론 희년은 몇몇 대중적인 저서들이 잘못 주장하는 것처럼 토지의 **재분배**를 시행하지는 않았다. 희년은 재분배가 아니라 회복이었다. 희년은 빵을 나누어 주거나 자선을 베푸는 것이 아니라, 가족에게 **자신들의 힘으로 살아갈 수 있는 기회와 자원**을 제공하는 회복이었다. 희년을 현대에 적용하려면, 어떤 형태의 기회와 자원을 통해 사람들이 그렇게 회복될 수 있는지, 또 그렇게 공급을 받으면서 존엄성과 사회 참여를 유지할 수 있는 방법은 무엇인지에 대해 창조적인 사고를 해야 할 것이다.[6] 이처럼 희년은 사람들이 생활력을 갖고 사회의 유익을 위해 공동체의 경제생활에 참여할 수 있는 능력을 회복시키는 것이다. 그 안에는 윤리적·선교적 적절성이 둘 다 들어 있다.

사회적 각도: 가족의 생존 능력. 희년은 가족이라는 단위에 대한 실제적 관심을 구현했다. 이스라엘의 경우, 이것은 확대 가족, 즉 '아버지의 집'을 의미했다. 그것은 부계를 중심으로, 살아 있는 제일 윗대 조상으로부터 내려온 관련 핵가족들의 꽤 큰 집단으로, 삼대 혹은 사대까지 포함했다. 이 확대 가족은 이스라엘의 친족 구조에서 가장 작은 단위였다. 그리고 그것은 이스라엘 개개인의 정체성, 지위, 책임과 안전의 중심이었다. 희년이 보호하고, 필요할 경우 주기적으로 회복하

---

6) 희년과 구약 경제의 다른 측면들을 흥미진진하게 창의적으로 적용한 사례는 John Mason, "Biblical Teaching and Assisting the Poor", *Transformation* 4, no.2(1987): 1-14와 Stephen Charles Mott, "The Contribution of the Bible to Economic Thought", *Transformation* 4, nos.3-4(1987): 25-34에서 찾아볼 수 있다.

고자 했던 것은, 바로 이 사회적 단위인 확대 가족이었다.

특히, 희년법은 바로 이 목표를 추구했다. 하지만 단지 가족적 유대를 더 돈독히 하라거나 부모와 자녀들에게 각각 훈계와 순종을 제대로 실시하라고 권면하는 **도덕적** 방법에 의해 그 목표를 추구하지 않았다. 그보다, 희년은 매우 실제적이고 근본적인 **사회경제적** 방법으로 그 목표를 추구했다. 희년은 빚의 경제적 영향을 규제하는 특별한 구조적 메커니즘을 세웠다. 가족들이 그들을 무력하게 만드는 경제적 세력에 의해 해체되고 재산을 몰수당한다면, 가족 도덕은 아무런 의미가 없다(참고. 느 5:1-5). 희년은 가족들의 경제적 생존 능력을 유지하거나 회복시킴으로써, 가족들에게 사회적 존엄과 참여를 회복시키는 것을 목표로 삼았다.[7]

빚은 사회가 붕괴하고 쇠퇴하는 중대한 원인이며, 범죄와 가난과 불결함과 폭력 같은 다른 많은 사회적 질병을 키우는 경향이 있다. 빚지는 일은 있게 마련이며, 구약 성경도 그 사실을 인정한다. 그러나 희년은 빚의 지속 기간을 제한함으로써 가혹하고 끊임없는 사회적 폐해를 줄이려는 시도였다. 한 세대에서 한 가정이 경제적으로 붕괴함으로써 장래의 모든 세대가 영구적으로 빚에 예속되는 일은 없어야 한다. 그러한 원칙과 목적은 분명 복지법 제정이나 실로 **사회경제적** 의미를 지니는 모든 법률 제정과 무관하지 않다.

그리고 더 광범위한 수준에서 살펴볼 때, 희년은 국제 부채라는 거대한 문제와도 관련이 있다. 극빈국들이 지고 있는 과도하고 무한정 늘어나는 부채들을 종결짓자는 전 세계적인 캠페인이 "희년 2000"이라고 불렸던 것은 의미심장하다. 그리고 많은 그리스도인들이 본능적으로 이 캠페인을 후원하려는 도덕적 책임을 느꼈다. 그저 가난한 자들을 위한 동정 때문만이 아니라, 또한 그것이 성경에 근거한 정의라는 의식과 하나님이 우리에게 요구하시는 것이라는 확신 때문이었다.

희년 제도를 하나의 모범으로 다루는 것과 관련하여 또 하나 재미있고 창의적이며 설득력이 있는 견해는 "희년: 돈의 증식과 시간 상한"(The Jubilee: Time

---

7) 구약의 확대 가족 원리를 현대 서양 사회에 철저하게 적용한 사례로 Michael Schluter and Roy Clements, *Reactivating the Extended Family: From Biblical Norms to Public Policy in Britain*(Cambridge: Jubilee Centre, 1986)을 보라. 또 Michael Schluter and John Ashcroft, eds. *Jubilee Manifesto: A Framework, Agenda & Strategy for Christian Social Reform*(Leicester, U.K.: Inter-Varsity Press, 2005), 9장을 보라.

Ceiling for the Growth of Money)⁸⁾이라는 제목의 장에서 가이코 뮐러 파렌홀츠(Geiko Muller-Fahrenholz)가 제시한 것이다. 그는 이스라엘의 안식년 주기에 암시되어 있는 강력한 시간 신학을 언급하고, 그것을 현대의 빚과 이자에 근거한 경제에서 시간을 재화화하는 것과 대비시킨다. 시간은 하나님에게 속한 특성이다. 피조물은 시간을 만들 수 없기 때문이다.

> 우리는 시간을 향유한다. 우리는 시간의 흐름에 따라 실려 가며, 모든 것은 그 자체의 시간에 깊이 뿌리내리고 있다. 그러므로 돈을 빌려 주고 이자를 취하기 위해 시간의 흐름을 이용한다는 생각 자체가 터무니없는 것처럼 보였다. 그러나 이제는 더 이상 그렇지 않다. 시간의 성스러움이 사라져 버렸기 때문이다. 심지어 땅의 성스러움이 우리 현대 사회의 기억에서 사라져 버리기도 전에 그렇게 되었다. 그 대신 자본주의 시장 경제는 세계적 중요성을 가진 것으로 격상되었다. 그것들은 우상에 근접한 전능성을 가진 존재로 제단 위에 모셔져 있다. 그리하여 의문이 떠오른다. 어떠한 피조물도 결코 가질 수 없는 특성, 즉 영원한 성장이라는 성질을 돈에게 부여한다는 것이 말이 되는가? 모든 나무는 반드시 죽는다. 모든 가옥은 어느 날 반드시 무너져 내린다. 모든 인간은 반드시 죽는다. 자본 같은 (그리고 그와 짝을 이루는 부채 같은) 비물질적 재화도 나름대로 수명을 갖도록 하면 안 될 이유가 무엇인가? 자본은 성장을 방해하는 자연적 장벽도 전혀 없고, 자본의 축적 능력을 끝장내는 희년도 전혀 없다. 그래서 부채와 예속 상태를 끝장내는 희년도 전혀 없다. 아무런 생산 의무도 사회적 의무도 없이, 돈은 돈을 먹고 자라며, 그것은 커다란 국가 경제마저도 위협하고 작은 나라들을 삼켜 버리는 거대한 홍수를 이룬다.…그러나 이 규제 철폐의 중심에는 돈의 영생이라는, 논의의 여지없는 개념이 자리잡고 있다.⁹⁾

신학적 각도: 전도 신학. 희년은 이스라엘 신앙의 몇 가지 중심적 주장들에 근거하고 있었다. 따라서 기독교 윤리와 선교에 대한 희년의 적절성을 평가할 때, 이 주장들의 중요성을 간과하지 않아야 한다. 출애굽에서 살펴본 것처럼, 희년

---

8) Geiko Muller-Fahrenholz, "The Jubilee: Time Ceilings for the Growth of Money", *Jubilee Challenge*, pp. 104-111. 이 책에는 희년에 대한 창의적인 또 다른 해석들이 담겨 있다.
9) 같은 책, p. 109.

의 도전을 **사회경제적** 영역으로 제한하고, 그것의 내적인 영적·신학적 동기를 무시하는 것은 매우 큰 잘못이다. 총체적인 선교학적 관점에서 볼 때, 각각은 동등하게 중요하다. 모두가 온전하게 성경적이며, 모두가 하나님의 성품과 뜻을 온전하게 반영하기 때문이다. 레위기 25장에는 다음의 요점들이 두드러지게 나타난다.

- 다른 안식년 규정들처럼, 희년은 시간과 자연에 대한 **하나님의 주권**을 선포했다. 따라서 희년에 대한 순종은 하나님의 주권에 대한 순종을 요구한다. 즉, 당신은 하나님에 대한 순종의 행위로 희년을 준수해야 했다. 희년이 지니고 있는 이 하나님 차원 때문에 희년은 '야웨께 안식하는 것'으로서 거룩하게 여겨지고, 또 '야웨에 대한 경외심'에서 준행되어야 하는 것이다.
- 게다가, 희년 때 휴경하는 것은 자연 질서에 복을 명령하시고 그럼으로써 당신의 기본적인 필요를 채우실 수 있는 분이신 **하나님의 섭리**에 대한 믿음을 요구한다(레 25:18-22).
- 희년법의 또 다른 동기는 **하나님의 역사적 구속 행위**, 즉 출애굽과 그것이 이스라엘에 의미했던 모든 것에 대한 지식에 거듭 호소하는 것을 통해 알 수 있다. 희년은 모든 이스라엘 사람들이 바로의 노예들이었으며, 지금은 하나님의 구속받은 노예라는 사실이 지닌 의미를 공동체 내에 구현하는 한 방법이었다(레 25:38, 42-43, 55).
- 이 역사적 차원에 제의적이고 '현재적인' **용서 경험**이 더해졌다. 그것은 희년이 대속죄일에 선포된 사실에서 알 수 있다(레 25:9). **자신**이 하나님의 용서를 받은 사실을 알게 되면, 즉시로 **다른 사람들**의 빚을 탕감하고 속박에서 풀어 주는 조치를 취해야 한다. 예수님의 몇 가지 비유가 떠오른다.
- 또 희년에 내장된 미래의 희망에는 하나님이 인류와 자연을 본래의 목적에 맞게 최종적으로 회복시킬 것이라는 **종말론적 희망**이 섞여 있었다. 레위기 25장에는 강력한 신학적 맥박이 고동치고 있다.

그러므로 희년 모델을 적용하는 것은 사람들이 하나님의 **주권**에 순종하고, 하나님의 **섭리**를 신뢰하고, 하나님의 **구속 활동**에 대한 이야기를 알고, 하나님이 주시는 희생적인 **속죄**를 개인적으로 경험하고, 하나님의 **정의**를 실천하고, 미래에 대한 하나님의 **약속**에 그들의 소망을 둘 것을 요구한다. 사람들에게 이런 일들을 하도록 요청한다면, 우리는 어떤 일을 하고 있는 것인가? 분명히 이런 것들은 전도에 있어 대단히 기본적인 사항들이다.

물론 나는 어떤 현대적인 의미에서 희년이 전도를 말한다고 이야기하는 것은 아니다. 내가 말하고자 하는 것은, 희년 이면에 놓여 있는 근본적인 신학이 우리가 실행하는 전도 활동 이면에도 놓여 있다는 것이다. 가정들은 똑같다. 희년의 **사회경제적** 법의 근저를 이루는 신학은 하나님 나라에 대한 선포의 근저를 이루는 신학과 동일하다. 희년이 신약이 선언하는 구원의 새 시대의 모습이 된 것은 놀랄 일이 아니다. 그것은 인류와 창조의 회복을 위한 하나님의 광범위한 선교의 핵심적인 내용을 고대 이스라엘 경제의 작은 구석에서 모델로 보여 준 제도다.

나머지 성경적 증거에 적절히 비추어 볼 때, **희년 모델의 총체성은 교회의 전도적 선교, 개인적·사회적 윤리 및 미래의 희망이 지닌 총체성을 포괄한다.**

희년, 미래의 희망, 예수님

희년의 미래 지향은 또한 그것이 예수님에게 끼친 영향을 이해하는 가교 역할을 한다. 그리고 그것은 우리가 주장하는 총체적 선교관이 신약에서 어떻게 나타나는가 하는 문제를 잘 이해하도록 도와준다.

미래를 내다봄. 심지어 고대 이스라엘에서 순전히 경제적인 수준에서만 살펴보아도, 희년에는 미래적 차원이 그 안에 내재되어 있었다. 희년을 기대하는 것은 현재의 모든 경제적 가치에(토지의 잠정적 가격을 포함해서) 영향을 끼치게끔 되어 있었다. 그것은 또한 불의한 사회관계에 일시적인 한계를 설정했다. 그런 불의는 영원토록 지속되지 못할 것이다. 희년은 변화에 대한 희망을 가져왔다. 희년은 나팔(*yôbel*: 이 말에서 희년의 이름이 유래한다) 소리와 함께 선포되었다. 그것은 하나님의 결정적인 행위를 알릴 때 사용되는 도구였다(참고. 사 27:13; 고전 15:52). 하지만 세월이 흘러가고 희년이 실제로 실행되지 않았을지라도 그것이 지닌 상징은 강력하게 남아 있었다.

희년은 두 가지 주요한 의미를 지니고 있었다. 하나는 **해방/자유**이고 또 하나는 **복귀/회복**이었다(레 25:10). 이 두 가지는 모두 희년의 경제적 장치 자체로부터, 더 광범위하게 비유적으로 적용될 수 있었다. 즉, 이러한 경제적 용어들은 미래를 위한 희망과 소원의 용어가 되었으며, 그리하여 예언자적 종말론에 사용되기에 이르렀다.

특히 이사야서 후반부에는 희년의 이미지가 많이 나타난다. 야웨의 종이 수행하는 선교에는 하나님의 백성을 위한 그분의 회복 계획을 드러내는 요소가 강하게 나타난다. 그 계획은 특히 약한 자와 억눌린 자들을 대상으로 하고 있다(사 42:1-7). 이사야서 58장은 사회 정의가 수반되지 않는 제사 활동을 맹렬히 비난하고, 억압당하는 자들의 해방을 요구한다(사 58:6). 특히 자기 친족에 대한 의무가 강조된다(사 58:7). 가장 분명한 예는 이사야서 61장이다. 거기에서 야웨의 사자로 기름부음을 받은 자가 가난한 자들에게 '복음을 전하고' 포로된 자에게 자유를 선포하고(d^{e}rôr라는 단어가 사용되는데, 석방을 나타내는 희년 용어다) 야웨의 은혜의 해(희년을 비유하는 것이 틀림없다)를 선포하는 모습이 희년 이미지로 묘사되고 있다. 이사야서 35장에 나오는 미래의 비전에는, 하나님의 백성을 위한 **구속**과 **귀환**에 대한 소망이 결합되어 있으며, 또 그와 함께 자연의 **변혁**에 대한 똑같이 극적인 소망이 나타난다.

이처럼 구약의 희년은 윤리적으로 적용될 뿐만 아니라, 이미 종말론적 이미지로 사용되었다. 즉, 희년은 메시아적 구속과 회복을 위해 **하나님**이 최종적으로 개입하시는 것을 묘사하는 데 사용될 수 있었다. 그러나 그것은 여전히 현재에 억압당하는 자들에 대한 **인간적** 정의를 요구하는 윤리적 도전을 정당화하는 데 사용될 수 있었다.

우리는 이제까지 희년의 비전과 희망이 어떻게 개인적·사회적·육체적·경제적·정치적·국제적·영적 영역이 아름답게 통합된 이사야서 35장과 61장과 같은 예언적 구절들에 영감을 불어넣었는지 살펴보았다. 따라서 이 희년의 이미지를 선교적·윤리적으로 사용하면서 균형과 통합을 잘 유지해야 한다. 그래야만 우리는 하나님이 궁극적으로 함께 묶으실 것을 떼어놓는 우를 범하지 않게 될 것이다.

예수님을 내다봄. 그렇다면 예수님은 어떻게 희년 제도를 받아들이셨으며, 또 신약은 예수님이 시작한 성취의 시대에 그것을 어떻게 적용했는가? 다시 말해, 희년은 예수님이 성취하신 구약의 많은 **약속**들과 어떤 관계가 있는가? 예수님은 하나님의 종말론적 통치가 임박했음을 선언하셨다. 예수님은 회복과 메시아적 역전을 바라는 백성들의 희망이 자신의 사역 가운데 성취되고 있다고 주장하셨다. 예수님은 자신이 하신 말씀의 의미를 설명하기 위하여, 희년 이미지를 많이 사용하셨다(물론 다른 이미지들도 사용하셨다).

'나사렛 선언'(눅 4:16-30)은 가장 분명하게 이 점을 보여 주는 선언이다. 그것은 예수님의 개인적 사명 선언문이라고 보아도 무방하다. 그것은 희년 개념의 영향을 강하게 받은 이사야서 61장에서 직접 인용한 것이다. 대부분의 주석가들은 이사야서 본문과 예수님이 그것을 인용한 의도에는 이 희년이 배경으로 깔려 있다고 말한다. 분명 그러한 사실은, 이러한 성경을 읽고 그것이 실현되었다고 주장하시면서 예수님이 제시하신 선교에 총체적인 차원이 있음을 보여 준다.

누가는 이 희년 언어를 화려한 비유나 영적 알레고리로 해석하는 것을 용납하지 않을 것이다. 예수님은 그분이 선포하신 희년을 성취하셨다. 예수님의 급진적인 선교는 구약의 희년 선포에서 발견되는 바로 그 하나님의 선교였다. 그것은 누가복음에서 네 가지 측면을 통해 총체적으로 제시된다.

1. 그것은 선포되고 또한 실행된다.
2. 그것은 영적이고 또한 육체적이다.
3. 그것은 이스라엘과 또한 열방을 위한 것이다.
4. 그것은 현재적이고 또한 종말론적이다.[10]

로버트 슬로안(Robert Sloan)과 샤론 린지(Sharon Ringe)는 예수님의 사상에 희년이 끼친 영향을 보여 주는 다른 예들을 소개한다. 슬로안은 예수님이 '자유'(*aphesis*)라는 단어를 사용할 때, **영적인 죄사함과 실제 빚을 문자적으로 재정적으로 탕감해 주는 것** 둘 다를 뜻했다고 지적했다. 그러므로 예수님이 하나님 나라에 대한 윤리적 반응과 관련해 도전하신 것에는 경제적 탕감이라는 희년의 원 배경이 그대로 담겨 있었다. "우리 죄를 사하여 (빚을 탕감하여) 주시옵고"라는 주기도문으로 기도하려 한다면, 우리는 다른 사람들의 빚을 기꺼이 탕감해 주어야 한다. 그것은 영적 의미와 물질적 의미 둘 중 하나를 선택해야 하는 문제가 아니다. 둘 다 타당하게 포함될 수 있기 때문이다.[11]

---

10) Paul Hertig, "The Jubilee Mission of Jesus in the Gospel of Luke: Reversals of Fortunes", *Missiology* 26(1998): 176-177.

11) Robert .B. Sloan Jr., *The Favorable Year of the Lord: A Study of Jubilary Theology in the Gospel of Luke*(Austin, Tex.: Schola, 1977).

린지는 복음서 이야기와 예수님의 가르침 여기저기에 흩어져 있는 희년 이미지들을 추적한다. 산상수훈에(마 5:2-12), 세례 요한에 대한 예수님의 반응에(마 11:2-6), 잔치 비유에(눅 14:12-24), 용서에 대한 여러 이야기들에, 그리고 특히 빚에 대한 가르침에(마 18:21-35) 희년이 반영되어 있다.[12]

이렇듯 증거는 매우 많으며 그것은 구약에서 이미 살펴본 유형을 따른다. 이러한 명시적인 언급과 암시적인 영향에 비추어 보건대, 희년은 **미래 희망의 상징**이면서 또한 **현재의 윤리적 요구**로 사용된다.

성령님을 내다봄. 사도행전은 초대교회도 이와 비슷하게 미래에 대한 기대와 현재의 윤리적 반응을 결합시키고 있었음을 보여 준다. 종말론적 회복을 뜻하는 희년 개념은 '완전한 회복'이라는 독특한 개념에서 찾아볼 수 있다. 여기에서 사용된 '아포카타스타시스'(apokatastasis)라는 희귀한 단어는 사도행전 1:6과 3:21에 나오는데, 그것은 이스라엘과 만물에 대한 하나님의 최종적인 회복을 의미한다. 베드로는 희년의 희망(회복)이 지닌 핵심을 취해서, 그것을 단순히 농부에게 땅을 돌려주는 것에 적용시키는 것이 아니라, 도래하는 메시아를 통해 창조 전체가 회복되는 것에 적용시킨다(벧후 3:10-13).

하지만 의미심장하게도, 초대교회는 그냥 앉아서 이 미래의 희망이 일어나기를 기다리지 않았다. 오히려 그들은 서로 경제적으로 도움으로써 희년의 이상을 실천했다. 분명 누가는 그렇게 하면서 그들이 신명기 15장의 안식년적 희망을 성취하고 있음을 우리에게 알려 주고자 했다. "그 중에 가난한 사람이 없으니"라고 간단하게 진술한 사도행전 4:34은 사실상 "너희 중에 가난한 자가 없으리라"는 신명기 15:4을 인용한 것이다. 이제 성령의 종말론적 시대를 살고 있는 그리스도의 새로운 공동체는 경제적인 점에서 미래의 희망을 현재의 실제로 만들고 있는 것이다. 다른 식으로 말하자면, 교회는 내적 실천으로 미래의 실제를 가리키는 안내판을 세우는 것이었다. 메시아와 성령 안에 있는 새로운 생명의 시대는 희년 및 그와 관련된 안식년 제도를 반영하는 관점에서 묘사된다.[13] 그리고 그 결과 구두

---

12) Sharon H. Ringe, *Jesus, Liberation, and the Biblical Jubilee: Images for Ethics and Christology*(Philadelphia: Fortress Press, 1985). 또 누가가 여기에서 사 61장을 사용하는 방식에 대한 다양한 해석들을 간단하게 조사한 글로 Robert Willoughby, "The Concept of Jubilee and Luke 4:18-30", *Mission and Meaning: Essays Presented to Peter Cotterell*, ed. Anthony Billington, Tony Lane, and Max Turner(Carlisle, U.K.: Paternoster, 1995), pp. 41-55를 보라.
13) 앞에서 언급한 필자의 책 외에, 예수님 및 신약의 나머지 책들과 성경에 나오는 풍부한 토지 전통과

선포(사도들의 전도 설교)와 가시적인 매력(신자들의 사회적·경제적 평등)이 실질적으로 결합된 선교적 공동체가 나타났다. 교회가 수적으로 증가하고 능력이 커지고 더욱 성숙해지고 선교 면에서 성장한 것은 당연했다.

신약과 총체적 선교

이 점에서 보통 질문이 제기된다. 내가 이 장과 전 장에서 살펴본 자료들을 가리키면서(출애굽과 성경적 구속의 범위, 희년과 그것이 지니고 있는 사회적·경제적·영적 차원) 기독교 선교를 총체적으로 이해해야 하는 성경적 근거를 제시할 때마다, 사람들은 다음과 같은 질문을 한다. "하지만 이것이 신약과 무슨 상관이 있죠? 예수님은 유대인들을 로마의 억압으로부터 구출해 내지 않으셨잖아요. 실제로 예수님은 정치에 참여하지 않으셨는데요. 바울도 노예 해방 운동을 하지 않았고요. 신약의 선교는 전도가 전부는 아니라 해도, 일차적으로 전도로 봐야 하지 않나요?"

이 질문에 대해서는 해석학적·역사적·신학적이라는 세 가지 수준에서 대답할 수 있다.

총체적 선교는 성경 전체에서 유래한다. 물론 구약을 신약에 비추어 읽어야 한다는 말은 맞다(그리고 신약을 구약에 비추어 읽어야 한다는 말 역시 맞다). 또 하나님이 이스라엘 이야기를 통해 약속하신 모든 것이 그리스도 안에서 성취되었다고 주장하는 신약이, 구약을 읽는 방법을 지배해야 한다는 말도 맞다. 예수님은 구약의 전체 메시지와 요점이 메시아 되시는 그분 자신에게로, 또 예수님의 제자들이 세상에 나아가 선교하는 것으로 이끈다고 요약하신다(눅 24:44-49). 그리고 예수님의 죽음과 부활에 비추어 볼 때, 그 선교는 그리스도의 이름으로 열방에 회개와 죄사함을 전하는 전도적 과업이었다. 나는 이 모든 것에 기꺼이 동의할 수 있으며, 또 내가 이 책에서 주장하는 논지의 핵심이다.

하지만 신약이 그리스도의 추종자들의 선교에 대해 말하는 것은 무엇이든, 우리가 구약에서 하나님의 백성의 선교에 대해 이미 알고 있는 것을 **취소시킨다**고

의 관계에 대해 훌륭하게 설명한 책으로 David E. Holwerda, *Jesus and Israel: One Covenant or Two?*(Grand Rapids: Eerdmans; Leicester, U.K.: Apollos, 1995), pp. 85-112를 보라. 「예수와 이스라엘-하나의 언약 혹은 두 개의 언약?」(CLC).

주장하는 것은 왜곡되고 매우 잘못된 해석학이다. 물론 신약은 우리가 이제 열방에 선포해야 하는 새로운 것에 초점을 맞춘다. 우리는 오직 신약으로부터만 다음과 같은 좋은 소식을 선포할 수 있다.

- 하나님은 그분의 아들을 세상에 보내셨다.
- 하나님은 그분이 이스라엘에 대해 하신 약속을 지키셨다.
- 예수님은 죽으셨다가 다시 살아나셨으며 지금 주님과 왕으로서 다스리고 계신다.
- 예수 그리스도의 이름으로 회개하고 그분이 십자가에서 흘린 피를 믿음으로 우리는 죄사함을 받을 수 있다.
- 그리스도는 영광 중에 다시 오실 것이다.
- 하나님의 나라는 새로운 창조 안에서 온전하게 세워질 것이다.

이러한 모든 위대한 주장들과 그 밖의 더 많은 내용들은 복음서의 역사적 사건들과 사도들의 증거를 통해 신약에서만 알 수 있는 좋은 소식이다. 그리고 물론 우리에게 맡겨진 전도 과업을 통해 세상에 이러한 것들을 선포하는 것은 우리의 사명이자 의무이며 기쁨이다.

그러나 신약이 명하는 것을 바르게 행하면, 구약이 명하는 것을 행하지 않아도 된다고 생각할 근거가 어디에 있는가? 우리는 왜 신약에 순종하여 전도하는 것이 구약에 순종하여 정의를 행하는 것을 배제한다고 생각해야 하는가? 우리는 왜 우리가 **대위임령**이라고 부르는 것이 **대계명**의 이중 도전(예수님 자신이 보증한)을 모호하게 만들도록 했는가?

우리가 신약에서 시작된 구원사적 시대가 근본적으로 새로운 것이라는 사실을 고려해야 한다는 주장은 옳다. 우리는 구약 율법에 얽매여 신 중심적 언약 안에 사는 구약의 이스라엘 사람들이 아니다. 그렇기 때문에 이스라엘의 땅 같은 주제를 다룰 때, 우리는 예표론적인 예언적 해석학을 인정할 필요가 있다. 그런 해석에 의하면, 신약은 이스라엘에게 의미했던 그 모든 것이 이제 그리스도 안에 있는 그리스도인들에게 성취된 것으로 본다. 영토로서의 팔레스틴 땅은 더 이상 신

---

14) 필자의 책 *Old Testament Ethics*를 보라.

약에서 신학적으로 (또는 종말론적으로) 중요하지 않다. 그럼에도 불구하고, 내가 다른 곳에서 상세하게 주장한 것처럼,[14] 그 땅에서 이스라엘의 삶을 지배했던 **사회경제적** 법들이 하나의 모범으로서 갖는 취지는 교회와 사회에 속한 그리스도인들에게 윤리적·선교적으로 여전히 적절하다. 단지 우리가 더 이상 고대 이스라엘 사회에 살지 않는다 해서, 이스라엘의 사회법으로부터 배우거나 순종할 것이 전혀 없는 것은 아니다. 바울이 '모든 성경'에 대해 주장하는 신적 권위와 지속적인 윤리적 적절성은 성경의 다른 부분에 대해서와 마찬가지로 율법에 대해서도 적용되어야 한다(딤후 3:16-17).

물론 구약에는 우리가 더 이상 순종하지 않는 명령들이 있다. 예를 들면, 제사 제도와 정결함 및 부정함과 관련된 법들이다. 그러나 이렇게 바뀐 이유는 신약에 분명하게 나와 있다. 예수님은 그 제사 제도가 가리켰던 모든 것을 성취하셨으며(히브리서가 상세하게 설명하는 것처럼), 그분 안에서 우리는 죄에 대한 완전한 희생 제사와 우리의 완전한 대제사장을 발견한다. 정결하거나 부정한 동물과 음식을 구별하는 것은 구약의 이스라엘과 열방을 구별하는 국가적 상징이자 그들의 거룩함을 나타내는 표였다. 그러나 신약은 우리에게 이 오래된 구별이 그리스도 안에서 폐지되었다고 말한다. 그리스도 안에서 "유대인이나 헬라인이나 차별이 없다"(갈 3:28). 그러므로 우리는 더 이상 구약의 음식 법을 지킬 필요가 없다. 하지만 이것은 구약 자체를 순종할 필요가 없어서 그런 것이 아니고, 이러한 규정들이 우리가 현재 그리스도 안에서 도달한 운명을 미리 가리키는 안내판으로서 일시적 속성을 지니고 있음을 인식하기 때문이다. 우리가 이러한 율법을 준수하지 않는 이유는 분명하다. 이러한 율법은 그리스도가 오시기 전에 이스라엘의 환경과 관련하여 언제나 일시적인 것이었다.

그러나 사회적·경제적 정의에 대한, 개인적·정치적 정직에 대한, 가난한 자들을 위한 실제적 동정에 대한 구약의 메시지가 어떤 의미에서건 일시적이라거나 불필요한 것이라는 암시는 전혀 없다. 사실 이러한 문제들은 하나님이 그분의 백성들에게 요구하시는 매우 핵심적인 사항이어서(율법서, 선지서, 시편, 지혜서 및 매우 많은 이야기들에 그 점이 나타나 있다), 의식에 관한 규정들은 그것들과 비교해 볼 때 상대적으로 비중이 떨어진다. 심지어 구약 자체에서도 그렇다.

사람이 주께서 선한 것이 무엇임을 네게 보이셨나니

여호와께서 네게 구하시는 것은
오직 정의를 행하며 인자를 사랑하며
겸손하게 네 하나님과 함께 행하는 것이 아니냐.(미 6:8)

이러한 핵심적 요구 사항은 미가가 염두에 두고 있는 종교 의식과 관련한 요구들과 대조될 뿐 아니라, 또한 최대한 보편적인 방식으로 진술된다. 이런 진술은 결코 일시적 규정이 아니라 그저 '선한 것'이다. 이것은 이스라엘만을 위한 것이 아니라, '사람'을 위해 주어진 것이다. 이것은 하나님이 요구하시는 것이다. 더 이상 무슨 말이 필요한가. 이처럼 하나님의 백성에게 기본적으로 요구하는 것, 이처럼 타협할 수 없고 영구적으로 긴급한 명령들은 이사야서 1:11-17; 58:5-9; 예레미야서 7:3-11; 아모스서 5:11-15, 21-24; 호세아서 6:6; 스가랴서 7:4-12 같은 본문들에서 찾아볼 수 있다.

또 예수님 자신도 똑같은 선지자적 전통에 입각해서, 바리새인들에게 그들이 율법의 세세한 부분에 집중하는 것은 칭찬받을 만하지만, 더 중요한 관심사들, 즉 정의, 긍휼 및 믿음은 무시하고 있다고 말씀하셨다(마 23:23-24). 예수님은 구약의 도덕적 우선권을 지지하셨으며, 그럼으로써 하나님의 백성이 성경에 근거해 실천해야 할 선교적 우선 사항들을 지지하셨다. 이런 일들을 하는 것은 하나님에게 매우 중요하다. 그런 일들을 하지 않는 것은 예수님의 비유에 나오는 부자를 지옥에 보낼 만큼 심각한 일이었다. 그 부자는 율법과 선지서를 노골적으로 무시하고, 언약적 의무를 위반하고, 하나님을 모독하며 살았기 때문이다. 매우 아이러니컬하게도 하나님의 이름이 그 부자가 무시한 거지의 이름에 담겨 있었다(나사로는 "하나님은 돕는 자시다"라는 의미다).

그렇다면, 어떻게 전도만이 교회가 지닌 유일하고 핵심적인 선교라고 주장할 수 있는가? 우리가 선교를 위한 권위로서, 그리고 선교의 내용과 범위를 규정하는 것으로서 성경 전체를 진지하게 받아들인다면, 그 같은 환원주의는 정당화될 수 없다. 선교는 하나님, 곧 성경의 하나님에게 속한다. 선교의 메시지는 하나님의 성경적 계시 전체에서 끌어내야 한다. 따라서 우리는 출애굽 사건이나 희년 같은 제도가 지닌 강력한 메시지를 단지 지나간 시대의 것으로 치부할 수 없다. 그것들은 하나님의 구속에 대한 성경적 정의와, 하나님이 구속받은 백성에게 원하시는 요건의 필수적인 부분이다. 우리는 구약과 구약이 이미 기초를 놓고 예수님이 명확히 지지하신 선교의 토대를 격하시킨다면 신약과 신약이 그리스도에 비추어 우리에게 위탁하는 새롭고 긴급한 전도적 선교 명령을 바르게 존중할 수 없다. 기독교 선교 전체는 기독교 성경 전체 위에 근거한다.

예수님과 초대교회는 급진적인 정치적 도전을 제시했다. 둘째로 "이러한 구약 자료가 신약과 어떻게 일치하느냐?"라는 질문이 함축하고 있는 오해에 대해 해명하는 것이 필요하다. 사람들은 보통 "예수님은 정치에 관여하지 않으셨다"라고 주장한다. 따라서 우리도 정치에 관여하지 않아야 한다고 말한다. 출애굽에서 어떤 정치적 차원들을 발견하든지 간에, 그런 차원들은 매우 흥미롭지만 더 이상 그리스도가 명령하신 선교와는 상관이 없다는 것이다. 이에 따르면 우리의 관심사와 과제는, 예수님의 관심사나 과제와 마찬가지로, 지상적이고 일시적인 것이 아니라, 영적이고 영원한 것이어야 한다. 내가 성경적인 총체적 선교를 가르치면서 여러 차례 거듭해서 들은 이야기가 바로 그러한 것들이다. 하지만 예수님이 정치에 관여하지 않으신 것은 사실이지 않은가? 바로 이 문제는 우리가 어떤 의미로 **정치**라는 말을 사용하느냐에 따라 좌우된다.

성과 속을 억지로 나누지 말라. 첫째, 우리는 정치와 종교, 성과 속을 구분하는 현대의 이원론을 재고할 필요가 있다. 예수님(또는 그 당시 어떤 종교인)이 정치 권력이나 정치 활동의 영역과는 전혀 다른 거룩한/영적인/종교적인 영역에서 활동했다는 가정은 그 당시 누가 봐도 맞지 않는 이야기일 것이다. 예수님의 삶 전체는 하나님 앞에서 사는 것이었으며, 하나님은 마음의 문제뿐 아니라 국가의 문제에도 똑같이 관여하셨다. 사실상 '이 땅위에서 일어나는' 정치적 현실 자체는 하늘에서 일어나는 영적 현실과 긴밀하게 연결되어 있었다. 각각은 상대방에게 영향을 끼쳤으며, 그것은 옷의 겉과 속 같은 것이었다. (유대인의 활동이든 로마인의 활동이든) 정치 활동은 모든 수준에서 종교적 의미가 가득했다. 그리고 종교적 활동은 정치적 의미를 갖고 있었다(때로는 생사가 걸린 문제였다). 하나님 또는 당신이 섬기던 신들은 어떤 빈 영적 공간에 거주하는 것이 아니었다.

당신이 유대인이라면, 당신이 섬기는 하나님은 온 땅을 다스리시는 왕으로 간주되었다. 이러한 근본적인 확신과 충돌하는 세상의 정치적 현실이야말로, 심한 분노와 열망의 초점이었다. 따라서 예수님이 하나님 나라에 대해 선포하고 가르치시는 것을 방금 들은 당시의 어떤 사람에게 당신이 "예수님은 정치에 관여하지 않으시죠?"라고 말한다면, 그 사람은 이해할 수 없다는 듯한 반응을 보일 것이다. 이 질문은 영적 현실의 세계와 정치적 현실의 세계가 근본적으로 분리되어 있음을 전제한다. 그러한 이원론은 계몽 운동의 산물이지 성경의 세계관이 아니다(그리고 나는 그것은 성경적 선교의 세계관이 되어서도 안 된다는 말을 덧붙이고 싶다).

비폭력이 비정치적인 것은 아니다. 둘째, 예수님이 정치에 관여하지 않으셨다고 주장하는 사람들은 예수님이 로마 제국의 불의에 대항하는 정치적 혁명(필요하다면 폭력을 사용해서)을 일으키지 않으셨기 때문에, 예수님은 정치적 의제를 갖고 있지 않았다고 말한다. 그러나 급진적인 정치적 입장과 폭력적인 정치는 같은 것이 아니다. 어떤 상황에서는 비폭력을 제안하는 것이 더 급진적인 정치적 의제가 될 수도 있다. 따라서 예수님이 정치적으로 폭력적이거나 혁명적이지(현대적 의미에서) 않았다고 말하는 것(그 말은 옳다)이 그분의 주장과 가르침과 행동이 '비정치적'이었다는 뜻은 아니다.

예수님이 실제로 얼마나 정치적으로 급진적이었는지 이해하려면, 그분이 십자가에 못 박히신 이유를 물어보기만 하면 된다. 예수님은 분명히 그분이 사시던 팔레스틴 땅을 지배하던 정치권력(로마인들과 유대인 지배 계층)에 커다란 위협이 되었기 때문에, 그들은 예수님이 제시한 도전을 한 가지 방법으로만 해결하려 했다. 바로 정치적 처형을 통해 예수님을 제거해 버리는 것이었다. 예수님을 고소한 것은 분명히 정치적이었다. 예수님은 성전을 부수겠다고 주장하고(그럼으로써 유대인 권력의 독점을 위협하고), 유대인의 왕이라고 주장한(그럼으로써 로마 권력을 위협한) 죄로 고발되었다.

이 점에 대해 로마인과 유대인 지도자들이 예수님에 대해 오해했다고 말하는 것은 설득력이 없다. 우리는 예수님이 실제로 그 모든 것을 영적인 의미에서만 말씀하셨다고 생각하지 않아야 한다. 즉, 마치 예수님이 이 세상 정치의 '실제 세계'와 연관이 없는 (그래서 위협이 되지 않는) 종교적 나라에 대해서만 이야기하신 것처럼 생각하지 않아야 한다는 말이다. 혹자는, 예수님이 단지 종교적 나라에 대해서만 말씀하셨는데, 당시 정치권력이 예수님의 말씀을 너무 문자적으로 받아들이는 끔찍한 실수를 범했다고 말할지 모른다. 예수님의 메시지가 하나님, 개인적 신앙, 선한 행위 그리고 모든 사람을 사랑하는 것과 천국에 가는 것에 대한 메시지뿐이었기 때문에, 그들이 위협을 느낄 필요가 없었다고 말할지 모른다.

그러나 이러한 주장은 사실이 아니다. 만약 그것이 사실이었다면, 십자가는 풀 수 없는 수수께끼로 남을 것이다. 유대인과 로마인 권력자들이 예수님을 여러 방면에서 오해했을지 모르지만, 그들은 정치적으로 빈틈없는 전문가들이었으며, 따라서 그들은 예수님이 위협이 된다는 사실을 알았다. 그리고 그들은 옳았다. 왜냐하면 예수님의 주장은 진실로 모든 인간의 권위를 전복시키며, 또 그 권위를 향해 더 높은 하나님의 정의의 법정에 서도록 요구하기 때문이다. 하나님이 정말로 왕이시라면, 가이사는 왕이 아닌 것이다(로마인들이 그가 왕이라고 믿었던 그런 방식으로는). 또 예수님이 이스라엘의 메시아 왕이시라면, 성전 제도로 상징되는 유대인의 기성 체제 안에 있는 낡은 질서는 실제로 종식되고 있다.[15]

"나라가 임하시오며…땅에서도." 셋째, 우리는 하나님 나라를 영적으로 생각하는 일반적인 방식을 극복해야 한다. 보통 사람들은 하나님 나라를 하늘나라와 동일시한다. 우리가 어느 날 가게 될 저 세상, 또는 개인적 경건하고만 관련된, 전적으로 내적이고 영적인 것으로 생각하는 것이다.[16] 물론 하나님 나라는 미래적 차원을 갖고 있으며 개인적 행위를 지배하지만, 예수님이 자신의 백성에게 선포하신 하나님 나라는 이러한 것들 훨씬 이상의 것이었다.

예수님은 **하나님 나라**라는 용어를 만들어 내지 않으셨다. 예수님은 그 용어에 자신과 관련하여 새로운 의미를 부여하셨다. 그러나 예수님의 말씀을 듣는 사람들은 성경을 통해 야웨의 통치에 대해 이미 알고 있었다. 그들은 대부분의 안식일에 회당에서 이를 축하하는 시편(시 96-98편과 145편) 노래를 불렀다. 그들은 선지자들의 글을 읽으면서 그 통치를 열렬히 기다렸다. 그들이 믿음의 상상력을 발휘하면서 예배를 드릴 때, 선지자들은 하나님이 다스리시게 될 때 그것이 어떤 모습일 것인지 제시해 주었다. 그 같은 모습은 단순히 개인화된 경건이나, 죽을 때 가는 하늘 너머에 있는 영역과는 거리가 멀었다.

마침내 도래할 야웨의 통치는 억눌린 자들을 위한 정의와 사악한 자들의 타도

---

15) 예수님의 주장과 가르침이 함축하고 있는 사회적 정치적 의미를 간략하게 요약한 훌륭한 글로 Stephen Mott, *Jesus and Social Ethics*, Grove Booklets on Ethics(Nottingham, U.K.: Grove Books, 1984)를 보라. 이 글은 처음에 *Transformation* 1, nos.2-3(1984)에 "The Use of the New Testament in Social Ethics"라는 제목으로 발표된 바 있다. 또 Paul Hertig, "The Subversive Kingship of Jesus and Christian Social Witness", *Missiology* 32(2004): 475-490를 보라.
16) 물론 마태가 '하나님 나라' 대신에 '천국'이라는 말을 선호한 것이 둘 사이에 어떤 차이가 있음을 뜻하는 것은 아니다. 마태가 천국이라는 말을 사용한 것은 유대인들이 하나님의 이름을 직접 말하기를 꺼려하고 그 대신에 '하늘'이라는 말을 사용하는 관례를 따른 것이다. 그 말은 따로 마련된 어떤 장소를 가리키지 않으며, 지금 이곳에서 그리고 장차 올 세상에서 진행되는 하나님의 역동적인 통치를 가리킨다.

를 의미할 것이다. 야웨의 통치는 열방에 참된 평화를 가져올 것이고, 전쟁과 전쟁 수단과 전쟁을 위한 훈련이 폐지될 것이다. 또한 가난, 결핍과 곤란을 종식시키고, 모든 사람들에게 경제적으로 필요한 것들을 공급할 것이다(성경에는 "포도나무와 무화과나무 아래에서"라는 비유로 표현되어 있다). 그것은 가족들의 만족스럽고 성취감을 주는 삶, 아이들의 안전, 노인들의 성취, 적들로부터 위협이 없는 평화 등을 의미할 것이다. 그리고 이 모든 것들은 불행과 위협이 없는 새로워진 창조 세계 안에서 이루어질 것이다. 그것은 현 세계를 지배하는 도덕적 가치를 뒤집어엎을 것이다. 하나님 나라 안에서는 세상과 전혀 다른 팔복의 가치가 작동하고 마리아의 송가가 그대로 실현되기 때문이다.

예수님이 도래하는 하나님의 통치의 의미와 그 안에서 그분 자신이 수행하는 역할 둘 다를 요약하기 위해 사용하신 것이 바로 그런 성경 중 하나였다. 누가복음 4:14-30에 나오는 유명한 나사렛 선언에서, 예수님은 출애굽과 희년의 메시지가 반영된 이사야서 61장을 읽으셨다.

> 주의 성령이 내게 임하셨으니
> 이는 가난한 자에게 복음을 전하게 하시려고
> 내게 기름을 부으시고
> 나를 보내사 포로 된 자에게 자유를
> 눈먼 자에게 다시 보게 함을 전파하며
> 눌린 자를 자유롭게 하고
> 주의 은혜의 해를 전파하게 하려 하심이라.(눅 4:18-19)

예수님이 가르치신 대로, 이 하나님의 통치가 예수님을 통해 이미 인간 역사에 들어왔다면, 완전한 통치는 미래에 이루어지겠지만 그 나라에 속하기로 한 자들은 지금 이곳에서 그 표준을 따라 살아야 한다. 그러므로 예수님의 추종자들은 "먼저 하나님의 나라와 그의 정의를 구하는" 자들이 되어야 한다(마 6:33). 이 본문은 틀림없는 선교적 진술이다. 또한 이 책에서 다루는 논지와 전적으로 일치하는 선교적 진술이다. 이러한 삶의 우선순위는 우리의 선교를 하나님의 선교에 종속시키기 때문이다. 나라는 하나님의 것이며 정의도 하나님의 것이다. 우리의 선교는 우리 자신의 삶과 일을 통해 우리가 하는 모든 것 가운데서 그 두 가지를 다

추구해야 한다.

사회의 경계표 깨부수기. 넷째, 예수님의 실제 행동과 그분이 세우신 새로운 공동체는 우리가 인식하는 것보다 더 많은 정치적 의미를 지니고 있었다. 예수님은 실제로 우리가 생각하는 것보다 더 혁명적이셨다. 물론 우리는 예수님이 행하신 일들의 일부가 그 당시 사람들에게 다소 충격적이었다는 점을 알고 있다. 그러나 이것은 단순히 **사회적** 충격의 문제가 아니었다. 마치 예수님이 당시의 관습과 예절을 위반한 것과 같은 문제가 아니었다는 의미다. 세상 사람들을 당황하게 만든 뛰어난 지도자들은 많았다. 하지만 그들이 십자가 처형을 당할 만큼 큰 물의를 일으킨 것은 아니다.

우리는 예수님이 **위협**으로, 그것도 정치적 위협으로 인식되었다는 점을 기억해야만 한다. 이것은 예수님의 많은 행동들이 경계를 넘고 금기를 깨거나 기존 사회 질서와 계층을 뒤집어엎는 방식으로 사회적 통념을 전복시켰기 때문이었다. 모든 사회에서 정치권력은 '사물이 존재하는 방식과 또 항상 그렇게 존재해야만 하는 방식'을 사람들이 관습적으로 받아들이는 것에 의존해 있다. 1세기에 유대인 사회는 다음과 같은 많은 문제들에 대해 일련의 전제들을 갖고 있었다.

- 누가 정결한 사람이고 누가 부정한 사람인가?(그에 따라 사회는 여러 계층으로 나누어졌다)
- 누구와 접촉할 수 있고 누구를 어떻게 해서든지 피해야 하는가?
- 누가 '의인'에 속하고 누가 속하지 않는가?
- 안식일에 할 수 있는 일은 무엇이고 할 수 없는 일은 무엇인가?
- 누구와 함께 식사를 할 수 있고 누구와는 절대 해서는 안 되는가?
- 누가, 어떤 상황에서, 죄사함을 베풀 수 있는가, 그리고 그럼으로써 누가 그에 수반되는 사회적 배척이나 포함을 규정할 권세를 가지고 있는가?

예수님은 이 가운데 일부는 해결하고, 일부는 폐지하고, 어떤 것은 무시하고 어떤 것은 의도적으로 도전하셨다.

예수님은 정결함과 부정함에 대한 구분을 뒤집어엎으셨다. 예수님은 안식일에 병자를 고치셨으며, 안식일의 의미를 재정의하셨다. 예수님은 사회의 금기로 배척당하는 사람들에게 다가가셨다. 여인, 어린이, 병자, 부정한 자, 심지어는 죽은 자들이다. 예수님은 자신의 권위로 사람들에게 죄사함을 선언하셨다. 예수님은 그런 유익을 얻기 위해 정상적으로 거쳐야 하는 과정, 즉 성전에 가서 공식적으로 제사를 드려야 하는 절차를 완전히 무시하셨다. 예수님은 세리, 매춘부, '죄인들'(공식적 호칭에 의하면)과 식사를 하셨다. 게다가, 예수님은 이스라엘의 '공식적인' 이야기들을 하시면서 매우 다른 끝마무리를 하셨다. 그 이야기에는 사회 권력층에 대해 부정적인 메시지가 담겨 있었는데, 그들은 예수님이 자신들에 대해 이야기한다는 것을 알았다. 그리고 예수님은 전 유대 사회에서 가장 높은 정치 종교 권력자들 앞에 서서 재판을 받으실 때, 자신이 다니엘서에 나오는 인자임을 조용히 보여 주신다. 그 인자의 권위는 궁극적으로 억압적이고 박해하는 권력을 지닌 짐승들을 타도할 것이다(단 7장). 대제사장이 자기 옷을 찢고 신성 모독이라고 외친 것은 전혀 이상한 일이 아니다. 대제사장이 큰 짐승의 역할을 하기 때문에 그런 것이 아니다. 예수님의 급진적인 주장과 가르침은 단순히 낡은 포도주 부대를 터뜨리는 것이 아니었다. 그것은 정치의 혈관을 터뜨릴 만큼 폭발력을 갖고 있었다.[17]

예수님을 따르는 정치적 대가. 다섯째, 예수님이 세우신 공동체는 물론 바리새파, 사두개파, 에세네파, 열심당과 어깨를 나란히 하는 다섯 번째 대안으로 만들어진 또 하나의 정당은 아니었지만, 그리스도에 대한 충성 때문에 사회적·정치적 의미를 가질 수밖에 없었다. 예수님도 자신을 따르는 자들에게 제자가 되면 자신의 가족과 이웃들과 사회적 갈등을 겪게 될 것이라고 경고하셨다(성부 하나님에게 순종한 예수님도 그런 경험을 하신 것처럼 말이다). 또 그들은 통치 당국과 충돌할 가능성도 매우 높다. 통치 당국은 그들을 박해하고, 고발하고, 체포하고, 기소하고, 정죄할 것이다. 그러한 것들이 나사렛 예수를 그리스도와 주님으로 인정하는 대가가 될 것이다.

예수님이 십자가에 달려 죽으신 후 몇 주가 지나지 않아 실제로 그런 일이 벌어졌다. 베드로와 요한은 체포되어 산헤드린 앞에 섰다. 그리고 신약의 첫 번째 정치적 불복종 사례가, 하나님을 경외했기 때문에 바로에게 불복종한 히브리인 산파 십브라와 부아를 필두로 한 구약의 고귀한 목록에 추가된다.

---

17) 참고. Colin J.D. Greene, *Christology in Cultural Perspective: Making out the Horizons*(Grand Rapids: Eerdmans; Carlisle, U.K.: Paternoster, 2003), 특히 7장 "기독론과 인간 해방."

그리고 더 넓은 로마 사회에서 그런 사건은 부지기수로 일어났을 것이다. 예수님을 메시야(왕)와 주로 고백하는 것은 사실상 가이사가 주라는 것을 부인하는 것이다. 그러나 가이사를 주로 선언하는 것은 로마 제국의 기본 신경이자 정치적 선언이었다. 로마는 어떤 사람이 로마의 신들, 특히 황제에게 일차적인 충성을 바치는 한, 그 사람이 어떤 신을 섬기든 상관하지 않았다. 사람들은 공공장소에서 황제의 흉상 앞에 향을 태우고 "퀴리오스 카이사르"(Kyrios Kaisar: 가이사는 주시다)라고 선언하면서 충성을 바쳤다. 그러나 그리스도인들은 예수라는 또 다른 왕이 있다고 선언했다. 그분을 능가하는 왕은 없다. 그분은 우주의 왕이시기 때문이다. 그러므로 "퀴리오스 예수스"(Kyrios Iesous: 예수님은 주님이시다)라고 고백하는 것은 종교적인 선언인 만큼이나 정치적인 선언을 하는 것이었다. 왜냐하면 그 고백은 지상에 있는 모든 유형의 인간 권위를 그리스도 안에 있는 하나님의 주권 아래 상대화시키기 때문이다. 그리고 수많은 그리스도인들이 그리스도의 유일무이한 주권을 고백한 그 입술로 가이사의 주권을 고백하는 것을 거부한 정치적 대가로 죽음을 맞이했다.

그러나 초기 그리스도인 공동체가 로마 제국의 정치 체제를 전복시키는 주장만 한 것은 아니었다. 그들은 또한 철저히 예언적인 공동체였다. 왜냐하면 그들은 현재의 낡은 세계 질서 안에서 이 역사에 개입한 하나님 나라의 새로운 질서가 지닌 진리와 가치를 구현하려고 했기 때문이다. 하나님의 성령이 종말론적으로 부어지심으로 세워진 이 새로운 공동체는 할 수 있는 한 경제적 평등을 통해 자신들의 영적 연합을 표현하기 원했다. 그래서 그들 가운데 가난한 자들이 하나도 없도록 했다. 그들은 사도들의 가르침을 받았다. 사도들은 그리스도인들의 일차적인 의무는 단순히 복음을 증거하고 전도하는 것이 아니라 "선한 일을 하고"(바울은 짧은 디도서에서 일곱 번이나 이 말을 사용했다) 미움으로 가득한 세상 가운데서 실제석인 사랑의 모델이 되는 것이라고 주장했다. 그들은 선량한 시민이 되고 세금을 낼 뿐 아니라, 또한 ('하나님의 종'인) 국가 권력자들에 대한 하나님의 명령이 정의를 행하고 악을 벌하고 선을 보상하는 것이라는 점을 상기해야 했다(롬 13:1-7). 그들은 정치권력이 하나님의 임명을 받아 존재한다는 사실을 받아들였지만, 정의를 왜곡하는 정부는 하나님의 준엄한 심판을 받게 된다고 선언했던 선지자들의 말을 잊지 않았다(예를 들어, 렘 22:1-5). 그리고 야고보는 진정 선지자적 방식으로, 실제적인 사랑과 정의의 행동이 결여된 신앙은 죽은 것일 뿐 아니라, 또한 고용인들을 착취하고 억압하여 사치하고 방탕한 삶을 사는 고용주들의 악행을 분명하게 비난하는 것이 교회의 사도적 의무(옛 선지자들의 의무였던 것만큼이나)의 일부라고 강조했다(약 2:14-17; 5:1-6). 그렇다. 초기 그리스도인들은 전도에 열심이었을 뿐 아니라, 그들의 신앙이 그들 주변의 정치적·사회적·경제적 세계에 대해 지니고 있는 급진적인 의미를 분명히 인식하고 있었다. 자주 등장하는 반대 주장, 곧 초기 그리스도인들이 노예 제도를 폐지하는 일에 힘쓰지 않았다는 주장을 갖고 초기 기독교는 정치적·사회적 문제에 관심이 없었다고 결론을 내릴 수는 없다.

십자가의 중심성

어떤 선교 신학이든 그것이 성경적이라고 주장하려면, 그 핵심에 성경적 신앙의 핵심, 즉 그리스도의 십자가를 지녀야만 한다. 따라서 참으로 성경적인 선교는 이제까지 살펴본 모든 차원을 통합할 만큼 총체적이라고 주장하려면, 그 모든 차원들이 십자가와 어떻게 연결되는지 설명할 수 있어야 한다.

선교 중심의 십자가 신학. 나는 이 책에서 내내 성경은 우리에게 자신이 창조하신 모든 피조물을 구속하시고 갱신하시려는 하나님 자신의 선교를 제시하고 있다고 주장했다. 앞으로 계속해서 그 점에 대해 살펴볼 예정이다. 하지만 구속의 의미 및 구속과 선교와의 관계에 대해 논의하는 이 시점에 한 가지 핵심 사항을 언급해야 한다.

우리가 성경의 다른 부분들을 통해 이 구원의 목적을 추적하면서 알게 된 것처럼, 하나님의 선교는 여러 차원으로 이루어져 있다. 그러나 하나님의 선교의 모든 차원은 반드시 그리스도의 십자가로 귀결된다. **십자가는 하나님의 선교의 불가피한 대가였다.**

잠시 하나님의 구속적 목적의 큰 윤곽을 생각해 보라. 아마 (최소한) 다음 항목들은 바울이 "하나님의 뜻을 다…전하였음이라"(행 20:27)라고 말한 것에 포함될 것이다. 나는 그것들을 가능한 한 최소한으로 언급할 것이다. 각 항목은 그 자체로 신학적으로 논의할 만하다(그리고 많은 논의가 이루어졌다).

하나님의 목적 또는 선교는 다음과 같았다. 그것은,

- **인간 죄의 죄책을 제거하는 것이었다.** 그 죄책은 하나님 자신의 정의가 실현

되기 위해 처벌받아야 했다. 그리고 십자가에서 하나님은 이를 성취하셨다. 하나님은 자신의 아들을 통해서 사랑이 많고 자발적인 자기 대속으로 그 죄책을 취하사 그분 자신이 처벌받으셨다. "여호와께서는 우리 모두의 죄악을 그에게 담당시키셨도다"(사 53:6). 또 그리스도는 "친히 나무에 달려 그 몸으로 우리 죄를 담당하셨다"(벧전 2:24). 십자가는 개인적 용서, 죄사함 그리고 죄책을 지닌 죄인을 위한 칭의의 장소다.

- **악의 권세를 격파하는 것이었다.** 또 직접적이든 인간 대행자를 통해서든, 인간 생명을 억압하고, 분쇄하고, 침해하고, 망가뜨리고, 파괴하는 모든 세력들(천사, 영적 세력, '보이거나 보이지 않는' 세력 등)을 격파하는 것이었다. 그리고 십자가에서 하나님은 이를 성취하셨다. "통치자들과 권세들을 무력화하여…십자가로 그들을 이기셨느니라"(골 2:15). 십자가는 모든 우주적 악을 격파하고 그 궁극적 파멸을 인친 장소다.

- **사망을 파괴하는 것이었다.** 사망은 하나님의 세상에 들어온 대 침입자요 인간 생명의 원수다. 그리고 십자가에서 하나님은 사망을 짓밟아 버리셨다. "그도 또한 같은 모양으로 혈과 육을 함께 지니심은 [그리스도의] 죽음을 통하여 죽음의 세력을 잡은 자, 곧 마귀를 멸하시며"(히 2:14). 고대 세계에서 가장 잔인한 죽음의 상징인 십자가는 역설적으로 생명의 샘이다.

- **유대인과 이방인 간의 증오와 소외의 장벽을 제거하는 것이었다.** 그리고 궁극적으로는 모든 유형의 증오와 소외를 제거하는 것이었다. 그리고 십자가에서 하나님은 실제로 그렇게 하셨다. "그는 우리의 화평이신지라. 둘로 하나를 만드사 원수 된 것, 곧 중간에 막힌 담을 자기 육체로 허시고…이는 이 둘로 자기 안에서 한 새 사람을 지어 화평하게 하시고 또 십자가로 이 둘을 한 몸으로 하나님과 화목하게 하려 하심이라. 원수된 것을 십자가로 소멸하시고"(엡 2:14-16). 십자가는 하나님에 대한 그리고 서로에 대한 화해의 장소다.

- **하나님의 모든 피조물을 치유하고 화해시키는 것이었다.** 하나님의 선교는 우주적이다. 그리고 하나님은 십자가에서 이것을 궁극적으로 가능하게 만드셨다. 하나님의 최종적 뜻은 그리스도를 통해 만물을 화해시키는 것이기 때문이다. "그의 십자가의 피로 화평을 이루사 만물 곧 땅에 있는 것들이나 하늘에 있는 것들이 그로 말미암아 자기와 화목하게 되기를 기뻐하심이라"(골 1:20). 여기에서 "만물"은 창조된 우주 전체를 의미하는 것이 틀림없다. 그

것이 그리스도에 의해 그리스도를 위해 창조되었으며(골 1:15-16), 또 이제 그리스도에 의해 화해되었다고(골 1:20) 바울이 말하기 때문이다. 십자가는 장차 이루어질 피조물의 치유를 보증하는 것이다.

하나님의 구속적 선교의 이러한 거대한 차원은 모두 성경에서 우리 앞에 제시된다. 하나님의 선교는 다음과 같은 것이었다.

- 죄는 처벌받아야 하고 죄인들은 용서받아야 한다.
- 악은 물리쳐야 하고 인류는 자유롭게 되어야 한다.
- 사망은 파괴되어야 하고 생명과 불멸이 나타나야 한다.
- 원수들은 서로에 대해 그리고 하나님에 대해 화해되어야 한다.
- 피조물 자체는 회복되어야 하고 창조주와 화해되어야 한다.

이러한 모든 것이 합하여 하나님의 선교를 이룬다. 그리고 이러한 모든 것들이 그리스도의 십자가로 귀결된다. 예수님 자신이 겟세마네 동산에서 고뇌하시는 가운데 받아들이신 것처럼, **십자가는 하나님의 총체적 선교의 불가피한 대가였다.** "나의 원대로 마옵시고 아버지의 원대로 하옵소서."

십자가 위에서 이루어진 그리스도의 속죄 사역은 개인적인 죄책과 용서의 문제를 훨씬 넘어선다(물론 그것들을 포함하긴 하지만). 예수님이 자발적으로 내 죄책을 대신 지시고 죽으셨다는 사실은 우리가 기쁜 마음으로 받아들이고 경이의 눈물을 흘리며 감사의 예배를 드려야 하는 가장 영광스럽고도 우리를 자유롭게 하는 진리다. 다른 사람들이 이 진리를 알고 그들의 죄를 회개와 믿음 가운데 십자가에 못 박히신 구세주께 내던짐으로써 구원받고 용서받기를 바라는 것은, 가장 활기찬 전도 동기다. 이 모든 것들은 전적인 헌신과 개인적 확신을 갖고 유지되어야 한다.

그러나 성경적 십자가 신학에는 개인 구원 이상의 것이 있다. 또 성경적 선교에는 전도 이상의 것이 있다. 복음은 피조물 전체를 위한 좋은 소식이다[마가의 마지막 기록을 담은 사본 중 더 긴 사본에 따르면, 복음은 온 창조 세계에 전파되어야 한다(막 16:15; 참고. 엡 3:10)]. 하나님의 구속적 선교의 이러한 광범위한 차원(과 그렇기 때문에 우리가 하나님의 선교에 헌신적으로 참여하는 것)을 이야기하는 것은 (때때로 사람들이 주장하는 것처럼) 개인적 구원의 복음을 희석시키지 **않는다**. 오히려 이러한 주장은 개인을 위한 그 가장 귀하고 복된 소식을, 하나님이 그리스도의 십자가를 통해 성취하셨고 마지막에 완성하실 **모든** 것이라는 성경적 맥락 가운데서 확고하게 제시한다.

십자가 중심의 선교 신학. 이처럼 십자가는 **하나님의** 선교의 불가피한 대가였다. 그러나 **십자가는 우리의 선교의 불가피한 중심**이라고 말하는 것도 마찬가지로 참되고 성경적이다. 모든 기독교 선교는 십자가에서 나온다. 십자가는 선교의 근원과 능력이며 선교의 범위를 결정한다.

십자가를 총체적·성경적 선교의 모든 측면에 대해 중심으로 보는 것이 중요하다. 즉 십자가를, 십자가에 매달려 죽으셨다가 부활하신 예수님의 이름으로 행하는 모든 것의 중심으로 보는 것이다. 우리의 전도는 십자가를 중심으로 해야 하지만 (물론 당연히 그래야 한다), 사회 참여와 다른 유형의 실제적인 선교는 이와 다른 어떤 신학적 기초나 근거를 가져야 한다고 생각하는 것은 잘못이다.

그렇다면 선교의 전 영역에서 십자가가 중요한 이유는 무엇인가? 그리스도의 이름으로 행하는 모든 유형의 기독교 선교에서, 우리는 악의 권세와 사탄의 나라, 그리고 그것들이 인간의 삶과 더 광범위한 피조물에게 끼치는 부정적인 영향과 맞서 싸우고 있기 때문이다. 우리가 그리스도 안에 있는 하나님의 통치의 실재를 선포하고 나타내려 한다면, 즉 "가이사 외에는 왕이 없다"는 외침이 도처에서 들려오고 맘몬을 포함해서 그의 많은 후계자들이 즐비한 세상에서 예수님이 왕이시라는 사실을 선포하려 한다면, 우리는 수많은 모습을 하고 있는 악한 자의 통치와 직접적으로 충돌하게 될 것이다. 악의 권세에 대항하여 싸우는 이 전투의 치명적 실재는 정의를 위해 싸우는 자들, 가난하고 억압당하는 자들, 병든 자들과 무지한 자들의 필요를 위해 싸우는 자들, 그리고 심지어는 약탈자들과 오염시키는 자들에 대항하여 하나님의 피조물을 돌보고 보호하려는 자들이 공통적으로 증언하는 바다. 이는 사람들을 구세주요 주가 되시는 그리스도를 믿도록 전도하고 교회를 개척하는 일에 힘쓰는 자들(종종 동일한 사람들)이 경험하는 것이기도 하다. 그와 같은 모든 일 가운데서 우리는 죄와 사탄의 실재와 대면한다. 이와 같은 모든 일 가운데서 우리는 예수 그리스도의 빛과 좋은 소식 그리고 그분을 통한 하나님의 통치를 갖고 세상의 어두움에 도전한다.

우리는 어떤 권위로 그렇게 할 수 있는가? 우리는 어떤 능력을 갖고 악의 권세와 대결할 수 있는가? 우리는 어떤 근거에서 감히 말과 행위로, 사람들의 영적·도덕적·육체적·사회적 삶에 역사하는 사탄의 속박에 도전할 수 있는가? 오직 십자가를 통해서만 그렇게 할 수 있다.

- 오직 십자가 안에서만 죄책을 지닌 죄인을 위한 용서, 칭의 및 깨끗하게 함이 있다.
- 오직 십자가 안에서만 악한 권세를 격파시킬 수 있다.
- 오직 십자가 안에서만 사망의 두려움에서 벗어나고 사망이 궁극적으로 멸망한다.
- 오직 십자가 안에서만 가장 다루기 어려운 원수까지도 화해시킬 수 있다.
- 오직 십자가 안에서만 우리는 마침내 모든 피조물이 치유되는 것을 목도할 수 있다.

분명한 사실은, 죄와 악은 이 세상에서 삶의 전 영역에 나타나는 나쁜 소식이라는 것이다. 그렇기에 그리스도의 십자가를 통한 하나님의 구속적 사역은 이 세상에서 죄로 오염된 삶의 전 영역, 곧 우리 삶의 전 영역을 위한 좋은 소식이다. 단도직입적으로 말해서, 우리에게는 총체적 복음이 필요하다. 세상이 총체적으로 망가졌기 때문이다. 그리고 하나님의 엄청난 은혜로 우리는 죄와 악으로 오염된 모든 것을 구속할 수 있을 만큼 큰 복음을 갖고 있다. 또 이 좋은 소식의 모든 차원은 전적으로 그리고 오직 십자가 위에서 흘리신 그리스도의 피 때문에 좋은 소식이다.

궁극적으로 새로운, 구속된 창조 세계 안에 있게 될 모든 것은 십자가 때문에 거기에 있게 될 것이다. 그리고 반대로 거기에 있지 않게 될 모든 것(고통, 눈물, 죄, 사탄, 질병, 억압, 부패, 죽음)은 십자가에 의해 격파되고 파괴되었기 때문에 거기에 있지 않게 될 것이다. 그것이 하나님의 구속관이 갖는 길이와 넓이와 높이와 깊이다. 이것은 엄청나게 좋은 소식이다. 이것이 우리의 모든 선교의 핵심이다.

따라서 총체적 선교는 총체적 십자가의 신학을 지녀야만 한다는 것이 나의 확고한 신념이다. 거기에는 십자가가 우리의 전도에 중심이 되어야 하는 것만큼 우리의 사회 참여에도 중심이 되어야 한다는 신념이 포함된다. 십자가에 매달려 죽으셨다가 부활하신 예수님 외에, 우리가 온 인류와 전 세계에 온전한 복음을 제공할 수 있는 다른 능력, 다른 자원, 다른 이름은 없다.

실천과 우선순위

앞의 두 장에서 우리는 총체적 선교의 성경적 근거에 대해 살펴보았다. 하지만 불가피하게, 결론적으로 고려해야 하는 더 실제적인 몇 가지 문제들이 있다.

수위성(primacy)이냐, 궁극성(ultimacy)이냐? 우리가 성경적 선교는 본질적으로 총체적이고 그리스도인들은 광범위한 성경적 명령(정의를 추구하고, 가난하고 궁핍한 자들을 위해 일하고, 그리스도의 복음을 선포하고, 가르치고, 치유하고, 먹이고, 교육하는 것 등)에 관여해야만 한다는 점에 동의한다 할지라도, 전도가 이 모든 일 중 가장 수위에 있는 것이 아닌가? 전도는 우리가 선교하면서 행하는 유일한 것은 아니지만 그래도 그것이 가장 중요한 것 아닌가? 전도가 다른 모든 것보다 우선되어야 하지 않은가?

이런 식으로 주장해 온 복음주의 선교 사상의 강력한 흐름이 있다. 우리는 그런 주장을 가볍게 무시하지 말고 진지하게 대응해야 한다.[18] 전도의 수위성을 주장하는 사람들은 성경적 선교의 총체적 본질과, 우리가 그리스도를 위하여 선교를 하면서 폭넓은 영역에 관여해야 한다는 것을 부인하지는 않는다. 그들은 전도와 사회 활동의 관계를 완전히 통합되어 나눌 수 없는 것으로 본다. 마치 바지의 두 가랑이 혹은 새나 비행기의 두 날개와 같다는 것이다. 그 둘은 서로 동일한 것은 아니지만, 둘 중 어느 하나만 갖고는 의미가 없으며, 어느 하나가 다른 하나를 대체할 수도 없다. 그러나 그와 같은 통합적인 관계에서조차, 전도는 여전히 수위에 있는 것으로 간주된다. **기독교적** 사회 활동은 (선교의 일부로서) 사회적으로 활동적인 **그리스도인들**의 존재를 요구하기 때문이다. 그리고 그것은 전도를 통해 그들이 그리스도를 믿는다는 것을 전제한다. 따라서 전도는 신학적으로 수위성

---

18) 1974년 로잔 언약과 그 후 이어진 복음 전도와 사회 활동에 대한 각종 협의회와 선언서들은 이 같은 사고의 흐름을 잘 보여 준다. 그것은 1989년까지 발행된 모든 로잔 문서에서 찾아볼 수 있다. John Stott, ed. *Making Christ Known: Historic Mission Documents from the Lausanne Movement 1974-1989*(Carlisle, U.K.: Paternoster, 1996). 이 모든 자료에 담긴 사상은 대체로 총체적이다. 이 같은 선교 사상이 회복된 과정을 분석한 책으로 Samuel Escobar, *Time for Mission: The Challenge for Global Christianity*, Global Christian Library(Leicester, U.K.: Inter-Varsity Press; Downers Grove, Ill.: Inter Varsity Press, 2003, 9장,「벽을 넘어 열방으로」, IVP); David J. Bosch, *Transforming Mission Paradigm Shifts in Theology of Mission*(Maryknoll, N.Y.: Orbis, 1991), pp. 400-408를 보라.

을 지니고 있을 뿐 아니라, 순서적으로도 수위에 있다.

여기에는 매우 강력한 논리가 있다. 즉, 전도만이 기독교 선교의 유일하게 적법한 특허권을 가지고 있는 것으로 보는(다른 모든 노력에 대해서는 **선교**라는 용어를 사용할 권한조차 갖지 못하게 하는) 극단적인 전도 지상주의자들의 입장이나, 전도야말로 해서는 절대 **안 되는** 유일한 것이라고 할 정도로 선교의 의미를 정치화하는 극단적인 자유주의자 및 다원주의자들의 입장보다는 무한히 더 나은 논리다.

하지만 그것이 어떤 개인, 단체 및 교회의 사고와 실제에 반영될 때, 그와 같은 견해는 몇 가지 불편한 결과를 가져온다. 다음에 나오는 이야기를 심각한 비난보다는 몇 가지 온건한 문제 제기로 받아들이기 바란다. 이것은 내가 상당히 공감하는 입장이기 때문이다.

첫째, '우선성'(priority)이라는 말은 다른 모든 것은 기껏해야 '이차적'이라는 의미다. 스포츠 세계에서 우리는 "이등은 아무것도 아니"라는 것을 안다(내가 예전에 했던 조정 경기에서는 매년 열리는 케임브리지-옥스퍼드 대학교 대항 보트 레이스를 두고 그렇게 말하곤 했다). 그리고 실제로 전도와 교회 개척에 직접적으로 관여하지 않는 모든 것을 **이차적 선교**(secondary mission)라는 말로 묘사하는 교회와 단체들이 있다. 나에게는 아프리카에서 의료 선교사로 섬기는 친구들이 있다. 그런데 그 친구들은 후원 교회로부터 그들이 이제 '이차적 선교사'로 재분류되었다는 사실을 알리는 편지를 받은 바 있다. 이러한 말이 담고 있는 언외의 뜻(그것은 때로는 노골적으로 그렇게 표현된다)은 그들이 **진짜** 선교사가 아니라는 것이다. 다시 말해, 우선성과 수위성이라는 말은 특이성과 배타성을 의미하게 된다. 전도만이 **유일한** 진짜 선교다. 우리는 신약의 전도 명령을 너무 높이는 나머지, 그것이 우리에게 성경의 다른 부분에서 하나님의 백성에게 분명하게 요구하는 하나님의 선교의 모든 다른 차원을 면제시켜 준다고 생각한다. 하지만 우리가 전도에 관여**해야 한다**고 말하는 것(그것은 맞는 말이다)과, 전도가 선교의 **유일한** 차원이라고 말하는 것(그것은 내가 주장해 온 것처럼 틀린 말이다)은 전혀 다르다.

우선성이라는 단어는, 출발점이 되어야 하는 어떤 것을 시사한다. 우선성은 무엇이든지 가장 중요하거나 긴급한 것이다. 그것은 어떤 다른 것에 앞서 먼저 행해져야 하는 것이다. 하지만 선교에 대해 이와 다른 식으로 생각할 수 있는 방법이 있다. 즉, 하나님이 세상에서 우리에게 하도록 부르시는(또는 보내시는) 모든 필요와 기회들을 상상해 보는 것이다. 물론 그것은 세계적으로 생각하는 것보다, 지역의 특별한 상황에 대해 생각할 때 가장 잘 상상할 수 있다. 제시된 문제들의 원인을 깊이 추적하고 그것이 다른 문제나 요인들과 어떻게 관련되는지를 밝히는 차트를 만들어 볼 수 있다. 마침내, 복잡하게 상호 연결된 요인들이 밝혀진다. 개인적이든 사회적이든 어떤 특정한 인간 상황 속에서 발견할 수 있는, 광범위한 깨어짐과 필요, 죄와 악, 고통과 상실 등이다. 각종 요인들에는 분명 영적·도덕적·육체적·가정적·정치적·환경적·교육적·경제적·인종적·문화적·종교적인 문제들이 포함될 것이다.

그 후에는 다음과 같이 문제가 제기된다. 이러한 각종 필요들과 원인들 가운데 성경적 복음의 구성 요소가 되는 것은 무엇인가? 이 모든 연계들과 관련하여 하나님의 선교는 무엇인가? 십자가의 능력은 여기에 개입하는 각종 악에 어떻게 대항하는가? 이에 대해서는 문제의 규모만큼이나 매우 방대한 대답이 나올 것이다. 왜냐하면 복음은 죄가 오염시킨 것의 전부, 즉 그 모든 것을 다루기 때문이다.

장 폴 헬츠(Jean-Paul Heldt)는 총체적 선교(여러 사역과 장소에서 개인적으로 일평생 동안 체험한 다양한 타문화 선교 경험에 근거한)의 구성 요소가 무엇인지 살펴본 탁월한 글에서, 우리는 어떠한 인간 문제든 인간 존재의 네 가지 기본 차원, 즉 **육체적·정신적·영적·사회적** 차원에서 살펴보아야 한다고 말한다.[19] 이러한 과정에서 제시된 문제들의 기저에 있는 원인들을 밝히고, 그 다음에 복음의 능력을 그런 모든 원인들과 그 결과들에 적용하는 것이 필요하다. 그는 그의 요점을 (나도 같은 입장이다) 생물학적으로 비타민A의 결핍으로 인해 어린이들에게 발생하는 야맹증이라는, 자주 재발되는 고질적 문제를 들어 설명한다. 그러고 나서 그는 한 걸음 더 나아가 관련된 여러 요인들을 차트로 만든다.

> 야맹증은 서로 맞물린 여러 가지 원인들을 갖고 있다. 야맹증은 실제로 비타민A가 부족해 생기는 증상이다(생물학적 원인). 하지만 그 결핍은 일차적으로 가난한 환경(불평등한 토지 분배, 불공정한 노동법, 부당한 임금 구조와 같은)으로 인한 영양 부족의 결

---

19) 나는 여러 해 동안 이와 같은 인간 생활의 네 차원에 대해 가르쳐 왔다. 특히 창세기와 선교를 위한 성경적 기초를 가르치면서 그 점을 강조했다. 이에 대해 더 알기 원하는 사람은 이 책의 13장을 참조하라.

과다. 마지막으로 사회 불의의 근저에는 탐욕과 이기심이 자리하고 있다. 그것들은 본질적으로 도덕적이고 영적인 가치들이다. 그러므로 우리가 영양 부족, 가난, 사회 불의 그리고 궁극적으로 이기심과 탐욕과 같은 문제들 역시 다루지 않는다면, 비타민A를 투여하는 것만으로 야맹증을 치료하고 예방하리라 기대하는 것은 현실성이 없다.[20]

이와 같은 분석과 분별의 과정을 통해, 우리는 우리가 사역하는 상황에 대한 총체적인 선교적 반응의 범위가 어떠해야 할지 가늠할 수 있다. 따라서 다음 문제는 우리가 어디에서 시작해야 하는가 하는 것이 되어야 한다. '전도의 우선성'이라는 말은 유일하게 적절한 출발점은 언제나 전도적 선포가 되어야 한다는 의미다. **우선성**은 그것이 먼저 행해야 하는 가장 중요한, 가장 긴급한 일이며, 다른 모든 것은 둘째, 셋째, 넷째 자리를 차지해야만 한다는 것을 의미한다. 그러나 이런 주장이 지닌 난점은 (1) 당면한 상황에서 그것이 항상 가능하거나 바람직한 것이 아니라는 점과, (2) 그것이 심지어 예수님의 실제 행동을 반영하지 않는다는 점이다.

오히려, 가장 긴급하거나 분명한 필요가 무엇인가에 따라, 거의 모든 **출발**점이 다 적절할 수가 있다. 우리는 인간의 어떠한 필요를 통해서든 선교적인 반응을 **시작할** 수 있다. **그러나 궁극적으로** 우리 자신의 선교적 반응에 인간의 궁지에 대한 **하나님의** 선교적 반응을 온전히 다 포함시킬 때까지 만족하지 않아야 한다. 그리고 물론 거기에는 그리스도의 좋은 소식, 십자가와 부활, 죄사함, 우리의 복음 증거를 통해 사람들에게 제공되는 영생의 선물, 그리고 하나님의 새 창조의 소망 등이 포함된다. 그것이 내가 우선성보다는 궁극성에 대해 말하는 이유다. 선교는 항상 전도로 **시작하지** 않을 수도 있다. 그러나 궁극적으로 하나님의 말씀과 그리스도의 이름을 선포하고, 회개와 믿음과 순종을 요청하는 것을 **포함하지** 않는 선교는 그 과제를 다 하지 못하는 것이다. 그것은 총체적인 선교가 아니라, 결함이 있는 선교다.

8장에서 살펴본 출애굽이 이 점을 잘 나타내 보여 준다. 하나님은 애굽 사람들에게 경제적으로 착취를 당하고 학살의 위협을 당하는 이스라엘을 구출하기 위

---

20) Jean-Paul Heldt, "Revisiting the 'Whole Gospel': Toward a Biblical Model of Holistic Mission in the 21st Century", *Missiology* 32(2004): 157.

해 개입하셨다. 하나님은 출애굽을 통해 그들을 **구속하신** 다음, 이어서 광야에서 그들의 **육체적** 필요를 채우셨다. 그러고 나서 하나님은 그분의 이름과 성품과 율법을 계시하신 후에, 그들과 **언약** 관계를 맺으셨다. 하나님은 이 모든 일이 이스라엘이 하나님을 살아 계신 하나님으로 참으로 **알고**, 또 그분만을 **예배**하도록 하기 위한 것이라고 말씀하셨다. 그 다음에 하나님은 이스라엘이 하나님을 **만날** 수 있는 그분 자신의 거처를 제공하시고, 마지막으로 이스라엘이 그 관계를 유지하고 또 하나님이 제공하시는 **속죄**를 통해 죄와 부정함을 다룰 수 있는 **제사** 제도를 마련해 주셨다. 이 모든 경험과 그것을 묘사하는 이야기들에는 온갖 요소들이 포함되어 있다. 그러나 **궁극적인** 목표는 하나님의 백성이 하나님을 알고, 마음을 다한 충성과 예배와 순종으로 그분을 사랑하도록 하기 위함이었다. 그것은 선교의 풍성하고 의미심장한 모델이다.

전도와 사회 참여: 닭이 먼저냐, 달걀이 먼저냐? 이 문제를 다루는 또 한 가지 방법은 다음과 같다. 즉, 사회 변화 및 우리가 알기에 하나님이 원하시는 것(정의, 정직성, 동정, 하나님의 피조물을 돌보는 것 등)에 근거하여 세운 모든 훌륭한 목표들을 성취하는 가장 좋은 방법은 열렬한 전도라는 것이다. 이러한 논리에 따르면, 그리스도인들이 많으면 많을수록 사회에 더 좋을 것이다. 따라서 사회를 변화시키기 원한다면 전도를 해야 한다. 그러면 그리스도인이 된 자들이 사회 활동을 할 것이기 때문이다. 나는 사회 활동보다 전도가 우선한다는 논거로 이러한 이야기를 자주 듣는다. 그리고 그것은 사실 그럴 듯해 보인다. 하지만 이러한 주장은 심각한 결점을 갖고 있다. 거듭 말하건대, 다음에 하는 이야기는 결코 전도가 중요하다는 점을 부인하려는 것이 아니라, 전도만이 우리의 사회적 책임에 관한 성경의 다른 명령들에 순종하는 것이라는 주장을 부인하려는 것이다.

첫째(나는 이 점을 존 스토트에게서 배웠다), 당신이 그리스도인이라면 사회 활동을 하는 데 시간을 보내지 말아야 한다는 주장에는 논리적 결함이 있다. 이 주장에 따르면 당신은 모든 시간을 전도에 투자해야 한다. 사회를 변화시키는 최선의 방법은 그리스도인의 수를 증가시키는 것이기 때문이다. 그러나 이러한 논리는 다음과 같은 이유로 논리적 결함이 있다. (1) 새로 그리스도인이 된 사람들이 모두 똑같은 충고에 따라 전도에만 시간을 할애한다면, 누가 선교의 사회 참여적 차원에 관여한단 말인가? (2) 이러한 논리에 따르면, 전도를 받은 누군가가 사회 활동에 관여해야 한다. 그렇다면 누군가의 전도의 산물인 당신이 그 일을 해야 하는데, 당신은 새로운 전도 대상에게 그 일을 떠넘긴다. 다시 말해, 이 주장은 이런 식으로 끝없는 퇴보를 가져온다. 세상 속에서 이루어지는 기독교 선교의 일부인 진정한 사회 참여는 한 세대의 회심자들로부터 다음 세대의 회심자들에게로 편리하게 미루어진다. 각 세대는 그 책임을 다음 세대로 그럴싸한 이유를 대면서 떠넘긴다.

둘째, 이 견해는 본을 보이는 것의 중요성을 간과한다. 우리는 모두 우리에게 가장 큰 영향을 끼치는 자들을 본받는 경향이 있다. 어떤 사람이 전도 명령만 강조하고 사회적·문화적·경제적·정치적인 모든 일들에 대해서는 부정적이고 비참여적인 태도를 지닌 그리스도인이나 교회를 통해 신앙을 갖게 되면, 그 새로운 회심자는 의식적으로건 아니건 똑같은 이분법적 태도를 지니게 될 가능성이 높다. 우리는 배운 대로 가르치기 때문이다. 결국 우리는 우리를 신앙으로 이끈 그런 선교를 하게 된다. 이와 같이 세상에 선교적으로 관여하기보다는 안전하게 장기적으로 세상과 분리시키는 전도는, 주변 문화에 거의 영향을 끼치지 못하고 또 그렇게 영향을 끼치는 방법이나 이유에 대해 별로 관심을 갖지 않는 그리스도인들과 교회들을 만들어 낼 가능성이 높다. 전도에만 관심이 있고 주위 세상에 빛과 소금이 되어야 한다는 과제를 갖고 씨름하지 않는 그리스도인들을 만들어 내는 전도는, 교회 성장의 통계 수치를 끌어올릴 수는 있다. 그러나 그것은 사회 속에서 우리가 실천해야 할 다른 성경적 의무들을 수행하는 최선의 방법이기는커녕, 매우 부적절한 방법이다.

셋째, 유감스럽게도 이 견해는 기독교 선교 역사에서 나온 것이 아니다. 물론 회심으로 인한 좋은 변화가 있긴 하다. 즉, 매우 가난하고 착취를 당하던 사람들이 그리스도인이 될 때, 그들은 나쁜 습관들(예를 들어, 도박하고 술 마시는 데 돈을 낭비하는 것 등)을 버리고, 긍정적인 습관들(새로운 개인적 자존감, 노동의 존엄성, 다른 사람들을 돌봄, 자기 가족을 부양함, 정직 등)을 지니게 되는 경향이 있다. 그 결과 사회적으로 신분이 상승되고, 또 많은 사람들이 이런 식으로 변화될 경우 공동체에 유익이 있을 수 있다.

하지만 다른 경우들도 있다. 공동체 전체가 경건주의적 복음(장차 올 시온의 노래를 부르긴 하지만, 지금 이곳에서 온전한 성경적 복음이 지닌 사회적·정치적·윤리적·문화적 의미에 대한 급진적 관심을 요구하지는 않는)에 급속히 회심하여, 통계와 현실 간에 크고 당혹스러운 불일치가 있는 경우다. 나가랜드

(Nagaland)와 같은 인도 동북부에 있는 몇몇 주는 19세기 후반과 20세기 초 전도의 탁월한 성공 사례라 할 수 있다. 부족 전체가 회심하였다. 나가랜드는 약 90퍼센트가 그리스도인인 것으로 알려져 있다. 하지만 그 주는 현재 인도에서 가장 부패한 주 가운데 하나가 되었으며, 젊은 세대에는 도박과 마약 문제가 심각하다. 내가 1980년대에 가르쳤던 유니온 신학교에서, 나가 출신 학생들은 나에게 이것은 성공적인 전도가 항상 지속적인 사회 변혁을 가져오는 것은 아니라는 사실을 보여 주는 증거라고 말했다. 또 어떤 사람들은 르완다에서 발생한 비극을 지적할 것이다. 르완다는 이 세상에서 가장 기독교화된 국가 중 하나이며 동아프리카 부흥의 진원지였다. 하지만 그곳이 전도의 결과로 어떤 유형의 기독교적 경건을 받아들였든지 간에, 1994년 그 지역을 강타한 인종 간 증오와 폭력의 물결을 막아내지 못했다. 사람들은 부족주의의 피가 세례의 물보다 진했다고들 말한다. 성공적 전도로 부흥의 물결이 일고 다수의 기독교 인구가 생겼지만, 평등, 정의, 사랑 및 비폭력에 대한 하나님의 성경적 가치가 뿌리 내리고 번성하는 사회를 만들어 내지 못했던 것이다.

이 글을 쓰는 나는 북 아일랜드 출신이다. 북 아일랜드는 이 세상에서 가장 '복음화된' 지역 중의 하나였다. 내가 자랄 때, 만나는 거의 모든 사람이 나에게 복음과 '구원받는 방법'에 대해 말했다. 노방 전도는 도시에서 흔히 볼 수 있는 장면이었다. 나도 때때로 노방 전도에 참여하곤 했다. 하지만 내가 속한 개신교 복음주의 문화에서는, 전도에 대한 열정만큼 모든 형태의 기독교적 사회 관심이나 정의 문제에 대한 의심도 많았다. 그것은 자유주의자와 에큐메니칼주의자들의 영역이었으며, '순수한' 복음을 배반하는 것이었다. 그 결과 사실상 개신교에서 정치는 실제로 복음 아래 들어가서, 모든 정치적 편견, 당파적 애국주의와 부족 간 증오가 예언자적으로 도전을 받기보다는 거룩하게 미화되었다(종종 값비싼 대가를 치렀던 매우 용감한 소수를 제외하고 말이다). 상대적으로 많은 수의 전도자들과 전도된 사람들이 있었지만(영국의 다른 모든 지역과 비교해 볼 때), 분명 하나님 나라의 가치로 변화된 사회를 만들어 내지 못했다. 반대로, 한 입으로 열정적인 전도의 언어와 미움, 폭력의 언어를 말하는 것을 들을 수 있었다(슬프게도 지금도 여전히 그렇다). 야고보가 말한 것처럼, "이것이 마땅하지 아니하니라"(약 3:10). 그러나 현실에서는 그런 일이 벌어지고 있다. 그리고 그것이 내가 전도만으로 사회가 변화될 것이라는 주장에 동의하지 않는 한 가지 이유다. 그리스도인들이 평화의 왕을 따르는 제자에게 요구되는 급진적인 요구에 대해 배우지 못한다면, 먼저 하나님 나라와 그 정의를 구하지 않는다면, 그리고 성경이 그분의 백성을 위한 하나님의 선교가 무엇인지 매우 명확히 보여 주는 것 전체를 제대로 이해하지 못한다면, 전도만으로 사회는 변화되지 않는다.

총체적 선교를 하려면 교회 전체가 필요하다. 총체적 선교를 가르칠 때 자주 제기되는 마지막 문제는 어쩔 수 없는 개인적 한계에서 생긴다. 누군가는 말할 것이다. "당신은 기독교 선교는 인간의 총체적 필요에 대한 하나님의 모든 관심사를 포함한다고 말한다. 그러나 나는 유한하다. 시간도 유한하고, 능력도 유한하고, 기회도 유한하다. 그렇다면 가장 중요한 전도에 집중하고, 바람직하지만 광범위한 다른 목표들은 포기해야 하지 않는가? 내가 모든 것을 다 할 수는 없다!"

그렇다. 물론 당신이 모든 것을 다 할 수는 없다. 분명 하나님도 그와 똑같은 생각을 하셨다. 하나님이 교회를 세우신 이유가 바로 그것이다. 바로 여기에 우리의 교회론이 선교론에 뿌리를 박아야 하는 또 하나의 이유가 있다. 세상 속에서 이루어지는 교회의 선교는 방대하다. 따라서 하나님은 한 백성을 부르시고 파송하셨다. 처음에는 아브라함의 후손을, 그리고 지금은 그리스도 안에서 여러 국적으로 이루어진 세계적인 공동체를. 또 하나님은 바로 이 백성 **전체**를 통해 그분의 다양한 선교 목적을 수행하신다.

물론 모든 개인이 모든 것을 다 할 수는 없다. 여러 가지 소명, 여러 가지 은사, 여러 가지 유형의 사역들이 있다(롬 13장에서 정부 관리들을, 사도들과 음식을 나누어 주는 일을 하는 자들과 마찬가지로 '하나님의 사역자'라고 부른 것을 기억하라). 개인들은 하나님이 그들이 하도록 부르신 선교 영역이 무엇인지, 즉 그들이 관여할 특별한 영역이 어디인지 하나님으로부터 개인적으로 인도를 받아야 한다. 어떤 사람들은 실제로 전도자가 되도록 부르심을 받는다. 모든 사람들은 분명, 그들이 어떤 곳에서 일하든지 간에 증인이 되도록 부르심을 받는다. 사도행전에서 사도들은 그들 자신의 개인적 우선순위를 말씀과 기도에 두어야 함을 인정했다. 그러나 그들은 그것이 전체 교회의 유일한 우선순위라고 생각하지 않았다. 가난한 자들의 필요를 돌보는 것이 초대교회의 또 하나의 중요한 우선순위였으며 그것은 전도에 선한 영향을 끼쳤다. 그리하여 그들은 가난한 자들에게 음식을 나누어 주는 실제적인 일을 **그들의** 우선순위로 삼는 사람들을 임명했다. 그렇다고 해서 그들이 그런 일만 한 것은 아니지만(빌립이 에디오피아 사람을 만나 전

9. 하나님의 회복 모델 405

도한 사건이 보여 주는 것처럼), 그것은 교회의 전반적인 사역이 여러 가지 은사와 우선순위를 가진 여러 종류의 사람들을 필요로 한다는 점을 보여 준다.

문제는 **전체 교회**가 하나님의 구속의 온전성을 나타내는가 하는 것이다. 교회(여기에서는 어떤 지역에 하나님의 선교를 위해 효과적으로, 전략적으로 위치한 지역 교회를 말한다)는 하나님의 선교가 그들에게 참여하라고 명하는 모든 것을 인식하고 있는가? 교회는 **모든** 교인들의 종합적 참여를 통해, 그리스도의 십자가의 구속적 능력을 주변에 있는 삶, 사회 및 환경에 끼친 죄와 악의 **모든** 영향에 대해 적용하고 있는가?

로잔 운동의 슬로건은 다음과 같다. "온 교회가 온전한 복음을 온 세계에." 총체적 선교는 어떤 한 개인의 책임일 수 없다. 그러나 그것은 분명히 온 교회의 책임이다.

결론으로, 나는 장 폴 헬츠의 글의 훌륭한 결론을 전폭적으로 지지하며 인용한다.

> 더 이상 선교를 '총체적'이라고 규정하거나, '선교'와 '총체적 선교'를 구분할 필요가 없다. 선교는 정의상 '총체적'이며, 따라서 '총체적 선교'가 사실상 선교다. 어떤 사회적 관심사를 제쳐 놓고, 선포만을 고집하는 것은 참된 복음을 왜곡시키고 앞뒤를 잘라 내 버리는 것이며, 좋은 소식을 서툴게 모방하고 흉내 내는 것이며, 현실 세계에 살고 있는 현실의 사람들의 현실 문제를 외면하는 것이다. 또 정반대로 사회 변혁에만 집중하는 것은 영적 차원이 결여된 사회적 인본주의적 행동주의라는 결과를 낳을 뿐이다. 두 접근법 다 비성경적이다. 그것들은 하나님의 형상을 따라 창조된 인간의 본질의 총체성을 부정한다. 우리는 '총체적으로'(whole) 창조되었기 때문에, 그리고 타락이 우리의 인간성 전체에 영향을 끼치기 때문에, 구속, 회복 및 선교 역시 정의상 '총체적일'(holistic) 수밖에 없다.[21]

---

21) 같은 책, p. 166.

10
하나님의 선교적 언약의 범위

야웨와 이스라엘 간의 역사적 언약 전체는 처음부터 세계적인 차원을 가지고 있었다. 열방은 진정한 증인이다. 야웨의 구원하시는 행동, 그분이 이스라엘에게 징벌을 내리시고 회복시키신 것은 동시에 열방에게 주는 설교였다.[1]

월터 보글스(Walter Vogels)는 이런 담대한 말로 성경에 나오는 다양한 언약들을 선교학적으로 접근하게 해준다. 언약이라는 개념은 이스라엘의 자아 정체성 혹은 세계관에서 또 하나의 주요 항목이다. 지금까지 우리는 이스라엘이 **선택** 받은 것이 지닌 선교학적 차원을 살펴보았다. 그것은 그들이 유일무이하게 하나님에게 선택받았지만, 그들 자신을 훨씬 뛰어넘는 목적을 위해 그렇게 선택받았다는 확신이다(6-7장). 그 다음에 이스라엘이 **구속**의 의미를 이해하고, 스스로 하나님에 의해 구속받았다고 말할 수 있는 주요 사건이었던 출애굽 이야기를 살펴보았다(8장). 두 경우 모두에서 우리는 그 사건들의 선교학적 차원들을 신약에 이르기까지 추적해 보았다. 신약에서 그 사건들은 발전되고 다시 시작되어 기독교 선교에 추진력을 제공했다.

---

1) Walter Vogels, *God's Universal Covenant: A Biblical Study*, 2nd ed.(Ottawa: University of Ottawa Press, 1986), pp. 67-68.

여기에서 우리는 출애굽 이후 이스라엘과 하나님의 여정의 다음 이정표로 넘어간다. 그것은 시내 산에서 그들과 더불어 맺은 하나님의 **언약**을 확증한 사건이다. 이스라엘은 그들 자신이 야웨와 독특한 관계를 맺고 있다고 믿었다. 그들은 그 관계를 그들이 처한 광범위한 국제적 세계에서 국가들과 제국들 간에 맺는 조약에 비유했다. 시내 산에서 맺은 언약은 하나님이 아브라함과 맺은 원래의 언약을 출애굽으로 인한 새로운 역사적 실상에 비추어 새롭게 분명히 표현한 것이다. 아브라함의 후손들이 이제는 실제로 큰 나라가 되었다. 그들이 하나의 국가 공동체로서 아브라함의 언약이라는 틀 안에서 산다는 것은 무엇을 의미할까? 그 틀이 국가의 삶을 위한 헌법 역할을 하려면, 대단히 확장되고 강화되어야 했다.

국가의 삶이 진행됨에 따라, 군주제의 등장으로 언약 관계는 또 다른 국면으로 발전되었다. 하나님은 다윗 및 그의 후계자로 보좌에 오를 사람들과 특별한 언약을 시작하셨기 때문이다. 하지만 이스라엘과 유다의 수많은 왕들이 실패했기 때문에, 이스라엘 안에서 이스라엘을 통한 하나님의 전체 계획이 과연 이루어질 수 있겠는가 하는 의문이 제기되었다. 그러나 여러 선지자들이, 예전의 결함이 근절되고 이스라엘을 위한 하나님의 의도와 그들을 통해 그분의 선교가 성취될 새로운 언약 관계의 시대를 내다봄에 따라, 미래에 대한 새로운 환상이 등장하기 시작한다. 이 소망은 우리를 곧바로 예수님에게로 인도한다. 예수님 자신과 그분을 최초로 해석한 사람들에 따르면, 그분 안에서 그 새로운 언약이 시작되었다.

우리가 지난 백 년 동안 구약 신학으로부터 배운 것이 있다면, 어떤 하나의 주제나 범주를 신학 전체의 유일한 중심으로 분리해 내는 것이 쓸데없는 일이라는 것이다. 구약 신학은 방사상으로 되어 있는 바퀴살 중심에 단 한 개의 신학적 축이 달려 있는 바퀴 같은 것이 아니다. 오히려 구약 신학은 그 속에 빽빽하게 꼬인 서너 가닥의 전선들이 들어 있는 케이블과도 같다. 따라서 언약을 구약 신앙의 중심이라고 하면 경솔한 말이 되겠지만, 언약이라는 주제가 핵심 전선 중 하나라고 말하는 것은 가능하다. 언약은 이스라엘이 신학적으로 자신을 이해하기 위해 꼭 필요한 몇 가지 주된 요소 중 하나다. 그리고 정경 이야기에서 연이어 나오는 언약들은 우리에게 그 케이블을 형성하는 거대 서사를 나타내는 훌륭한 방법 **하나**를 제공해 준다.

이 거대 서사는 이스라엘의 일관된 세계관을 구현했다. 그 세계관에는 선택, 정체성, 열방 가운데서의 역할에 대한 의식이 포함되었다. 그런 성경 이야기는 여러 가지 방식으로 체계화하고 또 표현할 수 있다(예수님이 포도원 품꾼의 비유에서 보여 주셨던 것처럼 말이다). 하지만 핵심 요점은 그 이야기가 창세기에서 그 처음을 되돌아볼 수 있고, 새 창조에서 그 예상된 절정을 내다볼 수 있는 이야기**라는** 것이다. 연속적으로 나오는 언약들은 그 역사적 이야기를 헤쳐나가는 한 가지 방법이다. 또 그 언약들은 그 이야기의 의의와 최종적인 결과를 알 수 있는 중대한 실마리를 제공해 준다.[2] 그렇다면 이제 선교학적 해석학을 염두에 두고, 연속적으로 나오는 언약을 추적해 보자.

이 책 전체에 걸쳐 우리가 주장한 논거의 맥락에서 볼 때, 이 장에서 고려할 질문은 성경 본문에 나오는 언약 전승을 어떻게 선교학적으로 해석할 수 있는가 하는 것이다. 즉, 다양한 언약의 표현들은 어떤 식으로 하나님의 선교와 또 거기서 파생된 하나님의 백성의 선교를 나타내는가?

노아

창세기 8:15-9:17에서 하나님이 노아와 맺으신 언약 이야기는 성경에서 언약을 맺는 것에 대해 최초로 명백하게 언급한 것이다. 어떤 신학들은 아담의 언약에 대해 말하지만, 하나님과 아담의 관계는 창세기 본문에서 그런 식으로 묘사되어 있지 않다.[3] 그래서 우리는 노아에서부터 언약을 살펴보기로 한다. 노아 언약은 적어도 두 가지 근본적 사항을 확증하는데, 그것은 다른 성경적 선교 개념에도 적절하다.

땅의 모든 생물들에 대한 하나님의 헌신. 하나님은 인간 죄(그것은 '포악함과 부패'라고 반복해서 묘사된다)의 포괄적 성질에 대해 철저히 심판하실 때도, 여전히 창조 질서 자체와 땅 위의 생명을 보존하는 일에 몰두하신다. 비록 우리는 **저주받은** 땅에 살지만, 또한 **언약을 맺은** 땅에 산다. 여기에서 하나님의 언약에 대한 헌

---

2) 전에 쓴 책에서 나는 구약 이야기와 약속에 비추어 예수님을 이해하는 한 가지 방법으로 일련의 언약들을 개관한 바 있다. Christopher J. H. Wright, *Knowing Jesus through the Old Testament*, 2nd ed.(Oxford, Monarch, 2005)를 보라.

3) 하지만 창 1-2장에서 언약이라는 용어 자체는 사용되지 않았지만, 타락 이전 하나님과 피조물(인류를 포함해서) 간의 관계에서 언약적 양식을 찾아볼 수 있다는 주장이 Vogels, *God's Universal Covenant*, 1장에 나온다. 그는 그런 주장을 넌지시 뒷받침하는 다른 성경 본문들을 인용한다. 그런 본문들에는 암 1:9; 호 2:20; 6:7; 사 24:5; 54:9-17; 렘 33:20-25; 겔 34:25; 슥 11:10; 집회서 17:12; 44:18 등이 있다.

신은 매우 명백하게 보편적이다. 하나님의 약속은 인간들과만 맺은 것이 아니라, 또한 "땅의 모든 생물"(창 9:10)과도 맺은 것이다. 이러한 노아의 언약은 하나님이 남은 인간과 자연의 역사를 통해 지속적인 선교를 해 나가시는 기반을 제공한다. 물론 그럼으로써 하나님의 선교에 참여하는 우리 자신의 선교의 기반 역시 제공한다. 하나님이 무엇을 하시든, 혹은 하나님이 우리가 무엇을 하도록 부르시든, 우리의 모든 역사가 이루어지는 상황은 기본적으로 안정되어 있다.

이것은 물론 하나님이 자신이 창조하신 자연을 하나님의 축복뿐 아니라 심판의 도구로 결코 다시 사용하지 않으시리라는 의미는 아니다(구약 나머지 부분이 충분히 증거하는 것처럼). 하지만 그런 행동은 **역사 내로** 한정된다. 죄 많은 이 땅에 사는 우리가 현재 알고 경험하는 타락한 인간 역사를 종결시킬 마지막 심판을 빼면, 그 저주는 결코 다시는 홍수처럼 포괄적인 파괴 행위로 나타나지는 않을 것이다. 이 땅은 하나님의 땅이며, 하나님은 그 땅의 생존에 언약적으로 헌신하고 계시다. 또 나중에 나오는 계시는 하나님이 또한 그 땅의 궁극적 구속에 언약적으로 헌신하고 계시다는 것을 보여 주고 있다. 심지어 마지막 심판까지도 **하나님의 피조물로서 이 땅**의 종말을 의미하는 것이 아니라, 창조 세계 전체를 현재와 같이 좌절하게 만든 죄된 상태의 종말을 의미할 것이다. 그렇다면 우리의 선교는 창조 질서에 대한 하나님의 보편적 약속이라는 틀 안에서 이루어진다. 이것은 우리의 모든 선교에 안정감과 범위를 제공한다. 안정감을 준다는 것은 우리가 세상에 대한 하나님의 헌신 안에서 살아가기 때문이고, 범위가 정해져 있다는 것은 하나님이 노아와 맺은 언약 밖에 있는 것은 이 땅에서 아무것도 그리고 아무 데도 없기 때문이다. 무지개는 우리의 시야가 닿는 모든 곳에 걸쳐 나타난다.

선교의 생태학적 차원. 하나님이 홍수 끝에 노아에게 하시는 말씀은 창세기 1장을 분명하게 반영한다. 어떤 의미에서 이것은 모든 피조물의 새로운 시작이다. 그래서 노아와 그의 가족은 복을 받으며, 땅에 충만하고(똑같은 문구는 아니지만), 그 땅을 다스리라는 지시를 받는다. 창조 명령이 새롭게 된다. 인간의 과업은 여전히 나머지 피조물에게 권위를 행사하는 것이다. 물론 생명을 돌보고 존중하면서 그렇게 해야 한다. 이것은 짐승의 피를 먹지 말라고 금하는 것에 상징되어 있다(창 9:4). 그러므로 우리가 원래 하나님의 피조물이었으며, 창조에 대해 하나님의 목적이 있다는 사실 자체로 인해 인간이 해야 하는 선교가 있는 것이다. 피조물을 돌보는 것은 사실상 인간에 대해 나오는 최초의 목적 선언이다. 그것은 이 땅에서 우리의 최우선적 선교다. 노아와 맺은 언약은 피조물에 대한 하나님 자신의 헌신이라는 맥락 안에서 이 선교를 효과적으로 갱신한다. 12장에서는 성경적 선교의 생태학적 차원을 좀더 충분히 살펴볼 것이다.

아브라함

우리는 6장과 7장에서 아브라함의 언약과 그것이 지닌 선교학적 암시를 깊이 있게 검토했다. 하지만 이 장을 완성시키기 위해, 여기에서도 우리가 발견한 핵심 사항들을 요약하는 것이 좋겠다.

선교학적 관점에서 보면, 아브라함과 맺은 언약은 성경의 모든 언약 중 가장 의미심장하다. 그것은 하나님이 열방을 축복하기 위한 도구로 이스라엘을 선택하신 것의 기원이었으며, 또 신약에서는 이방인들에 대한 바울의 신학과 선교를 뒷받침한다. 구약의 맥락에서는, 시내 산 언약과 다윗 언약을 전적으로 다른 별개의 언약으로 보지 말고 아브라함 언약이 새로운 환경들에서 발전한 것이라고 보는 것이 신학적으로 적절하다. 리처드 보캄은 이 세 언약의 신학적 측면들을 숙고하면서, 그것들이 모두 **하나에서 많은 것으로** 이동하는 특징을 지니고 있음을 본다. 그는 그것을 또한 선택이라는 핵심적 성경 주제가 지닌 역학이라고 본다.

하나님은 먼저 아브라함을, 그 다음에 이스라엘을, 그 다음에 다윗을 선택하신다. 하나님의 이러한 세 선택으로 시작되는 세 움직임은 나름대로의 독특한 주제, 세상을 향한 하나님의 목적의 한 측면을 가지고 있다. 우리는 이것들을 이야기의 주제별 궤적이라 부를 수 있을 것이다. 아브라함으로부터 땅의 모든 족속들에게로 움직이는 궤적은 축복의 궤적이다. 이스라엘로부터 모든 열방으로 움직이는 궤적은 하나님이 세상에 자신을 계시하시는 궤적이다. 하나님이 시온에서 다윗을 왕좌에 앉히시는 것에서부터 땅끝까지 움직이는 궤적은 통치의 궤적, 하나님의 나라가 모든 피조물에 임하는 것의 궤적이다. 물론, 이 세 움직임과 주제는 밀접하게 상호 관련되어 있다.[4]

정경적 맥락: 창세기 1-11장. 구약은 세계 역사의 무대에서 시작된다. 창조 기사가 나온 다음에, 하나님이 타락한 인류와 열방의 세계가 지닌 문제와 도전을 다

---

4) Richard Bauckham, *The Bible and Mission: Christian Mission in a Postmodern World*(Carlisle, U.K.: Paternoster, 2003), p. 27.

루시는 이야기가 나온다(창 1-11장). 타락, 가인과 아벨, 홍수, 바벨탑 이야기가 나오고 난 후 과연 열방에게 미래가 있을 수 있겠는가? 아니면 심판이 하나님의 최종 결론이 되어야 할 것인가? 이러한 전 세계의 죄악과 신적 심판을 배경으로 '복을 주시려는' 하나님의 결정이 나온다. 물론 축복은 창세기 앞부분의 장들에서 핵심 단어였다. 이제 그것은 깨어진 세상에 대한 하나님의 응답이 된다.

궁극적 목표의 보편성: "땅의 모든 족속이/나라가 복을 얻을 것이라." 아브라함과의 언약은 창세기 1-11장에서 제기된 문제들에 대한 하나님의 응답이다. 하나님이 선포하신 것은 그분이 열방에게 복을 가져오려 하신다는 것이다. "땅의 모든 족속이 너로 말미암아 복을 얻을 것이라"(창 12:3). 이 핵심적 단어는 창세기에서만도 여섯 번이나 반복되는 것으로, 성경적 선교의 토대를 이룬다. 그것이 하나님의 선교를 제시하기 때문이다. 창조주 하나님은 하나의 목적, 하나의 목표를 가지고 있으며, 그것은 다름 아닌 바로 열방을 축복하시는 것이다. 이 신적 의제는 너무나 근본적이어서, 바울은 창세기 본문을 "먼저 전한 복음"(갈 3:8)이라고 규정한다. 그리고 성경 전체를 마무리하는 환상은 아브라함에게 주신 약속이 성취되는 모습을 나타낸다. 모든 나라와 족속과 백성과 방언에서 나온 백성들이 새 창조에서 구속받은 자들 가운데 있기 때문이다(계 7:9).

복음과 선교는 둘 다 창세기에서 시작되며, 둘 다 하나님이 아브라함과 맺은 언약의 핵심으로 열방을 축복하시려는 창조주의 구속적 의도에서 나온다. 선교는 깨어진 인류의 문제에 대한 하나님의 응답이다. 그리고 하나님의 선교의 궁극적 목적과 범위는 보편적이다.

수단의 특정성: "너와 너의 후손으로 말미암아…" 열방을 축복하시려는 하나님의 선교가 보편적이라고 단언하는 바로 그 창세기 본문들은, 또한 하나님이 그 선교의 수단이 되도록 특정하게 아브라함과 그의 후손들을 택하셨다고 단언한다.[5] 열방이 축복을 받는 일은 "너와 너의 씨로 말미암아" 이루어질 것이다. 이스라엘의 선택은 확실히 성경적 세계관 및 이스라엘의 역사적 자의식의 가장 근본이 되는 기둥 중 하나다.[6]

---

5) "너로 말미암아"의 의미와 동사의 형태(그것이 수동태인지 재귀형인지)를 둘러싼 주해상의 문제들에 대해서는 7장에 나오는 상세한 논의를 보라.
6) 이스라엘의 세계관의 이 핵심이 세상을 위해 하나님의 백성을 통해 이루어지는 성경적 하나님의 선교 전체에 갖는 중요성은 N. T. Wright의 저술들, 특히 *The New Testament and the People of*

물론 이스라엘이 선택받았다는 믿음은 민족적 우월성이라는 편협한 교리로 왜곡되기 쉬웠다. 하지만 이스라엘 자신의 문헌에 그런 일을 경고하는 내용이 담겨 있음을 명심해야 한다(예를 들어, 신 7:7-11). 그들이 단언하는 것은 이스라엘을 선택하신 하나님 야웨가 또한 온 세상의 창조주, 소유주, 주님이시라는 것이었다(신 10:14-22; 참고. 출 19:4-6). 즉, 야웨는 단지 이스라엘만의 하나님이 아니었다. 그분은 만유의 하나님이었다(바울이 롬 4장에서 대단히 단호하게 주장한 대로). 야웨께서 이스라엘을 선택하신 것은 단지 이스라엘을 위한 것만이 아니라, 세상을 위한 그분의 목적과 관련된 것이다. 그렇기 때문에 이스라엘을 선택하신 것은 열방을 거부하는 것이 아니라, 도리어 그들의 궁극적 유익을 위한 것이다. 선택의 목적은 선교적이다. 나는 요한의 말을 이렇게 풀어쓰고 싶다. "하나님이 세상을 이처럼 사랑하사 이스라엘을 택하셨으니." 아마 요한도 그것을 흔쾌히 받아들일 것이다.[7]

시내 산

아브라함과 맺은 언약은 시내 산에서 모세를 통해 이스라엘과 맺은 민족적 언약에서 재확증되고 더 광범위한 내용을 지니게 되었다. 이 점과 관련된 본문 자료는 엄청나게 많으며, 그렇기 때문에 이 책의 제한된 목적을 위해서는 시내 산 언약의 광범위한 선교학적 차원을 지니고 있는 세 본문만 살펴볼 것이다.

첫 번째 본문은 출애굽기에 기록된 시내 산 언약의 서언에서 나오는 것으로, 이스라엘의 선교적 역할을 하나님의 **제사장직**이라고 말한다. 두 번째 본문은 레위기의 언약 법령의 절정에서 나오는 것으로, 하나님의 백성의 선교적 특징으로서 하나님의 필수적인 **임재**를 강조한다. 세 번째 본문은 신명기의 토라 전체를 마무리하는 장들에서 나오는 것으로, 결국 신약의 선교 신학과 실천의 토대를 놓게 되는 이스라엘 역사의 미래를 **예측**한다.

God(London: SPCK, 1992와 *Jesus and the Victory of God*(London: SPCK, 1996에 매우 분명하게 나와 있다.
7) 아브라함의 언약 및 하나님 자신의 본성이 지닌 특정성과 보편성의 차원들에 대한 고무적인 선교적 성찰은 Bauckham, *Bible and Mission* 전체에서 찾아볼 수 있다.

하나님의 선교와 하나님의 제사장직: 출애굽기 19:4-6

내가 애굽 사람에게 어떻게 행하였음과
내가 어떻게 독수리 날개로 너희를 업어 내게로 인도하였음을 너희가 보았느니라.
온 땅이 다 내게(*lî*) 속하였나니
너희가 내 말을 잘 듣고 내 언약을 지키면
너희는 모든 민족 중에서
내게(*lî*) 특별한 개인적 소유가 되겠고
너희가 내게(*lî*) 대하여 제사장 나라가 되며 거룩한 백성이 되리라.
(출 19:4-6, 저자 사역)

출애굽기 19:4-6은 하나님의 핵심 진술로, 마치 출애굽기의 돌쩌귀처럼 출애굽 이야기(출 1-18장)와 율법과 언약 수여의 이야기(출 20-24장) 사이에 나온다. 이 본문은 이스라엘의 정체성과 하나님이 그들에게 부여하신 역할을 규정한다. 게다가 이 본문은 이스라엘의 정체성과 역할을 하나님이 과거에 이스라엘을 위해 하신 일이라는 역사적 맥락과, 하나님이 온 세상을 소유하고 계시다는 우주적 맥락 안에 둔다. 그것은 하나의 이야기이며, 출애굽기 나머지 부분과 레위기에서 시내 산 언약을 공표할 때 신학적 서언 역할을 한다. 그래서 우리는 시내 산 언약의 모든 구체적인 세부 사항들을 이 본문을 통해 보아야 한다. 이것은 그 다음에 나오는 모든 것에 대해 중요한 배경 역할을 한다.

우리는 이미 7장에서 이 본문의 한 가지 특징을 살펴보았다. 거기에서 우리는 온 땅과 모든 민족에 대한 그 언급이 지닌 **보편성**과 함께, 이스라엘을 야웨의 특별한 개인 소유(*sᵉgullâ*)로 묘사하는 **특정성**을 살펴보았다. 두 가지 면 모두에서 그것은 아브라함 언약과 놀랄 만큼 유사하다. 우리는 11장에서 다시 한 번 동일한 본문으로 돌아가, **거룩한** 나라가 되라는 이스라엘의 부르심이 지닌 **윤리적** 의미들을 살펴볼 것이다. 여기에서는 하나님이 이스라엘에게 주시는 이중적 정체성의 첫 번째 부분['**제사장** 나라'(priestly kingdom)가 되라는 것]만을 살펴볼 것이다.[8]

이스라엘 전체에게 열방과 관련해서 하나님의 제사장으로 부름받는 것이 무슨 의미인지 이해하기 위해서는, 이스라엘의 제사장들이 이스라엘 백성들에게 어떤 존재였는지 이해해야 한다. 제사장들은 하나님과 나머지 사람들 간의 중간에 서 있었다. 제사장들은 그런 중간 위치에서 이중의 과업을 가지고 있었다.

- **율법을 가르침**(레 10:11; 신 33:10; 렘 18:18; 말 2:6-7; 호 4:1-9). 하나님은 제사장들을 통해 사람들에게 알려지실 것이다. 이것은 구약 제사장들의 주요 의무였다. 하지만 제사장들이 이 직무를 소홀히 해서 도덕적·사회적 부패가 일어났으며, 또 앞에서 인용한 호세아서와 말라기서에 나온 것처럼 선지자들의 분노를 불러일으켰다.
- **제사를 드림**(레 1-7장). 제사장들과 그들의 속죄 사역을 통해 백성들은 하나님에게 나아올 수 있었다. 제사장들은 단에 있는 피를 갖고 그 일을 했으며, 예배자에게 속죄를 선언했다.

제사장직은 이처럼 하나님을 아는 지식을 백성들에게 전하고, 백성들의 제사를 하나님에게 드리는, 하나님과 나머지 이스라엘 사람들 사이를 상호 연결하는 대표 혹은 중재 과업이었다. 이러한 두 가지 과업 외에도, 제사장들이 야웨의 이름으로 **사람들을 축복하는 것** 역시 첫 번째 특권이며 책임이었다(민 6:22-27).

이처럼 하나님이 이스라엘 백성 전체에게 열방 가운데 그분의 제사장이 되는 역할을 부여하시는 것은 대단히 의미심장하다. 그들은 야웨의 백성으로서 하나님을 아는 지식을 열방에게 전해 주고, 열방을 하나님과 속죄하는 수단으로 데려오는 역사적 과업을 가지고 있었다. 열방에게 축복의 수단이 되어야 하는 아브라함의 과업은 또한 이스라엘이 열방 가운데서 제사장 역할을 하도록 만든다. 이스라엘 사람들을 축복하는 것이 제사장의 역할이었던 것처럼, 궁극적으로 열방을 축복하는 것이 이스라엘 전체의 역할이 될 것이다.

제사장의 역할에서 이러한 이중의 움직임(하나님으로부터 백성들에게로, 그리고 백성들로부터 하나님에게로)은 열방에 관한 선지자들의 환상에 반영되어 있다. 그것은 원심적 역학과 구심적 역학을 동시에 포함했다. 하나님으로부터 나

---

8) 십중팔구 이것이 '제사장 나라'라는 히브리어 구절을 영어로 번역하는 데 있어 명사와 형용사의 올바른 순서일 것이다. 이스라엘은 왕 같은 제사장(그 말이 무슨 뜻이건 간에)이 되어야 하는 것이기보다는 제사장들로 구성된 나라(비교적 중립적인 의미에서)가 되어야 한다.

아가는 것과 하나님에게로 나아오는 것이 있을 것이다. 한편으로, 야웨의 율법과 정의와 빛은 이스라엘에서부터 그리고 시온에서부터 열방에게로 나아갈 것이다. 다른 한편으로, 열방은 야웨에게 혹은 이스라엘에게 혹은 예루살렘/시온에게 나아오는 것으로 묘사될 수 있다(이 주제에 대해서는 14장에서 살펴볼 것이다).

이처럼 하나님의 백성의 제사장직은 그들이 아브라함 안에서 선택된 것과 연관성이 있는 선교적 기능으로, 열방에게 영향을 끼친다. 이스라엘의 제사장직이 하나님과 그분의 백성의 종이 되도록 부름받고 선택받은 것처럼, 이스라엘 전체는 하나님과 모든 민족의 종이 되도록 부름받고 선택받는다.

존 골딩게이(John Goldingay)는 그 본문을 창세기 12:1-3과 연관시킨다.

> 출애굽기 19:3-8이 창세기 12:1-3을 개작한 것이라는 사실은 우리에게 이러한 직함이 전 세계에 대한 야웨의 주권과 연결되어 있으며, 또 세계를 배제하기보다는 포함시키는 쪽으로 나아가고 있음을 상기시켜 준다. 왕 같은 제사장직을 확대하여 다른 백성들까지 포함시키는 것(계 1:6)은 아브라함의 환상과 조화를 이룬다.[9]

우리는 요한계시록 5:9-10에서 그 문구를 더 보편적으로 확대한 것을 덧붙일 수도 있다. 하지만 이상하게도 골딩게이는 "이스라엘을 제사장이라고 묘사한다 해서, 이스라엘이 세상을 위한 혹은 하나님과 세상 간의 제사장적 역할을 담당한다는 것은 아니"[10]라고 말한다. 하지만 우리가 이 역할을 내가 제시한 방식으로 주의 깊게 이해한다면, 이스라엘은 바로 그런 제사장적 역할을 담당하는 것이다.

알렉 모티어(Alec Motyer) 역시 이 본문에 열방 가운데서 이스라엘이 중재자 역할을 하라는 뜻이 담겨 있다고 보기를 주저한다.

> 많은 사람들은 이스라엘의 제사장직을 그들이 세상에 하나님을 아는 지식을 전달하는 중재적 민족이라는 의미라고 해석한다.…그러나 구약은 제사장직을 이런 식으로 이해하지 않았다.…신구약에서 '만인 제사장직'의…실질적 진리는…거룩한 임재에 들어가는 것이다.[11]

---

9) John Goldingay, *Old Testament Theology*, vol.1, *Israel's Gospel*(Downers Grove, Ill.: InterVarsity Press, 2003), p. 374.
10) 같은 책.

하지만 모티어는 하나님의 임재에 그렇게 들어가는 것이 백성을 대표해서 들어가는 것이라는 사실을 간과한다. 그것은 (이스라엘 제사장들의 경우에는) 나머지 백성들을 위한 것이며, 또한 (하나님의 백성 전체의 경우에는) 나머지 세상을 위한 것이다(예를 들어, 기도에서). "'제사장 나라'로서 이스라엘은 야웨의 임재의 사역을 세계 곳곳에 확장시키는 데 헌신했다."[12] 후에, 모티어는 이스라엘의 제사장적 지위와 하나님께 접근할 수 있는 특권은 "거룩함을 공개적으로 증거하는 것으로, 그들은 그것에 의해 세상에 그들의 독특함을 보여 준다"[13]는 점을 인정한다. 하지만 나는 이러한 공개적 독특성은 이스라엘의 선교적 정체성과 역할의 일부라고 주장한다.

월터 보글스는 이렇게 말한다.

> 제사장은 중재자였으며, 그렇기 때문에 하나님과 사람들 간에 사명(mission)을 가지고 있었다. 이 개념을 이스라엘 백성에게 적용한다면, 그것은 이스라엘 역시 하나님과 열방 간에 중재자임을 시사한다.…
>
> [이스라엘은] 야웨께 봉헌되도록, 그분을 섬기도록(다른 모든 민족들과 다르게) 구별되었다. 이것은 궁극적으로 열방을 향한 섬김을 의미한다. 이스라엘의 특권은 섬김의 특권이다. 이스라엘은 열방을 섬기도록 열방 중에서 선택되었다. 선택과 언약은 이처럼 그 자체가 목적이 아니라, 다른 어떤 것을 위한 수단이다. 이 본문(출 19:3-8)은 앞에서 아브라함에게 주신 약속들에서 살펴본 것을 확증해 준다. 그는 언젠가는 한 민족을 이룰 것이며, 그 민족으로부터 모든 열방이 구원의 복을 받을 것이다.
>
> 이스라엘은 중재자다. 그들은 인류를 하나님에게 더 가까이 데려와야 하고, 인류를 위해 하나님에게 기도해야 하며, 인류를 위해 중보해야 한다. 아브라함이 그랬던 것과 마찬가지다. 그들이 하나님을 섬기는 것은 다른 민족들 대신 섬기는 것이다. 하지만 이스라엘은 또한 사람들에게 하나님의 계시, 그분의 빛, 그리고 구원의 복된 소식을 가져다줌으로서, 하나님을 사람들에게 더 가까이 모셔 와야 한다.[14]

---

11) Alec Motyer, *The Message of Exodus*, The Bible Speaks Today(Leicester, U.K.: Inter-Varsity Press; Downers Grove, Ill.: InterVarsity Press, 2005), p. 199.
12) Terence E. Fretheim, *Exodus*, Interpretation(Louisville: John Knox Press, 1991), p. 263. 「출애굽기」 (한국장로교출판사).
13) Motyer, *Message of Exodus*, p. 200.

그렇다면 이것은 열방 중에서 야웨를 위한 제사장 백성이라는 이스라엘의 정체성이, 광범위한 선교적 의미를 갖고 있음을 어느 정도 보여 준다.

하지만 우리는 이러한 정체성과 역할이 앞에서 내걸은 조건에 좌우된다는 것을 기억해야 한다. 그 조건이란 "너희가 내 말을 잘 듣고 내 언약을 지키면…"(출 19:5)이라는 것이다. 하나님의 언약을 지키는 것은 이처럼 그들이 구속받기 위한 조건이 아니었다. 하나님은 "너희가 내 말을 잘 듣고 내 언약을 지키면, 내가 너희를 구원하고 너희는 나의 백성이 될 것이다"라고 말씀하지 않으셨다. 하나님은 이미 그들을 구원하셨고, 그들은 이미 하나님의 백성이었다. 그렇다. 언약에 대한 순종은 **구원**의 조건이 아니라, 그들의 **선교**의 조건이었다. 오직 언약에 대한 순종과 공동체의 거룩함을 통해서만, 그들은 여기에서 그들에게 주어진 정체성과 역할을 주장하거나 성취할 수 있었다. 열방 중에 제사장이 되는 선교는 언약적이며, 언약 자체와 마찬가지로, 그것을 성취하고 누리는 것은 윤리적 순종과 분리될 수 없는 관계에 있다. 그 때문에 "거룩한 나라"라는 말이 곧이어 나오는 것이다. 우리는 11장에서 이 말이 지닌 윤리적 의미들에 대해 살펴볼 것이다.

신약에서 베드로는 교회의 제사장적 본질은 출애굽 하나님의 "아름다운 덕을 선포"하고, 열방 중이 하나님께 영광을 돌리기 위해 나아오도록 모범적으로 살아가는 것이라고 본다(벧전 2:9-12). 이것은 출애굽기 19:4-6을 선교적·윤리적으로 재적용한 말씀이다. 또한 의미심장하게도, 신약에서 그리스도인 개인의 사역을 제사장적 용어로 말하는 단 하나의 본문에서, 바울은 그의 전도적 선교를 그의 '제사장 직분'이라고 말한다. 그러고 나서 바로 그는 동일한 이중적 움직임(복음을 열방에 가져가는 것과 열방을 하나님께 데려오는 것)을 말한다(롬 15:16). 바울이 두 번에 걸쳐 "모든 민족이 믿음의 순종을" 하는 것이 그의 필생의 사역이라고 말함에 따라(롬 1:5; 16:26, 저자 사역), 그 과업이 지닌 윤리적 차원은 실제로 전체 서신을 감싸는 역할을 한다.

하나님의 선교와 하나님의 임재: 레위기 26:11-13. "내가 내 성막을 너희 중에 세우리니 내 마음이 너희를 싫어하지 아니할 것이며 나는 너희 중에 행하여 너희의 하나님이 되고 너희는 내 백성이 될 것이니라"(레 26:11-12).

하나님의 백성 가운데 계신 하나님의 임재는 언약의 가장 본질적이고 귀중한

---

14) Vogels, *God's Universal Covenant*, pp. 48-49.

특징 중 하나다. 여기 레위기 26장에 나오는 이 약속의 언약적 배경은 매우 분명하다. 그것은 이스라엘의 순종에 따라 조건부로 제시된다. "너희가 내 규례와 계명을 준행하면"(레 26:3). 하지만 그것은 또한 하나님의 역사적인 구속의 은혜에도 근거하고 있다(레 26:13). 이러한 이중적 기초는 본질적으로 출애굽기 19:4-6에서 본 것과 똑같다. 그래서 하나님의 임재, 하나님이 그분의 백성 가운데 거하시는 것과 행하시는 것은, 한편으로는 하나님 자신의 구속 행동의 목표이며, 다른 한편으로는 하나님 백성의 순종의 반응으로 인한 열매다. 이것이 하나님의 **언약 임재**다.

회복된 에덴 동산 – 모든 사람을 위해. 하지만 우리는 이스라엘과 맺은 이 언약이 애초에 존재하게 된 목적을 즉시 상기하게 된다. 그것은 모든 열방과 모든 피조물에게 복을 주려는 하나님의 장기적인 선교의 일환이었다. 실로 레위기 26장이 부분까지 보면, 하나님의 축복 아래 있는 창조 세계(특히 풍성한 결실과 증가) 혹은 저주를 물리치는 것(평강과 위험이 없음)에 대한 창세기의 묘사를 반영하는 말로 가득 차 있다. 심지어 "내가 너희 중에 행할 것이다"라는 구절에서 동사 '할락'의 대단히 희귀한 형태(히트파엘)를 사용하는데, 그것은 창세기 3:8에서 하나님이 서늘한 날에 에덴 동산에서 아담과 하와와 함께 거니시는 습관을 묘사할 때도 사용된다. 하나님의 언약 임재는 에덴 동산의 친밀함으로 돌아가는 것이다. 궁극적으로, 하나님의 백성 가운데 계신 하나님의 임재는 온 땅에 대한 그분의 임재의 축복을 가리키는 것이어야 한다. 그리고 그로 해서, 언약 축복에서 이스라엘에게 주어질 것(하나님의 임재를 누리는 것)이 결국은 하나님이 아브라함과 맺은 언약이 성취됨으로 동일한 축복에 들어갈 모든 사람들에게 주어질 것이다.

> 야웨는 언약을 성취하는 행동에서 피조물 자체를 완성하실 것이다. "내가 너희를 번성하게 하고 너희를 창대하게 할 것이며"…[레위기 26:9-13의] 약속은 이처럼 창조, 출애굽, 언약, 임재를 한데 결합시킨다. 언약 안에서 야웨는 피조물에 대한 목적, 즉 피조물이 하나님의 축복과 임재를 누리게 하려는 그 목적을 완성시키고 계신다.[15]

여기에서 또 다른 연관은 하나님의 원래의 성전(거기에서 인간들이 왕과 제사

---

15) Goldingay, *Old Testament Theology*, 1:371.

장으로서 통치하고 섬겼다)인 **창조 세계**(특히 에덴 동산)와 그 우주적 성전의 축도인 **성막**(그리고 후에는 성전) 간의 연관이다. 이스라엘의 성막과 성전 안에 하나님이 임재하신 것은 에덴에서 있었던 하나님의 임재를 되돌아보고, 새로워진 창조 세계에서 모든 민족 가운데 하나님이 궁극적으로 임재하실 것을 내다본다(계 21-22장).[16]

이스라엘의 독특성인 하나님의 임재. 하지만 그 사이에 이스라엘을 나머지 열방과 다르게 구분해 주는 것은 이스라엘 내에 하나님이 언약적으로 임재하시는 것이었다. 이것이 성막의 목적이었다. 하나님은 성막의 모든 부분에 대한 지시를 내리신 후, 전체 성막의 목적을 이렇게 분명하게 설명하시면서 그것의 언약적 의의를 다시 한 번 강조하셨다. 구속의 목적은 바로 하나님이 그분의 백성 가운데 거하시려는 것이었다.

> 내가 그 회막과 제단을 거룩하게 하며 아론과 그의 아들들도 거룩하게 하여 내게 제사장 직분을 행하게 하며, 내가 이스라엘 자손 중에 거하여 그들의 하나님이 되리니, 그들은 내가 그들의 하나님 여호와로서 그들 중에 거하려고 그들을 애굽 땅에서 인도하여 낸 줄을 알리라. 나는 그들의 하나님 여호와니라.(출 29:44-46)

하지만 심지어 성막이 세워지기 전에도, 하나님의 백성들의 노골적인 배교로 인해 하나님의 임재는 위험에 처했다. 출애굽기 32-34장의 이야기는 모세가 시내산에 있는 동안 이스라엘과 아론이 함께 저지른 죄를 보여 준다. 그 죄로 인해 하나님의 언약 임재 대신 하나님의 파괴적 진노를 야기할 우려가 있었다. 중재자 모세가 마침내 하나님과 더불어 오랫동안 협상을 통해 문제를 해결하려 애쓸 때, 하나님은 어느 순간 자신이 이스라엘 사람들을 멸망시키지 않겠노라고 양보하신다. 하지만 하나님은 더 이상 친히 그들과 함께 가기를 거부하신다. 하나님은 대신에 천사를 보내시겠다고 말씀하신다. 하나님 자신은 더 이상 그들과 함께 계시지 않으리라는 것이다(출 33:1-5).

---

16) 이 주제 및 그것이 지니고 있는 풍부한 선교학적 의미에 대해서는, G. K. Beale, *The Temple and the Church's Mission: A Biblical Theology of the Dwelling Place of God*(Leicester, U.K.: Apollos; Downers Grove, Ill.: InterVarsity Press, 2004)을 보라.

하지만 모세는 거기서 포기하지 않는다. 모세는 하나님의 임재가 없으면 언약은 폐기된 것이나 다름없다는 사실을 잘 알고 있다. "모세가 여호와께 아뢰되, 주께서 친히 가지 아니하시려거든 우리를 이곳에서 올려 보내지 마옵소서. 나와 주의 백성이 주의 목전에 은총 입은 줄을 무엇으로 알리이까. 주께서 우리와 함께 행하심으로 나와 주의 백성을 천하 만민 중에 구별하심이 아니니이까"(출 33:15-16).

하지만 모세는 그 이상의 것을 안다. 그는 여호와 하나님의 임재가 없으면 이스라엘은 나머지 나라들과 전혀 다를 바 없으리라는 것을 안다. 그리고 **이스라엘이 열방과 다른 별개의 존재가 되지 못한다면 이스라엘은 존재할 필요가 없었다.** 또 궁극적으로 열방에 아무런 소망이 없었다. "[하나님의 임재 아닌] **무엇으로** 주께서…나와 주의 백성을 천하 만민 중에 구별하심"을 알리이까(출 33:16).

그 질문은 수사적이며, 그 협상에서 성공적으로 모세의 주장을 개진한다. 하지만 모세가 대단히 잘 알고 있었듯이, 실제로는 이스라엘을 열방과 구분해 주는 **다른 많은 것들이** 있었다.[17] 두 가지만 예를 들면, 윤리적 거룩함과 의식적 정결함이 있다. 실로 그 둘 중 하나 혹은 둘 모두가 빠져 있으면, 하나님의 백성 가운데 하나님이 지속적으로 임재하시기는 매우 어려울 것이다(에스겔이 분명하게 보았듯이). 그러므로 두 가지를 모두 살펴보자.

하나님의 임재는 윤리적 거룩함을 요구한다. 시내 산 언약이 이스라엘에게 부과한 윤리적 의무는 잘 알려져 있다. 그것이 출애굽기와 신명기의 많은 부분을 채우고 있기 때문이다. 하지만 이스라엘이 야웨의 도(정의, 진리, 성실, 자비 등)를 따라 살도록 요구받은 목적은, 그저 그들 자신의 유익을 위한 것이거나 아니면 심지어 그저 하나님을 기쁘게 하기 위함만은 아니었다. 구약 윤리의 기저에 놓여 있는 주요 동기는 이스라엘이 주변 국가들과 명백히 달라야 한다는 도전이다. **종교적 독특성이 윤리적 독특성** 안에 구현되어야 했다. 거룩함이라는 풍성한 개념 속에는 이 둘이 다 포함되어 있다. 그리고 윤리적 하나님이신 야웨가 이스라엘 가운데 임재하심을 나타내는 표시는 그들의 윤리적 독특성이 될 것이다. 이것은 또한

---

17) Peter Machinist, "The Question of Distinctiveness in Ancient Israel", *Essential Papers on Israel and the Ancient Near East*, ed. F.F. Greenspan(New York: New York University Press, 1991), pp. 420-442는 이스라엘이 열방과 다른 독특한 존재임을 어느 정도 의식하고 있었는지 개관하고 분석한다.

"너희는 거룩하라. 이는 나 여호와 너희 하나님이 거룩함이니라"(레 19:2)에 나타나는 거룩한 등식이 지닌 의미의 한 차원이다.

이 때문에 모세는 이스라엘에게 그들을 지켜보는 열방을 생각해서 하나님의 율법에 따라 살라고 촉구할 수 있었던 것이다. 열방은 차이점을 볼 것이다. 그리고 질문을 던질 것이다. 그 질문들에는 하나님이 이스라엘 백성 가운데로 가까이 오시는 것이 포함된다.

> 너희는 [이 율법들을] 지켜 행하라. 이것이 여러 민족 앞에서 너희의 지혜요 너희의 지식이라. 그들이 이 모든 규례를 듣고 이르기를, 이 큰 나라 사람은 과연 지혜와 지식이 있는 백성이로다 하리라. 우리 하나님 여호와께서 우리가 그에게 기도할 때마다 우리에게 가까이하심과 같이 그 신이 가까이함을 얻은 큰 나라가 어디 있느냐. 오늘 내가 너희에게 선포하는 이 율법과 같이 그 규례와 법도가 공의로운 큰 나라가 어디 있느냐.(신 4:6-8)

전략적 위치에 놓여 있는 이 언약적 동기는 하나님의 임재, 그분의 백성의 윤리적 순종, 그리고 열방의 관찰을 강력하게 선교학적으로 연결시킨다. 구약 윤리의 선교적 적절성은 11장에서 이 핵심 본문을 더 상세히 살펴볼 때 다시 탐구하게 될 것이다.

하나님의 임재는 의식적 정결함을 요구한다. 의식적 정결함은 레위기 많은 부분에서 강조되고 있는 주제다. 그것은 하나님의 백성 가운데 거하시는 하나님의 임재에 대한 언약 약속, 레위기 끝 부분에서 그처럼 설득력 있게 명확히 표현되어 있는 약속과 어떤 관련이 있는가? 그리고 그것은 선교적 해석학과 관련해서 도대체 어떻게 이해할 수 있는가? 열쇠는 생명에 대한 이스라엘의 개념에 있다.

이스라엘의 의식에 대한 세계관에서, 생명을 가진 모든 것은 두 개의 광범위한 범주로 나누어질 수 있었다. **거룩한** 것과 **세속적인** 것(혹은 평범한 것)이다. 하나님과 하나님에게 특별히 봉헌된 것, 또는 그분과 관련된 것은 무엇이든 거룩했다. 다른 모든 것은 그냥 평범한 것이거나 일상적인 것(**세속적인**이라는 말의 적절하고 중립적인 의미)이었다. 하지만 평범한 것은 또 둘로 나눌 수 있었다. 즉, **정결한** 것(사람과 사물의 정상적 상태)과 **부정한** 것(오염 혹은 때로는 죄 때문에 더러워진 상태)이다. 오직 정결한 것만이 하나님의 임재에 들어갈 수 있었다. 그리고 하나님 자신은 정결한 것 안에서만 거하실 수 있었다.

그렇다면 모든 삶은 둘 중 하나의 방향으로 흘러갈 수 있었다. 죄와 오염의 결과는 거룩한 것을 세속적인 것으로, 그리고 정결한 것을 부정한 것으로 만들었다. 하지만 희생 제물의 피와 다른 의식들은 그 과정을 뒤집을 수 있었다. 제물의 피(다른 의식들과 함께)는 부정한 것을 씻어서, 그것을 다시 정결하게(그럼으로써 하나님이 받으실 만하게) 만들었다. 그리고 희생 제물의 피는 정결한 것을 신성하게 만들거나, 거룩하게 만들어 봉헌하는 데 사용되었다. 일어나서는 **절대 안 되는** 일은 스펙트럼의 양 끝에 있는 것들이 서로 접촉하는 것이다. 즉, 부정한 것이 거룩한 것과 접촉하는 일이 일어나서는 안 된다.[18] 이스라엘의 최고로 거룩한 분이신 하나님은 부정함과 동거하실 수가 없다.

그렇다면 이 세계관에 비추어 볼 때, 레위기에 나오는 제사 제도 및 정결법이 지닌 전반적인 목적은 무엇인가? 그것은 이스라엘을 거룩하신 하나님 야웨께서 거하시기에 적합한 상태로 만들기 위함이었다. 그 율법들은 속죄하지 않고 그냥 내버려두면 하나님이 거하실 수 없는 곳으로 만드는 문제들을 처리했다.

여기에서 하나님의 선교와 관련된 논리가 나온다. 간단히 말해,

- 거룩함과 정결함은 **하나님의 임재**의 전제 조건이었다.
- 그리고 하나님의 임재는 **이스라엘이 열방과 구별된 존재라는** 표시였다.
- 그리고 열방과 구별되는 것은 이스라엘을 위한 **하나님의 선교**의 필수적 요소였다.

그래서 우리는 레위기에 나오는 의식이나 제사 제도 같은 매우 내밀한 것조차, 열방 가운데 하나님의 임재를 구현하는 것이며 또 하나님의 거룩하고 제사장적인 백성으로서 이스라엘의 근본적인 선교 지향성을 반영하는 것이라고 말할 수 있다.

물론 신약에서 우리는 레위기에 기록된 희생 제사들이 십자가에 달려 죽으신

---

18) 이 세계관 및 레위 제도 전체가 그 세계관에 어떻게 부합하는지 더 자세하게 알기 원하는 사람은 G. J. Wenham, *The Book of Leviticus*, New International Commentary on the Old Testament(Grand Rapids: Eerdmans, 1979), pp. 15-29를 보라.

그리스도의 최종적 제사에서 성취되었음을 안다. 그리고 이스라엘이 다른 열방들과 구별됨을 상징했던, 정결한 음식과 부정한 음식에 대한 율법들이 이제는 폐지되었음을 안다. 그것이 상징했던 것은 이제 유대인과 이방인이 그리스도 안에서 하나가 된 상태에서 더 이상 통용되지 않기 때문이다. 그럼에도 불구하고, 그리스도께 대한 새 언약의 충성이라는 맥락에서, 도덕적·영적 정결함에 대한 요구는 여전히 강력하게 우리에게 해당된다. 바울은 고린도후서 6:16에서 우리가 살펴본 레위기 26장의 본문을 인용한다. 그리스도인들은 오로지 그리스도만 섬겨야 하는데 다른 신들의 신전에 가는 일이 없도록 하라고, 그리고 불신자들과 다른 도덕적 독특성을 유지하라고 촉구하기 위해서다. 그렇게 해야만 그들은 거룩하신 하나님의 적절한 내주 장소가 될 것이다. 새 언약의 권고는 여전히 옛 언약을 배경으로 삼고 있다. 그래서 이스라엘이 열방과 구별된 것에 대한 의식적 표시(정결한 음식과 부정한 음식에 관한 율법)는 사라졌지만, 하나님의 백성의 영적·도덕적 독특성의 필요성은 분명 사라지지 않았다. 그것은 여전히 우리의 선교적 정체성과 책임의 본질적 부분으로 남아 있다.

하나님의 임재는 상실되고 회복되고 열방으로 확대된다. 그 옛 언약으로 돌아가 보자. 레위기 26장에 나온 본문의 궤적은 에스겔서로 이어지는데, 거기에서는 레위기 본문을 서너 차례 반영하고 있다.

에스겔의 인생에서 최악의 순간(아마 그의 아내의 죽음을 빼고)은 하나님의 영광이 성전을 떠나는 환상이었을 것이다(겔 8-10장). '영광'이라는 말은 에스겔이 성전을 가득 채운 야웨의 명백한 임재를 나타내기 위해 자주 사용하는 용어다. 하지만 성전은 너무나 악과 우상숭배가 횡행하는 장소가 되어서, 야웨는 더 이상 참고 그 안에 거하실 수가 없었다. 환상 속에서 하나님은 에스겔에게 "그들이 여기에서 크게 가증한 일을 행하여 나로 내 성소를 멀리 떠나게 하느니라"(겔 8:6)는 말씀을 주셨다. 그렇게 하나님은 떠나셨다. 하나님은 돌아오실까? 그것은 하나님이 그렇게 하시겠다고 명백히 약속하셔야만 풀릴 수 있는 어려운 문제였다. 하나님의 임재는 궁극적으로 회복될 것이다.

그렇다면 에스겔서 34-37장 전체는 하나님의 회복된 백성이, 언약을 지키고 언약에 충성하고 순종하며 언약과 연합되어 살아가는, 그리고 무엇보다도 하나님의 언약적 처소가 다시 그들 가운데 회복되는(레위기 26장의 말로 하면) 것에 대한 일관된 환상이다. 그리고 여기에서 우리가 전개하고 있는 논의에 가장 중요한 것으로, **이처럼 정결하게 된 이스라엘 내에서 하나님의 임재가 회복된 것은 열방에게 영향을 미칠 것이다.**

> 내가 그들과 화평의 언약을 세워서 영원한 언약이 되게 하고 또 그들을 견고하고 번성하게 하며 내 성소를 그 가운데에 세워서 영원히 이르게 하리니, 내 처소가 그들 가운데에 있을 것이며 나는 그들의 하나님이 되고 그들은 내 백성이 되리라. 내 성소가 영원토록 그들 가운데에 있으리니 내가 이스라엘을 거룩하게 하는 여호와인 줄을 열국이 알리라 하셨다 하라.(겔 37:26-28)

에스겔이 열방이 실제로 이런 식으로 하나님을 아는 것을 통해 **구원받으리라는** 소망을 품었는가 아닌가 하는 것은 논쟁의 여지가 있다. 하지만 에스겔이 하나님이 자신의 백성 가운데서 하시리라 믿었던 것이 세계에 영향을 끼치리라 생각했다는 것에는 의심의 여지가 없다. "열국이 알리라"는 문구는 이 장 처음부터 끝까지 하나의 후렴구처럼 반복해서 나온다. 그런 앎의 결과가 무엇이든 간에, 하나님이 다시 한 번 그분의 백성들 가운데 거하실 때에 **열국은 하나님을 알게 될 것이다.** 그리고 결국 그것이 에스겔서 마지막 부분(재건된 성전과 성에 대한 환상) 전체의 궁극적인 목적이다. 그것의 의미는 에스겔서의 마지막 두 단어가 부여하는 이름에 있다. 그 두 단어는 "야웨 샴마(šāmmâ), 여호와가 거기 계시다!"라는 뜻이다. 그것은 이사야서에 나오는 보다 친숙한 말인 "임마누엘('immānû ēl), 하나님이 우리와 함께 계시다"와 사실상 같은 말이다. 하나님의 임재가 그분의 성과 그분의 백성들(성경적 기대에서 그 두 용어는 같은 말이 된다)에게 회복된다.

설사 에스겔서에서 열방에 대한 소망의 메시지를 명료하게 발견할 수 없다 해도, 다른 선지자들은 승리의 어조로 그것을 선포한다. 그 점에 대해서는 14장에서 충분히 살펴볼 것이다. 하지만 다음에 나오는 두 본문을 주목해야 한다. 그 본문들을 살펴보면 열방이 와서 함께 그런 축복을 누리도록 만드는 것은 그분의 백성 가운데 계시는 하나님의 임재(언약 관계의 진수)다.

먼저, 이사야서 60장은 열방이 마치 순례 여행을 하는 것처럼 이스라엘로 나아오는 것을 묘사한다. 선지자는 이스라엘 사람들이 예루살렘에 순례 여행을 와서 하나님에게 바칠 제물을 제사장들에게 주는 것에서 유추하여, 열방이 야웨에게 제물을 가져오고, 이스라엘은 열방을 위한 제사장 역할(그 역할은 출애굽기

19:6과 이사야서 61:6에서 그들에게 부여되었다)을 하는 것을 시적으로 상상한다. 이스라엘 사람들은 예루살렘과 성전으로 올라갔다. 여호와께서 거기 계셨기 때문이다. 그래서 여기에서 열방은 바로 그 똑같은 이유로 이스라엘에 올 것이다. 그들은 하나님의 백성의 예배 중심지로 올 것이다. 그곳이 바로 그들이 하나님의 임재를 눈으로 직접 보는 곳이기 때문이다. 선지자는 이것을 패배와 굴복이라는 말로 묘사하긴 하지만, 일차적인 목표는 이스라엘을 영화롭게 하는 것이 아니라 이스라엘의 하나님을 예배하고 그분의 임재 안에서 사는 것이다.[19] 그들은 어둠에서 나와 빛으로 끌려들어갈 것이다(사 60:1-3). 하지만 그 빛은 해보다 더 클 것이다. 그 빛은 그분의 백성 가운데 임재하시는 여호와이기 때문이다(사 60:19-20. 계 21:22-24에서도 이와 비슷한 환상이 나온다).

스가랴서 8장 역시 하나님이 다시 한 번 그분의 백성들과 함께 거하시기 위해 시온으로 돌아오실 것을 약속한다(슥 8:3). 언약 관계는 회복될 것이다(슥 8:7-8). 그 결과 저주가 축복으로 바뀔 것이다. 13절에는 아브라함의 약속이 진하게 반영되어 있다. 하지만 그 장은 열방이 긴급히 여호와를 찾을 수 있는 곳, 즉 하나님이 거하시는 그 백성을 찾아가자고 서로 격려하는 모습으로 끝난다. 이것은 구심적인 것일지 모른다. 하지만 그것은 분명 또한 선교적이다. 사람들은 살아 계신 하나님을 아는 백성과 합류하자고 소리 높여 외칠 것이다. 하나님의 백성 가운데 거하시는 하나님은 이 땅에서 가장 매력적인 힘의 장(場)이 되셔야 할 것이다.

다시 여러 백성과 많은 성읍의 주민이 올 것이라. 이 성읍 주민이 저 성읍에 가서 이르기를 우리가 속히 가서 만군의 여호와를 찾고 여호와께 은혜를 구하자 하면 나도 가겠노라 하겠으며, 많은 백성과 강대한 나라들이 예루살렘으로 와서 만군의 여호와를 찾고 여호와께 은혜를 구하리라. 만군의 여호와가 이와 같이 말하노라. 그 날에는 말이 다른 이방 백성 열 명이 유다 사람 하나의 옷자락을 잡을 것이라. 곧 잡고 말하기를 하나님이 너희와 함께 하심을 들었나니 우리가 너희와 함께 가려 하노라 하리라 하시니라.(슥 8:20-23)

---

19) "추구해야 할 목표는 이스라엘 왕국의 확장이 아니라 하나님 찬양의 확장이다." Craig C. Broyles, *Psalms*, New International Biblical Commentary(Peabody, Mass.: Hendrikson; Carlisle, U.K.: Paternoster, 1999), p. 280에서 시편 67편의 우주적 비전에 대해 논평하면서 한 말이다.

하나님의 성전을 건설하는 선교: 하나님의 다국적 언약 처소. 그렇다면 선교는 하나님이 거주하실 처소를 건설하고 열방이 고향으로 돌아오도록 초청하는 것에 비교할 수 있다. 그리고 그것은 바울이 실제로 선교를 묘사하는 것과 크게 다르지 않다. 바울이 에베소에 있는 이방인 독자들에게 하나님과 관련해서 그들에게 일어난 신분의 변화를 상기시킬 때, 에베소서 2:11-22은 언약에 대한 비유적 표현으로 가득 차 있다.

하지만 그 에베소서 본문의 절정은 우리의 주장이 정당함을 완벽하게 보여 준다. 이스라엘 밖에 있는 나라들이었던 이방인들은 그리스도께 나아옴으로 무엇에 합류하게 되었는가? 다른 것이 아니라 **바로 하나님의 성전의 일부**가 되었다. 그들은 이방인이었기 때문에 육체적으로는 예루살렘에 있는 성전 안에 들어가지 못했지만, 영적으로는 이제 성령을 통해 그리스도 안에서 하나님이 거하시는 장소가 된다. 언약의 특권은 예수님을 통해 보편화되었다(참고. 엡 3:6). 그것이 복음 선교의 신비다. "너희 가운데 계신 그리스도", 즉 너희 이방인들 가운데 메시아가 거하신다는 것이며, 영광의 소망, 즉 너희 가운데 하나님이 실제로 임재하신다는 것이다(골 1:27).[20] 바울이 이미 말했듯이, 하나님의 충만하신 인격과 임재가 그리스도 안에 거하시기 때문이다(골 1:19; 2:9). 그래서 만일 그리스도가 이제 이방인들 가운데 계시다면, 이스라엘의 첫 번째 특권인 하나님의 언약 임재가 이제 바울의 선교 사역을 통해 열방에게 확장된 것이며, 구약 약속들이 성취된 것이다.

그리고 물론 궁극적으로 하나님의 성전은 모든 나라와 족속과 백성과 방언에서 구속된 하나님의 백성 전체뿐만 아니라, 또한 우리가 그 안에서 왕과 제사장으로서 하나님을 섬기는 우주 전체도 포함할 것이다. 즉, 그리스도를 통해 구속되고 그리스도의 완전한 인성을 따라 만들어진 인류는 피조물과 원래의 적절한 관계로 회복될 것이다. 성전 역시, 에덴에서 상징적으로 나타났다가, 구약에서 지상에 특수하게 그리고 신약에서 그리스도 중심적으로 변형되는 과정을 거쳐, 요한계

---

20) 내 생각으로는 *Christos en hymin*이라는 문구는 단순히 '너희 안에'로 번역하기보다는 '너희 가운데 계신 그리스도'로 번역해야 한다. 여기에서 바울이 말하는 요점은 단순히 신자들의 마음속에 내주하시는 그리스도의 임재가 아니래[특히 바울이 자신이 말하는 '비밀'의 의미가 무엇인지 설명하는 에베소서의 유사 본문에 비추어보면(엡 3:2-6)] 복음 전파를 통해 그리고 그들이 복음을 받아들이는 것을 통해 이방인들 가운데 메시아가 임재하시는 것이다.

시록에서 최종적으로 보편성을 띠기에 이르기까지 성경에서 중대한 선교적 주제 역할을 담당한다.[21]

하나님의 선교와 하나님의 예측: 신명기 27-32장. 우리는 먼저 출애굽기 19장에 나오는 시내 산 언약에 대한 위대한 서언으로 시작했다. 출애굽기 19:7-8은 이스라엘 백성이 여호와께서 명하신 모든 것을 전심으로 행하겠다는 의도를 선언한 것을 기록한다. 그들은 출애굽기 24:7에서 그들의 헌신을 다시 한 번 다짐한다. 하지만 신명기 끝부분에 이를 때쯤이면, 그들은 이미 여러 번에 걸쳐 이 약속을 지킬 능력이 없는 것으로 판명되었다(특히 출 32-34장; 민 14장. 또한 모세가 신명기 9장에서 이러한 반역 및 다른 반역들을 회상하는 것을 보라). 그것은 백성들이 열성적으로 언약을 받아들였지만 그 언약을 지키는 일에는 완전히 실패한 비극적인 이야기다.

실패와 저주. 더 나쁜 것이 남아 있다. 신명기 마지막 장들에서, 모세오경은 하나님의 인도하심에 대해 이스라엘이 거만하게 저항하는 경우가 끝난 것은 아니라는 우울한 예측으로 끝을 맺는다. 그들의 오랜 미래는 그들의 짧은 과거처럼 고집스런 반항으로 파멸될 것이다.

가장 단순하게 말해서, 이스라엘의 미래의 역사에 대한 신명기의 예측은, 이스라엘이 부름받고 언약의 여호와께 충성하며 살도록 온갖 보상을 받았음에도 불구하고, 실제로는 그렇게 사는 데 실패할 것이라는 것이다. 신명기는 그 모든 굉장한 내용에도 불구하고, 역설적이게도 실패로 시작하고 실패로 끝난다. 신명기는 출애굽 세대가 하나님이 주신 땅에 가서 그 땅을 취하는 데 실패한 것을 회고하는 것으로 시작되며, 앞으로 올 세대들이 실패할 것을 예측하는 것으로 끝난다. 이스라엘 민족 특유의 뻣뻣한 목은 반역과 불순종으로 이끈다.

그 결과 언약의 필수적 부분인 저주(레 26장; 신 28장)가 임할 것이다. 거기에는 열방 중에 흩어질 것이라는 무시무시한 위협도 포함된다. 하지만 놀랍고 멋진 수사학으로(특히 신 30장), 모세는 백성들이 다시 한 번 돌아와 하나님을 찾는다면 그 심판을 넘어 확실하고도 분명한 회복과 새 생명의 소망이 기다리고 있음을 가리킨다. 이것은 신명기의 위대한 결론부, 특히 27-32장을 흐르는 시나리오다. 실패, 저주, 흩어짐, 돌아옴, 회복이 있을 것이다.

---

21) 특히 Beale, *Temple and Church's Mission*을 보라.

그 이야기에서 이스라엘과 열방은 밀접하게 관련되어 있다. 신명기는 약속의 땅에 들어가기 직전에 언약을 갱신한 것에 대한 기록이므로, 철저히 언약적인 틀 안에서 미래를 예측한다. 그리고 이스라엘과 맺은 언약은 모든 땅과 모든 민족이 하나님에게 속해 있다는 것을 충분히 인식한 상태에서 이루어졌으므로, 이러한 미래 예측에서 열방이 대단히 의미심장한 방식으로 엮여 있음은 그리 놀라운 일이 아니다. 그러한 방식에 대해서는 신약에서 세상을 위한 하나님의 선교를 어떻게 이해하는지 살펴볼 때 더 자세히 다룰 것이다.

첫째, 열방은 이스라엘의 실패와 심판을 **목격하며**, 그것에 의해 충격을 받는다. 그들은 설명을 요구하고, 그에 대한 설명을 받는다(신 28:37; 29:22-28). 둘째, 열방은 또한 하나님이 언약의 저주를 성취하여 심판을 실행하실 때 사용하시는 인간 **대행자다**(신 28:49-52; 32:21-26). 이 점에서 열방은 이스라엘의 원수이지만, 또한 하나님의 대행자다. 셋째, 신명기 32장의 놀라운 반전과 역설에서, 하나님은 열방 가운데서 그분의 백성의 **정당함을 입증하신다**. 그래서 열방이 마침내 야웨를 **찬양**하고, 그분의 백성과 **함께** 기뻐하도록 부르심을 받는다(신 32:27-43). 이러한 신비한 역전이 어떻게 일어날 것인지는 설명되어 있지 않다. 서로 다른 장면들이 그저 나란히 놓여 있을 뿐이다.

- 열방은 하나님이 이스라엘을 심판할 때 사용하시는 원수들이 될 것이다.
- 하지만 하나님은 또한 바로 이 원수들에 대해 이스라엘을 변호하실 것이다.
- 그리고 하나님은 궁극적으로 모두가(이스라엘과 열방이 함께) 여호와 하나님을 찬양하고 예배하도록 이끄실 것이다.

이처럼, 역사는 **이스라엘**의 심판과 회복을 보게 될 것이며 또한 **열방**의 심판과 축복을 보게 될 것이다. 그것들은 순서적으로 뒤얽혀 나타날 것이다. 그리고 연속적인 사건 전부를 통해 역사 안에 언약이 그대로 성취될 것이다.

이스라엘의 회복과 열방을 모아들임. 14장에서 선지자들이 열방과 관련해서 이 언약적 종말론을 어떻게 다루었는지 더 살펴볼 것이다. 하지만 지금 당장 우리는 예측된 역사에 대한 이 신명기 및 언약적 신학이 신약에서 교회의 선교를 이해하는 데 심오한 영향을 끼쳤다는 사실을 인식할 필요가 있다.

예수님이 자신의 선교를 이스라엘의 회복에 대한 소망과 연결시키셨으며, 복음서 기자들도 예수님의 사역을 그와 같이 해석했다는 것은 분명하다. 예를 들어, 톰 라이트(N. T. Wright)는 마태가 그의 복음서를 토라의 다섯 책들과 관련하여 기록했을(이는 학자들의 일반적인 견해다) 뿐만 아니라, 특히 신명기 27-34장의 위대한 마지막 부분에 나오는 사상의 흐름과 관련해서도 기록했다고 주장한다. 그렇게 하면서, 마태는 "이스라엘의 이야기가 전 세계적 이야기의 단서라는 암시적 이해와 함께, 이스라엘의 이야기의 연속과 절정으로서"[22] 예수님의 이야기가 지닌 의의를 분명히 밝힌다. 예수님은 이스라엘의 회복이라는 일차적 목적에 국한해서 사역하셨지만, 자신의 행동과 말씀에서 앞으로 열방을 모아들이게 되리라는 것을 여러 번 암시하셨으며, 부활 후에는 그같이 열방을 모아들이는 것을 자기 제자들의 분명한 사명으로 삼으셨다.

하지만 신명기를 최대한 이용해서 신학적·선교학적 성찰을 한 사람은 사도 바울이었다. 바울은 이스라엘의 계속되는 고난을 일종의 바벨론 저주의 연장(이는 많은 1세기 유대인들이 공유하고 있던 견해다)이라고 보았을 뿐 아니라, 또한 메시아 예수의 죽음과 부활을 이스라엘의 심판과 회복의 절정이라고 보았다. 이것을 (아브라함의 언약의 목적으로서) **열방을 위한** 이스라엘의 존재 의의에 대해 자신이 이해하는 바와 연결해서, 바울은 **이스라엘을 위한 하나님의 목적은 열방을 모아들이지 않고는 완전히 성취될 수 없으리라는 것**을 인식했다. 그 당시 많은 유대인들이 메시아 예수의 메시지에 응답하지 않게 되면서 그 복된 소식은 이방인들에게 전파되기 시작했다(예를 들어, 행 13:44-48; 롬 11장). 하지만 바울은 이것을 절대 유대인들이 최종적으로 거부되거나 대체되는 것으로 생각하지는 않았다.

오히려, 바울은 이같이 이방인들을 모아들이는 것을 이스라엘을 위한 하나님의 궁극적인 목적과 관련시키기 위해, 신명기 32:21의 수사학적 언어유희를 취하여 그것을 역사 및 선교 신학으로 발전시킨다.

> 그들[이스라엘 사람들]이 '신이 아닌 것'으로 내 질투를 일으키며
> 그들의 쓸모없는 우상들로 내 진노를 일으켰으니
> 나도 '백성이 아닌 것'으로 그들의 질투를 일으킬 것이다.(저자 사역)

---

22) N. T. Wright, *New Testament and the People of God*, pp. 387-390.

바울은 자신의 선교 활동을 통해 이방인들('백성이 아닌 것')을 모아들임으로 유대인들 가운데 질투를 불러일으킬 것이라고 주장한다. 그래서 궁극적으로 "온 이스라엘"(믿는 유대인과 이방인을 포함하는 확대된 이스라엘)이 구원에 참여할 것이다(롬 10:19-11:26). 분명 바울은 신명기와 특히 신명기 32장에 기록된 모세의 노래를 깊이 성찰했다(그것은 '로마서의 요약'이라고 불려 왔다). 그는 복음의 다국적 성질과, 그것이 유대인 그리스도인들과 이방인 그리스도인들 간에 타문화를 용납하고 민감해야 할 필요성에 대해 무엇을 암시하는지 설명하면서, 열방에게 하나님의 백성과 함께 하나님을 찬양하라고 명하는 신명기 32장의 마지막 송영(신 32:43)을 인용한다(롬 15:7-10).[23]

그렇다면 많은 율법과 선지자들의 근간을 이루는 시내 산 언약은 광대한 선교학적 의미를 갖고 있다. 우리가 선교적 해석학이라는 렌즈를 통해 토라를 구성하는 이러한 수많은 본문들을 읽으려 할 때, 다음과 같은 것들을 고려해야 한다.

- 이스라엘의 지위와 역할: 그들은 열방 가운데서 하나님의 언약 제사장이다.
- 하나님의 백성 가운데 하나님이 임재하시는 주요한 특권: 그것이 이스라엘이 열방과 다른 점이며, 또 그들이 열방에 증거할 내용이다.
- 이스라엘의 예측된 실패: 그것은 하나님의 신비한 섭리로 열방에 은혜와 구원의 문을 여는 결과를 가져올 것이다.

이스라엘이 시내 산에서 맺은 언약의 이러한 국제적이고 선교적인 차원들은 결국은 예수님과 바울의 선교 신학 및 실천에 커다란 영향을 미쳤으며, 또 그리스도 안에서 새로운 언약 백성인 교회에도 계속 타당성을 지닌다.

다윗

이스라엘의 이야기는 흐르고 흘러 마침내 전 국민이 왕을 요구할 지경에 이르렀다. 사울이 실패한 후, 드디어 다윗의 치하에서 군주제가 설립되었다. 그것은

---

23) 바울의 선교학에 신명기가 끼친 영향을 자세하게 설명한 글로, J. M. Scott, "Restoration of Israel", *Dictionary of Paul and His Letters*, ed. G. F. Hawthorne and R. B. Martin(Downers Grove, Ill.: InterVarsity Press; Leicester, U.K.: Inter-Varsity Press, 1993), pp. 796-805를 보라.

하나님이 시작하시거나 요구하신 것이 아니었다. 하지만 하나님은 인간의 결정에 의해 불시에 습격을 당하시는 분이 아니다. 그래서 하나님은 이스라엘 내에서 인간이 주도한 이 사건을 그 모든 애매모호함과 함께 취하셔서, 그것을 자신의 목적을 이루는 수단으로 삼으신다.

하나님의 목적 안에 있는 왕. 다윗은 언약 백성에 대한 왕이었으므로, 하나님은 다윗 및 그의 후손과 특별한 언약을 맺으셨다. 이것은 시내 산 언약과 관련이 없는 새로운 언약이 아니라, 군주제라는 상황에서 그 언약이 특정하게 나타난 것으로 봐야 한다. 결국 누가 참된 왕이었는가? 시내 산 언약은 이스라엘의 참된 왕이 야웨라는 확신을 분명히 표현했다. 이것은 출애굽에 뒤이어 외친 승리의 선언이었다. "여호와께서 영원무궁하도록 다스리시도다"(출 15:18). 그리고 가나안 땅에 정착한 이스라엘 지파들은 오랜 세월 동안 야웨가 이스라엘의 참된 왕이시라는 확신을 갖고 인간 왕이라는 개념을 받아들이지 않았다. 기드온은 왕이 되어 달라는 권유를 받았을 때 거절했다(삿 8:22-23). 하지만 그 기회를 붙잡은 아비멜렉은 비참한 종말을 맞이했다(삿 9장). 사울의 통치 역시 비참한 종말을 맞이했다.

그래서 다윗이 "하나님의 마음에 맞는 자"[24]로 기름부음을 받을 때, 그것은 분명 다윗의 통치가 어떤 식으로든 야웨의 통치를 대신하거나 찬탈하는 것이 아니라, 오히려 그것을 구현하는 것이라고 봐야 한다. 이스라엘의 인간 왕 다윗은 그들의 위대한 언약 왕이신 야웨의 목적을 수행할 것이다. 이처럼 사무엘하 7장에 기록된, 다윗의 집과 맺은 언약의 일차적 초점은, 새롭게 왕위에 오른 다윗과 그의 후계자들이 이스라엘 내에 야웨의 통치를 구현하는 것에 있다. 왕은 백성을 다스릴 것이다. 하지만 야웨의 궁극적 통치의 대리자로서만 다스릴 것이다. 백성 가운데서 하나님의 권위를 구현했던 이전 시대 사사들의 지도력과 원리상 다를 바 없지만, 그것보다 더 안정적으로 다스릴 것이다.[25]

이렇듯 다윗의 언약은 주로 이스라엘에 초점을 맞춘다. 하지만 이스라엘 자체

---

24) 이 구절은 (그렇게 들릴지 모르지만) 하나님이 특별히 좋아하는 사람이라는 말이 아니다. 그보다 히브리어에서 마음은 의지와 의도가 있는 자리이므로, 이 구절은 다윗이 하나님의 목적을 수행할 사람이 될 것이라는 말이다.

25) John Goldingay는 다윗을 처음에 "정의와 공의를 행"(삼하 8:15)하고 그의 왕가 전체와 민족을 그런 방향으로 이끈 사람이라고 따뜻하게 단언한 진술과, 이렇게 정의를 행하는 것이 바로 아브라함을 선택하신 하나님의 목적—그것은 이스라엘뿐 아니라 모든 열방을 축복하기 위한 것이다(창 18:19)—이었다는 사실 간의 관계를 관찰한다. Goldingay, *Old Testament Theology*, 1:555.

가 하나님의 선교에서 어느 한 지역 이상의 의의를 갖고 있었던 것처럼, 그들의 왕 역시 마찬가지였다. 다윗 언약의 보편화시키는 측면들은 두 가지로 살펴볼 수 있다. 그것들은 한편으로 다윗의 왕권을 열방에 대한 야웨의 왕권과 연결시키는 찬양의 말이고, 다른 한편으로 예배의 초점인 성전이다. 그 성전은 처음에는 이스라엘의 것이었지만 궁극적으로는 열방의 것이 된다. 그리고 이런 두 측면들 때문에 다윗 언약을 선교적으로 해석하는 것은 적절하다. 이제 선교학적 의미를 지닌 이 두 주제, 즉 왕권과 성전에 대해 살펴보자.

모든 열방을 위한 왕. 다윗과 그의 후계자들의 왕권을 하나님의 왕권과 연결시킬 때만, 열방 혹은 온 땅을 다스리는 다윗의 통치에 대해 상상하는 본문들을 이해할 수 있다. 다윗이 지은 몇몇 시온 시편 역시 이러한 보편적 어조로 표현되어 있다.

예를 들어, 시편 2:7-9은 다윗의 아들을 하나님의 아들이라 부르면서, 그의 우주적 통치를 경축한다. 그 말은 원래는 대관식에서 사용되는 과장법이었다. 즉, 예루살렘에 있는 다윗 계열의 왕이 세계를 통치한다는 것을 과장되게 단언하는 것이었다. 하지만 거기에 담긴 신학적·메시아적 의미들은 분명 역사적 다윗의 작은 왕국이 궁극적으로는 '위대한 다윗의 더 위대하신 아들'이 다스리는 세계적 왕국으로 확장될 것을 상상한다. 그리고 그 시편은 예수님 시대보다 훨씬 전에 이미 메시아적 의미로 읽혀지고 있었다.

시편 72:8-11, 17도 다윗의 아들의 보편적인 통치에 대해 비슷한 기대를 나타낸다. 17절은 아브라함의 언약을 대단히 분명하게 반영한다. "사람들이 그로 말미암아 복을 받으리니 모든 민족이 다 그를 복되다 하리로다." 다윗의 언약과 아브라함의 언약은 여기에서 대단히 밀접하게 연결된다. 실로 다윗 계열의 왕은 열방을 축복하시겠다는 하나님의 약속을 성취하는 수단이 될 것이다. 여기에서 아브라함을 통해 복을 받게 될 사람들은 다윗 계열의 왕을 통해 복을 받게 될 것이다.

이러한 강한 연관으로 인해 아마 마태는 마태복음 1:1에 기록한 예수님의 족보에서 이 위대한 두 조상에게 초점을 맞추게 되었을 것이다. 예수님은 다윗의 아들, 아브라함의 아들이시다. **시내 산** 언약을 보편화시킬 선교를 하도록 자기 제자들을 보내시는 것으로 마태복음을 끝맺으시는 메시아는, **아브라함** 언약의 축복과 **다윗** 언약의 보편적 왕권을 구현하시는 분으로 마태복음을 (그리고 신약을) 시작하신다.

이사야서 11장은 이사야서 9:1-7과 짝을 이루어, 다윗 집에 태어날 한 아들이 통치할 때 하나님의 백성을 위한 위대한 일들이 일어나리라고 약속한다. 하지만 이 장에서 당장 놀라운 것은 이 미래의 "이새의 줄기에서 난 싹"에게, 즉 다윗의 후손에게 야웨의 영이 주어짐으로 그가 세상의 모든 열방뿐 아니라 모든 창조 세계까지 통치할 능력을 부여받으리라는 것이다. 이 장에 나오는 첫 번째 중요한 노래에서 그는 정의로 온 세상을 다스릴 것이다(4절). 그리고 그 뒤에 나오는 해설을 보면 그의 기치 아래 민족들과 국가들이 모여들 것이다(10, 12절). 당연히 이사야서 이 부분 전체를 결론내리는 찬양의 노래에서, 그렇게 보편적으로 중요한 복된 소식은 열방 가운데 그리고 온 세상에 선포되어야 한다(사 12:4-5). 이사야서 후반부를 가득하게 채울 선교적 분위기가 이미 여기에 예상되고 있다. 다윗 언약이 미래에 성취되면서 전 세계에 가져올 유익을 예언하는 가운데 나오고 있는 것이다.

이사야서 55:3-5에서 여호와는 이렇게 선포하신다.

내가 너희를 위하여 영원한 언약을 맺으리니
곧 다윗에게 허락한 확실한 은혜이니라.
보라 내가 그를 만민에게 증인으로 세웠고
만민의 인도자와 명령자로 삼았나니
보라 네가 알지 못하는 나라를 네가 부를 것이며
너를 알지 못하는 나라가 네게로 달려올 것은.

이 말은 포로들을 격려하기 위한 부분 전체의 절정부에 나오는 것으로, 하나님의 백성의 미래를 포로 생활에서 돌아오는 것(하나님에게로 돌아오는 것도 포함해서)에 대한 소망과 연결시킬 뿐 아니라, 다윗과 맺은 언약의 회복과도 연결시킨다. 시편 89편에서 한탄하듯이, 예루살렘이 멸망하고 다윗 계열의 왕이 포로로 잡혀가면서, 그 언약은 종지부를 찍는 것처럼 보였다. 여기에서 하나님은 그 언약을 기억하실 뿐 아니라, 두 가지로 그것을 확장시키신다. 한편으로, 다윗에게 하신 약속은 이제부터 모든 백성["너희를 위하여"(복수)]과 맺은 언약이 될 것이다. 그리고 다른 한편으로, 새로운 다윗은 장차 인종적인 이스라엘 사람들만 다스리는 것이 아니라, "만민과 나라"(복수)까지 다스리게 될 것이다. 물론 이것은 이러한 예언들의 보편적 취지와 연결된다. 그 예언들은 궁극적으로 "모든 육체", 곧 **모든 인류**가 여호와의 영광을 보게 될 것이라는 위대한 환상을 포함하고 있었다(사 40:5).

만민이 기도하는 집. 앞에서 언급한 동일한 이야기들은, 다윗의 집과 맺은 언약과 함께, 다윗의 아들 솔로몬이 '여호와를 위한 집'으로서 성전을 건축한 것을 기록하고 있다. 그리고 이러한 발전과 함께 또한 하나님의 성, 시온으로서의 예루살렘이 대단히 강조된다. 이렇게 다윗-성전-시온이라는 신학적 전통들이 긴밀하게 연결된 것은 어떤 차원에서 보면 대단히 중앙 집중적이고 특별하다. 결국, **이것이** 야웨를 찾아야 하는 장소이며 성소다. 이곳이 바로 하나님이 자신의 이름이 거하도록 하신 곳이기 때문이다. 하지만 다른 측면에서 보면 많은 본문들에서 명백히 나타나는 것처럼, 성전 전통은 나머지 민족들에게 놀랄 정도로 열려 있으며, 보편성의 시초가 된다.

열왕기상 8:41-43. 성전을 봉헌하면서 솔로몬은 야웨께 이스라엘 사람들의 기도뿐만 아니라, 이방인들의 기도도 들어 달라고 간구한다(7장을 보라). 그것은 아브라함에게 하신 약속, 곧 이방인들이 와서 이스라엘의 하나님에게 축복을 구할 것이라는 약속의 성취를 암시한다. 하나님에게 언약 백성이 아닌 사람들의 기도를 응답해 달라고 간청하면서 내세운 동기는 다분히 선교적이다. 즉, "땅의 만민이 주의 이름을 알고 주의 백성 이스라엘처럼 경외하게 하시오며"(43절)라는 것이다. 그렇다면 이스라엘의 신앙이 발전해 나가는 과정에서, 이 시점부터 다윗 언약과 대단히 긴밀하게 연결되었던 성전은 아브라함의 언약 성취를 위한 초점이 될 수 있다. 그것은 열방의 대표들을 축복하기 위한 장소가 되어야 한다.

이사야서 56:1-7. 이 놀라운 말은 이방인들이[정도와 이유는 다르지만(신 23:1-8)] 이스라엘의 가장 거룩한 장소에서 배제되었던 상황을 역전시킨다. 하나님 자신이 그들에게 그분의 '성산'(예루살렘 성)을 가져다주실 뿐 아니라, 하나님이 그들에게 '기도하는 내 집(성전)에서 그들을 기쁘게' 하실 뿐 아니라, 그들의 제물을 '나(하나님)의 제단에서' 받으심으로 그들이 완전히 포함된다는 것이 입증될 것이다. 성전이 이렇게 보편적으로 이방인들을 포함하는 곳이 되리라는 점은 "이는 내 집은 만민이 기도하는 집이라 일컬음이 될 것임이라"(7절)는 말에 의해 곧바로 확증된다.

예수님은 이 본문이 그분 자신으로 이루어지는 성전과, 예수님이 자신에게로 모으실 자들로 이루어지는 성전에서 성취될 것을 아셨다. 그리고 예수님은 당시의 성전이 파괴될 것을 예언하실 때 이 본문을 인용하셨다(막 11:17). 또한 에티오피아 내시는 이사야서 53:7이 성취된 것을 깨닫고 기뻐했을 때, 그 약속을 (의식적으로건 아니건) 자신에게 적용했다. 예루살렘 성전을 방문했을 때가 아니라, 광야에서 빌립에게 예수님을 소개받았을 때 그렇게 한 것이다(행 8:39).

위대한 다윗의 더 위대하신 아들. 누가복음 1-2장. 마태는 다윗의 후손인 메시아 예수를 아브라함과 연결시킨다. 하지만 누가는 자신의 복음서 처음 두 장에서 이 특징을 다윗에 대한 언급과 암시의 교향곡으로 바꾼다. 적절하게도, 다윗에 대한 언급들은 하나님이 구체적으로 이스라엘에게 하신 약속으로 시작된다. 하지만 곧 이어 그것은 열방을 포함할 정도로 확대된다.

마리아는 "다윗의 자손"(눅 1:27) 요셉의 약혼녀라고 나온다. 가브리엘은 그녀에게 그녀가 낳을 아이가 이스라엘이 기대하던 메시아 왕이 될 것이라고 구체적으로 말한다. "주 하나님께서 그 조상 다윗의 왕위를 그에게 주시리니 영원히 야곱의 집을 왕으로 다스리실 것이며 그 나라가 무궁하리라"(눅 1:32-33). 스가랴의 노래는 하나님이 마침내 아브라함과 다윗에게 하신 약속들을 지키고 계시며, 다시 한 번 그분의 백성에게 구원과 해방을 가져오고 계심을 경축한다(눅 1:69-73). 천사들의 합창은 베들레헴을 "다윗의 동네"라고 밝히며(눅 2:11, 마치 그 지역 목자들이 그것을 모르기라도 하듯이), 그들이 전하는 좋은 소식이 "온 백성"을 위한 것이라고 말한다(눅 2:10). **구원**, **영광**, **평화**(하늘에서 들리는 천사들의 화음의 바탕음)는 모두 새로운 다윗이 통치하는 약속된 새 시대의 특징이었다. 마지막으로, 시므온은 다윗을 언급하지는 않지만, 자신의 팔에 안고 있는 아기에 대한 충만한 진리를 인식한다. 그분은 "주의 그리스도"(눅 2:26)이실 뿐 아니라, (그분의 이름이 선포하듯이) 이방인 이스라엘 할 것 없이 만민을 위해 예비된 주의 구원이시다(눅 2:30-32). 그래서 누가는 메시아 예수의 보편적이고 선교적인 의의와, 그분의 아브라함적·다윗적 혈통 모두가 신적 약속의 성취에 해당하는 것으로 본다.

사도행전 15:12-18. 누가는 그가 쓴 두 번째 책에서 다윗적 성취라는 주제를 두 가지 방식으로 이어서 말한다. 첫째, 베드로와 바울은 초기 설교에서 예수님이 약속된 메시아라고 논증하면서, 그분의 부활과 다윗적 혈통을 함께 말한다(행

2:25-36; 13:22-37). 둘째, 사도행전 15장에 나오는 예루살렘 공의회(바울과 다른 사람들이 성공적으로 선교를 한 결과, 교회에 이방인들이 유입된 문제를 신학적·실제적으로 다루기 위해 소집된 모임)에서, 야고보는 열방이 와서 여호와의 이름으로 일컬음을 받게 될 뿐 아니라, 다윗의 "무너진 장막"이 재건될 것이라고 예언하는 아모스서 본문을 인용한다(암 9:11-12). 이 본문을 선택한 것이 함축하는 바는 중요하다. 그것은 구약의 종말론적 환상의 적절한 순서를 유지한다(그 점에 대해서는 14장에서 더 자세히 살펴볼 것이다).

이스라엘의 언약 약속은 성취되어야 한다. 이스라엘은 구속받아야 하고, 다윗 왕국은 회복되어야 하며, 다윗의 성전은 재건되어야 한다. 그럴 때에만 열방은 모여들 수 있다. 야고보는 지금 눈앞에서 일어나고 있는 사실들로부터 거슬러 올라가 그 논리를 적용한다. 민족들은 분명 모여들고 있다. 그리고 그것은 명백히 하나님 자신의 일이다. 그러므로 메시아의 부활, 다윗 왕국의 약속된 회복, 성전 재건 역시 일어났다고 결론을 내릴 수밖에 없다. 하지만 다윗 계열의 메시아는 모든 민족을 위한 왕이 될 것이므로, 그리고 다윗의 성전은 만민이 기도하는 집이 될 것이므로, 이러한 것들의 회복은 이제 그 정해진 목적을 향해 나아가야 한다. 다시 말해, 민족들을 모여들게 해서 그분 나라의 백성들과 그분 성전의 돌들이 되도록 해야 한다. 예수님의 부활은 단순히 시편에 나오는 다윗의 말의 성취일 뿐 아니라, 또한 다윗의 통치와 성전의 회복이기도 하다. 그것은 더 이상 이스라엘인만을 위한 것이 아니라 또한 모든 민족을 위한 것이 된다.[26]

로마서 1:1-5. 로마서는 바울 자신의 선교 신학에 대한 바울의 가장 일관된 해설이다. 로마서는 하나님이 아직도 이스라엘에게 하신 약속에 충실하시다고 주장하면서, 동시에 어떻게 해서 복음이 하나님의 구원 사역에 열방이 이스라엘과 함께 포함될 수 있다고 선포하게 되었는지 그 성경적 근거를 제시한다. 실로 열방

---

[26] 사도행전에서 누가가 오순절날 베드로가 한 설교, 스데반의 설교, 예루살렘 공의회에서 야고보가 한 설교 등에서 예수님의 부활을 종말론적 성전과 분명히 동일시하는 방식에 대한 상세하고 풍성한 해설로는 Beale, *Temple and Church's Mission*, 6장을 보라. 야고보는 암 9:11을 인용하지만, 그의 말은 또한 호 3:5과 렘 12:15-16도 반영한다. 또 거기에는 "이방인들이 참 성전으로 지어져 감으로써 참 이스라엘의 일부가 되어가는" 미래를 내다보는 환상이 담겨 있다. "사도행전 15:14-18에 대한 이러한 이해는 이방인들이 메시아 시대의 성전에서 여호와 하나님 앞에 모이게 될 것이라고 예언하는 몇몇 구약 예언들(시 96:7-8; 사 2:2-3; 25장; 56:6-7; 렘 3:17; 미 4:1-2; 슥 14:16)과 일치한다." (같은 책, p. 239)

이 포함되는 것은 실제로 하나님이 이스라엘에게 하신 약속이 성취된 것이다.

바울은 첫머리에 나오는 소개의 말에서, 구약 성경이 성취되었다고 주장하면서, 예수님이 다윗의 인간 후손이시라는 사실을 포함시킨다.

하나님의…복음은 하나님이 선지자들을 통하여 그의 아들에 관하여 성경에 미리 약속하신 것이라. 그의 아들에 관하여 말하면 육신으로는 다윗의 혈통에서 나셨고 성결의 영으로는 죽은 자들 가운데서 부활하사 능력으로 하나님의 아들로 선포되셨으니 곧 우리 주 예수 그리스도시니라.(롬 1:1-4)

바울은 이어서 "성경에 미리 약속하신" 복음의 범위가 완전히 보편적이라는 것을 보여 준다. 그 복음은 먼저 아브라함에게 알려졌고, 모든 민족을 포함했기 때문이다. 그렇기 때문에, 예수님이 하나님의 아들이실 뿐 아니라 다윗의 아들이시라는 사실은 그 보편성의 요소에 반드시 포함되어야 한다. 5절에서 바울은 명백히 다윗의 아들이며, 하나님의 아들인 예수님의 이름으로 열방 가운데 "믿어 순종"하게 하는 선교적 위임을 받은 것이기 때문이다.

요한계시록 5:1-10. 예수님과 관련해서 다윗 언약에 대한 마지막 언급은 요한의 위대한 환상에서 나온다. 그 환상은 그리스도인들이 살아가야 하는 현재의 세계 질서 배후에 혹은 그 위에 있는 하늘의 실상에 대한 것이다. 두루마리, 곧 하나님의 목적 안에서 인간 역사의 의미를 풀어 설명할 수 있는 열쇠를 갖고 있는 분은 누구인가? 그것은 역사를 주관하는 권위를 가진 분이 펼치지 않는다면 닫힌 책이다. "장로 중의 한 사람이 내게 말하되 울지 말라. 유대 지파의 사자 **다윗의 뿌리**가 이겼으니 그 두루마리와 그 일곱 인을 떼시리라"(계 5:5, 저자 강조). 그러고는 이 인물은 죽임당한 어린양으로 나타난다. 그래서 십자가에 달려 죽으신 예수님은 두루마리를 일기에 합당하신 분이다. 예수님의 십자가는 역사에 나타난 하나님의 모든 계획의 열쇠이기 때문이다. "당신의 피로 당신은 **모든 족속과 방언과 백성과 나라에서** 하나님을 위해 백성들을 샀다"(계 5:9, 저자 사역).

다윗의 뿌리이신 분이 아브라함에게 주신 약속을 성취하셨다. 하나님의 선교가 완성된다.

새 언약

이스라엘의 역사는 흘러간다. 신명기에서 예측했던 실패와 반역의 역사는 현실이 되었다. 백성 전체는 시내 산 언약의 기준에 따라 사는 데 실패했다. 이스라엘에서나 유다에서나 연이어 왕위에 오른 왕들은 시내 산 언약이나 시온의 이상에 따라 사는 데 실패했다. 언약 관계는 파괴될 지경에 이르렀다. 어떤 선지자들은 그것이 실제로 파괴되었으며, 하나님의 놀라운 은혜의 행동만이 그것을 회복시킬 수 있다고 선포했다.

하지만 그것이 이스라엘의 하나님, 야웨의 특징이었다. 도저히 믿을 수 없는, 그리고 분명 도저히 감당할 수 없는 은혜의 행동을 하시는 분이라는 것이다. 그래서 하나님이 새로운 방식으로 행동하시기를, 새로운 시작을 하시기를, 불순종하는 한 백성의 실패로 인해 좌초되지 않게끔 언약을 새롭게 하시기를 바라는 마음이 점점 더 커졌다. 이것이 '새 언약'이라는 정확한 용어로 표현된 것은 단 한 번뿐이다(예레미야에 의해). 하지만 하나님의 새로운 미래가 원래의 언약 특징들을, 갱신되고 영원히 확립된 다음에, 그대로 포함하리라는 개념은 여러 본문들에서 찾아볼 수 있다.

우리가 살펴본 모든 언약들은 이스라엘의 경계선을 넘어서는 차원과 기대를 가지고 있었다. 이스라엘의 언약 하나님이신 야웨가 온 땅과 모든 민족의 주권적인 하나님이시기도 하다는 인식이 있었기 때문이다. 그렇다면 새 언약이라는 개념 역시 마찬가지로 그런 더 넓은 선교적 소망들을 담게 되었을 것이다. 우리가 최초의 그리스도인들로부터 받은 문서 전체를 신약(New Covenant 혹은 New Testament)이라고 부르게 된 것 역시 당연하다. 그들은 예수님이 메시아이시며, 그분을 통해 약속된 새 언약이 시작되었고, 그 결과로 열방 선교가 시작되었다는 믿음에 비추어, 자신들이 갖고 있던 기존의 성경을 읽었기 때문이다.

선지자적 소망. 예레미야. "새 언약"이라는 말을 명백하게 사용하는 유일한 본문인 예레미야서 31:31-37에는 그 언약의 보편성, 즉 그것이 다른 민족들도 관련시키거나 포함시킬 것이라는 말은 나오지 않는다.[27] 그 본문은 예레미야서에서 위로의 책이라고 알려진 부분(30-33장)에 나온다. 거기에서 선지자 예레미야는

---

27) 나는 Wright, *Knowing Jesus through the Old Testament*에서 선지서에 나타난 새 언약에 관한 모든 구절들을 더 상세히 분류하고 분석했다.

백성들이 포로 생활 후에 회복될 것이라는 메시지를 통해, 이스라엘 백성을 위로하려고 애쓴다. 하지만 그렇다고 해서 예레미야가 열방과 관련하여 하나님의 어떤 약속에 대해서도 관심이 없다거나 아는 바가 없다는 말은 아니다. 그는 결국 "여러 나라의 선지자"(렘 1:5)로 부름받았다. 그는 그 역할을 놓고 상당히 심각하게 번민했던 것 같다. 적어도 두 본문이 열방을 염두에 두고 하나님의 축복 혹은 구원을 더 광범위하게 제시한다.

상당히 짧은 신탁의 말씀에서(렘 12:14-17), 예레미야는 이스라엘 주위 열방에게 그가 다른 곳에서 이스라엘에게 요구한 것과 완전히 똑같은 조건(회개와 참된 예배)에 근거해서 완전히 똑같이 회복되고 정착되리라는 소망을 제시한다.

이스라엘 자체에 대해 말하자면, 그들이 참으로 회개하면 이스라엘에 대한 하나님의 심판이 멈출 뿐 아니라, 하나님의 축복이 임할 것이다. 그리고 창세기 12:3을 두드러지게 암시하는 그 축복은 나머지 열방에 대한 아브라함의 축복을 의미한다(렘 4:1-2).

에스겔. 34-37장에서 에스겔은 이스라엘 자체가 장차 회복되고 재정착할 것을 노아, 다윗, 시내 산에서의 모든 언약들을 반영하는 말로 상상한다(예를 들어, 겔 34:23-31). 미래에 대한 에스겔의 환상은 전체적으로 매우 언약적이다.

하지만 에스겔은 **열방의** 구원을 위한 소망을 제공했는가? 명백하게 그렇게 하지는 않았다. 하지만 그 문제에 대해 그가 침묵했다는 것에 너무 많은 의미를 부여하지 않아야 한다. 에스겔은 온 땅이 야웨이신 하나님의 참된 정체성을 알게 되기를 간절히 원했다. 에스겔이 "그러면 너희가 [혹은 그들이] 내가 여호와라는 것을 알리라"라는 문구를 사용한 것을 분석해 보면 이스라엘과 열방 간에 약간의 차별이 있음을 알 수 있다.

- 이스라엘은 심판과 미래의 회복 모두를 통해 야웨를 알게 될 것이다.
- 열방은 이스라엘 안에서 이스라엘을 위한 하나님의 행동을 목격하는 것을 통해, 그리고 그들 자신이 심판을 받는 경험을 통해 야웨를 알게 될 것이다.

에스겔은 절대 열방이 **그들 자신이 미래에 구원받는 것을 통해** 야웨를 알게 될 것이라고 말하지 않는다. 이것이 하나의 가능성으로 적어도 암시되어 있다고 말할 수는 있다. '야웨를 아는 것'은 하나님과 이스라엘 간의 언약의 뚜렷한 특징이며, 그들을 위한 하나님의 행동과 단단히 연결되어 있기 때문이다. 이로 유추해 볼 때, 열방이 야웨를 알게 될 것이라면, 이스라엘이 그랬던 것처럼 구원에 대한 경험이 포함될 수도 있다. 하지만 우리는 에스겔이 결코 명백히 그렇게 말하지 않았다는 것을 받아들여야 한다.

그러나 에스겔은 바벨론 유수가 시작될 때의 사람이므로, 그의 최우선적 관심사는 **이스라엘에게 도대체 미래란 있을 것인가** 하는 것이었다고 볼 수 있다. 이스라엘이 회개하고 하나님에 대한 구원의 지식을 갖지 못한다면, 나머지 세상은 고사하고, 이스라엘 자신에게도 소망이 없었다. **열방의** 모든 소망은 전적으로 **이스라엘**의 회복에 달려 있었다. 그래서 그것이 바벨론 유수에 나타난 하나님의 첫 번째 혹독한 심판을 맞이한 에스겔의 뜨거운 관심사다. 이스라엘이 회개하고, 하나님께 돌아오고, 다시 그분을 알게 되는 것보다 더 중요한 것은 없었다. 그리고 그 일은 오직 심판의 불을 통해서만 일어날 것이다.[28]

이사야. 이사야서는 언약이라는 말을 사용해서, 열방을 포함하는 명백히 보편적인 방식으로 미래의 소망을 표현한다. 이사야서 42:6과 이사야서 49:6에서, 야웨의 종의 사명은 다른 무엇보다도 "백성의 언약"이 되는 것이다. 이것은 불가사의한 문구이며, 해석학적 난문이다. 하지만 그것은 분명 "이방의 빛"(참고. 사 49:6, 그것은 야웨의 구원을 "땅끝까지" 이르게 한다는 말로 해설된다)이라는 대구법을 통해 이해해야만 한다.

이사야서 42장에 나오는 정의와 **토라**라는 말은 시내 산 언약을 생각나게 한다. 하지만 이사야서 55:3-5에서 언급한 것은 다윗의 언약이며, 그 언약의 보편화시키는 경향이 현실화된 것이다. 이사야서 54:7-10에 보면, 심지어 노아와 맺은 언약에도 자기 백성을 위해 장차 축복을 내리시겠다는 하나님의 약속의 확실함이 담겨 있다.

그래서 구약의 발전 과정을 보면, 예상된 새 언약은 앞에 나온 모든 언약들(노

---

28) 나는 *The Message of Ezekiel*, The Bible Speaks Today(Leicester, U.K.: Inter-Varsity Press; Downers Grove, Ill.: InterVarsity Press, 2001), pp. 35-38에서 열방과 관련하여 에스겔의 메시지의 이러한 측면들에 대해 더 자세히 논한 바 있다. 나는 여기에서 언급한 요점에 대해 다음의 글에 신세를 졌다. David A. Williams, "'Then They Will Know That I Am the Lord': The Missiological Significance of Ezekiel's Concern for the Nations as Evident in the Use of the Recognition Formula"(석사 논문, All Nations Christian College, 1998).

아, 아브라함, 시내 산, 다윗)로부터 주제를 채택하고, 몇 군데에서는 그 주제들을 확대시켜, 하나님의 구원하시는 언약적 선교의 궁극적 범위에 열방을 포함시킨다는 것을 알 수 있다. 구약 이야기 전체에 나오는 언약 궤적이 이렇게 종말론적이고 보편화시키는 방향으로 발전하면서, 신약에서는 그것의 성취라는 대단히 선교적인 언어로 이어진다.

그리스도 안에서 언약적인 '예'(Yes). "하나님의 약속은 얼마든지 그리스도 안에서 예가 되니 그런즉 그로 말미암아 우리가 아멘 하여 하나님께 영광을 돌리게 되느니라"(고후 1:20; 참고. 3장).

예수 그리스도, 사람이 되신 하나님의 아들, 다른 인간들처럼 육신이 되신 하나님의 말씀이신 그분은 하나님의 모든 약속에 '예!'가 되기 위해 보냄받았다. 나사렛 예수 안에서 하나님은 그 안에서 모든 민족이 복을 받아야 하는 아브라함의 후손, 세상에 '은혜와 진리'를 가져오는 것에서 모세를 능가하는 모세와 같은 선지자, 그 의로운 통치가 절대 끝나지 않을 다윗의 아들, 그분 자신에게로 세상에 흩어진 백성들을 한데 모으는 언약이 되신 고난받는 종을 주셨다.[29]

그렇기 때문에, 우리는 신약에 실제 언약이라는 어휘가 별로 나오지 않는 것을 보고 놀랄 수도 있다. 예수님도 바울도 그 말을 특별히 자주 사용하시지 않는 것은 사실이다(사용하실 때는 대단히 의미심장하게 사용하시긴 하지만). 하지만 이것은 단지 그분들이 언약 이야기를 그분들의 모든 사고의 기준선으로 당연하게 여기시기 때문이다.

구약 언약의 모든 조항들을 함께 묶는 기초가 되는 이야기를 다시 한 번 강조해야겠다. 어쩔 수 없이 우리는 각 경우에 본문들을 몇 개 발췌할 수밖에 없었다. 하지만 그 모든 본문들을 결합시키는 것은 하나님의 선교에 대한 거대 서사다. 그것은 아브라함 이래, 하나님이 부르사 그분의 특별한 소유가 되도록 하신 이 백성을 통해 열방에 축복을 가져다주는 이야기다. 이것은 그냥 평범한 이야기가 아니다. 그것은 **바로 그** 이야기, 이스라엘 사람들에게 근본적인 세계관을 제공하고, 그

---

[29] Christopher J. Baker, *Covenant and Liberation: Giving New Heart to God's Endangered Family*(New York: Peter Lang, 1991), pp. 323-324.

리스도인들에게도 그들의 세계관을 제공하는 이야기다. 이것은 바로 우리가 예수님 안에서 예배하는 하나님에 대한 이야기다. 이것은 우리가 예수님을 믿는 믿음을 통해 소속되는 백성에 대한 이야기다. 그리고 이것은 예수님이 절정이며, 그분이 결국 대단원의 막을 내리실 이야기다. 그리고 언약은 중추 신경과도 같이 이 이야기를 관통하여 흐른다.

그래서 예수님과 신약 저자들에게, 이스라엘의 하나님은 유일하게 살아 계신 참된 하나님이시며, 또 이스라엘은 하나님의 선민이라는 사실이 확실한 것과 마찬가지로, 언약은 그들이 이스라엘을 위한 하나님의 목적을 생각하는 방식에 매우 중요한 영향을 끼쳤다. 그래서 언약의 실상들이 명백하게 언급되든 아니든, 우리는 모든 위대한 성취라는 주제에서 그 언약의 실상들을 발견한다. 그리고 특히 언약 구성원 자격이 열방까지 확장되는 것에서, 그 실상을 발견한다. 그러한 확장은 교회의 선교 사역 기저에 있는 목적이었다.

'새 언약'이라는 말의 가장 기억할 만한(문자 그대로) 용례는 물론, 예수님이 십자가에 달려 죽으시기 직전에 제자들과 함께 마지막 유월절 식사를 하실 때 그 말을 결정적으로 사용하신 것이다. 출애굽과 그 이후 이스라엘이 시내 산에서 언약을 맺은 것을 기억하는 매우 긴장된 그 순간, 예수님은 식사 도중에 네 번째 잔을 취하셔서 "이 잔은 많은 사람을 위하여 흘리는 내 피로 세우는 새 언약"이라고 선포하신다. 가장 최초의 기록인 고린도전서 11:25에 약간 변형되어 나타나는 그 중대한 말은 공관복음의 모든 책에 나온다(마 26:28; 막 14:24; 눅 22:20). "많은 사람을 위하여"라는 말은 보통 예수님의 마음속에 있는 행동을 이사야서 53:11 및 하나님의 종의 죽음에서 유익을 얻게 될 모든 사람을 위한 그 종의 대속적 고난과 연관시킨 것이다.

선교와 열방에 대한 언약의 확장. 바울은 복음 이야기를 신명기 뒷부분 장들에서 고대한 언약의 말이 실제로 이루어지는 것이라고 본다. 바울은 그리스도께로 나아오는 이방인들이 언약에 완전히 포함되는 것이라는 사실을 특별히 열렬하게 주장한다. 또는 다른 식으로 말하면, 이제 하나님과 이스라엘 간의 언약은 확장되어 이스라엘 자신이 그리스도 안에서 이방인들을 포함하는 것으로 재규정되고 있었다. 우리는 이미 바울이 갈라디아인들에게 그들이 **그리스도 안에** 있으면 **아브라함 안에** 있으며, 언약 약속의 후사들임을 인식하라고 주장한 사실에 대해 살펴본 바 있다. 사실상 그들 같은 이방인들이 포함**되어야만** 아브라함에게 주어진 약속이 성취되는 것이다. 아브라함에게 주신 하나님의 약속은 열방이 아브라함 및 이스라엘과 함께 축복을 받지 않으면 여전히 성취되지 않은 것이다.

이방인들이 언약에 포함되는 것에 대한 최고의 해설은 에베소서 2:11-12이다. 바울은 전형적인 대조법을 사용해서, 복음을 받기 전 이스라엘 밖에 있던 나라들의 지위를 묘사한다. 그들은 완전히, 암울하게 언약에서 배제되어 있었다. "그 때에 너희는 그리스도 밖에 있었고 이스라엘 나라 밖의 사람이라. 약속의 언약들에 대하여는 외인이요 세상에서 소망이 없고 하나님도 없는 자이더니"(12절). 그 다음에 십자가에서 이루어진 그리스도의 화목 사역을 설명한 후, 바울은 19절부터 다시 언약의 수사적 표현을 사용하기 시작한다. 전에 언약 밖에 있었던 이 사람들은 더 이상 외인도 나그네도(구약 율법에 나오는 전문 용어) 아니고, 하나님의 **백성**(우리말 성경에는 "성도"라고 번역됨-역주)과 하나님의 **권속**의 완전한 구성원들이다. 그들은 그저 하나님의 임재로 나아갈 뿐 아니라, 실제로 바로 하나님의 **거하실 처소**인 **성전**을 구성한다. 이 모든 것은 최상급의 언약적 비유다. 그리고 그 모든 것은 이제 바울의 선교라는 도구를 통해 복음을 받아들인 이 이방인들에게 현실이 되었다. 선교는 복음이 효과적으로 전파되는 곳마다 언약 구성원의 경계를 확장시킨다.

새 언약의 명령인 대위임령. 대위임령은 새 언약의 명령이다. 물론 마태복음의 절정부에서 훗날 대위임령이라고 알려지게 된 것을 우리에게 준 사람은 마태다. 그러나 현재 마태의 기록 형태 및 내용이 얼마나 철저하게 언약적이고 사실상 신명기적인가 하는 것은 제대로 주목을 받지 못하고 있다.

> 하늘과 땅의 모든 권세가 나에게 주어졌다. 그러므로 너희가 가서, 모든 족속으로 제자를 삼으라. 그들에게 아버지와 아들과 성령의 이름으로 세례를 주면서, 그리고 그들에게 내가 너희에게 명령한 모든 것을 가르치고 지키게 하면서. 그리고 보라. 나는 세상 끝까지 너희와 항상 함께 있다.(마 28:18-20, 저자 사역)

구약 언약 형태의 핵심 요소로는 다음과 같은 것들이 있다.

- 하나님이 자신을 모든 권세를 가진 왕으로 스스로 소개하심(종종 "나는 야웨다"라는 말로 축약된다)

- 언약 관계의 긴급한 요구들. 즉, 언약의 주님이 주신 명령들
- 축복의 약속들

우리는 예수님의 말씀 안에서 어떻게 이 세 가지 언약적 요소가 모두 포함되어 있는지 볼 수 있다.

첫째, 예수님은 자신이 모든 신적 권세를 소유하고 계신다고 신원을 밝히신다. 그분은 언약의 주님이시다.

둘째, 예수님은 제자들[적절하게도, 그들은 이제 또한 예배자들이다(17절)]에게 언약에 순종하기 위한 체계적 명령을 주신다.

셋째, 예수님은 그들 가운데 자신의 영구적인 임재를 약속하시면서 결론을 맺으신다. 그 임재는 **특히** 언약적 축복으로서 명백하게 약속된 것이다.[30]

대위임령은 바로 보편화된 언약 선포와 다를 바가 없다. 그것은 심지어 **부활하신** 예수님이 새 언약을 공포하신 것으로 간주할 수도 있다. 최후의 만찬 때 예수님이 하신 말씀이 그분의 **죽음**과 관련해서 새 언약을 제정한 것과 마찬가지다.

심지어 대위임령이라는 말조차 거의 완전히 신명기적이다. 이스라엘 백성은 "위로 하늘에나 아래로 땅에 오직 여호와는 하나님이시요 다른 신이 없는 줄을 알아"(신 4:39) 명심하라는 명령을 받았다. 그것이 이스라엘이 오직 야웨에게만 언약적 충성을 바쳐야 하는 가장 큰 이유였다. 부활하신 예수님은 태연하게 **우주적 정체성과 권위**라는 지위를 차지하신다. 야웨에 대해 단언해 왔던 주장을 이제 **예수님**이 주장하신다.

그리고 **순종**에 대한 강조는 제자를 삼으라는 명령에 암시되어 있다. 따라서 그 자체만으로 충분히 신명기적이다. 또 "내가 너희에게 명령한 모든 것을 지키라"는 말에도 매우 분명하게 나타나 있다. 그 말은 신명기 전체에 끊임없이 나오는 후렴구다.

그리고 그리스도께서 자기 제자들과 함께하시겠다고 하신 약속조차, 모세와 하나님 자신이 여호수아에게 영원토록 그와 함께하시겠다고 약속하신 것을 반영한다(신 31:8, 23; 참고. 수 1:5). 구약에서 하나님의 백성 가운데 하나님이 언약적으로 임재하셨듯이, 예수님의 제자들이 예수님이 명하신 선교를 수행할 때 예

---

30) 참고. Vogels, *God's Universal Covenant*, pp. 134-135.

수님은 그들 가운데 임재하시겠다고 약속하신다. "과거에 야웨께서 그분의 백성에게 혹은 그분의 사신들에게 제공하신 [구약의] 보호를 이제 보편적 주님이신 예수님이 이 보편적 언약의 새로운 백성들에게 약속하신다."[31]

그렇다면 대위임령에 분명히 나와 있는 선교는 새 언약을 반영한다. 선교는 우리 왕 그리스도의 **언약적 주권**에 근거하고 있는 피할 수 없는 명령이다. 그 과업은 열방 가운데 그리스도께 **언약적 순종**을 하는 자기 복제적 공동체들을 만들어 내는 것이다. 그리고 그것은 그리스도의 제자들 가운데 그분이 계속 임재하시겠다는 **언약적 약속**에 의해 유지된다.

언약의 절정으로 완수된 선교. 하지만 우리는 성경 전체의 절정에 이르는 환상인 요한계시록을 제외할 수는 없다. 요한계시록은 영광스럽게 언약적이며, 하나님의 백성 가운데 하나님이 임재하시는 것을 하나님의 우주적인 구속적 선교의 최고의 성취로 제시한다. 요한계시록 21-22장은 실제로 성경의 모든 언약들에서 나온 비유적 표현들을 결합시킨다.

노아는 새 창조의 환상, 즉 심판 후에 등장하는 새 하늘과 새 땅에 대한 환상에서 볼 수 있다. 아브라함은 모든 방언과 언어에서 온 모든 민족들이 모이고 축복을 받는 것에서 볼 수 있다. 모세는 "그들은 하나님의 백성이 될 것이고 하나님 자신이 그들과 함께 있으며 그들의 하나님이 되실 것이다"라는 말과 "하나님의 처소가 사람들과 함께 있으며 하나님이 그들과 함께 하실 것이다"라는 언약적 주장에서 볼 수 있다. 다윗은 거룩한 성인 새 예루살렘에서, 그리고 예수님을 유다의 사자와 다윗의 뿌리로 표현하는 것에서 볼 수 있다. 그리고 새 언약은 이 모든 것이 죽임당한 어린양의 피에 의해 성취될 것이라는 사실에서 볼 수 있다.

이것은 성경을 이어 내려오는 긴 언약 역사의 최후 지점이다. 언약들은 하나님의 선교를 열방과 전체 피조물에 대한 하나님의 헌신된 약속으로 선포한다. 요한계시록은 "선교가 완수되었다"라는 언약적 선포다.

우리는 예수님이 엠마오로 가는 두 제자에게 어떤 성경을 해설해 주셨는지, 그리고 같은 날 저녁 "기록되었으니"라고 다른 제자들에게 말씀하셨을 때 특별히 어떤 본문을 염두에 두고 계셨는지 알 수 없다(눅 24:45-48). 하지만 예수님이 자신의 죽음을 새 언약이라고 명백하게 밝히셨으므로(눅 22:20), 앞에서 살펴본 언

---

31) 같은 책, p. 139.

약들이 적어도 그분이 성경을 따라 걸어온 길의 일부라고 확신할 수 있다. 이처럼 언약들은 그리스도인들이 구약 성경을 읽을 때 핵심적인 부분을 형성한다. 예수님이 지적하셨듯이, 언약들은 **메시아적**이면서(모두 궁극적으로는 그리스도께로 이끌기 때문에), **선교학적**이다(그리스도의 이름으로 모든 족속에게 선포되고 있는 회개와 죄사함으로 이끌기 때문에). 하나님의 선교는 전체 성경을 관통하는 거대 서사에 필수적인 것처럼, 연속적으로 나오는 언약들에도 필수적이다.

11
하나님의 선교적 백성의 삶

우리는 지난 다섯 장에서 이스라엘과 함께 먼 길을 걸어왔다. 우리는 하나님이 그분의 백성 이스라엘을 위해 행하신 선택, 구속, 언약이라는 행동들 가운데 나타난 이스라엘의 이야기를 추적해 보았다. 그러면서 어떻게 각각의 행동이 모든 민족에게 복을 주시는 하나님의 위대한 선교의 차원이 되는지 살펴보았다. 우리는 또한 각 경우 신약이 어떻게 이 핵심적인 세계관 주제들을 취하여, 동일한 하나님의 백성인 교회의 정체성과 사명을 이해하는 틀을 형성하는지 살펴보았다.

그러면서 곳곳에서 이스라엘의 **윤리적 반응**의 필요성이 암시되어 있음을 보았다. 하나님의 선교는 그분이 선택하시고, 구속하시고, 언약 관계에서 자신과 결합시켜 놓으신 이 백성을 통해, 모든 열방이 복을 받는 것이다. 하지만 그러한 신적 목적은 인간의 반응을 요구한다. 이스라엘의 신앙과 정체성의 세 기둥(그들의 선택, 구속, 언약)은 모두 하나님의 선교와 연결되어 있다. 하나님 백성의 윤리적 도전은 첫째, 그들 존재의 핵심적인 특징인 하나님의 선교를 인식하고, 그 다음에 그것을 부인하고 방해하기보다는 표현하고 촉진하는 반응을 보이는 것이다.

이 장에서 우리는 지금까지 살펴본 다양한 윤리적 암시들을 세 가지 주요한 주제 각각에 명확하게 초점을 맞추는 핵심 본문들을 중심으로 통합시킬 것이다. 특히 전후 문맥 안에서 중대한 위치를 차지하고 있다고 인정되는 것으로, 윤리와 선교에 대해 더 광범위하게 설명하는 세 본문에 주의를 기울일 것이다. 그 본문들은 창세기 18장, 출애굽기 19장, 신명기 4장이다.

물론, 성경이 그리스도인을 위한 도덕적 규약집이라는 일반적인 견해는 성경이 무엇이고 그 역할은 무엇인가를 온전히 다 설명해 주지는 못한다. 성경은 본질적으로 하나님, 땅, 인간에 대한 이야기다. 그것은 무엇이 잘못되었고, 하나님이 무엇을 바로잡으셨으며, 하나님의 주권적인 계획 아래 미래에 무슨 일이 일어날 것인가에 대한 이야기다. 그럼에도 불구하고, 거대 서사 안에서, 도덕적 가르침은 중대한 위치를 차지한다. 성경의 이야기는 하나님의 선교에 대한 이야기다. 성경의 요구는 인간의 적절한 반응을 요구한다. 하나님의 선교는 인간의 반응을 요구하며 그 반응을 포함한다. 그리고 우리의 선교는 분명 그 반응의 윤리적 차원을 포함한다.

신구약 모두에서 하나님의 백성은 열방에 빛이 되도록 부름받는다. 하지만 열방의 빛이 되려면 거룩한 백성의 변화된 삶에서 그 빛이 이미 비치고 있어야 한다. 그러므로 내가 이 장에서 보여 주고자 하는 것은 성경의 윤리적 가르침을 선교학적 각도에서, 즉 이 책 전체의 취지인 선교학적 해석학을 갖고 읽을 수 있다는(실로 읽어야 한다는) 것이다.

나는 우리가 성경적 윤리 없이는 성경적 선교도 없음을 분명히 알게 되리라 믿는다.

선교적 윤리와 선택 – 창세기 18장

6장에서는 하나님이 아브라함을 선택하신 것을 열방에 대한 축복이라는 '핵심' 약속과 함께 살펴보았다. 우리는 약속과 명령이 결합된 말인 "너는 복이 될지라"(혹은 "복이 되라")는 말 안에, 어떻게 우리가 선택된 일차적 목적이 포함되어 있는지 보았다. 하나님은 이 말로서 세상에 구속적 축복의 역사를 시작하셨다. 하지만 우리는 또한 창세기가 믿음과 순종으로 반응한 아브라함의 반응을 강조하는 것도 보았다. 아브라함 자신의 순종[하나님이 열방을 축복하시기로 한 약속을 이행해야만 하는 이유로서 강조된(창 22:16-18)]은 대대로 그의 후손들을 교육하기 위한 본보기가 되어야 했다. 그 후손들 역시 의와 정의로 야웨의 길을 걸어서, 하나님께서 아브라함을 선택하신 선교적 목적을 성취할 수 있어야 한다. "아브라함의 언약은 하나님의 선교 전략일 뿐 아니라, 하나님의 백성을 위한 도덕적 의제다."

이러한 연관을 가장 분명하게 보여 주는 본문은 창세기 18:18-19이다. 이제 그것을 살펴보자.

> 아브라함은 강대한 나라가 되고 천하 만민은 그로 말미암아 복을 발견할 것이다. 내가 그로 그 자식과 권속에게 명하여 야웨의 도를 지켜 의와 정의를 **행하게 하려는 목적으로** 그를 알았나니(택하였나니) 이는 나 야웨가 아브라함에게 대하여 말한 일을 **이루게 하려는 목적이니라**.(창 18:18-19, 저자 사역)

하나님의 이 짧은 독백은 창세기 18-19장의 내용인 소돔과 고모라에 대한 하나님의 심판 이야기 한가운데 나온다. 그래서 만민에게 복을 주시겠다는 하나님의 약속을 스스로 상기시키는 이 말은, 사실상 특별히 잘 알려진 하나님의 역사적 심판 이야기 안에 자리잡고 있다. 먼저 전후 문맥에 주의를 기울일 필요가 있다. 바벨탑 이야기와 마찬가지로, 그것은 아브라함에게 주신 하나님의 말씀과 극명한 대조를 이루면서, 또한 왜 그러한 구속적 말씀이 그처럼 필요한지 그 이유를 보여 주기 때문이다.

소돔: 우리가 사는 세상의 모델. 소돔은 타락한 세상의 방식을 나타낸다. 그것은 성경에서 인간의 사악함과 궁극적으로 악행자들에게 임하는 하나님의 심판에 대해 묘사하는 유명한 원형이다. 소돔을 언급하는 몇몇 본문들을 개관해 보면 이것을 알 수 있다.

이 장에서부터 시작해서, 우리는 소돔으로부터 하나님에게로 올라가는 '부르짖음'($z^e\bar{a}q\hat{a}$)을 듣는다.

> 여호와께서 또 이르시되, 소돔과 고모라에 대한 부르짖음이 크고 그 죄악이 심히 무거우니 내가 이제 내려가서 그 모든 행한 것이 과연 내게 들린 부르짖음과 같은지 그렇지 않은지 내가 보고 알려 하노라.(창 18:20-21)

'제아카'($z^e\bar{a}q\hat{a}$) 혹은 '체아카'($s^e\bar{a}q\hat{a}$)는 억압이나 침해를 당하고 있는 사람들의 고통의 외침이나 도움을 청하는 외침을 나타내는 전문 용어다.[1] 우리는 8장

---

1) 시편 및 선지서에 나타난 용례를 포함해서 이 단어에 대한 충분하고 상세한 논의로는 Richard

에서 이것이 이스라엘 사람들이 애굽에서 종살이하면서 부르짖을 때 사용한 단어임을 보았다. 시편 기자들은 부당한 대우에 대한 그들의 부르짖음을 들어 달라고 하나님에게 호소할 때, 그 단어를 사용한다(예를 들어, 시 34:17). 무엇보다 생생한 것으로, 그것은 강간당하는 여자가 도움을 청하는 외침 소리다(신 22:24, 27). 창세기 13:13에서 벌써 "소돔 사람은 여호와 앞에 악하며 큰 죄인이었더라"는 말이 나온다. 여기에서 말하는 그 죄는 억압이다. 그것이 바로 '부르짖음'이라는 단어가 직접적으로 가리키는 것이기 때문이다. 소돔 안이나 그 부근에 사는 일부 사람들은 너무나 고통을 당해서, 그 억압과 학대에 대항하여 부르짖고 있었다.

창세기 19장에서는 "그 성 사람, 곧 소돔 백성들이 노소를 막론하고"(창 19:4) 보여 준 특징, 곧 적대적이고 왜곡되고 폭력적인 성적 부도덕에 대해 더 말한다.

신명기 29:23에서 우상숭배로 인해 하나님의 진노와 심판 아래 있는 이스라엘에 장차 닥칠 운명은 소돔과 고모라의 운명과 비교된다. 이것은 그 두 도시의 죄 가운데 사회적 악과 함께, 고삐 풀린 우상숭배가 포함되어 있었음을 시사한다(참고. 애 4:6).

이사야는 그 당시 이스라엘의 유혈 사태와 부패와 불의를 정죄하면서, 그것을 소돔과 고모라에 빗대어 묘사한다(사 1:9-23). 그리고 그는 더 나아가 바벨론(또 하나의 원형이 되는 도시)의 교만에 대해 하나님이 장차 내리실 심판을 하나님이 소돔과 고모라를 멸망시키신 것의 재현으로 묘사한다(사 13:19-20).

에스겔은 소돔의 죄를 교만, 풍족함, 궁핍한 자들에 대한 냉담함 등으로 묘사하면서, 유다가 소돔처럼 악한 짓을 하고 있다고 신랄하게 고발한다. 그들은 지나치게 교만하고, 지나치게 많이 먹었으며, 다른 사람들에게는 관심이 없었다. 이러한 비난들은 현대의 상황에도 대단히 적절하다(겔 16:48-50).

그래서 더 광범위한 구약의 증거를 보면, 소돔이 하나의 전형적인 모범으로 사용되었음이 분명하다. 최악의 상태에 처한 인간 사회의 모델, 그리고 그런 악에

Nelson Boyce, *The Cry to God in the Old Testament*(Atlanta: Scholars Press, 1988)를 보라. Boyce는 한 장 전체(3장)에 걸쳐 궁핍한 사람들이 당국을 향해 '도움을 청하는 부르짖음'의 법적 환경에서 이 용어가 사용된 용례에 대해 설명한다. 하나님이 소돔으로부터 들으신 것이 단순한 '부르짖음'이 아니라 궁극적으로 '세상을 심판하는 분'에게 '도움을 청하는 부르짖음'이었다면, 우리는 창 18:20을 더 명확하게 이해할 수 있다. 이 경우 하나님이 그 성들을 파멸하기 위해 개입하시는 것은 주변 지역에서 가난한 자들과 억압받는 자들을 지배하는 그들의 권세를 깨부수는 것으로 간주될 것이다. 그것은 성경적 정의의 행동이다.

대한 불가피하고 포괄적인 하나님의 심판의 모델로 사용되었다는 것이다. 소돔은 억압, 학대, 폭력, 왜곡된 성, 우상숭배, 교만, 탐욕스러운 소비 등이 만연하고 궁핍한 자들에 대한 자비와 돌봄은 전혀 일어나지 않는 장소였다.

필립 에슬러(Philip Esler)는 유대인들은 죄와 심판을 생각할 때 소돔의 특징이었던 이러한 악덕 행위와 악의 목록을 생각했으며, 바울이 로마서 1:18-32에서 말하는 인간의 사악함에 대한 묘사에도 그것이 반영되어 있다고 말한다. 바울은 소돔의 이름을 거론하지는 않지만, 인간의 죄에 대한 그의 목록은 소돔의 죄에 나오는 모든 항목들을 반영한다. 의미심장하게도, 바울은 그런 모든 행동들에 대해 "하나님의 진노가…하늘로부터 나타나나니"라는 말로 그의 목록을 시작하며, "이 같은 일을 행하는 자는 사형에 해당한다"라는 말로 끝난다. 소돔과 고모라에 죽음을 가져온 유황과 불의 비는 실제로 하늘로부터 내린 것이었다(창 19:24).[2] 바울이 자신이 열방에 대한 사도의 사명을 가지고 있다고 말했을 때, 그는 소돔으로 대표되는 그 열방을 말하는 것이었다. 그런 인간 세상에 '믿음의 순종'을 가져오려면, 복음 안에서 역사하는 하나님의 은혜라는 기적적인 능력이 필요했을 것이다. 지금도 그렇다.

아브라함: 하나님의 선교의 모델. 소돔은 심판 아래 있는 세상의 모델 역할을 한다. 하지만 그것은 또한 아브라함이 부름받고 거주하던 세상의 일부였다. 소돔은 아브라함이 가라고 명령받은 땅에 있었으므로, 그것은 어떤 의미에서 그의 선교의 배경이었다. 아브라함이 바벨 땅에서 부름을 받아 하늘의 낙원으로 들어가지 않고, 소돔 땅으로 들어가게 된다고 기록한 성경 이야기는 약간 풍자적인 점이 있다. 구속 이야기가 다른 무엇을 의미하든, 그것은 도피주의에 대한 이야기는 아니다.

그렇게 사악한 소돔에서 하나님이 두 천사와 함께 조사하시고 평원에 있는 성들에 신적 심판이 내리기 직전의 상황에서, 창세기 18장의 대화가 이루어진다. 18절에 나오는 하나님의 독백은 원래의 언약 약속을 되풀이한다. 이것은 18장 전반부에서 하나님이 왜 아브라함과 사라에게 하신 약속(창 18:10, 14)을 갱신하셨는지 이해하도록 도와주는 선교적 목표다. 하나님은 특정한 악한 사회에 심판을 내리시는 도중에, 멈춰서 모든 열방을 복 주시겠다는 그분의 궁극적 목적을 스스로 상

---

[2] Philip E. Esler, "The Sodom Tradition in Romans 1:18-32", *Biblical Theology Bulletin* 34(2004): 4-16.

기하신다. 그것은 마치 하나님이 후자(구속)를 배경으로 하시지 않고서는 전자(심판)를 행하실 수 없는 것과도 같다. 당장 특별히 필요한 것은 조사와 심판이다. 하지만 궁극적인 보편적 목표는 (언제나 그랬듯이) 축복이다.

그래서 하나님은 아브라함과 사라에게 오셔서 함께 식사를 하신다. 하나님은 그렇게 하실 필요가 없으셨다. 엄밀히 말해서 소돔에서 무슨 일이 일어나고 있는지 알아보기 위해 '내려갈' 필요가 없으셨던 것과 마찬가지였다('내려가다'라는 말은 하나님이 바벨탑을 조사하실 때 사용된 것과 똑같은 말이다). 하지만 하나님은 아브라함과 사라를 굳이 찾아오셨다. 그 이유는 하나님이 평원에 자리한 두 성 위에 있는 언덕에서 살고 있는 이 노부부 안에서, 인류의 역사를 위한 하나님의 선교 목적 전체를 보셨기 때문이다. 이 이야기는 하나님의 선교의 성경 신학에서 아브라함이 중심이 된다는 것을 우리에게 다시 한 번 상기시켜 준다[마치 하나님이 스스로에게 상기시키기 위해 그것을 말씀하신 것처럼 묘사된다(17-19절)].

하나님이 이런 식으로 은밀하게 이야기하신 것에 대해 아브라함이 어떤 반응을 보이는가 하는 것 역시 중요하다. 그는 중보 기도를 시작한다(창 18:22-23).

이 대화는 때로 중동 지역에서 밀고 당기며 흥정을 하는 모습으로 묘사된다. 저자거리의 역동적인 언어들을 사용한다는 것이다. 여기에서 가정하는 것은 하나님은 가혹한 재판관으로, 아브라함은 그 하나님과 점점 흥정을 하면서 에누리를 해서 더 가벼운 벌을 끌어낸다는 것이다. 아니면 어떤 사람은 이것이 심지어 아브라함이 야웨를 가르치기 시작하는 것이라고까지 생각한다(19절). 즉, 하나님에게 좀더 구별된 방식으로 온 세상을 심판하는 방법을 가르친다는 것이다(악한 자와 함께 의인을 멸망시키지 않음으로서).[3] 하지만 네이슨 맥도날드는 그런 '거래'적 해석은 그 대화에 전혀 맞지 않음을 증명했다.[4] 더 정확히 말해서, 저자거리라는 이미지가 암시되어 있다면, 그 이미지는 전복적인 형태로 제시된다. 여기 등장하는 야웨는 아브라함이 예상했던 것보다 훨씬 더 융통성이 있는 분이기 때문이다.

이 이야기가 소돔 성에 있을 수도 있는 의인의 숫자와 관련해서 가능하면 가

---

3) Walter Brueggemann, *Genesis*, Interpretation(Atlanta: John Knox Press, 1982), p. 168. 『창세기』(한국장로교출판사).

4) Nathan MacDonald, "Listening to Abraham—Listening to YHWH: Divine Justice and Mercy in Genesis 18:16-33", *Catholic Biblical Quarterly* 66(2004): 25-43.

장 낮은 '가격'에 그 성의 구원을 '사려는' 아브라함의 노력을 비유하는 것이라고 생각한다면, 그 '거래'는 예상과는 반대 방향으로 진행된다. 의인 50명을 그 성에서 발견할 수 있다면 그 성 전체를 살려 주어야 한다고 처음 '입찰'하는 것은 아브라함이다. 그것은 구구한 핑계 없이 받아들여진다. 아마 아브라함은 놀랐을 것이다. 어떤 반대 제안이 있는 것도 아니다. 이것이 실제로 이루어지는 통상적 거래라면, 하나님은 아마 이와 비슷한 대답을 하실 것이다. "안 된다. 단 50명을 위해 그렇게 할 수는 없다. 적어도 백 명은 있어야 한다." 그러면 몇 번 연이어 재협상이 이루어지고, 중간 어딘가에서 숫자의 합의를 보게 될 것이다. 하지만 반대로, 아브라함이 머뭇거리며 숫자를 **축소**할 때마다 하나님은 머뭇거리지 않고 흔쾌히 받아들이신다. 마침내 그 과정이 열 명에서 불가사의하게 멈출 때까지 말이다. 아브라함은 심지어 중보 기도를 하고 있는 중에도 배우고 있다. 그가 상대하고 있는 하나님, 바로 이 목적을 위해 그에게 자신의 속마음을 털어놓으신 하나님은 아브라함이 처음에 바라던 것보다 훨씬 더 자비로우실 준비가 되어 있다는 것이다. 그리고 이 하나님은 심판을 하실 때 반드시 의인을 악인과 구분하실 것이다.

결국에 가서 그 이야기는 소돔 성에서 열 명의 의인조차 발견할 수 없었다고 말해 준다. 골딩게이가 말하듯이, "소돔처럼 겨우 열 명의 무죄한 사람조차 찾아볼 수 없는 성을 불쌍히 여기라. 그 성의 모든 남자들이 롯의 문가에 모인다. 실로 마지막 한 사람까지 전부 다(창 19:4)."[5] 그래서 심판이 임한다.

하지만 아브라함의 중보 기도는 완전히 실패하지는 않았다. 하나님이 성 전체를 살려 주실 조건은 충족되지 않았다. 하지만 "의인을 악인과 함께 멸하지" 마시라는 아브라함의 **첫 번째** 요청(창 18:23)은 실제로 받아들여졌다. 롯과 그의 딸들은 그러한 대재앙에서 구조되었다. 그리고 소돔과 고모라에 대하여 부르짖은 사람들(아마 그들에게 억압을 받고 있던 주위 마을을 의미할 것이다)은 그 악한 성들이 파괴됨으로서 해방되었다고 추정할 수 있다.

여기에서 아브라함은 후에 모세가 더 철저하게 맡게 될(출 32-34장; 민 14장; 신 9장), 그리고 그리스도가 하늘나라에 가서까지 맡으시게 될 바로 그 역할을 맡는다. 그것은 선지자적이고 제사장적인 중보자의 역할이다. 게다가 그것은 열방

---

5) John Goldingay, *Old Testament Theology*, vol.1, *Israel's Gospel*(Downers Grove, Ill.: InterVarsity Press, 2003), p. 228.

에 복을 주는 도구로서 아브라함이 담당한 역할에 대한 또 하나의 예다. 비록 이 경우 그 성들은 도저히 축복을 받거나 유예를 받을 수 없을 정도로 죄를 범했지만 말이다. 놀랍게 보일지 모르지만, 소돔과 고모라에게는 그들을 위해 기도하고 그들이 하나님의 심판을 면하게 해 달라고 간청하는 아브라함이 있었다. 이것은 요나나 (덧붙이자면) 사악한 주위 세상을 바라보면서 많은 그리스도인들이 나타냈던 반응과는 매우 다르다. "야웨의 말씀에 귀를 기울인다면, 우리는 야웨와 아브라함의 대화를 통해, 신적 축복을 열방에 전달하기 위해서 야웨에게 선택받은 사람들이 어떤 반응을 나타내야만 하는지 배울 수 있다(12:1-3)."[6] 즉, 우리는 중보 기도의 선교적 의의를 배운다.

"여호와의 도": 하나님의 백성의 모델. 핵심 구절인 창세기 18:19로 돌아가면, 그 윤리적 의제가 한 쪽은 아브라함의 선택과, 다른 한 쪽은 하나님의 선교와 연결되어 있음을 발견하게 된다. 우리는 먼저 "여호와의 도"라는 구절과 "의와 공도를 행함"이라는 구절이 구체적으로 어떤 윤리적 내용을 담고 있는지 살펴볼 필요가 있다. 그 다음에 그 구절의 구조와 신학이 지닌 분명한 선교적 논리에 주목할 것이다.

윤리적 내용. 아브라함은 선생이 되도록, 특히 여호와의 도를 가르치는 선생과 의와 공도를 가르치는 선생이 되도록 선택받았다. 이 윤리 교육은 그의 자녀들로부터 시작해서 '그 권속'에게 전달될 것이다. 그 권속들은 그 가르침을 대대로 전해 줄 것이다. 이미 아브라함은 모세보다 먼저 교사의 역할을 행하고 있다. 그가 모세보다 먼저 중보하는 선지자로서의 역할을 행하던 것과 마찬가지다. 두 구절이 아브라함 가정의 교육 과정 내용을 요약해 준다.

1. 여호와의 도 "여호와의 도를 지킴" 혹은 "여호와의 도를 행함"이라는 표현은 구약에서 이스라엘의 윤리의 특별한 측면을 묘사하기 위해 잘 사용되던 비유였다. 이 단어에는 대조가 암시되어 있다. 즉, 다른 신들의 길이나 다른 민족들의 길, 혹은 자신의 길이나 죄인들의 길과는 다른, 야웨의 길에 행한다는 것이다. 여기에서 대조되는 것은 분명 야웨의 길과, 곧이어 나오는 **소돔**의 길이다. "여호와의 도를 행함"(walking in the way of the Lord)이라는 비유적 표현은 두 가지 모습을 염두에 두고 있는 것 같다.

---

6) 같은 책, p. 43.

하나는, 길에 있는 누군가를 따르는 것이다. 그들의 발자국을 지켜보고, 그들이 가는 길을 주의 깊게 따라가는 것이다. 그런 의미에서, 그 비유는 하나님을 본받는 것을 시사한다. 하나님이 어떻게 행동하시는지 관찰하고, 그대로 따른다. 한 찬송가가 예수님을 따르는 것에 대해 말하는 것처럼, "당신의 발자국을 보고 그것을 쫓아 살게 하소서."[7]

그런 비유적 표현은 이스라엘의 여행길에서 하나님이 자신을 따르는 백성들에게 인도자와 모범으로서 그 길을 인도하시리라는 것을 암시한다. 그것은 또한 하나님이 요구하신 도덕적 사항들은 하나님 자신이 자기 백성을 대하시면서 모범을 통해 보여 주신 것임을 시사한다. 이스라엘 사람들은 하나님의 행동을 그대로 따라하면서, 그들이 예배하던 하나님의 본질과 성품을 열방에게 보여 줄 것이다(신 4:5-8).[8]

또 한 가지 모습은 어떤 사람이 해준 설명을 따라 걸어가기 시작하는 것이다. 그 설명은 약도일 수도 있고(그것이 고대 이스라엘 사람들이 보기에 너무 시대에 뒤진 것이 아니라면), 아니면 제대로 된 길에서 벗어나지 않도록 그리고 막다른 길이나 위험한 곳으로 이어지는 잘못된 길로 가지 않도록 해줄 일련의 지시일 수도 있다. 시릴 로드(Cyril Rodd)에 따르면, 이 두 번째 이미지가 구약에 나오는 그 비유의 용례와 훨씬 더 어울린다. "여호와의 도를 행함"이라는 표현은 가장 흔하게는 하나님 자신을 따라하는 것보다는 하나님의 명령에 순종하는 것과 연결되어 있기 때문이다. 로드에 따르면, 여호와의 도란 하나님의 율법 혹은 명령들, 인생의 여정을 위한 그분의 지시 전체를 나타내는 또 하나의 표현일 뿐이다. 로드가 그 비유의 두드러진 용례를 분석한 것은 분명 옳다. 하지만 나는 그가 그 표현에서 하나님을 본받는다는 개념을 너무 엄격하게 배제한다고 생각한다.[9] 하나님의

---

7) John F. Bode, "O Jesus, I Have Promised"(1868).
8) Eryl W. Davies, "Walking in God's Ways: The Concept of Imitatio Dei in the Old Testament", *True Wisdom*, ed. Edward Ball(Sheffield, U.K.: Sheffield Academic Press, 1999), p. 103. 흥미롭게도, Davies는 여기에서 우리가 설명하고자 하는 이스라엘의 선교적 의의의 동일한 측면을 다룬다. 이스라엘의 삶의 윤리적 특성은 열방 가운데 야웨를 반영해 보임으로서 열방에 야웨를 '증거하는' 활동의 일부였다. 또한 이스라엘의 선교의 이 윤리적 측면에 대해 논의하고 있는 Christopher J. H. Wright, *Deuteronomy*, New International Biblical Commentary(Peabody, Mass.: Hendrikson; Carlisle, U.K.: Paternoster, 1996), pp. 11-14와, 이 책 "선교적 윤리와 언약" 부분을 보라.
9) Cyril Rodd는 *Glimpses of a Strange Land : Studies in Old Testament Ethics*(Edinburgh: T&T Clark,

명령들은 자율적이거나 독단적인 규칙들이 아니다. 그것들은 종종 하나님의 성품이나 가치관 혹은 바람들과 관련되어 있다. 그래서 하나님의 명령에 순종하는 것은 인간의 삶 가운데 하나님을 반영하는 것이다. 하나님의 율법에 순종하는 것과 하나님의 성품을 반영하는 것은 상호 배타적인 것이 아니다. 전자는 후자의 표현이다.

이런 역학을 가장 분명하게 볼 수 있는 예 가운데 하나는 신명기 10:12-19이다. 그것은 미가서 6:8과 비슷하게, 율법 전체를 다섯 가지 단어로 요약하는 수사학적 수식으로 시작한다. 그 다섯 가지란 경외하라, 행하라, 사랑하라, 섬기라, 순종하라는 것이다.

이스라엘아, 네 하나님 여호와께서 네게 요구하시는 것이 무엇이냐. 곧 네 하나님 여호와를 경외하여 **그의 모든 도를 행하고**, 그를 사랑하며 마음을 다하고 뜻을 다하여 네 하나님 여호와를 섬기고, 내가 오늘 네 행복을 위하여 네게 명하는 여호와의 명령과 규례를 지킬 것이 아니냐.(신 10:12-13, 저자 강조)

그렇다면 이스라엘이 행해야 하는 야웨의 도는 무엇인가? 그 대답은 먼저 광범위한 용어로 주어진다. 야웨의 도는 아브라함과 그 후손을 야웨의 축복의 특별한 수단으로 선택하는, 자신을 낮추시는 사랑의 도였다.

하늘과 모든 하늘의 하늘과 땅과 그 위의 만물은 본래 네 하나님 여호와께 속한 것으로되, 여호와께서 오직 네 조상들을 기뻐하시고 그들을 사랑하사 그들의 후손인 너희를 만민 중에서 택하셨음이 오늘과 같으니라.(신 10:14-15)

그것은 그에 대한 보답으로 사랑과 겸손이라는 반응을 요구했다. "그러므로 너희는 마음에 할례를 행하고 다시는 목을 곧게 하지 말라"(신 10:16). 그러나 야웨의 '도'는 **구체적으로** 무엇을 의미하는가? 다음 구절이 상세하게 설명한다.

2001), pp. 330-333에서 야웨 혹은 다른 신들과 '함께, 뒤에서, 혹은 앞에서 행하는 것'이라는 비유의 용례에 대해 매우 훌륭하게 조사하고 있다.

사람을 외모로 보지 아니하시며 뇌물을 받지 아니하시고 고아와 과부를 위하여 정의를 행하시며 나그네를 사랑하여 그에게 떡과 옷을 주시나니 **너희는 나그네를 사랑하라**. 전에 너희도 애굽 땅에서 나그네 되었음이니라.(신 10:17-19, 저자 강조)

그렇다면 여호와의 도로 행하는 것은 (무엇보다도) 하나님이 그들을 위해 해주고자 하시는 것을 다른 사람들을 위해 하는 것, 좀더 상세하게 말하면, (이스라엘의 경우) 하나님이 이미 그들을 위해 해주신 일(하나님이 그들을 애굽의 종살이에서 구출해 주시고 광야에서 음식과 옷을 공급해 주신 경험)을 다른 사람들을 위해 하는 것을 의미한다.

그렇다면 다시 창세기 18:19로 돌아가서, 이 전체 이야기를 처음 읽는 사람들은 "여호와의 도"라는 말이 소돔과 고모라 성의 도와 강력한 대조를 이루는 것을 알게 될 것이다. 그 성들의 사악함으로 인해 사람들이 부르짖자, 하나님은 그곳을 살펴보기로 하신다. 구약 다른 부분을 잘 알고 있는 경험 많은 독자는, 그 구절이 야웨의 성품과 행동을 본받아 만든, 풍성한 구약 윤리의 파노라마를 요약한 것이라는 점을 발견할 것이다.

2. 의와 공도를 행함. 의와 공도 역시 가장 중요한 다섯 가지 구약 윤리의 어휘에 들어갈 것이다. 그 어휘들은 각각 다양한 동사적·형용사적·명사적 형태로, 수백 번 나온다.

첫째는 ṣdq라는 어원으로, 두 개의 흔한 명사 형태인 '체데크'(ṣedeq)와 '체다카'(ṣᵉdāqâ)로 나온다. 그 명사들은 보통 영어 성경에서 '의'(righteousness)라고 번역된다. 하지만 다소 종교적 냄새가 나는 그 말은 히브리어에서 그것이 가지고 있었던 의미를 완전히 다 전달하지는 못한다. 어원적 의미는 아마도 '곧은'이라는 뜻일 것이다. 고정되어 있으며, 마땅히 되어야 할 모습을 하고 있는 어떤 것을 뜻한다. 그래서 그것은 규범을 의미할 수 있다. 그것으로 다른 것들을 측량하는 어떤 것, 하나의 기준이라는 것이다. 그것은 문자적으로는 해야 하는 것을 하거나 혹은 되어야 하는 것이 되는 실제 물건에 대해 사용된다. 예를 들어, 정확한 무게와 치수는 "체데크의 저울추"(레 19:36; 신 25:15, 우리말 성경에는 "공정한 또는 공평한 저울추"로 번역되어 있다—역주)다. 양들에게 안전한 길은 "체데크의 길"(시 23:3, 우리말 성경에는 "의의 길"로 번역되어 있다—역주)이다. 그래서 그것은 의, 마땅히 되어야 하는 것, 기준에 걸맞은 것을 의미하게 된다.

그것을 인간 행동들과 관계들에 적용할 때는, 올바른 것이나 예상되는 것에 따르는 것을 의미한다. 추상적이거나 일반적인 방식으로가 아니라, 특정한 관계의 요구 혹은 구체적 상황의 현실에 맞게 따르는 것이다. 체데크/체다카는 사실상 관계를 진하게 나타내는 단어들이다. 그래서 헴찬드 고사이(Hemchand Gossai)는 그 용어에 대해 정의를 내리면서 '관계'에 대해 한 부분을 작성할 정도다.

개인이 '차디크'[$saddîq$, 의로운]가 되기 위해서는, 반드시 그(녀)가 그 관계의 가치관에 올바로 반응하면서 존재하고 살아야 한다는 것을 의미한다[거기에는 배우자, 부모, 재판관, 일군, 친구 등의 관계가 포함된다].…그렇다면 본질상 sdq는 단지 사회 내에 존재하며 반드시 지켜야 하는 객관적 규범이라기보다는, 그것이 나타나는 관계로부터 그 의미를 끌어내는 개념이다. 그래서 우리는 올바른 재판, 올바른 통치, 올바른 예배와 자비로운 행동은 모두, 그 다양성에도 불구하고 언약적이고 의롭다고 말할 수 있다.[10]

두 번째는 $špt$라는 어원이다. 그것은 모든 차원의 사법 활동과 관계가 있다. 흔히 사용되는 동사와 명사가 거기에서 유래된다. '샤파트'($šapat$)라는 동사는 광범위한 법적 행동을 말한다. 그것은 입법자로 활동하는 것, 분쟁 중인 당사자들을 중재하는 재판관으로 활동하는 것, 누가 유죄이고 누가 무죄인지 선언함으로서 심판을 선고하는 것, 그런 판결의 법적 결과들을 시행함으로 심판을 실행하는 것 등을 의미할 수 있다. 가장 광범위한 의미에서 그것은 '바로잡다' '잘못되거나, 억압적이거나, 통제할 수 없는 상황에 개입하여 그것을 고치다'라는 뜻이다.

거기서 유래된 명사 '미쉬파트'($mišpāt$)는 소송의 전 과정, 혹은 그것의 결과(판결과 그것의 시행)를 말하는 것일 수 있다. 그것은 법령을 의미할 수 있다. 보통 과거의 판례들에 근거한 판례법이다. 언약 법전, 혹은 언약책으로 알려져 있는 출애굽기 21-23장은 히브리어로는 그냥 '미쉬파팀'($mišpāṭîm$)이라고 되어 있다. 그것은 보다 개인적인 의미로는 어떤 사람의 법적 권리, 어떤 사람이 원고로서 장로들 앞에 가져오는 주장이나 진술에 대해서도 사용될 수 있다. "고아와 과부의 미쉬파트"라는 자주 사용되는 표현은 그들을 착취하는 사람들을 고발하는 정당

---

10) Hemchand Gossai., *Justice, Righteousness and the Social Critique of the Eighth-Century Prophets*, American University Studies, Series 7, Theology and Religion(New York: Peter Lang, 1993), 141:55-56.

한 주장을 의미한다. 특히 이 마지막 의미로부터 미쉬파트는 다소 적극적인 의미에서 보다 광범위한 '정의'라는 의미를 지니게 되었고, 반면 **체데크/체다카**는 보다 정적인 느낌을 지니게 되었다.[11] 가장 광범위한 용어들에서 (그리고 그 단어들이 상당히 중복되고 교환해서 사용할 수 있다는 것을 인정하면) 미쉬파트는 사람들과 환경들이 **체데크/체다카**에 따라 회복되기 위해, 주어진 상황에서 해야 하는 것을 의미한다. **미쉬파트**는 질적인 일련의 행동들, 즉 당신이 해야 하는 그 무엇이다.[12] **체데크/체다카**는 질적인 일의 상태, 즉 당신이 이루고자 목표하는 그 무엇이다.

여기 창세기 18:19에서는, 종종 그렇듯, 그 두 단어가 짝을 이루어 포괄적인 하나의 문구를 형성한다. 그 두 단어는 이렇게 대구(對句)로 함께 나타나면서('의와 정의' 혹은 '정의와 의'), 전문 용어로 '중언법'이라는 것을 형성한다(우리말 성경에는 '의와 공도'로 번역되어 있다-역주). 즉, 두 단어를 사용함으로서 하나의 복합적인 개념을 표현하는 것이다.[13] 아마 그 두 단어로 된 문구에 가장 가까운 표현은 '사회 정의'가 될 것이다. 하지만 심지어 그 단어조차 이 한 쌍의 히브리 단어가 지닌 역동성을 나타내기에는 다소 너무 추상적이다. 존 골딩게이가 지적하듯이, 그 히브리 단어들은 그것을 번역하기 위해 사용된 영어의 추상 명사들과는 달리, 구체적 명사들이기 때문이다. 즉, 의와 정의는 당신이 성찰하는 어떤 개념들이 아니라 실제로 행하는 그 무엇들이다.[14]

그렇다면 아브라함은 여호와의 도를 윤리적으로 가르치고, 의와 정의를 행하는 과정을 시작해야 했다. 하지만 그는 자신이 가르쳐야 하는 것을 어떻게 배울 것인가? 바로 그 다음에 나오는 이야기가 첫 번째 교훈이다. 우리는 그 이야기의

---

11) mišpaṭ에 대해서는 앞의 책 3장을 보라.
12) "성경 본문들에서 흔히 사용되듯이, 정의는 평가의 원리 이상으로 행동에 대한 요구다. 행동에 대한 호소로서 정의란 **자신을 직접 변호할 수 없는 약한 사람들의 주장을 떠맡는 것**을 의미한다[참고 사 58:6; 욥 29:16; 렘 21:12]. "Stephen Charles Mott, *A Christian Perspective on Political Thought* (Oxford University Press, 1993), p. 79.
13) 중언법에 대한 다른 예들로는 '법과 질서' '건강과 안전' '숙식' 등이 있다. 중언법에서 각 단어는 나름의 독특한 의미를 가지고 있지만, 흔히 사용되는 문구로 결합해 놓았을 때, 하나의 개념 혹은 일련의 환경들을 표현한다.
14) John Goldingay, "Justice and Salvation for Israel and Canaan", *Reading the Hebrew Bible for a New Millennium: Form, Concept, and Theological Perspective*, ed. Wonil Kim et al.(Harrisburg, Penn.: Trinity Press International, 2000), pp. 169-187.

끝에 나오는, 죄악이 가득한 성들에 대한 심판에 초점을 맞추는 경향이 있다. 하지만 실제로 야웨 자신이 가장 먼저 아브라함에게 알리고자 하시는 것은 그분이 이 성들이 영향력을 발휘하는 지역에서 억압당하는 자들의 고난에 관심을 갖고 계시다는 사실이다. 야웨와 아브라함 간의 대화를 상세하게 설명한 이 이야기에서, 창세기 18:17-19은 독백, 즉 하나님이 자신에게 말씀하시는 것이다. 20절에서 하나님은 다시 아브라함에게 말씀하시며, 그분이 말씀하시는 첫마디는 제아카(도움을 위한 부르짖음)라는 말이다. 하나님이 소돔을 살펴보고 나서 행동을 취하시게 된 것은 소돔의 섬뜩한 죄뿐 아니라, 그 희생자들의 항변과 부르짖음 때문이었다. 이것은 출애굽기 앞부분 장들에서 하나님이 행동하시도록 만든 것과 똑같은 것이다. 사실상 창세기에 나오는 이 사건은 하나님의 성품, 행동, 요구 사항을 대단히 실용적으로 규정한다. 아브라함이 바야흐로 목격하고 그 다음에 가르치게 될 여호와의 도는 억압받는 자들을 위해, 그리고 억압하는 자들에 반대해서 의와 정의를 행하는 것이다. 이것에서도 역시 아브라함은 모세의 선구자다. 모세는 여호와의 도에 대한 같은 교훈을 배워서, 그것을 중보 기도로 바꾸었으며(역시 아브라함처럼), 이스라엘에게 가르쳤고(출 33:13, 19; 34:6-7), 그 다음에 그것을 예배로 바꾸었다.

> 여호와께서 **공의로운 일**을 행하시며
> 억압당하는 모든 자를 위하여 **심판**하시는도다.
> **그의 행위**를 모세에게
> 그의 행사를 이스라엘 자손에게 알리셨도다.(시 103:6-7, 저자 강조)

선교적 논리. 다시 핵심 본문으로 돌아와서, 우리는 또한 그 본문의 문법적 구조와 논리에도 주의를 기울여야 한다. 그것은 간결한 진술로, 거기에서는 구문과 신학이 강력한 윤리적·선교학적 영향력과 밀접하게 뒤얽혀 있다.

창세기 18:19은 세 절로 나누어지는데, 그것은 목적을 나타내는 두 개의 표현으로 결합되어 있다. 그것은 아브라함을 선택하신 것에 대한 하나님의 단언으로 시작된다. "내가 그를 알았나니"(우리말 성경에는 "내가 그를 택하였나니"—역주). 이 말은 하나님이 어떤 사람이나 백성을 하나님 자신과 친밀한 관계를 맺도록 선택하실 때 종종 사용되는 말이다. 그리고 나서 하나님은 그분이 아브라함을 선택하신 윤리적 목적을 진술하신다. "그로 그 자식과 권속에게 명하여 여호와의 도를 지켜 의와 공도를 행하게 하려고."[15] 그러고 나서 열방을 축복하시는 하나님의 선교를 언급하는 또 하나의 목적절이 나온다(그것은 18절에서 방금 언급된 것이다). "이는 나 여호와가 아브라함에게 대하여 말한 일을 이루려 함이니라."

이 한 구절은 이처럼 **선택**, **윤리**, **선교**를 하나님의 의지, 행동, 바람을 나타내는 단 하나의 구문론적 신학적 순서로 연결시킨다. 그것은 선택에 대해 설명하면서 윤리를 통합시키는, 하나의 선교적 단언이다.

이 부분의 주제와 관련해서 가장 주목할 만한 것은 **윤리가 선택과 선교 간의 중간 지점에 있다는** 점이다. 윤리가 전자의 목적이자 후자의 기초라는 것이다. 즉, 하나님이 아브라함을 선택하신 것은 하나님의 성품을 윤리적으로 나타내는 공동체를 만들기 위함이다. 그리고 열방을 축복하시는 하나님의 선교는 그런 공동체가 실제로 존재하는 것을 근거로 하고 있다. 이것은 아브라함이 다른 사람들을 축복하기 위해 선택받은 것과, 아브라함 자신이 하나님에게 **개인적으로** 순종한 것이 관련이 있는 것과 똑같은 이치다. 창세기 22:18과 창세기 26:4-5은 열방을 축복하시려는 하나님의 의도와 시험을 통과한 아브라함의 순종을 그렇게 관련시킨다. 특히 26장 본문은 그 관계를 주로 윤리적 범주로 분명히 표현하고 있다. 아브라함의 선교가 성취될 수 있도록, 아브라함의 순종은 그의 후손들에게 모범이 되어야 한다. 그리고 이제 그 개인적 순종이 가르침에 의해 그의 전체 공동체에 전달되어야 한다.

창세기 18:19의 선교적 논리는 그 구절의 어느 쪽 끝에서도 접근할 수 있다. 어떻게 접근하든 윤리는 중간에 나온다.

- 끝에서부터 볼 때
  하나님의 궁극적 선교는 무엇인가?
  하나님이 아브라함에게 약속하신대로, 열방에 축복을 가져오는 것(선교).
  그것은 어떻게 성취될 것인가?

---

15) 여기에서 목적을 나타내는 표현이 강조되고 있다. 그 절들은 (히브리어에서 쉽게 그렇게 할 수 있었던 것처럼) we라는 흔히 나오는 접속사가 아니라, $l^ema\,{}^can$이라는 목적을 가리키는 접속사로 결합되어 있기 때문이다.

세상에 의와 정의 가운데 여호와의 도를 따라 살도록 가르침을 받게 될 공동체가 존재하는 것에 의해(윤리).
하지만 그런 공동체는 어떻게 생겨날 것인가?
하나님이 아브라함이 그 창시자가 되도록 택하셨기 때문에(선택).
• 처음에서부터 볼 때
아브라함은 누구인가?
하나님이 택하시고 개인적 친분 관계를 맺게 하신 사람(선택).
왜 하나님은 아브라함을 택하셨는가?
소돔의 길을 따라가는 세상에서 여호와의 도와 그분의 의와 정의에 헌신할 백성을 만드시기 위해(윤리).
아브라함의 백성은 어떤 목적으로 그렇게 높은 윤리적 기준에 따라 살아야 하는가?
하나님이 열방을 축복하시려는 그분의 선교를 성취하실 수 있도록(선교).

그렇다면 이 의미심장한 구절은 선교학과 교회론의 관계에 또 다른 차원을 도입한다. 이미 우리는 6장과 7장에서 하나님의 백성인 교회가 존재하는 선교적 이유가 무엇인지 인식하는 것이 얼마나 중요한지 살펴보았다. 우리는 선택 교리를 말할 때, 그것 자체가 목적이 아니고 열방을 모으는 더 큰 목적을 위한 수단이라는 점을 빼놓는다면 절대 그 교리를 성경적으로 말할 수가 없다. 선택은 단순히 구원론적인 것이 아니라, 선교학적인 것으로 보아야 한다.

이제 우리는 이 **교회론적** 관련이 또한 **윤리적**인 것이라는 점을 좀더 분명히 보게 된다. 하나님의 공동체는 하나님의 선교를 위해 하나님 자신의 윤리적 성품에 의해 형성된 공동체가 되도록 애쓴다. 그러기 위해 억압과 불의로 가득 찬 세상에서 의와 정의에 특별히 주의를 기울이는 것이다. 그런 공동체만이 열방에 축복이 될 수 있다.

창세기 18:19에 따르면, **하나님의 백성의 삶의 윤리적 특성은 그들의 부르심과 그들의 선교를 연결시키는 중대한 연결 고리다.** 열방을 축복하시려는 하나님의 의도는 그 축복의 행위자가 되도록 창조하신 백성들에게 부과된 하나님의 윤리적 요구와 분리할 수 없다.

성경적 윤리 없이 성경적 선교는 없다.

선교적 윤리와 구속 – 출애굽기 19장

이제 한 주요 본문(창 18장)에서 또 하나의 주요 본문인 출애굽기 19:4-6로 넘어가 보자.

> 내가 애굽 사람에게 어떻게 행하였음과
> 내가 어떻게 독수리 날개로 너희를 업어
> 내게로 인도하였음을 너희가 보았느니라.
> 온 땅이 다 내게(*li*) 속하였나니
> 너희가 내 말을 잘 듣고 내 언약을 지키면
> 너희는 모든 민족 중에서
> 내게(*li*) 특별한 개인적 소유가 되겠고
> 너희가 내게(*li*) 대하여 제사장 나라가 되며
> 거룩한 백성이 되리라.(출 19:4-6, 저자 사역)

우리는 이 본문의 풍성한 내용을 간단히 두 번 살펴보았다. 7장에서는 그것을 아브라함의 언약과 이스라엘의 부르심의 본질인 보편성 및 특정성과 관련해서 살펴보고, 10장에서는 이스라엘이 열방 가운데 제사장이라는 주제와 관련해서 탐구해 보았다. 그러면서 열방에게 하나님을 아는 지식과 하나님의 율법을 전달하고, 언약에 포함되는 것과 축복을 통해 열방을 하나님에게 인도하는 쌍방향적인 역학을 살펴보았다.

이제 하나님이 주신 이스라엘의 정체성에 나오는 또 다른 구절을 살펴보자. 그것은 '거룩한 나라'라는 말이다. 거룩함은 제사장직의 본질에 해당된다. 이스라엘이 열방 가운데서 야웨의 제사장 역할을 시행하려면, 그들은 거룩해야 했다. 그리고 거룩함은 그냥 의식적 행사를 말하는 것이 아니라, 포괄적인 윤리적 의제를 의미했다. 하지만 먼저, 본문의 전후 문맥 전체에서 몇 가지 본질적인 요점들을 상기하는 것이 도움이 될 것이다. 여기에서 전후 문맥은 모든 성경적 윤리와 선교를 적절히 이해하는 데 매우 중요한 역할을 하기 때문이다. 물론 이것들은 전에도 살펴보았던 것들이다. 하지만 매우 중요한 것이기 때문에 여기에서 다시 한 번 간략하게 살펴보겠다.

하나님의 구속적 주도권. "내가 애굽 사람에게 어떻게 행하였음을 너희가 보았느니라"(출 19:4). 이것은 출애굽기의 앞에 나오는 열여덟 장, 곧 하나님이 이스라엘을 애굽의 종살이에서 해방시킨 위대한 이야기를 상기시키는 말이다. 그것은 역사적 사실이며 최근의 기억이었다. 겨우 석 달 전에 그들은 집단 학살의 위협에 시달리고 있었다. 이제 그들은 해방되었다. "그리고 내가 그것을 했다"라고 하나님은 말씀하신다. "그리고 너희를 여기 나 자신에게로 데려왔다." 하나님은 이스라엘이 무엇을 해야 하는지 말씀하시기 전에, 그분이 이미 하신 일을 가리키신다.

하나님이 구속의 은혜에서 주도권을 잡으신다는 사실은 율법 수여, 언약 수립, 성막 건축, 약속의 땅으로의 전진 등 그 다음에 나오는 모든 것의 기초가 되는 우선적 사항이다. 그들이 현재 누리는 삶은 하나님의 은혜로 사는 것이다. 그들이 살아내야만 하는 삶 역시 동일한 출발점에서 나와야 한다. 물론 이 구절들에는 윤리적 명령어들이 나온다. 즉, 하나님의 음성을 듣고 하나님의 언약을 지키라는 것이다. 하지만 그것은 **하나님의 구속을 얻기 위한** 조건이 아니라(그 일은 이미 일어났기 때문이다), **그들의 정체성이 부과하는 사명(mission)을 성취하는** 조건이다. 정체성과 순종은 은혜에서 나온다.

그렇다면 성경적 윤리는 성경적 구속에 대한 반응으로 보아야 한다. 윤리에 대한 다른 모든 토대는 교만이나 율법주의 혹은 절망으로 이끈다. 그리고 우리는 이제 이스라엘의 윤리적 의제가 그들을 존재하게 하신 하나님의 선교적 행동과 얼마나 밀접하게 연결되어 있는지 보았으므로, 성경적 선교도 같은 토대 위에 놓고 평가해야 한다. 우리가 어떠한 선교적 부르심을 받든지, 그것은 우리의 삶에 주어진 하나님의 은혜로부터, 그리고 미래를 위한, 우리를 위한, 세상을 위한 하나님의 계획의 은혜로부터 나온다. 우리의 순종의 한 차원인 선교 역시 은혜에서 나온다. 즉, 그것은 성취된 구속의 은혜와 하나님의 미래의 목적들의 은혜다.

하나님의 보편적 소유권. "세계가 다 내게 속하였나니…너희는 모든 민족 중에서"(출 19:5). 이러한 구절들을 중심부에 놓고 있는 이 본문은 하나님과 이스라엘의 관계 및 이스라엘을 위한 하나님의 의도가 조금도 배타적인 것이 아님을 보여 준다. 반대로, 이 본문은 온 세상에 대한 하나님의 소유권과, 모든 민족에 대한 하나님의 보편적 관심을 단언한다. 하지만 동시에 이 본문은 이스라엘이 야웨의 귀중한 개인적 소유로서, 그분의 제사장 나라요 거룩한 백성이라는 독특하고 특정한 정체성을 갖고 있음을 단언한다.

이러한 이중적 단언의 결과, 이스라엘은 대단히 공개적인 무대에서 살게 될 것이다. 이스라엘의 존재나 역사에서 비밀스러운 것은 아무것도 없을 것이다. 좋건 나쁘건(성경 이야기들과 선지자들이 보여 주겠지만), 이스라엘은 열방 앞에 드러나게 될 것이며, 그런 위치에서 그들의 하나님 야웨에게 자랑거리가 될 수도 있고 망신거리가 될 수도 있을 것이다. 하지만 여기 열방 한가운데서 그러한 역사적 여행을 시작할 때 하나님이 바라시는 것은 그들이 제사장다운 거룩한 행동으로 하나님의 귀중한 소유라는 지위에 걸맞게 사는 것이다.

그렇다면 이 본문에서 볼 때, 성경 윤리는 자신에게만 책임을 지는 폐쇄적 소집단의 안이하고 은밀한 행동이 될 수는 없다. 하나님의 백성의 삶은 언제나 그들을 지켜보는 열방을 향하고 있다. 제사장들이 언제나 하나님뿐 아니라 그들의 백성을 향하고 있는 것과 마찬가지다. 세상에서 하나님의 특별한 백성으로 사는 것은 보편적으로 하나님께 속해 있는 세상 자체에 대한 하나님의 선교의 일부다. 다시 한 번 우리는 윤리와 선교의 관련성을 보게 된다. 거룩하라는 이스라엘의 부르심은 열방과 온 세상을 **등지고 살면서** 그렇게 하라는 것이 아니라, **하나님을 위해 그들 가운데 살면서** 그렇게 하라는 것이다.

이스라엘의 정체성과 책임. "너희가 내게 대하여 제사장 나라가 되며 거룩한 백성이 되리라"(출 19:6). 우리는 10장에서 **하나님의 제사장**으로서 이스라엘의 역할이 의미하는 바를 탐구했다. 거기에서 우리는 국가적 제사장이라는 이 개념이 본질적으로 선교적 차원을 지니고 있음을 보았다. 그것은 이스라엘을 하나님 및 열방과 관련하여 이중의 역할을 하도록 하며, 그들에게 축복의 대행자가 되는 제사장적 기능을 부여하기 때문이다. 하나님은 이스라엘 백성 전체에게 열방 가운데서 그분의 제사장이 되는 역할을 부여하신다. 앞에서 내가 말했듯이,

> 그들은 야웨의 백성으로서 하나님을 아는 지식을 열방에게 전해 주고, 열방을 하나님께로, 그리고 속죄하는 수단으로 데려오는 역사적 과업을 가지고 있었다. 열방에게 축복의 수단이 되어야 하는 아브라함의 과업은 또한 이스라엘이 열방 가운데서 제사장 역할을 하도록 만든다. 이스라엘 사람들을 축복하는 것이 제사장의 역할이었던 것처럼, 궁극적으로 열방을 축복하는 것이 이스라엘 전체의 역할이 될 것이다.(10장)

하지만 이 제사장적 역할을 담당하려면 이스라엘은 **거룩함**을 지니고 있어야

했다. 그들 자신의 제사장들이 이스라엘의 평범한 사람들 가운데서 거룩함을 지니고 있었던 것과 마찬가지다. 거룩함이 제사장직의 조건이라면, 그리고 제사장직이 선교의 한 차원이라면, 우리는 분명 성경이 말하는 거룩함이 무슨 의미인지 좀더 충분히 이해할 필요가 있다. 유감스럽게도 대중들의 종교적 사고방식에서 거룩함이라는 말은 갖가지 함의들이 내포되어 있는 단어들 중 하나다(제사장직 역시 그러하다). 그렇지만 그 모든 함의들이 그 말의 성경적 의미와 깊이 연관되어 있는 것은 절대 아니다.

거룩하다는 것은 이스라엘 사람들이 특별히 종교적인 민족이 되어야 한다는 의미는 아니었다. 그 말의 의미 중 기본적인 부분은 '다르거나 독특한'이라는 것이다. 어떤 사물이나 사람은 독특한 목적을 위해 구별되고, 그 목적을 위해 분리된 상태로 있을 때 거룩하다. 이스라엘에게 있어, 그것은 다른 신들과 비교해서, 야웨께서 계시하신 바로 그 다른 하나님을 반영함으로서 다르게 됨을 의미했다. 야웨께서 다른 신들과 다른 것처럼, 이스라엘은 다른 민족들과 달라야 했다.[16]

이스라엘의 거룩함에는 사실상 두 측면이 있었다. 그것은 둘 다 하나님의 거룩한 백성으로서 교회에 적용된다.

거룩함, 직설법과 명령법. 한편으로 **거룩함은 정해진 것이었다.** 즉, 이스라엘의 존재의 실상이었다. 하나님은 이스라엘을 구별시키셨다. 그것은 하나님이 주도적으로 선택하신 일이었다. "나는 그를 거룩하게 하는 여호와임이니라"(레 21:15). 즉 하나님은 이스라엘을 거룩하게 하시고, 구별하시고, 열방으로부터 분리시키셨다. 구속의 경험과 마찬가지로, 거룩함은 하나님의 은혜의 선물이다. 이스라엘의 제사장들은 하나님이 그들을 거룩하게 구별하셨다고 여러 번 말했다(레 21:8, 15, 23). 하나님은 열방과 관련하여 이스라엘 백성 전체에 대해서도 똑같은 말을 한다. "너희는 나에게 거룩할지어다. 이는 나 여호와가 거룩하고 **내가 또 너희를 나의 소유로 삼으려고 너희를 만민 중에서 구별하였음이니라**"(레 20:26; 참고. 22:31-33, 저자 강조).

다른 한편으로, **거룩함은 하나의 과제였다.** 즉, 이스라엘은 하나님의 거룩한 백

---

16) 이 주제를 광범위하게 조사한 글로 Peter Machinist, "The Question of Distinctiveness in Ancient Israel", *Essential Papers on Israel and the Ancient Near East*, ed. F.E. Greenspan(New York: New York University Press, 1991), pp. 420-442를 참조하라.

성으로서 그들의 지위가 실제로 의미하는 바를 매일 삶 속에서 표현해야 했다. "네 신분에 걸맞은 존재가 되라"는 것이 메시지였다. 다음에 나오는 포괄적인 교훈은 열방과 구별된다는 것이 무엇을 의미하는지 가르쳐 준다.

> 너희는 너희가 거주하던 애굽 땅의 풍속을 따르지 말며 내가 너희를 인도할 가나안 땅의 풍속과 규례도 행하지 말고, 너희는 내 법도를 따르며 내 규례를 지켜 그대로 행하라. 나는 너희의 하나님 여호와이니라.(레 18:3-4)

거룩함, 상징적이고 윤리적인. 거룩함이라는 이 실제적 과업은 두 가지 차원을 가지고 있었다. 그것은 **상징적인** 차원을 가지고 있었다. 이스라엘은 짐승, 음식, 그리고 다른 일상사들에 관한 정결하고 부정한 규정들로 이루어진 복잡한 제도를 통해 그들이 열방과 구별됨을 나타냈다. 이것(국가적으로 열방과 구별됨을 나타내는 것)을 정결한 것과 부정한 것을 구분하는 근원적 이유로 인식하는 것이 중요하다. 구체적인 범주들은 무엇이고 또 그 안에 무엇이 포함되는지는 인류학적으로 다양하게 설명할 수 있다. 하지만 본문에서 그 제도 전체에 대해 주어진 신학적 설명은 그것이 이스라엘과 열방 간의 구별을 나타냈다는 것이다.

> 나는 너희를 만민 중에서 구별한 너희의 하나님 여호와이니라. 너희는 짐승이 정하고 부정함과 새가 정하고 부정함을 구별하고…너희는 나에게 거룩할지어다. 이는 나 여호와가 거룩하고 내가 또 너희를 나의 소유로 삼으려고 너희를 만민 중에서 구별하였음이니라.(레 20:24-26)[17]

실제적인 거룩함은 또한 **윤리적인** 차원을 가지고 있었다. 거룩하다는 것은 모든 영역(개인, 가정, 사회, 경제, 국가적 삶을 포함해서)에서 정직하고 정의롭고 자비로운 삶을 산다는 의미이기 때문이다.

---

17) 구별이라는 말은 NIV에서 서로 다른 문구들을 사용함으로서 다소 사라져 버렸다(개정개역 성경에서는 모두 '구별하다'라는 같은 말로 표현되어 있다—역주). 세 경우 모두 동일한 동사로서, 정하고 부정한 것의 상징적인 구별과, 이스라엘과 다른 나라들 간의 근본적인 신학적 구별 간에 분명 연관이 있음을 보여 준다. 이 때문에 그리스도 안에 있는 사람들에게 유대인과 이방인 간의 구별이 폐지되었을 때, 그 구별을 상징하는 것이었던 정하고 부정한 음식에 관한 규정들 역시 폐지된 것이었다.

이스라엘에서 거룩함의 윤리적 차원을 분명하게 나타내는 가장 포괄적인 단일 본문은 레위기 19장이다. 그것은 출애굽기 19:6에 대한 가장 훌륭한 주석이다.

삶의 전 영역에 걸친 거룩함: 레위기 19장. "너희는 거룩하라. 이는 나 여호와 너희 하나님이 거룩함이니라"(레 19:2). 19장 전체의 표제는 야웨의 근본적인 요구를 표현한다. 그것을 좀더 구어체로 번역하면 이렇게 말할 수 있다. "너희는 독특한 백성이 되어야 한다. 야웨께서 독특하신 하나님이시기 때문이다." 사실상 3장에서 보았듯이, 야웨는 하나님으로서 전적으로 유일하고 독특하신 분이시다. 야웨는 단순히 열방의 신들 중 하나가 아니고, 심지어 그들과 같지도 않다. 무엇보다도 거룩함은 이스라엘의 거룩한 분이신 야웨가 이렇게 완전히 다르다는 것을 포함한다. 전적으로 다른 하나님이라는 것이다. 그렇다면 이스라엘이 거룩하다는 것은 그들이 열방 중에 독특한 공동체가 되어야 한다는 것이다. 이는 레위기 18:3-4에서 이미 요약된 형태로 표현한 것과 같다. 또는 보다 정확히 말하면, 이스라엘은 열방과 같기보다는 야웨와 같아야 했다. 그들은 열방이 하는 것처럼 하지 않고 야웨가 하시는 것처럼 해야 했다. 이스라엘에게 거룩함은 야웨 자신의 초월적인 거룩함을 실제적이고 현실적으로 반영하는 것이다.

그러면 이같이 야웨의 거룩함을 반영한다는 것은 이스라엘에게 무엇을 의미했는가? 그것은 이스라엘이 처한 세상적이고, 역사적이고, 문화적인 환경 속에서 구체적으로 무엇을 의미했을까? 레위기 19:2의 "거룩하라"는 엄연한 명령에는 도대체 어떤 내용이 담겨 있었을까?

거룩함을 개인적 경건(기독교적 견지에서)이나 변치 않는 종교 의식(구약적 견지에서)으로 생각하는 경향이 있다면, 우리는 개인적 성화를 위한 경건한 권고들을 기록한 목록이나, 우리가 버림받았다는 생각을 없애 주기 위한 진부한 의식 규정들을 진술한편람을 기대할지 모른다. 하지만, 실제로 레위기 19장을 보면 전자는 전혀 담겨 있지 않으며, 후자는 아주 조금만 담고 있다. 레위기 19장 대부분은 하나님 자신의 거룩함을 반영하는 그런 거룩함이 철저히 실제적이고, 사회적이며, 대단히 현실적인 것임을 보여 준다. 단순히 그 내용을 나열하기만 해도 이러한 분위기가 우세한 사실을 알 수 있다.

레위기 19장에 나오는 거룩함에는 다음과 같은 것들이 포함된다.

- 가족과 공동체 내에서의 존중(3, 32절)

- 하나님이신 야웨께만 충성을 바침: 적절한 제사법(4, 5-8절)
- 농업에서의 경제적 관대함(9-10절)
- 사회적 관계에 관한 명령들을 준수함(11-12절)
- 직장에서의 경제적 정의(13절)
- 불구자들에 대한 사회적 동정(14절)
- 법 제도에서 사법적 진실성(12, 15절)
- 이웃에 대한 태도와 행동: 이웃을 자신처럼 사랑하는 것(16-18절)
- 종교적 독특성에 대한 상징적 표시들을 지키는 것(19절)
- 성적 고결함(20-22, 29절)
- 우상숭배적인 종교 혹은 사이비 종교와 연관된 의식들을 거부함(26-31절)
- 인종적 소수 집단을 학대하지 말고, 율법 앞에서 인종적 평등성을 나타내고, 외국인 체류자를 자신과 같이 실제적으로 사랑하는 것(33-34절)
- 모든 거래에서 상업적으로 정직할 것(35-36절)

그리고 이 장 전체에 걸쳐, "나는 여호와니라"라는 후렴구가 나온다. 마치 "**너희의 삶의 질은 나의 성품을 반영해야 한다. 이것이 내가 너희에게 요구하는 것이다. 이것이 나를 반영하는 것이기 때문이다. 이것이 나 자신이 행할 것이다**"라고 말하는 것과도 같다.

그렇다면 이와 같은 모든 현실적이고 실제적인 사회 윤리적 방식으로 이스라엘은 그들의 구속주를 반영함으로서 그들의 구속에 반응해야 했다. 그렇게 하면서 그들은 그들 자신이 열방과는 다른 독특한 존재임을 입증할 뿐 아니라, 또한 야웨께서 열방의 신들과는 다르다는 점을 나타내 보일 것이다. 그리고 우리가 자주 상기하는 것처럼, 그것이 바로 그들의 존재 이유, 그들의 사명이었다. 이스라엘 백성이 열방 한가운데서 하나님의 제사장이 되려면, 그들은 열방과 달라야 했다.

하나님이 아브라함과 맺으신 언약에서 우리는 하나님의 선교의 주된 행위자가 하나님의 백성이라는 것을 안다.

출애굽기 19장과 레위기 19장에서, 우리는 하나님의 백성이 그들의 선교를 수행하기 위해 주로 할 일은 그들이 그들의 **신분에 걸맞은** 존재가 **되어야** 한다는 것임을 안다. 즉, 거룩하신 하나님의 거룩한 백성이 되어야 한다는 것이다.

간단히 말해, 이스라엘의 **정체성**(제사장 나라가 되는 것)은 **선교**를 선언하며,

이스라엘의 **선교**는 **윤리**를 요구한다(거룩한 백성이 되는 것).

선교적 윤리와 언약-신명기 4장

이스라엘의 신앙의 세 번째 큰 기둥, 즉 그들이 한 민족으로서 하나님과 맺은 언약 관계가 그들 이야기의 다음 단계에 나온다. 그 이야기는 **아브라함을 선택하신 것**과 하나님이 그와 그의 후손들과 맺은 언약으로부터 시작된다. 그리고 나서 그 이야기는 이스라엘 사람들이 애굽에서 **출애굽을 통한 구속**을 받는 위대한 이야기로 넘어간다. 그리고 그것은 시내 산에서 잠시 멈추며, 거기에서 하나님은 그분의 **언약**을 새롭게 하시고, 전체 민족과 더불어 그 언약을 확립하신다. 이것은 그 이야기의 다음 단계를 염두에 두고 행해지는데, 그 다음 단계란 이스라엘이 가나안 땅에 정착하는 것이다.

우리는 이 각 단계들이 어떻게 하나님의 지속적인 선교의 일부가 되는지 보았다. 그 선교는 장기적 관점에서 볼 때, 온 땅의 모든 족속에게 복을 가져다주는 것이다. 그리고 우리는 지금 또한 이 장에서 자신들이 선택받고 구속받은 것에 대한 이스라엘의 윤리적 반응이 어떻게 그 선교적 정체성 및 역할과 얽혀 있는지 보았다. 시내 산에서 맺은 언약의 경우, 윤리적 반응은 훨씬 더 분명하게 드러난다. 우리는 그것을 도저히 놓칠 수가 없다. 그것은 그 땅에서 이루어질 이스라엘의 삶에 대한 율법 및 지침 모음에 구체적으로 표현되어 있다. 그 지침은 토라의 시내 산 이야기에 담겨 있다.

물론 구약 율법의 윤리적 내용은 광대한 체계를 이루고 있어서 그것을 해석하려면 또 한 권의 책이 필요할 것이다.[18] 그렇기 때문에 우리는 하나에만 주의를 집중해야 하는데, 그 점에서 **탁월한** 언약 문서인 신명기가 가장 적절해 보인다. 하지만 신명기에 대한 일반적인 견해는 그것이 오로지 민족주의적이며, 이스라엘과 야웨의 관계에만 전적으로 초점을 맞추고, 열방을 위한 하나님의 더 광범위한 계획에는 관심이 없다는 것이다. 내 생각으로는 이것은 유감스러운 오해다. 우리는 이미 신명기와 신명기적 역사에서 야웨의 보편성과 이스라엘의 중요성을

---

18) 다행히도 그런 책이 존재한다(물론 같은 분야의 다른 많은 책들과 함께!): Christopher J. H. Wright, *Old Testament Ethics for the Peopel of God*(Leicester, U.K.: Inter-Varsity Press; Downers Grove, Ill.: InterVarsity Press, 2004).

나타내는 수많은 본문들을 살펴보았다(7장).

하지만 이 시점에서 몇 가지 주목할 만한 단언을 하는 한 장에 초점을 맞추는 것이 도움이 될 것이다. 그것은 신명기 4장이다. 게다가 그 장에는 **민족들**이 다섯 번이나 대단히 다른 양식들로 나타난다. 그 장에서 사고의 흐름을 개관하고 나서, 그 안에 있는 네 개의 주요 취지들에 대해 더 면밀하게 살펴보기로 하겠다.

신명기 4:1-40: 개관. 신명기 이 부분의 몇몇 장들처럼, 이 부분은 교차 배열법적 혹은 동심원적 구조를 가지고 있다. 이는 본문의 제일 바깥에 있는 부분들에서 짝을 이루는 점들을 발견하고, 그 다음에 양쪽 끝에서 차례차례 짝을 이루는 점들이 중심부에 나오는 취지를 중심으로 거울처럼 정렬되어 있다는 의미다. 그것은 신명기의 몇몇 장처럼 말끔하게 정리되어 있지는 않지만, 다음의 개요는 이 사십 개의 구절이 일곱 개의 핵심 사상을 중심으로 주의 깊게 정리되어 있음을 알려 준다.

   A 하나님의 명령에 순종하여 살라. 너희가 땅에서 살도록 하기 위함이다(1-2절).
     B (실례): 다른 신들을 따르면 멸망하고 만다. 야웨께 충성하면 안전해진다(3-4절).
       C 이스라엘 같은 백성, "큰 나라"가 있는가?(5-8절)
         D 불과 하나님의 음성(9-14절)
           E 우상숭배에 대한 경고와 위협(15-28절; 참고 3절)
           E´ 회개와 충성에 대한 자비의 약속(29-31절; 참고 4절)
         D´ 불과 하나님의 음성(33, 36절)
       C´ 야웨와 같은 신이 있는가? "큰 나라"들이 쫓겨날 것이다(32-38절).
     B´ 야웨 한 분만이 하나님이시다. 그러니 그 교훈을 명심하라(39절).
   A´ 하나님의 명령에 순종하여 살라. 너희가 땅에서 장수하도록 하기 위함이다(40절).

그 유형을 살펴보면, 하나님께서 그들에게 주실 땅에서 하나님의 율법에 순종하면서 살라는 권고로 시작되고 끝난다. 그들이 거기서 오래 살도록 하기 위함이다(1-2, 40절). 신명기 4장의 서문 역할을 하는, 바알브올에서의 엄청난 배교에 대한 언급(3-4절. 참고 민 25장)은 이 장 나머지의 이중적 메시지에 나오는 생생한 실례를 제공한다. 그것은 이스라엘의 유일한 언약 주님이신 야웨를 거부하고 다른 신들을 좇는 사람들은 멸망할 것이지만, 그분을 굳게 붙잡는 사람들은 살아남게 될 것이라는 것이다. 첫 번째 요점은 15-28절에서 전개되며, 두 번째 요점은 29-31절에서 전개된다. 그리고 그 메시지는 끝나기 직전인 39절에서 반복된다.

5-8절은 가나안 땅에서 하나님의 율법에 대한 이스라엘의 순종을 열방과 관련해서 다룬다. 열방은 이스라엘을 주시하면서 이스라엘이 '큰' 나라라고 언급할 것이다(그것은 하나의 역설이다. 이스라엘은 실제로는 대단히 작은 나라였기 때문이다. 신명기 7:7은 그 점에 대해 덜 세련되기는 하지만 더 진실하게 지적하고 있다). 38절에서는 부정적이긴 하지만 그 점을 곰곰이 회고하면서, 민족들과 그 땅이 다시 주목을 받는다. 하지만 이번에는 '더 큰' 것은 여러 민족들이다. 그렇지만 그것은 하나님이 그들을 쫓아내시리라는 사실을 부각시킬 뿐이다. 여기에 나오는 또 하나의 교차 배열법적 요소는 이 부분에 나오는 수사적 질문들(7-8절), 곧 **열방 가운데서 이스라엘의 독특성**을 표현하는 그 질문들이, 32-34절에 나오는 질문들, 곧 **신들 가운데 야웨의 독특성**을 표현하는 수사적 질문들과 조화를 이룬다는 것이다. 9-14절은 이스라엘에게 그들을 동반했던 장엄한 사건들, 그래서 그들이 절대 잊지 말아야 하는 사건들, 특히 불과 하나님의 말씀의 음성(참고 출 19장)을 상기시키면서, 하나님의 율법과 계명들에 대한 언급을 전개한다. 시내 산에 대한 이러한 언급은 33절과 36절에서, 불과 음성을 더 상기시키면서 다시 한 번 나온다.

따라서 이 장의 **중심 부분**은 15-31절이다. 그것은 두 개의 주요 부분으로 나누어진다. 멸망하리라는 위협과 함께 우상숭배에 대한 **경고**(15-28절), 그리고 회개하고 언약의 주님인 야웨께 전심으로 충성하고 순종하면 회복되리라는 **약속**(29-31절)이다.

이 두 부분은 야웨에 대한 대조적인 이중의 묘사에 분명하게 초점을 맞춘다. 한편으로 우상을 숭배하고 불순종하는 백성은 "소멸하는 불이시요 질투하시는 하나님"(24절)이신 여호와 하나님을 대면하게 될 것이다. 다른 한편으로, 회개하고 순종하는 백성은 동일하신 하나님이시지만 또한 "자비하신 하나님이심이라. 그가 너를 버리지 아니하시며 너를 멸하지 아니하시며 네 조상들에게 맹세하신 언약을 잊지 아니하실"(31절) 그 하나님의 팔에 안기게 될 것이다. 24절과 31절은 나란히 놓고 읽을 때는 모순되는 것처럼 보일지 모르지만, 역설적인 것은 두 구절이 모두 야웨의 **일관성**을 표현한다는 것이다. 모순되는 행위를 하는 것은 야웨의 백성들이다. 하나님은 반역하는 자들에게는 진노로 회개하는 자들에게는 자비로 반응하실 때, 전적으로 일관되신 분이다.

그렇다면 이 장 전체는 신명기 전체의 축도다. 이것은 오로지 야웨만을 예배함으로서 언약에 충성하라는 긴급한 요청이다. 그것은 출애굽과 시내 산을 통해 하나님이 구속하시고 계시하시는 활동의 독특한 역사에 기초하고 있으며, 약속의 땅에서, 열방에 끼칠 영향을 내다보면서, 하나님의 율법에 실제로 윤리적으로 순종함으로 성취될 것이다.

이스라엘과 야웨 간의 언약에 대해 이렇게 빈틈없이 논의된 주장 가운데, **민족들**이라는 말이 다섯 번 나온다.

- 민족들은 이스라엘의 지혜와 지식을 관찰할 것이다. 이스라엘이 하나님의 임재를 보존하고 정의를 계속 실천한다면.(6-8절)
- 민족들은 천체를 선물로 받았다(어떤 목적에서든). 하지만 이스라엘은 그런 피조물들을 숭배하는 일에 관여해서는 안 되고, 오직 야웨만 예배해야 한다. 야웨는 바로 그것을 위해 그들을 속박에서 해방시켜 주신 것이다.(19-20절)[19]
- 민족들은 이스라엘이 야웨를 버리고 다른 신들을 따른다면 심판을 받아 흩어지는 장소가 될 것이다(27절). 여기에 나오는 말에는 약간의 아이러니가 있다. 38절에서 하나님은 민족들을 이스라엘 앞에서 쫓아내시겠다고 약속하신다. 하지만 이스라엘이 배교를 한다면 하나님은 그들을 민족들 가운데로 쫓아내시겠다고 위협하신다.
- 민족들은 이스라엘이 야웨에 대한 그들의 독특한 언약 지식의 토대로서 최근 경험한 것, 즉 하나님이 시내 산에서 계시하신 것과 애굽에서 구속하신 것을 결코 경험하지 못했다.(32-34절)
- 민족들은 하나님이 아브라함에게 약속하신 대로 가나안 땅을 이스라엘에게

---

19) 신 4:19이 하나님께서 열방에게 천체를 경배하도록 주셨다고 말하지 않는다는 사실은 주목할 만한 가치가 있다. 하나님이 열방에게 천체를 경배하도록 주셨다는 주장은, 바로 다음에 나오는 말, 즉 이스라엘에게 천체를 경배하지 말라고 명령하는 말에서 (아마 잘못) 추론한 것이다. (어렵다고 일반적으로 인정되고 있는) 이 본문은 하나님께서 인류 전체의 유익을 위해 천체를 지으셨으며(창 1장에 나오는 기사에 따르면), 따라서 다른 민족들이 천체를 경배의 대상으로 바꾸어 버린다면, 이스라엘은 그것을 따라 해서는 안 된다는 뜻으로 말한 것일 수 있다.

주실 때, 그들 앞에서 쫓겨날 것이다.(38절)

그렇다면 우리는 어떻게 이 모든 자료들을 우리가 이제까지 조사해 온 것과 결합시킬 수 있는가? 어떤 식으로 야웨와 이스라엘 간의 언약은, 그것에 본질적인 윤리적 반응과 함께, 하나님의 선교 및 열방 가운데서 그분이 하시는 행동과 관련되어 있는가? 신명기 4장에 기초해서 네 가지 주요한 주장을 펼칠 수 있다.[20]

이스라엘 사회의 가시성(신 4:6-8). "너희는 [이 율법들을] 지켜 행하라. 이것이 여러 민족 앞에서 너희의 지혜요 너희의 지식이라. 그들이 이 모든 규례를 듣고 이르기를 이 큰 나라 사람은 과연 지혜와 지식이 있는 백성이로다 하리라. 우리 하나님 여호와께서 우리가 그에게 기도할 때마다 우리에게 가까이 하심과 같이 그 신이 가까이 함을 얻은 큰 나라가 어디 있느냐. 오늘 내가 너희에게 선포하는 이 율법과 같이 그 규례와 법도가 공의로운 큰 나라가 어디 있느냐"(신 4:6-8).

율법에 대한 순종은 이스라엘의 유익만 위한 것이 아니었다. 그것은 이스라엘이 세상 한복판에서 살면서 나타내야 할 특징이었다. 이스라엘의 역사에서 일어난 모든 일은 열방의 평가를 받았다. 불가피한 경우를 제외하고, 고대 근동의 유동적인 국제적 상황을 고려할 때, 이스라엘이 이렇게 사람들 앞에 드러나는 것은 열방 가운데 야웨의 제사장으로서 이스라엘의 신학적 정체성과 역할의 일부였다. 이 구절에서 열방이 이스라엘의 율법의 지혜를 보고 감명을 받을 때처럼 긍정적인 역할을 할 수도 있고(참고. 신 28:10), 이스라엘이 하나님의 도를 저버린 결과 하나님의 준엄한 심판을 받을 때처럼 부정적인 역할을 할 수도 있다(신 28:37; 29:22-28). 충실하든 불충하든, 하나님의 백성은 세상 사람들에게 읽히는 책과 같다. 세상은 질문을 하고 결론을 내린다.

열방은 하나의 사회로서 이스라엘의 모습을 보고 관심을 갖게 될 것이다. 그러면서 토라의 사회적·경제적·법적·정치적·종교적 측면에 주목하게 될 것이다. 그리고 그 사회 제도는 열방으로 하여금 이스라엘은 '큰 나라'요 '지혜와 지식'이 있는 백성이라는 결론에 도달하게 만들 것이다.[21]

---

20) 다음에 나오는 신 4장에 대한 논평은 내가 전에 쓴 주석을 광범위하게 참조해 작성한 것이다. Christopher J. H. Wright, *Deuteronomy*, New International Biblical Commentary(Peabody, Mass.: Hendrikson; Carlisle, U.K.: Paternoster, 1996).

21) 내가 신 4:6-8을 번역한 것이 보여 주는 것처럼, 본문의 주장은 NIV 성경이 의미하듯이 ("what

그러나 모세는 이어서 두 가지 수사적 질문을 던진다. 이스라엘 국가의 위대성의 근거를 강조함으로써 요점을 명확하게 하기 위함이다. 첫째(7절), 이스라엘의 위대성은 **야웨께서 그분의 백성에게 가까이 계시다**는 사실에 근거하고 있다. 둘째(8절), 이스라엘의 위대성은 **토라의 의**에 근거하고 있다. 이스라엘은 다른 나라와 견줄 수 없는 하나님과의 친밀함 및 사회 정의의 특성을 지니고 있다. 이것들이 외적 평판 이면에 놓여 있는 요인들이다. 열방이 보기에 이스라엘의 다른 점은 단지 지혜와 지식의 문제였다. 하지만 내적 실재는 하나님의 임재와 하나님의 토라의 정의였다.

수사적 질문의 취지는 **비교를 이끌어 내는** 것이다. 그러나 아무것도 모세의 주장을 무효로 하지 못하리라는 확신과 기대를 갖고 그렇게 한다. 이스라엘이 사회적으로 독특하다는 주장이 사람들이 북적이는 무대 위에서, 감탄할 만한 법체계를 주장하는 다른 많은 사람들이 있는 가운데 개진되고 있다. 이스라엘 자신은 메소포타미아의 아주 오래되고 훌륭한 법적 전통들을 알고 있었다. 사실상 이스라엘 자신의 법적 전통들은 여러 군데에서 메소포타미아의 법적 전통들과 교차한다. 하지만 구약 율법에 대한 이 주장은 논쟁적 의도를 다분히 가지고 개진된다. 예를 들어, 함무라비 법전 역시 사회적 의의 신적 속성을 주장했기 때문이다.[22]

구약 율법은 공개적 조사 및 비교해 볼 것을 명백히 권유하며, 심지어 환영하기까지 한다. 하지만 그렇게 비교해 보면 이스라엘의 율법이 지혜와 정의 면에서 더 우월하다는 것을 알게 되리라고 예상한다. 이것은 대단한 주장이다. 그것은 열방과 우리 자신을 포함해서 이 본문을 읽는 독자들에게 구약 율법을 고금의 다른 사회 제도들과 비교 분석하고 그 주장을 평가할 자유를 주는 것이다. 그리고 실로 이스라엘의 사회적·법적 제도의 전반적인 인도주의적 정신과 정의는 고대 법전을 꼼꼼히 비교 연구한 많은 학자들의 호의적인 평가를 받아 왔으며, 그것의 사회적 적절성은 오늘날에도 여전히 유익을 끼칠 수 있다.

---

other nation is so great as to have…") 이스라엘보다 더 큰 나라가 없다는 것이 아니다. 더 정확히 말하면, 본문은 이스라엘이 큰 나라임을 전제하고 있으나 그 위대성을 놀라운 관점에서 규정한다는 것이다. 즉, 군사적 힘이나 지리적 크기나 수적 규모가 아니라, 기도할 때 가까이 계시는 살아 계신 하나님과 그들의 헌법과 법에 구현된 사회 정의를 언급한다.
22) 다른 고대 근동 법전들의 주장들에 대해서는 Moshe Weinfeld, *Social Justice in Ancient Israel and in the Ancient near East*(Jerusalem: Magnes Press; Minneapolis: Fortress Press, 1995)를 보라.

우리가 주장하는 선교학적 관점에서 볼 때, 이 구절들은 쉽게 간과되지만 대단히 중대한 것을 분명하게 표현한다. 그것은 율법에 대한 순종의 동기다. 요점은 **이스라엘이** 하나님이 의도하신 대로 살고자 애쓰면, **열방이** 그것을 알게 되리라는 것이다. 하지만 이스라엘은 어쨌든 열방을 축복하시는 하나님의 수단이 되는 궁극적 목적을 위해 존재했다. 그것은 아브라함의 옆구리에서부터 그들의 '유전자 암호'에 들어 있었다. 여기에서 우리는 그러한 열방에 대한 축복의 적어도 한 측면은, 열방이 관찰하고 질문을 던질 만한 사회 정의의 모델을 제공하는 것임을 발견한다. 그러므로 선교적으로 도전이 되는 점은, 하나님의 백성의 삶의 윤리적 특성(이 맥락에서는 율법에 대한 그들의 순종)이 열방을 살아 계신 하나님에게로 이끌기 위한 중대한 요소가 된다는 것이다. 처음에는 그저 호기심에서 이끌리는 것이긴 하지만 말이다.

하나님의 백성이 하나님의 율법을 따라 살고자 하는 동기는 궁극적으로는 열방을 축복하기 위한 것이다. 결국 열방은 실제로 무엇을 **볼** 것인가? 하나님이 가까이 계시다는 것은 당연히 눈에 보이지 않는다. 그렇다면 무엇이 **눈에 보이는가**? 하나님의 의로운 율법에 기초해서 세워진 사회의 실제적 증거만 보인다.[23] 하나님의 백성이 말하는 눈에 보이지 않는 종교적 주장들(그들이 기도할 때 하나님이 가까이 하신다는 주장)과 그들의 눈에 보이는 실제적인 사회 윤리 간에는 중대한 관련성이 있다. 세상은 처음에는 후자를 볼 때에만 전자에 관심을 가질 것이다. 아니면 역으로, 우리가 기도할 때 하나님이 가까이하신다고 아무리 자랑해도, 보이지 않는 하나님에 대해 여러 가지 주장을 하는 사람들과 하지 않는 사람들 간에 아무런 차이를 볼 수 없으면, 세상은 우리가 하는 주장들에 주의를 기울일 이유가 없을 것이다.

이스라엘 예배의 배타성(신 4:9-31). 열방에게 하나님을 보여 주는 모델이 되는 대단한 책임은 심각하게 다루어져야 한다. 두 가지가 그 책임을 위협할 수 있다.

• 하나님의 율법을 완전히 잊어버린다면[그래서 그 율법을 긴급하게 가르칠

---

23) 언약의 강력한 사회적 윤리적인 측면들과, 해방 신학에서 강력하게 주장하는 바 현대 사회 문제들에 대해 그것들이 지니고 있는 타당성에 대해 더 살펴보려면, Christopher J. Baker, *Covenant and Liberation: Giving New Heart to God's Endangered Family*(New York: Peter Lang, 1991), 특히 13장을 보라.

필요가 있는 것이다(9-10절)].
- 다른 신들을 따르려는 유혹에 빠져서 하나님을 잊어버린다면(그래서 신명기 4장 중심부에 엄중한 경고가 나오는 것이다).

그렇기 때문에, 언약에 대한 **순종**(9-14절)과 언약에 대한 **충성**(15-24절)은 여기에서 언약에 대한 **증거**라는 맥락에서 나온다(6-8절). 열방에게 하나님이 가까이 계시다는 것과 그분의 율법이 공의롭다는 것을 증거하려는 소망을 조금이라도 가지려면, 이스라엘은 야웨만 경배하고 그분의 율법에 순종해야 했다. 율법에 불순종하면 공의로운 사회가 되려는 의도가 무산될 것이다. 다른 신들을 좇게 되면 기도로 야웨를 가까이 오시게 하는 것이 아니라 야웨를 멀리 쫓아내게 될 것이다.

이 부분(9-31절)의 취지는 세 번 되풀이되는 문구가 잘 나타내고 있다. 그것은 "오직 너는 스스로 삼가며"[9, 15, 23절—이 문구는 히브리어에서는 매번 같은 말이다. 하지만 NIV에서는 다르게 번역되었다(우리말 성경에서도 약간씩 다르게 번역되었다—역주)]라는 말이다. 언약의 가장 근본적인 요구는 오로지 야웨께만 충성하라는 것이었다. 따라서 언약을 깨는 가장 근본적인 방법은 어떤 다른 신이나 신들을 섬기는 것이었다. 그런 일이 일어난다면 이스라엘은 그들의 근본적인 독특성을 잃어버릴 것이며, 실로 그들이 구별되고 모범이 되어야 하는 바로 그 민족들 가운데 흩어지게 될 것이다(25-28절).

그렇다면, 신명기 4장의 이 중심 부분(9-31절)에 나오는 부정적 경고들은 6-8절에 나오는 긍정적인 선교적 잠재력에 비추어 보아야 한다. 또 그 잠재력을 지키기 위해 그런 경고가 주어진 것으로 생각해야 한다. 중요한 것은 바로 이것이다. 이스라엘이 오직 야웨만을 예배하는 것은 이스라엘 사회가 열방 앞에 드러날 때 꼭 필요한 모습이다. 6-8절의 소망은 그 백성이 이 언약의 일차적 요구(오직 야웨만을 예배하고 섬기는 것)를 소홀히 한다면 절대 실현되지 않을 것이다. 또는 반대로 말한다면, **우상숭배는 이스라엘의** (그리고 우리의) **선교의 첫째가는 가장 큰 위협이다**.

이 점은 시내 산에서 야웨의 말씀은 들었지만 그분을 보지는 못했다는 사실을 강력하게 거듭 강조함으로서 더욱 부각된다(12, 15, 36절). 어떤 사람들은 여기에서 이스라엘의 눈에 보이지 않는 하나님과, 열방의 신들의 눈에 보이는 물질적 형상들이 대조되고 있다고 본다. 하지만 이 본문이 강조하는 것은 그것이 아니다.

이 구절들은 보이는 것과 보이지 않는 것을 대조시키는 것이 아니라, **보이는 것과 들리는 것**을 대조시키는 것이다. 우상들은 '형태'를 가지고 있지만 말하지 못한다. 야웨는 '형태'가 없으시지만 결정적으로 말씀하신다. 우상들은 눈에 보이지만 벙어리다. 야웨는 눈에 보이지 않으시지만 웅변적이시다. 야웨는 약속과 요구, 선물과 주장의 말씀으로 그분의 백성들에게 명료하게 말씀하신다. 이것은 형상을 만들지 않는 이스라엘의 신앙과, 주위의 가시적인 형상을 만드는 다신론 사이에는 근본적으로 도덕적인 차이가 있음을 말해 준다. 여기에서 쟁점은 다른 신들마다 서로 다르게 생긴 우상들을 갖고 있기 때문에 그것들을 구별해 낼 수 있다는 점이 아니다. 야웨를 다른 신들과 다르게 만드는 것은 **그분이** 다른 **신들**과 다르게 생기셨다는 점이 아니라, 다른 **민족들**과 다르게 보일 **백성**을 요구하신다는 점이다. **야웨의 백성**은 뚜렷하게 다른 생활 방식, 다른 사회 질서, 다른 예배 역학을 보여 주어야 한다. 그리고 그렇게 하면서 그들은 살아 계신 하나님을 증거할 것이다. 그들은 그분의 형태를 보지 못했고 볼 수 없지만, 그분의 말씀은 틀림없이 들었다.

16-20절에 대해 두 가지를 더 말할 수 있다.

한편으로, 우상들이 취할 수 있는 '형상들'의 목록[이것은 제2계명(참고. 신 5:8)에서 나온 단어와 완전히 똑같은 문구다]은 창조 이야기의 순서와 정반대로 나온다. 인간, 땅 위의 동물들, 새, 물고기, 천체 등이다. 이 문학적 순서가 의도적으로 제시하려는 요점은 우상숭배가 전체 창조 질서를 왜곡하고 엉망으로 만든다는 것이다. 살아 계신 창조주 하나님을 그분이 유일하게 예배 받으시는 적법한 위치에서 쫓아낼 때, 창조 세계의 다른 모든 것이 혼란에 빠진다.

다른 한편으로, 이 본문은 창조 세계의 특정한 물체들이 이스라엘을 유혹할 만한 매력을 지니고 있음을 인식한다. 대단히 장엄해 보이는 그것들의 모습은 예배를 요구하는 듯했다. 그리고 다른 민족들은 바로 그것에 굴복한다. 그래서 이스라엘이 그것들을 경배하는 것은 다시 한 번 그들이 열방과 다른 독특성을 지키지 못하는 것이며, 또한 하나님이 그들을 구속하신 목적을 뒤엎는 것이다. 20절 처음과 끝부분에서는 바로 그러한 독특성을 강조한다. 우상숭배는 그런 독특성을 철저히 손상시키게 될 것이다.

이스라엘을 통한 하나님의 선교는 다름 아닌 열방의 구속과 땅의 회복이다. 이스라엘이 열방을 흉내 내고 창조 질서를 도치시키는 일에 빠져들면, 그 같은 선교는 이루어질 수 없다.

이스라엘 경험의 독특성(신 4:32-35). "네가 있기 오래 전 하나님이 사람을 세상에 창조하신 날부터 지금까지 지나간 날을 상고하여 보라. 하늘 이 끝에서 저 끝까지 물어 보라. 이 큰 일과 같은 일이 있었느냐. 이와 같은 일을 들은 적이 있었느냐. 어떤 국민이 불 가운데에서 말씀하시는 하나님의 음성을 너처럼 듣고 생존한 적이 있느냐. 아니면 너희의 하나님 여호와께서 애굽에서 너희를 위하여 너희의 목전에서 행하신 모든 일처럼, 하나님이 시험과 이적과 기사와 전쟁과 강한 손과 편 팔과 크게 두려운 일로 한 민족을 다른 민족 가운데서 인도하여 낸 일이 있느냐. 이것을 네게 나타내심은 여호와는 하나님이시요 그 외에는 다른 신이 없음을 네게 알게 하려 하심이니라"(신 4:32-35, 저자 사역)[24]

이 구절들은 단순히 신명기 4장의 절정이 아니라, 신명기에서 모세가 처음으로 말한 이야기 전체의 절정이다. 그 구절들은 내용과 문체 면에서 적당히 격상되어 있다. 이 부분 전체는 5-8절을 반영하지만, 그 주제를 엄청나게 고양시킨다. 6-8절에서 **이스라엘**이 비교할 수 없는 존재임을 표현했던 수사적 질문은 여기에서 야웨가 비교할 수 없는 존재임을 단언하기 위해, 그리고 마찬가지로 결합된 윤

---

[24] 33-34절에서 NIV("The voice of God…Has any god ever tried…")는 이 구절들을 해석할 수 있는 두 가지 주해 방식을 섞어 놓는다. 하지만 두 구절 모두에서 둘 중 하나를 선택하는 것이 더 낫다. 히브리어에서, 정관사 없는 ʾĕlōhîm은 하나님을 의미하거나(즉, 야웨로 추정하거나) 신 혹은 신들을 의미할 수 있다. 전후 문맥을 살펴보면 보통 각각의 경우에 어떤 의미를 지녔는지 분명하게 알 수 있다. 먼저 우리가 NIV의 두 번째 선택 사항(34절)을 취한다면, 모세의 질문들은 주로 야웨를 다른 신들과 대조시키고 있는 것이다. "어떤 국민이 불 가운데에서[즉, 야웨께서 너희에게 말씀하시는 것과 똑같은 방식으로] 말씀하시는 신[즉 그들 자신의 신]의 음성을 들었느냐? 어떤 신이 한 민족을 인도하여 낸 일이 있느냐?" 이렇게 이해한다면, 강조되는 것은 분명 야웨 자신의 유일성이다. 신이라고 주장된 다른 어떤 존재는 이 중 어느 것도 행하지 않았다. 하지만 이렇게 이해한다면 야웨 자신이 다른 민족들을 위해 그런 일들을 행하셨는지 여부는 미지수로 남아있게 될 것이다. 다른 어떤 신도 그렇게 하지 않았다. 하지만 야웨께서는 하실 수도 있었을 것이다.

하지만 나는(나의 번역에 반영되어 있는 것처럼) 두 질문 모두에서 ʾĕlōhîm이 더 강력한 의미를 지니고 있다고 추정한다. NIV처럼 "어떤 민족이 하나님[야웨]의 음성을 들은 적이 있느냐"(예상되는 대답은 없다는 것이다. 하나님은 다른 어떤 민족에게도 그런 식으로 말씀하지 않으셨기 때문이다)라고 볼 뿐 아니라, 또한 "하나님[즉, 야웨]이 한 민족을 다른 민족에게서 인도하여 낸 일이 있느냐?"(예상되는 대답은 없다는 것이다. 어떤 탈출도 여기에 묘사된 이스라엘의 출애굽과 같지는 않기 때문이다)라고 보는 것이다. 이렇게 이해한다면, 이스라엘이 하나님의 역사를 독특하게 경험한 사실을 더 분명하게 강조하면서, 첫 번째 주장도 여전히 유지된다. 오직 야웨만이 이런 식으로 자신을 알리셨으며, 오직 이스라엘만이 그런 것들을 경험했다는 것이다. 이것은 35-40절의 취지에 더 맞는 것 같다. 이스라엘이 한 분 살아 계신 하나님에 대한 참된 지식을 위임받고 그런 역동적인 유일신론에 비추어 살도록 부름받은 것은 바로 그들이 다른 어떤 민족도 경험하지 못한 것을 경험했기 때문이었다.

리적·선교학적 목적을 위해 다시 사용된다.

그렇다면 이 부분 전체에서 최고의 요점은 유일신론에 대한 환호다(35, 39절). 그것은 우주적 언어로 장식되어 있으며, 역사적 경험 안에 나타나 있고, 윤리적 반응을 요구한다.

32절에서는 참으로 우주적인 규모의 연구 조사 프로젝트를 상상한다. 그것은 지금까지의 인간 역사 전체와 우주 공간 전체를 포함한다. 모세는 자신이 제기하는 질문들에 대해 그런 일이 있었다고 대답할 수 없으리라고 확신한다. 모세는 시내 산에서 하나님이 현현하신 것과 출애굽 해방을 둘 다 언급한다. 하지만 그가 첫머리에서 말하는 질문에서 그것들은 함께 하나의 "큰 일"로 간주된다. 그리고 그의 주장은 그와 같은 일은 전혀 일어난 적이 없었다는 것이다.[25] 하나님이 출애굽 사건과 시내 산 사건에서 한 일은 전례가 없고(하나님은 다른 어떤 때도 그런 일을 하신 적이 없다), 유일한(하나님은 다른 어떤 민족을 위해서도 다른 어떤 곳에서도 그런 일을 하신 적이 없다) 것이었다.

이스라엘의 경험에는 여기에서 강력하게 단언하고 있는 독특성이 있었다. 야웨는 다른 어떤 백성도 경험하지 못한 방식으로 그들에게 말씀하셨다(참고. 시 147:19-20). 그리고 야웨는 다른 어떤 백성도 알지 못한 방식으로 그들을 구속하셨다(참고. 암 3:1-2). 그렇다면 이스라엘 백성은 **계시**에서나 **구속**에서나 독특한 경험을 했으며, 그것을 통해 그들은 독특하신 하나님이신 야웨를 알게 되었다.

그래서 어떻단 말인가?

35절(이 절은 39절에서 반복되고 확장된다)은 이 "큰 일" 전체의 목적을 힘주어 선언한다. 이스라엘이 대단히 독특하게 경험한 모든 것은 그들이 대단히 중대한 어떤 것, 즉 살아 계신 하나님의 **정체성**을 배우기 위함이었다. 오직 야웨만이 하나님이시며, 우주의 그 어느 곳에도 다른 신은 없다.[26] 32-34절을 이처럼 진지하게 받아들이고, 그 수사학적 형태 때문에 그것을 단순한 과장법이라고 무시해

---

25) 다시 한 번, NIV는 "이와 같이 큰 일"(anything so great as this)이라는 표현을 사용함으로 히브리어의 단순성을 약간 왜곡시킨다. 그 문장은 문자적으로는 "이 위대한 행위/일/사건[*dābār*]과 같은 [어떤] 일이 일어난 적이 있느냐" 또는 "그와 같은 [어떤] 것을 들은 적이 있느냐"라는 것이다. 요점은 그보다 더 큰 일이 일어난 적이 없다는 것이 아니라 그와 같은 일이 일어난 적이 없다는 것이다. 다시 말해 여기에서 분명하게 '큰 일'이었던 사건들의 유일성을 강조하고 있는 것이다.
26) 구약 유일신론의 의미에 대한 폭넓은 토론으로 이 책 3장을 보라.

버리지 않아야 한다. 특히 35절에서 하나님 야웨의 독특성에 대해 명료한 단언을 하는 것을 고려할 때 그렇다. 그것은 수사학을 통해 신학적 내용을 전달하고 있다. 이스라엘 백성은 하나님을 아는 그들의 지식에 대해 확신할 수 있었다. 그들에게 위임된 하나님의 계시하시고 구속하시는 능력에 대한 독특한 체험이 있었기 때문이다. **너희에게**(그 대명사는 강조체다) 이러한 일들이 나타난 것은 **너희가 알도록** 하기 위함이었다(우리말 성경은 각각 "네게"라고 번역하고 있다—역주). 야웨를 하나님으로 알지 못하는 열방의 세계에서, 이스라엘은 이제 그 극히 중요한 지식을 위임받은 한 나라다. 그들은 다른 어떤 민족도 알지 못한 방식으로 하나님을 알았다. 그들은 다른 어떤 민족도 경험하지 못한 방식으로 하나님을 경험했기 때문이다. 문제는 이제 그들이 그 지식을 갖고 무엇을 할 것인가 그리고 그들은 그 지식을 갖는 특권과 책임에 어떻게 반응할 것인가 하는 것이다.

그 질문에 대답하기 전에, 잠시 현대의 중대한 선교학적 문제와 관련된 여담을 하나 해 보자. 이스라엘과 야웨의 독특성에 대한 강조는 **종교적 다원주의의 상황에서 그리스도의 독특성**이라는 현대의 문제에 대해 말한다.

이러한 현대의 논쟁에서, 그리스도의 독특성은 예수님 자신이 의식하고 계시는 히브리 성경의 가르침과 관계없이 주장되는 경우가 너무 많다. 예수님은 마치 새로운 종교의 설립자처럼 제시된다. 그러나 예수님의 목적은 그런 것이 아니었다. 예수님의 주장에 의하면, 그리고 신약이 한 목소리로 그분에 대해 증거하는 바에 따르면, 예수님은 새로운 종교를 설립하기 위해서 오신 것이 아니라, 이스라엘과 세상을 위해 이스라엘의 하나님 야웨의 구원 사역을 완성하기 위해 오신 것이다. 그것은 하나님께서 목적을 가지고 수십 세기 동안 전진시켜 오신 사역이다.

역사적으로나 신학적으로나, 이 본문에 나오는 출애굽과 시내 산 사건에서 시작해서 성육신과 부활절 사건으로 이어져 있는 하나의 선이 있다. 야웨(그리고 다른 어느 신도 아닌)는 이스라엘(그리고 다른 어느 백성도 아닌)의 역사에서 구속적으로 시작하신 것을 나사렛 예수(그리고 다른 어느 사람도 아닌) 안에서 전 세계를 위해 완성시키셨다. 이스라엘의 메시아이시며, 그럼으로써 세상의 구주이신 예수님의 독특성은 이스라엘 자신의 독특성 및 하나님이신 야웨의 독특성에 근거하고 있다. 신약에 따르면 예수님은 이스라엘의 구현이며 하나님의 성육신이시기 때문이다. 그리고 신약이 증거하는 바대로 초기 기독교가 중점을 두고 노력한 것은, 여기에서 주장된 것처럼 이스라엘이 믿었던 역동적 유일신론에 온전히 헌신하면서, 이 최종적인 진리를 인정하고 표현하는 것이었다.

종교 간 논쟁을 선교학적으로 접근하려면, 먼저 역사에 나타난 하나님의 독특한 구원 역사에 대해 완전히 성경적으로 이해해야 한다. 이는 성경적·역사적 뿌리에서 단절된 예수님으로부터 시작하는 것이 아니라, 오직 한 분 살아 계신 하나님에 대한 이 본문 그리고 이와 비슷한 구약 본문들로부터 시작한다는 의미다. 마찬가지로, 그리스도인들은 마음대로 구약의 히브리 성경을 내버리거나, 타종교들의 경전들이나 문화들을 그리스도를 예비하는 대등하고 적절한 행위라고 생각해서는 안 된다. 이 본문의 취지는 분명하기 때문이다. 이 하나님(그리고 다른 어느 누구도 아니다)을 증거하는 것은 바로 **이러한** 사건들이다(그리고 다른 어느 사건도 아니다). 그리고 신약의 취지도 똑같이 분명하다. 이 사람 나사렛 예수(그리고 다른 어느 누구도 아니다) 안에서 세상을 자신과 화목시키기 위해 육신이 되신 분은 이 하나님이시다(그리고 다른 어느 누구도 아니다).

이스라엘의 순종이 지닌 선교적 책임. 우리의 본문으로 돌아가, 40절에 나오는 그 수사학의 마지막 취지가 다시 한 번 철저히 윤리적이라는 사실을 주목하면서 결론을 내려야겠다. 이스라엘이 장차 하나님의 율법을 따라 계속 살지 않는다면, 그들이 과거에 겪은 엄청난 역사적·종교적 경험이 무슨 가치가 있겠는가? 응답하는 순종이 없이 과거에만 의지한다면, 그들은 그 땅에서 계속 살 수 없을지도 모른다. 게다가 열방이 하나님의 백성의 윤리적 독특성에 의해 이끌리지 않는다면, 어떻게 그들이 살아 계신 하나님이신 야웨의 독특성과 역사 안에 나타난 그분의 구원하시는 행동을 알게 될 것인가?(참고 6-8절) 하나님의 백성이 망각이나 우상숭배 혹은 불순종에 의해 그들의 윤리적 독특성을 버린다면, 그들 자신의 행복이 위험에 처하게 될 뿐 아니라(40절), 또한 선택하시는 사랑으로 그들을 생겨나게 하시고, 또 구속하시는 능력으로 그들을 속박에서 벗어나게 하신 하나님의 보다 광대한 목적이 좌절된다.

신명기 4장은 이처럼 끝에 가서(40절) 처음 시작한 부분(1-2절)으로 돌아간다. 즉, 이스라엘에게 순종을 촉구하는 것이다. 하지만 이제 우리는 두 가지를 훨씬 더 깊게 볼 수 있다.

1. 이스라엘의 순종의 동기 부여(야웨께서 과거에 행하신 큰 일)
2. 이스라엘의 순종의 목표(이스라엘이 장차 경건하고 사회 정의가 이루어지

는 나라로서 그 땅에서 잘 사는 것과, 그럼으로써 열방에게 증인이 되는 것)

이 장에서 언약적·선교적 논리는 거대한 고리 모양으로 드러나는데, 이제 그것을 다음과 같이 요약할 수 있다.

- 이스라엘은 가나안 땅을 소유할 때 하나님의 언약 율법에 전심을 다해 순종하여 살라는 명령을 받는다(1-2절).
- 그렇게 하지 못하면 벳브올에서 모압 사람들에게 우상숭배와 부도덕으로 유혹당했던 사람들과 똑같은 운명을 맞이할 것이다(3-4절).
- 언약에 대한 충성과 순종은 그들이 경배하는 하나님과 그들의 삶의 기준이 되는 공의로운 율법에 관심을 보이고 질문을 던질 민족들에게 증거가 될 것이다(5-8절).
- 하지만 이스라엘이 다른 신들을 따라가면, 이 증거는 완전히 무효가 되고 말 것이다. 그래서 그들이 말씀을 무시한다면 그들의 대단한 과거를 상기하고, 무시무시한 미래에 대해 주의를 받음으로서, 맹렬한 경고를 받아야 한다(9-31절).
- 무엇보다도, 모든 민족 중 그들만이 하나님의 계시와 구속의 독특한 경험을 했으며, 그것에 기초해서 야웨를 그분 자신의 초월적 독특성을 지니신 하나님으로 알게 되었음을 기억하라(32-38절).
- 그렇다면 신실하게 순종함으로 이 모든 것을 그들이 인정한다는 사실을 보여 주라(39-40절).
- 거기에 하나의 백성으로서 그들의 안전한 미래가 달려 있으며, 또한 하나님이 그분의 선교를 위해 선택한 백성으로서 그들의 선교가 달려 있다(40절).

열왕기상 8장에 나오는 솔로몬의 성전 봉헌 기도를 보면, 이 본문에 나오는 사상이 대단히 강력하게 반영되어 있음을 알 수 있다. 그 기도에 표현된 선교적 소망["땅의 만민이 주의 이름을 알고 주의 백성 이스라엘처럼 경외하게"(왕상 8:43) 하도록, 하나님이 이방인들의 기도까지도 응답하시라는]은 이스라엘 백성에게 주는 선교적 도전(하나님이 그 같은 전 세계적 목적에 헌신하시듯 그들이 하나님의 율법에 헌신해야 한다는)으로 바뀐다. 신명기 역사가는 그의 기본 본문이 지닌 윤리적·선교적 논리를 분명하게 지지한다.

> 또 주의 종의 일과 주의 백성 이스라엘의 일을 날마다 필요한 대로 돌아보사 이에 세상 만민에게 여호와께서만 하나님이시고 그 외에는 없는 줄을 알게 하시기를 원하노라. 그런즉 너희의 마음을 우리 하나님 여호와께 온전히 바쳐 완전하게 하여 오늘과 같이 그의 법도를 행하며 그의 계명을 지킬지어다.(왕상 8:59하-61)

선교적 윤리와 교회

베드로는 흩어진 그리스도인 신자들에게 편지를 쓰면서 "너희는 택하신 족속이요 왕 같은 제사장들이요 거룩한 나라요 그의 소유가 된 백성"이라고 말했다(벧전 2:9). 단숨에 베드로는 그의 그리스도인 독자들을 구약 이스라엘의 유산 전체와 연결시킨다. 실제로 베드로는 그들이 시내 산 기슭에서 그가 인용하는 말(출 19:4-6)을 들은 사람들과 연속성을 지닌 동일한 백성, 메시아 예수를 통해 하나님의 동일한 목적을 지닌 상속자들이라고 밝힌다. 베드로의 그 말은 신약 다른 부분의 증거 및 주장과 일관된 말이다. 즉, 그리스도 안에 있는 사람들은 아브라함 안에 있는 사람들, 같은 목적을 위해 부름받았으며, 같은 하나님에게 구속을 받았고, 윤리적 순종이라는 같은 반응에 헌신한 사람들이라는 것이다.

물론 여기에서 신약 윤리를 본격적으로 제시하려는 것은 아니다. 나의 목적은 훨씬 더 제한되어 있다. 그것은 한편으로 구약에서 그랬던 것처럼, 하나님의 백성에게 주어진 윤리적 요구가 그들의 선택, 구속, 언약에 대한 적절한 반응임을 보여 주는 것이다. 즉, 신약에 따르면 그리스도인들 역시 하나님께 부름받고, 하나님께 구속받았으며, 하나님과 상호적 관계를 맺게 된 사람들이다. 물론 이러한 모든 점에서, 기독교 윤리는 이미 받았으며 앞으로 받을 하나님의 은혜에 대한 반응으로 이해해야 한다(다시 구약에서 그랬던 것처럼). 그리고 다른 한편으로, 나의 목적은 신약의 적어도 몇 개의 중대한 본문이 이 윤리적 책임을 하나님의 더 넓은 선교와 어떻게 연결시키는지 살펴보는 것이다. 다시 말해, 내가 보기에는 구약과 마찬가지로, 신약의 윤리와 관련해서도 선교학적 해석학이 대단히 유용하다.

선택과 윤리. 바울의 몇몇 서신에서 흔히 나타나는 유형은 첫 부분에 하나님이 자기 백성을 부르신 것에 대한 가르침이 나오고, 그 다음에 그에 따른 윤리적 반응이 나오는 것이다. 심지어 아마 그의 최초의 서신서일 데살로니가전서에서도,

이러한 신학적 순서는 분명히 조직화되지는 않았지만 명백하게 나타난다. 바울은 데살로니가전서 1:4에서 "하나님의 사랑하심을 받은 형제들아, 너희를 택하심을 아노라"라고 말하며, 그가 들은 그들의 삶의 질에서 이에 대한 증거를 본다. 그는 이어서 데살로니가전서 4장에서 그들에게 "하나님의 뜻"(3절)과 거룩함에 대한 그들의 부르심(7절)과 관련하여 "하나님을 기쁘시게"(1절) 하는 삶을 계속 살라고 촉구한다.

하지만 우리가 선택받은 것에 대한 반응으로 그처럼 변화된 삶을 사는 것은 단순히 하나님을 기쁘시게 하는 것만이 아니다. 또한 외인들이 그것을 관찰하게 된다. 열방 가운데 있던 이스라엘처럼, 데살로니가 신자들은 그들 자신이 더 큰 사회의 주목을 받는다는 사실을 기억해야 한다.

> 또 너희에게 명한 것같이 조용히 자기 일을 하고 너희 손으로 일하기를 힘쓰라. 이는 외인에 대하여 단정히 행하고 또한 아무 궁핍함이 없게 하려 함이라.(살전 4:11-12)

골로새서와 에베소서에서는 그러한 구조와 논리가 더 분명하게 나온다. 하나님이 그분의 백성을 택하시고 부르신 것이 바로 앞부분에 나오며 상세하게 확대된다. 물론 그것의 윤리적 목적 역시 분명하게 나온다.

> 곧 창세 전에 그리스도 안에서 우리를 택하사 우리로 사랑 안에서 그 앞에 거룩하고 흠이 없게 하시려고.(엡 1:4)

> 이로써 우리도 듣던 날부터 너희를 위하여 기도하기를 그치지 아니하고 구하노니, 너희로 하여금 모든 신령한 지혜와 총명에 하나님의 뜻을 아는 것으로 채우게 하시고 주께 합당하게 행하여 범사에 기쁘시게 하고 모든 선한 일에 열매를 맺게 하시며.(골 1:9-10)

> 내가 너희를 권하노니 너희가 부르심을 받은 일에 합당하게 행하여.(엡 4:1)

하지만 두 서신서 모두 이 모든 것을 전체 피조물에 대한 하나님의 전반적인 목적이라는 더 넓은 맥락 속에서 말한다. 그 목적은 그리스도의 십자가를 통해 모든 피조물을 하나님과 화목시키는 것이다(엡 1:10; 골 1:19-20). 신자들의 윤리적 행동은 이처럼 피조물의 치유를 위한 하나님의 보편적 선교에 필수적인 부분이다. 그것은 또한 사도들의 전도 설교에도 진정성을 부여한다. 이런 식으로 윤리와 선교는 다시 한 번 연결되는 것이다(엡 6:19-20; 골 4:2-6).

구속과 윤리. 바울: 복음을 아름답게 장식하라. 디도에게 보낸 바울의 짧은 편지는 마흔여섯 구절 안에서 "선한 일"이라는 말을 여덟 번이나 반복한다는 점에서 놀랄 만하다. 선한 일을 사랑하는 것이든, 선한 일을 가르치는 것이든, (가장 자주 나오는 것으로) 선한 일을 행하는 것이든. 윤리적 특색(그레데의 도덕적 부패와 대조적으로)이 매우 강렬하다. 하지만 그것은 구속과 구원이라는 말을 마찬가지로 강력하게 사용하는 맥락 안에서 나온다. "하나님 우리 구주" 혹은 "예수 우리 구주"라는 말이 거의 똑같은 빈도로 나오기 때문이다.

이렇게 하나님의 구속과 인간의 윤리적 반응을 결합시킨 것은 종들에게 주는 바울의 교훈에서 절정에 이른다. 그리고 그것은 현저한 선교적 동기를 지니고 있다. 즉, 그리스도인 종들은 그들의 행동에 의해 하나님의 구원의 메시지를 전할 수 있다는 것이다(딛 2:9-14). 바울이 여기에서 종들에게 말하는 것은 원칙적으로 교회 내 모든 지체들에게 적용된다. 우리는 복음을 아름답게 장식하든가 복음에 수치를 가져오거나 둘 중 하나다. 우리의 윤리(혹은 윤리 부재)는 우리의 선교를 후원한다(혹은 침해한다).

베드로: 선한 삶을 살라. 앞에서 구속에 대한 반응으로 나타내야 하는 윤리와 관련해서 상세히 연구한 본문, 즉 출애굽기 19:3-6과 가장 가까운 신약의 본문은 베드로전서 2:9-12이다. 베드로는 그리스도인 신자들에게 이사야서 43:20-21 및 호세아서 2:23에서 나온 다른 용어들뿐 아니라, 출애굽기의 이 본문에서 나온 용어들을 적용한다. 사실상 그는 그리스도인들을 "택하심을 받은"(참고 벧전 1:1-2) 자로, "어두운 데서 불러낸…"(출애굽에 대한 암시. 또한 벧전 1:18-19 참고) 자로, "하나님의 백성"으로 말함으로써, 우리의 핵심 단어 세 가지(**선택, 구속, 언약**)를 모두 결합시킨다. 하지만 베드로는 그의 독자들이 지니고 있는 제사장적 정체성과 거룩한 부르심을 암시한 후에, 이어서 구약적 맥락에서 그 용어들과 관련해서 관찰한 것과 완전히 동일한 윤리적·선교적 함의들을 끌어낸다. "너희가 열방 중에서 행실을 선하게 가져 너희를 악행한다고 비방하는 자들로 하여금 너희 선한 일을 보고 하나님이 오시는 날에 그분께 영광을 돌리게 하려 함이라"(벧전 2:12, 저자 사역).[27]

9-10절에서 11-12절까지의 논리의 흐름(유감스럽게도 문단 구분에 의해 때로 그 흐름이 끊어진다)은 다음과 같이 이어진다.

- 이것이 너희의 모습이라면(선택, 구속, 언약을 통한 너희의 **정체성**),
- 그렇다면 이것이 너희가 살아야 할 방식이다(너희의 **윤리**).
- 그리고 이것이 열방 가운데 나타날 결과다(너희의 **선교**).

메시지는 분명하다. 그리스도인들은 이스라엘이 되어야 했던(하지만 그렇게 하지 못했던) 것과 동일한 도덕적 삶을 살면서, 열방 앞에 드러나는 존재가 되어야 한다. 그리고 그렇게 윤리적으로 드러나는 것의 목적은 궁극적으로 열방이 하나님께 영광을 돌리도록 하는 것이다.[28] 동일한 윤리와 선교의 역학이 신명기 4:5-8에서와 마찬가지로 여기에서도 분명하게 나타난다.

같은 본문에서 베드로는 열방 앞에 나타내 보이는 이러한 비언어적인 도덕적 증거를 그리스도인들이 명령받은(9절) 하나님의 '덕' 혹은 '탁월성'(*aretas*)에 대한 좀더 명백한 언어적인 선포와 연관시킨다. 아마도 이 문구는 이사야서 42:12을 반영하는 것이다. 거기에서도 야웨의 종의 선교에 의해 영향을 받은 열방에게 바로 그렇게 하라고 권유한다.

여호와께 영광을 돌리며

---

27) 불행히도, 많은 영어 역본들은 '열방'(nations) 대신에 '이방인'(pagans), 혹은 '이교도'(heathen)라고 말한다. 여기에서 베드로는 '이방인 민족들'을 뜻하는 히브리어 *haggôyîm*을 통상 번역하는 헬라어와 같은 단어인 '열방'(the nations, *en tois ethnesin*)을 사용한다. 이것은 이스라엘과 이방인이라는 두 반대편 사이에 놀라운 변화가 일어났음을 보여 준다. 그 차이는 이제 더 이상 인종적 유대인과 인종적 비유대인으로 규정되지 않는다. 그보다 그것은 그리스도를 믿는 믿음과 관련해서 규정된다. 예수님을 믿는 신자들(유대인과 이방인)은 이제 이스라엘의 정체성을 물려 받는 상속자들이라고 주장함으로써 그렇게 했던 것처럼, 베드로는 **이방인**이라는 말의 의미를 '비유대인'에서 '비그리스도인'으로 바꾸어 놓았다.

28) 언제 열방이 "하나님께 영광을 돌[릴]" 것인가? 엄밀히 말해서, '오시는 날', 최후의 심판의 순간에 그렇게 되는 것처럼 보인다. 따라서 구원의 소망은 없을 것이다. 하지만 "하나님께 영광을 돌[림]"이라는 문구는 보통 하나님의 백성인 사람들의 예배를 말한다(참고. 벧전 4:16). "따라서 여기에서 그 용어를 사용한 것은 분명히 그 마지막 날에 혹은 그 전에 회개와 종교적 회심이 있음을 시사한다"(참고. 계 11:3; 14:7; 16:9). Mark Boyley, "1 Peter—A Mission Document?" *Reformed Theological Review* 63(2004): 84.

섬들 중에서 그의 찬송[칠십인역, *aretas*]을 전할지어다.

이처럼 열방은 이제 이스라엘의 주요한 목적이었던 것에 합류하라는 권유를 받는다(사 43:21). 베드로는 옛 이스라엘의 포로들처럼, 흩어진 신자들의 공동체가 하나님의 찬양할 만한 탁월성을 선포함으로, 이스라엘과 열방의 예배와 증거를 결합시키는 것을 본다.

그래서 베드로에 따르면, 교회의 선교는 말로 하는 선포와 윤리적 삶을 모두 포함한다. 그리고 그의 빈틈없는 논거에 따르면 **둘 다** 전적으로 필요한 것임을 알 수 있다. 실로, 그는 어떤 특정한 경우에는 설사 말로 하는 증거가 방해를 받거나 바람직하지 않을 때조차, 선한 삶이 효과적인 전도가 될 수 있다고 주장한다. 즉, 믿지 않는 남편을 둔 아내들은 말없이 삶의 질을 통해 증거한다. "이는 혹 말씀을 순종하지 않는 자라도 말로 말미암지 않고 그 아내의 행실로 말미암아 구원을 받게 하려 함이니 너희의 두려워하며 정결한 행실을 보기"(벧전 3:1-2) 때문이다. 물론 베드로는 기회가 왔을 때 아내들이 말하는 것을 **금하고 있는 것은 아니다**. 남편들이 결국에는 하나님의 말씀을 믿지 않고서도 구원받을 수 있다고 말하고 있지 않은 것과 마찬가지다. 하지만 그는 베드로전서 2:11-12의 메시지를 강조하고 있다. 즉, 성경적 거룩함과 선함을 기준으로 사는 삶에는 큰 선교적·전도적 능력이 있다는 것이다.

거룩한 삶 혹은 기독교적 믿음을 촉진하는 선한 행실은 이 서신에서 특별히 강력하게 주장하는 점이다. 그리스도인들은 방어적으로 물러나기보다는 그들 사회에서 만들어진 제도들에 참여해야 하고, 선한 행실의 용감한 증거를 제공하기 위해 바로 거기에 있어야 한다. 그들은 고난에 대한 주님의 반응을 본받아, 그리고 그들을 억압하는 자들을 침묵시키고 심지어 그리스도를 믿는 "신자로 만들기 위해" 그렇게 한다.[29]

언약과 윤리. 베드로전서. 베드로전서 2:12에 언급된 베드로의 말은 그가 예수님으로부터 직접 들은 가르침을 반영하는 것이 거의 확실하다. 예수님은 놀라움을 표시하는 제자들에게 이렇게 말씀하셨다. "너희는 **세상의 빛이라**.···이같이 너

---

29) Boyley, "1 Peter", p. 86.

희 빛이 사람 앞에 비치게 하여 그들로 너희 착한 행실을 보고 하늘에 계신 너희 아버지께 영광을 돌리게 하라"(마 5:14, 16).

예수님이 선택하신 이미지는 하나님이 이스라엘에게 주신 과제를 그대로 나타낸다. 그것은 '열방의 빛'이 되는 과제를 말한다. 그리고 산상수훈의 맥락을 고려해 보건대, 예수님의 목적은 메시아적인 섬기는 왕이신 그분을 중심으로 형성되고 있는 하나님의 새로운 언약 백성의 삶, 성품 및 행위의 질을 묘사하는 것이다. 이스라엘이 열방을 끌어들이도록 그 빛(이사야서 58:6-10의 윤리적 빛이든, 이사야서 60:1-3에 기록된 바 그들 가운데 계신 하나님의 임재의 빛이든)을 비추어야 했던 것처럼, 예수님의 제자들은 선한 행위의 빛을 비추어서 사람들이 살아 계신 하나님께 영광을 돌리도록 해야 한다. 예수님의 윤리적 가르침의 선교적 목적은 분명하다. 그리고 베드로는 그것을 그대로 마음에 새겼다.

마태복음. 마태복음의 끝부분에 나오는 대위임령(마 28:18-20) 역시 언약을 배경으로 하고 있다. 그것은 신명기적 분위기를 매우 강하게 나타내고 있기 때문이다(10장). 예수님은 주 하나님 자신의 입장을 취하신다. 이제 하늘과 땅의 권세가 예수님에게 주어졌다. 그 근거 위에, 예수님은 제자들에게 세상에 나아가서 열방 가운데 순종하는 공동체를 만들면서 자기 복제를 하라는 사명을 주신다. 그들은 가르쳐야 하고 열방은 배워야 한다. 그것은 순수 신명기의 한 부분이라고 할 수 있는, "내가 너희에게 분부한 모든 것을 지키는 것"을 의미한다. 그러므로 선교는 윤리적 순종을 통해 배우고 가르침을 통해 전수되는, 복제된 제자도다.[30]

요한복음. 마지막으로, 우리는 요한복음이 예수님의 명령에 대한 제자들의 순종을 저자의 분명한 선교적 소망을 배경으로 말하고 있음을 유의해야 한다. 요한의 독자들이 누구건 그들은 그리스도 안에서 구원하는 믿음에 이를 수 있다는 것이다(요 20:30-31). 다시 한 번, 사랑은 신명기의 언약 언어를 반영하면서, 그리스도의 명령들에 대한 순종으로 간주된다. 하나님의 구약 백성들이 야웨를 사랑하고 또한 그분의 명령에 순종함으로 그 사랑을 증명해야 했던 것과 마찬가지다. 이러한 연관이 지닌 선교적 함의와 동기는 예수님이 하신 또 다른 말에 간결하게

---

30) 마태복음에 나타난 언약 주제에 대해 더 알려면, Robert L. Brawley, "Reverberations of Abrahamic Covenant Traditions in the Ethics of Matthew", *Realia Dei*, ed. Prescott H. Williams and Theodore Hiebert(Atlanta: Scholars Press, 1999), pp. 26-46를 보라.

담겨 있다. "너희가 서로 사랑하면 이로써 모든 사람이 너희가 내 제자인 줄 알리라"(요 13:35). 동일한 선교적 역학이 요한복음 17장에 기록된 예수님의 위대한 기도에 나타난다. 거기에서 예수님은 자신의 제자들 및 세상에서 이루어질 그들의 증거를 위해 기도하시고 있다.

언약의 언어는 하나님과 상호 관계를 맺고 있는 사람들의 언어, 하나님의 은혜에 의해 시작되었고 인간의 순종으로 반응하는 언어다. 우리는 구약에서 이것이 열방을 위한 하나님의 보편적인 선교 안에서, 이스라엘의 정체성 및 선교와 연결되어 있음을 보았다. 여기 신약에서 하나님의 새 언약 백성의 선교적 특성은 베드로전서, 마태복음, 요한복음의 이 세 본문들에 나타난다. 그리스도 안에 있는 하나님의 새로운 백성은 또한 세상을 위한 백성이며, 이것은 그들의 삶 가운데 반영되어야 한다.

간단히 말해, 하나님의 언약 백성으로서, 그리스도인들은 다음과 같은 사람이 되어야 한다.

- 선한 삶으로 세상의 빛이 되어야 한다(베드로전서).
- 순종을 배우고 열방에 순종을 가르쳐야 한다(마태복음).
- 서로 사랑함으로 그들이 누구에게 속했는지 세상에 보여 주어야 한다(요한복음).

기독교 윤리와 기독교 선교를 이보다 더 간명하게 통합시킨 경우는 찾아보기 어려울 것이다.

4부
선교의 무대

마침내 이 책의 구조를 설명하기 위해 서론에서 사용한 삼각형의 마지막 지점에 도달했다. 2부에서는 "선교의 하나님"(성경적 유일신론과 선교)에 대해, 3부에서는 6장에 걸쳐 "선교의 백성"(열방을 향하여 선교를 하도록 하나님이 선택하시고, 구속하시고, 언약 관계를 맺으셔서 윤리적으로 독특한 삶을 살도록 만드신 이스라엘 백성으로, 그들의 정체성과 역할은 그리스도 안에 있는 자들에게 확장된다)에 대해 살펴보았다. 그러나 이스라엘의 주 하나님은 또한 온 땅과 모든 나라의 하나님이다. 따라서 우리는 시야를 넓혀서 성경의 거대 서사가 전개되는 커다란 무대를 고려하는 것이 필요하다. 하나님의 선교는 하나님의 사랑만큼 광범위하다. 시편 145:13은 다음과 같이 말한다.

주의 나라는 영원한 나라이니
주의 통치는 대대에 이르리이다.

이를 위해 구약을 선교적으로 잘 해석하는 해석자 사도 바울에 대해 고찰해 보는 것이 유익할 것이다.

사도행전 13:16-41에서, 바울이 비시디아 안디옥의 유대인 회당에서 한 설교와, 사도행전 17:22-31에서 아덴의 아레오바고에서 한 설교를 비교해 보자. 두 설교는 궁극적으로 공동의 목적을 갖고 있다. 즉, 청중들에게 예수님을 소개하는 것이다. 그러나 개념적 틀은 매우 다르다. 첫째 설교에서 바울은 유대인 청중 앞에서 "**이스라엘** 백성의 **하나님**"에 대해 말하면서, 하나님이 가나안 족속들을 쫓아내신 것과 "그 **땅**을 기업으로 주신" 것을 설명한다(행 13:17, 19). 둘째 설교에서, 바울은 이방인 청중 앞에서 "**우주**와 그 가운데 있는 만물을 지으신 **하나님**"에 대해 말하면서, 이 하나님이 어떻게 "인류의 모든 족속을 한 혈통으로 만드사 온 땅에 살게 하셨는지" 설명한다(행 17:24, 26).

한 번 더 기하학을 사용해 설명한다면 이 두 개의 틀을 서로 연결된 삼각형 형태로 묘사할 수 있다. 한편에는 하나님, 이스라엘, 그리고 그들의 땅으로 이루어진 삼각형이 있다(그림 1을 보라).

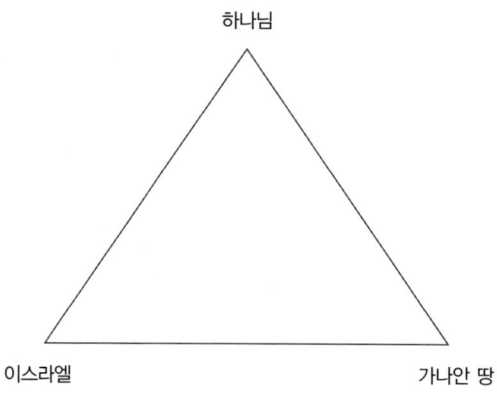

그림 1. 바울의 안디옥 설교에 나타난 개념적 틀

    이것은 안디옥 설교에 나타난 개념적 틀이다. 물론 그것은 구약 이스라엘의 자기 이해를 드러낸다. 그들의 하나님 야웨는 이스라엘을 선택해서 언약을 맺으시고 그들을 애굽의 속박에서 구출하시고 가나안 땅을 주셨다. 이스라엘은 그곳에서 하나님께 순종해 살면서 축복을 받아 누려야 했다. 이것이 이 책 3부의 근저를 이루고 있는 틀이다. 구약 이스라엘은 이 같은 맥락에서 자신의 정체성과 사명을 이해했다. 이스라엘의 선택, 구속, 언약과 윤리의 독특성은 상호 연결된 관계들로 이루어진 이 삼각형에 근거하고 있었다. 이스라엘의 사명은 하나님의 땅에서 하나님의 영광을 위해 하나님의 백성으로 사는 것이었다. 그리고 그 하나님은 바로 야웨였다.

    그러나 필자가 줄곧 강조한 것처럼, 관계들로 이루어진 이 삼각형은 그 자체를 위해 존재하는 것이 아니었다. 그것은 모든 나라와 온 땅을 향한 하나님의 선교를 형성하는 더 넓은 관계의 일부였다. 바울이 아덴의 이방인 청중들(그들은 하나님이 가나안 땅에서 이스라엘을 다루시는 것을 나타내는 안쪽 삼각형을 아직 이해하지 못했을 것이다)에게 말할 때 염두에 둔 것은 바로 바깥쪽에 있는 이 삼각형이다. 이처럼 바울은 직접적으로 구약 성경 본문을 인용하지 않으면서, 그들에게 사실상 성경적 (구약) 창조 교리를 제시한다.[1]

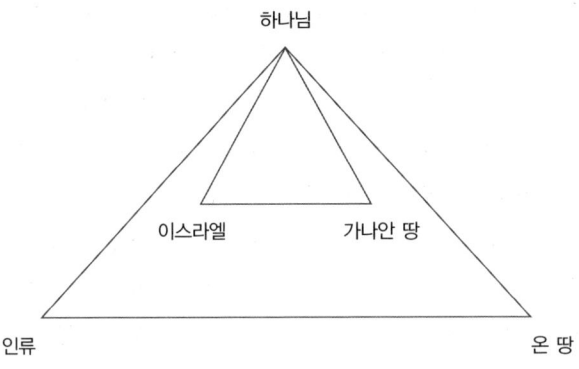

그림 2. 바울의 아덴 설교에 나타난 개념적 틀

이 바깥쪽 삼각형은 지금도 여전히 하나님이 역사에서 인류를 다루시는 기본 토대이긴 하지만, 인간의 반역과 죄의 결과로 왜곡되고 망가진 상태다. 그로 인해 세 가지 기본 관계 모두가 영향을 받았다. 인간은 더 이상 하나님을 사랑하거나 순종하지 않으며, 하나님의 진노 아래 산다. 인간은 온 땅과 불화하고 있으며, 온 땅은 하나님의 저주를 받아 인간이 구속받을 때까지 하나님을 영화롭게 할 수 없는 신세가 되었다. 바울이 로마서에서 해설하는 것이 바로 그와 같이 타락한 인간의 냉혹한 현실이다. 우리는 저주받은 세상에서 타락한 인류로 살아간다.

그러나 바깥쪽 삼각형은 하나님의 선교의 토대인 동시에 무대이기도 하다. 하나님이 이스라엘 가운데 이스라엘을 위해서 **이스라엘**을 통하여 행하신 모든 것(안쪽 삼각형)의 궁극적 목표는, **인류**의 모든 나라들을 축복하고 온 **땅**을 최종적으로 구속하는 것이다(바깥쪽 삼각형).

이 틀에 구약의 환상이 신약에서 성취된 것을 추가한다면, 또 다른 삼각형을 보게 될 것이다. 거기에는 하나님 백성의 새로운 공동체(그리스도 안에서 믿는 유대인들과 이방인들)와 새로운 세계(하나님이 그분의 구속받은 인류와 영원히 거하실 새 하늘과 새 땅)가 포함될 것이다.

---

1) 나는 Christopher J. H. Wright, *Old Testament Ethics for the People of God*(Downers Grove, Ill. : InterVarsity Press, 2004), p. 119에서 구약 이스라엘의 윤리적 세계관을 이해하기 위한 틀로 이 그림을 개발했다.

따라서 우리는 하나님의 선교가 역사를 통해 이루어져 가는 창조적 기반인 이 넓은 삼각형에 주의를 기울여야 한다. 그것이 4부에서 우리가 살펴볼 주제다.

우리는 먼저 하나님의 선교 활동의 영역이자 대상인 **땅**에 대해 살펴볼 것이다. 당연히 그 땅은 또한 우리가 부름받은 선교의 대상이기도 하다(12장). 그 다음에는 (13장에서) **인류**에 대해 살펴볼 것이다. 인간성을 긍정하는 성경의 가르침이 선교 이해에 어떤 영향을 끼치는가 하는 것이다. 여기에는 하나님의 형상으로 만들어진 인간의 존엄성과, 우리의 죄악에 찬 반역으로 인한 전적 부패와 악의 침입이 포함되어야 한다. 13장에서 우리는 또한 창조적 세계관 및 국제적 관점과 매우 밀접하게 연관된(그러나 유감스럽게도 선교 신학에서 소홀하게 취급된) 구약 성경의 일부인 지혜서를 고찰할 것이다. 그리고 그것이 다른 여러 문화적 상황에서 선교를 할 때 매우 중요하다는 점을 살펴볼 것이다. 마지막으로는, 열방의 세계로 돌아가서 세상 국가들을 향한 하나님의 계획과 관련하여 이스라엘이 품었던 종말론적 환상을 자세히 살펴볼 것이다(14장). 아마도 그것은 구약의 다른 어떤 주제보다도 신약 교회의 선교적 확장에 기여하고 영감을 불러일으킨 요인일 것이다(15장).

12

선교와 하나님의 세상

하늘과 모든 하늘의 하늘과 땅과 그 위의 만물은 본래 네 하나님 여호와께 속한 것이로되.(신 10:14)

이스라엘의 하나님 야웨가 온 우주를 소유하고 계시다는 이 담대한 주장은 시편 24:1의 잘 알려진 단언에 반영되어 있다. "땅과 거기 충만한 것과 세계와 그 가운데 사는 자들은 다 야웨의 것이로다(저자 사역)." 또 많이 알려지지는 않았지만 하나님이 욥에게 창조 사역을 장대하게 설명하는 가운데 친히 하신 말씀 역시 동일한 주장을 한다. "온 천하에 있는 것이 다 내 것이니라."(욥 41:11)[1]

땅은 하나님의 것이다

땅은 하나님의 것이다. 하나님이 땅을 만드셨기 때문이다. 적어도 이 말은 땅이 하나님의 것이라면 우리의 것이 아니라는 점을 상기시켜 준다. 우리는 마치 우리가 이 지구를 소유하고 있는 것처럼 생각하고 자랑하는 경향이 있지만, 사실은 그렇지 않다. 그렇다. 하나님이 이 지구의 주인이시고 우리는 하나님의 소작인이

---

1) 이 장의 내용 중 일부는 Christopher J. H. Wright, *Old Testament Ethics for the People of God* (Downers Grove, Ill.: InterVarsity Press, 2004), 4장에 나오는 훨씬 더 상세한 구약 생태학 윤리를 요약한 것이다.

다. 하나님은 우리가 거주하는 **소유물**로 이 땅을 주셨다(시 115:16). 그러나 우리가 최종적 소유권을 갖고 있는 것은 아니다. 여느 지주와 소작인의 관계가 그런 것처럼, 하나님은 우리가 그분의 재산을 다루는 방법에 대해 책임을 물으신다. 하나님이 이 땅을 소유하신다는 이 주장은 윤리적으로나 선교적으로 상당한 의미를 지니고 있다고 말할 수 있다.

창조 세계의 선함. 창조 세계가 선하다는 점은 그것이 창세기 1-2장에서 반복되고 있다는 사실에 비추어 볼 때, 매우 강조되고 있는 점 중 하나다.[2] 창조 이야기 가운데 여섯 번에 걸쳐 하나님은 그분이 하신 일이 "좋다"라고 선언하신다. 감탄하는 손님들 앞에 다양한 코스 요리를 선보이는 주방장처럼, 하나님은 하나하나 멋진 작품들을 내어 놓으신다. 그리고 일곱 번째 마지막 **주요** 작품을 내어 놓으신 후 하나님은 그 모든 것이 "매우 좋다"라고 선언하신다. 이 멋진 식사 전체는 주방장의 기술과 예술의 승리였다.[3]

단순하게 들리는 이 주장이 의미하는 것은 여러 가지이지만, 여기에서는 일단 두 가지만 살펴보고자 한다.

선하신 하나님만이 선한 창조 세계를 만드실 수 있다. 이러한 사실은 히브리인들의 창조 이야기를 다른 고대 근동 이야기와 확연히 대비시킨다. 고대 근동에서 자연 세계의 권세와 신들은 악의적 존재로 묘사되고 있으며, 자연 질서의 어떤 측면들은 그런 악의의 결과로 설명되고 있다. 그러나 구약에서 자연 질서는 선하신 하나님 야웨의 작품으로, 근본적으로 선하다. 성경에서 창조 세계의 선함이 갖는 의미는 그것이 창조 세계를 만드신 하나님을 증거한다는 것이다. 특히 하나님의 선하신 성품을 증거한다(예를 들어, 시 19편; 29편; 50:6; 65편; 104편; 148편; 욥 12:7-9; 행 14:17; 17:27; 롬 1:20). 그렇기 때문에, "가난한 사람을 학대하는 자는 그를 지으신 이를 멸시하는 자요"(잠 14:31; 또한 잠 17:5 참조. 가난한 사람은 창조주의 형상을 따라 만들어진 인간이기 때문이다)라고 말하는 본문에 유추

---

2) Ron Elsdon은 그의 책 *Green House Theology: Biblical Perspectives on Caring for Creation* (Tunbridge Wells, U.K.: Monarch, 1992)에서 '창조 세계의 선함'이라는 주제를 중심으로 삼아서 이 문제에 대한 신구약 성경 자료를 조사한다.
3) 이 요리 비유는 Huw Spanner, "Tyrants, Stewards—or Just Kings?" *Animals on the Agenda: Questions About Animals for Theology and Ethics*, ed. Andrew Linzey and Dorothy Yamamoto (London: SCM Press, 1998), p. 218에서 따온 것이다.

해서, "이 땅을 파괴하거나 훼손하는 자는 그것을 만드신 이의 모습을 해치는 것이다"라고 말할 수 있다(이 땅은 하나님 자신의 선하심을 나타내는 표지를 지닌 창조 세계의 일부이기 때문이다). 우리가 땅을 대하는 태도는 그것을 지으신 창조주에 대한 우리의 태도와, 창조주가 땅에 대해 말씀하신 것을 우리가 얼마나 진지하게 대하는가를 나타낸다.

창조 세계는 본질적으로 선하다. 창조 세계의 선함은 창조 자체의 본질이다. 그것은 창조 세계 안에 있는 인간과 그것을 준수할 수 있는 우리의 능력에 따라 좌우되는 것이 아니다. 창조 이야기에서, "좋았더라"라는 말은 아담과 하와가 한 말이 아니라 하나님 자신이 하신 말씀이었다. 이처럼 창조 세계의 선함(과 아름다움)은 신학적으로나 연대순으로 인간의 순종에 앞서는 것이다. 그것은 인간이 창조 세계를 둘러보기 전에 하나님이 보시고 긍정적으로 말씀하신 것이다. 그러므로 창조 세계의 선함은 햇빛이 밝게 비치는 기분 좋은 날 인간이 갖게 되는 단순한 생각이 아니다. 또 창조 세계가 우리의 유익을 위해 존재하기 때문에 창조 세계는 좋다는 의미에서 선한 것도 아니다. 창조 세계가 선하다는 이 말은 전 우주를 **하나님이** 승인하셨다는 표시다. "좋았더라"라는 선언은 창조의 매 단계마다 나온다. 처음에 빛을 창조할 때부터(창 1:4), 바다에서 땅이 드러나고(창 1:10), 식물이 자라고(창 1:13), 해와 달이 나타나 날과 계절을 이루고(창 1:18), 물고기와 새들이 등장하고(창 1:21) 또 땅의 짐승들이 등장할 때(창 1:25) "좋았더라"라는 말이 선포된다. 이런 모든 창조 세계는 인간이 세상에 나타나기 전에 하나님이 선하다고 긍정하신 것들이었다.

그러므로 땅은 **본질적인 가치**를 지니고 있다. 다시 말해 땅은 모든 가치의 근원이 되시는 하나님이 귀하게 여기시는 것이다. 하나님은 땅을 만드시고 그것을 소유하시기 때문에 땅을 귀하게 여기신다. 단순히 땅이 **우리에게 귀하다고** 말하는 것만으로는 충분하지 않다. 반대로 인간으로서 우리의 가치는 **우리 자신이** 하나님이 이미 귀하게 여기셔서 좋다고 선언하신 전체 창조 세계의 **일부**라는 사실에서 시작된다. 후에 언젠가 인간의 삶에 대해 좀더 말하겠지만, 출발점은 우리 인간의 가치는 우리가 속한 창조 세계에서 비롯되는 것이지 그 반대가 아니라는 사실이다. 땅은 우리 인간에게서 가치를 부여받는 것이 아니라, 하나님으로부터 가치를 부여받는다. 따라서 우리는 선교의 생태학적 차원을 일차적으로 땅이 우리 인간의 필요를 채워 준다는 측면에서 볼 것이 아니라, 땅이 하나님께 영광을 돌린다는 측면에서 볼 필요가 있다.

성경은 이 땅이 단지 인간의 소비와 즐거움만을 위해 존재한다는 교만한 생각을 거부한다. 반대로 시편 104편은 땅이 인간에게 제공하는 것뿐 아니라, 하나님이 그 안에서 다른 모든 피조물에게 제공하신 것을 경축한다. 그 피조물들 역시 하나님의 충만하신 영으로 인해 존재하고, 생존하고, 생명을 향유하는 존재들이다. 이 시편을 아름답게 묵상한 월터 해럴슨(Walter Harrelson)은, 이 땅이 인간의 필요를 채우는 것 그 이상을 경축하는 시편 기자의 모습을 잘 설명한다(14-15절에서).

하나님은 백향목과 다른 나무들을 심으시고, 그 나무들에게 물을 충분히 주셨다. 새들은 그 나무들에 둥지를 튼다. 특별히 학을 보자. 하나님은 학이 그 안에 둥지를 틀 잣나무를 만드셨다. 그리고 잣나무에 둥지를 틀도록 학을 만드셨다. 하나님은 산양들이 뛰어놀 높고 가까이 가기 어려운 산을 만드셨고, 산양들은 껑충거리며 뛰어 다니도록 만드셨다. 하나님은 너구리가 살고 놀도록 요단 동편에 바위로 덮인 광활한 땅을 만드셨고, 바위를 위해 너구리를 만드셨다. 학과 산양과 너구리는 사람에게 별 소용이 없다. 그것들은 자신들에게 맞는 일을 한다. 그리고 하나님은 특별한 짐승들의 필요를 채워줄 때 비로소 기능을 성취하는 그런 곳을 제공하셨다. 나는 성경에서 사물들과 짐승들의 독자적인 의의에 대해 이보다 더 직접적으로 언급하는 말을 알지 못한다. 그것들은 사람의 삶과 관계없이 존재한다. 성경 종교의 창조적이고 강력한 인간 중심성은 여기에서 아름답게 제한된다. 하나님은 너구리와 산양과 학 그 자체에 관심을 가지신다. 하나님은 인간이 아닌 다른 목적을 섬기는 나무와 산, 돌무덤에 관심을 가지신다.

해럴슨은 시편 104편은 창조 세계 내에서 인간이 하는 일의 가치를 축하할 뿐만 아니라 하나님이 지정하신 대로 다른 피조물들이 하는 일의 가치도 긍정한다고 덧붙인다. 21-26절에 대해 그는 다음과 같이 설명한다.

인간의 일은 중요하다. 그러나 사자의 일도 중요하다. 깊은 바다 위를 다니며 무역을 하는 배들은 중요한 일을 하고 있는 것이다. 그러나 물을 내뿜으며 껑충거리면서 배 뒤를 따라다니는 고래 역시 중요한 일을 하고 있는 것이다.[4]

창조 세계의 존엄성(하지만 신성은 아니다). 성경은 창조주 하나님과 피조된 만물(5장에 기록된 논의를 보라)을 명백하게 구분한다. 창조된 것 중 그 자체가 신적인 것은 아무것도 없다. 이것은 이스라엘이 처한 문화적·종교적 환경에 만연하던 **자연 다신론**을 배제한다. 여러 가지 자연 세력들은 신적 존재로 (혹은 별개의 신적 존재의 통제를 받고 있는 것으로) 간주되었다. 따라서 많은 종교 의식들의 기능은 농사를 짓는 데 유리하도록 이런 자연 신들을 달래거나 설득하는 것이었다.

하지만 이스라엘 사람들에게 자연 세계는, 그것이 어떤 세력이든, 현상이든 아니면 물체든, 신적 존재가 아니었다. 자연 세계가 지니고 있는 커다란 힘은 전적으로 야웨의 일이며, 그분의 명령 아래 있었다. 따라서 한편으로 그들은 가나안의 풍요와 다산을 기원하는 의식을 거부했다. 이스라엘은 하나님 자신이 그들에게 자연의 풍성함을 제공한다고 배웠기 때문이었다(예를 들어, 호 2:8-12). 다른 한편으로 매우 강력하고 영향력이 많은 바벨론 별신들의 정체는 야웨의 권위 아래 있는 피조물에 지나지 않는다는 점이 폭로되었다(사 40:26). 다산과 점성술 두 경우에, 창조에 대한 독특한 믿음으로 인해 이스라엘은 주변 국가들의 세계관과 문화적으로 정치적으로 심각한 갈등을 겪게 되었다.

그러므로 히브리 성경은 인간 외의 피조물을 존중하고 돌볼 것을 분명히 가르치지만, 자연 질서를 신성화하거나 인격화하거나 인격적인 창조주와 별개인 어떤 힘을 그것에 집어넣는 인간의 경향은 반대하고 뒤엎는다.

자연을 **인격화하는 것**과 **의인화하는 것**을 구별하는 것이 중요하다. 구약은 종종 더 큰 효과를 내기 위해 자연을 의인화해서 말한다. 의인화란 자연이 **마치 사람인 것처럼** 말하는 문학적 장치다. 예를 들어, 하늘과 땅은 이스라엘 백성에게 하신 하나님의 말씀을 증거하는 사명을 부여받는다(예를 들어, 신 30:19; 32:1; 사 1:2; 시 50:1-6). 또 하늘과 땅은 하나님의 영광을 선포하고(시 19편), 그분의 심판을 즐거워한다(시 96:11-13; 98:7-9). 가장 생생한 예는 땅이 사악한 짓을 한 가나안 거주민들을 "토해 냈으며" 또 이스라엘 사람들이 그 짓을 따라했을 때 그들을 똑같이 토해 낸 것이다(레 18:25-28). 이것들은 모두 생생한 비유적 표현이다.

---

4) Walter Harrelson, "On God's Care for the Earth: Psalm 104", *Currents in Theology and Mission* 2(1975): 20-21.

그러나 이같이 자연을 문학적·수사학적으로 의인화하는 것은 자연을 창조하시고 자연 안에서 자연을 통해 활동하시는 하나님의 인격적 성품을 강조하거나, 하나님과 인간의 관계가 인격적이고 도덕적임을 표현하기 위해서다. 그와 같은 문학적 용법은 자연이나 자연적 힘 자체에 진짜 인격이나 인격적 능력이 있다고 말하는 것은 아니다. 실제로 자연을 그런 식으로 인격화하는 것은 (즉, 자연에 실제로 인격적 지위를 부여하는 것은) 하나님을 비인격화하고 인간과 하나님의 관계를 비도덕화하는 결과를 가져온다. 창조 세계에 하나님께만 합당한 인격적 지위와 영예를 부여하는 것은 타락만큼이나 오래된 우상숭배다(참고. 롬 1:21-25). 현재는 뉴에이지 운동이라는 21세기의 옷을 입고 있지만 본질은 마찬가지다.

이 같은 구약의 반문화적 주장은 선교적으로 강력한 의미를 갖고 있다. 복음은 (신약 시대에 그랬던 것과 마찬가지로) 오늘날에도 여전히 자연을 신성시하는 종교적 전통(원시 종교, 대중적 힌두교 또는 최근에 등장한 뉴에이지)을 반대하기 때문이다.

때때로 이스라엘 신앙의 이런 측면은 자연의 '비신성화'라고 일컬어져 왔다. 그러나 그것은 최선의 단어 선택은 아니다. 이스라엘이 '자연을 비신성화했다'는 말은 그들이 창조 세계의 신성함을 의식하지 않았으며, 지구를 단순히 인간의 유익을 위해 이용해야 할 대상으로 간주했다는 말이 된다. 그러면 이 말은 또 인간 외의 피조물 전체를 과학적·기술적·도구적으로 다루는 것이 성경적으로 정당하다는 말이 된다. 이런 오해는 20세기 초반에서 중엽으로 거슬러 올라간다. 그 당시 많은 학자들이 이스라엘 신앙의 역사적 본질을 강조했다. 그러면서 이스라엘이 고대 근동에 널리 퍼져 있던 창조 신화들을 '비신화화했다'고 주장했다. 또 이스라엘은 자연보다 역사를 귀하게 여겼으며, 주변에 있던 **자연** 신들과는 달리 야웨는 **역사**의 하나님이라는 점을 강조했다. 하지만 지금은 다른 근동 문명들도 그들의 신이 어느 정도 인간 역사에 개입해서 활동했다고 믿었으며, 또 그들의 모든 신들을 단순히 자연 세력을 신성화한 것으로 볼 수는 없다는 사실이 밝혀졌다. 정반대로, 야웨는 누가 뭐라고 해도 이스라엘의 역사의 하나님이시면서 동시에 창조 세계의 하나님이다.

하지만, 이 같은 구약 학계의 주장으로 인해 불행한 결과가 초래되었다. 성경이 자연을 '비신성화한다'(desacralized)는 견해가 널리 퍼지게 된 것이다. 그렇게 해서 이 견해는 인간이 종교적 두려움이나 금기에 얽매이지 않고 자연 질서를 탐험하고 착취할 수 있는 문을 열어 주었다. 그런 견해에 따르면 자연 질서의 유일한 목적은 우리 인간의 필요를 충족시키는 것이다. 우리가 자연 질서에 대해 무엇을 하든지 간에, 우리는 거기 내재하고 있는 어떤 신적 세력에게 무례한 짓을 하고 있다고 두려워할 필요가 없다. 우리는 자연에게 명령을 내릴 수 있다. 그와 같은 세속화된 자연관은 이 책에서 말하는 자연의 비신성화(dedivinizing)의 의미가 전혀 아니다.[5]

창조 세계를 **신성하게**(sacred) 대하는 것과 **신적 존재로**(divine) 대하는 것은 근본적으로 다르다(인간 생명의 존엄성을 이야기하는 것과 어떤 인간을 신적인 존재로 대하는 것이 전혀 다른 것처럼 말이다). 창조 세계의 신성함은 그것이 하나님과 본질적인 관계를 맺고 있다는 말이지, 그것 자체가 신적인 것이라는 말은 아니다.

구약은 계속해서 창조 세계를 **하나님과 관련하여** 취급한다. 창조 세계는 하나님께 순종하고, 하나님의 명령에 복종하고, 하나님의 영광을 나타내고, 하나님이 유지하시고 제공하시는 것으로부터 유익을 얻고, 하나님의 목적에 기여한다. 그 목적에는 인간에게 필요한 것을 공급해 주거나 인간을 심판하시는 하나님의 도구로 쓰임 받는 것이 포함되어 있다(물론 그것이 전부는 아니다). 이처럼 인간 외의 피조물에는 우리가 귀하게 여겨야 하는 신성함이 있다. 이스라엘의 율법, 예배, 예언은 분명히 창조 세계를 신성하게 취급했다. 그러나 어떤 형태이든 자연을 **숭배**하는 것은 창조주와 피조물을 바꾸어 버리는 것이다. 또 그것은 이스라엘이 계속해서 경고받았던 우상숭배이며(예를 들어, 신 4:15-20; 또한 욥 31:26-28 참고), 바울이 인류의 고의적 반역과 사회악이라는 비극과 연결시키고 있는 것이기도 하다(롬 1:25과 주변의 전후 맥락).

이스라엘의 유일신론은 이른바 모든 자연 신들을 반대하지만, 그렇다고 해서 자연이 하나님과 관련해서 신성함과 의미를 갖고 있다는 점을 부정하지는 않는다.

철저한 유일신론의 입장에 서서 창조 교리를 살펴볼 때, 다른 소소한 신들은 없다. 해와 달도 신이 아니고(창 1:14-18은 그것들을 경배하는 것에 대한 반발이었다), 금송아지나

---

5) 구약 신학에서 이 특정한 왜곡의 결과들에 대해 논의한 유익한 책으로 Ronald A. Simkins, *Creator and Creation: Nature in the Worldview of Ancient Israel*(Peabody, Mass.: Hendrikson, 1994), pp. 82-88를 보라.

다른 "새긴 형상"도 신이 아니며, 신성한 작은 숲이나 오래된 나무도 신이 아니고, 거대한 산이나 화산도 신이 아니며, 무시무시한 짐승이나 마귀도 신이 아니고, 가이사나 바로나 영웅들도 신이 아니고, 심지어 그리스 신화에 나오는 땅의 여신 가이아(Gaia)나 어머니 지구 여신(Mother Earth)도 신이 아니다. 이런 견해에서 볼 때, 다신론, 정령 신앙, 점성술, 토템 신앙, 다른 형태의 자연 숭배들은 우상숭배일 뿐 아니라, 또한 선지자들이 거듭 주장했던 것처럼, 헛되고 어리석은 일이다(참고. 사 40:12-28; 44:9-20; 46:1-11; 행 14장; 15장). 오직 창조주만이 경배를 받으실 자격이 있으시다.····그럼에도 불구하고, 하나님의 모든 피조물들은 하나님이 주신 가치의 표시로서 그리고 사실상 하나님 예배의 표현으로서 도덕적인 대접을 받을 자격이 있다. 유일신론적 창조 교리는 자연을 비신성화하는 것이 아니다. 자연은 하나님께 창조되었다는 것 때문에 여전히 신성하며, 선하다고 선포되고, 궁극적으로 신적 주권 아래 있다.[6]

그리고 만일 그렇다면, 세상의 창조주이신 이 하나님을 예배한다고 주장하고, 또 그분을 세상의 구속주로 믿는다고 주장하는 우리에게 주는 강력한 윤리적·선교적 함의가 있지 않은가? 땅이 창조주와의 관계에서 비롯된 신성함을 지니고 있다면, 우리가 땅을 어떻게 취급하는가 하는 것은 창조주와 우리 자신의 관계의 반영이며 척도다.

그렇다면 땅이 하나님께 속했다는 단언에서 어떤 생태학적·선교학적 도전들이 나오게 되는가? 지금까지 우리가 연구한 것을 요약해 보면, 창조 세계 자체가 하나님께 지닌 가치로 인해 선하다고 간주하는 것은 몇 가지 생태학적 함의를 갖고 있다. 창조 세계는 우리가 우리 자신의 목적을 위해 상품화하고 상업화하며, 사용하고 남용할 수 있는 중립적인 것이 아니다. 게다가 전체 창조 세계의 일부인 우리 인간은 스스로 하나님을 찬양하고 영화롭게 하기 위해 존재할 뿐 아니라, 또한 다른 피조물들도 그렇게 하도록 촉진시키기 위해 존재한다. 그리고 가장 큰 계명이 하나님을 사랑해야 하는 것이라면, 그것은 분명 하나님께 속한 것을 존중하고, 돌보고, 존경해야 한다는 의미다. 이것은 모든 인간관계에서도 타당한 말씀이다. 당신이 어떤 사람을 사랑한다면, 당신은 그 사람에게 속한 것을 잘 돌볼 것이다.

---

6) James A. Nash, *Loving Nature: Ecological Integrity and Christian Responsibility*(Nashville: Abingdon, 1991), p. 96.

하나님을 사랑한다는 것은 (그리고 예레미야가 말한 것처럼 하나님을 안다는 것은) 하나님이 귀하게 여기시는 것을 귀하게 여기는 것이다. 그러므로 자연 질서를 남용하고 오염시키고 파괴하는 것은 창조 세계에 나타난 하나님의 선하심을 짓밟는 것이다. 하나님이 귀하게 여기시는 것을 유린하는 것이고, 하나님을 찬양하는 일을 하지 못하게 만드는 것이고, 하나님의 영광을 훼손하는 것이다.

온 땅은 하나님의 선교지이자 우리의 선교지다. 하나님이 우주를 소유하신다면, 하나님께 속하지 않은 곳은 어느 곳에도 없다. 우리는 하나님의 소유지에서 벗어나, 어떤 다른 신의 소유지나 우리 자신이 소유한 자율적 영역으로 물러날 수 없다.

구약은 야웨와 관련하여 그렇게 주장했다(예를 들어 시 139편. 그 사실은 시편 기자에게 큰 위로가 되었다). 그러나 신약은 예수 그리스도와 관련하여 그와 똑같은 주장을 했다. 부활하신 후 제자들과 함께 산 위에 서신 예수님은 야웨에 대해 언급한 신명기의 말씀["너는 오늘 위로 하늘에나 아래로 땅에 오직 여호와는 하나님이시요 다른 신이 없는 줄을 알아 명심하고"(신 4:39) "하늘과 모든 하늘의 하늘과 땅과 그 위의 만물은 본래 네 하나님 여호와께 속한 것이로되"(신 10:14) "너희의 하나님 여호와는 신 가운데 신이시며 주 가운데 주시요"(신 10:17)]을 자신에게 적용해 이렇게 말씀하신다. "하늘과 땅의 모든 권세를 내게 주셨으니"(마 28:18). **이와 같이 부활하신 예수님은 구약에서 야웨가 주장하신 것처럼 모든 창조 세계에 대해 동일한 소유권과 주권을 주장하신다.**

그렇다면 온 땅은 예수님께 속한다. 온 땅은 창조와 구속과 미래의 유업 모든 면에서 예수님께 속한다. 바울은 골로새서 1:15-20에서 이 점에 대해 우주적 선언을 하고 있다. 따라서 예수님의 이름으로 가는 곳마다 우리는 그분의 소유지를 걸어가는 것이다. 이 지구상에는 그리스도께 속하지 않은 곳이 한 뼘도 없다.

당신이 주택이나 아파트에 세를 들어 살면서, 새 부엌이나 욕실을 설치하려 하는데, 당신에게는 그런 권한이 없다는 말을 들었다고 하자. 하지만 주인 대신 그 문제를 처리할 수 있다는 주인의 서면 설명서가 있다면, 당신의 행동은 정당한 것으로 인정된다. 그 건물 소유주가 당신에게 거기 사는 동안 자기 재산을 수리하라고 맡긴다면, 당신의 '사명'은 그 사람의 '사명'에 협력하고 그것을 이행하는 일이다. 당신은 그 건물에 대해 소유자의 의도를 실행하는 대행인이다. 당신은 소유주가 자기 재산에 대해 하려는 일을 적법하게 실행하는 것이다.

하나님의 땅에서 우리의 선교는 참 주인으로부터 권한을 위임받은 것일 뿐 아니라, 또한 그분에 의해 보호와 보장을 받는다. 우리는 그분의 이름으로 나아간다. 우리는 그분의 권한에 의거해 행동한다. 그러므로 두려워할 이유가 없다. 우리가 밟는 곳은 어디나 그분께 속한 곳이기 때문이다. 이원론에 빠질 여지가 없다. 물론 성경은 또한 악한 자가 땅에 대해 주권과 권세를 행사한다는 점을 말하고 있다. 그러나 악한 자가 이 땅을 소유하고 있는 것은 아니다. 악한 자는 자신의 소유권을 주장하고 자신을 경배하는 자에게 그것을 줄 수 있는 권리가 있다고 주장하지만, 예수님은 광야 유혹에서 그 주장이 거짓임을 밝혀내셨다. 사탄이 무슨 권세를 행사하든지 간에, 그것은 불법으로 찬탈한 권세이며, 이 땅의 참 주인, 하나님의 보좌에서 다스리는 어린양에게 최종적 규제를 받는 일시적 권세다(계 4-7장).

이처럼 "온 땅이 주님의 것"이라는 단순한 성경의 주장은 생태 윤리와 선교적 확신 모두에 대한 양보할 수 없는 근거다.

창조 세계의 목표는 하나님의 영광이다. "인간의 최고 목적은 무엇인가?"라고 웨스트민스터 신앙고백 소요리 문답의 첫 번째 문제는 질문한다. 인간이 존재하는 의미와 목적에 대해 묻는 것이다. 그리고 나서 소요리 문답은 성경적으로 단순하게 대답한다. "인간의 최고 목적은 하나님을 영화롭게 하고 영원토록 그를 즐거워하는 것이다." 우주 전체에 동일한 질문을 하면 똑같은 대답을 하는 것이 성경적으로 맞다. 창조 세계는 창조주 하나님을 찬양하고 영광을 돌리기 위해, 그리고 서로 즐거워하기 위해 존재한다. 피조물인 우리 인간도 같은 이유로 존재한다. 우리의 최고 목적은 하나님께 영광을 돌리는 것이다. 그리고 그렇게 하면서 하나님을 즐겁게 하기 때문에 우리 자신이 즐거워하는 것이다. 이처럼 하나님 중심적인 인간 삶의 목표(하나님을 영화롭게 하고 즐거워하는 것)는 우리를 다른 피조물과 **구분하지** 않는다. 그것은 우리가 다른 피조물과 **공유하는** 것이다. 이것이 모든 피조물의 최고 목적이다. 유일한 차이는 물론 우리 인간은 인간적인 방법으로, 하나님의 형상을 따라 지음받은 피조물이라는 독특한 지위에 적합한 방식으로, 우리의 창조주를 영화롭게 해야만 한다는 점이다. 따라서 인간인 우리는 마음과 손과 소리를 다해서 하나님을 찬양한다. 감정뿐 아니라 합리성을 갖고 하나님을 찬양한다. 언어, 미술, 음악, 공예로써 하나님을 찬양한다. 우리가 만든, 하나님의 형상을 나타내는 모든 것으로 하나님을 찬양한다.

그러나 다른 모든 피조물 역시 이미 하나님을 찬양하고 있으며 또 찬양하라는 명령을 (반복해서) 받는다(예를 들어, 시 145:10, 21; 148편; 150:6). 하나님의 관대하심에 대한 감사의 반응은 인간에게만 합당한 것이 아니라 인간 외의 피조물에게도 마찬가지로 합당하다(예를 들어, 시 104:27-28). 우리는 피조물이 창조주를 **어떻게** 찬양하는지 설명할 수 없을지 모른다. 우리는 인간성의 실제를 '우리 내부에서' 알고, 또 우리가 창조주를 찬양한다는 것이 의미하는 것만 알기 때문이다. 그러나 피조물이 **어떻게** 창조주를 찬양하고 또 하나님이 **어떻게** 그 찬양을 받으시는지 판단할 수 없다고 해서, 피조물이 하나님을 찬양한다는 **사실**을 부인할 수는 없다. 성경 전체에서 그 사실을 확실하게 언급하고 있기 때문이다.

> 이러한 감사의 반응은 인간이든 동물이든 땅의 모든 짐승들, 풍경, 바다와 산, 땅, 바람, 불과 비 등이 모두 공유하는 피조물의 근본적 특징이다. 시편 기자는 만물에게 피조물의 첫 번째 도덕적 의무를 부과한다. 그것은 창조주를 경배하고 찬양하는 것이다.···히브리적 관점에서 인간과 우주는 도덕적 의미를 가지고 있으며, 둘 다 창조주에게 도덕적 반응을 보여야 한다. 그것은 하나님의 영광을 나타내고 감사와 찬양과 경배를 돌려드리는 반응이다.[시 150편][7]

결국, 하나님이 왕으로 오셔서 만물을 바로 잡으실 때(즉, 온 땅을 심판하시기 위해) 모든 피조물이 함께 기쁨과 감사의 대열에 동참할 것이다(예를 들어, 시 96:10-13; 98:7-9). 게다가 하나님께 영광을 돌리는 일을 생각해 볼 때, 몇몇 중대한 본문들이 **하나님의 영광**을 땅의 **충만함**, 즉 육지, 바다, 하늘로 이루어진 생물권 전체의 엄청나게 다양한 풍성함과 연결시키는 것은 주목할 만하다. 충만함이라는 말은 창조 기사의 특징이다. 텅 빈 공허함에 무언가 계속 채워짐으로 그 이야기는 전개된다. 그래서 일단 물과 하늘이 분리되고 나자 하나님의 축복과 명령에 따라 다섯 째 날에는 물에 물고기가 충만하고 하늘에는 새가 충만해진다(창 1:20-22). 마찬가지로, 여섯 째 날에 나머지 땅의 동물들이 창조되고 난 후 인간들은 복을 받으며, "땅에 충만하라"는 명령을 받는다. 그렇다면 시편 104:24에서 "주께서 지으신 것들이 땅에 가득하니이다"라고 단언할 수 있는 것도 놀라운 일이 아니다. 그리고 시편 24:1에서는 이같이 피조물이 풍성하게 많은 것을 그저

---

7) Michael S. Northcott, *The Environment and Christian Ethics*(Cambridge: Cambridge University Press, 1996), pp. 180-181.

"땅에 충만한 것"(저자 사역)이라고 말할 수 있다. 시편 50:12 역시 삼림의 짐승들과 뭇 산의 가축, 산의 모든 새들과 들의 짐승 등 실례를 나열한 후에, 이렇게 말한다. "세계와 거기 충만한 것이 내게 속해 있다"(저자 사역). 마찬가지로, "땅과 거기 충만한 것"이라는 말은 전체 환경(때로는 지역적이고 때로는 전 세계적인)을 말하는 특유의 표현 방식이 된다(예를 들어, 신 33:16; 시 89:12; 사 34:1; 렘 47:2; 겔 30:12; 미 1:2).

이것은 이사야의 성전 환상에 나오는 스랍의 노래에 의미를 더해 줄 수 있다.

거룩하다. 거룩하다. 거룩하다. 만군의 여호와여
그의 영광이 온 땅에 채워지도다(혹은 충만하도다).(사 6:3, 저자 사역)[8]

'땅의 충만함'은 창조 세계, 특히 인간 아닌 피조물들의 완전한 충만함에 대해 이야기하는 말이다(인간들을 말할 때는 "그 가운데 사는 자들"이라는 말이 종종 추가된다. 예를 들어, 시 24:1). 그래서 스랍은 땅의 충만함 **안에서** 하나님의 영광을 인식하고 경축한다. 하나님의 창조 세계가 넘치도록 풍성할 때 하나님의 영광이 나타난다. 땅은 하나님의 영광으로 가득 찬다. 땅을 채우는 것은 그분의 영광(의 적어도 한 차원)의 구성 요소이기 때문이다. 마찬가지로, 시편 104:31은 하나님의 영광과 하나님의 창조 사역을 나란히 나열한다. "여호와의 영광이 영원히 계속할지며 여호와는 자신께서 행하시는 일들로 말미암아 즐거워하시리로다."

물론 우리는 하나님의 영광이 또한 창조 세계를 초월하고, 그것을 선행하고 능가한다는 점을 덧붙여야 할 것이다. 시편 8:1에서 상기시키는 것처럼, 하나님은 "하늘 **위에**" 그분의 영광을 두셨다(우리말 성경에는 "하늘을 덮었나이다"—역주). 하지만 창조 세계는 하나님의 영광을 **선포**하기만 하는 것이 아니다(시 19:1). 창조 세계의 충만함은 또한 그 영광의 **본질적인 일부**다.

바울이 상기시키듯이, 땅의 충만함(즉, 피조된 땅의 모든 생명 전체)과 하나님

---

8) 사 6:3의 의미에 암시된 이러한 뉘앙스에 대해서는 Hilary Marlowe와 대화를 하는 중에 깨달았다. NASB 역시 그것을 그렇게 번역한다. G. K. Beale, *The Temple and the Church's Mission: A Biblical Theology of the Dwelling Place of God*, New Studies in Biblical Theology(Leicester, U.K.: Apollos; Downers Grove, Ill.: InterVarsity Press, 2004), p. 49에서는 그것이 하나님의 우주적 성전을 구성하는 온 세상이라는 개념과 관련해서 논의되었다.

의 영광이 관련되어 있음을 인식한다는 것은 인간들이 이 땅에 살면서 하나님의 실상을 날마다 대면하고 있다는 의미다(롬 1:19-20). 여기에서 다시 한 번 우리는 선교와 관련된 한 가지 진리를 인식한다. 모든 인간은 그들의 창조주와 인간에 대해 뭔가를 드러내고 선포하는, 영광으로 충만한 땅에 살기 때문이다. 물론 우리가 그런 경험을 갖고 무엇을 했는가 하는 것은 또 다른 문제다. 하지만 이 진리는 모든 사람의 죄성과 우상숭배를 바울이 철저하게 폭로하는 것의 기초일 뿐 아니라, 복음이 모든 사람에게 적용되고 이해될 수 있다는 것의 기초가 된다. 창조주에 대한 이 진리를 억압하고 다른 것으로 바꾸어 버린 마음들이, 하나님의 은혜와 복음의 조명하는 능력에 의해 어둠에서 빛으로 이끌려 나와, 십자가의 메시지를 통해 그들의 창조주를 다시 한 번 그들의 구속주로 알 수 있다.

창조 세계 전체에 대한 하나님의 구속. 지금까지 우리는 성경의 확고한 창조 교리를 땅에 대한 우리의 생각(땅을 가지고 우리가 무엇을 하는지, 어떻게 그 위에 사는지, 땅이 무엇을 위해 창조되었는지)에 포함시키는 것이 얼마나 중요한지 살펴보았다. 하지만 창세기를 되돌아보면서 우리가 사는 세상에 대해 거기 나오는 위대한 진리들을 단언하는 것으로는 충분하지 않다. 우리는 백미러만 보면서 운전할 수는 없다. 우리는 우리가 나아가는 방향을 향해 앞을 보아야 한다. 마찬가지로, 성경은 우리에게 땅을 소중히 여기라고 가르친다. 단지 '땅이 어디에서 왔는가'(혹은 그보다는 땅이 누구에게서 왔는가) 때문에만 그런 것이 아니라, 또한 땅의 궁극적인 운명 때문에 그렇게 하라는 것이다. 다시 말해, 우리에게는 우리의 생태학적 윤리와 선교에 대한 창조적 토대뿐 아니라 종말론적 토대가 필요하다.

구약에서 바로 그런 토대를 가장 풍성하게 발견할 수 있는 곳은 이사야서다. 그리고 신약에서 언급하는 많은 것은 이사야서에 나오는 우주적 환상을 예수 그리스도에게 비추어 해석한 것이다. 먼저 이사야서 11:1-9에 나오는 영광스러운 복합적 환상으로부터 시작해 보자. 거기 보면 메시아 왕의 의로운 통치는 창조 세계 내에 조화와 샬롬을 이룰 것이다. 마찬가지로 이사야서 35장에서는 구속받은 자들이 시온으로 돌아오면 그에 따라 창조 세계가 변화되리라는 기대감이 엿보인다. 하지만 창조 세계에 관한 구약 종말론적 환상의 절정은 이사야서 65-66장에 나온다. "보라, 내가 새 하늘과 새 땅을 창조하나니"(사 65:17)라는 말은 전체를 다 읽어 보아야 하는 멋진 부분의 도입부다.

보라, 내가
새 하늘과 새 땅을 창조하나니
이전 것은 기억되거나
마음에 생각나지 아니할 것이라.
너희는 내가 창조하는 것으로 말미암아
영원히 기뻐하며 즐거워할지니라.
보라, 내가 예루살렘을 즐거운 성으로 창조하며
그 백성을 기쁨으로 삼고
내가 예루살렘을 즐거워하며
나의 백성을 기뻐하리니,
우는 소리와 부르짖는 소리가
그 가운데에서 다시는 들리지 아니할 것이며,
거기는 날 수가 많지 못하여 죽는 어린이와
수한이 차지 못한 노인이
다시는 없을 것이라.
곧 백세에 죽는 자를
젊은이라 하겠고
백세가 못되어 죽는 자는
저주받은 자이리라.

그들이 가옥을 건축하고 그 안에 살겠고
포도나무를 심고 열매를 먹을 것이며
그들이 건축한 데에 타인이 살지 아니할 것이며
그들이 심은 것을 타인이 먹지 아니하리니,
이는 내 백성의 수한이
나무의 수한과 같겠고
내가 택한 자가
그 손으로 일한 것을 길이 누릴 것이며
그들의 수고가 헛되지 않겠고
그들이 생산한 것이 재난을 당하지 아니하리니,

그들은 여호와의 복된 자의 자손이요

그들의 후손도 그들과 같을 것임이라.

그들이 부르기 전에 내가 응답하겠고

그들이 말을 마치기 전에 내가 들을 것이며

이리와 어린 양이 함께 먹을 것이며

사자가 소처럼 짚을 먹을 것이며

뱀은 흙을 양식으로 삼을 것이니,

나의 성산에서는

해함도 없겠고 상함도 없으리라.

여호와께서 말씀하시니라.(사 65:17-25)

이 감격스러운 환상은 하나님의 새 창조 세계를 슬픔과 눈물이 없고, 충분한 삶을 누리며, 일에 대한 만족이 보장되는 곳, 좌절된 노동의 저주가 없고, 안전하고 즐거운 환경으로 묘사한다! 그것은 대부분의 뉴에이지가 은밀히 꿈꾸는 환상이다.

이 본문 및 관련 구절들은 신약의 소망에 대한 성경적(구약의) 토대다. 그 소망은 이 땅 자체를 거부하거나 부인하거나, 혹은 우리가 다른 어떤 장소로 흘러가는 것을 상상하기는커녕, 새롭고 구속된 창조 세계를 고대한다(롬 8:18-21), 그곳에는 의가 거할 것이다(벧후 3:10-13). 하나님 자신이 그분의 백성과 함께 거기 거하실 것이기 때문이다(계 21:1-4).

피조물에 대한 이 종말론적 환상이 주는 부담은 저항할 수 없을 만큼 확실하며, 이것은 우리가 현재의 세계 질서가 최종적으로 불에 의해 멸망하는 것을 묘사한 성경의 가르침을 이해하는 데 영향을 끼친다. 예를 들어, 베드로후서 3:10은 이렇게 말한다. "하늘이 큰 소리로 떠나가고 물질이 뜨거운 불에 풀어지고 땅과 그 중에 있는 모든 일이 드러나리로다."

나는 이 구절에 나오는 마지막 말을 다른 몇몇 영어 번역본들에 반영된 것[예를 들어, KJV와 NASB의 "태워질 것이다"(will be burned up)]보다는 땅이 "발견되리로다"[NIV에서는 "폭로될 것이다"(will be laid bare)라고, NRSV에서는 "드러날 것이다"(will be disclosed)라고, REB에서는 "심판을 받을 것이다"(will be brought to judgment)라고 번역한다]라고 해석하는 것을 더 선호한다. 나는 또한 이것에 대한 리처드 보캄의 해석이 설득력이 있다고 생각한다. 즉, 땅과 그 안에 있는 모든 것이 "발견될 것이다"라는 말은 하나님의 심판 앞에 드러나고 폭로되어서 악한 자들과 그들의 모든 행위들이 더 이상 숨거나 어떠한 보호도 받지 못할 것이라는 말이다.[9] 다시 말해, 이 구절들에 묘사된 대 화재의 목적은 **우주 자체의 말살**이라기보다는 새 창조를 확립하도록, 창조 세계 내의 모든 악한 것을 태우고 파괴해서, **우리가 사는 죄악이 가득한 세상 질서를 정화시키는 것**이다. 이것은 베드로후서 3:6-7에 나오는 홍수 심판에 대한 이전의 묘사와 조화를 이룬다. 그것은 명백히 최후의 심판에 대한 역사적 선례로서 사용된 것이다. "이로 말미암아 그 때에 세상은 물이 넘침으로 멸망하였으되, 이제 하늘과 땅은 그 동일한 말씀으로 불사르기 위하여 보호하신 바 되어 경건하지 아니한 사람들의 심판과 멸망의 날까지 보존하여 두신 것이니라."

악한 세상은 홍수로 씻겨 나갔다. 하지만 하나님의 피조물로서의 세상은 보존되었다. 마찬가지로 유추해 보면, 창조 세계에서 모든 악과 불의의 세상은 하나님의 격변하는 심판으로 씻겨 나갈 것이지만, 창조 세계 자체는 하나님이 구속받은 인류와 함께 거하실 곳으로 새롭게 될 것이다.

바울은 로마서 8장에서 창조 세계의 미래를 우리 몸의 미래와 비교하면서 이와 비슷한 이중적 주장을 한다. 창조에는 우리가 현재 가진 육체적 생명과 장차 갖게 될 부활의 생명 간에 존재하는 것과 비슷한 연속성과 불연속성이 있다. 예수님의 경우에 그랬던 것과 마찬가지다. 예수님의 부활체는 새 창조 전체의 첫 열매다. 현재 내가 갖고 있는 이 몸은 땅 속에서 썩거나 불에 타 재로 변할 수도 있다. 하지만 '새 창조'인(그리고 그런 의미에서 불연속적이다) 부활체는 동시에 하나님이 창조하시고 구속하신 참된 나다(그리고 그런 의미에서 연속적이다). 마찬가지로, 불심판과 멸망이라는 말이 물리적 우주와 관련해서 실제로 무엇을 의미하건, 하나님의 의도는 창조 세계를 영원히 제거하는 것이 아니라 창조 세계를 향한 하나님의 영광스러운 목적을 회복시키는 것이다.

땅에 관한 이 영광스러운 성경적 소망은 우리의 생태학적 윤리에 중요한 차원을 더해 준다. 그것은 첫 창조를 회고해 볼 뿐만 아니라, 또한 새 창조를 내다보는

---

9) Richard J. Bauckham, *2 Peter and Jude*, Word Biblical Commentary 50(Waco, Tex.: Word, 1983), pp. 316-322. 「베드로후서 유다서」(솔로몬).

것이다. 그것은 우리의 동기가 이중적 취지(일종의 밀어내기-끌어들이기 효과)를 지니고 있음을 의미한다. 기대하는 목표가 있다. 그 목표는 궁극적으로 오직 하나님의 능력으로만 이룰 수 있다. 하지만 성경적 종말론의 다른 측면들이 그런 것처럼, 우리가 하나님으로부터 무엇을 소망하는가 하는 것은 우리가 현재 어떻게 살아야 하는가 하는 것과, 무엇이 우리 자신의 목표가 되어야 하는가 하는 것에 영향을 끼친다.

성경에서 묵시와 예언의 역할은 미래를 예언하는 것일 뿐만 아니라 또한 현재에 변화와 도덕적 진보를 나타내 보이도록 격려하는 것이다. 구속에 대한 성경적 환상이 지닌 물리적이고 생태학적인 특성은 생태학적 조화의 회복이 구속받은 인간 역사 가운데 일어날 수 있다는 소망을 제시한다. 이것은 생태학적 위기를 맞이하여 사회적·도덕적 노력을 할 필요가 없다고 포기하는 것이 아니라, 하나님을 경외하고 그분의 정의를 나타내기 원하는 인간 사회들은 인간의 도덕적 질서 내에 정의와 공평이라는 열매를, 그리고 자연 세계 내에 조화라는 열매를 맺을 수 있다고 단언하는 것이다. 에스겔에 따르면, 가장 메말랐던 사막조차도 다시 소생할 수 있으며, 마른 뼈가 다시 일어나 그들의 창조주를 찬양할 것이다.[10]

이사야와 에스겔은 의심할 바 없이 이스라엘의 예배 언어인 시편으로부터 미래에 대한 감격적인 환상을 끌어냈다. 그리고 신앙의 상상력을 발휘하여 피조물 전체가 창조주를 찬양하라는 명령을 받을 뿐 아니라, 하나님이 장차 전체 피조물 가운데 그분이 의도하셨던 의와 신실함과 경축을 회복하는 환상을 꿈꾼다. 다가올 야웨의 통치는 인류뿐만 아니라 또한 피조물을 위해서 이러한 정의와 해방을 성취할 것이다. 그 주제는 야웨의 왕권에 대한 시편들에서 특별히 찾아볼 수 있다(예를 들어, 시 93편; 96편; 98편). 예를 들어, 시편 96편에서 온 땅 전체에서 백성들이 부를 새 노래는 또한 창조 세계 전체를 위한 새로운 세계 질서를 축하한다.

시편 96편에 따르면, 모든 피조물의 특별한 찬양을 요구하는 하나님의 역사의 특정한 종말론적 측면은 그분이 의와 진실하심으로 심판하러 오신다는 말이다(10, 13절). 우리는 하나님의 심판을 온갖 두려운 기대와 연관시킨다. 하지만 그분의 심판은 자신의 대적들에게 책임을 묻는 것만이 아니다. 그것은 또한 즐겁게 기대하며 생각할 수 있는 것

---

10) Northcott, *Environment and Christian Ethics*, p. 195.

이다. 지금 무질서와 부조화 가운데 있으면서 불의와 폭력을 당하고 있는 모든 것이 바로잡힐 것이기 때문이다. 이는 구약 성도들이 환영했고 그 안에서 기뻐했던 심판의 더 넓은 측면이다. 하나님은 폭군 같은 방식으로 혹은 공포를 통해 다스리지 않으신다. 그분의 통치는 애정과 기쁨을 발산한다.

자연은 매우 특별한 방식으로 만물의 회복을 기뻐할 것이다. 하나님이 오시면 자연이 겪어야 했던 폭력이 종식될 것이기 때문이다. 야웨의 새로운 질서의 시작은 역사의 영역에서만큼 자연의 영역에서도 드러날 것이다. 이사야서 40-42장에서도 그 점이 명백하게 드러나 있다. 시편 96편 및 그것과 한 쌍을 이루는 시편 98편은 믿는 공동체에게 창조 세계에 대한 하나님의 목적은 다름 아닌 정의가 거할 새 하늘과 새 땅이라는 점을 영광스럽게 말한다.[11]

프랜시스 브리저(Francis Bridger)가 지적하듯이, 이러한 종말론적 방향은 생태계에 대한 우리의 관심이 인간의 필요와 열망에만 집중되지 않도록 해주며, 우리에게 궁극적으로 이 땅은 언제나 그리스도 안에서 하나님께 속해 있으며 앞으로도 언제나 그분께 속해 있을 것임을 상기시켜 준다. 그렇기 때문에 우리의 노력은 그 진리가 우주적으로 완전히 실현될 것을 가리키는 예언적 가치를 지니고 있다.

생태학적 책임에 대한 일차적인 논지는 옛 창조와 새 창조 간의 연관에 있다.···우리는 그저 우리가 창조주께서 에덴에서 명하신 것을 지향하기 때문만이 아니라, 또한 미래를 지향하기 때문에 땅의 청지기로 부르심을 받는다. 우리는 창조 세계를 보존하고 향상시키면서 그리스도 안에서 하나님의 다가오는 통치를 가리키고 있다.···그렇기 때문에 생태학적 윤리는 인간 중심적인 것이 아니다. 그것은 창조와 구속에서 정당성을 입증하시는 하나님의 행동을 증거한다.···역설적이게도, 끝에 가서 새로운 창조 질서를 이루실 분은 하나님이시며, 우리는 단지 그 미래로 가는 이정표를 세우고 있을 뿐이라는 사실 때문에 의욕이 꺾일 필요는 없다. 오히려 그것은 우리를 윤리적·기술적 자율성의 짐에서 자유롭게 하며, 주권에 대한 인간의 주장들이 상대적이라는 사실을 분명하게 해준다. 그것이 하나님의 세상이고, 우리는 이상적인 유토피아를 건설하려고 노력하

---

11) Jannie Du Preez, "Reading Three 'Enthronment Psalms' from an Ecological Perspective", *Missionalia* 19(1991): 127.

는 것이 아니라 하나님 아래서 그 나라의 교두보를 건설하고 있다는 것을 알게 되면, 겸손해지고 윤리적으로 순종하게 된다.[12]

창조 세계가 미래에 회복될 것에 대한 열망은 선지자들과 시편 기자들의 작품보다 윌리엄 카우퍼(William Cowper)의 다음 시에 더 많이 표현되어 있다.

저 아래 세상에서 들리는 자연의 탄식 소리들
하늘이 오랜 세월 들어온 그 탄식이 종결된다.
선지자들이 예언했고, 시인들이 노래했던,
그 불이 선지자들의 등불에서 타올랐던,
안식의 시간, 약속된 안식일이 온다!

기쁨의 강이 온 땅을 적시고
모든 나라들이 아름다움으로 옷 입는다.
불모의 치욕은
지나갔다.
비옥한 들판은 풍성함으로 웃는다.
그리고 한때 메말랐었던
혹은 수치스러운 것만 결실했던 땅은
가시의 저주가 풀린 것을 보면서 기뻐 날뛴다.
여러 계절들이 엮여 하나가 되고,
그 한 계절은 영원한 봄을 이룬다.
정원은 병충해를 두려워 않고, 울타리도 필요 없다.
탐내는 자는 아무도 없다. 모두가 배부르기 때문이다.
사자도, 리바드[13]도, 곰도,
두려움을 모르는 양떼와 함께 풀을 뜯는다.

---

12) Francis Bridger, "Ecology and Eschatology: A Neglected Dimension", *Tyndale Bulletin* 41, no. 2(1990): 301. 이 글은 Donald A. Hay, "Christians in the Global Greenhouse", *Tyndale Bulletin* 41, no.1(1990): 109-127를 읽고 쓴 평론이다.
13) 아마 표범을 의미할 것이다.

한 노래를 모든 민족이 부른다. 그리고 모든 사람이 외친다.
"합당하시도다, 어린양이여. 우리를 위해 죽임을 당하셨도다!"
골짜기와 바위에 거하는 자들이
서로에게 소리치며
먼 산의 산꼭대기가 하늘을 날며 기뻐하는 새들을 바라본다.
민족과 민족이 그 가락을 가르칠 때까지
이 땅은 열광적으로 호산나를 반복한다.[14]

창조 세계 돌보기와 기독교 선교

창조 세계를 돌보고 환경에 대한 책임을 진지하게 받아들이는 그리스도인들은 대단히 많다. 마땅히 있어야 하는 만큼 많지는 않지만 말이다. 그들은 가능하면 환경을 파괴하지 않는 형태의 에너지를 사용한다. 그들은 불필요한 가전제품의 스위치를 끈다. 그들은 가능한 한 윤리적으로 건전한 환경 정책을 보유한 회사의 음식과 제품과 서비스를 구매한다. 그들은 환경 보호 단체에 가입한다. 그들은 과소비와 불필요한 낭비를 피하고 가능한 한 많이 재활용한다. 그런 사람들이 더 많아지기를 바란다.

하지만 창조 세계 돌보기를 성경적 선교 개념에 포함시킬 사람들의 숫자는 더 적다(그리고 아직 다수 집단을 형성하지 못하고 있다).[15] 창조 세계를 적극적으로 돌보는 것을 자신의 개인적이고 특정한 선교적 소명으로 보는 사람들의 숫자는 더더욱 적다(다행히 늘어나고 있긴 하다). 기독교 환경 보호 기관임을 명시하고 있는 아 로사(A Rocha: '바위'를 뜻하는 포르투갈어—역주)는 1983년 포르투갈에서 설립되었지만 지금은 모든 대륙에서 국제적으로 활동하고 있는 단체다. 이 단체는 그들의 일이 성경적 명령일 뿐 아니라 또한 기독교 선교의 합법적이고 필수적인 차원임을 강력하게 단언하는 신학적 입장을 갖고 있다.[16]

---

14) William Cowper, "The Task", bk.6. lines 729-733, 763-774, 791-797, *The Complete Poetical Works of William Cowper, Esq.*, ed. H. Stebbing(New York: D. Appleton, 1856), pp. 344-345.
15) 창조 세계 돌보기를 의제로 삼는 선교 신학은 매우 적다. 한 가지 예외는 J. Andrew Kirk, *What Is Mission? Theological Explorations*(London: Darton, Longman & Todd; Minneapolis: Fortress Press, 1999), pp. 164-183이다. 「선교란 무엇인가?」(CLC).
16) 그들의 비전, 그들의 사역, 그 운동 전체의 기초를 이루는 풍성한 성경 신학에 대해 더 자세히 알려면 그들의 웹사이트 <www.arocha.org>를 보라.

개인적으로 말해서, 제니 두 프리즈(Jannie du Preez)가 1991년에 쓴 글의 첫머리에 나오는 확신에 나도 공감한다. "나는 최근 들어 땅을 향한 (그리고 전체 우주를 향한) 정의가 교회 선교에 필수적인 부분을 형성한다는 것을 점차 더 확신하게 된다."[17]

하지만 그것은 사실인가? 이 장 앞부분에 나온 상세한 신학에 덧붙여, 내가 이 책 전체에서 명확히 표현하려고 애쓴 대로, 하나님 자신의 선교에서 나오는 성경적인 선교 신학에 생태학적 영역이 어떻게 그리고 왜 포함되는지, 또 실제적인 환경 활동을 기독교 선교의 적법한 부분으로 보아야 하는지 몇 가지만 더 말하고자 한다.

창조 세계를 돌보는 것은 오늘날 세계에서 긴급한 문제다. 이 말을 반복할 필요가 있을까? 갈수록 가속화되는 환경 파괴의 사실을 무시하는 것은 눈 가리고 아웅하는 것보다 더 나쁜 처사다. 환경 파괴의 목록은 우울할 정도로 길다.

- 대기, 바다, 강, 호수, 큰 대수층(지하수를 함유한 다공질 삼투성 지층―역주)의 오염
- 우림과 많은 서식지의 파괴 및 거기에 종속된 생물 형태에 미치는 무시무시한 영향
- 사막화 및 토양 손실
- 생물 종(동물, 식물, 새, 곤충들)들의 손실 및 그것에 의존하고 있는 지구상에서 필수적인 생물의 다양성이 엄청나게 감소하는 현상
- 몇몇 종들을 사냥해서 멸절시킴
- 오존층 고갈
- '온실 가스' 증가와 그에 따른 지구 온난화

이 모든 것은 온 세상 및 그곳의 인간과 인간 외의 거주자들에게 영향을 끼치

---

[17] Du Preez, "Reading Three 'Enthronment Psalms'", p. 122. Missionalia 같은 호[19, no.2 (1991)]에는 선교와 생태학을 분명하게 연결시키는 글들이 여러 개 실려 있다. J. A. Loader, "Life, Wonder and Responsibility: Some Thoughts on Ecology and Christian Mission", *Missionalia* 19(1991): 44-56; J. J. Kritzinger, "Mission and the Liberation of Creation: A Critical Dialogue with M.L. Daneel", *Missionalia* 20(1992): 99-115.

는, 광대하고도 상호 관련된 임박한 손실과 파괴의 재앙이다. 그것에 관심을 갖지 않는 것은 지독히 무지하거나 아니면 무책임하리만치 냉담한 처사다.

과거에 그리스도인들은 본능적으로 모든 세대에서 크고 긴급한 일들에 관심을 가져 왔으며, 또 그것들을 선교 소명과 실천이라는 전반적인 개념 안에 마땅히 포함시켜 왔다. 이러한 것들에는 질병, 무지, 노예제 그리고 다른 많은 형태의 야만 행위와 착취라는 악들이 포함된다. 그리스도인들은 과부, 고아, 난민, 재소자, 정신이상자, 굶주리는 사람들을 위해 일했다. 그리고 가장 최근에는 '빈곤을 종식시키는' 일에 헌신하는 사람들의 숫자가 늘어났다.

이제 땅 자체의 고통이라는 무서운 사실에 직면하여, 우리는 하나님 자신이 그분의 피조물을 그처럼 오용하는 것에 대해 어떻게 반응하시는지 묻고, 우리의 선교 목적을 조정해서 하나님께 중요한 것을 포함시켜 나가야 한다. 예수님이 우리에게 말씀하시듯이, 하나님이 참새 한 마리가 언제 땅에 떨어질 지 아실 정도로 자신의 피조물을 돌보신다면, 우리는 어느 정도로 피조물을 돌보아야 할까? 예수님이 하나님은 자신의 자녀들을 더 세밀히 돌보신다는 점을 가르치기 위해 그 말씀을 하셨다 해도, 하나님이 우리를 참새보다 **더 많이** 돌보시기 때문에 우리는 참새를 **전혀** 돌볼 필요가 없다고 주장하거나, 우리가 참새보다 훨씬 더 귀한 존재이기 때문에 참새들은 전혀 가치가 없다고 주장하는 것은 성경을 완전히 왜곡하는 것이다.

하지만 우리가 피조물을 돌본다고 하면서, 점차 많아지는 문제들에 대해 부정적이거나 소극적으로만 반응하지 않아야 한다. 다음과 같이 열심히 돌봐야 하는 훨씬 더 긍정적인 이유가 있다.

창조 세계를 돌보는 것은 하나님께 대한 사랑과 순종에서 나온다. "너의 하나님을 사랑하라"는 것은 첫째이자 가장 큰 계명이다. 인간의 경험에서 누군가를 사랑한다는 것은 그에게 속한 것을 돌본다는 것이다. 어떤 사람의 재산을 쓰레기 취급하면서 그 사람을 사랑한다고 주장할 수는 없다. 우리는 성경이 이 땅은 하나님의 재산이라는 것을, 그리고 그 땅이 그리스도께 속했다는 것을 얼마나 힘주어 단언하는지 살펴보았다. 예수님은 그 땅을 만드시고, 구속하시고, 상속자가 되시는 분이다. 따라서 그리스도를 위해 이 땅을 잘 돌보는 것은 분명 그분을 사랑하는 모든 하나님의 백성의 부르심에서 근본적인 것이다. 하나님을 사랑하고 예배한다고 말하면서, 또 예수님의 제자라고 주장하면서 그분의 소유권의 흔적을 지니고 있는 땅에 아무런 관심이 없는 그리스도인들이 있다는 것은 정말 납득하기 어렵다. 그들은 땅이 오용되는 것에 관심이 없으며, 사실상 낭비와 과소비적인 생활방식으로 그렇게 오용시키는 데 기여한다.

"너희가 나를 사랑하면 나의 계명을 지키리라"(요 14:15)고 예수님은 말씀하셨다. 예수님이 매우 자주 그렇게 하셨던 것처럼, 그것은 신명기에 나오는 실제적인 윤리적 헌신을 반영하는 말씀이었다. 그리고 주님의 명령은 이 땅을 돌보라는 기본적인 창조 명령과 더불어 시작된다. 그 명령에 순종하는 것은 창조에 새겨진 다른 의무 및 책임들(이를테면 땅에 충만하는 과업, 생산적 일과 휴식의 리듬을 지키는 것, 결혼 등과 같은)과 마찬가지로 우리 인간의 선교와 의무다.

그리스도인이 된다고 해서 인간이 되는 의무와 책임에서 벗어나는 것은 아니다. 또한 독특하게 기독교적인 사명이 있다 해서 우리의 인간적 사명이 무효가 되는 것도 아니다. 하나님은 우리가 우리의 기독교에 대해서뿐만 아니라 우리의 인류에 대해서도 책임을 지도록 하시기 때문이다. 그러므로 **그리스도인** 인간인 우리는, 이중적인 의미에서 피조물을 적극적으로 돌보는 것을 하나님을 사랑하고 순종하는 것의 근본적 일부로 보아야 한다.

> 창조 기사는 인간을 하나님의 재산을 돌보라는 **과제**와 함께 창조 세계의 부왕으로 **임명한다**. 그 영역에서는 인간들이 하나님에 대해 어떻게 생각하든 상관없이 그 인간들을 위해, 모든 생물 무생물이 하나님에 대해 생각할 수 있건 없건 간에 그것들을 위해, 하나님의 사랑이 구체적으로 나타난다. 이것은 권유보다 훨씬 이상의 것이다. 그것은 선교다. 그것은 마치 하나님이 "나의 모든 피조물에게 가서 그것을 돌보라. 모든 피조물은 내 사랑을 받는 대상이기 때문이다"라고 말씀하시는 것과 같다. 따라서 나는 첫 번째 선교 위임령은 창세기 1:28에 나오는 땅을 지배하라는 명령, 세상을 돌보라는 과제라고 주장한다.[18]

창조 세계를 돌보는 것은 땅과 관련해서 우리의 제사장적·왕적 역할을 시행하는 것이다. 그렉 빌(Greg Beale)은 구약의 성막/성전과 (1) 창조 기사에 나오는 에덴에 대한 묘사, 그리고 (2) 하나님의 거하시는 장소가 되도록 그리스도를 통해 회

---

18) Loader, "Life, Wonder and Responsibility", p. 53.

복된 전체 우주에 대한 묘사 간에는 신학적 연관이 있다고 설득력 있게 주장한다. 성전은 최초의 창조적 실상 및 새 창조의 실상 모두에 대한 축도다. 두 경우 모두 우리는 하나님이 그분의 성전인 이 땅에 거하시는 것을 본다. 그리고 인간들은 하나님의 임명을 받은 제사장으로서 그분과 성전을 섬긴다.[19]

창세기 1-2장에서 하나님이 인류에게 주신 명령에 대한 이중적 기사는 왕권과 제사장직이라는 말을 모두 사용한다. 인류는 나머지 피조물을 다스려야 하며, 아담은 "그것을 경작하며 지키"도록 에덴 동산에 배치된다. 다스리는 것은 왕권의 기능이다. 돌보고 유지하는 것은 성막 및 성전과 관련해서 제사장의 주요 기능이었다.

그래서 인류는 땅에 대해 왕과 제사장의 기능을 결합한 관계를 맺고 있었다. 즉, 다스리고 돌보는 것이다. 그것은 본질적인 성경적 결합으로, 우리의 완전한 제사장이며 왕이신 그리스도 안에서 그 풍성한 의미가 완벽하게 드러난다. 하지만 그것은 또한 새 창조에서 우리의 회복된 역할이기도 하다. 요한계시록은 십자가에서 죽으신 하나님의 어린양의 구속 사역 때문에 인간들이 구원받을 뿐만 아니라, 또한 하나님의 통치 아래 있는 이 땅에서 그들의 왕적이고 제사장적인 기능을 회복한다고 명확하게 말한다. "그들로 우리 하나님 앞에서 나라와 제사장들을 삼으셨으니 그들이 땅에서 왕 노릇 하리로다"(계 5:10).

그렇다면 창조의 관점과 종말의 관점에서 볼 때, 생태학적 돌봄과 행동은 선교의 한 차원이라는 말이 된다. 그것이 우리 인간의 적절한 지위와 책임을 회복하는 차원이기 때문이다. 그것은 우리가 원래 창조된 대로 행동하는 것이며, 언젠가 우리는 그것을 위해 완전히 구속받을 것이다. 땅은 정해진 왕과 제사장(그리스도의 책임 아래 구속받은 인류)이 온전히 나타나기를 기다린다. 현재 우리의 행동은 그 최종적인 목표를 예상하며 예언적으로 그것을 가리킨다.

창조 세계를 돌보는 것은 선교에 대한 우리의 동기를 시험한다. 이 책 전체를 통한 나의 논지는 '우리가 인간들이 무엇을 하는가' 혹은 '인간들이 무엇을 필요로 하는가'라는 관점에서만 시작한다면 부적절한 선교관을 갖게 된다는 것이었다. 이것은 인간의 필요에서 생겨나는 다양한 선교 동기들의 적법성을 무시하는 것이 아니다.

---

19) Beale, *Temple and Church's Mission*.

한 가지 강력한 선교 동기는 인간의 죄라는 실상에 대한 **전도적** 반응이다. 우리는 사람들이 하나님의 심판 아래, 죄의 소외시키는 어둠과 상실 속에 있다는 것을 안다. 우리는 그들에게 하나님이 그리스도와 그분의 십자가와 부활을 통해 죄인들을 위해 행하신 것에 대한 좋은 소식을 전하려는 동기를 갖게 된다. 또 하나의 강력한 선교 동기는 인간의 필요라는 실상(망가진 인간 상태의 모든 육체적·정신적·감정적 차원들)에 대한 **온정적** 반응이다. 그래서 우리는 그 영역들에 들어가서 죄의 파괴적 영향에 맞붙어 싸우고자 하는 동기를 갖게 된다. 의학적·사회적·교육적·경제적 행동을 통해 그렇게 하려는 것이다. 나는 8장과 9장에서 선교를 그렇게 총체적으로 이해할 것과 그리스도의 십자가를 그런 모든 차원들에 대한 중심으로 보아야 한다는 점을 주장했다. 이 모든 것은 선교에 대한 타당하고, 성경적이며, 그리스도를 본받는 동기들이다.

하지만 나는 또한 이 책 전체에서 성경적 선교 신학에서 궁극적인 출발점과 종착점은 하나님 자신의 선교가 되어야 한다는 점을 주장했다. '하나님의 온전한 뜻'이란 무엇인가? 하나님께서 헌신하신 중차대한 선교 및 역사의 궁극적인 성취는 무엇인가? 그것은 인간의 구원뿐만 아니라, 또한 전체 창조 세계의 구속이다. 이 장의 종말론 부분(12장)은 이 점을 분명하게 밝혔다. 하나님은 그분의 아들의 부활과 비슷한 방식으로, 그분의 구속받은 백성들의 부활체가 거할 곳으로서, 변혁과 갱신을 통해 창조 세계를 새롭게 창조하는 일을 하고 계신다.

그렇다면 총체적 선교는 그것이 인간들만을 포함한다면(설사 인간들을 총제적으로 포함한다 해도!) 그리고 그리스도께서 화목케 하기 위해 피를 흘리신(골 1:20) 나머지 피조물을 배제한다면, 참으로 총체적인 것이 아니다. 생태학적 사업들을 하면서 인간 외의 다른 피조물들을 섬기는 것을 통해 하나님을 섬기라는 부르심에 응답한 그리스도인들은, 하나님의 선교가 목표하는 모든 것이라는 광범위한 틀 안에서 정당한 자리를 차지하고 있는 전문적 형태의 선교를 하고 있는 것이다. 그들의 동기는 창조 세계에 대한 하나님 자신의 마음을 인식하고 그에 합당한 반응을 하려는 것이다. 창조 세계를 돌보는 일에 관여하는 그리스도인들은 어려운 형편에 처한 인간을 돌보는 일에는 관심이 없다는 주장은 분명히 사실이 아니다. 그와 반대로, 인간 외의 피조물을 돌보는 일을 하는 그리스도인들의 애정 어린 마음은 어려운 형편에 처한 인간에 대한 관심에서 비롯된 것이다.

창조 세계를 돌보는 것은 교회에 예언자적 기회가 된다. 그리스도인들은 "세상이 우리가 할 일을 정해 주고 있다"고 염려한다. 즉, 우리가 이리저리 변하는 세속적 관심사에서 그때 그때 부각되는 문제에만 반응한다는 것이다. 그리고 환경에 대한 관심은 오늘날의 세계에서 사람들이 염려하는 시급한 문제 중 하나다. 서구 젊은이들을 대상으로 조사를 해 보면, 종종 지구의 생존 문제가 그들의 걱정거리 중 상위를 차지하고 있다. 하지만 교회는 분명 세상이 직면하고 있고 맞서 싸우고 있는 현실에 대해 반응을 보여야 한다. 어떤 영역이든 상관없다. 구약 선지자들은 그들의 세대가 당면한 현실 문제들을 다루었다. 예수님도 마찬가지였다. 그래서 그들은 인기가 없었다. 그들의 신랄한 적실성 때문이었다.

교회가 생태학적 위기를 다룰 긴급한 필요성을 깨닫고, 자원과 환상에 대한 성경적 틀 안에서 그 위기를 다룬다면, 그것은 적어도 두 개의(그리고 분명 훨씬 더 많은) 다른 이데올로기와 선교적으로 충돌할 것이다.

1. 파괴적인 세계 자본주의와 그것을 부채질하는 탐욕. '더 많은' 것을 추구하는 세계 자본주의의 지칠 줄 모르는 탐욕 때문에 현대에 많은 환경적 피해가 발생하고 있다는 것은 의심의 여지가 없다. 탐욕이 우상숭배이며 돈을 사랑하는 것이 일만 악의 뿌리라는 성경 진리는 개인적 영역에서만 적절한 것이 아니다. 다음과 같은 탐욕도 있다.

- 무슨 수를 써서라도 광물과 석유를 확보하려고 하는 것
- 고기를 얻기 위해 가축이 풀을 뜯어먹을 땅을 확장하려고 하는 것
- 옷, 장난감, 장식, 최음제 등 추잡한 인간의 기호를 채우기 위해 이국적인 동물과 조류를 잡아 죽이는 것
- 손상되기 쉽고 대체할 수 없는 서식지를 상업적으로 혹은 관광 자원으로 착취하는 것
- 착취자에게는 최소한의 비용을, 그리고 착취당하는 나라와 사람들에게는 최대한의 비용을 치르게 하면서 상품을 생산하는 관행을 통해 시장을 지배하는 것

교회가 그런 환경 보호 문제들에 관여하기 위해서는 탐욕스러운 경제 강국들과 맞붙어 싸우고, 기득권 세력 및 교묘한 정치적 술책과 대결하며, 이것이 그저 동물들에게 친절하고 사람들에게 다정하게 대하는 것 이상의 문제임을 인식해야

한다. 또 자신의 주장에 신빙성을 더하기 위해 과학적 연구 조사를 해야 한다. 또 선교의 다른 모든 영역들처럼 이 영역에서도 타락한 세상에서 정의와 자비를 위해 싸우는 길고도 힘든 길을 기꺼이 가야 한다.

   2. 범신론적이고 신이교주의적인 뉴에이지 영성. 이상하게도, 우리는 종종 그런 범신론적·신이교주의적 뉴에이지 철학들에 매료되는 사람들이 자연 질서에 대해 열정을 품고 있다는 사실을 발견할 것이다. 하지만 그들의 관점은 매우 다르다. 교회는 선교를 하면서 땅이 여호와의 것이라는 위대한 성경적 주장을 반드시 증거해야 한다. 땅은 그리스 신화에 나오는 땅의 여신 가이아나 어머니 지구 여신이 아니다. 그것은 자립적인, 감각을 지닌 존재가 아니다. 그것은 독자적인 잠재력을 지니고 있지 않다. 그것은 한 분 살아 계시고 인격적인 창조주 하나님의 유일한 신성을 찬탈하도록 숭배되거나, 경외되거나, 심지어 사랑을 받아서는 안 된다. 그러므로 환경 선교는 절대 낭만적이거나 신비적인 것이 되어서는 안 된다. 우리는 '자연과 연합'하라고 명령받는 것이 아니라, 땅의 창조주이자 구속주가 되시는 분에 대한 사랑과 순종의 행위로 땅을 돌보라는 명령을 받는다.

   그렇다면 교회에는 분명히 날카로운 예언자적 기회가 있는 셈인데 우리는 그것을 제대로 파악하지 못하고 있는 것 같다(아 로샤와 같은 몇몇 예외를 제외하고는). 그리스도인들은 생태학적 위기와 관련해서 어떤 종류든 복된 소식을 전하는 존재로 세상에 비치기보다는, 그러한 위기를 초래했다는 **비난**을 더 많이 받을 것 같다.

   창조 세계를 돌보는 것은 자비와 정의의 성경적 균형을 구현한다. 창조 세계를 돌보는 것은 **자비**를 구현한다. 하나님의 피조물을 돌보는 것은 본질적으로 이타적 형태의 사랑으로, 우리에게 감사를 표하거나 보답을 할 수 없는 피조물들을 위해 일하는 것이다. 그것은 참으로 성경적이고 경건한 형태의 이타주의다. 이 점에서 그것은 하나님의 사랑과 동일한 특징을 지니고 있다. 하나님이 그분을 향한 우리의 불쾌한 적의에도 불구하고 인간을 사랑하신다는 의미에서뿐만 아니라, 또한 "여호와께서는 궁휼을 베푸시며 **그 지으신 모든 것에** 사랑을 베푸시는도다"(시 145:9, 13, 17, 저자 사역)라는 의미에서도 그렇다. 또한 예수님도 하나님께서 새를 사랑으로 돌보아 주시고, 풀과 꽃을 아름답게 만들어 주시는 것을 인간 자녀들에 대한 하나님의 훨씬 더 큰 사랑의 본보기로 사용하셨다. 하나님이 인간 외의 피조물을 그렇게 세밀하게 자비로 돌보신다면, 그분을 본받기를 바라는 사람들은 얼마나 더 그렇게 해야할 것인가? 나는 특히 아 로샤 직원들이 새의 발에 고리를 끼우는 프로그램을 시행하면서 무의식적으로 매우 다정하게 새들을 보살펴 주는 모습을 보며 큰 감동을 받았다. 그들은 하나님이 창조하신 이 자그만 피조물을 따스하게 보살펴 주면서 진정 그리스도를 닮은 태도를 보여 주었다.

피조물을 돌보는 것은 **정의**를 구현한다. 환경 활동은 강자에 대항해서 약자를, 권력자에 대항해서 무방비한 자를, 공격자에 대항해서 침해당한 자를, 탐욕스런 자의 귀에 거슬리는 소리에 대항해서 아무 목소리도 내지 못하는 자들을 변호하는 한 형태이기 때문이다. 그리고 이것들은 또한 하나님이 정의를 시행하는 행동에서 표현된 그분의 성품의 특징들이기도 하다. 시편 145편은 하나님의 사랑뿐 아니라 그분의 **의**를 규정하면서, 하나님이 모든 피조물에게 먹을 것을 주시는 것에 대해 말한다(시 145:13-17). 사실상, 그것은 피조물에 대한 하나님의 돌보심을 하나님이 그분의 백성을 해방시키고 그 백성의 정당성을 입증해 주는 의의 행동과 정확히 대비시킨다. 그래서 구약의 창조적 전통과 구속적 전통을 함께 아름답게 조화시킨다.

그러므로 구약이 의로운 **사람**이 어떤 사람인지 규정할 때, 가난하고 궁핍한 **사람들**에 대해 실제적 관심을 표하는 것으로 그치지 않는다는 것(물론 그것이 지배적인 특징이기는 하지만)은 놀라운 일이 아니다. "의인은 가난한 자의 사정을 알아 준다"(잠 29:7). 하지만 또한 "의인은 자기의 **가축**의 생명을 돌보아 준다"(잠 12:10)고 현자는 말한다. 성경적 선교는 성경적 의와 마찬가지로 총체적이다.

결어

그렇다면 생태학적 관심사와 구체적인 환경 활동이 성경적 선교에 있어 정당하고 필수적인 차원으로 입증이 되는 근거는 무엇인가?

- 그것들은 긴급한 전 세계적 문제에 반응한다.
- 그것들은 창조주 하나님께 대한 우리의 사랑 및 순종의 표현들이다.
- 그것들은 총체적 선교를 위한 우리의 동기를 드러내고 확장한다.
- 그것들은 교회에 시대적 예언을 할 수 있는 기회를 제공한다.
- 그것들은 자비와 정의라는 핵심적인 성경적 가치를 구현한다.

이 모든 점들은 창조 세계가 하나님께 지니는 **본질적** 가치 및 우리가 하나님처럼 그것을 돌보아야 한다는 하나님의 명령에 기초하고 있다. 그런 행동은 다른 어떤 유용성이나 결과(이를테면 인간에게 주는 유익 혹은 전도의 열매) 때문에 해야 하는 것이 아니다. 우리는 이 땅이 하나님께 속해 있고 하나님께서 그렇게 하라고 말씀하셨기 때문에 이 땅을 돌본다. 그 자체로 충분하다.

그럼에도 불구하고 우리는 또한 그 창조 세계의 일부이기 때문에 창조 세계에 유익이 되는 것은 장기적으로는 인간들에게도 분명히 유익이 된다(단기적으로는 인간의 필요가 종종 환경적 유익과 충돌하기도 한다). 그래서 환경 문제와 개발 문제는 종종 서로 얽혀 있다. 게다가 피조물의 고통은 인간의 사악함과 결합되어 있으므로, 이 땅에 복된 소식은 곧 사람들에게 복된 소식이다. 복음은 실로 피조물 전체에 복된 소식이다.

그렇다면 그리스도인으로서 피조물에 대해 하나님의 사랑을 구현할 책임을 진지하게 받아들이는 사람들은, 그 일에 순종하다 보면 종종 고난받고 잃어버려진 사람들을 위한 하나님의 사랑도 분명히 말할 수 있는 기회를 갖게 된다는 것을 발견한다. 아 로샤의 이야기는 피조물을 돌보는 그 운동체의 목표와 행동이 나름대로 본질적인 성경적 타당성을 갖고 있는 한편, 하나님은 그런 활동을 하는 그들을 기뻐하시고 그분의 교회를 축복하시며 성장케 하신다는 사실을 보여 주었다.

참으로 기독교적인 환경 활동은 사실상 전도 면에서도 풍성한 열매를 맺는다. 그것이 어떤 식으로든 '진짜 선교'의 대역이 되기 때문이 아니라, 창조주께서 자신의 피조물 전체에 대해 갖고 계시는 무한한 사랑(거기에는 물론 인간 피조물에 대한 그분의 사랑도 포함된다)을 말과 행동으로 선포하며, 또 창조주가 그 둘 다를 구속하기 위해 치르신 대가에 대해 말하는 성경 이야기를 드러내기 때문이다. 그런 활동은 주께서 자신이 만드신 모든 것에 대해 사랑을 보이고 계시다는 것과, 이 동일한 하나님이 세상을 지극히 사랑하사 믿는 자들이 멸망하지 않도록 하기 위해서뿐만 아니라, 또한 궁극적으로는 **하늘과 땅의 모든 것**이 십자가의 피를 통해 하나님과 화목되도록 하기 위해서 독생자를 주셨다는 성경 진리들을 선교적으로 구현한다. 하나님은 그리스도 안에서 **세상**을 자신과 화목시키셨기 때문이다.

13

선교와 하나님의 형상

이제 땅에서 주의를 돌려 하나님이 그 땅 안에 살게 하신 인간에 대해 살펴볼 차례다. 인간에 대한 성경의 가르침 가운데 특별히 우리가 탐구하는 성경적 선교와 관련된 것은 무엇인가?

하나님의 형상으로 지음받은 인간

하나님의 형상으로 창조됨. 하나님이 인간을 하나님의 형상을 따라 창조하셨다(창 1:26-27)는 주장이 의미하는 바를 밝히기 위해, 이 자리에서 이제까지의 모든 연구 결과를 포괄적으로 다 검토하기는 힘들다.

우리 안에 있는 하나님 형상의 본질이라 할 수 있는 것이 정확히 인간의 어떤 점에 대한 것인지 규정하려는 많은 신학적 논의가 있었다. 그것은 우리의 합리성인가? 도덕의식인가? 관계 맺는 능력인가? 하나님에 대한 우리의 책임 의식인가? 심지어 인간의 직립 보행과 풍부한 얼굴 표정조차 인간 안에 있는 하나님 형상의 자취로 논의되었다. 성경은 어디에서도 그 용어를 규정하지 않기 때문에, 그것을 정확히 규정해 보려는 노력은 헛된 일일 것이다. 어쨌든, 우리는 하나님의 형상을 우리가 소유하고 있는 독립된 어떤 '것'이라고 생각해서는 안 된다. 하나님은 인간에게 하나님의 형상을 **주신** 것이 아니었다. 오히려 그것은 우리가 창조된 것 자체의 한 차원이다. "우리의 형상대로"라는 표현은 형용사적(마치 그것이 단순히 우리가 소유한 어떤 자질을 설명하는 듯이)인 것이 아니라 부사적(그것은 하나님이 우리를 만드신 방식을 설명한다)인 것이다. 하나님의 형상은 우리가 **소유하고 있는** 어떤 것이 아니라 **우리가 어떤 존재인가** 하는 것이다. **사람이 된다는 것은 곧 하나님의 형상이 된다는 것이다.** 그것은 우리 인간에게 부가적으로 덧붙여진 것이 아니다. 그것은 인간이 된다는 것이 무슨 의미인지 규정해 준다.[1]

선교학적 관점에서, 인간이 하나님의 형상을 따라 지음받았다는 주장은 바로 앞뒤에 나오는 창세기 1-3장의 전후 문맥과 함께, 인간에 대한 최소한 네 가지 중요한 진리를 나타낸다.

1. 하나님은 모든 인간에게 말씀하실 수 있다. 인간은 하나님이 말씀하시는 대상인 피조물이다. 창조 이야기에서 하나님은 다른 피조물들에게 가서 번식하라는 기본적인 명령을 하신다. 그들이 그 과제를 수행할 때 다른 어떤 격려나 의사소통이 필요한 것 같지는 않다. 하지만 인간의 경우에 하나님은 축복과 번식의 말씀뿐 아니라 지시, 허락 및 금지의 말씀도 하신다. 그리고 나중에는 질문, 판단 및 약속의 말씀을 하신다. 인간은 합리적인 의사소통과 말을 통해 하나님을 인식하는 피조물이다. 그리고 구약은 그것이 인종이나 언약상의 지위와 상관없이 모든 인간에게 해당된다고 말한다. 하나님은 아브라함, 모세, 또는 다니엘에게 말씀하시는 것처럼, 아비멜렉, 발람 또는 느부갓네살에게 말씀하실 수 있다. 인간이 된다는 것은 살아 계신 창조주 하나님이 그 사람에게 말씀하실 수 있다는 것이다.

그러므로 모든 인간에게는 하나님에 대한 기본적인 인식이 있다. 그것에 비하면 종교적 속성을 포함해서 인간이 갖고 있는 다른 속성들은 다 부차적이다. 한 사람이 어떠한 문화적 환경에서 살든, 어떠한 종교적 세계관을 가지고 이 세상에서의 삶을 바라보든, 그 인간적 속성에서 가장 기본이 되는 점은 그가 하나님의 형상을 따라 지음받았다는 것이다. 모든 육체를 지으신 살아 계신 창조주 하나님은 그분의 형상을 따라 만든 어떤 사람과 소통하실 때, 허락을 받거나, 쉬운 말로 바꿔서 표현하거나, 또는 초문화적으로 상황화하실 필요가 없다. 인간이 된다는 것은 하나님이 그에게 말씀하실 수 있다는 것이다. 물론 그렇다 하더라도, 바울이

---

[1] Christopher J.H. Wright, *Old Testament Ethics for the People of God*(Downers Grove, Ill. : InterVarsity Press, 2004), p. 119.

말한 것처럼, 범죄하고 반역한 인간은 하나님에 대한 이런 인식을 일반적으로 억누르고 왜곡해 왔다. 그럼에도 불구하고, 복음의 말씀은 생명을 주는 잠재력을 갖고 있다. 바로 죄인과 반역자들조차 하나님의 형상을 따라 지음받고 하나님의 음성을 들을 수 있기 때문이다.

2. 모든 인간은 하나님께 책임이 있다. 하나님의 말씀을 들을 수 있다는 것은 뒤집어 말하면 하나님께 책임이 있다는 것이다. 창조 이야기에 나오는 남자와 여자는 그들에게 말씀하시는 하나님께 대답해야 하는 피조물들이다. 그들은 심지어 하나님으로부터 피하면서도, 하나님께 대답해야 한다. 이것 역시 문화와 종교에 상관없이 보편적인 현상이다.

> 여호와께서 하늘에서 굽어보사
> 모든 인생을 살피심이여.
> 곧 그가 거하시는 곳에서
> 세상의 모든 거민들을 굽어 살피시는도다.
> 그는 그들 모두의 마음을 지으시며
> 그들이 하는 일을 굽어 살피시는 이로다.(시 33:13-15)

이것은 놀라운 주장이다. 하나님은 이 세상의 모든 인간을 아신다. 그들은 하나님의 평가를 받으며, 하나님께 책임을 져야 할 의무가 있다.

이것이 보편적으로 적용될 수 있는 성경 윤리의 기초다. 아모스가 이스라엘 주변에 있는 이방 국가들에게 하나님의 고발과 처벌에 대해 이야기할 수 있는 것은, 모든 인간은 하나님께 책임이 있다는 이러한 가정 때문이다. 이방 국가들은 이스라엘이 시내 산에서 독특한 계시를 받은 것처럼 하나님의 율법에 대한 가르침을 받지는 않았다(신 4:32-35; 시 147:19-20). 그러나 그들은 하나님과 서로에 대한 윤리적 책임의 기본 원리는 안다.

이처럼 모든 문화권 사람들에게는 공통되는 윤리가 있다. 모든 인간이 공유하고 있는 보편적인 도덕적 의무감이 있다. 이것 역시 중요한 선교학적 기초가 된다.

3. 모든 인간은 존엄하고 평등하다. 하나님의 형상을 따라 지음받았다는 것은 우리를 다른 동물들과 구분짓는 것이면서 또한 모든 인간이 공동으로 지닌 특성이다. **어떤 다른 동물도** 하나님의 형상을 따라 지음받지 않았다. 따라서 이 사실은

인간 생명의 독특한 존엄성과 신성함의 기초가 된다. **모든 인간은** 하나님의 형상을 따라 지음받았다. 따라서 이 사실은 성별, 인종, 종교 또는 어떤 사회적·경제적·정치적 지위에 상관없이, 모든 인간의 평등성의 기초가 된다.

이런 점에서 구약 이스라엘의 신앙은 주변에 있는 고대 근동 종교들과 (또 힌두교 같은 현존하는 종교 전통들과) 아주 달랐다. 고대 근동 종교들의 경우 사람들 간에는 단지 문화적·사회적 차원이 아니라 존재론적 차원에서 근본적 차이가 있었다. "사람은 신의 그림자고, 노예는 사람의 그림자다"라는 아카디아의 오래된 금언은 이스라엘에서는 인정받지 못했다. 물론 이스라엘에도 기능적인 면에서 사회적 계층이 있었다. 하지만 이스라엘 노예는 인간으로 대접받을 권리를 확보하기 위해 싸울 필요가 없었다. 욥은 자신이 거느린 남녀 노예들에 대해 말하면서, 이스라엘의 창조 신학을 온전하게 진술했다. "나를 태 속에 만드신 이가 그도 만들지 아니하셨느냐. 우리를 뱃속에 지으신 이가 한 분이 아니시냐"(욥 31:15).

그러므로 기독교 선교는 모든 인간을 존엄하고 평등하게 여기며 존중해야 한다. 다른 사람을 바라볼 때, 우리는 그 사람의 꼬리표(힌두교도, 불교도, 무슬림, 세속적 무신론자, 백인, 흑인 등)가 아니라 하나님의 형상을 본다. 우리는 하나님이 창조하시고, 하나님이 말을 건네시고, 하나님께 책임을 지고, 하나님의 사랑을 받고, 하나님의 평가를 받는 누군가를 본다. 따라서 우리는 모든 곳에 있는 모든 사람들에게 나아가 선교하는 것이 타당하다고 주장하는 한편, 또한 선교를 하는 **방법**, **태도** 및 **가정**들에 대해서도 비판적으로 생각해 보아야 한다. **원리상** 전도가 타당하다고 해도 **실제** 전도 **방법**이 모두 정당한 것은 아니다. 우리는 인간이 하나님의 형상을 따라 지음받은 사실에 비추어 신중하게 선교 윤리를 고민해야 한다. 다른 사람의 존엄성을 부인하거나, 존중과 관심과 사려 깊은 이해를 보이지 못하는 것은 무엇이든 사실상 사랑의 실패다.

네 이웃을 네 몸같이 사랑하라는 것은 단순히 율법에서 두 번째로 큰 계명에 그치지 않는다. 그것은 우리와 마찬가지로 하나님의 형상을 따라 지음받은 인간에 대한 도리며, 삶의 다른 영역에 적절한 것만큼 선교에도 적절하다. 바울은 아덴 사람들의 종교성을 받아들이지는 않았지만, 그들의 가정에 도전을 할 때조차 그들을 존중해 예의바르게 행동했다. 또 5장에서 살펴본 것처럼, 바울을 반대한 이방인들조차도 바울이 "우리 여신을 비방하지도 아니한" 것을 인정했다(행 19:37). 마찬가지로 베드로도 그리스도인들에게 불신자들과 대화할 때 전도할 준비를 하라고 권면하면서, "온유와 두려움으로 하고 선한 양심을 가지라"고 격려한다(벧전 3:15-16).

4. 성경적 복음은 모든 사람들에게 적절하다. 물론 우리 인간이 보편적으로 공유하고 있는 것은 하나님의 형상뿐만이 아니다. 우리는 또한 모두 창조주 하나님께 반역한 죄인들이다. 그 결과 우리 안에 있는 하나님의 형상은 상실되지는 않았지만(그것은 우리 인간성의 일부를 구성하고 있으므로), 오염되고 왜곡되어 버렸다. 하나님의 선교는 사람들이 하나님의 참된 형상을 회복하는 것을 포함한다. 하나님의 아들이신 예수님이 그 형상의 완전한 모델이시다. 이것은 우리의 죄가 보편적인 실재인 것처럼(그것은 많은 문화적 형태의 기초를 이루고 있다), 복음 역시 보편적인 치유책이 된다는 것(그것은 모든 문화에서 인간의 필요를 충족시킨다)을 의미한다.

이것은 인류를 풍요롭게 해주는 매우 다양한 인종과 문화를 무시하려는 것이 결코 아니다. 또 복음이 여러 다른 문화적 상황에 무수한 방식으로 뿌리내리고 구현되는 것을 과소평가하려는 것도 아니다. 그와 반대로 성경적 복음의 참된 부요함은, 다이아몬드의 여러 면처럼 새 창조의 모든 구속된 문화들 속에서 빛날 때에만 온전히 아름답게 나타날 수 있다. 여기서 단언하는 것은 성경이 인간 문제에 대한 하나님의 대답을 나타낸다는 것이다. 대답과 문제나 둘 다 문화적으로 상대적인 것이 아니라 보편적인 것이다.

기독교 선교가 겉으로 보기에 어떠하든 혹은 어떻게 풍자되었든, 그것은 사람들에게 서구인이나 한국인이나 나이지리아인이 되라고 권유하거나 강요하는 것이 아니다. 그것은 복음의 변화시키는 능력을 통해, 더욱 충분히 **인간적**이 되도록 사람들을 권유하는 것이다. 복음의 능력은 모든 사람에게 적합하다. 그 이유는 그것이 모든 사람들의 가장 기본적인 필요에 응답하며, 참으로 인간적이 되는 것, 즉 하나님의 형상으로 지음받은 남자 혹은 여자가 되는 것이라는 일반적 영광을 회복시키기 때문이다.

그러므로 신약에서 씨름하고 해결책을 제시했던 하나의 신학적 문제는 대단히 중요하다. 그것은 바로 이방인들이 그리스도께 회심하는 것은 **유대인**으로 개종하는 것을 의미하지 않는다는 것이었다. 그렇다. **이방인**은 이방인으로서 유대인 자신과 똑같은 기초, 곧 회개와 메시아이신 나사렛 예수를 믿는 믿음에 근거해 하나님의 백성으로 받아들여졌다. 그런 관점에서, 바울이 비시디아 안디옥의 유대인들에게 선포한 복음이나 대단히 지적인 이교도 아덴 사람들에게 선포한 복음은 같았다. "여기 예수가 있다. 그분은 이스라엘의 소망의 성취요, 온 세상의 궁극적 심판자시다. 구원받고 살아 계신 하나님께 죄사함 받기 위해 오직 그분만을 믿으라." 그리스도의 복음은 구약의 특정한 역사, 신앙, 문화에 뿌리를 박고 있기는 하지만, 유대인이나 이방인이나 **모든** 믿는 자들에게 구원을 주시는 하나님의 능력이었다.

과업을 위해 창조됨. 인류는 하나의 사명을 가지고 이 땅에 있게 되었다. 그것은 창조 세계를 다스리고, 유지하고, 돌보는 일이다. 이것은 우리가 생태계에 대한 관심과 행동을 성경적 기독교 선교의 타당한 부분으로 볼 수 있게 해준다. 여기에서 하나님이 우리에게 주신 이 명령의 의미를 조금 더 깊이 살펴보자.[2]

하나님은 인간에게 땅에 충만하라고 지시하셨을 뿐 아니라(이것은 다른 피조물들에게도 지시하신 것이다), 또한 나머지 피조물을 정복하고 다스리라고 지시하셨다. '카바쉬'(*kābaš*)와 '라다'(*rādâ*)는(창 1:28) 강력한 단어들로, 힘을 발휘하는 것과 노력을 의미하며, 또한 다른 존재에게 뜻을 강제하는 것을 의미한다. 하지만 그 말들은 현대 생태학적 신화가 풍자하듯, 폭력이나 오용을 의미하는 말은 아니다. 이 말들이 폭력적 남용과 착취를 의미할 수 있다는 생각, 그렇기 때문에 기독교가 본질적으로 환경에 적대적인 종교라는 암시적 비난은 비교적 최근에 생겨난 것이다.[3] 오랜 세월에 걸쳐 유대교에서나 기독교에서 형성된 바 이 말들에 대한 훨씬 유력한 해석은, 다른 피조물을 인간의 관리 아래 맡겨진 것으로 보고 자비롭게 돌보라는 의미라는 것이다.[4]

---

[2] 이 부분 나머지에 나오는 내용은 대부분 Wright, *Old Testament Ethics*, 4장에서 가져온 것이다.
[3] 창 1:28에 근거하고 있다고 말하는 도구적 자연관 때문에 기독교가 현재의 생태학적 위기에 대해 중대한 책임이 있다는 이런 만연된 생각의 원천은 자주 복제되고 인용되는 글인 Lynn White, "The Historical Roots of Our Ecologic Crisis", *Science* 155(1967): 1203-1207로 거슬러 올라간다. 그 이후로 다른 많은 사람들이 그 글에 대응했으며, 그 결과 그것은 창세기의 히브리 본문에 대한 오해에 근거하고 있다는 점이 밝혀졌다. 예를 들어, James Barr는 1972년에 다음과 같이 가르쳐 주었다. "인간의 '지배'는 명료하게 착취적인 측면은 포함하고 있지 않다. 그것은 잘 알려진 목자 왕(Shepherd King)이라는 동방의 사상에 가깝다.…유대-기독교의 창조 교리는 그렇기 때문에 Lynn White 같은 사람들이 주장하는 것보다는 생태학적 위기에 훨씬 책임이 덜하다. 그와는 반대로, 그 교리의 성경적 토대들은 다른 방향을 가리킨다. 즉, 그것은 피조물을 착취해도 좋다고 허락하는 것이 아니라 피조물을 존중하고 보호할 의무를 지운다." James Barr, "Man and Nature—the Ecological Controversy and the Old Testament", *Bulletin of the John Rylands Library of the University of Manchester* 55(1972): 22, 30.

한 가지 차원에서, 첫 번째 용어인 '카바쉬'는 인간들이 지상의 다른 모든 종(種)처럼 할 수 있는 권한을 부여한다. 그것은 생명과 생존을 위해 환경을 이용하라는 것이다. **모든 종**은 이러저러한 의미에서, 정도 차이는 있지만 자신이 번성하는 데 필요한 만큼 '땅을 정복'한다. 이것이 이 땅에서의 삶의 본질이다. 이 구절에서는 그 말이 인간에게 적용되었으므로, 아마도 농업을 의미할 것이다. 인간들이 자신의 유익을 위해 독특한 방식으로 땅을 정복하려고 도구와 과학 기술을 발전시켰다는 것은 원칙적으로는 다른 종들이 하는 것과 다를 바 없다. 분명 전체 생태계에 미치는 영향은 엄청나게 차이가 나지만 말이다.

또 하나의 단어인 '라다'는 조금 더 독특하다. 그것은 분명 다른 어느 종에게도 맡겨지지 않은 인간의 역할과 기능을 묘사한다. 그것은 지배하고 통치권을 행사하는 기능이다. 분명 하나님은 여기에서 인간의 손에 하나님의 창조 세계 전체에 대한 자신의 왕적 권위를 위임하고 계시는 듯하다. 고대의 왕과 황제들(그리고 심지어 현대의 독재자들까지도)은 어떤 지역과 그 백성들에게 자신이 주권을 가지고 있음을 보여 주기 위해, 영토 구석구석에 자신의 형상을 세우곤 했다. 그 형상은 참된 왕의 권위를 대표했다. 마찬가지로, 하나님은 이 땅의 창조주이며 소유자이신 하나님께 최종적으로 속한 권위의 형상으로서, 인간을 창조 세계 안에 두신다.

심지어 그런 유추가 아니더라도, 창세기는 **왕**이라는 단어는 사용하지 않지만, 하나님의 일을 제왕적 용어로 묘사한다. 하나님의 창조의 일은 지혜롭게 계획되고, 권능으로 시행되고, 선하게 완성된다. 지혜, 권능, 선은 바로 시편 145편에서 "왕이신 나의 하나님"을 그분의 모든 창조 사역과 관련해서 높이는 특질이다. 하나님이 만드신 모든 것을 향해 발휘하시는 하나님의 왕적 권능에는 고유의 의와 자비심이 있다. "물론 이러한 것들은 왕적 특질들이다. 창세기 1장의 저자는 왕이라는 말을 사용하지 않으면서도, 창조주 하나님을 이상적인 왕권에 속한 모든 특질들을 최고로 지닌 **왕**으로 경축한다. 시편 93편과 95-100편이 창조주 하나님을 신적 왕으로 경축하는 것처럼 진심으로 그렇게 하는 것이다."[5]

---

4) 기독교 역사에 걸쳐 이 견해의 대표적 표현들을 면밀히 조사한 것으로는 James A. Nash, "The Ecological Complaint Against Christianity", *Loving Nature: Ecological Integrity and Christian Responsibility*(Nashville: Abingdon, 1991), pp. 68-92를 보라.

5) Robert Murray, *The Cosmic Covenant: Biblical Themes of Justice, Peace and the Integrity of*

그렇다면 이 하나님의 형상으로 지음받은 피조물은 하나님께 위임받은 지배권을 발휘할 때 이와 똑같은 특질들을 반영하리라고 자연스럽게 가정할 수 있다. **인간의** 지배는 어떤 식으로 시행되든, **하나님** 자신의 왕권의 특성과 가치를 반영해야 한다. "그 '형상'은 왕적인 것이다. 그리고 하나님이 인간에게 맡기신 지배는 왕권의 이상에 적절한 것이다. 오용이나 태만이 아니라 **이상이다**. 폭정이나 국민들을 독단적으로 조종하거나 착취하는 것이 아니라, 정의와 자비와 만인의 행복에 대한 참된 관심에서 다스리는 통치다."[6]

그렇다면 인간이 다른 피조물을 지배하는 것은 하나님 자신의 왕권을 반영하는 왕권을 행사하는 것이 되어야 한다. 하나님의 형상은 우리가 교만한 우월감에서 피조물을 함부로 학대해도 좋다는 허가증이 아니라, 하나님의 성품을 겸손하게 반영하도록 만드는 하나의 모범이다.

이러한 이해는 우리의 인간 지상주의를 뒤집는다. 우리가 하나님을 닮아 지배권을 가지고 있다면, 그것을 시행하는 방식에서 "하나님을 본받는 자"(엡 5:1)가 되어야 하기 때문이다. 실로 '이마고 데이'(*imago Dei*, 하나님의 형상)는 이 땅에서 우리에게 행동의 자유를 주기는커녕 우리를 속박한다. 우리는 폭군이 아니라 왕이 되어야 한다. 폭군이 된다면 우리 안에 있는 하나님의 형상을 부인하고 심지어 파괴하는 것이다. 그렇다면 어떻게 하나님은 지배권을 행사하시는가? 시편 145편은 하나님이 인간들뿐 아니라 "지으신 모든 것"에 대해 은혜롭고, 긍휼이 많으시며, 선하시고, 신실하시고, 사랑이 많으시고, 인자하시고, 보호하신다는 점을 말한다. 하나님다운 행동이란 곧 축복하는 것이다. 가축들, 사자, 심지어 새들까지 먹을 것과 마실 물을 공급받는 것은 바로 하나님의 끊임없는 돌보심 덕분이다.(시 104편; 마 6:26)[7]

이것이 하나님의 행동 방식이라면, 하나님의 형상으로 만들어지고 하나님과 같이 되라고, 즉 그분이 우리에게 맡긴 피조물을 하나님과 같은 열심으로 돌보라

Creation(London: Sheed & Ward, 1992), p. 98.
6) 같은 책.
7) Huw Spanner, "Tyrants, Stewards—or Just Kings?", *Animals on the Agenda: Questions About Animals for Theology and Ethics*, ed. Linzey Andrew and Dorothy Yamamoto(London: SCM Press, 1998), p. 222.

고 명령받은 우리는 얼마나 더 그래야 할까?

관계 안에서 창조됨. 창세기 1장에 보면 인간의 남녀 간의 상호 보완성이 하나님의 형상에 대한 말 바로 다음에 나온다.

> 하나님이 자기 형상
> 곧 하나님의 형상대로 사람을 창조하시되
> 남자와 여자를 창조하시고(창 1:27)

이 밀접한 비교는 분명 남성과 여성의 상호 보완성과 그로 인해 가능한 상호 관계에는 하나님의 성품 자체에 해당되는 무언가가 반영되어 있음을 함축하는 듯하다. 하나님 자신의 성별을 구별할 수 있다는 말이 아니라, 그 관계가 하나님의 존재 자체의 일부이며, 그렇기 때문에 또한 하나님의 형상으로 창조된 인간의 존재 자체의 일부라는 말이다. 인간의 성별은 창조 질서 내에서, 신적이고 창조되지 않은 존재인 하나님께 해당되는 무언가를 반영한다.

다른 한편, 창세기 2장은 남성과 여성의 상호 보완성을 **인간의 과업**이라는 맥락에서 말한다. 창조에 대한 하나님의 평가가 "좋았더라" 그리고 "심히 좋았더라"라고 묘사되다가, 갑자기 뭔가 "좋지 않은" 것이 들어온 것은 매우 놀라운 일이다. 좋지 않은 것은 ("흙으로 만든") 사람이 혼자라는 것이다(창 2:18). 하지만 바로 앞뒤 문맥을 보면 그가 혼자라서 그저 정서적으로 **외로운** 것이 문제라는 말이 아니다. 하나님은 지금 심리학적 문제뿐만 아니라 창조의 문제도 다루고 계시다.

문제는 하나님이 창세기 2:15에서 이 피조물에게 엄청난 과업을 주셨다는 것이다. 하나님은 "그것을 경작하며 지키게" 하기 위해 그를 에덴 동산에 두셨다. 앞의 창조 기사에서 언급된 과업, 즉 땅에 충만하고, 그 땅을 정복하고, 나머지 생물들을 다스리는 것(창 1:28)에다가 이 과업을 더하면, 인간의 과업은 무한한 것처럼 보인다. 한 남자가 혼자서 그런 도전과 씨름할 수는 없다. 그것은 "좋지 않다." 그에게는 도움이 필요하다. 그래서 하나님이 이제 착수하시는 계획을 말씀하실 때, 그가 더 이상 외롭다고 느끼지 않도록 **동료**를 찾는 것이 아니고, 그의 곁에서 창조 세계의 종, 유지자, 충만하게 하는 자, 정복자, 다스리는 자로서 주어진 이 거대한 과업을 함께 할 **돕는 자**를 찾는다고 말씀하시는 것은 의미심장하다. 남자에게는 단지 교제만 필요한 것이 아니다. 그에게는 **도움**이 필요하다. 남자와 여자는 하나님을 반영할 상호 관계를 위해서만 필요한 것이 아니라(물론 그 관계를 위해 필요하긴 하다), 인류에게 맡겨진 창조 명령을 수행하는 데 **상호 도움**을 주기 위해서도 필요하다.[8]

그렇다면 인류는 관계 안에서, 관계를 위해, 관계적 협력을 요구하는 과업을 위해 창조된 것이다. 단지 남자와 여자가 땅을 채우기 위해 자녀를 낳을 수 있다는 기본적인 생물학적 차원에서만이 아니라, 또한 남자들과 여자들이 서로 도우며 하나님을 대신해 창조 세계를 다스리는 위대한 과업을 수행한다는 더 광범위한 사회적 차원에서도 그렇다.

인간의 삶에 대한 하나님의 창조 의도는, 맨 처음부터 새 창조에 이르기까지 사회적 관계를 포함한다. 사람들 간의 수평적인 사랑의 관계는 인간의 삶에 대한 하나님의 계획의 일부다. 그것은 결혼으로부터 시작되지만 확대되어 다른 모든 사회적 관계를 포함한다. 그리고 타락이 인간 삶의 관계적 차원을 황폐화시킨 이후에는 건강한 사회적 관계가 죄로 인해 깨어진 곳에서 그 관계를 회복시키는 것이 하나님의 선교의 일부다.

따라서 기본적인 성적 연합에서부터 광범위한 인간 공동체 집단에 이르기까지, 사회적 관계들은 하나님 자신의 창조적·구속적 행동에 포함되므로, 관계 또한 우리 인간의 선교의 범위 안에 들어간다. 이것은 총체적 선교 신학의 성경적 기초에 포함되는 또 하나의 항목이다. 우리의 선교 목표는 **개인들**이 하나님과 올바른 관계를 맺고 개인의 영원한 운명을 확고하게 하도록 돕는, 중대하고 긴급한 복음 전도에 국한되지 않는다. 우리는 하나님이 그러신 것처럼 지금 여기에서 건강한 인간 관계(개인 간의, 가족, 직장, 교회 전체에서, 그리고 국가들 간의)를 회복하는 일에도 열정을 보여야 한다.[9]

반역하는 인간

하지만 창세기는 곧이어 만사가 하나님이 의도하신 대로 되지는 않았다는 것

---

8) 이러한 설명은 Christopher Ash, *Marriage: Sex in the Service of God*(Leicester, U.K.: Inter-Varsity Press, 2003), 특히 7장에 나오는 훌륭한 논의에 힘입은 바 크다.
9) Relationships Foundation의 사역은 이 주제를 개념적으로 그리고 실제적으로 대단히 강력하게 발전시켜왔다. 그들의 사역을 가장 자세히 설명한 책은 Michael Schluter and John Ashcroft, ed., *Jubilee Manifesto: A Framework, Agenda & Strategy for Christian Social Reform*(Leicester, U.K.: Inter-Varsity Press, 2005)이다.

을 보여 준다. 반역과 불순종을 통해 죄가 인간의 삶에 들어왔다. 그리고 우리의 선교 신학은 피조물과 인류에 대한 총체적 이해를 가져야 하는 것과 마찬가지로, 죄와 악에 대한 철저하고 포괄적인 이해를 갖고 이루어져야 한다. 창세기 1-11장의 대단히 단순한 이야기는 성경적 선교에서 죄에 대해 적어도 세 가지를 반드시 고려해야 한다는 점을 보여 준다.

죄는 인간의 모든 차원에 영향을 끼친다. 창세기 처음 몇 장에 묘사된 인간의 모습은 완전한 한 사람이지만, 삶과 관계의 여러 차원을 가지고 있다. 인간이 '몸'과 '영'과 그 밖에 무슨 '부분'이든 가지고 있다고 말하기보다는, 인간이 여러 다른 차원들을 완전히 통합한 상태로 살아간다고 형용사적으로 말하는 것이 더 나은 듯하다. 이 초기 이야기에는 인간 삶의 적어도 네 측면이 나타난다. 인간은 **육체적**(그들은 창조된 물질적 세계 안에 있는 피조물이다), **영적**(그들은 하나님과 독특하게 친밀한 관계를 맺고 있다), **이성적**(그들은 의사소통, 언어, 이야기하는 능력, 의식, 기억, 감정과 의지 등의 독특한 능력을 가지고 있다), **사회적**(남녀 간 상호 보완성은 하나님의 관계적 차원을 반영하며 모든 인간 관계의 기초다)이다. 이 모든 차원들(육체적·영적·이성적·사회적)은 창세기 2:7에서 "생령"이라고 묘사된 통합된 인간 안에 결합되어 있다.[10]

하지만 창세기 3장의 다음 이야기에서 보여 주는 것은 이 네 차원 모두가 인간 삶에 죄가 들어온 사건에 연루되었으며, 또한 그 차원 하나하나가 그 선택의 결과에 의해 영향을 받는다는 것이다. 하와가 시험을 받고 아담이 공모한 것은 인간 성품의 모든 측면을 포함한다.

- **영적으로**, 하와는 하나님의 진리와 선하심을 의심했으며, 그래서 이전에 가지고 있던 신뢰와 순종의 관계를 훼손시켰다.
- **정신적으로**, 하와는 그 나무 열매에 대해 곰곰이 생각해 보았다. 그녀의 성찰은 **합리적**이고(그것은 먹기에 좋았다), **미학적**이며(그것은 눈을 즐겁게 했다), **지적인**(지혜를 얻는 것이 바람직했다) 것이었다. 인간 지성의 이 모든

---

10) 인간의 전 차원들에 대한 이 사중적 관점은 Jean-Paul Heldt, "Revisiting the 'Whole Gospel': Toward a Biblical Model of Holistic Mission in the 21st Century", *Missiology* 32(2004): 149-172의 성경적인 총체적 선교의 틀로도 채택되었다.

능력들은 그 자체로는 좋은 것이며, 높이 평가되는 하나님의 선물이었다. 하와가 자신의 지성을 사용한 것은 전혀 잘못이 아니다. 문제는 그녀가 이제 그 능력을 하나님이 금하신 방향으로 사용하고 있다는 것이었다. 합리적 성찰이 문제가 아니라, 그것에 의해 합리화되고 있는 불순종이 문제였다.

- **육체적으로,** "여자가 그 열매를 따 먹고." 이 단순한 동사들은 물질적 세상에서 이루어진 육체적 행동을 묘사한다.
- **사회적으로,** 하와는 그 열매를 "자기와 함께 있는" 아담과 나누어 먹었다. 아담은 전체 대화, 성찰, 행동을 그대로 묵묵히 따라했다. 그래서 이미 영적·정신적·육체적인 특성을 지니게 된 죄는 이제 공유하는 특성까지 지니게 되었다. 죄는 인간 관계의 핵심에 들어와, 즉시 서로 수치를 느끼게 하고, 뒤이어 점점 더 사악한 결과를 가져왔다.

죄는 이렇게 인간 인격의 모든 차원에 들어와서, 인간의 삶과 경험의 이 네 차원을 모두 영원토록 더럽혔다.

- **영적으로,** 우리는 하나님으로부터 소외되고, 그분의 임재를 두려워하며, 그분의 진리를 의심스러워하고, 그분의 사랑에 적대적이다.
- **이성적으로,** 우리는 최초의 인간 부부처럼 죄를 합리화하고, 다른 사람들을 비난하며, 자기 변명을 하기 위해 우리의 이성을 사용한다. 우리의 생각은 어두워졌다.
- **육체적으로,** 하나님이 판결하신 대로 우리는 사형 선고를 받았다. 그리고 살아 있는 동안에도 질병과 쇠퇴를 통해 죽음의 침범을 당한다. 우리의 물리적 환경 전체도 마찬가지로 하나님의 저주 아래 무익하게 신음한다.
- **사회적으로,** 인간의 삶은 분노, 질투, 폭력, 심지어 가인과 아벨 이야기에 나오는 형제 간의 살인으로 모든 차원에서 파괴되었다. 그러한 것들은 성경 나머지 부분이 생생하게 묘사하는 끔찍한 사회적 쇠퇴로 확대되어 간다.

로마서 1-2장은 인간의 삶과 사회에서 죄가 보편적으로 다스리는 것에 대한 바울의 신랄한 주석이다. 거기에 나오는 그의 혹독한 분석을 읽으면서, 우리는 인간 성품의 네 차원 모두가 인간의 죄와 반역에 관련되어 있는 것을 볼 수 있다. 인간의 인격에서 죄의 영향을 받지 않은 부분은 없다.

죄는 인간 사회와 역사에 영향을 끼친다. 죄가 개인에게 미치는 영향은 창세기 기사에서 너무나 명백하게 드러난다. 하지만 성경은 이어서 훨씬 더 깊은 분석을 한다. 또한 죄에 대한 '예언자적 관점'이라고 할 만한 것도 있다. 구약 정경에서 예언자란 이사야부터 말라기에 이르기까지 자신의 이름을 딴 책을 쓴 사람들뿐 아니라, 역사서, 즉 전기(前期) 예언서를 쓴 사람들도 포함된다. 이 역사 기술자들은 하나님의 관점에서 사회와 역사를 관찰하고, 하나님의 말씀과 목적에 비추어 그 사회와 역사를 해석하려 애썼기 때문에 예언적이다. 그리고 그들은 그런 관점에서 죄가 개인의 마음과 행동의 문제보다 훨씬 더 큰 문제임을 보았다.

죄는 **사회 안에서 수평적으로** 퍼져나가며, **세대 간에 수직적으로** 전파된다. 그래서 그것은 집단적 죄로 가득한 상황들과 관계들을 만들어 낸다. 죄는 풍토적이고, 구조적이고, 역사적이다. 이처럼 구약 역사가들은 어떻게 전체 사회가 혼돈된 악에 탐닉하게 되는지 관찰한다(사사기가 혐오스러운 행동이 서서히 점차 강해지는 것을 묘사하듯이). 이사야는 억압을 구조적으로 정당화하는 법을 통과시킴으로서 불의를 법제화하는 사람들을 공격한다.

> 불의한 법령을 만들며
> 불의한 말을 기록하며
> 가난한 자를 불공평하게 판결하여
> 가난한 내 백성의 권리를 박탈하…는 자는 화 있을진저.(사 10:1-2)

예레미야는 예루살렘 사회 전체가 꼭대기부터 밑바닥까지 썩은 것을 보고 충격을 받는다(렘 5장). 역사가들은 예루살렘에서 연이어 다스린 왕들이(히스기야와 요시야 같은 극소수의 예외를 빼고는) 전임자들을 능가하는 악을 행하고, 그 악이 갈수록 더 심해졌으며, 그래서 대대로 백성의 악이 쌓이고 쌓여 하나님이 도저히 그 무게를 감당할 수 없을 정도가 되었다고 말한다.

물론 여기에서 주의할 점이 있다. 어떤 사람들은 '구조적 죄'에 대해 말하는 것을 대단히 꺼린다. 그들은 **사람들**만이 죄를 지을 수 있다고 주장한다. 죄는 자유로운 도덕적 인격에 의한 인격적 선택이다. 그런 의미에서 구조는 죄를 지을 수가 없다. 그 점에 대해서는 나도 동의한다. 하지만 어떤 인간도 백지 상태로 태어나거나 그런 상태에서 자신의 도덕적 선택을 하지는 않는다. 우리는 모두 우리가 만들지 않은 도덕적 틀 안에서 산다. 그러한 틀은 우리가 이 세상에 오기 전에 있었고 우리가 이 세상을 떠난 이후에도 남아 있을 것이다. 설사 우리가 개인적으로 혹은 세대 전체로 그 구조에 중대한 변화를 가져올 수 있을지는 모르지만 말이다. 그리고 그런 틀은 오랜 시간에 걸쳐 다른 사람들이 내린 선택과 행동들의 결과인데, 그 선택과 행동들은 모두 죄로 점철되어 있다. 그래서 비록 구조들은 인격적인 의미에서 죄를 지을 수 없을지 모르지만, 구조는 우리가 문화 양식 안에서 받아들이게 된 무수한 인격적 선택들을 담고 있다. 그리고 그런 선택 중 많은 것이 죄로 물들어 있다.

그렇다면 내가 말하는 죄의 '사회적 차원'이란 사회 구조들을 의인화해서 그것들이 개개 인간들이 저지르는 것과 똑같은 개인적 죄를 짓는다고 비난하는 것이 아니다. 하지만 나는 성경에 입각해서 인간 공동체에 있어 생활의 죄로 물든 혹은 죄를 낳는 구조에 대해 말할 수 있다고 생각한다. 그런 구조들 안에 산다고 해서 우리의 죄가 정당화되거나 책임이 면제되는 것은 아니다. 우리는 여전히 하나님 앞에 책임을 져야 하는 인격적 존재들이다. 죄의 사회적 차원이라는 말은 우리가 만들어 낸 구조와 관습들 때문에 죄에 물든 삶의 방식들이 정상적인 것으로 간주되고, 합리화되고, 그럴듯하게 된다는 점을 지적하는 것이다.

내가 말하는 죄의 '역사적 차원'이란 나쁜 행동의 원인들을 더 깊이 들여다보아야 한다는 의미다. 역시 그 행동을 정당화하거나 변명하기 위해서가 아니라, 그 뿌리를 이해하기 위해서다. 어떤 공동체가 사회적 악과 폭력과 부패와 역기능적인 해체 가정들로 가득하다면, 그저 개인적 죄와 회개만을 설교하는 것은 적절하지 못한 선교적 반응일 것이다. 악과 관련해서 '왜?'의 문제를 추구하면서, 우리 증인들은 주어진 상황에서 불가피하게 역사적 뿌리를 알아내고, 그러면서 때로는 멀리까지 거슬러 올라가게 될 것이다. 때로 사람들이 역사적 뿌리와 그들이 처한 현 상황의 원인들을 알고 이해하도록 돕는 것은 공동체 회복에 중대한 (분명 충분하지는 않지만) 요소다.

그래서 우리의 선교가 인간 삶의 모든 영역에 **좋은 소식**을 가져가는 것이라면, **나쁜 소식**이 정확하게 무엇인지에 대해 얼마간 연구와 분석을 해야 한다. 수평적으로는 주어진 사회의 구조 내에서, 그리고 수직적으로는 그 역사 내에서 그렇게 해야 한다. 그 과정에서 많은 요소들이 드러날 것이다. 하지만 그러한 것들이 드러날 때만, 정결하게 하고, 치유하고, 화목케 하는 복음의 능력이 그 요소들의 음울한 영향을 제거할 수 있을 것이다.

죄는 인간 삶의 전체 환경에 영향을 끼친다. 인간들이 창조주에게 반항하기로 했을 때, 그들의 불순종과 타락은 물리적 환경 전체에 영향을 끼쳤다. 이것은 하나님이 아담에게 하신 말씀에서 즉시 분명하게 나타난다. "땅은 너로 말미암아 저주를 받고"(창 3:17). 하지만 인간과 나머지 피조물 간의 연관을 생각해 볼 때, 그렇게 되지 않을 수가 없었다. 리처드 보캄은 그 불가피한 결과를 다음과 같이 잘 표현한다.

> 타락은 자연에 어떤 영향을 끼치는가? 인간의 역사에서만 하나님의 창조 사역이 혼란해져서 구속 사역이 필요하게 되고, 나머지 자연 피조물들은 타락의 영향을 받지 않는 채 있는가? 그럴 수는 없다. 인류는 자연 전체와 상호 의존 상태에 있다. 그래서 인간 역사가 와해되면 반드시 자연이 와해되며, 인류는 이 땅의 우세한 종이므로 인간의 죄는 자연 전체에 대단히 광범위한 영향을 끼치지 않을 수 없다. 타락은 인간과 자연과의 조화로운 관계를 망쳐서 우리를 자연으로부터 소외시킨다. 그래서 우리는 이제 자연의 적의를 경험하며, 우리와 자연의 관계에 갈등과 폭력이 들어온다.(창 3:15, 17-19; 9:2)[11]

여기에서 인류의 타락이 인간의 삶을 위협하고 있거나(지진, 홍수, 화산, 쓰나미 등) 도덕적으로 우리 마음을 혼란시키는(모든 생명 형태가 다른 생명 형태를 먹이로 잡아먹는 보편적인 포식의 문제. 특별히 고통을 느낄 수 있는 동물에게 그런 일이 일어나는 것) 모든 자연 현상에 책임이 있는가 하는 문제는 다루지 않겠다. 그런 질문들은 대단히 복잡한 신학적·과학적 문제들과 관련되어 있다. 그런 문제들에 대해서는 똑같이 성경을 믿는 그리스도인들 간에도 열띤 논란이 일고 있다.[12] 하지만 그런 문제들에 대해 어떤 견해를 취하든 간에, 성경은 타락이 인간과 땅의 관계를 철저히 왜곡시키고 망가뜨렸으며, 또한 하나님과 관련하여 피조

---

11) Richard J. Bauckham, "First Steps to a Theology of Nature", *Evangelical Quarterly* 58(1986): 240.
12) '자연적' 악 및 '도덕적' 악과 관련된 여러 관점들에 대해서는 Nigel G. Wright, *A Theology of the Dark Side: Putting the Power of Evil in Its Place*(Carlisle, U.K.: Paternoster, 2003)를 참조하라.

물의 일차적 기능 역시 좌절시켰다고 명료하게 진술한다(참고 롬 8:20). 우리는 언약의 땅 안에 살 뿐 아니라(노아 이래로), 또한 저주받은 땅에 산다(아담 이래로). 우리의 선교 신학은 후자의 철저한 현실주의와 전자의 무한한 소망을 충분히 참작할 필요가 있다.

그렇다면 단순해 보이는 창조와 타락 기사는 하나님, 인간, 전체 창조 세계 간의 삼각관계에 대해 엄청나게 깊은 진리들을 담고 있다. 성경이 우리가 강퍅하게 반역하고 타락하여 불순종과 자기중심성과 죄에 빠져서 초래한 결과에 대해 대단히 철저한 평가를 하는 것은 분명하다.

단지 인간의 모든 차원이 죄의 영향을 받는 것뿐만이 아니다. 단지 모든 인간이 죄인일 뿐만이 아니다. 또한 서로에 대한 우리의 사회적·경제적 관계 전체가, 그리고 땅 자체에 대한 우리의 생태학적 관계 전체가 모두 왜곡되고 일그러졌다.

분명, 완전히 성경적인 신학과 선교를 하려면 죄에 대한 완전히 성경적인 시각이 필요하다. 물론 개인적인 인간의 잘못에만 초점을 맞추고, 복음이라는 구제책을 오로지 개인적 영역에만 적용하는 선교 전략들에 대해, 전도에 대한 성경적 열심이 부족하다고 비난할 수는 없다. 하지만 그런 전략들은 실제로 죄가 무엇이고 무슨 일을 하는가에 대해 완전한 성경적 이해가 부족하며, 그렇기 때문에 불가피하게 복음이 다루는 모든 것과 우리의 선교가 관여해야 하는 모든 것에 대한 완선한 성경적 이해도 부족하다.

악의 전형? HIV/에이즈와 교회의 선교

의심할 바 없이 오늘날 인간이 직면하고 있는 가장 위급한 비상사태는 HIV/에이즈 바이러스다. 그것은 도저히 파악할 수 없는 규모로 인간의 삶을 황폐하게 만들고 있다. 스무 대의 보잉747여객기가 매일 충돌해서 승객이 다 죽는다고 생각해 보라. 적어도 그만큼의 사람들(약 7-8천 명)이 매일 에이즈 관련 질병으로 죽는다. 이들 중 절대 다수는 사하라 사막 이남 아프리카(모든 HIV/에이즈 환자, 사망자, 새로운 감염자의 70퍼센트 이상이 사는 곳)에 산다.

규모란 그 자체가 어려운 개념이다. 세계는 2001년 9월 11일 뉴욕세계무역센터 쌍둥이 빌딩이 공격당하는 것을 보면서 소름끼치는 공포를 느꼈다. 그 공격으로 약 3천 명이 죽었다. **하지만 아프리카에서는 매일 9·11 테러의 두 배에 해당하는 사람들이 죽는다.**

2004년 12월 인도양에서 발생한 쓰나미는 단 하루에 30만 명의 목숨을 앗아갔다. **HIV/에이즈는 매달 아프리카에 쓰나미에 해당하는 피해를 입힌다.**

전 세계적으로 적어도 4천6백만 명이 HIV/에이즈에 감염된 것으로 추산된다. 날마다 1만 6천 명이 새로 감염된다. 2천만 명이 이미 에이즈로 죽었다. 그리고 2020년까지는 적어도 6천5백만 명이 죽을 것이다. 그리고 유럽에서 발발한 흑사병같이 과거 인간 역사에서 일어난 대유행병은 주로 사회에서 가장 약한 자들, 아주 어린아이들과 노인들의 생명을 앗아가는 경향이 있는 반면, HIV/에이즈는 젊은 층을 가장 황폐화시킨다(그래서 살아남은 어린아이들과 노인들은 더욱더 고통을 당한다). 그것은 노동력을 지닌 가임 세대의 생명을 앗아가, 아주 어리거나 아주 나이 든 계층을 유기하고 있다. HIV/에이즈는 아프리카 전체 공동체의 속을 도려내고 있으며, 조부모와 아주 어린 자녀들을 생존을 위한 투쟁으로 내몰고, 가장 취약한 계층인 과부와 고아들을 엄청나게 양산해 낸다. 매 14초마다 에이즈 고아가 한 명씩 새로 생겨난다. 아마 당신이 이 단락을 읽기 시작한 이후 세 명은 더 생겨났을 것이다.[13]

나는 두 가지로 인해 선교와 관련해서 HIV/에이즈가 지닌 중대한 특성을 성찰해 보게 되었다. 하나는 케네스 로스(Kenneth R. Ross)의 "HIV/에이즈 유행: 기독교 선교와 무슨 관계가 있는가?"라는 글이다. 이 글에서 그는 이 끔찍한 현상을 통해 교회와 선교를 재규정할 수 있다는 것, 그리고 HIV/에이즈가 기독교 선교와 대단히 큰 이해관계가 있다는 것을 열정적으로 주장한다.[14] 다른 하나는 2004년 12월 코네티컷 주 뉴헤이븐에 있는 해외사역연구센터(OMSC)에서 열린 선교 지도자 포럼으로 대단히 감동적인 모임이었다. 이 포럼은 HIV/에이즈를 주된 주제로 열렸는데, 아프리카와 중국에서 상당한 개인적 희생을 감수하고 그 문제에 깊이 관여하고 있는 여러 사람들의 발표가 있었다.

내가 보기에 HIV/에이즈는 우리가 직면해 있고 성경이 경고하는 악의 거의 모든 차원들을 그 무시무시한 소용돌이로 빨아들이고 있으며, 동시에 성경이 묘사하는 선교의 모든 차원을 요구하는 듯하다. 하지만 HIV/에이즈를 이런 식으로 일

---

13) 여기에 인용된 통계 숫자는 물론 내가 이 글을 쓰던 당시 입수한 수치다.
14) Kenneth R. Ross, "The HIV/AIDS Pandemic: What Is at Stake for Christian Mission?" *Missiology* 32(2004): 337-348. 이 글의 부제들은 "The Church at Stake— New Frontiers for Faith"; "Gender at Stake—Sexual Power and Politics"; "Mission at Stake—The Need to Practice Presence"이다.

종의 사례 연구 혹은 악의 패러다임으로 사용할 때, **명시적으로든 아니든 나는 HIV/에이즈 환자들 자신이 다른 사람들에게는 없는 악이나 죄를 어떤 식으로든 지니고 있다고 말하는 것이 아니라는 점을 분명히 밝히고자 한다.**

나는 또한 HIV/에이즈가 그 병의 희생자들에 대한 하나님의 명확한 심판이라는 개념도 받아들이지 않는다. 설사 성적 난잡함이 감염의 주원인이라는 것을 인정한다 해도, 그래서 일부 사람들은 자신들이 뿌린 대로 거둔다 해도, 그것을 어떤 의미에서든 그들에 대한 하나님의 심판으로 간주하기에는 본인들의 잘못과 죄가 전혀 없이 그 병에 걸린 사람들이 너무나 많다(특히 여자, 어린아이, 심지어 태어나지 않은 아이들). 사실 하나님을 기쁘시게 하는 일을 하다가 감염이 된 사람들도 많이 있다. 의료진이든 가족을 돌보는 사람들이든, 병든 자를 돌보고 그들의 상처를 간호하다가 감염된 사람들이 있다. 많은 어린아이들은 죽어가는 부모를 다정하고 친밀하게 돌보다가 비극적으로 감염되었다. 슬프게도, 질병이 환자 자신의 죄(외적으로 가해진 것이든 내적으로 받아들인 것이든)로 인해 임하는 하나님의 직접적 심판이라는 견해는 그들을 더욱 소외시키고 고통스럽게 만든다.

HIV/에이즈와 관련해서 존재하는 악의 차원들. HIV/에이즈의 끔찍한 재앙에는 생각할 수 있는 온갖 형태의 악의 차원이 포함된다. 포괄적이고 심오한 분석을 해 보지는 않았지만, 나는 여러 사람의 글을 읽고 강의를 들으면서, HIV/에이즈가 소름끼치는 악의 가면이면서 타락의 여러 측면들을 반영하는 것임을 보여 주는 다음과 같은 점들을 알게 되었다.

- 그것은 악 자체처럼 그 기원과 원인이 불가사의하다. 왜 하나님의 선한 창조에 그와 같은 미생물체가 있어야 하는가? 왜 그것은 명백히 1934년에 인류를 급습했는가? 왜 그것은 그것을 정복하고자 하는 모든 연구 노력에 그처럼 저항하는가? 그리고 악과 마찬가지로, 그것은 한편으로 '자연계에 있는 것' 또는 우리 외부에 있는 것과, 다른 한편으로 그것이 들어가서 퍼지는 통로가 되는 인간 매개체를 결합시킨다.
- 그것은 생명에 침입하며 불가피한 죽음을 낳는다. 물론 모든 인간은 언젠가 죄의 삯인 죽음을 맞이한다. 하지만 HIV/에이즈는 그런 죽음의 선고를 삶 한가운데로 앞당기며, 삶의 축복, 풍성함, 성취(하나님은 그것을 위해 우리를 창조하셨다)를 파괴해 버린다.

- 그것은 장기적인 육체적 괴로움, 분노, 고통, 쇠퇴를 일으킨다. 아프리카 여러 곳에서는 그 병을 '홀쭉이'라고 부른다. 그 희생자들을 쇠약하게 만들기 때문이다. 마치 생명력 자체가 그들에게서 빠져나간 것처럼 말이다. 그것은 하나님이 온갖 종류의 다른 질병들에 저항하도록 우리 인간의 신체 안에 만들어 놓은 면역 체계를 파괴하여, 환자가 그 질병들의 공격에 무방비 상태가 되도록 만든다. 성경도 악을 이렇게 "생명을 빨아들인다"는 말로 묘사한다.
- 그것은 여러 경로로 전파된다. 하지만 주된 경로는 인간의 성을 통한 것이다. 그래서 그것은 하나님이 인간을 축복하신 가장 친밀한 관계를 착취하고 더럽힌다. 더 정확히 말하면, 그것은 타락한 남성의 성욕, 난잡한 욕정을 추구하는 걷잡을 수 없는 남성의 경향을 통해 크게 번진다. 남성의 성적 행위가 에이즈 유행의 80퍼센트를 유발시키는 것으로 추산된다. 여기에는 동성애적 행위뿐 아니라 이성애적 행위도 포함된다. 하지만 동성애가 분명 훨씬 더 높은 전염 비율을 갖고 있다.
- 그것은 지배하는 남성과 착취당하는 여성 간의 성적 불균형으로 인해 크게 번진다. 그것은 우리가 창세기 3장에서 타락의 결과라고 배운 것이다. 남부 아프리카에서 여성의 60퍼센트는 강압적 상황에서 첫 번째 성경험을 하며, 40퍼센트의 경우는 직장이나 가정에서 사회적으로 우월한 위치에 있는 남자와 이루어진다.
- 그것은 비율적으로 볼 때 남성보다 여성을 훨씬 더 괴롭힌다. 아프리카에서 여성과 십대 소녀들은 남자들보다 감염될 확률이 대여섯 배 더 높다. 주로 그들의 낮은 수입과 사회적 지위, 그리고 성적 관행을 통제할 수 없는 처지 때문이다.
- 그것은 결백한 사람도 봐주지 않는다. 감염된 여성 중 대단히 많은 숫자는, 자기 남편에게 정절을 지켰지만 그 남편이 다른 곳에서 난잡한 성관계를 맺은 후 아내에게 전염시켜 감염된 경우다. 물론 반대의 경우도 일어난다. 마찬가지로, 많은 아기들은 자궁에서 감염되어 HIV 양성으로 나타난다.
- 그것은 놀라운 속도로 과부와 고아를 양산한다. 하지만 문화적·경제적 관행들이 종교적 편견 및 공포와 결합하여, 종종 이 희생자들의 고통을 더욱 악화시킨다. 에이즈 과부들은 종종 남편의 재산을 그의 가족들에게 다시 빼앗기며 모든 상속권을 잃는다. 동정과 정의 역시 사라져 버린다.

- 그것은 미래를 망치고 개인과 공동체에서 소망을 앗아간다. 앞날이 창창한 젊은이들이 갑자기 사형 선고를 받는다. 감염되지 않은 사람들조차 갑자기 감염 진단을 받은 가족들을 돌보기 위해 자신들의 인생 계획을 포기해야 한다. 온 마을과 부락에 일할 사람도, 교사도, 의사도, 공무원도, 심지어 충분한 숫자의 부모도 남아 있지 않다. 밭을 경작할 수가 없다. 그래서 기아와 빈곤이 시골에 만연한다.
- 그것은 엄청난 심리적 상처를 낳는다. 두려움, 부정, 공포, 죄책감, 자기혐오, 분노, 폭력적 보복, 절망 등. 그리고 물론 다른 모든 악과 마찬가지로, 그것은 하나님의 선하심과 공평하심에 대한 심각한 영적 질문을 제기한다.
- 그것은 빈곤의 원인이 되기도 하면서 빈곤을 부당하게 이용한다. "HIV/에이즈는 무질서, 불평등, 빈곤을 이용하면서 사회 내의 분열, 왜곡, 긴장을 드러낸다. 그 바이러스는 약한 자, 가난한 자, 취약한 자들을 찾아다닌다. 그것은 영양이 부실한 곳, 보건 체계가 약한 곳, 정부가 효율적으로 통치하지 못하는 곳을 더 빨리 파괴한다."[15]
- 그것은 또한 세계에서 부유한 나라들과 가난한 나라들 간의 불평등을 드러낸다. 서구 국가에서 HIV/에이즈에 걸리면 적절한 가격으로 항레트로바이러스 약물(ARVs)을 구할 수 있다. 따라서 서구에서는 HIV/에이즈 환자가 당뇨병 환자가 겪는 위험과 불편함보다 별로 더 위험하거나 불편하지 않은 상태로 (한 전문가에 따르면) 상당히 오랜 기간 동안 비교적 정상적인 삶을 살 수 있다. 하지만 대부분의 다수 국가에서는 ARVs를 입수할 수 있다 해도, 대부분의 환자들이 도저히 꿈도 꿀 수 없는 가격이 매겨져 있다. 이러한 불의를 시정하기 위해 스스로 가격을 내리려 하지 않는 부도덕한 제약 회사들과 싸움을 해야만 한다는 것은 몹시 슬픈 일이다. 그러므로 이 질병에는 또한 정의 문제가 걸려 있는 것이다.
- 그것은 다른 사람들(교회 내외의)에게 갖가지 반응을 유발한다. 사실을 부정하는 것에서부터 사실을 알려 주지 않고 속이는 것까지, 희생자에 대한 정

---

15) <www.lausanne.org>에서 찾아볼 수 있는 "Holistic Mission," Lausanne Occasional Paper no.33, ed. Evvy Hay Cambell, 2004에서 인용. 짧지만 강력한 이 진술은 에이즈 위기의 다음과 같은 측면들을 열거한다. 그것은 생물학적 문제, 행동의 문제, 아동과 청년 문제, 성(젠더) 문제, 빈곤 문제, 문화적 문제, **사회경제적** 문제, 정의 문제, 속임수의 문제, 긍휼의 문제, 세계 복음화의 문제다.

죄로부터 하나님의 방식을 잘못 제시하는 것에 이르기까지 다양하다.
- 그것은 정치의 부패와 교만에 갇혀 있다. 정치가들이 사실을 은폐하거나 부인하고 자원과 외국의 기금을 놓고 권력 다툼을 벌이는 바람에 문제가 복잡해지고 해결이 지연된다.
- 그것은 "이 땅에서 인간이 처한 상황의 모든 국면에 영향을 끼치는 질병이다. **노동, 생산성, 생식, 기쁨, 신앙, 교육, 육체적 건강, 정신적 건강** 등 예외가 없다. 그것은 가장 천진난만한 **어린이들**의 영혼을 짓눌러 버리는 질병이다. 그것은 어린이들을 기본 생필품도 없는 고아로 만들고, 심리적으로 상처를 입히고, 나이 든 할머니를 모시는 잠재적 소년소녀 가장이 되거나 캄팔라, 루사카, 요하네스버그 거리를 돌아다니게 만드는 질병이다. 그것은 모든 세대(**태아, 유아, 아동, 젊은이, 성인, 조부모들**)에 영향을 끼치는 질병이다."[16]

이처럼 철저히 황폐한 현상에 직면할 때, 우리가 HIV/에이즈를 통해 하나님의 땅에서 인간 삶의 가장 핵심을 찢어버리는 악의 왜곡되고, 게걸스럽고, 악마 같은 얼굴을 본다는 말은 분명 과장이 아니다.

HIV/에이즈에 대한 선교적 반응들. 그런 총체적 악에는 총체적으로 반응해야 한다. 감사하게도, 정부 기관과 비정부 기관에 있는 전 세계의 많은 그리스도인들은 이 문제를 실로 대단히 심각하게 받아들인다. 그 병이 감염자들의 죄에 대한 하나님의 심판이라고 잘못 생각하여 그들을 배척하는 교회들이 있다는 말을 들으면 슬퍼지긴 하지만 말이다. 그 문제에 대해 로잔 성명서는 다음과 같은 중대한 점을 말한다.

HIV/에이즈는 매우 다양한 상호 영향을 끼치는 원인들, 지속시키는 요소들, 영향력 등을 지닌 복합적이고 다면적인 전염병이다. 그렇기 때문에 교회들은 이 유행병에 총체적인 선교적 반응을 보여야 한다. 우리는 삶의 물질적·심리적·사회적·문화적·정치적·영적 차원을 단단히 연합시키는 기독교 세계관, 곧 전도, 제자도, 사회 활동, 정의

---

16) Angela M. Wakhweya, "Look After Orphans and Widows in their Distress: A Public Health Professional's Perspective on Mission in an Era of HIV/AIDS", Mission Leadership Forum(New Haven, Conn.: Overseas Ministry Study Center, 2004)에서 발표한 논문.

추구를 연합시키는 세계관에 의지하여 이 재앙과 싸우는 데 기여해야 한다.[17]

내가 보기에는 HIV/에이즈에 대한 총체적인 선교적 반응에는 적어도 다음과 같은 요소들이 포함되어야 한다.

- 병든 자와 죽어가는 자들에 대한 순수한 긍휼에서 나오는 보살핌. 예수님의 제자라면 누구도 이에 대한 설득이 굳이 필요 없을 것이다.
- 개인적으로 이 병에 걸렸든 아니든, 그들의 나라에 퍼진 이 병으로 인해 여러모로 삶이 황폐해진 사람들을 더욱 광범위하게 돌보는 것. 즉, 고용을 창출하고, 고아와 과부를 돌보는 것(출애굽기로부터 야고보서에 이르기까지 모든 성경 명령에서 가장 두드러진 것 중 하나).
- 감염된 사람들, 영향을 받은 사람들, 교회, 목사, 현지 시민 지도자, 태도와 행동에 영향을 끼칠 기회를 지닌 모든 사람들(특히 여자들)에 대한 교육.
- 고통을 악화시키는 문화적·종교적 관행들(이를테면 낙인 찍고 배척하는 것, 성별에 대한편견과 억압)과 맞붙어 씨름하고 규탄하는 것.
- 한편으로는 감염을 예방하기 위한 자원들을 균형 있게 할당하고, 다른 한편으로는 이미 감염된 사람들의 치료(ARVs를 통해)에 힘쓰는 것.
- 심리적·영적 상담을 위한 훈련 기회를 제공하고, 양성 반응 결과가 나왔을 때부터 죽음의 순간까지 모든 단계에 있는 사람들을 지원하고, 사별한 사람들을 후원하는 것.
- 정치적 영역으로 부르심을 받은 사람들은 그 문제의 경제적·정치적 차원에 관여하는 것.
- 그리스도 안에서 우리의 것이 될 수 있는 새롭고 영원한 생명, 그리고 죄사함과 부활의 소망, 죽음이 분명 최종 결말이 아니라는 복음을 사려 깊게 증거하는 것.

이 책에서 지금까지 주장한 모든 것을 볼 때, 우리의 선교적 반응의 이 모든 (그리고 분명 다른 많은) 측면들은 하나님과 악의 결정적인 충돌에서 하나님의

---

17) Cambell, "Holistic Mission", <www.lausanne.org>에서 찾아볼 수 있다.

선교를 구현하고자 하는 총체적 방법의 필수적 부분이라는 점이 분명해졌을 것이다. 어떤 하나의 접근법도 그 자체만으로는 적절한 선교적 반응이 되지 못한다. HIV/에이즈는 그것이 구현하는 악과 마찬가지로, 한 가지로 대답하기엔 너무 크다. 하나님이 인간 삶의 모든 차원을 창조하셨고 돌보신다면, 하나님의 선교는 인간 삶의 모든 차원을 공격하는 모든 것을 최종적으로 근절하는 것이다. 그리고 에이즈는 모든 것을 공격하므로, 가능한 한 넓은 전선에서 그것과 대결해야 한다. 총체적인 선교적 접근만이 그 문제를 다루는 첫 발을 내디딜 수 있다.

전도의 궁극성과 죽음의 비궁극성. 그리고 성경적 전체론 안에서 사려 깊은 복음 전도가 필요하다는 사실은 분명하고 협상의 여지가 없다. 나는 그것을 목록에서 마지막 항목에 배치해 놓았다. 그것이 우리가 마지막으로 해야 할 일이기 때문이 아니라, 그것이 죽음은 궁극적인 것이 **아니라는** 참으로 기독교적인 세계관 안에서 다른 모든 필수적인 반응들을 결합시키는 궁극적인 것이기 때문이다.

에이즈에 대해 가장 피할 수 없는 사실은 그것이 **불가피한 죽음**을 초래한다는 것이다. 그것은 또한 악의 가장 파멸적인 흔적이다. 죽음은 절대적인 악, 멸망시켜야 할 마지막 원수이기 때문이다. 물론 우리는 모두 죽음을 맞이한다. 하지만 에이즈는 그 과정을 가속화시키며, 우리의 마지막 원수를 우리 면전에 내던진다. 그것은 사람들이 인생에서 뒤로 미루려 하는 모든 문제들을 갑작스럽게 바로 여기에서 지금 제기한다. 요컨대 인생이 이제 비극적으로 끝나버리기 때문이다. 죽음이란 무엇인가? 죽음 너머에는 무엇이 있는가? 죽음에 직면해서 희망은 있는가?

그래서 에이즈는 우리가 하나님의 긍휼과 자비를 보이기 위해 다루어야 하는 일시적 문제들(의료적·사회적·심리적·성적·문화적·정치적·국제적)의 상세한 목록을 제기하는 한편, 또한 그리스도인들에게는 전도의 궁극성 문제를 제기한다. 그것이 지금 여기에서 사람들의 삶에 아무리 황폐한 영향을 미친다 해도, "또한 영원의 문제가 있기"[18] 때문이다.

"나는 결코 다시는 설교하지 않을 것처럼, **죽어가는 사람들에게 죽어가는 사람으로서 설교한다**"고 리처드 백스터(Richard Baxter)는 말했다. 아마 어떤 말도 HIV/에이즈로 황폐해진 공동체 가운데 있는 교회가 처한 적나라한 현실을 이보

---

18) Wakhweya, "Look After Orphans and Widows in their Distress"에 대해 Doug McConnell이 쓴 평론을 말로 풀어 놓은 것.

다 더 잘 표현하지는 못할 것이다. 이 무섭고 설명하기 어려운 질병은 소중한 인간에게서 남은 수명을 앗아갈 것이고, 하나님의 땅에서 누리도록 되어 있는 정상적인 축복들, 생산적인 일, 가족을 부양하는 것, 땅을 경작하는 것, 사회에 기여하는 것, 나이 든 사람들을 돌보는 것 등의 모든 축복을 빼앗아 갈 것이다. 이것에 대해 생명을 앗아가는 가장 끔찍한 악이라는 것 외에 달리 붙일 말이 없다.

하지만 어떤 사람이 십자가에 달려 죽으시고 다시 살아나신 구세주께 믿음과 소망을 둘 때, 어떤 것도 그리스도께서 제공해 주시는 새 창조의 삶을 그들에게서 빼앗아 갈 수 없다. 그리스도는 새 창조의 장자와 첫 열매가 되시기 때문이다. 오직 복음만이 최종적 소망과 확실한 미래를 제공한다. 오직 복음만이 현재의 인간성이 바이러스에 의해 산산이 깨어지고 해체된 사람들에게 새 인류에 대한 약속을 제공하고 선포한다.

내가 "오직 복음만이"라고 말할 때 거기에는 이중적 의도가 있다. 첫째로, 믿는 사람 모두에게 영생을 약속하는 이 본질적인 복음은 그리스도의 십자가와 부활에 기초한 것으로, 타협할 수 없으며 또 우리가 HIV/에이즈에 보여야 하는 다른 어떤 반응으로 대체할 수도 바꿀 수도 없기 때문이다. 물론 그러한 반응들은 모두 똑같이 나름대로 타당하며 그리스도인이 반드시 실천해야 하는 의무이긴 하다. 하지만 둘째로, 내가 오직 **기독교** 복음이라고 말할 때, 그것은 다른 모든 종교들 및 그 종교들의 생사관과는 다른 것을 말한다. 실제로 종교 간의, 그리고 **구원**이 무엇을 의미하는지에 대한 수많은 견해 간의 깊은 골을 드러내고 가장 분명하게 규정하는 것은 죽음이라는 적나라한 사실이기 때문이다.

이 주제에 대해 내가 읽은 최고의 글 중 하나는 칼 브라텐(Carl Braaten)이 쓴 것이다. 브라텐은 사람들이 종교 간 대화를 나누면서 '구원'이라는 말의 의미를 규정하지 않은 채 이야기할 때, 혹은 그것을 이생에서 누릴 수 있는 광범위한 유익들(물론 성경 역시 구원의 풍성한 범위에 그것을 포함시킨다)이라는 견지에서만 규정할 때 일반적으로 그 대화는 대단히 막연하다는 점을 지적하고 나서, 기독교 특유의 관점을 설명한다. 그것은 신약에서 나온 것이며 부활에 초점을 맞춘 것이다.

> 신학적 차원에서 구원은 당신이 그 말을 통해 얻기 원하는 모든 것, 예를 들어, 모든 필요의 성취나 모든 결여의 보상 같은 것이 아니다.…성경에서 구원은 개인적·우주적 죽

음이 분명히 예상되는 세상에 하나님이 제공하시는 약속이다. 복음은 구원에 이르는 하나님의 능력이다. 그것이 죽음의 악순환을 끊어 주겠다고 약속하기 때문이다. 죽음은 모든 살아 있는 것을 그 범위 안으로 끌어당기는 능력이다.…우리는 부분적 구원을 얻을 수는 있다. 우리는 그것을 위해 기꺼이 대가를 지불할 것이다. 하지만 이 구원의 기술들 중 어느 것도 돈을 주고 죽음을 모면하게 해줄 수는 없다.

신약에서 구원은 예수님의 부활에서 하나님이 죽음에 대해 하신 일이다. 구원은 죽음에도 불구하고 당신과 나와 온 세상에 일어나는 일이다.…복음은 어떤 사람의 역사에서 죽음이 더 이상 종말이 아니고, 단지 마지막에서 두 번째임을 알리는 것이다. 그것은 이제 과거의 역사가 되었다. 예수님에게 죽음은 과거지사다. 그래서 그분은 죽음에서 새 생명에 이르는 행렬을 인도할 자격이 있으시다. 죽음은 결국 사람들을 하나님과 분리시키는 것이므로, 죽음을 초월하는 그 능력만이 인간을 하나님과 더불어 영생을 누리도록 해방시킬 수 있다. 이것이 성경적·기독교적인 구원의 의미다. 그것은 종말론적 구원이다. 예수님을 죽은 자 가운데서 다시 살리신 하나님은 삶의 최종적 종말이라고 할 수 있는 죽음을 정복하셨기 때문이다. 우리의 최종 구원은 우리 자신의 죽음이 과거지사가 될 종말론적 미래에 놓여 있다. 이것은 현재에는 구원이 없다는 것, 구원의 실현된 측면이 없다는 의미가 아니다. 그것은 우리가 지금 누리는 구원이 마치 미래로부터 빌려온 것과도 같다는 것, 마치 우리의 미래가 이미 현재에 실행될 수 있는 것처럼 사는 것을 의미한다. 우리가 믿음과 소망으로 말미암아 부활하신 그리스도와 연합했기 때문이다.

비기독교 종교들에 구원이 있다고 말하는 신학자들은 그것이 하나님께서 예수님을 죽은 자 가운데서 다시 살리심으로 세상에 약속하신 바로 그 구원인지 우리에게 말해주어야 한다.…예수님이 죽은 자 가운데서 부활하신 것에 대해 침묵하는 기독론은 기독교적 이름에 합당하지 않으며, 결코 기독론이라고 불려서는 안 된다.[19]

그리고 나는 죽음의 손아귀에 사로잡혀 있는 사람들에 대해 죽음에 대한 궁극적 대답을 빼놓는 선교학은 기독교적이라고 주장할 수 없다는 점 역시 덧붙이고자 한다.

---

19) Carl E. Braaten, "Who Do We Say That He Is? On the Uniqueness and Universality of Jesus Christ", *Missiology* 8(1980): 25-27.

지혜와 문화

지금까지 12장과 이번 장에서, 우리는 하나님의 엄청난 선교 현장의 가장 넓은 범위를 자세히 조사해 보았다. 그것은 땅 자체와 인류였다. 우리는 우리의 선교가 하나님의 선교에 충실한 것이 되려면 땅 전체를 포괄해야 하며 인간의 존재와 필요 전체에 관여해야 한다는 결론을 내렸다. 이제 선교의 성경적 토대에 대한 책들에서 종종 간과되는(일반적인 성경 신학에 대한 책들에서도 종종 간과된다) 성경의 한 부분을 살펴보고자 한다. 그것은 지혜 문학이다. 고대 이스라엘의 이 성경에서 우리는 바로 이 전체 창조 세계와 전체 인간에 대한 관점이라는 광각 렌즈를 사용하는 세계관 위에 세워진, 광범위한 신앙과 윤리의 전통을 발견하기 때문이다.

첫째로, 어떻게 이스라엘의 지혜 사상가들과 저자들이 대단히 국제적인 대화에 참여했는지 살펴볼 것이다. 그들은 자신의 문화가 아닌 다른 문화들에서 하나님의 지혜를 분별하는 열린 자세를 가지고 대화했다. 이 점에서 그것은 상황화라는 선교적 과제의 한 부분인 다리 놓기의 모범이 된다. 둘째로, 지혜 문학이 주로 이스라엘의 역사적·구속적 이야기보다는 창조 전통에서 윤리의 동기를 발견한다는 것, 그래서 또다시 더욱 보편화하는 경향을 보여 준다는 점을 살펴볼 것이다. 그리고 마지막으로 지혜 문학의 문제를 제기하며 몸부림치는 음성에 귀를 기울일 것이다. 그 음성은 우리가 다른 사람들에게 권하려는 신앙에 대해 솔직해질 것을 촉구한다. 우리는 많은 것들을 확신할지 모르지만, 이 세상에는 시원하게 해결되지 않은 부분들과 신비들이 있으며, 우리가 대답할 수 있는 것보다 훨씬 더 많은 질문들이 있기 때문이다.[20]

국제적인 가교. '현자'라는 고대 근동 사회 전역에 알려져 있던 어떤 계층 사람들을 일컫는 말이었다. 이들은 유식한 것으로 유명했는데, 문제가 생기면 사람들이 찾아가 그들의 조언과 인도를 구했다. 그들은 대중을 대상으로 시민 상담소와 비슷하게 자문을 해주었던 것 같다. 그리고 왕의 법정에서는 관리자와 정부 고문 역할을 했다. 그런 집단들에서 나온 다량의 문헌들이 고대 근동 전역에 남아 있다. 특히 이집트와 메소포타미아에 많다. 공무원들을 위한 교훈 설명서, 공직 생

---

20) Lucien Legrand, "Wisdom and Cultures" *The Bible on Culture: Belonging or Dissenting*(Maryknoll, N.Y.: Orbis, 2000), pp. 41-60. 「성경적 문화관」(살림).

활에서 성공하기 위한 유용한 조언들, 인생 일반에 대한 성찰들, 대단히 다양한 실제적·도덕적 조언을 제공하는 대화와 시들이 있다. 그래서 우리가 성경에서 발견하는 지혜 문학(주로 잠언, 욥기, 전도서, 그리고 몇몇 시편)은 광범위한 고대 근동 문화의 전역에서 흔히 발견되는 종류에 속하는 문헌의 일부다. 그 기원은 이스라엘 사람들이 애굽을 떠나 가나안에 정착하기 적어도 천 년 전까지 거슬러 올라간다.

그리고 이스라엘 사람들은 이 사실을 매우 잘 알고 있었다. 실로 그들은 심지어 자신들의 지혜를 찬양하는 중에도 다른 나라들의 지혜를 존중했다. 그래서 예를 들어, 역사가가 솔로몬의 지혜가 다른 나라들의 여러 유명한 현자들의 지혜를 능가했다는 기록한 것은, 그 현자들의 위대한 지혜가 정말로 유명한 경우에만 칭찬으로서 의미가 있다. 요점은 역사가가 솔로몬의 지혜가 더 위대하다고 칭송하기 위하여 다른 나라들의 지혜를 깎아내린 것이 아니라, 그들의 지혜가 위대하다는 점을 인정했다는 것이다.

> 솔로몬의 지혜가…애굽의 모든 지혜보다 뛰어난지라. 그는 모든 사람보다 지혜로워서 에스라 사람 에단과 마홀의 아들 헤만과 갈골과 다르다보다 나으므로 그의 이름이 사방 모든 나라에 들렸더라.(왕상 4:30-31)

구약에서 현자 계층이 있다고 인정받았던(긍정적으로나 부정적으로나) 다른 나라들로는 바벨론(사 44:25; 47:10; 렘 50:35; 51:57; 단 2:12-13), 에돔(렘 49:7; 옵 8), 두로(겔 28장; 슥 9:2), 앗수르(사 10:13), 바사(에 1:3; 6:13) 등이 있다. 분명 가장 유명한 두 나라는 애굽과 바벨론이며, 이것은 그 두 지역에서 나온 다른 지혜 문학 본문들에 반영되어 있다. 애굽에는 프타호텝, 메리카레, 아메넴헷트, 아니, 아멘엠오페, 안크셰숀키의 지혜를 담고 있는 본문들이 있다. 바벨론에는 "지혜의 조언" "사람과 그의 신" "루둘" "염세주의의 대화" "바벨론 신정론"과 "아히칼" 등이 있다. 이 본문들은 번역본으로 읽을 수 있다.[21] 그리고 그들

---

21) James B. Pritchard, ed., *Ancient Near Eastern Texts*(Princeton, N.J.: Princeton University Press, 1955); D. Winton Thomas, ed. *Documents from Old Testament Times*(New York: Harper Torchbooks, 1958); Miriam Lichtheim, ed., *Ancient Egyptian Literatures*, 3 vols.(Berkeley: University of California Press, 1975, 1976, 1980)를 보라.

의 가르침을 구약 잠언 문학과 상세하게 비교한 훌륭한 몇 개의 문헌이 있다.[22]

이러한 비교들이 이루어진 점에 비추어 볼 때, 이스라엘의 지혜 사상가들과 저자들이 주변 국가의 사상가들 및 저자들과 많이 교류한 한 사실을 분명히 알 수 있다.[23] 지혜 문학은 분명 성경의 모든 자료들 중 가장 명백하게 국제적이다. 두 가지 면에서 그렇다. 한편으로, 그것은 다른 나라들의 지혜 본문에 공통적으로 나오는 많은 문제들을 다룬다. 여기에는 사회 내에서, 특히 권력 지대에서의 기본적인 사회적·관계적 기술들, 도덕 질서와 사회 안정에 대한 관심, 개인과 가정과 정치 생활에서의 성공, 행복, 평화, 세상에서 시행되는 신적 정의의 문제들에 대한 성찰, 인생의 부조리와 그에 대처하는 법, 고난의 도전(특히 그 고난이 부당한 것처럼 보일 때) 등이 포함된다.

다른 한편으로, 이스라엘은 다른 나라들의 지혜 자료들을 이용하고 평가하며, 필요하면 이스라엘 자신의 신앙에 비추어 그것을 편집하고 정화시켜, 그들 자신의 성경에 통합시킬 만반의 준비가 되어 있었다. 가장 분명한 예는 잠언에 아굴과 르무엘 왕의 말을 포함시킨 것이다. 하지만 우리는 그들에 대해 그들이 이스라엘 사람이 아니었다는 것 외에는 전혀 모른다. 그리고 잠언 22:17-24:22은 애굽 문헌인 아멘엠오페의 지혜서를 광범위하게 사용한 것이다. 트렘퍼 롱맨 3세(Tremper Longman III)는 그의 간결한 잠언 주석에서 잠언 22:17-24:22에 포함된 낯익은 지혜와 다른 많은 고대 근동 지혜 본문에서 발견된 지혜들을 광범위하게 비교하고 유사한 점들을 체계적으로 나열한다.[24]

이러한 국제적 공통성이 상당히 나타나는 것은 사실이지만, 이스라엘 현자들은 다른 나라들의 전승을 그냥 도용하지는 않았다. 이스라엘의 독특한 신앙, 특히 우리가 이 책 앞부분에서 살펴본 영역들(야웨가 유일하신 하나님이시라는 유일

---

22) 예를 들어, Roland E. Murphy, *Proverbs*(Nashville: Thomas Nelson, 1998); Tremper Longman III, "Proverbs", *Zondervan Illustrated Bible Backgrounds Commentary*(Grand Rapids: Zondervan, 2009).
23) 이스라엘의 삶의 다른 측면들에서도 많은 교류가 있었다. 예를 들어 예배 언어를 비교해 보라. 이스라엘의 시편들이 몇몇 곳에서 가나안의 시적 운율, 비유적 표현, 심지어 그들의 신화의 측면들까지도 기쁘게 차용하여 그것을 모두 야웨의 유일한 주권과 섭리적 능력을 찬양하는 데 사용한 것은 분명한 사실이다. 이 점에 대해서는 Donald Senior and Carroll Stuhlmueller, *The Biblical Foundations for Mission*(London: SCM Press, 1983), 5장을 보라.
24) Longman, "Proverbs."

신론적 주장, 그리고 이스라엘과 하나님의 관계에 대한 그들의 언약적 주장)에 대한 신앙 때문에 다른 나라 지혜 문학 기저에 놓여 있는 많은 세계관 가정들과 충돌하게 되었다. 그래서 다른 나라 지혜 문학에 공통적으로 나타나는 많은 것들이 구약 지혜 문학에는 완전히 누락되어 있다. 가장 분명한 예는 주변 국가들의 다신론적 세계관에서 나오는 많은 신들과 여신들을 구약 지혜 문학에서는 찾아볼 수 없다는 것이다.

그 외에도 구약 지혜 문학은 다른 나라들의 신들과 우상들에 대한 경고를 빼놓지 않는다. 잠언 1-9장에서 지혜와 어리석음을 의인화한 것은, 모든 참된 지혜의 원천인 야웨 자신과, 대단히 매혹적으로 보일지 모르지만 궁극적으로 우상숭배의 끝인 죽음으로 이끄는 다른 신들을 나타내는 것일 가능성이 매우 높다. 지혜 문학은 이러한 비유적 방법에 의해, 율법 및 선지서와 마찬가지로 이스라엘 사람들에게 우상숭배의 위험을 심각하게 경고하고 있다.

다른 신들이 이렇게 누락된 것과 함께, 온갖 종류의 마술, 점, 사이비 종교 관행들 역시 이스라엘의 지혜서에는 완전히 누락되어 있다. 이스라엘의 율법에서 금하는 것들은 이스라엘의 현자들도 옹호하지 않았다.[25] 다신론적 세계관의 부작용 중에는 도덕에 대한 잠재적 냉소주의('당신이 무엇을 하는지는 별로 중요하지 않다. 어떤 신이 결국에는 당신을 구해 줄 것이다')와 일반적인 삶에 대한 운명론('어떤 환경들은 언제나 당신의 통제 밖에 있음을 인정하는 것 외에 당신이 할 수 있는 일은 그리 많지 않다')이 있다.

이러한 태도들은 둘 다 전도서에 나와 있다. 하지만 거기에서도 한편으로 매우 강력한 유일신론('여호와를 경외함')과, 다른 한편으로 삶이 아무리 곤혹스러울 만큼 부조리하더라도, 지혜, 강직성, 경건한 신앙의 가치는 여전히 자명하다는 확신을 포기하지 않는다. 구약 지혜서에서 가장 독특한 것은 이러한 강력한 유일신론적 윤리다. "여호와를 경외하는 것이 지식/지혜의 근본"(잠 1:7)이라는 잠언의 좌우명이 열쇠다. '근본'(beginning)이란 어떤 출발점을 의미하는 것이 아니라 다른 모든 것을 지배하는 제일 원리를 의미한다. 그래서 비록 지혜 문학은 이스라엘

---

25) 주변 나라들에서 받아들여지던 종교적 관행들과 그것들이 야웨 예배에서 배제된 것을 매우 심층적으로 비교한 것으로 Glen A. Taylor, "Supernatural Power Ritual and Divination in Ancient Israelite Society: A Social-Scientific, Poetics and Comparative Analysis of Deuteronomy 18"(Ph.D. 논문, University of Gloucestershire, 2005)을 보라.

의 구속과 언약이라는 역사적 전통들을 명확하게 언급하지는 않지만, 그 이면에 나오는 모든 성찰, 가르침, 분투 기저에 있는 것은 야웨 자신의 이름에 구현된 그 전통이다.

구약 지혜 문학이 지닌 국제적 특성의 이러한 이중적 측면으로부터, 어떠한 선교학적 함의를 끌어낼 수 있는가? 적어도 네 가지를 생각할 수 있다.

공통적인 인간의 관심사. 첫째로, 분명 이스라엘은 삶에 대해, 곧 삶의 의미와 어떻게 하면 가장 잘 살 수 있는지에 대해 모든 인간 문화에 공통적인 관심을 갖고 있었다. 이스라엘의 현자들이 성찰한 질문들, 그들이 제안한 대답들, 그들이 최종적 해결책을 찾지 못한 딜레마들, 그들이 제시한 조언과 지침들, 이 모든 것들은 모든 곳에 사는 인간들의 경험과 공통점을 갖고 있다. 그런 이유로 일부 선교학자들과 타문화 사역자들은 지혜 문학이 성경적 신앙을 전 세계의 다양한 인간 문화들에 효과적으로 전달하는 데 사용할 수 있는 가장 좋은 가교 중 하나라고 말한다.[26]

모든 인간 문화는 가정생활, 결혼, 부모 노릇, 우정, 직장에서의 인간관계, 의사소통 기술과 위험, 공적 영역에서의 정직성, 분노와 폭력의 통제, 돈(혹은 그에 해당하는 것)의 이용과 오용, 날마다 겪는 삶의 좌절, 현실과 이상 간의 긴장, 질병과 고난과 죽음이라는 심오한 신비 등에 관심을 가지고 있다. 그리고 모든 인간 문화는 구전으로 된 것이건 기록된 것이건 이러한 질문들을 다루는 전통적 지혜를 가지고 있다. 실로 어떤 문화 전체의 이면에 깔려 있는 세계관은 이러한 집단적인 잠언적 지혜 안에서 찾아낼 수 있다. 그래서 인생의 질문들에 대한 사람들 자신의 대답에 관심을 가져 주고, 성경이 어떻게 그 문제들을 다루는지 소개하는 것은, 우호적이고 비위협적인 방법으로 사람들이 성경 계시의 더 폭넓은 진리에 관심을 갖게 해준다.[27]

열방의 지혜를 받아들임. 둘째로, 이스라엘의 현자들은 언약 없는 민족들이 지

---

[26] 예를 들어, Michael Pocock, "Selected Perspectives on World Religions from Wisdom Literature", *Christianity and the Religions : A Biblical Theology of World Religions*, ed. E. Rommen and H.A. Netland(Pasadena, Calif.: William Carey Library, 1995), pp. 45-55를 보라. 「기독교와 타종교」(서로 사랑).

[27] 이런 활동이 한 특정한 문화에서 어떻게 이루어질 것인가에 대해 탐구한 글은 Mark Pietroni, "Wisdom, Islam and Bangladesh: Can the Wisdom Literature Be Used as a Fruitful Starting Point for Communicating the Christian Faith to Muslims?"(석사 논문, All Nations Christian College, 1997)이다.

닌 많은 가치관과 가르침들을 긍정적으로 볼 수 있다고 생각했다. 이것은 다른 민족들의 신과 종교적 관행을 거부하는 율법과 선지서의 경향을 뒤엎을 만큼 중요한 것이다. 지혜는 놀랄 만큼 개방적이고 긍정적이다.

이에 대한 한 가지 이유는 이스라엘이 온 세상과 모든 인류가 하나님에 의해 창조되었다고 분명하게 가정하고 있기 때문이다. 창조주의 지혜는 온 땅에서 발견되어야 하며, 모든 인간은 그분의 형상으로 만들어졌다. 이스라엘이 계시와 구속에서 하나님을 역사적으로 경험한 것에는 독특한 차원들이 있기는 했지만, 이스라엘은 지혜롭고 선하고 참된 모든 것을 독점하고 있지는 않았다. 물론 그리스도인들도 마찬가지다. 무조건 뭔가를 부인함으로 얻을 수 있는 것은 아무것도 없으며, 성경의 진리 및 도덕적 기준에 양립할 수 있는 모든 인간 문화 전통의 측면을 긍정함으로 많은 선교적 유익을 누릴 수 있다.

하지만 이스라엘이 열방의 지혜라는 부를 그들의 창고에 기꺼이 받아들인 또 한 가지 이유는 이것이 열방이 야웨께 그들의 공물을 드리면서 그분의 영광을 경배하는 것이라고 가정했기 때문일 것이다. 이것은 이스라엘의 열방 신학에서 주요한 주제로, 우리는 14장에서 그 주제에 대해 깊이 탐구해 볼 것이다. 하지만 열방의 부와 광채가 궁극적으로 그들이 현재 섬기는 거짓 신들이 아니라 야웨의 영광에 드려질 것을 이스라엘이 기대했다면, 이렇게 열방의 지혜를 끌어들이는 것을 종말에 열방 자신이 모이는 것을 예시한 것으로 볼 수도 있다. **열방의 재물**이 궁극적으로 성전에 모여 예배 가운데 여호와께 드려지는 것과 마찬가지로(이것은 이사야서 60-66장에 나오는 묘사로, 요한계시록 21:24-27에서는 그것을 세상 나라들이 정결하게 되고 구속된 그들의 모든 성취를 하나님과 그분의 그리스도의 나라로 가지고 들어가는 것으로 묘사한다), **열방의 지혜** 역시 그 안의 다신론을 제거하여 정결하게 되고, 오직 여호와의 영예와 영광만 섬기게끔 된 상태로 이스라엘의 지혜의 집에 들어갈 수 있다. 인간의 문화적 지혜가 엄청나게 구축되어 있는 것을 잠시 성찰해 보고, 거기 포함된 죄의 표시와 사탄의 흔적이 제거되어 새 창조에서 구속받은 모든 인류의 삶을 풍성하게 하는 모습을 상상해 볼 때, 우리는 엄청난 격려를 받는다.

열방의 지혜를 비판함. 셋째로, 이스라엘이 다른 나라들의 지혜를 받아들였다고 해서 그들이 모든 것을 무비판적으로 수용한 것은 절대 아니었다. 반대로, 그들은 다른 신들이 관여한 흔적이 조금이라도 있으면 철저히 배제했을 뿐 아니라,

또한 그들이 채택한 말도 자신들의 신앙의 신학적·도덕적 틀에 맞게 조정했다. 그들은 다른 나라들의 지혜에 접근할 때, 야웨를 믿는 유일신론이 제공하는 종교적·도덕적 살균제를 갖고 접근했다.

프랭크 이킨(Frank Eakin)은 이스라엘이 심지어 그렇게 해야 한다는 의무감을 인식하고 있었을 것이라고 주장한다. 하나님은 모든 민족에게 어느 정도의 지혜를 주셨다. 하지만 하나님은 이스라엘에게만 독특하게 토라를 주셨다(시 147:19-20). 그는 집회서 24:8-24이, 야웨는 지혜를 주실 때 그 지혜가 거할 장막, 즉 모세 율법과 함께 그것을 제공하신다고 말하는 것에 주목한다. 그래서 그는 이어서 다음과 같이 말한다.

> 지혜가 생각하기에, 그렇다면 이스라엘의 특권은 무엇이었는가? 전통적인 언약적 견해와 마찬가지로 이스라엘의 특권은 그들만이 토라를 가지고 있다는 것이었다.…토라는 하나님이 이스라엘에게 주신 특별한 지혜로 이해되었다. 그렇다면 이스라엘의 책임은 무엇이었는가? 지혜는 창조시 모든 사람들에게 보급되었지만 또한 이스라엘에게는 특별한 지혜가 주어졌으므로, 이스라엘에게는 열방이 표현하는 지혜를 평가하는 책임이 있었다. 토라는 이스라엘에게 이교도들이 추구하는 지혜와 그들이 습득하는 지혜를 둘 다 평가할 판단 기준을 제공해 주었다.[28]

그러므로 다른 문화들에 대한 선교적 접근은 그 문화에서 긍정할 수 있는 것은 무엇이든 긍정하고자 할 것이지만, 또한 모든 문화를 오염시킨 죄와 이기심과 우상숭배의 흔적은 분별해 낼 것이다. 그런 분별은 미리 결정할 수가 없고, 오래 관여하면서 심오한 이해를 한 끝에야 할 수 있다. 그렇지 않으면 우리는 그저 우리 자신에게 생소하거나 이국적으로 보이는 것을 호의적으로 이해하려는 노력도 해 보지 않고 너무 빨리 거부해 버릴 것이다. 부단한 선교석 과업(그것은 현내에 와서 이루어진 것이 아니라 성경 자체로부터 이어져 내려오는 것이다)은 문화적 적절성과 신학적 혼합주의 간의 미세한 구분선을 결정하는 판단 기준을 정하는 것이다. 이스라엘이 토라에 포함된 계시를 통해 이렇게 하려고 애썼다면, 성경 전

---

28) Frank E. Eakin, "Wisdom, Creation and Covenant", *Perspectives in Religious Studies* 4(1977): 237. Eakin은 언급하지 않지만, 사실상 "토라는 하나님이 이스라엘에게 주신 특별한 지혜로 이해되었다"는 사실은 신명기 4:6-8에 나오는 주장들과 일치한다.

체를 이용해서 문화적 분별과 비판이라는 선교적 과업을 시행하는 것은 우리의 매우 중요한 의무다.

지혜의 가교 자체가 구속을 가져오는 것은 아니다. 넷째로, 지혜는 다리를 제공할 수는 있지만, 그 자체가 성경적 복음 전체의 구원 메시지를 포함하고 있는 것은 아니다. 구약의 지혜 문학은 그것이 다루는 문제들을 해결하는 데 그 지혜 문학 자체가 과연 적합한가에 대해 자기비판적인 의문을 제기한다. 그 때문에 잠언과 함께 욥기와 전도서를 포함시키는 것이기도 하다.

잠언에 따르면, 선하고 성공적인 삶으로 이끄는 일반 원리들이 있다. 하지만 항상 이런 원리대로 되는 것은 아니다. 창세기 3장에서 유래된 실상들은 욥기와 전도서에 나오는 씨름들의 확고한 배경을 이룬다. 그것은 사악한 적의, 고난, 좌절, 의미 없는 수고, 예측할 수 없는 결과, 불확실한 미래, 인생의 뒤틀림, 죽음이라는 최후의 조롱 등이다. 지혜 자체는 이러한 문제들에 대답을 해줄 수 없다. 하지만 거기 제공된 단서들은 대답을 발견할 수 있을 만한 곳을 가리킨다. 바로 주 하나님을 경외하는 것에서 대답을 발견할 수 있다.

그리고 물론 그 주, 야웨는 이스라엘이 선택, 구속, 언약이라는 역사적 경험 안에서 알던 하나님이시다. 바로 거기에서 복된 소식이 발견된다. 야웨가 먼저 자신을 위해 한 나라를 복 주시고 구원하시며, 그 다음에 그들을 통해 모든 열방에서 나온 사람들로 이루어진 한 백성을 복 주시고 구원하시는 일에 불굴의 헌신을 하신다는 복된 소식이다. 그렇다면 지혜는 하나님이 창조하신 세상을 다루는 것이다. 세상의 장엄한 아름다움과 질서, 그리고 그 자연 과정과 도덕적 원리의 일관성이라는 차원에서, **또한** 세상의 모호성, 딜레마, 깜짝 놀랄 부조리성의 차원에서 그 세상을 다루는 것이다. 한편으로 그것은 하나님의 세상이다. 하나님이 만드셨기 때문이다. 다른 한편으로 그것은 또한 타락한 세상이다. 우리가 망쳐버렸기 때문이다. 그러므로 그것은 구원을 필요로 하는 세상이다. 그리고 지혜는 우리에게 야웨, 그 구원의 유일한 소망이신 하나님을 가리키며, 따라서 간접적으로는 세상의 구원을 발견할 수 있는 야웨의 계시 및 구속 행위에 대한 이야기를 가리킨다.[29]

---

29) John Goldingay, *Theological Diversity and the Authority of the Old Testament*(Grand Rapids: Eerdmans, 1987), 7장은 이 점에 대해 두 관점에 입각해 매우 유익한 논의를 펼친다. 「구약의 권위와 신학적 다양성」(크리스챤다이제스트).

이 관점에 대한 또 다른 단서는, 솔로몬과 다윗 언약의 절정과 관련하여 성경에서 지혜 전승이 차지하는 위치다. 하나님이 솔로몬에게 주위 나라들이 크게 감탄할 만한 지혜를 주신 것을 경축하는 열왕기상 본문에는 성전 건축에 대한 내용도 포함되어 있다. 그리고 솔로몬의 봉헌 기도에 하나님께서 성전으로 기도하러 오는 이방인들을 축복해 달라는 대목이 나온다. 그래서 비록 지혜 문학 자체는 출애굽, 언약, 땅을 선물로 주신 것, 혹은 성전 건축을 언급하지 않지만, 역사적 이야기는 지혜 문학을 솔로몬과의 연관을 통해 그 전승과 결합시킨다. 솔로몬과 연관된 모든 지혜는 하나님께서 열방이 이스라엘과 상호 교류를 할 때 열방을 축복하셔야 한다는 솔로몬의 전승과 연결되어야 한다.

그렇다면 선교 활동을 하다보면 성경적 지혜가 지닌 공통적인 국제적 특성을 통해 다른 문화들과 가교가 형성될 것이다. 하지만 가교 자체가 구원을 이루는 것이 아니다. 결국에는 뭔가가 그 다리를 건너야 한다. 그리고 성경적 복음의 메시지, 야웨가 누구이신가 하는 것과 그분이 예수 그리스도를 통해 세상을 구속하시는 성경 이야기 전체만이 그 다리를 건너갈 수 있다.

창조 윤리. 예레미야의 원수들은 아마 일반적으로 사용되던 말을 예레미야를 제거하는 구실로 인용하면서, 이스라엘 사회 내의 세 가지 독특한 역할을 언급한다.

"**제사장**에게서 율법이, **지혜로운 자**에게서 책략이, **선지자**에게서 말씀이 끊어지지 아니할 것이니"(렘 18:18, 저자 강조).

제사장들은 토라를 다루고 가르칠 책임이 있었다. 선지자들은 주어진 상황에서 혹은 특정한 질문들에 대한 대답으로, 꼭 맞는 하나님의 말씀을 전해 주어야 했다. 그리고 지혜로운 자들은 다시 한 번 독특한 역할을 가지고 있었다. 그래서 우리는 지혜 문학에서 율법과 선지서와는 상당히 다른 접근 및 강조점을 발견한다. 이것은 이스라엘의 신앙적 확신 및 노력적 세계관이라는 차원에서 이 세 가지 장르 간에 기본적으로 일관성이 있음을 부인하는 것은 아니다. 하지만 차이점들은 주의 깊게 관찰해 볼 만하다.

예를 들어, 율법은 좀더 있는 그대로 솔직하게 규정하는 반면, 지혜는 포용력 있게 성찰한다. 간음에 반대하는 율법들과, 잠언 5-6장에서 간음에 반대하는 경고들을 비교해 보라. 율법은 신적 권위에 기초해서 명령하고 금지한다. 그러나 지혜는 경험, 분별력, 불쾌한 경험에 기초해서 조언하고 경고하고 설득한다. 전문적인 윤리적 용어로 표현된 율법의 의무론적 접근은, 지혜의 결과주의적 접근과 균형을 이룬다. 또는 선지자들은 특정한 왕들을 직접 고발함으로서 정치적 부패와 맞서 싸우는 반면, 지혜는 좋은 정부의 일반적 원리와 기대들을 진술하고, 피해야 할 함정들을 지적한다.

하지만 율법 및 선지서와 지혜서의 가장 두드러진 차이는 각각의 특징인 **동기를 부여하는 호소**다. 전자는 주로 이스라엘의 **구속**사에 호소하는 반면, 후자는 주로 **창조**에 대한 이스라엘의 확신에 호소한다.

이러한 차이를 가장 잘 설명하는 방법은 하나의 주제를 성경 윤리 전체의 핵심(가난한 자들과 궁핍한 자들을 위한 정의와 긍휼의 문제)에 가져가 보는 것이다. 먼저 율법에서 나온 다음 본문들을 자세히 살펴보고, 그 본문들이 이 문제에 대해 권고하는 내용의 신학적·동기적 기초를 살펴보라. 그 본문들은 출애굽기 23:9; 레위기 19:33-36; 25:39-43; 신명기 15:12-15; 24:14-22 등이다.

분명 당신은 모든 경우 하나님께서 이스라엘을 애굽에서 구속하시면서 하신 일의 역사가 강조되고 있다는 것을 알게 될 것이다. 하나님의 정의와 긍휼이 그렇게 크게 나타난 것에 비추어, 그리고 그에 대한 응답으로, 이스라엘도 마찬가지로 행해야 한다. 구속사는 이처럼 사회 정의를 실천하는 대단히 강력한 동기가 된다. 윤리적 원리들은 야웨의 알려진 행동의 역사를 열심히 흉내 내는 것으로 구체화된다. 이것이 "여호와의 도를 지키는" 것의 의미 중 일부다.

이제 동일한 문제를 염두에 두고 다음의 지혜 본문을 읽어 보라. 잠언 14:31; 17:5; 19:17; 22:2; 29:7, 13; 욥기 31:13-15 등이다.

여기에서는 우리 인간의 공통적 속성을 전적으로 강조한다. 공통적인 이유는 우리가 모두 한 분 창조주이신 하나님을 모시고 있기 때문이다. 그래서 부자건 가난한 자건, 종이건 자유자건, 억압받는 자건 억압하는 자건 우리는 모두 마찬가지로 하나님이 손으로 만드신 작품이다. 그렇기 때문에 우리가 다른 인간에게 하는 일은 그를 만드신 분에게 하는 것이다. 예수님은 이 심오한 윤리적 진리를 자신과 관련하여 형태를 바꾸어 말씀하신 바 있다.

이 지혜 본문들에는 또한 이스라엘 신앙의 위대한 역사적 전통들인 출애굽, 시내 산, 땅(선지자들은 종종 그 전통들에 호소했었다)에 대한 어떤 분명한 언급도 나오지 않는다. 그것은 이스라엘의 지혜로운 자들이 그 전승들을 **알지** 못했기 때문일 리는 없다. 그들이 이스라엘에 살면서 그런 전승들을 모를 수는 도저히 없었다! 그리고 물론 언약적인 하나님의 이름인 야웨라는 이름이 두드러지게 사용된 것은 그 이름과 성품이 계시된 이야기를 암시하는 것으로 보아야 한다. 그럼에도 불구하고 율법과 선지서들이 이스라엘의 역사에 그처럼 확고하게 근거하고 있는 반면, 지혜 문헌은 그 신학과 윤리를 좀더 보편적이고, 창조에 기초한 도덕 질서에서 이끌어 낸다는 것은 현저한 사실이다.[30]

이것 역시 선교학적 함의를 지니고 있다. 우리는 다른 문화, 신앙, 세계관을 가진 사람들에게 접근할 때, 그럼에도 불구하고 인간 공통의 특성과 또한 (그들이 그 사실을 인정하든 안하든) 공통의 창조주 하나님을 공유한다. 특히 우리가 문화적·사회적 차원에서 선교 활동을 하면서, 윤리적·사회적·경제적·정치적 관심사를 다루는 경우에 성경의 구속 이야기를 알지 못하는 사람들과 공통적 근거 및 공통적 대의를 지니고 있음을 발견한다 해도 놀라지 말아야 한다. 우리는 궁극적으로 그들을 바로 그 구속의 이야기로 데리고 가려는 것이다(내가 앞에서 '복음 전도의 궁극성'이라고 말한 것을 기억하라). 하지만 꼭 그 구속의 이야기로부터 시작해서 그들과 관계를 맺어야 하는 것은 아니다.

성경적 지혜 전통은 성경적 윤리에는 일정한 보편성이 있다는 것을 보여 준다. 우리는 하나님의 형상으로 지음받았고, 하나님이 창조하신 땅에 살며, 타락한 인간 문화에서 이 진리들이 아무리 왜곡되었다 해도, 그것들이 여전히 인간의 마음 속에서 메아리칠 것이기 때문이다.[31]

솔직한 신앙. 지혜서와 나머지 구약 전통들 간에 가장 도전적인 차이는 지혜서의 어떤 부분이 구약의 다른 부분에서 단언하는 몇 가지 중대한 점들이 과연 보편적으로 적용될 수 있는 것인지 의심하거나 질문을 제기할 때 생겨난다. 그렇지만 이것이 바로 정경에 지혜서가 존재하는 목적의 일부일 것이다. 곧 우리가 완전

---

30) 이것이 지혜 문학 저자들이 언약적 전통에 호소하기를 삼가는 것에 대해 Brueggemann이 주장하는 것보다 더 설득력을 가진다. Brueggemann은 하나님이 일상사에서 자신을 드러내지 않으시기 때문에, 위대한 역사적 전승의 모든 '능동태 동사들'이 지닌 엄청난 확실성과는 대조적으로, 그들은 야웨에 대해서 매우 조심스러운 주장들만 할 수밖에 없었다고 제안한다. Walter Brueggmann, *Theology of the Old Testament: Testimony, Dispute, Advocacy*(Minneapolis: Fortress Press, 1997), p. 335.

31) 지혜 문학에 반영된 바, 구약 창조 신앙의 이 측면이 타문화 선교에 지닌 의의는 Benno Van Den Toren "God's Purpose for Creation as the Key to Understanding the Universality and Cultural Variety of Christian Ethics", *Missiology* 30(2002): 215-233에서 흥미로운 이종 문화간 윤리 분석의 기초로 사용된다.

히 떨쳐버릴 수 없는 의심들과, 우리의 경험의 한계 내에서 혹은 심지어 하나님이 우리에게 주신 계시의 한계 내에서조차 만족스럽게 대답할 수 없는 질문들이 있다는 사실을 기꺼이 인정하는 솔직한 신앙을 갖도록 하는 것이다.

전형적인 한 가지 문제는 한편으로 하나님께 순종하면 삶의 모든 영역에서 축복과 성공에 이르는 반면 악한 자들은 하나님의 진노와 처벌을 받을 것이라는 단언(신명기와 시편에 많이 나오는 것처럼)과, 다른 한편으로 우리의 경험상 그렇지 않은 경우가 종종 있다는 단순한 관찰 간에 긴장이 있다는 것이다. 우리는 시편 146편의 말에 공감할지 모른다. 하지만 우리가 실제 세상에 대해 신랄하고 대단히 현실적인 묘사를 하는 욥기 24:1-12를 읽다가 12절에 이르면 모든 것이 매우 다르게 느껴진다. "하나님이 그들의 참상을 보지 아니하시느니라." 그럴 때 우리는 첫 구절에 나오는 당혹스러운 질문을 그대로 따라하게 된다. "어찌하여 전능자는 때를 정해 놓지 아니하셨는고 그를 아는 자들이 그의 날을 보지 못하는고." 마찬가지로, 우리는 신명기 30:15-20에 나오는 이원적인 도덕적 논리를 찬성할지 모른다. 하지만 우리는 또한 그 논리를 뒤엎는 도덕적 전도 상태에 대해 솔직하게 불평하는 전도서 8:14-9:4 역시 부정하기가 어렵다.

때로 이스라엘 현자들이 핵심적인 이스라엘의 믿음('야웨는 약한 자와 가난한 자를 사랑하신다' '의인은 복을 받고 살 것이며, 반면 악인은 벌을 받고 죽을 것이다')을 제시하고 나서 '이 믿음을 우리가 사는 실제 세상과 어떻게 조화시킬 것인가? 인생은 종종 이런 규칙들을 전혀 따르지 않는다'라고 도전하는 것 같은 인상을 피하기 어렵다.

현자들만 그렇게 하는 것이 아니다. 불평과 항의와 당혹스러운 질문은 이스라엘의 야웨 경배의 핵심인 시편에도 두드러지게 나타난다. "여호와여, 어느 때까지니이까"(예를 들어, 시 6:3; 13:1-2; 62:3; 74:10) "어찌하여…"(예를 들어, 시 10:1; 22:1; 43:2; 44:23-24; 88:14) "어디 있나이까…"(예를 들어, 시 42:3; 79:10; 89:49).

월터 브루그만은 구약에 나오는 이러한 자료들 전체를 "이스라엘의 반대 증언"이라고 칭한다. 구약 자체 내에 나오는 "이스라엘의 핵심 증언", 즉 하나님의 주권과 신실하심을 믿는 그들의 기본적인 신앙에 대한 반대 심문이라는 것이다. **그 자체 안에** 이런 정도의 내적 토론과 더불어, 하나님의 계시와 구속에 명백히 근거한 세계관의 핵심 단언들과의 씨름을 담고 있기 때문에, 성경적 주장은 힘과 설득력을 갖고 있는 것이다.

게다가, 브루그만이 덧붙이듯이, 이것은 단순히 내적 토론이 아니다. 본서에서 반복해서 살펴보았던 것처럼, 이스라엘이 자신에 대해 알고 있는 것 중에는 자신의 신앙이 **세상을 위해 위탁받은** 것이라는 점이 포함되어 있었기 때문이다. 이스라엘의 존재 자체가 열방을 위한 것이었다. 이스라엘의 하나님은 온 땅의 하나님이었다. 이스라엘에 해당되는 것은 무엇이든 모두에게 해당되었다. 이스라엘이 무엇을 가지고 씨름하든, 그것은 모두에게 문제가 될 것이다. 그렇다면 이스라엘의 증거에서 이러한 거침없는 솔직함에는 선교학적 차원이 암시되어 있다고 봐야 한다.

> 이스라엘의 핵심 증언은…야웨가 대단한 주권을 가지고 계시며 아주 신실하시다고 주장했다. 그리고 대부분의 경우 그 결론은 적절하다. 그것은 환영받는 결론이다. 그것은 현실에 대한 일관성 있는 이야기가 되기 때문이다. 분명 이스라엘은 야웨께서 대단한 주권과 믿을 만한 신실성을 갖고 계시다는 결론을 찬성한다. 하지만 이스라엘은 실제 세상에서 살면서 주위에서 무슨 일이 일어나고 있는지 깨닫는다. 이스라엘은 솔직하며, 자신이 무엇을 깨달았는지 부인하지 않는다. 그래서 대단한 주권과 믿을 만한 신실성이라는 문제는 구약에서 이스라엘의 믿음에서 나온, 솔직하고 아직 끝나지 않은 일로 남아 있을 것이다. 게다가 우리는 이 두 가지 문제가 모든 세상 사람들에게 가장 중요한 문제임을 안다. 그들이 하나님에 대한 이야기를 하든 안 하든 상관없다. 그래서 이 반대 심문의 두 가지 요점은 이스라엘 내에서 그저 안전하게 한번 살펴보려는 문제들이 아니다. 그것들은 오히려 이스라엘이 세상을 위해 몸부림치며 싸우는 문제들이다.[32]

그렇다면 세상을 위해, 우리는 지혜 문학에 나오는 이러한 어조와 거북한 질문들, 면밀히 조사하는 관찰, 인간의 유한성이라는 한계를 받아들이는 것 등을 진지하게 고려해야 한다. 그렇게 하는 것이 우리의 선교적 책임 중 일부다. 성경에 그런 본문들이 있다는 것은, 확실한 성경 원리들을 그것들과 관련이 없는 환경에 잘못 적용하는 경솔한 독단론(욥의 친구들이 그랬던 것처럼)에 대한 도전이다. 그

---

32) Brueggmann, *Theology of the Old Testament*, p. 324. 또한 Walter Brueggmann, "A New Creation— After the Sigh", *Currents in Theology and Mission* 11(1984): 83-100를 보라.

런 성경 본문들은 또한 믿음과 물질적 보상 간에, 혹은 죄와 질병 간에 직접적인 인과 관계가 있다고 보는 매우 단순한 순진함에 대한 책망이기도 하다. 지혜 문학의 경고들을 무시하는 선교는 소위 말하는 번영 복음의 어리석음과 거짓말로 귀착되거나, 가장 교만한 근본주의, 즉 아무 문제도 없다고 주장하는 승리주의로 귀착된다.

사실은 세상은 전체 성경의 증거에 따라 한 분이시고, 선하시고, 인격적이시고, 주권적이신 하나님을 믿는 사람들에게 몇 가지 대단히 힘든 질문들을 제기한다. 지혜 문학은 생각하고, 씨름하고, 분투하고, 항의하고, 논쟁할 수 있는 허가서를 제공한다. 그렇게 할 때 조건은 "주를 경외함이 지혜요 악을 떠남이 명철이니라"(욥 28:28)라는 핵심 증언에 요약된 믿음과 겸손한 자세로 그렇게 하라는 것뿐이다.

우리가 이 장과 지난 장에서 함께 살펴본 것은 실로 광범위한 전망이었다. 하지만 하나님의 선교의 무대에 대해 살펴볼 때, 그 외 달리 어떤 것이 있을 수 있단 말인가? 그분은 온 땅의 하나님, 땅에 사는 모든 사람들의 하나님, 그리고 모든 지혜의 하나님이시기 때문이다. 그래서 우리는 그 보편적 진리들이 함축하는 것들을 일부 살펴보았다.

창조 세계 전체는 하나님의 선교 현장이다. 그리고 그 결과 우리가 부름받은 선교에는 불가피하게 생태학적 차원이 포함된다.

모든 인간은 하나님의 형상으로 지음받았다. 그리고 그 결과 우리가 이 땅에 사는 다른 모든 사람들과 공유하는 인간적 속성에서 많은 선교적 함축들이 생겨난다. 그렇지만 모든 사람들은 또한 철저히 그리고 포괄적으로 죄와 악에 오염되고 영향을 받았다. 우리의 선교적 반응은 우리가 그리스도의 이름과 십자가의 능력으로 다루는 문제들만큼, 철저하고 포괄적인 것이 되어야 한다.

모든 인간 문화는 인간성의 모호성을 나타낸다. 이스라엘의 현자들은 다른 나라들의 지혜에서 선하고 참된 것을 인정했으나, 또한 그것을 하나님의 계시에 따라 평가했으며, 우상숭배적이고 도덕적으로 부적절한 것은 모두 거부했다. 그들은 또한 모든 인간의 지혜가 이 타락한 세상에서 인생의 가장 힘든 문제들과 싸움들을 파악하는 데 한계가 있음을 인정한다.

그런 성경적 지혜는 우리의 선교적 노력이 다음과 같은 특징을 지녀야 함을 큰 소리로 외친다.

- 하나님의 세상에 대한 비판적이면서 개방적인 마음
- 인간 안에 나타나는 하나님의 형상에 대한 존중
- 하나님 앞에서 겸손하고, 우리가 다른 사람들에게 주장하고 대답할 때 신중할 것

14

구약 환상에 나타난 하나님과 열방

열방(nations)은 성경 이야기 내내 처음부터 끝까지 계속해서 등장한다. 전면에 나서지 않을 때는 배경 역할을 한다. 그들은 커다란 국제적 사건들의 주체가 아닐 때는 하나님의 사찰이나 비난의 대상이다. 하나님이 직접 주목하는 대상이 아닐 때는 하나님 백성의 삶에서 배경(좋게든 나쁘게든)으로 남아 있다. 그것은 물론 성경이 하나님과 인류의 관계를 주로 다루고 있으며, 인류는 열방 가운데 존재하기 때문이다. 그리고 성경이 특히 하나님의 백성에게 초점을 맞출 때, 그 백성은 필연적으로 역사 안에서 열방 가운데 산다. "'열방의 빛인 이스라엘'은 정경 과정에서 주변적 주제가 아님이 분명하다. 열방은 이스라엘의 삶의 모체, 이스라엘이라는 존재 자체의 존재 이유다."[1]

성경의 웅대한 이야기에서 열방은 인간의 사악함에 대한 하나님의 심판인 홍수 이후의 삶에서 최초로 나타난다. 창세기 11장에 이르기까지 열방은 혼란 가운데 흩어져 있었다. 열방의 갈등은 인류 전체의 깨어짐을 반영한다. 성경의 마지막 책은 분명 고의적 의도를 갖고, 열방의 모든 죄가 제거되고, 하나님의 빛 가운데 행하며, 그들의 재물과 영광을 하나님의 성에 가져오고, 하나님의 어린양의 영광

---

1) Duane I. Christensen, "Nations", *Anchor Bible Dictionary*, ed. David Noel Freedman et al.(New York: Doubleday, 1992), 4:1037.

과 존귀에 그들의 구속된 영광과 존귀를 드리는 것을 묘사하면서 절정에 이른다(계 21:24-27). 인류의 깨어짐은 생명수와 생명나무에서 치유된다(계 22:1-2). 그리고 창세기와 요한계시록에 나오는 이 두 위대한 장면인 열방의 최초의 상태와 궁극적인 상태 사이에서, 성경은 어떻게 그런 우주적 변혁이 성취될 것인가 하는 이야기를 기록한다. 그것은 간단히 말해 우리가 앞의 장들에서 설명하려 애썼던 하나님의 선교다. 하나님의 선교는 창세기 11장에 나오는 민족들의 흩어짐과 요한계시록 22장에 나오는 민족들의 치유 사이의 간격을 메워 준다. 성경의 웅대한 이야기를 열어주는 열쇠는, 아마 틀림없이 다른 어떤 단일 주제보다도, 바로 열방과 관련된 하나님의 선교다.

이 책의 마지막 두 장(14장과 15장)에서는 성경의 가르침과 기대가 얼마나 웅대한지 살펴볼 것이다. 그것이 선교에 대한 완전히 성경적인 이해의 핵심이기 때문이다. 우리는 구약에서 어떻게 열방이 하나님께서 이스라엘 안에서, 이스라엘을 위해, 혹은 이스라엘에게 하고 계시는 모든 것의 증인으로 묘사되는지 살펴볼 것이다. 그리고 이스라엘의 신앙과 예배가 기대하는 것(그들이 실제 행동한 결과는 언제나 그렇지는 않았지만)은 열방이 그 구원의 역사로부터 유익을 얻고 감사하게 되는 것이라는 점을 살펴볼 것이다. 이것은 열방이 결국에 가서는 이스라엘의 하나님 야웨를 인정하고 예배드리게 될 것이며, 그런 예배에 수반되는 모든 책임과 축복들도 공유하게 되리라는 의미다. 더욱 놀라운 사실은 구약 내에는 열방이 이스라엘 안에 포함되어 **이스라엘**이라는 말 자체가 급격히 확장되고 재규정될 날을 고대하는 목소리와 환상들이 있었다는 것이다. 이 모든 것은 신약에서 열방에 대한 선교의 범위를 형성했으며, 열방 선교에 관여한 사람들을 성경적으로 강력하게 정당화해 주었다.[2]

하지만 방금 서술한 개요를 자세히 살펴보기 전에, 먼저 구약이 하나님의 창조 의도 및 역사 통치와 관련해서 일반적으로 열방에 대해 말하는 몇 가지 기본적 주장을 살펴보자. 그것은 열방에 대한 하나님의 구속적 선교가 역사적으로 성취되는 기반이자 무대이기 때문이다.

---

[2] 우리가 여기에서 다룰 주제들의 일부를 유익하게 조사한 글로, Walter Vogels, "The New Universal Covenant", *God's Universal Covenant: A Biblical Study*, 2nd ed.(Ottawa: University of Ottawa Press, 1986), pp. 111-142를 보라.

창조와 섭리 속의 열방

열방은 창조되고 구속받은 인류의 일부다. 비록 우리는 홍수가 끝난 후에도 인간들이 계속 타락하고 교만하게 처신하는 상황 가운데서 처음으로 열방을 만나게 되지만, 성경은 인종적 혹은 민족적 다양성 자체가 죄에 물들어 있다거나 타락의 산물이라고 암시하지는 않는다. 비록 열방 간의 다툼으로 인한 해로운 결과들은 분명 그렇지만 말이다.[3] 오히려 열방은 그냥 하나님이 창조해 놓으신 대로 인류의 일정한 일부분으로 '거기' 있다. 하나님이 열방을 다스리신다는 것은 구약 전체에서 널리 단언하고 있는 것으로, 하나님이 애초에 그들을 창조하셨다는 사실로 인한 한 가지 기능이다. 바울은 전도를 할 때 유대인으로서 이방인들에게 말하면서, 인류의 통일성과 더불어 열방의 다양성을 당연하게 인정하며, 그것을 창조주로 인한 것으로 그리고 세계를 다스리는 그분의 섭리로 인한 것이라고 본다. "인류의 모든 족속을 한 혈통으로 만드사 온 땅에 살게 하시고 그들의 연대를 정하시며 거주의 경계를 한정하셨으니"(행 17:26).

바울은 이어서 헬라 저자의 글을 인용하지만, 방금 인용한 구절에 나오는 그의 말은 구약 신명기 32장에 나오는 오래된 모세의 노래에서 나온 것이다.

> 지극히 높으신 자가 민족들에게 기업을 주실 때에
> 인종을 나누실 때에
> 이스라엘 자손의 수효대로 백성들의 경계를 정하셨도다.(신 32:8)

그렇다면 민족적 특성들은 인간적 차원에서 볼 때 창조의 변화무쌍한 다양성의 일부로, 하나님의 창조의 다른 모든 차원에서 나타나는 놀랍고 변화무쌍한 생물의 다양성과 비슷하다.

게다가 새 창조에서 구속받은 인류에 대한 종말론적 환상도 동일한 진리를 가

---

3) 나는 여기에서 **열방**(nations)이라는 말을 종교개혁 이후에 발전된 '민족 국가'(nation state)라는 제한된 의미로 사용하기보다는, 구약에서 사용된 것과 같은 광범위한 의미로 사용한다. 인종, 영토, 언어, 왕권, 신들과 관련해서 고대 근동 및 성경에서 말하는 국가(nationhood)가 무엇인지 훌륭하게 논의한 글로 Daniel I. Block, "Nations/ Nationality", *New International Dictionary of Old Testament Theology and Exegesis*, ed. Willem A. VanGemeren(Carlisle, U.K.: Paternoster, 1996), 4:966-972; Daniel I. Block, *The Gods of the Nations: Studies in Ancient Near Eastern National Theology*, 2nd ed.(Grand Rapids: Baker Academic, 2001)를 보라.

리킨다. 새 창조의 거민들은 동질적인 대중, 혹은 하나의 세계 문화로 묘사되지 않는다. 오히려 그들은 역사를 거쳐 내려오면서 계속된 인류의 영광스러운 다양성을 보여 준다. 모든 나라와 족속과 백성과 방언의 사람들이 그들의 부와 찬양을 하나님의 성으로 가지고 온다(계 7:9; 21:24-26). 열방에 대한 성경의 묘사는 (모든 차이점들이 섞여서 하나의 합금을 만들어 내는) 용광로가 아니라 (모든 요소들이 자신의 독특한 색, 질감, 맛을 그대로 지니고 있는) 샐러드 그릇에 더 가깝다. 새 창조는 원래 창조의 풍성한 다양성을 그대로 지니고 있겠지만, 타락으로 인한 죄의 영향은 제거될 것이다. 또는 하나님의 선교는 그저 수많은 영혼들을 구원하는 것일 뿐 아니라 또한 본질적으로 열방을 회복시키는 것이다.

창조에서 정해진 인종적 다양성과, 구속받은 인류 안에 모든 인종과 언어와 문화가 포함된다는 종말론적 환상은, 인종 차별의 죄와 수치에 대해 많은 것을 말해 준다. 그것은 여기서 다룰 만한 주제는 아니다. 하지만 타락의 이 특정한 차원에 도전하는 것은 분명 선교의 중대한 과제다. 신약에서 복음은 분명 하나님 앞에 우리의 지위와 관련해서 어떠한 인종적 혹은 인종 차별적 가정도 철저히 무너뜨리기 때문이다.[4]

모든 열방은 하나님의 심판 아래 있다. 삶, 신앙, 하나님과 우리의 관계에 대해 대단히 개인주의적으로 생각하는 사람들이 납득하기 어려운 성경적 개념 중 하나는 하나님이 열방을 전체적 존재로 다룰 수 있고 또 다루신다는 생각이다. 하지만 성경은 분명히 그것을 단언할 뿐만 아니라 또한 역사적으로 오랜 기간 동안 그것을 생생하게 상세히 예시한다. 출애굽기 이후로, 열방은 성경 이야기에서 그들의 역할을 담당하며, 처음에 나오는 이야기는 하나의 전형이 될 만한 것을 제시한다. 야웨와 바로의 싸움은 단지 하나님과 고집스럽게 저항하는 한 개인의 싸움이 아니다. 애굽 민족 전체가 억압의 죄에 관련되어 있으며, 그들은 하나님이 자신의 백성을 정의롭게 해방시키는 과정에서 고통을 겪는다.

이야기는 이어서 열방이 스스로 악의적 주도권을 갖고 야웨와 그분의 백성을

---

4) 이 문제에 대한 훌륭하고 철저한 성경적 연구는 J. Daniel Hays, *From Every People and Nation: A Biblical Theology of Race*, New Studies in Biblical Theology(Leicester, U.K.: Inter-Varsity Press, Downers Grove, Ill.: InterVarsity Press, 2003)에 나와 있다. 똑같이 통찰력 있지만 좀더 실제적으로 접근한 책은 Dewi Hughes, *Castrating Culture: A Christian Perspective on Ethnic Identity from the Margins*(Carlisle, U.K.: Paternoster, 2001)이다.

계속해서 반대하든가(예를 들어, 아말렉 족속, 모압 족속, 아모리 족속), 아니면 손을 쓸 수 없을 정도로 악해져서 하나님이 벌을 내리실 때 멸망하든가(가나안 민족들) 하는 것을 보여 준다. 그래서 이스라엘은 가나안 사람들에게 승리한다고 해서 자신들의 의 때문이라고 교만하게 생각하지 말아야 한다는 경고를 받는 한편, 하나님은 그 민족들이 패배하는 것은 그들의 악함으로 인해 그렇게 **될 것이라고** 확실히 밝히신다(신 9:4-6). 하나님은 이스라엘을 가나안 민족들의 사악함에 대한 역사적 심판의 대행자로 사용하시려고 작정하셨다.

나는 월터 브루그만이 구약의 열방이라는 주제로 쓴 글이 다른 점에서는 모두 탁월하지만, 이 점에서는 대단히 부적절하다고 생각한다. 그는 가나안 사람들에 대한 야웨의 심판에 대해 말하는 본문들을 "야웨께서 이스라엘에게 선물을 주실 때 열방은 중요하지 않다는 무리한 주장"으로 간주한다. 그는 "이스라엘만 특혜를 받는 것"에 대해, "이스라엘의 이익을 위해 열방을 대단히 가혹하게 진술하는 것"에 대해 말한다. 그에 따르면 그런 진술은 "이데올로기적"이다. 왜냐하면 "이스라엘의 정치적 의제를 위해 야웨의 주권이 매우 노골적이고 직접적으로 이용되기 때문이다.…[열방의 멸망은] 땅에 대한 이스라엘의 주장의 합법성을 확고히 하는 데 소극적으로 기여한다."[5]

하지만 신명기 9장은 그와 정반대 주장을 펼친다. 이스라엘은 땅에 대한 적법한 권리가 전혀 없다는 것이다. 이스라엘은 열방보다 더 큰 의를 지니고 있지 않다. 실로 그 장은 누군가 마땅히 멸망해야 한다면, 다름 아닌 이스라엘이 그 대상이라는 점을 강조한다. 이스라엘은 여전히 하나님의 용서하시는 은혜에 의해서만 존재한다. 그렇다. 가나안 민족들의 멸망은 이데올로기적이고 이기적인 견지에서가 아니라, 도덕적이고 신 중심적 견지에서 거듭 묘사된다. 야웨는 이 나라들의 매우 심한 악에 대해, 신적 정의로 행동하고 계신다. 그리고 이스라엘이 가나안 사람들의 길을 따른다면, 그들에게도 바로 그렇게 행하실 것이다. 이 본문들은 이데올로기적이고 이기적인 것이기는커녕, 실제로 그런 가정들에 대한 명백한 반론 역할을 한다. 그것은 이스라엘이 다른 모든 민족들과 마찬가지로 이미 그들 자신의 악으로 해서 하나님의 진노를 일으켰다는 사실을 인정해야 하며, 하나님

---

5) Walter Brueggemann, *Theology of the Old Testament: Testimony, Dispute, Advocacy*(Minneapolis: Fortress Press, 1997), pp. 496-497.

앞에서 그들의 길을 바로잡아야 한다는 심각한 경고다.

선지자들은 열방을 비난하는 신탁의 말씀에서(하지만 거기에는 놀라운 소망과 잠재적인 회복의 말씀이 나오기도 한다), 열방이 일반적으로 갖가지 이유로 하나님의 임박한 심판 아래 놓였다는 것을 분명히 확신한다. 그 이유란 주로 윤리적인 것이다. 이사야는 그의 소위 '작은 묵시록' 시작 부근에서 혹독한 말로 냉혹한 현실을 묘사한다.

> 땅이 또한 그 주민 아래서 더럽게 되었으니
> 이는 그들이 율법을 범하며
> 율례를 어기며
> 영원한 언약을 깨뜨렸음이라.
> 그러므로 저주가 땅을 삼켰고
> 그 중에 사는 자들이 정죄함을 당하였고
> 땅의 주민이 불타서
> 남은 자가 적도다.(사 24:5-6)

보편적인 인간의 사악함은 보편적인 하나님의 심판에 직면한다. 성경 전체를 보면 인류는 개인적으로나 민족적으로나 바로 이러한 상태에 처해 있다. 출애굽기 이야기가 야웨께서 구원하시는 것에 대한 모범인 것처럼, 소돔과 고모라 이야기는 하나님께서 인간의 악을 심판하시는 것에 대한 모범이다. 바울은 인간이 보편적으로 다 부패했으며 보편적으로 다 하나님의 진노를 받게 되리라는 것을 묘사하면서, 소돔 사건의 색깔과 언어로 그려진 이 광범위한 전통을 지지하고 있을 가능성이 매우 높다.[6]

그런 암울한 배경에 비추어 볼 때, 열방을 복 주시려는 하나님의 선교와, 그런 복의 매체인 하나님의 백성의 선교는 실로 대단히 좋은 소식이다.

어떤 나라든 하나님의 심판의 대행자가 될 수 있다. 소돔과 고모라의 경우, 하나님은 중재자 없이 심판을 내리셨다. 때문에 그 이야기는 하나님의 적나라한 진노의 상징으로 그처럼 유명한 것이다. 하나님의 진노는 물론 요한계시록에서 절정

---

6) Philip E. Esler, "The Sodom Tradition in Romans 1:18-32", *Biblical Theology Bulletin* 34(2004): 4-16.

에 이른다. 하지만 좀더 통상적인 역사적 과정에서, 하나님은 이러저러한 나라들을 자신의 주권적 정의의 도구로 사용하신다. 성경에서 이에 대한 전형적인 첫 번째 경우는 이스라엘 지파들이 가나안을 정복한 것이 "죄악이 가득 찬" 사회(창 15:16에서 하나님이 아브라함에게 그것을 예언하셨을 때는 아직 그 상태까지는 이르지 않았다)에 대한 하나님의 심판의 결과라고 재삼재사 해석되는 것이다. 이스라엘 사람들은 가나안 민족들에 대한 승리가 어느 모로 보든 그들 자신의 의 때문이라고 해석해서는 안 된다고 엄중한 경고를 받았다. 하지만 그들은 분명 이것이 그 민족들의 사악함 때문이라고 제대로 추론할 수 있었다(신 9:4-6). 이 경우 하나님은 이스라엘을 가나안 사람들에 대한 그분의 심판의 대행자로 사용하고 계신 것이었다.

하지만 이스라엘이 그들 자신의 역사상 주목할 만한 시기였던 이 때 배워야 했던 교훈은 위안을 주는 것이 전혀 아니었다. 사실 하나님이 이스라엘을 악한 나라들에 대한 심판의 도구로 사용하실 수 있었다면, 거꾸로 이스라엘 자신에게도 같은 원리를 쉽게 적용하실 수 있을 것이다. 간단히 말해, 이스라엘이 자신들이 쫓아낸 민족들과 같은 악한 길을 따른다면, 그들도 다른 민족들의 손에 같은 운명에 처하게 될 것이다. 야웨는 다른 나라들을 심판하실 때 이스라엘을 대행자로 사용하실 수 있었다. 마찬가지로, 야웨는 이스라엘을 심판하실 때 다른 나라들을 대행자로 사용하실 수 있을 것이다. 이런 취지의 경고는 토라에 대단히 많이 나온다(예를 들어, 레 18:24-28; 26:17, 25, 32-33; 신 4:25-27; 28:25, 49-52; 29:25-28).

구약 시대 이스라엘의 오랜 역사에서 하나님의 심판은 주로 후자의 방향으로 나타났다. 사사기 2장은 이스라엘 지파들이 가나안 땅에 정착한 이후 초기 세대에 결정된 패턴에 대해 묘사한다. 거듭 반복해서 야웨는 이스라엘의 반역과 배교에 대한 진노의 도구로 다른 민족들을 데려오셨다(예를 들어, 암 6:14; 호 10:10; 사 7:18; 9:11). 왕정 시대 후기에 선지자들은 심지어 세계의 대제국들조차 야웨의 손에 들린 막대기, 이스라엘을 벌하기 위한 몽둥이에 불과한 존재로 보았다.

앗수르 사람은 화 있을진저 그는 내 진노의 막대기요
그 손의 몽둥이는 내 분노라.

내가 그를 보내어 경건하지 아니한 나라를 치게 하며
내가 그에게 명령하여 나를 노하게 한 백성[이스라엘]을 쳐서.(사 10:5-6)

그 다음에는 바벨론이 하나님의 진노의 대행자가 된다. 이스라엘에 대해서뿐 아니라, 예레미야가 이스라엘의 하나님 야웨의 주권을 인정하고, "그분의 종" 느부갓네살에게 복종하라고 촉구하는 다른 더 작은 나라들에 대해서도 그런 역할을 한다(렘 25:9; 27:1-11). 실로 하나님이 어떤 나라를 다른 나라에 대한 하나님의 진노의 대행자로 사용하실 수 있다는 원리는 이스라엘을 다루실 때만 적용되는 것이 아니다. 에스겔서 30:10-11에 따르면, 애굽에 대한 하나님의 심판은 느부갓네살을 통해 이루어질 것이다. 물론, 후에 바벨론 자신도 선지자의 심판의 말을 들을 것이다. 하나님이 이스라엘을 벌하시기 위해 바벨론을 사용하셨다 해도, 그 나라의 잔학한 행위로 말미암아 이번에는 그들이 하나님의 진노의 광풍을 맞게 된다. 그 진노는 이번에는 메대와 바사의 왕 고레스를 통해 전달될 것이다(사 13:17-19; 47:6-7).

이것은 일관성이 있는 압도적인 메시지다. 모든 열방은 살아 계신 하나님인 야웨의 손 안에 있다. 그들의 승리 역시 그들 자신의 신들이 아니라 야웨의 주권으로 인한 것이라고 보아야 한다. 그리고 때로 하나님은 어떤 민족이든, 한 민족을 국제 문제의 무대에서 역사적 정의의 대행자로 사용하실 수 있다. 그렇다고 해서 하나님이 사용하신 그 민족이 다른 민족보다 더 의롭다는 것은 아니다(이스라엘이 명백하게 들었듯이). 그것이 의미하는 것은 하나님이 여전히 주권적인 분이시라는 것뿐이다.

어떤 나라든 하나님의 긍휼을 받을 수 있다. 모든 민족이 그들의 악과 우상숭배 때문에 하나님의 심판 아래 있는 것처럼 모든 민족이 하나님의 긍휼을 받을 수 있다고 구약은 말한다. 야웨께서는 모세에게 놀랍게 자신을 계시하시는 중에 그리고 그분의 선하심과 그분의 이름을 규정하시면서 "나는 은혜 베풀 자에게 은혜를 베풀고 긍휼히 여길 자에게 긍휼을 베푸느니라"고 말씀하셨다(출 33:19; 참고. 34:6-7). 이 원리는 이스라엘 안에서 혹은 이스라엘을 위해서만 작용하는 것이 아니다. 어떤 나라든 거기서 유익을 얻을 수 있을 것이다.

하나님이 열방을 이렇게 공평하게 다루신다는 것을 가장 분명하게 표현한 말은 예레미야가 토기장이의 일터를 방문한 후에 한 말이다. 예레미야는 먼저 한 토기장이를 관찰한다. 그는 처음에 자신이 이러저러한 토기를 만들겠다는 의도를 선언했으나, 후에 진흙이 어떤 '반응'을 보였기 때문에 계획을 바꾸었고, 그에 따라 처음과는 다른 결과물이 나오게 되었다. 예레미야가 그것을 통해 이끌어 낸 교훈은, 하나님도 마찬가지로 자신이 선포한 의도에 대해 인간이 보이는 반응에 따라 반응하신다는 것이다. 예레미야서 18장에 나오는 토기장이 비유의 핵심은 신적 토기장이인 하나님이 확실한 주권을 갖고 계시다는 것보다는, 진흙 편에서 토기장이로 하여금 그의 의도를 바꾸게 할 수 있는 잠재 가능성을 갖고 있다는 것이다. 그리고 일반 원리로, 하나님은 어느 때 어느 민족에게든 그러한 기회를 확대하신다. 어떤 나라가 임박한 심판에 대한 하나님의 선포를 듣고 회개한다면, 그들은 심판을 면할 것이다. 다른 한편, 어떤 민족이 하나님의 축복 선포에도 불구하고 악을 행한다면, 그들은 하나님의 심판을 받을 것이다(렘 18:7-10). 이 점은 긴급하고 특정하게 유다에게 적용되기 전에, 모든 민족에게 해당하는 하나님의 일반 원리로 확고히 굳어져 있다.

요나서는 예레미야서 18:7-8에 대한 사례 연구로 기록되었을 것이다. 요나는 니느웨의 멸망이 임박했다고 선포한다. 왕부터 거지에 이르기까지 온 성이 회개한다. 그래서 하나님 역시 '후회'하심으로 심판을 보류하신다. 하지만 그 책의 놀라운 반전은 이방 나라에 대한 야웨 하나님의 자비가 이같이 분명하게 나타난 것이 요나에게는 당혹스러운 일이었다는 것이다. 요나는 출애굽에서 나타난 야웨의 성품을 완벽하게 잘 알고 있었으며, 핵심 증거 본문을 인용한다(욘 4:1-2; 참고. 출 34:6-7). 하지만 요나는 찬양할 일, 혹은 마지못해서라도 감탄했어야만 하는 일(야웨께서 이스라엘에게 아낌없이 베푸신 것과 같은 놀라운 긍휼을 다른 나라들에게도 베푸신다는 것)로 인해 원한에 찬 불평의 말을 토한다.

요나서는 선교에 대한 성경 연구에서 언제나 주목을 받았다. 구약에서 조금이라도 선교와 관련된 것처럼 보이는 거의 유일한 부분으로 등장할 때도 있다. 여기에는 적어도 실제 선교사 비슷한 어떤 사람이 있다. 하나님의 말씀을 전하도록 다른 나라에 파송받은 사람이다. 하지만 요나의 성품과 모험들이 지닌 매력에도 불구하고, 이 책의 진짜 선교적 도전은 의심할 바 없이, 그리고 의도적으로, 거기 나오는 하나님에 대한 묘사다. 요나가 이스라엘을 나타내려는 것이라면(그런 것처럼 보인다) 그 책은 이스라엘에게 열방들(심지어 선지자들이 하나님이 선포하신 심판을 받는다고 말하는 적국의 민족들)에 대한 **그들의** 태도에 강한 도전을 가한다. 그 책 결론부에 나오는 정답 없는 질문은 우리의 인종 중심적 편견을 전능하신 하나님께 슬그머니 떠맡기는 경향에 대한 지속적이고 잊을 수 없는 책망이다.[7]

요나가 한 이교 민족에 대한 하나님의 심판의 말씀에 보인 반응을 아브라함의 반응과 비교 대조해 보면 흥미롭다. 요나는 니느웨의 멸망을 선포하라는 명령을 받고 달아나 배에 올라탔다. 후에 그는 바로 야웨께서 본래의 모습으로 되돌아가 긍휼을 베푸시지 않을까 하는 생각에 그렇게 했다고 진술한다. 아브라함은 소돔과 고모라의 부르짖음에 대해 알아보려는 하나님의 의도를 알고는 곧바로 중보기도를 드리면서, 야웨께서 그가 처음에 기대했던 것보다 훨씬 더 자비를 베푸실 준비가 되어 있으심을 발견한다.

네이슨 맥도날드는 창세기 18장, 출애굽기 32-34장, 시편 103:6-10, 에스겔 18장 같은 본문들에 하나의 맥이 흐르고 있음을 발견한다. "세상을 심판하시는 이", 분명 옳은 일을 행하실 그분이 또한 "긍휼이 많으시고 은혜로우신" 하나님, "악인이 죽는 것을 기뻐하지 않으시고 그가 돌이켜 그 길에서 떠나 사는 것을 기뻐하시는" 분이라는 것이다.[8]

예레미야는 후에 유다 주위의 나라들에게 그들이 돌이켜 야웨와 그분의 백성의 도를 배우기만 한다면, 하나님의 동일한 용서와 회복이 있을 것이라고 약속했다(렘 12:14-17). 그것은 예레미야가 유다에게 약속한 것과 동일한 제안, 사실상 동일한 말이었다. 그리고 아마도 그 말이 받아들여지리라는 소망은 거의 없었을 것이다. 하지만 요점은 하나님이 이스라엘을 다루시는 것이나 열방을 다루시는 것에는 편애가 전혀 없다는 것이다. 모두가 하나님의 심판 아래 있다. 모두 하나님께 돌이켜 그분의 긍휼을 받을 수 있다.

이것은 분명 구약이 우리의 선교 신학에 기여한 가장 근본적인 요소 중 하나다.

---

7) 요나에 대한 뛰어나고 통찰력 있는 최근의 선교학적 해석은 Howard Peskett and Vinoth Ramachandra, *The Message of Mission*, The Bible Speaks Today(Downers Grove, Ill.: InterVarsity Press; Leicester, U.K.: Inter-Varsity Press, 2003), pp. 95-96에 나와 있다.
8) Nathan MacDonald, "Listening to Abraham—Listening to YHWH: Divine Justice and Mercy in Genesis 18:16-33", *Catholic Biblical Quarterly* 66(2004): 25-43. MacDonald는 창 18장에서 하나님과 아브라함 간의 만남이 말하고자 하는 요점 중에는 참된 선지자적 중보의 본질 및 그에 근거한 하나님의 용서의 본질을 가르치려는 것도 있다고 주장한다. 또한 이 책 11장에서 이 본문에 대해 논의하는 부분을 보라.

- 모든 열방이 하나님의 임박한 심판에 처해 있지 않다면, 복음을 선포할 필요가 없을 것이다.
- 하지만 하나님이 모든 회개하는 사람들에게 긍휼과 죄사함을 베푸신다는 사실이 없다면, 선포할 복음이 없을 것이다.

모든 열방의 역사는 하나님의 지배 아래 있다. 앞의 장들에서 나는 이스라엘과 야웨와의 관계가 독특하다는 점을 강조했다. 선택, 구속, 언약, 성결에 대한 그들의 이해로 인해 근본적인 차원에서 그들은 구별된다. 하나님은 많은 민족 가운데 오직 이스라엘을 선택하시고 부르셨다(신 7:7-11; 암 3:2). 하나님은 다른 어느 민족에게도 해당되지 않는 특별한 방법으로 이스라엘을 구속하셨다(신 4:32-39). 하나님은 많은 민족 가운데 이스라엘에게만 자신의 율법을 계시하셨고 그들과 언약 관계를 맺으셨다(시 147:19-20). 그리고 이 민족은 다른 민족들과 실제적·윤리적으로 구별된 모습을 보임으로, 이러한 독특성을 구현하고 보여 주도록 부르심을 받았다(레 18:1-5). 이 모든 면에서 구약 시대에 하나님과 역사적 이스라엘 간의 관계는 전례 없고(하나님은 전에는 이와 같은 일을 하신 적이 없다) 유례 없는(하나님은 다른 어느 곳에서도 이와 같은 일을 하신 적이 없다) 것이었다.

게다가 우리는 앞에서 이 위대하고 독특한 주장들이 지닌 선교학적 함의들을 탐구해 보았다. 그 모든 주장들은 하나님 자신의 선교와, 그 선교 내에서 이스라엘이 지닌 정체성 및 역할에서 나온다. 하나님의 선교는 땅의 모든 족속들을 복 주시려는 것이다. 하지만 그 보편적 목표를 위해 하나님은 이스라엘 백성이라는 대단히 특정한 수단을 선택하셨다. 그들의 독특성은 하나님의 보편성을 위한 것이었다. 그래서 하나님의 **선택받은** 백성이라는 이스라엘의 독특한 지위는 나머지 열방이 아브라함을 통해 **복을 받도록** 하기 위함이었다. 그들의 독특한 **구속** 이야기는 하나님이 궁극적으로 모든 사람들을 속박에서 해방시키기 위해 이루실(그리스도를 통해) 것에 대한 모범이었다. 그들이 하나님의 **계시**를 맡은 독특한 청지기라는 것은 궁극적으로 하나님의 율법이 그들로부터 열방들에게 그리고 땅끝까지 나아갈 수 있도록 하기 위함이었다. 그리고 그들의 사회적·경제적·정치적 **윤리**의 독특한 구조는 구속받은 인간 공동체가 하나님의 통치 아래 어떤 모습이 되어야 하는지(그리고 궁극적으로 어떤 모습이 될 것인지)를 보여 주기 위해 설계된 것이었다.

그렇다면 구약에 나오는 이스라엘의 독특성의 이 모든 차원들은 성경적인 선교를 이해하는 데 중심이 되며, 그 모든 차원들은 그리스도의 유일성과 교회의 정체성 및 선교에 관한 신약의 가르침에서 대응을 이루며 그대로 나타난다.

하지만 **이스라엘**의 독특성에 대한 이러한 단언들이, 야웨께서 **다른** 민족의 일에는 관여하지 않는다는 의미라고 해석하는 것은 대단히 큰 잘못이다. 반대로, 그들의 하나님 야웨가 국제 역사의 무대를 이끌어가는 주된 원동력이라는 것이 이스라엘의 담대한 주장 중 하나였다. 모든 나라들과 왕들은, 알든 모르든, 그들의 신이 아니라 이스라엘의 하나님의 전체 계획 아래 자신들의 이야기를 엮어 갔다.

이것은 독특성에 대한 주장을 사실상 더욱 더 두드러지게 만든다. 이스라엘은 단지 야웨께서 독특하게 그들을 선택하시고, 구원하시고, 언약을 맺으신 반면, 다른 모든 나라들에 대해서는 알지 못하거나 무관심하다고 주장한 것이 아니었다. 그런 주장이라면 원칙적으로는 모든 민족들이 자신들의 신은 자기를 숭배하는 민족들에게만 관심을 갖고 있다고 보는 것과 별 다를 바 없었을 것이다. 다원주의적 세계관에서는 그것이야말로 신들의 존재 이유다. 각 민족이 자신들의 신이나 신들을 가지면, 그 신이 그 민족 자신과 그 백성의 관심사를 보살펴 줄 것이다.

구약 이스라엘은 야웨에 대해 그러한 축소되고 일반적인 의미의 '독특성'을 주장하는 것이 아니다. 그것은 훨씬 더 고귀하고 보편적인 주장이다. 사실이 아니라면 엄청난 교만이 될 만한 그런 주장인 것이다. 그 주장은 야웨가 사실상 온 땅의 주권적인 하나님, **모든 민족**의 역사와 운명을 지배하시는 분이라는 것이었다. 그리고 그같이 모든 민족에 보편적으로 관여하신다는 **그러한** 맥락에서, 야웨께서는 **이스라엘과** 독특한 관계를 맺으신 것이다.[9]

때로는 야웨가 다른 민족의 역사에 대해 주권을 갖고 계시다는 이러한 주장이 매우 평범하게 거의 삽입구처럼 이루어졌다. 때로는 그런 주장이 매우 충격적이고 반갑지 않은 함축들을 끌어내면서 이루어졌.

전자에 대한 예는 광야에서 이스라엘에게 주어진 경고들에서 나온다. 그들은 에돔이나 모압 혹은 암몬의 땅을 취하려 해서는 안 된다는 경고를 받았다. 야웨께서 이미 이전 거민들을 몰아내신 후 그 나라들에게 그 땅을 주셨기 때문이다. 하

---

9) 고대 근동 국가들이 그들의 신들 및 신들과 국가들의 관계에 대해 어떻게 보았는가 하는 것과 이스라엘이 야웨와 관련해서 펼친 몇몇 주장들의 독특성에 대해서는 Block, *Gods of the Nations*을 보라.

나님은 가나안과 관련해서 이스라엘에게 바로 그렇게 하실 것이다(신 2:2-23). 이러한 주장들이 거의 지나가듯 나온다 해서, 그 주장들의 신학적 의의가 모호해져서는 안 된다.

이스라엘이 가나안을 소유한 것과 관련해서 신명기에 두드러지게 나오는 땅의 신학을 고려할 때, 야웨께서 다른 백성들에게 다른 땅을 주셨다는 이 직접적 진술(그 다음에 삽입되는 말이 뒷받침해 주는)은 상당히 주목할 만하다. 이 본문은 세 번에 걸쳐 야웨께서 에돔에게(신 2:5), 모압에게(신 2:9), 그리고 암몬에게(신 2:19) 땅을 주셨다고 말한다. 야웨께서 이스라엘에게 땅을 선물로 주신 것을 말할 때 사용했던 바로 그 어휘를 사용하고 있는 것이다. 게다가 해묵은 역사를 들춰내는 각주(신 2:10-12, 20-23)는 당시의 지도 배후에 있는 이주와 정복 과정 역시 야웨의 통제 아래 있었음을 알려 준다. 이스라엘의 정착에 대해 사용하던 것과 동일한 말이 사용되었을 뿐 아니라, 명백히 그 둘이 비교된다. 다른 민족들은 "이스라엘이 여호와께서 주신 기업의 땅에서 행한 것과 같이"(신 2:12) 정복하고 정착했다는 것이다.

이 모호한 말에는 NIV가 괄호를 사용해 번역했다는 사실이 시사하는 것보다 더 많은 신학이 담겨 있다. 그중 일부는 명확하고, 일부는 좀 희미하다. 첫째로, 이 말은 야웨의 다국적 주권을 분명하게 주장한다. 바로에게 온 땅이 하나님 자신께 속해 있다고 선포했던 바로 그 하나님(출 9:14, 16, 29)은 이스라엘이 역사적으로 출애굽하고 가나안에 정착하기 훨씬 전부터 역사의 체스판에서 다른 나라들을 이리저리 움직이고 계셨다. 열방에 대한 이러한 전 세계적 주권은 이스라엘이 그 이후 오랜 세월 동안 공격받는 자와 쫓겨난 자들의 반열에 합류했을 때 대단히 중요했다. 후에 선지자들이 야웨께서 앗수르 사람들, 바벨론 사람들, 바사 사람들을 역사에서 야웨의 목적의 대행자로 '사용'하셨다고 이해한 것은, 사실상 하나님이 열방의 운명을 궁극적으로 지휘하신다는 더욱 심오한 이 주제와 일치하는 것이다(참고. 신 32:8; 렘 18:1-10; 27:1-7).

둘째로, 이 말은 신명기에 나오는 땅을 선물로 주는 전통 자체를 상대화시킨다. 하지만 그 전통에 의문을 제기하거나 그것을 침해한다는 의미는 아니다. 야웨께서 아브라함에게 하신 약속을 성취하시고 이스라엘에게 땅을 주신다는 주장은 신명기의 전체 세계관의 토대를 이루는 기둥 중 하나다. 하지만 그것은 원칙적으로, 그리고 순전히 역사적인 차원에서 보면 하나님이 다른 나라들에서 행하신 것과 다를 바 없었다. 바로 앞뒤 문맥에서 이스라엘이 시혼 땅과 옥 땅을 쳐부수고 영토를 취한 것은 다른 나라들이 그 전에 그 땅에 이주하고 강제로 정착한 것과 다를 바 없었다. 모두가 야웨의 주권적인 배치로 인한 것이었다.

하나님은 또한 다른 나라들에게도 땅을 주셨기 때문에, 이스라엘의 독특성은 단지 야웨로부터 땅을 받았다는 데 있는 것이 아니라, 야웨와 언약을 맺었다는 데 있다. 그리고 그 언약은 아브라함에게 하신 약속에 대한 하나님의 신실하심과 애굽에서 구속하신 하나님의 역사적 행동에 기초하고 있었다. 이스라엘이 그 언약을 소홀히 함으로써 그 언약이 위협을 받는다면, 출애굽과 가나안 정착이라는 단순한 역사적 사실들은 하나님의 심판에 직면할 때 다른 민족들의 이주보다 별다를 것이 없을 것이다.[10]

그리고 그 마지막 문장은 바로 아모스가 주장한 것으로, 이 신학적 확신을 좀 더 충격적으로 사용한 예다. 그렇다. 야웨께서는 오직 이스라엘만을 언약적으로 아셨다(암 3:2). 하지만 또한, 그들만이 야웨께서 더 넓은 의미에서 관련을 맺은 민족은 아니었다. 그리고 분명 그들만이 출애굽, 이주, 정착의 역사를 지닌 민족도 아니었다.

[7절 상]너희는 구스 족속같이
너희는 내게 그런 존재가 아니냐, 이스라엘 자손들아. 여호와의 말씀이니라.
[7절 하]또 사실 내가 이스라엘을 애굽 땅에서
블레셋 사람을 갑돌에서
아람 사람을 기르에서 올라오게 하지 아니하였느냐.(암 9:7, 저자 사역)[11]

---

10) Christopher J. H. Wright, *Deuteronomy*, New International Biblical Commentary(Peabody, Mass.: Hendrikson; Carlisle, U.K.: Paternoster, 1996), p. 36.
11) 7절 상반절의 행들은 히브리어 어순을 문자 그대로 번역해 놓은 것이다. 대부분의 영어 역본들은 그 구문을 '너희 이스라엘 사람들은 내게 구스 족속 같지 않으냐?'라는 의미로 번역한다. 이것은 수사학적 질문을 단순한 비교로 바꾸어 놓는 것으로, 그렇게 되면 이스라엘의 특별한 지위가 훼손된다. '너희는 내게 심지어 멀리 있는 민족들과 다를 바 없다/그들보다 나을 것이 없다'는 것이 된다. 하지만 '너희는 내게'라는 히브리어 표현은 통상 소유 관계를 나타낸다. 즉, '너희는 내게 속한다. 너희는 내 것이다'라는 것이다. 그것은 '너희는 내 백성이고, 나는 너희의 하나님이다'라는 언약 표현의 한 부분과 똑같다. 하지만 의미심장하게도, 백성들이 반역하여 야웨와 그분의 언약을 거부했기 때문에, 그 언약적 주장의 뒷부분은 빠져 있다(그들이 '범죄한 나라'라고 묘사되어 있는 8절을

아모스는 여기에서 이스라엘이 단순히 언약의 언어, 혹은 단순히 그들의 출애굽이라는 역사적 사실에 대해 그릇되이 확신하고 있는 것을 깨뜨리고 있음이 분명하다. 그들은 **다른 어떤** 민족도 하나님께 중요하지 않다는 듯이 '**우리는** 야웨께 속해 있다'고 주장할 수는 없었다. 그들은 다른 민족들도 야웨께서 활발하게 활동하셨던 비슷한 역사를 가지고 있는 것을 말하지 않고 **그들의** 역사를 가리킬 수는 없었다. 그들은 하나님의 제사장 나라가 되는 대신(출 19:6), 죄악에 물든 나쁜 나라가 되었다. 그들은 여전히 야웨의 **백성**이라고 불리기를 원할지 모르지만 이제 **하나님이 그들의** 하나님이라고 불리기를 과연 원하실까 하는 의문이 생겼다. 그들이 독특하게 선택받았다는 사실은 그들을 심판으로부터 면제해 주기는커녕 사실상 하나님의 심판에 더욱더 노출시킨다(암 3:2).

이 점에서 알렉 모티어의 주석은 유익하다.

> 어떤 의미에서⋯이스라엘과 다른 모든 민족들 간에는 아무런 차이가 없다.⋯ 여호와는 모든 민족 역사에서, 모든 인종의 이주에서 똑같이 행위자시다. 이 점에서 이스라엘 사람이 되는 것은 (남아프리카의) 호텐토트 사람이 되는 것과 마찬가지로 특권이 아니다. 한 분 주께서 모든 사람들을 다스리신다. 그들이 떠날 장소를 정하시고, 그들이 이동해야 할 거리와 정착할 곳을 지정하시는 것이다.⋯
>
> 하나의 역사적 사실로서 출애굽은 갑돌에서 블레셋 사람들이 온 것이나 기르에서 아람 사람들이 온 것과 마찬가지로, 그 자체가 하나님을 높이는 것은 아니며, 또 하나님이 계획하신 다른 사건들과 마찬가지로, 자동적으로 유익을 가져다주는 것도 아니다. 하나님의 역사적 행동은 그분의 뜻에 의해 축복의 수단이 될 수도 있지만, 절대 그 자체가 축복을 가져다주지는 않을 것이다. 이런 의미에서 출애굽의 이스라엘은 갑돌에서 온 블레셋 사람들이나, 결코 어느 곳에도 가지 않았던 구스 사람들과 별다를 바가 없다!

참고하라). 그렇기 때문에 Walter Vogels는 본문을 해석할 때 '너희는 내게'라는 문구를 이렇게 소유적 의미로 보며, 따라서 7절 전반의 수사학적 질문을 다른 민족들도 이스라엘이 그런 것과 마찬가지로 야웨께 속해 있다고 주장하는 것으로 본다. "너희는 내 것이 아니냐. 이스라엘 자손들아, 구스 족속(이 내 것인 것)처럼"(Walter Vogels, *God's Universal Covenant*, p. 72). 하지만 히브리어의 어순이 이것을 일차적인 의미로 제시하는지 그리고 통상적인 영어 번역이 옳은지는 의심스럽다. 하지만 Vogels가 '너희는 내게'라는 두 단어에 표현된 평범한 언약적 소유 관계를 강조한 것은 옳다. 그러나 Vogels는 이 본문이 다른 나라들이 야웨와 언약 관계를 갖고 있음을 의미한다는 점은 부인한다. 그들은 그분을 하나님으로 알지 못하기 때문이다.

한 신적 정부가 모두를 다스리며, 또한 도덕적 섭리로 모두를 관찰하고, 모두를 심판한다(8절 상). 주는 백성을 보실 때 그들의 역사적 과거에 비추어 보시는 것이 아니라, 그들의 도덕적 현재에 비추어 보신다. 모든 민족은 똑같이 이러한 면밀한 도덕적 검사를 받는다.[12]

이러한 날카로운 논점들은, 아모스가 지금까지 말한 모든 것과 상당히 일관성이 있는 것으로, 이스라엘에 대해서도 매우 확실하다. 하지만 논쟁이 되는 질문은 아모스서 9:7이 다른 민족들에 대해 무엇을 단언하는가 하는 것이다. 아모스는 정말 이스라엘과 구스 사람들, 블레셋 사람들, 아람 사람들 간에 아무런 차이가 없다고 말하고 있는 것인가? 소속해 있다는 말과 출애굽이라는 말을 사용함으로, 아모스는 이 다른 나라들이 야웨와 관련하여 이스라엘과 대등한 언약적 근거를 갖고 있다고 주장하기까지 하는 것인가?

월터 보글스는 이 본문이(신명기에서 나온 것과 같은 다른 본문들과 함께) "다른 나라들과 맺은 유사한 신적 언약"[13]이 있다는 말인지 묻는다. 그의 대답은 부정적이다. 구약이 다음과 같은 것을 보여 주는 놀랄 만한 몇 가지 주장을 하는 것은 분명하다.

야웨와 열방의 관계는 그분과 이스라엘의 관계와 매우 비슷하다. 야웨는 그들의 역사에 직접 개입하시며, 그로써 그들은 야웨께 속하고 그분 앞에 책임을 진다. 열방이 야웨와의 관계를 받아들이기를 거부한다면, 그들은 이스라엘이 받는 것과 같은 벌을 받을 것이다[아모스서 1-2장에서 입증하듯이]. 하지만 언제나 소망은 있다. 그렇지만…우리는 한 가지 중요한 차이를 알아차리게 될 것이다. 열방은 야웨의 계시를 알지 못한다는 것이다. 그렇기 때문에, 엄밀한 의미에서 우리는 이스라엘과의 언약만을 이야기할 수 있으며, 다른 민족들과의 언약은 이야기할 수 없다. 언약은 서로 아는 것을 전제하기 때문이다.[14]

---

12) J. A. Motyer, *The Message of Amos*, The Bible Speaks Today(Leicester, U.K.: Inter-Varsity Press; Downers Grove, Ill.: InterVarsity Press, 1974), pp. 196-197.
13) Vogels, *God's Universal Covenant*, 3장.
14) 같은 책, pp. 71-72.

간단히 말하면, 언약에는 양측이 있어야 한다. 이스라엘은 야웨께 속하며, 야웨는 이스라엘에게 속하신다("너희는 나의 백성이며, 나는 너희의 하나님이다"). 하지만 열방의 경우, 우리는 열방이 야웨께 속한다고 말할 수는 있겠지만, 야웨는 아직 열방에게 속하지 않으신다. 그분은 그들이 인정하고, '소유하고' 경배하는 하나님이 아니다. 언약적 상호 관계는 없다.

그럼에도 불구하고, 하나님이 이스라엘과 맺은 언약 관계는 여전히 독특한 것이지만, 우리는 땅의 모든 민족이 야웨 하나님과 모종의 관계를 맺으며, 그분에게 책임을 져야 하고, 그들의 다양한 역사 과정 속에서 그 하나님께 지배를 받는다는 구약의 전승을 더 한층 강조해야 한다(그리고 아마 일반적으로 생각하는 것보다 더욱 강조해야 할 것이다). 그것은 하나님께서 그분의 구속적 선교를 추구하시는 수단인 이스라엘과의 역사적 관계가 일어난 기반이기 때문이다.

모든 민족에게 복이 되기 위해 아브라함을 부르신 하나님은 모든 민족의 역사를 지배하시는 하나님이다. 하나님의 귀중한 소유와 제사장 나라가 되도록 이스라엘을 부르신 하나님은 "세계가 다 내게 속하였나니"라고 말씀하실 수 있는 하나님이다.[15] 우리는 야웨를 이스라엘의 경계선 안에 가두는 모든 길들임과 환원주의에 저항하고, 구약에서 야웨에 대해 언급하는 보편적인 주장에 충분히 주의를 기울여야 한다.

그렇다면 한편으로 땅의 모든 민족들이 하나님의 주권적인 통치 아래 있다면, 그리고 다른 한편으로 이스라엘이 여러 가지 점에서 독특한 지위와 역사를 가지고 있다면, 하나님의 활동의 두 영역 간의 관계는 무엇인가? 어떻게 일반적 열방과 특별한 이스라엘이 '연관'되는가? 그 연관은 네 가지로 말할 수 있을 것이다. 그것은 신학적으로 서로를 기반으로 삼는다.

- 열방은 야웨께서 이스라엘 안에서 이스라엘에게 행하시는 일을 관찰하는 증인들이다.
- 열방은 이스라엘의 언약에 내재하는 축복의 수혜자들이 될 수 있다.

---

15) 또한 Bernard Renaud, "Prophetic Criticism of Israel's Attitude to the Nations: A Few Landmarks", *Truth and its Victims*, Concilium 20 ed. Wim Beuken et al.(Edinburgh: T&T Clark, 1988), pp. 35-43; Paul R. Raabe, "Look to the Holy One of Israel, All You Nations: The Oracles about the Nations Still Speak Today", *Concordia Journal* 30(2004): 336-349를 보라.

- 열방은 이스라엘의 하나님을 알고 예배하게 될 것이다.
- 열방은 궁극에 가서 하나님의 백성으로서 이스라엘과 같은 정체성을 갖게 될 것이다.

이제 이 네 가지 인식에 주의를 기울여 보자.

이스라엘 역사의 증인인 열방

이스라엘은 세상의 다른 사람들과 떨어져 진공 포장 상태에서 살지 않았다. 그들은 매우 복잡한 국제 무대에 살았다. 가나안 땅은 세 개의 대륙을 연결하는 교량과 같은 땅으로, 열방의 공공연한 합류 지점이었다. 그러므로 거기에 있는 이스라엘의 존재는 국제적으로 사람들의 눈에 띄었다. 이런 배경 때문에, 구약은 이스라엘의 이야기가 열방에게 몇 가지로 영향을 미칠 모습을 상상한다. 열방은 구약 역사가 진전되는 모습을 구경하는 자들, 혹은 더 적합한 말로는 증인들이었다.

하나님의 전능하신 구속 행위에 대한 증인들

여러 나라가 듣고 떨며
블레셋 주민이 두려움에 잡히며
에돔 두령들이 놀라고
모압 영웅이 떨림에 잡히며
가나안 주민이 다 낙담하나이다.
놀람과 두려움이 그들에게 임하매
주의 팔이 크므로
그들이 돌같이 침묵하였사오니
여호와여, 주의 백성이 통과하기까지
곧 주께서 사신 백성이 통과하기까지였나이다.(출 15:14-16)

이 말과 함께 모세의 노래는 홍해에서 방금 일어난 위대한 구원이 주변 국가들에 미치는 영향을 상상한다. 그 지역에서 가장 강력한 제국인 바로의 애굽을 그처럼 확연히 물리침으로, 분명 이스라엘이 나아가는 길에 있는 여러 작은 나라들은 두려움에 사로잡히게 되었을 것이다. 심지어 한 세대가 지난 후에도 열방에 대한 이런 영향은 예상한 그대로 나타났다. 여호수아가 보낸 정탐꾼들은 라합의 입에서 그 이야기를 들었다(수 2:9-11).

하지만 심지어 바다를 건너기 전에도, 애굽에서 일어난 하나님의 전능하신 행동들은 모든 애굽인들 '목전에서' 일어난다. 보글스가 지적하듯이, '목전에서'라는 표현은 종종 '증인들 앞에서'라는 의미를 가지고 있다. 즉, 그것은 공개적으로 목격된, 그래서 입증할 수 있는 방식으로 행해진 무언가를 의미하는 것이다.

> '목전에서…'라는 관용 표현은 사법적 맥락에서 사용될 때는 법적 증인들 앞에서 행해진 행동을 의미한다[예를 들어, 렘 32:12]. 어떤 본문들을 보면 그들 목전에서 무언가가 일어나면 그 사람들은 단순한 구경꾼이 아니라 증인들이며, 또한 그런 입장을 취해야 한다(신 31:7; 렘 28:1, 5, 11).
> 종종 야웨는 열방의 목전에서 이스라엘을 위해 그분의 혜택을 나누어 주신다고 한다. 다시 말해, 열방은 증인들이다. 하지만 동시에 그들은 개인적으로 분명한 입장을 취하라는 권유를 받는다.[16]

그래서 모세와 아론이 주는 표적은 "바로와 그의 신하의 목전에서" 이루어지며, 실제로 애굽에서 떠나는 일은 "애굽 모든 사람의 목전에서", 실로 "민족들의 목전에서"(출 7:20; 민 33:3; 레 26:45, 저자 사역) 이루어진다. 이처럼 열방은 그들이 목격한 것을 반추해 보고 야웨의 유일성과 능력에 대해 결론을 내리라는 명령을 받는다. "온 이스라엘의 목전에서" 하나님이 행하신 모든 것을 목격한 증인인 이스라엘에 대해 정확하게 똑같은 표현이 사용되었을 때 이스라엘이 그런 것처럼 말이다(신 34:12; 참고. 신 4:34-35).

에스겔은 이스라엘의 초기 역사에서 하나님이 행하신 위대한 일들을 똑같이 이해한다. 하나님은 이스라엘에게 심판을 내리신다 해도 충분히 정당화될 수 있었지만, 실제로는 자신의 진노를 억누르시고, 계속해서 그들을 보존하시고 구해 주셨다. 그리고 이 모든 것은 열방 중에 그분의 이름의 평판을 보호하기 위함이었다. 열방이 보는 앞에서 하나님은 이스라엘 사람들을 애굽에서 데리고 나오셨던 것이다. "그러나 내가 그들이 거주하는 이방인의 눈 앞에서 그들에게 나타나 그

---

16) Vogels, *God's Universal Covenant*, pp. 65-66.

들을 애굽 땅에서 인도하여 내었나니 이는 내 이름을 위함이라. 내 이름을 그 이방인의 눈 앞에서 더럽히지 아니하려고 행하였음이라(겔 20:9; 참고. 겔 14:22).

에스겔은 하나님이 심판 후에 이스라엘을 회복시키실 것을 예상할 때, 열방들을 더욱더 확실하게 염두에 두었다. 그러면 열방이 참된 하나님이 누구이신지 정말로 보고 알 것이다.

이스라엘의 언약 의무에 대한 증인들. 고대 사회에서 협정과 언약을 맺을 때는 오늘날과 마찬가지로 증인이 있어야 했다. 이스라엘의 구약 시대 당시 국제 협정들의 경우, 증인들은 보통 양측 당사자 각각의 신들이나 신격화된 자연 질서(하늘, 땅, 바다, 산 등)였다. 물론 이스라엘의 경우에는 이스라엘과 야웨, 곧 그분 외에 다른 신이 없는 하늘과 땅의 하나님 간에 맺는 언약에 당연히 다른 어떤 신도 증인으로 세울 수가 없었다. 그래서 인격화된 자연을 불러 그 일을 하도록 한다. "내가 오늘 천지를 불러 증거를 삼노니…"(신 4:26; 참고. 신 30:19; 31:28; 32:1; 사 1:2; 렘 2:12; 미 6:1-2). 하지만 땅은 열방의 거주지다. 그래서 확대해서 말하면 열방들 역시 야웨와 이스라엘 간의 언약에 대한 증인으로 묘사된다. 미가는 이스라엘에 대한 그의 언약 소송을 시작할 때 땅과 열방 둘 다를 부른다.

백성들아, 너희는 다 들을지어다.
땅과 거기에 있는 모든 것들아, 자세히 들을지어다.
주 여호와께서 너희[사마리아와 예루살렘]에게 대하여 증언하시되
곧 주께서 성전에서 그리하실 것이니라.(미 1:2)

이같이 하나님이 이스라엘과 언약을 맺는 것에 대한 (혹은 언약을 어기는 것에 대한) 증인으로 열방을 부르는 것은 예레미야서 6:18-19과 아모스서 3:9에서도 발견된다(거기에서 열방은 실제로 앗수르와 애굽이라고 명기되는데, 그 두 나라는 당시의 세계열강이었다).

하지만 열방은 단순히 언약을 맺거나 어기는 것을 목격하기 위해 소환되는 것만이 아니다. 이상적으로 말하면, 그들은 이스라엘이 그 언약에 따라 사는 것을 지켜볼 수 있어야 한다. 사실상 하나님의 백성의 사회 생활에 구현된 하나님의 도의 지혜를 그렇게 열방에게 증거하는 주된 동기는 그들이 하나님의 율법에 순종하도록 하기 위함이다. 우리가 앞에서 선교적 함의를 찾기 위해 살펴본 바 있는

신명기 4:6-8은 열방을 이스라엘에게 관심과 찬탄을 보내는 구경꾼으로 묘사하고 있다. 그들이 예배하고 기도하는 하나님이 가까이 계시며 그 기도를 들으신다는 것과, 신명기라는 규약 전체에 구현된 그들의 공의로운 사회 체계를 보면서 그렇게 한다는 것이다.

그래서 열방은 원칙적으로 하나님이 이스라엘을 위해 행하신 모든 놀라운 일들을 지켜보라는 권유를 받을 뿐 아니라, 또한 그 언약의 조건 안에서 살아가는 이스라엘의 의로운 삶을 볼 수 있어야 했다. 다시 말해, 이스라엘이 열방의 목전에 나타내 보이는 것은 그저 역사적으로 주목할 만한 존재가 되기 위해서만 그런 것이 아니라, 또한 급진적으로 윤리적으로 도전이 되기 위해서였다.

하나님의 선교에는 열방의 목전에서 하나님의 백성이 하나님의 방식으로 살아가는 것도 포함된다.[17]

이스라엘에 대한 하나님의 심판의 증인들. 매우 유감스럽게도, 실제로는 그렇게 되지 않았다. 이스라엘은 심지어 시내 산을 떠나기도 전에, 금송아지라는 파국적 반역과 배교에 빠졌다(출 32-34장). 하나님은 그들을 완전히 멸하겠다고 선포하셨지만, 모세의 중보 기도에 의해 간신히 사전에 심판을 막을 수 있었다. 그 중보에서 한 가지 중대한 요소는 (하나님께 아브라함과 맺은 언약 및 출애굽에 의해 확립된 새로운 관계를 상기시켜 드리는 것과 더불어) 하나님께서 그렇게 하신다면 열방이 (그리고 특별히 애굽인들이) 하나님을 어떻게 생각할지에 대해 모세가 하나님께 경고한 것이었다. 야웨께서 모든 애굽인들과 다른 민족들의 '목전에서' 이스라엘을 애굽에서 데리고 나오셨다면, 이제 아무도 모르게 그들을 광야에서 쓸어버릴 수 있으리라는 것은 상상조차 할 수 없다. 그처럼 공개적으로 이루어진 일을 이제 은밀하게 취소해 버릴 수는 없는 일이다.

열방이 위대한 출애굽을 보면서 야웨의 위대한 구속의 능력을 단언해야 했다면, 이제 하나님이 그같이 돌변하시는 것을 보면서 그들은 어떤 결론을 내려야 할

---

17) Walter Vogels는 고대 조약에서는 상대방이 의무를 이행하지 않았을 때 조약의 증인들(즉, 신들)에게 상대방을 벌해 달라고 요청했다는 의미심장한 주장을 한다. 마찬가지로, 이스라엘의 법에서 증인들은 그들이 증인이 되어 유죄 판결을 내린 사람을 처형하는 데도 참여했다. "이런 자를 죽이기 위하여는 증인이 먼저 그에게 손을 댄 후에 뭇 백성이 손을 댈지니라"(신 17:7). "그렇다면 이 모든 것은 왜 야웨와 이스라엘 간의 언약에 증인이 된 열방들이 또한 하나님의 손에 붙잡혀 저주와 축복을 시행하는 도구가 되는지를 설명해 준다. 이스라엘은 세상에 의해 심판을 받는다." Vogels, God's Universal Covenant, p. 68.

것인가? 그들은 야웨가 무능하거나(그분은 자신이 시작한 일을 완수할 수 없었다), 아니면 더 나쁘게는 악의적인(그분은 그들에게 해방의 소망을 갖도록 했다가 멸망시켜 버렸다) 분이라고 생각하지 않겠는가? 하나님은 중동 인근에 그런 평판이 퍼지기를 원하신 것인가?(출 32:12을 보라; 참고. 민 14:13-16; 신 9:28) 이러한 담대한 중보 기도의 기저에 있는 분명한 가정은 하나님이 진노 가운데 그분의 백성에게 행하시는 모든 것은 그분이 긍휼 가운데 그들에게 행하신 모든 것과 마찬가지로 열방의 눈에 보이게 되리라는 것이다. 그리고 이 점은 구약 여러 곳에서 반복된다.

이스라엘의 실패는 하나님이 전혀 예상하시지 못하는 가운데 불시에 일어난 일이 아니다. 신명기가 실패로 시작해서 실패로 끝난다는 것은 흥미로운 사실이다. 그 책 첫 장에는 출애굽 세대가 계속 하나님과 동행하면서 약속의 땅을 빼앗는 데 실패한 것이 기록되어 있다. 그 책은 모세 이후의 세대들이 야웨와 맺은 언약에 충성하는 데 실패하리라는 예상으로 끝난다. 그리고 그 미래의 실패로 인해 결국 하나님의 심판이 엄청나게 분출하게 되고 다시 한 번 열방이 그것을 지켜보며 놀라게 될 것이다.

> 여러 나라 사람들도 묻기를 여호와께서 어찌하여 이 땅에 이같이 행하셨느냐, 이같이 크고 맹렬하게 노하심은 무슨 뜻이냐 하면
> 그 때에 사람들이 대답하기를 그 무리가 자기 조상의 하나님 여호와께서 그들의 조상을 애굽에서 인도하여 내실 때에 더불어 세우신 언약을 버리고(신 29:24-25)

에스겔은 하나님이 그분의 백성을 다루시는 것이 공개적으로 드러난다는 사실로 인해 몸부림친다. 물론 그가 바벨론 포로 시대에 하나님의 진노가 전면적으로 퍼부어지는 것을 경험한 바로 그 세대 사람이었기 때문이다. 그는 이스라엘이 벌을 받는 것이 도덕적으로 불가피했다는 점을 인정하고 받아들이며, 사역을 시작한 후 처음 다섯 해는 첫 번째 포로 집단에게 그 점을 설득하면서 보냈다. 이스라엘의 죄는 너무나 기괴하고 수치스럽고 고질적인 것이어서, 하나님은 언약을 맺을 때 경고하신 대로 그들을 바벨론 유수라는 저주를 받아 열방 가운데 흩어지게 하는 수밖에 다른 대안이 없으셨다. 그러한 저주는 처음부터 하나님의 경고 가운데서 대단히 강조된 것이었다.

인자야, 이스라엘 족속이 그들의 고국 땅에 거주할 때에 그들의 행위로 그 땅을 더럽혔나니 나 보기에 그 행위가 월경 중에 있는 여인의 부정함과 같았느니라. 그들이 땅 위에 피를 쏟았으며 그 우상들로 말미암아 자신들을 더럽혔으므로 내가 분노를 그들 위에 쏟아 그들을 그 행위대로 심판하여 각국에 흩으며 여러 나라에 헤쳤더니.(겔 36:17-19)

하지만 한 가지 문제(이스라엘의 죄에 대한 하나님의 도덕적 분노 및 그 죄를 벌할 필요성)를 해결하자 또 다른 문제가 생겨났다. 이제 하나님의 평판에, 즉 그분의 개인적 이름인 야웨라는 이름이 엄청나게 훼손되고 있었다. 그 이름은 열방 가운데서 조롱을 당하고 있었다. 분명 (현재 일어나고 있는 사건들을 열방이 해석한 것에 의하면) 야웨는 바벨론이라는 전쟁 기계에 무너지고 있는 작은 나라들의 패배한 여러 신 중 하나에 불과했다. 에스겔이 바벨론 유수의 결과를 묘사하기 위해 사용하는 표현은 이것을 의미한다. 이스라엘이 야웨의 이름을 모독했다는 것이다. 여기에서 모독한다는 것은 욕을 한다는 뜻이 아니다. 그것은 거룩한 어떤 것을 일반적인 혹은 평범한 것으로 취급한다는 의미다. 그래서 야웨의 이름이 유일하시고 살아 계신 하나님, 이스라엘의 거룩하신 분으로 존중을 받기보다는, 이스라엘이 야웨의 축복의 영역으로 이끌고 와야 하는 바로 그 열방 가운데서 시궁창에 처박혀 조롱을 당하고 있었다.

그들이 이른바 그 여러 나라에서 내 거룩한 이름이 그들로 말미암아 더러워졌나니 곧 사람들이 그들을 가리켜 이르기를 이들은 여호와의 백성이라도 여호와의 땅에서 떠난 자라 하였음이라. 그러나 이스라엘 족속이 들어간 그 여러 나라에서 더럽힌 내 거룩한 이름을 내가 아꼈노라.(겔 36:20-21)

하나님이 이스라엘을 회복하시는 것에 대한 증인들. 에스겔은 이어서 하나님이 직면하신 딜레마를 해결하시는 모습이 그것을 유발한 사건들과 마찬가지로 열방의 목전에 보이게 될 것이라고 단언한다. 즉, 하나님은 이스라엘을 처벌하심으로 자신의 도덕적 정의가 옳다는 것을 입증하셨지만, 열방 중에서 그분의 평판을 잃을 위험에 처하셨다(모세가 수십 세기 전에 경고했던 것처럼). 그래서 하나님은 용서와 회복의 행동을 하기로 결정하신다.

하지만 이것이 단지 이스라엘을 포로 생활이라는 블랙홀에서 구조하기 위한 것만은 아니라는 점을 분명히 해야 한다. 하나님은 이스라엘을 구원하시고자 하는 사랑보다 더 넓은(더 깊은 것은 아니지만) 열정을 가지고 계신다. 그리고 그 열정이란 **열방 중에서** 그분의 이름을 보호하는 것이다. 또 그들 모두가 궁극적으로 그분 야웨를 하나님으로 알고 공경하도록 하는 비전이다. 따라서 열방은 하나님이 이스라엘을 회복하시는 것에 대한 증인이 될 것이다. 그들이 원래의 구속적 행동(출애굽)의 증인이었던 것과 마찬가지다. 그들이 언약 심판(바벨론 유수)의 증인이었던 것처럼, 그들은 하나님의 회복하시는 해방(포로 귀환)의 증인이 될 것이다.

그래서 에스겔서 36:24-38에 나오는 놀라운 약속들(모아들임, 깨끗하게 함, 새로운 마음, 새 영, 하나님 자신의 영, 순종, 재정착, 언약 축복 등을 포함해서)보다 앞서 일차적이고 궁극적인 목적은, 이스라엘을 지켜보는 열방 가운데 하나님의 이름이 영광을 받는 것임을 상기시키는 말이 나온다.

> 그러므로 너는 이스라엘 족속에게 이르기를 주 여호와께서 이같이 말씀하시기를 이스라엘 족속아, 내가 이렇게 행함은 너희를 위함이 아니요 너희가 들어간 그 여러 나라에서 더럽힌 나의 거룩한 이름을 위함이라. 여러 나라 가운데에서 더럽혀진 이름 곧 너희가 그들 가운데에서 더럽힌 나의 큰 이름을 내가 거룩하게 할지라. 내가 그들의 눈 앞에서 너희로 말미암아 나의 거룩함을 나타내리니 내가 여호와인 줄을 여러 나라 사람이 알리라. 주 여호와의 말씀이니라.(겔 36:22-23)

에스겔서를 떠나기 전에, 한 가지 주목할 만한 것이 있다. 38-39장에 나오는 에스겔의 악명 높은 종말론적 묘사(하나님의 백성이 마곡의 왕 곡과, 그를 따르는 수많은 열방의 공격을 받을 것이며, 그 후에 그 무리들은 철저하고 완전하게 멸망당할 것이다)의 핵심 메시지는, 하나님이 그분의 백성을 멸망시키려는 모든 사람들로부터 그 백성을 보호하시는 모습을 이렇게 나타내 보임으로써, 열방이 야웨를 모든 영광 가운데 계신 하나님으로 알게 되리라는 것이다. 우리는 만화처럼 상세하게 묘사하는 에스겔 특유의 취향이나 현대의 종말 예언들이 에스겔서를 요란하고 잔혹하게 확대 묘사하는 것에 너무 정신이 팔린 나머지, 에스겔서 38:16, 23; 39:6-7, 21-23, 27-29에 나오는 반복적인 메시지를 간과할 수 있다. 열방은 끝까지 하나님이 그분의 백성을 위해 무엇을 하시는지 보고 알 것이며, 결국에는 거부할 수 없는 결론을 내리게 될 것이다.

(이스라엘 내에서 역사하시는 하나님에 대한 증인으로서 열방을 다루고 있는) 이 부분은 우리가 이 책 전체에서 전개하고자 하는 성경의 선교적 해석과 어떤 관련이 있는가? 나는 처음부터 내내 성경적 선교학에서 주요 논거는 하나님의 선교가 되어야 한다고 주장해 왔다. 그리고 우리는 하나님의 선교가 하나님의 전체 피조물에게 알려지기 원하시는 하나님의 뜻과 강력하게 연관되어 있음을 보았다. 그것을 위해 하나님은 단지 그분이 세상을 구속하기 위한 매개물로 선택한 백성 가운데서 일하실 뿐만 아니라, 또한 인간 역사의 무대 전체에서 일하고 계신다. 그리고 심지어 성경 본문 자체가 그런 것처럼, 우리가 하나님께서 자신의 백성을 다루시는 것에 초점을 맞출 때에도, 우리는 하나님이 언제나 그것을 지켜보는 열방을 염두에 두시면서 행동하신다는 것을 기억해야 한다. 열방은 그저 이야기에 부수적으로 등장하는 장면의 일부가 아니다. 그들은 행동의 증인들이 되어야 한다. 이러한 일들은 그들의 '목전에서' 일어난다. 그렇기 때문에 그들은 목격한 것에 반응을 보여야 한다. 월터 보글스가 표현하듯이,

> 하나님은 기본적으로 열방에 대해서 그분이 이스라엘에 대해 갖고 있는 것과 동일한 의도를 갖고 계신다. 둘 다 "내가 야웨인 것을 알" 것이기 때문이다. 열방은 야웨와 이스라엘에게만 관련된 어떤 것을 바라보는 구경꾼이 아니라, 직접 관련된 증인들이다. 야웨와 이스라엘 간에 맺은 역사적 언약 전체는 처음부터 보편적인 차원을 지니고 있었다. 열방은 진짜 증인들이다. 야웨의 구원의 행동들, 처벌, 그리고 그분이 이스라엘을 회복시키신 것은 동시에 열방을 향한 하나의 설교였다.[18]

나는 에스겔을 포함한 몇몇 이스라엘 선지자들에게서 발견할 수 있는 열방에 관한 신탁의 이 측면에 대해 논의하면서, 그 점을 이런 식으로 요약했다.

> 선지자들은 이렇게 두 개의 상호 보완적인 진리를 의식하고 있었다. 한편으로 야웨가 열방 가운데 행하신 것은 모두 궁극적으로 그분의 언약 백성 이스라엘의 유익을 위한 것이었다. 하지만 다른 한편으로 야웨가 이스라엘을 위해 행하신 것은 궁극적으로 열

---

18) 같은 책, pp. 67-68.

방의 유익을 위한 것이었다. 이러한 이중적 사실은 의미심장하다. 그것은 모든 열방에 대한 하나님의 주권이라는 보편성을 유지하면서도, 동시에 그분과 이스라엘의 독특한 관계라는 특수성을 인식하는 것이기 때문이다. 열방에 대한 하나님의 섭리적 통치는 자기 백성을 위한 구속적 목적과 관련되어 있다. 하지만 자기 백성 가운데서 행하시는 하나님의 구속적 역사는 열방 가운데서 이루고자 하시는 그분의 선교적 목적과 관련이 있다. 이 둘은 분리할 수 없다.…

마찬가지로 우리는 이사야와 에스겔의 하나님이 여전히 우리 하나님이시며 여전히 우주의 보좌 위에 계신다고 추정하고, 국제 문제를 바라보면서 하나님이 무슨 일을 하고 계시는지, 그 일이 자기 백성인 교회의 삶과 증거에 어떤 영향을 미치는지 분별해 내야 한다. 동시에 우리는 교회가 열방에 하나님의 복을 가져다주는 성경적 선교를 삶과 증거하는 일을 통해 진정으로 수행하고 있는지 물어 보아야 한다. 하나님은 교회를 위해 세상을 운영하신다. 하나님은 세상을 위해 교회를 부르신다. 우리는 우리의 신학과 선교를 이 성경적 역학의 두 기둥에 고정시켜야 한다.[19]

이스라엘의 축복의 수혜자인 열방

구약은 열방을 하나님이 이스라엘 안에서 행하고 계시는 모든 것을 바라보는 구경꾼이라는 수동적 역할을 하게 하는 것으로 만족하지 않는다. 열방은 하나님이 이스라엘을 다루시는 것이 그들에게 단지 감탄이나 공포를 가져오는 문제가 아니라는 것을 알게 될 것이다. 이러한 일 전체는 **그들의 궁극적 유익을 위한** 것이었다. 또는 계속 구경꾼의 비유로 말하자면, 전체 드라마는 관객들의 유익을 위한 것이었다. 이러한 관점이 무엇인지 두 시편을 살펴보기로 하자.

시편 47편

너희 만민들아 손바닥을 치고
즐거운 소리로 하나님께 외칠지어다.

---

19) Christopher J. H. Wright, *The Message of Ezekiel: A New Heart and a New Spirit*, The Bible Speaks Today(Leicester, U.K.: Inter-Varsity Press; Downers Grove, Ill.: InterVarsity Press, 2001), p. 260. "하나님은 교회를 위해 세상을 운영하신다"는 진술에 대해서는 그리스도께서 "교회를 위해" 우주를 다스리신다고 말하는 엡 1:21-22을 보라.

지존하신 여호와는 두려우시고

온 땅에 큰 왕이 되심이로다.(시 47:1-2)

이러한 말로, 고대 이스라엘의 몇몇 시편 기자는 열방들에게 이스라엘의 하나님 야웨께 함께 박수갈채를 보내자고 권유한다. 손바닥을 치는 것은 인정하고 찬성한다는 것을 보여 주는 상당히 보편적인 집단행동이다. 손바닥을 치는 사람들은 그들에게 기쁨이나 유익을 가져온 어떤 것을 인정한다. 그것은 감사와 고마움을 말한다. 그것은 말을 보충해 주거나 대신하는, 일종의 육체적이고 소리로 표현하는 감사다.

그렇다면 이 시편 기자는 열방들에게 무엇에 대해 야웨께 갈채를 보내라고 권유하고 있는가? 그 대답은 처음에 보기에는 뭔가 잘못된 듯하다. "여호와께서 만민을 우리[이스라엘]에게, 나라들을 우리 발 아래 복종하게 하시며"(시 47:3).

열방들은 그분이 이스라엘을 통해 그들을 물리치시는 하나님이시기 때문에 야웨께 박수를 치라고 요청하고 있다. 이것은 마치 패전국 주민들에게 그들을 침략한 나라들에게 감사하라고 요청하는 것과 같다. 그 시편은 예배라는 탈을 쓴 제국주의적 냉소주의에 불과한가? 그 안에서 오랜 역사에 걸쳐 하나님이 주권적으로 이스라엘과 열방들을 다스리셨다는 깊은 신학적 확신을 깨달을 때, 우리는 이 시편을 그런 식으로 읽는 일을 피할 수 있다.

열방들에게 야웨께 박수를 보내라고 권유할 수 있는 것은, 궁극적으로는 가나안이 이스라엘에게 역사적으로 패한 것조차, 모든 인류가 충분히 하나님을 찬양할 만한 그런 역사의 일부로 판명될 것이기 때문이다. 이스라엘 사람들이 직면한 가나안 사람들의 역사적 문화는 신적 심판을 받아 마땅할 정도로 타락해 있었는데 반하여, 그런 심판을 행하시는 하나님은 또한 온 땅의 위대하신 왕으로(이는 시편에서 반복해서 강조하는 것이다), 언젠가는 모든 사람이 전 세계에 대한 그 하나님의 정의로운 통치를 인정하게 될 것이다. 열방은 그 통치의 궁극적 수혜자가 될 것이다.

시편 67편. 또 한 명의 시편 기자는 이스라엘의 풍성한 축복의 말과 기도문 중에서도 가장 의미심장한 본문을 택한다. 그것은 민수기 6:24-26에 나오는 아론의 축복이다. 이 말을 선언하고 나서 "내 이름으로 이스라엘 자손에게 축복"하는 것이 제사장의 의무였다. 자기 백성을 축복하실 분은 야웨 자신일 것이다.

물론 축복은 하나님이 아브라함과 맺으신 언약의 필수적인 부분이었다. 그의 후손들은 축복이 선포되고 보장된 관계 가운데 살 것이다. 하지만 그들은 또한 다른 나라들이 복을 받도록 하는 수단이 되어야 했다. 따라서 시편 67편의 저자는 아마 그가 성소에서 예배를 드릴 때 반복해서 들었을 아론의 축복을 취해서, 두 가지 일을 한다.

먼저, 그는 선언적 형태의 그 말을 기도로 바꾼다. 마치 "그렇습니다. 하나님께서 실로 이 말씀이 말하는 대로 하시기를 바랍니다. 하나님, 우리의 하나님이 우리를 축복하시기를 바랍니다"라고 말하는 것과도 같다. 하지만 다른 한편, 그는 그것을 뒤집어 하나님의 축복이 이스라엘 안에서만이 아니라 또한 땅끝까지 모든 백성 가운데 임하도록 기도한다.

> 하나님은 우리에게 은혜를 베푸사 복을 주시고
> 그의 얼굴 빛을 우리에게 비추사
> 주의 도를 땅 위에
> 주의 구원을 모든 나라에게 알리소서.
> 하나님이여 민족들이 주를 찬송하게 하시며
> 모든 민족들이 주를 찬송하게 하소서.(시 67:1-3)

시편 47편과 마찬가지로, 이 시편의 중심부(4절)에 있는 특별한 초점은 바로 하나님의 통치가 열방에게 시행되리라는 것이다. 하지만 6절은 정치적인 요소에 경제적인 요소를 더한다. 즉, 땅의 소산을 통해 표현되는 하나님의 축복이다.[20] 그래서 마지막 두 절은 하나님, 이스라엘과 그 땅, 그리고 열방과 온 세상을 포괄하는 보편성 안에서 절정에 이른다.

> 땅이 그의 소산을 내어 주었으니

---

20) 물론 같은 단어인 *'eres*가 이스라엘 땅(그것은 분명 6절에서 언급한 추수의 장소다)에 대해 그리고 2, 4, 7절에서 온 땅에 대해 사용되는 것은 매우 특징적인 모습이다. 이것은 그럼에도 불구하고 신학적 진리를 상징적으로 나타낼 때 흔히 쓰는 어법이다. 즉, 이스라엘 땅은 온 땅을 상징적이고 종말론적인 의미에서 나타낸다. 이스라엘 백성이 인류 전체를 위한 하나님의 계획 안에서 의의를 지니고 있는 것과 마찬가지다.

하나님 곧 우리 하나님이 우리에게 복을 주시리로다.

하나님이 우리에게 복을 주시리니

땅의 모든 끝이 하나님을 경외하리로다.(시 67:6-7)

다른 몇몇 본문에서도 "땅이 그의 소산을 내어 주었으니"라는 문구가 사용되었다. 시편 67:6에 나온 것과 사실상 동일한 용어로 사용된 것이다(사소한 문법적 차이는 있지만). 그 본문들은 이 시편에 나오는 말이 함축하는 것이 무엇인지 충분히 파악하도록 도와준다. 여기에는 레위기 25:19(이스라엘이 희년을 준수하면 먹을 것을 공급하시겠다는 하나님의 약속이라는 맥락에서), 레위기 26:4(이스라엘이 하나님의 율법에 순종하면 하나님의 축복이 계속되리라는 일반적인 약속의 일부로)이 포함된다. 시편 기자가 하나님의 주권적 통치의 영역 안에서 이 특정한 축복을 예상하는 것에 비추어 볼 때, 그는 그런 토라의 약속들을 염두에 두고 있었을 것이다. 그것은 그 백성이 순종하는 백성임을 암시한다. 시편 85:12도 마찬가지로 그 약속을 회개하고 순종하는 백성이라는 맥락 안에서 말한다. 하지만 두 선지서 본문 역시 매우 비슷한 말을 담고 있다.

에스겔서 34:27은 이러한 풍작을 하나님이 이스라엘에게 앞으로 포로 생활이 끝난 후 회복되리라고 약속하신 것에 포함시킨다. 그리고 포로 이후 시대에, 스가랴서 8:12-13은 회복된 언약 관계의 표시로서 그것을 다시 다룬다. 실로 스가랴는 이스라엘이 저주의 대상이 되는 대신 다시 한 번 열방 가운데 "복"이 될 것이라고 말함으로서 이 약속의 말씀을 아브라함의 언약과 연결시킨다.[21] 하나님의 백성이 새로 시작될 것이다. 스가랴는 그것을 이렇게 표현한다.

씨앗은 잘 자랄 것이고, 포도나무가 열매를 맺으며, **땅이 산물을 내며** 하늘은 이슬을 내리니…유다 족속아, 이스라엘 족속아, 너희가 이방인 가운데에서 저주가 되었었으나 이제는 내가 너희를 구원하여 너희가 복이 되게 하리니.(슥 8:12-13, 저자 사역)[22]

---

21) 이 맥락에서 스가랴의 예언의 의미는 아마도 열방들은 이스라엘의 이름을 저주(그 나라의 명백한 '악운'에 비추어)로 사용해 온 반면, 이제는 그것을 축복의 용어로 바꿔서 사용하게 되리라는 것(하나님이 그들의 운명을 명백히 회복시켜 주시는 것에 비추어)이다.

22) 마지막 절을 이렇게 번역하는 것은 일반적인 구문, 즉 하나의 미래에 대한 진술 다음에 또 하나의 미래 진술이 나오면 두 번째 진술은 첫 번째 진술에서 의도한 목적을 나타낸다는 점을 인식한 것이

시편 67편과 스가랴서 8장은 같은 역사적 배경을 가지고 있는 것으로 알려져 있다. 즉, 포로 시대 이후의 추수 때라는 것이다. 그 추수는 하나님의 백성이 그 땅에 돌아왔을 때 하나님이 그분의 백성을 보호하시고 축복하시리라는 약속이 성취됨을 나타내는 것이었다. 만일 그렇다면 두 본문 모두 새롭게 된 하나님의 축복이 이스라엘에게만 임하는 것으로 보지 않고, 그 안에서 **이 세상의 모든 열방 가운데서 거두게 될 하나님의 더 광범위한 추수의 첫 열매**를 보고 있는 것이 분명하다.

그렇기 때문에 시편 67편에는 이 선지자의 말이 반영되어 있다고 볼 수 있다. "땅이 그의 소산을 내어주었으니." 이제 하나님이 우리에게 복을 주시기를(참고 슥 8:13), 그리고 모든 열방이 그것을 알아볼 수 있기를….

> 땅이 그의 소산을 내어 주었으니
> 하나님, 곧 우리 하나님이 우리에게 복을 주시리로다.
> 하나님이 우리에게 복을 주시리니
> 땅의 모든 끝이 하나님을 경외하리로다.

스가랴서 8장 본문과 분명 유사한 점이 있다. 새 시대, 갱신의 시대가 시작되었다. 새 추수가 주어졌다는 사실이 그 표시다. 하나님께서 그분의 백성을 계속해서 복 주시기를. 그리고 열방이 그것을 보고 무슨 일이 일어나고 있는지 알게 되기를….

그것은 하나님의 역사가 오로지 그분 자신의 백성들하고만 진행되지는 않는다는 표시다. 이같이 두드러지게 중요한 추수의 기능은 열방의 주의를 끌어 그들이 하나님을 인정하고 찬양하도록 만드는 것이다. 하나님과 이스라엘의 특정한 역사는 모든 사람들에게 복이 되어야 한다. 스가랴서 8장의 예언이 선포하듯이 말이다.[23]

시편 67편 전체는 의미를 보편화시키기 때문에, 브루그만은 그 시편의 마지막

다. 하나님은 이스라엘을 구원하실 것이며, 그들은 복이 될 것이다. 하지만 '복이 된다'는 것은 처음부터 이스라엘을 향하신 하나님의 의도였으므로, 그분의 새로운 구원 행위는 그 의도가 성취될 수 있게 해줄 것이다.
23) Eep Talstra and Carl J. Bosma, "Psalm 67: Blessing, Harvest and History", *Calvin Theological Journal* 36(2001): 308, 309, 313.

구절에 나오는 '우리'라는 말이 단지 1절에서 화자로 나오는 이스라엘만이 아니라 또한 열방 자신이 한 말일 것이라고 생각한다. 이것은 시편 기자의 의도일 수도 있고 아닐 수도 있다. 하지만 "어느 쪽이든, 시편은 온 땅과 그 거민들이 이제 야웨의 주권을 기쁘게 단언하며, 야웨의 올바른 통치를 받는 피조물이 누리는 모든 복에 대해 감사하는 모습을 상상한다."[24]

마지막으로, 시편 67편은 아론의 제사장적 기도를 반영하며, 아마 실제로 어떤 제사장이 만들었을 것이다. 그것은 열방 가운데 이스라엘 자신의 제사장적 역할이 지닌 선교적 본질의 진수를 말한다. 마빈 테이트(Marvin Tate)는 "에이브러햄(I. Abrahams)의 「히브리 기도서, 바리새주의, 복음서에 대한 주석」(*Annotations to the Hebrew Prayer Book, Pharisaism and the Gospels*)에 나오는 시편 67편에 대한 놀라운 요약"을 인용한다.

> 이 시편은 가장 광범위한 의미에서 구원을 위한 기도다. 그리고 이스라엘만 위한 것이 아니라 전 세계를 위한 것이다. 이스라엘의 축복은 모든 사람들의 축복이 되어야 한다. 특히 여기에서 시편 기자는 제사장이 쓰는 정형화된 문구(민 6:22-27)를 사용하는 것뿐만이 아니다. 그는 이스라엘이 성직자의 위엄을 가지고 있다고 주장한다. 이스라엘은 세상의 대제사장이다.…만일 이스라엘이 하나님의 얼굴의 빛을 가지고 있다면, 세상은 어둠 속에 머물러 있을 수가 없다.[25]

이처럼 자신들이 "여호와를 자기 하나님으로 삼은 나라는…복이 있도다"(시 33:12)라고 외칠 수 있을 정도로 크고 풍성한 복을 받았다는 것을 아는 이스라엘은, 하나님이 그들에게 베푸신 모든 혜택들로 인해 결국에 가서는 다른 열방도 감사하게 되리라는 것을 알았다. 이스라엘은 열방의 궁극적 유익을 위해 아브라함의 허리에서 생겨난 것이다. 열방은 이스라엘이 경험한 복의 최종적인 (그리고 의도된) 수혜자가 될 것이다.

---

24) Brueggemann, *Old Testament Theology*, p. 501,
25) Marvin E. Tate, *Psalms 51-100*, Word Biblical Commentary 20(Dallas: Word, 1990), p. 159.

열방은 이스라엘의 하나님을 예배할 것이다

하나님의 손에서 받는 축복들과 혜택들에 대해 적합한 반응은 오직 경배와 순종뿐이었다. 그것이 이스라엘의 또 한 가지 핵심적인 확신이었다.[26] 하지만 그들이 그렇게 해야 한다면, 모든 열방도 그렇게 해야 한다. 그들 역시 하나님이 주시는 복의 영역 안에 들어왔기 때문이다. 실로 받은 복에 대한 이스라엘 자신의 찬양은 선교적 측면을 지니고 있었다. 열방에게 손을 내밀어 선포한다는 점에서 그렇다. 그래서 열방이 찬양을 드리리라고 예상하는 광범위한 본문들과, 또 그들 역시 순종하리라고 말하는 몇몇 본문들이 있다.[27]

여기에서 우리는 우리가 조사한 것 중 상당한 선교학적 의미를 지니고 있는 하나의 주제를 보게 된다. 하나님의 선교는 전체 피조물과 모든 열방을 성경의 마지막 환상을 가득 채우고 있는 전 세계적 예배로 이끌기 때문이다. **어떻게** 열방이 이스라엘의 하나님 야웨를 그렇게 예배하고 순종하게 될지는 구약 시대에는 아직 하나의 신비였다(바울이 인정했듯이). 하지만 열방이 언젠가 오직 한 분 참되고 살아 계신 하나님께 그들의 모든 예배를 드리리라는 **사실은** 의문의 여지가 없다. 그것을 상상하고 있는 본문들이 엄청나게 많다는 것은 대단히 주목할 만하다. 이 본문들 역시 일반적으로 시편과 선지서에 섞여 있다.

시편. 열방이 이스라엘의 하나님 야웨께 예배를 드린다는 주제는 시편 처음부터 끝까지 나온다. 그래서 상세한 주석은 하지 못하고 핵심 본문들만 지적할 수밖에 없다. 간단한 분류를 해 보면 자료를 파악하는 데 도움이 될 것이다.

야웨께 대한 **열방의** 예상된 **찬양**은 다음과 같은 경우에 나온다.

- 일반적인 야웨의 전능하신 행동에 대한 반응으로

---

26) Patrick D. Miller, "'Enthroned on the Praises of Israel': The Praise of God in Old Testament Theology", *Interpretation* 39(1985): 5-19.
27) Scott Hahn은 그가 '예배적 해석학'이라고 부르는 것을 열정적으로 주장한다. 그것은 인류가 다시 창조주 하나님을 즐겁고 만족스럽게 예배드릴 수 있도록 인도하는 것을 성경의 일차적 취지로 보는 접근법이다. 그의 생기 넘치고 명료한 글은 내가 이 책에서 전개해 온 선교학적 해석학과 대단히 잘 맞는다. 나 역시 하나님의 뜻이 알려지고 하나님이 모든 피조물에게 예배 받으시는 것의 선교적 중요성을 강조해 왔기 때문이다. Scott W. Hahn, "Canon, Cult and Covenant: Towards a Liturgical Hermeneutic", *Canon and Biblical Interpretation*, ed. Craig Bartholomew et al.(Carlisle, U.K.: Paternoster; Grand Rapids: Zondervan, 2006)을 보라.

- 특히 야웨의 주권적인 우주적 통치의 정의에 대한 반응으로
- 야웨께서 시온을 회복하심에 대한 반응으로(그 회복은 열방을 위한 것이 될 것이다)
- 모든 피조물이 전 세계적으로 찬양을 드리는 것의 일환으로

하나님의 전능하신 행동. 상당히 많은 시편이 특별히 이스라엘 역사에서, 혹은 때로는 창조 세계라는 더 광범위한 세상에서, 하나님이 행하신 전능하신 행동을 경축하며, 그 다음에는 그런 맥락에서 열방도 함께 하나님을 찬양하자고 청한다. 시편 66편은 하나님의 권능이 그분의 원수들 가운데서 뛰어날 것이라고 말한다. 그 원수들은 몸을 굽히고(아마도 멸망하기 전에) 기꺼이 그분을 찬양할 것이다.

> 하나님께 아뢰기를 주의 일이 어찌 그리 엄위하신지요
> 주의 큰 권능으로 말미암아
> 주의 원수가 주께 복종할 것이며
> 온 땅이 주께 경배하고
> 주를 노래하며
> 주의 이름을 노래하리이다.…
> 만민들아, 우리 하나님을 송축하며
> 그의 찬양 소리를 들리게 할지어다.(시 66:3-4, 8)

시편 68편은 야웨의 전능하신 몇 가지 행동을 분류하면서, 마찬가지로 흩어져 버릴 사악한 나라들과 하나님께 굴복하고 예배를 드릴 나라들을 구분한다.

> 그가 전쟁을 즐기는 백성을 흩으셨도다.
> 고관들은 애굽에서 나오고
> 구스인은 하나님을 향하여 그 손을 신속히 들리로다.
> 땅의 왕국들아 하나님께 노래하고
> 주께 찬송할지어다.(시 68:30-32)

시편 86편은 열방의 예배를 야웨의 비할 데 없는 전능하신 행동에 나타난 그

분의 유일성이라는 맥락에서 말한다.

> 주여, 신들 중에 주와 같은 자 없사오며
> 주의 행하심과 같은 일도 없나이다.
> 주여, 주께서 지으신 모든 민족이
> 와서 주의 앞에 경배하며
> 주의 이름에 영광을 돌리리이다.
> 무릇 주는 위대하사 기이한 일들을 행하시오니
> 주만이 하나님이시니이다.(시 86:8-10)

시편 96편과 시편 98편은 대단히 유사하다. 둘 다 모든 피조물에 대한 야웨의 왕권을 노래하며, 구원과 창조에 나타난 하나님의 위대한 일을 열방 가운데 울려 퍼질 새 노래의 주제로 삼을 것을 요구한다. 이 새 노래의 내용은 본질적으로 이스라엘의 옛 노래들(야웨의 이름, 구원, 영광, 전능하신 행동들)을 재혼합한 것이다. 그것을 새로운 것으로 만드는 것은 그것이 **어디에서** 불려져야 하는가(온 땅에서) 하는 것과 **누가** 그 노래를 부를 것인가(모든 민족들) 하는 것이다. 이스라엘에게는 옛 노래였으나 그 범위가 계속 확장되어 땅끝까지 이르러 새로운 사람들이 노래할 때 그것은 새 노래가 된다. 시편 96편은 특히 그런 세계적 환상이 논쟁적인 혹은 대결적인 본질을 지니고 있음을 인식한다. 그것은 반드시 종교적인 세계를 바꾸어 버리기 때문이다. 다른 신들은 그들의 모습 그대로 인식되어야 한다. 그들은 "아무것도 아니다"(시 96:5; 우리말 성경에는 '우상'으로 번역되어 있다-역주). 그리고 열방은 그 대신 모든 영광을 야웨께만 돌려야 하며, 그들의 제물을 그분께 가져와야 한다(시 96:7-9).

> 새 노래로 여호와께 노래하라.
> 온 땅이여 여호와께 노래할지어다.
> 여호와께 노래하여 그의 이름을 송축하며
> 그의 구원을 날마다 전파할지어다.
> 그의 영광을 백성들 가운데에
> 그의 기이한 행적을 만민 가운데에 선포할지어다.(시 96:1-3)

시편 97편과 시편 99편 역시 비슷한 한 쌍의 시편이다. 그 시편들은 "여호와께서 다스리시니"라는 단언으로 찬양하라는 요청을 시작하며, 땅과 섬들에게 기뻐하라고(시 97편), 그리고 만민과 땅에게 떨라고(시 99편) 권한다. 야웨의 위대하심, 의로우심, 거룩하심, 용서하심이 그런 반응을 기대하는 주된 이유다.

시편 138편은 시편 기자 자신과 하나님과의 관계에 대한 찬양 및 기도 사이에 세계를 위한 놀라운 기도를 끼워 넣는다. 시편 기자가 간절히 바라던 열방의 찬양은 그들이 야웨 하나님에 대해 인식하게 될 위대한 진리들과 직접 관련되어 있다. 열방의 찬양은 공허한 환호가 아니다. 그것은 견고한 성경적 내용들로 가득 차 있다. 열방은 야웨의 **말씀**, 그분의 **도**, 그분의 **영광**을 찬양하게 될 것이다.

> 여호와여, 세상의 모든 왕들이 주께 감사할 것은
> 그들이 주의 입의 말씀을 들음이오며
> 그들이 여호와의 도를 노래할 것은
> 여호와의 영광이 크심이니이다.(시 138:4-5)

하나님의 주권적인 통치. 모든 열방이 야웨를 경배하게 되리라는 기대는 오직 그분만이 온 세상을 다스리신다는 신학적 단언에서 더 끌어낼 수 있다. 종말론은 3장에서 살펴본 유일신론에 의해 더욱 고쳐진다. 야웨의 통치가 정의의 통치라는 것, 그것으로 인해서 열방이 찬양을 하게 될 것이라는 사실은 시편 67편과 관련해서 이미 말한 바 있다.

시편 22편은 열방의 예배를 대단히 보편적인 틀 안에서 말한다. 가난한 자와 부유한 자가 예배를 드릴 것이며[즉, 사회의 모든 부문들(시 22:26, 29)] 또한 이미 죽은 세대와 아직 태어나지 않은 세대가 예배를 드릴 것이다(시 22:29, 31). 수직적으로 인간 사회 전체에 걸쳐서든, 수평적으로 인간 역사 전체에 걸쳐서든, 주권적 통치자이신 모든 사람이 야웨께 찬양을 드릴 것이다.

> 땅의 모든 끝이
> 여호와를 기억하고 돌아오며
> 모든 나라의 모든 족속이
> 주의 앞에 예배하리니

나라는 여호와의 것이요

여호와는 모든 나라의 주재심이로다.(시 22:27-28)

시편 2편은 야웨의 통치를 열방에게 주는 경고, 즉 야웨께 더 이상 반역하지 말고 겸손하게 그분을 섬기는 더 지혜로운 길을 택하라는 엄중한 경고로 본다.

그런즉 군왕들아, 너희는 지혜를 얻으며
세상의 재판관들아, 너희는 교훈을 받을지어다.
여호와를 경외함으로 섬기고[예배드리고]
떨며 즐거워할지어다.(시 2:10-11)

열방은 야웨께 이러한 자세를 취해야 한다. 야웨는 시온에 그분의 기름부은 왕을 임명하셨기 때문이다. 물론 역사적인 다윗 계열의 왕에 대한 언급은 점차 공허하게 되었다. 그 보좌에 오른 인간들 자신이 심지어 다른 민족들보다 더 패역한 행동을 일삼았기 때문이다. 이스라엘의 왕들은 이스라엘을 올바르게 인도해서 열방이 야웨를 인정하고, 야웨께 복을 받고 그분을 경배하도록 만들기는커녕, 사악한 사건들을 촉발시켜서 열방 가운데 크나큰 물의를 일으켰다.[28]

---

28) 다윗 왕조가 이렇게 실패한 것은 시편 자체의 구성을 이해할 수 있는 단서를 제공한다. 이 장에서 나는 선교와 관련된 시편을 찾아내면서 일차적으로 주제별 접근을 시도한다. 하지만 시편 전체를 정경적으로 읽는 것에 대한 관심이 늘어난다는 것은 선교적으로 매우 고무적인 현상이다. Gerald H. Wilson, *The Editing of the Hebrew Psalter*(Chicago: Scholars Press, 1985)라는 중대한 책이 나온 이래, 다른 학자들은 시편을 구약 역사 이야기를 배경으로 해서 읽는 것의 결과를 탐구해 왔다. 그러면서 다섯 권으로 편집된 시편의 '이음매' 주위에 있는 시편들에 특별한 주의를 기울였다. 이 주제를 조망한 글로 Gordon Wenham, "Towards a Canonical Reading of the Psalms", *Canon and Biblical Interpretation*, ed. Craig Bartholomew et al.(Carlisle, U.K.: Paternoster; Grand Rapids: Zondervan, 2006)을 보라.

John Wigfield는 시편 전체를 선교학적으로 해석하려는 목적으로 Patrick Miller, "Deuteronomy and Psalms: Evoking a Biblical Conversation", *Journal of Biblical Literature* 118/1(1999)에 비추어 시편과 신명기의 관계를 탐구하고 있다. 시 1편에 나오는 이스라엘 사람의 모델이 신 17장에 나오는 이스라엘을 하나님의 율법에 순종하는 길로 인도해야 하는 왕의 모델을 나타낸다면, 신 4:6-8에 따르면 열방은 그것을 보고 이스라엘에게 이끌려 와야 한다. "어찌하여 이방 나라들이 분노하며 여호와를 대적하는가?"라는 시 2편의 질문은 그렇기 때문에 날카롭고 놀랍다. 그것은 이스라엘과 그들의 왕이 시 1편에 나오는 이상에 조금도 가까워지지 못했기 때문인가? 시편 제1권과 제2권에 나오는 바 겸손하고 신실하게 순종하라는 많은 권면에도 불구하고, 그리고 시 72편(제2권 끝)에서 다윗 왕조 앞에 제시된 이상들에도 불구하고, 실상은 솔로몬 때부터 계속해서 왕들은 모두 하나님과

하나님이 시온을 회복하심. 하지만 이후의 시편들처럼 이스라엘 왕조의 거듭된 실패에 대해 최대한의 슬픔을 표한 후에, 선지서에서처럼 거기에서도 시온이 회복되리라는 소망이 떠오른다. 그리고 이것은 또한 앞으로 열방 중에서 야웨를 찬양하게 되는 한 가지 요인이 될 것이다. 심지어 이스라엘보다도 먼저, 열방은 하나님이 이스라엘을 절망적인 포로 상황에서 회복시키시면서 행하신 굉장한 일을 보고 놀라게 될 것이다(시 126:2-3).

시편 102편은 회복된 시온과, 예배하는 열방을 대단히 아름답게 연결시킨다. 거기 나오는 본문은 유대인들의 기대에 강력한 영향을 끼친 것처럼 보인다. 그리고 예수님 자신과 그분의 제자들의 선교는 바로 그러한 기대 속에서 나온 것이다. 예상된 시나리오는 일단 시온이 회복되고 나면, 열방이 하나님을 예배하고 찬양하러 모일 것이며, 그래서 예루살렘에는 이스라엘과 열방이 함께 부르는 찬양이 울려 퍼지리라는 것이다. 이러한 순서는 분명 시대와 선교에 대한 바울의 이해에 영향을 끼쳤다. 먼저 이스라엘이 회복되고, 그 다음에 열방이 모이고, 그 다음에 그 둘이 연합해서 기뻐한다는 것이다.

>주께서 일어나사 시온을 긍휼히 여기시리니
>지금은 그에게 은혜를 베푸실 때라.
>정한 기한이 다가옴이니이다.…
>이에 뭇 나라가 여호와의 이름을 경외하며
>이 땅의 모든 왕들이 주의 영광을 경외하리니
>여호와께서 시온을 건설하시고
>그의 영광 중에 나타나셨음이라.…
>여호와의 이름을 시온에서
>그 영예를 예루살렘에서 선포하게 하려 하심이라.

그분의 율법을 버렸으며, 그 결과 시편 89편(제3권 끝)에서 이스라엘은 다윗의 언약이 완전히 붕괴되는 절망적 상황에 처하고 말았다. 그때로부터 시편들은 열방 전체 및 이스라엘과 열방에 대한 야웨의 왕권을 더 지속적으로 강조하게 된다. 이처럼 시편 전체의 보편적인 취지는 선지자들이 점차 더 종말론적인 보편성을 지니게 되는 것과 비슷하게, 더 힘차게 더 많이 주장된다.

이것은 앞으로 더 명확하게 입증되어야 할 흥미로운 가설이다. 하지만 그것은 선교적 해석학에 의해 새로운 시각에서 접근할 수 있는, 성경의 또 다른 부분을 보여 준다.

그 때에 민족들과 나라들이
함께 모여 여호와를 섬기리로다.(시 102:13, 15-16, 21-22)

보편적인 찬양. 마침내, 어떤 시편들은 야웨께서 온 우주의 찬양을 받으시기에 합당하시다는 것 외에 다른 이유 없이 열방의 찬양을 기대한다. 그래서 어느 누구도 그 의무에서 배제되거나 면제되지 않는다는 것이다. 우리는 시편 47편에서 야웨께서 위대한 왕으로서 높임을 받으신다고 가정하는 것을 살펴보았다. 그래서 모든 인간 왕들은 당연히 기쁨과 찬양의 외침에 합류해야만 한다. 시편 100편은 온 땅에게 기쁨으로 외치라고 명하며, 시편 전체에서 가장 짧은 시편인 117편은 모든 나라들과 백성들에게 야웨의 크신 인자하심과 영원하신 진실하심을 찬양하라고 권한다. 그것들은 이스라엘 사람들이 경험을 통해 알고 있는 특질들로, 결국에 가서는 열방 가운데 보편적인 찬양의 주제가 되어야 하는 것이다.

시편 117편은 시편 중 가장 짧긴 하지만, 바울에게 지대한 신학적 영향을 끼쳤다. 그것은 로마서 15:8-11에 나오는 주제의 내용뿐 아니라 그 어휘도 제공한다. 그러면서 하나님의 진실하심과 자비하심(그분이 그리스도를 통해 열방을 위해 이루신 것에 나타난)을 강조할 뿐 아니라, 또한 이제 열방에게 세상에 퍼져나갈 찬양을 하라고 명령한다.[29]

시편은 찬양이 터져 나오는 것과 함께, 보편성에 대한 수사학적 표현에서 절정에 이른다.

시편 145편은 모든 피조물이 하나님을 찬양하는 모습을 상상한다. 하지만 피조물 중에서도 인간은 하나님의 백성의 증거를 통해 하나님의 역사와 통치를 알게 되기 때문에 하나님을 찬양할 것이다.

여호와여, 주께서 지으신 모든 것들이 주께 감사하며
주의 성도들이 주를 송축하리이다.
그들이 주의 나라의 영광을 말하며
주의 업적을 일러서

---

29) Jannie du Preez, "The Missionary Significance of Psalm 117 in the Book of Psalms and in the New Testament", *Missionalia* 27(1999): 369-376.

주의 업적과 주의 나라의 위엄 있는 영광을
인생들에게 알게 하리이다.(시 145:10-12)

시편 148편 역시 창조 세계 전체가 야웨를 찬양하는 시다. 따라서 그 시에 "세상의 왕들과 모든 백성들과 고관들과 땅의 모든 재판관들"이 포함된 것은 놀라운 일이 아니다(시 148:11).

내가 시편에서 모든 열방이 야웨를 찬양하리라고 예상하는 자료를 길게 논한 것은, 시편이 대단히 명백한 선교학적 중요성을 갖고 있음에도 이를 간과하기가 쉽기 때문이다. 우리는 시편을 고대 이스라엘의 노래들로 읽는 경우가 매우 많다. 그리고 우리는 이와 같은 구절들을 읽을 때, 그 안에 담겨 있는 광범위한 기대와 상상력에 놀라기보다는 그저 화려한 수사학적 언어로 보는 경향이 있다. 그리고 우리는 보통 시편을 한 번에 하나씩 읽는다. 그래서 이스라엘의 놀라운 예배에 대한 이야기에 스며들어 있는 주제가 누적되었을 때 나타나는 압도적인 힘을 별로 느끼지 못한다.

하지만 어떠한 성경적 선교 신학에서도, 혹은 어떠한 선교학적 성경 해석에서도, 시편은 분명 대단히 적절한 자료다. 그 폭넓은 비전, 보편적인 포괄성, 깜짝 놀랄 만한 종말론적 소망. 시편의 이 모든 특징들은 성경에서 하나님의 선교의 범위를 분명히 표현하는 데 필수적인 요소들이다. 크레이튼 말로(Creighton Marlowe)는 시편에 대단히 적절한 이름을 만들어 냈다. 그는 시편을 "선교의 음악"이라고 부른다.

이스라엘과 교회는 둘 다 계시의 빛, 구세주, 심판자, 땅과 모든 거민의 주이신 하나님의 참된 본성에 대한 복된 소식을 나타내고 전하도록 위임받았거나 혹은 부름받았다. 어떤 시대에 하나님의 백성이 말씀을 전한 강단은…수백 년, 수천 년이 지나면서 극적으로 변화될 것이며, 또 개인들이나 기관들이 증인이 되려 할 때마다 달라질 것이다. 하지만 주된 목적은 언제나 같다. 그것은 한 분 참되신 하나님의 계시를…그들이 접근할 수 있는 열방들 앞에서 눈으로 보여 주고 말로 표현하는 것이다. 구약 시편들은 부분적으로는 이스라엘을 위해, 따라서 암암리에 교회를 위해 이러한 신성한 목적을 명백하게 강화해 주는 신성한 노래들(곡을 붙인 히브리 시)이다. 그 시편들은 타문화적 선교의 특징을 찬양한다. 시편은 선교의 음악이다.[30]

선지서. 우리가 시편에서 살펴본 본문들은 선지자적이라고 보아도 무방하다. 그들의 비전은 그 정도로 웅대하다. 하지만 선지서들 가운데, 야웨께 예배를 드리는 열방들에 대한 종말론적 환상에 가장 지속적으로 관심을 가지는 것은 이사야서다. 그런 관심은 이사야서 2장에서 이미 발견되며, 이사야서 66:18-23 전체의 절정을 이룬다.

소위 이스라엘의 보편주의(특히 40-55장)의 본질이 무엇인가에 대해서는 격렬한 학문적 토론이 벌어지고 있다. 한편으로 이 장들을 이스라엘의 '선교사적' 환상의 절정(하나님의 구원의 소망을 땅의 모든 열방에게로 확대하며, 원심적 보편주의의 환상을 만들어 내는 것)으로 간주하는 사람들이 있다. 다른 한편으로, 이 장들을 단지 이스라엘의 배타주의의 절정(모든 열방이 이스라엘에게 굴복하고 이스라엘의 하나님이 유일하게 참되신 분이심을 인정하는 것)으로 보는 사람들이 있다. 후자의 견해에 의하면, 이 장들에는 보편주의 정신보다는 구심적 민족주의 정신이 가득 담겨 있다.[30]

앤서니 젤스톤(Anthony Gelston)과 마이클 그리산티(Michael Grisanti)는 그 토론에 대한 탁월하고 균형 잡힌 논의를 제공했다. 둘 다 앞에서 말한 이분법의 두 기둥 중 하나를 고집하는 것은 잘못이라고 주장한다. 그들이 내린 결론의 전문은 인용할 가치가 충분하다. 나도 그들의 의견에 전폭적으로 동의한다.

내가 제2이사야서에서 발견된다고 말하는 보편주의는 세 요소로 되어 있다. 첫째로 야

---

30) W. Creighton Marlowe, "Music of Missions: Themes of Cross-Cultural Outreach in the Psalms", *Missiology* 26(1998): 452. George Peters는 수사학적으로 한 걸음 더 나아가, "세상의 열방들과 관련해서 175번 이상 보편주의적 음표가 나온다. 그중 많은 것들이 열방에 구원의 소망을 가져다준다.…실로 시편은 세상에서 가장 위대한 선교 서적 중 하나다. 하지만 사람들은 그런 관점에서 시편을 보는 경우가 거의 없다"라고 말한다. George W. Peters, *A Biblical Theology of Missions*(Chicago: Moody Press, 1972), pp. 115-116. 「선교성경신학」(크리스챤출판사).
31) 이 논쟁과 관련된 책을 몇 권 소개하면 다음과 같다. Robert Davidson, "Universalism in Second Isaiah", *Scottish Journal of Theology* 16(1963): 166-185; D. E. Hollenberg, "Nationalism and 'The Nations' in Isaiah XL-LV", *Vetus Testamentum* 19(1969): 23-36; Harry Orlinsky, "Nationalism-Universalism and Internationalism in Ancient Israel", *Translating and Understanding the Old Testament Essays in Honor of Herbert Gordon May*, ed. H.T. Frank and W.L. Reid(Nashville: Abingdon, 1970), pp. 206-236; D.W. Van Winkle, "The Relationship of the Nations to Yahweh and to Israel in Isaiah XL-LV", *Vetus Testamentum* 35(1985): 446-458; J. Blenkinsopp, "Second Isaiah—Prophet of Universalism", *Journal for the Study of the Old Testament* 41(1988): 83-103.

웨가 모든 피조물에게, 그렇기 때문에 모든 인간에게 주권을 가진 유일하신 참 하나님이라는 단언이다. 둘째로, 이 진리가 이스라엘 못지않게 이방인 국가들에게도 인정을 받으리라는 기대다. 그 당연한 결과로 그들은 야웨께 복종하고 그분의 보편적 통치를 인정할 것이다.…세 번째 요소는 구원 경험에 대한 보편적 제시다. 하지만 어느 곳에서도 선지자는 모두가 이같은 제안을 받아들일 것이라고 단언하지는 않는다. 반대로 45:25을 보면, 어떤 사람들은…그것을 받아들이지 않고 집요하게 우상숭배를 계속할 것이다.[32]

이사야서 40-55장은 이러한 긴장[민족주의와 보편주의 간의]의 양측을 드러내는 본문들을 포함한다. '민족주의'와 '보편주의'라는 관례적인 용어로는 이 논쟁을 구성하는 문제들을 충분히 드러내지 못한다.…그 선지자가 "구약의 선교사적 선지자"라는 주장이나, 또는 그가 열방에 대해 아무런 관심이 없는 열렬한 민족주의자라는 주장이 이 논쟁의 뼈대를 이룬다. 이 두 극단 사이에서, 선지자 이사야는 이스라엘을 세상 구석구석을 누비는 선교사 나라로 묘사하지도 않고, 열방들을 신적 구속에 참여하는 것에서 배제시키지도 않는다.…그 선지자는 하나님이 자신이 선택하신 백성을 특별하게 다루시는 것은 이스라엘에게 유익을 줄 뿐 아니라, 또한 모든 열방에게도 의미가 있다고 주장한다. 이사야는 열방에 증거를 하는 데 있어 이스라엘의 역할을 강조한다.…이스라엘은 그들의 삶을 통해 열방들이 야웨에 대해 알아보도록 만드는 하나님의 백성이 되어야 한다(참고. 사 2:1-4; 43:10-11). 이스라엘이 열방에 대하여 중재자적 역할을 할 수 있는 것은 하나님이 선택하신 백성이기 때문이다. 이사야가 이스라엘에게 간절히 바라는 것은 그들이 이스라엘을 위한 하나님의 개입에 반응하고 세상 앞에서 하나님의 종의 나라로서 자신의 역할을 수행하는 것이다.[33]

이제 다시 열방이 야웨께 예배를 드린다는 주제를 살펴보기로 하자. 크리스토퍼 베그(Christopher Begg)는 이사야서를 상당히 표준적인 부분들로 나누어서, 이 주제를 나타내는 모든 본문들을 철저히 연구했다.[34]

---

32) Anthony Gelston, "Universalism in Second Isaiah", *Journal of Theological Studies* 43(1992): 396.
33) Michael A. Grisanti, "Israel's Mission to the Nations in Isaiah 40-55: An Update", *Master's Seminary Journal* 9(1998): 61.
34) Christopher T. Begg, "The Peoples and the Worship of Yahweh in the Book of Isaiah", *Worship and the Hebrew Bible*, ed. M.P. Graham, R.R. Marrs, and S.L. McKenzie(Sheffield, U.K.: Sheffield Academic Press, 1999).

이사야서 1-12장에서 그 주제는 이스라엘과 관련된 예언들을 둘러싸는 덮개와도 같다. 이사야서 2:1-5에서 장차 열방이 순종하고 율법을 지키며 예배를 드릴 것이라고 예상하는 것은 1장에서 반역적인 이스라엘이 당시에 드리던 제사 의식들과 분명한 대조를 이룬다. 이것은 12장에서도 반복되는데, 거기 보면 이스라엘에 대한 야웨의 진노가 누그러지면서 열방과 온 세상을 포함할 찬양의 소리가 터져 나온다(사 12:4-5).

열방에 관한 신탁들이 나오는 부분인 이사야서 13-27장에서, 엄청나게 부담스러운 내용은 물론 선지자가 살던 당시 세상의 열방에 대한 심판의 말씀이다. 그럼에도 불구하고, "어떤 민족 혹은 모든 민족들이 야웨의 예배에 어떤 식으로든 참여할 것이라는 예상이 계속 표현된다."[35] 이러한 표현 중 가장 주목할 만한 것은 이사야서 19:16-25에 나오는 애굽에 관한 예언이다. 하지만 거기에서 애굽에 대해 표현된 소망에 더하여, 우리는 구스 사람들(사 18:7)과 두로 사람들(사 23:17-18)이 선물과 제물을 가지고 와서 예배를 드릴 것이라는 예상을 발견하게 된다. 소위 말하는 이사야 묵시(24-25장) 역시 온 땅에 대한 하나님의 심판뿐 아니라, 또한 열방이 궁극적으로 하나님께 예배드리는 것을 묘사하고 있다. 죄악을 제거하는 심판이 있은 후에, 살아남은 자들은 기쁨과 감사가 넘치는 예배를 드릴 것이다(사 24:14-16). 이사야서 25장에서는 하나님의 구원의 혜택(궁극적으로는 죽음 자체의 멸망을 포함해서)이 이스라엘과 모든 열방 둘 다를 위한 것이 되리라고 분명하게 말하고 있는 듯하다. 그들은 야웨의 풍성한 연회를 위해 시온 산에 모일 것이다(6절). 따라서 이사야서 25:9의 "그들"(they: 우리말 성경에는 이 말이 번역되어 있지 않다—역주)은 그 둘을 다 포함하는 것이다.

> 그 날에 [그들이(이스라엘 사람들과 모든 열방)] 말하기를
> 이는 우리의 하나님이시라.
> 우리가 그를 기다렸으니 그가 우리를 구원하시리로다.
> 이는 여호와시라. 우리가 그를 기다렸으니

---

35) 같은 책, p. 39. 또한 이사야서 전체의 단일성과 관련하여 열방이라는 주제를 더 광범위하게 연구한 글로 G.I. Davies, "The Destiny of the Nations in the Book of Isaiah", *The Book of Isaiah: Le Livre d'Isaie*, ed. J. Vermeylen(Leuven University Press, 1989), pp. 93-120를 보라.

우리는 그의 구원을 기뻐하며 즐거워하리라 할 것이며.

이사야서 40-55장에서는 열방의 예배라는 주제가 더욱 더 두드러지게 드러난다. "모든 육체"가 여호와의 영광을 볼 것이며(사 40:5), 그분의 정의와 율법이 그것을 간절히 기다리는 열방들에게 전달될 것이다(사 42:1-4). 따라서 땅끝까지 모든 열방은 그분을 찬양하라는 명령을 받으며(사 42:10-12), 결국에 가서 하나님의 새로운 구속 사역의 물결 가운데 그렇게 찬양하게 될 것이다(사 45:6, 14). 그 명령들은 이사야서 45장의 절정부에서 호소로 바뀐다. 야웨께서 열방의 남은 자들에게(이스라엘의 남은 자처럼) 그분께 돌아와 구원을 받으라고, 그리고 그들이 죽은 거짓 예배를 버리고 오로지 야웨만을 예배하라고 권유하시기 때문이다(사 45:22-25). 새 다윗을 통해 전달된 이 호소에 대해 지금까지 이스라엘이 알지 못하던 나라들이 분명히 자발적이고도 재빠른 반응을 보일 것이다(사 55:3-5).

이사야서 56-66장에서는 전에 이사야서 2:1-5에서 나왔던 열방들이 시온으로 순례해 올 것이라는 환상이 확대되고 증진된다. 개인적인 차원에서, 전에 거부되었던 이방인들의 예배가 바로 성전 안에서 받아들여질 것이다(사 56:3-8). 다시 국제적 차원으로 돌아오면, 이사야서 60장은 이사야서 61:5-7과 함께, 열방이 드리는 예배의 모든 의미를 영광스럽게 환기시킨다. 그 예배는 이제 원래 의도대로 열방을 위한 하나님의 제사장 역할을 하는 이스라엘의 중재를 통해 드려진다. 이스라엘 사람들이 그들의 십일조와 예물을 자기 제사장들에게 가져온 것과 마찬가지로, 열방들도 야웨의 제사장인 이스라엘에게 그들의 공물을 가져올 것이다(사 61:6). 바울은 자신이 궁핍한 예루살렘 교회를 위해 이방 교회들 가운데서 연보를 모은 일을 신학적인 관점에서 그런 선지자적 환상들이 종말론적으로 성취된 것으로 보았을 가능성도 없지 않다.[36] 이스라엘에게 복종한다는 말이 나오지만, 이것은 아마 최고로 다스리시는 분이 이스라엘의 하나님이라는 인식을 비유적으로 표현한 것에 다름 아닐 것이다. "이 장은 그들의 충성이 궁극적으로는 야웨 자신께 드려져야 한다는 것을 분명하게 보여 준다."(참고. 사 60:6, 7, 9, 14, 16)[37]

월터 브루그만은 이에 동의하며 더 나아가 열방들의 이러한 종말론적 예배에

---

36) 이것은 C. H. H. Scobie, "Israel and the Nations: An Essay in Biblical Theology", *Tyndale Bulletin* 43, no.2(1992): 283-305에서 주장한 것이다.
37) 같은 책, p. 50.

서 토라가 차지하는 역할에 대해 말한다. 그들은 야웨의 도를 배운 민족들로서 예배할 것이다(사 2:2-5; 42:4에서도 상상하는 것처럼).

이 환상에서 두 가지 문제가 중요하다. 첫째, 열방들은 기쁘게, 자발적으로, 기대하면서 올 것이다. 그들은 다윗 집의 정치 세력에 의해 강요를 받거나, 혹은 어쩔 수 없어서 오는 것이 아니라, 이것이 평강과 정의로 이르는 유일한 장소임을 인식하고서 온다. 둘째, 기쁘게 오는 과정에서 열방들이 이스라엘과 마찬가지로 야웨의 토라에 복종한다고 단언된다. 즉, 토라는 이스라엘에게 적절한 것처럼 열방들에게도 적절하다. 이것은 열방이 야웨의 주권과 관련을 맺어야 한다는 점을 분명히 한다. 하지만 그것은 토라가 예루살렘에 자리잡고 있기는 하지만 이스라엘만의 재산은 아니라는 점 역시 분명히 밝힌다. 그것은 이스라엘에게 속한 만큼 열방들에게도 속한 것이다.[38]

월터 보글스도 열방을 위한 이 환상에서 시내 산과 시온 산이 강력하게 연관되어 있다는 것을 말한다. "이스라엘이 시내 산에서 경축한 것을 열방들은 시온에서 경축한다. 시내 산에서 야웨께서는 모세를 통해 그분의 율법을 이스라엘에게 주셨다. 야웨께서는 이제 이스라엘을 통해 열방에게 그분의 계시를 주신다. 그때 이스라엘은 야웨의 백성이라고 불렸다. 하지만 지금은 모든 열방이 야웨의 백성이다."[39]

마지막으로, 이사야서 66장에서 증거와 소환의 대상이었던 열방, 한때 야웨를 예배하기 위해 모였던 그들 자신이 이제 증거와 선포를 하는 행위자가 된다. 이것은 구약에서 선교를 명료하게 원심적으로 말한 단 하나의 본문이다. 아브라함의 복을 받은 자들이 이제 그 복을 다른 사람들에게 전달하는 행위자가 된다.

내가 그들의 행위와 사상을 아노라. 때가 이르면 뭇 나라와 언어가 다른 민족들을 모으리니 그들이 와서 나의 영광을 볼 것이며
　내가 그들 가운데에서 징조를 세워서 그들 가운데에서 도피한 자를 여러 나라 곧 다시스와 뿔과 활을 당기는 룻과 및 두발과 야완과 또 나의 명성을 듣지도 못하고 나의

---

38) Brueggemann, *Old Testament Theology*, pp. 501-502.
39) Vogels, *God's Universal Covenant*, p. 122.

영광을 보지도 못한 먼 섬들로 보내리니 그들이 나의 영광을 뭇 나라에 전파하리라.(사 66:18-19)

크리스토퍼 베그의 결론은 전문을 다 인용할 가치가 있다.

열방이 야웨를 예배하는 일에 참여한다는 주제는 실로 이사야서 전체에서 중대한 주제임이 분명해졌다. 이사야서는 1-39장에서 40-66장으로 넘어갈 때 점차 더 그 주제에 많은 주의를 기울인다. 압도적일 정도로 본문들은 야웨를 예배하는 일에 열방이 관련되는 것을 긍정적인 견지에서 말한다.…

　많은 본문들은 또한 이스라엘이 열방의 예배에서 중재자의 역할을 하고 있는 모습을 상상한다. 이스라엘은 열방을 위해 중보하거나(45:14) 아니면 그들이 가져온 제물로 제사를 드려야 한다(60:7; 61:6).…해당 본문들이 어떻게 열방이 **이스라엘의 특권을 온전히 대등하게 누리면서** 야웨를 예배하는 자들이 되리라고 예견하는지 살펴보면 매우 놀랍다. 그리하여 다른 곳에서 이스라엘에 대해 사용되었던 호칭들("내 백성""내 손으로 지은", 19:25; "종[들]", 56:6)이 열방에 대해서도 사용될 것이다. 그들은 또한 야웨의 '선교사'(66:19)와 성직자(66:21) 역할을 할 것이다. 비이스라엘인들은 그들 자신의 제단을 가질 것이며, 주께서 받으실 만한 제사를 드리고(19:21; 56:7), 그분의 축제에 참석하며(56:6; 66:23) 그분의 "언약"에 참여할 것이다(56:6). 야웨는 열방을 "가르치시고"(2:3), 그들을 먹이시며(25:6), 그들을 슬프게 하는 모든 것을 폐하시고(25:7-8), 그분 자신/그분의 "영광"을 그들에게 알려 주실 것이다(19:22; 66:18). **요약하면, 열방들이 야웨를 경배하는 것은 현존하는 이사야서의 대단히 많은 부분을 차지하는 미래의 소망들 중에서 끈질기게 강조된 한 가지 핵심이다.**[40]

이사야서와 비교해 볼 때, 다른 선지서에서 그 주제는 훨씬 더 드물게 나오지만, 분명 전혀 없는 것은 아니다. 다음 본문 목록은 숙독해 볼 만한 가치가 충분하다. 예레미야 3:17; 17:19-21; 미가 4:1-5; 스바냐 2:11; 3:9; 스가랴 8:20-22; 14:16; 말라기 1:11.

　그렇다면 우리는 광범위한 본문의 지지를 받아서, **열방과 관련하여 이스라엘의**

---

40) Begg, "The Peoples and the Worship of Yahweh," pp. 54-55(저자 강조).

종말론적 소망에서 중대한 부분은 궁극적으로 열방이 온 세상의 한 분 살아 계신 하나님 야웨께 예배를 드리리라는 것이었다고 말할 수 있다. 그리고 또한 그런 환상이 성경적 선교 신학에서 중대한 요소를 구성한다고 덧붙여야 한다. 그 같은 열방의 보편적인 예배를 즐거운 현실로 만드는 것은 하나님의 지칠 줄 모르는 선교이기 때문이다. 그리고 하나님은 우리가 그 선교에 참여할 것을 요청하신다.

열방은 이스라엘과 같은 정체성을 갖게 될 것이다

베그의 요점을 반복하건대, "해당 본문들이 어떻게 열방이 **이스라엘의 특권을 온전히 대등하게 누리면서** 야웨를 예배하는 자들이 되리라고 예견하는지 살펴보면 매우 놀랍다."[41] 정말로 놀랍다. 그래서 우리는 마지막으로 가장 중요한 사항을 살펴보아야 한다. 앞에서 말한 비유를 다시 말하자면, 구약은 단지 열방을 야웨와 이스라엘 간에 위대한 드라마가 상연되는 것을 구경하는 관객으로, 심지어 그 드라마가 궁극적으로는 자신들의 유익을 위한 것임을 인식하고 박수를 치는 관객으로만 묘사하지 않기 때문이다. 구약의 환상에서 가장 급진적인 부분은 아직 나오지 않았다. 감독이신 하나님은 결국은 관객들을 객석에서 무대로 올라오게 해서, 원래의 배우들과 합류하게 하고, 그 다음에는 무한히 확대되었지만 한 무리가 되어 드라마를 이어가게 하려는 의도를 갖고 계시기 때문이다. 열방은 이스라엘 자신과 똑같은 정체성을 갖게 될 것이다. 하나님의 백성은 인종과 지리의 경계들을 무너뜨릴 것이다. '이스라엘'이라는 이름 자체가 확대되고 재규정될 것이다.

이러한 것들은 사도 바울이 이방인들을 교회에 포함시키는 것을 정당화하려고 사후에 신학적으로 합리화한 것이 아니었다. 이러한 것들은 땅의 열방들과 관련해서 **구약 자체에 하나님의 선교의 일부로 명확하게 진술되어 있다**. 다시 한 번 시편과 선지서에서 나온 다음 본문들을 살펴보면 알 수 있겠지만, 하나님이 역사와 창조 세계를 위한 그분의 위대한 선교 사업을 수행하실 때, 세상의 열방들은 다음과 같이 될 것이다.

- 하나님의 성에 등록될 것이다.

---

41) 같은 책, p. 55.

- 하나님의 구원의 복을 받을 것이다.
- 하나님의 집에 받아들여질 것이다.
- 하나님의 이름으로 일컬어질 것이다.
- 하나님의 백성에 합류될 것이다.

그 이상 더 광범위하게 포함되는 것은 상상할 수 없을 것이다.

하나님의 성에 등록됨. 시편 47편은 열방이 이스라엘 역사에서 일어난 일로 인해 야웨께 박수갈채를 보내는 모습을 묘사함으로 이미 우리를 놀라게 한 바 있다. 거기에는 가나안 정복 역사에서 열방들 역시 정복당하는 것이 포함되어 있었다. 하지만 그것은 이어서 더 큰 놀라움을 준다. 야웨께서 실로 온 땅의 왕이시라면, 열방들이 다 그분 앞에 모일 때 다음과 같은 일이 일어난다.

뭇 나라의 고관들이 모임이여
아브라함의 하나님의 백성[으로서],(우리말 성경에는 "아브라함의 하나님의 백성이 되도다"—역주)
세상의 모든 방패는 하나님의 것임이여
그는 높임을 받으시리로다.(시 47:9)

내가 추가한 괄호가 나타내듯이, 히브리어의 이 문구에는 전치사가 없다. "뭇 나라의 고관들"과 "아브라함의 하나님의 백성"이라는 말이 그냥 병렬식으로 나와 있다. 그래서 전자가 후자와 동일시되는 것이다.[42] 이 문맥에서 하나님이 아브라함의 하나님이라고 구체적으로 거명되는 것은 분명히 의미심장하다. 하나님이 아브라함에게 주신 약속의 보편성에 비추어 볼 때 그렇다는 것이다. 그래서 하나님의 성에 등록된 열방 명부에 따르면 다른 나라들을 이스라엘 뒤에, 밑에, 혹은 심지어 단순히 곁에 놓는 것이 아니라, 실제로 그들을 이스라엘**로**, 조상 아브라함의 백성의 일부로 포함시켜 놓을 것이다.

---

42) 주석가들은 히브리어에서 자음이 같은 ʿam(백성)이 그 다음에 나오는 바람에 앞에 나오는 ʿim(함께)이라는 단어를 빼먹은 것이 아닌가 하고 추측한다. 칠십인역은 그렇게 본다. 하지만 그렇게 볼 수 있는 본문상의 증거는 없다. 그리고 맛소라 사본은 위에서 언급한 것처럼 볼 때 뜻이 통한다.

무수한 군주들과 백성들이 한 **백성**이 되어야 한다. 그리고 그들은 더 이상 외인이 아니라 언약 안에 있을 것이다. 이것은 그들이 **아브라함의 하나님의 백성**으로 일컬어지고 있다는 사실에서 암시된다. 그것은 창세기 12:3의 약속이 풍성하게 성취된 것이다. 그것은 바울이 아브라함의 아들에 이방인들이 포함되는 것에 대해 해설할 것을 내다본다.(롬 4:11; 갈 3:7-9)[43]

시편 87편은 실제로 민족들을 등록하신다는 비유적 표현을 사용하며(6절), 매우 놀랍게도 시온에서 점호를 한다. 많은 주위 나라들이 거기에서 "났다"고, 그리고 "나를 아는"(4절, 그 말은 보통 언약을 맺은 이스라엘에 대해서만 사용되었다)자들 가운데 있다고 열거되어 있다. 분명 거기서 예상하는 것은 '시온'이 궁극적으로는 이스라엘 토박이들뿐 아니라, 그 성의 시민으로 입양되어 참정권을 갖게 될 다른 열방들까지 포함하게 되리라는 것이다. 그들은 토박이들과 똑같이, 야웨에 의해 그 성에 등록될 권리를 갖는다. 의미심장하게도 야웨는 여기에서 또한 지존자(5절)라고 나오는데, 그것은 예루살렘의 하나님의 원래 이름으로, 아브라함과 강력한 연관을 갖고 있는 이름이다(창 14:18-20).

시온의 시민으로 인정해서 등록시켜야 하는 민족들의 목록에는 심지어 두 큰 역사적 **적국**인 애굽(라합)과 바벨론, 그리고 그보다는 작은 이웃 적들인 블레셋 사람들, 무역 상대 두로, 그리고 좀더 먼 지역을 대표하는 구스 등이 포함된다. 저 위에서 점호를 할 때, 등록부에는 몇몇 놀라운 이름들이 기록되어 있을 것이다.

하나님의 구원의 복을 받음. 개인적으로, 7장에서 말한 것처럼, 나는 이사야서 19:16-25이 그 선지자의 가장 깜짝 놀랄 만한 선언 중 하나이며, 분명 구약에서 가장 선교학적으로 중요한 본문 중 하나라고 생각한다.

그 장은 선지자들이 늘 하던 방식으로 시작한다. 바벨론, 모압, 수리아, 구스에 대한 멸망의 신탁을 차례로 말한 후 애굽에 대한 멸망의 신탁이 나오는 것이다. 이사야 19:1-15에서 애굽은 그들의 종교, 농업, 어업, 산업, 정치의 각 차원에서 포괄적으로 하나님의 다가오는 역사적 심판 아래 놓여 있다. 우리는 전에 이러한 것에 대해 들은 바 있다.

---

43) Derek Kidner, *Psalms* 1-72, Tyndale Old Testament Commentaries(Leicester, U.K.: Inter-Varsity Press, 1973), p. 178.

하지만 그때 15절부터 22절까지, 좀더 막연한 미래("그 날에"라는 말이 여섯 번 반복된다)에 애굽의 운명이 놀랍게 변화되는 것을 볼 것이다. 그때 애굽 자신은 하나님께서 이스라엘을 애굽의 억압에서 구해 주실 때 이스라엘을 위해 해주셨던 모든 것을 경험하게 될 것이다. 이사야 선지자는 낯익은 원리를 이방 나라에까지 확대한다. 그것은 이스라엘 자신이 장차 회복되는 것에 대한 예언을 이스라엘의 과거에서 나온 말(새 출애굽, 새 언약, 새 광야의 보호, 새 땅에 진입 등)로 표현하는 원리다. 여기에서는 하나님께로 돌아오는 이방 나라에게 약속된 미래의 축복을 묘사하기 위해 이스라엘의 과거가 사용된다.[44] 한때 야웨를 인정하기를 거부했던 그들(애굽 사람들)이 야웨께(그들 자신의 신들이 아니라) 부르짖을 것이다. 야웨는 그들에게 구세주와 해방자를 보내 주실 것이다. 그러면 그들은 야웨를 알고 그분께 예배드릴 것이다(이스라엘이 그들의 출애굽을 통해 그랬던 것처럼). 그들은 심지어 가나안 말(즉, 이스라엘의 관점에서 보면 히브리어. 이것은 애굽 사람들이 사실상 이스라엘 사람들과 동일화되리라는 말이다)을 말할 것이다. 그들은 여러 재앙들을 당할 것이다. 하지만 하나님이 그들을 고치실 것이다. 이 모든 것은 출애굽으로 되돌아가서 그것을 뒤집은 것이다. 그것은 등장인물들을 뒤바꾸어서 다시 촬영한 출애굽이다.

이 믿을 수 없는 종말론적 글에서 애굽에 대한 주장들의 목록은 다른 곳에서 열방에 대해 말하는 어떤 목록보다 더 상세하다.

> 이사야서 19:16-25은 다른 민족들(그것도 전통적으로 원수였던 민족들)이 지금까지는 이스라엘만의 경험과 특권이었던 것에 엄청난 범위로 참여하게 될 것을 예견하는 면에서 이사야서 나머지 부분뿐 아니라 구약 전체를 능가한다.…그들은 이스라엘과 완전히 동등한 지위를 지니게 될 정도로 광범위하게 참여하게 된다.[45]

애굽에 대해 말한 것으로는 충분히 놀랍지 않다는 듯이, 이사야 선지자는 그다음에 앗수르를 애굽과 동등한 입장에 놓고 이 두 큰 나라가 손을 잡을 것이라

---

44) "이사야서 19:16-25의 저자는…열방에 제공된 구원을 묘사하기 위해 그 자신의 백성의 경험과 관련된 이미지들을 선택했다.…그는 이스라엘이 자신의 특권이라고 믿었던 것을 감히 다른 열방들에게 적용했다." Vogels, *God's Universal Covenant*, p. 96.
45) Begg, "The Peoples and the Worship of Yahweh", p. 42.

고 예언한다(사 19: 23). 통상 그런 말을 들으면 이스라엘 사람들의 마음은 두려움으로 가득 찰 것이다. 애굽과 앗수르는 마치 거대한 호두까기처럼 이스라엘 역사의 양끝에서 그리고 나침반의 반대쪽 끝에서 이스라엘을 조여 왔기 때문이다. 하지만 그들의 연합하는 목적이 힘을 합쳐 야웨와 그분의 백성과 싸우기 위함이 아니라, 오히려 "함께 경배"하기 위함이라는 예언에서 역사적 현실은 완전히 역전된다. 이것은 이사야서 27:12-13에서처럼 앗수르나 애굽에 흩어진 **이스라엘 사람들이** 다시 하나님을 예배하기 위해 함께 모이리라는 약속을 넘어서는 것이다. 이것은 단지 이스라엘의 포로들이 모이는 것에 대한 예언이 아니라, 그들 가운데 (그리고 어떤 경우에는 그들에 **의해**) 이스라엘 사람들이 포로로 잡혀갔던 그 **나라들이** 모이는 것에 대한 예언이다. 흩어져 있던 억압자들이 모여서 예배자들이 된다. 이러한 종말론적 변혁에서 역사는 뒤집어진다. 하나님과 이스라엘의 적들이 이스라엘과 그리고 서로와 평화를 누릴 것이다.[46]

의심할 바 없이, 이사야 선지자는 지금 대단히 종말론적인 이 예언에서 애굽과 앗수르를 대표적 존재로 사용하고 있다. 즉, 그들은 구체적으로 이름이 나오는 그 나라들뿐 아니라 더 광범위한 다른 나라들까지 포함하는 것이다. 마찬가지로 바벨론에 관한 예언들(신구약 모두에서)은 바벨론이라는 실제 도시와 제국의 역사적 운명에 대한 예언을 넘어, 하나님의 원수들의 궁극적 운명을 대표하는 환상이 된다. 애굽과 앗수르는 이스라엘 시대나 실제로 우리 시대나 이스라엘과 그런 수준까지 연합을 이루지는 못했다. 하지만 그 환상 및 그 안에 암시된 과업(다시 말해서, 하나님과 그분의 백성의 선교)은 고대나 현대의 중동 지역의 지정학보다 훨씬 크고 많은 것들을 포괄한다.

그렇기 때문에 그것은 우리가 애굽 같은 열방들(그리고 바로 우리 나라도 덧붙일 수 있다)이 하나님을 경배하는 때, 그 도시들(그리고 바로 우리 도시도 덧붙일 수 있다)이 야웨를 인정하는 때, 그런 나라들이 이스라엘과 비슷한 구원 역사를 갖게 되는 때, 강대국들이 예배로 연합하는 때, 그리고 아브라함에게 하신 약속이 실제로 성취되는 때가 오

---

46) "애굽과 앗수르가 서로 그리고 이스라엘과 평화를 누리는 날은 온 세상이 평화를 누리는 날이 될 것이다." Barry Webb, *The Message of Isaiah*, The Bible Speaks Today(Leicester, U.K.: Inter-Varsity Press; Downers Grove, Ill.: InterVarsity Press, 1996), p. 96. (IVP 역간 예정).

기를 기대하고 기도하도록 한다.[47]

그 다음에 마지막 놀라운 말이 나온다.

그 날에 이스라엘이 애굽 및 앗수르와 더불어 셋이 세계 중에 복이 되리니 이는 만군의 여호와께서 복주시며 이르시되 내 백성 애굽이여, 내 손으로 지은 앗수르여, 나의 기업 이스라엘이여, 복이 있을지어다 하실 것임이라.(사 19:24-25)

이스라엘의 정체성이 애굽과 앗수르의 정체성과 **합쳐진다**. 24절의 함축이 혹시라도 분명하게 전달되지 않을 경우를 대비해서, 이사야 선지자는 지금까지 이스라엘에 대해서만 했던 말을 애굽과 앗수르에게 적용해 그 메시지를 확실하게 만든다. 그것은 기가 막혀서 말이 나오지 않을 정도로 파격적인 것이었다. 사실상 히브리어의 단어 순서를 보면 NIV 번역판보다 더 단호하고 충격적이다. 그것은 문자적으로 이렇게 되어 있다. "내 백성, 애굽[!], 내 작품, 앗수르[!], 내 기업, 이스라엘은 복이 있을지어다." '내 백성'이라는 말 직후에 '애굽'이라는 말이 나오는 것(예상되었던 말인 이스라엘이 아니라)과, 이스라엘을 목록에서 세 번째에 두는 것은 엄청나게 충격적인 일이다. 하지만 그렇게 나와 있다. 이스라엘의 대적들이 이스라엘의 정체성, 호칭, 특권에 흡수되어 살아 계신 하나님 야웨께서 주시는 아브라함의 축복에 참여할 것이다.

물론 그들이 적으로 남아 있는 동안에는 이런 식으로 하나님의 백성에 흡수되지 않을 것이다. 따라서 애굽에 대해 명백하게 일어날 변화가 앗수르에게도 일어날 것이라고 추정해야 한다. 하나님의 원수들이 하나님께 부르짖고, 그분을 인정하고, 그분을 예배하고, 그분께 돌아올 때에만(20-22절), 그들은 구원과 치유와 축복과 포함을 누린다. 그것은 이스라엘의 전통적인 원수들뿐 아니라 반역적인 이스라엘에게도 해당되는 말이었다. 하지만 실로 하나님의 전환시키는 사랑과 능력은 바로 그러한 일을 이루실 것이다. 이스라엘을 위해서 그렇게 하시는 것처럼 열방을 위해서도 그렇게 하실 것이다. 그것이 하나님의 선교다. 다소의 사울이

---

47) John Goldingay, *Isaiah*, New International Biblical Commentary(Peabody, Mass.: Hendrikson, Carlisle, U.K.: Paternoster, 2001), p. 121.

누구보다도 잘 알고 있는 것처럼 하나님은 원수를 친구로 만드는 일을 하신다. 에베소서 3:6에서 이방인들이 이스라엘의 정체성과 호칭에 포함되는 것에 대한 바울의 삼중적 표현(이스라엘과 함께 상속자, 함께 지체, 함께 약속에 참여하는 자)은 이사야서에 나오는 이 구절을 어느 정도 차용한 것이다.

하나님의 집에 받아들여짐. 이사야서 56:3-8은 민족들 전체를 대상으로 말하는 것이 아니라 고자들과 개개 이방인들에게 말한다는 점에서 색다르다. 그 두 집단은 이 말을 듣는 공동체 내에서 하나님의 백성으로부터 배제될까 두려워하는 사람들이다. 그들의 두려움은 충분한 근거가 있다. 신명기 23:1-8과 같은 율법에 보면 거세된 남자와 특정 부류의 이방인들이 실제로 예배 때 이스라엘의 성회에 들어가지 못한다는 말이 나오기 때문이다.

이렇게 배제되는 부수적 이유 중에는 바벨론 유수 이전 이스라엘에서 언약에 속한 자가 되는 강력한 기준, 곧 땅을 소유한 권속에 속해야 한다는 기준도 있었을 것이다. **친족**(이스라엘의 인종적 지파 구조에 속하는 것)과 땅(야웨의 땅의 기업을 공유하는 것)은 어떤 사람의 정체성을 규정하고 이스라엘에 포함되는 것에 있어 핵심적인 요소들이었다.[48] 고자는 가족이 없었을 것이다. 그가 애도한 것처럼, "마른 나무"(사 56:3)이기 때문이다. 그리고 이방인은 땅에 지분이 하나도 없었을 것이다. 땅은 오로지 이스라엘의 지파와 씨족과 권속들 가운데서만 분배되었기 때문이다.

하나님은 여기에서 이러한 크나큰 결함들을 직접 다루신다. 고자는 어떠한 가족이 줄 수 있는 것보다 더 나은 "기념물과 이름"을 갖게 될 것이다. 이방인은 하나님의 성산으로 인도를 받게 될 것이다. 여기에서 성산은 땅 전체에서 적법한 몫을 갖는 것을 상징한다. 간단히 말해 그들은 이스라엘 시민들에 완전히 속할 것이다.

어떤 근거로 그런 약속들이 주어지는가? 바로 이스라엘 자신이 야웨의 백성이 되는 특권을 계속 누리기 위한 것과 동일한 조건, 곧 야웨께 전심을 다해 언약 **충성**을 바치고, 오로지 그분만을 **예배**하며, 그분의 율법에 철저하게 **순종**하는 것이

---

48) 신학, 경제, 윤리의 이 전체적인 연관성에 대해 더 알기 원하면, Christopher J. H. Wright, *God's People in God's Land: Family, Land and Property in the Old Testament*(Grand Rapids: Eerdmans, 1990)를 보라.

다(사 56:4-6). 흔히들 말하듯, 여기에서 이스라엘의 정의는 **선택된** 백성에서 **선택하는** 백성으로 미묘하게 발전하고 있다.

> 내가 곧 그들[이방인들]을 나의 성산으로 인도하여
> 기도하는 내 집에서 그들을 기쁘게 할 것이며
> 그들의 번제와 희생을
> 나의 제단에서 기꺼이 받게 되리니
> 이는 내 집은
> 만민이 기도하는 집이라 일컬음이 될 것임이라.(사 56:7)

하나님의 초청으로 이스라엘이 독점하던 거룩함의 핵심부에 이방인들이 더욱 가까이 오게 되면서, 예루살렘의 원래 거민들 사이에 틀림없이 충격과 수치심이 점차 커 갔을 것이다.

> 이방인들은 성산으로 인도를 받게 될 것이다.
> 하지만 아주 가까이 오기는 힘들지 않을까?
> 아니다. 하나님은 바로 성전에서 그들에게 기쁨을 주실 것이다.
> 하지만 아마도 바깥뜰에서 그렇게 하시지 않을까?
> 아니다. 그들은 자신들의 제물을 바로 단 위에 바칠 수 있다.

이스라엘인 예배자들이 누릴 수 있는 것 중 이스라엘의 하나님께 기꺼이 헌신하려는 **이방인들이** 누리지 못할 것은 없었다. 그들이 언약 구성원이 되는 조건을 받아들인다면 그들은 언약 관계의 핵심으로 받아들여질 것이다. 그들은 야웨의 집에서 기쁨을 발견할 것이다. 그것은 동일한 존재로 간주되고 포함되는 기쁨이다.

다시 한 번 바울이 이 역동적인 구절들이 성취되고 있는 대상에게 이 말을 쓸 때 그의 마음은 분명 이 구절들로 흠뻑 적셔져 있었을 것이다.

> 그 때에 너희는 그리스도 밖에 있었고 이스라엘 나라 밖의 사람이라. 약속의 언약들에 대하여는 외인이요 세상에서 소망이 없고 하나님도 없는 자이더니 이제는 전에 멀리

있던 너희가 그리스도 예수 안에서 그리스도의 피로 가까워졌느니라.(엡 2:12-13)

그리고 누가가 유대인 공동체 출신이 아니면서 최초로 예수님을 믿은 사람이 실제로 **이방인**, **고자**였으며, 그가 이사야서 두루마리의 이 본문에서 조금 떨어진 부분을 읽고 있었다고 기록할 때(분명 약간의 묘한 유머 감각과 함께) 이사야서의 이 본문을 염두에 두고 있지 않았다고 상상하기는 매우 어렵다. 하지만 누가는 그가 그리스도 안에서 그런 모든 약속들이 다 성취되었다고 이해하는 것에 걸맞게, 사도행전 8장에 나오는 에디오피아 내시가 실제로 예배를 드리러 예루살렘에 왔다 가기는 했지만 그가 **성전**에 있을 때가 아니라 **예수님**에 대해 듣고 믿고 세례를 받았을 때 기쁨을 발견했으며, 그 후 기뻐하면서 그의 길을 갔다는 점을 세심하게 지적한다. 예수님을 통해 열방의 백성들이 모든 열방을 위한 하나님의 기도의 집에 받아들여질 것이다. 선교란 열방을 그분 자신의 인격과 신자들의 공동체 안에 주의 집을 구현하시는 분께 데려감으로서 열방이 그 집에서 기쁨을 발견하게 하는 것을 의미한다.

하나님의 이름으로 일컬어짐. 아모스서 9:11-12은 아모스서를 놀랍게 마무리한다. 지금까지 책 전체를 지배했던 심판의 불, 멸망, 포로 생활이 나온 후 마지막 말은 소망을 담고 있다. 하나님의 계획 안에서 심판을 지나면 회복이 이루어지고 새롭게 된다. 바벨론 포로 이전의 다른 선지자들도 심판의 신탁과 소망의 신탁을 결합시켰으므로, 이 구절들을 아모스의 예언에서 떼어 내 다른 곳에 갖다 붙여야 하는 특별한 이유는 없는 듯하다.

놀라운 내용은 아모스서가 국제적 무대에서 시작한 것과 마찬가지로, 또한 국제적 무대에서 끝난다는 것이다. 아모스서 1-2장은 주변 민족들의 엄청난 사악함(물론 이스라엘도 나을 바 없다)과 다가오는 심판에 대한 야웨의 우레 같은 말씀을 묘사한다. 이 마지막 구절들은 다윗 왕조와 성전(아모스의 선지자 활동은 북왕국에서 이루어졌지만 아모스는 유다 출신이었다는 것을 기억하라)뿐 아니라 또한 "에돔의 남은 자와 내 이름으로 일컫는 만국"[49]의 회복을 묘사한다.

---

49) 칠십인역은 '에돔' 대신 '아담'이라고 읽는다(히브리어 자음은 동일하다). 그래서 그것을 '인류의 남은 자'라고 본다. 이것은 이해할 만하며, 아마도 올바른 해석이다. 그리고 "만국"이라는 보편적 어조에도 맞을 것이다. 그것은 분명 행 15:17에서 야고보가 사용하는 본문 형태다.

여기에서 크게 놀라운 것은 **만국**이라는 복수 단어를 "내 이름으로 일컫는다"라는 개념과 결합시킨 것이다. 분명 단 한 민족만 적법하게 그런 식으로 묘사될 수 있을 것이다. "이름으로 일컫는다"는 표현은 소유권과 친밀한 관계를 나타낸다. 통상적으로 그것은 불안한 여자들이 한 남편에게 속하기를 바라는 것(사 4:1), 혹은 선지자와 그의 하나님과의 밀접하고 진정한 관계(렘 15:16)를 표현할 때 사용하는 말이었다.

하지만 "야웨의 이름으로 일컬음을 받는다"는 말은 신학적으로 이스라엘과 여호와의 독특한 관계를 특별히 언급하는 말이었다. 언약궤는 야웨의 이름으로 일컬음을 받았다(삼하 6:2). 성전 봉헌날 성전 자체도 그랬다. 그리고 솔로몬은 "땅의 만민"이 그것을 알게 되기를 기도했다(왕상 8:43). 예루살렘은 그 이름에 걸맞든 아니든, 야웨의 이름으로 일컬음을 받는 성이었다(렘 25:29). 무엇보다도 이스라엘이 야웨의 이름으로 일컬음을 받는 백성이 되리라는 것은 그들에게 주신 하나님의 언약 축복의 핵심이었다.

> 여호와께서 네게 맹세하신 대로 너를 세워 자기의 성민이 되게 하시리니 이는 네가 네 하나님 여호와의 명령을 지켜 그 길로 행할 것임이니라. 땅의 모든 백성이 여호와의 **이름이 너를 위하여 불리는** 것을 보고 너를 두려워하리라.(신 28:9-10, 저자 강조)

사실 이것이 바로 이스라엘의 특징을 나타내는 표시 중 하나였다. 이스라엘 당시의 이방 나라들은 **절대** 야웨의 이름으로 일컬음을 받지 못한 자라고 묶어서 말할 수 있었기 때문이다(사 63:19).

그러면 아모스는 무엇을 말하고 있는가? 다름 아니라, 열방들이 성전과 이스라엘에 대해 인정해야 하는 이 위대한 특권이 사실상 열방들 자신에게 해당되리라는 것이다. 이것이 바로 종말에 일어나는 지위의 역전이다.

이미 살펴본 다른 본문들에서처럼, 이것은 포함과 정체성을 나타내는 말이다. 야웨의 이름으로 일컬음을 받는다는 것은 궤에 붙어 있는 꼬리표, 성전의 봉헌 명판, 지도에서 예루살렘을 나타내는 표시, 그리고 모든 이스라엘 사람들의 옷깃에 달린 배지였다. "야웨의 이름으로 일컬음을 받는 나라"로 알려진다는 것은 땅에 있는 오직 한 백성 이스라엘을 규정하는 특권이었다. 그런데, 이 정체성을 '모든 열방'의 백성들도 누릴 수 있게 될 것이라고 선지자는 선언한다. 어떻게 그 이상 더 광범위해질 수 있겠는가?

아모스서 1-2장에서 이스라엘과 함께 하나님의 심판 아래 있던 열방들이 이제 이 마무리 구절들에서는 이스라엘과 함께 하나님의 축복 아래 있다. '이스라엘'이라는 개념 자체가 확대되어 "내 이름으로 일컫는"이라는 핵심 호칭에 열방들을 포함하게 된다.

이사야서 44:1-5은 열방 전체를 말하기보다 개인들을 말하는 또 하나의 색다른 본문이다. 전후 문맥은 포로 생활 중에 있는 이스라엘에게 하나님께서 그들이 거기에서 쇠퇴하지도 사멸하지도 않으리라고 약속하시는 것이다. 그러나 한편으로 하나님은 하나님의 영으로 물을 주고 비료를 주어, 장차 자기 백성을 성장시킬 계획을 갖고 계신다. 그 환상 안에서 선지자는 개인들이 야웨께 회심하는 것을 묘사한다.[50]

> 한 사람은 이르기를 나는 여호와께 속하였다 할 것이며
> 또 한 사람은 야곱의 이름으로 자기를 부를 것이며
> 또 다른 사람은 자기가 여호와께 속하였음을 그의 손으로 기록하고
> 이스라엘의 이름으로 존귀히 여김을 받으리라.(사 44:5)

그래서 이스라엘의 성장은 단순히 생물학적인 것(주된 비유적 표현이 환기시키듯이)이 아니라, 또한 확장과 회심에 의한 것이기도 할 것이다. 이방인들은 자신을 야웨와 동일화하고 또한 야웨의 백성인 이스라엘과 동일화하는 이중 행동을 통해 이스라엘에 합류할 것이다. 후자에 속하지 않고는 전자에 속할 수 없다. 하지만 누구든 선택하는 자는 거기 속할 수 있다. 그렇다면 하나님의 이름으로 일컬음을 받는 것은 **열방들**을 위한 종말론적 환상이기도 하지만(아모스서에서처럼), 또한 **개인**을 위한 개인적 선택과 행동이기도 하다. 물론 성경적 선교 신학은

---

50) 어떤 사람들은 사 44:5을 외국인들이 아니라 회개하고 새롭게 충성을 다짐하면서 옛 신앙으로 돌아오는 이스라엘 배교자들을 말한다고 본다. 그렇게 볼 수도 있다. 하지만 그렇게 하면 본문을 너무 억지 해석하는 듯하다. 엄밀히 말해서, 본토박이 이스라엘 사람은 이 구절에서 말하는 사람들이 주장하는 것을 말할 필요가 없었다. 그러므로 내 생각으로는, 이 말들을 이 문구들을 사용해 야웨 및 그분의 백성과 동일화하기로 결정했던 비이스라엘인들이 말하는 것으로 보는 것이 뜻이 더 잘 통한다.

별 어려움 없이 둘 다를 포함한다.

하나님의 백성에 합류함. 스가랴서 2:10-11은 포로기 이후 예루살렘 사람들을 격려하는 환상 가운데 나온다. 느헤미야가 시작한 프로그램과는 달리, 스가랴 선지자는 그 성에 성곽이 필요하지 않을 것이라고 말한다. 부분적으로는 새로운 거민들이 너무 많이 유입되기 때문이고, 부분적으로는 하나님 자신이 그들 주위를 불로 둘러 싼 성곽이 될 것이기 때문이다(슥 2:3-5). 그들을 노략한 원수들이 패하고 노략을 당할 것이다(2:8-9). 그 때 왕이 오셔서 다시 한 번 그분의 백성 가운데 거하실 것이다.

> "시온의 딸아, 외치고 기뻐하라. 보라, 이는 내가 와서 네 가운데 머물 것임이라. 여호와의 말씀이니라. 그 날에 많은 나라가 야웨께 속할 것이다. 그리고 그들은 내 백성이 될 것이요 나는 네 가운데에 머물리라.(슥 2:10-11, 저자 사역)

그래서 열방들을 위한 선지자의 메시지는 파괴적인 멸망의 메시지일 뿐만이 아니라, 또한 그것을 넘어 하나님의 백성에 포함되는 것에 대한 메시지다. 그리고 이스라엘을 위한 스가랴 선지자의 메시지는 하나님의 배타적인 편애를 말하는 메시지가 아니라, 하나님의 사랑이 바벨론 포로에서 돌아오는 이스라엘 사람들 뿐 아니라 또한 "많은 나라"의 사람들도 포함하도록 확장된다는 메시지다.

"나는 네 가운데 머물 것이다"라는 반복되는 문구는 내용 면에서나 위치 면에서나 중요하다. 그것은 '샤칸'(šākan)이라는 단어로, 하나님께서 성막과 그 다음에는 성전에서 좌정하시는 것과 강하게 관련되어 있다. 관련된 명사는 '쉐키나'(šᵉkînâ)로, 그것은 하나님이 그분의 백성 가운데 임재하시는 것이다. 그래서 스가랴서 2:10에서 그 문구를 처음 사용한 것은 에스겔이 본 환상과 조화를 이루는 것으로, 포로기 이후의 공동체에게 주는 바 하나님께서 그처럼 비통하게 떠나셨던 성과 성전에 다시 한 번 머물기 위해 시온으로 돌아오시리라는 소망의 말씀이다. 하지만 스가랴서 2:11에서 두 번째 사용된 그 문구는 열방들이 야웨께 합류하기 위해 유입되리라는 예언 후에 나온다. 그리고 이렇게 똑같은 말이 반복되는 것은 이미 다른 식으로 암시되었던 바 이방인들이 이스라엘에 포함된다는 단언을 확정짓는 것이다.

첫째, 열방들 자신이 야웨께 합류할 것이다. 그들은 단지 이스라엘에게만 합류하는 것이 아니다. 다시 말해, 그들은 단지 이스라엘의 종속된 자로, 이류 시민으로 합류하는 것이 아니다. 그들은 이스라엘과 마찬가지로 야웨께 속할 것이다(시편 47편에서 보았듯이).

둘째, 열방들은 야웨와 더불어 이스라엘이 누리는 것과 똑같은 언약 관계를 누릴 것이다. "그들이 내 백성이 될 것이요"라는 표현은 바로 언약의 언어로, 그 어원은 지금까지는 오로지 이스라엘에게만 적용되었던 시내 산으로 거슬러 올라간다. 의미심장하게도, 열방들은 복수지만("그들은…될 것이요"라는 동사처럼), 술어는 단수인 **백성**(a people)이다. 이것은 '이스라엘 더하기 열방'이 된다는 것이 아니라 '열방이 이스라엘과 같은 존재가 되어' 하나님께 속한 한 백성이 된다는 것이다.

그래서 "나는 네 가운데에 머물리라"는 말이 열방이 합류하리라는 예언 뒤에 반복될 때, 그것은 마지막 접미사를 "**그들** 가운데"라고 바꾸지 않고 그냥 "**네**"(원래 시온을 언급하는 이인칭 여성 단수) 가운데라고 쓴다. '너' 시온은 여전히 하나님이 머무시는 곳이다. 하지만 '너'는 더 이상 돌아온 유대인 포로들만의 공동체가 되지는 않을 것이다. '너' 시온은 많은 나라들에서 온 사람들의 다국적 공동체가 될 것이다. 그들은 모두 야웨께 속할 것이며, 그렇기 때문에 그들은 이스라엘에 속했다고 간주해도 무방할 것이다. 하나님 자신이 '너', 열방의 시온 가운데 머무실 것이다(참고 시 87편). 이스라엘의 정체성과 구성원 자격은 이처럼 야웨 자신에 의해 철저히 다시 규정되었다. 그것은 더 이상 시온과 **또한** 열방들이 아니고, 열방들을 포함하는 시온이다.

스가랴서 9:7은 당시의 국제적 정치 무대에서 그런 환상을 어느 정도까지 확대시킬 수 있는지 보여 준다. 스가랴서 9장은 서아시아 나라들을 북쪽에서 남쪽까지, 수리아 고원에서 시작하여 좁고 긴 가사 땅에까지 잠깐씩 훑고 지나가는 여행 지도로 시작된다(슥 9:1-6). 선지자의 환상에서 본 비행 경로 아래 있는 모든 것은 야웨의 엄중한 눈과 임박한 심판 아래 있다.

하지만 그때 갑자기 블레셋과 관련해서 놀라운 소망의 말이 끼어들어 온다. 다른 민족도 아니고 **블레셋** 민족이 등장하는 것이다!

그의 입에서 그의 피를, 그의 이 사이에서 금지된 음식을 제거하리니 심지어 그 남은 자들도 우리 하나님께 속할 것이다. 그리고 블레셋은 유다의 한 종족같이 되겠고 에그론

은 여부스 사람 같이 되리라.(슥 9:7, 저자 사역)

다시 한 번 심판(6절에 나오는)이 열방들에 대한 하나님의 최종 판결이 아님을 보게 된다. 심지어 옛적부터 이스라엘의 숙적이었던 나라에 대해서도 그렇다. 그들은 이교적 관행을 제거하고 정결하게 될 수 있다. 그리고 죄악을 제거하는 하나님의 심판의 불 이후 이스라엘 자신처럼, **남은 자들이 '우리 하나님' 께 속할 것이다**. 즉, 블레셋의 남은 자들이 이스라엘의 하나님께 속할 것이다.

그래서 반역적인 이스라엘과 마찬가지로, 블레셋 사람에게도 동일한 소망이 제시된다. 그것은 신실한 남은 자의 소망이다. 언약에 포함되리라는 이 말("우리 하나님께 속함")에 이스라엘의 땅과 사회 구조에 경제적으로 포함되리라는 말이 추가된다(땅과 친족이 구약에서 이스라엘의 정체성과 언약 포함에 필수적인 요소였다는 이사야서 56장의 요점을 기억하라). 블레셋 사람들이 유다의 한 가문이 될 것이다(!) 원래 가나안 예루살렘 거민들인 여부스 족속이 다윗이 새로 세운 나라에 통합된 것과 똑같은 방식으로 통합되는 것이다.

그렇다면 여기에 열방들이 이스라엘의 정체성 안에 일반적으로 포함되리라는 소망이 어느 정도까지 당시 국제 정치에 특정하게 적용될 수 있는지(그 소망을 훨씬 더 뚜렷하게 규정하면서)를 보여 주는 놀라운 단어가 있다. **블레셋 사람들**에게 소망이 있다면, 어느 누구에게든 소망은 있다. 하나님이 블레셋 사람들을 "우리 하나님께 속한" 백성의 일부로 이스라엘 안에 포함시킬 계획을 갖고 계시다면, 그 누가 제외될 수 있겠는가?

잠깐 한숨 돌려 보자. 이 장에서 살펴본 길을 되돌아볼 때, 그것이 우리에게 보여 준 광경이 얼마나 엄청난 규모인지 인정해야 한다. 우리는 성경의 매우 다양한 부분에서 나온 본문들을 대조해 보았으며, 그 본문들의 역사적·문학적 혹은 사회적 배경은 상세히 논하지 않았다. 하지만 우리가 살펴본 본문 증거의 범위와 분량은 분명 인상적이다. 다양한 연대와 정경에서의 위치 역시 나름의 의미를 지니고 있다. 초기의 본문들로부터 포로기 이후의 본문들에 이르기까지, 우리는 이스라엘이 그들의 하나님과 세상의 나머지 나라들 간의 관계에 대한 일정한 확신을 갖고 있다는 것을 발견한다. 여기에 이 백성의 삶과 생각을 형성한 핵심 세계관 안에 확고히 새겨진 한 요소가 있다. 그 요소는 특별히 과시하듯 드러나지는 않는다 해도, 그들이 그들 자신과 그들의 하나님과 그들이 사는 세계에 대해 이해함에 있어 기본적인 측면들로 확고하게 새겨져 있다.

우리는 이스라엘의 세계관의 기둥들에는 그들이 아브라함 안에서 야웨에 의해 **선택**된 것, 그들이 출애굽에서 **구속**된 것, 그들이 이 하나님과 더불어 맺고 있는 **언약** 관계, 그리고 이 관계가 요구하는 삶과 예배의 거룩함이라는 **윤리적** 반응 등이 포함된다는 점을 살펴보았다. 그들은 이 모든 것들이 다른 민족들에게는 적용되지 **않는** 독특한 방식으로 그들 자신에게 해당된다고 믿었다. 그러면서도 그들은 또한 그들의 구속주 하나님이 또한 모든 다른 나라들을 **포함해서** 온 우주의 창조주시라는 것도 알았다. 그래서 그들은 그 나라들에 대한 하나의 신학적 관점을 분명하게 표현했다. 그것은 역사적 현실주의(현재 열방이 이스라엘의 경험에서 배제되어 있는 것)를 놀라운 종말론적 낙관론(궁극적으로 열방이 이스라엘이 그들 자신에 대해 믿은 모든 것에 포함되는 것)과 섞어 놓은, 확고하게 일관성을 지닌 관점이다.

이 광대한 관점에 따르면, 세상의 모든 민족들은 야웨에 의해 창조되었고, 그들의 역사에서 일어나는 일들은 그 야웨의 통치 아래 있으며, 도덕적으로 그리고 특히 정의를 행하는 일에서 그 야웨께 책임이 있다. 하지만 이스라엘과 마찬가지로 모든 민족들은 하나님의 영광에 이르지 못했으며, 동일하게 의무 불이행 상태에 있다. 하나님의 심판 아래 있는 것이다. 그 심판은 이스라엘에게 임했던 것처럼 열방에게 확실히 임할 것이다. 하지만 심판 너머에는 소망이 있다. 이스라엘의 하나님에게는 언제나 소망이 있기 때문이다.

그래서 이스라엘의 남은 자들이 역사적으로 바벨론 포로라는 무덤에서 돌아오면서 하나님의 기적적인 회복의 은혜를 경험한 것처럼, 궁극적으로 열방의 남은 자들은 유일하신 구원의 하나님 야웨께 돌아올 것이다. 그들은 모든 거짓 신들을 거부하고, 이스라엘과 더불어 오직 하나님께만 예배를 드릴 것이다. 그리고 그들이 그렇게 할 때, 하나님 자신이 그들을 언약 관계로 한데 묶으실 것이다. 그래서 아브라함에게 하신 약속을 통해 확립된 위대한 언약이 우선적으로 성취되면서, 궁극적으로 야웨께 속한 다국적 공동체 안에서 그리고 그분과의 복된 관계 안에 사는 것에서, 이스라엘과 열방 간의 차이는 궁극적으로 사라져 버릴 것이다. 구약 역사 내에서 열방과 다른 이스라엘의 특수성은 하나님의 선교에 필수적인 것이었다. 하지만 하나님의 선교는 열방이 흘러들어와 이스라엘과 연합하고 동일화되면서, 그 차이가 궁극적으로 사라지게 할 것이다. 신약 복음만이 어떻게 그 일이 **일어날 수 있을지** 보여 줄 것이다. 그리고 오직 신약 선교만이 그것이 어떻게 **일어났는지** 또 어떻게 열방이 완전히 다 모여들 때까지 계속 일어날 것인지 보여 줄 것이다.

15

신약 선교에 나타난 하나님과 열방

14장 끝에서 나는 이스라엘이 하나님과 세상에 대한 핵심적인 세계관 안에서 열방을 어떻게 이해했는지 개괄적으로 살펴보았다. 이것은 예수님과 그분의 첫 제자들이 교회의 선교라는 건축물을 세울 견고한 확신의 토대를 이룬다. 왜냐하면 그들은 다음과 같이 추론했기 때문이다.

1. 만일 이스라엘의 하나님이 온 세상의 하나님이라면
2. 만일 모든 민족(이스라엘을 포함해서)이 하나님의 진노와 심판 아래 있다면
3. 만일 그럼에도 불구하고 땅의 모든 민족이 하나님을 알고 예배하게 되는 것이 하나님의 뜻이라면
4. 만일 하나님이 모든 민족에게 그런 복을 가져다주는 수단으로 이스라엘을 선택하셨다면
5. 만일 메시아가 이스라엘의 그 사명을 구현하고 성취할 분이라면
6. 만일 십자가에 달려 죽으시고 다시 살아나신 나사렛 예수가 그 메시아라면
7. 그렇다면 이제 열방이 좋은 소식(복음)을 들을 때다.

시편에 반복되는 명령, 곧 여호와의 구원의 소식이 열방 중에 선포되고 노래되리라는 명령과, 여호와의 구원이 땅끝까지 이르리라는 선지자들의 환상이 그저

믿음으로만 상상하는 것을 넘어 역사적으로 성취되어야 할 때였다.

구약의 선교 명령?

하지만 그 논리가 갑자기 그런 형태로 뚝 떨어진 것은 아니었다. 분명 처음에는 그렇지 않았다. 초기 기독교 선교 운동의 원심적 역학이 마침내 시작되었을 때, 그것은 **개념상으로는 아니라 해도 실제상으로는** 대단히 새로운 것이었다. 물론 이방인들을 유대인으로 개종시키려 할 때 그와 같은 선례가 있긴 했다. 하지만 신약에서 일어나는 이방인 선교의 규모와 신학적 근거는 제2성전 시대 유대교의 어떠한 개종 활동도 능가한다.[1]

우리는 잠시 한 걸음 물러나서 그 논리가 훨씬 더 이전에, 즉 바로 구약 이스라엘의 역사 안에서 열방 선교를 일으켰어야 한 건 아닌지 물어 보아야 한다. 어떤 사람들은 이스라엘 사람들이 열방을 향해 복음을 갖고 나아가는 것이 실제로 하나님의 의도였다고 생각한다.

월터 카이저(Walter Kaiser)는 이스라엘은 자신이 갖고 있는 야웨의 구원의 메시지를 열방에 전해 줄 의무가 있었으며, 그들도 그런 의무가 있음을 알고 있었다고 강력하게 주장한다. 자신들이 마땅히 그렇게 믿어야 했던 것처럼, 열방들에게도 하나님이 약속하신 씨, 즉, 아담과 하와에게, 아브라함에게, 다윗에게 하신 하나님의 약속들의 성취로 오실 분을 믿으라고 외쳐야 했다는 것이다. 카이저는 우리가 14장에서 살펴본 많은 본문들을 그저 하나님께서 이스라엘을 통해 하려고 하신 일에 대한 확신이 아니라, 이스라엘이 그때 거기서 하라고 명령받은 일에 대한 확신이라고 여긴다.[2]

---

1) 하지만 이같이 유대교로 개종시키는 활동이 실제로 얼마나 많이 이루어졌는가에 대해서는 상당한 논란이 있다. 유대인 디아스포라와 유대교 개종 활동을 선교학적 관점에서 긍정적으로 평가한 것으로는 Richard R. De Ridder, *Discipling the Nations*(Grand Rapids: Baker, 1975), pp. 58-127를 보라. 모든 자료들과 부차적 문헌들에 대한 광범위한 논의로 Eckhard J Schnabel, *Early Christian Mission*, vol.1, *Jesus and the Twelve*(Leicester, U.K.: Inter-Varsity Press; Downers Grove, Ill.: InterVarsity Press, 2004), pp. 92-172를 보라.

2) Walter C. Kaiser Jr., *Mission in the Old Testament: Israel as a Light to the Nations*(Grand Rapids: Baker, 2000)「구약성경과 선교」(CLC). Kaiser는 우리가 이 책에서 조사한 것과 동일한 많은 본문들을 다루며, 근본적인 차원에서 우리는 구약의 강력한 선교적 메시지에 대해 동의한다. 하지만 나는 그가 이 본문들을 선교 위임령으로 보고, 이스라엘이 열방에 나가서 선교를 했어야 했다고 해석하는 것에 대해서는 아직 확신하지 못하겠다.

하지만 내 생각에는 수십 세기 동안 하나님이 이스라엘에게 주신 계시에서는 그들에게 우리가 생각하는 의미의 열방 '선교'에 착수하라고 분명하게 명령하고 있지는 않은 듯하다. 하나님이 이스라엘 사람들로 하여금 다른 민족들에게 가서 다른 신들을 예배하는 것에 도전을 가하게 하고, 그들에게 윤리적 종교적 회개를 명하게 하고, 야훼께서 이스라엘 안에서 이스라엘을 위해 행하신 모든 이야기를 말하게 하고, 그들이 아브라함의 약속된 후손을 믿고 구원을 받도록 이끌게 하셨다면, 이 모든 것이 이스라엘에 대한 하나님의 의도였다면, 아마 다른 곳에도 그것을 입증하는 증거들이 나와 있었으리라. 예를 들어 토라에 보면, 이스라엘을 열방 가운데 하나님의 제사장으로 지명한다는 이야기는 찾아볼 수 있지만 이스라엘이 열방으로 **가서** 거기에서 제사장적 기능을 수행하라는 분명한 명령은 없다. 이스라엘이 그들의 땅에서 열방 가운데 하나님의 언약 상대자로 어떻게 살 것인가에 대한 율법들은 대단히 많다. 그러므로 이스라엘이 열방에 대한 선교 활동들을 조직하는 것이 야훼의 의도였다면, 그런 취지의 지시들이 분명 나와 있었을 것이다. 하지만 그런 것은 하나도 발견할 수가 없다.

그리고 실제로 열방 선교가 이미 알려진 언약의 의무였다면(이스라엘 사람들이 하나님의 약속에 대해 이야기 형태로 내려오는 전승들과 그들이 예배 때 부르는 노래가 지닌 보편성에서 추론해 내야 하는 의무), 선지서들에서 이스라엘이 분명 그런 선교 활동을 하지 **못한** 것에 대해 비판했을 것이다. 특히 카이저가 암시하듯이, 그것이 이스라엘의 이해에서 핵심을 차지하는 특별한 요소였다면 더욱 그렇다. 선지자들은 이스라엘을 정죄할 것들이 대단히 많았다. 그들이 야훼와 맺은 언약 기준에 따라 열방 가운데서 **살지** 못한 것은 분명 정죄받을 일 중 하나였다. 하지만 육체적으로 열방들에게 **가서** 그들에게 구원의 메시지를 전하지 못한 것은 분명 정죄받을 일이 아니었다. 이는 당시 하나님의 마음과 계시를 가장 잘 알았던 사람들인 선지자들을 포함해서 어느 누구도, 이스라엘이 열방에게 가야 한다고 생각한 사람은 없었다는 말이다.

물론 요나는 이 원리에서 예외다. 하지만 구약의 선교 명령이라고 말하는 것을 지지하기 위해 요나를 이용하는 것은 논란거리로 악명이 높은 그 책의 의도에 대해 또 다른 해석학적 문제를 던지는 것이다.[3] 그 책은 분명 하나님의 본성과 열방

---

3) 하지만 요나만이 외국에 간 선지자는 아니었다. 엘리야도 두로와 시돈 땅에 가서 사렙다 과부 집에

들에 대한 하나님의 태도에 대해 중요한 교훈들을 가르친다. 그것이 마지막 장의 명백한 취지다. 그것은 하나님이 니느웨를 심판하지 않으신 것에 대해 요나가 보인 태도를 분명 비판한다. 하지만 그것이 다른 이스라엘 사람들도 요나 같이 해외 선교사가 되도록(아마 하나님의 자비에 대해 덜 반항하고 덜 화를 내면서 그렇게 하도록) 설득하려는 의도를 갖고 쓰였는가 하는 것은 매우 의심스럽다.

그보다 우리가 알아낼 수 있는 것은 열방에 그런 축복을 가져다주는 것이 **하나님의 의도**라는 것, **하나님께서** 열방을 시온에 나아오도록 만드셔서 그분 자신께로 부르시리라는 분명한 약속이다. 구약의 관점에서 보면, 열방 선교는 (아직까지는) 하나님의 백성을 선교사로 파송하는 문제가 아니라, 종말에 하나님이 하실 행동이다. 이사야 66장에서만 하나님이 열방에 사자들을 보내신다고 분명하게 진술한다. 그리고 그것은 먼저 이스라엘이 모인다는 조건 아래 미래에 일어날 일로 나온다.

하지만 우리는 또한 이스라엘이 명확하게 선교 의식을 갖고 있었다는 것도 발견한다. 어떤 곳에 **간다는** 의미에서가 아니라 어떤 것이 **된다는** 의미에서 그렇다. 그들은 살아 계신 하나님 야웨의 거룩한 백성이 되어야 했다. 그들은 야웨를 있는 모습 그대로 알아야 했고, 오직 야웨만을 참되게 예배해야 했으며, 야웨와 맺은 언약 관계에 충성하고 헌신하면서 그분의 도와 율법에 따라 살아야 했다. 이 모든 점에서 그들은 열방의 빛과 증인이 **될** 것이다.

그렇기 때문에 나는 에크하르트 슈나벨과 찰스 스코비(Charles Scobie)의 다음과 같은 견해에 동의한다.

이스라엘의 전 세계적 과업, 혹은 위임에 대해 말하는 것은 불가능하지는 않다 해도 어려운 일이다. 내가 구약을 이해하는 바로는 야웨께서 이스라엘에게 주신 '선교'(언약 규

머물렀으며, 그 과부는 후에 야웨를 믿는 신자가 되었다. 엘리사는 나아만(그 역시 이스라엘에서 병 고침을 받은 후 신자가 되었다)을 만난 후 잠시 수로의 수도인 다메섹에 가 있었다(왕하 8:7-15). 그가 거기에서 무엇을 하고 있었는지는 알 수 없지만, 본문을 보면 전도 비슷한 어떤 것에 대한 암시도 나와 있지 않다. 이러한 이야기들은 분명 하나님의 축복이 외국인들에게까지 확장되는 것을 보여 준다(솔로몬이 기도했듯이 그리고 예수님이 나사렛에서 청중들에게 예리하게 상기시키셨듯이). 하지만 그것들은 그 사람들에게 조직적인 형태의 선교 활동이 아니었으며, 또 일반 이스라엘 사람들에게 그런 활동을 하도록 기대했다는 증거가 되지 못한다. Walter A. Maier III, "The Healing of Naaman in Missiological Perspective", *Concordia Theological Quarterly* 61(1997): 177-196.

정들에 감사하고 기쁘게 순종하면서, 야웨를 예배하고 그분의 뜻을 행하는 것)는 분명 **지역** 선교, 곧 이스라엘의 경계선 안에서 이스라엘 사람들에 의해 수행되는 과업이었던 듯하다. **전 세계적인** 것은 이스라엘의 순종의 결과들인데, 그것은 장차 종말에 일어날 일이다.[4]

스코비는 우리가 이 장에서 탐구한 자료 중 일부를 살펴본 후에, 이렇게 결론을 내린다.

> 이러한 놀라운 본문들에도 불구하고, 여전히 구약 시대 이스라엘이 어떤 적극적 선교 활동을 실제로 했다는 표시는 없다. 이것은 중요하고도 서로 맞물린 세 가지 이유들 때문에 그렇다.
>
> 첫째로, 열방이 모이는 것은 **하나의 종말론적 사건이다**. 그것은 '말일에' 일어날 일이다.…이렇게 이방인들은 완전히 받아들여질 것이다. 하지만 현재는 아니다. 그것은 하나님의 미래에 속한 사건이다.
>
> 둘째로, 열방이 모이는 것은 **이스라엘이 할 일이 아니다**. 종종 열방 자신이 주도권을 쥐게 될 것이다. 많은 중요한 본문들에서, 열방들을 모으는 분은 하나님이시다.…
>
> 셋째로, 이 선지서 본문들은 모두 **이스라엘이 열방으로 가는 것이 아니라, 열방이 이스라엘에게로 오는** 모습을 상상한다.…주변으로부터 중심으로의 이 이동은 '구심적'이라는 적절한 명칭으로 불린다.[5]

하지만 말라기에서 마태복음으로 넘어가면, 완전히 다른 세계가 펼쳐진다. 거

---

4) Eckhard J Schnabel, "Israel, the People of God, and the Nations", *Journal of the Evangelical Theological Society* 45(2002): 40. 또한 Schnabel이 구약 자료를 매우 철저히 분석하고 관련 학문에 대해 조사한 것으로, 그의 권위 있는 연구서 첫 부분 *Early Christian Mission*, 1:55-91를 참고하라.

5) Charles H. H. Scobie, "Israel and the Nations: An Essay in Biblical Theology", *Tyndale Bulletin* 43, no.2(1992): 291-292. 내가 이 인용문들에서 Schnabel 및 Scobie에게 이의를 제기하는 유일한 부분은 그들이 Kaiser가 (지나치게) 강조한 열방에 대한 이스라엘의 확신, 즉 시편에 두드러지게 등장하는 바 열방에 야웨의 모든 역사를 선포한다는 주제를 경시하는 것이다. 이스라엘에게 맡겨진 계시의 보편적 의의라는 견지에서 볼 때, 내가 보기에 이것은 '지역' 선교 이상의 것을 상상하는 듯하다. 비록 나는 그런 어법은 그 시편 기자들이 열방에 가서 그런 선포를 하는 선교사로서 자신을 드리거나 또는 다른 사람들에게 그것을 명하고 있는 것이기보다는 신앙과 소망을 표현하는 것이라고 계속 주장하긴 하지만 말이다.

기에서도 열방에 대해 하나님이 궁극적으로 선교하실 것이라고 이해한다. 그러한 이해는 구약 구석구석에서 숨쉬고 있던 것이다. 하지만 이제 그것은 슈나벨이 말하는 선교사적 **인식**에서 정력적인 선교사적 **실천**으로 변화된다.

> 처음에 예수님이 계셨다. 메시아적 인자이신 나사렛 예수라는 분이 없었다면, 그리스도인은 한 명도 없었을 것이다. 예수님의 사역이 없었다면, 기독교 선교는 없었을 것이다. 기독교 선교가 없었다면, 서구 기독교 세계는 없었을 것이다. 최초의 기독교 선교사는 바울이 아니라 베드로였다. 그리고 베드로는 삼 년간 예수님의 제자가 아니었다면 오순절날 '선교사적' 설교를 하지 않았을 것이다.[6]

이런 담대한 말로 에크하르트 슈나벨은 초기 기독교 교회의 선교에 대한 훌륭한 연구를 시작한다. 그는 이어서 그 운동이 주후 30년 예루살렘에 있던 120명으로부터 시작해서, 19년 후 로마에 소동을 일으켜 글라우디오 황제가 모든 유대인들을 그 도시에서 쫓아낼 정도로, 그리고 34년도 안 되어 네로 황제의 핍박을 불러일으킬 정도로 골칫거리 공동체로 얼마나 빠르게 커 갔는지 간략히 기술한다.

그렇다면 우리 역시 예수님과 복음서로부터 시작해서, 사도행전에 나오는 초대교회에 대한 누가의 글을 간략히 살펴본 후, 마지막으로 사도 바울을 살펴보아야 한다. 각 경우 하나님과 열방에 대한 그들의 성경적 이해가 어떻게 그들이 하나님의 선교에 참여하는 방식에 영향을 끼쳤는지 알아보는 것이 우리의 목적이다. 우리는 신약이 어떻게 하나님 및 열방과 관련된 구약의 모든 신학과 예상을 받아들여서 그 결실을 맺는지 보고자 한다.

예수님과 전도자들

예수님의 목적은 무엇이었는가?[7] 예수님은 무엇을 하기 시작하셨는가? 예수

---

6) Schnabel, *Early Christian Mission*, 1:3. 물론 '서구 기독교'(Christian Occident)라는 Schnabel의 말은 현재의 세계적 실상이 아니라, 신약 시대 이후 수세기에 걸쳐서 유럽이 광범위하게 회심한 역사적 실상을 언급하는 것이다. 지난 세기 세계 전역에서 교회가 경이적으로 성장함으로서, (부적절한 말이지만 소위) 서구 기독교(Christian West)는 전 세계 기독교에서 주변적인 소수로 바뀌어 버렸다. 세계 그리스도인 전체의 75퍼센트 이상은 현재 지구 남부 혹은 아프리카, 남미, 아시아 일부 등의 다수 세계에 산다.
7) 다음에 나오는 것은 우리가 지금까지 이 책에서, 특히 14장에서 살펴본 주제들에 대한 요약과 초점

님은 자신의 개인적 선교를 어떻게 이해하셨으며, 자신이 죽은 후 무슨 일이 일어 나리라고 상상하셨는가? 이러한 것들은 수많은 학자들이 연구해 왔던 엄청난 질문들이다. 다행히도 적절하고 대단히 유용한 조사 결과들을 찾아볼 수 있다. 따라서 우리는 다른 곳에서 얼마든지 입수할 수 있는 내용을 여기서 반복할 필요가 없다.[8]

앞에서 던진 질문들에 조리 있는 대답을 하는 가장 간단한 방법 중 하나는 예수님의 지상 사역 직전에 나온 것과 직후에 나온 것이 무엇인지 살펴보는 것이다.

모든 기록들은 예수님의 사역이 세례 요한의 사역에서부터 시작되었으며, 요한의 사역은 주님이 친히 오시는 것을 대비해 이스라엘에게 회개를 외치는 것이었다고 한 목소리로 말한다. 즉, 그것은 근본적으로 이스라엘의 회복을 추구하는 선지자적 사역이었다는 것이다. 예수님은 요한의 메시지에 공명하셨으며, 그것을 자신의 사역의 기초로 이용하셨다.

그리고 나서 예수님이 죽으시고 부활하신 직후, 예수님의 첫 번째 제자들은 예수님에 대한 좋은 소식을 전하기 위해 유대인들을 이방인들과 구별하는 경계선을 넘어갔다. 그리고 그것은 성령님이 나타나심으로 지지와 입증을 받았다. 몇 년 안 되는 짧은 기간 동안, 예수님을 주님과 구세주로 모시는 사람들의 수가 원래 예수님을 믿었던 유대 신자들의 수를 넘어서서, 헬라화된 유대인, 사마리아인, 헬라인, 소아시아의 여러 인종 집단 순으로 확장되어 갔으며, 결국에는 로마라는 세계적 도시에 뿌리를 내렸다.

이다. 각 복음서의 독특한 선교적 메시지에 대한 보다 상세한 설명은 David J. Bosch, *Transforming Mission: Paradigm Shifts in Theology of Mission*(Maryknoll, N. Y.: Orbis, 1991)의 2장, "Matthew: Mission as Disciple-Making"과 3장, "Luke-Acts: Practicing Forgiveness and Solidarity with the Poor", Donald Senior and Carroll Stuhlmueller, *The Biblical Foundations for Mission*(London: SCM Press, 1983)의 마가복음, 마태복음, 누가복음-사도행전, 요한 문서를 각각 다룬 9, 10, 11, 12장; Andreas J. Koestenberger and Peter T. O'Brien, *Salvation to the Ends of the Earth: A Biblical Theology of Mission*(Leister, U.K.: Apollos, 2001); Andreas J. Koestenberger, *The Missions of Jesus and the Disciples According to the Fourth Gospel: With Implications for the Fourth Gospel's Purpose and the Mission of the Contemporary Church*(Grand Rapids: Eerdmans, 1998)의 마가복음, 마태복음, 누가복음-사도행전, 요한복음을 각각 다룬 4, 5, 6, 8장에서 찾아볼 수 있다.

8) N. T. Wright의 권위 있는 저술들 외에, 또한 R. T. France, *Jesus and the Old Testament: His Application of Old Testament Passages to Himself and His Mission*(London: Tyndale, 1971); Ben F. Meyer, The Aims of Jesus(London: SCM Press, 1979); Eckhard Schnabel, *Early Christian Mission*, vol.1; Ben Witherington III, *The Christology of Jesus*(Minneapolis: Fortress Press, 1990)를 보라.

다시 말해, 예수님의 지상 사역은 **이스라엘**을 회복시키기 위한 운동으로 시작되었다. 하지만 예수님 자신은 **열방**을 새로운 하나님의 메시아 백성으로 모으는 운동을 시작하셨다. 예수님 사역의 **첫 추진력**은 이스라엘을 그들의 하나님께 돌아오라고 부르는 것이었다. 예수님 사역의 **후속적 영향**은 열방을 향해 이스라엘의 하나님을 믿으라고 외치는 새로운 공동체가 만들어진 것이었다.

우리는 신약을 읽을 때 예수님의 사역의 이 이중적 차원을 염두에 둘 필요가 있다. 이것은 우리가 살펴본 구약 본문들과 조화를 이룰 뿐만 아니라, 그 본문들에서는 종말론적 시나리오가 종종 하나의 순서를 따라 나온다. 먼저 이스라엘이 회복되고, 그 다음에 열방이 모이리라는 것이다. 또는 스가랴서 2장과 스가랴서 9장에서처럼, 왕(즉, 야웨)이 시온에 돌아오시고(그래서 그들 가운데 그분의 나라를 회복시키시고), 그 다음에 열방이 그분의 백성에 합류하리라는 것이다. 그것은 또한 신구약 중간기 유대인들의 소망을 나타낸다. 구약 이후의 문헌들에서 발견되는 엄청나게 다양한 종말론적 시나리오들 가운데 눈에 띄는 내용은 이스라엘이 구속되고 회복되리라는 시나리오다. 하지만 또한 하나님의 원수들을 제거하는 심판의 불이 있은 후에, 성경을 기록한 위대한 선지자들이 예견한 대로 열방들이 모여들게 되리라는 내용이 부수적으로 나온다.

예수님과 이방인들. 복음서들은 예수님이 순회 사역을 하실 때, 그리고 순회 사역을 하도록 제자들을 내보내실 때, 대개의 경우 의도적으로 "이스라엘 집의 잃어버린 양"(마 10:6; 15:24)에게만 국한시키셨다고 기록한다. 하지만 복음서를 보면 또한 이방인들과 의미심장한 관계를 맺은 몇몇 경우들과, 예수님을 통해 도래한 하나님 나라가 이방인들에게도 영향을 끼쳐야 한다는 인식이 드러난다. 다음의 사건들과 말씀들을 모아 보면, 예수님은 유대인 외에는 관심이 없으셨다는 말이 완전히 잘못된 것임을 알 수 있다.[9]

---

9) 예수님이 자신과 제자들의 사역을 그분의 생전에는 이스라엘 경계선 안으로 국한시킨 것과, 그 다음에 그분의 죽음과 부활 이후에 제자들을 열방에 보내신 것에 대해 논하면서, 그와 같이 '두 부분으로 나누어진' 선교의 성경적 뿌리를 보여 준 매우 탁월하고 상세한 책으로 Joachim Jeremias, *Jesus' Promise to the Nations*, Studies in Biblical Theology(London: SCM Press, 1958; Philadelphia: Fortress, 1982)를 보라.

같은 주제에 대한 훨씬 짧지만 알찬 글은 T. W. Manson, *Jesus and the Non-Jews*(London: Athlone Press, 1955)이다. Manson은 예수님의 선교가 단순히 유대인들과 이방인들의 종교적 이상들을 공표하는 것이었을 뿐이라는 자유주의적 기독교의 견해를 거부한다. 그는 예수님의 선교는 완전히 새로

로마 백부장의 하인(마 8:5-13; 눅 7:1-10). 예수님은 이스라엘 중 아무에게서도 이만한 믿음을 보지 못했다고 말씀하시면서 백부장의 단호한 믿음에 놀라신다. 백부장의 믿음에서 중요한 것은 단지 예수님이 치유의 기적을 행하실 수 있다는 것이 아니었을 것이다. 정말 중요한 것은 바로 이방인인 그가 예수님이 유대인과 이방인을 가르는 경계선을 넘어 이방인 하인을 만질 수 있다고 믿었다는 점이다. 이것은 예수님의 마을인 나사렛 사람들이 받아들이기가 매우 어려운 것이었다. 그렇기 때문에 예수님은 이 이방인의 믿음을 사용하여 열방들이 하나님 나라의 메시아적 잔치에 모여드는 종말론적 소망에 대해 말씀하신다. 예수님은 아마 여기에서 디아스포라 유대인이 사방에서 돌아오는 것에 대해 말하는 본문(참고 시 107:3; 사 49:12)과 열방의 순례 여행 및 예배라는 주제(참고. 사 59:19; 말 1:11)를 결합시키고 있으실 것이다. 그것은 분명 예수님이 주로 유대인들만을 대상으로 지상 사역을 하셨지만, 그분의 궁극적 시야는 훨씬 더 넓었다는 것을 보여 준다.

가다라 지방의 귀신 들린 자와 데가볼리 지방의 귀머거리(마 8:28-34; 막 5:1-20; 눅 8:26-39; 막 7:31-35). 예수님은 갈릴리 호수 건너편이 이방인들의 영토라는 것을 잘 알고 계셨지만, 스스로 갈릴리 바다를 건너기로 결심하신다. 호수 건너편에서 예수님은 삼중적으로 부정한 상황에 처하시게 된다. 부정한 돼지 떼가 근처에 있다. 예수님이 만나는 사람은 죽은 자들의 부정한 세계에 산다. 그리고 그 사람은 군대처럼 많은 부정한 영에 사로잡혀 있다. 하지만 예수님은 부정한 이방인과 접촉해 스스로 더럽혀지시기는커녕, 그분의 임재와 말씀으로 그것을 변화시키신다.

그리고 나서 예수님은 대단히 색다르게도, 치유된 그 사람에게 주님의 전능한 행동과 자비에 대한 소문을 퍼뜨리라고 말씀하신다. 그리고 그 사람은 열심히 그

운 공동체를 창조하는 것이었으며, 또 그것은 초대교회의 관심사이기도 했다고 주장한다. "1세기 중반 현안은 기독교적 사상을 이방인들의 마음에 깨우쳐 주는 것이 아니라, 이방인들을 그리스도인의 몸에 통합시키는 것이었다"(같은 책, p. 6). "[예수님의 목표는] 이스라엘 안에 맹목적 민족주의에서 해방된, 이스라엘의 신앙과 행동의 이상들을 무력으로 세계 다른 사람들에게 강요하려는 야망으로부터 해방된 사람들, 참된 종교와 건전한 도덕의 기본을 잘 모르는 사람들에게 한 수 가르쳐 주려고 하는 영적 교만에서 벗어난 사람들, 예수님의 도제가 되어 어떻게 스스로 하나님의 통치를 받아들이는지 배우고, 또 어떻게 고국과 해외에서 이웃들을 사랑으로 섬김으로 그것을 그들에게 확장시키는지 배운 사람들을 세우는 것이다. 나는 예수님이 당면한 과제를 이스라엘 안에 그런 공동체를 창조하는 것으로 보았다고 생각한다. 예수님은 그것이 그분 자신의 백성의 삶을 변화시키고, 또 변화된 이스라엘이 세상을 변화시키리라 믿으셨다"(같은 책, p. 18).

말씀을 따른다. 그는 사실상 그리스도 자신께 위임을 받고 이방인들에게 전도한 최초의 이방인 선교사다. 분명 그의 증거는 그 지역에서 열매를 맺었다. 왜냐하면 예수님이 다음에 데가볼리(이전에 사람들이 예수님께 떠나달라고 간청했던 곳이었다는 사실을 기억하라)를 방문하셨을 때, 사람들이 귀먹고 말 못하는 사람을 고쳐 달라고 데려왔기 때문이다. 또 이야기의 위치상, 사천 명의 무리를 먹인 사건 역시 호수의 데가볼리 쪽에서 일어났을 가능성이 매우 높다. 즉, 예수님이 유대인들에게 자신의 정체성을 보여 주셨던 가장 의미심장한 기적 중 하나를 이방인들에게도 그대로 다시 보여 주신 것이다.

수로보니게 여자(마 15:21-28; 막 7:24-31). 로마 백부장과 마찬가지로, 수로보니게 여자는 이방인이었지만 집요한 믿음으로 예수님을 놀라게 했다. 예수님이 유대인과 이방인을 구분짓는 차이에 대해 말씀하셨는데도 그 여자는 아랑곳하지 않았다. 이 이야기의 위치 역시 대단히 의미심장하다. 마태와 마가는 모두 예수님과 바리새인, 그리고 율법 교사 간에 정결한 음식과 부정한 음식에 관한 논쟁을 한 뒤에 그 사건을 기록한다. 예수님은 철저한 재해석을 통해, 정결한 것과 부정한 것의 구분을 이제는 음식과 관련해서 이해할 것이 아니라 도덕적 견지에서, 즉 입으로 들어오는 것이 아니라 마음에서 나가는 것과 관련해서 이해해야 한다고 선언하신다. "이러므로 모든 음식물을 깨끗하다 하시니라"(막 7:19)라고 마가는 주석을 달았다.

하지만 이스라엘 내에서 정결한 것과 부정한 것의 구분은 근본적으로 이스라엘과 열방의 구분을 상징한다. 따라서, 예수님이 음식과 관련된 구분(상징)을 폐지하셨다면, 동시에 유대인 및 이방인과 관련된 구분(그 상징이 가리킨 실제)도 폐지하신 것이다. 이로 인해 마태복음과 마가복음 모두에서 이방인들을 위한 두 개의 기적(두로의 여인과 데가볼리의 남자)과 아마도 세 번째 기적(4천 명을 먹이신 일이 호수의 데가볼리 쪽에서 일어났다면)에 대한 논의가 이어진 것은 더욱 의미심장하다. 예수님은 말씀과 행동을 통해, 하나님의 구원의 능력이 열방이라는 더 넓은 범위에 미칠 것을 가르치고 계신 것이다.

성전에서 보이신 예언적 표적(마 21:12-13; 막 11:15-17; 눅 19:45-46). 성전에서 예수님이 하신 행동이 '정화' 훨씬 이상의 의미를 지니고 있었다는 데 대해 대체로 의견이 일치되고 있다. 그것은 성전 자체의 임박한 멸망을 예언한 예언적 표시였다.[10] 분명 유대 당국자들이 예수님을 처형하려 했던 일차적 죄목은 바로 그것이었다.

하지만 예수님은 자신의 행동을 두 개의 성경과 연결시키시는데, 그 성경 구절들은 그분의 행동을 명료하게 하고 그 행동의 더 넓은 의미를 말해 준다. 예수님이 인용하신, 성전을 "강도의 소굴"이라고 말하는 예레미야서 7:11은 예레미야가 첫 번째 성전에서 한 유명한 설교에서 나온 것이다. 그 설교에서 예레미야는 여전히 그 성전에서 하나님을 예배한다고 주장하는 사람들이 자신들의 악을 회개하지 않기 때문에 야웨께서 그 성전을 멸하실 것이라고 예언한다. 또 다른 인용문인 이사야서 56:7은 성전이 "만민이 기도하는 집"이 되어야 한다는 하나님의 의도를 말하는데, 그것은 예수님이 단지 현재의 성전 제도에 대한 비판뿐 아니라, "이스라엘 내에서 야웨의 임재가 지닌 전 세계적 의의"에 대한 광범위한 예언적 환상도 염두에 두고 계셨음을 보여 준다.[11] 예수님의 행동은 "성전과 그 지도자들의 '심판의 때'를 알리는 것이며, 이제부터 성전과는 무관하게 이스라엘의 하나님을 예배할 '열방의 구원의 때'를 알리는 것"[12]이었다.

포도원 농부의 비유(마 21:33-46; 막 12:1-12; 눅 20:9-19). 세 공관복음서 모두 예수님의 비유의 절정으로 농부의 비유를 기록한다. 그 비유의 결론부는 너무 예리하고 그 대상은 너무나 분명해서(당시 유대인 지도자들), 그들로 하여금 예수님을 잡아 고소하도록 재촉했다. 그것은 분명 이스라엘[그들이 포도나무 혹은 포도원으로 여겨진다는 것은 잘 알려진 구약의 비유였다(참고. 사 5:1-7; 시 80:8-19)]의 이야기다. 하지만 이 이야기는 예기치 않은 방향으로 흘러간다. 그런 이야기는 보통 하나님이 결국에는 이스라엘의 정당함을 입증하고 그분의 포도원을 위협하는 다른 모든 외부 원수들을 멸하신다는 식으로 전개되는데(시편 80편에서처럼), 이 비유에서 예수님은 포도원 주인이신 하나님의 진짜 원수는 그분이 그것을 돌보도록 맡긴 사람들, 즉 유대인 지도자들 자신이라고 말씀하신다. 게다가 예수님은 주인이 포도원을 원래 청지기들의 손에서 빼앗아 대신 "그 나라의 열매 맺는 백성"(마 21:43)에게 맡기실 것이라고 예언하신다.

여기에서 중요한 것이 두 가지 있다. 한편으로, 예수님은 유대인들이 하나님의

---

10) 이러한 해석에 대해 더 알기 원하는 사람은, 특히 N. T. Wright, *Jesus and the Victory of God*(London: SPCK, 1996), pp. 405-428를 보라.
11) Schnabel, *Early Christian Mission*, 1:341.
12) 같은 책, p. 342.

포도원을 더 이상 독점하지 못하리라는 점을 분명하게 지적하신다. 다른 사람들이 하나님의 나라에서 하나님을 섬기도록 부름받을 것이다. 다른 한편으로, 포도원은 단 하나만 있다는 것이다. 그리고 하나님의 목적은 그것이 열매를 맺는 것이다. 그것이 이스라엘의 선교였다. 하나님은 정의와 진실성과 긍휼이라는 하나님의 성품을 반영하면서 그분 앞에서 열매를 맺으며 살 사람들을 찾으신다. 하지만 이스라엘은 그러한 열매를 맺는 데 실패했다(참고. 사 5:7). 이제 하나님은 보다 광범위한 '소작인' 집단에서 그 열매를 찾으실 것이다. 따라서 이 다른 '소작인들', 곧 하나님이 부르실 다른 이방인들은 원래 포도원은 내버려두고 그들만을 위해 만든 다른 포도원에서 일하게 되는 것이 아니다. 그렇다. 하나님의 계획은 그분의 단 하나의 포도원, 바로 그분 자신의 백성을 위한 것이다. 말하자면 원래의 유대인 '소작인들'을 넘어서 더 넓은 이방인 세계로 청지기직이 **확장**되는 것이다. 그 이방인들은 하나님을 위해 그분의 원래 목적을 이룰 것이다. 그 목적이란 바로 포도원의 열매다.

혼인 잔치 비유(마 22:1-10; 눅 14:15-24). 등장하는 인물은 포도원인 이스라엘에서, 큰 잔치에 참여하는 야웨의 언약 상대자인 이스라엘로 바뀐다. 하지만 원래 초청받은 사람들이 오지 않겠다고 했기 때문에, 이제는 누구든지 혼인 잔치에 와서 자리를 채우라는 초청을 받게 되었다. 이방인 선교의 윤곽이 이미 그려지고 있는 것이다.

예수님의 비유는 유대인과 이방인들을 포함할 위대한 종말론적 잔치를 말한다. 하지만 그때까지는 여기 이 땅에서 나누는 실제 식사가 그렇게 통합된 교제의 중대한 상징이 되었다. '식탁 교제'에서 누가 누구와 함께 먹는가 하는 것은 고대 사회에서 대단히 중요한 문제였다(많은 현대 사회에서도 그것은 여전히 중요하다). 유대인들에게는 정결한 음식과 부정한 음식에 관한 율법 문제가 있었다. 유대인들이나 이방인들이나, 식탁에 누구를 끼워 주고 누구를 뺄 것인가 하는 문제를 놓고 사회와 계층이 나누어져 있었다. 그래서 초기 그리스도인들이 그리스도 안에서 연합되었다는 표시로 함께 먹는 것은 대단히 가시적이고 대단히 의미심장한 중요한 일이었다. 초대교회 내의 그 같은 식탁 교제는 유대인과 이방인의 구분도 뛰어넘고 경제적 지위라는 사회적 구분도 뛰어넘는 것이었다. 누가복음-사도행전에 나오는 이 주제에 대한 히사오 카야마(Hisao Kayama)의 매력적인 연구는 그것을 두 책에 나오는 누가의 선교 개념과 연결시킨다. 그는 이렇게 결론을 내린다.

식사라는 주제는 누가복음-사도행전에서 대단히 자주 등장하며 중요한 신학적 메시지를 전달한다. 그것은 필수적으로 누가의 보편주의, 즉 예루살렘에서 시작해서 땅끝까지 확장되는 그의 전 세계적 선교 프로그램과 관련된다(행 1:8). 누가 자신이 이 보편적 기독교의 일원이다. 거기에서는 이방인 그리스도인들도 이방인들로서 식탁에 초청받는다.…누가복음-사도행전 독자들은 예수님이 세리와 죄인들과 함께 음식을 먹으셨다는 것을 상기하게 된다(눅 5:27-32; 7:34; 15:2). 예수님이 죄인들과 함께 식탁 교제를 나누신 것은 누가와 그의 공동체에 유대인 그리스도인들과 이방인 그리스도인들이 식탁의 교제를 나누는 것에 대해 신학적 기초를 제공한다.…일종의 식탁 교제인 기독교는 로마를 넘어, 저 멀리 아시아로, 심지어 극동으로, 그리고 땅끝까지 퍼져 나가면서, 토착적 문화적인 금기들에 도전을 가하고 사람들을 그런 금기들로부터 해방시킨다.[13]

복음이 모든 민족에 전파되어야 함(마 24:14; 막 13:10). 예수님은 제자들에게 앞으로 받을 시련들에 대해 경고하시면서, 그리고 어떤 것을 진짜 종말의 표시로 보아야 하는지에 대해 주의를 주시면서, 그 기간 전체를 '산고'라고 묘사하신다. 즉, 예수님이 말씀하시는 그런 사건들은 그 자체가 끝이 아니라, 마치 산고가 시작되는 것처럼 불가피한 결과를 가리킨다. 그 결과란 바로 새로운 시대의 탄생이다. 그러는 동안 예수님의 사자들은 온갖 반대와 고난에 직면할 것이라고 예수님은 말씀하신다. 그 모든 것에도 불구하고, 그 과업은 반드시 이루어져야 한다. "복음이 먼저 만국에 전파되어야 할 것이니라"(막 13:10).

여기에서 예수님의 예언에서 "되어야 할 것"(must)이라는 말은 성경적 대약진을 말한다. 그것은 만방에 하나님의 구원을 알게 하시려는 하나님의 멈출 수 없는 선교를 말한다. 예수님은 시간표를 정하고 계신 것이 아니다. 단지 하나님의 예언된 계획 안에 있는 사건들의 순서를 진술하고 계실 뿐이다.

---

13) Hisao Kayama, "Christianity as Table Fellowship: Meals as a Symbol of the Universalism in Luke-Acts", *From East to West: Essays in Honor of Donald G. Bloesch*, ed. Daniel J. Adams(Lanham, Md.: University Press of America, 1997), p. 62.

종말 전의 때, 환란이 있는 그때는 이방인들 사이에서 선교 활동이 이루어져야 하는 때, 그래서 열방의 회심을 내다본 옛 예언들이 성취되는 때다. δεῖ(dei, '해야 한다')는 구원 역사에 대한 하나님의 계획, '말일'에 대한 하나님의 목적을 말한다. 제자들의 임무는 예수님이 주신 임무처럼, 불안정한 때나 위험한 상황에서도 계속 온 세상에 복음을 선포하는 일이다.[14]

제임스 톰슨(James M. Thompson)도 비슷한 견해를 피력한다. 그는 마가복음 13:10에서 마가가 사용한 '프로톤 데이'[prōton dei, "먼저 (일어나야) 할 것이니라"]라는 표현을, 한편으로는 메시아 시대 전에 엘리야가 반드시 와야 한다는 마가복음 9:11의 말씀과, 다른 한편으로는 말일이 되기 전에 "이방인의 충만한 수"가 반드시 차야 한다는 바울의 분명한 확신과 비교한다. 이처럼 선교는 종말 때 반드시 필요한 일이다. 바울에게만 그런 것이 아니라 예수님과 최초의 제자 공동체에도 그런 것이다.

종말이 그리스도의 사역을 통해 이미 시작되었다고 믿었던 이 공동체는 전 세계적 선교를 종말 때 반드시 필요한 것으로 이해했다. 그렇기 때문에 마가복음 13:10은 선교에 대한 신약의 이해에서 주변적인 본문이 아니다. 이 본문을 다른 신약 본문들, 특히 바울의 선교에 대한 이해와 비교할 때, 신약에서는 보통 세계 선교를 종말에 반드시 필요한 것이며 종말의 전제 조건으로 이해했다는 것을 주목해야 한다.[15]

부활 후 제자들에게 주어진 사명(마 28:18-20; 눅 24:46-49; 요 20:21). 복음서 대부분에 나오는 이 모든 말씀들에 이어서, 부활하신 예수님이 메시아라는 자신의 정체성 및 이스라엘과 열방에 대한 자신의 선교가 보편적 함의를 지니고 있다는 사실을 명백히 표현하신다 해도 놀랄 것이 없다.

대위임령의 언어(특히 마태복음에 나오는)는 구약 언약의 어휘 및 개념을 가득 담고 있다.[16] 예수님은 우주의 주님이신 야웨 자신의 태도를 보이신다. 예수님

---

14) Schnabel, *Early Christian Mission*, 1:346.
15) James M. Thompson, "The Gentile Mission as an Eschatological Necessity", *Restoration Quarterly* 14(1971): 27.

은 열방들을 제자삼고, 세례를 주고, 가르치시면서, 자신의 새 언약 상대자의 조건을 규정하신다. 그러고 나서 위대한 언약 약속(끝까지 자신이 몸소 임재하신다는 것)으로 결론을 내리신다.

예수님의 지상 사역과 제자들의 초기 선교 여행이 이스라엘 경계선까지만 국한되었던 것은 이제 완전히 제거된다. 메시아가 부활하신다. 열방은 듣고, 회개와 죄사함을 통해(누가복음) 언약 신앙과 순종으로 나아와야 한다(마태복음).

전도자들과 이방인들. 예수님의 사역에서 나타난 이러한 사건들과 말씀들 외에, 복음서 기자들이 예수님을 유대인뿐 아니라 열방들에게도 중요하고 의미 있는 존재로 알고 있었다는 몇 가지 암시들이 있다.

예수님의 족보에 들어 있는 이방인들. 마태복음과 누가복음은 둘 다 예수님의 족보를 기록한다(그 두 족보를 어떻게 조화시킬 것인가 하는 것은 여기에서 나의 관심사가 아니다). 누가는 예수님의 기원을 '하나님의 아들 아담'까지 거슬러 올라감으로서 그분의 보편적 의의를 나타낸다. 마태도 예수님을 아브라함(그를 통해 하나님께서 모든 민족에게 복을 주시겠다고 약속하신)까지 거슬러 올라감으로서, 그분의 보편적 의의를 나타낸다.

마태는 한 걸음 더 나아가 그의 조상 목록에 단 네 명의 어머니만 포함시킨다(마 1:3, 5, 6). 하지만 이 네 어머니는 다 이방인들이다. 다말(가나안 사람), 라합(가나안 사람), 룻(모압 사람), 밧세바(헷 사람). 이스라엘의 메시아이신 예수님의 몸 안에도 이방인의 피가 흐르고 있었다.

예수님의 유아 시절과 관련된 국제적 측면. 마태는 먼저 어떻게 동방박사가 동방에서 예수님을 예배하러 왔는지, 그리고 그 다음에는 어떻게 요셉이 마리아와 예수님을 애굽 서쪽으로 데리고 갔는지 기록함으로서, 예수님이 국제적 의의를 지닌 분임을 묘사한다. 누가는 예수님의 탄생을 "천하"(*oikoumenē*)로 다 호적하라(눅 2:1)는 아구스도의 칙령을 배경으로 해서 묘사한다. 그는 아브라함에게 주신 약속을 거기 암시된 보편적 취지와 함께 강조하며(눅 1:55, 73), 시므온이 보편성

---

16) 마태복음 전체의 보편적이고 선교적인 취지에 대해, 그리고 마태복음이 바울 신학 및 구약 신학과 일관성을 지니고 있음을 매우 포괄적으로 연구한 책으로 James LaGrand, *The Earliest Christian Mission to "All Nations" in the Light of Matthew's Gospel*(Grand Rapids: Eerdmans, 1995)을 보라. 같은 주제에 대해 훨씬 평이하게 썼지만 포괄적으로 조사한 훌륭한 책으로 Martin Goldsmith, *Matthew and Mission: The Gospel Through Jewish Eyes*(Carlisle, U.K.: Paternoster, 2001)를 보라.

을 나타내는 말을 하는 것을 기록한다. 시므온은 예수님 안에서 이스라엘의 "영광"뿐 아니라 또한 이방을 비추는 "빛"을 인식한다(눅 2:30-32). 시므온은 또한 자신의 팔에 안긴 아기로 인해 이제 시작되는 구원의 역사가 "만민 앞에서"(이것은 열방에 대한 증거를 나타내는 구약 용어다) 일어날 것이라고 말한다. 그래서 누가가 그의 두 번째 책에서 이방인 선교 이야기로 넘어갈 때, "사도행전에 나오는 열방 선교는 신적으로 정해진 예수님 자신의 운명의 연속선상에 있으며 그 운명의 성취다."[17]

예수님이 끼친 국제적 영향력에 대한 편집자 요약. 우리는 복음서 기자들이 적어 놓은 짧은 주들을 지엽적인 것으로 무시해 버리고 싶은 생각이 들지 모르지만, 그런 주들은 예수님이 더 광범위한 영향을 끼치셨다는 것을 의도적으로 나타내는 표시였을 가능성이 많다. 예수님의 사역은 실제로 이스라엘 경계선에 국한되어 있지 않았다. 설사 예수님이 주로 원하신 것이 그 경계선 안에서 행하시는 것이었다 해도 그랬다. 예수님의 명성은 널리 퍼져 나갔으며, 열방의 대표들이 그분의 사역을 알고 거기에서 유익을 얻기 위해 왔기 때문이다. 이러한 주들은 마태복음 4:24-25, 마가복음 3:7-8, 누가복음 6:17-18에서 찾아볼 수 있다. 거기 나온 지역들은 지리적으로 상당히 넓게 분포되어 있다.

십자가 부근에서 백부장이 한 고백(마 27:54; 막 15:39). 마지막으로, 마태와 마가는 둘 다 십자가 처형 기사에서 어떤 아이러니를 표현하고자 했을 것이다. 유대인 지도자들이 예수님의 정체성을 인정하기를 거부하고 그분을 제거하려 할 때, 이방인들의 대표는 "이 사람은 하나님의 아들이었다"라고 외친다는 점에서 그렇다. 물론 그의 진술을 갑자기 삼위일체 하나님을 깨달은 것이라고 볼 수는 없지만, 그리고 그는 아마도 황제 가이사를 '신의 아들'이라고 불렀을 때와 같은 의미로 그 말을 했을지는 모르지만, 가이사에게 충성을 맹세해야 하는 로마 군인이 자신이 방금 몇 시간 전에 십자가에 못 박은 사람에게 그런 말을 했다는 것은 대단히 의미심장하다. 한 이방인은 십자가에 달려 죽으신 분에 대한 진리를 인정하는데, 유대인 지도자들은 그것을 거부한다. 요한은 본디오 빌라도가 예수님과 주고받은 대화와, 빌라도가 결국 예수님의 머리 위에 써 놓은 비문에 대한 기사에서, 이와

---

17) James M. Scott, "Acts 2:9-11 as an Anticipation of the Mission to the Nations", *The Mission of the Early Church to Jews and Gentiles*, ed. J. Adna and H. Kvalbein(Tubingen: Mohr Siebeck, 2000), p. 88.

동일한 아이러니를 표현하려는 듯하다. 이방인들은 심지어 비꼬는 말을 할 때조차, 예수님을 십자가에 못 박은 자들이 부인한 것을 긍정했다.

이방인에 초점을 맞춘 성경 인용. 마태는 대단히 여러 곳에서 예수님과 관련해서 성경을 인용했다. 특히 두 개는 당연히 둘 다 이사야서에서 나온 것으로, 메시아를 통해 지금 성취되고 있는 하나님의 구속적 목적에 이방 나라들이 포함된다는 예언들과 예수님을 연결시킨다. 이처럼 마태복음 4:15-16은 예수님이 "이방의 갈릴리"에 가서 사시는 것과 관련해서 이사야서 9:1-2을 인용한다. 한편 마태복음 12:18-21은 열방까지 확장될 하나님의 종의 사역과 관련해서 이사야서 42:1-4을 인용한다.

사도행전에 기록된 초대교회

이 책 맨 처음 부분에서 누가가 누가복음 끝에서 부활하신 예수님이 제자들에게 성경(구약)을 **메시아적으로** 그리고 **선교학적으로** 읽어야 한다고 주장하시는 모습을 기록하고 있음을 살펴보았다. 메시아를 가리키는 성경은 또한 좋은 소식이 열방에게로 퍼져 나가는 것을 가리킨다. 누가는 그의 두 번째 책에서도 이런 시각을 유지하면서, 이방인 선교가 다름 아닌 성경, 특히 이사야서에 나온 예언들의 성취임을 거듭 보여 준다.[18]

두 권으로 된 누가의 저술의 전반적 구조조차 이러한 근본적인 신학을 표현한다. 그것은 예루살렘에서 시작해서 로마로 끝난다. 이스라엘의 신앙 핵심(성전)에서 시작해서, 모든 열방이 있는 세상의 핵심으로 나아간다. 그것은 "우리 중에 이루어진 사실"에 대한 누가의 기사 속에 담긴 지리적 진전과 신학적 역학을 지탱해 주는 큰 아치형 구조물과도 같다. 그리고 그것은 이 책 앞부분에서 설명했던 전체 성경에 대한 이해를 나타낸다. 세례 요한부터 바울까지, 누가의 이야기에 나오는 일들은 그저 흥미진진한 이야기일 뿐만 아니라, 그 이야기들은 '이루어진 사실'이다. 그것들은 구약에 나오는 이스라엘의 이야기 전체가 절정과 목적지에

---

18) Thomas Moore는 누가의 마음이 이사야서로 흠뻑 젖어 있었으며, 또 누가가 예수님 안에서 일어난 일과 교회의 선교에서 지금 일어나고 있는 일에 대한 그의 이해를 포함해서, 구원 역사에 대한 그의 전체 개념을 이사야 선지자에게서 도출해 냈다고 생각한다. "'To the End of the Earth': The Geographical and Ethnic Universalism of Acts 1:8 in Light of Isaianic Influence on Luke", *Journal of the Evangelical Theological Society* 40(1997): 389-399.

이르게 한다. 하나님이 애초에 이스라엘을 창조하신 목적, 곧 모든 열방에게 복을 주는 것이 이제 교회의 선교를 통해 실현되기 때문이다.[19]

열방에 대한 누가의 관점이 표현되어 있거나 암시되어 있는 모든 본문들을 설명하려면 대단히 많은 지면이 필요하다.[20] 여기에서는 그 정도 지면을 할애할 수는 없고 몇 가지 강조점만 제시할 수 있을 뿐이다.

베드로와 빌립. 오순절과 그 이후. 베드로가 초기에 했던 설교는, 고넬료를 만나기 전이었음에도, 부활절과 오순절 사건이 보다 광범위한 의의를 지니고 있다는 사실을 인식하고 있음을 나타낸다. 아마 오순절날 그의 설교를 들은 백성들의 목록조차, 복음을 보편화시키려는 의도를 갖고 있다. 제임스 스코트(James Scott)는 그것을, 사도행전 2:2-4에 나오는 바벨에 대한 암시들과 함께, 창세기 10장에 나오는 민족들의 목록과 연결시키면서, "예루살렘에 모인 디아스포라 유대인들은 '천하 각국'(행 2:5)을 나타내고, 사도행전의 보편적 취지를 나타낸다"[21]고 주장한다. 따라서 베드로가 군중들에게 회개하고 세례를 받으라고 호소한 것은 죄사함의 약속이 "모든 먼 데 사람, 곧 주 우리 하나님이 얼마든지 부르시는 자들"(그것은 이사야서 44:3과 요엘서 2:32을 나타낸다)을 위한 것이라는 단언이다.

마찬가지로, 베드로는 성전 문에서 절름발이를 고친 후, 선지자들의 말이 성취되었다고 선포한다. 단지 이스라엘에게 메시아적 축복을 가져다준 것에서뿐 아니라(예수님의 이름으로 병을 고친 것은 바로 이 축복을 보여 준 것이었다), 또한 아브라함에게 주신 약속, 특히 땅의 모든 족속이 복을 받으리라는 약속이 성취된 것에서 그렇게 되었다는 것이다(행 3:25). 이처럼 베드로에게(그리고 누가에게도) 아브라함 언약의 **보편성과 특수성**은 둘 다 이제 나사렛 예수 안에서 구현된다. 이제 예수님을 통해 구원이 **모든** 민족에게 이르기 때문이다. 하지만 예수님은 그 역할을 담당하는 **유일하신** 분이다. 단지 이스라엘을 위해서만이 아니라 모든 사람들을 위해서 그렇다. "다른 이로써는 구원을 받을 수 없나니 천하 사람 중에 구원을 받을 만한 다른 이름을 우리에게 주신 일이 없[기]" 때문이다(행 4:12). **천하**

---

19) 참고. Ben F. Meyer, *The Early Christians: Their World Mission and Self-Discovery*(Wilmington, Del.: Michael Glazier, 1986).
20) 이 주제에 대해 가장 철저하고 만족스럽게 설명한 책은 Eckhard Schnabel의 기념비적인 연구인 *Early Christian Mission*이다.
21) Scott, "Acts 2:9-11", p. 122.

라는 말은 오순절 때 각 민족들이 나열되었던 것을 나타내며, 여기에서 누구에게나 해당되는 보편적 주장이 개진되고 있음을 보여 준다.

고넬료. 하지만 베드로가 신학적 확신을 실제 행동으로 옮기기 위해서는 천사와 환상들이 동원되어야 했다. 유대인의 음식법 규정들과 그것이 상징하는 분리 패러다임 안에 평생 살면서 형성된 세계관은 쉽게 내버릴 수 있는 것이 아니었다. 사도행전 10-11장에 나오는 하나님을 경외하는 이방인 고넬료의 이야기는 종종 고넬료의 회심일 뿐 아니라 또한 베드로의 회심이라고들 말한다. "하나님을 경외하는 자"였던 고넬료는 이미 어떤 의미에서 이스라엘의 하나님께 회심했다. 하지만 그는 아직 예수님도, 또 그분 안에서 이스라엘의 소망이 성취된 것도 알지 못했다. 베드로는 오래 전에 예수님을 "그리스도시요 살아 계신 하나님의 아들"이라고 고백했으며, 그 말의 보편적 의미를 어느 정도 이해했다. 하지만 고넬료를 만나고 그의 간증을 듣고 나서야 그는 회심하여 "참으로 하나님은 사람의 외모를 보지 아니하시고 각 나라…사람은 다 받으시는 줄"(행 10:34-35) 깨닫게 되었다.

누가가 그 이야기를 하고 나서 두 장을 할애해 그것을 반복한다는 사실만 봐도 그것이 그의 이야기에서 얼마나 중추적인 것인지 알 수 있다. 처음에는 베드로의 동료들이, 그 다음에는 예루살렘 교회가 놀라서 하는 말은 그것이 얼마나 중대한 순간이었는지를 분명히 밝혀 준다. "이방인들에게도 성령을 부어 주셨으며" "하나님께서 이방인에게도 생명 얻는 회개를 주셨다"(행 10:45; 11:18). 성령을 부어 주시고 회개와 죄사함을 주신 것은 메시아적 시대에 하나님의 종말론적 통치를 나타내는 핵심 표시 중 하나였다. 만일 하나님이 지금 이러한 것들을 열방들에게 주고 계시다면, 그 시대가 분명 밝아온 것이며, 더불어 열방에 대해 그 시대가 보편적으로 지닌 모든 함축도 시작된 것이다.

에디오피아 내시. 하지만 베드로 이전에도 빌립은 엄밀한 유대인 공동체의 경계 너머에서 전도 활동을 했다. 사도행전 8장에 보면, 처음에는 사마리아에서 주목할 만한 대중 운동을 통해, 후에는 에디오피아 내시에게 개인 증거를 함으로서 그렇게 한다.

우리는 그 에디오피아 왕궁 관리가 에디오피아에 있는 유대인들과 접촉해서 하나님을 경외하게 된 이방인으로, 예배를 드리러(아마도 외교적 업무를 겸해서) 예루살렘에 갔던 사람이었는지, 아니면 그가 실제로 완전히 유대교로 개종한 사람이었는지 확실히 알 수 없다. 그것은 '내시'라는 말이 문자적으로 거세된 남자를 말하는 것인지(어떤 왕궁 관리는 이런 절차를 거쳤다. 예를 들어, 후궁들을 관리하는 위치에 있는 사람들 등이다), 아니면 단지 왕궁 관리라는 말과 동의어인지(그 말은 때때로 그렇게 사용되었다)에 따라 결정된다. 그가 육체적으로 고자였다면 신명기 23:1의 배제 규칙에 따라 그는 아마 할례 받은 유대교 개종자는 될 수 없었을 것이다. 다른 한편 그가 단지 내시라는 공식적 호칭을 가진 왕실 관리였다면 그는 아마 유대교 개종자였을 것이며, 따라서 더 이상 참으로 이방인이 아니었을 것이다(공식적인 유대인의 관점에서 보자면). 그렇다면 누가는 복음이 예루살렘 유대인들로부터 사마리아인들에게로, **유대교로 개종한** 이방인(에디오피아 사람)에게로, 그 다음에는 **하나님을 경외하는** 이방인(고넬료)에게로, 그리고 마지막으로 진짜 이방인인 헬라인들과 다른 국적의 사람들에게로(안디옥) 꾸준히 전진해 나가는 것을 보여 준다.

그 에디오피아인의 지위가 무엇이었든지 간에, 빌립은 지체 없이 이사야서의 말씀을 통해 그 말씀이 십자가에 달려 죽으시고 부활하신 나사렛 예수 안에서 성취되었음을 알려 준다. 누가는 분명 이 사건에서 하나님이 이사야서 56장에서 고자들과 이방인들에게 하신 약속이 성취되는 것을 보았을 것이다. 또한 그가 이 사건을 기록한 것은 이 사람이 회심함으로서 복음이 남쪽으로 함의 나라인 아프리카까지 전해졌다는 사실 때문이기도 할 것이다. 복음은 이미 셈의 나라까지는 전파되었다. 그리고 곧 바울의 사역을 통해 북쪽과 서쪽으로 야벳의 나라에 전파될 것이다.[22]

야고보와 예루살렘 공의회. 베드로의 고넬료 선교에 더하여, 바울과 바나바를 통해 안디옥 교회가 소아시아와 구브로 선교에 성공함으로써 중대한 신학적 문제가 발생했다. 그 문제를 해결하기 위해 주후 48년에 첫 번째 예루살렘 공의회가 열렸다. 초대교회의 이 중대한 사건에 대한 기사는 사도행전 15장에 나온다.

먼저 말해야 할 것은 이방인 선교의 **타당성** 자체가 문제가 된 것은 아니었다는 것이다. 문제는 복음을 이방인들에게 전하는 것이 **옳은가, 옳지 않은가** 하는 것이

---

22) 누가가 의도적으로 복음이 '세계 지도'를 가로질러 전파된 것으로 묘사하고 있다는 흥미로운 주장이 제기되었다. 여기에서 그 세계 지도는 예루살렘을 중심으로 삼고, 열방을 노아의 아들들인 함, 셈, 야벳으로 구분하는 유대인의 시각을 말하는 것이다. James M. Scott, "Luke's Geographical Horizon", *The Book of Acts in Its Graeco-Roman Setting*, ed. David W.J. Gill and Conrad Gempf(Exeter, U.K.: Paternoster, 1994), pp. 483-544를 보라.

아니라 회심하는 이방인들을 **어떤 조건과 기준으로** 하나님의 백성의 새로운 공동체에 받아들일 것인가 하는 것이었다. 이것을 강조하는 것은 중요하다. 예루살렘 공의회 때 참석한 사람들이 대위임령을 알지 못했던 것 같다고 하면서 복음서에 나온 대위임령의 기록이 신빙성이 없다고 주장하는 사람들이 있기 때문이다.

즉, 이 견해에 따르면 만일 예수님이 마태복음과 누가복음 끝부분에 나오는 말씀을 실제로 하셨다면(이방인들에게 가라는 명백한 명령), 야고보, 베드로, 혹은 바울이 보다 보수적인 유대인 그리스도인들과 그들의 양심에 반대하는 호소를 할 때, 그 말씀으로 문제를 매듭지을 수 있었을 것이다.[23]

하지만 이것은 사도행전 15장의 상황을 오해한 것이다. 이방인들이 회심했다는 소식은 **기쁘게**(3절) 받아들여졌으며, 선교사로 나갔던 사도들 역시 예루살렘에서 **영접을** 받았다(4절). 문제는 이방인들을 믿음과 회심에 이르게 하려는 것이 타당한가, 타당하지 않은가 하는 것이 아니었다. 문제는 회심하는 이방인들을 할례와 율법 준수 없이(즉, 유대교로 전향하게 하지 않고) 교회에 받아들일 수 있는가 하는 것이었다. 보수적인 유대인 신자들은 반드시 유대교로 전향해야 한다고 주장했다. 사도들(바울과 함께 베드로와 야고보도 포함해서)은 메시아에 의해 새로운 시대가 열렸기 때문에, 이방인들이 회심하기 위해 반드시 유대교로 개종할 필요는 없다고 주장했다.

이 문제(회심의 조건)는 단지 예수님이 이방인에게 가라고 명령하셨다고 말함으로서 해결되지는 않았을 것이다. 양측 모두 그 점에 대해서는 인정하고 합의했을 것이다. 즉, 좋은 소식이 이방인들에게 전해져야 하며 이방인들이 순종하는 제자가 되도록 해야 한다는 것이다. 문제는 그런 제자도에 무엇이 포함되며 공동체에 들어오기 위한 자격 조건은 무엇인가 하는 것이었다. 이방인들은 예수님을 믿을 뿐 아니라 유대인이 되어야 했는가?

이방인 신자들이 할례를 받아야 한다고 요구했던 유대인들이 성경에 나오는 이방인들에 대한 약속들을 무시했다고 비난하는 것은 분명 잘못일 것이다. 그들은 분명 이 약속

---

23) 이것은 Alan Le Grys, *Preaching to the Nations: The Origin of Mission in the Early Church*(London: SPCK, 1998)가 취하는 입장이다. 이 책에서 제시하는 부정적 회의주의와 역사적으로 미심쩍은 신약 해석은 Schnabel, *Early Christian Mission*의 방대한 분석으로 반격을 당한다.

들을 인정했다. 하지만…그 약속들을 할례 받고 율법을 준수하는 유대교 개종자가 되라는 명령으로 해석했다.[24]

이 이야기에서 두 번째로 중요한 점은 야고보가 상당히 솜씨 있고 통찰력 있게 해석학적 주장을 펼치면서, 몇몇 선지서 본문들을 주의 깊게 결합시킨다는 것이다. 물론 주요 본문은 아모스서 9:11-12이다. 하지만 그 본문을 중심으로, 호세아서 3:5("그 후에"는 주님이 종말에 다시 오시는 것과 다윗 통치의 회복을 말한다), 예레미야서 12:15(다른 나라들이 하나님의 백성 한가운데 자리잡고 살 수 있다는 약속), 이사야서 45:21(하나님이 오래 전에 이방 나라들을 데려오시겠다는 의도를 선포하셨다는 것) 등도 나온다. 이러한 틀 안에서 야고보는 아모스서 9:11-12을 인용한다. 그것은 한편으로는 "다윗의 무너진 장막"(그 말은 분명 종말론적 성전, 즉 메시아적 하나님의 백성을 가리키는 것으로 이해되었다)을 회복시키는 것, 그리고 다른 한편으로는 이방인들이 이제 "[여호와의] 이름으로 일컫는" 자들로서 포함되는 것을 내다본다. 즉, 그들이 유대교로 개종한 자들로서가 아니라 그냥 이방인들로서 이스라엘 안에 속한 것으로 여겨진다는 것이다.

이 복합적인 본문에 대한 가장 충실하고 만족할 만한 연구는 리처드 보캄의 논문이다. 그의 결론은 분명하고 설득력이 있다. 초기 기독교 공동체는 자신들을 예수님이 세우시겠다고 말씀하신 종말론적 성전이라고 보았다. 물리적 성전과는 달리, 이방인들은 유대교로 개종해야 한다는 조건 없이 이 새로운 메시아적 성전에 들어올 수 있었다. 그리고 성경을 통해 이러한 해석의 합법성, 심지어 그런 해석이 오래 전부터 있었다는 것을 입증할 수 있다.

이방인들이 종말론적인 하나님 나라에 포함된다는 것과, 종말론적 성전을 종말론적 하나님의 백성으로 보는 해석을 결합시키는 본문은 사도행전 15:16-18뿐만이 아니다. 에베소서 2:11-12과 베드로전서 2:4-10도 그렇게 한다.…그것은 분명 대단히 중요한 개념의 결합이었다. 성전은 이스라엘의 핵심이었다. 그것은 하나님의 백성이 하나님의 임

---

24) Jostein Adna "James' Position at the Summit Meeting of the Apostles and Elders in Jerusalem(Acts 15)", *The Mission of the Early Church to Jews and Gentiles*, ed. Jostein Adna and Hans Kvalbein (Tübingen: Mohr Siebeck, 2000), p. 148.

재에 다가가는 곳이었다. 반면, 이방인들은 제2성전의 바깥뜰에만 들어갈 수 있었다. 그들은 신성한 경내 자체에는 들어가는 것이 금지되었으며, 그것을 어기면 죽음을 당했다. 하나님이 그들과 함께 거하는 곳인 이 성전에 의해 규정되고 또 이 성전을 중심으로 생활하는 하나님의 백성에는 이방인들이 포함될 수 없었다. 그들이 유대인이 되지 않았다면 말이다. 하지만 수많은 예언들은 메시아 시대의 성전을 이방인들이 하나님의 임재에 들어올 곳으로 묘사했다(시 96:7-8; 사 2:2-3; 25:6; 56:6-7; 66:23; 렘 3:17; 미 4:1-2; 슥 14:16; 에녹1서 90:33). 이러한 예언들을 유대교로 개종한 이방인을 말하기보다 **이방인으로서의** 이방인을 말하는 것으로 이해한다면, 초대교회가 자신을 종말론적 성전, 하나님의 임재의 장소로 이해하는 것은 이방인들이 할례를 받고 모세 율법을 완벽하게 준수함으로서 유대인이 되지 않아도 그들을 교회에 포함시키는 것과 조화를 이룰 것이다. 그렇기 때문에 하나님이 종말론적 성전(그리스도인의 공동체)을 세우사 이방인들이 거기서 하나님의 임재를 찾게 되리라는 예언으로 해석되는 아모스서 9:11-12이, 이방인 그리스도인들의 지위에 대한 예루살렘 교회의 토론과 결정에서 결정적인 역할을 담당했다는 것은 대단히 타당하다.…

아모스서 9:12은 특히 칠십인역에서 보면, 스가랴서 2:11(히 2:15)과 의미가 대단히 비슷하다. "그날에 많은 나라가 여호와께 속하여 내[칠십인역에서는 '그의'] 백성이 될 것이요." 이 구절은 이방인들이 유대교 개종자로서 하나님의 백성에 합류할 것이라는 의미로 더 쉽게 이해될 수도 있다. 반면에, 아모스서 9:12은 열방이 이방인 열방**으로서** 야웨께 속한다고 말한다. 그들이 유대인이 된다는 암시는 나와 있지 않으며, 바로 "만국"으로서 그들이 언약 관계에 포함된다고 암시되어 있다. 과연 다른 어떤 구약 본문이 이 점을 그처럼 분명하게 보여 줄 수 있을지 모르겠다.[25]

바울이 채택한 종의 선교. 바울이 자신을 하나님의 종말론적 사도, 곧 수많은 구약 성경에 묘사된 대로 열방을 모으도록 위임받은 자로 보았다는 사실은 논쟁

---

25) Richard Bauckham, "James and the Gentiles(Acts 15:13-21)", *History, Literature, and Society in the Book of Acts*, ed. Ben Witherington III(Cambridge: Cambridge University Press, 1996), pp. 167, 169. 또한 Adna, "James' Position at the Summit Meeting"을 참고하라. 유대인들과 이방인들에 대한 세대주의적 이해와 개혁주의적 이해에 대한 현대의 논의와 관련해서 이 본문의 석의와 해석 문제를 다룬 글로 또한 Walter C. Kaiser Jr., "The Davidic Promise and the Inclusion of the Gentiles(Amos 9:9-15 and Acts 15:13-18)", *Journal of the Evangelical Theological Society* 20(1977): 97-111를 보라.

의 여지가 없다. 그 증거는 풍성하다. 하지만 사도행전에서 누가는 바울의 초기 선교 여행에서 일어난 중대한 순간에 대해 이야기한다. 그것은 바울이 자신의 선교 전략의 방향의 정당성에 대해 특별히 풍성한 성경적 증거를 제시하는 때다. 바울은 '먼저 유대인에게'라는 그의 정책에 맞게, 새로운 도시에 도착했을 때 보통은 먼저 디아스포라 유대인들이 세워놓은 회당으로 갔다. 누가는 바울이 비시디아 안디옥에서 그렇게 했을 때 일어난 일을 기록한다(행 13:14-48).

첫 번째 안식일에 바울은 성경을 갖고 긴 설교를 한다. 그것은 예수님께로 귀결되는 설교였다. 바울은 그 메시지가 아브라함의 자녀들과 하나님을 경외하는 이방인들을 모두 위한 것이라고 말한다. 그 메시지는 예수님의 부활에서 하나님이 조상들에게 약속하신 것을 성취하셨으며(행 13:32), 예수님을 통해 죄사함을 제공하신다는 것이다. 유대인들과 유대교 개종자들이 그 말씀을 받아들이고 신자가 된다(행 13:43). 하지만 그 다음 안식일에 일부 유대인들이 문제를 일으키고 바울에게 반대한다. 이로 말미암아 바울과 바나바는 다음과 같은 결정적 대답을 하게 된다.

> 바울과 바나바가 담대히 말하여 이르되 하나님의 말씀을 마땅히 먼저 너희에게 전할 것이로되 너희가 그것을 버리고 영생을 얻기에 합당하지 않은 자로 자처하기로 우리가 이방인에게로 향하노라. 주께서 이같이 우리에게 명하시되 내가 너를 이방의 빛으로 삼아 너로 땅끝까지 구원하게 하리라 하셨느니라.(행 13:46-47)

바울은 여기에서 이사야서 49:6의 말씀을 인용하고 있다. 그 말씀은 원래 두 번째 종의 노래에서 하나님이 그분의 종에게 하신 말씀이다. 그리고 바울은 이 말을 가져다가 자신의 선교적 과업을 위한 개인적 명령으로 해석하고 있다. 그것은 대담한 해석학적 도약이다.

이사야서에 나타난 종. 이사야서 40-55장에 나오는 종의 본문들은 여기에서 충분히 해설하기에는 대단히 많은 내용을 담고 있다. 사고의 흐름에 대한 가장 단순한 개요로, 그 주제를 다음과 같이 요약할 수 있을 것이다.

이스라엘이 아브라함 안에서 선택된 것이 포함하는 한 가지 차원은 야웨의 종으로 부르심을 받았다는 것이다(사 41:8-10). 하지만 실제 역사에서 바벨론 포로가 된 이스라엘은 하나님의 역사와 말씀에 눈이 멀고 귀가 먹었으며, 하나님을 위한 선교와 관련해서는 사실상 마비가 되어버린 실패한 종이었다(사 42:18-25).

하나님은 신비한 방식으로, 자신의 종의 정체를 밝히시고 소개하신다. 그의 정체는 한편으로는 이스라엘과 그 선교의 공동적 구현이며, 다른 한편으로는 이스라엘과 그 너머에 **대한** 사명을 가지고 있는 개인적 인물이다. 이 인물의 일차적 사명은 긍휼, 계몽, 해방의 사역으로 열방 가운데 하나님의 정의를 확립하는 것이다(사 42:1-9). 그는 백성(이 말은 아마 이스라엘을 의미할 것이다)의 언약이면서 열방의 빛이 될 것이다(6절).

이러한 이중의 사명은 이사야서 49:1-6에서 훨씬 더 명백하게 나온다. 거기 보면 종은 이스라엘에 대한 자신의 선교가 아무 효과가 없다는 불평에 대한 대답으로, 땅끝까지 하나님의 구원을 가져가기 위해 이방의 빛이 되라는 하나님의 명백한 위임을 받는다. 그래서 열방에 대한 사명은 이스라엘에 대한 사명을 **대체**하는 것이 아니라 그것을 **확장**하는 것이다.

후에 종의 본문은 어떻게 종이 거부와 멸시를 당할지(사 50:4-11) 보여 주며, 이것은 결국 폭력적이고 불의하게 처형당하는 것에서 절정에 이를 것이다(사 53장). 하지만 그럴 때 그의 고난과 죽음이 사실은 그를 거부한 사람들을 위한 것이었음을 사람들이 인식할 것이다. 하나님은 부활을 통해 그가 옳다는 것을 확증하실 것이며, 그는 마침내 높임을 받고 영광을 받고 열방에게 인정을 받을 것이다.

종이신 예수님. 이제 복음서를 보면 예수님이 이사야서에 나오는 종과 자신을 대단히 동일시하셨다는 것을 분명하게 알 수 있다. 처음에 했던 선교가 이스라엘에게 거부되었다는 점에서나, 제물과 대속물(이사야서 53장의 표현을 빌면)로 자신의 목숨을 내어놓았다는 점에서나 동일했다. 그리고 사도행전을 보면 초대교회도 그렇게 종과 자신을 동일시했다.

바울이 파악한 것은 종의 이중적 사명이 어떤 의미에서 연대적 순서에 따라 나누어졌다는 것이다. 바울은 예수님이 실제로 "유대인의 종"이셨다고 주장한다. 하지만 그 목적은 "조상들에게 주신 약속들을 견고하게 하시고 이방인들도 그 긍휼하심으로 말미암아 하나님께 영광을 돌리게 하려 하심"(롬 15:8-9)이었다. 다시 말해 종이신 예수님의 사명은 사실 우선적으로 이스라엘을 회복하는 것이었다. 그리고 그분이 부활을 통해 미리 성취하신 것이 바로 그것이었다. 하지만 '땅끝까지'로 확장된 열방에 대한 종의 사명은 분명 예수님이 지상 생애 동안 이루어지지 않았다. 그보다 그것은 예수님이 지금 자신의 종인 교회에게 맡기신 과업이다.

바울과 종의 선교. 그래서 해석학적 논리에서 좀 비약을 해서, 바울은 하나님이 그분의 **종**에게 말씀하신 이사야서의 말씀, 궁극적으로는 **그리스도**께 적용된 그 말씀을 취해서 그것을 열방에 대한 **교회**의 선교를 몸소 구현하고 있는 **자신**에게 하는 말로 받아들일 수 있었다. 그는 자신의 선교를 성경적 구원 역사와 예언의 틀 안에서 해석한다. 종이 오셨고, 죽으셨고, 다시 살아나셨다. 그런 의미에서 종의 일차적 사명은 영단번에 성취되었다. 하지만 종의 남은 사명, 곧 하나님의 구원을 땅끝까지 전하는 일은 계속된다.

그 다음에 사도행전에서 누가는 초기 기독교 운동의 핵심 사도 몇 명을 제시한다. 그들은 베드로와 야고보와 바울이다. 그리고 그는 그들이 이 위대한 성경적 선교학적 확신에 한결같이 동의한다는 것을 보여 준다. 구약 성경이 종말론적 구원 시대에 열방의 미래에 대해 하나님이 계획하셨다고 상상한 모든 것은 반드시 성취되어야 한다. 예수님이 그분의 십자가와 부활을 통해 주님과 그리스도로 선포되고 예배 받으실 것이므로, 그 새 시대는 이제 밝아 왔다. 아직 완료되지는 않았지만, 이스라엘의 구속은 시작되었다. 아직 최종적으로 완성되지는 않았지만, 하나님 나라는 여기에 있다. 종말론적 성전은 하나님의 백성의 새 공동체 안에서 지어지고 있다. 그리고 열방들은 복음 전파와 하나님의 성령의 능력이 부어짐으로 그 새 공동체로 들어오고 있다.[26]

누가에게 이 모든 것은 이스라엘의 역사에 대한 그의 이해에서 나온다. 어떤 의미에서 누가는 교회의 초기 역사를 쓰고 있는 것이 아니었다. 그는 이스라엘의 역사의 절정을 쓰고 있는 것이었다. 성경에 자세히 기록된 과거는 이미 미래에 대한 약속을 담고 있었다. 그 미래는 지금 누가의 현재다. 그리고 그 역사 안에만 이스라엘뿐 아니라 또한 세상의 구원이 놓여 있다. 그 때문에 누가는 이스라엘의 이야기에서 두 가지 상세한 기사들을 포함시키고 있다(7, 13장). 두 경우 모두 오직 그리스도 안에 있는 그들의 목적지를 알아야만 이야기를 이해할 수 있음을 보여 준다. 그리고 성경에서 누가는 땅끝까지 이르는 **열방 선교**의 새로운 원심적 현상이 어떤 전례 없는 혁신적인 것이 아니라 그저(예수님의 말씀을 빌면) "기록된"

---

[26] 심지어 부어진 성령의 역할까지도 누가에게는 이스라엘의 회복에 대한 구약 약속들의 성취와 관련해서 선교적 의미를 지니고 있다. John Michael Penny, *The Missionary Emphasis of Lukan Pneumatology*, Journal of Pentecostal Theology Supplements 12(Sheffield, U.K.: Sheffield Academic, 1997)를 보라.

(눅 24:46-47) 것, "선지자들과 모세가 반드시 되리라고 말한 것"(행 26:22)에 불과하다는 점을 보여 준다.[27]

사도 바울

바울이 이방인을 위한 사도라는 정체성과 소명을 갖고 있었다는 증거는 너무 많아 새삼 되풀이할 필요가 없다. 그의 신학은 메시아 예수 안에서 절정에 이른 하나님의 사역이 어떻게 모든 열방 백성들을 '믿음의 순종'에 이르게 하고 하나님과 의의 언약을 맺을 수 있게 해주었는가에 대한 이해로 가득 차 있다.[28]

바울이 열방/이방인에 대해 말하는 것 중 일부가 14장에서 열방에 대한 구약의 예상에 관해 우리가 개략적으로 살펴본 내용과 어떻게 조화를 이루는지 살펴보면 흥미롭다. 이것은 바울이 자신의 신학적 성찰을 진술할 때 의식적으로 어떤 틀을 염두에 두고 있었다는 말이 아니다. 오히려 그 말은 바울의 사고 패턴 전체가 구약 패턴에 의해 형성되었기 때문에, 우리가 어떤 관점을 갖고 바울과 관련된 성경 부분들을 들여다보더라도 거기에서 구약의 흔적을 찾아볼 수 있다는 말이다.

열방은 하나님이 하신 일을 본다. 하나님이 이스라엘에서 행하신 모든 일을 열방이 목격했다는 것은 구약의 중대한 주제였다. 바울은 (베드로가 공회 앞에서 그랬던 것처럼) 예수님의 삶과 죽음과 부활의 사건들이 '은밀히' 행해진 것이 아니라, 심지어 로마 사회 앞에서 공적으로 기록되고 증거된 것이었다는 사실을 중시한다. 이것은 사도행전 후반부에 나오는 그의 다양한 증거와 변호들의 특징이다(예를 들어, 행 26:26).

---

27) 참고. Jacob Jervell, "The Future of the Past: Luke's Vision of Salvation History and Its Bearing on His Writing of History", *History, Literature and Society in the Book of Acts*, ed. Ben Witherington III(Cambridge: Cambridge University Press, 1996), pp. 104-126. 또 Thomas J. Lane, *Luke and the Gentile Mission: Gospel Anticipates Acts*(New York: Peter Lang, 1996).

28) 바울의 선교 신학과 실천 전반에 대해서는 다음의 탁월한 글과 책을 보라. W. Paul Bowers, "Mission", *Dictionary of Paul and His Letters*, ed. Gerald F. Hawthorne et al.(Downers Grove, Ill.: InterVarsity Press, 1993), pp. 608-619; David Bosch, *Transforming Mission*, 4장; Peter Bolt and Mark Thompson, ed., *The Gospel to the Nations: Perspectives on Paul's Mission*(Downers Grove, Ill.: InterVarsity Press; Leicester, U.K.: Apollos, 2000); Koestenberger, *Ends of the Earth*, 7장; Peter T. O'Brien, *Gospel and Mission in the Writings of Paul: An Exegetical and Theological Analysis*(Grand Rapids: Baker, 1993; Carlisle, U.K.: Paternoster, 1995); Eckhard J Schnabel, *Early Christian Mission*, vol.2, *Paul and the Early Church*(Leicester, U.K.: Inter-Varsity Press; Downers Grove, Ill.: InterVarsity Press, 2004).

바울은 새로운 교회들의 신앙과 열심을 칭찬할 때, 때로 그들에 대한 소문이 바깥 세상에 퍼진 것을 언급한다(살전 1:8). 때로는 이것이 일종의 지리적 과장법이 되기도 한다. 바울은 복음이 "온 천하에"(골 1:6) "천하 만민에게"(골 1:23) 전파되었다고 주장하기 때문이다. 분명 바울은 이것이 문자적으로 사실이 아니라는 것을 알고 있었다. 하지만 바울에게 그것은 하나님의 백성 가운데 역사하시는 하나님의 활동이 구약에서처럼 보편적으로 세상의 눈에 보이게 되었다는 것을 표현한다.[29]

그리고 이스라엘 사람들이 열방 가운데서 윤리적으로 독특하게 거룩한 삶을 살도록 부름받은 것과 마찬가지로, 바울은 그리스도인들에게 세상 사람들이 그들을 주시하고 있음을 기억하고, 복음에 합당하게 행동하라고 촉구한다(빌 2:15; 골 4:5-6; 살전 4:11-12; 딛 2:9-10; 참고. 벧전 2:12).

열방은 하나님이 하신 일로부터 유익을 얻는다. 사도행전 13:48에서 이방인들은 하나님이 자신의 좋은 소식을 그들에게 알려 주고 계시다는 바울의 말을 들었을 때, "기뻐하여 하나님의 말씀을 찬송"했다. 하나님께서 이스라엘에게 가져다주신 축복이 이제 열방에 흘러넘치고 있는 것이다. 물론 아브라함이 부르심을 받았을 때부터 살펴본 것처럼(창 12:1-3), 어쨌든 이것은 언제나 하나님의 선교였다. 따라서 바울은 하나님이 아브라함에게 하신 약속이 그리스도 안에서 성취된 것을 이제 이방인들에게 이루어진 유익들과 특별히 연결시킨다. "이는 그리스도 예수 안에서 아브라함의 복이 이방인에게 미치게 하고 또 우리로 하여금 믿음으로 말미암아 성령의 약속을 받게 하려 함이라"(갈 3:14).

그리스도 안에서 하나님이 행하신 역사를 통해 열방에게 생긴 유익들을 열거하는 가장 풍성한 본문은 분명 에베소서 2:11-22이다. 그 본문은 이방인들이 이스라엘이 소유한 모든 것으로부터 철저히 소외되었던 사실을 묘사하는 것에서 시작해서(12절), 어떻게 이방인들이 하나님의 나라(더 이상 외인과 나그네가 아니라), 하나님의 권속의 일원(하나님의 집), 그리고 하나님이 거하시는 처소(그분의 성전으로 지어져 가는 것)가 되었는지 보여 준다. 이스라엘이 가지고 있던 모

---

29) 이 본문들에 나오는 바울의 수사학적 과장법이 지닌 선교학적 의의에 대한 유용한 논의로 Richard Bauckham, *The Bible and Mission: Christian Mission in a Postmodern World*(Carlisle, U.K.: Paternoster, 2003), pp. 21-26를 보라.

든 풍성한 혜택이 이제 그리스도를 통해 열방의 소유가 된다. 하나님이 이스라엘을 축복하신 선교적 목적이 이제 열방에 대한 축복에서 열매를 맺고 있다.

열방이 하나님께 예배를 드린다. 구심적인가, 원심적인가? 구약과 신약의 선교에 대한 개념에서 중대한 차이는 구약은 기본적으로 구심적(열방이 이스라엘/시온/야웨께로 올 것이다)인 반면, 신약은 기본적으로 원심적(예수님의 제자들이 열방에게 나아가야 한다)인 것이라고 종종 말한다. 이러한 대략적인 주장에는 분명 일말의 진리가 담겨 있다. 하지만 그 주장이 완전히 맞는 말은 아니다.

한편으로, 구약 환상에도 원심적 요소들이 있다. 열방들은 중심부로 모여든다고 묘사되긴 하지만, 또한 열방에게로 나가는 것들도 있었다. 율법은 그것을 기다리는 섬들에게로 간다. 좋은 열방에 의를 가져다줄 것이다. 하나님의 구원은 땅끝까지 나아가야 한다. 하나님은 하나님의 영광을 선포하기 위해 열방에 사신들을 보내실 것이다.

그리고 다른 한편으로 신약에서, 열방으로 가라는 예수님의 원심적 명령은 밝아 오는 새로운 구원의 시대에 발맞추어 이루어지는 철저하게 새로운 출발이긴 하지만, 열방으로 **나가는 것**의 목적은 열방이 성경의 환상을 성취하여 하나님 나라로 **모여들도록** 하기 위함이다.

> 신약의 중요한 주장은…그리스도 사건과 함께 새 질서가 이미 밝아 왔다는 것이다. 구약 약속들은 성취되고 있는 중이다. 그리스도인들은 이미 종말에 속했으면서도, 여전히 '이 현재 시대'의 일부를 형성하는 중간기에 살고 있다. 최후의 승리는 미래에 이루어질 것이지만, 그럼에도 불구하고, 하나님의 통치는 이미 시작되었다. **그래서 이방인들이 모여드는 시간은 지금이다.** 그것은 최종 완성의 때에 가서야 완전히 성취되겠지만 말이다.(저자 강조)[30]

그래서 신약 교회의 원심적 선교는 구심적 신학도 갖고 있다. 열방은 실제로 모여들고 있었다. 예루살렘이나 물리적 성전, 혹은 이스라엘 민족에게로 모여드는 것이 아니라, 중심이신 **그리스도께로** 그리고 하나님이 그리스도를 통해 영으로

---

30) C.H.H. Scobie, "Israel and the Nations: An Essay in Biblical Theology", *Tyndale Bulletin* 43, no.2(1992): 297.

거하시는 처소로 짓고 계시는 하나님의 **새 성전으로** 모이고 있는 것이다. 그래서 바울은 그리스도를 믿는 믿음이 이방인들의 위치에 끼친 변화를 묘사하면서, 먼 데와 가까운 데라는 용어를 사용한다. 이방인들은 변방에 멀리 있으면서 하나님이 이스라엘 안에서 행하시고 약속하신 모든 것으로부터 소외되어 있다가, 이제 그리스도의 피로 "가까워"졌다(엡 2:11-22). 그래서 복음이 열방으로 퍼져 나감에 따라(원심적), 열방들은 그리스도께로 모여든다(구심적).

열방의 제물. 바울은 예루살렘의 궁핍한 신자들을 위해 그가 세운 이방인 교회들 가운데서 헌금을 모은 것(고전 16:1-4; 고후 8-9장; 롬 15:23-29; 행 24:17)을 구약에서 예언된 열방의 공물을 나타내는 징표 혹은 상징이라고 보았을 가능성이 매우 많다. 그는 신학적으로 실제적으로 이 일에 많은 에너지를 투자했다. 물론 일차적 동기는 순전히 자선적인 것이었지만 말이다.

분명 바울은 그 헌금을 그가 그처럼 철저히 주장했던 이방인 신자들과 유대인 신자들 간의 연합을 나타내는 강력한 표시라고 보았다. 그는 예루살렘 그리스도인들이 그 헌금을 통해서 이 이방인 신자들이 복음에 대한 순종의 구체적 증거를 보여 주고 있다고 생각하고 감사하게 될 것이라고 믿었다(고후 9:12-13). 그것은 바로 구약에서 예견한 것이었다. 즉, 살아 계신 하나님께 대한 열방의 순종은 하나님의 백성에게 제물을 가져오는 것으로 표현되리라는 것이다.

> 여러 이방인 집단들이 헌금을 모아 예루살렘으로 향했을 때, 바울은 이것을 적어도 부분적으로는 종말에 열방들이 공물을 가져오는 것의 상징이라고 여겼음이 분명하다.… 구약 예언은 다시 한 번 새롭게 방향을 튼다. 이방인들이 예루살렘으로 공물을 가져오긴 하지만, 성전이 아니라 '성도들'에게, 지금 종말론적 성전을 구성하는 공동체에 가져오기 때문이다.[31]

하지만 이 문제와 관련하여 바울이 생각하고 있던 또 한 가지 요소는 열방이 지금 드리는 예배와 함께, **열방 자신을** 하나님께 드리는 제물로 여겼다는 것이다. 바울은 로마서 15장에서 여러 성경 구절들을 인용하면서, 아브라함에게 하신 하나님의 약속이 성취된 것을 경축한다. 그 약속들은 열방들이 하나님을 영화롭게

---

31) 같은 책, p. 303.

하고 예배하러 오는 것에서 지금 실현되고 있다. 그는 시편 18:49; 신명기 32:43; 시편 117편, 이사야서 11:10을 인용한다. 이 모든 본문들은 이스라엘의 하나님을 찬양하고 예배하는 열방의 역할에 대해 말한다. 이사야서 11:10은 앞으로 오실 메시아적 다윗의 후손이 깃발을 들 것이며, 열방이 그리로 모여들 것이라고 말한다. 그것은 바울이 여기에서 말하고 있는 또 하나의 구심적 이미지다.

바울의 제사장 사역인 전도. 하지만 바울은 이어서 제사장의 이미지를 사용해서 이 과정에서 자신이 수행할 역할에 대해 계속 깊이 생각한다. 그는 하나님이 자신에게 주신 은혜에 대해 이렇게 말한다. 그것은,

> 제사장의 제물[*hierourgounta*]처럼 하나님의 복음을 드리면서, 열방에 대해 그리스도 예수의 '성전 종'[*leitourgos*]이 되라는 것이다. 그것은 열방[*prosphora tōn ethnōn*]의 제물이 성령에 의해 성화되어, 받으실 만한 것이 되도록 하기 위함이다.(롬 15:16, 저자 사역)

이것은 놀라운 진술이다. 신약에서 어떤 사람이 자신의 사역을 제사장적 견지에서 말하는 곳은 여기 한 군데밖에 없기 때문이다.[32] 제사장직은 우리의 대제사장이신 예수님이 갖고 있는 것으로 여겨지든가, 아니면 기독교 공동체 전체가 집단적으로 갖고 있는 것으로 여겨지든가 둘 중 하나다(벧전 2:9). 교회 **내의** 사역에 대해서는 제사장적 이미지가 사용된 적이 한 번도 없다. 하지만 바울은 여기에서 그것을 그의 이방인 **전도** 사역에 대해 사용한다.

바울의 이미지가 정확하게 어떤 성경을 배경으로 하고 있는지는 알기 어렵다. 하지만 그가 하나님을 열방에 전하고 열방을 하나님께 데려오는 자신의 역할이 이스라엘의 제사장적 사역을 구현하는 것이라고 보는 것은 불가능한 일은 아니

---

32) 그것은 바울의 사역과 그 사역을 뒷받침하고 있는 신학에 대한 그의 전체적 이해와 관련해서 바울이 언급한 매우 중대한 진술이다. 최종상은 롬 15:14-21을 "로마서 해석의 열쇠"라고 보며, 이어서 자신이 이방인의 사도된 것에 대한 바울의 이해는 죄성에서, 칭의에서, 그리스도 안에 있는 새로운 지위에서, 그리고 하나님의 계획 전체에서 유대인과 이방인이 평등하다는 그의 주장과 밀접한 관계가 있다고 논증한다. Daniel Jong-Sang Chae, *Paul as Apostle to the Gentiles: His Apostolic Self-Awareness and Its Influence on the Soteriological Argument in Romans*(Carlisle, U.K.: Paternoster, 1997)를 보라. 「이방인의 사도가 쓴 로마서」(아가페). 더 짧은 형태로 진술된 그의 주장은 "Paul's Apostolic Self-Awareness and the Occasion and Purpose of Romans", *Mission and Meaning: Essays Presented to Peter Cotterell*, ed. Anthony Billington, Tony Lane and Max Turner(Carlisle, U.K.: Paternoster, 1995), pp. 116-137에서 찾아볼 수 있다.

다. 하나님은 출애굽기 19:3-6에서 이스라엘을 열방 한가운데 있는 '제사장 나라'가 되도록 부르셨다.

또한 바울은 여기에서 이사야서 66:18-21의 환상에 영향을 받았을 수도 있다. 그 구절에서 하나님은 열방에게 보내는 사자가 유대인들이나 이방인들을 여호와께 드리는 제물로 가져올 것이라고 약속하시는데, 거기에서 사용된 말이 제사장직 및 제사와 관련된 용어이기 때문이다. 이것은 바울이 후에 로마서 15장에서 자신이 예루살렘으로부터 소아시아를 거쳐 마게도냐와 일루리곤을 지나 가장 먼 서쪽으로까지 커다란 활 모양으로 선교하리라고 말할 때 아마 이사야서 66장을 반영한 것과도 조화를 이룰 것이다. 그리고 그것은 또한 바로 뒤에 나오는 말, 곧 자신이 예루살렘 교회를 위해 이방인들 사이에서 연보를 모은 것에 대한 언급(롬 15:25-27)과 밀접하게 연결되며, 마지막 단락에 나오는 해석을 확증해 준다. "예루살렘 교회를 위해 이렇게 연보를 모으는 것은 또한 사도가 이방인들을 종말의 제물로서 종말론적 예루살렘으로 데려오고 있다는 사실을 물질적으로 구체화시킨 것이라고도 이해할 수 있다"(사 66:20).[33]

"열방의 제물"이라는 그의 말을 주격 소유격으로 봐야 할지 목적격 소유격으로 봐야 할지 역시 다소 애매하다. 즉, 바울은 "열방에 **의해** 드려지는 제물", 곧 이방인 신자들이 이전에 섬기던 우상에게 드리는 대신 살아 계신 하나님께 지금 예배와 찬양의 형태로 드리는 종말론적인 열방의 공물을 생각하고 있는 것인가? 아니면 바울은 "열방으로 **구성된** 제물", 곧 열방 자신들을 **바울이** 자신의 전도적/제사장적 사역의 열매로서 하나님께 드리고 있는 제물로 보는 것인가? 정확한 의미가 무엇이든 바울이 이방인 선교 전체를 열방들이 모이는 것에 관한, 그리고 그 과정에서 열방들이 이스라엘의 하나님께 드릴 예배에 관한 구약 예언의 성취로 본다는 점은 분명하다.[34]

---

33) 참고. Rainer Riesner, *Paul's Early Period: Chronology, Mission Strategy, Theology*(Grand Rapids: Eerdmans, 1998), p. 250.
34) 롬 15장의 선교적 측면과 바울이 거기에서 구약을 광범위하게 사용한 것에 대한 고찰로 Steve Strauss, "Mission Theology in Romans 15:14-33", *Bibliotheca Sacra* 160(2003): 457-474를 보라(이 글에는 이 구절과 현대 선교 전략의 관련성에 대한 통찰력 있는 논평들이 추가로 담겨 있다). 바울과 베드로의 선교의 지리적 방향에 대한 또 다른 성찰들로는 Lucien Legrand, "Gal 2:9 and the Missionary Strategy of the Early Church", *Bible Hermeneutics, Mission: A Contribution to the Contextual Study of Holy Scripture*, ed. Tord Fornberg(Uppsala: Swedish Institute for Missionary

열방의 순종. 하지만 구약의 위대한 환상들은 세상의 열방들이 단지 **예배와 제물**을 이스라엘의 하나님 야웨께 가져오고 있을 뿐 아니라, 또한 하나님에 대한 **순종**도 배우고 있다고 생각했다. 열방 역시 하나님의 언약 율법을 이해하고 받아들이며, 그분의 도를 지키고 그분의 의를 행해야 한다(사 2:3). 구약의 소망은 대단히 윤리적이다. 그 소망이 근거하고 있는 선택-구속-언약 이야기 전체만큼이나 윤리적인 것이다.

그리고 우리는 또한 바울이 자신의 선교를 이해할 때 순종이 매우 중대한 요소임을 발견한다. 바울의 과업은 단지 열방들이 의로우신 하나님을 예배하고 예수 그리스도의 복음을 믿어 구원을 얻는 것만이 아니었다. 그는 윤리적 변혁도 목표로 삼았다. 그의 서신서들이 증거하듯이, 그것은 타락한 그리스 로마 문화에서 엄청난 도전이었다.

그러므로 바울이 복음(그가 서바나에 전하기를 바라며, 로마 교회에게 그 일을 하는 자신을 도우라고 권하는 그 복음)에 대한 위대한 선교적 해설을 하면서, 자신의 필생의 사역을 "**열방 중에서 믿어 순종**"하게 하는 것이 목표라고 요약하는 말로 시작하고 또 그 말로 끝내는 것은 의미심장하다. 그는 로마서 1:5과 로마서 16:26의 중대한 부분에서 그 문구를 사용하며, 로마서 15:18에서도 다시 사용한다. 그리고 그 말은 로마서 절정부에서 나올 때, 구약 성경과("선지자들의 글로 말미암아") 하나님의 선교에("영원하신 하나님의 명을 따라") 뿌리를 두고 있다.

그렇다면 바울은 분명 자신의 선교를 하나님의 선교와 성경에 비추어 보았으며, 그것을 모든 열방이 한 분 살아 계신 하나님을 믿는 지식을 알고 그분께 윤리적으로 순종하도록 하는 것이라고 요약했다. 그 하나님의 영광은 이제 예수 그리스도 안에서 계시되었다.

열방이 이스라엘과 같은 정체성을 지닌다. 구약 성경에서 열방에 관한 가장 깜짝 놀랄 만한 환상은 그들이 결국 이스라엘과 하나가 되리라고 여기는 환상들이다. 여러 선지서와 시편들이 열방이 시온의 일부가 되는 것, 하나님의 제단에서 하나님께 받아들여지는 것, 이스라엘과 같은 이름과 칭호를 갖는 것, 여호와께 연합하는 것, 여호와의 이름으로 일컬음을 받는 것, 여호와가 그들 가운데 거하시는 것

Research, 1995), pp. 21-83; John Knox. "Romans 15:14-33 and Paul's Conception of His Apostolic Mission", *Journal of Biblical Literature* 83(1964): 1-11; Schnabel, *Early Christian Mission*, 2:1294-1300를 보라.

에 대해 말한다. 이 모든 것들은 이스라엘과 동일화되는 것을 나타내는 표현들이다. 궁극적으로 그 환상은 단지 이스라엘과 열방이 동등한 존재가 된다는 것이 아니라, 열방이 이스라엘처럼 된다는 것이다.

열방을 분열시킨 바벨의 저주(그것은 이스라엘이 생겨나고 부르심을 받기 전에 일어난 일이다)는 끝날 것이며, 그래서 모든 열방의 백성들은 이스라엘이 부른 것처럼 "여호와의 이름을 부를" 것이다.

> 그 때에 내가 여러 백성의 입술을 깨끗하게 하여
> 그들이 다 여호와의 이름을 부르며
> 한 가지로 나를 섬기게 하리니.(습 3:9)

이스라엘의 위대한 특권인 유일신론적 고백인 **쉐마**는 온 세상에 보급될 것이다. "여호와께서 천하의 왕이 되시리니 그 날에는 여호와께서 홀로 한 분이실 것이요 그의 이름이 홀로 하나이실 것이라"(슥 14:9). 그리고 그것은 그 이름을 예배하는 "천하" 출신의 한 백성이 있으리라는 것을 함축한다.

바울은 이러한 환상에 사로잡혔다. 그는 예루살렘 공의회에 참석했던 다른 사도들과 함께 예루살렘 성전과 유대교 개종을 요구하는 옛 제도를 영속화시키는 성경 해석은 모두 거부했다. 마치 메시아가 와서 종말론적 성취의 새 시대를 시작하지 않으신 것처럼 모든 민족들이 단지 옛 언약 안에서 유대인이 됨으로서 하나님의 백성에 속하게 되리라는 주장은 틀렸다. 오히려 유대인이건 이방인이건 모든 사람들이 이제 믿음을 통해 **그리스도께로** 통합되어야 한다. 유대인이나 이방인이나 죄와 반역을 저질렀다는 면에서는 아무 차이가 없다. 그들이 구원받고 하나님의 백성에 포함되는 방법에 있어서도 아무 차이가 없다. 하지만 일단 그들이 "그리스도 안에" 있으면, 유대인이건 이방인이건 그들은 "그리스도 예수 안에서 하나"(갈 3:28)가 되며, 그것 때문에 모두가 아브라함의 영적 자손으로서 하나가 된다.

이에 대한 전통적인 해설은 에베소서 2-3장이다. 바울은 구약에서 나온 모든 비유들을 하나하나 제시하면서, 지금 그리스도 안에서 "한 새 사람"인 유대인과 이방인 간에 존재하는 하나됨을 계속 반복해서 강조한다. 다시 한 번 강조해야 할 것은, 바울은 유대인과 이방인이 각각 하나님과 언약 관계를 맺는 별개의 수단들을 갖고 있다고 말함으로서 그들을 영원토록 구별하지 않는다는 점이다. 그는 그보다 십자가를 통해 하나님께서 그 둘 간의 장벽을 무너뜨리시고 한 새 존재를 만드셔서, 둘이 합하여 그리고 둘 다 같은 성령을 통해 하나님께 나아가게 된다는 점을 말한다. 그래서 바울은 이방인들이 하나님의 이스라엘의 정체성 안에 총체적으로 포함된다는 점을 강조하기 위해, 시민권과 가족(엡 2:19), 그리고 성전(엡 2:21-22)이라는 말을 묶어서 사용한다. 그러고는 한 걸음 더 나아가 심지어 이러한 연합을 표현하기 위해 새로운 단어를 만들어 내기까지 한다. "이방인들이 복음으로 말미암아 그리스도 예수 안에서 함께 상속자가 되고 함께 지체가 되고 함께 약속에 참여하는 자가 됨이라"(엡 3:6).

로마서 9-11장에서 바울은 이방인이 하나님의 백성에 포함되는 것이 성경을 **부인**하는 것이거나, 하나님께서 이스라엘에게 하신 약속을 **포기**하는 것이기는커녕, 오히려 그것을 둘 다 **성취**하는 것임을 보여 주기 위해, 방대한 성경적 논증을 펼친다. 하나님은 바로 열방을 모아들이는 것을 통해 이스라엘에게 하신 약속을 지키고 계신 것이다.

하나의 감람나무가 남아 있다. 열방들이 거기 접붙임을 받고 있다. 그리고 바울이 기대하는 바는 하나님의 놀라운 계획 안에서, 이방인들이 모여드는 것을 보고 현재 믿지 않는 가지들에게 질투를 일으켜 그들도 회개와 믿음으로 다시 접붙임을 받게 되는 것이다. "그리하여 온 이스라엘이 구원을 받으리라"고 바울은 덧붙인다. 그것은 **시기**를 나타내기보다는 하나님께서 그 궁극적 목표에 이르기 위해 선택하신 **방법**을 가리키는 것이다(롬 11:25-26). 전체 비유와 그 해설이 함축하는 바는 분명하다. 궁극적으로는 단 하나의 하나님의 백성만 있으며, 유대인이나 이방인이나 지금 그 백성에 속하는 길은 오직 나사렛 예수이신 메시아를 믿는 것이다. 바울이 상상하는 것처럼 이스라엘이 다시 접붙임을 받는 것은 다른 기준으로는 이루어질 수가 없다. 바울은 "그들도 믿지 아니하는 데 머무르지 아니하면 접붙임을 받으리니"(롬 11:23)라고 분명하게 말하기 때문이다. 바울은 유대인들이 종말론적 이스라엘의 일부가 되는 방법에 대해, 이방인들이 지금 그 공동체에 속하고 있는 방법(오직 메시아이신 나사렛 예수를 믿는 것) 외에 다른 방법은 전혀 제시하지 않는다.

내가 다른 글들에서 강력하게 주장했던 것처럼, 이러한 이유 때문에 나는 소위 말하는 '두 언약' 이론(유대인들은 여전히 예수님과는 무관하게 하나님과 타당한 언약 관계를 맺고 있는 반면, 이방인들은 예수님을 통해 언약 관계를 맺는다고 주장하는 이론)이나, 그 이론의 음울한 결과(유대인들에게 전도하는 것은 불필요하고 불쾌한 것이라는 주장)에 대한 성경적 근거를 찾아볼 수가 없다.

바울은 다음과 같은 것을 대단히 강경하게 주장한다.

- 구약 성경이 유일하게 적절히 성취되는 경우는 예수님의 제자들의 새로운 메시아 공동체에서만 찾아볼 수 있다.
- 이 공동체는 구약에서 예언된 대로 재규정되고 확장된 이스라엘이 된다.
- 그리스도 안에서 새 사람으로 지음받은 단 하나의 새로운 하나님의 백성이 있는데, 그들은 그리스도를 믿는 유대인들과 이방인들 양자로 구성되어 있다.
- 그렇기 때문에 복음은 필연적으로 유대인과 이방인 모두에게(실로, '먼저는 유대인에게') 전해져야 한다. 모든 사람이 죄를 범하였으며 하나님의 영광에 이르지 못하기 때문이다. 유대인이나 이방인이나 마찬가지다. 그래서 모두가 메시아의 십자가와 부활의 좋은 소식을 긴급하게 들어야 한다.

우리는 **그리스도인**이라는 말이 원래는 단순한 별명이었음을 기억할 필요가 있다. 어쩌면 욕설이었을 수도 있다. 그래서 우리가 유대인들에게 예수님을 메시아로 믿으라고 할 때 기독교로 개종하라고 압력을 가하고 있는 것이 아니다(유대인 전도를 한다는 사실과 그 전도의 동기에 대해 그런 오해가 아무리 많다 해도). 오히려 우리는 바울과 예수 및 그들 이전의 세례 요한처럼, 유대인들에게 구속받고 회복된 공동체, 예수님이 설립하시고, 그분의 완전한 유월절 피를 통해 사신 바 되었으며, 그분의 부활을 통해 하나님 나라의 새 시대를 시작한 그 공동체에 들어오라고 권유하고 있는 것이다.

기독교 선교가 초창기부터 유대인들을 포기했다는 생각은 명백히 틀린 것이다. 대위임령은 제자들에게 '모든 족속'에게 가라고 명한다.

> 모든 민족을 제자로 삼으라는 명령에서 유대인을 배제하는 것은 부활하신 주님의 능력을 이스라엘을 제외한 온 세상으로 국한시키는 것만큼이나 불가능한 일이다. 주님이 보편적이고 무제한의 왕적 권능을 가지고 있다는 선포를 진지하게 받아들인다면 그분의 선교를 모든 열방에게 확장시키는 것이 유대인들을 조금이라도 배제하는 것을 의미할 수는 없는 일이다.[35]

바울이 성경을 깊이 살펴보고 찾아낸, 영광스럽게 포괄적인 열방 선교 신학은 바로 그러한 것이다. 바울이 생전에 성경 정경의 마지막 예언서인 요한계시록을 읽었을 가능성은 거의 없지만, 만일 그 책을 읽었다면 그의 마음은 뜨거워지고 그는 전적으로 그 내용에 동의했을 것이다. 요한계시록 역시 구약의 이미지, 환상, 인용문들로 흠뻑 잠겨 있기 때문이다. 특히 열방에 대한 하나님의 선교가 완성되고 그분의 모든 언약 약속들을 성취하는 것을 상상하는 면에서 그렇다.

10장 끝에서 살펴보았듯이, 모든 위대한 언약적 인물들이 거기에 나온다.

새 창조, 심판 후의 새 하늘과 새 땅에 대한 환상에서 노아를 볼 수 있다(계 21:1). 모든 방언과 언어에서 나오는 모든 나라의 모임과 축복 속에서 아브라함을 볼 수 있다(계 7:9). "하나님이 그들과 함께 계시리니 그들은 하나님의 백성이 되고 하나님은 친히 그들과 함께 계셔서"(계 21:3)라는 언약적 주장에서 모세를 볼 수 있다. 거룩한 성 새 예루살렘과, 성전이 확장되어 모든 피조물을 포함시키는 것에서(계 21장), 그리고 예수님을 유다의 사자요 다윗의 뿌리라고 밝히는 것에서(계 5:5) 다윗을 볼 수 있다. 그리고 이 모든 것이 죽임을 당한 어린양의 피에 의해 이루어지리라는 사실에서 새 언약을 볼 수 있다(계 5:12).

세상의 열방은 인간적이고 사탄적인 모든 부정과 악이 심판받고 멸망함으로서 정결하게 된 후에, 함께 하나님의 구원에 대해 그분을 찬양할 것이다(계 7:9-10). 그들은 이사야가 말한 대로, 역사적으로 성취한 모든 재물을 하나님의 성에 가지고 올 것이다(계 21:24, 26). 그 성은 지금 새 창조 전체를 다 포괄한다. 그리고 성경의 웅대한 이야기의 처음 몇 장에서 인간이 접근할 수 없었던 생명수와 생명나무는, 성경의 마지막 장에서 바벨의 흩어짐 이후 계속 간절하게 바랐던 바대로 열방을 치유한다(계 22:2). 저주는 창조 세계 전체에서 사라질 것이다(계 22:3). 땅은 하나님의 영광으로 가득 찰 것이며, 인류의 모든 열방은 그분의 빛 가운데 행할 것이다(계 21:24).

성경의 거대 서사는 그렇게 영광스러운 절정을 맞이한다. 하나님의 선교는 그렇게 위대한 승리를 거둔다.

---

35) Hans Kvalbein, "Has Matthew Abandoned the Jews?" *The Mission of the Early Church to Jews and Gentiles*, ed. Jostein Adna and Hans Kvalbein(Tubingen: Mohr Siebeck, 2000), pp. 45-62.

끝맺는 말

서론에서 나는 이 책은 내가 아주 오래 전부터 생각하던 것에 뿌리를 두고 있다고 말했다. 하지만 이런 방향으로 나아가기 시작한 것은 내가 1998년에 강의를 한 후 앤서니 빌링턴이 던진 도전적 질문이 계기가 되었다. 그것은 선교학적 틀을 사용해서 성경을 해석하는 것의 타당성에 대한 질문이었다. 그리스도인들이 선교라는 각도에서 성경 전체를 해석하는 것이 가능한가? 타당한가? 유용한가? 그리고 그렇게 한다면 어떤 일이 일어날까? 하는 것이다.

그 근본적인 질문에 대답하려 할 때 즉각 되돌아온 도전은 모든 것은 선교가 누구의 선교를 의미하는가에 따라 좌우된다는 것이었다. 우리가 생각하는 '선교'(mission)라는 말이 '선교 사역'(missions) 및 타문화 선교사들의 훌륭하고도 칭찬할 만한 노력들을 말한다면, 첫 번째 질문에 그렇다고 대답하기가 매우 힘들 것이다. 우리 인간의 선교적 노력은 성경에서 충분히 정당화되고 본문에서 명백히 명령하고 있지만, 성경 전체가 선교(인간의 선교적 활동이라는 협소하게 규정된 의미에서 말하는 선교)에 '대한' 것이라고 주장하는 것은 왜곡되고 과장된 해석학이라는 것이 나의 생각이다.

하지만 단순히 그런 전술상의 고려 사항 때문이 아니라, 오히려 심오한 신학적 확신 때문에, 나는 우리의 선교학적 출발점과 패러다임을 인간의 선교 활동에서만 취하는 것은 어쨌든 오해를 일으키는 것이라고 주장해 왔다. 그런 활동들이 아무리 필요하고, 성경에서 명령하는 것이고, 성령의 지시를 받는 것이라 해도 말이다. 오히려, "구원하심이 하나님께"(계 7:10) 있는 것처럼, 선교도 마찬가지다. 성경은 하나님의 창조 사역과 구속 사역이 처음부터 끝까지 하나님 자신의 위대한 선교(그분의 목적과 주권적인 의도가 담겨 있는 선교)로 충만해 있다고 묘사하고 그렇게 계시한다. 우리가 시작하는, 혹은 우리 자신의 소명, 은사, 에너지를 쏟아붓는 모든 선교(mission) 혹은 선교 사역(missions)은 그보다 먼저 존재하는 하나님의 선교에서 나온다. **하나님이** 선교에 종사하신다. 그리고 우리는 바울의 멋진 표현을 빌려 말하면 "하나님의 동역자들"(고전 3:9)이다.

성경적 선교의 근본 의미에 대한 개념이라는 면에서 새로운 방향으로 패러다임을 변화시키고 나면, 실제로 성경 전체를 무엇보다 중대한 이러한 관점에 비추어 읽을 수 있다(그리고 나는 그렇게 읽어야 한다고 주장하고자 한다). 전체 성경은 우리에게 '하나님의 모든 뜻'[전체 피조물을 위한 하나님의 계획, 목적, 선교, 즉 만물이 십자가의 그리스도를 통해 하나님과 화목되리라는 것(골 1:20)]을 전달한다.

이 점을 발판으로 삼아서, 우리는 이 책을 통해, 하나님의 선교가 성경의 큰 그림 안에서 펼쳐질 때 나타나는 하나님의 선교의 태피스트리를 탐구해 보았다(그렇게 비유를 뒤섞어 말하는 것이 허용된다면 말이다).

- 2부에서 우리는 한 분 참되시고 살아 계신 하나님의 강력한 뜻을 살펴보았다. 그것은 하나님이 창조 세계 전체에 걸쳐, 자신의 참 모습대로, 곧 여호와 하나님, 야웨, 이스라엘의 거룩하신 분, 나사렛 예수 안에서 성육신하시고, 십자가에 달려 죽으시고, 부활하시고, 승천하시고, 다시 오시는 분으로 알려지기 원하신다는 것이다.
- 3부에서 우리는 구속이라는 하나님의 목적을 위한 수단으로 한 백성을 창조해 내심으로 모든 열방에게 복을 주고자 하시는 하나님의 지칠 줄 모르는 자기 헌신을 살펴보고 경탄했다. 우리는 신구약을 둘 다 찾아보았다. 그러면서 보편적인 사명을 갖고 이 특정한 백성을 선택하시는 역설을 받아들이고, 그들의 역사에 나타난 하나님의 구속 사역의 범위가 포괄적이라는 점을 파악했으며, 하나님이 그들을 부르신 언약 관계에 대한 확신의 말이 거듭해서 나오는 것을 들었고, 그들이 열방을 위해 열방 앞에서 살아야 하는 새로운

삶이 어떤 윤리적 요구를 하는지 하나하나 살펴보았다. 우리는 바로 이러한 백성에 속해 있다. 우리는 바로 이러한 이야기의 일부분이다. 우리는 바로 이러한 선교에 참여하도록 부름받았다.
- 4부에서 우리는 하나님이 전체 창조 세계에, 땅 자체에, 그분의 형상으로 만드신 인간들에게, 모든 문화와 나라들에 관여하시는 것을 묵상하면서 우리의 시선을 한층 더 확장시켰다. 그리고 우리는 끝에 가서, 성경 자체가 그렇게 하듯이 언젠가 모든 족속, 백성, 나라, 방언의 사람들이 새 창조에서 하나님을 찬양하는 하나님의 궁극적 종말론적 목표에 대한 환상을 보고 압도되었다.

나는 이것이 바로 성경 전체를 선교학적으로 읽는 것이라고 주장했다.

하지만 우리가 성경을 이런 식으로 읽을 때 어떤 일이 일어나는가? 이것이 우리의 두 번째 질문이었다. 첫 번째 질문은 하나님의 선교가 성경 이해에 타당한 해석학적 틀, 혹은 믿을 만한 지도를 제공하는가 하는 것이었다. 그리고 나는 그리스도인들이 그런 전반적인 틀 안에서 성경 전체를 읽을 수 있고 또 읽어야 한다는 결론을 정당화하는 사례를 제시했다. 하지만 그렇게 할 때 무슨 일이 일어나는가?

나는 이 책을 쓰기 오래 전에 나에게 영향을 미친 몇 가지 개인적 경험을 회상하면서 이 책을 시작했다. 아마 나는 이 책을 쓰면서 경험한 몇 가지 개인적 관점의 변화를 살펴보면서 이 책을 끝낼 수 있을 것이다. 이 책은 실로 저자인 나에게 새로운 것을 발견하는 여행이었기 때문이다. 나는 앤서니 빌링턴의 도전을 진심으로 받아들였지만 그 당시에는 그것이 나를 어디로 이끌고 갈지 정확히 몰랐다.

성경 전체가 하나님의 선교에 대한 일관된 계시라는 점을 파악할 때, 이것을 거대 서사가 지닌 강력한 목적을 여는 열쇠로 볼 때, 우리는 우리의 세계관 전체가 이러한 비전에 의해 영향을 받는다는 것을 알게 된다. 문서로 충분히 입증된 것처럼 모든 인간의 세계관은 **어떤** 이야기의 결과물이다. 우리는 자신이 참이라고 믿는 이야기나 이야기들, "그럴싸하게 말한다"고 우리가 생각하는 이야기나 이야기들에 따라 살아간다. 그러면 **이** 이야기대로 산다는 것은 무엇을 의미하는가? 여기에 바로 **그 이야기**(The Story)가 있다. 창조부터 새 창조까지 펼쳐지는 원대한 우주적 이야기, 그리고 그 사이에 있는 모든 것에 대한 이야기다. 이것은 우리가 어디에서 왔으며, 어떻게 왔고, 우리가 누구이고, 왜 세상은 그처럼 엉망이며, 어떻게 그것을 변화시킬 수 있고(또한 변화시켜 왔고), 우리가 궁극적으로 어디로 가고 있는지 말해 주는 이야기다. 그리고 그 이야기 전체는 이 하나님의 실상과 이 하나님의 선교에 근거를 두고 있다. 하나님은 이야기의 창시자, 이야기를 말씀하시는 분, 이야기의 주인공, 이야기 줄거리를 계획하고 인도하시는 분, 이야기의 의미, 이야기의 궁극적 완성이시다. 하나님은 처음이며, 끝이며, 중심이시다. 그것은 하나님의 선교, 다른 어느 누구도 아닌 이 하나님의 선교의 이야기다.

그렇게 하나님의 선교를 모든 실상, 모든 창조, 모든 역사, 우리 앞에 놓인 모든 것의 핵심으로 이해할 때, 철저하고 완전한 하나님 중심의 독특한 세계관이 생겨난다. 그리고 현실에 대한 이러한 비전, 곧 이같이 성경에 의해 만들어지고, 하나님 중심적이며, 선교 지향적인 비전의 거대한 윤곽들과 씨름하면서 내가 경험한 바는 그것이 그리스도인의 삶에 대해 우리에게 익숙한 몇 가지 일반적 사고방식과, 우리가 제기하는 질문의 종류를 완전히 뒤엎어 버린다는 것이다. 하나님의 선교를 모든 존재의 중심으로 놓는 이 세계관은 몹시 체제 전복적이며, 거대한 틀 안에서 우리 자신의 위치를 불편하게 상대화시켜 버린다. 그것은 분명 자기중심적 강박 관념에 사로잡혀 있는 많은 서구 문화(유감스럽게도 심지어 서구 기독교 문화까지도 포함해서)에 대한 대단히 건강한 교정책이다. 그것은 자신의 작은 세계가 제공하는 안락한 자아도취에 빠져들기를 좋아하는 우리에게 큰 그림에 눈을 뜨라고 끊임없이 강요한다.

- 우리는 "하나님은 나의 인생 이야기 어느 부분에 들어맞는가?"라고 묻는다. 하지만 진짜 질문은 나의 작은 삶이 하나님의 선교라는 이 큰 이야기 어디에 들어맞는가 하는 것이다.
- 우리는 자신의 개인적 삶에 꼭 맞게 재단된 목적에 이끌려 살고 싶어 한다 (그것은 물론 아무 목적 없이 사는 것보다는 훨씬 더 낫다). 하지만 우리는 우리 자신의 삶을 포함해서 모든 삶의 목적이 창조 세계 전체를 위한 하나님의 위대한 선교 안에 감싸여 있다는 것을 알아야 한다.
- 우리는 '성경을 우리 삶에 적용하는' 문제에 대해 이야기한다. 그 말은 종종 우리가 '현실 세계에서' 사는 삶의 '실상'이라고 추정하는 것에 성경을 끼워 맞춘다는 의미다. 그 대신 우리는 **성경**을 **우리**가 따르도록 부름받은 실상(진

짜 이야기)이라고 생각하고 우리의 삶을 성경에 끼워 맞추어야 하지 않을까?
- 우리는 어떻게 '복음을 세상에 적절하게 만들' 수 있는가 하는 문제를 가지고 씨름한다(역시 적어도 그것은 복음을 부적절한 것으로 취급하는 것보다는 분명 더 낫다). 하지만 이 이야기에서 하나님은 세상을 변화시켜 복음의 형태에 맞추는 일을 하고 계신다.
- 우리는 예를 들자면 피조물을 돌보는 일이 과연 선교에 대한 **우리의** 개념 및 실천과 관계가 있을까, 그리고 관계가 있다면 어떻게 있을까 하고 생각한다. 하지만 이 이야기는 하나님의 땅에서 하나님이 보시는 가운데 사는 우리의 삶이, 창조부터 우주적 변혁 그리고 새 하늘과 새 땅의 도래까지 이르는 하나님의 선교와 과연 보조를 같이 하고 있는지 아니면 대단히 어긋나 있는지 묻도록 도전한다.
- 우리는 하나님이 교회로부터 선교에 포함될 수 있는 어떤 것을 기대하시는가에 대해 논의한다. 하지만 사실은 하나님이 포괄적이고 충만한 그분의 선교를 위해 어떤 교회를 기대하시는가 하고 물어야 한다.
- 나는 하나님이 **나를** 위해 어떤 선교를 가지고 계신지 궁금해 할지 모른다. 하지만 사실은 하나님이 **그분의** 선교를 위해 어떤 나를 원하시는지 물어야 한다.

하나님께 어울리는 선교의 개념은 (레슬리 뉴비긴이 부활에 대해 말한 적이 있는 것을 바꿔서 말하자면) 하나님이 시작이시고, 중심이시며, 끝이신 그런 선교뿐이다.[1] 그리고 우리가 그 하나님의 선교에 접근하는 유일한 방법은 성경에 주어져 있다. 이것은 우리가 하나님의 선교에 비추어 모든 성경을 해석하는 해석학적 열쇠를 돌릴 때 열리는 거대 서사다.

1부 서론의 시작부로 돌아가자면, 성경을 메시아이신 예수님의 정체성에 비추어, 그리고 성령의 권능으로 모든 민족에게 나아가야 하는 제자들의 선교에 비추어 해석하심으로, 제자들이 성경을 이해하는 눈을 뜨게 하신 분은 부활하신 예수님이었다. "기록되었으니…너희가…땅끝까지 이르러 내 증인이 되리라"고 예

---

[1] "실로 단순한 진리는, 부활을 출발점으로 삼아 세상을 이해하는 방식 외에 다른 방식으로는 부활을 받아들일 수 없다는 것이다." *Truth to Tell: the Gospel as Public Truth*(London: SPCK, 1991), p. 11. 『복음, 공공의 진리를 말하다』(SFC).

수님은 누가복음 끝에서 사도행전 첫 부분에까지 이르는 대단히 선교적인 기사에서 말씀하셨다.

모든 역사의 의미를 나타내는 두루마리를 열기에 합당하신 분은 부활하신 예수님뿐이다. 그리고 예수님이 그렇게 하기에 합당하고 권위가 있는 것은 십자가에 기초하고 있다. 그 십자가는 구속적이고, 보편적이고, 승리를 거둔 것이다(계 5:9-10). 십자가에 달려 죽으시고 부활하신 그리스도는 모든 역사의 열쇠다. 그리스도는 모든 피조물을 위해 하나님의 선교를 성취하신 분이기 때문이다.

그렇다면, 우리가 성경 전체의 웅대한 이야기의 초점을 십자가에 달려 죽으시고 부활하신 그리스도 안에서 찾게 된다면, 그리고 그 안에서 또한 하나님의 전체 선교의 초점을 찾게 된다면, 우리의 반응은 매우 분명하다. 우리는 예수님이 제자들에게 하신 "아버지께서 나를 보내신 것 같이 나도 너희를 보내노라"(요 20:21)는 말이 우리 자신의 상황과 세대 가운데 하나님의 선교에 개인적으로 참여한다는 점에서 실제로 무슨 의미인지 밝혀내는 필수적 과업에 착수하기 전에, 무엇보다 먼저, 도마처럼 그리스도 앞에 무릎을 꿇고 "나의 주님이시요 나의 하나님이시니이다"(요 20:28)라고 고백해야 한다.

참고 문헌

Adna, Jostein. "James' Position at the Summit Meeting of the Apostles and Elders in Jerusalem (Acts 15)." *The Mission of the Early Church to Jews and Gentiles*, edited by Adna Jostein and Hans Kvalbein, pp. 125-161. Tubingen: MohrSiebeck, 2000.

Adna, Jostein, and Hans Kvalbein, ed. *The Mission of the Early Church to Jews and Gentiles*. Tübingen: Mohr Siebeck, 2000.

Albrektson, Bertil. *History and the Gods: An Essay on the Idea of Historical Events as Divine Manifestations in the Ancient Near East and in Israel*. Lund: Gleerup, 1967.

Allis, O. T., "The Blessing of Abraham." *Princeton Theological Review* 25(1927): 263-298.

Anderson, Bernard W. "Unity and Diversity in God's Creation: A Study of the Babel Story." *Currents in Theology and Mission* 5(1978): 69-81.

Anderson, Gerald H., ed. *The Theology of Christian Missions*. New York: McGraw Hill; London: SCM Press, 1961.

Arnold, Clinton. *Powers of Darkness: A Thoughtful, Biblical Look at an Urgent Challenge Facing the Church*. Leicester, U.K.: Inter-Varsity Press; Downers Grove, Ill.: InterVarsity Press, 1992. 「바울이 분석한 악한 영들」(이레서원).

Ash, Christopher. *Marriage: Sex in the Service of God*. Leicester: Inter-Varsity Press,

2003.

Ashley, Timothy. *The Book of Numbers*. New International Commentary on the Old Testament. Grand Rapids: Eerdmans, 1993.

Bailley Wells, Jo. *God's Holy People: A Theme in Biblical Theology*. JSOT Supplement Series 305. Sheffield, U.K.: Sheffield Academic Press, 2000.

Baker, Christopher J. *Covenant and Liberation: Giving New Heart to God's Endangered Family*. Frankfurt: Peter Lang; New York: Peter Lang, 1991.

Barker, P. A. "Sabbath, Sabbatical Year, Jubilee." *Dictionary of the Old Testament: Pentateuch*, edited by David W. Baker and Alexander T. Desmond, pp. 695-706. Downers Grove, Ill.: InterVarsity Press; Leicester, U.K.: Inter-Varsity Press, 2003.

Barr, James, "Man and Nature? The Ecological Controversy and the Old Testament." *Bulletin of the John Rylands Library of the University of Manchester* 55(1972): 9-32.

Bartholomew, Craig et al., ed. *Canon and Biblical Interpretation*. Carlisle, U.K.: Paternoster; Grand Rapids: Zondervan, forthcoming.

Bartholomew, Craig, and Michael W. Goheen. "Story and Biblical Theology." *Out of Egypt: Biblical Theology and Biblical Interpretation*, edited by Craig Bartholomew et al., pp. 144-171. Carlisle, U.K.: Paternoster; Grand Rapids: Zondervan, 2004.

Bartholomew, Craig, and Thorsten Moritz, ed. *Christ and Consumerism: A Critical Analysis of the Spirit of the Age*. Carlisle, U.K.: Paternoster, 2000.

Bartholomew, Craig, et al., ed. *Out of Egypt: Biblical Theology and Biblical Interpretation*. Scripture and Hermeneutics Series. Carlisle, U.K.: Paternoster; Grand Rapids: Zondervan, 2004.

Barton, John. "'The Work of Human Hands'(Ps 115:4): Idolatry in the Old Testament." *Ex Auditu* 15(1999): 63-72.

Bauckham, Richard. *2 Peter, Jude*. Word Biblical Commentary 50. Waco, Tex.: Word, 1983.

_____. "First Steps to a Theology of Nature." *Evangelical Quarterly* 58(1986): 229-244.

_____. "James and the Gentiles (Acts 15:13-21)." *History, Literature, and Society in the Book of Acts*, edited by Ben Witherington III, pp. 154-184. Cambridge: Cambridge University Press, 1996.

_____. *God Crucified: Monotheism and Christology in the New Testament.* Carlisle, U.K.: Paternoster, 1998.

_____. *The Bible and Mission: Christian Mission in a Postmodern World.* Carlisle, U.K.: Paternoster, 2003.

_____. "Biblical Theology and the Problems of Monotheism." *Out of Egypt: Biblical Theology and Biblical Interpretation*, edited by Craig Bartholomew etal., pp. 187-232. Carlisle, U.K.: Paternoster; Grand Rapids: Zondervan, 2004.

Beale, G. K. *The Temple and the Church's Mission: A Biblical Theology of the Dwelling Place of God.* New Studies in Biblical Theology, edited by D. A. Carson. Downers Grove, Ill.: InterVarsity Press; Leicester, U.K.: Apollos, 2004.

Begg, Christopher T. "The Peoples and the Worship of Yahweh in the Book of Isaiah." *Worship and the Hebrew Bible*, edited by M. P. Graham, R. R. Marrsand S. L. McKenzie, pp. 35-55. Sheffield, U.K.: Sheffield Academic Press, 1999.

Billington, Antony, Tony Lane and Max Turner, ed. *Mission and Meaning: Essays Presented to Peter Cotterell.* Carlisle, U.K.: Paternoster, 1995.

Blauw, Johannes. *The Missionary Nature of the Church.* New York: McGraw Hill, 1962.「교회의 선교적 본질」(한국장로교출판사).

Blenkinsopp, J. "Second Isaiah? Prophet of Universalism." *Journal for the Study of the Old Testament* 41(1988): 83-103.

Block, Daniel I. "Nations/Nationality." *New International Dictionary of OldTestament Theology and Exegesis*, edited by Willem A. VanGemeren, 4:966-972. Carlisle, U.K.: Paternoster, 1996.

_____. *The Gods of the Nations: Studies in Ancient Near Eastern National Theology.* 2nd ed. Grand Rapids: Baker; Leicester, U.K.: Apollos, 2000.

Bluedorn, Wolfgang. *Yahweh Versus Baalism: A Theological Reading of the Gideon-Abimelech Narrative.* JSOT Supplements 329. Sheffield, U.K.: Sheffield Academic, 2001.

Bockmuehl, Klaus. *Evangelicals and Social Ethics.* Downers Grove, Ill.: InterVarsity Press; Exeter, U.K.: Paternoster, 1975.

Bolt, Peter, and Mark Thompson, ed. *The Gospel to the Nations: Perspectives on Paul's Mission.* Downers Grove, Ill.: InterVarsity Press; Leicester, U.K.: Apollos, 2000.

Bosch, David J. *Witness to the World: The Christian Mission in Theological Perspective.* London: Marshall, Morgan & Scott, 1980.「세계를 향한 증거」(두란노).

_____. *Transforming Mission: Paradigm Shifts in Theology of Mission.* Maryknoll,

N.Y.: Orbis, 1991. 「변화하고 있는 선교」(CLC).

_____. "Hermeneutical Principles in the Biblical Foundation for Mission." Evangelical Review of Theology 17(1993): 437-451.

Bowers, W. Paul. "Fulfilling the Gospel: The Scope of the Pauline Mission." *Journal of the Evangelical Theological Society* 30(1987): 185-198.

_____. "Mission." *Dictionary of Paul and His Letters*, edited by Gerald F. Hawthorne et al., pp. 608-619. Downers Grove, Ill.: InterVarsity Press; Leicester, U.K.: Inter-Varsity Press, 1993.

Boyce, Richard Nelson. *The Cry to God in the Old Testament.* Atlanta: Scholars Press, 1988.

Boyley, Mark. "1 Peter? A Mission Document?" *Reformed Theological Review* 63 (2004): 72-86.

Braaten, Carl E. "Who Do We Say That He Is? On the Uniqueness and Universality of Jesus Christ." *Missiology* 8(1980): 13-30.

_____. "The Mission of the Gospel to the Nations." *Dialog* 30(1991): 124-131.

Brawley, Robert L. "For Blessing All Families of the Earth: Covenant Traditions in Luke-Acts." *Currents in Theology and Mission* 22(1995): 18-26.

_____. "Reverberations of Abrahamic Covenant Traditions in the Ethics of Matthew." *Realia Dei*, edited by Prescott H. Williams and Theodore Hiebert, pp. 26-46. Atlanta: Scholars Press, 1999.

Brett, Mark G. "Nationalism and the Hebrew Bible." *The Bible in Ethics*, edited by John W. Rogerson, Margaret Davies and M. Daniel Carroll R., pp. 136-163. Sheffield: Sheffield Academic, 1995.

Bridger, Francis. "Ecology and Eschatology: A Neglected Dimension." *Tyndale Bulletin* 41, no. 2(1990): 290-301.

Briggs, Richard S. "The Uses of Speech-Act Theory in Biblical Interpretation." *Currents in Theology and Mission* 9(2001): 229-276.

Bronner, Leah. *The Stories of Elijah and Elisha: As Polemics Against Baal Worship.* Leiden: E. J. Brill, 1968.

Brownson, James V., "Speaking the Truth in Love: Elements of a Missional Hermeneutic." *The Church Between Gospel and Culture*, edited by George R. Hunsberger and Craig Van Gelder, pp. 228-259. Grand Rapids: Eerdmans, 1996.

_____. *Speaking the Truth in Love: New Testament Resources for a Missional Hermeneutic.* Harrisburg, Penn.: Trinity Press International, 1998.

Broyles, Craig C. *Psalms*. New International Biblical Commentary. Peabody, Mass.: Hendrikson; Carlisle, U.K.: Paternoster, 1999.

Bruce, F. F. *This Is That: The New Testament Development of Some Old Testament Themes*. Exeter, U.K.: Paternoster; Grand Rapids: Eerdmans, 1968. 「구약의 신약적 성취」(생명의말씀사).

Bruckner, James K. *Implied Law in the Abraham Narrative: A Literary and Theological Analysis*. JSOT Supplements 335. Sheffield, U.K.: Sheffield Academic Press, 2001.

Brueggemann, Walter. *Genesis*. Interpretation. Atlanta: John Knox Press, 1982. 「창세기」(한국장로교출판사).

_____. "A New Creation? After the Sigh." *Currents in Theology and Mission* 11(1984): 83-100.

_____. *To Pluck up, To Tear Down: A Commentary on the Book of Jeremiah 1-25*. International Theological Commentary. Grand Rapids: Eerdmans; Edinburgh: Handsel Press, 1988.

_____. *First and Second Samuel*. Interpretation. Louisville: John Knox Press, 1990. 「사무엘상·하」(한국장로교출판사).

_____. *A Social Reading of the Old Testament: Prophetic Approaches to Israel's Communal Life*, edited by Patrick D. Miller. Minneapolis: Fortress, 1994.

_____. *Theology of the Old Testament: Testimony, Dispute, Advocacy*. Minneapolis: Fortress, 1997. 「구약 신학」(CLC).

Burnett, David. *God's Mission, Healing the Nations*. Revised ed. Carlisle, U.K.: Paternoster, 1996.

Calvin, John. *Genesis*. Crossway Classic Commentaries, edited by Alister McGrath and J. I. Packer. Wheaton, Ill.: Crossway Books, 2001.

Capes, David B. *Old Testament Yahweh Texts in Paul's Christology*. Tübingen: Mohr Siebeck, 1992.

Carrick, Ian. "'The Earth God Has Given to Human Beings'(Ps 115:16): Unwrapping the Gift and Its Consequences." *Missionalia* 19(1991): 33-43.

Carroll R., M. Daniel. "Blessing the Nations: Toward a Biblical Theology of Mission from Genesis." *Bulletin for Biblical Research* 10(2000): 17-34.

Chae, Daniel Jong-Sang. "Paul's Apostolic Self-Awareness and the Occasion and Purpose of Romans." *Mission and Meaning: Essays Presented to Peter Cotterell*, edited by Anthony Billington, Tony Lane and Max Turner, pp. 116-137. Carlisle, U.K.: Paternoster, 1995.

Chae, Daniel Jong-Sang. *Paul as Apostle to the Gentiles: His Apostolic Self-Awareness and Its Influence on the Soteriological Argument in Romans*. Carlisle, U.K.: Paternoster, 1997. 「이방인의 사도가 쓴 로마서」(아가페).

Chisholm, Robert B. "The Polemic Against Baalism in Israel's Early History and Literature." *Bibliotheca Sacra* 150(1994): 267-283.

_____. "'To Whom Shall You Compare Me?' Yahweh's Polemic Against Baal and the Babylonian Idol-Gods in Prophetic Literature." *Christianity and the Religions: A Biblical Theology of World Religions*, edited by E. Rommen and H. A. Netland, pp. 56-71. Pasadena: William Carey Library, 1995.

Christensen, Duane L. "Nations." *Anchor Bible Dictionary*, edited by David Noel Freedman et al., 4:1037-1049. New York: Doubleday, 1992.

Clements, Ronald E. "Worship and Ethics: A Re-examination of Psalm 15." *Worship and the Hebrew Bible*, edited by M. P. Graham, R. R. Marrs and S. L. McKenzie, p. 284. Sheffield, U.K.: Sheffield Academic Press, 1999.

Clements, Ronald E. "Monotheism and the Canonical Process." *Theology* 87(1984): 336-344.

Clifford, Richard J. "The Function of the Idol Passages in Second Isaiah." *Catholic Biblical Quarterly* 42(1980): 450-464.

Comfort, P. W. "Idolatry." *Dictionary of Paul and His Letters*, edited by Gerald F. Hawthorne et al., pp. 424-426. Downers Grove, Ill.: InterVarsity Press; Leicester, U.K.: Inter-Varsity Press, 1993.

Cotterell, Peter. *Mission and Meaninglessness: The Good News in a World of Suffering and Disorder*. London: SPCK, 1990.

Craigie, Peter C. *Psalms 1-50*. Word Bible Commentary 19. Waco, Tex.: Word, 1983. 「시편 상」(솔로몬).

Crawley, Winston. *Biblical Light for the Global Task: The Bible and Mission Strategy*. Nashville: Convention Press, 1989.

Daneel, M. L. "The Liberation of Creation: African Traditional Religious and Independent Church Perspectives." *Missionalia* 19(1991): 99-121.

Davidson, Robert. "Universalism in Second Isaiah." *Scottish Journal of Theology* 16(1963): 166-185.

Davies, Eryl W. "Walking in God's Ways: The Concept of *Imitatio Dei* in the Old Testament." *True Wisdom*, edited by Edward Ball, pp. 99-115. Sheffield, U.K.: Sheffield Academic Press, 1999.

Davies, G. I. "The Destiny of the Nations in the Book of Isaiah." *The Book of Isaiah*, edited by Jacques Vermeylen, pp. 93-120. Leuven: Leuven UniversityPress, 1989.

Davies, Graham. "The Theology of Exodus." *In Search of True Wisdom: Essaysin Old Testament Interpretation in Honor of Ronald E. Clements*, edited by Edward Ball, pp. 137-152. Sheffield, U.K.: Sheffield Academic Press, 1999.

Day, John. "Asherah," "Baal(Deity)," and "Canaan, Religion Of." *Anchor Bible Dictionary*, edited by David Noel Freedman, 1:483-487, 545-549, 831-837. New York: Doubleday, 1992.

De Ridder, Richard R. *Discipling the Nations*. Kampen: J. H. Kok, 1971; Grand Rapids: Baker, 1975.

Deist, Ferdinand. "The Exodus Motif in the Old Testament and the Theology of Liberation." *Missionalia* 5(1977): 58-69.

Dever, William G. *Did God Have a Wife? Archaeology and Folk Religion in Ancient Israel*. Grand Rapids: Eerdmans, 2005.

DeVries, Simon J. *1 Kings*. Word Biblical Commentary. Waco, Tex.: Word, 1985. 「열왕기상」(솔로몬).

Donaldson, Terence L. "'The Gospel That I Proclaim among the Gentiles'(Gal. 2.2): Universalistic or Israel-Centred?" *Gospel in Paul: Studies on Corinthians, Galatians and Romans for Richard N. Longenecker*, edited by Peter Richardson and L. Ann Jervis, pp. 166-193. Sheffield, U.K.: Sheffield Academic Press, 1994.

Du Preez, J. "Reading Three 'Enthronement Psalms' from an Ecological Perspective." *Missionalia* 19(1991): 122-130.

_____ . "The Missionary Significance of Psalm 117 in the Book of Psalms and in the New Testament." *Missionalia* 27(1999): 369-376.

DuBois, Francis M. Edited by *Classics of Christian Missions*. Nashville: Broadman, 1979.

Duchrow, Ulrich. "'It Is Not So Among You': On the Mission of the People of God Among the Nations." *Reformed World* 43(1993): 112-124.

Durham, John I. *Exodus*. Word Biblical Commentary 3. Waco, Tex.: Word, 1987. 「출애굽기」(솔로몬).

Eakin, Frank E. "Wisdom, Creation and Covenant." *Perspectives in Religious Studies* 4(1977): 226-239.

Ellul, Jacques. *The New Demons*. London: Mowbrays, 1976.

Elsdon, Ron. *Green House Theology: Biblical Perspectives on Caring for Creation.* Tunbridge Wells, U.K.: Monarch, 1992.

Engle, Richard W. "Contextualization in Missions: A Biblical and Theological Appraisal." *Grace Theological Journal* 4(1983): 85-107.

Escobar, Samuel. A Time for Mission: *The Challenge for Global Christianity.* Global Christian Library. Leicester, U.K.: Inter-Varsity Press; Downers Grove, Ill.: InterVarsity Press, 2003. 「벽을 넘어 열방으로」(IVP).

Esler, Philip E. "The Sodom Tradition in Romans 1:18-32." *Biblical Theology Bulletin* 34(2004): 4-16.

Fager, Jeffrey A. *Land Tenure and the Biblical Jubilee.* JSOT Supplements 155. Sheffield, U.K.: JSOT Press, 1993.

Fee, Gordon D. *The First Epistle to the Corinthians.* New International Commentary on the New Testament. Grand Rapids: Eerdmans, 1987.

Fensham, F. C. "A Few Observations on the Polarisation between Yahweh and Baal in 1 Kings 17-19." *Zeitschrift für die alttestamentliche Wissenschaft* 92(1980): 227-236.

Filbeck, David. Yes, God of the Gentiles Too: *The Missionary Message of the Old Testament.* Wheaton, Ill.: Billy Graham Center, 1994.

France, R. T. *Jesus and the Old Testament: His Application of Old Testament Passagesto Himself and His Mission.* London: Tyndale, 1971.

Franks, Martha. "Election, Pluralism, and the Missiology of Scripture in a Postmodern Age." *Missiology* 26(1998): 329-343.

Fretheim, Terence E. *Exodus.* Interpretation. Louisville: John Knox Press, 1991. 「출애굽기」(한국장로교출판사).

Gelston, Anthony. "The Missionary Message of Second Isaiah." *Scottish Journal of Theology* 18(1965): 308-318.

_____. "Universalism in Second Isaiah." *Journal of Theological Studies* 43(1992): 377-398.

Glasser, Arthur. "Help from an Unexpected Quarter, Or the Old Testament and Contextualization." *Missiology* 7(1979): 403-410.

Gnanakan, Ken. *Kingdom Concerns: A Biblical Theology of Mission Today.* Bangalore: Theological Book Trust, 1989; Leicester, U.K.: Inter-Varsity Press, 1993.

Gnuse, Robert Karl. *No Other Gods: Emergent Monotheism in Israel.* JSOT Supplement

Series 241. Sheffield, U.K.: Sheffield Academic Press, 1997.

Goerner, Henry C. *Thus It Is Written*. Nashville: Broadman Press, 1971.

_____. *All Nations in God's Purpose: What the Bible Teaches About Missions*. Nashville: Broadman, 1979.

Goldenberg, Robert. *The Nations That Know Thee Not: Ancient Jewish Attitudes Towards Other Religions*. Sheffield, U.K.: Sheffield Academic Press, 1997.

Goldingay, John. "The Man of War and the Suffering Servant: The Old Testament and the Theology of Liberation." *Tyndale Bulletin* 27(1976): 79-113.

_____. *Theological Diversity and the Authority of the Old Testament*. Grand Rapids: Eerdmans, 1987. 「구약의 권위와 신학적 다양성」(크리스챤다이제스트사).

_____. "Justice and Salvation for Israel and Canaan." *Reading the Hebrew Bible for a New Millennium: Form, Concept, and Theological Perspective*, edited by Wonil Kim et al., pp. 169-187. Harrisburg, Penn.: Trinity Press International, 2000.

_____. *Isaiah*. New International Biblical Commentary. Peabody, Mass.: Hendrikson; Carlisle, U.K.: Paternoster, 2001.

_____. *Old Testament Theology*. 2 vols. Downers Grove, Ill.: InterVarsity Press, 2003.

Goldingay, John, and Christopher Wright. "'Yahweh Our God Yahweh One': The Oneness of God in the Old Testament." In *One God, One Lord: Christianity in a World of Religious Pluralism*, edited by Andrew D. Clarke and Bruce Winter, pp. 43-62. Carlisle, U.K.: Paternoster, Grand Rapids: Baker, 1992.

Goldsmith, Martin. *Matthew and Mission: The Gospel through Jewish Eyes*. Carlisle, U.K.: Paternoster, 2001.

Goldsworthy, Graeme L. "The Great Indicative: An Aspect of a Biblical Theology of Mission." *Reformed Theological Review* 55(1996): 2-13.

Gossai, Hemchand. *Justice, Righteousness and the Social Critique of the Eighth-Century Prophets*. American University Studies Series 7: Theology and Religion 141. New York: Peter Lang, 1993.

Gottwald, Norman K. *The Tribes of Yahweh: A Sociology of the Religion of Liberated Israel 1250-1050 BCE*. Maryknoll, N.Y.: Orbis; London: SCM Press, 1979.

Goudzwaard, Bob. *Idols of Our Time*. Downers Grove, Ill.: InterVarsity Press, 1984. 「현대 우상 이데올로기」(IVP).

Granberg-Michaelson, Wesley. "Redeeming the Earth: A Theology for This World."

Covenant Quarterly 42(1984): 17-29.
Greenberg, Moshe. "Mankind, Israel and the Nations in the Hebraic Heritage." *No Man Is Alien: Essays on the Unity of Mankind*, edited by J. Robert Nelson, pp. 15-40. Leiden: E. J. Brill, 1971.
Greene, Colin J. D. *Christology in Cultural Perspective: Marking out the Horizons.* Grand Rapids: Eerdmans; Carlisle, U.K.: Paternoster, 2003.
Greenslade, Philip. *A Passion for God's Story.* Carlisle, U.K.: Paternoster, 2002.
Grisanti, Michael A. "Israel's Mission to the Nations in Isaiah 40-55: An Update." *Master's Seminary Journal* 9(1998): 39-61.
Groot, A. de. "One Bible and Many Interpretive Contexts: Hermeneutics in Missiology." *Missiology: An Ecumenical Introduction*, edited by A. Camps, L. A. Hoedemaker and M. R. Spindler. Grand Rapids: Eerdmans, 1995.
Grueneberg, Keith N. *Abraham, Blessing and the Nation: A Philological and Exegetical Study of Genesis 12:3 in Its Narrative Context.* Beihefte zur Zeitschrift für die alttestamentliche Wissenschaft. Berlin: Walter de Gruyter; New York: Walter de Gruyter, 2003.
Guenther, Titus F. "Missionary Vision and Practice in the Old Testament." *Reclaiming the Old Testament: Essays in Honor of Waldemar Janzen*, edited by Gordon Zerbe, pp. 146-164. Winnepeg: CMBC Publications, 2001.
Hahn, Scott W. "Canon, Cult and Covenant: Towards a Liturgical Hermeneutic." *Canon and Biblical Interpretation*, edited by Craig Bartholomew et al. Grand Rapids: Zondervan; Carlisle, U.K.: Paternoster, forthcoming.
Hanke, Howard A. *From Eden to Eternity: A Survey of Christology and Ecclesiology I the Old Testament and Their Redemptive Relationship to Man from Adam to the End of Time.* Grand Rapids: Eerdmans, 1960.
Harrelson, Walter. "On God's Care for the Earth: Psalm 104." *Currents in Theology and Mission* 2(1975): 19-22.
Harris, Murray J. *Jesus as God: The New Testament Use of Theos in Reference to Jesus.* Grand Rapids: Baker, 1992.
Hartley, John E. *Leviticus.* Word Biblical Commentary 4. Dallas: Word, 1992. 「레위기」(솔로몬).
Hay, Donald A. "Christians in the Global Greenhouse." *Tyndale Bulletin* 41, no. 1(1990): 109-127.
Hays, J. Daniel. *From Every People and Nation: A Biblical Theology of Race.* New

Studies in Biblical Theology. Leicester, U.K.: Inter-Varsity Press; Downers Grove: InterVarsity Press, 2003.

Hedlund, Roger, *The Mission of the Church in the World: A Biblical Theology*. Grand Rapids: Baker, 1991. 「성경적 선교 신학」(서울성경학교출판부).

Heldt, Jean-Paul. "Revisiting the 'Whole Gospel': Toward a Biblical Model of Holistic Mission in the 21st Century." *Missiology* 32(2004): 149-172.

Hertig, Paul. "The Jubilee Mission of Jesus in the Gospel of Luke: Reversals of Fortunes." *Missiology* 26(1998): 167-179.

_____. "The Subversive Kingship of Jesus and Christian Social Witness." *Missiology* 32(2004): 475-490.

Hesselgrave, David J. "A Missionary Hermeneutic: Understanding Scripture in the Light of World Mission." *International Journal of Frontier Missions* 10(1993): 17-20.

Hoedemaker, L. A. "The People of God and the Ends of the Earth." *Missiology: An Ecumenical Introduction*, edited by A. Camps, L. A. Hoedemaker and M. R. Spindler. Grand Rapids: Eerdmans, 1995.

Hoffman, Yair. "The Concept of 'Other Gods' in the Deuteronomistic Literature." *Politics and Theopolitics*, edited by Henning Graf Reventlow, Yair Hoffman and Benjamin Uffenheimer, pp. 66-84. Sheffield, U.K.: JSOT Press, 1994.

Holert, M. Louise. "Extrinsic Evil Powers in the Old Testament." Master's thesis, Fuller Theological Seminary, 1985.

Hollenberg, C. E. "Nationalism and the Nations in Isaiah XL-LV." *Vetus Testamentum* 19(1969): 23-36.

Holwerda, David E. *Jesus and Israel: One Covenant or Two?* Grand Rapids: Eerdmans; Leicester, U.K.: Apollos, 1995. 「예수와 이스라엘-하나의 언약 혹은 두 개의 언약?」(CLC).

Honig, A. G. *What Is Mission? The Meaning of the Rootedness of the Church in Israel for a Correct Conception of Mission*. Kampen: Uitgeversmaatschappij J. H. Kok, 1982.

Houston, Walter. *Purity and Monotheism: Clean and Unclean Animals in Biblical Law*. JSOT Supplement Series. Sheffield, U.K.: Sheffield Academic, 1993.

Hubbard, Robert L. "$y\bar{a}\check{s}\bar{a}$" *New International Dictionary of Old Testament Theology and Exegesis*, edited by Willem A. VanGemeren, 2:556-562. GrandRapids: Zondervan, 1997.

Hughes, Dewi. *Castrating Culture: A Christian Perspective on Ethnic Identity from the Margins.* Carlisle, U.K.: Paternoster, 2001.

Hurtado, Larry W. *One God, One Lord: Early Christian Devotion and Ancient Jewish Monotheism.* Edinburgh: T&T Clark, 1998.

_____. *Lord Jesus Christ: Devotion to Jesus in Earliest Christianity.* Grand Rapids: Eerdmans, 2003.

_____. *How on Earth Did Jesus Become a God? Historical Questions About Earliest Devotion to Jesus.* Grand Rapids: Eerdmans, 2006.

Jenkins, Philip. *The Next Christendom: The Coming of Global Christianity.* Oxford: Oxford University Press, 2002. 「신의 미래」(도마의 길).

Jeremias, Joachim. *Jesus' Promise to the Nations.* Studies in Biblical Theology. London: SCM Press, 1958; Philadelphia: Fortress, 1982.

Jervell, Jacob. "The Future of the Past: Luke's Vision of Salvation History and Its Bearing on His Writing of History." *History, Literature and Society in the Book of Acts*, edited by Ben Witherington III, pp. 104-126. Cambridge: Cambridge University Press, 1996.

Jonge, Marinus de. *God's Final Envoy: Early Christology and Jesus' View of His Mission.* Grand Rapids: Eerdmans, 1998.

Kaiser, Walter C., Jr. "The Davidic Promise and the Inclusion of the Gentiles(Amos 9:9-15 and Acts 15:13-18)." *Journal of the Evangelical Theological Society* 20(1977): 97-111.

_____. *Mission in the Old Testament: Israel as a Light to the Nations.* Grand Rapids: Baker, 2000. 「구약 성경과 선교」(CLC).

Kayama, Hisao. "Christianity as Table Fellowship: Meals as a Symbol of the Universalism in Luke-Acts." *From East to West: Essays in Honor of Donald G. Bloesch*, edited by Daniel J. Adams, pp. 51-62. Lanham, Md., and Oxford: University Press of America, 1997.

Keck, Leander E. *Who Is Jesus? History in Perfect Tense.* Columbia: University of South Carolina Press, 2000.

Kim, Seyoon, *The Origin of Paul's Gospel.* 2nd ed. Grand Rapids: Eerdmans, 1984. 「바울 복음의 기원」(엠마오).

Kirk, J. Andrew. *What Is Mission? Theological Explorations.* London: Darton, Longman & Todd; Minneapolis: Fortress Press, 1999. 「선교란 무엇인가?」(CLC).

Kirk, J. Andrew, and Kevin J. Vanhoozer, ed. *To Stake a Claim: Mission and the Western Crisis of Knowledge.* Maryknoll, N.Y.: Orbis, 1999.

Klein, Ralph W. "Liberated Leadership. Masters and 'Lords' in Biblical Perspective." *Currents in Theology and Mission* 9(1982): 282-290.

Knox, John. "Romans 15:14-33 and Paul's Conception of His Apostolic Mission." *Journal of Biblical Literature* 83(1964): 1-11.

Koestenberger, A. J., and P. T. O'Brien, *Salvation to the Ends of the Earth: A Biblical Theology of Mission.* Leicester, U.K.: Apollos, 2001.

Koestenberger, Andreas J. "The Challenge of a Systematized Biblical Theology of Mission: Missiological Insights from the Gospel of John." *Missiology* 23(1995): 445-464.

_____. *The Missions of Jesus and the Disciples According to the Fourth Gospel: With Implications for the Fourth Gospel's Purpose and the Mission of the Contemporary Church.* Grand Rapids: Eerdmans, 1998.

_____. "The Place of Mission in New Testament Theology: An Attempt to Determinethe Significance of Mission Within the Scope of the New Testament's Message as a Whole." *Missiology* 27(1999): 347-362.

Kritzinger, J. J. "Mission, Development, and Ecology." *Missionalia* 19(1991): 4-19.

_____. "Mission and the Liberation of Creation: A Critical Dialogue with M. L. Daneel." *Missionalia* 20(1992): 99-115.

Kruse, Heinz. "Exodus 19:5 and the Mission of Israel." *Northeast Asia Journal of Theology* 24-25(1980): 129-135.

Kvalbein, Hans. "Has Matthew Abandoned the Jews?" *The Mission of the Early Church to Jews and Gentiles*, edited by Jostein Adna and Hans Kvalbein, pp. 45-62. Tubingen: Mohr Siebeck, 2000.

LaGrand, James. *The Earliest Christian Mission to "All Nations" in the Light of Matthew's Gospel.* Grand Rapids: Eerdmans, 1995.

Lane, Thomas J. *Luke and the Gentile Mission: Gospel Anticipates Acts.* Frankfurt and New York: Peter Lang, 1996.

Lang, Bernard. *The Hebrew God: Portrait of an Ancient Deity.* New Haven, Conn., and London: Yale University Press, 2002.

Larkin, William J., and Joel F. Williams, eds. *Mission in the New Testament: An Evangelical Approach.* Maryknoll, N.Y.: Orbis, 1998. 「성경의 선교 신학」(이레서원).

Le Grys, Alan. *Preaching to the Nations: The Origin of Mission in the Early Church*. London: SPCK, 1998.

Legrand, Lucien. *Unity and Plurality: Mission in the Bible*. Maryknoll, N.Y.: Orbis, 1990.

_____. "Gal 2:9 and the Missionary Strategy of the Early Church." *Bible, Hermeneutics, Mission: A Contribution to the Contextual Study of Holy Scripture*, edited by Tord Fornberg, pp. 21-83. Uppsala: Swedish Institute for Missionary Research, 1995.

_____. *The Bible on Culture: Belonging or Dissenting*. Maryknoll, N.Y.: Orbis, 2000.

Lichtheim, Miriam, ed. *Ancient Egyptian Literature*. 3 vols. Berkeley: University of California Press, 1975, 1976, 1980.

Lind, Millard C., "Refocusing Theological Education to Mission: The Old Testament and Contextualization." *Missiology* 10(1982): 141-160.

_____. "Monotheism, Power and Justice: A Study in Isaiah 40-55." *Catholic Biblical Quarterly* 46(1984): 432-446.

Loader, J. A. "Life, Wonder and Responsibility: Some Thoughts on Ecology and Christian Mission." *Missionalia* 19(1991): 44-56.

Lohfink, Norbert, and Erich Zenger. *God of Israel and the Nations: Studies in Isaiah and the Psalms*. Collegeville, Minn.: Liturgical Press, 2000.

Longman, Tremper, III. "Proverbs." *Zondervan Illustrated Bible Backgrounds Commentary*. Grand Rapids: Zondervan, forthcoming,

Lubeck, R. J. "Prophetic Sabotage: A Look at Jonah 3:2-4." *Trinity Journal* 9(1988): 37-46.

MacDonald, Nathan. *Deuteronomy and the Meaning of "Monotheism."* Tubingen: Mohr Siebeck, 2003.

_____. "Listening to Abraham? Listening to YHWH: Divine Justice and Mercy in Genesis 18:16-33." *Catholic Biblical Quarterly* 66(2004): 25-43.

_____. "Whose Monotheism? Which Rationality?" *The Old Testament in Its World*, edited by R. P. Gordon and Johannes C. de Moor, pp. 45-67. Leiden: Brill, 2005.

Machinist, Peter. "The Question of Distinctiveness in Ancient Israel." *Essential Papers on Israel and the Ancient near East*, edited by F. E. Greenspan, pp. 420-442. New York and London: New York University Press, 1991.

Maier, Walter A., III. "The Healing of Naaman in Missiological Perspective." *Concordia Theological Quarterly* 61(1997): 177-196.

Manson, T. W. *Jesus and the Non-Jews*. London: Athlone Press, 1955.

Marak, Krickwin C., and Atul Y. Aghamkar, ed. *Ecological Challenge and Christian Mission*. Delhi: ISPCK, 1998.

Marlowe, W. Creighton. "Music of Missions: Themes of Cross-Cultural Outreach in the Psalms." *Missiology* 26(1998): 445-456.

Marshall, I. Howard, *New Testament Theology: Many Witnesses, One Gospel*. Leicester, U.K.: Inter-Varsity Press; Downers Grove: InterVarsity Press, 2004. 「신약 성서 신학」(크리스챤다이제스트사).

Martens, Elmer A. *God's Design: A Focus on Old Testament Theology*. 2nd ed. Grand Rapids: Baker; Leicester, U.K.: Apollos, 1994. 「새로운 구약 신학 하나님의 계획」(아가페).

Martin-Achard, Robert. *A Light to the Nations: A Study of the Old Testament Conception of Israel's Mission to the World*, translated by John Penney Smith. Edinburgh and London: Oliver & Boyd, 1962.

Mason, John. "Biblical Teaching and Assisting the Poor." *Transformation* 4, no. 2(1987): 1-14.

Matlack, Hugh. "The Play of Wisdom." *Currents in Theology and Mission* 15(1988): 425-430.

Matthew, C. V., ed. *Integral Mission: The Way Forward: Essays in Honour of Dr. Saphir P. Athyal*. Tiruvalla, India: Christava Sahitya Samithi, 2006.

May, Herbert G. "Theological Universalism in the Old Testament." *Journal of Bible and Religion* 15(1947): 100-107.

_____. "Aspects of the Imagery of World Dominion and World State in the Old Testament." *Essays in Old Testament Ethics*, edited by John T. Willis and James L. Crenshaw, pp. 57-76. New York: KTAV, 1974.

McConville, J. G. *Deuteronomy*. Apollos Old Testament Commentary. Leicester, U.K.: Apollos; Downers Grove, Ill.: InterVarsity Press, 2002.

Meyer, Ben F. *The Aims of Jesus*. London: SCM Press, 1979.

_____. *The Early Christians: Their World Mission and Self-Discovery*. Wilmington, Del.: Michael Glazier, 1986.

Middleton, J. Richard, and Brian J. Walsh. *Truth Is Stranger Than It Used to Be: Biblical Faith in a Postmodern Age*. Downers Grove, Ill.: InterVarsity Press;

London: SPCK, 1995. 「포스트모던 시대의 기독교 세계관」(살림).

Miller, Patrick D., Jr. "Syntax and Theology in Genesis XII 3a." *Vetus Testamentum* 34(1984): 472-475.

_____. "Deuteronomy and Psalms: Evoking a Biblical Conversation." *Journal of Biblical Literature* 118(1999): 3-18.

_____. "'Enthroned on the Praises of Israel': The Praise of God in Old Testament Theology." *Interpretation* 39(1985): 5-19.

_____. "Cosmology and World Order in the Old Testament: The Divine Council as Cosmic-Political Symbol." *Horizons in Biblical Theology* 9(1987): 53-78.

_____. "God's Other Stories: On the Margins of Deuteronomic Theology." *Realia Dei*, edited by P. H. Williams and T. Hiebert, pp. 185-194. Atlanta: Scholars Press, 1999.

Moberly, R. W. L. "Christ as the Key to Scripture: Genesis 22 Reconsidered." *He Swore an Oath: Biblical Themes from Genesis* 12-50. Edited by R. S. Hess et al. Carlisle, U.K.: Paternoster; Grand Rapids: Baker, 1994.

Mohol, Eliya. "The Covenantal Rationale for Membership in the Zion Community Envisaged in Isaiah 56-66." Ph.D. diss., All Nations Christian College, 1998.

Moore, Peter C. *Disarming the Secular Gods*. Downers Grove, Ill.: InterVarsity Press; Leicester, U.K.: Inter-Varsity Press, 1989.

Moore, Thomas S. "'To the End of the Earth': The Geographical and Ethnic Universalism of Acts 1:8 in Light of Isaianic Influence on Luke." *Journal of the Evangelical Theological Society* 40(1997): 389-399.

Mott, Stephen Charles. *Jesus and Social Ethics*. Grove Booklets on Ethics. Nottingham, U.K.: Grove Books, 1984.

_____. "The Use of the New Testament in Social Ethics." *Transformation* 1, nos. 2-3(1984): 21-26, 19-25.

_____. "The Contribution of the Bible to Economic Thought." *Transformation* 4, nos. 3-4(1987): 25-34.

_____. *A Christian Perspective on Political Thought*. Oxford: Oxford University Press, 1993.

Motyer, Alex. *The Message of Exodus*. The Bible Speaks Today. Leicester, U.K.: Inter-Varsity Press; Downers Grove, Ill.: InterVarsity Press, 2005.

Motyer, J. A., *The Message of Amos*. The Bible Speaks Today. Leicester, U.K.: Inter-Varsity Press; Downers Grove, Ill.: InterVarsity Press, 1974.

_____. *The Prophecy of Isaiah*. Leicester, U.K.: Inter-Varsity Press; Downers Grove, Ill.: InterVarsity Press, 1993.

Mouw, Richard J. *When the Kings Come Marching In*. Revised ed. Grand Rapids and Cambridge: Eerdmans, 2000.

Muilenburg, James. "Abraham and the Nations: Blessing and World History." *Interpretation* 19(1965): 387-398.

Murphy, Roland E. *Proverbs*. Nashville: Thomas Nelson, 1998.

Murray, Robert. *The Cosmic Covenant: Biblical Themes of Justice, Peace and the Integrity of Creation*. London: Sheed & Ward, 1992.

Nash, James A. *Loving Nature: Ecological Integrity and Christian Responsibility*. Nashville: Abingdon, 1991.

Newbigin, Lesslie. *Trinitarian Doctrine for Today's Mission*. Carlisle, U.K.: Paternoster, 1998.

Newton, Thurber L. "Care for the Creation as Mission Responsibility." *International Review of Mission* 79(1990): 143-149.

Northcott, Michael S. *The Environment and Christian Ethics*. Cambridge: Cambridge University Press, 1996.

O'Brien, P. T. *Gospel and Mission in the Writings of Paul: An Exegetical and Theological Analysis*. Grand Rapids: Baker, 1993; Carlisle, U.K.: Paternoster, 1995.

O'Donovan, Oliver. *Resurrection and Moral Order: An Outline for Evangelical Ethics*. Leicester, U.K.: Inter-Varsity Press, 1986.

Orlinsky, Harry M. "Nationalism-Universalism and Internationalism in AncientIsrael." *Translating and Understanding the Old Testament: Essays in Honor of Herbert Gordon May*, edited by Harry Thomas Frank and William L. Reed. Nashville: Abingdon, 1970.

Pao, David. *Acts and the Isaianic New Exodus*. Grand Rapids: Baker, 2000.

Pate, C. Marvin, et al. *The Story of Israel: A Biblical Theology*. Downers Grove, Ill.: InterVarsity Press; Leicester, U.K.: Inter-Varsity Press, 2004.

Paterson, John. "From Nationalism to Universalism in the Old Testament." *Christian World Mission*, edited by William K. Anderson. Nashville: Parthenon, 1946.

Patrick, Dale. *The Rendering of God in the Old Testament*. Overtures to Biblical Theology. Philadelphia: Fortress, 1981.

Patterson, Richard D., and Michael Travers. "Contours of the Exodus Motif in Jesus'

Earthly Ministry." *Westminster Theological Journal* 66(2004): 25-47.
Penny, John Michael. *The Missionary Emphasis of Lukan Pneumatology.* Journal of Pentecostal Theology Supplements 12. Sheffield, U.K.: Sheffield Academic, 1997.
Peskett, Howard, and Vinoth Ramachandra. *The Message of Mission.* The Bible Speaks Today. Leicester, U.K.: Inter-Varsity Press; Downers Grove, Ill.: Inter-Varsity Press, 2003. 「선교」(IVP).
Peters, George W. *A Biblical Theology of Missions.* Chicago: Moody Press, 1972. 「선교 성경 신학」(크리스챤다이제스트사).
Pietroni, Mark. "Wisdom, Islam and Bangladesh: Can the Wisdom Literature Be Used as a Fruitful Starting Point for Communicating the Christian Faith to Muslims?" Master's thesis, All Nations Christian College, 1997.
Piper, John. *Let the Nations Be Glad! The Supremacy of God in Missions.* 2nd ed. Grand Rapids: Baker Academic, 1993; Leicester, U.K.: Inter-Varsity Press, 2003. 「열방을 향해 가라」(좋은 씨앗).
Plant, Raymond. *Politics, Theology and History.* Cambridge: Cambridge University Press, 2001.
Pleins, J. David. *The Social Visions of the Hebrew Bible: A Theological Introduction.* Louisville: Westminster John Knox, 2001.
Pocock, Michael. "Selected Perspectives on World Religions from Wisdom Literature." *Christianity and the Religions: A Biblical Theology of World Religions,* edited by E. Rommen and Harold A. Netland, pp. 45-55. Pasadena: William Carey Library, 1995. 「기독교와 타종교」(서로사랑).
Poston, Larry. "Christian Reconstructionism and the Christian World Mission." *Missiology* 23(1995): 467-475.
Priebe, Duane. "A Holy God, an Idolatrous People, and Religious Pluralism: Hosea 1-3." *Currents in Theology and Mission* 23(1996): 126-133.
Pritchard, James B., ed. *Ancient Near Eastern Texts.* Princeton, N.J.: Princeton University Press, 1955.
Raabe, Paul R. "Look to the Holy One of Israel, All You Nations: The Oracles about the Nations Still Speak Today." *Concordia Journal* 30(2004): 336-349.
Rabinowitz, Jacob. *The Faces of God: Canaanite Mythology as Hebrew Theology.* Woodstock, Conn.: Spring Publications, 1998.
Rad, Gerhard von. *Genesis: A Commentary.* 2nd ed. London: SCM Press, 1963.

Ramachandra, Vinoth. *Gods That Fail: Modern Idolatry and Christian Mission.* Carlisle, U.K.: Paternoster; Downers Grove, Ill.: InterVarsity Press, 1996.

_____. *The Recovery of Mission.* Carlisle, U.K.: Paternoster, 1996.

Renaud, Bernard. "Prophetic Criticism of Israel's Attitude to the Nations: A Few Landmarks." *Concilium* 20(1988): 35-43.

Retif, A., and P. Lamarche. *The Salvation of the Gentiles and the Prophets.* Living Word Series 4. Edited by Gerard S. Sloyan. Baltimore and Dublin: HeliconPress, 1966.

Reventlow, Henning Graf, Yair Hoffman and Benjamin Uffenheimer. *Politics and Theopolitics in the Bible and Postbiblical Literature.* JSOT Supplement Series 171. Edited by David J. A. Clines and Philip R. Davies. Sheffield, U.K.: JSOT Press, 1994.

Ridder, Richard R. de. *Discipling the Nations.* Grand Rapids: Baker, 1975.

Riesner, Rainer. *Paul's Early Period: Chronology, Mission Strategy, Theology.* Grand Rapids and Cambridge: Eerdmans, 1998.

Ringe, S. H. *Jesus, Liberation, and the Biblical Jubilee: Images for Ethics and Christology.* Philadelphia: Fortress, 1985.

Rodd, Cyril. *Glimpses of a Strange Land: Studies in Old Testament Ethics.* Edinburgh: T&T Clark, 2001.

Ross, Kenneth R. "The HIV/Aids Pandemic: What Is at Stake for Christian Mission?" *Missiology* 32(2004): 337-348.

Rowe, Jonathan Y. "Holy to the Lord: Universality in the Deuteronomic History and Its Relationship to the Authors' Theology of History." Master's thesis, All Nations Christian College, 1997.

Rowley, H. H. *Israel's Mission to the World.* London: SCM Press, 1939.

_____. *The Missionary Message of the Old Testament.* London: Carey Press, 1944.

Samuel, Vinay, and Chris Sugden, ed. *Sharing Jesus in the Two-thirds World: Evangelical Christologies from the Contexts of Poverty, Powerlessness and Religious Pluralism.* Grand Rapids: Eerdmans, 1983.

Scheurer, Erich. *Altes Testament und Mission: Zur Begruendung des Missionsauftrages.* Basel: Brunnen, 1996.

Schluter, Michael, and Roy Clements. *Reactivating the Extended Family: From Biblical Norms to Public Policy in Britain.* Cambridge: Jubilee Centre, 1986.

Schluter, Michael, and John Ashcroft, eds. *Jubilee Manifesto: A Framework, Agenda &*

Strategy for Christian Social Reform. Leicester, U.K.: Inter-Varsity Press, 2005.

Schmidt, Werner H. *The Faith of the Old Testament: A History*, translated by John Sturdy. Philadelphia: Westminster Press; Oxford: Blackwell, 1983.

Schnabel, Eckhard J. "Jesus and the Beginnings of the Mission to the Gentiles." *Jesus of Nazareth: Lord and Christ*, edited by Joel B. Green and Max Turner, pp. 37-58. Carlisle, U.K.: Paternoster; Grand Rapids: Eerdmans, 1994.

_____. "Israel, the People of God, and the Nations." *Journal of the Evangelical Theological Society* 45(2002): 35-57.

_____. "John and the Future of the Nations." *Bulletin for Biblical Research* 12(2002): 243-271.

_____. *Early Christian Mission*. Vol. 1, *Jesus and the Twelve*. Downers Grove, Ill.: InterVarsity Press; Leicester, U.K.: Inter-Varsity Press, 2004.

_____. *Early Christian Mission*. Vol. 2, *Paul and the Early Church*. Downers Grove, Ill.: InterVarsity Press; Leicester, U.K.: Inter-Varsity Press, 2004.

Scobie, C. H. H. "Israel and the Nations: An Essay in Biblical Theology." *Tyndale Bulletin* 43, no. 2(1992): 283-305.

Scott, James M. "Restoration of Israel." *Dictionary of Paul and His Letters*, edited by Gerald F. Hawthorne and Ralph. P. Martin, pp. 796-805. Downers Grove, Ill.: InterVarsity Press; Leicester, U.K.: Inter-Varsity Press, 1993.

_____. "Luke's Geographical Horizon." *The Book of Acts in Its Graeco-Roman Setting*, edited by David W. J. Gill and Conrad Gempf, pp. 483-544. Exeter, U.K.: Paternoster, 1994.

_____. *Paul and the Nations: The Old Testament and Jewish Background of Paul's Mission to the Nations with Special Reference to the Destination of Galatians*. Tübingen: Mohr Siebeck, 1995.

_____. "Acts 2:9-11 as an Anticipation of the Mission to the Nations." *The Mission of the Early Church to Jews and Gentiles*, edited by Jostein Adna and Hans Kvalbein, pp. 87-123. Tubingen: Mohr Siebeck, 2000.

Seitz, Christopher. *Word Without End*. Grand Rapids: Eerdmans, 1998.

_____. *Figured Out: Typology and Providence in Christian Scripture*. Louisville: Westminster John Knox, 2001.

Senior, Donald. "Correlating Images of Church and Images of Mission in the New Testament." *Missiology* 23(1995): 3-16.

Senior, Donald, and Stuhlmueller, C. *The Biblical Foundations for Mission*. London:

SCM Press, 1983.
Sherwin, Simon. "'I Am against You': Yahweh's Judgment on the Nations and Its Ancient Near Eastern Context." *Tyndale Bulletin* 54(2003): 149-160.
Simkins, Ronald A. *Creator and Creation: Nature in the Worldview of Ancient Israel.* Peabody, Mass.: Hendrickson, 1994.
Sloan, R. B., Jr. *The Favorable Year of the Lord: A Study of Jubilary Theology in the Gospel of Luke.* Austin, Tex.: Schola, 1977.
Smith, Morton. "The Common Theology of the Ancient Near East." In *Essential Papers on Israel and the Ancient Near East*, edited by F. E. Greenspan, pp. 49-65. New York and London: New York University Press, 1991.
Smith, W. Cantwell. "Idolatry in Comparative Perspective." *The Myth of Christian Uniqueness*, edited by J. Hick and P. F. Knitter, pp. 53-68. Maryknoll, N.Y.: Orbis; London: SCM Press, 1987.
Soards, Marion L. "Key Issues in Biblical Studies and Their Bearing on Mission Studies." *Missiology* 24(1996): 93-109.
Spanner, Huw. "Tyrants, Stewards? or Just Kings?" in *Animals on the Agenda: Questions about Animals for Theology and Ethics*, edited by Linzey Andrew and Dorothy Yamamoto. London: SCM Press, 1998.
Spindler, M. R. *La Mission: Combat Pour Le Salut Du Monde.* Neuchatel, Switzerland: Delachaux & Niestle, 1967.
_____. "The Biblical Grounding and Orientation of Mission." *Missiology: An Ecumenical Introduction*, edited by A. Camps, L. A. Hoedemaker and M. R. Spindler, pp. 123-143. Grand Rapids: Eerdmans, 1995.
Squires, John T. *The Plan of God in Luke-Acts.* SNTS Monographs 76. Cambridge: Cambridge University Press, 1993.
Stott, John R. W. *Christian Mission in the Modern World.* London: Falcon, 1975. 「현대 기독교 선교」(성광문화사).
Stott, John R. W., ed. *Making Christ Known: Historic Mission Documents from the Lausanne Movement 1974-1989.* Carlisle, U.K.: Paternoster, 1996.
Strauss, Steve. "Missions Theology in Romans 15:14-33." *Bibliotheca Sacra* 160(2003): 457-474.
Taber, Charles R. "Missiology and the Bible." *Missiology* 11 (1983): 229-245.
_____. "Mission and Ideologies: Confronting the Idols." *Mission Studies* 10(1993): 179-181.

Talstra, Eep, and Carl J. Bosma. "Psalm 67: Blessing, Harvest and History: A Proposal for Exegetical Methodology." *Calvin Theological Journal* 36(2001): 290-313.

Tate, Marvin E. *Psalms 51-100.* Word Biblical Commentary 20. Dallas: Word, 1990. 「시편 중」(솔로몬).

Taylor, Glen A. "Supernatural Power Ritual and Divination in Ancient Israelite Society: A Social-Scientific, Poetics and Comparative Analysis of Deuteronomy18." Ph.D. diss., University of Gloucester, 2005.

Taylor, William D., ed. *Global Missiology for the 21st Century: The Iguassu Dialogue.* Grand Rapids: Baker, 2000. 「21세기 글로벌 선교학」(CLC).

Thomas, D. Winton, ed. *Documents from Old Testament Times.* New York: Harper Torchbooks, 1958.

Thompson, J. A. *The Book of Jeremiah.* New International Commentary on the Old Testament. Grand Rapids: Eerdmans, 1980.

Thompson, James M. "The Gentile Mission as an Eschatological Necessity." *Restoration Quarterly* 14(1971): 18-27.

Ucko, Hans, ed. *The Jubilee Challenge: Utopia or Possibility: Jewish and Christian Insights.* Geneva: World Council of Churches Publications, 1997.

Van Den Toren, Benno. "God's Purpose for Creation as the Key to Understanding the Universality and Cultural Variety of Christian Ethics." *Missiology* 30(2002): 215-233.

Van Engen, Charles. "The Relation of Bible and Mission in Mission Theology." *The Good News of the Kingdom,* edited by Charles Van Engen, Dean S. Gilliland and Paul Pierson, pp. 27-36. Maryknoll, N.Y.: Orbis, 1993.

_____. *Mission on the Way: Issues in Mission Theology.* Grand Rapids: Baker, 1996.

Van Winkle, D. W. "The Relationship of the Nations to Yahweh and to Israel inIsaiah XL-LV." *Vetus Testamentum* 35(1985): 446-458.

Verkuyl, J. *Contemporary Missiology: An Introduction.* Grand Rapids: Eerdmans, 1978. 「현대 선교 신학 개론」(CLC).

Vicedom, Georg F. *The Mission of God: An Introduction to a Theology of Mission.* Trans. Gilbert A. Thiele and Dennis Hilgendorf. St. Louis: Concordia, 1965. 「하나님의 선교」(대한기독교출판사).

Voegelin, E. *Israel and Revelation.* Baton Rouge: Louisiana State University, 1956.

Vogels, Walter. "Covenant and Universalism: A Guide for a Missionary Reading of the Old Testament." *Zeitschrift fur Missionswissenschaft und Religionswissenschaft*

57(1973): 25-32.

_____. *God's Universal Covenant: A Biblical Study*. 2nd ed. Ottawa: University of Ottawa Press, 1986.

Walls, Andrew F. *The Missionary Movement in Christian History: Studies in the Transmission of Faith*. Maryknoll, N.Y.: Orbis; Edinburgh: T&T Clark, 1996.

Walter, J. A. *A Long Way from Home: A Sociological Exploration of Contemporary Idolatry*. Carlisle, U.K.: Paternoster, 1979.

Walzer, Michael. *Exodus and Revolution*. New York: Basic Books, 1985.

Warren, Max. *I Believe in the Great Commission*. London: Hodder&Stoughton; Grand Rapids: Eerdmans, 1976.

Watts, Rikki. *Isaiah's New Exodus in Mark*. Grand Rapids: Baker, 1997.

Webb, Barry. *The Message of Isaiah*. The Bible Speaks Today. Leicester, U.K.: Inter-Varsity Press; Downers Grove, Ill.: InterVarsity Press, 1996.

Weinfeld, Moshe. *Social Justice in Ancient Israel and in the Ancient Near East*. Minneapolis: Fortress Press, 1995.

Wells, Jo Bailey. *God's Holy People: A Theme in Biblical Theology*. JSOT Supplements 305. Sheffield, U.K.: Sheffield Academic, 2000.

Wengst, Klaus. "Babylon the Great and the New Jerusalem: The Visionary View of Political Reality in the Revelation of John." *Politics and Theopolitics*, edited by Henning Graf Reventlow, Yair Hoffman and Benjamin Uffenheimer, pp. 189-202. Sheffield, U.K.: JSOT Press, 1994.

Wenham, Gordon J. *The Book of Leviticus*. New International Commentary on the Old Testament. Grand Rapids: Eerdmans, 1979.

_____. "Towards a Canonical Reading of the Psalms." *Canon and Biblical Interpretation*, edited by Craig Bartholomew et al. Grand Rapids: Zondervan; Carlisle, U.K.: Paternoster, forthcoming.

_____. *Genesis 1-15*. Word Biblical Commentary 1. Dallas: Word, 1987.

_____. *Genesis 16-50*. Word Biblical Commentary 2. Dallas: Word, 1994.

Wente, Edward F. "Egyptian Religion." *Anchor Bible Dictionary*, edited by David Noel Freedman, 2:408-412. New York: Doubleday, 1992.

Westermann, Claus. *Isaiah 40-66: A Commentary*, translated by David Stalker. London: SCM Press, 1969.

_____. *Genesis 12-36: A Commentary*, translated by John J. Scullion. Minneapolis: Augsburg Press; London: SPCK, 1985.

인명 찾아보기

Adams, Daniel J. 643
Adna, Jostein 646, 652, 653, 667
Albrektson, Bertil 104
Allis, O. T. 274
Anderson, Bernard W. 248
Arnold, Clinton 207
Ash, Christopher 538
Ashcroft, John 375, 538
Ashley, Timothy 286

Baker, Christopher J. 442, 478
Barker, P. A. 373
Barr, James 534
Bartholomew, Craig 39, 45, 65, 89, 102, 171, 207, 600, 604
Barton, John 185-186, 189-190
Bauckham, Richard 55, 68, 76, 89, 101-103, 139, 141, 151, 155, 159, 171, 411, 413, 514, 543, 652, 653, 658

Baxter, Richard 551
Beale, G. K. 420, 521-522
Begg, Christopher T. 609, 613, 614, 617
Billington, Anthony 381, 661
Blauw, Johannes 39
Blenkinsopp, J. 608
Block, Daniel I. 104, 571, 580
Bolt, Peter 657
Bosch, David J. 39, 74, 398, 637, 657
Bosma, Carl J. 598
Bowers, W. Paul 657
Boyce, Richard Nelson 451
Boyley, Mark 489
Braaten, Carl E. 52, 552, 553
Brawley, Robert L. 308, 310, 491
Bridger, Francis 516, 517
Brownson, James V. 46
Broyles, Craig C. 334, 426
Bruce, F. F. 349

Brueggemann, Walter   51, 289, 305, 338, 361, 454, 564, 566, 573, 598, 599, 611, 612
Burnett, David   39

Calvin, John   247
Capes, David B.   133
Carroll R., M. Daniel   21, 264
Chae, Daniel J.-S.   661
Chisholm, Robert B.   222
Christensen, Duane L.   569
Clements, Ronald E.   89
Clements, Roy   375
Cotterell, Peter   381, 661
Cowper, William   517, 518
Craigie, Peter C.   292

Daneel, M. L.   519
Davidson, Robert   608
Davies, Eryl W.   457
Davies, G. I.   610
Day, John   97
De Ridder, Richard R.   39, 632
Dever, William G.   88
Donaldson, Terence L.   316
Du Preez, Jannie   516, 519
Durham, John I.   96, 285

Eakin, Frank E.   560
Ellul, Jacques   206
Elsdon, Ron   500
Escobar, Samuel   398
Esler, Philip E.   453, 574

Fager, Jeffrey A.   372
Fee, Gordon D.   180
Filbeck, David   60, 251
Fornberg, Tord   662
France, R. T.   637
Frank, H. T.   608
Franks, Martha   54
Fretheim, Terence E.   283, 417

Gelston, Anthony   608, 609
Gempf, Conrad   650
Gill, David W. J.   650
Gnanakan, Ken   39
Gnuse, Robert Karl   89, 170
Goerner, Henry C.   353
Goldingay, John   247, 261, 270, 286, 345, 358, 416, 432, 455, 461
Goldsmith, Martin   645
Goldsworthy, Graeme L.   72
Gossai, Hemchand   460
Goudzwaard, Bob   207
Greene, Colin J. D.   391
Greenslade, Philip   69
Grisanti, Michael A.   608, 609
Grueneberg, Keith N.   274

Hahn, Scott W.   600
Harrelson, Walter   502, 503
Harris, Murray J.   152
Hartley, John E.   180
Hawthorne, Gerald F.   657
Hay, Donald A.   517
Hays, J. Daniel   572
Hedlund, Roger   39

Heldt, Jean-Paul 400, 539
Hertig, Paul 380, 388
Hoedemaker, L. A. 44, 74
Hoffman, Yair 171
Holert, M. Louise 342
Hollenberg, C. E. 608
Holwerda, David E. 382
Hubbard, Robert L. 147-148
Hughes, Dewi 572
Hurtado, Larry W. 152

Jenkins, Philip 45
Jeremias, Joachim 638
Jervell, Jacob 657

Kaiser, Walter C., Jr. 632, 633, 653
Kayama, Hisao 642, 643
Keck, Leander E. 152
Kidener, Derek 616
Kim, Seyoon 134
Kirk, J. Andrew 53, 74, 518
Knox, John 663
Koestenberger, Andreas J. 39, 58, 637, 657
Kritzinger, J. J. 519
Kvalbein, Hans 646, 652, 667

LaGrand, James 42, 645
Lane, Thomas J. 657
Lane, Tony 381, 661
Le Grys, Alan 41, 651
Legrand, Lucien 319, 554, 662
Lichtheim, Miriam 555
Lind, Millard C. 108, 161

Loader, J. A. 519, 521
Longman, Tremper, III 556, 653

MacDonald, Nathan 89, 101, 172, 454, 578
Machinist, Peter 89, 323, 421, 468
Maier, Walter A., III 634
Manson, T. W. 638
Marlowe, W. Creighton 607, 608
Marshall, I. Howard 59
Martens, Elmer A. 343
Mason, John 374
McConville, J. G. 287
Meyer, Ben F. 637, 648
Middleton, J. Richard 65
Miller, Patrick D., Jr. 121, 165, 253, 600, 604
Moberly R. W. L. 261
Mohol, Eliya 304
Moore, Peter C. 207
Moore, Thomas S. 647
Moritz, Thorsten 207
Mott, Stephen Charles 374, 388, 461
Motyer, J. A. 201, 304, 416, 583, 584
Muilenburg, James 257, 293, 306
Murphy, Roland E. 556
Murray, Robert 535

Nash, James A. 506, 535
Newbigin, Lesslie 52, 54, 673
Northcott, Michael S. 509, 515

O'Brien, P. T. 39, 637, 657
O'Donovan, Oliver 62

Orlinsky, Harry M. 608

Pao, David 349
Patrick, Dale 64
Patterson, Richard D. 346, 349
Penny, John Michael 656
Peskett, Howard 250, 578
Peters, George W. 608
Pietroni, Mark 558
Piper, John 167
Pleins, J. David 355
Pocock, Michael 558
Pritchard, James B. 555

Raabe, Paul R. 585
Rad, Gerhard von 54, 248, 251
Ramachandra, Vinoth 207, 250, 578
Reid, W. L. 608
Renaud, Bernard 585
Reventlow, Henning Graf 171
Riesner, Rainer 662
Ringe, S. H. 380
Rodd, Cyril 457
Ross, Kenneth R. 545
Rowe, Jonathan Y. 287

Schluter, Michael 375, 538
Schmidt, Werner H. 198-199
Schnabel, Eckhard J. 21, 155, 632, 634, 635, 636, 637, 641, 644, 648, 651, 657, 663
Scobie, C. H. H. 634, 635, 611, 659
Scott, James M. 431, 648, 646, 650
Seitz, Christopher 267

Senior, Donald 39, 54, 556, 637
Sherwin, Simon 105
Simkins, Ronald A. 505
Sloan, R. B., Jr. 380
Smith, Morton 198
Smith, W. Cantwell 186
Soards, Marion L. 58
Spanner, Huw 500, 536
Spindler, M. R. 44, 74, 221
Stott, John R. W. 21, 27, 80, 136, 356, 398, 402
Strauss, Steve 662
Stuhlmueller, Carroll 39, 54, 556, 637

Taber, Charles R. 58
Talstra, Eep 598
Tate, Marvin E. 209, 294, 599
Tate, Nahum 210
Taylor, Glen A. 557
Taylor, William D. 47
Thomas, D. Winton 555
Thompson, J. A. 305
Thompson, James M. 644
Thompson, Mark 657
Travers, Michael 346, 349
Turner, Max 381, 661

Ucko, Hans 372
Uffenheimer, Benjamin 171

Van Den Toren, Benno 564
Van Engen, Charles 40, 61
Van Winkle, D. W. 608
Vanhoozer, Kevin J. 75

Verkuyl, J. 221
Vicedom, Georg F. 75
Voegelin, E. 255
Vogels, Walter 407, 409, 417-418, 445, 570, 583, 584, 587, 589, 593, 612, 617

Walls, Andrew F. 53
Walsh, Brian J. 65
Walter, J. A. 207
Walzer, Michael 355
Watts, Rikki 349
Webb, Barry 618
Weinfeld, Moshe 99, 372, 477
Wells, Jo Bailey 285, 323, 326
Wenham, Gordon J. 258, 264, 273, 307, 423, 604
Westermann, Claus 107, 248, 268, 274

White, Lynn 534
Wigfield, John 604
Williams, David A. 125, 441
Willoughby, Robert 381
Wilson, Gerald H. 604
Wink, Walter 207
Winter, Bruce 226
Wintle, Brian 182
Witherington, Ben, III 152, 653, 657
Wright, Christopher J. H. 39, 45, 47, 52, 62, 125-126, 164, 255, 326, 352, 367, 370, 372-373, 409, 439, 497, 499, 530, 534, 582, 594, 620
Wright, N. T. 68, 139, 152, 268, 316, 412, 430, 637, 641
Wright, Nigel G. 543
Wyatt, N. 97

주제 찾아보기

가난(poverty)   50-51, 99, 271, 272, 291, 298, 311, 337, 338, 339, 340, 347, 353, 363, 365-366, 371, 381, 384, 389, 392, 398, 401, 405, 452, 453, 487, 500, 520, 526, 548, 563, 565, 603, 611, 660

개종(proselyte)   241-242, 632, 649, 650-654, 666

거대 서사(grand narrative)   20, 38, 53, 55, 65, 75, 222, 239, 240, 276, 282, 353, 408, 442, 447, 450, 495, 667, 671, 673

거룩(holy)   71, 87, 95, 100, 109-110, 125, 127-128, 154, 215, 233, 240, 263, 284-287, 323-328, 336, 377, 384, 386, 414, 417-418, 421-425, 435, 446, 450, 465-472, 486-490, 510, 591, 603, 621, 628, 634, 658, 667

성령(Holy Spirit)   64, 75, 77, 239, 286, 381, 389, 392, 427, 444, 637, 649, 656, 658, 661, 665, 670, 673

거룩한 이름(holy name)   109, 110, 127, 329, 591, 592

거룩한 자(holy One)   64, 87, 100, 127, 128, 132, 148, 354, 670

경제(economy)   51, 77, 98, 197, 224, 240, 336-340, 343, 347, 349, 352, 353-356, 359-362, 365-371, 373-376, 378-382, 384, 389, 391-193, 400, 402-403, 469-471, 476, 523, 532, 544, 550, 564, 579, 596, 627,

계명(commandment)   70-71, 90, 199, 222, 289, 419, 474, 480, 486, 506, 520

계시(revelation)   51-52, 57-58, 72, 75, 90, 93, 94, 97, 100, 108, 113, 114, 129, 136, 144, 159, 161, 162, 176,

201, 269, 316, 322, 332, 348, 354, 385, 410, 417, 438, 446-447, 475, 482, 485, 531, 559, 561, 564, 565, 579, 584, 607, 612, 633, 663, 670, 671
고레스(Cyrus)   105, 110, 117, 360, 576
교회(church)   26, 40, 43, 45, 51, 52, 61, 66, 69, 73, 74, 75, 78, 80, 144, 167, 224, 229, 239, 241-244, 268, 303, 381, 382, 385, 399, 405, 429, 449, 468, 486, 523, 526, 544, 594, 607, 653, 659, 660, 673
　초대교회(early church)   45, 46, 133, 137, 143, 243, 319, 381, 382, 405, 642, 647
교회론(ecclesiology)   405, 464
구세주(Savior)   37, 59, 68, 116, 149, 163, 242, 276, 315, 355, 396-397, 483, 552, 607, 617, 637
　(나의, 당신의, 우리의) 구세주[(my, your, our) Savior]   150, 156, 488
구속(redemption)   30, 37, 57, 69, 70, 74, 76, 78, 80, 100, 108, 114, 129, 143, 147, 160, 167, 205, 211, 233, 239, 242, 251, 255, 267, 276, 281, 284, 317, 332, 335-364, 365, 366, 370, 379, 382, 385, 393, 395, 410, 419, 427, 446, 449, 465, 472, 475, 480, 485, 488, 497, 511, 513, 523, 527, 543, 559, 563, 571, 586, 611
　구속자/구속주(redeemer)   36, 87, 174, 214, 336, 339, 342, 343, 346, 348, 362, 471, 506, 511, 525, 628
구심적(centripetal)   415, 426, 608, 635

구원(salvation)   44, 67, 72, 74, 78, 90, 94, 96, 103, 113, 115, 125, 129, 135, 143, 145, 147, 153, 156, 161, 174, 187, 192, 211, 220, 243, 244, 256, 262, 282-334, 355, 359, 362, 378, 393, 404, 407, 417, 431, 441, 464, 484, 488, 490, 522, 534, 552, 561, 570, 592, 602, 611, 616, 631, 648, 655, 659, 664
권위(authority)   31, 61-69, 71, 77, 122, 143, 147, 179, 202, 205, 244, 268, 310, 385, 388, 391, 396, 410, 432, 438, 535, 562, 674
귀신(demon)   152, 175, 177, 179, 190, 202, 206, 223, 235
노아(Noah)   214, 240, 246, 263, 267, 300, 409, 441, 446, 667
노예(slave)   94, 317, 337, 339-347, 350-353, 359, 362, 367, 370, 377, 393, 520, 532
다신론(polytheism)   58, 88, 170, 176, 222, 228, 480, 506,
　다신론적(polytheistic)   60, 162, 210, 217, 231, 557
다원주의(pluralism)   47, 163-164, 186, 198, 399, 580
다윗(David)   78, 142, 159, 200, 289, 291, 295, 296, 308, 408, 411, 431, 440-447, 562, 604, 611, 622, 627, 632, 652, 661, 667
65-66, 77, 87-88, 100, 111, 117, 118, 120, 122, 127, 140, 144-147, 159, 166, 174, 181, 183, 195, 196, 201, 204, 212-214, 218, 240, 246-251, 252-

262, 262-274, 282, 289, 293, 294, 307, 317, 499
대위임령(Great Commission)   40-41, 61, 69, 71-72, 144, 269, 309, 346, 444-447, 491, 651, 666
독특성(distinctiveness)   239
   윤리적, 도덕적(ethical, moral distinctiveness)   421, 424, 484, 496, 579
   이스라엘, 이스라엘의, 유대인의(Israel, Israel's, Jews distinctiveness)   322, 330, 357, 479, 481, 580
땅(earth)   65-67, 71, 77, 80, 87-88, 97-98, 101-103, 111-112, 115-120, 122, 127, 129, 131, 135, 140, 144-145, 147, 150, 159, 163-164, 166, 172-177, 192, 195-196, 200-205, 212-215, 226, 246-249, 250-279, 281-289, 293-295, 300-301, 308-309, 311-312, 317, 320-322, 325, 330, 332, 386, 394, 409-413, 419, 426, 435, 439, 444-445, 450, 458, 465, 473, 480, 491, 495-497, 499-527, 534-538, 543, 549, 554, 564-567, 571, 580, 585, 588, 595-597, 606-607, 623, 667, 673
땅(land)   66, 70, 88, 94, 99, 118, 120, 124-125, 127-128, 181, 183, 218, 251, 254, 259, 289, 307, 337, 340, 342-343, 358, 365-367, 365-381, 387, 420, 428-429, 432, 453, 459, 469, 472, 474-475, 485, 544, 562, 575, 581-582, 586, 588, 591, 620, 627

메시아(Messiah)   35-37, 69, 72, 79, 134, 139, 153, 154, 162, 168, 183, 233, 243-245, 268-269, 295, 309, 319, 381, 382, 388, 392, 430, 436-437, 439, 483, 511, 533, 631, 644-645, 653, 665, 666, 673
메시아적(messianic)   35-37, 48, 78, 140, 142, 295, 299, 308, 313, 379, 433, 491, 636, 639, 648, 649, 652, 661
메타 서사(metanarrative)   53, 65, 76
모세(Moses)   36, 71, 93-95, 100, 109, 113, 119, 172, 180, 194, 197, 242-243, 298, 330, 336, 341-343, 345, 350, 359, 413, 420-421, 428, 431, 442, 445-446, 455-456, 462, 477, 481, 482, 571, 576, 586-589, 657, 667
문화(culture)   26, 31, 39-40, 42-43, 46-47, 49, 50, 51, 53-55, 60, 65, 95, 163, 165, 184, 188, 203, 206, 214, 230, 310, 317, 320, 374, 396, 400, 403, 422-24, 431, 436-39, 446-47, 450, 484, 503, 511, 530, 533, 544, 547, 549, 551, 554, 555, 560, 564
미래(future)   25, 31, 38, 66-69, 77, 124, 167, 214, 252, 268, 285, 297, 317, 321, 363, 377, 378, 388, 413, 428-429, 434, 440, 450, 466, 485, 514-517, 553, 617, 634, 656
바벨론 유수(exile)   60, 90, 93, 103, 107, 109, 111, 115, 118, 123, 148, 159, 351, 360, 441, 590, 592, 620, 625, 654

바울(Paul)　36, 46, 58, 69, 75-80, 131-168, 173-182, 199, 201, 217, 224-234, 241-254, 261-279, 301, 313, 352, 384, 393, 411, 412, 418, 427-431, 437, 443, 453, 486, 488, 495-515, 532, 571, 614, 644, 653, 657-667

배타적/배타성(exclusivity)　137, 150, 164, 170, 171, 203, 325, 331, 348, 358, 399, 458, 466, 478, 625

배타주의(exclusivism)　186, 281, 333, 608

보편적/보편성(universality)　30, 42, 55, 65, 76, 78, 87, 93, 101, 103, 111, 117-122, 125, 128, 158, 165-167, 198, 215, 236, 239, 258, 260, 272, 281-282, 284-287, 289, 291-292, 295, 297-300, 302, 307-311, 313-320, 324-325, 331, 357-358, 374, 385, 410, 412-413, 416, 427-428, 433-436, 438-439, 441, 442 445-446, 454, 465, 466-467, 472, 488, 492, 531, 533, 540, 543, 554, 564, 567, 574, 579, 580, 585, 593-596, 598, 603, 605-607, 609, 614-615, 622, 633, 635, 643, 645, 648-649, 658, 666, 670, 674

보편주의(universalism)　322, 608

복음 전도(evangelism)　72-73, 155, 398, 538, 551

복음주의(evangelicalism)　62, 398

복 주다(bless)　75, 78, 168, 241, 259, 298-299, 312, 453, 561, 574, 579, 598

복, 축복(blessing)　27, 37, 124, 125, 160, 166, 195, 205, 211, 223-224, 234, 239, 244-247, 251-256, 260-279, 281-284, 286-288 290, 293-296, 298-300, 302-308, 310-315, 318-322, 331, 334, 336, 346-347, 354, 357-358, 410-412, 415, 419, 425-426, 429, 432-433, 435, 440-442, 444-446, 450, 454, 456, 458, 463-465, 467, 478, 496-497, 509, 527, 530, 536, 546-547, 552, 562, 570, 577, 583, 585, 589, 591, 592, 594-599, 617, 619, 623-624, 634, 648, 658-659, 667

복 받다(blessed)　124, 195, 211, 244-245, 253-254, 256, 258-260, 262, 264-265, 267-268, 270-279, 281, 288-289, 294-295, 299, 301-304, 306-307, 309, 311-312, 314, 320-321, 334, 358, 410, 412, 417, 433, 442, 444, 449, 456, 496, 509, 565, 596, 599, 604, 612, 615-616, 648

부유한(rich)　229, 272, 291, 337, 371, 548, 603,

부정한(unclean)　182, 242, 326, 384, 390, 402, 423-424, 469, 474, 591, 639-640, 642

부활(resurrection)　35, 36, 42, 52, 59, 62, 71, 79, 81, 134-135, 143, 146, 154, 157, 223, 226, 227, 242, 275, 279, 292, 301, 310, 354, 382, 396-397, 401, 430, 436-438, 445, 483, 507, 514, 523, 550, 552-553, 637-638, 644-645, 647-648, 650, 654-

657, 666, 670, 673-674
사도(apostle) 19, 36, 40, 48, 79, 80, 91, 134, 138, 144, 151, 154, 162, 224-228, 233, 235-236, 314, 381, 392-393, 405, 430, 437, 453, 488, 495, 614, 636, 650-653, 655-657, 661-662, 674
사랑(love) 47, 48, 70, 71, 93, 98-99, 129, 131, 143, 157, 160-162, 168, 208, 211, 222-224, 229, 251, 271, 298, 308, 330, 333-334, 352, 358, 360, 385, 387, 392, 394, 402, 404, 413, 458-459, 471, 484, 487, 488, 491, 492, 495, 497, 506-507, 520-521, 524-527, 532, 536, 538, 540, 558, 565, 592, 619, 625, 639
사탄(Satan) 154, 179, 182-183, 207, 224, 310-311, 396-397, 508, 559
사탄적(satanic) 88, 183, 203, 667
사회적(social) 128, 204, 206, 224, 225, 230, 231, 240, 305, 311, 316, 326, 336-337, 340-343, 349, 352, 353, 355, 358-364, 365-367, 374-376, 378, 382, 384, 388, 390-391, 393, 397-398, 400, 402-403, 406, 415, 452, 470-471, 476-478, 515, 532, 538-540, 542, 544, 547, 549, 551, 555, 556, 579, 642
상대적(relative) 82, 102, 164, 202, 268, 384, 404, 516, 533
상대주의(relativism) 47, 52, 62, 207
상대화(relativize) 392, 581, 672
새 언약(New Covenant) 424, 439, 441, 443-446, 492, 617, 645, 667

새 창조(new creation) 55, 66, 73, 74, 76, 167, 252, 319, 334, 401, 409, 412, 446, 513, 514, 516, 522, 533, 538, 552, 559, 571, 572, 667, 671
생명(life) 25, 38, 68, 157, 160, 185, 192, 195, 196, 205, 206, 216, 217, 218, 225, 227, 263, 267, 271, 300, 301, 340, 341, 347, 358, 366, 381, 394-395, 409, 410, 422, 428, 502, 505, 510, 514, 526, 531, 532, 535, 543, 545, 546, 547, 550, 552, 553, 570, 649
선지자(prophet) 36, 88, 103, 108, 110, 111, 112, 116, 118, 119, 121, 123, 125, 128, 148, 149, 161, 174, 178, 184, 187, 188, 189, 191, 192, 203, 212, 216, 218, 224, 232, 234, 235, 236, 289, 298, 303, 304, 305, 306, 311, 312, 347, 351, 353, 354, 360, 362, 363, 373, 388, 392, 393, 408, 415, 425, 426, 429, 431, 438, 439, 440, 442, 456, 467, 506, 517, 524, 562, 563, 564, 565, 566, 567, 581, 593, 598, 605, 607, 610, 616, 617, 618, 619, 622, 623, 624, 625, 626, 631, 633, 638, 646, 647, 657, 663
선지자적(prophetic) 231, 233, 363, 385, 392, 439, 455, 578, 608, 611, 637
선택(election) 30, 31, 41, 42, 54, 60, 62, 63, 66, 78, 81, 82, 90, 107, 120, 121, 136, 158, 205, 234, 239, 241-280, 281, 282, 283, 307, 318-335, 380, 407, 408, 411, 413, 416, 417,

432, 437, 449, 450-464, 468, 472,
481, 484-491, 495, 496, 504, 539,
541, 542, 561, 579, 580, 583, 593,
609, 617, 624, 631, 654, 663, 665,
670
　아브라함의(of Abraham)　251, 456
　이스라엘의(Israel's)　322, 329, 331,
496
　하나님의(God's)　90, 120, 121, 241-
280, 325
　성경적(scriptural)　24, 27, 28, 29, 30, 35,
38, 39, 40-44, 46, 48, 50, 51, 52,
61-80, 81, 86, 90, 91, 136, 139,
148, 150, 157-168, 169, 176, 179,
182, 183, 201, 202, 204, 206, 210,
214, 223, 228, 229, 239, 240, 243,
244, 269, 276, 279, 281, 307, 316,
322, 333-334, 339, 348, 349, 351,
354, 355, 359, 360, 364, 367, 377,
378, 382, 385, 386, 387, 393, 395,
396, 398, 400, 403, 404, 409, 411,
412, 425, 437, 450, 452, 464, 465,
466, 468, 484, 490, 495, 496, 504,
508, 513, 514, 515, 518, 523, 525,
526, 527, 529, 533, 534, 538, 539,
544, 551, 553, 554, 558, 561, 562,
564, 565, 567, 570, 572, 580, 593,
594, 595, 603, 607, 614, 624, 636,
638, 643, 654, 656, 665, 666, 670
성육신(incarnation)　52, 156, 483, 670
성전(temple)　119, 149, 159, 178, 179,
192, 193, 209, 289, 312, 363, 387,
388, 391, 419, 420, 425, 426, 427,
433, 435, 436, 437, 485, 510, 521,
522, 559, 562, 588, 611, 621, 622,
623, 625, 632, 640, 641, 647, 648,
652, 653, 656, 658, 659, 660, 661,
664, 665, 667
성취(fulfillment)　20, 25, 37, 68, 69, 73,
75, 76, 96, 122, 124, 125, 126, 137,
138, 152, 153, 161, 162, 164, 166,
242, 244, 246, 249, 250, 251, 253,
254, 255, 258, 259, 263, 265, 268,
271, 276, 277, 298, 299, 303, 304,
305, 308, 310, 317, 318, 319, 329,
332, 336, 349, 350, 353, 354, 357,
379, 380, 383, 384, 389, 394, 396,
402, 408, 412, 418, 419, 424, 427,
429, 433, 434, 435, 436, 437, 438,
443, 444, 446, 450, 463, 465, 466,
475, 497, 502, 515, 523, 534, 546,
552, 559, 570, 581, 598, 611, 616,
618, 621, 623, 628, 631, 632, 644,
646, 647, 648, 649, 650, 654, 655,
656, 658, 659, 660, 662, 664, 666,
667, 674
생태학적(ecological)　76, 410-411, 501,
506, 511, 514, 515, 516, 519, 522,
523, 524, 525, 526, 534, 544, 567
　생태계/생태학(ecology)　207, 410-
411, 499, 501, 506, 511, 514, 515,
516, 519, 522, 523, 524, 525, 527,
534, 535, 544, 567
세계관(worldview)　20, 30, 53, 58, 65,
72, 73, 76, 77, 87, 94, 105, 118,
131, 140, 174, 187, 191, 204, 210,
218, 228, 231, 277, 307, 323, 387,
407, 408, 412, 422, 423, 449, 497,

498, 503, 530, 549, 550, 551, 554, 557, 558, 562, 564, 565, 580, 581, 627, 628, 631, 649, 671, 672

소돔(Sodom)   126, 344, 451-456, 458, 462, 464, 574, 578

소망(hope)   20, 60, 66, 67, 76, 78, 124, 125, 154, 203, 211, 223, 233, 242, 252, 268, 278, 279, 286, 291, 300, 322, 346, 378, 379, 401, 408, 421, 425, 427, 428, 429, 434, 439, 440, 441, 444, 479, 489, 491, 513, 514, 515, 534, 544, 548, 550, 552, 553, 561, 574, 578, 584, 590, 605, 607, 608, 610, 621, 622, 625, 626, 627, 628, 635, 638, 639, 649, 663

예배(worship)   52, 63, 64, 66, 69, 77, 78, 81, 87, 88, 89, 96, 100, 106, 114, 115, 132, 133, 136, 144, 146, 148, 151, 153, 158, 159, 161, 162, 164-168, 169-236, 246, 264, 290-296, 306, 310, 326, 341, 343, 347, 358-363, 365, 388, 395, 402, 415, 426, 429, 433, 440, 443, 445, 457, 460, 462, 475, 478-480, 489, 490, 506, 515, 520, 556, 558, 570, 586, 589, 595, 596, 600-629, 633, 634, 639, 641, 645, 649, 656, 659-662

우주론(cosmology)   71

유일성(uniqueness)   30, 87, 90, 93, 94, 101-103, 108, 111, 115, 119, 122, 128, 135, 141, 142, 152, 161, 164, 173, 198, 215, 580, 587, 602

유일신론(monothesim)   20, 30, 31, 87-91, 95, 96, 101, 129, 132, 137-139, 141, 144, 156-158, 161-165, 168-170, 172, 176, 177, 201, 202, 210, 222, 230, 239, 481-483, 495, 505, 557, 560, 603

유일신론적(monotheistic)   87, 91, 100, 105, 106, 131, 135, 138, 152, 161, 165, 169, 227, 228, 315, 506, 664

윤리(ethics)   78, 81, 98, 120, 140, 161, 225, 229, 230, 231, 240, 258, 20, 30, 31, 62-64, 66, 68, 69, 78, 81, 98, 120, 140, 161, 225, 229, 230, 231, 239, 258, 261, 269, 271, 272, 279, 290, 303, 305, 324, 331, 332, 355, 358, 366, 367, 369, 373, 374, 376, 379, 380, 381, 384, 403, 418, 421, 422, 449, 450, 456, 457, 459, 461-467, 470-472, 475, 476, 478, 482, 484, 486-492, 495-497, 499, 500, 506, 508, 511, 514, 516-518, 521, 531, 532, 554, 557, 562-564, 574, 579, 589, 620, 633, 658, 663, 671

율법(law)   67, 70, 72, 114, 161, 240, 242, 243, 261, 272, 284, 287, 295, 305, 309, 311, 312, 315, 330-332, 337, 354, 365, 366, 373, 383-385, 414, 416, 422-424, 431, 444, 457, 458, 465, 466, 471-479, 484, 485, 505, 531, 532, 557, 559, 560, 562-564, 574, 578, 588, 597, 604, 605, 610-612, 620, 633, 634, 640, 641, 651-653, 659, 663

의로운(righteous)   136, 153, 287, 294,

301, 331, 422, 442, 460, 476, 478, 479, 485, 551, 526, 589, 595
공의/의(righteousness) 136, 145, 153, 168, 244, 257, 261, 294, 301, 312, 331, 422, 442, 460, 476, 478, 479, 485, 513, 551, 526, 589, 595
이름(name) 35, 36, 64, 67, 76, 81, 94, 109, 110, 114, 115, 125, 127, 128, 131, 134-136, 146, 148-151, 155, 157, 158, 164, 182, 194, 203, 215, 224, 234, 247, 249, 252, 271, 283, 287, 289, 294, 296, 302, 313, 314, 315, 317, 328, 329, 337, 343, 347, 382, 383, 385, 386, 401, 402, 435, 436-438, 444, 447, 485, 507, 508, 541, 555, 558, 564, 567, 576, 587, 588, 591, 592, 601, 602, 605, 607, 614, 615, 616, 622-624, 648, 652, 663, 664
이야기(story) 19, 24, 29, 30, 35, 38, 48, 55, 65-70, 75-78, 246, 248, 269, 276, 278, 286, 287, 289, 295, 298, 308, 315, 316, 322, 343, 346, 348, 352, 353, 359, 377, 382, 402, 408, 414, 430, 431, 442, 443, 450, 451, 453, 454, 467, 527, 554, 562, 564, 566, 569, 570, 572, 580, 586, 633, 663, 667, 671-673, 674
인종적(ethnic) 241, 250, 369, 400, 435, 471, 489, 571, 572, 620
원심적(centrifugal) 27, 31, 415, 608, 612, 632, 656, 659, 660
은혜(grace) 62, 70, 90, 93, 100, 108, 115, 118, 133, 150, 153, 161, 166,

168, 214, 246, 249, 250, 256, 257, 259, 260, 262, 284, 293, 297, 314, 351, 369, 379, 389, 397, 419, 426, 431, 434, 439, 442, 453, 466, 468, 486, 482, 511, 536, 573, 576, 578, 596, 605, 628, 661
이원론(dualism) 352, 362, 386, 387, 508
인류(humanity) 20, 26, 30, 31, 52, 55, 66, 68, 69, 77, 87, 90, 156, 160, 166, 167, 186, 205, 226, 245, 246, 249, 250, 259, 261, 266, 268, 289, 295, 301, 305, 309, 317, 328, 334, 339, 348, 357, 360, 361, 373, 374, 377, 378, 395, 397, 409, 411, 412, 417, 427, 454, 469, 475, 495, 497, 505, 514, 515, 522, 533, 534, 538, 539, 543, 546, 552, 554, 559, 569, 570-572, 595, 596, 600, 622, 667
십자가(cross) 36, 52, 69, 79, 81, 131, 134, 157, 201, 223, 313, 316, 349, 350-354, 359, 383, 387, 390, 391, 393-397, 406, 423, 438, 443, 444, 487, 511, 523, 527, 552, 567, 631, 646, 647, 650, 656, 665, 666, 670, 674
자연(nature) 63, 64, 141, 177, 205, 206, 212, 220, 221, 341, 342, 377, 379, 410, 500, 503-507, 515-517, 525, 543, 546, 561, 588
장막(tabernacle) 437, 560, 652
저주(curse) 133, 246, 251-253, 256, 278, 283, 285-287, 298, 300, 303, 304, 306, 307, 322, 410, 419, 426, 428-430, 497, 512, 513, 517, 540, 543,

544, 574, 589, 590, 597, 664, 667
정결한(clean)　242, 326, 384, 390, 421, 422-424, 469, 490, 543, 559, 625, 640, 642, 667
정의(justice)　52, 87, 98, 99, 115, 123, 161, 258, 259, 294, 303, 304, 311, 347, 354, 355, 358-360, 363-365, 370, 379, 383, 384, 385, 388-390, 392, 393, 396, 398, 402, 405, 404, 416, 412, 431, 441, 450-452, 459-462, 464, 475, 477, 478, 484, 515, 516, 519, 525, 526, 536, 547, 548, 549, 563, 573, 575, 576, 591, 601, 603, 611, 611, 621, 628, 642, 655
정치(politics)　105, 108, 122, 296, 359, 382, 386, 391, 392, 404, 612, 626, 627
　정치적(political)　51, 98, 166, 190, 193, 224, 339, 341-343, 349, 352, 353, 355, 356, 359-363, 379, 384, 386-388, 390, 391-393, 400, 403, 404, 476, 503, 524, 532, 550, 551, 563, 564, 573, 579, 596
제사(sacrifice)　175, 180-182, 189, 226, 229, 230, 271, 330, 341, 351, 384, 391, 415, 423, 424, 610, 613
제사장(priest)　60, 155, 194, 236, 239, 285, 293, 303, 317, 323, 324, 329, 330, 415, 414, 416-418, 425, 427, 431, 465-468, 471, 476, 486, 522, 562, 583, 585, 595, 599, 611, 633, 661, 662
　제사장적(priestly)　155, 157, 284, 324, 325, 416-418, 423, 455, 467,
488, 521, 522, 599, 633, 661
제자(disciple)　20, 35, 36, 37, 40-42, 48, 59, 71, 131, 133, 137, 141, 150, 157, 162, 166, 239, 268, 290, 295, 299, 308, 309, 313, 319, 391, 405, 430, 433, 443-446, 490-492, 507, 520, 550, 605, 636-638, 643-645, 647, 651, 659, 666, 673, 674
　제자도(discipleship)　309, 491, 549, 651
　제자 훈련(discipling)　162, 360, 644
종말론(eschatology)　37, 78, 262, 296, 378, 429, 515, 523, 603
　종말론적(eschatological)　31, 76, 114, 125, 165, 166, 289, 292, 295, 309, 321, 366, 370, 379, 380, 381, 384, 392, 437, 442, 498, 511, 513, 515, 516, 553, 571, 572, 592, 605, 607, 608, 611, 617, 618, 624, 628, 638, 639, 642, 649, 652, 653, 656, 660, 662, 664, 665, 671
좋은 소식(good news)　59, 75, 114, 225, 335, 383, 395, 396-397, 401, 406, 436, 523, 574, 631, 637, 647, 651, 658, 666
죄(sin)　31, 76, 77, 96, 109, 122, 146, 148, 160, 176, 178, 180, 193, 202, 208, 222, 230, 231, 232, 246, 250, 251, 256, 267, 268, 278, 300, 317, 350, 351, 352, 354, 360, 361, 384, 387, 394-397, 400, 402, 409, 410, 420-423, 452, 453, 455, 456, 462, 497, 523, 533, 538-544, 546, 549, 559, 560, 567, 569, 571, 572, 590,

591, 664, 666
죽음(death)　36, 161, 242, 279, 285, 292, 300, 351, 352, 360, 361, 363, 382, 394, 430, 443, 446, 550, 551-553, 610, 638, 653, 655, 657
증거(witness)　24, 36, 42, 43, 55, 57, 64, 79, 88, 108, 113, 114, 133-135, 163, 165, 166, 178, 179, 187, 189, 223, 224, 227, 264, 269, 288, 311, 316, 318, 339, 346, 353, 352, 359, 361, 368, 369, 378, 381, 383, 392, 404, 410, 417, 431, 452, 457, 478-480, 483-487, 490, 497, 500, 503, 516, 525, 566, 567, 577, 588, 594, 606, 609, 612, 614, 627, 634, 640, 646, 649, 654, 657, 660, 663
지옥(hell)　385
지혜(wisdom)　31, 96, 161, 198, 224, 318, 331, 422, 475, 476, 477, 487, 535, 539, 554-564, 566, 567, 588, 604
진노(wrath)　121, 171, 180, 225, 228, 232, 242, 248, 250, 351, 360, 420, 430, 452, 453, 474, 497, 565, 573-576, 587, 590, 610, 631
진리(truth)　53, 55, 68, 93, 94, 96-98, 108, 111, 121, 129, 131, 134, 144, 156, 159, 161, 163, 202, 214, 221, 225, 228, 297, 298, 321, 350, 352, 354, 357, 363, 392, 395, 416, 421, 436, 442, 484, 511, 516, 524, 527, 530, 539, 540, 544, 559, 558, 563, 564, 567, 571, 593, 596, 603, 609, 646, 659, 673

찬양(praise)　62, 144, 147, 149, 158, 160, 164-169, 194, 196, 282, 292-294, 296, 306, 338, 346, 426, 429, 431, 433, 434, 490, 506, 508, 509, 515, 555, 556, 572, 577, 595, 598, 600, 601, 603, 605-607, 610, 611, 661, 662, 667, 671
창조 세계(creation)　17, 24, 158, 175, 177, 179, 190, 202, 204, 221, 252, 275, 278, 295, 348, 354, 389, 395, 410, 419, 420, 480, 500, 501-527, 534-538, 544, 554, 567, 601, 607, 614, 667, 670, 672
창조주(Creator)　65, 101, 111, 121, 129, 141, 142, 160, 167, 177, 178, 204-206, 209, 212-214, 227, 229, 235, 246, 250, 263, 268, 275, 276, 395, 412, 413, 480, 500, 501, 503, 505, 506, 508, 509, 511, 515, 516, 525, 526, 527, 530, 533, 535, 543, 563, 564, 600, 528
총체적(holistic)　73, 240, 343, 347-349, 360, 367, 377, 378, 380, 382, 386, 393, 397, 398, 400, 401, 405, 406, 523, 526, 538, 539, 549, 550, 551
추수(harvest)　369, 596, 598
출애굽(exodus)　59, 70, 90, 93-96, 99, 100, 107, 108, 114, 115, 118, 120, 158, 161, 239, 240, 255, 288, 296, 331, 335-363, 365, 366, 369, 370, 376, 377, 382, 385, 387, 389, 401, 402, 407, 408, 418, 443, 482, 483, 563, 583-585, 589, 590, 582, 617, 628

친족(kinship)　252-254, 337, 338, 367, 368, 371, 372, 379, 627
타락(fall)　179, 205, 235, 240, 254, 406, 409, 410-412, 451, 497, 504, 525, 538, 543, 544, 546, 547, 561, 564, 567, 571, 572, 595, 663
토라(Torah)　59, 87, 413, 430, 431, 472, 476, 477, 560, 562, 575, 597, 612, 633
통치(reign)　88, 97, 98, 106, 123, 125, 127, 137, 140-145, 153, 158, 163, 164, 168, 174, 178, 179, 191, 195, 200, 201, 288, 293, 294, 295, 301, 308, 310, 319, 324, 330, 331, 342, 347, 352, 379, 388, 389, 391, 394, 396, 411, 420, 432, 433, 434, 436, 437, 442, 460, 495, 511, 515, 516, 522, 535, 536, 548, 570, 579, 585, 594, 595, 596, 597, 599, 601, 603, 604, 606, 609, 628, 652, 659
통치(rule)　88, 97, 98, 106, 123, 125, 129, 137, 140, 142-145, 152, 153, 158, 163, 164, 168, 174, 178, 179, 191, 195, 200, 201, 288, 293, 294, 295, 301, 308, 310, 319, 324, 330, 331, 342, 347, 352, 379, 388, 389, 391, 394, 396, 411, 420, 432, 433, 434, 437, 442, 460, 495, 511, 515, 516, 522, 535, 536, 548, 570, 579, 584, 594, 595, 596, 599, 601, 603, 604, 606, 609
통합적(integral)　53, 361-364
특별한/특정한(particular)　26, 28, 29, 36, 49, 55, 76, 78, 81, 82, 83, 105, 137, 148, 158, 163, 231, 235, 236, 270, 274, 281-334, 337, 356, 369, 375, 400, 405, 408, 414, 432, 442, 456, 465, 467, 502, 515, 516, 560, 579, 582, 585, 596, 604, 622, 633, 670
특정성(particularity)　54, 55, 281, 319-332, 412, 465
특정하게(particularly)　235, 412, 432, 577, 627
패러다임(paradigm)　50, 73, 546, 549, 669
(불)평등[(in-)equality]　373, 374, 382, 392, 404, 471, 532, 548, 661
포스트모던(postmodern)　51, 52, 54-55, 65
포스트모더니티(postmodernity)　49, 53, 55
포괄적/포괄성(inclusive, inclusiveness)　19, 31, 38, 69, 73, 82, 89, 94, 99, 151, 201, 316, 339, 342, 343, 347, 354, 358, 409, 410, 453, 461, 465, 457, 470, 529, 539, 546, 567, 607, 616, 645, 667, 670, 673
하나님(God)
　을 아는 것(knowing)　93-130, 154, 156, 158, 160, 161, 275, 288, 425
　을 아는 지식(knowledge of)　91, 116, 126, 153, , 154-155, 157, 161, 294, 332, 343, 363, 415, 416, 465, 467
　의 백성(people of)　26, 30, 44, 58, 80, 118, 125, 126, 128, 224, 231, 233, 234, 240, 241, 264, 268, 283,

292, 293, 298, 302, 304, 315, 329, 368-373, 379, 382, 385, 399, 402, 409, 412, 413, 416, 417, 418, 419, 420, 421, 422, 424, 426, 427, 431, 434, 445, 446, 449, 450, 456, 464, 467, 471, 476, 478, 484, 486, 488, 489, 496, 520, 533, 569, 574, 579, 588, 589, 592, 597, 598, 606, 607, 608, 614, 615, 619, 620, 625, 634, 651, 652, 653, 656, 658, 665, 666, 667

 의 성(city of) 118, 435, 569, 572, 615-616, 667

 의 임재(presence of) 209, 417, 418-426, 444, 475, 477, 491, 653

 의 형상(image of) 31, 57, 140, 153, 160, 204, 215, 216, 246, 406, 498, 508, 528-568

하늘(heaven) 71, 80, 87, 95, 97, 98, 100, 101, 102, 103, 106, 111, 112, 129, 135, 140, 142, 143, 150, 163, 164, 172, 173, 174, 175, 178, 187, 195, 196, 201, 202, 205, 208, 212, 214, 219, 223, 226, 248, 250, 251, 259, 289, 330, 343, 386, 388, 394, 436, 438, 444, 445, 446, 453, 455, 458, 481, 491, 497, 499, 503, 507, 509, 510, 511, 512, 513, 514, 516, 517, 518, 531, 588, 597, 667, 673

 하늘의(heavenly) 96, 98, 112, 161, 172, 175, 187, 195, 217, 223, 232, 251, 259, 266, 267, 330, 438, 453, 458, 499

해방(liberation) 73, 93, 94, 98, 112, 114, 115, 116, 118, 161, 174, 194, 206, 214, 233, 286, 300, 339, 340, 341, 347, 350, 352, 353, 355, 356, 359, 361, 370, 379, 382, 391, 436, 455, 466, 475, 478, 482, 515, 526, 553, 572, 579, 590, 592, 617, 639, 643, 655

해석학(hermeneutic) 19, 28, 29, 36, 38, 41, 43, 45-48, 49, 50, 52-56, 57, 65, 81-92, 126, 244, 277, 355, 359, 361, 382, 383, 441, 633, 652, 654, 656, 671, 672

 성경적(biblical) 28, 38, 51

 선교적(missional) 31, 38, 39-92, 158, 222, 239, 422, 431, 605

 선교학적(missiological) 29, 55, 262, 409, 450, 486, 600

 예배적(liturgical) 600

 예언적(prophetic) 383

 해방론적(liberationist) 50, 51, 52, 355

화목/화해(reconciliation) 46, 78, 129, 168, 394, 395, 396, 444, 484, 487, 523, 527, 543, 670

회개(repentance) 36, 109, 148, 153, 182, 192, 193, 239, 242, 305, 312, 313, 360, 382, 383, 395, 401, 440, 441, 447, 473, 474, 489, 533, 542, 577, 597, 624, 633, 637, 641, 645, 648, 649, 665

성구 찾아보기

창세기

1   *106, 177, 263, 410, 534, 537*
1-2   *266, 409, 500, 522*
1-3   *245, 246, 251, 252, 254, 411, 412, 539*
1-11   *264, 273, 307*
1-15   *252*
1:2   *252*
1:3   *501*
1:4   *501*
1:10   *501*
1:13   *505*
1:14-18   *501*
1:18   *509*
1:20-22   *501*
1:21   *501*
1:25   *529*
1:26-27   *537*
1:27   *77, 264, 266, 521, 534, 537*
1:28   *537*
2   *539*
2:7   *537*
2:15   *77, 266, 537*
2:18   *537*
3   *179, 204, 267, 539, 547, 561*
3-11   *75, 77, 246, 250, 256, 262, 278, 300, 318*
3:5   *204, 248*
3:8   *419*
3:15   *267*
3:17   *543*
3:22   *205*
5   *300*
5:2   *264*
5:29   *251*
6:1-4   *248*
8:15-9:17   *409*
9   *263, 266-267*
9:1   *247, 249, 264*
9:4   *410*
9:10   *410*
9:19   *247*
10   *247, 249, 256, 263, 648*
10-11   *247*
10:18   *247*
10:31   *247*
10:32   *247*
11   *245, 247, 249, 256, 569, 570*
11:1   *247*
11:4   *256*
11:8   *256*

11:9 *256*
11:30 *252*
11:32 *252*
12 *78, 239, 246, 252, 256*
12-36 *268, 275*
12-50 *261*
12:1 *254, 255, 257, 259*
12:1-3 *75, 245, 252, 254, 257, 259, 260, 262, 263, 267, 268, 269, 272, 278, 284, 298, 300, 309, 416, 658*
12:1-4 *253*
12:2 *257, 267, 299, 307*
12:3 *245, 246, 256, 272, 274, 277, 283, 286, 298, 304, 314, 321, 322, 412, 440, 616*
12:7 *257, 266*
13:13 *452*
13:16 *286*
14:18-20 *265, 616*
15 *257, 345*
15:2-3 *257*
15:5 *123*
15:6 *257*
15:16 *575*
16-50 *258*
17 *257, 258, 259, 270*
17:1 *257, 258*
17:2 *257*
17:4-5 *258*

17:5 *253*
17:6 *258*
17:7-8 *258*
17:16 *258*
17:18-20 *270*
18 *259, 450, 453, 465, 578*
18-19 *451*
18:10 *453*
18:14 *453*
18:16-33 *454, 578*
18:17-19 *462*
18:18 *245, 256, 272, 278*
18:18-19 *290, 451*
18:19 *258, 312, 432, 456, 459, 461, 462, 463, 464*
18:20 *452*
18:20-21 *344, 451*
18:22-23 *454*
18:23 *455*
18:25 *87, 145*
19 *452*
19:4 *452, 455*
19:24 *453*
21:8-10 *270*
21:13 *270*
21:20 *270*
22 *258, 260, 261, 265, 345*
22:16 *302*
22:16-18 *259, 260, 267, 290, 450*

22:17 *123*
22:18 *245, 272, 277, 463*
24:1 *264*
24:35-36 *264*
26:3 *264*
26:4 *272*
26:4-5 *245, 290, 463*
26:29 *264*
27 *270*
28:14 *245*
30:27-30 *265*
32:26-29 *265*
35:9 *264*
35:11 *245*
36 *270*
39:5 *264, 265*
47:7 *265*
47:10 *265*
48:15-16 *265*
48:16 *336*
48:20 *273*
49:24-26 *266*
50:20 *46*
50:21 *46*

출애굽기
1 *340, 344*
1-2 *341*
1-18 *284*
1:8 *345*
1:8-10 *339*
1:11-14 *340*
2 *344*

2:1-2 *340*	15 *95, 97, 338*	*455, 578, 589*
2:23 *341*	15:1-18 *95*	32:12 *109, 590*
2:23-25 *98*	15:2 *147*	33:1-5 *420*
2:24 *284, 356*	15:6 *143*	33:13 *462*
2:24-25 *344*	15:11 *95, 296*	33:15-16 *421*
3:7 *344*	15:12 *143*	33:16 *421*
3:7-10 *342*	15:13 *336, 348, 368*	33:19 *462, 576*
4:22 *341*	15:14-16 *586*	34:6 *296, 297*
5:1-14 *94*	15:16 *336*	34:6-7 *462, 577*
5:2 *97, 116*	15:17 *368*	
5:15-23 *94*	15:18 *96, 342, 432*	레위기
5:22-6:8 *94*	19 *326, 428, 450, 465,*	1-7 *415*
6 *338*	*471, 474*	10:11 *415*
6:2-3 *94*	19:3-6 *70, 284, 324, 326*	16:8 *180*
6:6 *336, 359*	19:3-8 *416*	16:10 *180*
6:6-8 *94, 284, 342, 343*	19:4 *466*	16:26 *180*
6:7 *94*	19:4-6 *329, 356, 413,*	17:7 *180*
6:8 *340*	*414, 418, 419, 465,*	18:1-5 *579*
7-14 *116*	*486*	18:3-4 *469*
7:5 *117*	19:5 *325, 418, 466*	18:24-28 *121, 575*
7:17 *117*	19:5-6 *284, 287, 303,*	18:25-28 *503*
7:20 *587*	*317, 323, 331*	19 *470, 471*
8:10 *117*	19:6 *327, 426, 467, 470,*	19:2 *71, 422, 470*
8:22 *117*	*583*	19:18 *71*
9:13-16 *282*	19:7-8 *428*	19:33-36 *563*
9:14 *117, 581*	20-24 *284*	19:36 *459*
9:16 *117, 581*	20:2 *70*	20:23 *121*
9:29 *581*	21-23 *460*	20:24-26 *469*
12:12 *95, 117, 221, 341*	23:9 *563*	20:26 *468*
14:4 *117*	23:10-11 *370*	21:8 *468*
14:13 *359*	24:7 *428*	21:15 *468*
14:18 *117*	24:9-11 *179*	21:23 *468*
14:25 *117*	29:44-46 *420*	25 *337, 366, 367, 368,*
14:30 *359*	32-34 *345, 420, 428,*	*370, 377*

25:8-10 366	민수기	4:7 290
25:8-12 370	6:22-27 293, 415, 599	4:9-31 478
25:9 377	6:24-26 595	4:9-40 67
25:10 378	6:25 293	4:15-20 505
25:18-22 377	14 428, 455	4:15-21 177
25:19 597	14:13-16 109, 590	4:19 175, 208, 475
25:23 368, 369, 374	16:5 137	4:25-27 575
25:25 370	22-24 286	4:26 588
25:29-34 371	23:8-10 285	4:28 184
25:35 370	23:10 286	4:32-35 95, 330, 331,
25:35-38 371	23:18-24 286	481, 531
25:38 377	24:9 286	4:32-39 579
25:39 371	25 286	4:32-40 161, 271
25:39-43 371, 563	26 368	4:34-35 587
25:40 370	31:8 286	4:35 71, 113, 173, 288,
25:42-43 377	31:16 286	332, 342
25:44-46 371	33:3 587	4:39 71, 174, 342, 445,
25:47 371	35:12 337	507
25:47-55 371	35:19 337	4:39-40 116, 160
25:53 370		5:8 480
25:55 377	신명기	6:4 71, 138
26 419, 424, 428	2:2-23 581	6:4-5 71
26-27 367	2:5 581	6:13-14 182
26:3 419	2:9 581	6:20-25 67, 70
26:4 597	2:10-12 120, 581	7 326
26:4-13 264	2:12 581	7:6 325, 326
26:9-13 419	2:19 581	7:7-11 413, 579
26:11-12 264, 418	2:20-23 120, 581	8 213
26:11-13 418	4 95, 232, 450, 472, 473,	8:17 213
26:13 419	476, 479, 481, 484	8:17-18 197
26:17 575	4:1-40 473	9 428, 455
26:40-45 369	4:5-8 67, 457, 489, 560	9:1-6 121
26:45 587	4:6-8 234, 287, 331,	9:4-6 573, 575
	422, 476, 589, 604	9:28 109, 590

10 99, 331
10:12-13 458
10:12-19 332
10:14 87, 129, 140,
       172, 499, 507
10:14-15 330, 458
10:14-19 98
10:14-22 413
10:16 458
10:17 121, 140, 175
10:17-19 358, 459
11 300
14:2 325, 326
15:1-2 370
15:4 365
15:11 365
17 604
17-32 428
17:7 589
22:24 452
22:27 452
23:1-8 435, 620, 650
25:5-10 337
25:7-10 337
25:15 459
26 369
26:18-19 327
26:19 234, 327, 328
27-32 428
27-34 430
28 428
28:1-14 287
28:9-10 234, 286, 327,
         623

28:10 476
28:37 429, 476
28:49-52 429
29:22-28 67, 429
29:24-25 590
29:24-28 234
30 271, 300, 428
30:19 503, 588
30:19-20 160
31:7 587
31:8 445
31:23 445
31:28 588
32 180, 429, 431
32:1 588
32:8 571, 581
32:15 147
32:16-17 180, 182
32:17 172
32:21 172, 430
32:21-26 429
32:27-43 429, 431
32:37-38 220
32:39 172
32:43 431, 661
33:10 415
33:16 510
34:12 587

여호수아
1:5 445
2:9-11 587
2:10-11 158
4:23-24 288

4:24 159
13-21 368
15-22 367
24:14 170

사사기
2 575
5 107
6:15 367
6:27 367
6:30-35 367
6:31 187
8:20 367
8:22-23 432
9 432

룻기
4 337
4:11-12 273

사무엘상
2:2 100
4:1-11 188
5:2-4 188
5:6-12 188
17:46 159, 200, 288

사무엘하
6:2 623
7 294-295
7:9 289, 432
7:22 96, 102
7:23 159
7:25-26 289

7:26　*159*
7:29　*275*
8:15　*432*

열왕기상
4:30-31　*555*
8　*485*
8:23　*103*
8:41-43　*159, 289, 435*
8:43　*485, 623*
8:60　*100, 103, 159*
8:60-61　*289, 290, 486*
12:26-33　*193*
13　*344*
15:34　*193*
16:19　*193*
18:27　*188*
18:39　*114*
21　*368*
22:19-23　*179*

열왕기하
8:7-15　*634*
17:16　*178*
18:32-35　*119, 218*
18:33-35　*191*
19:15　*87, 191*
19:17-19　*183*
19:18　*218*
19:19　*159, 290*
19:25-28　*218*
21:3-5　*178*

역대상
29:3　*324*

역대하
11:15　*180*
15:3　*155*

느헤미야
5:1-5　*375*
9:10　*158*

에스더
1:13　*555*
6:13　*555*

욥기
1　*179*
12:7-9　*500*
24:1-12　*565*
26:14　*129*
28:28　*567*
31:13-15　*563*
31:26-28　*178, 208, 505*
41:11　*499*

시편
1　*604*
2　*295*
2:7　*78*
2:7-9　*433*
2:8　*78*
2:8-9　*310*
2:10-11　*604*
6:3　*565*

8:1　*510*
8:3　*217*
8:6-8　*217*
10:1　*565*
13:1-2　*565*
17:7　*143*
18:2　*147*
18:49　*661*
19　*62, 500, 503, 510*
20:7　*143*
22　*603*
22:1　*565*
22:3　*64, 342*
22:26　*603*
22:27　*159*
22:27-28　*604*
22:29　*603*
22:30-31　*159, 291*
22:31　*603*
23:3　*458*
24:1　*129, 374, 508, 510*
24:1-2　*99*
29　*500*
33:4　*129*
33:4-5　*358*
33:6　*106*
33:6-9　*129*
33:6-11　*99*
33:9　*106*
33:10-11　*106, 129*
33:12　*332, 599*
33:13-15　*129, 297, 358, 531*
33:16-17　*211*

33:20-22 *212*
34:4 *210*
34:7-9 *210*
34:17 *452*
36:6 *129, 147*
42:3 *565*
42:5-6 *147*
43:2 *565*
44 *67, 347*
44:23-24 *565*
46:8-10 *129*
47 *594, 596, 606, 615*
47:1-2 *595*
47:2 *292*
47:3 *595*
47:7 *87*
47:9 *292, 615*
50:1-6 *503*
50:6 *500*
50:12 *510*
60:5 *143*
62:3 *565*
62:6-7 *147*
65 *500*
65:7 *141*
65:9 *213*
66:3-4 *601*
66:8 *601*
67 *595, 598-599, 603*
67:1-3 *596*
67:4 *129*
67:6-7 *597*
68:20 *147*
68:30-32 *601*

72 *604*
72:11 *295*
72:15 *295*
72:17 *273*
72:19 *295*
74:10 *565*
77 *347*
79:6 *151*
79:10 *565*
80 *347, 641*
80:8-19 *641*
85:12 *597*
86 *601*
86:8 *102*
86:8-10 *602*
86:10 *102*
86:12 *296*
87 *616, 626*
88:1 *147*
89 *67, 434, 605*
89:6-8 *96*
89:9 *141*
89:11 *129*
89:11-12 *99*
89:12 *510*
89:14 *99*
89:49 *565*
93 *515, 535*
93:3-4 *141*
95:1 *147*
95:3 *99*
95:3-5 *99*
96 *515, 602*
96-98 *388*

96:1-3 *115, 168, 602*
96:2-3 *67*
96:4 *209*
96:4-9 *168*
96:5 *602*
96:5-6 *208*
96:7-9 *215, 437, 602, 653*
96:10-13 *168, 509*
96:11-13 *503*
96:13 *145, 147*
97 *603*
98 *602*
98:7-9 *503, 509*
98:9 *147*
99 *603*
102:13 *606*
102:15-16 *606*
102:21-22 *606*
103:6-7 *462, 578*
104 *502, 509, 536*
104:4 *141*
104:6-9 *141*
104:14-15 *213*
104:27-28 *509*
105-106 *67*
106 *180*
106:8 *158*
106:19-20 *180*
106:28 *180*
106:35-38 *181*
106:37 *180*
107:3 *309, 639*
107:23-32 *141*

110:1   *142, 143*
112:2   *275*
115:1   *194*
115:2-4   *195*
115:4   *186, 217*
115:4-8   *184*
115:8   *216*
115:15-18   *198*
115:16   *500*
117   *606*
118:15-16   *143*
119   *62*
119:160   *129*
126:2-3   *605*
135:15-18   *184*
138:4-5   *603*
138:8   *217*
139   *507*
139:13-15   *217*
145   *388, 526, 535, 536, 606*
145:9   *129, 525*
145:10   *508*
145:10-12   *607*
145:13   *129, 525*
145:13-17   *526*
145:17   *129, 525*
145:20   *298*
147:19-20   *114, 332, 482, 531, 560, 579*
148   *500, 508, 607*
150   *509*
150:6   *508*

잠언
1-9   *557*
12:10   *526*
14:31   *563*
17:5   *563*
19:17   *563*
22:2   *563*
22:17-24:22   *556*
29:7   *526, 563*
29:13   *563*

전도서
2:8   *324*
8:14-9:4   *565*

이사야
1-12   *610*
1:9-23   *452*
1:10-12   *363*
1:11   *385*
1:13-15   *363*
2   *608*
2:1-5   *609, 610*
2:2-5   *612*
2:3   *663*
2:8   *181*
2:12   *200*
2:17-18   *200*
2:20   *181*
4:1   *623*
5:8   *373*
6:3   *510*
9:1-2   *647*
9:1-7   *434*

10:1-2   *541*
10:5-6   *122, 576*
10:12-14   *191*
10:13   *555*
11   *434*
11:1-9   *511*
11:10   *661*
12:4-5   *115, 434, 610*
13-27   *610*
13:17-19   *576*
13:19-20   *452*
14:13-14   *248*
18:7   *610*
19   *358*
19:1   *181*
19:1-15   *116, 616*
19:16-25   *610, 616, 617*
19:19-25   *116*
19:23   *618*
19:24   *275, 299*
19:24-25   *298, 619*
23:17-18   *610*
24:5   *409*
24:5-6   *574*
24:14-16   *610*
24:21   *201*
25   *437, 610*
25:6   *309*
25:6-8   *300*
25:9   *610*
27:12-13   *618*
27:13   *378*
30:1-3   *219*
31:3   *190, 219*

31:7　*181*	43:9-12　*113*	46:1-2　*174, 187, 188,*
35　*379, 511*	43:10-12　*79*	*200*
40　*141, 347*	43:14-21　*347*	46:7　*191*
40-42　*516*	43:20-21　*488*	46:9　*103*
40-48　*174, 234, 301*	43:21　*490*	46:9-10　*105*
40-55　*108, 136, 142, 161,*	43:25　*110, 360*	47:6-7　*576*
171, 607, 608, 611,	44:1-5　*123, 302, 624*	47:8-10　*198*
654	44:3　*648*	47:10　*555*
40:5　*68, 435, 611*	44:5　*624*	48:13　*143*
40:13　*137*	44:9　*216*	48:18-19　*302*
40:18-20　*185*	44:9-20　*174, 185, 190*	49:1-6　*655*
40:21-26　*99, 111*	44:12-13　*216*	49:6　*78, 80, 441, 654*
40:22-24　*129*	44:17　*191*	49:12　*309*
40:26　*178, 503*	44:18　*114*	49:19-21　*123*
41:2-4　*105*	44:24　*141*	50:4-11　*655*
41:8-10　*654*	44:25　*555*	51:4　*332*
41:21-24　*174*	44:28　*110*	52:10　*114*
41:22-23　*105*	44:28-45:6　*105*	52:15　*156*
41:24　*174, 216*	45　*611*	53　*655*
41:25　*105*	45:1　*110*	53:6　*394*
42　*441*	45:4　*117*	53:11　*443*
42-53　*161*	45:5　*100*	54:5　*87*
42:1　*78*	45:5-6　*110*	54:7-10　*441*
42:1-4　*611, 647*	45:6　*159*	54:9-17　*409*
42:1-7　*379*	45:11-13　*112*	55:3-5　*434, 441, 611*
42:1-9　*655*	45:14　*611*	56　*627, 650*
42:4　*612*	45:19　*129*	56-66　*611*
42:6　*441*	45:21　*652*	56:1-7　*435*
42:8　*215*	45:21-24　*136*	56:3　*626*
42:10-12　*611*	45:22　*129*	56:3-8　*611, 620*
42:12　*489*	45:22-23　*135, 301*	56:4-6　*621*
42:18-25　*655*	45:22-25　*166, 611*	56:7　*621, 641*
43:3　*148*	45:23　*146, 302*	58　*379*
43:5-6　*309*	45:23-24　*137*	58:6　*379*

58:6-10 *491*
58:7 *379*
60 *303, 425, 611*
60-62 *303*
60-66 *559*
60:1-3 *426*
60:6 *611*
60:7 *611*
60:9 *611*
60:12 *303*
60:14 *611*
60:16 *611*
60:19-20 *426*
61 *379, 380, 389*
61:5-7 *611*
61:6 *426, 611*
63:12 *158*
63:19 *623*
64:4 *96*
65-66 *511*
65:11 *181*
65:17 *511, 513*
66 *612, 634, 662*
66:18-21 *662*
66:18-23 *608, 613*
66:19 *114*
66:20 *662*

예레미야
1:5 *305, 440*
2:6 *347*
2:11-12 *219*
2:12 *588*
2:13 *219*
2:27-28 *220*
2:36-37 *219*
3:17 *437, 613, 653*
4:1-2 *304, 440*
5 *541*
6:18-19 *588*
7:3-11 *385*
7:4-11 *363*
7:11 *641*
7:22-26 *347*
9:24 *137*
10 *232*
10:2 *232*
10:3-5 *185*
10:5 *232*
10:6-7 *96*
10:9 *185*
10:10 *198*
10:10-12 *111, 129*
10:11-12 *96*
12:14-17 *305, 440, 578*
12:15-16 *437, 652*
13:1-11 *234*
13:10 *234*
13:11 *328*
15:16 *623*
17:19-21 *613*
18 *577*
18:1-10 *121, 581*
18:7-8 *577*
18:7-10 *305, 577*
18:18 *415, 562*
22:1-5 *392*
22:16 *116*
23:7-8 *347*
25:9 *576*
25:29 *623*
27:1-7 *581*
27:4-6 *122*
29:1 *124*
29:1-14 *123*
29:4 *124*
29:6 *123*
29:7 *124*
31:10 *114*
31:31-37 *439*
31:34 *360*
32:12 *587*
32:17-25 *67*
32:20 *158*
32:27 *87*
33:6-9 *306*
33:8-9 *328*
33:9 *159, 328*
33:20-25 *409*
46 *116*
47:2 *510*
49:7 *555*
49:19 *96*
50:35 *555*
50:44 *96*
51:9-16 *97*
51:57 *555*

에스겔
1 *154*
5:5-17 *121*
5:8 *119*

8-10 *424*
8:6 *424*
8:9-12 *179*
8:16 *178*
14:23 *122*
16:48-50 *452*
18 *578*
18:25 *122*
18:32 *128*
20:9 *588*
28 *554*
28:2 *197*
28:9 *197*
29-32 *116*
29:3 *197, 213*
30:10-11 *576*
33:11 *128*
34-37 *424, 440*
34:23-31 *440*
34:25 *409*
34:27 *597*
36:8-12 *123*
36:16-21 *234*
36:16-23 *67*
36:16-36 *306*
36:16-38 *109*
36:17-19 *591*
36:20-21 *591*
36:21 *109*
36:22-23 *110*
36:23 *159*
36:24-32 *360*
36:24-38 *592*
37:26-28 *425*

37:28 *127*
38-39 *125*
38:16 *127, 592*
38:23 *123, 127, 592*
39:6-7 *127, 592*
39:21-23 *127, 592*
39:27-28 *127*
39:27-29 *592*

다니엘
4 *198*
7:13-14 *143*
9:15 *158*
9:25 *36*

호세아
2:5-8 *212*
2:20 *409*
2:23 *488*
3:5 *437*
4:1 *116*
4:1-6 *155*
4:1-9 *415*
4:12 *181*
5:4 *181*
6:6 *385*
6:7 *409*
8:4 *184, 190*
8:6 *184, 190*
11:1 *347*
12:9 *347*
13:2 *184, 190*
14:2-3 *193*
14:3 *190*

요엘
2:27 *100*
2:32 *137, 150, 315, 648*

아모스
1-2 *409*
1:1-2:3 *231*
2:4 *232*
2:9-11 *67*
2:10 *347*
3:1 *347*
3:1-2 *253, 583*
3:2 *120, 582*
5:11-15 *385*
5:21-24 *363, 385*
5:26 *178*
7:13 *194*
9:7 *120, 582*
9:11 *437*
9:11-12 *437, 652*
9:12 *653*

요나
1:2 *232*
3:8 *232*
4:1-2 *577*

미가
1:2 *588*
2:2 *373*
2:9 *373*
4:1-2 *437*
6:1-2 *577*
6:1-8 *67*

6:4　*347*
6:8　*385, 458*
7:18　*96*

하박국
2:3-17　*192*
2:14　*153*
2:18　*181, 192*
2:18-19　*185*
2:20　*192*
3:3-15　*97*

스바냐
2:11　*612*
3:9　*612, 664*

스가랴
2:3-5　*625*
2:10-11　*307, 625*
3:1-2　*179*
7:4-12　*385*
8　*426*
8:3　*426*
8:7-8　*426*
8:12　*306*
8:12-13　*597*
8:13　*306*
8:20-22　*307*
8:20-23　*426*
9:1-6　*626*
9:7　*289, 627*
9:9　*149*
11:10　*409*
13:2　*182*

14:9　*307, 664*
14:16　*307, 437*

말라기
1:10　*363*
1:11　*613*
2:6-7　*415*
2:7　*155*

마태복음
1:1　*295, 308, 433*
1:3　*645*
1:5　*645*
1:6　*645*
1:21　*148*
3:6　*148*
3:17　*182*
4:10　*182*
4:15-16　*647*
4:24-25　*646*
5:2-12　*381*
5:11　*124*
5:14　*491*
5:16　*491*
5:44　*124*
6:26　*536*
6:31-32　*212*
6:33　*389*
8:5-13　*639*
8:11　*308*
8:28-34　*639*
10:6　*638*
11:2-6　*381*
15:21-28　*640*

15:24　*638*
18:21-35　*381*
21　*149*
21:10-11　*149*
21:12-13　*640*
21:33-46　*641*
21:43　*641*
22:1-10　*642*
23:23-24　*385*
24:14　*643*
25:31-46　*143*
25:32　*146*
26:28　*443*
27:54　*646*
28:18　*71, 507*
28:18-20　*40, 41, 268,*
　　　　　444, 491, 644

마가복음
2:7　*148*
3:7-8　*646*
5:1-20　*639*
6:6　*308*
7:24-31　*640*
7:31-35　*639*
9:11　*644*
11:15-17　*640*
11:17　*436*
12:1-12　*641*
12:35-37　*142*
13:10　*643*
13:31　*141*
14:24　*443*
14:61-64　*142*

15:39 *646*
16:15 *395*

누가복음

1-2 *436*
1:27 *436*
1:32-33 *436*
1:47 *148*
1:55 *310, 645*
1:69 *148*
1:69-73 *436*
1:71 *148*
1:73 *310*
1:77 *148*
2:1 *513*
2:10 *436*
2:11 *148, 436*
2:26 *436*
2:29-32 *310*
2:30 *148*
2:30-32 *436, 645*
3:4-6 *310*
3:6 *148*
4:5-7 *310*
6:17-18 *646*
7:1-10 *639*
8:25 *141*
8:26-39 *639*
13:10-16 *311*
14:12-24 *381*
14:15-24 *642*
16:19-31 *311*
19:1-10 *312*
19:45-46 *640*

20:9-19 *641*
22:20 *443, 446*
24 *35, 37, 48, 79*
24:45 *48*
24:45-47 *36, 78, 313*
24:45-48 *446*
24:46 *72*
24:46-47 *310, 657*
24:46-49 *644*

요한복음

1:3 *141*
1:18 *156*
1:29 *148*
3:16 *334*
8:19 *156*
8:24 *146*
10:38 *156*
12:45 *156*
13:35 *492*
14:6-11 *156*
14:15 *521*
17 *156*
17:3 *156*
17:18 *157*
17:20-21 *157*
17:23 *157*
17:25-26 *157*
20:21 *157, 644, 674*
20:28 *157, 674*
20:30-31 *491*
20:31 *157*

사도행전

1 *79*
1:8 *79, 643*
2:2-4 *648*
2:5 *648*
2:9-11 *648*
2:21 *151*
2:25-36 *436*
2:32-36 *135, 143*
2:38 *150*
3:1-25 *312*
3:25 *648*
3:25-26 *311, 312*
4:12 *150, 313, 648*
4:34 *381*
5:31 *150*
8 *241, 649*
8:39 *436*
9:5 *134*
9:14 *151*
9:17 *134*
9:21 *151*
10 *241*
10-11 *649*
10:34-35 *649*
10:45 *649*
11:18 *649*
13:14-48 *654*
13:16-41 *495*
13:17 *495*
13:19 *495*
13:22-37 *437*
13:32 *654*
13:38 *150*

13:44-48 *436*
13:46-47 *654*
13:47 *80*
13:48 *658*
14:8-20 *225*
14:15 *227*
14:15-18 *275*
14:17 *227, 500*
14:27 *243*
15 *241, 243, 437, 649*
15:1 *243*
15:5 *243*
15:11 *150*
15:12-18 *436*
15:14-18 *437*
16:25 *167*
16:31 *151*
17 *226*
17:16-34 *225*
17:22-31 *495*
17:23-29 *162*
17:24 *227, 495*
17:24-25 *217*
17:25 *227*
17:26 *495, 571*
17:27 *500*
17:27-28 *227*
17:29 *217, 227*
17:30 *227*
17:31 *227*
19:9-10 *226*
19:11-12 *226*
19:17-20 *226*
19:23-27 *226*

19:23-41 *199, 225*
19:26 *227*
19:37 *227, 532*
20:27 *393*
22:14-15 *154*
22:16 *151*
24:17 *660*
26:17-18 *154*
26:18 *182*
26:22 *657*
26:22-23 *36*
26:26 *657*

로마서
1 *227, 228, 233*
1-2 *540*
1:1-4 *438*
1:1-5 *437*
1:5 *314, 418, 663*
1:8 *155*
1:16 *225*
1:18-32 *160, 225, 233*
1:19-20 *511*
1:20 *500*
1:21-25 *504*
1:23 *216*
1:25 *505*
2:16 *145*
3:29-30 *314*
3:29-4:25 *314*
4 *261*
4:11 *314, 616*
4:16 *314*
4:16-17 *301*

5:12-21 *301*
5:19 *267*
8:18-21 *513*
8:19-21 *160*
8:34-35 *143*
10:9 *134, 150, 315*
10:12-13 *150, 314*
10:13 *137*
10:19-11:26 *431*
11 *430*
11:23 *665*
11:25-26 *665*
13:1-7 *392*
14-15 *46, 145*
14:9 *135*
14:9-12 *145, 146*
14:10 *145*
15 *660, 662*
15:7-10 *431*
15:8-9 *655*
15:16 *418*
15:16-22 *156*
15:18 *663*
15:23-29 *660*
16:26 *314, 418, 663*

고린도전서
1:1-9 *229*
1:2 *151*
1:31 *137*
2:8 *140*
2:16 *137*
3:9 *670*
8-10 *138*

8:4　*139, 173*
8:4-6　*138, 229*
8:6　*138, 139*
8:7-8　*138*
8:10-13　*230*
9:1-2　*134*
10:1-5　*362*
10:14-22　*230*
10:18-21　*179*
10:20　*182*
10:20-21　*140*
10:22　*232*
10:25　*229*
10:25-26　*138, 140*
11:25　*443*
12:3　*134*
15:24-28　*143*
16:1-4　*660*
16:22　*133*

고린도후서
1:20　*442*
2:14　*155*
4:1-7　*162*
4:4-6　*153*
4:5　*134*
5:10　*145*
5:19　*78*
6:16　*424*
8-9　*660*
10:17　*137*

갈라디아서
2:4　*243*

3:6-9　*244*
3:6-29　*261*
3:7-9　*616*
3:8　*48, 75, 273, 314, 412*
3:14　*658*
3:26　*277*
3:26-29　*315*
3:28　*384, 664*
3:29　*245, 277*

에베소서
1:4　*486*
1:10　*486*
1:20-23　*144*
2-3　*664*
2:11-22　*427, 444, 658, 660*
2:11-3:13　*69*
2:12　*233*
2:12-13　*622*
2:14-16　*394*
2:19　*665*
2:21-22　*665*
3:2-6　*427*
3:2-13　*155*
3:6　*427, 620, 665*
3:10　*395*
4:1　*486*
4:17-19　*233*
5:1　*536*
6:19-20　*488*

빌립보서
2:6-11　*135*

2:10-11　*135, 137, 146, 302*
2:11　*134*
2:16　*145*

골로새서
1:6　*155, 658*
1:9-10　*486*
1:13-14　*352*
1:15-16　*395*
1:15-17　*140*
1:15-20　*140, 507*
1:19　*427*
1:19-20　*486*
1:20　*394, 395, 523, 670*
1:23　*155*
1:25　*154*
1:27　*154, 427*
2:8　*201*
2:9　*427*
2:15　*201, 352, 394*
3:1　*144*
4:2-6　*488*
4:5-6　*658*

데살로니가전서
1:4　*486*
1:8　*155, 658*
1:9　*162, 182, 227*
4　*486*
4:11-12　*486, 658*

데살로니가후서
1:5-10　*145*

디모데전서
2:3-4 *156*
2:5-6 *156*
2:7 *156, 162*

디모데후서
1:11 *162*
2:19 *137*
2:22 *151*
3:16-17 *384*

디도서
2:9-10 *658*
2:13 *150, 151*

히브리서
1:2 *141*
2:10 *150*
2:14 *394*
2:15 *352*
3:16-19 *362*
5:9 *150*
7 *265*
7:25 *150*
8:5 *352*
11:1 *68*
11:4 *307*
11:8-19 *261*
11:16 *276, 328*

야고보서
2:14-17 *393*
2:19 *152*
2:20-24 *261*

3:10 *404*
5:1-6 *393*

베드로전서
1:1-2 *486*
1:18-19 *486*
2:9 *167, 486, 661*
2:9-12 *418, 486*
2:11-12 *490*
2:12 *486, 658*
2:24 *394*
3:2 *490*
3:15-16 *533*

베드로후서
3:10 *513*
3:10-13 *381, 513*

요한일서
2:3-6 *156*
2:23 *156*
4:13-15 *156*
5:20-21 *156*

요한계시록
1:5 *144*
1:6 *416*
3:14 *144*
4-7 *74, 316, 508*
5:1-10 *438*
5:5 *438, 667*
5:9 *438*
5:9-10 *317, 416, 674*
5:10 *522*

5:12 *667*
5:13 *144*
7:9 *322, 412, 572, 667*
7:9-10 *69, 246, 318,*
7:10 *74, 144, 147, 150,*
  670
7:11-12 *318*
7:17 *144*
9:20 *182, 183*
11:15 *144*
12:10 *144*
14:7 *162*
15:3-4 *144*
15:4 *162*
17:14 *144*
21 *667*
21-22 *420, 446*
21:1 *144, 667*
21:1-4 *513*
21:3 *144, 667*
21:13 *144*
21:22-24 *426*
21:24 *667*
21:24-26 *572*
21:24-27 *559, 570*
21:26 *667*
22 *239, 246*
22:2 *667*
22:3 *667*
22:12 *147*
22:20 *133*

옮긴이 정옥배는 외국어대학교 서반아어과를 졸업하고 IVP 간사를 역임했으며, 합동신학교, 미국 웨스트민스터 신학교, 풀러 신학교에서 수학했다. 현재 전문 번역가로 활동하고 있다. 역서로 「비교할 수 없는 그리스도」, 「진정한 기독교」, 「하나님을 아는 지식」, BST 시리즈 「사도행전」, 「로마서」, 「에베소서」(이상 IVP) 등 다수가 있다.

한화룡은 경희대학교 경영학과를 졸업하고 IVP 간사를 역임했으며, 합동신학교, 미국 웨스트민스터 신학교, 풀러 신학교에서 수학했다. 저서로 「도시 선교」, 「4대 신화를 알면 북한이 보인다」(이상 IVP)가 있고, 역서로 「선교」, 「홍등가의 그리스도」, 「가난한 자들의 친구」(이상 IVP), 「도시 목회와 선교」(CLC) 등 다수가 있다.

하나님의 선교

초판 발행 2010년 7월 13일
초판13쇄 2025년 3월 25일

지은이 크리스토퍼 라이트
옮긴이 정옥배·한화룡
펴낸이 정모세

편집 이종연 이성민 이혜영 심혜인 설요한 양지영 박예찬
디자인 한현아 서린나 | 마케팅 오인표 | 영업·제작 정성운 이은주 조수영
경영지원 이혜선 이은희 | 물류 박세율 정용탁 김대훈

펴낸곳 한국기독학생회출판부 | 등록번호 제2001-000198호(1978.6.1)
주소 04031 서울시 마포구 동교로 156-10
대표 전화 (02) 337-2257 | 팩스 (02) 337-2258
영업 전화 (02) 338-2282 | 팩스 080-915-1515
홈페이지 http://www.ivp.co.kr | 이메일 ivp@ivp.co.kr
ISBN 978-89-328-1155-0

ⓒ 한국기독학생회출판부 2010

책값은 뒤표지에 있습니다.
무단 전재와 복제를 금합니다.